国家出版基金项目
NATIONAL PUBLICATION FOUNDATION

国家出版基金项目

2011—2020年国家古籍整理出版规划项目

国家社科基金项目『刘铭传文献汇集、整理与研究』之研究成果

## 作者简介

杜宏春，1965年9月生，安徽省滁州市人，文学博士，现任聊城大学教授，研究生导师，教育部哲学社会科学重大项目首席专家，研究方向为中国古典文献学。先后主持完成国家社科基金5项（含重点2项）、国家出版基金与国家古籍出版专项基金4项、教育部社科基金重大项目1项、省部级社科基金14项（含重点2项），出版学术专著12部，获厅局级奖励4项、省部级奖励3项。

# 刘铭传文献汇笺

上

杜宏春 辑笺

国家出版基金项目
NATIONAL PUBLICATION FOUNDATION

国家出版基金项目
2011—2020年国家古籍整理出版规划项目
国家社科基金项目『刘铭传文献汇集、整理与研究』之研究成果

黄山书社

**图书在版编目(CIP)数据**

刘铭传文献汇笺 / 杜宏春辑笺. —合肥：黄山书社,2020.12
ISBN 978-7-5461-9383-0

Ⅰ.①刘… Ⅱ.①杜… Ⅲ.刘铭传(1836~1896)-文集
Ⅳ.①Z425.2

中国版本图书馆 CIP 数据核字(2020)第 223535 号

**刘 铭 传 文 献 汇 笺**
LIU MINGCHUAN WENXIAN HUIJIAN

杜宏春 辑笺

出 品 人 贾兴权
策 划 人 韩开元
责任编辑 徐佩兰 李 南 许 峰 刘 羊 程 溪 马文旭
责任印制 李 磊
装帧设计 尹 晨
出版发行 时代出版传媒股份有限公司(http://www.press-mart.com)
黄山书社(http://www.hspress.cn)
地址邮编 安徽省合肥市蜀山区翡翠路 1118 号出版传媒广场 7 层 230071
印 刷 安徽新华印刷股份有限公司
版 次 2020 年 12 月第 1 版
印 次 2020 年 12 月第 1 次印刷
开 本 700mm×1000mm 1/16
字 数 1300 千字
印 张 95.25
书 号 ISBN 978-7-5461-9383-0
定 价 240.00 元

服务热线 0551-63533706
销售热线 0551-63533761
官方直营书店(https://hsss.tmall.com)

# 前 言

本书是首次对台湾第一任巡抚刘铭传的传世文献与藏于海峡两岸的馆藏档案文献进行全面的汇集、整理与研究，并编纂成集，名之曰《刘铭传文献汇笺》。

刘铭传（1836—1896），字省三，安徽合肥人。咸丰四年（1854），在籍办团，后参军。九年（1859），充千总。十年（1860），加都司衔。同治元年（1862），升都司，晋游击衔。同年，迁副将，加骠勇巴图鲁勇号。三年（1864），授直隶提督。六年（1867），封三等轻车都尉。七年（1868），督办陕西军务，加一等男。光绪十年（1884），晋巡抚衔，督办台湾军务。十一年（1885），擢福建台湾巡抚。十五年（1889），加太子少保。十六年（1890），授兵部尚书衔，帮办海军事务。同年，因病回籍。二十一年十一月二十八日（1896 年 1 月 12 日），卒于里。赠太子太保，谥壮肃。有《大潜山房诗钞》《刘壮肃公奏议》等行世。

目前对刘铭传的研究论文较多，如陈九如《刘铭传与台湾铁路近代化》、李细珠《略论刘铭传的台海防御观》等。主要论述其抚台期间，敢为天下先，抵御外侮，倡言变政，主张激进，超越同侪，反映了他在台湾推行的一系列善后及防务举措，不仅为台湾地区的稳定和建设做出了贡献，同时也推动了台湾的近代化进程，显示了作为当时台湾最高行政长官较高的政治智慧。总之，学界对刘铭传的治台研究较为充分。

但这些研究的史料来源《刘壮肃公奏议》问题较大：刘铭传是著名的淮军将领、台湾第一任巡抚。他英勇抗击法军的侵略，致力于台湾的各项建设，取得了举世公认的业绩。他留下的大量奏疏，是研究他本人和台湾史的第一手资料，十分珍贵。但是，经安徽桐城人陈澹然编辑的《刘壮肃公奏议》，妄加厘订，别为出处、谟议、保台、抚番、设防、建省、清赋、理财、奖贤、惩暴十略，未能忠实地展现刘铭传奏疏的原貌，在许多地方进行了不恰当的处理，甚至作了大量的修改和删除，以致异文百出，面目全非，使其价值受到了很大程度的损害，研究的准确性大打折扣。

由于其奏议原件和录副珍藏于两岸故宫博物院，查考麻烦，伤财费时，苦心劳力，实属非易，故研究者望而却步。迄今为止，海内外尚未发现有关其文献点校、考辨等方面的研究成果梓行。

本书所收奏议、诗文等文献近九百件，内容涉及政治、经济、军事、外交、民族、民生、地方治安以及宗教等一系列重大问题，真实地记录了刘铭传在稳定海疆、发展生产、督修水利、奖励农桑、酌改田赋、捐资助赈、关注民生、兴办学堂、改革军事、废除旧制、修治铁路、完具城池等方面所做的贡献和取得的成就，充分显示了清王朝与地方官吏对福建台湾地区的治理情况，其内容涉及相当广泛，史料丰富齐备。

本书以中国第一历史档案馆藏《朱批原件》《军机处军机录副》和台北故宫博物院藏《军机及宫中档》、台北“中央研究院”档案馆藏《外交档案》为底本，以《刘壮肃公奏议》《大潜山房诗钞》《上谕档》和《清实录》等史料为参校本，采用对校、理校、补正及考辨之法，对其文献进行整理与研究，并对相关人物、事件、地名、官职、名物、专业术语等进行注释，俾资完备。

总之，本书为首次对刘铭传文献进行全面搜集、整理与研究，采用宫中档还原奏稿的原始面貌，使文献具有权威性，并运用档案、史志等文献进行梳理和补正，力争资料翔实，体例严谨，为清史、边疆史研究者提供一部内容可靠、资料完备的研究文本。

# 凡 例

一、底本与校本。本书以刊本《光绪朝朱批原件》[①]、《宫中档光绪朝奏折》[②] 为底本，以中国第一历史档案馆藏《军机录副》与台北故宫博物院藏《军机处折件》为校本，并查照《明清台湾档案汇编》[③]、《上谕档》、《清实录》等典籍，采用对校、理校、补正及考辨之法，逐件逐字对照，相互校勘。

二、标点。本书一律采用新式标点。

三、校勘。以校本校底本，采用校勘、补正及考辨之法，逐字校勘，并于页脚出校。

四、补正。对折件所涉之事件或文献，查找出处，并予以补录文字，以资参考；重要人物予以注释，相关文献全文照录，以保证文献的准确与完整。

五、本文按时间先后编排序号，并于标题下方附清帝纪年并公历日期，俾资查照。

六、凡会衔之作，即便非主稿者，亦一并录入，俾期全面而

① 中国第一历史档案馆编：《光绪朝朱批原件》，中华书局，1996。

② 台北故宫文献编辑委员会编：《宫中档光绪朝奏折》，台北故宫博物院印行，1973—1975。

③ 台湾史料集成编辑委员会编：《明清台湾档案汇编》，台北远流出版事业股份有限公司，2009。

资参考。

七、为方便查考起见，多数文献出处只注明两岸馆藏档案编号。

八、为便于比对起见，特将《刘壮肃公奏议》之第一、二卷部分校勘编入附录，俾资考量。

九、本文引用缩略语如下：

1. 中国第一历史档案馆藏《朱批奏折（片）》《录副奏折（片）》统一简称为《朱批原件》《军机录副》，正文部分一律简称“原件”和“录副”。

2. 台北故宫博物院藏《宫中档光绪朝奏折》《军机处折件》《清单》等，统一简称为《军机及宫中档》。

# 目 录



## 上篇 奏议

## 同治九年（1870）



## 同治十年（1871）

## 光绪七年（1881）



## 光绪十年（1884）

## 光绪十一年（1885）

## 光绪十二年（1886）

## 光绪十三年（1887）

## 光绪十五年（1889）

## 光绪十六年（1890）

## 光绪十七年（1891）

**光绪二十年（1894）**



**光绪二十一年（1895）**



## 中篇　外交函牍

# 下篇 诗文

## 附　录

### 一、相关折件

## 二、《刘壮肃公奏议》部分校勘

### 卷一　出处略

**卷二　谟议略**

# 上篇　奏议

# 同治三年（1864）

## 一　奏为补授直隶提督谢恩折

同治三年九月初三日（1864年10月3日）

新授直隶提督奴才刘铭传跪奏，为恭谢天恩，仰祈圣鉴事。

窃准江苏抚臣咨开：同治三年八月十三日，内阁奉上谕：直隶提督着刘铭传补授等因。钦此。奴才当在安徽建平县营次，恭设香案，望阙叩头谢恩讫。

伏念奴才皖北庸愚，毫无知识，由安徽抚臣行营千总带团助剿庐、寿、六安、临淮等处。咸丰十一年，经两江督臣曾国藩札调募勇至营。同治元年三月，随同江苏抚臣李鸿章赴沪，转战上海、南汇、川沙、金山、福山、常熟等处，由都司洊擢总兵。二年四月，奏署狼山镇，旋即督军进剿江阴、无锡、常州各城，奉旨以提督记名，尽先简放。涓埃鲜效，陨越时虞。

兹复仰荷圣恩，简授斯缺。窃维统辖师徒，宜裕韬钤之学；拱卫畿辅，务求根本之谋。奴才何人，敢当此任？祇闻宠命，弥切悚惶！奴才惟有殚竭血诚，勤思方略，精简练以俟驱策，储戎器以备折冲，用答高厚生成于万一！

所有奴才感激下忱，理合缮折附抚臣驿递，恭谢天恩。伏乞皇太后、皇上圣鉴。谨奏。九月初三日。

同治三年九月十一日，议政王军机大臣奉旨：知道了。钦此。[①]

① 台北故宫博物院藏：《军机及宫中档》，文献编号：099055.

# 同治六年（1867）

## 一 奏为赏赐物件谢恩折

同治六年十二月初十日（1868年1月4日）

头品顶戴直隶提督奴才刘铭传跪奏，为恭谢天恩，仰祈圣鉴事。

窃准钦差大臣湖广督臣李鸿章[①]咨开：同治六年十一月初三日，内阁奉上谕：李鸿章奏，官军追贼大获胜仗，阵毙逆首一折

① 李鸿章（1823—1901），字少荃，安徽合肥人，优贡生。道光二十四年（1844），中举人。二十七年（1847），中式进士，改庶吉士。道光三十年（1850），授武英殿编修，补国史馆协修；从曾国藩游，讲求经世之学。咸丰三年（1853），回籍办理团练。五年（1855），以军功赏知府衔，并戴花翎。六年（1856），保道员，并加按察使衔。九年（1859），授福建延建邵道（未赴任）。同治元年（1862），擢江苏巡抚，署办理通商事务钦差大臣兼南洋通商大臣。二年（1863），署五口通商大臣，晋太子少保衔。三年（1864），赏骑都尉，戴双眼花翎，封一等肃毅伯。四年（1865），署两江总督。五年（1866），授钦差大臣。六年（1867），调补湖广总督，赏骑都尉世职。七年（1868），总统北路军务，加太子太保衔。同年，擢协办大学士。八年（1869），兼署湖北巡抚，督办军务。九年（1870），督办陕西军务，调直隶总督，摄长芦盐政，兼北洋通商事务大臣。十二年（1873），授武英殿大学士。十三年（1874），改文华殿大学士。光绪五年（1879），加太子太傅衔。六年（1880），巴西通商，以全权大臣订约。八年（1882），丁母忧，服满，驻天津督练各军，并署通商大臣。九年（1883），署直隶总督兼通商大臣。十年（1884），补直隶总督，兼北洋通商事务大臣。同年，拜文华殿大学士。十一年（1885），授全权大臣，与法国订立《中法新约》。二十年（1894），赏三眼花翎。二十一年（1895），与日本签订《马关条约》。同年，任致贺俄国加冕头等专使大臣。二十二年（1896），直总理各国事务衙门，兼经筵讲官。二十三年（1897），授武英殿总裁。二十五年（1899），调商务大臣，署两广总督。二十六年（1900），充议和全权大臣，调补总督直隶兼北洋通商大臣，权长芦盐政。二十七年（1901），充政务处督办大臣，旋署总理外务部事。是年，卒于任。赠太傅，晋封一等侯，谥文忠。著有《李文忠公全集》，修《钦定大清会典事例》，重修《畿辅通志》，监修《保定府志》等。

等因。钦此◆1。并赍奉赏件到营。奴才恭设香案，望阙叩头谢恩，祗领讫。

伏念赣榆偶捷，士气争先，仰藉天威，幸除巨憝。虽首逆莫逃夫显戮，而肤功待奏于崇朝，忠勇岂所克当，进剿愧无速效。乃荷温纶曲奖，赍予优加。八柄下颁，饰珣玗而玉润；三刀先兆，捧珌琫以珍藏。屡烦分金之光，恩同换纩；杂佩俪鞶之饰，智竭如梦！

臣前宠锡之便蕃，实属异常之荣幸！奴才惟有勤求韬略，力矢驰驱，励挽强执之群，敌忾愿同袍泽；兼适用章身之义，衔恩益懔衣袽。庶摅万一之愚忱，稍答九重之渥眷！

所有奴才感激下忱，谨附钦差大臣奏报，恭折叩谢天恩。伏乞皇太后、皇上圣鉴。谨奏。十二月初十日。

同治六年十二月十七日，军机大臣奉旨：知道了。钦此。①

【案】同治六年十月三十日，湖广总督李鸿章奏报铭军赣榆大胜情形，曰：

奏为刘铭传、善庆马步各军乘胜追贼至赣榆城南，大获胜仗，阵毙凶悍逆首伪鲁王任柱即任化邦，现仍星夜紧追，以期乘势尽歼余党，恭折驰陈大略情形，仰慰圣廑事。

窃铭军十七日在安邱、潍县之交大战获胜情形，经臣于二十五日驰奏在案。贼败后溃向诸城南趋，刘铭传督率马、步各军，奋力兜蹑。二十二日，追至日照地方，先锋马勇与贼接仗，枪伤伪鲁王任柱右耳际，尚不甚重。该逆径奔江南赣榆县境，刘铭传同善庆等二十四日追抵赣榆。任逆愤急，裹创拼命，决一死战，挑选马步悍贼数万，预伏赣榆城南村林后，欲乘我军远道疲乏，以图一逞。刘铭传与善庆等是日未刻齐抵城下，询问土人，俱称窜青口一带，距城甚远。盖贼过民逃，不知其

① 中国第一历史档案馆藏：《军机录副》，档案编号：03-4635-043.

诡状也。

刘铭传督队由城东进，天忽大雾垂映，四野昏不见人。该逆突分数大股，蜂拥扑来。善庆等整队，拦头迎击，冲杀三四回合，马上洋枪连环施放，任逆众而且悍，几不能支。刘铭传亲督先锋马勇，将赖汶洸、牛遂两股击败，复督步队上前接应。任逆自率马贼数千，直抄我后，经善庆等分队击回，该逆犹率亲兵步贼，拼死拒敌。刘铭传、善庆严督马、步各军，大呼杀入，枪炮如雨。贼中忽自惊喊曰：鲁王受枪伤死矣！贼众一轰而溃。我军勇气百倍，乘势赶杀。但见一群悍逆围簇任逆尸身，用快马负驮而去，余众狂奔。其马贼过众，我军抢尸不得，追杀二十余里，擒斩极多，伏尸遍野。旋降出蓝旗马贼数十名，俱称任逆被枪子洞穿腰肋，登时毙命。刘铭传、善庆等仍督队赶追，以期乘势尽歼贼党，业经两次专弁飞马驰报到臣。

臣查伪鲁王任柱即任化邦，系亳州积年巨捻，最为凶悍之首逆，所带蓝旗马步悍党最多。四年四月，亲王僧格林沁曹南之挫，据迭次擒贼、降贼皆供，该逆尤与僧亲王死斗者。臣屡密属刘铭传等悬赏购线，使其自相戕杀。若军士能于阵前擒杀该逆，许以破格保奖，并赏银数万两。刘铭传前于安邱战胜后函称，有逆酋潘贵升专人密信，愿谋杀任逆赎罪图功。该提督允给三品花翎，并赏银二万两等语。此次据报任逆死于乱军枪炮之中，或谓系官军洋枪击毙，或谓即系潘贵升暗枪中伤，匆遽之中尚难查究。臣据刘铭传、善庆函报，并细询两次来弁，是日接仗及贼匪败遁，擒贼众供情形，则任柱伏诛似已确凿无疑，余俟确查核办。

此股捻逆以任化邦及伪遵王赖汶洸、牛洛红之子牛遂等三人为首。赖汶洸系广西老贼，诡诈多谋。任化邦马贼最悍，牛逆步队最多，然贼中皆称任化邦善战。各路官军屡为所窘，任逆不除，则余党断不得灭。今仰赖圣主威福，凶渠先已授首，实足伸天讨而快人心。惟其悍党尚多，各军乘机兜剿，解散胁从，招纳降酋，冀可渐次扫荡。潘鼎新、唐仁廉已先后由莒州、日照向南兜追。郭松林、杨鼎勋二十六日自济宁拔队，由滕、峄径趋郯、赣，皖军程文炳等亦由郯城就近迎剿。臣督催各统领，倍道星夜驰往，与刘铭传前后夹击，军势四合，剿办当可得手。又虑困兽犹斗，铤而走险，并飞饬下游运河及六塘河防军，严加堵守，勿任窜越，以收聚歼之功。臣俟刘铭传等续报，贼情稍定，或再驰赴南路，督筹妥办。

头品顶戴直隶提督刘铭传，忠勇耐劳，追贼神速。此次阵歼巨逆，拟先请旨优加赏赉。头品顶戴杭州副都统善庆，骁勇敢战，枪技无敌，拟恳恩赏穿黄马褂。已革副都统温德勒克西，谋勇稳练，拟请旨开复原官，仍交军机处记名，遇有副都统缺出，尽先简放。其余尤为出力将士，俟刘铭传等查明具报，续请优奖。

所有阵毙逆首伪鲁王任柱即任化邦，官军仍星夜紧追兜剿大略情形，理合由驿六百里先行驰奏，仰慰圣廑。伏乞皇太后、皇上圣鉴，训示。谨奏。

同治六年十一月初三日，军机大臣奉旨：(另有旨)①。钦此。②

【案】清廷是年十一月初三日之谕旨，《清实录》载之曰：

壬子，谕内阁：李鸿章奏，官军追贼大获胜仗，阵毙逆首一折。刘铭传一军前于十月十七日在安邱、潍县之交击贼，叠次获胜。逆匪赖汶洸一股歼除殆尽。该逆等败溃，向诸城南趋。刘铭传督军追至日照县地方，逆首任柱受伤，奔至赣榆县境。刘铭传追抵赣榆，与善庆、温德勒克西等分路冲杀，亲督马队，将赖汶洸、牛遂两股击败。任逆率马贼直抄官军后路。该提督复偕善庆严督马步各军大呼杀入，枪毙任柱于阵中，官军勇气百倍，追杀二十余里，擒斩甚多。

据获贼供称，任逆被枪子洞穿腰肋，确已伏诛。逆首任柱即任化邦，积年巨捻，悍党最多，窜扰数省，抗拒官兵，实属罪大恶极。此次身被显戮，洵足申天讨而快人心！仍着李鸿章督饬各军，乘此声威，四面兜剿，务将各匪迅图扫荡，以竟全功。

直隶提督刘铭传忠勇耐劳，追贼迅速，着加恩赏给白玉柄小刀一把、火镰一个、大荷包一对、小荷包两个。副都统善庆着加恩赏穿黄马

① (另有旨)：录副未署，兹据推补，以下同。

② 顾廷龙，戴逸主编：《李鸿章全集·奏议三》，安徽教育出版社，第147—148页，2008年1月版。

褂。已革副都统温德勒克西着开复原官，仍交军机处记名，遇有副都统缺出，请旨尽先简放。其余出力各将弁，着李鸿章饬刘铭传等查明，奏请奖励。①

① 中华书局影印：《清实录·穆宗毅皇帝实录（五）》，卷二百十五，同治六年十一月上，第807—808页，中华书局，1987。

# 同治七年（1868）

## 一　奏为赏赐轻车都尉世职谢恩折

同治七年正月十九日（1868 年 2 月 12 日）

头品顶戴直隶提督奴才刘铭传跪奏，为恭谢天恩事。

窃准钦差大臣湖广督臣李鸿章行知：同治六年十二月二十二日，内阁奉上谕：直隶提督刘铭传，加恩着赏三等轻车都尉世职等因。钦此。奴才当即恭设香案，望阙叩头谢恩讫。

伏念奴才赋资驽钝，效力驰驱，迭膺简擢之恩，殊乏涓尘之报。兹以欃枪净扫，渥开纶綍优加；命降自天，赏延于世备。周庐而环卫，惭无贻谷之谋；庆偃伯锋销，共仰格苗之化。上方颁赐，曾因折首有嘉；后嗣邀荣，弥觉抚心滋愧。恩深报浅，感极涕零！奴才惟有赶紧调养沉疴，再随鞭镫，修甲兵而惫豫，待竟廓清搉陷之功；率子姓以从戎，敢忘纾难毁家之义！

所有奴才感激下忱，谨附督臣奏报之便，恭折叩谢天恩。伏乞皇太后、皇上圣鉴。谨奏。正月十九日。

同治七年二月初二日，军机大臣奉旨：知道了。钦此。[①]

① 中国第一历史档案馆藏：《军机录副》，档案编号：03-4732-042.

## 二　奏为晋封一等男爵谢恩折

同治七年七月十九日（1868 年 9 月 5 日）

一等男直隶提督奴才刘铭传跪奏，为恭谢天恩，仰祈圣鉴事。

窃奴才于德州营次接奉钦差大臣大学士湖广督臣李鸿章行知：七月初十日，内阁奉上谕：李鸿章自督兵赴剿以来，各该将领均能奋勉出力，自应渥沛恩施，以示鼓励。所有单内尤为出力之提督刘铭传，着由三等轻车都尉晋为一等男等因。钦此◆1。当在行营恭设香案，望阙叩头谢恩。

伏念奴才一介武夫，叠蒙简擢。去年，随湖广督臣李鸿章剿平任、赖捻股，温纶备至，世赏荣膺。自顾驽骀，方深兢惕，乃以中原底定，重蒙天语褒表，笃念前劳，特颁异数。三军用命，本无尺寸之功；五等荣封，遽厕躬桓之末。执蒲璧而顾名思义，闻命若惊；望觚棱而拜手扬庥，抚衷滋愧。惟有勤求将略，严饬戎行，五十里曰附庸，率睹会朝于吉日；三千人惟同德，勉期拱卫夫神京，以稍副高厚生成于万一。

所有奴才感激下忱，谨缮折附督臣李鸿章奏报，叩谢天恩。伏乞皇太后、皇上圣鉴。谨奏。七月十九日。

同治七年七月二十三日，军机大臣奉旨：知道了。钦此。①

【案】此上谕文本多有省略，兹据《清实录》校补：

谕内阁：李鸿章奏，遵旨查明逆首张总愚实在下落，各军搜捕余匪

① 中国第一历史档案馆藏：《军机录副》，档案编号：03-4820-115.

净尽，直隶山东一律肃清一折。据称提督刘铭传、郭松林查明张总愚之兄张总导及其弟侄、族人并贼中头目程大老坎等，均于阵前正法。张总愚于乱军中先带数十骑逃走，嗣仅带贼匪八人，向东北秫丛中逃窜，经官军四路搜捕，据民间纷传该逆首投水淹毙。旋据降贼王双孜供称，伊即在张总愚所带八人之内，是日随张逆逃至徒骇河边，亲见张逆弃马投河淹毙。与英翰、丁宝桢等奏报获贼所供，情形无异。现经诸军搜捕各处逃匿余匪，并无一名漏网，直隶山东境内一律肃清。

李鸿章自督兵赴剿以来，各该将领随同进剿，均能奋勉出力，自应渥沛恩施，以示鼓励。所有单开尤为出力之提督刘铭传，着由三等轻车都尉晋为一等男；郭松林着由骑都尉晋为一等轻车都尉；宋庆着赏给二等轻车都尉世职；张曜着赏穿黄马褂，并赏给骑都尉世职；副都统善庆着赏给二等轻车都尉世职；温德勒克西着赏穿黄马褂，并赏给骑都尉世职；山东布政使潘鼎新着赏给云骑尉世职；一等轻车都尉提督黄翼升着赏加一云骑尉世职。总兵周盛波等十一员，均着照一等军功从优议叙。其余出力人员，着李鸿章查明汇案奏请奖励。

另片奏，京卿赴营剿贼出力，请旨奖励等语。候补鸿胪寺少卿袁保恒，经李鸿章派充翼长，与前敌诸将妥筹防剿，且冒暑督队，能耐劳苦，因思伊父袁甲三从前剿办捻匪著有勤劳，该京卿尚能勉承父志。袁保恒着开复前次降调处分，仍以翰林院侍讲学士补用，并加恩赏给三品衔。头等侍卫陈国瑞，经神机营王大臣奏派管带锐勇队，协剿捻逆，打仗甚属出力，着赏还黄马褂、花翎、勇号，并开复总兵、记名提督，仍赏给云骑尉世职。①

① 中华书局影印：《清实录·穆宗毅皇帝实录（六）》，卷二百三十七，同治七年七月上，第282—283页，中华书局，1987。

# 同治九年（1870）

## 一　代奏刘铭传恭谢天恩折

同治九年八月二十九日（1870 年 9 月 24 日）

大学士直隶总督调补两江总督一等侯臣曾国藩跪奏，为据情代奏恭谢天恩，仰祈圣鉴事。

窃臣于八月初四日接奉初三日寄谕：本日发去白玉扳指一个、白玉翎管一支、火镰一把、大荷包一对、小荷包两个，着曾国藩交刘铭传祇领，以示褒奖等因。钦此。臣当经行知该提督，并将颁发各件赍送沧州铭字营中转交祇领去后。

兹据该提督咨称：铭传一介寒微，遭逢知遇，荷殊荣于爵赏，膺重寄于干城。嗣以旋里养疴，经年伏处，遥瞻宫阙，未报涓埃，乃蒙渥眷有加，鸿恩下逮，赐之优诏，锡以多珍，射决温其，聿壮雕弓之色；朝冠奂若，尔增翠羽之华。胜木燧以继明，辉光焕发；偕葱珩而结佩，藻采纷垂。闻命自天，抱惭无地！铭传惟有运甓殷心，枕戈励志，练貔貅之劲旅，效犬马之微劳，冀以仰答高厚鸿施于万一等情，恳臣据情代奏前来。

臣查该提督刘铭传，英姿伟略，屡著勋猷。兹蒙异数荣颁，迥逾恒格，更当发抒忠悃，奋勉图功。所有该提督感激下忱，理合具折代奏，恭谢天恩。伏乞皇太后、皇上圣鉴。谨奏。八月二十九日。

同治九年九月初三日，军机大臣奉旨：知道了。钦此。[1]

## 二　奏报督师陕西请训缘由折

同治九年十月（1870年11月）

本月初四日，内阁奉上谕：前任直隶提督刘铭传，着督办陕西军务。并由兵部传知军机大臣面奉谕旨：刘铭传着即请训。钦此。窃臣少长江淮，适丁寇乱，淮南千里，发、捻交讧，骸骨丘山，田园茂草；仰奉诏行团练，转致强暴迭兴，苗、李纵横，黔黎殆尽。

微臣弱冠读书，未娴军旅，独念生庐、六之郊，当中原之蔽，不兴堡塞，畴保乡邻！爰起健儿，孤撑群寇，苟全性命，无志勋名。会当同治初元，大学士曾国藩[2]视师皖上，察其保庐之状，录其援寿之劳，猥以姓名上尘天阙。更值大学士李鸿章创起

① 台北故宫博物院藏：《军机及宫中档》，文献编号：102871.

② 曾国藩（1811—1872），初名子城、子成、子诚，字居武、伯涵，号涤生，湖南长沙府湘乡县人。道光十四年（1834），中举人。十八年（1838），中式进士，改庶吉士。二十年（1840），授检讨。二十三年（1843），补侍讲。同年，充四川乡试正考官，补文渊阁校理。二十四年（1844），授侍读。二十五年（1845），任左、右庶子，充会试同考官，历充侍讲学士、日讲起居注官。二十六年（1846），任文渊阁直阁事。二十七年（1847），授内阁学士兼礼部侍郎衔。二十八年（1848），任稽察中书科事务。二十九年（1849），调礼部右侍郎，署兵部左侍郎。三十年（1850），兼署工部左侍郎。咸丰元年（1851），署刑部右侍郎。同年，充顺天武乡试正考官。二年（1852），兼署吏部左侍郎，充江西乡试正考官。是年，丁母忧。四年（1854），赏三品顶戴。同年，晋二品顶戴，并赏戴花翎，以兵部右侍郎署湖北巡抚。七年（1857），丁父忧。八年（1858），办理浙江军务。十年（1860），署两江总督。同年，授钦差大臣两江总督。十一年（1861），加太子少保。同治元年（1862），擢协办大学士。三年（1864），晋太子太保，封一等毅勇侯。五年（1866），补授两江总督。六年（1867），拜大学士。同年，转体仁阁大学士，赏云骑尉。七年（1868），授武英殿大学士。同年，授直隶总督。九年（1870），调补两江总督兼办理南洋通商事务大臣。十一年（1872），薨于位。赠太傅，谥文正。著有《曾文正公全集》等行世。

淮师，远征吴会，诧臣年少，召领偏师。遂乃感激殊知，驰驱王事。常州之战，勉克强酋；广德之围，幸回危局。三年吴越，一介孤寒，竟令提督畿疆，仰荷圣朝殊赉，宠逾涯量，祗悚冰渊，惧蹈愆尤，乞还田里。旋以中原捻炽，再任前驱，六省奔驰，五年冰雪。方以群酋久獗，愧九重特达之知；岂期巨寇粗平，荷五等崇封之锡！凡此迭邀异数，已非梦想所蕲，是用养痾田间，不敢妄图进取。兹复仰承巽命，俾总师干。闻诏自天，拜惭无地！

伏念关中古帝王都会之区，山河险塞，形势之胜，雄绝中华，回、汉杂居，久称难治，况臣客军悬寄，无地方赏罚之权；又当陕省凋敝之余，饷馈既忧不给，更值陇表进攻之会，后路更虑难防。

微臣赋质粗疏，深惧贻羞陨越，惟有吁求宸训，敬谨遵循。秉胜算以宣威，作将士前驱之气；审边防而决策，分朝廷西顾之忧！谨陈感悚微忱，无任企切屏营之至！[①]

## 三　奏报由津起程日期缘由折

同治九年十月十九日（1870年11月11日）

督办陕西军务前任直隶提督一等男奴才刘铭传跪奏，为恭报由津起程日期、分拨营数、筹商饷运大概情形，仰祈圣鉴事。

奴才于十月初六日陛辞后，遵即束装出都，于十四日行抵天津，当与直隶督臣李鸿章筹商，统带本部铭军马步二十八营，又

① 此折原件、录副查无下落。且具奏日期未详，因《军机处随手登记档》同治元年至九年缺失，无从查考。兹录自《刘壮肃公奏议·出处略》，俾资考量。

分拨湖北提督郭松林[①]武毅军步队十营、总兵徐邦道马勇二十营，随征赴陕。惟查关中兵食昂贵，转运维艰。督臣李鸿章亲历其境，深知筹拨济运之难，必须先事图维，源源解运，庶免缺乏之虞。今拟于河南周家口、洛阳县、陕西潼关等处设立分局，逐节转运而前。所需饷银、军火等件，统由李鸿章随时会商两江督臣曾国藩、湖广督臣李瀚章，督催后路各台局，查照向章，力筹接济，自可事归划一。

奴才部署粗定，即分遣各队，整理行装，陆续前进，并饬带队各官沿途严加约束，务期兵民相安。奴才即于十月二十日由津起程，经过沧州、临清一带，料理队伍，趱速拔营，由河南境内分起入关。

所有由津起程日期，并分拨营数、筹商饷运各缘由，理合恭折由驿具陈。伏乞皇太后、皇上圣鉴。谨奏。十月十九日。

同治九年十月二十一日，军机大臣奉旨：知道了。沿途勇丁，严加约束，毋任骚扰。到陕后，于搜捕余匪、防堵边境各事宜，认真经理，勿负委任。钦此。[②]

## 四　奏报刊刻木质关防缘由片

同治九年十月十九日（1870 年 11 月 11 日）

再，奴才出京后，所有行营征调兵将，筹拨粮饷，一切奏

① 郭松林（1833—1880），字子美，湖南湘潭人。咸丰六年（1856），随曾国荃剿办太平军，以军功充把总。九年（1859），拔守备。十年（1860），升游击。十一年（1861），加奋勇巴图鲁名号。同治三年（1864），补江苏福山镇总兵，并给云骑尉世职。同年，署理福建陆路提督。六年（1867），统领武毅军，赏骑都尉。七年（1868），加一等轻车都尉。八年（1869），擢湖北提督。光绪六年（1880），调补直隶提督。同年，卒于任。谥武壮。

② 台北故宫博物院藏：《军机及宫中档》，文献编号：103640.

咨、檄行事件，现刊用木质关防，文曰“督办陕西军务前任直隶提督行营关防”，已于十七日开用，理合附片陈明。伏乞圣鉴。谨奏。

同治九年十月二十一日，军机大臣奉旨：知道了。钦此。[①]

## 五　奏报星速赴陕并渡黄河情形折

同治九年闰十月二十二日（1870年12月12日）

督办陕西军务前任直隶提督一等男奴才刘铭传跪奏，为军抵洛阳，遵旨星速赴陕并渡黄情形，恭折覆陈，仰祈圣鉴事。

窃奴才于十月二十日由津起行，业已奏明在案。二十三日，行至沧州，准兵部火票递回原折，军机大臣奉旨：知道了。沿途勇丁，严加约束，毋任骚扰。到陕后，搜捕余匪、防堵边境各事宜，认真经理，勿负委任。钦此。闰十月初三日，复于馆陶途次承准军机大臣字寄：十月三十日，奉上谕：刘铭传业已由津起程，着即赶紧前进等因。钦此。十九日，行抵洛阳，又准军机大臣字寄：闰十月十三日，奉上谕：本月，据锦丕勒多尔济[②]奏，乌里雅苏台贼势猖獗，于十月十九日窜陷乌城等因。钦此。仰见圣谟远大，洞察机宜，莫名钦悚！

奴才自天津启行后，调集沧州、临清、张秋一带队伍，分起

① 台北故宫博物院藏：《军机及宫中档》，文献编号：103641.

② 锦丕勒多尔济（？—1894），又名晋丕勒多尔济、金丕勒多尔济、济木丕勒多尔济，喀尔喀赛因诺颜部。道光二十五年（1845），封扎萨克多罗贝勒。二十八年（1848），署三音诺颜部落盟长。咸丰五年（1855），授三音诺彦部落盟长。七年（1857），充乾清门行走。同治三年（1864），封郡王衔。五年（1866），充御前行走，补乌里雅苏台参赞大臣，同年，署理乌里雅苏台将军。六年（1867），擢乌里雅苏台将军，封喀尔喀郡王衔世袭罔替。七年（1868），晋封郡王。光绪二十年（1884），卒。

前行，幸天气晴暖，师行无误，于本月十六日驰抵孟县。惟黄河现届冬令，水涸滩多，每日只可渡二三营，驼马尤难速渡，当饬各军于河岸近处暂扎行营，次第守渡。奴才于十六日先带亲兵过河，到洛阳筹设转运，奉旨饬催星速赴陕，遵即飞令各军日夜趱渡。除派记名提督黄桂兰①、滕学义统带铭字中军五营，前赴周口接管郭松林分拨十营队伍外，一俟各军渡齐，即先率现在马步二十五营，兼程赴陕，断不敢稍事稽延。

所有军抵洛阳渡黄情形，理合恭折覆陈，由驿五百里驰奏。伏乞皇太后、皇上圣鉴。谨奏。闰十月二十三日。

同治九年闰十月二十五日，军机大臣奉旨：（另有旨）◆1。钦此。②

【案】清廷于是年闰十月二十五日颁布谕旨，饬令各督抚等认真防剿，并令刘铭传兼程赴陕，速行派队扼守缠金，以保粮源，曰：

又谕：蒋志章奏，草地逆回窜入陕境，兜剿获胜，现调官军力顾河防；刘铭传奏，迅速赴陕，并渡黄情形各一折。怀远逆回窜扰三道河等处，经提督成镜春等叠次击败。其靖边一股闻我军获胜，即由猫儿湾、陈里川逸去。该逆复由怀远后山窜至绥德之吴家山，分扰清涧、安定等处。官军截击，叠有斩擒，着蒋志章督饬各军实力搜捕，将此股贼匪歼除净尽，务绝根株。吴堡、清涧、延川、延长、宜川一带滨近黄河，现届冰桥凝沍，处处可通，亟应防贼偷渡。而宜川之龙王辿尤关紧要，蒋志章即檄饬王名滔等严密布置，防剿兼施，以扼该逆窜晋之路。何璟现已出省履勘河防，着即督饬在防各军认真守御，毋令该匪阑入晋疆。定

① 黄桂兰（1836—1884），安徽肥东人。初入团练，嗣随淮军剿办太平军、捻军，以功历保都司、游击。同治十三年（1874），率部战于安南（今越南）。光绪七年（1881），率部再战安南，后以军功保记名提督。九年（1883），擢广西提督。十年（1884），中法之战，因安南北部北宁等地失守，在营自尽。

② 台北故宫博物院藏：《军机及宫中档》，文献编号：104312.

安务于沿河一带勤加侦探，遇有东窜之贼，即派兵会合拦剿，迅扫逆氛。昨谕刘铭传迅派大枝劲旅，由靖边、安边一带取道宁条梁，驰赴缠金扼扎，即着该提督兼程赴陕，速行派队扼守缠金，以保粮源。其余边内边外各要隘，并着统筹全局，择要布置，毋稍疏虞。将此由五百里各谕令知之。①

## 六 恭报到陕日期并暂难扼守缠金折

同治九年十一月初八日（1870 年 12 月 29 日）

督办陕西军务前任直隶提督一等男奴才刘铭传跪奏，为恭报到陕日期，并暂难拨队扼守缠金情形，仰祈圣鉴事。

窃奴才于闰十月二十七日陕州途次承准军机大臣字寄：闰十月二十二日，奉上谕：定安②奏，遵拨官兵赴乌会剿，并陈归绥吃紧情形◆1。边外望援，不可不设法筹拨，着刘铭传迅派大枝劲旅，由靖边、安边取道宁条梁，驰赴缠金，扼要屯扎，以保粮源等因。钦此。十一月初二日，行抵潼关，复准兵部火票递回洛阳拜发原折，奉旨：另有旨。钦此。承准军机大臣字寄：闰十月二十五日，奉上谕：昨谕刘铭传迅派大枝劲旅驰赴缠金，即着该提督兼程赴陕，速行派队扼守缠金，以保粮源。其余边内、边外，并着统筹全局，择要布置，毋稍疏虞！钦此。仰见圣谟广运，训示周详，曷胜钦佩！

---

① 中华书局影印：《清实录·穆宗毅皇帝实录（六）》，卷二百九十五，同治九年闰十月下，第 1091—1092 页，中华书局，1987。

② 定安（？—1897），字静村，叶赫那拉氏，满洲正黄旗人。咸丰年间，充察哈尔佐领。同治元年（1862），迁齐齐哈尔副都统。四年（1865），署伯都讷副都统。五年（1866），实授伯都讷副都统。同年，调密云副都统。七年（1868），擢绥远城将军。光绪六年（1880），调补黑龙江将军，办理东三省练兵事宜。二十年（1894），中日开战，因调兵不力革职，暂留办理练兵事宜。二十一年（1895），因病开缺。二十三年（1897），卒于张家口。

奴才于本月初六日统兵行抵西安，计由天津绕道山东、河南到陕，不下三千里，长途跋涉，军士寒苦，现拟稍驻休息，察看情形。查缠金至陕省尚有二千余里，中隔北山千余里，人烟稀少，游勇、土寇近又啸聚成群，道路险阻，扼守缠金，分兵固属不易，而军需饷项转运尤难，相应请旨饬下定安就近筹派队伍扼守缠金，以免贻误机宜。臣俟后队入关，饷项、军火运到，其应防应剿之处，当与抚臣蒋志章①随时会商，竭力赶办，断不敢稍事推延，有负朝廷委任之至意。

所有到陕日期并暂难拨队扼守缠金各缘由，理合专折具陈，由驿五百里驰奏。伏乞皇太后、皇上圣鉴，训示。谨奏。十一月初八日。

同治九年十一月十五日，军机大臣奉旨：（另有旨）◆2。钦此。②

【案】同治九年闰十月十八日，绥远城将军定安具折曰：

奴才定安跪奏，为遵旨筹拨官兵赴乌城会剿并归绥军务吃紧实在情形，恭折驰陈，仰祈圣鉴事。

窃奴才前奉谕旨，因窜匪复扰乌境，饬令奴才酌度绥城官兵是否可以调拨，奏明办理。当将绥归军务吃紧、官兵无可拨调各情形据实覆陈，于闰十月初四日驰奏在案。旋于初九、十一等日承准军机大臣字寄：同治九年闰十月初五、初七等日，迭奉上谕：张廷岳等奏，窜匪逼近乌城，

① 蒋志章（1814—1874），又名志惇，字恪卿，号璞山，江西铅山县人。道光二十五年（1845），中式进士，改庶吉士。二十七年（1847），授翰林院编修。二十九年（1849），充顺天乡试同考官。同年，补国史馆协修，转文渊阁校理。咸丰六年（1856），授江南道监察御史。十年（1860），升兵科给事中。十一年（1861），放广东督粮道。是年，署广东布政使。同治元年（1862），升广东盐运使。二年（1863），兼署广东布政使。三年（1864），调补四川按察使。六年（1867），转浙江按察使。同年，迁四川布政使。八年（1869），擢陕西巡抚。十三年（1874），卒于任。谥文恪。

② 台北故宫博物院藏：《军机及宫中档》，文献编号：104588. 又见《刘壮肃公奏议·出处略》。

道路梗塞，并乌城戒严，情形紧急，着定安于绥远城调得力官兵，遴员管带，饬令赶紧赴乌，为达尔济接应，不得以无兵可拨为词一奏塞责各等因。钦此。复于十三日接到前折，内开军机大臣奉旨：另有旨。钦此。同日承准军机大臣字寄：同治九年闰十月初九日奉上谕：福济等奏，窜匪欲犯乌、库，请饬拨官兵应援；定安奏，归绥官兵无可调拨各一折等因。钦此。

伏思乌里雅苏台为西北边陲雄镇，南扼新疆要隘，东为内外蒙古诸部落藩篱，归绥复与壤地相连，关系最为紧要。现在窜匪复扰，情形紧急，钦奉谕旨拨兵援应，奴才渥荷天恩，统领重兵，兼筹防剿，何敢稍分畛域，有误机宜！第归绥军务正当吃紧，所有防剿马步队伍实有不克分拨之势，不得不再为圣主缕细陈之。

查归绥现有吉林、黑龙江马队一千二百名，归副都统富勒珲统带，驻扎后套、缠金一带，前接沙金托海嵩武军廉营，后应大舍太神机营马队分防地段，南傍黄河，北通三公旗地界，东西相距几及千里，前敌各军采办军粮咸取给于此，是为诸军粮源总汇之区。前此无兵驻守西路，逆回勾结土匪，不时出没滋扰。自奴才到任后，请调神机营、吉林、黑龙江练兵驻扎该处，不惟土匪敛迹，即回逆亦不敢轻入其境，故两年以来，前敌各营得以飞刍挽粟，无误军糈，实缘该队驻扎保护之力。虽地大兵单，不克面面照顾，而军威所在，庶足以壮声势而镇人心。

刻值宁灵各军围剿逆寨得手之际，该逆嗾其党类，屡图窜越，扰乱我军粮道，叠经富勒珲函称，探得磴口、石嘴山一带，贼匪时去时来，乘间抢劫，而河南三道河等处亦时有贼踪。现在黄流冰洹，南岸无险可扼，处处均与北岸相通。该副都统修营挖濠，深沟高垒，以便有所扼守，仍分派队伍不时往各路侦巡。昨复接金顺来咨，探得陕回千余骑，有欲窜后套之信，请饬该处防军严加戒备各等语。

奴才查各军粮驮，均有队伍接护，故回逆虽出窜扰，粮道仍可往来，而未敢遽犯缠金、窥伺粮源者，未必非固有兵驻守之故。今因攻剿过急，铤而走险，冀缓环攻，其蓄谋实属谲狡，此时防之尚恐不及，若再将缠金队伍遽然远调，设该逆拼死北犯，无兵遏截，不独粮源被扰、前军有枵腹之虞，即包、萨一带人心亦必全行震动，关系实非浅鲜。至于绥城、津、京枪炮队伍连扎沿河，前为各路应援，后为归绥屏蔽。除包、萨、托、清各镇之外，其余口岸仍不能处处安兵，所恃该队罗织梭巡，互通声息，况当冰结成桥之际，倘一拨动，侦探巡查，各队兵力不足分布，难免有顾此失彼之虞。此枪队暨东三省马队势难分拨之实在情形也。

各队势难分拨，而乌城军情又复紧急，奴才筹思再四，焦灼万分，惟查有杜嘎尔在防时所带察哈尔亲军马队二百五十名仍留河西，现扎距归化六百余里之达拉特旗地方，为宋庆各军接应。宋庆所部分扎皇甫川答拉寨一带，遏贼匪由花定东窜之路。该马队尚在毅军之后。惟自达尔济所部察哈尔马队一千名赴援军台后，仅有该队在彼，奴才因札饬贝子札拉葛尔第及直字营马队与之互相联络，兵力似尚可分拨。

奴才揆度缓急，惟此项队伍现在可以酌量调赴乌城，且以察哈尔蒙兵赴援蒙境，言语既通，人情亦悉，较别项队伍尚能得力。奴才已飞札该队管带官副都统衔参领贡果尔克日督率所部，星夜来绥，将所需军火、器械、粮饷、驼帐竭力筹措齐备，饬令赶紧启程，仍一面飞札达尔济，并飞咨文盛转饬达尔济星夜带队驰赴乌城。其贡果尔所部即遵旨作为该队接应，统归福济调遣，荣全统率，会合各路劲旅，迅扫贼氛。

所有达拉特旗地方仍不可无兵填扎，拟将神机营骏骧马队饬令管带官头等侍卫成章，督饬前往，择要驻扎，以壮声威。除将筹办情形飞咨福济、荣全等查照外，理合恭折由驿覆陈。伏祈皇太后、皇上圣鉴。谨奏。闰十月十八日。①

【案】此奏于十年十一月十五日得清廷批复。《清实录》载曰：

谕军机大臣等：刘铭传奏到陕日期，暂难拨队扼守缠金，并请调李成先一军仍归北路各折片。前因乌城失陷，当谕刘铭传拨兵扎守缠金，以便富勒珲统带马队起程赴乌。兹据奏称缠金距陕较远，分兵不易，转运尤难，请饬定安就近派队扼守等语。乌城窜匪，据张廷岳等奏，已于十月二十三日仍回肃州。此时该提督兵勇既暂难拨赴缠金，即着定安仍

---

① 台北故宫博物院藏：《军机及宫中档》，文献编号：104165.

遵前旨，令富勒珲照旧实力严防，仍着刘铭传俟后队入关，饷项、军火运到后，派拨得力队伍前往缠金，节节进扎，并将应防应剿处所与定安、蒋志章随时会商，妥筹布置。

宁、灵一带贼匪，现被官军围剿，势已穷蹙，难保不以蒙古为掠食之地，刘铭传请令驻扎潼关之李成先一军调回北路，所筹亦是，即着李鹤年饬令李成先，统率所部，移赴北路，照旧归宋庆调遣，以厚兵力。刘铭传于疏通北山后，即驻兵定、靖，俟山西防务较松，即咨商宋庆，以包头为老营，会合定安马队，为蒙古游击之师，遏贼东窜。将此由五百里各谕令知之。①

## 七　奏请李承先一军仍归北路调度片

同治九年十一月初八日（1870 年 12 月 29 日）

再，闻此次窜陷乌城，系由通昌、通贵一路窜去之贼。无论乌城现在克复与否，蒙古地阔人弱，此后宁、灵一带无归之贼必以蒙地为掠食之处，非大枝队伍专顾边外，不足以遏贼窜。查湖南提督宋庆②，忠勇敢战，能耐劳苦，所部现驻皇甫川，而兵多分散。其在宁夏刘廷一军，暂难撤并。其守潼关李承先一军，以目前贼情、地势论之，似可调归北路。潼关尚有马德昭六营，堪资扼守。如遇警急，臣必随时派兵策应，以固中原门户。

---

① 中华书局影印：《清实录·穆宗毅皇帝实录（六）》，卷二百九十七，同治九年十一月中，第 1114—1115 页，中华书局，1987。

② 宋庆（1820—1902），字祝三，山东莱州人。咸丰三年（1853），充亳州练长。六年（1856），保守备。八年（1858），补千总，戴蓝翎。同年，保参将，换花翎。同治元年（1862），保总兵，加毅勇巴图鲁名号。四年（1865），迁河南南阳镇总兵。七年（1868），擢湖南提督，赏格洪额巴图鲁，封二等轻车都尉。十三年（1874），调补四川提督。光绪六年（1880），会办奉天防务。十六年（1890），加太子少保。二十年（1894），晋尚书衔，帮办北洋军务。二十四年（1898），总统毅军、武卫左军。二十八年（1902），卒于任。赠封三等男爵，谥忠勤。

河南抚臣李鹤年[①]于军务大局素有关顾，相应请旨饬下李鹤年仍将李承先[②]一军调回北地，照旧归宋庆统领节制，以厚兵力。将来奴才疏通北山之后，兵驻定、靖，山西河防较松，宋庆即可以包头为老营，会合定安马队，专为蒙地游剿之师，遏贼东窜之路，实于军务大局有禆。所有请旨饬下河南巡抚李鹤年调回李承先一军仍归北路缘由，理合附片，伏乞圣鉴。谨奏。

同治九年十一月十五日，军机大臣奉旨：（另有旨）◆1。钦此。[③]

【案】此奏片旋于是年十一月十五日得清廷批复，《清实录》载曰：

谕军机大臣等：刘铭传奏到陕日期，暂难拨队扼守缠金，并请调李承先一军仍归北路各折片。……宁、灵一带贼匪，现被官军围剿，势已穷蹙，难保不以蒙古为掠食之地，刘铭传请令驻扎潼关之李承先一军调

① 李鹤年（1827—1890），字子和，号雪岑，又号雪樵，奉天义州（今辽宁省义县）人，优附生。道光二十四年（1844），中顺天乡试举人。二十五年（1845），中式进士，改庶吉士。二十七年（1847），授翰林院编修。咸丰五年（1855），充顺天乡试同考官。同年，补福建道监察御史。六年（1856），升掌云南道监察御史。七年（1857），迁兵科给事中。九年（1859），授刑科掌印给事中。同年，丁父忧。同治元年（1862），简江苏常镇通海道。二年（1863），升河南按察使。同年，调补直隶按察使，兼署直隶布政使。三年（1864），实授直隶藩司。四年（1865），督办畿南防务。同年，擢湖北巡抚。五年（1866），补授河南巡抚。六年（1867），加头品顶戴。十年（1871），授闽浙总督。十一年（1872），兼署福州将军。十三年（1874），兼署福建巡抚。光绪元年（1875），调补河东河道总督，晋兵部尚书衔。三年（1877），稽查河南赈务，兼署河南巡抚。七年（1881），补河南巡抚，兼署河东河道总督。十年（1884），坐审办盗犯胡体安连疏抗辩，部议革职，以祝嘏恩赏降二级职衔。十四年（1888），以郑工复决，发军台效力。未几释归，并赏三品衔。十六年（1890），卒。宣统元年（1909），开复原官。著有《临漳河神庙碑记》《豫军纪略》等行世。

② 李承先（1836—1891），字光前，号摩云，安徽亳州人。咸丰五年（1855），因解亳州围功，赏六品功牌。同治初，以军功保都司，迁副将，赐节勇巴图鲁名号，并赏祖宗三代一品封典，再擢总兵，晋提督衔。八年（1869），署河北镇总兵，驻守潼关。十二年（1873），丁父忧，回籍终制。十三年（1874），募勇五营，前往福建，驻防泉州。光绪三年（1877），回籍养亲，以赈济灾民，赏随带三级。四年（1878），捐修书院，起文社，设义塾。九年（1883），奉调河南三镇营务处差遣。十一年（1885），统领三镇，调省练军。十四年（1888），署河南河北镇总兵，并办理通省营务。十七年（1891），补授河南归德镇总兵。同年，因病出缺。

③ 台北故宫博物院藏：《军机及宫中档》，文献编号：104589. 又见《刘壮肃公奏议·出处略》。

回北路，所筹亦是。即着李鹤年饬令李承先统率所部，移赴北路，照旧归宋庆调遣，以厚兵力。刘铭传于疏通北山后，即驻兵定、靖，俟山西防务较松，即咨商宋庆，以包头为老营，会合定安马队，为蒙古游击之师，遏贼东窜。将此由五百里各谕令知之。①

## 八　请饬山西抚臣派员帮同护解驼只片

同治九年十一月初八日（1870 年 12 月 29 日）

再，西路情形难于筹粮，尤难于转运，必须广购驼只，方足以利遄行。奴才曾由洛阳派员携带银两，先行赴归化一带，收购驼只一千匹，除咨明杀虎口监督于驼只到关即行按数验实免税放行，以免濡滞，并咨户、兵二部查照外，相应循例奏请免税，仰恳天恩，饬部知照各处一体遵办，并请旨饬下山西抚臣何璟转饬藩司张树声派员出口，帮同照料护解来陕，以期迅速。理合附片具陈。伏乞圣鉴，训示，施行。谨奏。

同治九年十一月十五日，军机大臣奉旨：（另有旨）◆1。钦此。②

【案】此奏于是年十一月十五日得旨允行。《清实录》载曰：

又谕：刘铭传奏，西路转运粮石必须广购驼只，现已由洛阳派员先赴归化一带，收买骆驼一千匹，请饬杀虎口监督于驼只到关时免税等语。着钟泰于此项驼只到关，即按数验实，免税放行，并着户、兵两部即行知照所过地方，一体免税。何璟即转饬藩司张树声派员出口，帮同照料，护解

① 中华书局影印：《清实录·穆宗毅皇帝实录（六）》，卷二百九十七，同治九年十一月中，第 1115 页，中华书局，1987。

② 台北故宫博物院藏：《军机及宫中档》，文献编号：104590.

赴陕，以期迅速。将此由四百里谕知何璟，并传谕钟泰知之。[①]

## 九 奏报分防扼要筹商大略情形折

同治九年十一月十六日（1871年1月6日）

督办陕西军务前任直隶提督一等男奴才刘铭传跪奏，为分派队伍驻防扼守，筹商大略情形，恭折奏闻，仰祈圣鉴事。

窃奴才于本月初六日行抵西安，业于初八日奏明在案。连日审度地势，筹画边防。查陕西与甘境接壤之处，甘回窜陕，或由庆阳、宁州以达乾、耀，或由定、靖以入北山，或由秦州、清水以扰汧陇，道路纷歧，非分防扼要，不足以遏贼窜，已于十三日派令记名提督刘盛休[②]、王德成等马步十四营进驻乾州，记名提督吴宏洛[③]、总兵张佩芝等马步九营驻扎耀州，以防中路。复商

① 台北故宫博物院藏：《军机及宫中档》，文献编号：104590.

② 刘盛休（1840—1916），字子征，安徽合肥人。初务耕读，后随族叔刘铭传兴办团练。同治元年（1862），投效淮军铭字营，随剿太平军，以功洊副将衔。旋剿办捻军，升总兵，加提督衔。光绪元年（1875），因刘铭传等辞归，接统铭军。十四年（1888），补南阳镇总兵。十五年（1889），授河南河北总兵，赏头品顶戴。二十年（1894），甲午战争，驻防辽宁虎山一带，扼守鸭绿江，兵败后辞归。晚年研究历史，研习书法。民国五年（1916），卒于籍。

③ 吴宏洛（1843—1897），字瑞生，安徽合肥人，武童。本姓刘氏，过继于母舅吴氏。咸丰七年（1857），投效淮军铭字营。八年（1858），以功赏六品功牌。同治元年（1862），获五品功牌，赏戴蓝翎。二年（1863），保千总，加守备衔。同年，保尽先都司，赏换花翎。三年（1864），保游击，晋副将衔。四年（1865），保副将。五年（1866），保记名总兵。六年（1867），保参将，加利勇巴图鲁勇号。同年，充淮军树字营官。七年（1868），保记名提督，赏一品封典。八年（1869），统带铭字左军六营。九年（1870），随刘铭传入陕，驻防耀州延安北山一带。十三年（1874），调防吴淞海口，监造炮台。光绪二年（1876），丁嗣父忧。九年（1883），调防广东长州，筑炮台十二座。十年（1884），统带宏字五营驻防台湾。十一年（1885），经刘铭传奏调援台。十二年（1886），总理澎湖防务，攻剿台湾中路番社。十三年（1887），补福建澎湖镇总兵。十四年（1888），赏头品顶戴。十六年（1890），总统攻剿台北大嵙崁、宜兰两处叛番滋事前敌各军。十九年（1893），丁嗣母忧。二十年（1894），经李鸿章奏调，统带宏字六营驻防直隶。二十一年（1895），补授直隶正定镇总兵。同年，调补直隶通永镇总兵，兼统直隶通永镇练军。二十三年（1897），卒于军。

抚臣蒋志章派令提督谭仁芳所部七营移驻凤翔，会合李辉武[1]一军，以防南路；拟调记名提督唐定奎[2]所统周口武毅军十五营，作速来陕，由韩城、宜川以入北山，进驻定、靖，专防北路。

惟昨唐定奎信来，据称于本月初十内外，始能接收武毅各营队伍，将弁既多更换，勇丁亦须挑补，一时尚难定期拔队，当饬其赶紧整顿，务于年内到陕，以便进兵防剿。部署初定，奴才即于十八日督率亲兵炮营，移驻乾州。其后路一切粮饷转运，俱交前甘肃藩司林之望[3]，督同各委员筹办接济，以期妥慎。

除俟唐定奎所部到陕后再将详细布置情形奏闻外，所有分派队伍驻防扼要、筹商大略各缘由，理合缮折由驿五百里具陈。伏乞皇太后、皇上圣鉴，训示。谨奏。十一月十六日。

同治九年十一月二十三日，军机大臣奉旨：知道了。着即督饬各队认真防堵，毋稍疏懈！北山伏莽尚多，并着派得力队伍，

---

① 李辉武（？—1878），湖南衡山人，周达武部将。咸丰中，从周达武镇压太平军，洊擢游击。咸丰十一年（1861），升副将，赐号武勇巴图鲁。同治三年（1864），以总兵记名，攻黑河番，焚芝麻第五寨，余寨皆降。同年，保以提督记名。同治八年（1869），授汉中镇总兵。十一年（1872），擢甘肃提督，仍留防汉中。光绪四年（1878），因病出缺。

② 唐定奎（1833—1887），字俊侯，谱名家祥，安徽合肥人，团首，偕兄以团首投效淮军铭字营，转战江苏。旋从刘铭传剿捻于山东、河南、安徽、湖北，积功累擢副将，赐花翎、清字勇号。同治六年（1867），兄殿魁战殁永滏河，遂统兄部，转战河南、山东，以功保提督记名。七年（1868），赐号呼敦巴图鲁，旋告归终养。九年（1870），丁母忧，回籍终制。十年（1871），回防徐州。十三年（1874），经李鸿章举荐，率部赴台。光绪元年（1875），以定台南功授直隶正定镇总兵，寻擢福建陆路提督。九年（1883），乞休未允。十一年（1885），因病开缺。十三年（1887），卒，谥果介。

③ 林之望（1811—1884），字伯颖，号远村，安徽怀远县人。道光二十四年（1844），中江南乡试解元。二十七年（1847），中式进士，改庶吉士。三十年（1850），授翰林院编修。咸丰二年（1852），充顺天乡试同考官。七年（1857），选江西道监察御史。十年（1860），补刑科给事中。十一年（1861），升户科掌印给事中。同治元年（1862），放甘肃巩秦阶道。二年（1863），加按察使衔。三年（1864），迁甘肃按察使。四年（1865），擢甘肃布政使。八年（1869），因病解职。九年（1870），赴刘铭传军幕。十二年（1873），调补湖北布政使。光绪元年（1875），开缺赴京另候简用。光绪四年（1878），纂《安徽通志》。后主讲庐阳书院、赓阳书院。光绪十年（1884），卒于籍。著有《春明馆赋稿》《觉世经解》《庚申日记》《荆居书屋诗集》《荆居书屋文集》《养蒙金鉴》，修《光绪续修庐州府志》等。

实力搜剿。缠金一带，仍遵前旨派勇前往扼要，以厚兵力。钦此。[①]

## 十 奏为御赏福字等项谢恩折

同治九年十二月十五日（1871年2月4日）

督办陕西军务前任直隶提督一等男奴才刘铭传跪奏，为恭谢天恩事。

窃奴才于十二月十二日准兵部递到军机处咨行赍奉单开，交出恩赏福字荷包、银钱、银锞、食物等项，钦颁到陕。奴才谨即恭设香案，望阙叩头祇领。

钦惟皇上璇宫秧祜，瑶箓膺图，羲画遥颁，洒翰则鸿文衍庆；舜裳作绘，佩囊则鱼带增华。祝太府之常充，坤珍毕阐；萃万方之作贡，鼎养方隆。列案光荣，举头恩重。奴才甫膺重寄，未报涓埃，效虎拜之对扬，仰龙光于咫尺。荣施逾分，惭感交萦。惟有勤操部伍，励三军敌忾之心；但期迅扫尘氛，慰九陛锡畴之意。

所有感激下忱，谨缮折恭谢天恩。伏乞皇太后、皇上圣鉴。谨奏。十二月十五日。

同治十年正月初七日，军机大臣奉旨：知道了。钦此。[②]

---

① 台北故宫博物院藏：《军机及宫中档》，文献编号：104689. 又见《刘壮肃公奏议·出处略》。

② 台北故宫博物院藏：《军机及宫中档》，文献编号：105559.

# 同治十年（1871）

## 一　奏报陕北防务并陈北山防剿情形折

同治十年正月初七日（1871 年 2 月 25 日）

督办陕西军务前任直隶提督一等男奴才刘铭传跪奏，为宁、灵一带回寨次第收复，陕北防务已松，唐定奎一军暂扎华阴，并陈北山防剿情形，恭折仰祈圣鉴事。

窃奴才于上年十一月十六日奏报移驻乾州，分兵驻防扼要，十二月初二日，准兵部火票递回原折，军机大臣奉旨：知道了。着即督饬各队认真防堵，毋稍疏懈。北山伏莽尚多，并着派得力队伍，实力搜剿。缠金一带，仍遵前旨派勇前往扼扎，以厚兵力。钦此。又于十二月初五日奉准兵部火票递到军机大臣字寄：十一月二十八日，奉上谕：蒋志章奏，铭军进扎中路，并派军分防南北一折◆1。据称刘铭传统率所部到陕后，当即饬令提督刘盛休等十四营进扎乾州，吴宏洛等九营分扎耀州，该提督复率亲兵前往乾州驻扎，并商派提督谭仁芳各营移扎凤翔，与李辉武一军声势联络，北山一带亦经严饬派防陕军会哨分防等语。着蒋志章、刘铭传饬令派出各营协力巡防，严密堵御，毋任甘回窜扰陕疆。至北山自宜、洛以达靖、定，地旷人稀，游匪零回，时虞纷窜。并着蒋志章、刘铭传悉心会商，先就现派陕军，饬令随时侦探，认真搜捕，俟唐定奎一军到陕，即令前进，以顾北路门户。蒋志章即饬成定康等举办赈济，招集流亡，使游匪无从勾结，以靖边陲。钦此。仰见圣虑周详，无任钦悚！

奴才于移驻乾州后，曾派记名总兵丁汝昌[①]、蒋希夷等，各率马队百余名，分往延安、定边一带，察看地势。其时尚不知乌城已复、金积就抚，故拟派唐定奎一军驻防定边，以固北路。现据金积堡探差回称，回匪饥窘万分，乞抚之后，尽缴马械，渐毁寨墙。其能战之贼，半多逃并西去。河北王疃等寨亦经金顺[②]、张曜[③]相继攻克，是宁、灵一带已可肃清。惟金积未复以前，北山地旷人稀，每有土匪游勇，百十成群，肆行抢劫。上年冬季，经抚臣蒋志章严饬驻防二十余营分段巡哨，奴才复派记名提督吴

① 丁汝昌（1836—1895），字禹廷，安徽庐江人。初隶长江水师，从刘铭传剿捻，积勋至参将。同治六年（1867），管带水师炮船，赐号协勇巴图鲁。同年，晋提督衔。光绪初，留北洋差使，赴英国购兵舰。七年（1881），加西林巴图鲁名号。八年（1882），赴朝鲜，朝军哗变，焚日使署，遂率济远、扬威二舰赴仁川、汉城护商，统七舰以济，薄王京，谒李应罡，执以归。九年（1883），补直隶天津镇总兵。十四年（1888），擢北洋海军提督，加头品顶戴。二十年（1894），加尚书衔。二十一年（1895），以甲午海战败饮药死。宣统二年（1910），开复原官。

② 金顺（1831—1886），字和甫，伊尔根觉罗氏，世居吉林，满洲镶蓝旗人，赐号图尔格齐巴图鲁。咸丰四年（1854），充领催。六年（1856），补吉林骁骑校。八年（1858），升吉林防御。十年（1860），授协领，加副都统衔。同治三年（1864），补镶黄旗汉军副都统。同年，调补西安左翼副都统。五年（1866），授宁夏副都统。同年，署宁夏将军。九年（1870），率军下金积堡，平宁夏。十年（1871），擢乌里雅苏台将军。十二年（1873），授正白旗汉军都统。十三年（1874），充帮办新疆军务大臣。光绪元年（1875），调乌鲁木齐都统。二年（1876），授伊犁将军，封云骑尉。十二年（1886），回京述职，病逝于途。赠太子太保，谥忠介。

③ 张曜（1832—1891），字朗斋，号亮臣，直隶大兴人，祖籍钱塘。咸丰初，以县丞留河南补用。四年（1854），请假回籍。五年（1855），保知县，加同知衔。六年（1856），署固始县知县。七年（1857），保直隶州知州，赏换花翎，加霍钦巴图鲁名号。八年（1858），保知府，加道衔。九年（1859），署光州直隶州知州。十年（1860），保道员，晋按察使衔。同年，丁母忧，继丁父忧。十一年（1861），迁河南布政使，旋以“目不识丁”被劾。同治元年（1862），改保总兵。二年（1863），加提督衔。四年（1865），乞假葬亲。六年（1867），保提督，赏骑都尉世职。九年（1870），补授广东陆路提督，加骑都尉兼一云骑尉，赏双眼花翎。光绪二年（1876），随左宗棠入疆，收复伊犁。三年（1877），晋一等轻车都尉兼一云骑尉。六年（1880），署帮办新疆军务。十年（1884），加巡抚衔、头品顶戴。次年，补广西巡抚，晋兵部尚书衔。十二年（1886），调补山东巡抚。十五年（1889），晋太子少保。十七年（1891），卒于任。赠太子太保，谥勤果。前被劾后致力学业，工诗善书，兼通六法，有《河声岳色楼集》行世。

宏洛由耀州抽拔两营并蒋希夷所带马队一哨，驻扎延安，会同陕军勤搜密捕。

迭据署延榆绥道成定康、延榆绥镇刘厚基[①]报称，该处镇、道等于榆绥境内屡次斩擒游匪多名，蒋希夷、喻步莲亦于安定、保安各属数有捕获，并陆续收捕百余人，分别遣散，山内逐渐安谧。以后能得良将严师以镇之，良吏实力以抚之，遗黎即可复业。日渐招集，固非仓猝所能奏功，又非大枝队伍所能为力也。唐定奎一军于上年十二月十二日自周口拔队，于二十六、七等日先后入关。现在北路无事，似不必驱健卒于山谷之中，劳师耗粮，已令分扎华阴、朝邑等处，暂行屯息，照常操练，且看将来军情何似，再定进止。

所有宁、灵一带回寨次第收复，陕北防剿已松，唐定奎一军暂扎华阴，并北山防剿情形，理合缮折由驿五百里具陈。伏乞皇太后、皇上圣鉴。谨奏。正月初七日。

同治十年正月十五日，军机大臣奉旨：览奏，已悉。着严饬各官兵认真防堵，毋稍疏懈。唐定奎一军，即分扎华阴、朝邑等处，实力操防，另备调遣。钦此。[②]

【案】同治九年十一月二十一日，陕抚蒋志章具闻铭军驻扎中路并派军分防情形，曰：

陕西巡抚臣蒋志章跪奏，为提督刘铭传统率所部由省起程，进扎

① 刘厚基（1840—1877），字子坤，号福堂，湖南耒阳坪田人。咸丰八年（1858），以武童投湘军果字营，隶步兵前锋。十一年（1861），以功递保蓝翎千总，加守备衔。同治元年（1862），赏戴花翎。二年（1863），保四川补用副将，加猛勇巴图鲁勇号。同年，晋总兵衔。三年（1864），升提督衔，加西林巴图鲁勇号。同治七年（1868），补陕西延绥镇总兵。八年（1869），以其弟案褫职。九年（1870），以功开复原官。光绪二年（1876），随左宗棠进疆，为北路前锋。三年（1877），疾发，卒于途。

② 台北故宫博物院藏：《军机及宫中档》，文献编号：105695. 又见《刘壮肃公奏议・出处略》。

乾、耀，以防中路，并商派谭仁芳一军移扎凤翔，以防南路，臣续檄饬北山各军加意防范，以昭慎密，恭折驰陈，仰祈圣鉴事。

窃臣前奉谕旨：金积堡现已合围，贼势穷蹙，难保不突围铤走，宋庆一军分扎皇甫川等处，与榆、绥相距较远，势难兼顾等因。钦此。时督办陕西军务前直隶提督刘铭传统率所部马步二十五营，于本月初六日行抵西安省城。臣即恭录咨会，一体钦遵办理。刘铭传连日审度地势，筹画机宜，于目前军事、贼情均能得其要领。当饬所部提督刘盛休、王德成等马步十四营，进扎乾州，提督吴宏洛、总兵张佩芝等马步九营分扎耀州。

十八日，刘铭传亦亲率亲兵炮营前往乾州，驻扎中路之防。兵力已厚，似可无虞。复商之臣檄饬提督谭仁芳，将原扎乾州、三原等处各营移扎凤翔，与李辉武声势联络。月前，河回裹协秦、徽一带零回，图窜凤翔，经李辉武伏兵于铁锯梁，大有斩获。贼胆已寒。兹更得谭仁芳一军协力固防，尤足以资守御。皇甫川一带亦经刘铭传附奏，请旨饬将李承先调回北地，归宋庆节制、专顾边外在案。

惟北山自宜、洛以达靖、定，千里之遥，烟户寥落。前此零回、游匪或数十人，或数百人，分窜攫食，迭经调营剿办，阵斩、生擒，网漏无几。然时值冬令，究虑饥寒所迫，余匪鸱张。现在刘铭传续调之提督唐定奎尚未到陕，所有派防北山陕军，臣仍一面严饬以会哨之法作搜山之计，分认段落，订定日期，节节捕巡，务使根株尽净。宜、延滨河等处亦令总兵王名滔等不时拨队侦防，杜贼潜逸；并檄催署延榆绥道成定康、署延安府宫尔铎、直隶州龙锡庆，会同道员邵涟迅，将臣拟定赈垦章程妥速举办。流亡既辑，庶游匪无从勾结矣。至以后陕省应防应剿事宜，臣与刘铭传自当随时会商，互求妥协，以冀仰副朝廷轸念西陲之至意！

所有铭军起程进扎乾、耀，并派谭仁芳一军移扼凤翔，臣续檄饬北山各军加意防范各缘由，谨缮折由驿五百里驰奏。伏乞皇太后、皇上圣鉴，训示。谨奏。十一月二十一日。①

---

① 台北故宫博物院藏：《军机及宫中档》，文献编号：104780.

## 二　奏为请饬定安拨队驻守南路折

同治十年正月二十八日（1871年3月18日）

督办陕西军务前任直隶提督一等男奴才刘铭传跪奏，为缠金道路隔绝，贼势现在趋重南路，仍催分兵，请旨饬下定安就近拨队驻守，以期便捷，恭折据实覆陈，仰祈圣鉴事。

窃奴才于本月二十六日，准兵部火票递到军机大臣字寄：同治十年正月二十日，奉上谕：定安奏，请饬副都统回任一折◆1。据称归化城副都统事务繁剧，刻下宁、灵军务已定，后路稍松，请饬富勒珲①回任等语。着照所请，饬令富勒珲即回本任，以重职守。其留防缠金马队，即交萨萨布统带，责令认真防范，毋稍疏虞！前据该将军奏，俟刘铭传之队一到缠金，即饬富勒珲统带该两省马队一千二百名，取道乌拉特旗，驰赴乌境协剿，当经饬令刘铭传派兵填扎该处，以便腾出吉林、黑龙江马队起程赴乌，刘铭传何以久未派拨？着懔遵前旨，迅派一军驰赴缠金驻扎，毋再推诿。定安候刘铭传派兵到后，即饬萨萨布统带前项马队驰赴乌城。钦此。

查定安前以乌城失守，奏令奴才派队替防缠金，以便拨兵赴乌。其时奴才尚未到陕，所部随行亦只铭字一军，无可分拨之队，曾经据实复奏，请饬定安就近拨队替守，仰蒙恩准，令暂缓拨兵。唐定奎一军甫经入关，本拟派赴北路，适因宁、灵一带回

① 富勒珲（？—1874），满洲多锦氏，黑龙江城镶白旗人。咸丰五年（1855），以领催从克瓜州，以功赏花翎，嗣补齐齐哈尔佐领。十年（1860），调防大沽口。同治三年（1864），加副都统衔。六年（1867），戍定远花马池。八年（1869），补归化城副都统。九年（1870），以河防解严赏头品顶戴。十一年（1872），护理绥远城将军。十三年（1874），卒于官。

寨剿抚渐定，边内边外现皆无事。迭据探报，河州回匪三千余骑于去腊二十六、七等日，潜越洮河，窜至岷州，与官军接仗，复窜巩昌、阜阳川一路，长驱东下，分股肆扰距秦州数十里之平南川、娘娘坝、盐关、李子园等处，时有战马二三百匹游掠滋扰，杀伤百姓甚多。又探岷州叛勇仍与官军相持，虽经议抚，拒抗如故，若该逆更向东窜，唐定奎所部即须移向汧陇一带，以固陕防。此外仍无可拨之兵。现奉旨饬催派军前赴缠金驻扎，以便萨萨布统军赴乌，奴才何敢推诿？

惟缠金距陕二千余里，北山之外尚有草地千余里，久无人烟，道路隔绝，若由陕分兵，必须由陕西、归化、包头一路始达缠金，计程四千余里，悬军远隔，声势不相联络，将官无所禀承，且淮军多系枪队，军火笨重，不惟转运多艰，亦恐运费无出。此等为难情形，想在圣明洞鉴之中。现闻黄河冰冻已开，贼在数千里外，河防无事。以奴才度之，北路兵力足资展布，应请旨饬下定安就近由河防内拨军，驻守缠金，以免迂缓。如以河冻虽开，贼踪虽远，河防仍不能松，或由定安指派段落，交奴才就近拔兵替守，以便该将军腾出队伍，拨军赴乌，接替均易，转运各便，彼此亦无可推诿之处。是否有当？伏乞训示。遵行。

所有缠金道路隔绝，贼势现在趋重南路，仍难分兵，请旨饬下定安就近拨队驻守，以期便捷各缘由，理合缮折由驿复陈。伏乞皇太后、皇上圣鉴。谨奏。正月二十八日。

同治十年二月初五日，军机大臣奉旨：另有旨◆2。钦此。①

【案】同治十年正月十四日，绥远城将军定安以地方紧要奏调副都

① 台北故宫博物院藏：《军机及宫中档》，文献编号：105991. 又见《刘壮肃公奏议·出处略》。

统回任，曰：

奴才定安跪奏，为归化城地方紧要，拟请将副都统早调回任，以资治理，恭折沥陈，仰祈圣鉴事。

窃奴才于上年春间，因后套缠金一带为宁、灵各军粮运总汇之区，该处驻扎之吉林、黑龙江马队亟须有大员统带，方足以资防剿。其时归绥并无熟悉军务大员，是以奴才权时势之缓急，不得已奏派归化城副都统富勒珲前往统率。到防以后，一切操练巡防，疏通粮运，剿捕窜匪，颇著勤劳。上年十二月间，奉旨将前任荆州副都统萨萨布交奴才差遣。奴才拟派萨萨布为帮办吉林、黑龙江马队统带官，俟春融消，再将队伍责成萨萨布统带，以便富勒珲仍回本任，当经奏蒙俞允在案。

惟时正值宁、灵各军围攻逆寨吃紧之际，恐有窜突匪众铤险出边，扰乱粮道。富勒珲于该处地方情形熟悉，必须在彼督饬防剿，以期无误事机。现在金积堡一带回寨业经投诚，王家疃庄亦已攻破，宁、灵军务，剿抚已定，缠金队伍虽仍须留扎，以备截剿窜回、搜捕余匪、镇压人心之用，而保护粮源之责已渐轻松，萨萨布到防已及一月，于地方情形亦可渐习。责令统带前项马队，认真防范，可保无虞。而归化城副都统专辖土默特、蒙古六十佐领，命盗、词讼事务最为繁剧，非他处与将军同城事简之副都统可比。

奴才自蒙恩兼署以来，于筹办防剿及将军本任公务之外，每遇副都统应办事件，无不详加酌核，妥慎办理。奴才气体素壮，惟前在南路军营积受风湿，本有头风及腰腿酸痛旧证，时发时愈。近因北地高寒，每至冬令，较前增剧，然以其无关紧要，不甚介意。迨去腊立春以后，手足筋络又复抽掣，头风不时作痛，行动尚能强步，而乘骑竟属维艰。

伏思归绥防务虽松，善后事宜仍须逐渐办理，再加以将军、副都统两任公务，深恐奴才病中精神稍有不周，或致贻误。若不据实陈明，不惟难免陨越之咎，且何以答高厚之恩！再四思维，惟有吁恳鸿慈，俯念归化城副都统责任繁重，奴才兼顾为难，饬令富勒珲不必候冰桥融解，即日将吉林、黑龙江马队交萨萨布接统，驰回本任，以重职守。奴才仍将善后各事及将军本任公务悉心经理，不敢少有疏懈，庶几责任稍轻，或病势不致加重，一面延医诊治，以冀速痊。

所有奴才沥陈下悃缘由，理合恭折具奏。伏祈皇太后、皇上圣鉴，训示。遵行。谨奏。正月十四日。①

【案】此折于同治十年二月初五日得清廷批复，《清实录》载曰：

乙丑，又谕：刘铭传奏，缠金道路隔绝，贼势现在趋重南路，仍难分兵，请饬定安就近拨队一折。据称河州回匪窜至巩昌、阜阳川一路，长驱东下，分股肆扰，秦州境内时有贼马游掠；岷州叛勇虽经议抚，抗拒如故，若该逆更向东窜，唐定奎所部即须移向汧陇，以固陕防，此外仍无可拨之兵。且缠金距陕甚远，悬军远隔，转运艰难，现闻河冰已开，北路兵力足资展布，请饬定安由河防内拨军驻守缠金，或由定安指派段落，交该提督拨兵替守，以便定安腾出队伍，拨军赴乌等语。南路回匪叛勇接踵纷乘，陕防实关紧要。刘铭传所筹各节，于接替转运尚属相宜，即着定安斟酌军情，会商刘铭传妥筹调派，以便萨萨布统带马队迅赴乌城，其汧陇一带防务，刘铭传务当勤加侦探，先事豫防，毋稍疏忽！将此由五百里各谕令知之。②

## 三　奏报派军填扎宝鸡一带缘由折

同治十年三月二十六日（1871年5月15日）

督办陕西军务前任直隶提督一等男奴才刘铭传跪奏，为遵旨派军填扎陕南宝鸡一带各军到防日期并布置大略情形，恭折覆陈，仰祈圣鉴事。

窃奴才于二月十九日准兵部火票递到军机大臣字寄：同治十

① 台北故宫博物院藏：《军机及宫中档》，文献编号：105771.

② 中华书局影印：《清实录·穆宗毅皇帝实录（七）》，卷三百四，同治十年二月上，第37页，中华书局，1987。

年二月十三日，奉上谕：曾璧光①、周达武②奏，筹办黔省军务，调队助剿等因。钦此◆1。仰见圣谟广运，调度精详，曷胜钦服！李辉武一军驻防陕南，素得民心，极为地方所倚重。

本年二月间，迭据陇州禀称，报回匪由秦安南趋。奴才当拟檄调唐定奎一军驰赴南路会剿。嗣闻李辉武、谭仁芳业已出队堵御，贼踪亦未到陕，遂令该军仍扎华阴。奉旨后，遵即饬令唐定奎克日拔队赴防，驻扎宝鸡；分派左军滕学义驻扎陇州，右军黄桂兰驻扎凤县，均于本月初二、三等日先后驰抵防所，沿途约束严整，并无滋扰地方等事。

除俟李辉武拔队再由抚臣蒋志章奏报外，所有遵旨派军填扎陕南宝鸡一带各军到防日期并布置大略情形，理合恭折由驿复陈。伏乞皇太后、皇上圣鉴。谨奏。三月二十六日。

同治十年四月初四日，军机大臣奉旨◆2：钦此。③

【案】同治十年正月二十二日，贵州巡抚曾璧光会衔提督周达武具折曰：

贵州巡抚臣曾璧光、贵州提督臣周达武跪奏，为筹办黔省两游，请调汉中镇李辉武带勇过黔逐剿，并拟请敕部议派各省协黔的饷，以凭添

---

① 曾璧光（1795—1875），字枢桓，四川洪雅人。道光三十年（1850），中式进士，选庶吉士。咸丰二年（1852），授翰林院编修。六年（1856），任教习庶吉士。七年（1857），充上书房行走。九年（1859），补贵州镇远府知府。同治元年（1862），署贵州贵东道。二年（1863），赏戴花翎。三年（1864），署贵州粮储道。四年（1865），迁贵州按察使。六年（1867），署贵州布政使。同年，署贵州巡抚，加二品顶戴。七年（1868），擢贵州巡抚。十二年（1873），加太子少保，赏头品顶戴，封云骑尉世职。光绪元年（1875），卒于任。追赠太子太保，谥文诚。

② 周达武（1813—1894），字梦熊，号渭臣，湖南长沙府宁乡县人。咸丰四年（1854），以武童从军，因功赏六品顶戴，拔补把总。五年（1855），升千总，赏戴蓝翎。六年（1856），迁守备。七年（1857），补都司。八年（1858），授游击，换花翎。九年（1859），擢参将。十年（1860），充营官，加总兵衔。同年，实授总兵。同治元年（1862），晋提督衔，赏质勇巴图鲁名号。同年，调四川建昌镇总兵，署四川提督。二年（1863），代理四川提督。四年（1865），调补贵州提督。七年（1868），加博奇巴图鲁勇号，赏穿黄马褂。十二年（1873），封骑都尉。光绪元年（1875），因病回籍调理。三年（1877），补授甘肃提督。二十年（1894），卒，赠尚书衔。

③ 台北故宫博物院藏：《军机及宫中档》，文献编号：106957.

军，恭折覆陈，仰祈圣鉴事。

窃臣等于同治九年十二月十九日承准军机大臣字寄：同治九年十一月二十四日，奉上谕：周达武奏，筹议剿办情形一折，所请添募兵勇一节，着周达武与曾璧光妥为筹画等因。钦此。跪读恩纶，仰见朝廷虑周军食，下怀无任钦感！

臣等遵即悉心筹商，查黔省上游，自清镇西达毕节，游匪出没，大道时虞梗阻。而盘江以南诸城久经逆回占据，苗夷狆党倚之以为援。时分时合，往往出安顺趋定广，往来驰突，州县警报频闻。计必以数千人，由郎岱、安南攻其左，以数千人由定番、归化攻其右，再以数千人循安顺向上，节节扫清，然后直指贞丰、兴义，与左右会而夹击，冀使聚歼，则上游用兵以万计也。

下游平越、瓮安实为遵义屏障，该处地方粗定，近接群苗，道路错杂，不可无重兵扼防。而都匀新复，前有八寨巨股扰扑，后有独山、麻哈之贼阻截，粮运面面堪虞。现拨六千人，固守城垣，兼防后路。至于前进机宜，臣达武拟亲率一万四千人，分为两军，一出独荔，以规八寨，一由麻哈，以图凯里。维时并檄平瓮、都匀两路防兵，屡次进逼，一路连营衔接，总期尺寸之地，有得必守，庶能步步深入，迅会楚师，则下游用兵以二三万计也。

两游贼匪多逋于龙、贵、定、广之间，必并举兼攻，划为两段，使不得通声息，以相救援，否则上剿下窜，下击上趋，牵缀官军，终于不可收拾。而兼办两游，统计护粮、剿贼，非近四万人不敷分布。盖实在情形如此。

查川省边防紧要，无兵可调。赴楚开招，亦缓不济急。惟臣达武字原部，前经四川署督臣崇实于同治七年奏派分军援陕时，臣达武驻军大安驿，将武字楚勇三千交右路营官，今汉中镇总兵李辉武管带，出驻宝鸡、汧阳间。除九年经陕西抚臣蒋志章抽拨王名滔一营外，尚有二千五百人，分扎宝鸡各路。现在，陕西军务奉派提臣刘铭传办理，陇右、金积堡之师，又已报捷，秦陇将士如云，客军李辉武数营自可抽拨出境。

查李辉武朴诚勇敢，自隶臣达武军营，由武童洊保今职，无不驰驱慷慨，为将率先，实臣达武素所倚赖。相应请旨敕下陕甘督臣左宗棠、陕西抚臣蒋志章，檄饬汉中镇李辉武交卸镇篆，即日带领楚勇二千五百人过黔，交臣达武调遣，以资臂助。其二千五百人系食川饷，并请敕下四川将军臣崇实、督臣吴棠，仍照旧章，将该部月饷由川拨解。想川省以援黔者，并而助黔，并非于协黔的饷之外另筹增益。崇实、吴棠素顾大局，当必允从。

臣达武随带原部楚勇五千九百，连中字一营楚勇六百，暨募定黔勇一万五千人。又将本省各军核实归并，还留八千人，拟俟李辉武到黔，令其再行添募，并原部足下一万四千人，查照前四川督臣骆秉章厘定章程，每楚勇一千，月饷银五千六百八十两。每黔勇一千，月饷银四千四百四十两。综计募齐三万八千之众，内楚勇九千，月需饷五万一千一百二十两。黔勇二万九千，需饷十二万八千七百六十两。军装及粮道运脚价，月需银三四万两，除川省月协的饷五万八千并李辉武一军由川给饷外，尚须按月添筹银十四万两有奇。

查黔省部拨军饷，月约银十二万余，应请敕下部议，除四川、湖南两省现在援黔，其旧拨饷需未便再计，酌派各省新加数万，合旧拨之饷，每月共凑成银十四万两，自同治十年为始，作为协黔的饷，按月拨解交收，由臣等核实报销，断不敢稍有浮冒。属在邻疆，亦非饶裕，何敢一再渎请？惟饷绌兵单，深恐日久无功，转滋咎戾。湖南援军正在办理得手，且虑会师迟缓，一并耽延，不能不早为筹画。倘荷天恩，俯准所请，各省疆臣亦欣然慨助，俾获展布宽舒，不敢谓一半年间，遽可告蒇成事，而上游现已进兵，幸将永宁收复。以次如议，办理下游，亦已驰师贵定，旋及定广。一经益饷添军，部署更为周妥，敢不激励将卒，分军八寨、麻哈等处，迅图勘定苗疆，藉慰宸廑！

所有筹办黔省两游，请调汉中镇李辉武带勇过黔助剿，并请敕部议派各省协黔的饷缘由，谨合词恭折由驿驰奏。伏乞皇太后、皇上圣鉴，训示。谨奏。正月二十二日。①

【案】同治十年二月十三日，曾璧光、周达武之奏得旨允行，《清实

① 台北故宫博物院藏：《军机及宫中档》，文献编号：106112.

录》载曰：

谕军机大臣等：曾璧光、周达武奏，筹办黔省军务调队助剿，请拨协饷一折。曾璧光、周达武现在筹商上下游两路，同时进兵。上游用兵以万计，下游用兵以二三万计。周达武随带原部楚勇五千九百名并忠字楚勇六百，暨募定黔勇共一万五千，再将本省各军选留八千，拟调李辉武所部二千五百人赴黔，令其再行添募，并原部足一万四千人，兼办上下两游，始敷分布。所筹自系实在情形。黔省军务，日久尚无起色，总由本省兵力过单，以致此剿彼窜。该抚等既拟兼办两游，筹定进兵之路，即当协力同心，相机调度，不可徒托空言。

李辉武本系周达武旧部，前带武字营勇三千援陕，经蒋志章抽拨王名滔一营外，尚有二千五百人，分扎宝鸡各路。现刘铭传督办陕西军务，所部不少，黔省亟须添兵，李辉武所部，着准其调往，以厚兵力。陕西南路宝鸡一带，与甘省秦州属境毗连，防务甚关紧要，着蒋志章、刘铭传会商，迅即拨队前往填扎。该提督本有移军前赴汧陇之奏，着即悉心布置，毋稍疏虞。李辉武所部俟刘铭传派队接防后，再行起程赴黔，归曾璧光、周达武节制调遣。该军向食川饷，着崇实、吴棠于月协黔饷五万八千两外，仍将月饷照常筹解，毋令缺乏。

曾璧光等此次筹添兵勇，除川省月协的饷及李辉武所部由川给饷外，按月尚需饷十四万两有余。部拨黔省军饷，每月约计银十二万余两，数尚不敷。着户部酌度情形，再于各省加派数万，合旧拨之饷，每月凑成银十四万两，自本年为始，作为协黔的饷，催令各该省按月拨解赴黔，以应急需。添兵添饷，均已照请办理。

周达武务当会商曾璧光妥为部署，督军进剿，戡定苗疆。黔省现拟分军两路，进规八寨、凯里，冀会楚师合剿下游。着刘岳昭檄令席宝田，迅督所部，扫荡而前，联络声势，不得稍存观望。将此由五百里谕知崇实、吴棠、蒋志章、刘铭传、刘岳昭、曾璧光，并传谕周达武知之。①

① 中华书局影印：《清实录·穆宗毅皇帝实录（七）》，卷三百五，同治十年二月中，第46—47页，中华书局，1987。

【案】此奏于是年四月初四日得旨允行，《清实录》载曰：

癸亥，谕军机大臣等：刘铭传奏，派军填扎宝鸡一折。据奏唐定奎一军已由华阴拔队，驰赴宝鸡，分军驻扎陇州、凤县等语。刘铭传饬令实力严防，遇贼即击，毋稍疏懈。甘省秦州一带与宝鸡等处接壤，该处情形若何？刻下有无贼踪？范铭所部叛勇虽已收降，有无余匪滋事？金积堡克复后，降众是否安置妥协？抑尚有余匪窜并河州？刘铭传如探有确实情形，随时奏闻。北山一带伏莽未清，该提督仍当派队搜捕，以靖地方，并分饬所部各营将弁随时认真操练，毋任勇丁稍滋事端。

另片奏，丁忧提督请俟撤防后终制等语。提督唐定奎、滕学义均着暂行留营，俟陕西撤防后，准其回籍补行终制。将此由四百里谕令知之。①

## 四　请准唐定奎等回籍补行终制缘由片

同治十年三月二十六日（1871年5月15日）

再，记名提督唐定奎、滕学义于上年秋季请假回籍省亲。九、十月间，同丁母忧。其时，奴才奉旨来陕，以该提督等向系铭军统将，奋勇得力，驰函招令作速回营，固不知其同遭母丧。该提督等因随征日久，休戚相关，一闻奴才赴陕，恐有战事，均取绋越来营。及至入关后，陕防无事。驻兵后，屡次禀请回籍终制。奴才因见贼踪渐远，陕防日松，不久即可凯撤，批令暂缓。

现在唐定奎等各统所部，分扎宝鸡、陇州一带，防剿紧要，尚非一时所能脱手，应恳天恩于陕西撤防后，准其回籍补行终制。该统带等必益加奋勉，以图报效，奴才亦收指臂之助矣。理

① 中华书局影印：《清实录·穆宗毅皇帝实录（七）》，卷三百八，同治十年四月上，第83页，中华书局，1987。

合附片陈明。伏乞圣鉴。谨奏。

同治十年四月初四日，军机大臣奉旨：（另有旨）◆1。钦此。①

【案】此奏于是年四月初四日得旨允行，《清实录》载曰：

癸亥，谕军机大臣等：另片奏，丁忧提督请俟撤防后终制等语。提督唐定奎、滕学义均着暂行留营，俟陕西撤防后，准其回籍补行终制。将此由四百里谕令知之。②

又【案】此奏片原件查无下落，录副未署具奏日期。兹据朱批日期“同治十年四月初四日”查《军机处随手登记档》③朱批刘铭传折栏，内即有此片，栏首署有“报五百里，三月二十六日乾州发”等字样。据此，此奏片之具奏日期当为“同治十年三月二十六日”无疑。兹据校正。

## 五　奏报调防边境并探报情形折

同治十年四月二十四日（1871年6月11日）

督办陕西军务前任直隶提督一等男奴才刘铭传跪奏，为移调马步队伍驻防边境，并陈探报情形，恭折仰祈圣鉴事。

窃奴才于奏报唐定奎一军填扎宝鸡一折，奉四月初四日上谕：刘铭传奏，派兵填扎宝鸡一折。据奏唐定奎一军已由华阴拔队驰赴宝鸡，分驻陇州、凤县。着刘铭传饬令实力严防，遇贼即击。甘省秦州一带与宝鸡接壤，刻下有无贼踪？范铭所部叛勇虽

① 台北故宫博物院藏：《军机及宫中档》，文献编号：106958.

② 中华书局影印：《清实录·穆宗毅皇帝实录（七）》，卷三百八，同治十年四月上，第83页，中华书局，1987。

③ 中国第一历史档案馆藏：《军机处随手登记档》，档案编号：03-0208-2-1110-091.

已收降，有无余匪滋事？金积堡克复后，降众是否安置妥协？抑尚有余匪窜扰河洲？刘铭传如探有确实情形，随时奏闻。北山一带伏莽未清，该提督仍当派队搜捕，以靖地方，并饬所部各营认真操练，勿滋事端。钦此。仰见圣虑周详，曷胜钦悚！

查秦州一带，自奴才到陕后，派有坐探，迭据报称，虽有零回时来滋扰，尚未大害地方。本月初一日，突自河州窜出回匪一股，分掠两当、徽县一带，当经李辉武所部队伍于两当城外堵剿获胜，该匪遂折向西去。复据平凉探报：本月十六日，隆德县周其俊会同恪靖马队，于马厂野鸡岘地方遇贼接仗，周其俊并帮带官同时阵亡，营官王副将不知下落，现在平凉派队出剿等语。查隆德、固原一带，游匪、零回出没无定，兼之叛回马彦泷党众四百余骑潜伏其中，贼知陕防兵重，固不敢深入掳掠。

但现当二麦登场之际，特恐贼骑飘忽，扰及陕边。除饬唐定奎一军严密分防外，奴才现调记名提督吴宏洛所部铭字左军六营步队，由耀州移驻长武；并派记名提督陈凤楼所部马队三营由三原移驻盩厔，记名总兵张佩芝马队三营由富平移驻邠州。据吴宏洛报称，现已料理拔队赴防。至于陕北一带，自春至今，抢劫案件甚少，能得防军营规整饬，有司吏治安详，自可日渐起色。抚臣蒋志章正躬率属，必能饬在事文武弭盗安民，以仰副朝廷绥靖地方之至意。

所有奴才移调马步队伍驻防边境并探报情形，理合恭折由驿具陈。伏乞皇太后、皇上圣鉴。谨奏。四月二十四日。

同治十年五月初一日，军机大臣奉旨：另有旨◆[1]。钦此。①

① 台北故宫博物院藏：《军机及宫中档》，文献编号：107422. 又见《刘壮肃公奏议·出处略》。

【案】此奏旋于五月初一日得清廷批复，《清实录》载曰：

又谕：刘铭传奏，调派队伍驻防边境，并陈探报情形各折、片。河州窜出回股，扰掠秦州一带，窥伺陕边。刘铭传现调提督吴宏洛等驻防长武等处，着即饬令勤操部伍，扼要严防，遇有匪踪，即行拦击，以固边圉。陕北一带渐臻安静，刘铭传仍当妥为弹压，搜捕伏匪，并饬该将弁整肃营规，严禁滋扰，以期绥靖地方。密片一件留中。将此由五百里谕令知之。①

## 六　遵旨密陈左宗棠军情片

同治十年四月二十四日（1871年6月11日）

再，查金积堡未复以前，悍贼逃并，西去甚多。克复之后，所余半皆妇女老弱，经左宗棠②安插得所，谅无反复。惟西路贼势甚大，金积堡虽然克复，军事稍有归属，岂得谓已定已安！左宗棠固属实心任事，奈所部之兵将堪战者寥寥。自金积堡克复后，诸将星散，至今迄无进剿之议。贼骑肆掠于秦、巩之间，如入无人之境。兵贵乘势，乃有虚声；抑或猛攻，以见实力。

今仅迁延岁月，不计虚糜，贼势未衰，兵气已散。揆形度

① 中华书局影印：《清实录·穆宗毅皇帝实录（七）》，卷三百十，同治十年五月上，第105页，中华书局，1987。

② 左宗棠（1812—1885），字季高，一字朴存，号湘上农人。道光十二年（1832），中式举人。十七年（1837），任教湖南醴陵渌江书院。咸丰元年（1851），入湘抚张亮基、骆秉章幕。咸丰四年（1854），升兵部郎中。十一年（1861），补太常寺卿。同治元年（1862），擢浙江巡抚，二年（1863），授闽浙总督。三年（1864），加太子少保，封一等恪靖伯。五年（1866），创办福州马尾船厂、求是堂艺局。同年，创兰州制造局。六年（1867），补授陕甘总督、钦差大臣，督办新疆军务。七年（1868），晋太子太保。九年（1870），赏骑都尉。十二年（1873），拜协办大学士，加一等轻车都尉。十三年（1874），授东阁大学士。光绪元年（1875），拜钦差大臣陕甘总督，督办新疆军务。四年（1878），晋二等恪靖侯。七年（1881），入直军机，管理兵部事务。同年，改授两江总督。十年（1884），授军机大臣，管理神机营事务。是年，充钦差大臣，督办闽海军务。十一年（1885），卒于福州，追赠太傅，谥文襄。著有《左文襄公全集》等行世。

势，既恐蒇事无期；叛勇降回，犹恐变生意外。奴才目睹心忧，情不自已，仰蒙天语下询，用敢据实一并密陈，伏乞圣鉴。谨奏。[①]

同治十年五月初一日，原片归箍。[②]

## 七　奏报预买战马以备补换缘由片

同治十年四月二十四日（1871年6月11日）

再，据统领马队徐邦道等禀称，所部马匹到陕后多有倒毙，亟宜派员出口添买、补数等语。查奴才所部马队八营、步队三十二营，每营皆须预买战马数十匹，以备补换，统计须买战马八百匹。

除派员携咨赴部换票出口外，仰恳天恩，饬部知照。理合附片具陈。伏乞圣鉴。谨奏。

同治十年五月初一日，军机大臣奉旨：该部知道。钦此。[③]

【案】此奏片原件查无下落，录副未署具奏日期。兹据朱批日期“同治十年五月初一日”查《军机处随手登记档》[④]朱批刘铭传折栏，内即有此片，栏首署有“报五百里，四月二十四日乾州发”等字样。据此，此奏片之具奏日期当为“同治十年四月二十四日”无疑。兹据校正。

---

① 台北故宫博物院藏：《军机及宫中档》，文献编号：107424. 又见《刘壮肃公奏议·出处略》。

② 此奉旨日期与内容，据《军机处随手登记档》（档案编号：03－0208－2－1110－118）校补。

③ 台北故宫博物院藏：《军机及宫中档》，文献编号：107425.

④ 中国第一历史档案馆藏：《军机处随手登记档》，档案编号：03-0208-2-1110-118.

# 八　奏报回众窜扰抢掠滋扰等情片

同治十年四月二十四日（1871 年 6 月 11 日）

再，正封折间，接据本月十六日发递探报，据称：本月初四日，突有回匪百余骑，窜至百花川，抢掠滋扰。初五、六日，又有另股回逆在于秦州西六十里铺，肆行剽劫，并攻破管镇子以南民堡一处，经宗岳步队并五旗马队迎剿获胜，毙贼数名，余逆败遁。官军马队跟踪追击，于初八日至礼县所属长道镇地方与回接仗，不意该处贼逆约有六七百之多，因寡众不敌，官军败退各等语。又探得十四日，突有回逆一千余骑，窜扰娘娘坝、高桥，延扰牡丹园等处，势甚猖狂。又，秦州北乡盐合城地方，突有贼回纷扰各等语。又探闻此股贼匪系河州之回，约有三千余众，潜渡洮河，长驱东下，现在盘据宁远州属之马坞、新寺一带，分股四出，以扰后路粮道，并欲掳掠新麦等情，驰报前来。

理合附片具陈。伏乞圣鉴。谨奏。

同治十年五月初一日，军机大臣奉旨：另有旨◆1。钦此。①

【案】清廷于是年五月初一日颁布谕旨，饬令左宗棠查明具奏。《清实录》载曰：

又谕：前因金积堡克复后，经谕令左宗棠将如何移营进剿之处妥筹布置。近闻河州回股于四月初间，窜扰两当、徽县一带，旋向西去。十六日，隆德县知县周其俊会同马队，遇贼于马厂野鸡岘地方，接仗阵亡。隆德、固原一带匪踪出没无定，兼之叛回马彦洮党众四百余骑潜伏其间，并闻另股回匪在秦州西六十里铺剽劫，攻破管子镇以南民堡一处，

① 台北故宫博物院藏：《军机及宫中档》，文献编号：107423.

经官军追击，于初八日至礼县所属长道镇地方，接仗挫败。十四日，又有回匪千余骑，窜扰娘娘坝、高桥，延扰牡丹园等处。秦州北乡盐合城地方亦有贼踪纷扰。此股回匪约有三千余众，由河州潜渡洮河，长驱东下，现在盘踞宁远县属之马坞、新寺一带，分股四出，以扰后路粮道。似此情形，贼势甚为猖獗，着左宗棠将近日军情确切查明具奏。前据奏称，调派刘明灯等所部，分向安定、静宁等处挽运军粮，以规进取，谅该大臣必已全局在胸，速筹办理。第恐所部将士或因金积既克，北路粗定，遽尔志骄意满，渐形懈弛，甚至观望迁延，不遵调遣。此等军营恶习，亦难保其必无。现在河州贼势方张，正当激励诸军，鼓行而西，灭此朝食，断不可玩时愒日，坐失事机！仍着将如何筹办情形迅速奏闻，以慰廑念。将此由五百里谕令知之。①

又【案】此奏片原件查无下落，录副未署具奏日期。兹据朱批日期“同治十年五月初一日”查《军机处随手登记档》②朱批刘铭传折栏，内即有此片，栏首署有“报五百里，四月二十四日乾州发”等字样。据此，此奏片之具奏日期当为“同治十年四月二十四日”无疑。兹据校正。

## 九 请留谭仁芳军驻陕缘由折

同治十年七月初九日（1871年8月24日）

督办陕西军务前任直隶提督一等男奴才刘铭传跪奏，为奴才旧疾举发，请假离营调理，并请旨饬留谭仁芳一军仍驻陕西，恭折仰祈圣鉴事。

窃奴才一介武夫，毫无知识。上年十月，仰蒙圣恩畀以专阃

① 中华书局影印：《清实录·穆宗毅皇帝实录（七）》，卷三百十，同治十年五月上，第105—106页，中华书局，1987。

② 中国第一历史档案馆藏：《军机处随手登记档》，档案编号：03-0208-2-1110-118.

之任，来陕督办军务，抚躬惭感，午夜难安！原冀稍立寸功，报称万一。到陕后，陕境已无贼踪，惟有督率练操，以期营伍日新，不料入夏以来，头风举发，引动肝气；交秋之后，愈形增剧，足不出户二十余日，若果陕防吃紧，自应力疾在营，以了此局。现在秦、徽、盐、固一带游氛日少，左宗棠不日闻即移驻静宁，甘军亦皆陆续西进，纵不能克日荡平，谅可严扼洮河，遏贼东窜。此后陕防更无吃紧之处，惟汧、陇与秦、徽接壤，略须防兵，以备不虞。查记名提督谭仁芳所部七营，前以湖南会匪滋事，奉旨饬调回鄂。现在会匪已平，似可毋庸回鄂。该提督久驻秦中，情形熟悉，主客亦甚相得。若令屯扎陕南，足资防守。

奴才所部四十营，每月正饷杂款需银不下二十万。当此民力凋敝、赋财缺乏之际，似未便筹饷于万难之中，养兵于无用之地，纵使忍耻虚糜，毫无补于大局。且军营纪律成之数年而不足，败之一旦而有余，久无战事，兵锐销磨，训练稍疏，渐成暮气。

奴才抱病日久，尤恐废弛。入关后，寸长未见，业已负疚于既往，曷敢贻误于将来！倘蒙圣鉴，陕西军务不甚吃重，饬知两湖督臣李瀚章[①]仍将谭仁芳一军留驻陕西，撤回淮军，奴才当力

① 李瀚章（1821—1899），初名章锐，字小泉、筱泉、敏旃、筱荃，安徽合肥人，李鸿章之长兄，拔贡生。咸丰元年（1851），署湖南永定县知县。二年（1852），署益阳县知县，加六品衔。三年（1853），署善化县知县，总理粮台。五年（1855），保直隶州知州，赏戴花翎。六年（1856），办理团防捐务。八年（1858），综理粮台，保湖南道员。十年（1860），会办江西厘税。同年，补江西吉南赣宁道，兼襄办江西团练。同治元年（1862），授广东督粮道。二年（1863），升广东按察使。三年（1864），迁广东布政使。四年（1865），擢湖南巡抚。六年（1867），调江苏巡抚，转浙江巡抚，赏头品顶戴。八年（1869），署湖广总督。九年（1870），实授湖广总督。十三年（1874），兼署湖北巡抚。光绪元年（1875），调补四川总督，未赴任。二年（1876），留任湖广总督。三年（1877），兼署湖北巡抚。八年（1882），丁母忧，回籍守制。十四年（1888），补漕运总督。十五年（1889），调补两广总督。十六年（1890），兼署广东巡抚。二十年（1894），加太子少保，旋以病归。二十五年（1899），卒于籍。谥勤恪。有《合肥李勤恪公政书》《李勤恪公奏议》等传世。

疾督率所部出关，商请两江督臣曾国藩、直隶督臣李鸿章酌量遣留，期于妥善。否则惟有仰恳天恩，派员前来接办军务，以重职守，即请赏假三个月，奴才回南就医，一俟病体痊愈，无论何处军务有可效力之处，定即赴营从事，决不敢自暴自弃，辜负圣主裁成，永作盛世之废材也。

所有奴才旧病举发请假调理，并请旨饬留谭仁芳一军仍驻陕西各缘由，谨缮折由驿具奏。伏乞皇太后、皇上圣鉴，训示。谨奏。七月初九日。

同治十年七月十七日，军机大臣奉旨：另有旨◆1。钦此。[①]

【案】此奏于是年七月十七日得清廷谕示，《清实录》载曰：

又谕：刘铭传奏，因病请假离营调理一折。览奏，实深廑系！现在秦、徽、盐、固一带游氛渐少，陕省无须多兵，谭仁芳一军即着留扎该省，以资弹压。该提督所部各军，着毋庸撤遣。本日，据总理各国事务衙门奏，俄国派兵，于五月十七日代为克复伊犁城池，已谕令荣全驰往筹办，惟闻该国尚有派兵规取乌鲁木齐之信，心生觊觎，渐不可制。傥乌鲁木齐再为所得，将来藉词要挟，办理更形棘手，本日已谕景廉、成禄先后带兵前进，相机规复乌鲁木齐，期于先发制人。惟景廉、成禄带队无多，亟须精兵劲勇接续西行，庶足以壮声威。该提督忠勇性成，情殷报效，且以有用之兵置之无用之地，尤属可惜，着即督率所部，由乾州鼓行而西，绕出兰州之北，由甘、凉、肃一路出关，节节前进，为收复新疆各城之计。刻下河州、西宁逆氛未净，关外如乌鲁木齐等城又不能任令外人从而生心，该提督惟有力疾从公，专任其难，以副朝廷厚望。将此由六百里密谕知之。[②]

---

① 台北故宫博物院藏：《军机及宫中档》，文献编号：108544. 又见《刘壮肃公奏议·出处略》。

② 中华书局影印：《清实录·穆宗毅皇帝实录（七）》，卷三百十六，同治十年七月下，第174—175页，中华书局，1987。

又谕：据刘铭传奏，旧疾举发请假离营调理一折。该提督以陕西现无战事，南路防务亦松，欲率所部东行，与曾国藩、李鸿章酌商遣留，固为节省饷需起见。惟以有用之兵置之无用之地，已属可惜。刘铭传忠勇奋发，年力正强，更当为朝廷出力。本日，据总理各国事务衙门奏，俄国已派兵代为收复伊犁，该国询问如何办理等语。勤兵略远，后患方长，且闻该国尚欲带兵收复乌鲁木齐，若再令逞志于乌，则彼国更有词可藉，或至肆行要求，事机至迫，不可稍涉迁缓，因谕署伊犁将军荣全带队前往伊犁，收回城池；并谕景廉、成禄先后统率兵勇，规复乌鲁木齐。一面寄谕刘铭传，令其督率所部，由乾州鼓行而西，绕出兰州之北，由甘、凉、肃一带出关，节节前进，为克复新疆各城之计，庶于大局有益。至该提督全军饷项，关系紧要，即着曾国藩、李鸿章妥速筹商，宽为豫备，源源接济，以利师行。总理各国事务衙门及刘铭传折各一件，均着钞给阅看。将此由六百里各密谕知之。①

## 一〇　奏报暂难出关恳假离营养病折

### 同治十年七月二十五日（1871年9月9日）

督办陕西军务前任直隶提督一等男奴才刘铭传跪奏，为复陈兵勇、道路情形，暂难出关，并吁恳天恩赏假三个月，离营调养，恭折仰祈圣鉴事。

窃奴才于七月二十三日承准军机大臣密寄：奉上谕：刘铭传奏，因病请假离营调理一折。览奏，实深廑系！现在秦、徽、盐、固一带游氛渐少，陕省无须多兵，谭仁芳一军即着留扎该省，以资弹压。该提督所部各军毋庸撤遣。本日，据总理各国事务衙门奏，俄国派兵于五月十七日代为克复伊犁，已谕荣全驰往

① 中华书局影印：《清实录·穆宗毅皇帝实录（七）》，卷三百十六，同治十年七月下，第175页，中华书局，1987。

筹办。惟闻该国尚有派兵规取乌鲁木齐之信，心生觊觎，渐不可制。倘乌鲁木齐再为所得，将来藉词要挟，办理更形棘手。本日已谕景廉[①]、成禄[②]先后带队前进，相机规复乌鲁木齐，期以先发制人。惟景廉、成禄带队无多，亟须精兵劲勇接续西行，庶足以壮声威。该提督忠勇性成，情殷报效，且以有用之兵置之无用之地，尤属可惜！即着督率所部，由乾州鼓行而西，绕出兰州之北，由甘、凉、肃一路出关，节节前进，为收复新疆各城之计。刻下河州、西宁逆氛未净，关外如乌鲁木齐等城又不能任令外人从而生心。该提督惟有力疾从公，专任其难，以副朝廷厚望。后路饷需，已令曾国藩、李鸿章宽筹接济矣。钦此。跪诵之下，仰见圣虑宏深，无远弗届，曷胜钦悚！

惟查伊犁地方至嘉峪关五千二百余里，与乌鲁木齐相距一千九百二十里。自乾隆二十年勘定以来，始有事于新疆，先后数次用兵，皆以肃州为粮台重地，节节安设转运，车驼之费不可胜计。当时财赋充足，甘肃无事，以天下之全力，故能师出有功。

① 景廉（1823—1885），字俭卿，号季泉、秋坪，颜札氏，满洲正黄旗人。咸丰元年（1851），中举。二年（1852），中式进士，选庶吉士。三年（1853），授翰林院编修，旋补翰林院侍讲，转国史馆协修。同年，补文渊阁校理。四年（1854），充日讲起居注官。是年，授翰林院侍讲学士，管文渊阁事。五年（1855），迁咸安宫总裁。寻升内阁学士兼礼部侍郎衔。是年，充福建乡试正考官。六年（1856），授玉牒馆副总裁。七年（1857），授工部右侍郎，兼管钱法堂事务。同年，充考试汉御史阅卷大臣。八年（1858），补镶红旗满洲副都统，署正蓝旗满洲副都统。同年，充顺天乡试监临。九年（1859），调刑部右侍郎，兼署吏部右侍郎。是年，补授伊犁参赞大臣。同治元年（1862），补叶尔羌参赞大臣。五年（1866），加头等侍卫，调补哈密帮办大臣。十年（1871），擢乌鲁木齐都统。光绪元年（1875），授正白旗汉军都统，转都察院左都御史。同年，充考试大臣。二年（1876），署步军统领、正白旗蒙古都统。是年，入直军机，署工部尚书、正红旗满洲都统。同年，拜总理各国事务大臣。三年（1877），授军机大臣、工部尚书，管理火药局事务，署正蓝旗蒙古都统、镶红旗汉军都统。四年（1878），调户部尚书，兼署工部尚书。同年，授国史馆正总裁。五年（1879），署吏部尚书，充会试正考官。六年（1880），充经筵讲官。七年（1881），拜前引大臣。九年（1883），授兵部尚书。十一年（1885），署镶蓝旗蒙古副都统。同年，卒于任。著有《奏疏》《冰岭纪程》等行世。

② 成禄，生卒年不详，满洲镶白旗人。咸丰三年（1853），充火器营鸟枪护军。七年（1857），保候补参领。十一年（1861），加总兵衔。同治元年（1862），补陕西陕安镇总兵，寻晋提督衔。四年（1865），擢乌鲁木齐提督。

目前肃州贼尚盘踞，河湟逆氛未净，自静宁西去，非大队不能前行。纵使奴才督带所部，转战出关，以后饷项、军火，隔绝数千里，运道不通，何由接济？此道路暂难出关之情形也。奴才所部淮勇多系江、皖之人，步队居多，器械笨重，耐寒行远，非其所长。且勇非营兵可比，去留无所限制，一旦驱令出关，必多逃亡，尤恐中途溃败，滋成事端，有碍大局。此兵勇暂难出关之情形也。

奴才本有头风旧疾，请告在籍，原欲休养数年，除去病根，再行效力，以图报称，讵于上年五月，天津民夷滋事，奉旨饬令到营。其时畿辅只有铭字一军，奴才若不星驰赴急，上不足以报国恩，下不足以励士气。初拟天津事定后，依旧乞假归里养疴，不期行至中途，已渥邀赏赉之恩，甫得瞻仰天颜，即畀以专阃之任。奴才自顾何人，迭蒙皇上高厚之恩，敢不竭诚图报！亦自恃年力正强，虽有夙疾在身，尚可勉力从公。不料到陕之后，任大事繁，稍为操劳，头风即行举发。交秋以来，更形增剧，饮食日渐减少，兼之肝气上冲，遇有风雨将作之际，或有劳神之处，轻则昏晕片时，不省人事；重则脑疼欲裂，数日不止，辗转反侧，坐卧难安。据医家云，从前头受枪伤，出血过多，疮口未合，复受风雨，现在气血两亏，病根久远，非药石所能为力，惟有安心静养，可望轻减。

奴才再四思维，日久不能视事，深恐贻误戎机，有负圣主委任之意，故前折乞假调养。武夫粗直，发言由衷，不敢稍涉虚伪。似此沉疴不减，万难从事疆场，惟有吁恳天恩赏假三个月，离营调养。所有营务一切暂交记名提督骆国忠[①]、河南简放知府

① 骆国忠（1835—1873），安徽凤阳人。初入太平军。同治元年（1862），投清。二年（1863），擢副将，加总兵衔。同年，以功赐劲勇巴图鲁名号，署京口水师副将。三年（1864），保以总兵记名。同年，以病乞假归里。五年（1866），从刘铭传剿捻。六年（1867），保提督记名，赐黄马褂。九年（1870），从刘铭传赴陕。十二年（1873），卒于军营。谥勇肃。

方策勋[①]，会同照料。一俟病体稍痊，定即回营视事，决不敢退避偷安，自外生成！

倘蒙圣主格外矜全，从此有生之日，皆天恩再造之年，曷胜惶恐待命之至！谨缮折由驿五百里据实复陈。伏乞皇上圣鉴，训示。谨奏。七月二十五日。

同治十年八月初七日，军机大臣奉旨：另有旨◆1。钦此。[②]

【案】清廷旋于是年八月初七日颁布谕旨，《清实录》载曰：

又谕：刘铭传奏，复陈兵勇、道路情形，势难出关，并请赏假离营养病一折。新疆远在西陲，朝廷本欲俟甘肃肃清，再行筹饷筹兵，力图大举。近因伊犁地方经俄国代为收复，并有代规乌鲁木齐之说，若不迅赴事机，为先发制人之计，竟令邻国得遂狡谋，以后更难措手，是以特命刘铭传率旅西行，为国家力任其难，建兹伟绩。兹据该提督所陈各节，河湟未靖，转饷艰难，江皖之人又不宜冲寒涉远，自系实在情形。刘铭传又因伤疾举发，亟须静心调养。览奏之余，曷胜廑念！惟边外事机紧迫，万不可置为缓图。淮军素称节制之师，且非刘铭传居中调度，亦难兵将一心。刘铭传着赏假一个月，在营安心调理，一俟病体就痊，即行督率所部陆续西进，由甘、凉一带转战而前，即在肃州屯扎，无庸出关，庶声威较壮，成禄等军即可一意西行，不至跋前疐后，于大局较有裨益。该提督军行饷需及应于何处设立转运粮台之处，并着斟酌情形，详晰奏

---

① 方策勋（1834—1886），安徽怀宁人。咸丰八年（1858），由文童投效楚军，经荆州将军多隆阿派办营务。十年（1860），保从九品。十一年（1861），保按察司经历，并戴蓝翎，加六品衔，旋经湖广总督官文保知县，加同知衔。同年，保湖北直隶州知州，并换花翎。同治元年（1862），保知府。同年，丁母忧，经多隆阿奏明回籍穿孝百日，回营终制。三年（1864），以军功交部从优议叙。四年（1865），服满，经官文委办营务。五年（1866），丁父忧，回籍。六年（1867），经李鸿章奏调赴营。同年，保道员。七年（1868），服满起复，委办铭军营务。九年（1870），赏加盐运使衔。十一年（1872），赴部引见。光绪十年（1884），经刘铭传调赴台湾，办理营务。十一年（1885），委派监修基隆炮台。十二年（1886），在营病故。

② 台北故宫博物院藏：《军机及宫中档》，文献编号：108880. 又见《刘壮肃公奏议·出处略》。

明。一面与曾国藩、李鸿章酌度办理。将此由五百里谕令知之。①

## 一一　奏报转运情形并恳续假回籍调理折

同治十年九月初九日（1871 年 10 月 22 日）

督办陕西军务前任直隶提督一等男奴才刘铭传跪奏，为遵旨详晰奏明转运情形，并陈奴才病难速痊，仰恳天恩续假三个月，回籍调养，恭折仰祈圣鉴事。

窃奴才于同治十年七月二十五日②具奏暂难出关情形，并请赏假离营调养一折，于八月十四日准兵部火票递回原折内开：军机大臣奉旨：另有旨。钦此。同日，承准军机大臣字寄：八月初七日，奉上谕：刘铭传奏，复陈兵勇、道路情形暂难出关，并请赏假离营养病一折。新疆远在西陲，朝廷本欲俟甘肃肃清，再行筹饷筹兵，力图大举。近因伊犁地方经俄国代为收复，并有代规乌鲁木齐之说，若不迅赴事机，为先发制人之计，竟令邻国得遂狡谋，以后更难措手，是以特命刘铭传率旅西行，力任其艰，建兹伟绩。兹据所陈各节，河湟未靖，转饷艰难，江皖之人不宜冲寒涉远，自系实在情形。刘铭传又因伤疾举发，亟须静心调养，披览之余，曷胜廑念！惟边外事机紧迫，万不可置为缓图。淮军素称节制之师，且非刘铭传居中调度，亦难兵将一心。刘铭传着赏假一个月，在营安心调理。一俟病痊，即行督率所部陆续西进，由甘、凉一带转战而前，即在肃州屯扎，毋庸出关，庶声威较壮，成禄等军即可一意西行，不至跋前疐后。该提督军饷应于

① 中华书局影印：《清实录·穆宗毅皇帝实录（七）》，卷三百十七，同治十年八月上，第 192 页，中华书局，1987。

② 录副误作“二十六日”，兹校正。

何处设立转运粮台，并着斟酌情形，详晰奏明，与曾国藩、李鸿章酌度办理。钦此。仰见圣恩宽大，训示周详，莫名钦感！

查由陕西赴肃州路程，北自固原、中卫以达凉州，素非官道，且人烟稀少，城郭萧条，觅食采薪为难，军行不便，须由平凉、会、静以达兰州，迤逦而西。惟洮河以东贼氛未靖，大枝人马自无阻碍，以后转运饷械，必得节节屯兵护送，始能前进，如甘军之在狄道，迭据各统领函称，转运不济，粮价缺乏，困苦异常等情。淮军之到肃州，呼应既无甘军之灵便，车驼又无甘军之众多，道出甘军二千里外，彼此相形，其中艰阻情状，谅在圣明洞鉴之中。且闻肃州一带兵乱已久，居民寥落，一旦屯数万之众，必得附近地方有粮可办，乃能持久。

奴才于奉旨后，即派员前往察看情形，一面商请曾国藩、李鸿章筹备饷项，拟俟病体稍痊，即行料理拔队西进。不料两月来，病势日剧，毫未轻减，忽于八月初旬，两足发肿，初以湿气下侵，不以为意，至今二十余日，青肿愈甚，午未之后，步履维艰。在营现无良医可觅，又不能安心静养，一时万难痊愈，尤恐久不视事，众心懈怠，营规日渐废弛，积久患生，难保无贻误之处。病中忧急，午夜不安！

现在假期已满，痼疾难瘳，惟有仰恳天恩续假三个月，回籍调理，所有奴才部下淮军，并请旨派员接统，迅赴事机，以免贻误，曷胜惶恐待命之至！谨缮折由驿五百里具陈。伏乞皇太后、皇上圣鉴，训示。谨奏。九月初九日。

同治十年九月十六日，军机大臣奉旨：另有旨◆1。钦此。①

① 台北故宫博物院藏：《军机及宫中档》，文献编号：109524. 又见《刘壮肃公奏议·出处略》。

【案】此奏于是年九月十六日得旨允行，《清实录》载曰：

又谕：刘铭传奏，病难速痊，恳恩赏假回籍调理，并请派员接统淮军各折、片。刘铭传着赏假三个月，回籍调理。至请饬曹克忠来陕统带马步各队，本日已谕令李鸿章传知该提督即行前往矣。甘省军情紧要，曹克忠未经到陕以前，刘铭传仍当妥筹布置，不得以接统有人遽行诿卸。俟曹克忠到陕，该提督再行回籍调理，以重防务。将此由四百里谕令知之。[①]

## 一二　密荐曹克忠接统替归片

同治十年九月初九日（1871年10月22日）

再，肃州形胜之地，能得劲兵强将坐镇其间，既可为关外之声援，又可分河湟之贼势。奴才自应仰邀圣谟，力图报称，亦知淮军部伍易将为难，奈病势日剧，万难支持，思维再四，不敢坐误事机。惟淮军自立门户，越兰州而西，进驻肃州，三千余里，贼踪飘忽，后路不靖，若由平凉安设转运，节节屯兵护送，纵有转运之费，亦无护运之兵，且恐主客不能联络，各存界限，尤非军务所宜。

查前任甘肃提督曹克忠[②]，有谋敢战，熟悉西路情形，回匪素惮其威名，若将奴才所部分配马步二十营，交该提督统率赴

① 中华书局影印：《清实录·穆宗毅皇帝实录（七）》，卷三百二十，同治十年九月下，第227页，中华书局，1987。

② 曹克忠（1826—1896），字荩臣，直隶天津人，赐捍勇巴图鲁名号。咸丰五年（1855），投效军营。六年（1856），以功拔把总，戴蓝翎。七年（1857），加守备衔。九年（1859），升直隶杜胜营都司。十年（1860），补参将。同年，授副将，晋总兵衔。同治元年（1862），加提督衔。二年（1863），迁河州镇总兵。四年（1865），擢甘肃提督。十年（1871），办理甘肃一带军务。光绪元年（1875），丁母忧，回籍终制。六年（1880），授钦差，督办海防。九年（1883），率军抗法。十年（1884），补广东水师提督。十一年（1885），因病开缺。二十年（1894），甲午战争，总统津胜营马步全军抗日。二十二年（1896），卒于军。谥果肃。

甘，至兰州归穆图善[①]会商调度，由甘、凉相机前进，兵数较少，转运稍易。以后该军饷项即由李鸿章饬知后路，按数拨归西征粮台袁保恒[②]，搭解赴甘，运至兰州，再由穆图善派队护运，既可免分门别户，又无须添饷增兵，似于西路军务大局有裨。如蒙圣明采纳，曹克忠现在天津，即请旨饬下李鸿章转饬该提督克日来陕，接统队伍，以期早赴事机。

奴才当俟曹克忠到陕后交代妥当，再行离营。其余队伍或就地遣裁，或撤回两江，交曾国藩、李鸿章酌量遣留之处，并乞皇上训示。遵行。是否有当？伏乞圣鉴，谨附片具奏。

同治十年九月十六日，军机大臣奉旨：另有旨◆1。钦此。[③]

【案】此案于是年九月十六日得旨允行，《清实录》载曰：

又谕：本日据刘铭传奏，病难速痊，请假离营，并请饬曹克忠赴陕接统淮军等语。铭军营数较多，素尚整饬，曹克忠现在天津，前经李鸿章奏称堪备将材之选，自必知之有素，若令该员接统淮军，是否相宜？

---

① 穆图善（1828—1886），字春岩，满洲镶黄旗人，那拉塔氏。道光二十六年（1846），充骁骑校。咸丰三年（1853），补委参领。五年（1855），赏戴蓝翎。六年（1856），赏换花翎。七年（1857），升防御。八年（1858），授佐领。九年（1859），迁协领。十年（1860），加副都统衔。十一年（1861），加西林巴图鲁勇号。同治元年（1862），补西安左翼副都统，晋都统衔。三年（1864），署钦差大臣，督办关陇军务。同年，擢荆州将军。四年（1865），补授宁夏将军。六年（1867），兼署陕甘总督。十二年（1873），授云骑尉。光绪元年（1875），署正白旗汉军都统、吉林将军。三年（1877），补青州副都统。是年，补授察哈尔都统。五年（1879），调补福州将军。十一年（1885），授钦差大臣，会办东三省练兵事。十二年（1886），卒于军。谥果勇。

② 袁保恒（1826—1878），字小午，号筱坞，河南项城县人，伊勒图巴图鲁勇号。道光三十年（1850），中式进士，改庶吉士。咸丰二年（1852），授编修。七年（1857），加侍讲衔。九年（1859），补文渊阁校理。同年，充顺天乡试同考官。同治元年（1862），补翰林院侍讲、侍读，授右春坊右庶子。二年（1863），帮办团练。七年（1868），赴陕甘总督左宗棠军营差遣。十一年（1872），授少詹事。同年，升詹事府詹事。十三年（1874），迁内阁学士兼礼部侍郎衔。同年，补户部左侍郎，管理三库事务。光绪元年（1875），兼署吏部右侍郎。二年（1876），署刑部左侍郎。同年，充顺天乡试考官、复试阅卷大臣、朝考阅卷大臣。三年（1877），兼办河南赈务。四年（1878），卒于任。谥文诚。

③ 台北故宫博物院藏：《军机及宫中档》，文献编号：109525. 又见《刘壮肃公奏议·出处略》。

如果实能胜任，即着迅速奏明，派令赴陕。一面仍遵前旨，饬令来京陛见。至刘铭传所称由平凉至肃州转运较难，拟分配马步二十营交曹克忠统率赴甘，至兰州归穆图善会商调度，由甘、凉相机前进，兵数较少，转运稍易，以后该军饷项即由李鸿章饬知后路拨归西征粮台，搭解兰州，再由穆图善派队护运。其余队伍或就地遣裁，或撤回两江，酌量遣留等语。所筹各节是否合宜？并着李鸿章妥筹奏闻。将此谕令知之。①

【附】同治十年十月十五日，提督曹克忠具折奏报起程赴陕日期，曰：

办理甘肃肃州一带军务前甘肃提督奴才曹克忠跪奏，为恭报奴才起程赴陕日期，恭折仰祈圣鉴事。

窃奴才遵旨赴京陛见，于九月二十九日到京，迭蒙召见两次，并奉军机大臣传谕：同治十年十月初一日奉上谕：前任甘肃提督曹克忠曾在甘省剿贼，谙悉戎机，着即前赴陕西，接统刘铭传所部淮军，迅赴甘肃肃州一带，办理军务，准其专折奏事等因。钦此。仰见圣谟广运，训示周详，钦悚之余，自应懔遵妥办，勉图报称！

奴才于初三日陛辞后，即日驰赴天津，招集旧部、在籍将弁，添募亲军小队，并商请督臣李鸿章酌拨军官、饷银，随带前往，以备沿途应用。部署粗定，拟即于十月十六日由津起程，取道河南，一路驰赴陕西乾州刘铭传军营，会同分拨营伍，妥筹粮运一切事宜，暂行随时奏报，以慰宸廑！

再，奴才由津赴陕及抵津后带队筹画防剿，有应行奏咨文牍、事件，行营借印不便，必须刊用关防，以资信守。兹由奴才商请李鸿章钦遵谕旨，刊发木质“办理甘肃肃州一带军务前甘肃提督行营之关防”，即日开用。合并陈明。

除分咨查照外，所有奴才起程赴陕日期，理合恭折由驿具奏。伏乞皇太后、皇上圣鉴。谨奏。十月十五日。

---

① 中华书局影印：《清实录·穆宗毅皇帝实录（七）》，卷三百二十，同治十年九月下，第227—228页，中华书局，1987。

同治十年十月十八日，军机大臣奉旨：知道了。肃州军务紧要，着即迅速赴陕，统带淮军，驰赴肃州，妥筹防剿，勿稍延缓。钦此。[①]

## 一三　奏报交待清楚离营日期折

同治十年十二月初三日（1872年1月12日）

督办陕西军务前直隶提督一等男臣刘铭传跪奏，为奴才交待清楚，恭报离营日期，恭折仰祈圣鉴事。

窃奴才于同治十年九月初九日具奏病难速痊，仰恳圣恩赏假三个月回籍调理，并请调曹克忠来陕接统队伍一折。臣于九月二十三日准兵部火票递回原折，内开军机大臣奉旨：另有旨。钦此。同日，承准军机大臣字寄：同治十年九月十六日，奉上谕：刘铭传奏，病难速痊，恳恩赏假回籍调理，并请派员接统淮军各折、片。刘铭传着赏假三个月，回籍调理。至请饬曹克忠来陕统带马步各队，本日已谕令李鸿章传知该提督即行前往矣等因。钦此。仰见圣恩宏大，训示周详，感佩曷胜！

奴才钦遵之下，当将驻防各军大小将领传面商择。其可以赴甘者，选配马步二十营，调回乾州；并因西路利用马队，复经添拨总兵徐邦道[②]所部楚军马勇二营，合之铭军步队十七营、马队三营，共二十二营队伍。两月以来，奴才虽在病中，逐日督令操练，未尝稍懈，尤恐易将之际各兵勇生心潜逃，特商后路筹解补

① 台北故宫博物院藏：《军机及宫中档》，文献编号：109985.

② 徐邦道（1837—1895），字见农，四川涪州人，行伍出身。咸丰五年（1855），由武童投效湖北军营。九年（1859），以功保参将，旋回本籍办团。同治元年（1862），迁副将。二年（1863），加冠勇巴图鲁名号。旋坐汉中失守，褫职。嗣从副将杨鼎勋援苏、浙、闽，以功开复处分。六年（1867），随刘铭传剿办捻军。七年（1868），升总兵，换鉴僧额巴图鲁勇号。同年，署江苏徐州镇篆务。光绪四年（1878），擢提督。六年（1880），调驻天津军粮城，补授正定镇总兵。二十一年（1895），病殁。

发欠饷三个月，按入营之先后，分限五个月，刊立饷票，陆续给发，限每营约以百人为度，派员专司其事。各该勇有所系念，皆无去志。纵有不愿赴甘、请假回籍者，募补较易，现在头限欠饷甫经发给十二营◆1。

曹克忠业于十一月二十九日驰抵乾州，奴才接见后，即将二十二营队伍备文移请曹克忠点验接统。所有应领饷项数目并军火、军械一切，俱皆逐款移交，毫无轇轕。其余武毅一军队伍，本系记名提督唐定奎统领，驻陕南宝、凤一带。十月下旬，统领楚军谭仁芳来乾，商请接替陕南防务，恐至隆冬雨雪，栈道艰险，师行不便。奴才当饬唐定奎腾出营垒，交谭仁芳派队驻守，即由该提督统带所部，于上月中旬先行陆续出关，由周家口一带驰赴徐州，听候两江督臣曾国藩调遣。

奴才到陕经年，所用正杂饷项，均于后路给清，至本年十二月止，统归李鸿章报销。现在并无经手未完事件，定于十二月初三日离营回籍，其督办陕西军务关防一颗应即销毁。

除一切办理情形会同曹克忠具奏外，所有奴才交待清楚离营日期，谨缮折由驿四百里具奏。伏乞皇太后、皇上圣鉴。谨奏。十二月初三日。

同治十年十二月初十日，军机大臣奉旨：知道了。钦此。①

【案】同治十年十二月十四日，新任提督曹克忠抄呈刘铭传《发饷遣勇示谕》：

谨将刘铭传发饷遣勇示谕，钞录清单，恭呈御览。

为剀切晓谕事。照得本爵军门因病乞假，钦奉上谕：准假三个月回籍调理，令将所部各军分拨马步二十营，归曹军门接统，以资赴甘防剿

① 中国第一历史档案馆藏：《军机录副》，档案编号：03-4776-036.

等因，钦遵在案。惟念所拨马步各营将官勇丁相随多年，转战数省，艰险备尝。兹又远道从征，一旦舍去，未免依依。现于协饷中抽款补给各该营欠饷三个月，发交营务处方守经管，刊立饷票，按期分给。自本年十一月起，按限分五个月止，由该勇丁自行持票支领，不许短少、扣平，姑示体恤，以全终始。合亟出示晓谕。为此示仰马步各营将弁勇夫一体知悉。自示之后，尔等务当仰体本爵军门因病回籍，出自不得已之苦衷，曹军门统兵有年，拊循士卒，谅可甘苦与共，尔等谨慎从事，断无异视之心！

至于弁勇，或以积劳过久，或因亲老丁孤，有欲回本籍者，准按入营之先后，届期，陆续告假，所给欠饷可为回籍之资。其有志上进、情愿效力者，所领欠饷即作安家之费，嗣后届期乞假与否，听其自便，该管营官毋得故意拒留，致负本爵军门爱恤士卒之至意。

凡准假之勇，仍须填给路票，使得畅行无阻，庶不致中途羁留。倘经此次明白晓谕，该勇丁等有不候期限私行潜逃者，一经拿获，准该营官立照军法从事。其各懔遵毋违。特示。

军机大臣奉旨：览。钦此。①

## 一四　请将许应辰等员交曹克忠委用片

同治十年十二月初三日（1872年1月12日）

再，奴才到陕之后因转运采办需人，曾调已革同知衔广东永安县知县许应辰、降选府经历县丞前广东候补同知甘泽溥、已革知府用直隶候补直隶州知州捐复知州衔王郊、已革同知衔陕西候补知县吴功全等四员随营差委。该革员等办事均极勤慎，因陕西无事，遣撤在迩，俱未奏请留营。

① 中国第一历史档案馆藏：《清单》，档案编号：03-4830-047.

现在曹克忠统军赴甘，正在需人差遣之际，拟恳天恩将许应辰等四员交曹克忠留营委用，是否有当？伏乞圣鉴。谨附片具奏。

同治十年十二月初十日，军机大臣奉旨：着照所请，吏部知道。钦此。[①]

【案】此奏片之具奏日期，录副仅以奉旨日期为之，未确。据奉旨日期“同治十年十二月初十日”查《军机处随手登记档》[②]朱批刘铭传折栏，则署有“报四百里，十二月初三日乾州发”等字样。据此，此奏片之具奏日期当为“同治十年十二月初三日”无疑。兹据校正。

## 一五　奏请于皖省合建忠祠缘由片

同治十年十二月初三日（1872年1月12日）

再，奴才所部铭军自同治元年随同李鸿章出征以来，转战江、皖、豫、鄂、直、东等省，大小数百战，历年阵亡并在营因伤病故文武官弁七百余员名，阵亡兵勇五千余人。除记名提督唐殿魁[③]、陈振邦，副将刘朝煦等已奉旨准于立功并本籍地方敕建忠祠外，其余官弁兵勇查系籍隶安徽合肥者居多，拟恳天恩，准于本籍地方合建忠祠，以记名提督刘克仁、刘盛璋为主祀，用光

① 中国第一历史档案馆藏：《军机录副》，档案编号：03-4776-037.

② 中国第一历史档案馆藏：《军机处随手登记档》，档案编号：03-0205-4-1110-329.

③ 唐殿魁（？—1867），字荩臣，安徽合肥人。咸丰十年（1860），奉巡抚翁同书檄，率乡团解寿州城围，嗣克三河汛，解六安围，叙千总。同治元年（1862），从淮军援上海，克南汇、川沙、奉贤、金山卫、柘林五城，积功累擢都司，赏戴花翎。二年（1863），克江阴杨舍汛城，擢游击，赐振勇巴图鲁名号。同年，复江阴县城，擢参将，旋再克无锡，保总兵。三年（1864），克常州，保提督记名。四年（1865），从刘铭传渡淮剿捻。五年（1866），授浙江衢州镇总兵。六年（1867），调补广西右江镇总兵。同年，没于阵。赠太子少保，予骑都尉兼云骑尉世职，谥忠壮。

泉壤，以妥忠魂。是否有当？伏乞圣鉴。附片具奏。

同治十年十二月初十日，军机大臣奉旨：着照所请，该部知道。钦此。[①]

【案】此奏片之具奏日期，录副仅以奉旨日期为之，未确。据奉旨日期“同治十年十二月初十日”查《军机处随手登记档》[②] 朱批刘铭传折栏，则署有“报四百里，十二月初三日乾州发”等字样。据此，此奏片之具奏日期当为“同治十年十二月初三日”无疑。兹据校正。

## 一六　请将唐士纯等员从优议恤缘由片

同治十年十二月初三日（1872 年 1 月 12 日）

再，奴才去冬督军到陕以来，累据各统领营官呈报伤亡提督唐士纯[③]等四员，积劳病故同知洪绍猷、副将高占魁等十一员，先后请恤前来。

理合缮具清单[④]，恭呈御览。仰恳饬部各按原品原衔，照限外伤亡及在营立功后积劳病故例，分别从优议恤，以广天恩而慰死士！谨附片具陈。伏乞圣鉴，训示。谨奏。

同治十年十二月初十日，军机大臣奉旨：唐士纯等均着照所请，交部分别议恤，单并发。钦此。[⑤]

---

① 中国第一历史档案馆藏：《军机录副》，档案编号：03-4776-038.

② 中国第一历史档案馆藏：《军机处随手登记档》，档案编号：03-0205-4-1110-329.

③ 唐士纯（1836—1871），又名思纯，号锡嘏，安徽合肥人。咸丰初年，在乡办团。同治元年（1862），投效淮军，以功拔哨官，管带炮队。先后随曾国藩、李鸿章转战数省，积功至简放提督。后奉命西征，驻节关中。十年（1871），以伤卒。

④ 此清单查无下落，待考。

⑤ 中国第一历史档案馆藏：《军机录副》，档案编号：03-4776-039.

【案】此奏片之具奏日期，录副仅以奉旨日期为之，未确。据奉旨日期“同治十年十二月初十日”查《军机处随手登记档》① 朱批刘铭传折栏，则署有“报四百里，十二月初三日乾州发”等字样。据此，此奏片之具奏日期当为“同治十年十二月初三日”无疑。兹据校正。

## 一七　奏为采买战马请饬照例免税片

同治十年十二月初三日（1872年1月12日）

再，奴才于本年五月因各军需用马匹，曾经奏明派员进口采买战马八百匹，请旨饬部，知照在案。现在叠准户部来咨，以未曾声叙照例免税，饬令重行奏明。查此项马匹甫经到陕，现经奴才分给马步各营应用，是否照例免税之处，仍恳天恩，饬知户部遵照。谨附片具奏。

同治十年十二月初十日，军机大臣奉旨：着该部查明向章，照例办理。钦此。②

【案】此奏片之具奏日期，因主折查无下落，录副仅以奉旨日期为之，未确。据奉旨日期“同治十年十二月初十日”查《军机处随手登记档》③ 朱批刘铭传折栏，则署有“报四百里，十二月初三日乾州发”等字样。据此，此奏片之具奏日期当为“同治十年十二月初三日”无疑。兹据校正。

---

① 中国第一历史档案馆藏：《军机处随手登记档》，档案编号：03-0205-4-1110-329.

② 中国第一历史档案馆藏：《军机录副》，档案编号：03-4784-048.

③ 中国第一历史档案馆藏：《军机处随手登记档》，档案编号：03-0205-4-1110-329.

# 一八　奏报前甘肃藩司林之望恳请陛见片

同治十年十二月初三日（1872年1月12日）

再，奴才于上年十月由天津启行时，曾经直隶督臣李鸿章奏调前任甘肃藩司林之望、翰林院编修吕耀斗①来陕，赞助一切◆1。现在陕防已撤，并无经手未完事件。据林之望呈称，该藩司于同治元年补授甘肃巩秦阶道，历升甘肃藩司，现已十载，久疏入觐，恋阙情殷，呈请据情代奏，请旨赴京陛见，展仰天颜，以遂犬马恋主之忱等情，前来。

除翰林院编修吕耀斗仍回原衙门当差，仰恳天恩，饬知翰林院衙门知照外，前甘肃藩司林之望是否准其赴京陛见之处，伏乞圣鉴，训示，遵行。谨附片具奏。

同治十年十二月初十日，军机大臣奉旨：着来见。钦此。②

【案】此奏片之具奏日期，因主折查无下落，录副仅以奉旨日期为之，未确。据奉旨日期“同治十年十二月初十日”查《军机处随手登记

① 吕耀斗（1828—1895），字庭芷，一字定子，号鹤园、鹤缘，江苏阳湖县附生。道光二十六年（1846），中举。三十年（1850），贡士，殿授二甲，改庶吉士。咸丰二年（1852），授翰林院编修。同年，请假回籍迎亲。四年（1854），在籍丁忧。七年（1857），服满到院。八年（1858），充国史馆纂修。九年（1859），因前在籍办赈出力，赏加五品衔。同年，充陕西副考官。同治元年（1862），请假回籍迎亲。同年，丁父忧。五年（1866），服满捐道员。六年（1867），因历年剿匪出力，经陕西巡抚谭钟麟奏请以道员分省补用。九年（1870），充功臣馆纂修。同年，赴刘铭传军营差遣。十年（1871），请咨赴部引见。十一年（1872），回翰林院衙门当差。十二年（1873），京察一等。光绪元年（1875），补文渊阁校理。三年（1877），赴左宗棠军营差委。七年（1881），经船政大臣黎兆棠奏调，充船政提调。十二年（1886），署直隶清河道，充天津水师学堂总办，嗣办绥巩支应局事务。二十年（1894），署理天津道篆务，仍兼办绥巩支应局事务。二十一年（1895），补授永定河道。同年，卒于任。平生工画墨兰，兼能词，著有《鹤缘词》，编《丹徒县志》等存世。

② 中国第一历史档案馆藏：《军机录副》，档案编号：03-4655-042.

档》[1] 朱批刘铭传折栏，则署有“报四百里，十二月初三日乾州发”等字样。据此，此奏片之具奏日期当为“同治十年十二月初三日”无疑。兹据校正。

【案】同治九年十月二十四日，直隶总督李鸿章奏调林之望等赴铭军差遣，曰：

再，刘铭传督师赴陕，粮饷营务及联络地方官绅，在在均关紧要，必须得人助理。查有前任甘肃藩司林之望，朴诚廉悫，深得民心。该员籍隶皖北，与淮军易于浃洽，又熟悉陕甘情形；翰林院编修吕耀斗，学识兼长，结实可靠，臣本拟奏调来直襄筹一切，兹刘铭传虚己求贤，臣与面商，若调该二员往助，当有裨益，可否请旨饬林之望、吕耀斗迅赴刘铭传军营，赞画戎机，以资得力。理合附片陈请，伏乞圣鉴，训示。谨奏。[2]

① 中国第一历史档案馆藏：《军机处随手登记档》，档案编号：03-0205-4-1110-329.
② 顾廷龙，戴逸主编：《李鸿章全集·奏议四》，第106页，安徽教育出版社，2008。

# 同治十三年（1874）

## 一　代奏刘铭传奉旨开复原官谢恩折

同治十三年十二月（1874年1月）

安徽巡抚奴才裕禄[①]跪奏，为在籍提督奉旨开复原官，呈请代奏，叩谢天恩，恭折仰祈圣鉴事。

窃据在籍前任直隶提督刘铭传呈称：本年十一月二十五日，接准行知：准兵部咨开：同治十三年十月初二日，内阁奉上谕：已革提督刘铭传，着加恩开复原官。钦此。跪聆之下，感激难名！当即恭设香案，望阙叩头谢恩讫。伏念铭传皖右菲材，执殳行阵。同治十年间，奉命简派西征，因病蒙恩赏假回籍调理，于移交所部兵勇，办理乖方，难辞重咎，渥荷圣主逾格鸿施，仅予革职，仍留男爵。沐隆恩之优厚，实感愧之交萦！兹复钦承恩旨，开复原官，闻命自天，悚惶无地！铭传惟俟风疾稍痊，力行

① 裕禄（1844—1900），字寿山，喜塔腊氏，满洲正白旗人，监生。咸丰七年（1857），充刑部笔帖式。同治元年（1862），补刑部主事，转清档房堂主事。二年（1863），升刑部员外郎。三年（1864），授刑部郎中。六年（1867），放直隶热河兵备道。七年（1868），升补安徽按察使。同年，署安徽布政使。十一年（1872），迁安徽布政使，署理安徽巡抚。十三年（1874），擢安徽巡抚。光绪十年（1884），署两江总督。十一年（1885），署湖广总督、湖北巡抚。十三年（1887），调补湖广总督。同年，兼署两江总督、办理通商事务大臣。十五年（1889），调盛京将军。二十一年（1895），补授福州将军。二十二年（1896），充船政大臣。二十三年（1897），调补四川总督。二十四年（1898），充军机大臣上行走，署镶蓝旗汉军都统。同年，授礼部尚书，充总理各国事务衙门上行走。是年，调补直隶总督，办理通商事务兼北洋大臣。二十六年（1900），卒于官。

图报。追维既往，弥殷冰惕之怀；策励将来，冀效驽骀之力，以期仰答高厚鸿慈于万一！

所有感激下忱、叩谢天恩缘由，呈请代奏前来。理合恭折具奏。伏乞皇上圣鉴。谨奏。

同治十三年十二月二十四日，奉旨：知道了。钦此。[①]

① 台北故宫博物院藏：《军机及宫中档》，文献编号：118622.

# 光绪二年（1876）

## 一 奏为在籍奉赏剿匪方略谢恩事

光绪二年七月十一日（1876年8月29日）

一等男爵前直隶提督奴才刘铭传跪奏，为恭谢天恩，仰祈圣鉴事。

窃奴才接准两江督臣沈葆桢咨：承准军机处咨开：奉旨颁赏《剿平粤匪方略》一部、《剿平捻匪方略》一部。由差弁敬谨赍送前来。奴才当即恭设香案，望阙叩头谢恩祗领讫。

伏念奴才随同直隶督臣李鸿章进剿发逆，歼灭捻氛，虽靡役之不从，实无功之可录。懋官懋赏，皆圣主曲逮之殊恩；画策画方，尤武臣难□[①]之秘籍。乃荷宠光特赏，宝笈遥颁，大文彪炳乎寰区，奇采焕腾于江介。此盖伏遇我皇上钦承懿训，丕显前光。文德诞敷，懔钦始钦终之义；武成大告，极如天如地之观。凡圣谟庙略所昭垂，恍景卿云之快睹。

奴才自顾何人，得邀荣遇！惟有益加奋勉，誓报涓埃，敢安驽下之资，常矢干城之志。属橐鞬而执鞭弭，冀效圣朝凯舞之歌；一侯尉而合车书，敬上盛世同文之颂！

所有奴才感激下忱，谨缮折叩谢天恩。伏乞皇太后、皇上圣

① 此处疑夺一字，待考。

鉴。谨奏。七月十一日。

光绪二年七月二十八日，军机大臣奉旨：知道了。钦此。[1]

① 中国第一历史档案馆藏：《军机录副》，档案编号：03-5778-078.

# 光绪六年（1880）

## 一 奏请筹造铁路以图自强折

光绪六年十一月初二日（1880年12月3日）

前直隶提督一等男奴才刘铭传跪奏，为时局日艰，外患日迫，亟宜筹造铁路，以图自强，恭折仰祈圣鉴事。

窃奴才以匪材渥承恩遇，自解兵柄，养疴田园，每念中外大局，往往中夜起立，眦裂泣下，恨不能竭犬马以图报于万一也。近者被命，力疾来京，仰蒙召见，训诲周详，莫名钦感！窃念人臣事君之道，知无不言，况事变至迫，利害甚巨，敢不竭其愯愯，为皇太后、皇上敬陈之。

中国自与外洋通商以来，门户洞开，藩篱尽撤，自古敌国外患未有如此之多且强也。彼族遇事风生，欺凌挟制，一国有事，各国环窥。而俄地横亘东西，北与我接壤交错，扼吭拊背，尤为腹心之忧。我以积弱不振，不能不忍辱含垢，遇事迁就，不惜玉帛以解兵戎。然而和难久恃，财有尽期，守此不变，何以自立？今论者动曰用兵矣。窃谓用兵之道，贵审敌情。俄自欧洲起造铁路，渐近浩罕，又将由海参崴开路，以达珲春，此时之持满不发者，非畏我兵力，以铁路未成故也。不出十年，祸且不测。日本一弹丸国耳，其君臣师西洋之长技，恃有铁路，动欲逞螳螂之臂，藐视中华，亦遇事与我为难。臣每私忧窃叹，以为失今不图自强，后虽欲图，恐无及矣。

自强之道，练兵、造器，固宜次第举行，然其机括，则在于急造铁路。铁路之利于漕务、赈务、商务、矿务以及行旅、厘捐者，不可殚述。而于用兵一道，尤为急不可缓之图。中国幅员辽阔，北边绵亘万里，毗连俄界，通商各海口又与各国共之。画疆而守，则防不胜防；驰逐往来，则鞭长莫及。惟铁路一开，则东西南北呼吸相通，视敌所驱，相机策应，虽万里之遥，数日可至；虽百万之众，一呼而集，无征调仓皇之虑，无转输艰阻之虞。且兵合则强，兵分则弱。以中国十八省计之，兵非不多，饷非不足，然各省兵饷主于各省督抚，此疆彼界，各具一心，遇有兵端，自顾不暇，征饷调兵，无力承应。虽诏书切责，无济缓急。

若铁路造成，则声势联络，血脉贯通，裁兵节饷，并成劲旅。防边、海防，转运枪炮，朝发夕至，驻防之兵即可为游击之旅。十八省合为一气，一兵可抵十数兵之用。将来兵权、饷权俱在朝廷，内重外轻，不为疆臣所牵制矣。方今国计绌于防边，民生困于厘卡。各国通商，争夺权利，财赋日竭，后患方殷。如有铁路，收费足以养兵，则厘卡可以酌裁，并无洋票通行之病。裕国便民之道，无逾于此。且俄人所以挟我、日本所以轻我者，皆以中国守一隅之见，畏难苟安，不能奋兴。若一旦下造铁路之诏，显露自强之机，则气势立振，彼族闻之，必先震詟，不独俄约易成，日本窥伺之心亦可从此潜消矣。

本年，李鸿章奏请沿海安设电线，此亦军务之急需。但电线须与铁路相辅而行，省费既多，看守亦易。或者以铁路经费难筹，无力举办为疑。窃谓议集商股，犹恐散漫难成，今欲乘时力办，莫如议借洋债。借洋债以济国用，则断断不可。若以之开利源，则款归有着，洋商乐于称贷，国家有所取偿，息可从轻，期可从缓。且彼国惯修铁路之匠亦自愿效能于天朝。此诚不可失之机会也。

查中国要道，南路宜修二条：一由清江经山东，一由汉口经河南，俱达京师。北路宜由京师东通盛京，西通甘肃。虽二费浩繁，急切未能并举，拟请先修清江至京一路，与本年议修之电线相为表里。此路经山东、直隶地界最多，或谓于民间坟墓、庐舍有碍，必多阻挠。不知官道宽广，铁路所经只占丈余之地，与坟墓、庐舍尚不相妨。即偶有牙错，亦不难纡折以避。臣昔年剿捻中原，屡经各该省，其地势民情固所稔知，非敢妄为臆断也。事关军国安危大计，如蒙俞允，请旨饬下总理衙门迅速议覆。若辗转迁延，视为缓图，将来俄约定后，筑室道谋，诚恐卧薪尝胆，徒托空言，则永无自强之日矣！

所有请开铁路，以图自强缘由，谨缮折具陈。伏乞皇太后、皇上圣鉴，训示。谨奏。光绪六年十一月初二日。[①]

【案】此奏旋于十一月二十一日得旨，“廷寄”曰：

军机大臣密寄：大学士直隶总督一等肃毅伯李鸿章、两江总督刘坤一：光绪六年十一月二十一日，奉上谕：前据刘铭传奏请筹造铁路，当经谕令李鸿章等妥议。兹据张家骧奏称，开造铁路，约有三弊，未可轻议施行等语。着李鸿章、刘坤一悉心妥筹具奏。原折均着抄给阅看。将此各密谕知之。钦此。[②]

又【案】《清实录》载曰：

刘铭传所请筹款试办铁路，先由清江至京一带兴办，与本年李鸿章

① 中国第一历史档案馆藏：《军机录副》，档案编号：03-9439-004.

② 此“廷寄”见于《刘壮肃公奏议》。

请设之电线相为表里等语。所奏系为自强起见，着李鸿章、刘坤一按照各折内所陈，悉心筹商，妥议具奏。原折、单均着钞给阅看，将此各密谕知之。寻李鸿章奏，铁路为富强要图，刘铭传请先办清江至京一带，与臣本年拟设之电线相辅而行，庶看守易而递信弥捷，洵两得之道。报闻。①

又【案】光绪六年十二月初一日，直隶总督李鸿章具奏妥议铁路亟宜试办缘由，曰：

大学士直隶总督一等伯臣李鸿章跪奏，为铁路为富强要图，亟宜试办，筹款立法，尤宜得人，豫为考究，遵旨妥议，恭折仰祈圣鉴事。

窃臣承准军机大臣密寄：十一月初二日奉上谕：刘铭传奏，筹造铁路一折。所请筹款试办铁路，先由清江至京一带兴办，与本年李鸿章请设之电线相为表里等语。所奏系为自强起见，着李鸿章、刘坤一按照折内所陈，悉心筹商，妥议具奏。原折着抄给阅看等因。钦此。仰见圣主廑念时艰，力图振作，周咨博访，不厌精详，曷胜钦服！

伏思中国生民之初，九州岛万国自为风气，虽数百里之内有隔阂不相同者，圣人既作，刳木为舟，剡木为楫，舟楫之利，以济不通。服牛乘马，引重致远，以利天下。自是四千余年以来，东西南朔同轨同文，可谓盛事。迄于今日，泰西诸国研精器数，创造火轮舟车，环地球九万里，无阻不通。又于古圣所制舟车外，别出新意，以夺造化之工而便民用。迩者中国仿造轮船，亦颇渐收其益。盖人心由拙而巧，器用由朴而精，风尚由分而合，此天地自然之大势，非智力所能强遏也。

查火轮车之制，权舆于英之煤矿。道光初年，始作铁轨，以约车轮，其法渐推渐精，用以运销煤铁，获利甚多，遂得扩充工商诸务，雄长欧洲。既而法、美、俄、德诸大国相继经营，凡占夺邻疆，垦关荒地，无不有铁路以导其先。迨户口多而贸易盛，又必增铁路以善其后，由是欧、美两洲六通四达，为路至数十万里。征调则旦夕可达，消息则呼吸相通。

① 中华书局影印：《清实录·德宗景皇帝实录（二）》，卷一百二十三，光绪六年十一月上，第768—769页，中华书局，1987。

四五十年间，各国所以日臻富强而莫与敌者，以其有轮船以通海道，复有铁路以便陆行也。

即如日本，以区区小国在其境内营造铁路，自谓师西洋长技，辄有藐视中国之心。俄自欧洲起造铁路，渐近浩罕、恰克图等处，又欲由海参崴开路以达珲春。中国与俄接壤万数千里，向使早得铁路数条，则就现有兵力尽敷调遣；如无铁路，则虽增兵增饷，实属防不胜防。盖处今日各国皆有铁路之时，而中国独无，譬犹居中古以后而屏弃舟车，其动辄后于人也必矣。

窃尝考铁路之兴大利，约有九端。江淮以北，陆路为多，非若南方诸省河渠贯注而百货流通，故每岁所征洋税厘金二三千万两。在南省约十之九，在北方仅十之一。倘铁路渐兴，使之经纬相错，有无得以懋迁，则北民必可化惰为勤，可致地无遗利，人无遗力，渐臻殷阜之象。其铁路扼要之处，征收厘税，必渐与南方相埒。此便于国计者利一也。

从来兵合则强，分则弱。中国边防、海防各万余里，若处处设备，非特无此饷力，亦且无此办法。苟有铁路以利师行，则虽滇、黔、甘、陇之远，不过十日可达，十八省防守之旅皆可为游击之师。将来裁兵节饷，并成劲旅，一呼可集，声势联络，一兵能抵十兵之用。此便于军政者利二也。

京师为天下根本，独居中国之北，与腹地相隔辽远，控制綦难，缓急莫助。咸丰庚申之变，议者多请迁都，卒以事体重大，未便遽行。而外人一有要挟，即欲撼我都城。若铁路既开，万里之遥，如在户庭；百万之众，克期征调。四方得拱卫之势，国家有盘石之安，则有警时，易于救援矣。各省仕商络绎奔赴远方，粮货转输迅速，皆愿出于其途，藏于其市，则无事时，易于富庶矣。不必再议迁都，而外人之觊觎永绝，自有万年不拔之基。此便于京师者利三也。

曩岁晋豫荐饥，山西米价腾贵，每石需银至四十余两，设有铁路可运，核以天津米价与火车运价，每石不过七两左右。以此例之，各省遇有水旱偏灾，移粟輂金，捷于影响，可以多保民命，且货物流转自免昂价居奇之弊。此便于民生者利四也。

自江浙漕粮改行海运，议者常欲规复河运，以防海道之不测。铁路若成，譬如人之一身血脉贯通，即一旦海疆有事，百万漕粮无虞梗阻，其余如军米、军火、京饷、协饷，莫不应手立至。此便于转运者利五也。

轮车之行，较驿马十倍之速，从此文书加捷，而颁发条教，查察事件，疾于置邮。他如侦敌信，捕盗贼，皆朝发夕至，并可稍裁正路驿站，以其费扩充铁路。此便于邮政者利六也。

煤、铁诸矿去水远者，以火车运送，斯成本轻而销路畅，销路畅而矿务益兴，从此煤、铁大开，修造铁路之费可省，而军需利源更取不尽而用不竭。此便于矿务者利七也。

凡远水之区，洋货不易入，而土货不易出。今轮船所不达之处，可以火车达之，出入之货愈多，则轮船运货亦与火车相为表里。此便于招商轮船者利八也。

无论官、民、兵、商，往来行役，千里而瞬息可到，兼程而途费转轻，无寇盗之虞，无风波之险。此便于行旅者利九也。

以上各端，西洋诸国所以勃焉兴起者，罔不慎操此术，而国计、军谋两事尤属富强切要之图。刘铭传见外患日迫，兼愤彼族欺凌，亟思振兴全局，先播风声，俾俄、日两国潜消窥伺之心，诚如圣谕系为自强起见。

查中国要道，南路宜修二条，一由清江经山东，一由汉口经河南，俱达京师。北路二条，宜由京师东通奉天，西通甘肃。诚得此四路以为根本，则傍路繁要之区，虽相去或数百里，而地段较短，需费较省，即招商集股亦舆情所乐就。从此由干达枝，纵横交错，不患铁路之不振兴。惟统计四路，工费浩繁，断难并举。刘铭传拟先造清江至京一路，与臣本年拟设之电线相辅并行，庶看守易而递信弥捷，洵两得之道。盖先办一路虽于中国形势尚偏而不举，然西洋诸国五十年前亦与中国情形相等，惟其刻意营缮，争先恐后，故有今日之气象。刘铭传之意，盖欲先创规模，以为发轫之端，庶将来逐渐推广，不患无奋兴之日也。

顾或谓铁路若开，恐转使敌人来犯之途，且洋人久思在中国兴造铁路，此端一起，或致彼愈滋烦渎，不知各国之有铁路，皆所以征兵御敌，而未闻为敌用，何也？铁路在我内地，其临边处皆有兵扼守，彼岂能凭空而至？万一有非常之警，则坏其一段而全路皆废，扣留火车，而路亦无用。数十年来，各国无以此为虞者，客主顺逆之势然也。

至洋人擅在他国造路，本为公法条约所不准。若虑其逞强爽约，则我即不自造铁路，彼独不能逞强乎？况洋人常以代中国兴利为词，今我先自兴其利，且将要路占造，庶足关其口而夺之气，使之废然而返矣。

或又谓铁路一开，则中国之车夫贩竖将无以谋衣食，恐小民失其生计，必滋事端。不知英国初造铁路时，亦有虑夺民生计者，未几而傍路之要镇，以马车营生者且倍于曩日，盖铁路只临大道，而州县、乡镇之稍僻者，其送客、运货仍赖马车民夫。夫铁路之市易既繁，夫车亦因之增众。至若火车盛行，则有驾驶之人，有修路之工，有巡瞭之丁，有上下货物、伺候旅客之杂役，月赋工糈，皆足以仰事俯畜。其稍饶于财者，则可以增设旅店，广买股分，坐权子母。故有铁路一二千里，而民之依以谋生者，当不下数十万人。况煤、铁等矿由此大开，贫民之自食其力者，更不可数计。此皆扩民生计之明证也。

或又谓于民间田庐、坟墓有碍，必多阻挠。不知官道宽广，铁路所经不过丈余之地，于田庐、坟墓尚不相妨。即遇官道稍窄之处，亦必买地优给价值。其坟墓当道者，不稍纡折以避之。刘铭传剿捻数年，于中原地势、民情固亲历稔知者也。

惟是事端宏大，经始之初宜审之又审，俾日后勿滋流弊，始足资程序而行久远。臣尝博采众议，外洋造路有坚窳久暂之不同，其价亦相去悬殊，每里需银自数千两至数万两不等。清江浦至京，最为冲要之衢，造路须坚实耐久。所需经费虽未能豫定，为数自必不赀。现值帑项支绌之时，此宗巨费欲筹之官，则挪凑无从；欲筹之商，则散涣难集。刘铭传所拟暂借洋债，亦系不得已之办法。从前中国曾借洋债数次，议者恐各省纷纷援例，致受洋人盘剥之累，经户部奏明停止。顾借债以兴大利，与借债以济军饷不同，盖铁路既开，则本息有所取偿，而国家所获之利又在久远也。

惟是借债之法有不可不慎者三端，恐洋人之把持，而铁路不能自主也。宜与明立禁约，不得干预吾事，但使息银有着，期限无误，一切招工、购料与经理铁路事宜由我自主，借债之人毋得过问。不如是，则勿借也。

又恐洋人之诡谋而铁路为所占据也。宜仿招商局之例，不准洋人附股。设立铁路公司以后，可由华商承办，而其政令须官为督理。所借之债，议定章程，由该公司分年抽缴，期于本利不至亏短。万一偶有亏短，由官着追，只准以铁路为质信，不得将铁路抵交洋人。界限既明，弊端自绝。不如是，则勿借也。

又恐因铁路之债，或妨中国财用也。往时所借洋款，皆指定关税归偿。近则各关拨款愈繁，需用方急，宜议明借款与各海关无涉，但由国家指定日后所收铁路之利，陆续分还，可迟至一二十年缴清，庶于各项财用无所牵掣。不如是，则勿借也。

凡此数端，关系较巨。闻洋人于债项出纳之间向最慎重，若尽照所拟办法，或恐未必肯借，彼若肯借，方可兴办。与其速办而滋弊端，不如徐议而免后悔。又闻各国铁路无一非借债以成，但恃素有名望之监工，踏勘估工之清单，与日后运载之利益，足以取信于人。中国南北铁路行之日久，必可多获盈余。诚设立公司名目，延一精练监工，细为勘估，由总理衙门暨臣等核明，妥立凭单，西洋富商或有愿为称贷者。至铁路应试造若干里，如何选料、募匠，如何费省工坚，非悉心考究，无由握其要领。一切度地、用人、招商、借债，事务繁赜，非有特派督办之大员，呼应断不能灵。

查刘铭传年力尚强，英气迈往，曾膺艰巨，近见各国环侮，亟思转弱为强，颇以此事自任。惟造端不易，收效较迟。倘值外患方殷，朝廷或畀以军旅之寄，自应稍从缓议。现既乞假养疴，别无所事，若蒙圣主授以督办铁路公司之任，先令将此中窾要专精考校，从容商榷，即俄、日各国骤闻中国于多事之秋尚有余力及此，所以示之不测，未始非先声后实之妙用。且以其暇招设公司，商借洋债，虽能否借到巨款尚无把握，然以刘铭传之勋望，中外合力维持，措注较易于他人。其旧部驻防直、苏两省不下万余人，将来讲求愈精，或另得造路省便之法，或以勇丁帮同修筑，或招华商巨股，可以设法腾挪，当与随时酌度妥办。盖刘铭传以原议之人始终经理，即待其效于十年以后，尤属责无旁贷。倘更有要任相需，仍可闻命即行，独当一面也。

再，中国既造铁路，必须自开煤、铁，庶免厚费漏于外洋。山西泽潞一带，煤、铁矿产甚富，苦无殷商以巨本经理。若铁路既有开办之资，可于此中腾出十分之一，仿用机器洋法开采煤、铁，即以所得专供铁路之用。是矿务因铁路而益旺，铁路因矿务而益修，二者又相济为功矣。

所有筹办铁路，力图自强，宜豫为考究，设法试行各缘由，恭折由驿覆陈。是否有当？伏乞皇太后、皇上圣鉴，训示，谨奏。光绪六年十二月初一日。[①]

## 二　奏为请假就医天津缘由片

光绪六年十一月初二日（1880年12月3日）

再，奴才本因目疾请假两月，于十月初八日由籍启行，赴天津就医，恭奉上谕：刘铭传不必拘定假期，迅速来京等因。钦此。钦遵之下，遂于二十六日力疾就道。十年田里，久恋天颜，仰蒙召谕殷拳，弥深依慕！

方喜藉依阙下，稍舒犬马微忱，不料到京之后，连日目疾愈重，疼痛不已，若不速就医治，恐久日成废，拟恳天恩赏假二十天，至津就医。一俟目疾稍痊，即行来京销假。谨附片敬陈。[②]

光绪六年十一月初二日，军机大臣奉旨：刘铭传着赏假二十日。钦此。[③]

---

① 中国第一历史档案馆藏：《军机录副》，档案编号：03-9439-005.

② 中国第一历史档案馆藏：《军机录副》，档案编号：03-5156-006. 又见《刘壮肃公奏议·出处略》。

③ 此奉旨日期与内容，据《军机处随手登记档》（档案编号：03-0229-4-1206-296）校补。

## 三 奏为假满疾沉仍请续假缘由折

光绪六年十一月二十三日（1880 年 12 月 24 日）

前直隶提督一等男奴才刘铭传跪奏，为奴才假期已满，目疾沉重，仰恳天恩续假三个月，回籍调理，恭折仰祈圣鉴事。

窃奴才于本月初二日在京附片陈明目疾，请假至天津就医，仰蒙天恩赏假二十日。钦此。遵即来津，延医诊视。原期日渐痊复，回京销假，只以抱病过久，沿途受风，旬日以来，两目更形昏障，疼痛尤甚。据医云，红筋俱满，非一时所能奏功。

奴才被命，力疾赴京，原恐外患紧迫，有可效力之处，原恐外患猝乘，目前揆度内外情形，尽可无事。且奴才旧日所部唐定奎等军久在江南，已经两江总督刘坤一[①]奏明不能离防；刘盛休一军保卫畿辅，尤难远调。

奴才即无疾病，落落一身，何补于军事？将来目疾如可医治痊愈，年力尚未衰惫，报称有日，决不稍耽安逸，自外生成。现

① 刘坤一（1830—1902），字岘庄，湖南新宁人，廪生。咸丰五年（1855），叙功以教谕即选，旋丁父艰。六年（1856），加同知衔。七年（1857），升道衔。十年（1860），晋盐运使衔，同年，再升按察使衔。十一年（1861），补广东按察使，加布政使衔，赏硕勇巴图鲁名号。同治元年（1862），补授广西布政使。四年（1865），擢江西巡抚。五年（1866），加头品顶戴。六年（1867），监临文闱乡试，充武闱乡试主考。九年（1870），充文闱乡试监临、武闱乡试主考。十二年（1873），任文闱乡试监临、武闱乡试主考。十三年（1874），授两江总督，兼署办理通商事务大臣。光绪元年（1875），调补两广总督。同年，充江南武闱乡试主考。二年（1876），兼理粤海关监督。五年（1879），兼署广东巡抚。是年，充广东武闱乡试监临主考。同年，调两江总督，兼办理通商事务大臣。十二年（1886），丁继母忧。十六年（1890），权两江总督，兼办理通商事务南洋大臣。十七年（1891），任江南武闱乡试监临。十九年（1893），任江南武闱乡试主考。二十年（1894），拜钦差大臣，兼署江宁京口将军，赏双眼花翎。二十三年（1897），充江南武闱乡试主考。二十六年（1900），加太子少保。二十七年（1901），晋太子太保。二十八年（1902），卒于任。追封一等男，赠太傅，谥忠诚。著述有《两淮盐法志》《补过斋文集》《补过斋诗集》《刘坤一遗集》等；修《安徽通志》《江西通志》等行世。

在奴才目疾沉重，仰恳天恩续假三个月，回籍调理，出自逾格鸿慈！

谨缮折具陈。伏乞皇太后、皇上圣鉴，训示。再，折封借用天津道印。合并声明。谨奏。十一月二十三日。

光绪六年十一月二十六日，军机大臣奉旨：刘铭传着再赏假一月，安心调理，无庸回籍。钦此。[①]

① 中国第一历史档案馆藏：《军机录副》，档案编号：03-5812-079. 又见《刘壮肃公奏议·出处略》。

# 光绪七年（1881）

## 一 奏为恳恩续假回籍缘由折

光绪七年正月二十日（1881 年 2 月 18 日）

前直隶提督一等男奴才刘铭传跪奏，为奴才假期已满，目疾日重，仰恳天恩续假，回籍调理，恭折仰祈圣鉴事。

窃奴才于上年十一月二十四日具奏目疾沉重，请假三个月，回籍调理，奉旨：刘铭传着再赏假一月，安心调理，无庸回籍等因。钦此。仰见圣恩高厚，体恤至周，莫名钦感！

伏念奴才解兵十载，伏处田间，被命来京，即行乞退，纵无曲蠖求伸之意，岂无犬马恋主之情！奈目疾日重，兼之素有肝气，现当春木发舒之际，肝火益旺，两目更形昏障，天津就医数月，毫未轻减，假期已满，久未陈奏。目前事机大定，时局已安，惟有仰恳天恩续假三个月，回籍调理。倘蒙圣主格外矜全，以后目疾痊愈，则感生成于今日，尚期图报于将来！

所有奴才请假回籍缘由，理合缮折敬陈。伏乞皇太后、皇上圣鉴，训示。再，折封借用天津道印。合并声明。谨奏。光绪七年正月二十日。

（朱批）：着赏假三个月，准其回籍调理。你从前打仗奋勇，朕素知之。回籍后要爱惜身体，无图安逸，以为国家之用，勉之！[1]

光绪七年正月二十三日，军机大臣奉旨：刘铭传着赏假回籍调理，一俟目疾痊愈，即行销假。钦此。[2]

① 中国第一历史档案馆藏：《朱批原件》，档案编号：04-01-12-0527-037. 又见《刘壮肃公奏议·出处略》。

② 中国第一历史档案馆藏：《军机录副》，档案编号：03-5157-073.

# 光绪十年（1884）

## 一　遵筹整顿海防讲求武备折

光绪十年闰五月初二日（1884 年 6 月 24 日）

前直隶提督一等男奴才刘铭传跪奏，为时事艰难，亟宜切实整顿海防，讲求武备，遵旨敬陈管见，以备采择，恭折仰祈圣鉴事。

窃自泰西各国争立码头以来，或为口岸而要挟，或夺藩属以侵凌，遇事生风，无端欺藐。一波甫定，一波又起。每当临战之际，言战言和，纷纷不一。言战者当审兵将是否可战，器械是否可战，炮台是否可战，兵船是否可战，徒具空谈，无补于事。言和者当思台湾和而琉球旋失，伊犁和而兵费倍偿，天津和而义民受戮，越南和而藩服授人，剜肉补疮，何所底止！

夫战不如人而欲图强，犹井中求火也；器不如人而不知变，犹当暑着貂也。今日中国所谓战不如人、器不如人，若不改图，何以自立！现在内外臣工各陈所见，以抒忠愤。朝廷虚怀下问，询及刍荛。仰见圣主廑念防维，力图振作，无任钦佩！

惟办极大极难之事，必须存愈久愈坚之心。往事之失，前车可鉴！如外承严旨，内托空言，或畏难而苟安，或始勤而终怠，或狃于成见，从旁阻挠；或昧于知兵，故于狡辩。甚或以为和约既定，永无兵端，不为防患之计，反为激烈之鸣。种种因循，久在圣明洞鉴之中。此后惟望上下一心，始终不懈，卧薪尝胆，奋发图成，整顿海防，以济因时之急；讲求武备，以开自强之基。若为国家富强久安之计，尤非铁路不可。其中利益已经奴才于光绪六年具奏，并由李鸿章详细覆陈，无庸再渎。

除将所拟炮台图式呈送军机处外，谨将应行整顿海防、讲求武备缘由，敬陈十条，开单恭候采择。伏乞皇太后、皇上圣鉴，训示。谨奏。光绪十年闰五月初二日。[①]

光绪十年闰五月初三日，奉旨归箍。[②]

## 二　呈整顿海防讲求武备各事宜清单

光绪十年闰五月初二日（1884年6月24日）

谨将现在应行整顿海防、讲求武备各事宜，敬呈十条，恭呈御览。

一、各海口设防，宜分轻重缓急，以期握要也。泰西各国远涉重洋数万里，若与我开衅，势必以批亢捣虚，为专注之计。中国七省各海口惟广东可由香港拖带民船，装兵上岸，如其向闽浙北趋，万不能拖带民船，惟有以兵轮尝试。无论兵轮多少，我中国海口纷歧，万无处处设防之理。用兵之道，宜和不宜分；守御之策，惟在扼要以守险。查各国以通商口岸为要区，轮船以煤炭为性命。如将各通商口岸并产煤之处布置周密，守御得法，各国商贾货财皆在我掌握之中。一国起衅，各国皆非所愿。其兵轮久

① 台北故宫博物院藏：《军机及宫中档》，文献编号：127382. 又见《刘壮肃公奏议·谟议略》。

② 此奉旨日期与内容，据《军机处随手登记档》（档案编号：03-0242-2-1210-142）校补。

在海中，既无煤炭接济，又无淡水可食，即窥得我沿海一州一邑不甚吃重之地，亦属无补于事，可以不战自困。且外洋群居环视，全以强弱为重轻，即寻常无事之时，彼族耳目所及，见我致力于通商口岸，防务皆有可深恃，亦可永杜轻藐之渐。此通商各口设防宜重宜急也。

一、各海口炮台亟宜改建，以重防守。外洋现造炮位，大者重至数百吨，城营之守御万不能用墙垣为障蔽。查各口所筑炮台，虽形势不一，细究之，皆不得法，彼族已有窃议其后者。奴才现制炮台图式，赍带来京，恭呈采择。惟台坚尤赖炮利，兵不善守，与无兵等。现计各口驻防之师，至重之地，如两面设守兵数以六营为率，已足敷用。其次二三营皆可，但必须全用炮队，兼操水雷。盖兵多无益，徒糜饷项。傥敌人另带轮船，装载陆兵，冀由他口上岸，袭攻瑕之故智，则后路须另派接济之师，专备游击，以免重战轻防之失。然非有铁路，不能灵快也。

一、洋面水师兵船宜次第筹办，以固海疆。海防以师船为第一要务，无师船则无海防，各国皆然，我中国万不能视为缓图！现以沿海七省全局综计，须有兵船百只，方敷战守。但目前急于购办，既恐经费无出，又恐管驾无人，水师将领尤为难得。自设海防之后，惟李鸿章尚有留心讲求，选将造器，水师稍为可观。然管驾之人或系福建学生，未经阅历；或系陆营将弁，不谙测量。朝廷既廑念海防为急务，似宜另设海部衙门，专力讲求水师，于南北洋以及广东各设水师学堂一处，延访教习，先教管驾之才，次练水手。必使习业精纯，技艺娴熟，而后谓之成效。将来筹定经费，或按分年递加之法，每年添船数只。大铁甲船价值过昂，现既购有数只，可以少从缓议，似不如以铁甲之财力，先购钢快。计一铁甲船之价，可购钢快五六只，用费既不过巨，而师船岁有所增，且暂可就现有之兵船，先为整顿，程功较远，缓急可赖，似与购铁甲之旷日集款，稍得济急之效。所有水师军制以及设立学堂等事，将来责成海部衙门另立新章，详细核奏，务使精益求精，不蹈流弊。

一、长江、太湖水师急宜改制，以收实用。军兴以后，曾国藩、彭玉麟①创设长江、太湖各水师，原备防内寇而设，现在军火精利，轮船、电报灵捷，内寇万难猝起。沿江各营水师散驻各口，日久渐成额设之兵，与绿营无异。且每年额饷以及造船之费不下百余万，若改用铁皮，十丈长小轮船每只需价不过万余金。每镇酌裁师船五成，即以陆续改添小轮船数只，较之长龙舢板等船得力奚翅倍蓰！且长江声势立壮，亦可用御外侮，既节饷需，又收实效。将来即以管驾小轮船有效之将弁，酌升外海兵船头领，亦可为广储将才地步。其余如江西、广东、浙、闽，皆可仿照以行。

一、福建船政局、上海机器局，宜加整顿，以求实济。自沈葆桢创设福建船政，原欲开拓风气，以图远大；惟一铁一木皆取材于外洋，每造一船，计值实昂于外购。查近来商船多用铁壳，价既不昂，且能经久。其船内修造尽可搭用中国木料，为价尤廉。近来船厂承办监工之人，多力持必用外洋油木之议。查从前美国造船，不如英国船价之廉，美商皆赴英厂购造，美国执政者严定限制，简明价值，仍令由本国造船，惟恐制船之学中绝，其用意

---

① 彭玉麟（1816—1890），又名玉麐，字雪琴、雪岑，号退省散人，湖南衡阳人，县学附生。道光末年，充协标书识。咸丰四年（1854），保以同知选用，戴蓝翎；同年，保知府，换花翎，加同知衔。五年（1855），保道员；同年，补浙江金华府知府。六年（1856），升广东惠潮嘉道。七年（1857），加按察使衔。八年（1858），晋布政使衔。十一年（1861），迁广东按察使；同年，擢安徽巡抚。同治元年（1862），补兵部右侍郎。三年（1864），封一等轻车都尉，加太子少保衔。四年（1865），兼署漕运总督。十一年（1872），充宫门弹压大臣，赏紫禁城骑马。光绪七年（1881），署两江总督，兼署通商大臣。九年（1883），擢兵部尚书。十二年（1886），捐建船山书院。十四年（1888），巡阅长江水师，旋开缺回籍。十六年（1890）卒于籍。赠太子太保，谥刚直。著有《彭刚直公奏稿》《彭刚直公诗集》等行世。

甚远，正与我中国今日之势相合。应请旨饬下船政大臣，开台湾之铁矿，采后山之木料；考工匠之技能以定赏罚，较船价之廉昂以为推广。某船宜行某处，某船宜安某炮，详细考核，刊定章程，不独专造兵船，即商人亦可群来取购，并以广制船之学，日进有功，不至半途中辍。其上海机器局每年需费五六十万，自开局以来，承办监造者，每不得人；至今所造枪炮，率多不适于用。南北洋互相推诿，不肯严为厘剔，以致敷衍成风。匪特虚縻经费，且为外洋所诮。应请饬下南北洋大臣会议，认真整顿，或照福建船政章程，特派大员督办，以专责成而期尽善，庶几可睹实效。

一、请筹购大批枪炮，以节经费而免欺蒙。中国自开制造局以来，枪炮固未精利，计值转倍于外洋。各省每当临事，辄仓皇分购，价值骤昂于平时。加之经手中饱，委员侵蚀，所费增倍，而所购绝无良器。查英法各国官厂，向来不自制枪，皆取购于民厂，送由官厂验收。其不中式者，尽数剔还。此等弃枪外国不能出售，皆运至中国求销。各省采办，徒慕其名，未考其实，莫辨优劣，甘受欺蒙。一省之浪费无多，总计则为数甚巨。应请旨饬下总理衙门会同北洋大臣李鸿章，筹款四五百万两，专派熟悉洋务、精通枪炮之员，赴西洋各厂订购后门枪十万杆、一尺径口以外大炮数十尊、一尺径口以内炮并拖炮数百尊。枪炮分三年解清，价值亦分三年清给。一面分饬各省分年筹措款项，缴价领用。外洋枪炮，零购则贵，趸购则廉。如新到黎意枪，零买每杆需价银十四两，多购可减至七折，炮亦如之。是枪炮价银总计四五百万两，趸买已省银百万，且可在该厂逐细验收，不致受其弃枪，既节经费，又得利器，亦可稍振声势，实为目前之急务。

一、稽查军械，整顿矿务，宜特设军器局，切实经营，以专责成。各省历购枪炮，为数已多，前门、后门，新旧不一，日久半成废器。除沿海各省外，其余风气未开、习用刀矛者，仍指不胜屈。查外洋于简器一事，一国所用之军械皆系饬归一律，以示专一而便训练。必遇有应行更换之时，亦必举国商谋，全行改易，故其用器也精而不杂。今购器既亟简器，尤不可缓，应请旨于天津或金陵、上海特设军器局，饬下各省督抚将历年所购枪炮名目开单呈明，并咨报军器局，现存多少，朽坏多少，以后即以此项旧枪专备操练，新购之枪由军器局另设军械所收储，以备有事领用。惟洋枪最忌雨水霉湿，不善收检，一经上锈，即为弃物。凡存军械之处，房屋必须高厂，分门别类，某枪用某子，某炮用某弹，某项水雷、某项火药分存某处，编立号籍，秩然不紊，遇有支发，取之不乱。即新枪每年须查看两次，拆机擦油，以免上锈。至制造为自强之基，矿务又为制造之基，近来各商集股开矿，半为市侩所累，非矿之累商，而实人之误矿也。以后应由军器局延访著名矿师，切实讲求，或先筹公款试开一二处，以为之倡。俟有把握，再令集股，仍归商人办理。盖官办每难于持久，不能不归之于商。商办每难于图始，不能不因势而导。外洋时以煤尽为忧，中国到处皆煤，五金尤多不为采取，弃此自有之良材，诚为可惜！

一、新募勇队宜加裁并，参用练军，以节饷需。查各省每当临事，纷纷募勇。此辈为乌合之众，未经训练，剿内寇且未敢恃，焉能用御强敌？其沿海现有之防军，训练精纯者，固亦有之。其余或得其皮毛，或不知训练，仍用刀矛，拘执旧法，牢不可破。亟须严限时日，务使饷项、器械、兵衣、操练口令皆归一律。刊立军制，发行各省。新募之勇，一俟越事定后，渐可酌量裁并。久练之军，亦须整顿，勇以十年为期，连环具保，不准私逃。计每勇每月饷银三两六钱，每月扣存一两，十年可积存银一百二十两，以为遣撤之资，庶不至流而为匪。且逃去一勇，即失去一枪，若携利器结伴为盗，更为地方之害，设使归有所蓄，亦见朝廷爱惜士卒之至意。绿营本为无用之兵，现各省皆有练军章程，与勇无异，即可推广办理。试以一省绿营而论，多者多练，少者少练，度饷项之盈虚，定兵数之多寡，务期五年全数练齐，更迭互换，周而复始，无论马战、守兵，凡调练者，除坐饷外，酌加口粮，与勇饷相等。其未入练者，照旧去留无患。自古有强将无弱兵，故外洋有撤兵养将之法，如临事募勇，旋募旋撤。始入募者，半系有业农民，入营之后，渐习懒惰，一旦遣散，势不能复事耕作，不为盗贼，即为游民，是以议者每有改勇为兵之策。其实绿营之弊由于习气太深，但能严裁烟病老弱之徒，认真训练，多一可用之兵，即少一外募之勇，数年之后，无用皆归有用，惟在统将得人耳。

一、严定赏罚，以求将材。兵可以百年不战，不可以一日无备。防营久无战事，叙保格于成例，将领无登进之路，人材何由而出？如沿海、沿边似须酌量变通。查地方州县尚有三年考绩暨特疏密保之例，海运河工，亦邀奖励。沿海水陆将弁兵勇以及边省驻防，冒风涛而受烟瘴，违律之罚既不能不重，若不明定赏格，何以拔人材而励士气？惟军营习气，一邀朝廷宽大之恩，即有滥保越保之弊，亦不能不示以慎重，似宜严定章程，沿海、沿边某省勇队若干、练军若干，自统将至于弁兵以及帮办文员，何年成军，何年到营，先令分别详细造册，送部备案。所有此项常川驻防以及游击之师，平时操练口令、阵法，惟以打枪靶准头定赏罚。一年内，本军统领考校两次，如中五枪、四枪、三枪者，皆由统领注册，先考营哨，次考兵勇，期以三年请保一次，择其纪律、技术宿优者列保，每营酌保八十人。其在腹地驻防之军，操练有效，只许保四十人。如有督操认真、口令明白、熟悉洋务、约束严明之将领，准由督抚专折奏保。其营哨官或由统将声明咨请越保一级，其余皆不许越级请保。如有不在册内，一概不准列入，以杜冒滥。如将领兵弁有更换者，亦应随时由该统将咨请督抚于年终汇案，咨部查核。如有嗜好多端、操练不力之将领，亦随时参革。

一、请设局译刻泰西各书，引掖后进，以广人材。自海上多事以来，朝廷屡下征才之诏，每有熟于洋务而昧于军务，或有熟于军务而不娴于洋务，二者不能兼得，甚有迂拘之士，不肯留心时事，鄙洋务为不屑论。是皆少见多怪，尚未知西学之所以然也。查外洋于中国有用诸书，半皆取而译行海外。其西国兵、农、食货、格致、制造、测量诸书，月异日新，凡有关于今日之用者甚多，我中国尚未译有成书，间或有翻刻一二种，亦皆取择不精。夫御侮贵在得情，而致用尤在博览。不究其治军、交邻之要政，何以得其情？不研其造器习术之本原，何以致于用？伏见康熙年间，我圣祖仁皇帝于算学一事，因钦天监官与西人互相辩论，特垂圣制，合中西之法，泐为成书，一时群才蔚起，象数之学超越前古。仰见圣人有作，万世利赖，应请旨饬下总理衙门并北洋大臣李鸿章，或在京师，或就天津，延访中外精于西学者，将所有外洋书籍有关实用者，先行译刻，分散各省，务得人人讲求考究，家喻户晓，庶人材可以辈出。以后或于乡、会场中列入策论，使为进身之阶，则人思奋兴，学者多，斯疑阻自少，非只力开风气，实可广造人材。

以上十条，谨就奴才闻见所及，据实敬陈，伏候裁择。[①]

---

① 台北故宫博物院藏：《军机及宫中档》，文献编号：127383. 又见《刘壮肃公奏议·谟议略》。

# 三 奏陈办理海防条陈片

光绪十年闰五月初二日（1884年6月24日）

一、各海口设防宜分轻重缓急。臣等查海防守御，惟在扼要，所见极是。若谓通商各口宜重宜急，尚有不尽然。若通商口岸各国财货聚积，一交锋而失损，彼必虑及赔偿，恐亦未必肯专注通商口岸，而转在无口岸之处肆行滋扰。前已迭次谕令海疆各督抚等择要扼守，应责成认真办理。

一、改设炮台。臣等查炮台为海防要图，拟令沿海各省试行仿照，并由总理各国事务衙门寄信出使各国大臣，详查外洋各国炮台，各造式绘图贴说，以开至炮台守兵之外，后路尤须另派接济之师，以备游击。

一、筹办洋面水师兵船。臣等查外洋水师为制胜要策，前经张佩纶[①]奏请设立七省水师，已奉旨令南北洋大臣会同妥议，拟将该督抚所陈，饬令参酌议奏。

一、船政局、机器局宜加整顿。臣等查制造各局，亟应详细考校，以免糜费，拟令南北洋大臣、闽省督抚并会办大臣、船政大臣，切实整顿，妥议章程。

一、筹购大批枪炮。臣等查枪炮最为行军利器，拟令南北洋

---

① 张佩纶（1848—1903），字幼樵，号绳庵，直隶丰润（今河北唐山市）人。同治九年（1870），中举人。十年（1871），中式进士，选庶吉士。十三年（1874），授翰林院编修。光绪元年（1875），补翰林院侍讲，选日讲起居注官。同年，授咸安宫总裁、文渊阁校理。八年（1882），补翰林院侍读，选詹事府右庶子。同年，署都察院左副都御史。九年（1883），充殿试读卷官、朝考阅卷大臣。十年（1884），授翰林院侍讲学士。同年，会办福建军务，署理福建船政大臣，加三品卿衔。二十七年（1901），经李鸿章奏保以四品京堂候补，坚辞不就。二十九年（1903），病卒于江宁。著有《管子学》《穀梁起废疾补笺》《涧于集》等行世。

大臣及沿海各督抚，查明现在实存枪炮若干，应添置若干，详细咨明总理各国事务衙门，核奏筹办。

一、稽查军械，整顿矿务。臣等查外洋枪炮固应习用，而中华兵械亦不可废而不讲，或华枪、洋枪分习，分籍注明，而简练之。拟令各省稽查实存枪炮数目具报，并各定练习之法。至矿务不能各省皆兴，专定于云南之铜铅、山西之煤铁，试造二三百里火车路，以利转运。俟总理各国事务衙门会议崔国因[①]折覆奏，请旨办理。惟经费集股恐无人信从，仍须筹拨官本。

一、裁并勇队，参用练军。臣等查各省勇队以湘、淮两军为最著，拟令统兵各员参酌裁并，发行各省。至抽练绿营，江苏、浙江等省已有行之者，拟再令各省妥议定章。

一、定赏罚，求将才。臣等查一切章程固宜严定，惟赏罚公允，军令严明，全在提、镇、统领、营官之得人。前已奉旨通饬访求将才，拟令各省督抚核实具保，总以得人为主。

一、译刻泰西各书。臣等查西学各书精粗不一，须择其至精者译刻采用，拟令曾纪泽[②]、黎庶昌暨总理各国事务衙门，选择

---

① 崔国因（1831—?），字惠人，安徽太平（今安徽黄山市）人。同治九年（1870），中举人。十年（1871），中式进士，选庶吉士。十三年（1874），授翰林院编修，充实录馆总校官。光绪二年（1876），充会试同考官。十年（1884），升左中允。同年，保道员。十四年（1888），选翰林院侍讲。十五年（1889），授出使美国、西班牙、秘鲁大臣，加二品顶戴。二十年（1894），补左庶子，旋以中允降补。同年，随同出海校阅海军，嗣辞官从商。著有《出使美日秘日记》等行世。

② 曾纪泽（1839—1890），字劼刚，号梦瞻，曾国藩长子。同治年间，以正二品荫生补户部员外郎。十一年（1872），承袭一等毅勇侯。光绪四年（1878），补太常寺卿，充出使俄国大臣，赏戴花翎。同年，出使法国。六年（1880），授出使俄国大臣。七年（1881），与俄订《中俄伊犁条约》。同年，补宗人府府丞、都察院左副都御史。九年（1883），办理洋药税厘并征事务。十年（1884），免驻英、驻法公使，授兵部右侍郎。十一年（1885），帮办海军事务。十二年（1886），充总理各国事务衙门行走。十三年（1887），调户部右侍郎兼管钱法堂事务。十四年（1888），管理户部三库事务，兼署刑部右侍郎。十五年（1889），兼吏部左侍郎，管理同文馆事务。十六年（1890），卒于京，加太子少保，谥惠敏。著有《说文重文本部考》《佩文韵府古编》《曾惠敏奏议》《出使英法日记》《使西日记》《曾惠敏公诗文集》《归朴斋集》《归朴斋诗钞》《曾惠敏公遗集》等行世。

各国书内一切兵法、算法，如实于用者，汇刻颁发，并将中国所有论海防各书一并采择。①

【案】此奏于是年八月二十六日得旨允行：

八月二十六日，军机处交片称：本日军机大臣面奉谕旨：前据刘铭传奏请设局译刻泰西各书，徐成祖奏使臣宜购书排印，余思诒奏请购外国舆地图说各件等语。西学各书，精粗不一，当择其至精者译刻采用，着总理各国事务衙门即行知照出使各国大臣，将西洋各书及舆地图说分别选择咨送该衙门，酌量汇刻，颁发各省，并将中国所有论海防各书一并采择。钦此。相应传知贵衙门钦遵办理可也。②

又【案】此片台北“故宫博物院”藏目录未署日期，具呈者署刘铭传，但无朱批日期。兹据内容及语气判断，此片似乎为内阁所奏，而非刘铭传所为。仅录存疑，以资考量。

## 四　奏报启程日期并会商李鸿章情形折

光绪十年闰五月十六日（1884年7月8日）

巡抚衔督办台湾事务前直隶提督一等男奴才刘铭传跪奏，为恭报奴才自津启程日期，并遵旨会同李鸿章筹商情形，恭折仰祈圣鉴事。

窃奴才恭奉恩命，畀以台湾重任，于十二日诣阙请训，仰蒙圣谟垂念海疆紧要，训谕周详。跪聆之下，钦感莫名！陛辞后，谨即束装就道，于十四日驰抵天津。现值事机紧急，自宜早日到台，以免棘手。现在畿辅防务吃重，所有奴才旧部铭军势难分

① 台北故宫博物院藏：《军机及宫中档》，文献编号：107634.

② 台北“中央研究院”近代史研究所藏：《外交档案》，馆藏号：01-36-002-16-002.

拨。其余江南唐定奎所部八营，亦接曾国荃电函不能分调。广东吴宏洛所部五营，大略情形相同。惟闻台湾驻防之兵，虽为数不下两万，而器械不精，操练不力，将来必须选用将领，切实整顿，方能得力，却非一时所能猝办。

连日会商直隶督臣李鸿章，虑及奴才于临事之际孤身渡台，既不能布置防务，尤恐难控制台军，商由记名提督刘盛休所部十营内每营选派教习十名、炮队教习三十名、水雷教习四名，共一百二十余名，并派铭军旧将提督王贵扬等十余员，给带毛瑟后门枪三千杆，配齐子弹，并商请两江督臣曾国荃由上海机器局筹拨前门炮十尊，另饬道员龚照瑗由金陵机器局筹拨后门小炮二十尊、水雷数十个。计前项军火，可勉为目前基隆一处防守之用。此外仍当有奴才速为购办，以期分布。现由津将各色枪炮子弹一律配齐，定于本月十八日携带启行，乘轮船南下。一俟到台之后，应如何布置情形，再行奏闻，以慰宸廑。

所有奴才自津启行并与李鸿章筹商情形，理合恭折具陈。伏乞皇太后、皇上圣鉴，训示。谨奏。光绪十年闰五月十六日。

光绪十年闰五月十八日，军机大臣奉旨：知道了。钦此。①

## 五　奏报购炮驻台请饬闽督筹拨银两片

光绪十年闰五月十六日（1884 年 7 月 8 日）

再，奴才渡台之后，现值事机紧急，自以整顿防务、选练队伍为急务。澎湖、基隆等处炮台，闻皆不甚合式，亦须次第改

① 台湾史料集成编辑委员会编：《明清台湾档案汇编》，第 4 辑，第 85 册，第 380—382 页，台北远流出版事业股份有限公司，2009。

修，枪炮尤须早为购备。虽系临渴掘井，究胜束手贻讥。奴才此次路经上海，拟选妥实炮厂，订购口径一尺内外炮位数十尊、后门枪数千杆，以及改修炮台之费，计需银四十万两。

现值海防吃紧之时，固宜作速筹办，即事定之后，亦未可视为缓图。合无仰恳天恩，俯准饬下闽浙督臣何璟、抚臣张兆栋①，于应解台饷之外，或由藩库关局，或由台湾道库，迅即筹拨银四十万两，解归奴才速为办理，以济急需。其枪炮价数并修台经费，俟事竣后由奴才据实报销。奴才为整顿海防、操练队伍起见，谨附片具陈。伏乞圣鉴，训示。谨奏。

光绪十年闰五月十八日，军机大臣奉旨：（另有旨）◆1。钦此。②

【案】此奏旋于是年闰五月十八日得旨允行。《清实录》载曰：

辛酉，谕军机大臣等：刘铭传奏，现值海防吃紧之时，此次路经上海，拟订购枪炮，澎湖等处炮台须次第改修，请饬拨银两等语。着何璟、张兆栋迅即筹拨银四十万两，解交刘铭传，俾资应用。至炮台应否改筑，必须详细查勘，着刘铭传于到台后，查明确实情形，会商何璟等，妥慎筹办。将此由五百里各谕令知之。③

① 张兆栋（1821—1887），字友山，号伯龙、伯隆，山东潍县（今潍坊市）人。道光二十三年（1843），中举。二十五年（1845），中式进士。咸丰三年（1853），补刑部广西司主事。五年（1855），升直隶司员外郎。六年（1856），晋直隶司郎中。七年（1857），简知府。同治元年（1862），补授陕西凤翔知府。三年（1864），升四川按察使。四年（1865），补授广东按察使。同年，升广东布政使。五年（1866），调补安徽布政使。七年（1868），调江苏布政使，护理江苏巡抚。九年（1870），擢漕运总督。十年（1871），补授广东巡抚。十三年（1874），兼署两广总督。光绪四年（1878），丁母忧，回籍终制。八年（1882），署理福建巡抚。九年（1883），补授福建巡抚。十年（1884），兼署闽浙总督，嗣以中法战争马尾失守革职。十三年（1887），病卒于闽。著有《凤翔纪事诗存》《守岐公牍汇存》《守岐汇记》等行世。

② 台湾史料集成编辑委员会编：《明清台湾档案汇编》，第4辑，第85册，第381—382页，台北远流出版事业股份有限公司，2009。

③ 中华书局影印：《清实录·德宗景皇帝实录（三）》，卷一百八十六，光绪十年闰五月下，第593页，中华书局，1987。

## 六　奏报刊刻木质关防一颗缘由片

光绪十年闰五月十六日（1884 年 7 月 8 日）

再，奴才奉命督办台湾事务，所有奏疏、公牍应行钤用关防，以昭信守。兹谨刊就木质关防一颗，文曰“巡抚衔督办台湾事务前直隶提督关防”，即于闰五月十六日在天津开用。理合附片陈明。伏乞圣鉴。谨奏。

光绪十年闰五月十八日，军机大臣奉旨：知道了。钦此。[①]

【案】此奏片原件查无下落，录副未署具奏日期。兹据朱批日期“光绪十年闰五月十八日”查《军机处随手登记档》[②]朱批刘铭传折栏，内即有此片，栏首署有“报四百里，闰五月十六日天津发”等字样。据此，此奏片之具奏日期当为“同治十年闰五月十六日”无疑。兹据校正。

## 七　恭报到台日期并筹办台北防务折

光绪十年六月初四日（1884 年 7 月 25 日）

窃臣前抵天津，当将自津启程日期具报在案。拜折后，即乘轮南下，二十四日行抵基隆，当即登岸查勘炮台形势。周历数日，于二十八日移驻台北府城。拟再往沪尾察看形势，相机布置。

---

① 台北故宫博物院藏：《军机及宫中档》，文献编号：127616.

② 中国第一历史档案馆藏：《军机处随手登记档》，档案编号：03-0242-2-1210-157.

窃维台湾孤悬海外，为南北洋关键，矿产实多，外族因而环伺。综计全台防务，台南以澎湖为锁钥，台北以基隆为咽喉。澎湖一岛，独屿孤悬，皆非兵船不能扼守。历经闽省派轮船四双：永保、琛航两船专住台北，装煤载货；万年清、伏波两船，专备台南，调遣往来。现在四船俱赴闽、沪，尚未回防，不独与闽疆音问不通，即台南北亦声气隔绝。近值南风水涨，台南轮船不能泊岸，防务暂可稍松。海上一有战争，香港、日本皆以公法所关，不能济敌船煤炭，惟基隆煤矿久为彼族觊觎，以故声言攻取。且口门外狭，船坞天成，不虑风涛胶搁，仿佛烟台。其地旧有炮台，势居低下，且在口门以内，不能远击敌船。现已详察地势，在外海口门扼要岸鳞墩、社寮两山对峙之区，各筑炮台一座，别建护营一座，以遏敌船进口之路。商令统领庆祥等营，福宁镇总兵曹志忠面授规模，拨支款项，于二十八日即令督勇兴工。惟一材一料，类皆取购厦门，现无轮船过海，望洋束手，万难迅速告成。沪尾海口距台北府三十里，中外通商，轮船易入。其次苏澳等口，船亦易通。一俟购炮到台，均须次第设防，以期严密。此臣现抵台北急筹防守之情形也。

至全台物产，饷源所系，实以茶、盐、樟脑为大宗。盐厘各局，台北较多。台南，陆路则阻大溪，水程则须泛海，公牍往返，动逾旬时，自系鞭长莫及。臣拟俟防务稍布规模，即将煤矿、盐厘，详查整核，兴地方自有之利，养全台防守之兵。各营月饷，亦须总核分明，力祛糜滥。

查全台防军共四十营。台北只存署福建陆路提督孙开华所部三营、曹志忠所部六营而止。台南现无大患，多至三十一营。南北缓急悬殊，轻重尤须妥置。臣旧部章高元武毅两营，现经饬调北来，作为护队，其余尚须审择将领，徐整戎规，固非一时所能猝办。

台北统将孙开华，器宇轩昂，精明强干；曹志忠性情朴实，稳慎过人。该提镇等于器械操练虽少讲求，要皆久着霆军，饱经战阵，臣连日接谈简器练兵之法，类皆鼓舞欢欣。如能不畏艰险，于兵事切实讲求，皆不负国家干城之选。臣以驽骀，仰蒙天恩，畀以重任，既不敢因循粉饰，亦不敢急切图功，惟当殚竭微诚，图报万一，仰副圣主绥保危疆之至意。

光绪十年六月十二日，奉上谕：现派曾国荃等在沪与法使议约，该使无理要求，婪索巨款，万难允许。虽经美国照约出为调处，成否尚不可知，亟须豫备战守。况法舰现聚闽口，彼族诡计多端，伺隙攻瑕，均未可定。沿海各省防务吃紧，该大臣、将军、督抚等不得因有调处之说，稍涉疏懈，仍当振刷精神，懔遵迭次谕旨，极力筹备，坚持必战之心，勿存游移之见，庶不至因循贻误，致干咎戾。将此由六百里各密谕知之。钦此。[①]

## 八　请饬南洋遣回四轮缘由片

光绪十年六月初四日（1884 年 7 月 25 日）

再，台湾孤悬海外，一举一动，皆非兵舰不行。且澎湖一岛，地处要冲，尤非兵船不能设守。现往来台南北之船，永保、琛航在台北专装煤货；万年清、伏波两兵轮专住台南，年久行迟，断难应敌。查船政局素有澄庆、登瀛洲、靖远、开济四船，均经拨赴两江。目前台防需船，较他处为倍急。两江设守，应用兵船，只有江阴、吴淞两处，其次皆无需兵船。各船往来，不过

① 因原件、录副均查无下落，此奏录自《刘壮肃公奏议・保台略》，待考。

供差之用。而管驾、水手，久居沪上华丽之地，不居船内，惧涉风涛，游惰已成习惯。不独虚縻饷项，且致贻诮外人。

现在南洋新购钢快二船已到，合之旧轮，为用已敷。如能将澄庆等四船遣回台湾，臣与张佩纶随时督练，察看管驾贤否，长令梭巡海面，尝试风涛，非只有裨防务，且于师船一道切实讲求，尤为扩张海军之地。应请饬下署两江督臣曾国荃，迅饬该兵轮即行回台，以后饷需经费，当由闽台筹给。闽防既固，南洋亦可稍减海防经费之资。伏求圣鉴。

军机大臣奉旨：迭据曾国荃、陈宝琛电报，此时拨船赴闽，适以饵敌。且江南防务亦殊吃紧，已准其暂缓调拨矣。钦此。[①]

## 九　奏调何维楷来台办理矿务片

光绪十年六月初四日（1884年7月25日）

再，台北基隆煤矿自沈葆桢开办以来，经营筹划，规模宏远，原期开扩风气，为国家富强之计。讵阅时未久，流弊已深。奴才到基隆后，接见该矿提调委员杨崇铨、矿务学生张金生，俱言煤务亏折甚多，不肯明言数目。自京沪以及基隆局外之人，皆言每月煤局亏折本银八千内外。奴才当委记名道朱守谟潜往查看，并饬提调杨崇铨将光绪九年正月至本年三月该局所用经费以及出售煤价节开具报。

续据朱守谟、杨崇铨先后送呈月报，核计用度与销售煤价，均属有盈无绌，不知何所亏折。现饬将开办以来历年账目全数查出，委员提至台北府城，详细核算，以清积弊。惟以后必须明干

① 因原件、录副均查无下落，此奏录自《刘壮肃公奏议·保台略》，待考。

大员督率经理，切实整顿，方期有利无弊。

查有河南候补道何维楷[①]，精明干练，留心时务，办事精能，精于会计，曾经开办磁州煤矿，情形熟悉，若以办理基隆煤矿，必能日见起色。该道现在天津，可否请旨饬下北洋大臣李鸿章转饬该道来台接办，以期整顿，实于矿务有裨。是否有当？伏乞圣鉴，训示。谨附片具奏。

光绪十年六月二十五日，军机大臣奉旨：（另有旨）[◆1]。钦此。[②]

【案】此奏旋于十年六月二十五日得旨允行。《光绪朝上谕档》载曰：

军机大臣字寄：前大学士署直隶总督一等肃毅伯李鸿章：光绪十年六月二十五日，奉上谕：刘铭传奏，请调河南候补道何维楷办理煤矿等语。福建台北基隆煤矿需员经理，何维楷现在天津，着李鸿章饬令该员迅赴台湾，交刘铭传差遣委用。将此谕令知之。钦此。遵旨寄信前来。[③]

又【案】此奏片原件查无下落，录副未署具奏日期。兹据朱批日期"光绪十年六月二十五日"查《军机处随手登记档》[④]朱批刘铭传折栏，内即有此片，栏首署有"报五百里，六月初四日福建台北府发"等字样。据此，此奏片之具奏日期当为"同治十年六月初四日"无疑。兹据校正。

---

① 何维楷（1843—1894），安徽定远人。同治十二年（1873），由廪贡生刑部浙江司员外郎中式举人。光绪元年（1875），奉旨以道员分省补用，并加按察使衔。四年（1878），加二品顶戴，报捐指省河南。五年（1879），赏戴花翎。十年（1884），呈请分发验放领照。十一年（1885），期满甄别，留河南补用。十二年（1886），补河南粮储盐法道。十六年（1890），补授甘肃平庆泾固化道。十九年（1893），调补甘肃西宁道。二十年（1894），擢江西按察使。同年，卒于任。

② 台北故宫博物院藏：《军机及宫中档》，文献编号：128414.

③ 中国第一历史档案馆编：《光绪宣统两朝上谕档》，第10册，第205页，广西师范大学出版社，1996。又，中华书局影印：《清实录·德宗景皇帝实录（三）》，卷一百八十八，光绪十年六月下，第635页，中华书局，1987。

④ 中国第一历史档案馆藏：《军机处随手登记档》，档案编号：03-0242-2-1210-193.

## 一〇 奏报军报赍送厦门等处递京缘由片

光绪十年六月初四日（1884年7月25日）

再，查前船政大臣沈葆桢驻台时，曾以台湾远隔重洋，折报由闽驿递，动多迟滞，奏明专差由轮船赍至上海，交驿递发在案。奴才此次拜折，谨即遵照沈葆桢成案办理。惟查沈葆桢驻台之时，上海尚未设有文报局专递文报。嗣经总理衙门议定，出使折件均交由文报局径递北洋大臣递京，较之由上海发驿，尤为迅速。

今台湾远在海外，每有军报，事关机要，若专差自上海赍交驿站，尚觉迟滞。现在南北洋往来紧要文件，均由津沪文报局转递，从无迟误之虞。合无仰恳天恩，俯念军报紧要，准将以后台湾呈递折件专差由轮船赍送厦门、福州两处文报局，转交天津县代为递京，以期妥速之处，出自鸿慈。谨附片具陈。伏乞圣鉴，训示。谨奏。

光绪十年六月二十五日，军机大臣奉旨：着照所请。钦此。[①]

【案】此奏片原件查无下落，录副未署具奏日期。兹据朱批日期“光绪十年六月二十五日”查《军机处随手登记档》[②]朱批刘铭传折栏，内即有此片，栏首署有“报五百里，六月初四日福建台北府发”等字样。据此，此奏片之具奏日期当为“同治十年六月初四日”无疑。兹据校正。

---

① 台北故宫博物院藏：《军机及宫中档》，文献编号：128416.

② 中国第一历史档案馆藏：《军机处随手登记档》，档案编号：03-0242-2-1210-193.

# 一一　奏调方策勋来台以备差遣缘由片

光绪十年六月初四日（1884年7月25日）

再，奴才渡台后，事务纷繁，需员差遣。查有河南候补知府方策勋，熟悉军务，能以调和将士曾随多隆阿军营，总办营务，久历战阵，办事勤能。奴才督办陕西军务时，亦曾委办营务，颇资臂助。可否请旨饬下河南抚臣鹿传霖转饬该员迅速赴台，以备差遣之处，出自鸿慈。谨附片具陈。伏乞圣鉴，训示。谨奏。

光绪十年六月二十五日，军机大臣奉旨：另有旨◆1。钦此。①

【案】此奏旋于十年六月二十五日，得旨允行。《光绪朝上谕档》载曰：

军机大臣字寄：河南巡抚鹿传霖：光绪十年六月二十五日，奉上谕：刘铭传奏，调员差遣等语。河南候补知府方策勋，着鹿传霖饬令该员迅赴台湾，交刘铭传差遣委用。将此谕令知之。钦此。遵旨寄信前来。②

又【案】此奏片原件查无下落，录副未署具奏日期。兹据朱批日期“光绪十年六月二十五日”查《军机处随手登记档》③朱批刘铭传折栏，内即有此片，栏首署有“报五百里，六月初四日福建台北府发”等字样。据此，此奏片之具奏日期当为“同治十年六月初四日”无疑。兹据校正。

① 台北故宫博物院藏：《军机及宫中档》，文献编号：128415.

② 台北故宫博物院藏：《军机及宫中档》，文献编号：107423.

③ 中国第一历史档案馆藏：《军机处随手登记档》，档案编号：03-0242-2-1210-193.

# 一二　敌陷基隆炮台我军复破敌营获胜折

光绪十年六月十七日（1884 年 8 月 7 日）

台湾巡抚刘铭传跪奏，为基隆炮台为敌攻陷，我军复踏毁敌营，大获胜仗事。

窃臣前将抵台日期并查看基隆炮台陈报在案。前月二十五日，即有法人兵船一艘，湾泊基隆口门。询其前来之故，答以巡弋海口。臣一面密饬将弁严行戒备，一面督催赶将海口社寮炮台兴工修筑。惟购运各料不得轮船运载，诸务束手，当即飞函商告闽省，请将永保、琛航两官船匀拨前来应用。而闽台两处音信隔绝已近一月，前由上海装运赴台炮械，又因久无轮船，迟迟不到。自本月初一、二等日，法人时有兵船一只到基隆巡探，停泊一半日，即行开去，而前次所到之法船一只则仍不动。当以和战之局尚在未定，不便自我开衅。适其时，伏波兵船由台南装载新调提督章高元所部之武毅军头批勇丁五百人甫到基隆，闽省复将伏波调装澎湖潮普两营回省，台兵益单，轮船全无。当饬章高元督带所部，驻扎基隆炮台左近，以资辅助，并派提督苏得胜帮同照料。其在上海运解炮械委员游学诗，因中国各轮船皆惮于南下，于初九日设法商雇德商万利轮船前来，甫于十二日抵沪尾海口。

其时，臣正沪尾督令孙开华所部兴工修筑炮台，见军装运到，即令将基隆应用之炮位、水雷等件，仍由万利船运基隆布置。该船驶到基隆，法船兵酋坚阻不令卸载，而德商轮船不能久耽时日，仍即由原船装回沪尾。臣回至淡水，接信正拟设法改船装运，忽于十四日续来法兵船四只，驶近基隆。旋有该船兵酋李士卑斯专，通事曹志忠、苏得胜，据称中法和议不成，限期已届，随带战书告示，次日各口皆要开仗。随带来战书、告示各一纸，语多狂悖，声言定次日八点钟攻打炮台。

该提督一面督勇严守，一面飞报到臣，于十五日黎明接到来书。前以该处炮台本不足恃，曾于前折奏明，当即飞速前往督战。行至半途，即闻炮声，知系接仗，赶速趱行而至。法人于辰刻开炮攻台，营官姜鸿胜督勇还炮，相应只有洋炮五尊，土炮无用。炮台只守当门一面，敌人由旁攻击，炮台不能旁应。章高元、苏得胜各带队百余人，伏于炮台墙外沟中。该船巨炮猛攻不息，自辰至午两时之久，连放排炮，将台前墙全行打碎，火药房亦同轰倒。章高元、苏得胜密令姜鸿胜率勇退出，计伤亡弁勇六十余人，半多压伤。炮台我不能守，法亦未据。

其时臣亦至，当以法人一意逞强，固有轻我之心，非诱其陆战，不足挫其凶焰，即刻将海边不能守御各营，饬移山后，以避敌炮。曹志忠正营并中营离海虽近，中隔小山，仍令照常设守。一面激励士卒，预备恶战。

十六日卯刻，果有法兵四五百人，以一半在曹志忠营北山头站队筑营，以二百余人直薄曹志忠之垒，仍用轮船炸炮助攻。自卯至午，连环枪炮不息。曹志忠一面守营，亲督王三星等率队二百余人出营迎击。臣派令章高元、苏得胜率队百余人由东路抄击，复派已革游击邓长安率亲军六十人由西路绕击。曹志忠见两路兵至，士气益壮，奋勇直前。法兵见我军齐进，连放大炮排枪。鏖战一时许，我勇所恃后膛枪皆能命中，击倒法军山上持旗兵酋二名、山下法兵头一名，敌军一齐溃败。我军乘胜追上山头，将敌营踏毁，夺获洋枪数十杆、账房十余架并坐纛旗二面。

此外洋行军最耻之事。斩馘首级一颗，法兵伤亡不下百余人。直追至船边，始行收队。我勇伤亡者仅数人。此十五、十六两日法兵犯我基隆陆战获胜之情形也。

伏念基隆炮台不坚，炮位不多，彼族久有窃议。今突以五船相犯，实窥我无炮无船，早有藐视之心，妄想占据。今幸仰托圣主威福，将士用命，有此血战稍挫凶锋，实足以抒众愤。惟追奔到船之际，海口若有兵轮数只首尾夹攻，敌船皆为我有。失此机会，殊为可惜！

法人自入中国以来，未有如此挫败，势不甘心。若再加兵增船来犯，臣兵单器乏，何以应敌！合无仰恳天恩，俯念海外孤单，事机万紧，敕下南北洋大臣并闽省督抚迅即选拨能战兵轮十只，择将统带前来助战，以期驱敌出境，布置方能措手，无蹈各守各境、坐失机宜之辙，曷任急切待命之至。谨奏。光绪十年六月十七日。

光绪十年六月三十日，奉上谕：刘铭传奏，台北基隆为敌攻陷，我军复踏毁贼营获胜情形一折。法国兵船驶至台北基隆口岸，于六月十五日该处炮台击毁。十六日法兵上岸力扑营垒，经刘铭传及总兵曹志忠等督军迎击获胜，敌兵溃败。刘铭传调度有方，深堪嘉尚，着交部从优议叙。尤为出力之记名提督福建福宁镇总兵曹志忠，着赏穿黄马褂。提督章高元、苏得胜，均着遇有总兵缺出，即行简放，并赏给清字勇号。余各从优奖叙。[1]

【案】关于此折之得旨情形，兹据《清实录》抄录如下，以资考证：

甲辰（光绪十年七月初二日），谕内阁：刘铭传奏，台北基隆炮台

① 王彦威，王亮辑编；李育民，刘利民，李传斌，伍成泉点校整理：《清季外交史料》，第44册，第884—885页，湖南师范大学出版社，2015.

为敌攻陷，我军复踏毁敌营获胜情形一折。法国兵船驶至台北基隆口岸，于六月十五日迭开巨炮，将该处炮台击毁。十六日，法兵上岸，直扑营垒，经刘铭传及总兵曹志忠等督军迎击获胜，敌兵溃败。刘铭传调度有方，深堪嘉尚，着交部从优议叙。尤为出力之记名提督福建福宁镇总兵曹志忠，着赏穿黄马褂。提督章高元、苏得胜，均着遇有海疆总兵缺出，即行简放；章高元并赏换年昌阿巴图鲁名号，苏得胜并赏换西林巴图鲁名号。副将王三星，着以总兵记名简放，并赏给额腾依巴图鲁名号。已革游击邓长安，着开复原官。其余立功将士及出力文武员弁，准其择尤汇请奖励。

钦奉慈禧端佑康颐昭豫庄诚皇太后懿旨，着于内帑节省项下发去银三千两，赏给此次出力兵勇，着刘铭传查明尤为奋勇者，传旨赏给。至基隆炮台，前据刘铭传奏，修筑未能合法，本不足恃。此次失事员弁，着免其置议。嗣后倘有守御不力，以致挫失情事，定当按照军律从严惩办，决不宽贷。所有伤亡弁勇，即着查明请恤。①

## 一三　请将转运粮饷各员奖励缘由片

光绪十年六月十七日（1884年8月7日）

再，基隆地方无日不雨，文武员弁皆无马匹。山路崎岖，所有解运军械、办粮转饷各员，皆奔走于泥淖之中。敌炮如雨，不敢退避，实皆劳苦异常。其尤为出力者，自应仰恳天恩酌予奖励。所有蓝翎提举衔基隆通判梁纯夫，拟请赏换花翎；县丞游学诗，拟请以知县补用；候补班前补用知县福建候补盐大使钱寿益，拟请免补本班，以知县仍留原省归候补班前补用；升用游击孙安邦，拟请以参将补用，并赏加副将衔。

① 中华书局影印：《清实录·德宗景皇帝实录（三）》，卷一百八十九，光绪十年七月上，第642—643页，中华书局，1987。

已革道员裕庚，拟请留营效力办事，以示激劝之处，出自鸿慈！谨附片具陈。伏乞圣鉴，训示。谨奏。

光绪十年七月初二日，军机大臣奉旨：（另有旨）◆1，钦此。①

【案】清廷于光绪十年七月初二日颁布谕旨曰：

甲辰，谕内阁：……另片奏，解运军械办粮转饷各员，恳请奖励等语。基隆通判梁纯夫，着赏换花翎。县丞游学诗，着以知县补用。盐大使钱寿益，着免补本班，以知县仍留原省归候补班前补用。游击孙安邦，着以参将补用，并赏加副将衔。已革道员裕庚着准其留营效力。②

又【案】此奏片原件查无下落，录副未署具奏日期，而朱批日期"七月初二日"则无从参证。兹据主折朱批日期"光绪十年六月三十日"查《军机处随手登记档》③朱批刘铭传折栏，内即有此片，栏首署有"报六百里，七月十七日基隆行营发，七月初二日六百里发回"等字样。据此，此奏片之具奏日期当为"同治十年六月十七日"、朱批日期当为"光绪十年六月三十日"无疑。兹据校正。

## 一四　请将曹志忠移扎山后并拆煤矿机器片

光绪十年六月十七日（1884年8月7日）

再，臣自沪渡台之日，正事机紧急之时，随带亲兵百余人、文武员弁十余人，猝临强敌，内地音信不通，台兵素无纪律，恩信未孚，诸务无从措手，惟有宣示朝廷威德，激励将士，苦战以保危疆。惟敌人船坚炮利，若再增兵增船，曹志忠所守正营、中

① 台北故宫博物院藏：《军机及宫中档》，文献编号：128555.

② 中华书局影印：《清实录·德宗景皇帝实录（三）》，卷一百八十九，光绪十年七月上，第643页，中华书局，1987。

③ 中国第一历史档案馆藏：《军机处随手登记档》，档案编号：03-0242-2-1210-198.

营离海过近，难支敌炮，拟令移扎后山，以保兵锐。其八斗煤矿，已派擢胜营官杨洪彪督拆机器，移至山后，并将煤矿房屋一并烧毁，以绝敌人窥伺之心。谨附片具奏。

再，正缮折间，接据基隆税务司帮办英人鲍琅荣函称，法乐提督意甚殷勤，欲邀臣赴彼船面商事件。臣以体制有关，未便前往。惟彼族既以礼来，当约该税务司于十八日巳刻在基隆相晤，询问该酋所商何事，再行驰奏。谨抄该税务司原函，恭呈御览。伏乞圣鉴。[①]

## 一五　奏请朱守谟等员来台委办营务片

光绪十年六月十七日（1884 年 8 月 7 日）

再，奴才由沪渡台，乏员差遣，有记名道朱守谟在沪就医，当约同渡台，委办营务。奴才现在前敌，所有后路事务，均由该道一手经理，并保护淡水洋商，俱臻妥善。又，刑部候补郎中罗廷玉现在办理军机，恳请一并留营效力之处，出自鸿施！谨附片具陈。伏乞圣鉴，训示。谨奏。

光绪十年七月初二日，军机大臣奉旨：　（另有旨）◆1。钦此。[②]

【案】清廷于光绪十年七月初二日颁布谕旨，曰：

甲辰，谕内阁：……又片奏，道员朱守谟等恳请留营等语。记名道

① 因原件、录副均查无下落，此奏录自《刘壮肃公奏议·保台略》，待考。

② 台北故宫博物院藏：《军机及宫中档》，文献编号：128463.

朱守谟、郎中罗廷玉，均着准其留营效力。①

又【案】此奏片原件查无下落，录副未署具奏日期，而朱批日期“七月初二日”则无从参证。兹据主折朱批日期“光绪十年六月三十日”查《军机处随手登记档》② 朱批刘铭传折栏，内即有此片，栏首署有“报六百里，七月十七日基隆行营发，七月初二日六百里发回”等字样。据此，此奏片之具奏日期当为“同治十年六月十七日”，朱批日期当为“光绪十年六月三十日”无疑。兹据校正。

## 一六　请饬周盛波来台接署镇篆缘由折

光绪十年七月初八日（1884 年 8 月 28 日）

巡抚衔督办台湾事务前直隶提督一等男奴才刘铭传跪奏，为台南防务紧要，请旨饬调提督来台接署镇篆，以期整顿，恭折仰祈圣鉴事。

且奴才前据台湾道刘璈面称：台南现无统将，请速派声望素著、战守可靠之员前往总统等语。是台湾府城系全台根本，澎湖为台南门户，皆关紧要，非智勇俱优之大员切实整顿，万难得力。奴才接准闽浙督臣何璟来咨，以前署台湾总兵杨在元不堪胜任，奏委记名提督章高元接署镇篆等因。是章高元早经奴才调至台北，现在前敌随同战守，相离台南太远，不能兼顾。

查有前甘肃凉州镇总兵记名提督周盛波，打仗奋勇，熟悉战守机宜，于练兵、简器之道素极讲求。该提督自平捻后请告养亲，家居十余年。因其胞弟周盛传带兵驻津，练军屯田，遇事认

① 中华书局影印：《清实录・德宗景皇帝实录（三）》，卷一百八十九，光绪十年七月上，第 643 页，中华书局，1987。

② 中国第一历史档案馆藏：《军机处随手登记档》，档案编号：03-0242-2-1210-198.

真，劳苦备尝，因性情古直，不善酬应，屡遭谮谤，该提督心志亦灰。是周盛波兄弟同受国恩，且与奴才患难之交，久共战阵。现值时事艰难，从前立功勇将固不乏人，然或固于嗜好，或不习操练，若选可挡一面之才，如周盛波者，甚为难得。可否仰恳圣恩，特予起用，饬令周盛波来台署理台湾镇篆，并统办台南防务。

现在法人往救越南，和战一时难定，若不早为分头布置，将来临事毫无把握。如蒙俞允，该提督现在金陵，应请饬下两江督臣曾国荃就近转饬迅速渡台，以免奴才顾此失彼之虞，实于台南防务大有裨益。是否有当？谨恭折由驿具陈。伏乞皇太后、皇上圣鉴，训示。谨奏。七月初八日。

光绪十年七月十九日，军机大臣奉旨：（另有旨）◆1。钦此。①

【案】此奏旋于是年七月十九日得旨允行。《清实录》载曰：

辛酉，谕军机大臣等电寄李鸿章：前调周盛波募勇赴津，兹据刘铭传奏，台南防务紧要，请饬该提督赴台。着曾国荃即传知周盛波迅带所募勇营，克日前往，统办台南防务。李鸿章如尚须添勇，着另行调募。周盛波驭军严整，操防认真，该大臣当加奖勉，令其奋力图报，不得因人言退阻。江苏候补道龚照瑗，着饬赴台湾，交刘铭传差遣委用。周盛波、龚照瑗到台后，刘铭传迅即奏闻。嗣后各省电信，凡有事关紧要者，除电奏外，仍另具折驿递，着李鸿章转电各大臣、将军、督抚，一体遵照。②

## 一七　请将刘璈开缺以龚照瑗接充缘由片

光绪十年七月初八日（1884 年 8 月 28 日）

再，奴才叠接总理衙门电报：仰蒙圣恩垂念，台岛孤悬，兵

① 台北故宫博物院藏：《军机及宫中档》，文献编号：128871.

② 中华书局影印：《清实录・德宗景皇帝实录（三）》，卷一百九十，光绪十年七月下，第 672—673 页，中华书局，1987。

单器缺，饬令李鸿章设法援应等因。钦此。跪诵之下，感激莫名！奴才自渡台之后，无船无炮，无从部署。台北基隆固系要隘，沪尾海口离府仅三十里，为通商之处，只孙开华三营，既无炮台，又无营垒，现当临敌之际，深以该口为忧。幸得兼办营务处浙江候补知府李彤恩，颇有谋略，急购沙船十余只，装载巨石，预备塞口。复同军械所委员罗廷玉安设水雷，并密结洋商，暗通消息，后路得以无恐。现在赶催孙开华所部修筑炮台，能得完工，方有把握。澎湖炮台固不足恃，已饬台湾道刘璈并澎湖协副将周善初，速购沙船、装石，为塞口之用。其次各口或不能泊船，或远在山后，目前布置，只能择要，尚难遍及。

惟查台南防军，空额太多，兼有烟病，几不成军。现接台湾道刘璈来文，据称派员赴内地招勇二千名，赴台南补缺。刻值海道艰难，内地募勇，无船装送，亦系空谈。

查该道刘璈，性情偏傲，不恰舆论。其平日为官与否，闻该管督抚皆有觉察，奴才不应追其既往。但就整顿防务而论，该道如不离任，将来欲调一营，欲换一将，皆费周折，相应请旨饬令开缺，送部引见，以免贻误。

至台湾道一缺，有洋务、番务、吏治、刑名之责，若无出众之才，万难胜任。查有江苏候补道龚照瑗，久办制造，于军务、洋务尤为熟悉，办事敏捷，勤能廉谨，在宁十余年，自前督臣沈葆桢以及曾国荃，无不器重。奴才曾与李鸿章函商，其所办制造，已允派员接办。该员如任斯缺，将来整顿一切，必可痛除积弊，日见起色。可否仰恳天恩，俯念海外道缺需才，非寻常内地可比，特赐简用，以裨地方之处，伏候圣裁！

奴才未敢擅请，谨附片密陈。伏乞圣鉴，训示。谨奏。

光绪十年七月十九日，军机大臣奉旨：（另有旨）◆1。钦此。[①]

【案】此奏旋于是年七月十九日得旨允行。《清实录》载曰：

辛酉，谕军机大臣等电寄李鸿章：……江苏候补道龚照瑗，着饬赴台湾，交刘铭传差遣委用。周盛波、龚照瑗到台后，刘铭传迅即奏闻。嗣后各省电信，凡有事关紧要者，除电奏外，仍另具折驿递，着李鸿章转电各大臣、将军、督抚，一体遵照。[②]

## 一八　奏为奉旨颁发内帑赏银谢恩折

光绪十年七月二十八日（1884年9月17日）

巡抚衔督办台湾事务前直隶提督一等男奴才刘铭传跪奏，为恭谢天恩，遵奉懿旨颁给赏项，仰祈圣鉴事。

窃奴才恭阅邸抄，光绪十年七月初二日，内阁奉上谕：刘铭传奏，台北基隆炮台为敌攻陷，我军复踏毁敌营获胜情形一折。刘铭传调度有方，深堪嘉尚，着交部从优议叙。钦奉慈禧端佑康颐昭豫庄诚皇太后懿旨，着于内帑节省项下发给银三千两，赏给此次出力兵勇，着刘铭传查明尤为奋勇者，传旨赏给等因。钦此◆1。奴才谨即恭设香案，望阙叩头谢恩，并准福州将军穆图善将特恩赏项银两由海道运送来台，奴才谨即传旨将尤为奋勇者一体发给。三军将士欢声雷动，感沐皇仁！

伏念奴才甫抵台防，即逢战事，才识短浅，炮械空虚，仓猝以赴戎机，正虑无可措手，幸赖圣主天威，将士用命，稍挫凶

① 台北故宫博物院藏：《军机及宫中档》，文献编号：128872.

② 中华书局影印：《清实录·德宗景皇帝实录（三）》，卷一百九十，光绪十年七月下，第672—673页，中华书局，1987。

焰，未任陆梁，方以未能驱战海中大加惩创，正惭愤之交集，更何功之敢言！乃蒙恩诏褒嘉，圣慈既逮，既优加甄叙，以示策励；复特颁内帑，以赏有功。凡隆施闿泽，所覃溥实；震古烁今，所皋观在。

奴才仰荷如天之眷，深虑莫报涓埃；而将士群沾挟纩之恩，欣见腾欢壁垒。承命之下，悚感交并！奴才惟有益竭愚诚，力图报称，勤拊循而敌忾，期坚忍以图功，冀以仰答高厚鸿慈于万一！

所有奴才感激下忱并遵旨颁赏缘由，谨恭折由驿具陈，叩谢天恩。伏乞皇太后、皇上圣鉴。谨奏。七月二十八日。

光绪十年八月十八日，军机大臣奉旨：知道了。钦此。[1]

## 一九　奏报法夷拟调陆兵攻台情形片

光绪十年七月二十八日（1884 年 9 月 17 日）

再，台北军情，自本月初九法船出闽后，本泊基隆法船三只势极猖獗，日日挂旗索战。七月初十、十一两日，敌兵开炮，我勇凭山为障，亦开炮对击。彼炮无所施，我炮屡中其船。彼族颇有伤亡，退泊口门。沪尾海口离基隆八十里，该处仅孙开华所部三营，复经李彤恩添募土勇一营，兵力单薄，危急万分。彼族不得志于基隆，于十四、二十等日，复窥沪尾。当经孙开华、李彤恩赶将沪尾前备堵口石船，接连沉塞。法船屡到沪尾探视，见口门已塞，旋即行驶去。

奴才于本月十九日复亲至沪尾，添派炮勇百名，稍为布置，

① 台北故宫博物院藏：《军机及宫中档》，文献编号：129560.

即日仍回基隆，现基隆口门仍泊船三只未动。闽口驶出全帮兵船，不知何往，声言调陆兵四千来攻基隆。台岛孤悬，兵单援绝，前奉谕旨饬拨江阴援兵刘朝祜等四营，顷接曾国荃电复，谓设法雇船，可渡载一营先来。北洋所拨三营，刻尚待船，未及拔队。八月以后，台南浪涌渐平，更形吃紧，在在堪虞，殊深忧急！奴才惟有就现在防兵，竭力支持，以待援应。

除大概情形均经随时电报总理衙门外，所有近日军情，谨附片密陈。伏乞圣鉴，训示。谨奏。

光绪十年八月十八日，军机大臣奉旨：览奏，已悉。前有旨令南洋、闽、粤速筹援应，着刘铭传就现有防兵，严密布置，力筹战守，并将军情随时迅速电奏。钦此。①

【案】此奏片原件查无下落，录副未署具奏日期。兹据主折朱批日期“光绪十年八月十八日”查《军机处随手登记档》② 朱批刘铭传折栏，内即有此片，栏首署有“报六百里，七月二十八日台北基隆发，六百里发回”等字样。据此，此奏片之具奏日期当为“同治十年七月二十八日”无疑。兹据校正。

## 二〇　奏报法犯台北移师接仗情形折

光绪十年八月十五日（1884 年 10 月 3 日）

巡抚衔督办台湾事务前直隶提督一等男奴才刘铭传跪奏，为法船并犯台北，基隆、沪尾同时危急，移师保顾后路并接仗情形，恭折仰祈圣鉴事。

① 台北故宫博物院藏：《军机及宫中档》，文献编号：129561.

② 中国第一历史档案馆藏：《军机处随手登记档》，档案编号：03-0243-1-1210-243.

窃奴才前将法人拟调陆兵攻扰台北各情，于七月二十八日附片驰陈在案。奴才拜折后，敌人逐日以一二船拦泊沪尾口门，遇船即搜，以阻援应。商船多日不来，音问不通，折件无从赍进，焦灼万分！

八月初二日，大雨飓风之中，上海所雇汇利、万利两船，装载江阴刘朝祜勇六百人驶到，赶用驳船接卸百余人，而风势紧急，两船皆避风入海。汇利仍装原勇装回上海。万利仅装五十人，于次日先回，卸兵甫毕，而敌人已上船搜查，见无军装始去。当将前缮折件由万利赍赴上海呈递。初九日，龚照瑗所雇华安轮船，装勇三百余人，甫来沪口，即遇法船迫回，于初十日由新竹上岸，至今未到。在基法船三只，时行开炮。至十二日，突来敌船八只，连前泊者共计十一艘。

十三日黎明，敌兵千人于口门外之西山登岸。恪靖营营官陈永隆、武毅右军营官毕长和，各带勇百余名接战，往复冲荡。相持两时之久，敌军复从山头抄击。章高元、陈永隆等退出山口，拼命抵御。直至酉刻，敌人猛扑我队，复经陈永隆等击退，阵斩法酋一名。我勇伤亡百余人。奈将士防守两月之久，各勇日在炎瘴溽湿之中，将士多病，八营之众，能战者仅千余人。曹志忠、章高元、苏得胜等督率将士，身自搏战，毫无退心。正在全力相持之际，沪尾忽报，同日来敌船五只，直犯口门。该处炮台尚未完工，只安炮三尊，以保沉船塞口之处。敌炮如雨，孙开华、刘朝祜等饬张邦才等用炮还击。炮台皆新用泥土、沙袋堆壅，不能坚固，被炮即毁，阵亡炮勇十余名。张邦才亦受重伤飞书至基隆告急。

奴才闻信，当以基隆前敌正在万分危迫，沪尾又被急攻，基隆绝无兵力可分，而沪尾为基隆后路，离府城只三十里，仅恃一线之口，藉商船稍通声问，军装、粮饷尽在府城。该口除沉船外，台防兵少，万不足恃。倘根本一失，则前军不战立溃，必至全局瓦解，不可收拾。不得已只有先其所急，移师顾守后路，当即连夜率曹志忠、章高元各营由基隆拔营，赶回淡水，立派曹志忠、章高元、苏得胜，共率奋勇数百名，驰救沪尾，军装、队伍毫未遗弃。刘朝祜所部百余人到后，本在沪尾协同孙开华防守。敌船连攻两日，孙开华、刘朝祜伏军海边，敌人未得上岸。曹志忠等现已驰抵该处，如敌不添兵添船，暂可支持。奴才惟有勉循伤病，竭力防守，危急情形，想在圣明洞鉴之中。此法船并犯台北，两处接仗，并拔队回援后路之情形也。

伏念此次奴才以疲病之卒支持两月，情见势屈，已成坐困。敌人自出闽口，即声言必攻台北。稔知我兵单援绝，全力相犯。奴才怜士卒之疮痍，虑全局之欺覆，仅能拔之出险，先顾后路，限于兵力太单，智力俱困，未能力保基隆海口，咎无可逭！相应请旨将奴才从重治罪，以示惩儆。惟法既以全力注台，淡水新城尚未完工，无险可守，台局危如累棋，不可终日。伏求圣明迅施方略，以救阽危，无任激切待命之至！

除接仗情形电报南北洋转达总署外，所有阵亡将士容俟查明具奏请恤。谨将基隆、沪尾接仗并拔队回援各缘由，恭折由驿六百里加紧驰陈。伏乞皇太后、皇上圣鉴，训示。谨奏。光绪十年八月十五日。[①]

光绪十年九月十三日，军机大臣奉旨：览奏，均悉。台防万紧，朝廷殊深焦虑！昨又谕南北洋大臣派拨兵轮援应。刘铭传素有谋略，务当勉力筹防，联络绅民，出奇制胜，挫彼凶锋，以保

① 台北故宫博物院藏：《军机及宫中档》，文献编号：129559.

台湾全局。所请治罪之处，着加恩宽免。钦此。[①]

【案】清廷于十年九月十三日谕令李鸿章等竭力筹措援台。《清实录》载曰：

谕军机大臣等：电寄李鸿章等：刘铭传八月十五日奏报接仗情形已悉，所请治罪之处，加恩宽免。前已迭谕南北洋拨船援应，该抚当督军固守，并设法驱逐法人，毋任久占基隆。援军一时难到，总须就地取材，闻居住大稻埕之知府陈霞林，豪侠可用；举人连日春、潘成清、陈树蓝均有乡望；富绅林维源现在避匿，闻厦门举人陈宗超为该绅所信，可令赴台寻觅。着刘铭传婉词劝勉，借饷办团，以大义感动，勿得勒派。据李鸿章电称，已拨银十万两，并属杨昌濬潜运银十二万赴台。如已运到，军心可振。盛昱等奏，南澳厦门可绕至后山苏澳等处登岸，运送军火等语。李鸿章、曾国荃务当迅速筹办，并与张之洞、杨昌濬电商，凡有可以援台之处，竭力筹划，切勿畏难坐视。[②]

【案】光绪十一年六月二十四日，左宗棠奏陈抚臣刘铭传退弃基隆实在情形，曰：

钦差大臣督办福建军务太子太保军机大臣大学士二等恪靖侯臣左宗棠跪奏，为覆陈抚臣刘铭传退弃基隆实在情形，恭折仰祈圣鉴事。

窃臣去冬驰抵闽垣，曾将台北战事情形具奏在案，奉旨：前敌军情关系极重，必应确实查办，不得含糊了事。李彤恩所禀刘铭传各情，人言藉藉，果系因此贻误，厥咎甚重，非递籍所能蔽辜等因。钦此。仰见圣明烛照，虽远勿遗。旋准督臣杨昌濬、提臣孙开华先后抄送刘铭传本年正月初六日详细具陈一折，臣接阅之下，殊深骇异，不料刘铭传饰词回护，自诬诬人，至于如此。时以业经奉旨派员查办，不难水落石出，

---

① 中国第一历史档案馆藏：《军机处随手登记档》，档案编号：03-0243-1-1210-268. 又，中华书局影印：《清实录·德宗景皇帝实录（三）》，卷一百九十三，光绪十年九月上，第741页，中华书局，1987。

② 中华书局影印：《清实录·德宗景皇帝实录（三）》，卷一百九十三，光绪十年九月上，第741页，中华书局，1987。

且海防吃紧万分，尤不愿过论前敌之失，上烦圣虑，暂置勿办。迄今和局告成，台严已解，军务重大，岂容粉饰！若再安于缄默，必至紊淆是非。谨就刘铭传奏报不实各情，为我皇太后、皇上陈之。

臣原疏称台北兵且盈万，刘铭传覆奏谓统计基、沪两处共只四千余人。查上年八月十三等日沪尾现有孙开华三营、张李成土勇一营、柳泰和一营及土勇一百名、炮勇一百名，台北府招募土勇三百名，刘铭传称刘朝祜止带百余人，其实亦铭军二营统计已有四千之数。基隆则有曹志忠六营、陈永隆巡缉一营、章高元淮勇二营，又军功林则崟水勇二百名，几及五千人。统核两数，臣疏所称兵且盈万，似尚未为失据。即以孙、曹两军而论，已有四千五百之数，而刘铭传谓合基、沪两处只四千余人，殊非事实。且八月十五日刘铭传退弃基隆折中只称八营，而此次覆奏已有九营，亦觉前后两歧。此刘铭传奏报兵数不尽不实之情形也。

臣原疏称李彤恩三次飞书告急，刘铭传为其所动，遂失基隆，原指李彤恩一人而言。刘铭传覆奏谓三次飞书系李彤恩、刘朝祜、孙开华三人之书等语。臣远隔内地，刘朝祜曾否告急，不得而知。至于孙开华之并未告急，则有本年二月二十五日咨覆杨岳斌文书可据。查孙开华咨有李彤恩未历戎行，不谙军务，平日与西人最稔，恐军机泄露，并未与讲求战事。当敌犯沪尾，孙开华静以待之，并无只字乞援等语。又称当沪尾开战之时，李彤恩先已潜回关渡，孙开华亲临前敌，既未与之晤面，亦未据有禀缄，忽于是夜接据艋舺营参将张欣单报，基隆防军尽退回郡城，并闻李彤恩有三次飞书告急之事。孙开华当即函致刘铭传，告以沪防无恙，请督诸军折回，迅图规复。所以八月二十日之战，基隆退回之军，仅章高元所部数百人在沪助剿，其余仍札水返脚一带，并未到沪等语。是则刘铭传轻弃基隆，孙开华尚行阻止，刘铭传何得故为牵涉，以掩其迹。刘铭传称五里家安设一站，往来通信，尚恐应接不及，而李彤恩叠次告急之书又何其速也。安心为李彤恩掩饰，翻谓臣疏语矛盾，而不圆自蹈其言。此刘铭传捏词牵涉孙开华等为李彤恩弥缝之实在情形也。

又，臣原疏谓刘铭传退弃基隆，或一时任用非人，被其摇惑所致等语，本系细加访察，平心之论，刘铭传反称李彤恩为有功出力之人。查李彤恩曾充晋江县叶丙霖家人，后过台湾，充当沪尾海关书办，性情巧滑，闽省无人不知。孙开华与该革员同驻沪尾，谓其不谙戎机，而刘铭传反用之为营务处，且信其屡次虚词摇惑，致误台北大局，台北绅民言及李彤恩，即为切齿。刘铭传尚谓臣不加访察，刘铭传正坐不加访察之故耳。

前孙开华寄臣信函，即谓刘铭传奏报不实，意颇不平。臣因系私函，未敢据以上陈，仅抄送总理衙门，以备参核。近见孙开华咨行杨岳斌文书，业将基隆不应退兵之说形诸公牍，则李彤恩之罪众论佥同，非臣一人之私言。应请旨派员调取孙开华原咨，并查明当日基隆、沪尾兵数、饷数，孙开华有无告急书函，提讯前淡水县张景祁、基隆通判梁纯夫实在情形，是是非非，当有公论。即刘铭传袒护李彤恩，自蹈奏报不实，亦难逃圣明洞鉴。

臣受三朝特达之知，用兵以来，自东南以讫西北，身在行间近三十年，其于兵事有无阅历，实不敢自信过深。惟此一片血忱，为朝廷实事求是，可以盟幽独而质帝天。刘铭传疏中所谓空言大话，纵可欺罔于一时，能不贻笑于中外等语，论此者颇谓其语无伦次，近于忌惮毫无。而臣反欲曲恕之者，以刘铭传一介武夫，且于章奏立言轻重之宜未必遽能通晓，况且假手幕僚，只求可掩饰前者之弃地之愆，更何暇详审疵累。臣难受其诋毁，究竟公事得失之处不在于斯，臣尤不愿稍涉龃龉，致召湘、淮畛域之疑。惟念将帅贻误封疆，厥咎甚重，我朝驭将之道尤重先机，是以三军用命。近者唐炯擅回省城，尚未轻弃要害。黄桂兰虽失北宁，徐延旭终守谅山，尚奉严旨拿问治罪。臣与李鸿章、丁宝桢、岑毓英迭为唐炯乞恩，皆蒙严饬。诚以功罪不明，不可以御将；纲纪不立，不可以治军，故也。

刘铭传失地辱国，其罪远过于徐延旭、唐炯，不知惶悚待罪，反欲以弃基援沪，自托于顾全大局。李彤恩贻误军情，台北军民共闻共见，反为多方粉饰，变乱是非。在刘铭传不过为李彤恩粉饰一分，即可自为开脱一分，而以畏敌之一念，遂至于误军，以文过之私心，遂至于罔上，臣不禁为刘铭传惜也。方今中外通商，事变日烦，若任其捏诬，置诸不论，虽圣明在上，自能洞烛幽隐，恐将帅不察而相习成风，无复顾忌，则所关于军政甚巨，非与刘铭传较量是非也。

所有刘铭传退弃基隆实在情形，谨缮折覆陈。伏乞皇太后、皇上圣鉴，察夺，施行，不胜幸甚。谨奏。光绪十一年六月二十四日。

光绪十一年六月二十四日，军机大臣奉旨：刘铭传仓猝赴台，兵单饷绌，虽失基隆，尚能勉支危局，功罪自不相掩。该大臣辄谓其罪远祸于徐延旭、唐炯，实属意存周内，儗不于伦。左宗棠着传旨申饬，原折掷还。钦此。①

## 二一　奏报法攻沪尾我军拔队回援守御情形折

光绪十年八月二十四日（1884年10月12日）

巡抚衔督办台湾事务前直隶提督一等男奴才刘铭传跪奏，为敌军登岸攻扑沪尾，我军血战获胜情形，恭折仰祈圣鉴事。

窃奴才前将法船分攻沪尾，拔队回援、实力守御等情，恭折驰陈在案。自十六日，法船又添三艘，连前共计八艘，日以大炮向沪尾炮台猛轰，不少间断，兵勇无驻足之地。孙开华与章高元、刘朝祜等惟以勇队昼夜分伏海岸林内，露宿以伺，不敢少事休息。

二十日卯刻，敌船倏忽分散。孙开华知其势必登岸，督令擢胜右营营官龚占鳌带勇伏于假港，擢胜中营营官李定明带勇伏于油车口，以后营营官范惠意为后应；章高元、刘朝祜各带武毅、铭中两营营官朱焕明等，伏于大炮台山后为北路，防范包抄；李彤恩所募土勇、军功张李成一营，伏于北路山涧。

① 台湾史料集成编辑委员会编：《明清台湾档案汇编》，第5辑，第91册，第382—386页，台北远流出版事业股份有限公司，2009。

部署甫定，敌兵一面以排炮轰击，不下数百响，烟尘涨天，炸子如雨，一面以洋划小轮船多只，装兵约近千余人，分三路上岸，直扑大小炮台，势极凶猛。孙开华见敌兵逼近，立率李定明、范惠意分头拦击，章高元等由北路迎击。敌兵各执利枪，以全力相犯，自辰至午，枪声不息，挫而复进者数回。我勇短兵相接，奋勇击杀。张李成领队旁抄，孙开华亲率卫队奋勇直前，阵斩执旗法酋一名，并夺其旗。我军见敌旗被获，士气益奋，分路齐进，馘首级二十五颗，内有兵酋二名，枪毙约三百名。敌势不支，纷纷逃退。直追至海边，敌兵争渡，覆溺海中者，闻有七八十人。敌船因救护败兵，开炮乱击，自行击伤小轮船一只，其所遗格林炮一尊，亦为我军所获。孙开华部下中、后两营，首迎其冲，鏖战最久，战士多伤，阵亡哨官三员，伤亡勇丁百人，其余各营弁勇俱有伤亡。由孙开华将战胜情形具报前来。

复查此次敌兵猛扑沪尾海口，蓄锐登岸，意在必得。当敌划送兵上岸，各划皆开入海中，自断后路，以示死战。而我军自炮台被毁，无炮守御，全恃士卒肉搏相拼，虽枪炮如雨，士气毫无畏避，竟能斩将夺旗，遏其狂逞，实属异常出力。所有统领擢胜等军署福建陆路提督记名提督漳州镇总兵孙开华，身先士卒，忠勇善战，力支危局，厥功尤伟。查该提督历著战绩，已经蒙恩赏穿黄马褂，并赏给勇号，现署福建陆路提督，官职较大，奴才未敢为之擅行拟请，可否仰恳鸿慈，俯赐破格加恩，以奖战功之处，恭候圣裁！

记名提督绰罗泰巴图鲁龚占鳌，陷阵冲锋，杀敌最众，可否赏穿黄马褂，以示优殊？提督衔记名总兵健勇巴图鲁李定明、记名提督朱焕明二员，均拟请交军机处存记，遇有总兵缺出，先行请旨简放；李定明拟请赏换清字勇号，并以提督记名。副将衔闽浙补用游击范惠意、尽先游击孔光治二员，均拟请免补游击、参将，以副将留于闽浙尽先补用，并加总兵衔；范惠意仍拟请赏给清字勇号。尽先副将毕长和、陈永隆二员，拟请以总兵记名简放。记名总兵梁秉成，拟请赏给巴图鲁勇号，并加提督衔。蓝翎尽先都司沪尾营守备萧定邦，拟请以游击尽先补用，并赏换花翎。五品军功张李成，拟请以守备尽先补用，并赏戴花翎，并加都司衔。军功陈振泰、黄国添、蔡国梁三弁，均拟请以千总尽先拔补，并赏给五品蓝翎。江苏候补从九品刘恕，拟请免补从九县丞，以知县留闽补用，以示鼓励之处，出自逾格鸿慈。其余出力员弁，应请汇入前次保案，择尤请奖。阵亡弁勇，亦俟查明汇奏请恤。①

再，此次非常恶战，海关英人，皆叹啧无已。将士风餐露宿，艰苦万端，孙开华军尤多出力，所请奖励，不免稍优。惟当此饷穷援绝，惟恃重奖以励人心，不能不稍从其厚，故敢照原请上闻，未能遽加删减。可否仰恳天恩，廑念海外孤军血战之艰，俯赐俞允，以收士卒奋勉图功之效，无任惶悚之至。至章高元前于基隆获胜案已邀奖励，刘朝祜系臣侄孙，均未敢随折上请。合并陈明②。光绪十年八月二十四日。

所有敌军攻扑沪尾，我军获胜各缘由，谨恭折由驿具陈，伏乞皇太后、皇上圣鉴，训示。谨奏。光绪十年八月二十四日。

光绪十年九月十九日，军机大臣奉旨：另有旨。钦此。③

【案】此奏旋于十年九月二十日得旨。清廷颁布上谕曰：

---

① 台湾史料集成编辑委员会编：《明清台湾档案汇编》，第5辑，第88册，第101—103页，台北远流出版事业股份有限公司，2009。

② 划线部分录自《刘壮肃公奏议·保台略》。

③ 此奉旨日期与内容，据《军机处随手登记档》（档案编号：03-0243-1-1210-274）校补。

光绪十年九月二十日，军机大臣奉上谕：刘铭传奏，法军攻扑沪尾，官军接仗获胜情形一折。法船分泊台北沪尾等处，八月二十日法兵猛扑上岸，提督孙开华督军分路迎击，提督章高元等亦带队进剿。法兵挫而复进者数次，我军短兵相接，孙开华率队直前，阵斩持旗法将一名，并夺其旗，毙敌约三百名，敌势不支，纷纷溃散。其退至海边争渡覆溺者无算。

在事尤为出力各员，自应优予奖励。署福建陆路提督记名提督漳州镇总兵孙开华，身先士卒，忠勇善战，深堪嘉尚，加恩赏给骑都尉世职，并赏给白玉翎管一支、白玉搬指一个、白玉柄小刀一把、火镰一把、大荷包一对、小荷包两个，以示优奖。

提督章高元，据奏基隆案内已邀恩奖，总兵刘朝祜系该抚侄孙，均未奏请奖励。该提督等均著战绩，自应一体加恩。章高元、刘朝祜着各赏给白玉翎管二支、白玉搬指一个、白玉柄小刀一把、大荷包一对、小荷包两个；章高元并交部从优议叙，刘朝祜并赏加提督衔。

提督龚占鳌，冲锋陷阵，卓著战功，着赏穿黄马褂。总兵李定明、提督朱焕明，均着交军机处存记，遇有总兵缺出，先行请旨简放；李定明并以提督记名，并赏给博德恩巴图鲁名号。游击范惠意、孔光治，均着免补游击、参将，以副将留于闽省尽先前补用，并赏加总兵衔；范惠意并赏给额腾依巴图鲁名号。副将毕长和、陈永隆，均着以总兵记名简放。总兵梁秉成，着赏给克勇巴图鲁名号，并赏加提督衔。沪尾营守备萧定邦，着以游击尽先补用，并赏戴花翎，赏加都司衔。陈振泰、黄国添、蔡国梁，均着以千总尽先拔补，并赏给五品蓝翎。从九品刘恕，着免补从九品县丞，以知县留于福建补用。

钦奉慈禧端佑康颐昭豫庄诚皇太后懿旨，着发去帑银一万两，赏给此次出力兵勇，着刘铭传查明尤为奋勇者，传旨赏给。钦此。该抚务当激励将士，同心御侮，共奏肤功，渥膺懋赏！余着照所请办理，该部知道。钦此。①

---

① 中华书局影印：《清实录·德宗景皇帝实录（三）》，卷一百九十四，光绪十年九月下，第746—747页。又见《刘壮肃公奏议·保台略》，中华书局，1987。

## 二二　奏报台湾紧急请救危局情形片

光绪十年八月二十四日（1884年10月12日）

再，台岛万分危迫情形，奴才已于前折并电报沥陈在案。现在沪尾之捷，仰托圣主天威，稍抑凶焰。惟炮台、营垒俱为炮毁，军士无立足之地，露宿守御，暂救目前。彼族大队麇聚于斯，现在基隆四山皆筑铁营，势必得全台而止。我军苦战之余，伤亡日多，又兼多病，器械、子药无以为继。前者南洋装兵，竭尽无穷之力，三次仅装六百人，万分险阻。顷上海忽有华宏轮船在海被劫之谣，闻各船俱不敢再装兵械，无复有接济之望。官绅坚请添招土勇数千，以辅兵力不足。毫无器械，乌合之众，万难御敌。饷款益绌，现台南库存，据台湾道报称，仅敷目前之用。请咨闽省速为援济，尚未知能拨若干，如何转运。

台北所存不足十万，以台北之出入之数计之，不过仅支一月。台北关税厘金，因军事日紧，丝毫无收，过此以往，即成罄竭。前尚恃有沪尾一线之路，少通消息，以后商船日少，信亦难通。转瞬台南涌势渐平，该处无得力统将，若敌船犯及南路，则将四路断绝，其情形不堪设想。南北洋之船既不能赴援，台地坐而受困，势成不救。奴才一人固无足惜，奈此全台生灵悉委涂炭。若彼族踞此横行南洋，大局之患又复何所底止！

奴才受恩深重，不敢一字虚言，上渎宸聪。现因援济俱穷，无从支撑，实有坐以待毙之势。情急势迫，谨披沥冒死上陈。伏乞宸谟广施方略，以中原全力救此危局，无任急切待命之至。谨附片密陈。伏乞圣鉴，训示。谨奏。

光绪十年九月十九日，军机大臣奉旨：览奏，已悉。现谕令南北洋大臣调拨兵轮，克日前往援剿，并令杨昌濬将兵饷军火妥筹接济。该抚务当激励将士，联络绅民，妥筹战守，迅复基隆，毋稍松劲。钦此。①

## 二三　奏报曹志忠苠守台湾等情片

光绪十年八月二十四日（1884 年 10 月 12 日）

再，曹志忠一军由基隆退回淡水，该总兵自带亲队二百人，于十五日赶至沪尾助防。嗣因朱焕明所部铭军三百人由新竹抵沪，奴才当以沪防之兵稍可腾挪，而淡水东路至基隆大道水返脚以下三十里平原，无险可扼，兵单处处堪虞，不能不先顾东面门户，当商派曹志忠率领所部六营，由淡水进扎水返脚山岭，因山为营，扼扎要隘。该部兵勇伤病过多，每营精壮只二百余人，添招土勇千余人以为之助，苦无器械，不能得力。该总兵忠勇血性，深悉机宜，只要沪尾能支，东路或可无虞，所有淡水东路布置情形，谨附片具陈。伏乞圣鉴，训示。谨奏。

光绪十年九月十九日，军机大臣奉旨：知道了。着该抚督饬曹志忠妥筹布置，毋稍疏虞。钦此。②

① 台湾史料集成编辑委员会编：《明清台湾档案汇编》，第 5 辑，第 87 册，第 134—135 页；又第 88 册，105—106 页，台北远流出版事业股份有限公司，2009。又见《刘壮肃公奏议·保台略》。

② 台湾史料集成编辑委员会编：《明清台湾档案汇编》，第 5 辑，第 87 册，第 136 页；又第 88 册，第 106—107 页，台北远流出版事业股份有限公司，2009。又见《刘壮肃公奏议·保台略》。

## 二四　请将孙开华部按原保奖励缘由片

光绪十年八月二十四日（1884 年 10 月 12 日）

再，此次接仗实为非常恶战，海关英人皆为啧啧。军士露宿防守，艰苦万状，孙开华所部出力尤多，所请奖励不无稍优之处。现值援绝饷绌，惟恃此重奖以励人心，不能不稍从其厚，是以均照原请上闻，未能遽加删减。可否仰恳天恩，廑念海外孤军血战之苦，俯赐俞允，以收士卒奋勉图功之效，奴才无任惶悚之至！

至章高元前于基隆获胜案内已邀奖励，刘朝祜系奴才侄孙，均未敢随折上请。合并陈明。伏乞圣鉴。谨奏。

光绪十年九月十九日，军机大臣奉旨：另有旨①。钦此。②

## 二五　请将候补知府方鸿等留台差遣片

光绪十年八月二十四日（1884 年 10 月 12 日）

再，奴才前因台防差遣需人，查有道员用江苏候补知府方鸿、山东候补知府丁达意、兵部候补主事杨典训、江苏候补知县黎功叙，皆久历戎行，熟悉营务，均经奴才咨函分调，先后来台。现值军事正在需员之际，合无仰恳天恩，俯准留于台湾差遣，以资臂助，出自鸿慈！

① 此奉旨日期与内容，据《军机处随手登记档》（档案编号：03－0243－1－1210－274）校补。

② 台湾史料集成编辑委员会编：《明清台湾档案汇编》，第 5 辑，第 87 册，第 137 页；又第 88 册，第 104 页，台北远流出版事业股份有限公司，2009。

谨附片具陈。伏乞圣鉴，训示。谨奏。

光绪十年九月十九日，军机大臣奉旨：方鸿等均着准其留营差遣，该部知道。钦此。①

【案】此奏片之具奏日期，原件查无下落，录副以朱批日期为之。据朱批日期“光绪十年九月十九日”，查《军机处随手登记档》② 朱批刘铭传折栏，则署有“报六百里，八月二十四日台北行营发”等字样。据此，此奏片之具奏日期当为“光绪十年八月二十四日”无疑。兹据校正。

## 二六　奏请赏还沈应奎布政使衔缘由片

光绪十年十月二十四日（1884 年 12 月 11 日）

再，已革贵州藩司沈应奎经左宗棠等委派渡台会查团练，于十二月十八日行抵台北。臣铭传前在陕西，曾与共事年余，知其精明练达，办事结实，久任储胥，历著成绩。现值台湾军情万紧，饷需竭蹶，亟赖得力大员综司会计，当经臣等会委该革司总办全台粮台，并筹办捐借事务，驻扎彰化，统筹出入，以归画一，庶免南北分歧。该革司与刘璈亦系至交，可和衷共济，有裨大局。

查沈应奎于十一月二十二日到澎湖，附搭渔船渡海。其时正值法船再行封禁之后，巡查严紧。该船行抵布袋嘴离岸二十余里，突遇法船追至，沈应奎当饬船户将船赶驶浅水，法船开炮连击，皆在船身左右，衣衫尽湿。臣铭传族侄刘盛璪与其先后同

① 中国第一历史档案馆藏：《军机录副》，档案编号：03-5829-039.

② 中国第一历史档案馆藏：《军机处随手登记档》，档案编号：03-0243-1-1210-274.

渡，目睹危险情形，沈应奎遍谕同船，死生有数，毫不惊惧。

此来或大有造于全台，可否仰恳天恩俯念该革员冒险渡台，非寻常军营效力可比，酌予加恩，赏还布政使衔，以示鼓励之处，出自逾格鸿慈！谨附片具陈，伏乞圣鉴。谨奏。

光绪十一年二月初七日，军机大臣奉旨：沈应奎获咎较重，着俟著有实在劳绩，再行奏请恩施。钦此。[①]

## 二七　奏报台绅捐资募勇屡战获胜等情折

光绪十年十一月初九日（1884年12月25日）

窃臣屡奉谕旨，垂念台岛孤危，饬令劝集义团，协力助战。当即宣示德音，悬赏激励，俾令敌忾同仇。绅民感沐皇仁，竭立从事。

自敌踞基隆附近之暖暖、深澳、四脚亭、鱼桀鱼坑、六堵、七堵、八堵等处，地皆相接，始则派夫修垒，不从则侵掠随之。暖暖隘口、石梯岭、乌嘴峰一带，逼近基隆，九弓山敌营兵屡犯暖暖。练董武举王廷理、周玉谦等捐资募勇三百人，与深澳等处各董练丁扼守，每处或数十百人，凭险堵御。臣恐民练力薄，当饬曹志忠派营勇三百人屯扎暖暖，助之战守；并发款饬王廷理等增募土勇三百人，拨发洋枪，参用土枪，以备风雨。九月二十日后，法攻暖暖三日，周玉谦等严守山隘挫之，毙法兵十数人，并毙其三画兵酋一人，土勇亦伤亡十数人。练勇见山险可恃，保守益壮，不时宵入敌卡，斩首以归。臣亦立即给赏，以示鼓励。十

① 台湾史料集成编辑委员会编：《明清台湾档案汇编》，第5辑，第90册，第121—122页，台北远流出版事业股份有限公司，2009。

月二十五日黎明，敌众百余人突自九弓山分扑乌嘴峰营卡，练丁悉力抵拒，势且不支，适各处营勇、练丁俱至救应，枪伤敌众十余人，夺获红旗一面，敌始败退。

彰化绅士郎中林朝栋，生长将家，急公好义，闻状独备粮饷两月，募勇五百人助剿。臣大喜，急拨军械，令赴暖暖共图守御。新竹绅士郎中林汝梅，亦筹款两月，募练勇二百人协守新竹。其地离海才八里，海口纷歧，当台南北关键。初仅游击张得贵合土练勇五百人，不敷防布，屡请增兵，莫能分拨。今南防较缓，已檄刘璈酌拨一营前来协守。沪尾南岸观音山一带，仅总兵柳泰和楚勇一营，甚为吃重。曾令添募土勇八百名，只可聊为声助。地势绵长，无险可据，其地离府城才十余里，尤为可惧。

法自沪尾败后，愤恨益甚，时购奸探察看水雷多寡，安置某所。声言兵到必水陆俱攻。经孙开华拿获奸探五人，讯明正法。冬来水浅，敌且多集小轮船以待大兵。臣已令就海口添设浮桩八百个，以备不虞。陆路亦经孙开华、章高元督修暗穴，安设地雷。惟该处地形洼下，营、台辄为船炮所摧。八月以来，兵皆露处。入春水涨，更难措置。基隆之达沪尾，以五堵为要隘。曹志忠所部现扎五堵，并添募土勇千人分驻六堵、大武仑一带，皆与基隆接壤。苏得胜新募土勇千人驻防水返脚，以资策应。以兵数言，除宜兰土勇千人外，台北通计一万三千人。惟敌聚我分，彼此莫能援救；且老勇死伤过众，精锐无多，土兵器械不精，操练未熟。况兵多饷重，匮缺则哗溃乘之。

十月以前，将士病危，敌势猖獗，饷尽援绝，土寇纷乘，臣竭蹶万分，已无生望。幸荷天恩，屡饬各疆臣多方援济。十月初，直隶督臣李鸿章、闽浙督臣杨昌濬、各派厦绅叶文澜兑银通信。复经两江督臣曾国荃令道员龚照瑗雇轮载送淮勇五百人，并由民船解到黎意枪一千杆。两广督臣张之洞雇轮由澎湖接济饷银三万两，暨火药等项。台北军势，差得生机。

惟本月初二日安南降人并法船舌人密报：法在安南运兵且至，坚嘱严防。敌踞基隆陆兵多病，三次共增一千五百人，分守七营，傍山傍海。倘能趁敌兵未到，内地运增劲旅三千人防守，方能有济；否则，法兵齐到，支柱实难。昨已电商张之洞，请将臣旧部吴宏洛五营抽调渡台。张之洞接济饷项军装，不遗余力，或可允副所求。要非大队兵船，护运殊难；即达，法人以兵舰纵横海外，以我之兵轮与之海上争锋，固非可恃，乘间护运，势尚可为。已电请杨昌濬速趁敌兵未到之先，台南巡船尚少，迅调劲旅渡台，免成后着。臣当督各军相机防剿，以待援师。

惟基隆山势奇险，敌以兵舰护营，仰而攻之，徒伤精锐，显图进攻，势更艰危。谨密选敢死之徒，悬以重赏，使之夜袭边营。法人器利守坚，得手尚难逆料。惟盼援兵早渡，兵力稍充，方免瞻前顾后。台北府城为粮械本根重地，前仅土勇二百人，臣谨调刘朝祜率所部并江阴新到勇八百人聊资守御。所幸土匪已平，地方安定，军民辑睦，差堪仰慰宸怀。除捐练绅民汇案请奖外，谨将练丁获胜及各军防守待援各情，驰陈圣鉴。

光绪十年十二月十三日[①]，军机大臣奉旨：览奏，均悉。台北绅民捐资助防，御敌获胜，实属急公好义，着刘铭传查明奏请优奖，仍激励团勇会合官军迅克基隆，同膺懋赏。钦此。[②]

---

① 此奉旨日期与内容，据《军机处随手登记档》（档案编号：03-0243-1-1210-274）校补。

② 台湾史料集成编辑委员会编：《明清台湾档案汇编》，第5辑，第87册，第540—543页，台北远流出版事业股份有限公司，2009。

## 二八　请令闽督筹饷并法人封口劫杀商船片

光绪十年十一月初九日（1884 年 12 月 25 日）

再，据曹志忠报称：二十三日夜，法兵五百余人，分两路自深澳坑、月眉山潜袭我军，当经廖得胜探知，早为准备。曹志忠督饬各营分头堵击，并飞告刘朝祜、林朝栋率队往援。法兵直扑濠外，拔梅桩。我军枪炮迭轰，战至五鼓，法兵死伤过多，始行溃退。自是以来，法人日夜迭攻，该处风雨连绵，须制造油衣，以便战守。现已饬作速制衣三千件，赶赴前敌分用。惟台地产衣素少，海封既久，百物时亏，苦难速办。前因军饷奇绌，臣等商之各营，月饷暂计四十日一关，有饷再行补发，以便腾挪。值此战事方殷，百货奇贵，军无足饷，困苦尤深。且闻湘军王诗正援台之勇，增给口粮，吴鸿源所部，均颁足饷。现在援兵日集，用度益繁，前因暖暖孤危，饬令林朝栋并粤派总兵徐赞彪各增土勇一营为助，加以淮军续到数营，台南北月各需饷银十一万两。据刘璈禀请截留津广协银数万，支发台南北军饷，不过勉支明年二月，深虑竭蹶，必赖早筹。应请饬下督臣杨昌濬赶筹大批饷银，或解或兑，均交沈应奎收储，统筹支发，以免哗噪之忧。伏求圣鉴。

再，正缮折间，据报，沪尾法船又添三艘，基、沪两口共十三船。新竹县官绅且报称，敌船至新竹诸港，日事游巡。逢船劫搜，见人击杀。内地商船偶至，辄为炮箭毁伤，有舟人潜遁入台，据称有军装二船，并为敌劫；船来何处，询访无从。又据英商言，英兵轮携来书信，法人皆令露封。此后安能再赍台信？似此情形，内信略通，又将梗塞。且敌船日伺海口，屡见军装登岸，故示截搜，更须慎之又慎。臣已密电南北洋、闽省，倘资饷械，勿用民船，免资强敌；惟盼兵轮护解，援兵早至，庶可力解重围，免致孤军覆没。此后台军情状，仍当转电南北洋、闽省，由总署代陈。伏求圣鉴。①

## 二九　覆陈封口后兵危饷缺劝绅捐助各情片

光绪十年十一月初九日（1884 年 12 月 25 日）

台湾自法船封口，文报不通，奏牍无从递送，屡将危急情形，电乞总署代奏，电文皆托英商。且重价雇人，由民船潜渡，能达与否，茫不可知。灼焦如焚，生还已绝。适初五日，厦商附民船偷渡来台，始奉九月初八、十一、十二三次电寄谕旨，仰荷圣慈逾格垂念台危，温谕迭颁，谆饬各疆臣悉力救援，谋通消息；奉诏涕泣，莫知所云！臣处此万分危迫之中，一息尚存，终当死守待援，仰答鸿慈于万一。惟厦兑北洋、闽省饷银，至今无船，未能东渡。当派福建候补知县郑建中，设法于台北华洋各商，贴息筹兑，期济艰危。台北绅士三品卿衔林惟源认捐洋二十万元，屡请宽期分缴，臣已遵旨力催，本年可缴十万元，缴清即当奏奖。林惟源早渡厦门，其友同知刘寿铿阴相劝助，臣并传旨知照刘寿铿随办来台。惟台北商店现银无多，不敷兑用，商令函致林惟源借资筹济。

林惟源重洋远隔，信息不通，能否遵行，尚难遥度。臣始渡

① 台湾史料集成编辑委员会编：《明清台湾档案汇编》，第 5 辑，第 87 册，第 543—544 页，台北远流出版事业股份有限公司，2009。

台，随员甚少，凡在台官绅有可用者，无不广致礼罗。彰化绅士郎中林朝栋，好义急公；新竹绅士郎中林汝梅，任事勇往；二绅皆有才识，物望所归。当令林朝栋带练助防台北，林汝梅带练至新竹协防。其余绅士知府陈霞林等，皆令设局办团，以期联络，官民一气，上下翕然，可纾廑注。惟法围基、沪，分船四面环台梭巡，遇有民船即行搜劫。昨英国兵船到口，所带厦门文牍已被截回。现据基隆探称，新至小轮七只，将攻沪尾口门，情势益岌。雇人赍信，貌作行商，乘船夜渡，信缝衣底，冀避劫搜，奏折体严，未能照缮，谨稿送督臣乞代缮呈，迟速浮沉，尤难预决。军中情状，仍由电达南北洋、闽省，转电总署代陈。惟冀仰仗天威，援兵早至，救全台将士生民于垂死，解微臣吁天乞命之危情。不胜痛切哀鸣之至！

光绪十年十二月十三日[①]，军机大臣奉旨：览奏，均悉。林维源业经降旨优奖，自当感激图报。此外台绅，并着该抚善为激励，辅助兵力，共奏肤功。至南北洋、闽、粤筹济兵械，均已电催速办矣。钦此。[②]

## 三〇　奏报刊刻木质关防缘由片

光绪十年十一月初九日（1884 年 12 月 25 日）

再，臣恭承恩命，补授福建巡抚，仍驻扎台湾，督办防务。所有行营关防应行刊换，以昭信守。兹谨刊就木质关防一颗，其

① 此奉旨日期与内容，据《军机处随手登记档》（档案编号：03－0243－1－1210－274）校补。

② 台湾史料集成编辑委员会编：《明清台湾档案汇编》，第 5 辑，第 87 册，第 545—546 页，台北远流出版事业股份有限公司，2009。

文曰“督办台湾防务福建巡抚行营关防”，于十一月初一日敬谨开用，理合附片陈明。伏乞圣鉴。谨奏。

光绪十年十二月十三日，军机大臣奉旨：知道了。钦此。[①]

【案】此奏片之具奏日期，原件查无下落，录副以朱批日期为之。据朱批日期“光绪十年十二月十三日”，查《军机处随手登记档》[②] 朱批刘铭传折栏，则署有“报六百里，十一月初九日台北府发”等字样。据此，此奏片之具奏日期当为“光绪十年十一月初九日”无疑。兹据校正。

## 三一　奏报候补道何维楷仍饬回豫缘由片

光绪十年十一月初九日（1884 年 12 月 25 日）

再，臣前因台北基隆煤矿事务流弊太深，亟需妥员经理，当经奏奉谕旨，饬调河南候补道何维楷来台差遣，旋准李鸿章、鹿传霖[③]转饬赴台。该员于八月自豫起程，正值基隆开仗，煤井早经填毁。行抵上海后，又值敌船封口，不能前进。

---

① 中国第一历史档案馆藏：《军机录副》，档案编号：03-5751-135.

② 中国第一历史档案馆藏：《军机处随手登记档》，档案编号：03-0243-2-1210-353.

③ 鹿传霖（1836—1910），字滋轩、芝轩，号迂叟，直隶定兴（今河北定兴县）人。咸丰八年（1858），中举。同治元年（1862），中式进士，选翰林院庶吉士。二年（1863），补广西兴安县知县。三年（1864），充甲子科乡试同考官。同年，调补临桂县知县，旋署桂平县知县，升太平府龙州同知。十一年（1872），迁广西桂林府知府。十二年（1873），调补广东廉州府知府。同年，补授广东潮州府知府，加盐运使衔。光绪六年（1880），授惠潮嘉道。同年，补授福建按察使。七年（1881），调四川按察使。同年，晋四川布政使。九年（1883），擢河南巡抚。十一年（1885），补授陕西巡抚。二十年（1894），兼署西安将军。二十一年（1895），补授四川总督。二十四年（1898），调广东巡抚。二十五年（1899），补授江苏巡抚。二十六年（1900），补授两广总督，旋授都察院左都御史、礼部尚书，署工部尚书。同年，再补户部尚书。三十年（1904），调工部尚书，转吏部尚书。三十三年（1907），拜军机大臣、协办大学士。宣统元年（1909），加太子少保，晋太子太保，授体仁阁大学士、东阁大学士。同年，兼实录馆总裁。二年（1910），卒于任。赠太保，谥文端。著有《筹瞻疏稿》等行世。

伏查臣前次请调该员来台，系专为整顿煤矿。现在矿井久废，道路梗阻，即使军事定后，亦无力遽为兴办。该员系河南候补人员，业经到省，未便令其无事久羁中途，自应给咨，仍饬回豫候补，以免淹滞。

除咨明河南抚臣并檄饬该员遵照外，理合附片陈明。伏乞圣鉴。谨奏。

光绪十年十二月十三日，军机大臣奉旨：吏部知道。钦此。[1]

【案】此奏片之具奏日期，原件查无下落，录副以朱批日期为之。据朱批日期“光绪十年十二月十三日”，查《军机处随手登记档》[2] 朱批刘铭传折栏，则署有“报六百里，十一月初九日台北府发”等字样。据此，此奏片之具奏日期当为“光绪十年十一月初九日”无疑。兹据校正。

## 三二　奏为补授福建巡抚谢恩折

光绪十年十一月十二日（1884年12月28日）

窃臣于十月初五日，据厦门民船由鹿港间道到台，钞到北洋大臣李鸿章电寄：本年九月十一日，总理衙门奉上谕：刘铭传补授福建巡抚，仍驻台湾督办防务，着竭力筹办，以副委任等因。钦此。伏念臣猥以谫陋庸材，渥荷生成知遇。南征三载，提督神畿；北讨五年，忝邀爵秩。养疴田里，谬拜督师关陕之荣；久卧江干，屡邀奉诏入都之宠。凡荷圣慈之曲逮，辄惭图报之无从！

① 中国第一历史档案馆藏：《军机录副》，档案编号：03-9427-003.

② 中国第一历史档案馆藏：《军机处随手登记档》，档案编号：03-0243-2-1210-353.

今夏督师台疆，尤切枕戈待旦，只以才非远驭，莫由展效涓埃。屡迫孤军困守之难支，上烦圣主忧劳之远系。深宵绕泣，徒唤奈何！兹复仰被恩纶，畀以封圻重寄，承命战栗，莫知所为！

窃念我朝武臣中如赵良栋[①]、岳钟琪[②]、杨遇春[③]等，皆以非常勋烈，特简专圻。微臣自顾何人，膺兹殊遇！且当闽、台危迫，援饷俱穷，纵竭驽骀，终虑难胜险巨。加以海程围塞，飞渡无从，莫由远觐天颜，敬聆慈训，泥首北望，弥切悚惶！惟有殚竭血诚，将谕旨饬办事宜随时设法密商督臣，妥为办理。蜡丸奉表，弥深犬马依恋之忱；战壁拜恩，矢图顶踵捐糜之报！

现当法轮禁海，商船皆肆掠搜，不能恭折专赍，上呈天阙，谨缮稿密遣渔人潜达督臣代缮。拜稿零涕，不知所云！光绪十年

① 赵良栋（1621—1697），字擎之，号西华，甘肃宁夏（今宁夏银川）人。顺治二年（1645），投效军营，因功升游击。十四年（1657），经洪承畴推荐，从征云南，迁督标中军副将。康熙元年（1662），升云南广罗总兵。九年（1670），授宁夏提督。十二年（1673），攻吴三桂，授勇略将军。十九年（1680），擢云贵总督。二十年（1681），平定三藩，旋乞病归。三十六年（1697），卒于籍。谥襄忠。

② 岳钟琪（1686—1754），字东美，号容斋，四川成都人。康熙间，报捐同知。后从军，改武职。五十年（1711），保游击，嗣补四川松潘镇中军游击。五十七年（1718），授直隶固关参将。同年，调补四川永宁协副将。六十年（1721），迁左都督。同年，擢四川提督，加骑都尉。六十一年（1722），参赞抚远大将军年羹尧军事。雍正二年（1724），授奋威将军，封三等公，兼甘肃提督。三年（1725），兼署甘肃巡抚。同年，拜理川陕总督。七年（1729），授西路宁远大将军，加少保。十年（1732），封三等侯。十二年（1734），因案论斩，改斩监候。乾隆二年（1737），释归。十三年（1748），补授四川提督。十四年（1849），加太子少保、兵部尚书衔。十九年（1754），卒于军。谥襄勤。著有《姜园集》《蛩吟集》《复荣集》《岳威信公诗集》《岳容斋诗集》等行世。

③ 杨遇春（1760—1837），字时斋，四川崇庆州人。乾隆四十四年（1779），中式武举，投效督标，为福康安所识拔。五十年（1785），充四川龙安营把总。五十三年（1788），补茂州营千总。五十七年（1792），升四川成都城右营守备。六十年（1795），补云南督标中营都司。同年，迁四川松潘镇标中营游击。嘉庆元年（1796），授四川普安营参将。是年，调广东罗定协副将。三年（1798），授甘肃西宁镇总兵官。五年（1800），署甘肃提督。六年（1801），实授甘肃提督，赏云骑尉、骑都尉世职。七年（1802），调补固原提督，晋二等轻车都尉。十一年（1806），补陕西宁陕镇总兵。十三年（1808），调陕西提督。同年，补乾清门侍卫。十八年（1813），授二等男。十九年（1814），封一等男。二十五年（1820），加太子少保。道光五年（1825），授陕甘总督。六年（1826），充钦差大臣。七年（1827），授太子太保。八年（1828），补陕甘总督。十五年（1835），加一等昭勇侯，嗣以年老辞官归里。十七年（1837），卒于家，赠太子太傅、兵部尚书。谥忠武。

十一月十二日，请闽督代缮。[①]

## 三三　奏为密陈台湾情形片

光绪十年十一月十二日（1884年12月28日）

再，正具折间，准督臣杨昌濬[②]密派委员刘烈藩由民船潜渡来台，抄奉九月间三次电谕，仰荷圣慈逾格，既免微臣退守之罪，复示援兵进剿之机。天鉴昭回，糜躯莫报；奉书泣拜，涕泗横流！谨当固守危局以俟师，期仰副圣主矜悯微臣之至意！

督臣筹援筹饷，竭力经营，体国公忠，感佩无地！臣已将援师应于台南设法潜登之处密告督臣。台南北团练乡民，已令一律举办。士绅稍有乡望，皆已礼罗练勇，苟能奋杀敌师，臣皆先行

① 此折原件、录副查无下落。且具奏日期未详，因《军机处随手登记档》同治元年至九年缺失，无从查考。兹录自《刘壮肃公奏议·出处略》，俾资考量。

② 杨昌濬（1827—1897），字石泉，湖南湘乡人，附生。咸丰二年（1852），从罗泽南练乡勇，会集湘潭，出《讨粤匪檄》，后随湘军进剿太平军。四年（1854），选训导。九年（1859），充教授。十年（1860），补知县，并赏戴花翎。同治元年（1862），保同知。同年，升浙江衢州府知府。二年（1863），授浙江粮储道。三年（1864），迁浙江盐运使，加按察使衔。同年，晋浙江按察使，署浙江布政使。五年（1866），升补浙江布政使。八年（1869），署浙江巡抚。九年（1870），擢浙江巡抚。光绪二年（1876），因杨乃武案革职。四年（1878），经左宗棠奏调赴陕甘，赏四品顶戴。五年（1879），署甘肃布政使，加二品顶戴。六年（1880）晋头品顶戴，护理陕甘总督。七年（1881），授甘肃布政使。九年（1883），迁漕运总督。十年（1884），帮办福建军务。同年，补授闽浙总督。十一年（1885），兼署福建巡抚。十四年（1888），调补陕甘总督。十五年（1889），监临乡试，嗣因回民暴动革职。二十年（1894），加太子太保衔。二十三年（1897），卒于籍。著有《平浙纪略》《平定关陇纪略》《学海堂课艺》《五好山房诗稿》等存世。

记奖，声明汇保。台绅林维源[1]远避泉厦，臣已函致督臣，就近谆催，俾令遵旨还台，共支危局。谨附片覆陈，仰慰宸怀。[2]

## 三四　请饬速调劲旅来台救援缘由折

光绪十年十一月二十二日（1885年1月7日）

头品顶戴督办台湾防务福建巡抚一等男臣刘铭传跪奏，为台北军情紧急，请旨敕催速调劲旅渡台，以救危迫，恭折仰祈圣鉴事。

窃臣于十一月初九日将台北防剿情形恭折具陈在案。恭奉十月二十日电寄谕旨：南北洋援台兵轮，克日进发，法人必图抵御，不能专顾封口，正可乘此机会，另雇商轮，运载兵械，伺隙抵台等因。钦此。仰见圣主垂念台沪，无微不至，钦感莫名！

查台湾自六月十五日基隆开仗以来，至今已历半载，仅江阴数次调到淮勇一千三百名，虽经添募土勇五千余名，器械不精，难当大敌。沪尾海口，台北全局所系，极为紧要，共有淮楚七营、土勇三营，基隆一路仅曹志忠所部六营。其余苏得胜、林朝栋等土勇五字营，分扎六堵等处。曹志忠于九月十四日三鼓率队欲趋狮头岭，袭取九芎坑敌营，山高路险，为敌知觉，该军甫抵

① 林维源（1838—1905），字时甫，号冏卿，台北板桥人。幼时与兄维让于厦门受教于陈南金。同治元年（1862），返台。次年，以功赏三品衔。光绪二年（1876），捐银五万两，设立海防，加内阁中书衔。五年（1879），督造台北城小南门，授四品卿衔。十年（1884），避居厦门。次年，因巡抚刘铭传力劝返台，捐助善后经费50万两，授内阁侍读。十二年（1886），授帮办垦务大臣及台湾铁路协办大臣。十三年（1887），任基隆港筑港总办，创立建昌公司。同年，迁太常寺少卿。十七年（1891），任通政使司副使。同年，补太仆寺卿。二十年（1894），任全台团防大臣督办。《马关条约》签订后，率族避走厦门。三十一年（1905），卒。赠侍郎衔。

② 此折原件、录副查无下落，且具奏日期未详，因《军机处随手登记档》同治元年至九年缺失，无从查考，兹录自《刘壮肃公奏议·出处略》，俾资参证。

山下，敌即开炮，立刻伤亡四十余人。该镇见敌有备，遂收队退回。后经臣饬令稳扎五堵，扼守水陆要隘，不得轻进。用兵之道，最难攻坚，尤难仰攻。基隆山势险峻，道路崎岖，敌营皆依山傍海，兵轮守护，明攻甚难。曹志忠所部，伤病之后，精锐只千余人，如再伤亡，以后淡水东路即难支持。且攻坚尤须炮位，现在炮弹枪弹无多，一旦用尽，无以御敌。臣屡于该镇等三令五申，不必图攻轻进。若为基隆一隅之地而失台北大局，获咎更重。法兵劳师远涉，利在速战，久亦不支。我军惟有固守待援，相机进取。此臣因海岛孤悬，兵单器乏，接济为难，期保危局，不敢孟浪进攻基隆之由来也。

左宗棠与督臣杨昌濬先后到闽，臣军饷械当可竭力筹维，只因海道不通，援兵未曾东渡。左宗棠犹据刘璈之禀，奏催进攻基隆，自系不知台北兵单情形。据法船欧姓通事二十日密报，法兵四千来台，为安南截留，孤拔于十五日亲赴安南调兵，十九日到英商船二只，为之包运伙食到台，似有大队前来。现在基、沪水陆四千余人、兵轮十六只、小轮七只等情。

臣前得该通事密报法人添兵，即迭次电请督兵速派劲旅三千，乘台南现无法船，可以登岸，至今尚未接回信。现在迭蒙恩旨，饬令两江、两广督臣拨臣旧部渡台，值此时势万紧之际，惟有仰恳天恩，迅饬两江督臣曾国荃将江阴未来一营并厦门淮勇二百余名，速即设法运台，由台南登岸，并请敕两广督臣张之洞，迅将吴宏洛所部五营拨调来台。如吴宏洛不能抽拨，即请敕令左宗棠、杨昌濬迅为筹拨楚军三千，来台归孙开华节制，以资守御。

除电请北洋转电总理衙门代奏外，所有台北军情紧急，请调劲旅各缘由，谨恭折驰陈。伏乞皇太后、皇上圣鉴。谨奏。光绪十年十一月二十二日。

光绪十年十二月二十三日[1]，军机大臣奉旨：览奏，已悉。法人久踞基隆，亟应迅图进取。若云攻坚为难，何以竟被彼族攻据？该抚务当竭力设法联络土勇，出奇制胜，克期攻复，毋得稍存退阻，贻误事机。所请饬吴宏洛五营赴台，已谕令张之洞筹拨矣。钦此。[2]

## 三五　奏报设法招抚法军越人缘由片

光绪十年十一月二十二日（1885 年 1 月 7 日）

再，臣迭奉谕旨，饬将被胁越人设法招徕等因。钦此。臣谨即遵办去后。本月初一日，由暖暖土勇拿获奸细陈番婆一名，解至府城。臣当令释放，好言抚慰，赏给洋银，嘱其回基隆将所有奸细全数密为招徕，旋即供出安南人十余名。并迭据陈番婆信称，安南通事并法船中国通事五人，暨本地奸细五十余名，均愿投诚自效，只以安南人分隶敌营，胁作苦工，防守甚严，不能同时逃走。

臣以该通事等既愿弃逆归顺，正可留之敌中以通消息，不必遽令全出，转致无用，现已密谕该投诚人等不动声色，随时确探敌情，暗通信息，遇有进取之机，或可备作内应，庶期得敌实情，并可为潜散党羽之计。理合附片密陈。伏乞圣鉴。谨奏。

光绪十年十二月二十三日，奉旨：知道了。所有投诚人等，

---

① 此奉旨日期据《军机处随手登记档》（档案编号：03-0243-2-1210-364）校补。

② 王彦威，王亮辑编；李育民，刘利民，李传斌，伍成泉点校整理：《清季外交史料》，第 3 册，第 1057—1058 页，湖南师范大学出版社，2015；又，孔昭明：《台湾文献史料丛刊 · 清季外交史料选辑》，第 4 辑，第 77 册，第 140—142 页，台湾大通书局，1984；又见《刘壮肃公奏议 · 保台略》。

该抚务当妥为驾驭。所称留敌中以通消息，尤当加意慎重，毋为所绐，致堕狡谋。钦此。[①]

## 三六　奏报法兵进犯暖暖等处我军战守情形折

光绪十年十二月二十四日（1885 年 2 月 8 日）

头品顶戴督办台湾防务福建巡抚一等男臣刘铭传、帮办台湾军务福建陆路提督世袭骑都尉臣孙开华跪奏，为法兵攻犯暖暖月眉山一带，连日接战获胜，并现在战守情形，恭折仰祈圣鉴事。

窃臣等前将法人添兵并十一月二十五日暖暖接仗各情形，于十二月初三日附片陈报在案。查法人自十一月底至十二月初九日，陆续增兵二千名，上月二十五日以后，日有小战，初五日以兵百余名于暖暖附近之大武仑探路，经勇团击退。该处兵力单薄，当经曹志忠派拨王三星、陈士贵两营前往助防。初十日卯刻，法兵千余分攻大水窟、圆窗岭一带，另以船装兵四百由八斗上岸，抄袭深澳坑后路。该处仅有民团守隘，前后受敌，一时俱溃。敌兵乘势进犯暖暖对河之月眉山，林朝栋、桂占彪等分头迎击，义中营营官张仁贵率勇二百名，冲至山下竹林之中，与敌相持一日，众寡不敌，当被围困，幸大雨昏夜，敌不敢逼。

十一日卯刻，林朝栋、桂占彪等下山救援，正在对敌吃紧之际，曹志忠所部营官廖得胜、叶友胜各带楚勇三百名相继赶至，奋力夹攻，敌兵稍退，始将张仁贵救出。敌又增兵千余来战，当

① 王彦威，王亮辑编；李育民，刘利民，李传斌，伍成泉点校整理：《清季外交史料》，第 3 册，第 1058—1059 页，湖南师范大学出版社，2015；又，孔昭明：《台湾文献史料丛刊·清季外交史料选辑》，第 4 辑，第 77 册，第 142—143 页，台湾大通书局，1984；又见《刘壮肃公奏议·保台略》。

以百人夺踞月眉山顶，并分兵攻犯大水窟、圆窗岭。月眉山绵亘数里，山势最高，若为敌据，暖暖、大水窟各隘皆不能守。廖得胜等督带张仁贵奋力攻击，枪毙山上敌兵十数名，接战一日，始将山顶夺回。酉刻，法兵退伏山腰对敌，其分犯大水窟之寇连放排枪，猛扑营隘，皆为林朝栋开枪击退。敌攻圆窗岭，该处本有桂占彪楚勇一哨、苏树森土勇一营，适苏得胜所派营官邓长安、胡德洪土勇三百余名赶至，会同暖暖练勇百余人，奋力拒战。敌于月眉山、圆窗岭、大水窟三路环攻，自巳至酉，大雨淋漓。入夜后两军不能收队，当夜曹志忠闻报，由五堵赶到，率带坐营于十二日黎明亲临督阵。义勇中营张仁贵率勇百余冲锋陷阵，讵被敌炮击中，登时阵亡，各勇并力向前，夺回尸首。两军冒雨接战，直至十三日未刻，枪毙兵酋，敌兵始败退里许，犹在月眉山、圆窗岭两山之下整队，埋伏不动。我军扎于月眉山顶，彼此用枪对击。

十五日，曹志忠于月眉山顶赶造土垒，敌亦在山下筑营对垒，枪炮始息。统计初十起至十四日止，我军与敌相持五日，恶战三日夜，敌兵皆着雨衣，更番接仗。我军力薄，无可更换，将士忍饥冒雨，目不交睫，遍身沾湿。曹志忠、林朝栋与各营官皆跣足督战，泥淖满身，实属劳苦异常，言之下泪。我军计阵亡已九十余名，受伤百余人。闻敌兵伤亡三百余人，阵毙七画、三画兵酋各一名。十六夜，曹志忠会商林朝栋，拟乘敌营未成之际设法攻取。曹志忠亲率廖得胜、邓长安等分四路往攻，已得其头营。基隆敌兵全队来争战，至黎明始行收队，各伤亡数十人。二十日，敌兵四百余，复犯大武仑一路，经驻扎该处营官陈士贵、林则荣会同练勇合力拒击，法兵伤亡二十余人，始行退去。

查敌自添兵后，冒雨鏖战数日夜，势极猖獗，幸得曹志忠、林朝栋等督率将士，苦守恶战，力保月眉山顶，得能支持危局。惟敌兵日有加增，现在基岸已有四千名开路拉炮，向我营垒轰击。臣令曹志忠不惜经费，多雇民夫，自大水窟至月眉山一带十余里，连夜修浚深沟，挖洞住兵，以避敌炮。惟我军士久战疲劳，苦无后继，只能坚守待援，且自月眉山前敌以至暖暖而达六、七堵，横亘大武仑，周回三十余里，最要险隘十余处，皆须严密防御，地阔兵单，顾此失彼，前因暖暖战事紧急，曹志忠、苏得胜所部全行抽拨赴暖，后路空虚，诚恐敌人分兵来犯，则前军归路断绝，当饬驻守台北郡防刘朝祜所部淮勇千人，奴才开华亦由沪尾抽调土勇一百名分赴暖暖、六堵，协同战守；前由彰化调换杨金龙楚军两营甫经到防，因吴鸿源需用枪械，曾饬杨金龙于彰化启行时，将所部洋枪拨交吴鸿源应用，俟广东由台南解到士乃打枪五百杆运到，再归杨金龙领用。现令驻扎关渡，修筑炮台。吴鸿源新军甫抵彰化接防，臣等拟商之该镇料理妥协，筹拨两营来北助剿，皆系于无可抽拨之中为勉强腾挪之计。

前已将屡次接仗急切待援情形电请左宗棠、杨昌濬转请总理衙门代奏，旋接左宗棠等来电，知南、北洋兵轮有初三自沪启行之说，计期当早已抵闽，并悉杨岳斌、程文炳亦均先后到闽等语，当系等候兵轮，设法东渡，无任企盼。现左宗棠所派王诗正四营两旗前抵澎湖，据报于二十日先带三营已抵嘉义，即拟启行前来。李鸿章所派聂士成带来淮勇八百五十人，二十四日接据卑南禀报，于十三日自卑南登岸，臣等已飞催兼程趱行前来，须一月后始能到防。

查义中营营官张仁贵，本系宜兰巨盗，经曹志忠设法招致来营，选带精壮二百名，屡告奋勇，夜袭敌营，奈山高路滑，两次袭取未能得手，该营官愤懑之至。此次每战必先，奋勇绝伦，竟中炮阵亡，深堪悯惜！相应请旨将军功张仁贵照守备阵亡例从优议恤。其阵亡哨官副将衔湖南补用参将秦正福，请照副将阵亡例从优议恤。都司衔守备孔得胜，请照都司阵亡例从优议恤，以慰忠魂。所有尤为出力将官廖得胜、桂占彪等，容俟查明汇案请奖。

除电请总理衙门代奏外，谨将连日接仗获胜并现在战守情形，恭折由驿六百里驰陈。伏乞皇太后、皇上圣鉴。谨奏。十年十二月二十四日。

光绪十一年二月初七日，军机大臣奉旨：览奏，已悉。着该抚懔遵叠次电寄谕旨办理。张仁贵等均着照所请，分别从优议恤；尤为出力之廖得胜、桂占彪等，准其汇案请奖。该部知道。钦此。[1]

---

① 台湾史料集成编辑委员会编：《明清台湾档案汇编》，第5辑，第90册，第117—121页，台北远流出版事业股份有限公司，2009。

# 光绪十一年（1885）

## 一 奏为详细查办李彤恩一案情形折

光绪十一年正月初六日（1885年2月20日）

头品顶戴督办台湾防务福建巡抚一等男臣刘铭传跪奏，为左宗棠奏报台北情形，奉旨查办知府李彤恩一案，详细具陈，以明是非，恭折仰祈圣鉴事。

窃臣于正月初二接准大学士左宗棠来咨：具奏抵闽详察台湾现在情形一折，恭录十年十一月十八日上谕：左宗棠奏，详查台湾情形，妥筹赴援一折◆[1]等因。钦此。知照前来。伏查基隆退守情形，已于上年八月十五日奏明在案，无庸渎陈。谨将左宗棠所参各节，为我皇太后、皇上陈之。

臣渡台时随带亲兵一百二十名，其次提臣孙开华[1]三营、曹志忠[2]六营，每营精壮只三百余人，当由台南调来章高元淮勇两营。其时台南疫疠盛行，兵丁多病，仅来五百人。嗣又添调巡缉营一营，合之刘朝祜[3]百余人、张李成土勇一营，统计基隆、沪尾两处共只四千余人。左宗棠疏称基隆各营数且盈万，不知何所见闻？自七月杪基隆疫作，将士十病六七，不能成军。八月十三日之战，九营仅挑选一千二百人，内中尚有抱病勉强应敌者。

当孤拔未来之先初九、初十两日，臣接香港、上海电报，知其全股犯台。其时沪尾只孙开华三营、刘朝祜一百余人并张李成新募土勇一营，甫经到防，炮台尚未完工，又无营垒，地势平坦，无险可扼。危迫情形，不待旁言，臣早已忧虑及之，曾函致孙开华、李彤恩，如果敌犯沪尾，臣即撤基隆之守来援，嘱令坚

① 孙开华（1838—1893），湖南慈利县人。咸丰六年（1856），以武童投效湖北霆营，以功授千总，并戴蓝翎。旋以复潜山，升守备，赏戴花翎。十年（1860），克黟县，擢都司。同年，迭克抚州、铅山、广信等郡县，转游击，加参将衔。同治元年（1862），进克青阳、石埭等城，迁副将。三年（1864），进克句容、金陵等城，加总兵衔，赏擢勇巴图鲁。是年，以江西全省肃清，加提督衔。四年（1865），授漳州镇总兵。九年（1870），调统省会八营精兵。十一年（1872），回任漳州。十三年（1874），统领擢胜全军，办理海防。光绪元年（1875），署陆路提督。二年（1876），率队渡台，驻扎基隆防剿。四年（1878），赏穿黄马褂。五年（1879），回署提督任。十年（1884），复渡台湾，筹办防务，以抗法功赏骑都尉世职，并帮办台湾军务。十二年（1886），补授福建陆路提督。十七年（1891），以首匪未获被议，降二级留任。旋以失察所部扰累乡民，改为革职留任。十九年（1893），感冒风邪，触发旧伤，医药罔效，卒于泉州任所。谥壮武。

② 曹志忠（1840—1916），湖南长沙府湘乡县人。咸丰五年（1855），以武童投效湖北水师中营。七年（1857），以军功保把总，戴蓝翎。八年（1858），保千总。十年（1860），保升都司。十一年（1861），晋游击，赏戴花翎。同治元年（1862），先保参将，再迁副将。三年（1864），保以总兵记名简放，加劲勇巴图鲁名号。五年（1866），保提督衔。六年（1867），管带霆庆中营，赏芬臣巴图鲁勇号。九年（1870），保记名提督。光绪三年（1877），管带霆庆中营。四年（1878），封建威将军。六年（1880），统带楚军庆祥等营。八年（1882），率师渡台驻防台北基隆。十年（1884），赏穿黄马褂。十二年（1896），统领凯字等营。十四年（1888），带营助剿彰化土匪。十九年（1893），署理福建陆路提督。二十七年（1901），署福建漳州镇总兵，暂统福强全军。二十九年（1903），署福建水师提督，统领常备军右镇暨长门各营台差务。三十年（1904），实授福建水师提督。同年，调补湖南提督。民国五年（1916），卒。

③ 刘朝祜（1846—1888），字云樵，号辅臣，安徽肥西人，初随刘铭传入淮军。光绪十年（1884），随聂士成渡海至台抗法，以功保至记名提督。十四年（1888），卒于台湾。

守以待。一面派员赴下游赶雇船只，将军火笨重之物先运下船。十二日，孤拔率大帮兵船进口。臣料敌兵必由仙洞登岸，当同曹志忠等密商，如敌兵明日战后即扎仙洞，则不致遽攻沪尾；如战后收队下船，我军即须预备回援沪尾，以保后路。十三日酉刻，敌军收队，全行下船。当接孙开华、李彤恩、刘朝祐先后来信，俱称法船五只直犯口门，升旗开炮。臣同孙开华、李彤恩已有成约，无用李彤恩虚词摇惑。左宗棠疏称李彤恩三次飞书告急，即系孙开华、李彤恩、刘朝祐三人三次之书，非李彤恩一人之书也。

臣当即传令拔队，惟四十磅大炮二尊不能运动，埋于山下，其余军装、锅帐以及伤病勇丁，毫无遗弃。若果因李彤恩三次飞书告急，仓猝拔队退回，军装焉能毫无遗失？基隆退后，敌兵上岸住营，兵势已分，往攻沪尾，不足千人。若不撤基隆之守，敌必全队攻犯沪尾，无兵往援，虽提臣孙开华骁勇敢战，器械不敌，众寡悬殊，何能保其不失？二十日之捷，左宗棠前据刘璈①禀报，奏称孙开华所部并淮勇、土勇三路迎战获胜，此次又奏系孙开华数营战胜，不独于台事未加访察，即奏报中亦自相矛盾，不加斟酌。所陈台北距沪尾三十里，如果危急，地方官当慎重过于他人等语。

查基隆至沪尾水程只八十余里，顷刻可至。臣五里安设一站，来往通信，尚恐闻警应援不及，若俟地方官禀报，必至沪尾

① 刘璈（1829—1887），字兰洲，湖南岳阳人。咸丰初年，在籍办团练。十年（1860），随左宗棠剿办太平军。同治三年（1864），以功保道员，赏戴花翎。八年（1869），补浙江台州府知府。十一年（1872），以道员开缺，加二品顶戴。光绪元年（1875），丁父忧，在籍终制。三年（1877），服满起复，经两江总督沈葆桢奏赴江苏候补。同年，奏赴左宗棠军营差遣。五年（1879），调赴兰州，署理兰州道篆务。七年（1881），迁福建台湾道。同年，加按察使衔。十一年（1885），被参获罪，抄没家产，发配新疆。十三年（1887），卒。

失后，敌至台北城下，方能回援。台北府知府陈星聚[1]屡次禀请进攻基隆，并有土著之人愿告奋勇往攻基隆者，皆有其事。自沪尾捷后，俱以李彤恩所募张李成土勇得力，提臣孙开华、曹志忠、苏得胜、柳泰和各请添募千人。台北府陈星聚等联名禀请基隆通判梁纯夫招募土勇二千，候补知县周有基禀请招募一千，俱告奋勇，进攻基隆。其时记名道朱守谟请假，尚未销差，倡言多招土勇，迅攻基隆。

至于饷项、军械之有无不计也。忽有台北府书识陈华声称，愿招土勇一千五百名，自备枪械，包取基隆，每月每勇需银洋十二元，托亲兵哨官奚松林来说。当经臣申饬，不许多事。朱守谟闻有包取基隆之说，即私许陈华招募。及臣知之，业已成军。臣以淮楚营制每营只月饷四两二钱，陈华大言轻敌，不知能否得力，即给如此重饷，何以服老勇之心，坚执不许添增口粮。该勇俱知台北府无兵，只臣亲兵数十名，即聚众呐喊鼓噪。臣派弁往看，陈华所募皆城外艋舺市井之徒，器械毫无。当传陈华来见，谕以军饷不能加增。如果能克基隆，立给赏号银二万两。先发十日口粮，令其带赴水转脚，听候曹志忠调遣。朱守谟经臣严加申饬，含愤而去。陈华至水转脚后，曹志忠见其勇多滋扰，器械毫无，不能见敌，不肯节制。臣令苏得胜亲至曹志忠营，与之密商，陈华土勇先行挟以兵威，裁去五百名，复调三百名赴观音山，归柳泰和裁并，其余随即一并裁撤，费饷一万余两。周有基募勇尚未成军，即闹饷鼓噪，经臣将已募四百余人派归柳泰和节

---

① 陈星聚（1816—1885），字耀堂，河南临颍县人。道光二十九年（1849），中式举人。咸丰十年（1850），保知县。同治三年（1864），选顺昌县知县。六年（1867），调补同安县知县。同年，署建安县知县，转顺昌县知县。七年（1868），补授闽县知县。十一年（1872），补台湾府淡水同知。光绪七年（1881），迁台湾府知府。十一年（1885），在任病故。

制。梁纯夫见土勇不遵约束、屡次滋事，不敢招募。此即左宗棠疏中所称各将领以及土著之人愿告奋勇攻基隆者，系九月初旬事也。

绅士陈霞林等屡言内山御番土勇常见仗，可以挑募。臣告知各军前往内山选募，一面令工匠连夜修理各营所缴旧枪，分拨应用。搜查饷项，仅敷月余。各军招募有尚未成军者，亦有成军尚无器械者，时值疫气染至台北、沪尾一带，军民俱病。提臣孙开华、署台湾镇总兵章高元、总兵柳泰和等俱抱重病，曹志忠六营营官无不病者，臣随从文武员弁日殁数人。自封口后，内地音信不通，兵单援绝，土匪四起。臣日夜忧急，无所措手。台北府知府陈星聚，每见必催进攻基隆。臣因其年近七旬，不谙军务，详细告以不能进攻之故。奈该府随言随忘。绅士陈霞林并署淡水县知县刘勋，皆明白晓畅，见将士多病，土勇尚未募齐，器械缺乏，俱知不能前进。陈星聚除面催进攻外，复禀请进攻。臣手批百余言，告以不能遽进之道。该府复怂恿曹志忠进攻，并以危言激之。曹志忠一时愤急，遂有九月十四日之挫，幸伤人不多，未损军锐。敌于十五日即渡河，耀兵七堵。陈星聚妄听谣言，谓基隆法兵病死将尽，又谓业已退走上船，故日催进攻。自十五以后，该府始自言不谙军务，不再妄言。此即左宗棠疏称陈星聚屡次禀请进攻基隆之原由也。

左宗棠参臣坐守台北，不图进取，机宜坐失。臣曾将兵单器乏、不能进攻情形，迭奏在案。基隆近靠海岸，敌船入口，即不为我有，故于六月十六日之捷，并未奏报克复。曹志忠所守营垒逼近海边，如法人添兵添船，即须退守山后，亦经臣附片密陈。我之所恃者山险，敌之所恃者器利。彼来攻我，我得其长；我往攻彼，彼得其长。且敌营据山傍海，兵船聚泊其下，若不能逐其兵船出口，纵穷陆师之力，攻亦徒攻，克犹不克。如果易攻，现在两军俱在疲乏之际，王诗正[①]统带劲旅三千，不日当可奏功，以免臣懦怯株守之咎。

臣治军十余年，于战守机宜稍有阅历，惟事事求实，不惯铺张粉饰。若空言大话，纵可欺罔朝廷于一时，能不遗笑于中外？臣实耻之！臣渡台时，军务废弛已极，军装、器械全不能用，炮台、营垒毫无布置。接战于仓猝之间，所部多疲病之卒，历尽艰难，支持半载。临敌应变，大小十余战，幸无挫失。若听局外大言，轻敌浪进，上月初十日孤拔添兵大举，战无策应之师，守无可据之险，必至一败不能立脚。军事瞬息千变，其中动止机宜，固非旁观所能尽知，亦岂隔海所能臆度也。

至浙江候补知府李彤恩，本系沪尾通商委员。臣到台北，提臣孙开华称其办事勤能，熟悉洋务，现因身弱多病，决意乞退。臣商之提臣，台北现在用人之际，不可任其乞退，托其致书慰留。六月十二日，臣同提臣并台湾道刘璈至沪尾，察看炮台地基。李彤恩扶病出见，瘦弱不堪。臣令其赶紧调养，不必请假，当委兼办沪尾营务。六月十五日，基隆开仗以后，李彤恩禀请买船填石塞口。时值秋茶上市，英商阻扰。李彤恩同英领事往复辩论，始将口门堵塞。隔日法船即至，英兵船告以口门封塞，随即驶回。七月二十日，臣至沪尾查看炮台。孤拔亲坐三号兵船，亦至沪尾查探水道，并托英兵船代觅引港之人。若非李彤恩先期塞口，法船混入一只，台北已不堪问。绅士陈霞林等每晤谈时，辄

---

① 王诗正（1844—1894），湖南湘乡县人。光绪元年（1875），由难荫知州投效左宗棠军营。四年（1878），以军功保直隶州知州，并戴花翎。旋以功保知府。七年（1881），保升道员。八年（1882），经左宗棠奏留江苏差遣。后又因永定河工告成，保加二品顶戴。同年，因案革职。十一年（1885），赴台湾基隆防次，在事出力，加五品顶戴。十四年（1888），在海军衙门捐备军需，开复原官。十七年（1891），试用期满甄别堪用，选加盐运使衔。二十年（1894），卒。

称其功。臣到台北，有言招募土勇者，臣因其所用土枪不能御敌，不肯操练，未曾招募。李彤恩力保张李成打仗奋勇，请募五百名，发给后门枪二百杆，令其操练助防。八月二十日之战，张李成包抄得力，官绅共见共闻。十月初，臣因饷项支绌，札令李彤恩来城，同福建候补知县郑建中会同官绅，办理捐借饷事。该守到后，即同陈霞林等议向城乡殷户借银票二十余万元，毫无勉强，现已办成。如果李彤恩有贻误大局之处，绅民当共切齿，曷有听其分派捐借者？该守不领薪水，未邀保奖，究其所办数事，有裨于大局，皆非浅鲜。

左宗棠甫到闽一月，不加访察，遂以刘璈之禀并朱守谟挟嫌倾陷、颠倒是非之言，率行奏参。臣若缄默不言，使出力有功之人忽遭不白之冤，当此孤岛险危之地、军务万紧之时，臣何以用人办事？应恳天恩将已革浙江候补知府李彤恩开复原官，并请暂免究办，一俟军事稍定，请旨饬令杨岳斌[①]，或专派大员渡台，逐细访查。如果左宗棠所参情事属实，臣妄用匪人，办理不善，贻误事机，应请将臣一并从严治罪，以明国法而昭公允，诚如圣谕，关系极重，非李彤恩革职递解所能蔽辜。事愈久则是非愈明，臣无任惶恐待命之至。

除记名道朱守谟规避钻营业已具折严参外，所有左宗棠奏参台北情形，具实详陈各缘由，谨恭折由驿驰陈。伏乞皇太后、皇

---

① 杨岳斌（1822—1890），名载福，字厚庵，湖南善化县人，原籍乾州。道光二十六年（1846），充长沙协左营外委，后拔把总。咸丰二年（1852），补宜章营千总。四年（1854），以军功历升守备、前锋、都司、游击、参将，加副将衔。同年，迁湖南常德协副将，加总兵衔，赏彪勇巴图鲁勇号。五年（1855），升湖北郧阳镇总兵，兼署湖北提督。六年（1856），授提督衔。七年（1857），擢福建陆路提督。八年（1858），补福建水师提督。十一年（1861），授云骑尉。同治三年（1864），督办江西皖南军务。同年，授陕甘总督，加一等轻车都尉、太子少保。光绪元年（1875），授长江水师统帅。五年（1879），以病乞归。九年（1883），赴江南帮办军务。十一年（1885），赴援台湾，旋仍归里。十六年（1890），卒于籍。赠太子太保，谥勇悫。有《杨勇悫公遗集》传世。

上圣鉴，训示。谨奏。光绪十一年正月初六日。

（朱批）：另有旨。[①]

光绪十一年二月初七日，奉朱批：另有旨◆2。钦此。[②]

【案】光绪十年十月二十九日，钦差大臣左宗棠奏报行抵闽省详察台湾情形，曰：

钦差大臣督办福建军务太子太保军机大臣大学士二等恪靖侯臣左宗棠[③]跪奏，为臣抵闽，详察台湾现在情形，妥筹赴援，恭折仰祈圣鉴事。

窃臣于十月十四日行抵延平，暂扎齐队，业经电请总理衙门代奏在案。二十二日，接奉二十日电旨：南、北洋援台八轮克日进发等因。钦此。仰见朝廷垂念海隅至意。现在臣所调江南各营业已取齐，惟江西三营未到。臣于二十四日起程赴福州，二十七日晋省，与将军、督抚臣面商进兵事宜，不敢迟回致误。惟以臣所闻台湾近日军情，证以台湾道府及印委各员禀报，则办理实未尽合，有不敢不陈于圣主之前者。

伏查法夷犯台，兵不过四五千，船不及廿艘。我兵之驻基隆、沪尾者，数且盈万，虽水战无具，而陆战则倍之。抚臣刘铭传系老于军旅之人，何以一失基隆，遂至困守台北，日久无所设施？臣接见闽中官绅，逐加询访，并据台湾道刘璈抄呈台北府知府陈星聚所奉刘铭传禀批，始知八月十三日基隆之战，官军已获胜仗。因刘铭传营务处知府李彤恩带兵驻扎沪尾，平日以提督孙开华诸军为不能战，是夕三次飞书告急，坚称法人明日来攻，沪尾兵单将弱，万不可靠。刘铭传为其所动，遽拔大队往援，而基隆遂不可复问。其实二十日沪尾之捷，仍系孙开华诸营之功，即无大队往援，亦未必失沪尾也。

沪尾距台北府城仅三十里，如果岌岌可危，地方官有守土之责，其慎重当有过于他人者。而知府陈星聚屡次禀请进攻基隆，刘铭传竟以

---

① 中国第一历史档案馆藏：《朱批原件》，档案编号：04-01-01-0954-040.

② 此奉旨日期与内容，据《军机处随手登记档》（档案编号：03-0246-1-128）校补。

③ 此前衔据中国第一历史档案馆藏03-5540-059号折推补。

"无此胆识、无此兵力"谢之。狮球岭为台北要隘，所有法兵不过三百。曹志忠所部土勇、客军驻扎水转脚一路者，不下八九营，因刘铭传有"不许孟浪进兵"之语，即亦不敢仰攻。且闻台北各营将领及其土著之人尚有愿告奋勇往攻基隆者，刘铭传始则为李彤恩所误，继又坐守台北，不图进取，皆机宜之坐失者也。

恭绎电旨：刘铭传仍应激励兵勇，收复基隆，不得懦怯株守，致敌滋扰等因。仰见圣明洞烛，不稍宽贷。臣思刘铭传之懦怯株守，或一时任用非人、运筹未协所致。李彤恩不审敌情，虚词摇惑，基隆久陷，厥惟罪魁！拟请旨将知府李彤恩即行革职，递解回籍，不准逗留台湾，以肃军政，并密敕刘铭传速督所部，克日进兵，规复基隆，毋任该夷久于盘踞。

又，法夷自九月初五日封禁全台海口，由南、西、北、东至外国名普安得岛麦地方为止。查万国公法，虽有战国封堵敌国海口之例，然如系不义之战，诸国例得辨问。公法所载城池地方被战国围困，局外者不得与之贸易，固也。若台湾仅失基隆偏隅，旦夕可以收复，岂得以围困论？乃仅以法夷一纸空文，遽准堵禁，在我固多不便，而于各国商务尤有窒碍。据台湾道刘璈呈请奏咨前来。

理合请旨敕下总理各国事务衙门，照会各国驻京公使，据理辩论，立开台湾海口，以保商局而重邦交。臣现派已革总兵杨在元密赴厦门一带，确探情形，设法雇船暗渡营勇援台。一俟南洋兵轮赴闽有期，再行调兵分扎马祖澳、芭蕉山等处，以图首尾牵制，不任其肆意久踞。至一切应办事宜，臣既有闻见，尤不敢缄默不言，仍当与将军臣穆图善、督臣杨昌濬等妥商筹办，以维大局。

所有详察台湾情形、现筹进兵赴援各缘由，谨缮折由驿驰奏。伏乞皇太后、皇上圣鉴，训示，施行。谨奏。①

【案】此折之批旨，《清实录》载曰：

谕军机大臣等：前据左宗棠奏参知府李彤恩不审敌情，虚词摇惑，

① （清）左宗棠著：《左宗棠全集·奏稿》，第526—528页，岳麓书社，1996。

以致基隆被踞，降旨将该员革职，交杨岳斌查办。兹据刘铭传奏，道员朱守谟规避钻营、造言倾陷各情，与左宗棠前奏大相径庭，必须彻底查明，以昭是非之公。道员朱守谟于军务吃紧之时，辄敢擅请公款，乞假规避，殊属荒谬，着即行革职。至所参该员招摇播弄及倾陷李彤恩各节，如果属实，厥咎尤重，非永不叙用所能蔽辜！着杨岳斌即将朱守谟饬提赴台，归入前案，秉公研究，孰是孰非，务得确情，奏明严行惩办，不准稍涉偏徇！原折片均着钞给阅看。将此由五百里谕令知之。①

【案】光绪十一年三月二十九日，杨岳斌具折复陈查办李彤恩一案情形，曰：

帮办福建军务太子少保前陕甘总督臣杨岳斌跪奏②，为微臣奉旨交查知府李彤恩并饬提道员朱守谟赴台秉公研究一案，拟请另派大员查办，俾慎案情而重防务，恭折仰祈圣鉴事。

窃臣光绪十年十二月初五日在福建崇安县行次，准军机大臣字寄：十一月十八日，奉上谕：左宗棠奏，详察台湾情形、妥筹赴援一折。据称八月十三日，基隆之战，官军已获胜仗，因刘铭传营务处李彤恩驻兵沪尾，以孙开华诸军为不能战，三次飞书告急，坚称沪尾兵单将弱，万不可靠。刘铭传为其所动，遽拔大队往援，基隆遂不可复问。李彤恩不审敌情，虚词摇惑，拟请即行革职，递解回籍，不准逗留台湾等语。前敌军情，关系极重，必应确切查办，不得含糊了事。李彤恩所禀刘铭传各情，人言藉藉，果系因此贻误，厥罪甚重，非递籍所能蔽辜。前谕杨岳斌迅速赴闽援台，即着该前督于到台后，详确查明，据实参奏。李彤恩着即行革职，听候查办。将此由五百里各谕令知之。钦此。

复于光绪十一年三月初一日在台湾府行次，准军机大臣字寄：二月初七日，奉上谕：前据左宗棠奏参知府李彤恩不审敌情，虚词摇惑，以致基隆被踞，当降旨将该员革职，交杨岳斌查办。兹据刘铭传奏，道员朱守谟规避钻营、造言倾陷各情，与左宗棠前奏大相径庭，必须彻底查

① 中华书局影印：《清实录·德宗景皇帝实录（三）》，卷二百三，光绪十一年二月上，第884页，中华书局，1987。

② 此前衔系推补。

明，以昭是非之公。道员朱守谟于军务吃紧之时，辄敢擅请公款，乞假规避，殊属荒谬，着即行革职。至所参该员招摇播弄及倾陷李彤恩各节，如果属实，厥咎尤重，非永不叙用所能蔽辜。着杨岳斌即将朱守谟饬提赴台，归入前案，秉公研究。孰是孰非，务得确情，奏明严行惩办，不准稍涉偏徇。原折、片均着钞给阅看。将此由五百里谕令知之。钦此。跪读之下，理应钦遵！

伏念臣军寄谬膺，未谙听断；病衰心力，尤难兼营。现在初抵台北，一切机宜，亟须会筹商办。虽值法人请款，而条约未定，防范宜严，勉竭庸愚，犹虞陨越，况重以审谳繁重之事，弥益彷徨。再四思维，与其临事而蹈未能折狱之愆，曷若先事而陈自信未能之实。非敢意有推诿，当此台防吃重，任大力微，惟有沥恳天恩，俯念臣筹防靡暇，听讼非才，且李彤恩本应递解回福州原籍之员，朱守谟亦现在福州，合无仰求另派大员，饬提就近研究，俾臣得以专心致志帮办防务，以期仰慰宸廑于万一。

所有奉旨交查知府李彤恩并饬提道员朱守谟研究一案，拟请另派大员查办缘由，理合恭折驰陈。伏乞皇太后、皇上圣鉴训示。谨奏。光绪十一年三月二十九日。①

【案】光绪十一年六月初五日，杨岳斌又为查办李彤恩一案具折复奏，曰：

帮办福建军务太子少保前陕甘总督臣杨岳斌跪奏，为微臣遵旨确查，据实覆陈，恭折仰祈圣鉴事。

窃臣于光绪十年十二月初五日在福建崇安县行次，准军机大臣字寄：十一月十八日，奉上谕：左宗棠奏，详察台湾情形妥筹赴援一折等因。钦此。旋于光绪十一年三月初一日在台湾府城，准军机大臣字寄：二月初七日，奉上谕：前据左宗棠奏参知府李彤恩不审敌情，虚词摇惑，以致基隆被踞等因。钦此。跪读之下，理应钦遵。

① 台湾史料集成编辑委员会编：《明清台湾档案汇编》，第5辑，第90册，第466—467页，台北远流出版事业股份有限公司，2009。

臣三月二十日抵台北府城，时值防务尚未解严，当于二十八日恭折陈请另派大员查办在案。兹复于五月二十一日接总理衙门十七日电寄：本日奉旨：杨岳斌着将派查事件赶紧查覆。钦此。恭读再三，曷胜悚惕！

伏查原参李彤恩一案，光绪十年八月十三日，李彤恩以当前敌营务处差使，驻防沪尾。是日，法人攻基隆正急，另驶五船赴泊沪尾洋面，声言十四日开仗。李彤恩不审敌情，遽尔两次飞书告急。抚臣刘铭传，当函知提臣孙开华与李彤恩，请坚忍为一二日之守，尔时本无进基隆意。是夜戌刻，李彤恩飞书又至，遂致刘铭传拔队往援。李彤恩等知沪尾兵单，而不知孙开华诸将领之足恃。第知台北为重，而不知基隆一失，难以速收，未免贻误戎机。然其三次飞书告急，实由平日未闻军旅，临事即仓皇失措，似与捏造虚词、意图摇惑者有别，应请准照原拟，将知府李彤恩革职回籍，不准逗留台湾，逭其余罪，出自天恩！

又查原参朱守谟一案，臣由台湾赴台北，经过沿途各县，已访明该革员上年八月底乞假离营。因沪港已封，绕道台南内渡，所至新竹、彰化、嘉义等县，应需夫马自行给价，地方官间有酒食酬应，亦属情理之常。惟新竹县曾代给轿力钱五百二十文，此外实无招摇劣迹。臣上年冬督兵过福州省城，接见朱守谟，详询台湾情形，仅述及李彤恩人小有才，难与为伍，实无播弄是非之事，亦未闻有基隆系李彤恩得银数十万卖与洋人之说。而台北人言啧啧者，因李彤恩在沪尾办通商有年，中外交涉之事多，往来之人杂，又恰值基隆难守，台北已危，沪尾吃紧，遂不免商民疑谤，原非朱守谟之造言倾陷也。

至擅请公款，查系台北府知府陈星聚在清赋分治项下动支修理，向有行台用洋银二百二十九元四角，又自行台至新建军装局修铺石路，用洋银五十八元五角，均由台北城工委员方学、李承修造报，档案现存府署。其时朱守谟暂寄行台，致有盛修公馆之嫌。

惟朱守谟身任营务处，当基隆军情万紧之际，自应力疾从公，而辄乞假内渡就医，规避之咎，实无可辞。但该员业经奉旨革职，拟恳恩施格外，免置严议。是否有当？伏候圣裁。

所有微臣遵旨确查、据实覆陈缘由，理合恭折具陈。伏乞皇太后、皇上圣鉴，训示。谨奏。光绪十一年六月初五日。

光绪十一年六月二十三日，军机大臣奉旨：览奏，均悉。李彤恩着即驱逐回籍，不准逗留台湾；朱守谟着即革职，永不叙用。该部知道。钦此。①

## 二　奏报王诗正援军到台并近日军情片

光绪十一年正月初六日（1885 年 2 月 20 日）

再，臣于正月初三日接北洋转电，恭奉十年十二月十四日谕旨：据潘鼎新电称，孤拔调兵由船头进，是该酋抵越已确等因。钦此。仰见圣明洞烛，筹画周详，莫名佩悚！臣准大学士左宗棠来咨，王诗正率队援台北，令台北府知府陈星聚照料，以免掣肘等语。

查王诗正于七月二十日率三营行抵嘉义，臣接来报，因陈星聚年老多病，一人难以照料，当饬营务处方策勋会同淡水县知县刘勋，赶为备办柴草，腾出营垒，以便栖宿。现据王诗正禀称，头队已抵新竹。该革道在彰化度岁，尚须添募土勇，近至后垄一带，会同勇练防守，以期严密。

除电奏外，所有王诗正援军到台并近日军情，理合附片具陈。伏乞圣鉴，训示。谨奏。

光绪十一年二月初七日，军机大臣奉旨：知道了。钦此。②

① 台湾史料集成编辑委员会编：《明清台湾档案汇编》，第 5 辑，第 91 册，第 374—376 页，台北远流出版事业股份有限公司，2009。

② 台湾史料集成编辑委员会编：《明清台湾档案汇编》，第 5 辑，第 90 册，第 128—129 页，台北远流出版事业股份有限公司，2009。

## 三　奏报法兵猛攻我军退守布置情形折

光绪十一年二月初二日（1885年3月18日）

督办台湾防务福建巡抚一等男臣刘铭传、帮办福建军务署福建陆路提督奴才孙开华跪奏，为法兵分攻月眉山、大水窟一带隘卡，连战四日，众寡不敌，各营退守河南，现在扼要布置情形事。

窃臣等于十年十二月二十四日将法人添兵接仗并王诗正等援兵抵台飞催前进情形驰报在案。王诗正所部于正月十四、五等日驰抵台北，聂士成[①]所部及陈鸣志新募土勇亦于十六、十七等日先后续至，当即赶紧凑发军械，拨济饷需，王诗正带领恪靖五营于十八日拔赴前敌。臣铭传拟将聂士成、陈鸣志两军军械、饷需料理就绪，带同续发。

正在料理间，接据前敌飞报：十八日，法人添兵大至，以轮船四艘装兵于八斗登岸，抄袭月眉山之后。曹志忠、刘朝祜共派七百人把守戏台地山口，堵战一日，飞书告急。苏得胜土勇两营防守六堵，已派一营把守竹枝寮隘卡，仅剩五百人，闻信即驰往援应。十九日辰刻，敌以兵二千余名由枕头山、竹篙山、龙潭堵三路分进。曹志忠所部楚军六营除分扎大武仑一带两营，又派三

① 聂士成（？—1900），字功亭，号幼亭，安徽合肥人。咸丰间，以武童投效袁甲三军营。同治元年（1862），以功选外委，补把总。二年（1863），升守备，戴蓝翎，加五品顶戴。三年（1864），晋都司，加游击衔，换花翎。四年（1865），迁参将。五年（1866），保副将，加力勇巴图鲁勇号。七年（1868），保总兵记名简放。同年，晋提督。光绪十一年（1885），统领庆军，驻防旅顺。十七年（1891），赏头品顶戴，统芦台淮、练诸军。十八年（1892），补山西太原镇总兵，换巴图隆阿巴图鲁勇号。二十年（1894），加刚安巴图鲁勇号。同年，擢直隶提督。二十四年（1898），统带武卫前军。二十六年（1900），卒于军。赠太子少保，谥忠节。著有《东游纪程》《东三省韩俄交界道里表》等行世。

百人扼守戏台地外，只率四营七成队伍布守月眉山。深澳坑十里长墙，兵单地阔。敌兵直扑长墙，曹志忠当由月眉山各隘抽拨三百人，同苏得胜等挥兵御敌，相持两时之久，敌突以兵千余由深澳坑直抄长墙之外，将戏台地前军截断。我军腹背受敌，苏得胜所部左营营官梁善明中枪阵亡，前营营官邓长安亦受重伤，与曹志忠勇丁俱伤亡过多，不能抵御，退一山头。法兵由长墙直扑月眉山头卡，数路分道齐攻，并以炸炮两面夹击深澳坑，新筑长墙雨后倒坍，营官萧清福御敌受伤，守卡兵勇只百余人当时溃退。法兵遂直犯月眉山顶，廖得胜营勇皆为曹志忠带往迎战，仅剩百余人抵御，适刘朝祜率勇三百人到，合同御敌，恶战一时，敌势过众，已将月眉山三面包裹。刘朝祜、廖得胜勇丁伤亡过多，不能抵御，退至山下，会同曹志忠、苏得胜，于新煤厂暂行扎队。

其时，大水窟林朝栋、四脚亭苏树森尚在固守，未经挫动。臣铭传于十九日夜闻信，深恐六堵空虚，敌如由狮头岭下山，暖暖各军皆无归路，当即率带聂士成所部五成队伍，驰赴六堵，调度策应。王诗正于十八日行抵五堵，闻前敌警报，十九日即派威、良两营前往救援六堵，至暖暖，必由敌营山下经过，白日不能行走，该道于二十日酉刻率刚营、副中营及亲兵队续进。臣当令王诗正会同曹志忠先在暖暖夹河扎营，以保大水窟后路。约定二十一日夜，亲至暖暖商度战守。

其时，敌兵麇集月眉山顶，并支大炮向林朝栋、苏树森营轰击，势甚岌岌。王诗正未到之先，二十日未刻威、良两营攻袭月眉山尾，威营营官刘见荣、良营营官易玉林皆依山蛇伏前进，敌数十人抵死不退，适刚营由山后绕至，敌始退下山腰，当将月眉山尾一卡夺回。王诗正当令威、良、刚并副中营四营分驻卡后，一面约会曹志忠整队，于二十一日黎明进攻月眉山顶。敌于卯刻调集基隆水陆各兵全队以待。王诗正所部向前猛进，哨官胡少亭、罗国旺等齐告奋勇，直抢山顶，连进数次，敌炮如雨，胡少亭、罗国旺皆中炮阵亡，哨官李长有、龙春芳抢获尸身，亦各受重伤。刚营营官申道发在后死战，足受枪子伤，当即退回山下，敌分三路跟追。王诗正、曹志忠分率各营正在接战之际，敌兵两路一由月眉山左包至暖暖，一由乌嘴峰包出大水窟之后。王诗正、曹志忠两军皆前后受敌，退至河南大水窟、四脚亭，亦三面受敌。林朝栋、刘朝祜率队抵住长墙，乌嘴峰一带守隘团勇同时俱溃，不能驻足，王诗正、曹志忠当晚退回五堵。

统计是日之战，自卯至申，各军无一营不抵死苦战。奈敌势太众，枪精炮利，器械不敌。自十九日以来，敌人每战皆以猛悍之卒更番如墙而进，前者伤毙，后者继进，并不抢尸，实为历次接战以来所仅见。林朝栋、刘朝祜两营伤亡较多，敌兵闻亦伤亡三四百人。臣二十日抵六堵，即值前敌败退。现在河北一带要隘悉为敌据，险要已失。王诗正一军现扎五堵，曹志忠一军已令驻扎六堵之右小坑隘口，林朝栋两营扼扎小坑之前草兰尖山顶。暖暖绅董王廷理等扼扎暖暖街后，近靠河边。臣督带聂士成、苏得胜、刘朝祜扼驻六堵，以扼台北大路。惟各军溃败之后，兵锐已挫，一时难振，更恐敌兵乘势分窥沪尾。臣开华已督饬沪防各军修筑长堑，挖掘濠沟，并于沪口河道添设竹缆，严备以待。此十八日至二十一日暖暖接战退守并现在布置之情形也。

顷据生擒法兵色博供称：孤拔于十七日带千名回基隆，一意攻犯台北。三十日，敌兵数百欲由暖暖搭桥过河，当经白扬珠土勇开枪击退。臣铭传防守中路，令曹志忠、林朝栋防守南路，王诗正防守北路，俱于阴雨之中赶筑营垒。中、南两路皆已扎定，惟北路王诗正初到，形势未熟，尚须查看明白，方能设守。臣恐敌由狮头山直犯河北，据山安炮，则六堵各营皆难驻守，现令曹志忠先派苏树森土勇一营往守赵水坑，桂占彪、张仁熙共带勇三百名往守港孜关。该处近靠狮头岭下，犹恐兵力过单，复令苏得胜派一营移守河北，陈鸣志亲带土勇两营与苏得胜营相辅防守火炭坑、乌陵坑一带，营垒尚未筑成。曹志忠所部自上年六月至今伤亡病故太多，兼之日筑营垒，疲劳异常，兵数不能足额，现令裁并两营，以节饷需。

统计六堵一带兵数虽有万人，奈器械不敌，臣铭传稍知敌情，不肯轻进浪战，相持半截。其时法人添兵不多，幸无挫失。此次敌兵骤添，我军众寡不敌，以致挫败，目前尤须固守，方能支持危局。惟枪弹无多，饷项支绌，王诗正、陈鸣志所部渡台，先由台南借发银二万两，复由台北支银二万六千两，月需军米不下二千石。吴鸿源所部四营，原议广东济饷，奈兑解不到，亦由台支发饷项。台南业已告竭，台北仅能支发一月，臣铭传现驻前敌，不能筹划，徒抱忧急。现在汇兑无多，合计全台每月需银不下三十万，一旦无饷，立见溃裂，应恳天恩如何设法救急之处，立赐施行。无任急迫待命之至。

至此次月眉山、大水窟一带，未经退守之先，曹志忠因兵单不敷分布，屡次告急，臣铭传无兵以应。此次退守实因兵单地阔，不能堵御，尚非该镇战守不力之咎。其营官总兵衔副将龙惠南、叶友胜二员接战不力，经臣查明撤去营官，应请旨即行革职，留营效力，以示惩戒。所有力战阵亡之记名提督梁善明、升用提督两江遇缺尽先题奏总兵奇穆钦巴图鲁胡少亭二员，均请敕部照提督阵亡例从优议恤。参将衔游击陈玉堂、花翎游击陈得升，均请照参将阵亡例从优议恤。花翎都司王先仁，请照游击阵亡例从优议恤。花翎都司衔守备罗国旺、蓝翎守备邹继圆二员，均请照都司阵亡例从优议恤。守备衔千总吴子元，请照守备阵亡例从优议恤。六品军功高春和、李国斌二弁，均请照千总阵亡例从优议恤，以慰忠魂。

除先将大略情形电请督臣杨昌濬转电总署代奏外，谨将法兵分犯月眉山一带接战退守情形，谨恭折由驿六百里驰陈。伏乞皇太后、皇上圣鉴，训示。谨奏。光绪十一年二月初二日。

光绪十一年三月初八日，军机大臣奉旨：览奏，均悉。现在法已议和停战，着刘铭传等督饬各军稳扎严守，以备不虞。所需饷项，即与左宗棠、杨昌濬筹商济用。副将龙惠南、叶友胜，均着革职留营效力；阵亡之记名提督梁善明等，均着照所请，分别从优议恤。该部知道。钦此。①

【案】此折之具奏日期，原文未署。兹据朱批日期“光绪十一年三月初八日”查《军机处随手登记档》② 朱批刘铭传、孙开华折栏，署有“报六百里，二月初二日台北府发”等字样。据此，此奏当为“光绪十一年二月初二日”无疑。兹据校正。

## 四　请饬林维源回籍帮同办理抚垦片

光绪十一年二月十八日（1885 年 4 月 3 日）

再，台湾生番滋事，经臣派兵剿抚，业经具奏在案。现据刘

---

① 王彦威，王亮辑编；李育民，刘利民，李传斌，伍成泉点校整理：《清季外交史料》，第 3 册，第 1156—1158 页，湖南师范大学出版社，2015；又，孔昭明：《台湾文献史料丛刊·清季外交史料选辑》，第 4 辑，第 77 册，第 172—176 页，台湾大通书局，1984；又，台湾史料集成编辑委员会编：《明清台湾档案汇编》，第 5 辑，第 90 册，第 349—353 页，台北远流出版事业股份有限公司，2009。

② 中国第一历史档案馆藏：《军机处随手登记档》，档案编号：03-0246-1-1211-066.

朝祜、林朝栋、周鸣声等禀报：各路番社开风向化，就抚日多，所有毗连番境田产均已就近招垦。查有离淡水七十里之南雅地方，内多平坦膏腴之地，曾经绅士内阁侍读学士林维源集股开垦，嗣因无力御番，成而复弃。该处界在淡、新、宜三属之中，出产甚富，将来招集垦民即可分设一县，必须有勤实大员督率经理，方有成效。

臣现派前安徽按察使张学醇前往清查，林维源乡望素著，勤谨笃实，若办该处垦务，情形熟悉，人地相宜，合无仰恳天恩，迅饬该学士驰回原籍，帮同办理台北抚垦事务，实于地方有裨。谨附片具陈。伏乞圣鉴，训示，施行。谨奏。

光绪十一年二月十八日，军机大臣奉旨：钦此。[①]

【案】此奏片之具奏日期未确，兹以奉旨日期代之，待考。

## 五　奏为御赏福字谢恩折

光绪十一年三月二十八日（1885 年 5 月 12 日）

头品顶戴督办台湾防务福建巡抚一等男臣刘铭传跪奏，为恭谢天恩，仰祈圣鉴事。

窃臣承准军机大臣咨行，递到颁赏御书“福”字一方并荷包、银钱、银錁等件到台。谨即恭设香案，望阙叩头谢恩祇领。

伏惟我皇太后、皇上总五福以临民，绥百福而出治。恩周寰宇，卿云征复旦之祥；泽被遐陬，薄海上丰年之颂。锡箕畴于禹

---

① 台湾史料集成编辑委员会编：《明清台湾档案汇编》，第 5 辑，第 90 册，第 219—220 页，台北远流出版事业股份有限公司，2009。

甸，群觇祜笃九重；颁羲画于尧阶，共庆春来万里。自天申祉，匝地凝庥。臣谬绾兵符，幸叨疆寄，荷殊恩之远被，愧报涓之未能。惟有永戴荣施，祇承宠赉，宣龙章而纪瑞，矢军中早靖尘氛；率虎旅以拜恩，愿海徼同销兵气！

所有微臣感激下忱，谨缮折叩谢天恩。伏乞皇太后、皇上圣鉴。谨奏。三月二十八日。

光绪十一年四月二十六日，军机大臣奉旨：知道了。钦此。[1]

## 六　奏为奉旨兼兵部侍郎谢恩折

光绪十一年三月二十九日（1885年5月13日）

头品顶戴督办台湾防务福建巡抚一等男臣刘铭传跪奏，为恭谢天恩，仰祈圣鉴事。

窃臣于光绪十一年三月二十七日接准督臣杨昌濬咨：准吏部咨：文选司案呈内阁抄出光绪十年九月十一日上谕：刘铭传着补授福建巡抚等因。钦此。钦遵钞出到部。查刘铭传，安徽人，由前直隶提督今奉上谕补授福建巡抚，应否兼兵部侍郎衔之处具奏请旨等因，光绪十年十月十四日奉旨：照例兼衔。钦此。知照前来。谨即恭设香案，望阙叩头谢恩。

伏念臣谫陋庸材，涓埃未报，仰蒙逾格鸿施，畀以疆圻重任，五衷感戴，寸刻难安！今复重荷殊恩，兼衔枢部，北望泥首，兢惕尤深！当此海疆防务未敢稍松，一切整军经武事宜，在在皆须力求振作。臣惟有勉图报称，矢竭驽骀，总期靖绥地方，

① 中国第一历史档案馆藏：《军机录副》，档案编号：03-5195-083.

乂安边徼，冀以仰答高厚鸿慈于万一！

所有微臣感激下忱，谨缮折叩谢天恩。伏乞皇太后、皇上圣鉴。谨奏。三月二十九日。

光绪十一年四月二十六日，军机大臣奉旨：知道了。钦此。[①]

## 七　奏为台北解严请奖战守出力官绅折

光绪十一年五月十二日（1885年6月24日）

帮办福建军务太子少保前陕甘总督臣杨岳斌、头品顶戴督办台湾防务福建巡抚一等男臣刘铭传、帮办台湾军务署福建陆路提督世袭骑都尉奴才孙开华跪奏，为基隆法兵全退，台北解严，请将历次战守尤为出力之将弁官绅恳恩奖励，恭折仰祈圣鉴事。

窃臣岳斌抵六堵后，已于四月十三日将前敌情形附片具奏。其时因和议尚未定局，虽然暂停战事，彼族修营开路，未废工作，仍恐狡诈反复，与臣铭传督率各军，加意严密防守。本月初二日，直隶督臣李鸿章来电，悉于上月二十七日画押。基隆法营自三月初，即陆续搬运辎重上船。本月初六日，法提督李士卑斯专差送信至提督苏得胜所扎港仔口营，约请苏得胜亲到基隆，面交被掳华人。臣等当令苏得胜、总兵刘天云，于初八日同赴基隆。李士卑斯暨各头目皆殷勤款待，列队数里迎送，各船皆升中国龙旗，并言及臣岳斌所部将士九百余名，至澎湖一并交还，当将被掳船户百余名，放交苏得胜等带回。即于初九日将各营法兵全调下船，开往澎湖。据云二十日内，即由澎湖退回安南，所有

① 中国第一历史档案馆藏：《军机录副》，档案编号：03-5832-120.

台北防务一律解严。

臣等于初九日均至基隆，安抚百姓，察看法营布置，先调数营扼扎基隆前后，徐图修筑炮台。一切善后事宜，会商次第举办。惟自上年六月基隆开仗以来，孤岛被困将及一载。当封口之后，兵饷炮械，一无可恃，危迫情形，朝不保暮。仰蒙皇太后、皇上宵旰忧劳，广施方略，饬各省设法救援，颁内帑以励战士，诏书所至，闻者感泣。臣等藉以激励将士，一德一心，相持九阅月，得支危局。

迭据降酋供称：孤拔率兵自到基隆以后，死亡相继，杳无捷音，屡向本国请兵、请饷。法廷深咎该酋不应争基隆烟瘴之荒山，丧师糜饷，毫无损于中国。自正月以后，无饷接济。二月间，火食亦乏，法兵饥苦异常，故纷纷来降。连日据法船通事密告：自停战后，孤拔意甚怏怏，屡梗和议，均受法廷申饬。上月二十九日，于澎湖接到电报，中法画押，该酋即举酒痛饮而死，并有一兵酋同死。法人皆言其醉死，其实服毒等语。

查孤拔于上年八月率领水陆大队侵犯台北，大言一月包取全台，法国军民皆知。乃困于基隆烟瘴恶劣之地，进有山河之险，退无以复本国之命。坐守一隅，丧师糜饷，日久无功，力竭就和，该酋自系无颜回国，果系服毒身死。此次中法构衅，该酋实为祸首，虽未遭显戮，实足以快人心。此皆圣主威福，非臣下智力所能及也。

基隆地方周围不过三十里，日日风雨，烟瘴毒疠，水土恶劣，不独异于内地，亦与全台各口不同。各将士致身行间，不畏死于兵戎，惟恐殁于烟瘴。曹志忠、苏得胜、刘朝祜、林朝栋等所部各营防剿经年，当伤病疲劳之际恶战苦守，于枪林炮雨之中修濠筑墙，将领兵士毫无懈志，俱属坚苦耐劳，勇敢用命。陈鸣志、王诗正、聂士成等军虽到防未久，当逆焰猖獗之际，冒雨滚营，进逼基隆，亲临前路，与敌对垒，俱系不避艰险。以及地方官绅，或捐资带勇，或办练助防，同仇敌忾，忠义可嘉。臣岳斌，随带文武员弁并卫队亲兵及南字中营，适值澎湖失守之际，冒险渡台，均属著有劳绩。

除力战阵亡提督衔记名总兵果勇巴图鲁曾照礼、尽先副将刘义高、蓝翎千总段有升、蓝翎把总尤运农、尽先把总郝文元等，请交部照阵亡例从优议恤外，谨将尤为出力之将领、官绅开单随折请奖。其余员弁拟请由臣等专案奏奖，以示鼓励。

所有台北解严，请将尤为出力将弁官绅请奖缘由，恭折由驿会奏。再，此折系臣铭传主稿，合并陈明。伏乞皇太后、皇上圣鉴，训示。谨奏。光绪十一年五月十二日。

## 八　呈台防解严在事尤为出力人员清单

光绪十一年五月十二日（1885 年 6 月 24 日）

谨将拟保台防解严在事尤为出力之将领、官绅，并另片拟保筹饷转运文武员弁衔名，缮具清单，恭呈御览。

计开：

统领庆祥等营记名提督福建福宁镇总兵芬臣巴图鲁曹志忠、统带健字营记名提督海疆遇缺简放总兵西林巴图鲁苏得胜、统带栋字营兼办团练道衔兵部郎中世袭骑都尉林朝栋、统带铭字等营提督衔记名总兵刘朝祜。以上四员，战守经年，劳苦功多，支持危局，布置有方。曹志忠拟请特恩从优奖励，苏得胜拟请赏穿黄马褂，林朝栋拟请以道员不论双单月遇缺尽先前选用，并请赏给清字勇号。刘朝祜拟请以提督记名简放，并请赏给清字勇号。

统领恪靖卫队亲军等营布政使衔江苏候补班前遇缺即补道裴陵阿巴图鲁陈鸣志、统领恪靖等营已革盐运使衔江苏遇缺题奏道王诗正、统带铭字等营记名提督力勇巴图鲁聂士成。以上三员，临事勇敢，布置严密，不避艰危，冒险赴援。陈鸣志拟请赏给头品顶戴，仍以道员归江苏候补班遇缺题奏；王诗正拟请开复原官原衔，免缴捐复银两，并赏给二品顶戴；聂士成拟请以总兵交军机处开列在前，遇有海疆总兵缺出，请旨简放。

统领春字等营头品顶戴升用提督陕甘补用总兵柳泰和，防守经年，布置有方，拟请遇有陕甘总兵缺出，先行请旨简放，并请赏给勇号。

头品顶戴升用总兵补用副将刘天云，有胆有识，不避艰险，拟请赏给勇号。

统领恪靖仁绥等营头品顶戴记名提督年常阿巴图鲁杨金龙、管带恪靖刚营头品顶戴记名题奏提督奏留两江差委讷齐欣巴图鲁申道发、管带恪靖副中营头品顶戴记名留陕甘尽先简放提督讷齐欣巴图鲁贺兴隆。以上三员，奋勇敢战，布置有方。该提督等官职较大，拟请从优赏赉。

管带恪靖威营头品顶戴升用提督朴勇巴图鲁刘见荣、管带恪靖良营头品顶戴提督衔湖南遇缺简放总兵振勇巴图鲁易玉林、管带铭字中军左营记名简放总兵彪勇巴图鲁唐安仁、管带庆字前营记名总兵廖得胜、提督衔留闽差委总兵桂占彪、管带健字右营尽先补用副将谈发祥、管带祥字中营降补游击萧清福、管带功字副营副将衔尽先参将郑洪胜、管带健字后营已革副将借补开州都司武青龙、管带台防土勇尽先补用都司陈辉煌。以上十员，奋勇敢战，不避艰险。刘见荣、易玉林均拟请以提督交军机处记名，遇缺请旨简放，并请赏换清字勇号；唐安仁、廖得胜、桂占彪均拟请以提督交军机处记名，遇有总兵缺出，先行请旨简放，并请赏给一品封典；谈发祥拟请以总兵记名简放，并请赏给勇号；萧清福、郑洪胜均拟请免补参将，以副将尽先补用，郑洪胜并请赏给勇号。武青龙拟请开复原官花翎，免缴捐复银两；陈辉煌拟请免补都司，以游击尽先补用，并赏加副将衔。

总办全台粮台已革花翎贵州布政使沈应奎，筹饷办团，不避艰险，首破奸贪，任劳任怨，著有实在劳绩，拟请开复原官花翎。

办理营务花翎盐运使衔补用道员后二品衔河南遇缺补用知府方策勋、布政使衔已革安徽候补道裕庚、帮办营务同知衔福建补用知县郑建忠。以上三员，办事实心，不避艰劳，赞助军务，深资得力。方策勋拟请免补本班，以道员改留闽省交军机处，遇有道员缺出，开列在前，请旨简用，并换二品衔；裕庚拟请开复原官花翎，仍以道员留闽补用，并免缴捐复银两；郑建忠拟请免补本班，以直隶州知州仍留闽省归班前先补用，并请赏戴花翎。

管带练勇道衔分部郎中林汝梅、办理台北团访广东补用知府陈霞林、管带练勇分发试用内阁中书潘成清、廪生李秉钧。以上四员，捐资募勇，办练助防，同心御侮，忠义可嘉。林汝梅拟请以道员不论双单月尽先选用，并请赏加三品衔；陈霞林拟请免补本班，以道员仍留原省归候补班前先补用；潘成清拟请以同知不论双单月遇缺尽先前选用，并请赏戴花翎；李秉钧拟请以县丞不论双单月遇缺尽先前选用，并请赏戴蓝翎。

知府衔福建候补同知前署淡水县知县代理台北府知府刘勋，办事结实，不避艰险，办防捕匪，有裨地方，拟请免补本班，以知府仍留闽省归候补班前补用。

办理恪靖营营务指分浙江试用县丞蒋本鉴、恪靖营随员六品衔补用知县即选县丞戴运寅、留甘候补班前补用县丞黎庶怀。以上三员，随营出力，不避艰险。蒋本鉴、黎庶怀均拟请免补本班，以知县仍留原省补用；戴运寅拟请免选本班，以知县留闽归候补班前补用，并请赏换同知衔。

二品顶戴福建布政使沈保靖、前长芦盐运使额勒精额、三品衔延建邵道调署兴泉永道奎俊、双月选用道伍廷芳。以上四员，筹饷运兑，顾全大局。沈保靖拟请赏换头品顶戴，额勒精额拟请赏给一品封典，奎俊拟请赏给二品顶戴，伍廷芳拟请仍以道员不论双单月遇缺尽先选用。

布政使衔直隶候补道盛宣怀①、二品衔前兴泉永道孙钦昂、布政使衔广东遇缺题奏道叶文澜。以上三员，筹饷运兑，顾持大局，探递敌信，每得机先，均拟请特恩赏给一品封典。

奉天已革花翎四品官兼佐领金福元，押运饷械，屡冒艰险，拟请销除“永不叙用”字样。直隶试用道朱福荣、胡燏棻，运送饷械，在事出力，拟请仍以道员归候补班尽先补用。②

---

① 盛宣怀（1844—1916），字杏荪，又字幼勖、荇生、杏生，号次沂，又号补楼，别署愚斋，晚年自号止叟，有思惠斋、东海、孤山居士、紫杏、愚卿等号。江苏武进人，由附监生报捐主事、直隶州知州。同治五年（1866），署天津河间兵备道。十二年（1873），创办轮船招商局，充督办。十三年（1874），襄办淮军营务。光绪六年（1880），创办中国电报局，任总办。十年（1884），署天津海关道。十二年（1886），补山东登莱青道。十八年（1892），调天津海关道。二十一年（1895），办理上海轮船招商局及机器纺织厂事务，奏设北洋大学堂、南洋公学。二十二年（1896），经理湖北铁厂，迁太常寺少卿，兼督办铁路大臣。二十三年（1897），调补大理寺少卿，创设南洋公学，任督办。二十六年（1900），补宗人府府丞，迁会办商务大臣。二十七年（1901），任命为商税事务大臣，加太子太保衔。二十八年（1902），授工部左侍郎，兼会办商约大臣。三十四年（1908），调邮传部右侍郎。宣统二年（1910），拜邮传部尚书。三年（1911），授邮传大臣。民国五年（1916），卒于沪。有《愚斋存稿》《盛宣怀未刊信稿》等存世。

② 台湾史料集成编辑委员会编：《明清台湾档案汇编》，第5辑，第91册，第104—108页，台北远流出版事业股份有限公司，2009。

## 九　奏请奖励总兵吴鸿源缘由片

光绪十一年五月十二日（1885 年 6 月 24 日）

再，前浙江温州镇总兵吴鸿源奉旨援台。该镇系久经休致之员，此次冒险渡台，毅然以逐虏保台为己任，力虽不逮，志实可嘉。该镇所部土勇四营，经臣铭传商请分守中路，联络民团，防御海口，颇资得力。惟目前军事已定，饷项支绌，台南、北土勇不下三十营，急应陆续裁撤，以节饷需。

除林朝栋、张李成两营土勇能战能守，兵将得力，仍留办防外，其余已经臣将台北土勇补发欠饷，陆续遣散。台南亦令陈鸣志于点验后，查明有无虚冒，立即裁撤。吴鸿源所部土勇是否一律裁撤之处，应俟请旨后，钦遵办理。

查吴鸿源自厦门率带一营，冒险赴援，不避艰危，设防办练，有裨地方，应恳天恩酌量加恩奖励，以示荣幸。是否有当？谨附片具陈。伏乞圣鉴，训示。谨奏。[①]

## 一〇　请奖道员邵友濂、龚照瑗缘由片

光绪十一年五月十二日（1885 年 6 月 24 日）

再，台湾孤悬海外，法人自恃船坚炮利，一意攻围。臣铭传于上年五月十三日由京起行，二十四日单骑驰抵基隆，猝临强敌。闽台军务废弛已久，以病疲乌合之师，当节制训练之寇，枪

① 台湾史料集成编辑委员会编：《明清台湾档案汇编》，第 5 辑，第 91 册，第 108—109 页，台北远流出版事业股份有限公司，2009。

炮器械，无一敌人，不啻驱疲羊以逐狡兔。若非圣主广施方略，南北洋暨粤、闽各疆臣力拯孤危，大局何堪设想！实由李鸿章、曾国荃、张之洞设法济援，不遗余力。惟当敌船环扰、危急路穷之际，运兵运械，送信兑银，非实心任事之员，谁敢冒围入险？溯自封口以来，至本年二月底，运济械饷，未失丝毫，自非承办各员顾全大局，筹划周详，安能及此？

查通信兑饷，以福建水师提督彭楚汉差弁次数最多。运兵运械，以南洋为最力；其次北洋运送毛瑟枪五千余杆、克虏伯过山炮十六尊，协饷二十余万；广东运送士乃得枪五百杆、大唧前门枪三千杆，协饷十余万，均当急需之际，立救危亡。三月以后，张之洞复委员陆续解饷十余万，运送后门枪三千杆，尤见始终如一。各疆臣公忠任事，力救孤危。在各大臣受恩深重，理宜竭力以分我皇太后、皇上宵旰之忧。臣等当兵单援绝，器乏饷穷，四顾重洋，决无生路，岂料蹉跎今日，尚在人间！追念危迫情形，不禁感激泣下。

朝廷论功行赏，自有权衡，非微臣等所敢擅请。惟上海道邵友濂、江苏候补道龚照瑗，当上年秋冬之际，济械运兵十余次，前死后继，百折不回，卒能将刘朝祜四营、聂士成两营并枪炮、水雷、电线等件，历艰险以达重围。且复忧念台危，代向南北洋、广东乞师援救，义愤忠情，来信皆言随泪下，不啻身在围中。

邵友濂与臣铭传只一面之交，尤为难得。彭楚汉身任提督，于饷事呼应不灵，独具忠悫，与福建藩司沈保靖[①]、前任厦门道

① 沈保靖（1827—1903），字仲维、品莲，号怡云，江苏江阴人。同治八年（1869），中式举人，旋选同知，督办上海机器局。九年（1870），保道员。同年，总理天津机器局事务，加按察使衔。十一年（1872），补江西广饶九南道。十二年（1873），授九江关监督。光绪四年（1878），署理江西按察使。五年（1879），补授江西臬司。七年（1881），擢福建布政使。同年，因案降三级调用。十二年（1886），交直隶总督李鸿章差委。十七年（1891），经李鸿章保以道员简放，旋不复出。二十九年（1903），卒。著有《读孟集说》《怡云堂集》《韩非子录要》等行世。

孙钦昂[①]、现署厦门道奎俊筹运接济，始终不渝，可谓实力实心，顾全大局。福建水师提督利勇巴图鲁彭楚汉官职较崇，应如何奖励之处，不敢擅请。邵友濂、龚照瑗曾经直督李鸿章请奖，部驳以龚照瑗并戴花翎、邵友濂一品封典，均核与定章不符，应令另行奏请等因。查该道等忠敢血诚，力全危局，其筹运出力，非寻常劳绩所同，实与战功无异，应恳天恩破格优奖。二品衔江苏苏松太道邵友濂，拟请赏给一品封典；二品衔江苏候补道龚照瑗，拟请赏戴花翎；均拟请赏给头品顶戴，用昭激劝，出自逾格鸿慈！

所有筹划协济之司道并冒险押运文武各员，谨择尤开单请奖。其余转运各员，俟咨请各省查明开单汇案请奖，方见有劳并录，同沐恩施，伏乞圣鉴。（谨奏）。[②]

【案】此片原件查无下落，无从校勘，待考。

## 一一　请拨兵商各轮船来台应用缘由片

光绪十一年五月十三日（1885 年 6 月 25 日）

再，台湾善后需款浩繁，台湾道刘璈曾禀请左宗棠由借洋款内拨银一百万两办理善后，经臣电乞总署请旨饬令左宗棠将刘璈

① 孙钦昂（1825—1896），字子定，号师竹，河南荥阳人。道光二十九年（1849），拔贡。咸丰五年（1855），中举。六年（1856），中式进士，选庶吉士。九年（1859），授翰林院编修。是年，回籍办团练，以功加五品衔，戴蓝翎。同治三年（1864），放广西学政。十三年（1874），充翰林院教习庶吉士。光绪元年（1875），授武英殿协修、纂修，历国史馆协修、纂修、功臣馆提调、实录馆提调。四年（1878），充福建乡试提调，换花翎，加二品衔。同年，补授福建兴泉永道。五年（1879），署理福建督粮。十一年（1885），以病归里。二十二年（1896），卒于籍。著有《映雪斋集》等。

② 台湾史料集成编辑委员会编：《明清台湾档案汇编》，第 5 辑，第 91 册，第 92—93 页，台北远流出版事业股份有限公司，2009。

所请百万拨归全台办理善后，想邀圣鉴。

惟善后以办防为第一要务，台湾面面皆海，臣等察看各口及往来通信，断非轮船不行。澎湖、基隆、沪尾三海口，均须长泊快兵船一只，将来修造炮台，运办各料，尤须装货船二只。沪尾尚存万年清轮船一只，费重行缓，年久无用，应请饬令南北洋分拨快船三只，福建船政速拨货船二只，到台备用。如蒙俞允，新拨兵商船到台之后，其饷项如何发给，请饬南北洋船政议奏定章，以便遵行。

光绪十一年五月二十六日，奉上谕：杨岳斌等奏，筹办台湾防务，澎湖、基隆、沪尾三海口均须长泊快兵船一只，修造炮台，运办各料，须装货船二只到台备用等语。台湾所需各船，能否照数拨往，着李鸿章、曾国荃、裴荫森奏明办理。至各船到台之后，饷项如何发给，并着妥议具奏。钦此。[①]

【案】此片之具奏日期，原文未确。据奉旨日期查“光绪十一年五月二十六日”《军机处随手登记档》[②] 朱批杨岳斌、刘铭传、孙开华折栏，则署有“报五百里，五月十二日发”等字样。据此，具奏日期当以“光绪十一年五月十二日”为是。兹据校正。

## 一二　奏报官商通同作弊撤任查办缘由折

### 光绪十一年五月十三日（1885年6月25日）

头品顶戴督办台湾防务福建巡抚一等男臣刘铭传跪奏，为奸

① 台湾史料集成编辑委员会编：《明清台湾档案汇编》，第5辑，第91册，第212—213页，台北远流出版事业股份有限公司，2009。

② 中国第一历史档案馆藏：《军机处随手登记档》，档案编号：03-0246-2-1211-143.

商吞匿厘金，道员通同作弊，先行撤任查办，委员署理，恭折仰祈圣鉴事。

窃查台湾厘税以进口洋药为大宗，自前台澎湖道张梦元于光绪六年招商包办，刘璈抵任后仍令商人包办。上年系归董事陈郁堂包办，自九月后，遂以封口为名，照常征收，丝毫不解。至今春三月，经前贵州藩司沈应奎由粮台委员查出中路鹿港等口隐匿厘金四万六千余两，禀请查究，该商始知事露，亦报称台南征收一万五千余两，聊为饰辩，其蓄隐匿侵吞已可想见，叠经臣札提陈郁堂来辕讯究，竟敢抗延不到。

台湾道刘璈有督办税厘之责，当上年秋冬饷项万分支绌之时，宜如何筹画接济，顾持危局，乃任该商吞匿巨款至六万余两之多，事前既不查察，事后又不追究。台饷支绌，上劳圣主宵旰忧勤，各疆臣接济不遗余力，刘璈身在局中，何以膜视！上年十一月底，禀报台南饷项告竭，立有溃散之虞，截留台北协饷五万两，置此巨款于不问。本年三月底，该道会同沈应奎禀请，以全台洋药厘金每年加征十万元，仍由陈郁堂包办。臣批以该商前因侵吞隐射情弊，业经札提来辕，应候讯办确实，再行核议。该道置之不理，于四月初一日详折加征，仍由该商承办。臣迭次访查洋药、茶脑厘金各项，均有不实不尽之处。税务为饷糈所关，岂容丝毫侵蚀！该道于奉批后，犹复具详为商人回护，显系通同作弊，已由臣檄令撤任，听候查办。

所遗台澎道员缺，应即委员署理。龚照瑗正在结算制造局并上海购买军械账目，交代未清，一时尚难到台。查有江苏候补道陈鸣志，精练明达，熟悉营务，持躬廉洁，守正不阿，堪以署理。现经臣饬令陈鸣志将所部恪靖土勇两营交该军营务处候选知州贺培荣带赴彰化，妥为遣撤，该道即赴台南接署道篆，一面确提奸商陈郁堂到案，研讯有无通同作弊情形。

除将刘璈贪污狡诈、不受节制、劣迹多端、声名狼藉另行专折奏参外，所有道员先行撤任、委员署理各缘由，谨恭折由驿驰陈。伏乞皇太后、皇上圣鉴，训示。谨奏。光绪十一年五月十三日①。

光绪十一年五月二十六日，军机大臣奉旨：刘璈着即撤任，听候查办，余依议，该部知道。钦此。②

【案】此折之具奏日期，原文以朱批日期为之，未确。据朱批日期查“光绪十一年五月二十六日”《军机处随手登记档》③朱批刘铭传折栏，则署有“报五百里，五月十三日发”等字样。据此，具奏日期当以“光绪十一年五月十三日”为是。兹据校正。

## 一三　奏请动用捐输抚恤基隆居民缘由片

光绪十一年五月十三日（1885年6月25日）

再，叠次投降安南人二十八名、法兵十二名、兵酋三名，内有德国人九名、荷兰人二名、法人四名。除法人不能回国外，其余经臣派归各营教操，将来如有愿回本国者，再行给资遣送。安南人业已全行资遣回国。

惟查基隆地方自法人占据之后，周围不出五里，所有乡镇民房并基隆厅衙署多被焚拆，所余无几，田地亦皆荒芜，且有拒敌被害者。现大局已定，全台安然无恙，基隆一隅独遭兵祸，居民

① 此具奏日期据《军机处随手登记档》（档案编号：03-0246-2-1211-143）校补。

② 台湾史料集成编辑委员会编：《明清台湾档案汇编》，第5辑，第91册，第200—201页，台北远流出版事业股份有限公司，2009。

③ 中国第一历史档案馆藏：《军机处随手登记档》，档案编号：03-0246-2-1211-143.

颠沛流离，情殊可悯，拟恳天恩稍加抚恤，以广皇仁。如蒙俞允，即由淡水捐输项下拨款动用，将来归入地方善后一并报销。谨附片具陈。伏乞圣鉴。谨奏。

光绪十一年五月二十六日，军机大臣奉旨：着照所请，该部知道。钦此。[①]

【案】此片之具奏日期，原文以朱批日期为之，未确。据朱批日期查“光绪十一年五月二十六日”《军机处随手登记档》[②] 朱批刘铭传折栏，则署有“报五百里，五月十三日发”等字样。据此，具奏日期当以“光绪十一年五月十三日”为是。兹据校正。

## 一四　请准陶济福等员留台差遣缘由片

光绪十一年五月十三日（1885 年 6 月 25 日）

再，台湾烟瘴风湿之地，臣随带文武员弁不服水土，每多抱病，乞假内渡调养，所有军务、防务，在在需人差遣，查有请告在籍之内阁中书陶济福、户部学习郎中刘大镛，熟悉公事，经臣招致前来，已于二月初先后冒险到台。合无仰恳天恩，俯准留台差遣，以资臂助。谨附片具陈。伏乞圣鉴。谨奏。[③]

光绪十一年五月二十六日，堂谕封存。六月初三日，归箍。[④]

【案】此奏片之具奏日期，原件目录仅署“光绪十一年”，未确。据

① 台湾史料集成编辑委员会编：《明清台湾档案汇编》，第 5 辑，第 91 册，第 202 页，台北远流出版事业股份有限公司，2009。

② 中国第一历史档案馆藏：《军机处随手登记档》，档案编号：03-0246-2-1211-143.

③ 中国第一历史档案馆藏：《军机录副》，档案编号：03-5204-012.

④ 此朱批日期与内容据《军机处随手登记档》（档案编号：03-0246-2-1211-143）校补。

《军机处随手登记档》①，逐日查至光绪十一年五月二十六日朱批刘铭传折栏，则署有“报五百里，五月十三日发”等字样。据此，此奏片之具奏日期当为“光绪十一年五月十三日”无疑。兹据校正。

## 一五　请将宜兰令王家驹革职缘由片

光绪十一年五月十三日（1885年6月25日）

再，台湾饷项支绌，曾奉特旨捐借，以济危军。臣当饬道、府、厅、县妥为劝办，不得勒索苛派，以失人心。据宜兰县殷户周家芳禀称，县令王家驹派令捐洋八千元，周家芳自愿捐募土勇二百人，带赴基隆助剿，自备口粮四个月，需饷银六千元外，复认补缴捐洋二千元。即按该县原派之捐，亦无不合。宜兰县知县王家驹不问助剿勇费，仍勒令捐缴洋八千元。迭据周家芳禀控，以伊兄周家祥被该县拘押并有纵差凌辱等情，当经臣批令该县将周家祥开释，仍令补缴二千元，以归原派之捐。该县始则不禀复，继谓周家芳募勇助防基隆，越桑梓之乡，舍近图远，请撤去所募勇丁，照补捐款。周家祥依旧管押，抗不释放。

查本年正月底，正基隆法人猖獗之时，周家芳不避艰险，自备饷需，率勇助剿，认扎前敌，可谓勇敢急公。该令独肆摧残，殊难索解。经臣饬委访查，据称周家祥在押，尚无纵凌情事。惟该县办捐所派本地贡生杨德英帮同办理，诸多不公，各捐户或因徇情而减，或因私贿而除，并未一律照章办理。

查宜兰县王家驹奉办捐事，宜如何劝谕乐输，乃听任劣绅任意增减，且据委员访查，该令谓周家芳捐勇助剿基隆，非剿宜兰

① 中国第一历史档案馆藏：《军机处随手登记档》，档案编号：03-0246-2-1211-143。

本县，所捐勇饷不准抵销，仍令勒缴八千元之款，奉批后仍行抗押周家祥不放，实系刚愎任情，意图苛勒，应请旨将宜兰县知县王家驹即行革职，以肃官方。

光绪十一年五月二十六日[1]，军机大臣奉旨：王家驹着即行革职，该部知道。钦此。[2]

【案】此片原件查无下落，无从校勘，待考。

## 一六 查明澎湖失事文武员弁下落请旨惩处折

光绪十一年五月二十四日（1885 年 7 月 6 日）

钦差大臣督办福建军务太子太保军机大臣大学士二等恪靖侯臣左宗棠、督办福建军务福州将军奴才穆图善、督办军务头品顶戴闽浙总督臣兼署福建巡抚臣杨昌濬、帮办福建军务太子少保前陕甘总督臣杨岳斌、头品顶戴督办台湾防务福建巡抚一等男臣刘铭传、革职暂缓交卸福建巡抚臣张兆栋跪奏[3]，为查明澎湖失事文武员弁下落实在情形，并请旨分别惩处以肃军律事。

窃法船攻据澎湖，经臣等两次电奏，并附片陈明在案。维时文报不通，传闻难信，当饬该管道府查明实情并文武各员下落去后。旋准水师提臣彭楚汉咨报：据澎湖副将周善初、通判郑膺杰禀称：二月十二日，法五船进泊乌坎洋面，当饬各营严备。十三日黎明，两舰由西屿直攻妈宫，一舰中炮退去，续添三舰攻新城

---

① 此奉旨日期据《军机处随手登记档》（档案编号：03-0246-2-1211-143）校补。

② 台湾史料集成编辑委员会编：《明清台湾档案汇编》，第 5 辑，第 91 册，第 116—117 页，台北远流出版事业股份有限公司，2009。

③ 此前衔据《军机处随手登记档》（档案编号：03-0246-2-1211-160）推补。

炮台。营官梁璟夫力御两时许，台渐轰坏。法放舢板，图占新城及金龟头。周善初督率德义后营管带梁岳英扎炮台后之深沟，压岸抵御。舢板驶回。敌复以三舰攻四角山、蛇山，四舰攻金龟头外之露天园炮台。台基受敌炮，亦被轰塌。周善初复调德义中营管带关镇岳、绥靖前营管带冯楚燊、绥靖副中营管带陈得胜，分扼校场、乌坎山、观音亭等处，郑膺杰仍督水师协同德义后营帮带刘灿莹由红毛城抄击，相持竟日，互有伤亡。是晚初更，法船迭用大炮对轰，我军蛇伏避锐，彼即放舢板十余号，漫海而来。梁岳英、冯楚燊、梁璟夫各督炮勇，登时轰塌炮台，击沉舢板一号，鏖战良久，法船复施放各样炮弹，天明始息。周善初仍督同梁岳英等扼据深沟，郑膺杰分扼妈宫街后及红毛城。十四日早，法三船猛攻四角山、蛇山，土台旋即坍塌。两山既失，小按山遂不能守。周善初等督率各军扼守金龟头、新城后一带，与法军力战一昼夜。是日卯刻，敌益猛攻新城、金龟头，各台旋被轰毁，即放舢板十余号肉薄来攻，当经梁岳英击退，毙逆无算，并击焚一舢板。该逆乃分布四舰，二舰直进妈宫港内，二舰泊观音亭港口，三面夹攻。各军势不能支，退扎厅署东之东卫山。该逆又以莳里无台炮，于十三日分调舢板，装兵约四五百人，乘夜来袭，经陈得胜设伏击退，伤毙数十名。十四日，法两舰驶进珠母水，复用舢板装兵七八百人，意图上岸，复经陈得胜、关镇岳分道攻剿，梁岳英复派帮带刘灿莹驰由上路夹击，自辰至午，法逆阵亡百余名，败回原船。我军退至海岸，被法舰轰毙六名，带伤二十余名。此十三、十四两昼夜妈宫、莳里、珠母水等处获胜之实在情形也。

十五日辰刻，法大舰泊珠母水等处，分四路登岸。陈得胜时扎大城山，当率所部由中路迎敌。周善初亲率绥靖后营帮带单锦春、参将陈尚志并冯楚燊全队，由大城山进发；梁岳英、关镇岳一由东卫迎剿，一由大城山西冲出。无如敌械精良，弹密如雨，大城山四面平坦，敌以各种火器横冲直击，所向披靡。关镇岳愤甚，率哨长朱朝安、苏德，奋勇直进，击毙法逆多名，朱朝安、苏德力战阵亡，关镇岳腿受重伤，陈得胜左腕、右腿亦受弹伤。梁岳英驰突枪弹中，奋不顾身，枪毙法酋一人。帮带刘灿莹督队在后，跣户直蹬，甚为勇敢。是时梁璟夫部勇由西溪进攻，周善初见敌势凶悍，急挥军摧其中坚，郑膺杰督各军由湖南抄出，右营都司郑渔、举人郭鹗翔等分带果毅军及团练由湖西港底抄出，血战四时，以军火用罄收队回营。计阵亡员弁勇丁三百余名，带伤近四百名。法逆乘胜调九舰进据乌坎、双头跨各岗，修立土垒，安配大炮，对大城山、东卫山各营轰击，飞弹雨堕，戴石等处粮台、军装各局亦难存立，诸将以死伤过多商请退驻北山之中墩。此十五日与该逆大队鏖战、力竭退守中墩之实在情形也。

旋据台湾道刘璈禀称：准澎湖副将周善初移开：退中墩后，即于十七、十八等日会同澎湖厅暨营官、士绅详勘各澳，粮路不通，四面受敌，尤甚于妈宫、大城山，难以驻守，只得退保湾贝，藉固内地等情。又据署兴泉永道奎俊派员前赴澎湖密查各员行踪，据称副将周善初、通判郑膺杰、营官梁璟夫等现均在东湾恩地方。核与该协、厅禀报相符。此澎湖协、厅先退中墩、后退湾贝之实在情形也。

伏查澎湖诸岛，外蔽全台，内固金、厦，历来视为险要。然其地不产五谷，不生草木，薪、米须取给于外。且仅协署一井，淡水亦复无多，故平日不能屯聚大兵，设为重镇。自中外通商，西人以兵轮往来海洋，如履坦途，局势大变。该岛悬隔海中，地形散漫，非有坚船巨炮，战守两难，实不足以自保。而自敌人得之，则足以塞援台之路，而为水师停船之区，其势又在所必争也。上年津约中变，该副将等禀请军械，迭经前督臣等批饬台道就近筹给。惟巨炮一宗，自马江战后，各国藉词公法，无由购运。此次法人以大队兵舰分途扑犯，外无船舰可援，内无山险可恃，该副将等穷岛孤军，尚能相持数昼夜，毙敌军不少，并炮中法船数弹，使非炮小力薄，必收破敌之功，力尽智竭，退守湾贝，似与怯战逃窜者微有不同。澎湖向无城廓，协、厅衙署逼近海滨，无可扼守，亦与平时失守城池者有间。

惟该员等有领兵之责、民社之寄，情虽可谅，咎实难辞，相应请旨将该副将周善初、通判郑膺杰一并革职，发往军台效力。候补通判梁岳英、澎湖右营都司郑渔、台湾镇标中营守备冯楚燊，臣岳斌在台曾派探回报，并据难民、溃勇传说队伍不齐，致兵勇未能得力，应请旨将梁岳英、郑渔、冯楚燊交部严加议处。候补同知关镇岳、尽先副将陈得胜均经带伤，候补守备梁璟夫管带炮勇三百名，守四角山、观音亭、蛇山、龟山各台，兵分力单，台毁始去，尚非退缩可比。以上三员，可否免议？出自圣裁。

臣等海洋遥隔，势力所限，先事无从豫筹，变故猝乘，临时不及援救，曷胜愧悚！亦应请旨将臣等交部议处。现在和局已定，基隆法兵已退，澎湖不日可以归还。一切善后事宜，臣等当悉心筹商，期臻妥善。

除阵亡弁勇俟再行查确实，另行开单奏请赐恤外[1]，所有澎湖失事并查明文武下落各缘由，谨合词恭折由驿驰奏。伏乞皇太后、皇上圣鉴，训示，施行。再，此折系臣昌濬主稿，合并声

---

① 此“外”系推补。

明。谨奏。[①] 光绪十一年五月二十四日[②]。

光绪十一年六月十四日，军机大臣奉旨：另有旨◆1。钦此。[③]

【案】此折之具奏日期，原文以朱批日期为之，未确。兹据朱批日期查《军机处随手登记档》[④] 朱批左宗棠、穆图善、杨岳斌、杨昌濬、刘铭传、张兆栋折栏，署有“报五百里，五月二十四日发”等字样。据此，此奏当为“光绪十一年五月二十四日”无疑，兹据校正。

【案】此折旋于是年六月十六日得清廷批示，《清实录》载曰：

癸未，谕军机大臣等：左宗棠等奏，查明澎湖失事员弁，请旨分别惩处一折。此次澎湖失事，该处文武员弁未能竭力固守，致被法兵攻陷，实属咎无可辞。据奏该处向无城郭，与失守城池者有间。虽系实情，惟所拟分别惩处尚觉过轻。副将周善初、通判郑膺杰均着革职，发往黑龙江效力赎罪。通判梁岳英、都司郑渔、守备冯楚燊均着革职，发往军台效力赎罪。同知关镇岳、副将陈得胜、守备梁璟夫均着交部议处。杨昌濬、刘铭传均有地方之责，惟刘铭传困守台北，鞭长莫及，自应稍予区别。杨昌濬着交部严加议处，刘铭传着交部议处。左宗棠、穆图善办理该省军务未能援应，均着交部察议。杨岳斌于澎湖失事之时，先经催令渡台，自难兼顾，所请议处，着加恩宽免。现在法兵业已退出澎湖，防务亟应实力整顿，着左宗棠、穆图善、杨昌濬、刘铭传迅即饬派将弁前往驻扎，并慎选地方官，将善后事宜悉心布置。所需轮船策应，着即咨商曾国荃，将南、琛等三船调赴该处，认真操练，听候调遣。闽口捞获之船械等件，应如何修整拨用，并着左宗棠等查明，迅速具奏。将此由五百里各谕令知之。[⑤]

---

① （清）左宗棠著：《左宗棠全集·奏稿》，第537—540页，岳麓书社，1996。

② 此具奏日期据《军机处随手登记档》（档案编号：03-0246-2-1211-160）校补。

③ 此奉旨日期与内容，据《军机处随手登记档》（档案编号：03-0246-2-1211-160）校补。

④ 中国第一历史档案馆藏：《军机处随手登记档》，档案编号：03-0246-2-1211-160.

⑤ 中华书局影印：《清实录·德宗景皇帝实录（三）》，卷二百十，光绪十一年六月下，第964页，中华书局，1987。

## 一七 奏参道员刘璈贪污狡诈情形折

### 光绪十一年五月二十六日（1885年7月8日）

头品顶戴督办台湾防务福建巡抚一等男臣刘铭传跪奏，为道员贪污狡诈，不受节制，劣迹多端，声名狼藉，谨胪列各款并掣肘台北情形，据实奏参，恭折仰祈圣鉴事。

窃臣于本月十三日将奸商吞匿厘金，道员通同作弊，业经撤任奏报在案。查台澎道刘璈到任以来，全台军务、饷务均归一手把持。该道既为台、澎总理营务处，又为统领，宜如何悉心整顿，讲求操防。台南军务自已故两江督臣沈葆桢渡台后，始行讲求设防练兵。刘璈到任数年，不但台北、澎湖毫无布置，即台南安平、旗后两口，除沈葆桢前筑炮台外，并未添一炮台、筑一坚垒，每年虚糜巨款，未购精利一枪一炮，所有各军俱不操练，提截旷以掩虚冒，以致各营空额日多，是防务、营务自刘璈废弛也。

全台盐务经前任台澎道夏献纶[①]极力整顿，每年除盐本、津贴运费外，尚得洋银十七八万元。自刘璈抵任后，任用私人、朋比为奸，现每年仅收十二三万元。是盐务自刘璈败坏也。

全台洋药并茶脑厘金，自前任台澎道张梦元议归商人包办，张梦元清廉素著，一尘不染。刘璈抵任后，访闻每年除正税外，

---

① 夏献纶（1837—1879），字黼臣，号筱涛、小涛，江西新建人，监生。咸丰六年（1856），捐主事，充兵部行走，兼兵部职方司主事。七年（1857），丁父忧，回籍终制。十年（1860），丁母忧。十一年（1861），赴浙江军营效力。同治三年（1864），加道衔。四年（1865），保知府，赏戴花翎。五年（1866），保升道员，旋署福建汀漳龙道，兼总理营务。同年，署福建盐法道。六年（1867），署福建布政使。七年（1868），晋按察使衔。九年（1870），兼理船政，加布政使衔。十一年（1872），署理福建台湾道。光绪元年（1875），补授福建台湾道兼按察使衔。同年，兼提督台湾学政。五年（1879），卒于任。著有《台湾舆图》行世。

洋药厘金该道私得洋银三万元，茶脑私得洋银一万元。厘金自刘璈作弊也。

台北煤务，自开办以来，即不得人，固有亏折，闻从前每年每月动用经费银四五千两。自刘璈接办后，每月即用经费银六千两，嗣又增至八千两。是煤务自刘璈接办，漏卮愈大也。

刘璈身任地方，有察吏安民之责。访闻全台，候补谋差人员须视财帛之重轻，以定差缺之优劣。如财帛之交最厚者优差之，后继以优缺，上下其手，惟利是图，无暇计及政事，以致地方命盗各案件日积月累，从未获一正凶。是吏治自刘璈疲滥也。

臣渡台之后，即闻该道声名狼藉。据前署嘉义县知县张星锷揭禀：该道自抵任后，每年侵吞搜剔，中饱银五十万两。臣逐款访查，除粮台归该道督办，自用自销，无从稽查外，所有营务、盐务、厘金、煤务四项，每年中饱银约二十余万两，虽未尽得其实，闽、台人人皆知。前任闽浙督臣何璟亦屡派专员渡台访查，刘璈所有劣迹，逢人辄告，而瞻徇隐忍，不肯直发其奸。该道觉有所恃，愈形跋扈，遇事独行独断，毫无忌惮。与何璟文牍往来，所有龃龉之词，刊刻成书，以形其短，散布各省。

臣到台一年，该道于全台事务如募勇、制造、动用公款以及地方委差委缺，从未请示候批。凡经臣批驳之件，置之不理。该道曾于上年九月底自行发折奏事，并奏该道系奉旨办理台南防务，言外不归节制。据报缮折呈递，不知曾否上邀圣览。其折稿已刊刻，散布全台，详报本省并南、北洋、广东。

查上年八月十三日基隆退守之后，台北兵饷支绌，该道不独丝毫不肯接济，忽于八月二十日咨行署提臣孙开华、曹志忠等，所在台北十二营，俱自六月十六日起加足夫价一百九十二名，当经臣商将孙开华三营自七月初一日起支，其余均自八月初一日起支。该道明知台北无饷，意在诱协各营速溃，其时幸得沪尾关报解税银五万余两，复由台北库搜查积存各款银十余万两，得以支持危局。十月初，仰蒙圣主轸念台危，严饬各省接济，兵械、饷项源源而来。

九、十月间，法虽封口，并不严查。该道见台北饷械尚能转运，于十一月初照会英领，谓封口废弛。十月底，该道详报派捐全台二百万，并未分饬各县举办，即报自十一月初十日开收军火，亦经设法运购，台防兵饷足恃，详请左宗棠、杨昌濬与臣分别奏咨，以慰宸廑，欲懈朝廷急切援台之心，并阻各省接济饷械之路。全台捐输，该道至今未办，狡计奸谋，掣肘大局，种种险恶，不能殚述。

据江苏候补道陈鸣志面称：上年腊月底，奉督臣杨昌濬委赴台湾府查存库款，据呈清折，道府两库结自上年六月起至十一月止，旧存、新收共银一百零九万两，尚有提存兵饷、截旷并购存稻谷三项银二十余万。除沪尾关税、台北厘金、盐课项下由台北提用，剔除十二万，拨解台北饷银七万两，另由该道提存彰化、嘉义十五万。统计六月至十一月，台南尚有一百万两，及至十一月底，即报台南饷项告竭，立有溃裂之虞。如果无饷，其冒滥何可胜言！如果有饷，借口截留台北协饷，其心更不可问。查台北自上年六月初一日起至本年五月底止，统计兵饷、赏号、杂款并补发各营欠饷，一年之久，共计用款尚不及百万，台南据报各营饷项四十五日一关，何以六个月即用百余万之多？该道多设支应局自用自销，或以少报多，或借名开支，其中不无浮冒，应即逐款核对，以杜侵吞。

臣于刘璈撤任之后，即委江苏候补知县鲁伯阳前往，会同道、府将台南支应局并盐务、煤务、厘金各项账目案牍分别查封，听候核算。惟查刘璈贪赃枉法，侵吞巨款，掣肘军务，不受节制，案情重大，应请旨将台澎道刘璈先行革职，并请特派清正大员渡台逐款查办，以正纪纲而儆奸贪。

所有该道劣迹多端，不可枚举，谨将访查营务、盐务、厘金、煤务数大端胪列开单，恭折具参。再，刘璈台澎道衙门内并湖南原籍家产应否先行查封？合并陈明。伏乞皇太后、皇上圣鉴，训示。谨奏。光绪十一年五月二十六日。①

【案】光绪十一年六月十三日，清廷颁布两道廷寄，将刘璈革职查办，曰：

军机大臣密寄：福建巡抚刘铭传：光绪十一年六月十三日，奉上谕：据刘铭传奏，台湾道刘璈贪污狡诈，劣迹多端，开单列款，请革职查办一折。刘璈着革职拿问，交刘铭传派员妥为看守，听候钦派大臣到闽查办。所有该革员任所资财，着该抚遴派廉干委员，严密查抄，毋任寄顿隐匿。另片奏，台湾道缺暂留陈鸣志署理，期挽积习等语。着依议行。将此由五百里密谕知之。钦此。遵旨寄信前来。

军机大臣密寄：湖南巡抚卞宝第：光绪十一年六月十三日，奉上谕：据刘铭传奏，台湾道刘璈贪污狡诈，劣迹多端，开单列款，请革职查办一折。本日已有旨将刘璈革职拿问，着卞宝第遴派廉干委员，将该革员原籍资财严密查抄，毋任寄顿隐匿，并将抄出财产开列清单，据实具奏。将此由五百里密谕知之。钦此。遵旨寄信前来。②

【案】光绪十一年七月十一日，湖南巡抚卞宝第奏报查抄革道刘璈财产情形，曰：

头品顶戴湖南巡抚臣卞宝第跪奏，为遵旨查抄道员财产，恭折覆

① 台湾史料集成编辑委员会编：《明清台湾档案汇编》，第5辑，第91册，第204—208页，台北远流出版事业股份有限公司，2009。

② 中国第一历史档案馆编：《光绪宣统两朝上谕档》，第11册，第138页，广西师范大学出版社，1996。又，中华书局影印：《清实录·德宗景皇帝实录（三）》，卷二百九，光绪十一年六月上，第962页，中华书局，1987。

奏，仰祈圣鉴事。

窃臣于六月二十五日承准军机大臣密寄：光绪十一年六月十三日，奉上谕：刘铭传奏，台湾道刘璈贪污狡诈，不受节制，劣迹多端，声名狼藉一折。本日已有旨将刘璈革职拿问，着卞宝第遴派廉干委员，将该革员原籍资产严密查抄，毋任寄顿隐匿，并将抄出财产开列清单，据实具奏。将此由五百里密谕知之。钦此。

臣遵即遴派素称廉谨之岳州府知府文镛，不动声色，密至刘璈住居处所，带同署临湘县知县陆承亨、该汛把总安德龄，查得刘璈住屋一所，共六十八间。家中只有刘璈庶母李氏、次媳葛氏及葛氏之幼子三人。其长子刘浤、次子刘济南、三子刘溜及其余眷属均在任所。随于各房、各院详细搜查，共抄得大小木箱、皮箱计四十七只，内装男女衣服共四百余件、细布四十六匹、零星服饰二百余件外，磁、锡、木器、杂物一千一百余件，契纸四百余张，核价一万数百千，现钱一百四十余千，稻谷四百余石，食米二十余石。当将箱只按号加封，并各项器具、钱、谷等物连房屋一并封固，派役看守；契纸交该县带回存库。传讯邻右生员葛鼎新、户族职员刘笛音、管账人职员李秀文，佥供并无隐匿、寄顿情弊，取具甘结附卷，由该府将抄存房产、衣物各件开具清单，并将房屋绘图呈赍前来。

除清单、房图封送军机处备查外，所有遵旨查抄刘璈原籍家产缘由，理合恭折由驿覆奏。伏乞皇太后、皇上圣鉴。谨奏。七月十一日。

光绪十一年七月二十七日，军机大臣奉旨：知道了。着将所抄该革员家产严密封存，派员妥为看守，俟定案时再降谕旨。钦此。①

① 中国第一历史档案馆藏：《军机录副》，档案编号：03-7388-016. 又，台湾史料集成编辑委员会编：《明清台湾档案汇编》，第5辑，第92册，第382—383页，台北远流出版事业股份有限公司，2009。

## 一八　呈访查台澎道刘璈贪劣各款清单

光绪十一年五月二十六日（1885年7月8日）

谨将访查台澎道刘璈贪劣各款缮具清单，恭呈御览。

一、访查台南三十营湘军，每月饷银由管带、帮带各具印领，要写二千九百四十余两，除例少勇一百名缴归刘璈外，另扣空额截旷银两，多少不一。每营定章长夫一百九十二名，照数请领后，须缴还夫价银三百八十两，内有管带、帮带，如副将姚秀芳等，每月由刘璈酌给薪水数十两，兵饷由刘璈账房给发。所有公费、夫价、空额均归刘璈，名曰包营。

一、访查台南镇海等营，自光绪七年起至十年底止，每勇月提存饷银二两。台湾烟瘴之地，疫疠时作，凡勇丁病故者，所提存饷概不给发。即有家属来领，又以箕斗不对，年貌不符，留难不发。凡告假者分文不发，勇丁每有弃饷逃走，各营人数空额概不令补，空饷提为截旷。如各营添补一勇，虽隔数百里，皆须至道署验看箕斗，许多留难。嗣后各营空额俱不添补，上年五、六月间，竟有空勇三百余名者，秋冬始由江南招募一千余人，添补间空额尚多。

一、台南三十营管带、帮带多系刘璈亲戚、门生之类，如镇海后营系其第二妾舅李德福管带，冒充都司，实系把总；岳后营系妾舅李立纲管带，亏欠公款，改归游击黄瑞清管带，代为弥补，并送李立纲洋银五百两，另提空额十余名归刘璈内账房，作为道署用人工价。提督高登玉派充分统，自带两营，岳右营饷项归高登玉领发，岳营由高登玉领饷，交归刘璈给发，所有营官薪水、公费、夫价均归刘璈入私。

一、访查新募仁、义、礼、智、信五营土勇营官，内有本地富绅林文钦、吴朝阳，皆系刘璈门生。正、副哨官俱系岳州临湘人，并无功名，多系刘璈亲戚。副将张福胜、张兆连各进女一名，俱委统领。并闻已革嘉义营守备蒋复胜幼女被刘璈诱入衙内逼奸，蒋复胜羞愤成疾，未久病故。

一、访查台南水勇多系佐杂管带，名曰调济，每百名只二三十人屯军，每百名只三四十人有鱼团费、有团练费。自十年四月起，凡百姓家有千金者，月捐洋四圆，怨声载道。

一、访查十年正月，刘璈劄委次子刘济南为行营营务处，赴湖南岳州招募岳军等营，由招商局代雇广利等船装兵渡台，每勇船价水脚，闻用洋八九圆，刘璈捏报用洋十三四圆，招商局有账可稽，并浮开口粮等项，共虚冒银万余两。

一、访查全台盐务，自前任台澎道夏献纶整顿以后，每年销盐三十六七万，共得价洋银四十余万圆，除津贴运费、成本外，尚得十七八万圆。自刘璈抵任后，每年仅得十二三万圆，其总局弊端不得而知。全台差使以盐务为最优，刘璈每局添派帮办一名，每盐百斤抽提一斤，刘璈入私，从前正办、帮办俱用亲戚、本家、妾父、妾舅之类，后经前督臣何璟查出，逐名开单驱逐，有案可稽。刘璈始将正办改委本省候补人员，帮办仍用私人，凡盐局委员出息一千两者，提出四成分于帮办。有亲戚文案挂名帮办者，有到局帮办者，闻各帮办由刘璈酌给薪水，所提四成均归刘璈私收。刘璈妾舅李德福既已管带镇海后营，又兼办凤山盐务。总馆委员刘伯卿系刘璈侄孙，又兼濑北场委员。麦寮盐馆委员杨玉臣系刘璈妻侄，盐水港盐馆委员龚若成系刘璈姻侄。梧棲盐馆委员孟秀山系刘璈第五妾之父，已回甘肃中卫县，该馆课银归刘璈代为收解。大甲盐馆委员林锵由福州买女进献，特委优差。鹿港盐馆帮办委员丁少杜、濑南场委员李顺卿，俱系刘璈亲戚。脯仔脚监馆委员江道成系刘璈第四妾之兄，又兼岳右营帮带。文案王秋澄兼管阿公店盐馆，另属人顶名。府城西门外新街盐馆、府城内岭后街盐馆，均系刘璈自办。

一、访查基隆煤务，自光绪七年以前，归现任澎湖厅郑膺杰总办，每月动用经费银四五千两，均归台湾道批发，如卖煤敷用，即不请领经费。自刘璈到任后，于八年更易新章，凡卖煤价银俱缴归刘璈衙门，按月发经费银六千两，后又增至八千两。煤务本有外国煤师，刘璈恐其走漏风声，托言薪水太大，禀请裁撤，另派煤务学生张金生为煤师，节省经费。复又加添委员、司事二十余名，半系刘璈私人，较前经费更多。据煤务司事工头等面称：历年挖煤约略数目，每日至少挖煤三千石，统计一月可挖煤九万石。上等为官炭，中等为总炭，下等为粉炭，一月可挖煤九万石，官、总、粉各三万石。官炭归船政收用，每百石价洋二十四圆；总炭就地卖于洋商或本国商人，每百石价洋十六圆；粉炭每百石价洋三圆。核计一月可卖煤价一万二千余圆。据查煤务每月用账，薪水、工价、杂支共需银七千两。刘璈折开每月动用经费八千两，不知所卖煤价收归何处。查基隆附近民矿挖煤，由煤务委员收买，官炭每百石价洋十六圆，总炭价洋十二圆，该委员转卖船政，商人于中取利。此系委员作弊。至刘璈如何侵吞，须俟调到善后局刘璈历年报销，并提杨崇铨、郑膺杰讯究，方能水落石出。臣于上年六月曾委拣选知县汪望赓提查煤务出入细账，杨崇铨匿不肯交，仅提到该局之月报大略，即就所呈账目核计，煤务亦无亏折。

一、访查台北洋药厘金，由前任台澎道张梦元于光绪六年议归商人薛树华包办，彼时每箱洋药仅收厘银六十圆，薛树华每年认缴七二番银五万圆。七年刘璈到任，更改新章，每大土一箱改征银九十六两，小土一箱改征银八十两，仍归薛树华包办，八个月认缴六八重番银一十四万圆，另缴一万圆归刘璈私收。台南系商人王青云、陈悦周等包办，每年除缴正课六八番洋二十三万圆，另缴洋银二万圆归刘璈私收。查台北市间，向用七二重番银，张梦元任内收厘缴课俱以七二番银缴纳。刘璈接办，即改收六八重番银，只就台北薛树华包办八个月而论，短征银五千六百两。台南向用六八重番银，不在此内。

一、访查台北茶脑、船货厘金，于光绪八年三月经刘璈议招董事卫伊才、张庆云等包办，全年认缴六八番银十三万零五十四圆，另缴番银一万圆归刘璈私收。九年系归陈鲁齐、陈同恩等包办，十年系归付政、郑邵包办。本年二月尚未开口，即经刘璈另招本包洋药厘金商人陈郁堂等加价包办，全年认缴六八番银十三万七千圆，闻另缴洋一万五千圆归刘璈私收。查台北从前官办征收茶厘，向照市间行用七二重番银完纳，刘璈议归商办，遂改以六八重番银缴课，计每年短征银五千二百两。现在征收茶厘，概收七二重番银，可以为证。①

## 一九　奏请开去巡抚本缺专办台防缘由折

光绪十一年六月初五日（1885 年 7 月 16 日）

头品顶戴督办台湾防务福建巡抚一等男臣刘铭传跪奏，为微

① 台湾史料集成编辑委员会编：《明清台湾档案汇编》，第 5 辑，第 91 册，第 208—212 页，台北远流出版事业股份有限公司，2009。

臣目疾沉重，闽事、台防力难兼顾，恳恩准开福建巡抚本缺，专办台湾事务，恭折仰祈圣鉴事。

窃臣渥承恩命，督办台湾事务，旋授福建巡抚，受命于台事危迫之际，未遑陈情于圣主之前。臣一介武夫，不谙吏治，持兵台岛，未立寸功，仰蒙皇太后、皇上破格恩施，畀以封疆重任，凡属所能为，敢不殚竭血诚，力图报称！惟外察势事，内顾才力，有不得不沥披于君父之前者。

伏念台湾为东南七省门户，各国无不垂涎，每有衅端，咸思吞噬。目下大局虽定，而前车可鉴，后患方殷，亟当除弊兴利，所有设防、练兵、抚番、清赋数大端，均须次第整顿，纵使专心一志，经营十年，尚恐不能尽得实效。

查福建巡抚一缺，曾经前两江督臣沈葆桢奏请移驻台湾，旋以通省事繁，难以兼顾，于是有半年驻台之议。倏忽往来，有名无实，虽如前抚臣岑毓英之勤奋有为，率于台事，毫无补救。臣平居私议，常谓台湾孤悬海外，土沃产饶，宜使台地之财足供台地之用，不须取给内地，而后处常、处变均可自全。此次莅台经年，访求利病，深见台事实有可为，甚惜前此因循之误，固知补牢未晚，而时会所迫，势不能并日兼营。况臣才质驽庸，即竭力经营全台，已恐才难任切，更重以疆。内地九府，公事繁多，而又远涉重洋，凡督臣所商榷，司道所禀承，函牍往还，究形间隔。若驻台日久，则顾此失彼，虚位旷官，于事何补？若驻台不常，则一暴十寒，于台事毫无裨益。

臣宿患目疾，到台后日冒风雨，更觉沉重，每于公牍披阅稍多，往往眥赤汗流，痛涩昏眊。若全省簿填委，尤非病目之所能胜，与其贻误于后，曷若陈情于前！再四思维，惟有乘此未授抚篆之时，仰恳天恩准开福建巡抚本缺，俾得专办台湾事务，庶几勉效寸长，或可无致陨越，台事幸甚！微臣幸甚，无任迫切待命之至。

谨将微臣目疾沉重恳恩开缺缘由，恭折具陈。伏乞皇太后、皇上圣鉴，训示。谨奏。光绪十一年六月初五日。

光绪十一年六月二十三日[①]，军机大臣奉旨：本日已有旨，令杨昌濬兼署福建巡抚矣。刘铭传督帅无功，正当力图自赎，着将台湾善后事宜认真整顿，以观后效，所请开缺之处不准行。钦此。[②]

## 二〇　代奏候补四品京堂林维源谢恩片

光绪十一年六月初五日（1885 年 7 月 16 日）

再，据三品卿衔候补五品京堂林维源呈称：为沥陈感激下忱，恳请代奏，恭折叩谢天恩，仰祈圣鉴事。窃维源接奉行知，光绪十年十一月初九日，附奏台北绅士报效巨款一片，本年正月二十日，准兵部火票递回原片，后开军机大臣奉旨：林维源已明降谕旨以四品京堂候补，余依议。钦此。跪读之下，谨即恭设香案，望阙叩头谢恩讫。

伏念维源一介农愚，叠膺宸眷，草茅伏处，高厚未酬。去秋台疆告警，海运不通，勉竭微忱，捐资助饷，方自深惭绵薄，未能少效涓埃，乃沐圣慈有逾常格，特承褒奖，洊被殊恩，许随卿寺之中，得厕班联之末。荣邀非分，宠受若惊！一俟防务肃清，即当趋赴阙廷，蒲伏待命等情，前来。

---

① 此奉旨日期，据《军机处随手登记档》（档案编号：03-0246-2-1211-169）校正。

② 台湾史料集成编辑委员会编：《明清台湾档案汇编》，第 5 辑，第 91 册，第 386—388 页，台北远流出版事业股份有限公司，2009。

谨附片伏陈。伏乞皇太后、皇上圣鉴。谨奏。

光绪十一年六月二十三日，军机大臣奉旨：知道了。钦此。[1]

## 二一　请将知州李望洋开去本缺缘由片

光绪十一年六月初五日（1885年7月16日）

再，据宜兰县绅士甘肃兰州府河州知州李望洋禀称：望洋籍隶福建台北府宜兰县，由举人大挑一等，签分甘肃知县，历署渭源、安化等县，升补河州知州，于光绪六年调任狄道州，七年卸事，在省听差。十年八月，闻法人侵犯台湾，望洋情关桑梓，禀准给假，日夜兼程，微服冒险渡台，回至宜兰本籍，当蒙委办团练。现值台防解严，望洋本应回省销假，复奉札饬办理善后、清赋等事，望洋目击时艰，不忍离弃桑梓，禀恳开去河州实缺，在籍办理团练等情，前来。

查宜兰县僻处后山，番民杂处，匪盗甚多，善后一切更须得力官绅会同举办。李望洋素有乡望，情形熟悉，以之办理宜兰县团练、善后等事，实于地方有裨。合无仰恳天恩将甘肃兰州府河州知州李望洋开去本任河州实缺，留于本籍办理团练，以期保卫地方。谨附片具陈。伏乞圣鉴。谨奏。

光绪十一年六月二十三日，军机大臣奉旨：着照所请，该部知道。钦此。[2]

---

① 中国第一历史档案馆藏：《军机录副》，档案编号：03-5197-058.

② 中国第一历史档案馆藏：《军机录副》，档案编号：03-5197-059.

## 二二　奏报处分澎湖失守在事文武员弁缘由折

光绪十一年六月十七日（1885年7月28日）

督办福建军务太子少保前陕甘督臣杨岳斌、头品顶戴督办台湾防务福建巡抚一等男臣刘铭传、帮办台湾军务署福建陆路提督世袭骑都尉奴才孙开华等跪奏，为恭折澎湖法兵退去日期，并查明失守情形，所有在事文武请旨分别处分，恭折具陈，仰祈圣鉴事。

窃臣等于本月初六日派记名提督吴宏洛乘坐万年清轮船，前往澎湖察看情形。十四日，吴宏洛由澎湖回至淡水，据称该提督到澎之后，查得李士卑斯于初九日接到撤兵图书，即于十二日开船出口，李士卑斯并知会吴宏洛由赴香港法船之便，电报广东转电总署奏闻，想已早邀圣鉴。

查澎湖本年二月十二日法船到境，十五日失守情形，已经督办福建军务大学士左宗棠、闽浙督臣杨昌濬会奏在案。其时臣岳斌正在台南，当即派探回称：二月十二日，有法船六只在珠母水、乌坎、开边疆面。十三日，该六船内分一大船泊近莳里澳，三船驶至妈宫、西屿，二船至观音亭后，竟齐开大炮，纵横轰击。统领前路各军管带绥靖后营代理澎湖水师副将闽浙尽先补用副将周善初、管带练军果毅营澎湖右营都司郑渔出队抵御，各炮台亦开炮还击。经法兵将四角山、新城、蛇山头、金龟头、观音亭等处各炮台及妈宫协署、军装局等处营房、街道一律轰击倒坏，周善初等抵敌不住，退往大城北而去。十四日早，敌将先日泊在莳里澳大船一只驶至近岸，用小划渡兵三百余人，登岸来扑珠母水澳。管带绥靖副中营尽先副将陈得胜率队出迎，相持未久，即退往大城北而去，敌亦未追。十五日早，法兵约有八九百名，复由双头跨地方登岸，径至大城山下。周善初率管带绥靖前营台湾镇标中营守备冯楚燊队伍，接仗时许，势不能支。陈得胜带队来援，手腿受伤，即退往西溪乡。周善初又调管带德义中营候补同知关镇岳、管带德义后营候补通判梁岳英带队来援，前后零星不齐，又无督率，不能抵御。关镇岳为飞子所伤，周善初、冯楚燊、关镇岳、梁岳英、郑渔等一齐退往北山、赤坎一带，澎湖遂尔失守。

澎湖通判郑膺杰前曾通报练募水勇四百名防守要口，及至法人攻澎湖三日，不闻其勇抵御何处，地之失守，咎有应得。周善初、郑膺杰二员应请旨即行革职，郑膺杰尚有煤务经手事件，由臣铭传撤任，听候查办。候补通判梁岳英、澎湖右营都司郑渔、台湾镇标中营守备冯楚燊，均属督战不力，应请一并革职。候补同知关镇岳、尽先副将陈得胜均经带伤，应请加恩免予处分。所有阵亡官勇俟查明后，再行奏请赐恤，以慰忠魂。

惟澎湖一岛，地处孤危，面面受敌，既无得力炮位、炮台，又无兵轮、水雷。臣铭传于上年秋冬之际，屡接周善初等来禀，请发水雷、大炮，臣愧无以应。十月底，台澎道刘璈即无饷接济澎军，经臣咨请督臣杨昌濬拨款接济，并请督臣设法运送炮位、水雷，未接咨覆。刘璈申报至香港购买水雷，至东洋购买大炮，臣批令赶紧布置澎湖，亦无禀覆。周善初等失守地方，原有应得之咎，惟臣铭传有督办防务之责，不能预为筹画设法，且不能保守基隆，既参该厅、协等失守之咎，若不一并处分，何以服该文武之心？应请旨将臣铭传交部从严议处，以肃军政。

所有澎湖法兵退去并失守地方文武应得处分各缘由，谨会衔缮折，由驿具奏。伏乞皇太后、皇上圣鉴，训示。谨奏。六月十七日。

光绪十一年七月初八日，军机大臣奉旨：已有旨。钦此。[1]

## 二三　奏为条陈台澎善后事宜折

光绪十一年六月十八日（1885年7月29日）

头品顶戴督办台湾防务福建巡抚臣刘铭传跪奏，为条陈台澎善后事宜，亟须次第举办，恭折胪陈，仰祈圣鉴事。

窃法兵退让澎湖，已同前陕甘督臣杨岳斌于本月十七日会奏在案。臣前因澎湖未退，虽遣撤台南北土勇，各海口仍未撤防。除基隆设立抚恤局，先将被毁民房派员查明妥为抚恤外，其余善后应办各事，未敢豫奏。现在澎湖兵既退，急须次第举办数端，谨为我皇太后、皇上陈之。

一、台、澎以设防为急务也。查全台各海口，大甲以南至凤山，沙线远阔，兵船不能拢岸，远隔四五十里，近则二三十里，设防较易。大甲以北新竹一带，海口纷歧，直至宜兰，兵船皆可拢岸，至远不过三五里。基隆、沪尾两口虽能停泊兵轮，赖有山险，如有大炮、水雷，设防尚能为力。惟新竹一带，沿海平沙，后陇、中港，皆可出入三号兵船，地势平衍，全恃兵力，颇难着

① 台湾史料集成编辑委员会编：《明清台湾档案汇编》，第5辑，第91册，第504—506页，台北远流出版事业股份有限公司，2009。

手，然犹较胜于澎湖。臣派提督吴宏洛[1]至该处察看情形，据称地方草木不生，一片沙石，无土可取，面面受敌，甚难为力。惟港以内天然船坞，最宜停泊兵轮。臣到台一年，察看形势，澎湖不但为全台之门户，亦南北洋之关键。守台湾必须守澎湖，保南北洋亦必须以澎、厦为门户。澎、厦驻泊兵轮，防务严密，敌船附近无停泊之处，万不能飞越深入、不顾后路。此澎、厦办防是全局之急务，非仅台湾急务也。姑就澎湖而论，若办防，则须不惜重资，认真举办。纵兵船一时难集，陆兵不过三千人，必须多购大炮，坚筑炮台，制办水雷，屯粮聚薪。计买炮位，并筑炮台，需费约在四五十万两，计时须在一二年内，方能竣事。若敷衍将就，不若不防，既节数营之饷，亦免临事覆军之累。应请旨定夺。此台、澎防务之情形也。

一、台、澎军政，急宜讲求操练也。查台湾军务，废弛已久。湘、淮各军，皆强弩之末。欲杜虚冒，挽回积习，非切实讲求操练不可。如洋操认真，非数月脚步不能整齐，手法不能娴熟。点名时，令其小操一次，则临时顶替之弊可除。近来各营多用后门枪炮，尤非勤习操练，不能施放。不识码号，则不识远近

---

① 吴宏洛（1843—1897），字瑞生，安徽合肥人，武童。本姓刘氏，过继于母舅吴氏。咸丰七年（1857），投效淮军铭字营。八年（1858），以功获六品功牌。同治元年（1862），获五品功牌，赏戴蓝翎。二年（1863），保千总，加守备衔。同年，保尽先都司，赏换花翎。三年（1864），保升游击，晋副将衔。四年（1865），保副将。五年（1866），保记名总兵。六年（1867），保参将，加利勇巴图鲁勇号。同年，充淮军树字营官。七年（1868），保记名提督，赏一品封典。八年（1869），统带铭字左军六营。九年（1870），随刘铭传入陕，驻防耀州延安北山一带。十三年（1874），调防吴淞海口监造炮台。光绪二年（1876），丁父忧。九年（1883），调防广东长州筑炮台十二座。十年（1884），统带宏字五营驻防台湾。十一年（1885），经刘铭传奏调援台。次年，总理澎湖防务，攻剿台湾中路番社。十三年（1887），补福建澎湖镇总兵。十四年（1888），晋头品顶戴。十六年（1890），总统攻剿台北大嵙崁、宜兰两处叛番滋事前敌各军。十九年（1893），丁嗣母忧。二十年（1894），经李鸿章奏调，统带宏字六营驻防直隶。二十一年（1895），补授直隶正定镇总兵。同年，调补直隶通永镇总兵。二十三年（1897），卒于军。

高低。枪出无准，是有利枪与无枪同。且不知拆机磨擦，遇雨遇湿，上锈即损，重价购之，随意弃之，尤为可慨！是练兵非仅台、澎急务，亦各省之急务。惟台湾烟瘴之地，勇丁半多烟病。将贪兵滑，宽则怠玩不振，积弊难除；严则纷纷告假，走而之他，一时颇难整顿。臣时欲改弦易辙，重立营制，简明操练之法，以期整顿。因目疾日剧，公事繁多，不能着笔。现同沈应奎、陈鸿志，悉心商酌裁留营数。除镇标练兵不计外，共拟留三十五营。台南合澎湖十五营，台北合宜兰十五营，中路嘉、彰、新竹一带，拟派五营。论形势则以台北为吃重，论地方则以台南为绵长。较之刘璈每年费饷一百余万，以全力仅守台南一隅，则再无可减之兵。此台澎留兵急宜讲求操练之情形也。

一、全台赋税，急宜清查，以裕饷源也。查台湾田产之美，甲于天下，每岁两熟。如淡水一县，每年额征钱粮耗羡银仅七百八十余两，正供官庄谷九千余石。宜兰并无钱粮。其余县分，赋税亦轻。计全台所入关税、厘金并盐务，每年可得银一百零数万两。将来整顿盐务，剔除各项中饱之资，每年可得一百二十万两。以台湾三十五营计之，每年需银一百二十万两，尚有轮船经费，一切杂款，并须添设制造局，每年需银约在一百四五十万两。若能将各县赋税清查无遗，以台湾之入，供台湾之用，有盈无绌。惟清赋一事，要在官绅得力。臣不谙吏治，昧于理财，时商沈应奎办理之法，议必先行清查户口，再行次第举办，恐须一二年内方能得其实效。此全台赋税急宜清查之情形也。

一、全台生番，急宜招抚也。查台湾生番，从前多在外山，因闽、广客民愈来愈众，日侵月削，全行挤归内山，种类繁多。近亦以耕种为生，各有统属，平时亦不滋事。山外土匪、游勇，每有百十成群，聚集于番民交界之处，除抢劫居民外，或侵生番田庐，或诓骗其货物。一有争端，即行械斗。奸民被杀，则诉冤于官，即行剿办。生番之被杀者，则有冤无处可诉，惟有集众复仇，每到外山杀人。其平时杀掠生番者，转得置身事外，而所杀多系无辜良民，因此仇怨日深，两不相安。若不及早设法招抚，使全台归化，将来番地日蹙，夙怨日深，人数过众，郁久必发，又成陕甘、云南回匪之祸。即以防务而论，防海又须防番，两难兼顾。若生番全行归化，仅防外患，不忧内侮，既可减防节饷，又可伐内山之木以裕饷。此招抚生番之要务也。

查设防、练兵、清赋三条，皆可及时举办，惟抚番不易，须待以上三条办成之后，方能议办。其次安设电报，修路造桥，以通南北之气。清理屯垦，开矿、伐木，以兴自然之利，亦要务也。臣智识庸驽，难胜艰巨。御敌既无方略，办事又乏才能。每念时局之艰难，不获报称于万一，彷徨中夜，深自疚心！惟有竭尽愚忱，努力尽职，虽目疾万分沉重，未敢请假调理。凡分所应为之事，不敢片刻稽延，恐开废弛之渐。管见所及，尤不敢缄默不言。

除俟台南北各营撤定局后，再将选留将领、营数、分扎地方另行续奏外，谨将台、澎善后各要务会同署提臣孙开华，恭折由驿敬陈。是否有当？伏乞皇太后、皇上圣鉴，训示。谨奏。光绪十一年六月十八日。①

光绪十一年七月初八日，堂谕封存。②

---

① 中国第一历史档案馆藏：《军机录副》，档案编号：03-6020-038. 又台湾史料集成编辑委员会编：《明清台湾档案汇编》，第5辑，第91册，第355—359页，台北远流出版事业股份有限公司，2009。

② 此奉旨日期与内容，据《军机处随手登记档》（档案编号：03-0247-1-1211-183）校补。

## 二四　奏请开复林文明原官副将缘由片

光绪十一年六月十八日（1885 年 7 月 29 日）

再，据道衔兵部郎中林朝栋、守备林朝昌禀称：窃朝栋胞叔花翎副将林文明，即朝昌之亲父，于同治九年为仇家诬控，被委员凌定国冤杀县堂。朝栋祖母戴氏以衰年命妇，羁省候讯十有三年。无如官官相护，牵合别案，延宕钳制，逼致祖母四次京控，奉旨严催。光绪七年，朝栋见祖母衰病日剧，亟思侍奉回台。又因拖讼多年，产倾债积。且是时原办此案之前台湾黎道方以京卿督办船政，为前督何宪同乡，自知此冤断难伸雪。而各宪又许代胞叔湔雪谋反一节，兼请旌祖母。朝栋量力度势，迫于无何，代出遵断完案。而祖母犹静候传质，不肯回台，至于病危，临殁执朝栋手谓曰：吾不能为汝叔伸冤，汝父殉难，汝忠臣子也，宜舍命以成吾志！盖祖母始终不知此案已经朝栋手结也。

去年法寇犯台，朝栋与朝昌备资募勇，亲赴前敌，惟冀建功报国，以明先人之冤，不济则以死继之。幸荷指授机宜，颇有斩馘。方拟尽歼丑类，再行沥诉下忱，乃蒙录及纤劳，迭加奖励。泣念家世，受国厚恩，相勖忠义。朝栋父谥刚愍，以提督殉难漳州。胞叔文明亦转战闽浙间，平定台匪。今朝栋兄弟勉效微劳，犹沾殊泽。而胞叔屡著战功，洊保副将，反罹无辜之戮，且蒙不韪之名，饮恨椎心，何颜自立？再四思维，案经朝栋具结，久经府宪奏定，已难再望平反，惟有泣辞本身及朝昌新沐之恩施，冀得湔胞叔被污之名节，不得已沥恳鉴察确情，博访舆论，奏请将朝栋、朝昌拟保官职概行奏请撤销，追复叔父文明副将原官，庶稍明叔父被戕之冤惨，亦略慰祖母不瞑之羁魂，朝栋等誓必捐糜顶踵以报朝廷等情，前来。

臣查副将林文明被委员凌定国冤杀县堂一案，伊母林戴氏四次京控，案延不结，中间经编修何金寿、御史吴鸿恩、孔宪瑴先后入告，并有举人邱敏先等呈请都察院代奏，迭奉谕旨限催，始于光绪八年间强令该家属遵断奏结。盖是时已宕延十有三年，林戴氏年逾九十，不胜羁候之累，又因讼凶倾产，且牵连案外被诬之林万得，结案无期，于是林朝栋虑其祖母衰病，遂代林戴氏赴案遵结。此原奏所以声明告示谋反一语为过当，又附片言林朝栋之为善于乡，林戴氏之深明大义，恳恩旌表，以慰其心。其实林戴氏并不知案之已结，犹日望伸雪，不肯回台，以致在省病殁也。

臣曩岁家居，即闻台湾有此冤狱。及渡台后，又备知此案奏结之未得确情。去秋寇事方亟，饷匮援绝，林朝栋偕林文明之子林朝昌，自备资斧，募勇五百，驰至前敌，血战前敌助剿，备尝艰苦，累战获胜，经臣论功先后奏保各在案。臣复询访台湾绅士林维源、陈霞林、潘成清等，据称林文明被控多属虚诬，被杀尤为过当。林文明胞兄林文察殉发寇之难，林文明亦累著战功，擢至花翎副将。今其侄林朝栋、伊子林朝昌又以募勇杀敌，捍卫乡闾，忠义聚于一门，而林文明独蒙不韪之名，含冤地下，均为联名具禀，代恳奏请昭雪，以明是非等语。

臣查台地诬告之风本盛，地方官不究反坐，富家巨室，时以自危。林文明赋性粗豪，诚不能循循绳墨。然其前此控案则半由与伊兄林文察剿办叛贼戴匪，敛怨乡党，遂为仇家所诬。前任督臣访闻失实，疑为势豪，遂饬台湾镇道便宜从事。林文明被杀之日实系赴案投质，衣冠入署，众目共瞻，其非露刃登堂，率党拒捕，不辩而明。

惟事隔多年，妄杀之委员既因他案参革，督臣之误办此案、讯结此案者，或已物故，或已去官，牵累既多，臣亦无庸再请查办。惟既深知林文明以忠义之门、立功之将而妄罹非刑，林朝栋、林朝昌以世济之忠而长留隐痛，事不同于干蛊，朝廷赏功之典岂可固辞？冤虽等于覆盆，乡里直道之公幸而未泯，可否仰恳天恩，俯念林文察死难之忠勇，林朝栋等数月战守之勤劳，准将林文明开复花翎副将原官，俾全台士民咸知朝廷予夺之公明，不独林朝栋兄弟感戴鸿慈，涕泣效命已也。臣为明是非、励忠孝起见，是否有当？出自逾格鸿慈！

光绪十一年七月初八日，军机大臣奉旨：林文明一案，前据何璟[①]等查明并无冤抑，林朝栋情愿遵断，业经奏结。林朝栋等募勇助剿，著有劳绩，自应给予奖叙。朝廷赏功罚罪，各不相蒙，所请撤销保案追复林文明原官之处，着毋庸议。钦此。[②]

【案】此奏片之具奏日期，刻本仅署“光绪十一年”，而录副具以朱批日期为之，均未确。兹据朱批日期查光绪十一年七月初八日《军机处

① 何璟（1818—1888），字伯玉，号小宋，广东香山县人。道光二十三年（1843），由监生中举。二十七年（1847），中式进士，选庶吉士。三十年（1850），授翰林院编修。咸丰二年（1852），充顺天乡试同考官。七年（1857），补江南道监察御史。八年（1858），授巡城御史。九年（1859），升户科给事中。十年（1860），授工科给事中。十一年（1861），简安徽庐凤道。同治二年（1863），署理安徽按察使。三年（1864），加布政使衔。同年，补安徽按察使，兼署安徽布政使。四年（1865），调补湖北布政使。六年（1867），护理湖北巡抚。八年（1869），调山西布政使。九年（1870），擢福建巡抚，补授山西巡抚。十年（1871），调补江苏巡抚。十一年（1872），署理两江总督，兼署办理通商事务大臣。光绪二年（1876），补授闽浙总督。同年，兼署福州将军。五年（1879），兼署福建巡抚。十年（1884），革职归里。十四年（1888），卒于籍。有《春秋大义录》《通鉴大战录》《奏议》《事余轩诗》等行世。

② 中国第一历史档案馆藏：《军机录副》，档案编号：03-7250-029. 又，台湾史料集成编辑委员会编：《明清台湾档案汇编》，第5辑，第92册，第379—382页，台北远流出版事业股份有限公司，2009。

随手登记档》[①] 朱批刘铭传折栏，则署有“报五百里，六月十八日台北发”等字样。据此，此奏片之具奏时间当为“光绪十一年六月十八日”无疑。兹据校正。

## 二五　奏请惩办道员刘璈及副将潘高升缘由折

光绪十一年七月十七日（1885 年 8 月 26 日）

头品顶戴督办台湾防务福建巡抚一等男臣刘铭传跪奏，为道员轻率用兵攻剿已抚番社，查明办理乖方之副将，请旨惩办，以肃军政，恭折仰祈圣鉴事。

窃臣于本年四月二十三日接据前台湾道刘璈详称：南路界逼生番，山路梗塞，曾饬屯营管带官潘高升调和番众，招集近社各生番百名，安插屯营，藉资联布。惟该处孤路险远，兵力本单，而生番素性嗜杀，不问官民弁勇，稍有嫌隙，动肆凶残。本年四月初八日，据柴里屯队目潘贵生等禀报，以率芒、七家山两番社互杀三命，潘高升未能伸理，以致屯兵潘清复被率芒社番杀毙，潘高升仅令收埋了事。番情凶悍，请饬添棚协守等情。查此案先据潘高升禀称：董底社突来生番十余人，道卡伤毙七家山番兵加隆饱一名，该同社番兵持镖拼救，亦杀毙董底社生番二名。该社番出山到营，擅自无故杀人，应请剿洗等情。当批董底社番共有若干，是否尽属可诛，抑凶恶不法仅此十数人，该社离大路若干里，向系何人为通事，有无头人管束，应否择尤惩创。目下法防未松，务须出以审慎，应由地方官查明禀覆察夺在案。据禀前情，如果尽实，潘高升殊属办理乖方，随饬飞虎前营管带田丰年

① 中国第一历史档案馆藏：《军机处随手登记档》，档案编号：03-0247-1-1211-183.

率同亲兵克日驰往，分别确查具覆，严办去后。本月十三日，据潘高升呈报：董底社与率芒社、大同坳等社百余番，胆敢于本月初十夜围攻该营右哨归化门碉堡，该百长杨元擘死拒对击，至次日巳刻，互有损伤，适有飞虎中营请饷员弁萧顺喜等，随同官商、兵丁四十余人出山，将抵该处，见番围攻，齐赴救援，番始败退。乃生番坦途埋伏，杀毙萧顺喜等四名、该哨屯兵四名、客商四名，又哨长、屯兵受伤七名，其归化门、老社场两处防堡均被焚毁，军装亦被抢去，番尚未退，请赶派数营痛加剿洗，免误大局等情，计呈伤毙弁勇清折一扣到道。据此，查该社番招抚已久，胆敢乘机窃发，焚毁防堡，伤毙官兵，实属顽梗异常。况三条仑为通埤南要道，犹不能不寓恩于威，藉资镇抚。目下中法和约未定，固不敢好事喜功，亦不敢养奸为患，自须查明剿办，藉儆各社效尤。当经职道移请分统方春发迅率所部，克日拔队，前赴督办，暨后路统领副将张兆连酌带队伍出山，会督潘高升剿抚兼施，查明分别办理，并委抚番委员广东试用通判蒋森星夜驰往帮办，并调台防屯营随同方春发部营为山前正路，飞虎前营台防智营为迤东一路，南番屯军及恒胜营帮带胡正益抽调四成队伍为抄入番社一路，张兆连由后路出山，招集已抚番民驻扎大树前为后路，各带军火枪炮前赴该处，相机分路兜剿，一面查明滋事番社，勒令捆送凶首，由官惩办。倘该社顽抗如故，仍分别良顽番社，择尤雕剿，毋许一凶漏网。如营勇不敷调派，再由方春发抽调驻郡之镇海前、后两营前往协剿，以厚兵力。剿办有功，即当择尤保奖。倘有退缩违误及骚扰无辜情弊，由方春发指名严参，按照军法从事。各营勇及附近助剿番民能剿杀其正凶番，割取首级，赴营领赏。其误杀别社良番者，仍照人命抵偿。至潘高升办理不善，咎有应得，容再详请撤参等情，前来。

臣查董底、率芒两社番早经就抚，相安已久，不致无故滋生事端，何以此次突出凶杀多命，其中当有别情，批饬该道应先委员查确，果系无故杀人，再行分别拿办，不得张大其辞，遽派大队合剿。如有擅杀无辜，办理不能平允，定惟该道是问去后。

旋接刘璈四月二十九日来详内开：准方春发移称：该社番恃强反叛，非严加剿洗，势难收复。现拟分三路进剿，该分统亲率台防屯军进驻水底寮、内埔仔等处为中路，飞虎前营、智营同南路屯兵进扎归化门为左路，南番屯军恒胜营进扎南势湖为右路，各营约定二十四日黎明三路进剿，一面谕令管带水勇林锡蕃招募能习番语、熟悉山径之土勇二十名以为先导，并探得该叛番竖旗筑垒，密布竹钉，坚意抗拒。因于二十三日进逼内埔仔，次日黎明，饬令林维桢招集十八社生番一百余名并林锡蕃土勇，以为前队，越山而上。该叛番中途迎击，拼死抵御，适右路帮带胡正益、林维桢旁抄而入，胡正益枪伤数人，番众少却，各军趁势分路追剿，番势不支，纷纷败退。适飞虎前营、智营又由左路抄入，三路各营均会抵率芒社，焚烧凶巢数百间。正在火光冲天之中，该番复抵死回救，我军奋力迎战，杀伤番众甚多，该番势穷力尽，分路逃窜，追奔三十余里，始各收军。所有出力各员奋不顾身，均请存记汇奖等由，到道。查率芒、董底两社叛番滋事，原拟剿抚兼施，一面勒令交凶，俾知惩儆。乃该番愍不畏法，抗拒官军，实属始终顽梗，凶恶已极。经此会剿获胜，难保不铤险负隅，应仍由方春发相机办理，以策久安。若仅毁其番社，听其逃避，则我军一去，彼仍啸聚，难免依旧伺杀，贻害商民，自不能不派营分扎番地，痛予搜剿，以为惩一儆百之谋。如果该社能将各凶番按名捆送听办，及属悔罪输诚，仍当胁从罔治，予以自新，总期恩法两全，以收除暴安良之实效等情。

臣覆加详核，该番非盗非叛，种类繁多，久经受抚，此次因何凶杀多命，自应查明起衅缘由，勒令交凶。如抗不遵办，再行声罪进剿。番事要在示之以威，抚之以德，该道等不分良莠，即将该两社全行焚毁，杀伤多命，铺张战功，殊觉办理不善。当即檄委道员陈鸣志、副将戴秉纲先后前赴三条仑，查明该番起衅缘由，并有无出社迎拒官军之事，及现在是否安抚各节，据实禀覆。

于六月十七日接据陈鸣志禀：现奉札委署理台湾道篆，三条仑番案已委埤南同知吴本杰查覆。据禀称亲到东港、水底寮、南势湖、六根庄一带地方，明察暗访，得其大略，缘驻扎三条仑之南路屯兵营潘高升招有各社生番充勇，本年三月十五日，分防老社场之七家山番勇两名下山挑水，被生番杀死一名，割去首级，一番勇跟踪追觅，见伺杀之生番向率芒、董底而去，当报本营管带官潘高升，派通事传率芒、董底两社番目赴营，与七家山番勇对质。十八日下午，率芒、董底番三十余名，七家山番十数名同到三条仑屯营，争辩不已，率芒、董底番当同七家山番械斗，杀伤一名。屯营勇丁帮同七家山番，遂将率芒、董底番杀死二名，内一名系董底番目的古溜之子。是时，潘高升仓皇失措，未能解释，率芒、董底番恨恨而去，从此沿途伺杀，行人戒严。此滋事起衅之实在情形也。

二十八日，杀死递送公文之屯勇潘清一名。据队目潘贵生上控，潘高升仅令掩埋，置之不理。前台湾道刘璈委飞虎前营管带田丰年往查，正在查办间，该番等于四月初十夜聚集番众百余名，围攻归化门。十一日午前，有岳左营帮带刘玉山、萧顺喜、飞虎后营哨弁曾起成及山后商人、挑夫等四十余人，道经归化门，见该番等聚众围攻，即大声疾呼，一拥下山。该番等闻声而散。萧顺喜等以为该番等退回，亦即就道，该防弁勇乘势同伴下山。不料该番等沿途埋伏，萧顺喜等与之对敌，且战且走。该番暗施鸟枪，哨弁曾起成及萧顺喜、南路屯兵、山后商人、挑夫共十二名同时遇害，首级均被割去，余俱逃至三条仑营。其归化门老社碉堡营房亦被该生番焚毁。

潘高升飞禀，请兵救援。前台湾道刘璈移调分统方春发统领各营，相机剿抚，于四月二十日抵水底寮。所调之智营、恒胜营、飞虎前营、台防屯军、南番屯军先后均抵归化门、内埔仔各处。二十四日，各营由内埔仔进兵。二十六日，智营、飞虎前营及附近乡庄练丁五鼓由归化门进兵，行至率芒、董底，生番居高临下，枪伤勇丁数名，枪毙屯营什长一名，见官军又由内埔仔进兵接应，生番始退。官军即将该两处番舍焚毁三百余间，收队而回。二十八日至初三等日，各营先后进扎率芒后山，统领张兆连亦于五月初三日由归化门进兵董底，会驻率芒，该两社番嘱托通事请南番屯管带林维桢代求输诚。至十五、六等日，该社番目的古溜呈缴萧顺喜等首级七个、枪炮、衣物各件。二十一日，又捆送凶手六名，在枋寮巡检衙门讯供，各营亦即于二十一日收队。此剿办番社并现在安抚之实在情形也。

其案外之传言无真凭确据者，固未便收罗；而案内之实可系众口一词者，亦不敢缄默。至于应否调兵剿办，早在洞鉴之中等情，并准镇海后营都司李德福等押解率芒社凶番大光、龟六惹、广乳理，董底社凶番加罗、美定、萧罗共六名前来。职道查此案当以该番滋事，应否调兵剿办，有无拒敌官军，及现任是否安抚为断。吴丞所查各节似系实在情形，所有解到率芒、董底两社生番大光等六名，究竟是否真正凶手，现发台湾府知府侯才骥查讯。缘言语不通，饬传通事，一俟到日，即行讯明详办。合将三条仑生番滋事一案委查确情，先行禀覆。再，大光等番如由府讯属正凶，情真罪当，拟即由道覆讯明确，立正典刑，俾免幸逃显戮等情，前来。

又据副将戴秉纲查覆，禀到情节，大略相同。惟禀内叙及三月十五日率芒、董底两社番与七家山番争斗，潘高升不能从中议断，反助七家山番杀毙率芒两名。潘高升当即捆拿七家山番凶首二名，饬弁解送台湾道衙门审办，而刘璈不以法律从事，反犒赏红布、酒饭，放令回社，是以率芒、董底两社怀恨愈深，致激成四月初十夜围攻归化门屯营之变，尤为此案办理失当之关键。

臣按各员查覆情形，三月十八日，潘高升令通事传该番目到营，率芒、董底两社番俱遵传到营，与七家山番对质，平时非梗顽不化之明验。潘高升不能伸理，已属庸劣无能，复纵勇偏助七家山番，又率请派兵剿洗，酿成巨祸。刘璈初详犹有委查之语，乃不待查覆，遽尔调派大队，分路痛剿，致率芒、董底两番社数百家同遭焚掠，良莠不分，未免惨毒。据陈鸣志面称：该两社男女千余人，饥苦异常，嗷嗷待毙，已经设法略为抚恤。所有交案凶番六名，臣现饬陈鸣志督同台湾府悉心研鞫，果系杀害官军正凶，罪无可赦之犯，即行正法。惟刘璈轻率用兵，焚毁已抚番社；潘高升办理乖方，激成事端，均有应得之咎。

除刘璈贪劣不职，已经臣专折奏参外，副将潘高升拟请旨革职，发往军台效力，以示儆戒。谨将刘璈轻率用兵攻剿已抚番社缘由，谨缮折由驿具陈。伏乞皇太后、皇上圣鉴，训示。谨奏。光绪十一年七月十七日①。

光绪十一年八月十四日，军机大臣奉旨：另有旨◆1。钦此。②

① 此具奏日期据《军机处随手登记档》（档案编号：03-0247-1-1211-218）校补。

② 台湾史料集成编辑委员会编：《明清台湾档案汇编》，第5辑，第92册，第79—86页，台北远流出版事业股份有限公司，2009。

【案】此折之具奏日期，原文以奉旨日期为之，未确。据奉旨日期查“光绪十一年八月十四日”《军机处随手登记档》① 朱批刘铭传折栏，则署有“报五百里，七月十七日台北府发”等字样。据此，具奏日期当以“光绪十一年七月十七日”无疑。兹据校正。

【案】此奏于是年八月十四日得旨照准，《光绪朝上谕档》载曰：

军机大臣字寄：督办台湾事务福建巡抚刘铭传：光绪十一年八月十四日，奉上谕：刘铭传奏，台湾南路率芒、董底两番社与七家山番械斗，副将潘高升不为伸理，纵勇袒助七家山番，致两社聚众滋事；刘璈不待查覆，率行调兵进剿，致两番社良莠不分，同遭焚掠，请旨将潘高升惩办等语。率芒、董底番社前已受抚，此次与七家山番仇杀，自应设法解散，何得率行攻剿，惨及无辜？既据两番社悔罪投诚，即着刘铭传饬属妥为弹压，勿任再滋事端。其被难番众，酌加抚恤。交出凶番六名是否的系正凶？讯明分别究办。除刘璈已另案革职查办外，潘高升办理乖方，实属罪有应得，着即革职发往军前效力，以示惩儆。将此由五百里谕令知之。钦此。遵旨寄信前来。②

## 二六　查明县丞徐国柱调营差遣保案片

光绪十一年七月十七日（1885年8月26日）

再，臣上年渡台因军务紧急，差遣需员，查有浙江秀水县县丞徐国柱，勇敢耐劳，办事勤敏，咨调渡台，于十年八月二十八日到营，咨部查照立案。现接吏部咨开：奏定章程，军务省分请调候补、候选人员，必须于奏调折内切实载明该员曾在何处办理军务，实有成效，奏保有案，方准调往军营差遣，不准委署地方

① 中国第一历史档案馆藏：《军机处随手登记档》，档案编号：03-0247-1-1211-218.

② 中国第一历史档案馆编：《光绪宣统两朝上谕档》，第11册，第191页，广西师范大学出版社，1996。又，中华书局影印：《清实录·德宗景皇帝实录（三）》，卷二百十三，光绪十一年八月上，第1005页，中华书局，1987。

各缺等因。今徐国柱调营差遣，核与章程不符，应毋庸议，应令遵照定章，奏明办理等因，由已革前抚臣张兆栋转咨前来。

臣查县丞徐国柱，曾于同治九年随臣在陕西军营。十三年，随福建陆路提督唐定奎渡台，攻剿狮头草山等社出力，经直隶督臣李鸿章、前两江督臣沈葆桢会奏，保归军功班前先补用，并赏戴蓝翎有案，核与部章军营请调之例相符，理合附片核实陈明。伏乞圣鉴。谨奏。

光绪十一年八月十四日，军机大臣奉旨：吏部知道。钦此。[①]

## 二七　奏饬陈鸣志等查报每年进出各款片

光绪十一年七月十七日（1885年8月26日）

再，臣于七月初八日准军机大臣字寄：本年三月十二日，奉上谕：福建台湾道刘璈着杨昌濬、刘铭传悉心察看，如竟不能胜任，即着据实参奏等因。钦此。遵旨寄信前来等因。同日，并准户部五月初十日发递咨文一件，内开：光绪十一年五月初八日，奉上谕：现在海防善后用项浩繁，必须通盘筹画，覆实经理，方足以裕度支而舒国用等因。钦此。相应恭录飞咨等因，到臣。钦遵之下，仰见圣明洞鉴，筹画精详，莫名悚佩！

除刘璈贪劣不职已经臣等专折奏参外，查台湾每年出入各款，亦经臣于奏报善后折敬陈大略。惟臣自二月以后，未接内地片纸只字，深为诧异。本月初二、初八两日，共接各处公文二百余件。计自奉旨之日至臣接到日期，竟迟延四月之久，始由台南文报局发递，不知究在何处压搁。驿传如此废弛，贻误事机，实非浅鲜。

① 中国第一历史档案馆藏：《军机录副》，档案编号：03-5835-013.

除由福建臬司按站查明，从严惩办外，一面仍饬署台澎道陈鸣志、前贵州藩司沈应奎迅速查报每年全台进出各款，通筹全数，分晰开单，一俟查覆到日，即行遵旨奏报。谨先附片陈明。伏乞圣鉴。谨奏。

光绪十一年八月十四日，军机大臣奉旨：知道了。钦此。①

## 二八　请将同知林文钦革职追缴缘由片

光绪十一年七月十七日（1885年8月26日）

再，中路通宵、大甲两海口，曾经前任台澎道刘璈调派彰化绅士候选同知林文钦、广东候补同知吴朝阳各带土勇一营，分扎防守。林文钦等于上年十一月募勇成军，至台南驻防，刘璈申报各该营俱照楚军坐粮章程，每军每月口粮银三两六钱，每营只长夫八十名，夫价每名每月二两四钱。本年经吴鸿源咨调至中路协防，刘璈申报改照行粮章程，每勇每月口粮银四两二钱，添足长夫一百九十名，俱照每名每月三两发给。

臣查林文钦、吴朝阳俱系彰化富绅，所带彰化土勇，何以出防台南口粮尚轻，调防本乡口粮转重，深为诧异，于五月初十日札饬记名提督王贵扬、候补知府丁达意分路点验、裁撤。先据禀报：王贵扬所点吴朝阳土勇一营，空额勇丁十八名，全营无一长夫，夫价亦未发给；丁达意所点林文钦土勇一营，空额勇丁四十九名，亦无长夫，仅见前哨哨官在营，林文钦并各哨官均不在营。当经檄令遣散，饬令林文钦等自行来辕，听候查办。该绅等于遣撤所部土勇后，同时投到。臣当饬沈应奎会同方策勋，问取

① 中国第一历史档案馆藏：《军机录副》，档案编号：03-5835-014.

亲供。林文钦、吴朝阳各供短少勇丁，扣发夫价，与点验册籍相符。若照侵蚀饷项，按律惩办，该绅等应得重咎，例难宽贷。惟访闻该绅等均系安分富户，带勇既非其才，亦非所愿。

查林文钦自上年十一月成军，至本年五月底止，共领饷银一万六千一百余两。吴朝阳自上年十二月成军，至本年五月底止，共领饷银一万二千八百余两。吴朝阳尚知事关军饷悔畏，具禀求宽，情愿赔缴本年三个月行粮银八千两。林文钦年少无知，视空勇、侵饷、擅离营伍为细故，不肯认咎。经沈应奎等详报前来。

臣查林文钦与林朝栋，亲堂叔侄，林朝栋家道中落，尚肯急公好义，备资募勇，出力御寇。林文钦为彰化第一巨富，纵不能如林朝栋之仗义急公，乃经刘璈檄令带勇，竟敢空少勇数、夫数，擅离营伍，殊属不知自爱，理应从严参办，以肃军政。惟闻该绅系刘璈勒令带勇，素昧军营规制，与寻常军营侵冒不同，应请旨将同知林文钦即行革职，勒令将所领饷银一万六千余两全数缴还，以示儆戒。

至吴朝阳家资稍薄，既据禀请愿缴三月行粮银八千两，应恳天恩免予参革。臣为郑重军饷起见，谨附片具陈。是否有当？伏乞圣鉴，训示。谨奏。

光绪十一年八月十四日，军机大臣奉旨：林文钦着即革职，核明该营空少勇数、夫数、饷银若干，勒令呈缴。余依议。该部知道。钦此。[1]

---

① 中国第一历史档案馆藏：《军机录副》，档案编号：03-6097-111. 又见《刘壮肃公奏议·惩暴略》。

## 二九 奏请奖叙基、沪获胜立功将士缘由折

光绪十一年七月二十八日（1885年9月6日）

头品顶戴督办台湾防务福建巡抚一等男臣刘铭传、帮办台湾军务署福建陆路提督世袭骑都尉奴才孙开华跪奏，为遵旨汇报基、沪获胜立功将士，并历次战守尤为出力之援军、练军、转运员弁、官绅，并案仰恳天恩奖励，以昭激劝，恭折仰祈圣鉴事。

窃臣铭传于十年六月十七奏报基隆获胜情形一折，于十年七月初二日内阁奉上谕：刘铭传奏，台北、基隆炮台为敌攻陷，我军复踏敌营获胜情形一折等因。钦此。又于十年八月二十四日具奏沪尾获胜情形，并声明其余出力员弁应请汇入前次保案择尤请奖一折，于十年九月二十日内阁奉上谕：刘铭传奏，法军攻扑沪尾，官军接仗获胜情形一折等因。钦此。又自冬徂春，暖暖、月眉山、大牛埔等战叠次奏报案内，均奉有准其汇案请奖恩旨。臣等于本年五月十二日会奏基隆兵退，台北解严，恩请奖励尤为出力之将弁、官绅一折，接阅邸抄，于六月初四日钦奉上谕：杨岳斌、刘铭传、孙开华奏，台北解严，请将历年战守尤为出力将弁、官绅及筹运出力人员奖励各折、片等因。钦此。

臣祇聆之下，惶悚莫名！自顾基隆未克，澎湖继失，清夜扪心，实深负疚！乃荷圣恩优渥，不加严谴，仍予出力员弁同膺懋赏，凡此鸿慈之逾格，尤觉鳌戴之难名！

伏查台湾一嵎，孤悬海外，四面皆水，法人以巨舰环列海面，先据要口，恃其船坚炮利，昼夜轰击。自上年五月二十五日

敌船即至基隆，所来之船忽多忽少，忽分忽合。我军外无兵轮，内乏炮械。敌兵水陆七千余人，基隆兵士能战者不及其半。该处日日风雨，勇丁皆蹀躞于泥淖之中，不分昼夜，抵力战守，困苦情形不得渎陈。仰赖宸谟广运，方略频施，俾臣等得以激励将士，竭力支持，勉支危局。然一年之间，各将士冲冒枪炮，触染疫疠，相继死亡，不知凡几。臣等所处之境，所御之敌，实较内地接战情形迥异，所有援军如陈鸣志、王诗正、聂士成、吴鸿源等，皆冒险赴援，既涉惊涛骇浪之间，又履烟瘴艰险之地，虽未能卓立战功，当敌势猖獗之际，协力战守，亦赖以共支危局。其余各省转运委员率皆不避艰险，冒死往来，均不无微劳足录。

臣等于本年正月奉准吏部咨开：酌拟官军与外洋接仗获胜保举章程奏明请旨一折，于十年十一月二十日奉旨：依议。钦此。查原奏内开：台湾为孤悬海外之地，一切战守事宜较从前剿办内地各逆，远近难易，迥乎不同，欲求有勇知方，惟在信赏必罚。诚如上年七月初八日圣谕，凡我将士奋勇立功者，破格施恩，悉准各统兵大臣从优保奖，概不以从前内地章程，严其限制。如保案有奉旨交议之件，臣部拟仍照异常劳绩覆议等因，知照前来。

兹臣等钦遵谕旨，照依部章，核明立功将士并尤为出力之各绅团以及援军、转运出力文武，凡在基、沪久战将士，酌定章程，每一营只准分别奏咨开保六十人，援军减半，如吴鸿源所部又减其半。经臣等逐加核实，谨缮具拟保清单，恭呈御览。合无仰恳天恩，俯准从优给奖，以昭激劝而励将来。

除武职自千总以下照例开单咨送兵部核奖外，所有臣等核明基、沪叠次获胜立功将士并战守经年尤为出力之绅团以及援军、转运文武员弁，汇案恳恩给奖缘由，谨恭折开单具陈。伏乞皇太后、皇上圣鉴，训示。谨奏。光绪十一年七月二十八日①。

光绪十一年八月十九日，军机大臣奉旨：另有旨◆1。钦此。②

【案】此折之具奏日期，原文以奉旨日期为之，未确。据奉旨日期查"光绪十一年八月十九日"《军机处随手登记档》③朱批刘铭传、孙开华折栏，则署有"报五百里，七月二十八日台北府发"等字样。据此，具奏日期当以"光绪十一年七月二十八日"无疑。兹据校正。

【案】此奏于是年八月十九日得旨，《清实录》载曰：

又谕：刘铭传等奏，遵保基、沪获胜立功将士，暨历次战守尤为出力之援军、练董、转运员弁、官绅并案开单请奖一折。军营保奖人员，必须打仗获胜，或扼守要隘等项，实在著有劳绩，方足膺懋赏而昭激劝。此次单开，除沪尾接战出力各员弁应量予奖励外，其王诗正一军前经临敌失利，吴鸿源一军留守中路，并无战功，该抚等一并汇保。其余各营何项出力，亦未详细声明，是开报既属笼统，保奖复多冒滥，殊非核实之道！着刘铭传会商孙开华，将单开员数及所请奖叙，严行裁汰，大加删减，查明实在异常出力员弁，再行悉心核定，分晰开单，据实具奏。将此由四百里谕令知之。

寻，刘铭传等会奏，遵减基、沪立功将士保案，请照前单给奖。得旨：王诗正、吴鸿源部下拟保各员弁，着刘铭传详加核减。至王诗正、陈鸣志两军，前单笼统开保，此次单内开列厘出四十余员名，以前单核计，尚有一百余员名，是否全归删汰，并未声明，殊欠明晰，仍着分营逐一开单具奏。其余所请奖叙各员，着该部议奏。

寻，刘铭传奏，查王诗正、吴鸿源所部将士，不无微劳，若全行删减，未免向隅。兹就前单开列在前请保从优者，量为核减，分别开单，

---

① 此具奏日期据《军机处随手登记档》（档案编号：03-0247-1-1211-223）校补。

② 台湾史料集成编辑委员会编：《明清台湾档案汇编》，第5辑，第92册，第91—93页，台北远流出版事业股份有限公司，2009。

③ 中国第一历史档案馆藏：《军机处随手登记档》，档案编号：03-0247-1-1211-223.

酌保五十人。其余一百三十余员名，概归删汰。如所请行。[①]

## 三〇　呈请奖叙基、沪获胜立功文武员弁清单

光绪十一年七月二十八日（1885 年 9 月 6 日）

谨将基、沪获胜立功将士并历次战守及援军、转运尤为出力文武各官绅，汇开清单，恭呈御览。

计开：

奴才开华所部擢胜三营、土勇二营

记名提督简放总兵李定明、记名提督闽浙补用总兵龚占鳌、记名简放提督旷洪亮、提督衔直隶补用总兵萧宗云、记名总兵杨忠。以上五员，李定明、龚占鳌均拟请交军机处存记，开列在前，遇有总兵缺出，先行请旨简放；旷洪亮拟请赏给正一品封典；萧宗云拟请以提督记名，遇有提督缺出，请旨简放；杨忠拟请加提督衔，并赏给勇号。

已革花翎留闽简放总兵蒯炳南，拟请开复原官翎枝，留闽补用。

总兵衔留闽副将刘继高、总兵衔闽浙副将吴东贤、总兵衔尽先副将尹茂才。以上三员，均拟请免补副将，以总兵记名请旨简放，吴东贤并赏给勇号。

尽先副将湖南补用参将聂振声、副将衔留浙补用参将骆友升、留黔补用参将孙福灿、两江补用参将李允廷、尽先参将刘继贤、河南抚标参将马景超、艋舺营水师参将张欣。以上七员，聂

① 中华书局影印：《清实录·德宗景皇帝实录（三）》，卷二百十四，光绪十一年八月下，第 1010 页，中华书局，1987。

振声拟请赏加总兵衔；孙福灿、李允廷均拟请免补参将，以副将各留原省遇缺尽先补用，孙福灿并请赏加总兵衔；骆友升、刘继贤、马景超均拟请免补参将，以副将尽先补用，骆友升、马景超并请赏加总兵衔；张欣拟请以副将留闽浙水师尽先补用。

参将衔留川补用游击徐玉龙、参将衔补用游击周传钦、湖南尽先题推游击杨永贵。以上三员，徐玉龙拟请免补参将，以副将留原省遇缺尽先补用；周传钦拟请免补参将，以副将尽先补用；杨永贵拟请俟补缺后免补参将，以副将尽先补用，先换顶戴。

参将衔游击刘福善、万秋华，尽先游击刘连贵、丁占元、向昌受、李昌厚。以上六员，均拟请免补游击，以参将尽先补用，刘福善、万秋华、刘连贵、丁占元并请赏加副将衔。

尽先游击蒋茂林，拟请免补游击，以参将归部遇缺尽先推补。

鄜州驻防镶黄旗协领兜钦，拟请加副都统衔，并赏戴花翎。

尽先都司贾金龙、罗连辉、易恒富、黄鹤年、杨春生、张达斌。以上六员，均拟请免补都司，以游击留闽尽先补用，并赏加参将衔，贾金龙并请赏戴花翎。

尽先都司涂松廷，拟请免补都司，以游击尽先推补。

花翎守备张瑞兴、叶苹秋，蓝翎守备何登亮、邓英才、刘维谦、李玉贵、李定雄、谭得胜，都司用守备刘维锦，尽先守备邓大胜。以上十员，均拟请免补守备，以都司遇缺尽先补用，张瑞兴、叶苹秋并请赏加游击衔，何登亮、邓英才、刘维谦、李玉贵并请赏换花翎。

艋舺营中军守备罗胜标，拟请以都司尽先补用。

蓝翎都司用留闽守备滕知仁、都司衔安徽抚标守备王金扬、湖南提标守备覃玉升、湖南提标骑都尉世职贺明勋。以上四员，均拟请免补守备，以都司各留原省遇缺尽先补用，王金扬并请赏加游击衔，滕知仁并加游击衔，赏换花翎。

蓝翎守备衔千总孙伯俊、李祥胜、陈若绣，蓝翎千总薛文贵、周宗孝、戴添喜、刘肇武、胡毓祥、雷寿喜、邓长胜、苏鸿斌、孙贻谋、陈有文，尽先千总梁朝元、张光银、张兆元、蒋得胜、张正玉、杨佩芝，留闽补用千总廖占彪、施才举。以上二十一员，孙伯俊拟请免补千总、守备，以都司留闽尽先补用，并赏换花翎；薛文贵拟请免补千总、守备，以都司尽先补用，并赏换花翎；李祥胜、周宗孝、戴添喜、刘肇武、胡毓祥均拟请免补千总，以守备尽先补用，并赏换花翎；陈若绣、孙贻谋、陈有文均拟请免补千总，以守备尽先补用，并加都司衔，赏换花翎；雷寿喜、邓长胜、苏鸿斌、梁朝元、张光银、张兆元、蒋得胜均拟请免补千总，以守备尽先补用；张正玉、杨佩芝、廖占彪、施才举均拟请免补千总，以守备留闽补用，并请赏加都司衔。

云骑尉世职易得成、武举王鹤飞。以上二员，均拟请以守备尽先补用，并请赏戴蓝翎。

蓝翎把总罗志勇、王正玉、王民贵、朱名彪，蓝翎五品军功黄宗河。以上五员，罗志勇、王正玉、王民贵均拟请免补千总，以守备尽先补用，并请赏换花翎；朱名彪、黄宗河均拟请免补千总，以守备留闽尽先补用。

尽先千总福建陆路提标中营把总杨振武，拟请加守备衔，并赏戴蓝翎。

福建陆路提标中营外委王升、蓝翎外委蒋玉成。以上二员，均拟请免补千、把，以守备尽先补用，王升并请赏戴蓝翎，蒋玉成并请赏换花翎。

军功范庆成、白廷枫、李春霆、范庆升、李怡和、秋誉章、范嗣昌、范定业、张国元。以上九名，均拟请赏给五品蓝翎员外郎衔。

二品荫生孙道仁、知州衔两淮试用运判方模立、五品顶戴分省试用班先知县秋寿南。以上三员，孙道仁拟请以直隶州知州不论双单月，分省归候补班前先补用；方模立拟请免补本班，以同知直隶州留闽归候补班前先补用；秋寿南拟请免补知县三班，以直隶州知州留闽前先补用，均请赏戴花翎。

指分广东试用同知潘作霖，拟请以本班仍留原省归候补班前补用，并请赏加知府衔。

蓝翎知州衔补用知县福建试用府经历李烇、安徽试用府经历刘建藩、盐提举衔留闽补用县丞李淦、直隶试用县丞方家庆、江苏补用县丞翁延年。以上五员，均拟请免补本班，以知县留原省归候补班前补用，李烇并请赏换花翎，李淦并请赏戴蓝翎，方家庆、翁延年并请赏加同知衔。

同知衔不论双单月即选知县舒体元、五品衔候选知县彭瀛、运同衔直隶州用即选知州沈国铦、候选盐大使舒泰元、盐大使衔方家栋、中书科中书衔朱炳焱。以上六员，舒体元拟请以本班分省归候补班前先补用，并请赏戴花翎；彭瀛拟请以本班留闽归候补班前先补用；沈国铦拟请赏戴花翎；舒体元、方家栋均拟请以盐大使留闽归候补班前补用，并赏加五品衔；朱炳焱拟请以知县分省归候补班前补用。

大挑教谕刘勷、候选府经历周梦龄。以上二员，均拟请免选本班，以知县分省前先补用，周梦龄并赏戴蓝翎。

已革留甘补用知县周之鉴，拟请销除“永不叙用”字样。

盐大使衔例贡生徐德立，县丞衔附生刘威，附生孙起鹏、范鼎祺。以上四员，徐德立、范鼎祺均拟请以盐大使留闽归候补班前补用，并请赏给五品翎顶；刘威、孙起鹏均拟请以县丞留闽归候补班前补用。

附生黄祖涛、范毓璜，均拟请以盐大使分省归候补班前补用，并请赏戴蓝翎。

候选训导罗铭谨，候选从九品娄永龄、刘德麟。以上三员，罗铭谨拟请免选本班，以教谕不论双单月尽先选用；娄永龄、刘德麟均拟请免选本班，以县丞分省归候补班前补用，并请赏戴蓝翎。

文童益芳、朱勇曾、黄式琛、李晋蕃、程树芬、范光荣、陈启鹏、沈业泰。以上八名，均拟请以巡检留闽遇缺前先补用，并请赏戴蓝翎。

文童余恩济，拟请以巡检留闽归候补班前补用，并请赏加六品衔。

福建试用从九品邓祥元，拟请以本班归候补班前补用，并请赏戴蓝翎。

廪贡生李元景、黄如许。以上二员，均拟请以训导不论双单月尽先选用。

监生沈鸿年，拟请以巡检不论双单月遇缺尽先选用。

附生苏孙谋、娄振镛，俊秀葛炜、范毓珩、吴昌藩、李春霖。以上六名，均拟请以从九品不论双单月分省前先补用，范毓珩、吴昌藩、李春霖并请赏戴蓝翎。

文童赵浚明、沈镇邦、游方曾。以上三名，均拟请以典史留闽归候补班前补用，赵浚明并请赏戴蓝翎。

附生郑以典、李春芳，文童林维馨。以上三名，均拟请赏给五品蓝翎，兼袭云骑尉。

附生蒋赓飏，州同衔李孙蒲，附生王永安、王继纬，监生张光泰，军功王耀冠、王镜清，文童王骏观。以上八名，均拟请赏给五品蓝翎。

国子监典籍王天钧、文童杨永桂。以上二名，均拟请赏给六品蓝翎。

候选从九品沈应垣，拟请赏给六品衔。

福宁镇总兵曹志忠统带庆祥、绥靖六营

记名总兵倜勇巴图鲁曹茂松、额腾依巴图鲁王三星、提督衔记名总兵固勇巴图鲁邹贵友、记名总兵萧辉绪。以上四员，曹茂松拟请以提督记名，遇有提督缺出，请旨简放；王三星拟请以提督记名，遇有海疆总兵缺出，请旨简放；邹贵友、萧辉绪均拟请以总兵留闽浙差遣委用，萧辉绪并请赏加提督衔。

记名总兵两江补用副将鼓勇巴图鲁陈世贵，总兵衔补用副将胜勇巴图鲁杨朝荣，总兵衔补用副将曹正贵、邓斌仪，补用副将持勇巴图鲁曹良臣，两江补用副将郭有功，留甘补用副将刘致和、邓忠义，补用副将曹长春、周玉林、刘友士、曹发怡。以上十二员，陈世贵、杨朝荣均拟请免补副将，以总兵留闽浙差遣委用，陈世贵并请赏加提督衔；曹正贵、邓斌仪、曹良臣、郭有功、刘致和、邓忠义、曹长春、周玉林、刘友士、曹发怡均拟请免补副将，以总兵记名请旨简放。

已革总兵衔留闽水师补用副将龙惠南、已革总兵衔湖南补用副将盛勇巴图鲁叶友胜。以上二员，均拟请开复原官原衔，各留原省补用。

总兵衔补用副将曹云胜、补用副将成乾元。以上二员，均拟请仍以副将留闽尽先补用，曹云胜并请赏给二品封典，成乾元并请赏加总兵衔。

两江补用副将涂宗德，拟请赏加总兵衔。

副将衔补用参将胡泰林、王德怀、周学泉、刘福庭，尽先补用参将曹福秀、萧正泰。以上六员，均拟请免补参将，以副将留闽浙尽先补用，曹福秀并请赏加总兵衔。

副将衔两江补用参将李清华，尽先参将成有盛、王有林。以上三员，均拟请免补参将，以副将尽先补用。

参将衔游击凌三元、朱汉滨，补用游击戎恒高、张湘华、邹添福、艾明高、周致堂、周福连、沈云霖。以上九员，均拟请免补游击，以参将尽先补用，并请赏加副将衔。

两江补用游击武凤翔、游击衔浙江补用都司王凤林。以上二员，均拟请免补游击，以参将各留原省尽先补用，武凤翔并请赏加副将衔。

尽先游击曹庭益、游击衔都司刘复胜、补用都司江魁梧。以上三员，均拟请免补游击，以参将留闽浙尽先补用，曹庭益并请赏加副将衔。

尽先游击许为二，拟请仍以游击留闽浙尽先补用，并请赏加参将衔。

副将衔游击刘万钟，拟请赏给勇号、游击衔。

湖南补用都司杨德安、留川补用都司叶占春。以上二员，均拟请免补都司，以游击各留原省尽先补用，杨德安并请赏加副将衔。

蓝翎都司曹祖发、黄赞廷、朱惠风、彭云桂。以上四员，均拟请免补都司，以游击尽先补用，并请赏换花翎。

补用都司张德升、吴金堂、周福胜、杨再荣、蒋丹成、万守光、蒋云峰、王长胜、易云祥、罗桂和。以上十员，均拟请免补都司，以游击尽先补用，并请赏加参将衔。

尽先都司曹春芳、陶鸿桂、王得贵、胡星胜、曹荣贵。以上五员，均拟请免补都司，以游击尽先补用，曹荣贵留于闽浙，并请赏加参将衔。

已革花翎游击衔都司萧岐庭，拟请开复原官衔翎。

湖南补用守备胡景星，拟请免补守备，以都司尽先补用。

都司衔守备黄泰春、欧阳骏，守备汪顺清。以上三员，均拟请免补守备，以都司留闽浙尽先补用，并请赏加游击衔。

都司衔守备陈添福、郭炳寅，补用守备闵德升、刘澍先、徐青山、蒋益寿、王锡云、吴德华、周凤阳、潘必亮、吴锦洲、刘发银、林万胜、刘时松、李秉祥、李义胜、谢保林、蒋贵声、周东佐、李福元、郑得实、贺光裕。以上二十二员，均拟请免补守备，以都司尽先补用，陈添福、郭炳寅、闵德升、刘澍先、刘青山、蒋益寿、王锡云、吴德华并请赏加游击衔。

蓝翎守备冯锡庚、罗吉庭、文为贵、刘永政、曹仁礼、陈镇湘、易春堂。以上七员，均拟请免补守备，以都司尽先补用，并请赏换花翎。

蓝翎守备衔千总邹朝章、胡邦荣、彭云贵，蓝翎千总杨官禄、王兴遇、曹步云、蒋全喜、易云彩、曹森广、戴紫珍、寿安、谭钟山、王占雄、周国英。以上十四员，均拟请免补千总，以守备尽先补用，并请赏换花翎。

尽先拔补千总黄宝臣、许得胜、张连升、周立朝、喻友山、成乾祥、许锦湘、周春生、左信春、谭子卿、陈奏福。以上十一员，均拟请免补千总，以守备尽先补用，黄宝臣、许得胜、张连升、周立朝、喻友山、成乾祥并请赏加都司衔。

蓝翎守备衔千总曹定元，蓝翎千总戴铭钧、李成瑞、庄景贤、曹茂胜，千总张绍安。以上六员，均拟请免补千总，以守备留闽浙尽先补用，曹定元、戴铭钧、李成瑞、庄景贤、曹茂胜并请赏换花翎。

福建试用同知俞鸿、候选通判朱仁溥、蓝翎五品衔分省补用知县曹纲、二品荫生萧赞廷。以上四员，俞鸿拟请以同知仍留原省归候补班前补用，并请赏加知府衔；朱仁溥拟请以本班留闽前先补用，并请赏加同知衔；曹纲拟请免补本班，以直隶州知州留闽前先补用；萧赞廷拟请以通判分省补用。

知县用福建试用县丞沈先大、福建试用按经历吴承铣、府经历王祖清。以上三员，均拟请免补各班，以知县仍留原省归候补班前先补用。

荫生选用州判王其恕、东河试用直隶州州判丁垣、蓝翎五品顶戴补用知县杨凌汉。以上三员，王其恕拟请免选本班，以知县留闽前先补用；丁垣拟请俟补缺后，以知州归东河掣省前先补用；杨凌汉拟请赏加同知衔。

盐提举衔已革江苏补用同知尽先试用知县甘泽宣、已革花翎同知衔河南候补知县赵豫培、已革浙江金华府经历姚金钊。以上三员，甘泽宣拟请开复原官升阶分省补用；赵豫培拟请开复原官原衔，分省补用，并免缴捐复银两；姚金钊拟请开复原官，留闽补用。

候选典史刘兆藜、县丞用即选主簿王道佩、候选主簿黄家彝、从九卢自鑅。以上四员，均拟请免选各本班，以县丞分省前先补用。

已革湖北郧阳县知县彭世翰，拟请开复原官，分省补用，并免缴捐复银两。

候选县丞郑乐纲、廪生陈兆芬、指分河南从九品赵师铨、广东试用从九谭凯。以上四员，郑乐纲拟请仍以县丞留闽前先补用，并赏加六品衔；陈兆芬拟请以县丞分省补用；赵师铨拟请免补本班，以府经历仍留原省前先补用；谭凯拟请免补本班，以县丞仍留原省前先补用。

附生曹受兹，文童梁瑞、曹廑寰、张宿辉、尚斌元、马志国、黄恩溥，分省补用巡检王文炳，从九品衔龚子廉，布经历衔叶绍贤，监生赵赞动、何耀垣。以上十二名，均拟请以巡检不论双单月留闽前先补用。

附生陈光烈，监生宋维贤，文童曹志端、周荣、谢谦、蒋隆基、李开泰。以上七名，均拟请以从九品不论双单月遇缺尽先选用。

八品顶戴罗文炳，俊秀曹光策、曹达昭、曹瀚渊、汤鸿、何桢、来复元、张继良、梁鹏翊、罗济湘、胡定铭、朱锦新，蓝翎军功曹镜清。以上十三名，均拟请以从九品留闽归候补班前补用。

附生廖廷铨，俊秀陈道谷、吕绍麟、廖震南、龙祥麟、易维辛、程志清、张鸿绪。以上八名，均拟请以从九品不论双单月分省前先补用。

候选从九品毕昭箕，拟请免选本班，以县主簿分省前先补用。

贡生苏朝弼，拟请赏给五品蓝翎。

记名总兵柳泰和统带岳前一营、土勇二营

补用游击彭克彰、王德泰，湖南补用游击陶廷梁。以上三员，彭克彰、王德泰均拟请免补游击，以参将尽先补用；陶廷梁拟请免补游击，以参将仍留原省尽先补用，并赏加副将衔。

湖南补用都司陶金魁，拟请免补都司，以游击仍留原省尽先补用。

尽先补用都司张明大、李玉泉、钟万全、李洪春、何永胜、陈登榜、李瑞正、朱云胜。以上八员，均拟请免补都司，以游击尽先补用。

补用守备陈得胜、郭长青、陈良佐、赵有才、戴质成、施泽春。以上六员，均拟请免补守备，以都司尽先补用，并赏加游击衔。

补用守备易正国、程翅高。以上两员，均拟请免补守备，以都司尽先补用。

蓝翎守备柳进益、江全喜、周万胜、沈树祥、徐永顺、赵芳贤。以上六员，均拟请免补守备，以都司尽先补用，并赏换花翎。

蓝翎守备衔千总凌玉和、黄仁贵，尽先千总陈坤山、陈腾龙、张步升、刘大志、胡友胜、李胜钟、刘复胜、田荣庆、李克言、周春山、方吉祥、彭顺得。以上十四员，均拟请免补千总，以守备尽先补用，凌玉和、黄仁贵并请赏换花翎，陈腾龙并请赏戴蓝翎。

福建候补县丞郑廷槐、六品衔福建候补县丞沈继曾。以上二员，均拟请免补本班，以知县仍留原省前先补用。

候选府经历江廷璋，拟请免选本班，以知县分省前先补用。

长芦试用盐大使姚体茂，拟请归候补班前先补用。

已革花翎直隶州用同知衔四川邻水县知县富拉浑、已革理问衔广东顺德县县丞王焱。以上二员，富拉浑拟请开复官阶衔翎，并免缴捐复银两；王焱拟请开复原官原衔留闽补用，并免缴捐复银两。

候选从九黎彬、州吏目张履良、附生王秉寿。以上三员，黎彬拟请免选本班，以县丞留闽补用；张履良拟请免选本班，以府经历分省前先补用；王秉寿拟请以府经历不论双单月遇缺尽先选用。

文童胡幹臣，议叙选用从九须贻善，文童周玉章、胡焯。以上四员，胡幹臣、须贻善拟请以从九品不论双单月选用，周玉章、胡焯拟请以未入流不论双单月选用。

文童黎培泽，荫监生郭余忠，俊秀黄丕承、卫守鉴、施沛霖。以上五名，均拟请以巡检留闽前先补用。

文童萧经林、刘丰仪、黄谈英、王懋修、郭长裕，五品顶戴周楷祥。以上六名，均拟请以从九品留闽前先补用。

文童王桢、议叙双月选用州吏目马庆熙。以上二员，王桢拟请以盐巡检、马庆熙拟请以州吏目，均不论双单月分省前先补用。

记名提督杨金龙统带绥靖左营、恪靖仁营

记名总兵奇朗阿巴图鲁万本华，拟请以提督记名，遇有提督缺出，请旨简放。

花翎总兵衔留甘补用副将喻升山，拟请免补副将，以总兵仍留原省尽先补用。

副将衔补用参将钟玉镛、花翎参将擢勇巴图鲁易柴临。以上二员，均拟请免补参将，留闽尽先补用。

参将衔补用游击陈锡常，补用游击邹立美、姜汉春、李益清。以上四员，均拟请免补游击，以参将尽先补用。

留甘补用都司苏忠恕、四川督标中营都司曾占鳌、直隶都司叶玉标、游击衔两广都司梁善浩。以上四员，均拟请免补都司，以游击各留原省尽先补用。

都司硕勇巴图鲁杜海辉，游击衔都司彭德藩、赵福元，升用游击都司马步云，都司衔守备郑得胜。以上五员，均拟请免补都司，以游击尽先补用。

补用守备陈有林、贺福临、杨和鸣、周世福。以上四员，均拟请免补守备，以都司尽先补用。

守备衔补用千总康寿廷，千总刘运贞、刘启长、苏廷瑞、吴元勋、姜玉根。以上六员，均拟请免补千总，以守备尽先补用。

廪生孝廉方正张振铨、候选县丞杨丙吉。以上二员，均拟请免选本班，以知县留闽归候补班前补用。

二品难荫生陈祖荫，拟请俟承荫后赏给四品顶戴。

候选府经历林汝棠，拟请免选本班，以布库大使分省补用。

降补盐提举衔广西融县知县张瑞芝，拟请开复原官原衔，分省补用。

候选教职邹嘉来、商启文，拟请仍以教职不论双单月遇缺尽先选用。

候选从九品郑家怡、州吏目施家贞、分省补用主簿易盛堂。以上三员，均拟请免选、免补各本班，以县丞留闽前先补用。

湖北试用巡检李积杞，拟请免补本班，以县丞仍留原省前先补用。

文童方国珍，拟请以巡检分省前先补用。

附生齐来庭，文童杨谦、刁祖锡。以上三名，均拟请以巡检留闽前先补用。

六品顶戴徐堃、监生蒋叶、文童陶炳甲。以上三名，均拟请以从九品留闽前先补用。

记名总兵刘朝祜统带中军三营、亲兵炮队暨各局所委员

记名提督龚云福、记名总兵辑勇巴图鲁尤福聚、记名总兵徐赞彪、记名总兵前湖北汉阳协副将柏云凌、记名总兵湖广补用副将黎泽海、升用总兵两江推补副将张嘉斌。以上六员，龚云福拟请交军机处存记，遇有总兵缺出，请旨简放；尤福聚拟请以提督

记名，请旨简放；徐赞彪、柏云凌均拟请赏加提督衔；黎泽海拟请仍以副将留闽浙补用，俟补缺后，以总兵升用；张嘉斌拟请以总兵记名，请旨简放。

副将衔尽先参将骆本贵，花翎副将衔两江督标参将巫得胜，花翎两江尽先参将程士元，升用副将尽先参将周鼎臣，副将衔两江补用参将张克胜，副将衔两广补用参将刘盛濯，两广补用参将程曾郁，副将衔留甘补用参将陈尚新，尽先参将刁德化、李琛。以上十员，均拟请免补参将，以副将尽先补用，骆本贵、巫得胜、程士元、周鼎臣并请赏加总兵衔，张克胜、刘盛濯、程曾郁各留原省尽先题补，陈尚新拟改留闽浙补用。

蓝翎副将衔两江补用参将袁绍从，拟请赏换花翎。

参将衔安徽抚标游击周起凤、两江督标补用游击赵宗连、四川督标补用游击傅桂芳、留川补用游击杨大志、两江补用游击张广居。以上五员，均拟请免补游击，以参将各留原省尽先补用，周起凤、赵宗连并请赏加副将衔。

参将衔补用游击陈师善，两江补用游击王立德，升用游击两江都司徐学仁，尽先游击潘贵升、黄金龙、孙占彪。以上六员，均拟请免补游击，以参将尽先补用，并请赏加副将衔。

花翎贵州补用游击龚勋臣、花翎两江补用游击陆汝霖、浙江补用游击黄国栋。以上三员，均拟请赏加副将衔。

参将衔湖广督标补用游击高森富，拟请赏给二品封典。

升用游击两江补用都司姜鸿胜，升用游击骑都尉世职兼云骑尉世职湖北武昌城守营例用都司江子焱，游击衔补用都司胡得财、李春荣、倪辰彬，尽先都司六朝焯、刘长荣、汤仁贵。以上八员，均拟请免补都司，以游击尽先补用，倪辰彬并请赏戴花翎，胡得财并请赏加参将衔。

已革花翎总兵衔尽先副将潘梁柱，拟请开复原官衔翎，并免缴捐复银两。

都司用安徽抚标守备张涌盛，蓝翎补用守备恽竹斌、李人和、赵文成，尽先守备陈瑞图、康从云、马秉春、王起胜、沈棋山、卞文华、熊振声、萧守城、唐银发。以上十三员，均拟请免补守备，以都司尽先补用，恽竹斌、李人和并请赏换花翎，马秉春并请赏戴花翎，熊振声并请赏加游击衔，萧守城、唐银发均拟请留闽补用，并赏加游击衔。

洋教习凯来博，拟请赏加都司衔。

蓝翎漕标卫守备田俊章、候选卫守备黄春甲、都司衔尽先守备缪云湘。以上三员，田俊章拟请以本班归候补班前补用，并加都司衔，赏换花翎；黄春甲拟请以本班归漕标遇缺尽先补用，并赏戴花翎；缪云湘拟请以本班留广东水师提标尽先补用，并赏戴蓝翎。

守备用千总袁国瑞、陈子中、张家德、韦学有，蓝翎千总朱泰成、彭昌震、吴广发、张东林，尽先千总褚义发、夏芝兴、王明义、王同德。以上十二员，均拟请免补千总，以守备尽先补用，朱泰成、彭昌震、吴广发并请赏换花翎，张东林拟留福建镇标拔补，并请赏换花翎，褚义发、夏芝兴并请赏戴花翎，王明义、王同德并请赏戴蓝翎。

守备衔千总杜得胜，拟请免补千总，以卫守备归漕标尽先补用，并请赏换花翎。

升用守备两江督标补用千总强应南，两江补用千总张长胜、李经业，四川督标补用把总洪肇彩，江苏抚标千总胡志祥。以上五员，均拟请免补千总，以守备各留原省尽先补用。

五品军功柯壬贵，云骑尉世职黄树人、窦懋森。以上三员，柯壬贵、黄树人均拟请以守备留闽尽先补用，窦懋森拟请赏戴花翎。

尽先守备周殿安，拟请以卫守备归部不论双单月尽先选用。

尽先把总王德尧，拟请免补千总，以卫守备尽先补用。

三品衔升用道江苏候补知府方鸿，拟请免补本班，以道员仍留原省遇缺尽先题补。

盐运使衔江苏即补知府鲁伯阳，拟请免补本班，以道员留闽补用。

东河补用知府丁达意、户部郎中刘大镛、花翎四品衔刑部郎中罗廷玉。以上三员，均拟请以知府留闽归候补班前补用，丁达意并俟补缺后以道员用。

已革三品衔浙江补用知府候补同知石祖芬，拟请开复原官原衔阶，分省补用，并免缴捐复银两。

员外郎衔兵部主事杨典训，拟请以直隶州知州分省前先补用。

内阁中书陶济福，拟请俟截取同知得缺后，在任以知府归候补班尽先补用。

中书科中书陈尔延，拟请以同知分省前先补用。

双月选用同知李荣世、程锦章，均拟请仍以本班不论双单月遇缺尽先选用。

候选同知黄大文、蔡继成，蓝翎五品衔候选通判李桂芬。以上三员，均拟请各以本班留闽前先补用，黄大文、蔡继成并请赏加知府衔。

山东补用知州陈颖烁，拟请赏加知府衔。

蓝翎同知直隶州用候选知县叶向荣、蓝翎升用知州候选布理问李葆蘩。以上二员，均拟请免选本班，叶向荣以同知分省前先补用，李葆簗以同知留闽前先补用。

拣选知县汪望庚，举人侯梁、杨学洪。以上三员，汪望庚、侯梁均拟请以知县留闽归候补班前补用，杨学洪拟请以知县分省归候补班前补用。

留陕补用知县刘文府，拟请免缴分发三班银两，仍以知县留原省归候补班前补用。

五品蓝翎候选府经历田斯和、候选县丞刘赓飏、知县用候选州判周凤鸣。以上三员，均拟请免选本班，田斯和、刘赓飏以知县留闽前先补用，周凤鸣以知县分省前先补用。

候选训导左辅卿、理问衔分发试用盐大使胡恩培。以上二员，均拟请俟选缺补缺后以知县用，左辅卿并赏给五品顶戴。

五品衔江苏补用县主簿汤懋功，拟请免补本班，以盐大使分省归候补班前补用。

候选按司狱保准升用史鸿钧、候选县主簿孙渥。以上二员，均拟请免选本班，以盐大使留闽补用。

浙江秀水县县丞徐国柱，拟请开缺以知县仍留原省前先补用。

五品顶戴分省补用从九品叶声、江苏试用从九品卢自信、直隶候补巡检李登瀛。以上三员，均拟请免补本班，叶声以县丞留闽补用，卢自信以县丞仍留原省前先补用，李登瀛以府经历仍留原省前先补用。

候选县丞徐士铭，拟请仍以本班留闽归候补班前补用。

附生刘盛灿，拟请以府经历不论双单月分省归候补班前补用。

附生龚德庸、权巽行，均拟请以县丞留闽补用。

候选从九品汤其濬，监生李荫棠，增生张恩庆，附生周铸，文童聂恩佩、蔡常庆。以上六名，均拟请以巡检留闽前先补用，汤其濬、周铸并请赏戴蓝翎。

增监生彭昌熙，监生刘朝俊、章铸，翻译生刘世芳。以上四名，均拟请以巡检不论双单月分省前先补用。

附生许邦杰、从九品刘朝标、文童刘荫生。以上三名，均拟请以巡检不论双单月遇缺尽先选用。

文童田锦树、许树身、解炳章、吴炳镛、唐仁厚、唐承泽。以上六名，均拟请以从九品留闽前先补用。

监生罗荣禄、文童成嘉斌。以上二名，均拟请以从九品分省前先补用。

署台湾镇总兵章高元统带武毅三营、巡缉一营、土勇一营

补用总兵湖南尽先副将李惟义、总兵衔尽先副将周鸣声、两江补用副将张有顺。以上三员，李惟义、张有顺均拟请免补副将，以总兵交军机处记名，遇有总兵缺出，请旨简放，李惟义并请赏加提督衔；周鸣声拟请仍以副将留闽浙尽先补用，并俟补缺后，以总兵升用。

湖北尽先参将汤明盛，副将衔尽先参将朱必成，尽先参将萧德明、李保民。以上四员，汤明盛拟请免补参将，以副将尽先补用；朱必成、萧德明、李保民均拟请免补参将，以副将留闽浙尽先补用。

参将衔游击许士礼、周南义、王向贵、贾加才，尽先游击章保胜、陈孝彬、陈近标，四川补用游击沈大元。以上八员，许士礼拟请免补参将，以副将尽先补用；周南义、章保胜均拟请免补参将，以副将留闽浙尽先补用；王向贵、贾加才、陈孝彬均拟请免补游击，以参将尽先补用；沈大元、陈近标均拟请免补游击，以参将留闽浙尽先补用，沈大元并请赏加副将衔。

游击衔尽先都司李世鸿、马德恒，尽先都司丁广龄、张学道、王有宏、刘兴泰、王和宽、窦桂、郭天兴、王肇庆、钟茂春、李春华、蒋寿春、云祥。以上十四员，均拟请免补都司，以游击尽先补用。

寿春镇标骑都尉世职张锦云，拟请免补都司，以游击留原标尽先补用。

游击衔都司宋立功，拟请赏戴蓝翎。

都司衔守备赵宗贵，尽先守备马自福、钟定国、孙本鳌、胡志祥、尚得胜、杨舞振、彭名晃、杨允文、高文元、杨如成、周士贵、罗青云。以上十三员，均拟请免补守备，以都司尽先补用。

蓝翎守备王永祥、吴玉田、沈有。以上三员，均拟请免补守备，以都司留闽浙尽先补用。

都司衔守备杨荣盛，尽先守备马松林、邬清山，骑都尉世职刘维冈。以上四员，均拟请免补守备，以都司留闽尽先补用。

尽先守备王士林、吴福盛，均拟请加都司衔，并请赏戴蓝翎。

狼山镇标花翎守备严建勋，拟请以卫守备归部不论双单月尽先选用，并请赏加都司衔。

蓝翎千总向廷伦、章维全、姚春清、刘忠春、张金才、毛鸿佐、彭万春、王浣文、袁国梁。以上九员，均拟请免补千总，以守备尽先补用。

蓝翎千总刘宗文、刘菊秋、黎培莪、胡士元，五品蓝翎千总李廷琛，尽先千总蔡国梁。以上六员，均拟请免补千总，以守备留闽尽先补用。

蓝翎把总张安珍、赵宗勋，尽先把总董长发、刘照成、刘学贵、唐先正、陈有祥、云福兴。以上八员，均拟请免补千总，以守备尽先补用。

拔补把总滕有发，拟请免补千总，以守备留闽尽先补用。

把总千总赖进武、蓝翎把总朱成章。以上二员，均拟请免补千总，以卫守备留漕标尽先补用。

分省补用知县田逊忠、五品蓝翎两淮补用盐大使孙传恕。以上二员，均拟请免补本班，田逊忠以同知分省尽先补用，孙传恕以运判留两淮遇缺即补。

候选县丞商作霖、伍钟俊。以上二员，均拟请免选县丞，以知县不论双单月分发省分，归候补班前先补用。

花翎五品衔知县用浙江补用州判孙钟豫、安徽即补县丞王墉、江苏试用县丞张钧元。以上三员，均拟请免补本班，孙钟豫以知县留闽归候补班前先补用，王墉、张钧元以知县各留原省遇缺即补。

四品衔候选州同熊良翰、五品蓝翎候选县丞蔡仲篪、候选府经历县丞戴鼎纶。以上三员，均拟请免选各本班，熊良翰以直隶州知州分发省分，归候补班前先补用；蔡仲篪、戴鼎纶以知县留闽，归候补班前先补用。

开复湖北候补知府鹤峰州知州吕品律，拟请免缴捐复银两，仍以原官分省补用。

候选州同余士标，拟请赏加同知衔。

理问衔福建试用县丞徐慎思、应升缺用两淮试用巡检徐石麒。以上二员，徐慎思拟请仍以县丞候补，俟补缺后以知县用；徐石麒拟请免补本班，以县丞留江苏遇缺即补。

六品衔候选巡检周桂增、留甘补用巡检周月烺。以上二员，均拟请免选、免补各本班，以府经历留闽遇缺即补。

增生李士藩，拟请以不论双单月府经历留闽，归候补班前先补用。

附生刘朝宗、疏凿。以上二员，均拟请以县丞不论双单月分发省分，归候补班前先补用。

五品蓝翎附生吕珙，候选从九品刘奎明、陈良博。以上三员，均拟请免选本班，以县丞留闽归候补班前先补用。

廪生叶日昭、田纶章。以上二员，均拟请以训导不论双单月遇缺即选。

附生张观澜，拟请以县主簿不论双单月尽先选用。

附生孙傅质、李兰台、方锦标。以上三员，均拟请以盐巡检分省尽先补用。

附生范汝翼、俊秀章册新，均拟请以巡检留闽前先补用。

附生汤蓝生，拟请以从九品分省补用。

贡生吴昌华，文童林觐光、吴文鼎。以上三名，均拟请以从九品留闽前先补用。

监生陈树勋、刘盛珆、张本龄，文童毕萃德、许鹏汉、朱荣传。以上六名，均拟请以从九品尽先选用。

记名提督遇缺简放总兵苏得胜统带健字土勇二营

记名总兵懋勇巴图鲁宋先聘，拟请以提督记名，请旨简放。

花翎两江督标副将张先治、蓝翎两江督标副将孙世凤。以上二员，均拟请以总兵记名请旨简放，孙世凤并请赏换花翎。

副将衔两江补用参将胡德洪、尽先参将胡惟富。以上二员，均拟请免补参将，以副将尽先补用，胡德洪并请赏给二品封典。

尽先游击樊贻吉、宋先明、李葆芝。以上三员，樊贻吉、宋先明拟请免补游击，以参将尽先补用，并请赏加副将衔；李葆芝拟请赏加副将衔，并请赏给二品封典。

蓝翎游击衔都司徐顺贵、补用都司程龙彪。以上二员，均拟请免补都司，以游击留闽尽先补用，徐顺贵并请赏换花翎。

尽先都司刘利安，拟请免补都司，以游击尽先补用。

花翎守备张心乐、蓝翎守备丁成义。以上二员，均拟请免补守备，以都司尽先补用，张心乐并请赏加游击衔，丁成义并请赏换花翎。

蓝翎守备用千总陈尚义，蓝翎千总邓怀志、张金有、张廷献、陆爕和、罗富文、吴得元、王金泰，两江督标千总童懋元，尽先千总温平兰。以上十员，均拟请免补千总，以守备尽先补用，陈尚义、邓怀志、张金有、张廷献并请赏换花翎，温平兰并请赏戴蓝翎。

拣选千总刘忠梁，拟请免补千总，以卫守备归部不论双单月遇缺尽先选用。

蓝翎把总郭宗耀、陈维乐、操维岳，尽先把总王得意、陈学才、张文运。以上六员，均拟请免补千总，以守备尽先补用，郭宗耀并请赏换花翎，王得意、陈学才并请赏戴蓝翎，操维岳并请留闽浙尽先拔补。

留陕补用知县操维嵩，拟请加同知衔，并赏戴花翎。

江苏补用县丞苏绪宽、两淮补用盐大使刘朝杓、分发省分前先补用县丞方峻。以上三员，苏绪宽、刘朝杓均拟请免补本班，以知县仍留江苏归候补班前先补用；方峻拟请免补本班，以知县分发省分归候补班前先补用。

指分福建试用县丞金绶，拟请仍以县丞归候补班前补用，俟得缺后以知县用。

蓝翎县丞用山东补用县主簿樊文英，拟请免补本班，以县丞留原省前先补用。

分省补用巡检徐润，拟请免补本班，以县丞留闽前先补用，并请赏戴蓝翎。

候选训导吴梦元、廪生薛象圭，均拟请以训导不论双单月遇缺尽先选用，吴梦元并请赏给五品顶戴。

候选从九王叔南，拟请以本班留闽前先补用。

候选从九高开甲，拟请免选本班，以库大使留闽补用。

盐大使衔附监生郭文翥，拟请以盐巡检分省前先补用。

附贡生刘盛芳，拟请以府经历不论双单月分省归候补班前补用。

廪生江荫先，拟请以府经历留闽归候补班前补用。

附生甘棠、文童王应庚，均拟请以典史留闽归候补班前补用。

文童郭受禔、刘春涛，均拟请不论双单月巡检留闽归候补班尽先前补用。

候选道员林朝栋统带栋字土勇二营

都司衔守备林用峰、张金生，均拟请免补守备，以都司留闽尽先补用，林用峰并请赏戴花翎。

都司衔题补台湾嘉义营守备何永忠，拟请以都司尽先在任候补，并请赏加游击衔。

已革福建水师都司高琦魁，拟请开复原官，仍留福建水师尽先补用。

蓝翎五品衔千总林如祯、花翎五品顶戴千总郑有勤，均拟请免补守备，以都司留闽遇缺尽先补用，林如祯并请赏换花翎。

蓝翎守备衔千总左长胜、张思贤，蓝翎千总张志魁、高有升。以上四员，均拟请免补千总，以守备尽先补用，并请赏换花翎。

蓝翎把总林机会、林德溪、林登鳌、林如年、林荣枝、苏益元、林捷辉。以上七员，均拟请免补千总，以守备留闽尽先补用，并请赏加都司衔。

尽先把总林建庸、林鉴、郑秉堃。以上三员，均拟请免补千总，以守备留闽尽先补用，并赏戴蓝翎。

五品军功陈景崧，拟请赏戴蓝翎。

分部选用主事郑熙，拟请以直隶州知州不论双单月遇缺尽先选用。

分省补用知县甘泽溥，拟请赏加同知衔。

候选布理问欧阳秉衡，拟请免选本班，以知县分省补用。

试用训导王鸣锵、廪生吕贤栋，均拟请以教谕不论双单月遇缺尽先选用。

附生杨立本，拟请以县丞不论双单月分省补用。

文童聂盛荣、吕龙章，均拟请以典史不论双单月尽先选用。

文童黄其恭、刘朝杰、王德新、武振声、蔡庆澜。以上五名，均拟请以从九品不论双单月分省补用。

俊秀刘世芬、李蓉镜、董祖锡、聂维皇、徐国安。以上五名，均拟请以巡检不论双单月遇缺尽先选用。

义勇、义忠土勇六营暨各团练董

蓝翎留闽浙守备许廷瑞、蓝翎守备王国经。以上二员，均拟请免补守备，以都司留闽浙尽先补用，许廷瑞并请赏换花翎。

都司衔留闽守备邹毓麟，拟请俟补缺后以都司留闽补用，并请赏戴蓝翎。

花翎守备衔千总张荩忠，五品衔千总吴凤鸣、陈锡康，蓝翎千总周寅亮、谷玉堂、刘俊杰、朱道德、成政喜、毕成起、施材举，拔补千总郭朝旭、彭永发、朱德宏、蔡如兰、史起林、陈学仪、李汝宽、许承辅、张得元、郑维霖。以上二十员，均拟请免补千总，以守备尽先补用，施材举并留闽尽先拔补。

云骑尉世职沈广炎，拟请以守备尽先补用。

花翎守备衔把总杨连珍，五品蓝翎把总蒋锡椿，五品衔把总王连登，蓝翎把总吴邦伦、沈呈漳，拔补把总鲜廷彪、陈振邦、陈振田、邹东凯、陈长林、周义田、苏扬胜、李平升、廖佩瑚、刘钟柏、欧阳勋、罗昌厚、李友德、李启耀、萧正朝、雷明江、杨竹庭、张聚盛、朱玉庄、萧洪友。以上二十五员，均拟请免补千总，以守备尽先补用。

福州驻防镶蓝旗领催善庆，拟请以骁骑校记名尽先拔补。

六品军功何瑞镐，拟请赏给五品顶戴。

蓝翎廖步升、何师，均拟请赏给五品顶戴。

道衔叶晋光、黄祖彝，知府衔候选同知陈熙年，同知衔贡生潘盛清，同知衔林右藻。以上五员，均拟请赏戴花翎。

候选内阁中书陈树蓝、候选中书科中书林义烺。以上二员，均拟请加五品衔，陈树蓝并赏戴花翎，林义烺并赏戴蓝翎。

拣选知县林齐翔、赖宏、陈登元。以上三员，均拟请仍以知县分省归候补班前补用。

候选训导林绍唐、试用教谕连旭椿、恩贡生陈儒林。以上三员，均拟请以教谕不论双单月遇缺尽先选用，连旭椿并请赏给五品顶戴。

候选训导何炎，廪贡生刘朝吉、孙克超，优廪生刘鏲，廪生高慕垚、杨春华、沈大治、陈宝璐、黄炳麟。以上九员，均拟请以训导不论双单月遇缺尽先选用。

候选库仓大使陈恩福、候选从九品陈琼。以上二员，均拟请免选本班，以县丞不论双单月尽先选用。

廪生张炘，附生程志怀、徐绍乐。以上三员，均拟请以县丞不论双单月尽先选用，张炘并请赏戴蓝翎。

布理问职衔林则荣，布经历职衔苏树森，监生何同绛、祝明福，文童何声远、董桂馨、汤宗炳、陈维鉴、高庆霖、黎凤鸣、赵焜元。以上十一名，均拟请以巡检不论双单月分省补用。

监生李超林、潘庆清、李照，俊秀卫承彩、史策、念典、郭麒、解绍裘、王时耀、柳明苏。以上十名，均拟请以巡检不论双单月尽先选用。

文童林介融、曾道贞、颜汝志、林默、朱森。以上五名，均拟请以典史不论双单月分省前补用。

文童林培桢、林福浚、林逢机、林达才、简书勋、蒋慈鸿，监生白蓝田，五品军功薛树华。以上八名，均拟请以从九品不论双单月分省补用。

附生胡陈承，监生林敬和、苏桂森、张庆云、卫守春、刘盛琳，文童周之臣、江彦彬、侯德春、谢即、朱廖成、何锦标、周玉诗、周奇瑞、李如璋、林焕光、陈建勋、邓学彦、郭树勋、林瀚章、何孝扬、李资霖、陈翊杰、毛凤藻、方佩。以上二十五名，均拟请以从九品不论双单月尽先选用。

中书科中书衔附贡生廖春魁，光禄寺署正衔陈浩然，州同衔陈瑞彩、刘清河，廪生周侍濂、陈霁林，附生李清璜。以上七员，均拟请赏给五品蓝翎。

同知衔林扬德、州同衔何天衢。以上二员，均拟请赏戴蓝翎。

候选县丞沈应昭，候选巡检沈宗朴，州同衔陈树葭，附生李春枝、王树青、林希周、陈受益、高元勋，佾生王玉华，监生曾云馨、林容敬，俊秀傅衣言、王春兰、陈廷熙、蔡澄渊、陈活源、李秉珪、郑如兰、陈维继。以上十九名，均拟请赏给五品顶戴。

贡生陈瀛洲，拟请赏给六品顶翎。

## 援军各营

五品顶戴王诗正统带恪靖中、副、威、良、刚、亲军六营，署台澎道陈鸣志统带土勇二营

头品顶戴记名提督正一品封典从优议叙一次音德本巴图鲁葛志清，拟请交部从优议叙。

提督衔记名留甘简放总兵法福凌阿巴图鲁欧阳云峰、记名简放总兵赳勇巴图鲁沈山连、效勇巴图鲁章维清、确勇巴图鲁谢复胜。以上四员，欧阳云峰拟请赏给正一品封典，沈山连、章维清均拟请以提督记名请旨简放，谢复胜拟请以提督升用。

花翎尽先副将邓宏发、何义廷、罗齐榜，锐勇巴图鲁王见林。以上四员，均拟请免补副将，以总兵记名请旨简放。

升用总兵云南督标副将邓庆元，拟请赏加提督衔。

花翎总兵衔副将康荣诏、留甘副将张永濬、花翎副将李正清。以上三员，康荣诏拟请以副将留闽浙尽先推补，并俟补缺后以总兵记名请旨简放；张永濬拟请以副将留闽浙尽先推补，李正清拟请以总兵升用。

花翎副将衔参将王连升，花翎尽先参将吴世昭、张福美、文树发、萧光福。以上五员，均拟请免补参将，以副将尽先补用，萧光福并请赏加总兵衔。

花翎副将衔浙江抚标参将贺吉祥、花翎副将衔参将严勇巴图鲁刘连元、花翎参将朱兴发。以上三员，均拟请免补参将，以副将留闽浙尽先补用，贺吉祥并请赏加总兵衔。

花翎参将刘秀颜，拟请仍以参将留闽浙尽先补用。

已革福建同安营参将贺知任，拟请开复原衔。

参将衔游击丁生瑞，尽先游击谭贵和、陈福安、文万兴、李楚一、方生忠、左益胜、萧启元、黄德耀、文贵和，补缺后游击罗大有。以上十一员，均拟请免补游击，以参将尽先补用。

花翎副将衔江西南昌城守营补用游击蒋必望、蓝翎留浙游击李庆祥。以上二员，均拟请免补游击，以参将各留原省尽先补用，李庆祥并请赏换花翎。

花翎参将衔游击李楚胜，花翎游击廖有发，尽先游击曾传和、林文光。以上四员，林文光、曾传和均拟请免补游击，以参将留闽浙尽先补用，林文光并请赏加副将衔，李楚胜、廖有发均拟请以本班留闽浙尽先题补。

游击衔都司文义胜、王庆贵、严裕临、申道荣、曹步文、李加贵、颜福祥、左瑞发、叶国廷，花翎都司易楚堂，蓝翎都司龙春芳、毛求仙、黄友郊、胡克胜、易少文、戴建寅、殷成谱、李长青、高青山、易裕庆、张启鸿，尽先都司左春和、苏荣发、谭炳南、高连元，游击衔留楚都司张国理。以上二十六员，均拟请免补都司，以游击尽先补用。

花翎游击衔都司钟桂亭、花翎游击衔江西都司罗知仁、蓝翎都司张南山。以上三员，均拟请免补都司，钟桂亭以游击留闽浙尽先补用，罗知仁以游击留原省尽先补用，张南山以游击留湖南尽先补用。

花翎都司朱易胜、云骑尉世职杨让梨。以上二员，均拟请以都司留闽浙尽先补用。

云骑尉世职申玉衡、卫守备李声扬。以上二员，均拟请赏加都司衔。

云骑尉世职湖南长沙协标守备易培元，拟请免补守备，以都司留原标尽先补用。

都司衔守备易春华、张官元，尽先守备蒋世均、凌玉华、朱启福、李鸣凤、于凤桂、周宗春、黄万和、邓永忠、刘金榜、萧宝臣、吴梓奇、欧宝臣、杨鑫业、王得贵、王鹤亭、蒋锡升，留甘补用守备陈金魁，蓝翎千总补缺后守备孟玉廷。以上二十员，均拟请免补守备，以都司尽先补用。

都司衔漕标卫守备杨保定，拟请俟补缺后以都司尽先补用，并请赏加游击衔。

守备衔千总贺安邦、刘福廷、刘信纯、刘定国、熊云从、左俊卿、刘礼雍、赵兴源、游永庆、汪玉成，花翎千总刘洪裕，蓝翎千总朱辉堂、刘远福、杨瑞庭、高镇云、阳金龙、刘步林、刘春庭、张美林、周享荣、谭有明、何文章、萧惠砚，尽先千总秦泰胜、刘锡纶。以上二十五员，均拟请免补千总，以守备尽先补用，萧惠砚、秦泰胜并留闽尽先拔补。

蓝翎守备衔两江督标中营千总焦鸿山、福建抚标右营千总石镇国。以上二员，均拟请免补千总，以守备各留原标尽先补用。

云骑尉世职张全珍，拟请以卫守备归部遇缺即选。

军功聂其勋、陈锡绛，均拟请赏给五品顶戴。

五品衔直隶州用陕西补用知县贺培荣、直隶州用分省补用知县陈昌麟。以上二员，均拟请免补本班，贺培荣以直隶州知州留闽前先补用，陈昌麟以直隶州知州分省前先补用。

分部郎中黄宗炎、知府衔候选同知潘纪恩、江西补用知县方家璧、同知衔留甘补用知县赵先椝。以上四员，黄宗炎、潘纪恩均拟请赏戴花翎；方家璧拟请俟补缺后以直隶州知州用，先换顶戴；赵先椝拟请以本班留闽遇缺即补，俟补缺后送部引见。

蓝翎浙江补用县丞魏镕、福建试用县丞姚近嘉、五品衔知县用浙江补用府经历颜其庆、浙江试用府经历李盛瑶。以上四员，均拟请免补本班，以知县各留原省前先补用。

分省补用县丞朱佩馨、五品衔选用县丞彭云蒸。以上二员，均拟请免补、免选各本班，均以知县分省前先补用。

五品衔分省补用知县左辉冈、蓝翎州同衔分省补用知县黄旭臣。以上二员，左辉冈拟请改同知衔，并请赏给五品封典；黄旭臣拟请以本班留闽，俟补缺后以直隶州知州升用，先换顶戴。

已革福建候补通判马正刚、已革江西候补知县洪锡筹、已革升用知县浙江试用县丞萧谦。以上三员，均拟请开复原官。

福建武平县学训导举人许贞干，拟请开缺以知县分省补用。

选用从九品彭怀振、孙兆麟、徐圣宝。以上三员，均拟请免选本班，以县丞分省前先补用。

验选训导钟期湘、候选从九刘锦焜、分省补用从九朱焕南、湖北试用典史戴振镛。以上四员，拟请免选、免补各本班，钟期湘、戴振镛均以县丞留闽补用，刘锦焜、朱焕南均以县主簿分省补用。

福建候补巡检张志仁、分省补用巡检刘勋、分省试用从九品杨容济、指分两淮试用盐巡检谢家庆。以上四员，张志仁拟请以本班归候补班前补用；刘勋拟请免补本班，以县主簿留闽前先补用；杨容济拟请免缴三班银两，仍以从九分省补用；谢家庆拟请免补本班，以盐大使留原省补用。

五品顶戴附生李懋庄、附生蒋凤仪。以上二员，均拟请以县丞分省尽先补用。

附生郑筠，拟请以巡检不论双单月遇缺尽先选用。

五品顶戴附贡生庄鸿昌、文童罗启源。以上二名，均拟请以从九品留闽补用。

五品顶戴监生司马勋，五品衔贺廷鉴，六品翎顶彭岳麟，州同衔汪际清，监生潘彬、刘礼庄、陈松年，附生杨诗达，文童刘汝承、萧芝馥。以上十名，均拟请以从九品不论双单月尽先选用。

附生贺焕、贺萃珍，从九衔陈鸿宾，文童陈运鹏、王诗叟、王开翼、周望、高绍凤、王锡椝、邓泽兰、贺士岳。以上十一名，均拟请以从九品不论双单月分省补用。

五品顶戴优廪生谭襄云，拟请以教谕不论双单月遇缺尽先选用。

廪生文咏川，拟请以训导不论双单月遇缺尽先选用。

议叙贡生陈家庆、江西试用从九陈绍棠。以上二员，均拟请免补本班，以盐大使分省补用。

附生李映庚，拟请以盐知事分省补用。

文童秦照，拟请以巡检留闽补用。

文童尹荣光，拟请以巡检分省补用。

文童刘汉南，拟请以县主簿不论双单月尽先选用。

俊秀方锡荣，拟请以典史分省前先补用。

记名提督聂士成统带功字二营

花翎副将衔参将朱大才，拟请免补参将，以副将尽先补用。

尽先都司阮秉立、都司衔守备萧志远。以上二员，均拟请免补都司，以游击尽先补用。

守备用千总马大胜、史文华、徐锦彪、杨永年、朱凤祥、张振声、徐兴武，拔补千总丁得胜、庄贵扬、常全胜、刘殿元，千总衔把总张福兴。以上十二员，均拟请免补千总，以守备尽先补用。

卫千总聂鹏程，拟请以卫守备归部不论双单月尽先选用。

知县用浙江补用县丞卞宗彬、笔帖式李祐。以上二员，均拟请免补本班，卞宗彬以知县仍留原省前先补用，李祐以通判不论双单月分省前先补用。

候选训导王昭瀍、廪贡生刘邵生。以上二员，均拟请以训导不论双单月遇缺尽先选用。

主簿用候选从九马德明，拟请免选本班，以县主簿分省前先补用。

监生程云汉、周郁文，供事王承绎，从九王承敬，文童聂汝洪。以上五名，均拟请以巡检不论双单月分省前先补用。

文童罗毓祥，拟请以巡检留闽归候补班前补用。

头品顶戴记名提督吴鸿源统带春字四营

本任澎湖协花翎副将苏吉良、总兵衔补用副将志勇巴图鲁裘德成。以上二员，均拟请以总兵留闽浙水师遇缺请旨简放。

浙江花翎都司易豫俊、福建花翎游击衔都司潘玉泰。以上二员，均拟请免补都司，以游击各留原省水师尽先补用。

已革福建陆路提标右营游击周逢时，拟请开复原官。

闽浙水师守备陈汉，福建水师守备陈绍勋、黄日高，安平水师营预保守备陈步云。以上四员，均拟请免补守备，以都司留福建水师尽先补用。

升用守备万镇邦、尽先守备刘海清、留闽守备康朝基。以上三员，均拟请免补守备，以都司尽先补用。

都司衔王启泰，拟请以守备留闽水师尽先补用。

千总吴文彬，拟请免补千总，以卫守备尽先补用。

福建蓝翎千总张金赤，拟请免补千总，以守备尽先补用。

福建水师千总林仙和、陈万发，蓝翎千总邱锦镛、萧国勋，云骑尉世职蔡邦周。以上五员，均拟请免补千总，以守备仍留水师尽先补用。

升用千总连日春，拟请俟补缺后以守备尽先补用。

蓝翎广东补用同知吴鸿清、同知衔选用知县陈策铭。以上二员，吴鸿清拟请赏换花翎，陈策铭拟请赏给四品封典。

候选教谕江献琛、五品衔浙江试用盐经历易德谦。以上二员，拟请俟补缺后，均以知县用。

内阁中书衔试用训导陈柏芬、廪生郑如磻。以上二员，均拟请以训导遇缺尽先选用。

指分福建试用县丞侯渊、蓝翎候选布理问吴邦建、尽先选用从九品王熙。以上三员，侯渊拟请以本班归候补班前补用，吴邦建拟请以本班不论双单月分省前先补用，王熙拟请俟选缺后以盐大使分省补用。

增生陈启祥，附生陈宝箴、吴时中，六品军功附贡生林照。以上四员，均拟请以县丞不论双单月尽先选用。

五品军功吴文藻，拟请以巡检不论双单月尽先选用。

中书衔附贡生施大珪，附生吴承烈、吴德光，俊秀吴文和。以上四名，均拟请以从九品遇缺尽先选用。

文童方朝泰、吴元均、杨钧、蔡步青。以上四名，均拟请以从九品分省补用。

转运饷械各员

提督衔遇缺题奏总兵图桑阿巴图鲁马宗骏、前甘肃补用总兵署洮岷协副将降补都司马鸿图、两湖补用副将张贵文、补用参将吴教和。以上四员，马宗骏拟请交军机处存记，遇有水师总兵缺出，先行题奏，并请赏给三代一品封典；马鸿图拟请开复降调处分，仍以总兵补用，并免缴捐复银两；张贵文拟请赏加总兵衔；

吴教和拟请以副将留两广补用，并请赏加总兵衔。

广东督标游击唐玉山，三品衔前直隶正定龙泉关都司阙永华，游击衔留粤差委福建水师提标都司林国祥，游击衔都司张斌，尽先都司苏有胜、谢登文。以上六员，唐玉山拟请免补游击，以参将留两广尽先补用，并请赏加副将衔；阙永华拟请交部从优议叙；林国祥拟请免补都司，以游击尽先补用，并请赏戴花翎；张斌拟请免补都司，以游击留两广尽先补用，并请赏加副将衔；苏有胜、谢登文均拟请俟补缺后，以游击尽先补用，先换顶戴。

尽先守备杨玉贵、杨玉龙、萨胪芳，云骑尉世职白维桢、曾汉彬，安徽补用守备舒德真。以上六员，杨玉贵拟请免补都司，以游击仍留四川尽先补用；杨玉龙、萨胪芳、白维桢、曾汉彬均拟请免补守备，以都司尽先补用，白维桢并请赏戴蓝翎；舒德真拟请以守备留闽尽先补用，并请赏加都司衔。

已革广东潮州镇标左营千总四品顶戴补用守备林铭光，拟请开复原官，仍以守备尽先补用，并免缴捐复银两。

升用守备福建水师提标千总纪传家、尽先千总程永兴。以上二员，均拟请免补守备，纪传家以都司留闽归拣用班先行补用，程永兴以都司尽先补用。

五品蓝翎福建水师提标千总黄梦麟，尽先千总王光廷、郑良，守备用千总吴永宗，守备衔千总梁炳光，两广督标千总成秉钧，五品顶戴把总石和钧，尽先把总林锡金、焦玉麒。以上九员，均拟请免补千总，以守备尽先补用；成秉钧拟留两广，并请赏加都司衔；石和钧拟留两广，并请赏戴蓝翎。

蓝翎千总林凤藻，拟请以千总留两广，俟补缺后以守备尽先补用。

广东潮州镇标千总林铭勋、潮州协左营把总马瑞、四川城守左营把总张正葵、千总李耀光，均请免补千总，以守备各留原标尽先补用。

分省补用道张席珍、直隶试用道张绍华。以上二员，张席珍拟请赏给二品顶戴，张绍华拟请归候补班尽先补用。

四品衔直隶补用知府黄建筦、奏调广东差委山西候补知府杨玉书。以上二员，黄建筦拟请俟补缺后以道员用，杨玉书拟请免补本班，以道员留闽归候补班前补用，并赏加盐运使衔。

山西补用直隶州知州陈占鳌、直隶补用同知廖维杰、同知用福建候补知县章瑞坦、广东试用通判刘保林。以上四员，陈占鳌拟请免补本班，以知府留原省前先补用，并请赏戴花翎；廖维杰、章瑞坦拟请赏加知府衔；刘保林拟请免补本班，以直隶州知州留原省，归候补班前补用，并请赏戴花翎。

内阁中书刘翰翔、候选主事张廷钧。以上二员，刘翰翔拟请以直隶州知州不论双单月遇缺尽先选用，并请赏加知府衔；张廷钧拟请免选本班，以同知直隶州分省补用。

福建候补同知龚超、游熙，福建候补通判蔡家谷、邓联恩，同知衔浙江补用通判吴懋鼎，留浙补用同知王松森，同知衔福建候补知县王景纯。以上七员，龚超、游熙、蔡家谷均拟请各以本班归候补班前补用；邓联恩、王景纯均拟请免补本班，以同知留闽前先补用；吴懋鼎拟请免补本班，以同知直隶州补用；王松森拟请赏加四品衔。

同知衔福建即用知县武颂扬，拟请俟补缺后以同知在任候补。

在籍即用知县丁寿泉、原掣广东前河南即用知县刘汝霖、补用知县本任淡水县丞高士俊、增贡生陆鋐，均拟请赏加同知衔。

拣选知县李隽，拟请以知县分省归候补班前补用，并请赏加同知衔。

已革五品衔留甘补用通判叶兆封，拟请开复原官原衔。

留闽补用同知衔薛开熙、杨炳昭。以上二员，均拟请赏给四品封典。

知县用直隶补用县丞王瑞、王锡藩、程德春、吴调鼎，江苏补用县丞龚树仁、刘廷辉，升用知县江苏候补县丞何士铨，湖北补用州同祝金鉴。以上八员，均拟请免补本班，以知县各留原省前先补用，何士铨并请赏加同知衔。

四品衔候选州同郑嘉棠，候选县丞顾元勋、钟恂。以上三员，均拟请免选本班，郑嘉棠以知州遇缺即选，顾元勋以知县不论双单月尽先选用，钟恂以藩经历分省前先补用，并请赏加同知衔。

湖北试用知县张飞鹏，江苏补用知县滕宗睿，福建试用县丞游景周、孙庆禧，福建候补典史张永涵，福建试用盐大使潘景增、郑姚，两淮试用批验大使方模经。以上八员，拟请各以本班留原省归候补班前补用，滕宗睿并请赏加同知衔。

山西降调候补知县杨光铨，拟请开复降调处分，仍以知县留于广东归候补班前补用，并免缴捐复银两。

已革湖南知县马云，拟请开复原官，仍留原省补用，并免缴捐复银两。

蓝翎六品衔知县用两淮候补盐大使钱肇元、候选盐大使陈天佑、五品顶戴福建试用布库大使陈灿、分省补用府经历罗荣鋆、理问衔福建候补县丞程邦基。以上五员，钱肇元拟请免补本班，以运判仍留两淮归候补班前先补用；程邦基拟请免补本班，以通判仍留原省归候补班前先补用；陈天佑拟请仍以本班留于广东归候补班前先补用，并请赏加五品衔；陈灿、罗荣鋆均拟请俟补缺后，以知县仍留原省补用。

蓝翎候选府经历杨文灿、府经历衔候选从九品程铨、福建试用巡检钱清荫。以上三员，均拟请各以本班留闽归候补班前先补用，钱清荫并请赏给五品顶戴。

江苏降补县丞徐树森、布理问衔福建试用县丞何保濂。以上二员，均拟请开复逾限降一级处分，各留原省补用，并免缴捐复银两。

县丞职衔钱湘南、郭立成。以上二员，均拟请以县丞留广东前先补用，钱湘南并请赏给五品顶戴。

福建候补府司狱平廷熊、福建试用从九品刘烈藩。以上二员，均拟请免补本班，以县丞留闽前先补用。

五品顶戴浙江候补从九品庄鸿昌、知县用福建候补府经历林桂芬、福建试用县丞郑英铭、六品翎顶福建候补典史傅若金。以上四员，庄鸿昌拟请俟补缺后以府经历前先补用，傅若金拟请俟补缺后以县丞尽先补用，林桂芬拟请赏加布理问衔，郑英铭拟请赏给五品顶戴。

广东试用从九品宋学诰、宋诚、张锡藩、甘润寰。以上四员，均拟请免补本班，以府经历县丞仍留原省补用，并请赏给五品蓝翎。

蓝翎候选从九品傅鸿熙、候选从九品虞继蕃、湖北试用从九品张锡藩、江苏试用从九品张兴彦、福建候补从九品黄瀚文。以上五员，傅鸿熙拟请以本班留于广东前先补用；虞继蕃拟请免选本班，以府经历县丞分省补用，并请赏给五品蓝翎；张锡藩拟请以按司狱仍留原省前先补用；张兴彦拟请指项巡检，仍留原省前先补用，并请赏戴蓝翎；黄瀚文拟请赏给六品顶戴。

分省补用巡检刘彭年、江苏试用巡检董祖舒、江苏试用巡检姚巽高、候选巡检郝桐。以上四员，刘彭年拟请免补本班，以县丞分省补用；董祖舒拟请以本班留闽前先补用，并俟补缺后以县丞在任候补；姚巽高拟请以本班留原省归候补班前补用；郝桐拟请免选本班，以县主簿遇缺尽先选用。

中书科中书衔附监生叶大镛、县丞衔李宗琎、附生王庭珠。以上三员，均拟请以县丞分省前先补用。

六品顶戴附生彭鸿年，拟请以县主簿分省归候补班前补用，并请赏加五品衔。

从九衔裘浚、巡检方中矩、五品顶戴文童刘昌彝、俊秀张秋鉴。以上四名，均拟请以不论双单月巡检留闽尽先补用。

增生易仁炯，拟请以县主簿留闽前先补用，并加六品衔，赏戴蓝翎。

候选教职李蓉第、教谕黄毓楠、廪生施家珍。以上三员，均拟请以教职不论双单月遇缺尽先前选用。

从九职衔陆松庆，文童李守岑、何桢。以上三名，均拟请以巡检不论双单月分省补用。

附生吴翊谟、文童袁瀛、林文斗。以上三员，均拟请以从九品不论双单月分省补用。

附生娄之骏，拟请以从九品留闽前先补用。

文童陈方钊，拟请以盐巡检不论双单月留两淮前先补用。

三品衔补用道福建泉州府知府徐震耀，拟请开缺以道员归候补班前补用。

补用知府候补同知署理厦防同知丁惠深，拟请免补本班，以知府归候补班前补用。

知府衔台湾中路同知邹渐鸿，拟请以知府在任候升。

同知用福建泉州府晋江县知县汪兴祎、同知衔福建泉州府惠安县知县魏廷梁、同知衔调补台湾县知县沈受谦。以上三员，均拟请以同知在任候补，沈受谦并请赏加四品衔。

理问衔应升缺用本任斗六门县丞方宗亮，拟请赏给五品顶戴。

候选训导邹锡朋，拟请赏加光禄寺署正衔。

署新竹县学训导翁景藩，拟请赏加中书衔。

台湾北路右营游击张得贵、参将衔游击沈珊桂，均拟请以参将尽先补用。

前署台湾南路营守备吴玉佩，拟请赏加都司衔。

都司衔守备王廷楷，拟请免补守备，以都司尽先补用。

署台湾府知府侯材骥、花翎知府用候补同知代理台湾南路同知吴本杰、知府衔候补同知代理恒春县知县罗建祥、四品衔候补同知代理凤山县知县黄家鼎、在任即选同知本任笨港县丞代理嘉义县知县李时英、补用同知试用通判代理彰化县知县蔡麟祥、同知衔调补新竹县知县徐锡祉、代理新竹县知县彭达孙、试用县丞代理斗六门县丞史龄、试用从九品代理南投县丞唐师介、同知衔调补淡水县学教谕林学朱、福建试用通判王培莆、浙江候补通判孙鼎新、分省补用盐大使赵任忠、五品衔留闽试用县丞蒋本极、候补从九品罗树勋、试用未入流屠宝泰、候补府司狱李慕荆、同知衔浙江补用知县夏献鋆、浙江试用县丞黄龙宾、福建候补未入流王守诚、记名提督陈罗、留闽补用总兵刘应全、台湾水师副将周振邦、总兵衔台湾北路协副将林福喜、闽浙督标候补都司黄有忠、台湾北路中营外委陶得发。以上二十七员，均拟请交部从优议叙。

军机大臣，奉旨：览。钦此。[①]

---

① 台湾史料集成编辑委员会编：《明清台湾档案汇编》，第5辑，第92册，第93—139页，台北远流出版事业股份有限公司，2009。

## 三一　请恤基、沪叠次接仗伤亡将弁缘由折

光绪十一年七月二十八日（1885年9月6日）

头品顶戴督办台湾防务福建巡抚一等男臣刘铭传、帮办台湾军务署福建陆路提督世袭骑都尉奴才孙开华跪奏，为基、沪叠次接仗，陆续查明伤亡将士及积劳病故各员弁，恳恩优恤，并请建立昭忠祠一并入祠，以资观感而妥忠魂，恭折仰祈圣鉴事。

窃基、沪之役，战守经年，死伤实多，经臣等叠次随折声请赐恤，现由各营陆续查明开报死事员弁一千六百余名。查台湾一隅，地势孤危，烟瘴恶疠，军士当疲病之余，战守一年之久，或杀敌致果，或临阵捐躯，或伤重殒身，或积劳病故，均属勠力疆场，殁于王事。重泉赍志，海国羁魂，碧血青磷，伤心惨目！迹其忠烈，实足哀矜。生既莫邀懋赏之荣，死宜共沐褒崇之典。理合分别阵亡及积劳病故员弁衔名，开具清单，除勇丁另册咨部外，合无仰恳天恩一并交部从优议恤，并请准于台北府城建立淮楚昭忠祠一所，将基、沪经年战守以死勤事各员弁列祀入祠，岁时官为致祭，以彰忠荩而肃观瞻。如蒙俞允，其列祀员名、入祠位次、建祠经费，拟即由臣等妥筹办理，以示圣主褒忠劝善之道，出自逾格鸿慈！

所有基、沪接仗伤亡将士及积劳病故员弁，恳恩赐恤，并建昭忠祠各缘由，谨合词恭折具陈。伏乞皇太后、皇上圣鉴，训示，施行。谨奏。光绪十一年七月二十八日[①]。

光绪十一年八月十九日，军机大臣奉旨：彭沛霖等均着照所

① 此具奏日期据《军机处随手登记档》（档案编号：03-0247-1-1211-223）校补。

请，从优议恤，余依议，该部知道，单并发。钦此。[①]

【案】此奏片之具奏日期，由于原件查无下落，而录副以奉旨日期为之，实未确。据朱批日期“光绪十一年八月十九日”，查《军机处随手登记档》[②] 朱批刘铭传、孙开华折栏，则署有“报五百里，七月二十八日台北府发”等字样。据此，此奏片之具奏日期当为“光绪十一年七月二十八日”无疑。兹据校正。

## 三二　呈基、沪接仗阵亡及积劳病故员弁清单

光绪十一年七月二十八日（1885 年 9 月 6 日）

谨将基、沪接仗续行查明阵亡伤士及在营积劳病故文武员弁，开列清单，恭呈御览。

计开：

花翎补用参将彭沛霖，花翎尽先参将李惠元，参将衔补用游击邓松林，花翎游击袁发亮，补用游击王得发，花翎尽先都司李文彬、王先仁，蓝翎都司刘敏求，都司谢茂晖、连达邦、孙元魁、孔彩云、冯万胜、廖开浩，尽先卫守备胡峻德，蓝翎守备戴万俊、贺宏林、王彪亮、范洪章、向绍贵，五品顶戴增生刘庆泰，守备陈国明、李亮华、谢美瑯、杨占清、金连升、罗紫云，守备衔千总孔献廷，千总萧福林、曹广升、杨紫杰，福建泉州府城守营实缺千总翁鸣凤、蓝翎千总唐茂廷，尽先千总杨广涛，蓝翎把总许玉成，把总张万华、周益胜、贺开奇、胡秀美，外委吴

① 台湾史料集成编辑委员会编：《明清台湾档案汇编》，第 5 辑，第 92 册，第 140—141 页，台北远流出版事业股份有限公司，2009。

② 中国第一历史档案馆藏：《军机处随手登记档》，档案编号：03-0247-1-1211-233。

寿田、李仲国、汤升凯、陈富贵、张兼仁、何德明、周茂春、袁发亮、何连标，武生张世树。

以上各员弁，均在基隆、沪尾先后接仗阵亡，均拟请照阵亡例，交部从优议恤。

提督衔记名总兵赫勇巴图鲁萧荣贵，花翎留闽尽先副将孔光治，总兵衔留甘补用副将邓得胜，总兵衔留闽前先副将范惠意，补用副将侃勇巴图鲁杨世才，花翎尽先副将蒋三顺，尽先副将刘玉发、补用参将王衍畴，副将衔参将危福田，补用游击张开福、刘文才，花翎游击陈祖元、王光发，尽先游击耿良儒，参将衔尽先游击王金成，游击衔都司李鸿钧，补用都司刘得盛、卢得标、曹云恒、胡昌运、沈福江，四品衔尽先选用卫守备李寿亭，花翎守备陈登鹏，补用守备胡光明、谢廷琪、马占胜、孔明祥、廖廷鐪、陈吾斋、万象乾、童振崔，蓝翎守备衔江西补用千总郭定邦、守备衔尽先千总陈德祥，蓝翎千总朱绍明，拔补千总曹拔顺，千总尹松松、贺桂林、曹仁泰、陈炳南、汤兰桂，尽先千总朱广友，守备衔安徽候补把总赵喜良，蓝翎把总熊炳章、周礼耕、臧国安，把总田顺发、曹发德、彭正吉、黄鹤春、曹迎泰，都司衔尽先外委罗骏升，蓝翎外委彭名辉，外委郭洪标、孙永红、龚有明、向大森、杨盛彪、舒云浦、谭耀坤。

以上各员弁，均在基隆、沪尾接仗，因伤身故，均拟请照阵亡例议恤。

提督衔补用总兵王维德，总兵衔两江补用副将锋勇巴图鲁陈友吉，总兵衔补用副将劲勇巴图鲁钟得秀，花翎尽先副将谢光德，花翎副将张邦云，副将衔补用参将凌兴旺，花翎参将钱明朝，参将衔尽先游击吴幼龙，花翎游击谢家标、甘振斌、李洪胜、雷长元、聂荣贵，补用游击席嗣文，游击刘明芫、刘福义，游击衔两江尽先都司秦道盈，蓝翎补用游击浙江台州协标都司胡松林，已保游击尽先都司徐守俊，花翎都司汤吉成、龙立荣、杨有元、颜永连，蓝翎都司单攀桂、谭宏堂，都司曹诗中、黄少卿、周友发、彭琼拔、张得盛，花翎尽先守备周锡珍，蓝翎卫守备杨文高，蓝翎守备何春香、林国义、李进兴、唐全生、李金标，守备张金贵、许文亮、李前富、陆达源、黄得贵、杨家驹，蓝翎千总骆占鳌、许文照、陈德祥、童定鼎、唐荣贵、杨春玉、文定武、陈德和、马瑞图、邹荣发、方东海、李连斌，千总张长清、曹兴贵、李得胜、徐继盛、周得胜、黄悦钦、朱得明，蓝翎把总柳连升、闵忠禧、谢昌林、黎月桥、邓汉臣、胡云和、夏禹门，把总冯明彪、刘金宝、曹羡蓉、刘寿喜、曹相林、刘得全、刘全胜、韩锡祥、王祥绶，千总李玉昌，湄州营实缺外委杨渊源，外委杨澍生、梁有得、朱鸿标、彭得福、曹日升、王桂林、卓光斗、宋得胜，花翎守备周永清，蓝翎千总吴光典，前署埤南同知余修梅，试用通判蒋森，蓝翎六品衔安徽候补知县李祚恭，蓝翎五品衔福建试用府经历俞其晋，候选州判萧箴，蓝翎升用知县留甘补用县丞佘韵南，江苏补用巡检冯桂一，巡检郑金池，候选从九品桂朝芬，五品顶戴监生蔡家让，医官五品顶戴周济南，附生邱鼎，从九李庆云，蓝翎六品军功曹稽虞，六品军功方恒林、曹心培、钱臣邻、曹仁亮、方奎、王镛，监生彭会英、骈先成、王思善、陈济寰、曹赞敷。

以上文武员弁，均在基隆、沪尾经年战守，感受瘴疠，先后积劳病故，均拟请照军营立功后积劳病故例，交部从优议恤。

军机大臣奉旨：览。钦此。[1]

---

① 台湾史料集成编辑委员会编：《明清台湾档案汇编》，第5辑，第92册，第141—143页，台北远流出版事业股份有限公司，2009。

## 二三　请赏还附生蔡熙霖衣顶等情片

光绪十一年七月二十八日（1885年9月6日）

再，云骑尉世职附生蔡熙霖前在左宗棠两江总督任内办理文案，嗣因奏添引票案内展转牵涉，彭玉麟谓其肆行不谨，在外招摇，奏请革去附生，以端士习。查蔡熙霖籍隶湘潭，同治八年科试入学，十年呈请由附生兼袭云骑尉世职。彭玉麟一时访查未确，误指为长沙附生。其兼袭世职，亦未经声叙。上年投效来台，奴才开华檄留随营效力。察看该世职，熟谙洋务，畅晓戎机。八月二十日，法夷攻扑沪尾海岸。饬令随队打仗，陷阵冲锋，斩馘甚众，论功请奖，似宜略予从优。

查世职由文生承袭者，准就文职。仰恳天恩赏还衣顶，并拟援照成例，请以知县留闽，归候补班前尽先补用，以为愧奋立功者劝。可否之处，出自逾格鸿慈！谨附片具陈。伏乞圣鉴，训示。谨奏。

光绪十一年八月十九日，军机大臣奉旨：蔡熙霖着赏还衣顶，所请以知县留闽补用，着毋庸议。钦此。[1]

【案】此奏片之具奏日期，由于原件查无下落，而录副以奉旨日期为之，实未确。据朱批日期“光绪十一年八月十九日”，查《军机处随手登记档》[2] 朱批刘铭传、孙开华折栏，则署有“报五百里，七月二十八日台北府发”等字样。据此，此奏片之具奏日期当为“光绪十一年七月二十八日”无疑。兹据校正。

① 中国第一历史档案馆藏：《军机录副》，档案编号：03-5199-065.

② 中国第一历史档案馆藏：《军机处随手登记档》，档案编号：03-0247-1-1211-233.

## 三四　请将知州王郊照例从优议恤片

光绪十一年七月二十八日（1885 年 9 月 6 日）

再，本年五月接行营营务处河南候补知府方策勋详：据已故知州王郊家丁王忠禀称：家长花翎升用知府开复留陕补用直隶州知州王郊，系安徽怀宁县人，向在铭军差遣出力，历保今职。本年正月，闻台湾军务吃紧，来台投效，于二月二十二日行至厦门，搭坐平安轮船，驶至泉州载兵。至二十六日午刻，开到台南沙码碕洋面，突遇法舰追劫，掳入澎湖，百般凌辱。家长詈骂不已，幸语言不通，未遭寇害。是夜，执王忠手痛哭，言己身受国恩，当此有事之秋，不能报效，既被法掳，有死而已。王忠劝以被掳人多，尚须缓图，且家中老幼无人照管。家长云：此际当明大义，何能顾念室家？明晨法寇来问，知我是官，遭其凌辱，有失中国大体。我死后，尔当设计逃回，告知家中，尸骸不必顾问。潜于四更时分，乘王忠假寐，自缢殒命。次日，法人将尸抬埋濠沿。王忠困守城中数日，幸放生还，禀请转详附奏等情，前来。

臣维王郊远涉风涛，渡台投效，生遭寇掳，死葬濠滨，核其殉难情形，实属深明大义。合无仰恳天恩，俯准交部照知府阵亡例从优议恤，以慰忠魂，出自逾格鸿慈！谨附片具陈。伏乞圣鉴，训示。谨奏。

光绪十一年八月十九日，军机大臣奉旨：王郊着照知府阵亡例，从优议恤，该部知道。钦此。[1]

---

① 中国第一历史档案馆藏：《军机录副》，档案编号：03-5199-062. 又，《刘壮肃公奏议·奖贤略》。

【案】此奏片之具奏日期，由于原件查无下落，而录副以奉旨日期为之，实未确。据朱批日期“光绪十一年八月十九日”，查《军机处随手登记档》① 朱批刘铭传、孙开华折栏，则署有“报五百里，七月二十八日台北府发”等字样。据此，此奏片之具奏日期当为“光绪十一年七月二十八日”无疑。兹据校正。

## 三五　请将都司范治钧革职永不叙用片

光绪十一年七月二十八日（1885 年 9 月 6 日）

再，花翎尽先补用都司范治钧于上年八月间沪尾开仗击败法人后因病请假，至台北府一带觅医就治，时阅半年，迄未回防销假。奴才开华正在彻查间，忽接该都司自湖南长沙县原籍来禀。据称：都司前在假次，因病沉重，医者束手，不得已力疾内渡，行抵厦门，仍未遇有良医，乃遂回籍调理，现幸服药有效，已见转机，一俟病痊，即当来营请罪等语。

窃思此次法人注意台北，百计围攻，军务吃紧，情形迥非寻常可比。范治钧系四品武职，在营年久，又岂等新充弁目，或未知事机轻重，误越营规？虽查其久病未痊，尚无捏饰情弊，前于沪尾一战曾有微劳，且为已给病假之员，因与畏敌不前在营潜遁者有间。然当沪防犹在吃紧时，竟敢视同局外，只顾其身，并不请示而行，辄即离台回籍，实属贪生取巧，藐法自专，不予严参，奚能服众？相应请旨归花翎尽先补用都司范治钧即行革职，永不叙用，以肃纪律而儆效尤。理合附片具陈。伏乞圣鉴。谨奏。

① 中国第一历史档案馆藏：《军机处随手登记档》，档案编号：03-0247-1-1211-233.

光绪十一年八月十九日，军机大臣奉旨：范治钧着即行革职，永不叙用，该部知道。钦此。[①]

【案】此奏片之具奏日期，由于原件查无下落，而录副以奉旨日期为之，实未确。据朱批日期“光绪十一年八月十九日”，查《军机处随手登记档》[②]朱批刘铭传、孙开华折栏，则署有“报五百里，七月二十八日台北府发”等字样。据此，此奏片之具奏日期当为“光绪十一年七月二十八日”无疑。兹据校正。

## 三六　奏为奉旨降级留任谢恩折

光绪十一年九月初八日（1885年10月15日）

督办台湾防务降二级留任福建巡抚一等男臣刘铭传跪奏，为恭折叩谢天恩，仰祈圣鉴事。

窃臣接准部咨，遵议左宗棠等奏澎湖失事情形，自请议处一折，钦奉谕旨：刘铭传困守台北，鞭长莫及，自应稍示区别，着交部议处等因。福建巡抚刘铭传应照督抚降二级留任公罪例，议以降二级留任。光绪十一年六月二十三日具奏，奉旨：依议。钦此。钦遵知照前来。臣跪聆之下，悚感莫名！

伏念澎湖为台湾门户，臣株守台北，无力策应，致被法兵攻陷。失地之咎，实无可辞。乃蒙圣主格外施恩，曲加原宥，仅予降二级留任处分。闻命自天，抱惭无地！臣惟有益加奋勉，竭尽愚忱，力图自效，稍赎前愆，以冀仰答高厚鸿慈于万一！

所有微臣感激下忱，谨恭折由驿具陈。伏乞皇太后、皇上圣

① 中国第一历史档案馆藏：《军机录副》，档案编号：03-5835-037.

② 中国第一历史档案馆藏：《军机处随手登记档》，档案编号：03-0247-1-1211-233.

鉴。谨奏。九月初八日。

光绪十一年九月二十四日，军机大臣奉旨：知道了。钦此。[①]

## 三七　请将总兵毕长和等从优议恤片

光绪十一年九月初八日（1885年10月15日）

再，台北地方自本年五月以后疫疠盛行，各营弁勇相继死亡。除七月以前在营病故员弁业已汇案奏请赐恤外，续据各营禀报八月以后病故员弁，记名总兵毕长和、已保守备丁得胜、已保守备钱兴友、已保守备朱凤祥、已保千总陈嘉兴、五品衔已保县丞吕琪、已保府经历李登瀛、江苏试用从九品张兴彦、监生周龙彬，均先后在营病故。

臣查营官记名总兵毕长和，打仗奋勇，屡立战功，最为朴诚忠勇之员，实因旧伤举发，感受瘴疠，在营病殁，合无仰恳天恩，俯准照总兵军营立功后在营病故例从优议恤，其余各员弁均请一并交部从优议恤，出自逾格鸿慈！谨附片具陈。伏乞圣鉴。谨奏。

光绪十一年九月二十四日，军机大臣奉旨：毕长和着照总兵军营立功后积劳病故例从优赐恤，丁得胜等均请从优议恤，该部知道。钦此。[②]

---

① 中国第一历史档案馆藏：《军机录副》，档案编号：03-5200-085. 又，台湾史料集成编辑委员会编：《明清台湾档案汇编》，第5辑，第92册，第254页，台北远流出版事业股份有限公司，2009。

② 中国第一历史档案馆藏：《军机录副》，档案编号：03-5835-102. 又，台湾史料集成编辑委员会编：《明清台湾档案汇编》，第5辑，第92册，第255页，台北远流出版事业股份有限公司，2009。

## 三八 奏请开缺回籍养疴缘由折

光绪十一年九月二十五日（1885 年 11 月 1 日）

督办台湾防务降二级留任福建巡抚一等男臣刘铭传跪奏，为微臣目疾日重，势难速痊，吁恳天恩，俯准开缺，销去督办差使，回籍调理，并请另简贤能接办防务，以免延误，恭折仰祈圣鉴事。

窃臣素有目疾，到台年余，感受瘴湿，风热内攻，日渐沉重，曾于本年六月初五日奏请开缺，八月初七日，恭奉上谕：本日已有旨令杨昌濬兼署福建巡抚矣。刘铭传督师无功，正当力图自赎，着将台湾善后事宜认真整顿，以观后效。所请开缺之处，不准行。钦此。臣跪聆之下，悚感莫名！自顾何人，渥蒙训勉优加，恩施逾格，既原情于已往，更策励于将来。臣具有天良，敢不力疾从公，亟图报称，以期稍盖前愆，谨将善后应办事宜择尤先办。

惟基隆自五月至今，疫疠不止，将士十病八九。七月以后，死亡相继，勇夫不能作工，先将沪尾炮台派员购料兴筑，并分建水雷、制造军械各局，以备制造子弹，囤积军械。一面乘轮前往安平、旗后、澎湖各处，往还二千里，察看形势，筹画防务。方期殚竭血诚，力求整顿，不料自台南回防后，历受风燥，目疾益形增剧，左目障翳已满，久已成废。右目复渐昏蒙，新生红障，仅剩一线之光，数步之外，不辨人面。若再迁延不治，必致双目俱瞽。台湾既鲜良医，又无药料，且海外瘴疠过重，北人不服水土，臣随从文武员弁，十死四五。现在建宁镇总兵苏得胜并营官郑洪胜皆抱重病，危在旦夕。其余各军将士日有死亡，目击心伤，无术补救！

伏念臣自上年五月只身渡台，猝临大敌，内掣外患，谗谤沸腾，动辄获咎，百喙莫解。仰蒙圣明洞烛，信任不疑，孤立一身，未受朋挤之祸。每念圣主再造之恩，决不敢灰心惰志，希图退却。惟臣庸驽无能，才力既不能以任艰巨，德望又不足以洽同僚。督师不力，业经负咎于前；补过无方，何堪贻误于后！且办防练兵，皆目前急务，早办一日，早收一日之效；多练一兵，多得一兵之用。

臣目疾业已六年，断非请假数月所能调理就痊，辗转思维，与其病躯恋栈，无补涓埃，不如据实沥陈，免虞丛脞。惟有仰恳天恩开去差缺，并迅赐简员接办台防事务，以重职守。不胜迫切待命之至。臣受恩深重，虽赴汤蹈火，在所不辞。际此时艰，岂复有安闲之想！倘荷福庇，两目不致俱废，痨翳稍退，仍即恭诣阙廷，求赏差使，万不敢托词引退，自外生成！

所有微臣目疾日重，势难速痊，恳恩开缺，并销台防差使，回籍调理缘由，谨恭折具陈。伏乞皇太后、皇上圣鉴，训示。谨奏。九月二十五日。

光绪十一年十月二十二日，军机大臣奉旨：另有旨◆1。钦此。①

【案】清廷于是年十月二十二日颁布谕旨，曰：

军机大臣自寄：督办台湾事宜福建巡抚刘铭传：光绪十一年十月二十二日，奉上谕：本日据刘铭传奏，目疾日重，恳请开缺一折。刘铭传

① 中国第一历史档案馆藏：《军机录副》，档案编号：03-5201-066. 又，台湾史料集成编辑委员会编：《明清台湾档案汇编》，第5辑，第92册，第256—258页，台北远流出版事业股份有限公司，2009。

经朝廷特简督办台湾事宜，正当次第经营，力图报称。上年督师不力，谤书盈箧，仍复曲予优容，尤宜奋勉图功，以期自赎，何得因目疾未愈，遽请开缺？着赏假一个月，毋庸开缺。该抚筹办善后，尚属认真，仍将兵事、吏治及地方一切利弊力疾妥筹，悉心办理。凡事当行之以渐，持之以恒，总期成效可观，方为不负委任。将此由五百里谕令知之。钦此。遵旨寄信前来。①

## 三九　奏报密陈孙开华在台情形片

光绪十一年九月二十五日（1885年11月1日）

再，提臣孙开华上年十月奉旨帮办台湾军务，臣惟遇事和衷，以期共支危局，仰副圣主委任之至意。共事一年，处处迁就含忍，推诚相与，幸未致显然决裂。查刘璈之谤臣，左宗棠之参臣，均谓基隆不退，孙开华力能独保沪尾，其中委曲情形，不得不沥陈于圣主之前。

臣渡台之时，孙开华为台北总统，所部三营，一扎基隆，一扎淡水，一扎沪尾，兵勇皆散住民房，营官杨龙标等出门乘舆张盖，营务废弛已极。六月十五日基隆之战，杨龙标并未接仗，即退奔十余里，当经臣摘去顶戴，令其至八斗烧煤自赎。嗣经臣将该部三营并归沪尾，派令修筑炮台。自六月十二日兴工，至七月底尚无一分工程。孙开华与李彤恩同居一室，李彤恩经营填塞海口，安设水雷，孙开华毫不预闻。七月间，敌信日紧，臣函嘱李彤恩，转劝孙开华整顿队伍，速修炮台营垒，并请其住营督防。李彤恩屡言不听。臣于七月二十日亲赴沪尾，面告敌情万紧，并

① 中国第一历史档案馆编：《光绪宣统两朝上谕档》，第11册，第258—259页，广西师范大学出版社，1996。

言杨龙标之怯，嘱其拣选营哨，速领枪械。孙开华始将杨龙标、向兴贵两营官同时撤换，以李定明、范惠意接带三营，共领毛瑟枪五百杆，时已八月初旬。

是月二十日之战，孙开华三营认守南路，章高元、刘朝祜四营认守中路，土勇张李成一营派守北路。发兵由南路上岸，孙开华所部适当其锋，李定明等带队接战片刻，已阵亡百余人，前队稍却。正在危迫之际，章高元等率淮勇大队直捣其中，张李成土勇抄击其后，孙开华堵住桥口，督队甚严。敌兵三面受敌，狂奔败北。张李成阵斩水师统领封唐首级，绅民皆道其首功。臣因沪尾紧要，欲助孙开华之声望，以便统属各营，保守要隘，故奏报时推重孙开华一军战功为最。不料已故大学士左宗棠到闽后，刘璈合谋倾陷，蜚语上达天听。孙开华竟乘势朋挤，夸功诿咎，忘其所以。楚、淮构讼结仇，因自刘璈兴之，实由孙开华成之。

臣带曹志忠一军，并新募土勇堵扎基隆一路，所有随带亲兵、炮手、劲旅、利器全在沪尾。该处布置防守，皆系臣同李定明、章高元随时商办。孙开华或住淡水，或住沪尾街镇，除饷项之外，布置一切，并不闻问，且与楚、淮诸将皆不浃洽，臣得免肘腋之患。

臣现已因病乞退，原不应追论前事。惟念臣若不速到台北，不知孙开华何以御敌。今事已终局，是非分明，臣固不欲直陈其过，亦不肯稍没其长。孙开华血气之勇，若遇内地土寇，以乌合之师仗虚嚣之气，或可侥幸有功。如将来海疆再有事故，朝野采其虚声，一旦假以事权，侵扣饷项所失尚轻，特恐贻误大局，臣不能不据实密陈。谨附片具陈。伏乞圣鉴。谨奏。[1]

---

① 台湾史料集成编辑委员会编：《明清台湾档案汇编》，第5辑，第92册，第312—314页，台北远流出版事业股份有限公司，2009。

光绪十一年十月二十二日奉旨：原片归箍。[1]

【案】此片之具奏日期，原文仅署“光绪十一年十月”，未确。据“光绪十一年十月二十二日”查《军机处随手登记档》[2]朱批刘铭传折栏，即有此片，却无具奏日期。据兹同批主折，此奏片具奏日期当以“光绪十一年九月二十五日”为是。兹据校正。

## 四〇　奏为基隆保案请照前单给奖缘由折

光绪十一年十月初六日（1885年11月12日）

督办台湾防务降二级留任福建巡抚一等男臣刘铭传、帮办福建军务福建陆路提督世袭骑都尉奴才孙开华跪奏，为遵旨会商核减基隆获胜立功将士保案，吁恳天恩，准照前单给奖，以昭激劝，恭折仰祈圣鉴事。

窃臣于本年九月十七日接准军机大臣字寄：光绪十一年八月十九日奉上谕：刘铭传等奏，遵保基隆获胜立功将士并历次战守尤为出力之援军练董、转运员弁、官绅并案开单请奖一折等因。钦此。遵旨寄信前来等因◆1到臣。跪聆之下，仰见天恩高厚，训示周详，莫名惶悚！

臣等当即念商，悉心核减，除沪尾接仗各员弁营蒙恩允准奖励外，其余各营在基隆，如暖暖、大水窟、月眉山等战，节经叠次奏报有案。论战功固以沪尾一捷为最著，论劳绩则以基隆为最苦最久。该处烟瘴风雨，所有将弁兵勇及随臣身临前敌委员，死

① 此奉旨日期与内容，据《军机处随手登记档》（档案编号：03-0247-2-1211-285）校补。

② 中国第一历史档案馆藏：《军机处随手登记档》，档案编号：03-0247-2-1211-285.

于战阵者十分之一，死于瘴疫者十之四五。其幸而生存各员弁，核其劳绩，均为瘴疫、锋镝余生。基隆保案于上年十月即经奴才开华饬知各营开单请奖，因臣铭传军事棘手，无暇及此。解严后，臣等会同核实。其异常出力各军，每营只准保内外各三十人，其次分别扣减，只因各营汇并人数较多不能逐名注考，非敢有心笼统，故开单之时分明各军、各营、团练、运转。臣等恐蹈冒滥积习，当经屡次汰减。现在各军或早经遣撤，或已内渡。其留台驻防者，所保员弁又多相继病故。臣等核度再四，碍难再减。

至王诗正临敌失利，吴鸿源并无战功，臣等固不应开单请奖。惟该二军冒险赴援，王诗正虽不知兵，其所带将士尚多奋勇敢战，奈昧于地势、敌情，器械不敌，以致未能获胜。吴鸿源冒险援台，独蒙优奖，其随带员弁同系不避艰险，似应一并沾恩，俱经开报请奖。臣等接待客军，理应分外周全，不敢稍分畛域，不揣冒昧，并案汇保。倘蒙圣主垂念各该将士冒涉风涛，不避艰险，躬履孤危烟瘴之地，恩施逾格，录及微劳，启将来观感之心，以后渡台之人不致视为畏途，则与台事实有裨益。该两军应否删减，抑或邀恩薄予奖励之处，出自逾格鸿慈。惟内有陈鸣志所部土勇两营，当月眉山退守之后，该部即同苏得胜、郑洪胜立复巷孜口、大水窟、八堵尖等处要隘，扼守前路，与敌对垒，屡次接仗，实有异常劳绩，应恳天恩，准同前单一并给奖，以明赏罚。

所有臣等遵旨会商核减保案，吁恳天恩，准照前单给奖缘由，谨合词恭折覆陈。伏乞皇太后、皇上圣鉴。谨奏。十月初六日。

光绪十一年十月二十六日，军机大臣奉旨：览奏，已悉。王诗正、吴鸿源部下拟保各员，并着刘铭传详加覆减。至王诗正、陈鸣志两军，前单笼统开保，此次单内开列厘出四十余员名，以前单核计尚有一百余员名，是否全归删汰，并未声明，殊欠明晰！仍着分营逐一开单具奏。其余所请奖叙各员，着该部议奏。单同前单并发。钦此。①

【案】此谕旨多有节略，兹据《清实录》校补如下：

刘铭传等奏，遵保基、沪获胜立功将士并历次战守尤为出力之援军练董、转运员弁、官绅并案开单请奖一折，军营保奖人员，必须打仗获胜，或扼守要隘等项，实在著有劳绩，方足膺懋赏而昭激劝。此次单开，除沪尾接战出力各员弁应量予奖励外，其王诗正一军前经临敌失利，吴鸿源一军留守中路并无战功，该抚等一并汇案，其余各营何项出力，亦未详细声明，是开报既属笼统，保奖复多冒滥，殊非核实之道。着刘铭传会商孙开华将单开员数及所请奖叙严行裁汰，查明实在异常出力员弁，再行悉心核定，分晰开单，据实具奏。②

【案】此案于光绪十二年十月经兵部额勒和布等核议具奏，曰：

经筵讲官大学士管理兵部尚书臣额勒和布等跪奏，为遵旨议奏事。准军机处交出福建巡抚刘铭传等奏，会商核减基、沪获胜立功将士保案，恳照前单给奖，以昭激劝等因一折。光绪十一年十月二十六日，军机大臣奉旨：览奏，已悉。王诗正、吴鸿源部下拟保各员弁，着刘铭传详加核减。至王诗正、陈鸣志两军，前单笼统开保等因。钦此。钦遵到部，当经臣部恭录谕旨，由驿咨行该抚遵照。

兹据该抚奏称：王诗正、吴鸿源所部将士履险蹈危，阅时亦久，不无微劳，若全行删减，未免向隅，请奖前单开列在前请保从优者，量为核减，分别开单，共酌保五十人，其余一百三十余员名概归删除等因。光绪十二年正月十七日，军机大臣奉旨：着照所请奖叙，该部知道，单

① 中国第一历史档案馆藏：《军机录副》，档案编号：03-5201-086. 又，台湾史料集成编辑委员会编：《明清台湾档案汇编》，第5辑，第92册，第265—267页，台北远流出版事业股份有限公司，2009。

② 中华书局影印：《清实录·德宗景皇帝实录（三）》，卷二百十四，光绪十一年八月下，第1010页，中华书局，1987。

二件并发。钦此。钦遵。由军机处交出到部。

除此案文职各员应由吏部办理外，查臣部奏定章程内开：克复城池，擒斩要逆，及固守待援，克保危城，并率师救援立解城围者，其首先出力人员，准越级保升。又，勇号出自特恩，嗣后交议案内有奏请勇号者，另单声明请旨。又，解运粮饷、军火、马匹等项员弁，迅速无误，准按道路远近险易，酌保升阶或升衔、议叙。又，奋勇杀贼、战功卓著者，准保翎枝，其寻常劳绩不准。又，无论何项劳绩，不准保奖卫所职官。又，寻常劳绩，不准保奖尽先班次。又，无论何项劳绩，不准超越加衔，如五、六品官不得逾四品，四品不得逾三品。又，除军营战功准其越级免补外，其保劳绩概不准越级请升，亦不得免补免选。又，实系军营战功卓著，准其保提督衔总兵用。其余劳绩，若保督提衔总兵用者，臣部一概奏驳，改给议叙。又，吏部咨开：寻常劳绩交部议叙者，给与加一级从优，再加记录二次各等语。此案基、沪获胜立功将士并历次战守及援军转运出力各员弁，据该抚开单奏请奖励。

臣等谨按定章，悉心核议。其王诗正、吴鸿源所部各员，虽据该抚删除一百余员，酌保文武共五十人。惟王诗正临敌失利，吴鸿源并无战功。该二员所部若与各营员弁一律予奖，未免无所区别。臣等公同商酌，拟将该二员所部员弁按照寻常劳绩改奖，俾昭核实。谨一并分别准驳，并将请给勇号各员分缮清单三件，恭呈御览。

至该抚单开记名总兵刘朝祜统带铭字中军三营亲兵炮队暨各局所委员一并请奖。臣等复查，各局所委员不得与临敌营员劳绩笼统列保，应令该抚查明何员系营员，何员系局所委员，详细分晰，具奏到日，臣部再行核办；并准军机处交出两广总督张之洞奏此案保奖解运军械出力之马宗骏，现经查明，当差不检，请将该员保案撤销，奉旨着撤销保案等因。臣部已将该员保奖遵照扣除。合并声明。

所有议奏缘由，是否有当？伏乞圣鉴，训示遵行。谨奏请旨。①

① 台湾史料集成编辑委员会编：《明清台湾档案汇编》，第5辑，第93册，第140—142页，台北远流出版事业股份有限公司，2009。

## 四一　奏报裁留营勇及请拨军饷缘由折

光绪十一年十月二十五日（1885 年 12 月 1 日）

帮办台湾防务降二级留任台湾巡抚一等男臣刘铭传跪奏，为遵旨报明先后裁留全台勇数、出入款目，恳恩饬拨饷项，以济急需，恭折仰祈圣鉴事。

窃臣于本年七月初八日钦奉上谕：现在海防善后用项浩繁，必须通盘筹画，核实经理，方足以裕度支而舒国用等因。钦此。由户部咨照到臣。又于十月初四日接准军机大臣字寄：光绪十一年九月初九日，钦奉慈禧端佑康颐昭豫庄诚皇太后懿旨内开：前有旨令该将军、督抚裁减兵勇，以节饷需等因。钦此。遵旨寄信前来。

臣查台湾自上年六月至本年三月，皆系用兵之际，营勇增减不定，饷需亦无定数。从前每年出入款项，入款仅有关税、厘金、盐务三项，不满百万，刘璈随意支销。如盐务每年连成本得洋元五十万零四千余圆，开支至二十四万余圆之多，除津贴盐本外，所剩归公仅十万余圆。厘金久经商人包办，复开支银九万余两。各局名目繁多，委员薪水漫无限制，竟有佐杂每月领薪水银百余两者，复有兼差干俸名目，种种浮滥，不可枚举。臣于陈鸣志接署之后，即饬次第裁减，撤勇并局。所有全台盐务，台北以沈应奎兼办，台南归陈鸣志兼办，不另设局，均令认真整顿，力除积习。但流弊已深，非一时所能挽回。

全台上年新招防勇，自本年三月起业经陆续裁撤，次第遣撤。惟曹志忠所部四营带赴福宁镇任所驻防，由督臣杨昌濬斟酌裁留。臣于奏陈善后折内声明全台除练兵二营外，拟共留三十五营。台南派记名提督杨金龙统带楚军四营并安平炮勇三哨，驻防府城，兼防安平海口；记名提督方春发统带楚军三营并炮勇两哨，驻防凤山，兼防旗后海口；副将张兆连统带楚军二营、土勇一营，分防埤南后山一带；署台湾镇总兵章高元统带炮勇一营、练兵两营，分防嘉义、埔里社一带；总兵柳泰和统带楚军三营，分防彰化、鹿港一带；道员林朝栋统带土勇二营，分防新竹、后垄一带；记名提督刘朝祜统带淮军三营、土勇一营并亲兵炮队两哨，驻防台北府城；建宁镇总兵苏得胜统带淮军三营，驻防基隆；已革总兵翦炳南统带楚军一营、土勇一营，驻防宜兰、苏澳海口一带；记名提督王贵扬统带淮军四营，同署提臣孙开华所部楚军三营、土勇一营并亲兵三哨，驻防沪尾，将来此两军中拟派一军驻防澎湖。此外悉数裁撤，另缮清单，恭呈御览。

所有全台入款，臣前折业已陈明，综计关税、厘金、盐务，每年可得银一百零数万两。除去开支，能充军饷约九十余万两。将来整顿之后，剔除积弊，核实归公，岁可增银十余万两，目前尚难抵用。统计每年入款不足一百二十万，计尚不敷支给留营饷需。统计每年出款，至少亦需一百五十余万两，计尚短银三十余万两。

查刘璈到任四年，每年用款皆在百万以外。十年，全台始养兵四十营，以前只十余营，闽省每年协饷二十万两。臣现酌定全台养兵三十五营，各海口炮台认真设防，必须闽省每月协济银三万两，合之全台入款，岁得一百五十余万两，纵无意外之需，已属毫无宽展。现据沈应奎开报粮台存饷，合捐输应缴全数收齐，计共存银六十余万两。而捐款自刘璈出示海口开后，无须再缴，各捐户尽皆观望。臣因捐事有劝无勒，未便过于严催，仅令官绅等晓谕劝缴。计粮台现存银只三十万零，仅可支发本年冬三月饷项。应恳天恩，饬令署将军古尼音布[①]、督臣杨昌濬自十二年正月起，按月协济台湾海防经费银三万两，以济急需。

臣因目疾沉重，已于九月二十五日奏恳赏假调理，倘蒙准假回籍，尚非一时即能交卸。军饷要需，刻不容缓，臣不得不豫为之计。除先后裁撤营勇另开清单恭呈御览外，谨将核计全台出入款目，恳恩饬拨饷项接济各缘由，谨恭折由驿具陈。伏乞皇太后、皇上圣鉴，训示。谨奏。十月二十五日。

光绪十一年十二月初七日，军机大臣奉旨：户部议奏，单、片并发。钦此。[②]

## 四二　呈全台裁撤内渡营勇数目清单

光绪十一年十月二十五日（1885 年 12 月 1 日）

谨将全台各路先后裁撤内渡营勇数目，缮具清单，恭呈御览。

计开：

北路各营

一、裁福建福宁镇总兵曹志忠带霆、庆、祥字绥靖楚军土勇

① 古尼音布（？—1889），字子心，费莫氏，满洲正蓝旗人。咸丰二年（1852），以记名领催选奉天省城骁骑校。三年（1853），升永陵防御。四年（1854），迁正蓝旗佐领。十年（1860），补宁远佐领。同治四年（1865），授杭州正白旗协领。五年（1866），赏戴花翎。六年（1867），调补锦州协领，护理锦州副都统。七年（1868），署锦州副都统。九年（1870），充奉天查边委员。十年（1871），加副都统衔。光绪二年（1876），署吉林将军。七年（1881），擢杭州将军。八年（1882），兼署杭州副都统。十一年（1885），署福州将军。十五年（1889），卒于任。

② 中国第一历史档案馆藏：《军机录副》，档案编号：03-6099-007. 又见《刘壮肃公奏议·理财略》。

四营、二哨弁勇二千二百三十六员名。

一、裁福建建宁镇总兵苏得胜带健字中、前等营，土勇一千二百五十员名。

一、裁候选林朝栋带栋字副营一营，又暖暖、旌善等营，共土勇一千六百六十三员名。

一、裁江苏候补道陈鸣志带恪靖亲军土勇两营，又新竹义勇一营，共一千五百一十五员名。

一、裁总兵柳泰和带春字先锋营正、副两哨并克胜等营土勇，共八百员名。

一、撤刘清河带大武仑土勇一百名。

一、撤军功林德新带胜勇中营一营五百零五员名。

一、撤台北府经历沈茂荫带耀字等营守城土勇三百四十名。

一、裁营务处福建候补道方策勋带亲兵四棚四十九员名。

一、撤沪尾守备萧定邦带守护水雷水勇五十五名。

一、撤管驾万年清轮船张泽锦带守护沉船水勇三十名。

一、撤前宜兰县知县王家驹带宜字前、后二营一千零十员名。

一、裁都司陈辉煌带土勇二百名。

一、撤参将叶永辉带炮队弁勇一哨一百零八员名。

一、遣回厦门副将裘德成带南字中营一营五百零五员名。

一、撤刘璈新募记名总兵李志刚带鄂营一营五百零五员名。

中路各营

一、撤新竹县彭达孙带土勇一百名。

一、撤候选道林汝梅带新竹团营二百零七员名。

一、撤总兵徐赞彪带虎勇营一营五百零五员名，又贵字营三百一十三名，又兼带彪子营土勇一营五百零五员名。

一、撤已革候选同知林文钦带台防义营一营五百零五员名。

一、撤广东候补同知吴朝阳带台防信营一营五百零五员名。

一、撤埔里社通判华廷锡带阿里史屯军一百七十四名。

一、撤前浙江温州镇总兵吴鸿源统春字中、左、右三营，又亲军劲勇一营，共二千零二十员名。

一、撤候补参将黄国栋带彰化县土勇一哨一百零一员名。

一、撤副将林福喜带北路协防勇一百二十九名。

一、撤候补巡检方中矩带水勇营三百零二名。

一、撤副将刘厚禄带台防礼营一营五百零五员名。

一、撤前署嘉义县知县张星锷守城土勇二百名。

一、撤澎湖协副将苏吉良带水陆练勇一哨一百一十一员名。

南路各营

一、撤台湾府侯材骥带土勇四十五员名。

一、撤台湾县沈受谦带土勇四十名。

一、撤台南营务处台湾道亲兵一百名。

一、撤台南保甲局胡德兴带土勇一百六十五员名。

一、撤参将罗星胜带台防先锋营一营五百零五员名。

一、撤已革总兵朱名登带台防仁营一营五百零五员名。

一、撤革生杨应龙带台防智营一营五百零五员名。

一、撤都司周嗣香带台防屯军一营五百零五员名。

一、裁安平协副将周振邦带安平卫队一百九十八员名，又安平炮勇一百一十二员名。

一、裁军功林维桢带南番屯军一百七十三名。

一、裁守备蓝凤春带南路屯军二百三十四名。

一、撤副将张福胜带镇海营一营五百零五员名。

一、撤副将刘厚贵带岳右营一营五百零五员名。

一、撤总兵余清胜带绥靖中营一营五百零五员名。

一、裁副将萧德明带岳左营二哨二百一十六员名。

一、撤州同衔汪际清带旗后卫队二百零五员名。

一、撤千总汪兆荣带旗后水军一百一十五员名，又安平水军八十九员名。

一、裁总兵陈罗带旗后炮勇一百二十六名。

一、撤参将丁映升带镇海左营一营五百零五员名，又恒春水军一百四十五员名。

一、撤前署恒春县罗建祥带恒春屯军一百二十六名。

一、撤副将张贵文带恒胜营一营五百零五员名。

一、撤凤山县黄家鼎带土勇二百零六员名。

一、撤贡生林锡蕃带枋藔水勇三十二名。

一、撤前署埠南同知吴本杰带埠南屯军二百七十三名。

以上总共员弁勇丁二万三千六百九十三员名，均已分别裁撤内渡。理合登明。

军机大臣奉旨：览。钦此。[①]

## 四三　请将洋员法来格等奖叙缘由片

光绪十一年十月二十五日（1885 年 12 月 1 日）

再，上年法船窥犯沪尾，李彤恩始议填塞海口。各洋商以秋茶上市，恫喝阻挠，经淡水关税务司法来格谕以利害，多方开导，始得沉船封塞，并羁縻引港洋人，弗为法人钩引。八月十四日，法船开炮攻击炮台，法来格帮同防御，即炮弹所及，不少畏

① 中国第一历史档案馆藏：《清单》，档案编号：03-6099-008.

避。本年春间，复筹商轰击法国铁甲兵船，虽因攻具未备，难以得手，其急公助顺之忱，实堪嘉尚。

又，基隆海关帮办洋人鲍郎乐，于上年六月法船初犯基隆，经总兵曹志忠邀请与法提督李士卑士辩论数回，见势不能下，密告曹志忠豫备战事。嗣后基隆退守，洋关门前堆积煤炭十余万担，鲍郎乐设法保护，丝毫未失。嗣回沪尾，复同法来格赞助防务，相度地势，安设炮基，均属异常出力，不无微劳足录。据台北通商委员兼管沪尾关税务协领兜钦等禀请奏奖前来。

臣覆查无异，合无仰恳天恩，将法来格赏给三等宝星，鲍郎乐传旨饬知总理衙门转饬总税务司嘉奖，以昭激劝而示鼓励，出自高厚鸿慈！谨附片具陈。伏乞圣鉴，训示。再，臣因洋员奖叙台湾查无办理成案，先咨总理各国事务衙门，往返商议，是以具奏稍迟，合并陈明。谨奏。

光绪十一年十月二十五日，军机大臣奉旨：着照所请，该衙门知道。钦此。[①]

## 四四　奏为重定官兵统费恤银数目片

光绪十一年十月二十五日（1885 年 12 月 1 日）

再，查湘淮统兵官月领统费，曾经已故大学士臣曾国藩刊定营制，每统三千人者，月给统费银一百三十两。台湾漫无限制。从前镇道各月领统费银四百两，经臣批令停止，其余四百两、二百两不论所统兵数，随意开支。台湾百物昂贵，与内地情形不

① 中国第一历史档案馆藏：《军机录副》，档案编号：03-6354-034. 又，台湾史料集成编辑委员会编：《明清台湾档案汇编》，第 5 辑，第 92 册，第 303—305 页，台北远流出版事业股份有限公司，2009。

同，统费应稍宽裕，以示体恤。但须有一定限制，方足以昭平允。臣现定每统千人者，月给统费银一百两，其次多一营者，添统费银五十两。

台湾楚军每营长夫一百九十二名，淮军每营长夫一百八十名，经臣于本年九月底一律裁减，不论淮、楚，每营给发夫价一百名。淮军素有柴草费银一百六十两，均于本年十月改照一律。

惟台湾烟瘴之地，所有营哨官弁、帮办文武员弁殁于军营者，棺柩无力搬运，纷纷禀乞川资，若不量予赏恤，抛尸海外，情殊可悯！臣仍仿照已故两江督臣沈葆桢旧章，营官病亡者给恤银三百两，哨官给银一百两；其次帮办委员、提镇给银一百两，都、守以上给银五十两，以下给银三十两；文员州县以上给银一百两，佐杂给银五十两。除咨明户部外，理合附片陈明。伏乞圣鉴，谨奏。

光绪十一年十二月初七日，军机大臣奉旨：户部知道。钦此。[①]

## 四五　奏请饬拨银两办理海防缘由片

光绪十一年十月二十五日（1885 年 12 月 1 日）

再，臣于奏陈善后折内因澎湖防务关系重大，请旨定夺，原折留中，至今未敢议办。臣前往台南澎湖一带察看形势，细阅澎湖地方，必须实力办防，方能保固南洋门户。惟孤危一岛四面受敌，必须多购后膛精利长炮，方能设防，否则虽筑炮台，亦不能守。臣于九月间曾托淡水英领事并税务司电询英国阿姆斯脱郎炮

① 中国第一历史档案馆藏：《军机录副》，档案编号：03-6099-009. 又见《刘壮肃公奏议·理财略》。

厂各色炮价，旋据开单前来。

查较上海洋行开价已减六成，炮身较长。臣复令再减一折，现在尚未定局。惟计澎湖、基隆、沪尾、安平、旗后五口，至少须添购大炮三十余尊，约计价值需银六十余万两。电报一项万不可少，将来须安水线由厦门通至澎湖、台南，再设旱线通至台北。其次尚有制造枪子、机器局用大小轮船经费等款。

臣准两广督臣张之洞咨开：已代购制造四色枪子机器一副，仍须添购制造炮子机器。台湾道府各库丝毫无存，将来事事兴办，种种用费，约须添款一百万两。臣于六月十八日片奏台湾现存饷项及捐款共计存银百万内外，以办防务，所欠无几。始意略添炮位，以后从缓再办。及至澎湖亲阅地势，办防即须先购大炮，否则守御毫无把握。自五月以后，内地毫无协济，仅收六、七、八、九、十五个月台南北关税厘金银三十余万两，合之前存三款，共约一百三十余万。数月之内，全台遣散营勇、补发欠饷以及基隆、澎湖赈恤，前陕甘督臣杨岳斌裁勇回籍口粮，并发留营各军月饷，现拨沈应奎单开粮台所存现银，暨捐输未缴之款，合共只六十余万。而现银仅敷年内军饷，其余捐输将来可抵各口修筑炮台之用，尚短买炮、设电及添购机器等费，款项无出。

查上年已故大学士左宗棠筹借洋款四百万，原系当指援台之用，计先后协济台饷不足五十万两，闽省共用若干，臣不得而知。其余奉旨存储，应恳天恩，俯念台疆紧要，防务急需，请旨饬拨一百万两，以便刻日办防，早收实效，无任迫切待命之至！伏乞圣鉴，训示。谨奏。

光绪十一年十二月初七日，军机大臣奉旨：览。钦此。①

① 中国第一历史档案馆藏：《军机录副》，档案编号：03-6020-095.

## 四六　奏报台湾暂难改设省会缘由折

光绪十一年十月二十七日（1885年12月3日）

刘铭传奏，为筹度台湾情形，暂难改设省会，据实敬陈，恭折仰祈圣鉴事。

窃臣于十月十九日准兵部咨开：武选司案呈内阁抄出光绪十一年九月初五日钦奉慈禧端佑康颐昭豫庄诚皇太后懿旨：醇亲王奕譞等遵筹海防善后事宜折内奏称，台湾要区，宜有大员驻扎等语。台湾为南洋门户，关系紧要，自应因时变通，以资控制，着将福建巡抚改为台湾巡抚，常川驻扎。福建巡抚事，即着闽浙总督兼管。所有一切改设事宜，该督、抚详细筹议，奏明办理。钦此。等因。行文到臣。

查台湾一岛，孤悬海外，为南洋门户，诚如圣谕关系紧要，自应因时变通，不能不改设巡抚，以资控制。微臣到台年余，情形稍为熟悉，其中委曲，不得不沥陈于圣主之前。以台湾所出财赋，较之贵州、新疆则有余。惟沿海八县之地所有土地，番居其六，民居其四，远隔海外，有事之时，全恃闽省为根本，声气联络，痛痒相关，以助孤危之境。如上年法人之乱，当杨昌濬未到任之时、何璟已罢官之际，前任藩司沈宝靖尚能力为筹饷接济，诚以本省军务义不容辞，即沿海州县文报往来，尚通声气，亦以本省不敢膜视。

若改设台湾巡抚，与闽省画清界限以后，即督臣顾全大局，一视同仁，司、道以下各官则畛域分明，势必毫无联络，不相关顾。即以饷项而论，以后仍闽省照常接济，方能养兵办防。现在筹饷艰难，除不得不用之费则不可省，其稍可从缓、从减者，即须力求撙节，惟视事之缓急轻重，次第分办。臣前奏陈办理善后事宜折内，以办防、练兵、清赋、抚番为目前急务。现既奉旨台湾改设巡抚，必须先将生番逐渐招抚归化，清除内患，扩疆招垦，土地人民日渐宽广，方足以自成一省。

臣查生番情形，与云贵苗民、甘肃番回情形迥异。台湾生番不相统属，各番社所占膏腴之地，高山宜茶，平地宜谷，一旦归化，教之耕种，皆为富区。从前招抚虚糜巨款，皆由举办未能认真，一抚之后，置之不问。如台南番社降者甚多，声气仍然隔绝，仇杀如故。以臣度之，若认真招抚，示以威信，五年之内，全台生番计可全行归化。然后再议改设省会，土地既广，财赋自充，庶可无须仰给于内地。刻下外办防务，内抚生番，已虑巨款难筹。一经改设巡抚，议者谓省城必须建造彰化县北适中之地，曾经前抚臣岑毓英察看情形，核计建造城垣、衙署、庙宇之费，又非百万不可。

臣目疾沉重，业经乞假调养，如蒙恩准，无论何人接替，若外办防务，内办抚番、清赋，又造城垣、衙署，事事草创，纵使经费有着，亦恐才力不济。但台湾重地，经醇亲王等悉心筹画，为大局起见，宜派大员驻扎，似可仿照江宁、江苏规制，添设藩司一员，巡抚仍以台湾为行台，一切规模皆无须更动。所有台湾两府兵政吏治由巡抚主政，内地由总督兼管。此分而不分，不合而合，一俟全台生番归化，再行改设省会，既有数年之期，从容筹办，目下又节省巨款，腾出财力，先其所急。此臣审度时势，拟从缓改设巡防之情形也。如蒙圣主采择，可否请旨饬令王大臣等公同议奏，以期妥善。

至台湾办防需款，业经臣另片奏请筹拨借存洋款。核计以后饷项，惟仗闽省协济，应请旨饬令将军古尼音布、督臣杨昌濬，自十二年正月起，每月由厦门海关协济饷银三万两，每年协济银三十六万两。俟三五年后台事办有成效，或停或减，再行核议具奏。

台湾大局经始起见，除遵旨会同督臣杨昌濬详细筹议外，谨将微臣筹度台湾暂难改设省会情形先行据实敬陈。伏乞皇太后、皇上圣鉴，训示。谨奏。光绪十一年十月二十七日。[①]

光绪十一年十二月初七日，堂谕封存。[②]

【案】光绪十一年十二月十二日，清廷饬令杨昌濬、刘铭传会商办理。《清实录》载曰：

丙子，谕军机大臣等：据刘铭传奏，筹度台湾情形，暂难改设省会；又据杨昌濬奏，筹议台湾改设事宜，请添设藩司各一折。台湾为南洋门户，业经钦奉懿旨将福建巡抚改为台湾巡抚。刘铭传所请从缓改设巡抚，着毋庸议。杨昌濬所奏添设台北道，不如添设藩司，系为因地制宜起见，自可准行。惟此次该督所奏尚系大概情形，所有一切应办事宜均未筹商定妥。台湾虽设行省，必须与福建联成一气，如甘肃、新疆之制，庶可内外相维，着杨昌濬、刘铭传详细会商，奏明办理。将此由五百里各谕令知之。[③]

① 台湾史料集成编辑委员会编：《明清台湾档案汇编》，第5辑，第92册，第295—297页，台北远流出版事业股份有限公司，2009。

② 此奉旨日期与内容，据《军机处随手登记档》（档案编号：03-0247-2-1211-329）校补。

③ 中华书局影印：《清实录·德宗景皇帝实录（三）》，卷二百二十一，光绪十一年十二月上，第1097页，中华书局，1987。

# 四七　奏为上年渡台经费如何开支请旨片

光绪十一年十月二十七日（1885年12月3日）

再，案查光绪三年五月间前闽浙总督臣何璟奏请闽抚渡台办公经费一片，钦奉谕旨：嗣后该抚渡台，准其每月开支经费一千五百两，户部知道。钦此。其后署抚臣吴赞诚[1]渡台，又经何璟援案具奏，仍遵前旨，准于厘金项下按月开支银一千五百两，以资办公，回省之日停止在案。

臣自上年五月渡台，九月蒙恩补授福建巡抚，一切办公经费，因军务倥偬，未及奏明请旨。所有前项渡台经费，臣未敢擅自照支，应如何开支之处？出自鸿施！仰乞宸裁，训示。祗遵。谨附片具陈。伏乞圣鉴。谨奏。

光绪十一年十二月初七日，军机大臣奉旨：户部议奏。钦此。[2]

【案】此奏片之具奏日期，由于原件查无下落，而录副目录署“光绪十一年十月二十七日”，录副目录在此日期加括号，表示日期未确。据朱批日期“光绪十一年十二月初七日”，查《军机处随手登记档》[3]朱批刘铭传折栏，则署有“报五百里，十月二十七日台北府发”等字

① 吴赞诚（1823—1884），字存甫，号春帆，安徽庐江人。道光二十九年（1849），拔贡。咸丰元年（1851），以知县分发广东，旋署永安县知县。十年（1860），署顺德县知县，嗣升署虎门同知。同治十一年（1872），经李鸿章奏调，赴天津办理洋务制造局。十三年（1874），署天津道篆务，摄顺天府。光绪二年（1876），擢福建船政大臣。四年（1878），以光禄寺卿署福建巡抚兼理船政。五年（1879），因病开缺。六年（1880），督办天津水师学堂。十年（1884），卒于金陵寓所。

② 中国第一历史档案馆藏：《军机录副》，档案编号：03-6613-117.

③ 中国第一历史档案馆藏：《军机处随手登记档》，档案编号：03-0247-2-1211-329.

样。据此，此奏片之具奏日期当为“光绪十一年十月二十七日”无疑。兹据校正。

## 四八　奏为奏咨公牍仍用行营关防片

光绪十一年十月二十七日（1885 年 12 月 3 日）

再，臣接准督臣杨昌濬来咨：现奉旨改设台湾巡抚，业经奏请敕部颁换关防等因。惟臣察看情形，台湾暂难改作省会，业已据实陈奏，应俟奉到谕旨，钦遵办理。所有现在一应奏咨公牍，拟仍暂用行营旧关防。谨附片陈明。伏乞圣鉴。谨奏。

光绪十一年十二月初七日，军机大臣奉旨：知道了。钦此。①

【案】此奏片之具奏日期，由于原件查无下落，而录副目录署“光绪十一年十月二十七日”，录副目录在此日期加括号，表示日期未确。据朱批日期“光绪十一年十二月初七日”，查《军机处随手登记档》②朱批刘铭传折栏，则署有“报五百里，十月二十七日台北府发”等字样。据此，此奏片之具奏日期当为“光绪十一年十月二十七日”无疑。兹据校正。

## 四九　请将参将文贵和等员交部优恤片

光绪十一年十月二十九日（1885 年 12 月 5 日）

再，台湾八月以前在营病故员弁均经随时奏明，蒙恩赐恤在

① 中国第一历史档案馆藏：《军机录副》，档案编号：03-5685-008.
② 中国第一历史档案馆藏：《军机处随手登记档》，档案编号：03-0247-2-1211-329.

案。兹自九月以后，又据各营续报已保参将文贵和，已保游击李世珍、阮秉立、窦柱，已保都司杨允文，已保守备常全胜，卫守备严建勋，尽先千总杨广涛，已保千总王荣、郑滨佐，已保把总杜宗奇、潘振东、李敏忠、陈来宾、陶富贵，外委李云藩、刘宗文，六品军功徐辅文、花祥、赵得胜、张武栋，运同衔江苏补用直隶州黎功叙，五品衔已保留闽通判李桂芬，五品花翎布理问衔周至溢，已保知县伍钟俊、张振钟、张维权，已保县丞叶声，已保巡检何同绛、郭受禔、齐来廷、林知荣，盐巡检孙傅庚，从九品张立身，均先后在营病故。

臣查该故员等俱系随营出力，久受瘴疫，积劳病故。理合援案奏陈，仰恳天恩，俯准将文贵和等一并交部从优议恤，出自逾格鸿慈！谨附片具陈。伏乞圣鉴。谨奏。

光绪十一年十二月初七日，军机大臣奉旨：着照所请，该部知道。钦此。[1]

【案】此奏片之具奏日期，由于原件查无下落，而录副目录署“光绪十一年十月二十五日”，疑未确。据朱批日期“光绪十一年十二月初七日”，查《军机处随手登记档》[2] 朱批刘铭传、孙开华折栏，即有此片，并署有“报四百里，十月二十九日台北府发”等字样。据此，此奏片之具奏日期当为“光绪十一年十月二十九日”无疑。兹据校正。

## 五〇　核改原保增生刘廷玉请奖缘由片

光绪十一年十月二十九日（1885年12月5日）

再，准吏部咨：文选司案呈：所有福建官军之出洋接仗出力

① 中国第一历史档案馆藏：《军机录副》，档案编号：03-5837-022.

② 中国第一历史档案馆藏：《军机处随手登记档》，档案编号：03-0247-2-1211-329.

郎中林朝栋等请奖查明请旨一折，内开优增生刘廷玉请以训导尽先选用。查部章不准保举十条，内开增生、附生不准保举选用教职，业经通行知照在案。今刘廷玉由优增生请以训导尽先选用，核与奏定章程不符，应令另核奏明请奖，于光绪十一年三月十七日具奏，奉旨：依议。钦此。计粘连原奏知照前来。

臣查刘廷玉前随林朝栋自备资斧，带勇防剿，屡立战功，实为异常出力。兹因增生请保教职与定章不符，合无仰恳天恩，准将刘廷玉改奖以县丞不论双单月遇缺尽先前选用，以昭激劝，出自高厚鸿慈！谨附片具陈。伏乞圣鉴。谨奏。

光绪十一年十二月初七日，军机大臣奉旨：着照所请，吏部知道。钦此。[1]

【案】此奏片之具奏日期，由于原件查无下落，而录副目录署“光绪十一年十月二十五日”，疑未确。据朱批日期“光绪十一年十二月初七日”，查《军机处随手登记档》[2] 朱批刘铭传、孙开华折栏，即有此片，并署有“报四百里，十月二十九日台北府发”等字样。据此，此奏片之具奏日期当为“光绪十一年十月二十九日”无疑。兹据校正。

## 五一　查明澎湖失事员弁分别请旨惩处片

光绪十一年十一月二十日（1885 年 12 月 25 日）

臣杨昌濬、臣刘铭传跪奏：再，前准部咨：奉上谕：左宗棠等奏，查明澎湖失事员弁，请旨分别惩处一折等因。钦此。转行钦遵办理。旋据署台湾镇总兵章高元呈报：周善初于光绪十一年

① 中国第一历史档案馆藏：《军机录副》，档案编号：03-5837-023.

② 中国第一历史档案馆藏：《军机处随手登记档》，档案编号：03-0247-2-1211-329.

六月十四日在代理澎湖协副将任内病故，当经咨部注册在案。又据署台湾道陈鸣志呈报：梁岳英于澎湖失事时即已逃避，究竟避匿何处？现已饬查详咨通缉。

至郑膺杰已抵台北，经臣铭传饬赴台南清算澎湖通判任内交代，一俟算清后，即饬台湾道委员提同郑渔、冯楚燊一并解省，分别起解。除咨部查照外，臣等谨附片陈明。伏乞圣鉴。谨奏。

光绪十一年十二月初十日，军机大臣奉旨：知道了。钦此。①

## 五二　核减王诗正等部各营拟保员弁情形折

光绪十一年十二月初九日（1886年1月13日）

督办台湾防务降二级留任台湾巡抚一等男臣刘铭传跪奏，为遵旨核减王诗正、吴鸿源部下拟保员弁，分晰开单，恭折仰祈圣鉴事。

窃臣于本年十月初六日具奏遵旨会商核减基、沪获胜立功将士保案一折，于十一月二十二日接到兵部递回原折，内开：军机大臣奉旨：览奏，已悉。王诗正、吴鸿源部下拟保各员弁，着刘铭传详加核减。至王诗正、陈鸣志两军前单笼统开保，此次单内开列厘出四十余员名，以前单核计，尚有一百余员名，是否全归删汰，并未声明，殊欠明晰！仍着分营逐一开单具奏。其余所请奖叙各员，着该部议奏。单同前单并发。钦此。等因。仰见圣恩优渥，于严杜冒滥之中仍许以有劳必录，跪聆之下，钦感莫名！

查王诗正、吴鸿源所部将士履险蹈危，阅时亦久，不无微

① 中国第一历史档案馆藏：《军机录副》，档案编号：03-5837-034。

劳。若全行删减，未免向隅。臣再三酌核，就其前单开列在前请保从优者，量为核减，分别开单，两共酌保五十人。其余一百三十余员名，概归删汰，以副朝廷慎重名器之至意。

所有遵旨核减王诗正、吴鸿源所部各营拟保员弁，重缮清单，恳恩核奖缘由，谨恭折覆陈。伏乞皇太后、皇上圣鉴。谨奏。十二月初九日。

光绪十二年正月初七日，军机大臣奉旨：着照所请奖叙，该部知道，单二件并发。钦此。①

【案】光绪十二年四月二十四日，兵部为议覆刘铭传等保案内提镇各员履历清单事致军机处片行，曰：

兵部为片送事。准军机处片交兵部具奏，议覆福建巡抚等奏保基、沪出力各员清单内之记名提镇各员，希即将该员等年岁、籍贯、出身履历详细查明，覆送汉军机处，并将清单三件照抄一分，详细核对，送交本处等因，前来。相应将原单三件片送贵处查照。至片取此案内提镇各员年岁、籍贯，本部另行片覆可也。须至片者，右片送（计原单三件）军机处。光绪十二年四月二十四日。②

## 五三　呈删除王诗正、吴鸿源部下拟保员弁清单

光绪十一年十二月初九日（1886 年 1 月 13 日）

谨将删除王诗正、吴鸿源部下拟保员弁数目，附开清单，恭呈御览。

---

① 中国第一历史档案馆藏：《军机录副》，档案编号：03-5839-003. 又，台湾史料集成编辑委员会编：《明清台湾档案汇编》，第 5 辑，第 92 册，第 436—437 页，台北远流出版事业股份有限公司，2009。

② 中国第一历史档案馆藏：《清单》，档案编号：03-5840-087.

计开：

五品顶戴王诗正统带恪靖中、副、威、良、刚、亲军六营

记名简放总兵赳勇巴图鲁沈山连，效勇巴图鲁章维清，确勇巴图鲁谢复胜，花翎尽先副将罗齐楠，锐勇巴图鲁王见林，留甘副将张永濬、花翎副将李正清，花翎尽先参将吴世昭、张福美、文树发，花翎副将衔参将严勇巴图鲁刘连元，花翎参将朱兴发，尽先游击陈福安、文万兴、方生忠、左益胜、萧启元、黄德耀，补缺后游击罗大有，花翎都司易楚堂，蓝翎都司龙春芳、毛求仙、黄友郊、胡克胜、易少文、戴建寅、殷成谱、李长青、高青山、易裕庆、张启鸿，尽先都司高连元，花翎游击衔江西都司罗知仁，蓝翎都司张南山，卫守备李声扬，都司衔守备易春华、张官元，尽先守备蒋世均、凌玉华、朱启福、李鸣凤、于凤桂、周宗春、邓永忠、刘金楠、萧宝臣、吴梓奇、欧宝臣、杨鑫业、王得贵、王鹤亭、蒋锡升，蓝翎千总补缺后守备孟玉廷，守备衔千总贺安邦、刘福廷、刘信纯、刘定国、熊云从、左俊卿、刘礼雍、赵兴源、游永庆、汪玉成，花翎千总刘洪裕，蓝翎千总朱辉堂、刘远福、杨瑞庭、高镇云、阳金龙、刘步林、刘春庭、张美林、周享荣、谭有明、何文章，尽先千总刘锡纶，分部郎中黄宗炎，浙江试用府经历李盛瑶，五品衔选用县丞彭云蒸，五品衔分省补用知县左辉冈，蓝翎州同衔分省补用知县黄旭臣，分省补用从九朱焕南，分省补用巡检刘勋，分省试用从九品杨容济，五品顶戴附贡生庄鸿昌，文童罗启源，五品顶戴监生司马勋，五品衔贺廷鉴，六品翎顶彭岳麟，州同衔汪际清，监生潘彬、刘礼庄、陈松年，附生杨诗达，文童刘汝承、萧芝馥，附生贺焕，文童陈运鹏、王诗叟、王开翼、周望，五品顶戴优廪生谭襄云，廪生文咏川，文童秦照、尹荣光、刘汉南。

头品顶戴记名提督吴鸿源统带春字四营

福建花翎游击衔都司潘玉泰，闽浙水师守备陈汉，福建水师守备陈绍勋、黄日高，安平水师营预保守备陈步云，升用守备万镇邦，尽先守备刘海清，留闽守备康朝基，都司衔王启泰，福建蓝翎千总张金赤，福建水师千总林仙和、陈万发，蓝翎千总邱锦镛、萧国勋，升用千总连日春，蓝翎同知吴鸿清，同知衔选用知县陈策铭，内阁中书衔试用训导陈柏芬，廪生郑如磻，蓝翎候选布理问吴邦建，尽先选用从九品王熙，增生陈启祥，附生陈宝箴、吴时中，六品军功附贡生林照，中书衔附贡生施大珪，附生吴承烈、吴德光，俊秀吴文和，文童方朝泰、吴元均、杨钧。

军机大臣奉旨：览。钦此。①

【案】此清单之具呈日期，目录仅署“光绪十二年”，且未署具呈者。兹据主折朱批日期“光绪十二年正月初七日”，查《军机处随手登记档》② 朱批刘铭传折栏，即附有此单，且署有“报四百里，十一年十二月初九日台北府行营发”等字样。据此，此清单之具呈日期当为光绪十一年十二月初九日，具呈者为刘铭传无疑。兹据校正。

## 五四　呈王诗正、吴鸿源部下删剩拟保各员清单

光绪十一年十二月初九日（1886 年 1 月 13 日）

谨将核减王诗正、吴鸿源部下删剩拟保各员弁，开具清单，恭呈御览。

① 中国第一历史档案馆藏：《清单》，档案编号：03-5846-053. 又，台湾史料集成编辑委员会编：《明清台湾档案汇编》，第 5 辑，第 92 册，第 440—442 页，台北远流出版事业股份有限公司，2009。

② 中国第一历史档案馆藏：《军机处随手登记档》，档案编号：03-0250-1-1212-006.

计开：

五品顶戴王诗正统带恪靖中、副、威、良、刚、亲军六营

头品顶戴记名提督正一品封典从优议叙一次音德本巴图鲁葛致清，拟请交部从优议叙。

提督衔记名留甘简放总兵法福凌阿巴图鲁欧阳云峰，拟请赏给正一品封典。

花翎尽先副将邓宏发、何义廷。以上二员，拟请以总兵记名，请旨简放。

升用总兵云南督标副将邓庆元，拟请赏加提督衔。

花翎总兵衔副将康荣诏，拟请仍以副将留闽浙尽先推补。

花翎副将衔参将王连升、花翎尽先参将萧光福。以上二员，均拟请以副将尽先补用，萧光福并请赏加总兵衔。

参将衔游击丁生瑞、尽先游击谭贵和。以上二员，均拟请免补游击，以参将尽先补用。

花翎副将衔江西南昌城守营补用游击蒋必望、蓝翎留浙游击李庆祥。以上二员，均拟请以参将各留原省尽先补用，并赏加副将衔。

游击衔都司文义胜、王庆贵、严裕临、申道荣、曹步文、李加贵。以上六员，均拟请免补都司，以游击尽先补用。

花翎游击衔都司钟桂亭，拟请免补都司，以游击留闽浙尽先补用。

花翎都司朱易胜、云骑尉世职杨让梨。以上二员，均拟请以都司留闽浙尽先补用。

云骑尉世职申玉衡，拟请赏加都司衔。

云骑尉世职湖南长沙协标守备易培元，拟请免补守备，以都司仍留原标尽先补用。

都司衔漕标卫守备杨保定，拟请俟补缺后，以都司尽先补用。

蓝翎千总萧惠砚、尽先千总秦泰胜。以上二员，均拟请免补千总，以守备留闽尽先拔补。

蓝翎守备衔两江督标中营千总焦鸿山、福建抚标右营千总石镇国。以上二员，均拟请免补千总，以守备各留原标尽先补用。

知府衔候选同知潘纪恩，拟请俟选缺后，以知府尽先选用。

蓝翎浙江补用县丞魏镕、福建事由县丞姚近嘉、县丞朱佩馨。以上三员，均拟请补缺后，以知县各留原省前先补用。

已革升用知县浙江试用县丞萧谦，拟请开复原官。

福建武平县学训导举人许贞干，拟请开缺以知县分省补用。

候选从九刘锦焜，拟请以县主簿分省补用。

福建候补巡检张志仁，拟请以本班归候补班前补用。

五品顶戴附生李懋庄，拟请以县丞分省尽先补用。

附生郑筠，拟请以巡检不论双单月遇缺尽先选用。

俊秀方锡荣，拟请以典史分省前先补用。

头品顶戴记名提督吴鸿源统带春字四营

本任澎湖协花翎副将苏吉良、总兵衔补用副将志勇巴图鲁裘德成。以上二员，均拟请以总兵留于闽浙水师遇缺请旨简放。

浙江花翎都司易豫俊，拟请免补都司，以游击仍留原省水师尽先补用。

已革福建陆路提标右营游击周逢时，拟请开复原官。

千总吴文彬，拟请免补千总，以卫守备尽先补用。

云骑尉世职蔡邦周，拟请以守备留于闽省水师尽先补用。

候选教谕江献琛，拟请俟选缺后以知县尽先选用。

五品衔浙江试用盐经历易德谦，拟请俟补缺后以知县用。

指分福建试用县丞侯渊，拟请以本班不论双单月前先补用。
五品军功吴文藻，拟请以巡检不论双单月尽先选用。
文童蔡步云，拟请以从九品分省补用。
军机大臣奉旨：览。钦此。[1]

【案】此清单之具呈日期，目录仅署“光绪十二年”，且未署具呈者。兹据主折朱批日期“光绪十二年正月初七日”，查《军机处随手登记档》[2] 朱批刘铭传折栏，即附有此单，且署有“报四百里，十一年十二月初九日台北府行营发”等字样。据此，此清单之具呈日期当为光绪十一年十二月初九日，具呈者为刘铭传无疑。兹据校正。

【附】兵部呈王诗正等拟保各员准驳清单

谨将该抚核减王诗正、吴鸿源部下删剩拟保各员，臣部按照寻常劳绩定章改奖，分别准驳，谨缮清单，恭呈御览。

计开：

五品顶戴王诗正统带恪靖中、副、威、良、刚、亲军六营

花翎总兵衔副将康荣诏，请仍以副将留闽浙尽先推补。

尽先游击林文光，请仍以游击留闽浙尽先补用，并加副将衔。

花翎都司朱易胜，请以都司留闽浙尽先补用。

云骑尉世职申玉衡，请加都司衔。

都司衔漕标卫守备杨保定，请俟补缺后，以都司尽先补用。

以上五员，所请升阶、升衔，均应遵旨照准。

花翎副将衔参将王连升、花翎尽先参将萧光福，均请以副将尽先补用，萧光福并加总兵衔。

参将衔游击丁生瑞、尽先游击谭贵和，均请免补游击，以参将尽先补用。

---

① 中国第一历史档案馆藏：《清单》，档案编号：03-5846-029. 又，台湾史料集成编辑委员会编：《明清台湾档案汇编》，第5辑，第92册，第437—439页，台北远流出版事业股份有限公司，2009。

② 中国第一历史档案馆藏：《军机处随手登记档》，档案编号：03-0250-1-1212-006.

花翎副将衔江西南昌城守营补用游击蒋必望、蓝翎留浙游击李庆祥，均请以参将各留原省尽先补用。

游击衔都司文义胜、王庆贵、严裕临、申道荣、曹步文、李加贵，均请免补都司，以游击尽先补用。

花翎游击衔都司钟桂亭，请免补都司，以游击留闽浙尽先补用。

云骑尉世职杨让梨，请以都司留闽浙尽先补用。

云骑尉世职湖南长沙协标守备易培元，请免补守备，以都司仍留原标尽先补用。

蓝翎千总萧惠砚、尽先千总秦泰胜，均请免补千总，以守备留闽尽先补用。

蓝翎守备衔两江督标中营千总焦鸿山、福建抚标右营千总石镇国，均请免补千总，以守备各留原标尽先补用。

以上十九员，均系免补本班，除萧光福请加总兵衔照准外，应请将王连升、萧光福改为俟补参将后，以副将尽先补用；丁生瑞、谭贵和改为俟补游击后，以参将尽先补用；蒋必望、李庆祥改为俟补游击后，以参将各留原省尽先补用；文义胜、王庆贵、严裕临、申道荣、曹步文、李加贵均改为俟补都司后，以游击尽先补用；钟桂亭改为俟补都司后，以游击留闽浙尽先补用；杨让梨改为以守备留闽浙尽先补用；易培元改为俟补守备后，以都司仍留原标尽先补用；萧惠砚、秦泰胜均改为俟补千总后，以守备留闽尽先补用；焦鸿山、石镇国均改为俟补千总后，以守备各留原标尽先补用。

花翎尽先副将邓宏发、何义廷，请以总兵记名，请旨简放。

升用总兵云南督标副将邓庆元，请加提督衔。

以上三员并非战功卓著，所保提督衔总兵用，核与定章不符，应改为议叙照寻常劳绩各给予加一级。

提督衔记名留甘简放总兵法福凌阿巴图鲁欧阳云峰，请给正一品封典。该员系寻常劳绩，所请封典核与成案不符，应请改为议叙照寻常劳绩给予加一级。

头品顶戴记名提督正一品封典音德本巴图鲁葛致清，请交部从优议叙。该员应照寻常劳绩议叙给予加一级，从优再加记录二次。

头品顶戴记名提督吴鸿源，统带春字四营

云骑尉世职蔡邦周，请以守备留于闽省水师尽先补用。该员所请升阶，应行遵旨照准。

浙江花翎都司易豫俊，请免补都司，以游击仍留原省水师尽先补用。该员系属免补本班，应请改为俟补都司后以游击仍留原省水师尽先补用。

千总吴文彬，请免补千总，以卫守备尽先补用。该员系请免补本班，并保卫所官阶，核与定章不符，应请改为俟补千总后以营守备尽先补用。

澎湖协花翎副将苏吉良、总兵衔补用副将志勇巴图鲁裘德成，均请以总兵留于闽浙水师，遇缺请旨简放。

以上二员并非战功卓著，所保总兵用核与定章不符，应改为议叙照寻常劳绩各给予加一级。所有照准改奖议叙各员，均饬取出身履历并注明三代，送部查核注册。

已革福建陆路提标右营游击周逢时，请开复原官。查该员前因所管兵丁得受赌规，未能先事稽查，又不将该兵发县严办、奏参、革职，今并无实在劳绩，所请开复原官，应毋庸议。①

## 五五　奏请将张学醇留营差遣委用片

光绪十一年十二月初九日（1886 年 1 月 13 日）

再，台北并彰化生番滋事，经臣派兵分路剿抚情形已于十月二十九日具奏在案。查内山番境辽阔，此后步步深入，开山垦地，需费浩繁，各山树木丛茂，若能砍伐售价，因其所有之利为津贴抚番、开垦之费，既可试开利源，又可化荒

---

① 中国第一历史档案馆藏：《清单》，档案编号：03-5846-061.

为熟，必须有勤明耐劳之大员督率筹办，方有实济。惟台地烟瘴孤危，内地人员稍可自给者无不视为畏途。兹查有已革前安徽臬司张学醇，前经督臣杨昌濬奏派监修长门炮台，现在工竣来台。

臣见该员才具明敏，阅历甚深，能耐劳苦，堪以留台办理抚垦事务，合无仰恳天恩，俯念台湾正值事繁用人之际，准将张学醇留于臣营差遣委用，以资臂助，出自逾格鸿慈！谨附片具陈。伏乞圣鉴。谨奏。

光绪十二年正月初七日，军机大臣奉旨：着照所请，吏部知道。钦此。[①]

【案】此片之具奏日期，原文以朱批日期为之，未确。兹据奉旨日期查“光绪十二年正月初七日”《军机处随手登记档》[②] 朱批刘铭传折栏，则署有“报四百里，十一年十二月初九日台北府行营发”等字样。据此，具奏日期当以“光绪十一年十二月初九日”为是。兹据校正。

## 五六　奏请展缓台防收捐请奖停止期限片

光绪十一年十二月初九日（1886 年 1 月 13 日）

再，臣于本年十月二十六日接准户部咨开：所有部库及各直省藩库收捐海防声明限满停止日期通行遵照附片一件，光绪十一年九月二十一日具奏，本日奉旨：依议。钦此。刊录附片咨行到

① 台湾史料集成编辑委员会编：《明清台湾档案汇编》，第 5 辑，第 92 册，第 442—443 页，台北远流出版事业股份有限公司，2009。

② 中国第一历史档案馆藏：《军机处随手登记档》，档案编号：03-0246-2-1211-143.

臣。原片内开：各省统以接到部文之日，除去封印日期，扣足一年限满，一律停止。其奖册即于各该省停止之日起，予限两个月，赶紧造送到部，毋得迟延等因。查台湾于本年正月二十一日接到部文，除去封印日期，应扣至光绪十二年二月二十一日一年限满。惟台地捐输系因上年军务紧急，先向绅商捐借，以济饷需，迄今已逾一年，各捐户限缴银数或甫交一半，或未及一半。淡水一县户口繁杂，由各绅商按资产厚薄，自行匀派，尚未报缴。其余各县虽分饬官绅催令速缴，以便核奖，计非俟来年秋收后，恐难扫数清缴，势又不能不候缴齐。□□核奖事例，与他省捐生自行核定银数指项报捐请奖者情形迥别，万难依限停止，据总办全台捐借事宜前贵州藩司沈应奎暨捐输局委员详请奏明展限前来。

臣覆查属实，惟有仰恳天恩，敕部查照，准予台防收捐请奖停止期限展缓八个月，臣尽力督催，仍视展限内能否一律催齐，即行截止，随时奏报。伏乞圣鉴，训示。谨奏。

光绪十二年正月初七日，军机大臣奉旨：户部议奏。钦此。[①]

## 五七　请将提督孙开华开去帮办台湾事务折

光绪十一年十二月十七日（1886 年 1 月 21 日）

头品顶戴革职留任总督兼管福建巡抚事臣杨昌濬、督办台湾防务福建巡抚臣刘铭传跪奏，为据情代奏，恭折仰祈圣鉴事。

窃臣等接准帮办台湾军务署福建陆路提督孙开华咨称：开华

① 中国第一历史档案馆藏：《军机录副》，档案编号：03-6100-003.

自十年二月统领擢胜三营，带印东渡，办理台北防务。适值法人毁盟，分扼沪尾要口，幸获胜仗。十一月初八日，奉旨帮办台湾军务。开华自分才铨，本难胜任，然当敌势猖獗、海口被封之际，兵饷、炮械日见支绌，外援接济万倍艰难，唯凭一点血诚，相与共支危局，仰荷圣主威福，和议大定，全台防务较松。所有善后各事宜业经次第设施，渐有端绪，而开华忝权陆路提篆，有统辖全省戎政之责，当此关任在迩，肃令整军，在在均关紧要。且台地水土恶劣，风湿交加，前在后山剿番时受瘴太深，曾患咳喘之证。上年沪尾督师，风餐露宿，引发旧疾，苦乏良医，所带擢胜三营，自同治十三年招募精壮，选练成军，指臂相随，倏逾十稔。其间三次戍台，久侵岚瘴，血战之后，疫疠为灾，损折颇仍，倍堪矜惜！应请奏乞恩施，开去开华帮办差使，并准擢胜三营及亲兵卫队三哨随同内渡。至黄宗河所带胜勇右营，人皆台北土著，熟悉地利民情，上年战守有功，应称得力，请仍留扎沪尾，随时遣用等因，前来。

臣等伏查该署提督所带各营有勇知方，洵推劲旅。第念戎台已及两载，必须休息拊循，方足顺军情而作士气。现在台事略重，而内地陆路营务遥制为难，诚恐日久废弛，亟须及时整顿。兴、泉、漳、永各府州地多滨海，民俗强悍，向以擢胜各营分布巡防，兵民相信有素。兹当客军裁撤之际，尤恐地广兵单，不敷弹压。该署提督忠诚夙著，准咨各节委系实在情形，合无仰恳天恩，俯准署福建陆路提督漳州镇总兵孙开华开去帮办差使，仍回署任供职。所部各军除胜勇左营留台酌量遣留外，其擢胜三营及亲兵卫队三哨并准带回内地，照旧分扎，以资休养而示体恤之处，出自圣主鸿慈！谨合词恭折代陈。伏乞皇太后、皇上圣鉴，训示，施行。谨奏。十二月十七日。

光绪十二年正月初七日，军机大臣奉旨：孙开华着开去督办差使，仍回提督署任，余依议。钦此。[1]

## 五八　请准章国均补授宜兰知县缘由折

光绪十一年十二月十七日（1886年1月21日）

头品顶戴革职留任闽浙总督兼管福建巡抚事臣杨昌濬、督办台湾防务福建巡抚一等男臣刘铭传跪奏，为拣员请补海外要缺知县，恭折仰祈圣鉴事。

窃准吏部咨：宜兰县王家驹刚愎任性，光绪十一年五月二十六日奉旨：王家驹着即行革职。钦此。照例奉旨后第五日行文，应以七月十一日咨开作为开缺日期，归八月分截缺。所遗宜兰县系台湾海外添设疲难题调要缺，治理不易，必须遴选精明强干、熟悉海疆风土民情之员调补，方克胜任。

臣等督同藩、臬两司，遵于闽省现任人员内遴选，非现居要缺，即人地不宜，一时实乏堪调之员。复于候补知县人员中逐加遴员，查有候补知县章国均，年四十五岁，湖南长州府沅陵县监生。同治三年，克复浙江湖州、武康各厅县城池出力，保举从九品不论双单月遇缺尽先即选；来闽投效，克复漳州全闽肃清案内保奏，同治五年十月初八日奉旨：着免选本班，以县丞留于福建补用。钦此。赴部验看，领照来闽，九年正月到省，奉委购运京米赴天津验兑出力保奏，俟补缺后以知县补用。十年三月初二日奉旨：依议。钦此。准补噶玛兰头县丞，考试取列三等，光绪三年十月初十日到任，遵例捐离县丞本任，归知县班留闽补用，奉

① 中国第一历史档案馆藏：《军机录副》，档案编号：03-5839-002.

准开缺，留省叙补，顺差赴见，领照回闽，光绪八年二月初二日到省，委代归化县，复委署长汀县卸事，现委署理同安县知县篆务。

臣等查得该员才具明干，办事精详，于台地风土民情亦为熟悉，以之补授宜兰县知县，洵堪胜任。合无仰恳天恩俯念海疆员缺紧要，准以候补知县章国均补授宜兰县知县，俾海外要缺治理得人。如蒙俞允，该员系候补知县请补知县，衔缺相当，毋庸送部引见，并免核计参罚。据福建藩、臬两司会详前来。

臣谨合词恭折具奏。伏乞皇太后、皇上圣鉴，敕部核复施行。谨奏。十二月十七日。

光绪十二年正月初七日，军机大臣奉旨：吏部议奏。钦此。①

① 中国第一历史档案馆藏：《军机录副》，档案编号：03-5205-013.

# 光绪十二年（1886）

## 一　奏请赏假调理缘由折

光绪十二年正月二十四日（1886年2月27日）

督办台湾防务降二级留任台湾巡抚一等男臣刘铭传跪奏，为微臣假期已满，目病未痊，仍请续假调理，恭折仰祈圣鉴事。

窃臣于上年九月二十五日因目疾日重，奏请开去差缺回籍调理一折，奉旨：另有旨。钦此。承准军机大臣字寄：光绪十一年十月二十二日，奉上谕：据刘铭传奏目疾日重，恳请开缺一折。刘铭传经朝廷特简，督办台湾事宜，正当次第经营，力图报称。上年督师不力，谤书盈箧，仍复曲予优容，尤宜奋勉图功，以期自赎，何得因目疾未愈，遽请开缺？着赏假一个月，毋庸开缺。该抚筹办善后，尚属认真，仍将兵事、吏治及地方一切利弊力疾妥筹，悉心办理。凡事当行之以渐，持之以恒，总期成效可观，方为不负委任。钦此。臣跪读之下，惶悚莫名！

伏念臣一介武夫，毫无知识，遭际圣明，特简于海疆紧要之区，优容于众口交谗之际，训勉优加，感惭无既！惟有懔遵谕旨，于台防、善后、兵事、吏治及地方一切利弊，力疾经营。如现应筹办之抚番、缉匪、开垦、清赋、分治、购炮、筑台诸大端，皆为目前之要务。臣愚以为御侮首要自强，攘外必先安内。

台湾民番仇杀，土匪横行，因循日久，视为常事。臣已派署台湾镇总兵章高元、记名提督柳泰和专办嘉、彰土匪，记名提督刘朝祜、道员林朝栋、总兵蒴炳南、副将张兆连、周鸣声分头抚番。现据各路禀报，生番归化日多，土匪亦渐敛迹。拟即举办清赋、分治、招垦、开山、伐木等事。所有基隆、沪尾、安平、旗后各海口，派令道员方策勋，总兵苏得胜，记名提督王贵扬、杨金龙、方春发等，赶办防务，修筑炮台。须俟工竣，兵勇不事工作，方能整顿操练。

惟内抚生番，外办海防，以及清赋、招垦、分治、开路、伐木，一时并举，既虑人才难得，尤恐经费不济。臣固不敢敷衍了事，亦不敢急切图功。惟谨遵圣谕，凡事当行之以渐，持之以恒，以期办有成效，庶不负圣主谆谆训诫之意。所幸上年腊月底台湾天气忽然大寒，积雪满山，土人诧为从来未有之事。开霁后瘴气顿轻，将士抱病者一时皆愈。

臣本拟于正月初九日内渡赴省，遵旨与督臣杨昌濬会商一切，不料交春以来，目疾举发，左目障翳未退，右目复又红肿，畏见风日，较前更甚。阅视公牍，一片模糊。现在假期已满，万分焦急！思维至再，合无仰恳天恩，再行赏假两个月调理，冀得稍痊，谨仍力疾筹办善后事务。臣受恩深重，目疾纵难速痊，一日不废，必尽一日之职，决不敢因循贻误，有负朝廷委任，自外生成。

所有微臣目疾未痊，恳请续假缘由，谨恭折由驿具陈。伏乞皇太后、皇上圣鉴，训示。谨奏。正月二十四日。

光绪十二年二月十一日，军机大臣奉旨：着赏假两月。钦此。[①]

---

① 中国第一历史档案馆藏：《军机录副》，档案编号：03-5206-074. 又，台湾史料集成编辑委员会编：《明清台湾档案汇编》，第5辑，第92册，第498—500页，台北远流出版事业股份有限公司，2009。

## 二　请将李彤恩留台差遣缘由片

光绪十二年正月二十四日（1886 年 2 月 27 日）

再，臣接准前陕甘督臣杨岳斌咨开：光绪十一年六月初五日，具奏遵旨确查据实覆陈一折，六月二十三日，军机大臣奉旨：览奏，均悉。李彤恩着即驱逐回籍，不准逗留台湾；朱守谟着即革职，永不叙用，该部知道。钦此。钦遵恭录咨会到臣，转行去后。旋据李彤恩禀销各差，于八月十八日遵旨内渡回籍。嗣因淡水各乡拆毁教堂一案并李彤恩经手捐输，办理为难，复经署台北府知府刘勋、绅士广东候补道陈霞林等叠次函请，李彤恩于十月底来台，立将教案完结，捐输亦即办理就绪。

查李彤恩自同治元年到台，至今二十余年，历办通商事务，遇有中外交涉事件，无不立时完结，两相平允。其才识敏断，勇于任事，台北绅民共相钦服。因臣德望浅薄，不洽同僚，殃及无辜，抚心自疚，惭愧不安！前陕甘督臣杨岳斌、钦差大臣刑部尚书臣锡珍[①]

① 锡珍（1847—1889），字仲儒，号席卿，蒙古族，满洲镶黄旗人，三品荫生。同治七年（1868），中式进士，改庶吉士。十年（1871），授翰林编修。十一年（1872），选侍讲。同年，充文渊阁校理。十二年（1873），补翰林院侍读、侍讲学士。同年，授日讲起居注官。十三年（1874），任咸安宫总裁、侍读学士。光绪元年（1875），充山东乡试正考官。同年，补詹事府少詹事，升詹事府詹事。三年（1877），晋通政使司通政使。四年（1878），迁都察院左副都御史。五年（1879），补授理藩院右侍郎，调工部右侍郎，兼管钱法堂事务。同年，授正黄旗汉军副都统，兼署兵部右侍郎。是年，调刑部右侍郎，转管理右翼官学事务。六年（1880），补吏部左侍郎，兼署工部右侍郎，授镶白旗汉军副都统。同年，调补户部右侍郎，兼管钱法堂事务。七年（1881），署正白旗护军统领，授镶红旗满洲副都统。同年，补吏部右侍郎。八年（1882），兼署兵部右侍郎。同年，补授镶黄旗满洲副都统，兼署户部右侍郎，署理仓场侍郎。九年（1883），兼署刑部右侍郎、刑部左侍郎。同年，补仓场侍郎。十年（1884），擢都察院左都御史、总理各国事务大臣，拜刑部尚书、镶白旗汉军都统。同年，管理户部三库、左翼官学事务。十二年（1886），授镶白旗满洲都统、吏部尚书。同年，充会试正考官、崇文门正监督、会典馆副总裁。十三年（1887），丁内艰。十四年（1888），兼署镶红旗蒙古都统。十五年（1889），兼署镶黄旗汉军都统。同年，卒于任。

等先后到台，淡水公正绅士联名数十人，屡为具禀白冤。此案委曲情形已在圣明洞鉴之中，臣亦无庸再渎。

惟李彤恩所办通商、磺矿等事，非熟悉洋务之员不能接办。数月以来，无人可委，思维再四，惟有仰恳天恩，仍将李彤恩留台差遣，办理通商并磺矿事务，以资熟手。臣为通商要务需人起见，是否有当？伏乞圣鉴，训示。谨奏。

光绪十二年二月十八日，军机大臣奉旨：着照所请。钦此。[①]

【案】此奏片之具奏日期，录副目录以朱批日期为之，未确。兹据朱批日期查光绪十二年二月十八日《军机处随手登记档》[②]朱批刘铭传折栏，则署有“报四百里，正月二十四日台北行营发”等字样。据此，此奏片之具奏时间当为“光绪十二年正月二十四日”无疑。兹据校正。

## 三　奏为恩赏福字等物谢恩折

光绪十二年正月二十八日（1886年3月3日）

督办台湾军务降二级留任台湾巡抚一等男臣刘铭传跪奏，为叩谢天恩，恭折仰祈圣鉴事。

窃臣咨准军机大臣咨行，由驿递到颁赏御书“福”字一方并荷包、银锞、南枣、莲子、藕粉等件。谨即恭设香案，望阙叩头谢恩祗领。

仰维我皇太后、皇上赐福临宸，介福懋洽，龙章启瑞，瞻聆

---

① 中国第一历史档案馆藏：《军机录副》，档案编号：03-5206-076. 又，台湾史料集成编辑委员会编：《明清台湾档案汇编》，第5辑，第92册，第500—501页，台北远流出版事业股份有限公司，2009。

② 中国第一历史档案馆藏：《军机处随手登记档》，档案编号：03-0250-1-1212-046.

仰模楷之尊；鱼袋颁荣，齐服佩丝纶之宠。厨珍锡而领和食佳，国宝赉而利用厚生。申命自天，感惭无地！臣叨膺疆寄，谬绾兵符，未报涓埃，叠承赏赉。钦羲画之开天，光华复旦；沐禹畴之锡祜，海宇同春！率虎旅以拜恩，隔鲲洋而下颁！

所有微臣感激下忱，谨缮折叩谢天恩。伏乞皇太后、皇上圣鉴。谨奏。正月二十八日。

光绪十二年二月十八日，军机大臣奉旨：知道了。钦此。[①]

## 四　请将经办厘金、煤务劣员分别参追片

光绪十二年正月二十八日（1886年3月3日）

再，台湾厘金、煤务，自刘璈到任后，煤务每年开销经费十万余两，厘金于正税之外勒索私费，洋药项下三万元，茶脑项下一万元，经臣据实奏参，仰蒙特派刑部尚书锡珍等到台逐款详查，分晰奏明，臣应毋庸再渎。

查锡珍等原奏内称，以后煤务或归商办，或归官办，总期经费不致虚糜，有裨船政官轮，应由臣体察情形，妥议筹办等因。查基隆存煤，前据已革澎湖通判郑膺杰、候补知县杨崇铨先后结算开报，应存经费银十六万余两。讯据供称，堆存过久，日晒雨淋，煤块碎裂，官煤化成粉炭，均归乌有。账目支离，事隔数年，无从彻底查究。

惟杨崇铨称于十年六月法人窜扰基隆时，被匪抢失现银五千余两、制钱一千余串，当时并未报地方官勘明立案。十一年，法人退后，经臣饬派营务处道员方策勋讯据基隆煤井工头蔡添进供称，十年六月，法扰犯基隆，杨崇铨早将家眷、行李、字画等件

① 中国第一历史档案馆藏：《军机录副》，档案编号：03-5206-068

收拾搬移，尚有何物被抢等供。复经檄饬杨崇铨将被抢情形，有何见证，明白禀覆。旋据禀称，当六月十五法人窜扰之日，人各迁徙，局中银钱因系公款，不敢妄搬。不料是夜数百人持械蜂拥到局，即将银钱抢尽等语。

臣察核所禀，一派胡言，毫无证据，显系乘机捏报，希图吞匿。其平日承办煤务，滥支经费，弊端百出，若彻底查究自开局以来经手作弊人员，办不胜办。既经锡珍等查覆奏结，自应毋庸追究。惟乘机捏报被抢银两，必须勒令赔缴，以重公项。

至厘务包商陈郁堂，仅认交过刘璈署内私费银洋二万五千元，与该商股伙陈悦周单开数目不敷。经臣复委沈应奎传提陈悦周暨前办董事王青云等续递亲供，以所付台湾道衙门包厘规费银洋三万三千元，郑建中禀缴茶脑私费银一万三千两，均交与已革知县张映景转交刘璈内署收纳，有县丞王栋眼见作证。询据王栋，仅认知情，并未眼见过付。现计洋药厘金包期届满，陈郁堂系罪应拟杖、照例纳赎之犯，自应另由殷商包办茶脑厘金。现据包商林协和承办，每年照旧认缴银洋十三万七千元，本年增缴三千元。

臣批令将刘璈所收私费银一万三千两并缴银洋二万元，合成十六万元；洋药厘金，已据包商黄瑞阶、陈弼臣等具禀，仍照上届包价扣闰，匀分十二个月，捐银四十万七千元，按月征解。由粮台沈应奎议准具详，经臣饬令将前交刘璈私费洋三万元一并照缴，以充公用。包商黄瑞阶等情愿照数加缴，通共全年认缴洋四十三万七千元，取具认、保各结，由沈应奎核明详覆立案。基隆煤务，现由商人张学熙禀认开办。查船政购买基隆煤价，官炭每百石给洋二十四元。兹据张学熙禀称，每官炭百石减去四元，只领价洋二十元。自承办之后，无须由官筹垫经费，煤务岁支经费银十万余两即可概行裁省，仍俟该商办有成效，再行酌议抽厘。

此台湾厘金、煤务现在办理之情形也。

惟查前办厘金、煤务各委员，朋比侵吞，贪劣不职，若不择尤参处，不足示儆戒。前厘金提调委员已革知县张映景，于查办时自知劣迹败露，先期避逸，不知去向。张映景系已革人员，应请永不叙用。厘金委员县丞王栋，虽称交纳刘璈私费，并未在场眼见，究系知情，已据报捐恤番衣裤二千件，该县丞业已丁艰，拟请姑宽免究。候补知县杨崇铨，经办煤务，任意支销，复乘乱捏报抢失银钱六千余两，虽据承认赔缴，一味迁延搪塞，实属贪狡异常，应请即行革职，仍由臣勒限追缴，以重帑项而肃官方。

所有台湾厘金、煤务现办情形，并请将经办劣员分别参处、追缴缘由，谨附片具陈。伏乞圣鉴。谨奏。

光绪十二年二月十八日，军机大臣奉旨：着照所请，该部知道。钦此。[①]

## 五 奏委方祖荫等署理新竹等令缘由片

光绪十二年正月二十八日（1886年3月3日）

臣杨昌濬、臣刘铭传跪奏：再，署新竹县知县彭达孙患病请假，所遗新竹县系酌委之缺，查有现代是缺之埔里社通判方祖荫，年壮才明，办事勤奋，堪以委令一手署理。递遗埔里社通判亦系酌委之缺，查有现代是缺之试用府经历林桂芬，堪以委令一手代理。又，署淡水县知县徐锡祉调省另有差委，所遗淡水县酌委之缺，查有现代是缺之试用通判李嘉棠，堪以委令一手署理。

① 中国第一历史档案馆藏：《军机录副》，档案编号：03-7389-006. 又，台湾史料集成编辑委员会编：《明清台湾档案汇编》，第5辑，第92册，第501—504页，台北远流出版事业股份有限公司，2009。

该员方祖荫系安徽桐城县监生，考试取列三等；林桂芬系广东番禺县监生，尚未考试列等；李嘉棠系广东嘉应州监生，考试取列三等。均距原籍在五百里以外。据福建藩、臬两司会详前来。

除林桂芬由臣铭传饬传考试外，臣等谨合词附片具陈。伏乞圣鉴。谨奏。

光绪十二年二月二十日，军机大臣奉旨：吏部知道。钦此。[①]

## 六　奏请奖叙基、沪接仗获胜立功各员缘由折

光绪十二年二月二十五日（1886年3月30日）

督办台湾防务降二级留任台湾巡抚一等男臣刘铭传跪奏，为基、沪接仗获胜立功各员，遵照部议，分晰声叙情形，请照原保给奖，恭折覆陈，仰祈圣鉴事。

窃臣于光绪十二年正月二十六日接准吏部咨开：所有基、沪获胜出力并转运各员请奖分别准驳遵旨覆奏一折，并粘连原奏，内开：除武职人员应由兵部办理，开复人员另行具奏外，查奏定章程，凡与外洋接仗获胜出力人员，悉准各路统兵大臣从优保奖。如奉旨交议之件，仍照异常劳绩覆奏等因在案。今据福建台湾巡抚刘铭传等保奏基、沪获胜立功在事出力各员，钦奉谕旨，该部议奏。臣等查该抚等原奏清单内声称各军、各营、团练暨各局所委员在事出力请奖所保各员，未将何员所著何项劳绩分别声

① 中国第一历史档案馆藏：《军机录副》，档案编号：03-5206-084. 又，台湾史料集成编辑委员会编：《明清台湾档案汇编》，第5辑，第93册，第356页，台北远流出版事业股份有限公司，2009。

叙，碍难悉照外洋接仗获胜章程一律办理，自应分别等差，以昭核实。除将原保清单暂行在案外，相应请旨饬下该抚等将所保此案出力各员，何员在何处著何项劳绩，详细分晰，查明覆奏到日，再行遵照奏定章程，分别办理。其所请转运饷械各员，应照寻常劳绩核议，谨案例章，分别准驳，另缮清单，恭呈御览，于光绪十一年十二月二十五日具奏，奉旨：依议。钦此。等因。知照到臣。

伏查此案历次接仗获胜，叠经奏报有案。所有基、沪等处各防营出力稍次及未遇敌接仗者，业经大加删减，分别外奖。其只办防务之员，分别扣减，曾于此案原奏附陈声明，故开单之时分明各军、各营、团练。所有各营并刘朝祜所部暨各局所委员，亦皆系与敌接仗出力。臣逐加详核，各该员御敌对垒，肉薄于烟瘴滨海之区，诚如部章，实较内地接仗情形迥然不同。

所有单开请奖员绅均属身临前敌、屡次接仗、获胜立功人员，委无差等可分，所保教职俱系廪贡以上出身之员，相应请旨饬部查照原保给奖，以昭激劝，出自逾格鸿慈！

除奉查转运各员俟查明另行具奏外，所有遵照部议声叙前保基、沪接仗获胜立功各员劳绩，请照原保给奖缘由，谨恭折覆陈。伏乞皇太后、皇上圣鉴。谨奏。光绪十二年二月二十五日。

光绪十二年三月十九日，军机大臣奉旨：该部议奏。钦此。[1]

【案】此奏之具呈日期，原文以朱批日期为之，未确。兹据朱批日期查“光绪十二年三月十九日”《军机处随手登记档》[2] 朱批刘铭传折栏，则署有“报四百里，二月二十五日台北发”等字样。据此，具奏日

① 台湾史料集成编辑委员会编：《明清台湾档案汇编》，第5辑，第93册，第71—72页，台北远流出版事业股份有限公司，2009。

② 中国第一历史档案馆藏：《军机处随手登记档》，档案编号：03-0250-1-1212-075.

期当以“光绪十二年二月二十五日”无疑。兹据校正。

## 七　奏请撤销黄恩溥等保案缘由片

光绪十二年二月二十五日（1886年3月30日）

再，臣查得艋舺营守备罗胜标，开场聚赌，营伍废弛。嘉义县斗六门县丞方宗亮，心地险诈，声名平常，相应请旨即行革职。淡水双溪口抚垦局委员已保巡检黄恩溥，品行卑污，行同无赖，应请敕部将保案撤销，以肃官方而示惩儆。谨附片具陈。伏乞圣鉴。谨奏。

光绪十二年三月十九日，军机大臣奉旨：着照所请，该部知道。钦此。[①]

【案】此奏之具呈日期，原文以朱批日期为之，未确。兹据朱批日期查“光绪十二年三月十九日”《军机处随手登记档》[②] 朱批刘铭传折栏，则署有“报四百里，二月二十五日台北发”等字样。据此，具奏日期当以“光绪十二年二月二十五日”无疑。兹据校正。

## 八　奏请议恤台营病故员弁片

光绪十二年二月二十五日（1886年3月30日）

再，光绪十一年十月以前台营病故员弁，经臣先后奏明，蒙恩赐恤在案。兹据各营十一月以后陆续禀报，总兵张家宾，总兵

① 台湾史料集成编辑委员会编：《明清台湾档案汇编》，第5辑，第93册，第72—73页，台北远流出版事业股份有限公司，2009。

② 中国第一历史档案馆藏：《军机处随手登记档》，档案编号：03-0250-1-1212-075.

衔副将萧德明，参将衔补用游击严懋麐，补用游击萧全义，花翎都司滕傅文，蓝翎都司王明兴，蓝翎千总余寿来，守备衔千总陆燮和，尽先千总沈大玉、王树栋、陈学仪，已保知县刘朝杓，候选巡检聂祉生，已保留闽从九品何耀垣、候选从九品王德新，又均在营病故。

臣查该故员等俱系随营立功，久受瘴疫，积劳病故，理合援案奏陈，仰恳天恩，俯准将张家宾等十五员名一并交部，从优议恤，出自逾格鸿慈！伏乞圣鉴。谨奏。

光绪十二年三月十九日，军机大臣奉旨：张家宾等均着照军营病故例，从优议恤。该部知道。钦此。[1]

【案】此奏之具呈日期，原文以朱批日期为之，未确。兹据朱批日期查“光绪十二年三月十九日”《军机处随手登记档》[2] 朱批刘铭传折栏，则署有“报四百里，二月二十五日台北发”等字样。据此，具奏日期当以“光绪十二年二月二十五日”无疑。兹据校正。

## 九　奏请奖叙剿办土匪出力官绅缘由折

光绪十二年三月初四日（1886 年 4 月 7 日）

督办台湾防务降二级留任台湾巡抚一等男臣刘铭传跪奏，为屡获积年著名土匪，先后讯明正法，并将在事出力地方官绅恳恩给奖，以示鼓励，恭折具陈，仰祈圣鉴事。

窃光绪十一年七月初一日，据署嘉义县候补同知罗建祥禀

① 台湾史料集成编辑委员会编：《明清台湾档案汇编》，第 5 辑，第 93 册，第 73—74 页，台北远流出版事业股份有限公司，2009。

② 中国第一历史档案馆藏：《军机处随手登记档》，档案编号：03-0250-1-1212-075.

称：该县辖属土匪横行，除颜摆彩、庄芋、薛国鳌、吴金印四大头目外，其余著名匪棍一百四十余名。如盐水港一带地方，逼近海口，无数竹围，均为匪徒出没之所。五间厝庄颜摆彩，下潭庄沈唠二，竹围庄翁碰头，角带围庄翁呆、翁久等，均为十余年来著名积匪，纠结党众，肆意劫掠，扰累地方，控案山积。

匪首颜摆彩等每窝聚于角带围庄翁呆家中，经罗建祥探明踪迹，会同练营哨官把总周世英，于五月十一日黎明乘该匪等猝不及备，直抵角带围庄掩捕。颜摆彩率同翁呆、翁远等开枪拒捕。罗建祥督率练兵、庄丁等奋力进攻，登时将翁远格毙，翁呆左臂砍伤，当场擒获。惟颜摆彩率党并力抗拒，乘间逸脱，仅获伙党翁万仔、林蛤、翁铨，连翁呆一并解回县城审讯。当查壮丁受伤四名，匪党受伤十余名，除翁呆一名讯据供认迭次抢劫、拒捕伤人，录供禀报，由臣批令就地正法外，其余伙党翁万仔等，按照变通章程，分别锁墩待质，一面仍饬赶紧严拿颜摆彩等，务获究办。

旋于九月二十一日接据罗建祥会同练军营官王九龄、嘉义营参将周士得等禀称：颜摆彩前次脱逃漏网，正在踩缉，接据佳里兴巡检陈炳禀报，九月二十三日黎明，闻五间厝一带，忽有枪炮之声，恐有械斗情事，当即亲督弓役，会同练营哨弁周世英，带兵驰往该处。查系顶潭、下潭等八庄，因颜摆彩罪大恶极，潜回窝巢，经练绅招齐各庄丁壮围拿该匪，已将住屋攻破，格杀匪党一名。不料该匪复率党众逃入颜风家中，壮丁跟踪，四面围攻，奈房屋坚固，匪党众多，开枪拒捕，相持竟日，互有损伤，不能得手。练兵王捷元腮受枪伤，壮丁沈袋身受铳伤，登时殒命。巡检陈炳等因时已傍晚，谕令各壮丁暂行退散，当由县带同刑仵亲临沈袋身死处所相验，另文详报。并会同练兵驰往盐水港驻扎，联络壮丁，设法兜拿，禀请添派营勇会拿等情，前来。

臣查颜摆彩，积年巨匪，屡次拒捕，穷凶极恶，必须拿获，以除地方之害。当即檄调署台湾镇总兵章高元所带炮队一营移驻嘉义，督率练军一营，会同嘉义县购线兜拿。于十一月初四日，接据章高元、罗建祥禀称：该县辖内鱼寮庄著匪陈注，结党横行，纠众抢掠，无恶不作，近复窝藏颜摆彩及匪党多人，潜谋树旗拒捕。当经练营管带王九龄探知，带勇四十名、差役数名，直抵陈注家中，捕获颜摆彩、陈注及同住一屋匪伙八名。正在押解起行，不料该庄匪党胆敢鸣锣，集众数百人，各执铳械，围殴夺犯。王九龄等即开枪接仗，相持移时，因众寡不敌，勇多受伤，致已获匪犯八名均被夺去，县役受伤四名，团勇、练兵受伤十数名。幸分驻北港练兵三棚闻报来援，该匪始退，王九龄等得脱回城。查陈注纠集党羽，屡犯抢掳重案，此复窝藏要犯，于官兵捕拿就擒之后，竟敢鸣锣聚众，持械夺犯，殴官伤兵，实属目无法纪，形同叛逆，非严行剿办不足以慑匪胆而遏盗风。嗣后如有获到重大案犯，讯得确供，禀请就近由台湾镇恭请王命，即行就地正法，以昭炯戒。并据章高元报同前情。

臣因土匪横行，拒捕殴官，被拿夺脱，实属不成事体。营官王九龄虽因寡众不敌，究系办理不善，当即摘去顶戴，勒限两个月，务获颜摆彩、陈注等到案。并批准以后获到要犯，如果讯明情真罪当，即行循照向章，由署台湾镇总兵章高元恭请王命，立时正法。叠据罗建祥禀称：先后捕获纠众杀毙李天章及李降等八命之李大树一名，又结党横行，叠犯抢杀重案，临拿拒捕伤人、供认不讳之陈万得、陈江即江清水、杨文生、简训、张万再、张斗、张盖七名，讯明就地正法。各在案。

十二月十六日，据章高元、罗建祥、周士得、王九龄并管带炮队参将丁映升等先后禀报：鱼寮庄离城遥远，村庄林立，匪党出没，当练军捕获颜摆彩、陈注之时，竟敢集众夺犯，拒捕伤官，必另有为首主谋之人，若不先行清查附近各庄，再行进剿，诚恐匪类固结愈多，办理愈难得手。章高元、罗建祥等先饬亲勇哨弁守备龙殿飏，绅士同知陈熙年，廪生刘廷铃、黄星华，会同斗六都司刘全、候补都司钟水清等，分投传谕附近鱼寮庄之二十五庄各头人、族长，饬令约束众子弟，不准助匪窝留。一面购获匪徒陈刘薯，讯据供出当日纠众夺犯匪首陈澈、陈春、陈老涧名字，约齐王九龄分路进攻。罗建祥督带役勇率同炮队一哨由朴仔脚顺攻而下，丁映升率炮队一哨由北港仰攻而上，周士得率营兵一哨伏于匪庄左侧，王九龄带练军一哨伏于匪庄之右，以备搜拿截击，章高元率带亲军策应，于十二月初九日夜潜至该处。

将及黎明，官军四集，该匪猝不及防，纷纷窜出，当经罗建祥拿获陈澈、陈春、张勇、林戆四名，丁映升拿获蔡张、陈老涧、李注三名，王九龄搜获颜顺元一名，章高元驰马追获陈戆影、高立二名。复经差役、团练续获积匪陈刘薯等十八名，搜获洋枪、火药、刀棍多件。随勘该庄四面竹围，沟深箐密。从前陈注之父陈江训为该庄头目，创立小刀会，勾结匪类，抢杀横行，与颜摆彩等互相济恶。此次分路兜围，当将前次鸣锣纠众、夺犯伤官各匪党悉数擒获，匪巢立即焚毁等情。

旋于十二月二十日，据章高元禀报：分兵购线，四路访缉，至布屿保大义仑庄，将颜摆彩兜住，于五月二十五日酉刻拿获，解送嘉义县收审。于本年正月二十二日据罗建祥审明禀报，察阅该匪首颜摆彩供词，纠结伙众至五六百人，扰害台、嘉、彰一带，蔓延至百余里，抢掳十三年，所得财物数目不能记忆，并铳毙人命，掳人勒赎，奸占妇女，拒捕伤官等情。谈笑自如，直认不讳，实属罪大恶极，未便稍事稽迟，殊已批饬，立即正法，枭首示众，以彰国法而快人心。

复于二月初九日接据罗建祥禀：前获鱼藔庄匪犯，分别审明录供定拟。所有陈澈、陈老涧、陈戆影、吴斗、张能、翁力、张勇、郑圭并林滗即林连九名，供认夺犯、伤官、抢劫、得赃各情不讳，凶恶昭著，均干重辟，自应一并就地正法，以昭炯戒。其余各犯情罪较轻，例应分拟遣流，请照台湾变通章程，分别锁墩，年满察释等情。由臣批准照办。各在案。

据署彰化县知县蔡麟祥禀报：所辖南投地方，毗连番境，匪首许添丁、王乌毛、陈亮等聚众百余人，四出抢掠，掳人勒赎，控案迭出，禀请派兵会拿。当经臣调澎湖协副将苏吉良，带勇会县往拿。该匪等胆敢开枪拒捕，经该文武当场格毙陈亮、王乌毛二名，许添丁率带余匪四散逃走。当将匪巢拆毁。旋经该匪党兄许国将、许添丁拿获解送，节次研讯，据许添丁供认迭犯抢掳、拒捕、伤人不讳，录供禀报，由臣批令即行正法。

十二月二十一日，复据蔡麟祥会同统带防营总兵柳泰和、代理北路协副将周鸣声禀称：本月十二日夜，据童生黄玉衡赴县喊称，伊平日读书为业，族人因其正直，举充总理。本日卯刻，被湳底庄族恶黄敏、黄猫、黄汶丁兄弟挟恨，纠党七八十人，各执枪械，拥扎伊家，强抢物件，放火烧屋。伊合家惊惶奔逃，黄玉衡拆窗逃出，遍体被火烧伤。伊子黄尚，工人黄川、黄鄙均各受伤，并将伊长子黄坤元、次子黄坤连掳去。庄众鸣锣齐出，救护围捕，该匪等放枪拒敌，曾伤不识姓名匪党一人，当时即被夺回。现在匪党尚踞黄敏竹围内，不敢叩乞亲临押放拿办等情，当经彰化县蔡麟祥讯据黄玉衡供称：黄敏即黄文荣、黄猫即黄阳火，黄汶丁、黄汶庭均系同胞兄弟，系伊无服族侄，住湳底庄，与伊毗连。黄敏等兄弟平日抢掳为业，无恶不作，人人侧目，族众屡欲捆送，因其强房丁多，深恐报复，未敢下手。上年十月间，黄敏等截拦邻庄路过猪十余只，失主向黄玉衡告诉。黄玉衡充当总理，不得不管，即嘱黄敏等还猪，并斥不应平空拦人猪只。黄敏坚执不放，黄玉衡畏其凶横，商与武生黄朝清，备银十二元，向黄敏婉言赎回猪只，付还失主领回。嗣因黄敏妻子病故，因黄玉衡开圳灌田，借口冲煞，勒索黄玉衡偿命出银，黄玉衡不肯应允，遂声言纠扎厝掳抢，以雪其恨。不料本月十二日，黄敏兄弟纠同匪党七八十人，各执铳械，拥入伊家，扎抢三次，并放火烧屋，开铳伤人等情。

蔡麟祥当即会同驻防彰化统领柳泰和，派令帮带春字前营补用副将吴西元、拟保游击陶金魁，各带楚勇一哨，并同代理北路协副将周鸣声，率带练兵一哨，于十四日黎明齐备湳底庄，见庄丁多人尚在黄敏竹围附近埋伏，以防逃逸。黄敏围门紧闭，黄玉衡两子仍被关禁不放，黄玉衡所住之埤脚庄，离湳底庄只二百余步，被烧房屋十间。蔡麟祥等一面令兵勇暂扎庄外，传集该庄五房头人黄玉有等并总理黄木火、武生黄朝清，谕令先向黄敏兄弟剀切开导，云官兵已来拿办，如速将黄玉衡两子放出，或可格外施恩。黄木火等奉谕开导，往返十次，黄敏等一味抗延，不肯放出，转将黄玉衡两子捆于篱边，令党持刀架颈，声称官若进攻，即将两子开刀。狂悖之言，与被掳者呼号凄惨之声，耳不忍闻。蔡麟祥等以黄敏既将黄玉衡两子捆缚篱边，若官兵进攻，两子必先受害，暂且容忍。又令举人黄玉书再往，反复晓谕，往返三次，仍然不放。

历时已久，蔡麟祥等察其情形，一意抗延，希图挨至夜间脱走地步。黄玉衡气忿难忍，再三跪求，愿舍两子性命，请官即时剿办。该庄族众亦以黄敏等凶横，将来必成大患，不惟合族受累，更恐扰害地方，恳求俯从黄玉衡之请，作速进兵拿办。众口一词，蔡麟祥、周鸣声等当即整队进攻，庄民亦帮同攻打讵诱。该庄竹围甚为坚固，该匪等放枪抗拒多时，游击陶金魁首先率勇十余名凫水过沟，砍开竹围，队伍随后直入。该匪等尤复抵死抗拒，兵勇一齐开枪围拿，匪势不支，当场格杀积年著匪曹猫仓及匪恶黄敏、黄猫、黄汶丁、黄汶庭、黄汶伐等七名，夺获枪刀二十余件，拿获曹进、赖胚二名，当将匪巢拆毁。弁勇受伤三名，庄民受伤一名，其余各匪党纷纷窜散。因天已昏黑，追获不及，致被脱逃。黄玉衡之子黄坤元、黄坤建二人，年尚幼小，当兵勇攻破竹围时，该匪等即连砍黄坤元兄弟项颈数刀，因官兵进内仓皇之际，不及置之死地，业经押出，交其父黄玉衡领回医治，尚未殒命。蔡麟祥等随于本日夜收队，解犯回城。

查黄敏同胞兄弟六人，平日倚恃丁多，与匪为伍，以抢掠为事，屡经密拿未获。黄猫并黄汶丁、黄汶庭，平日助兄为恶。尚有兄弟二人，系属安分，在外营生，不与同类。黄敏与黄玉衡虽系无服族侄，究属一本至亲，辄敢纠党，青天白日，前往扎厝焚烧掳抢，肆行无忌，实属形同化外。台地从前每有凶悍之徒，不论同族外姓，稍有不合，动辄纠集党众，烧人房屋，杀人性命，霸人妻女、产业，名曰扎厝，最为惨毒。黄敏兄弟竟敢复蹈前辙，若不从严惩办，效尤日重。黄敏等兄弟四人立时格毙，黄姓十余庄无不同声称快。至曹猫仓为积年著匪，各前任屡次悬赏购拿未获，此次一并格杀，自应照例勿论。除再随时查拿各伙党到案究办，并将现获曾进等讯明，另行录供详报外，合将黄敏等纠匪扎厝、抗拒官兵、当场格杀情形先行驰禀等情。此嘉义、彰化两县自夏至冬迭次先后拿办土匪之情形也。

此外尚有署台湾道陈鸣志访拿哥老会匪首王春华、易子林二名，凤山县先后拿获起意纠抢、情势凶恶之杨漏英、杨戆、高发、林昌、卢笨、黄鹄头昭等六名，又纠众扎厝、拒捕杀勇林克贤一名，淡水县拿获抢劫耕牛杀害事之胡众一名，均经各该县讯明录供通报，由臣覆核，俱系情真罪当，毫无疑义，批准就地正法，枭示在案。

伏查台湾民情枭悍，嘉义、彰化两县幅员广阔，伏莽尤多，历年拒捕抢杀立案，未能缉获一凶，土匪横行，暗无天日，地方官因循日久，民不畏法，若不雷厉风行，不足以挽颓风。自上年五月后，臣即严饬各属地方官清结积案，严拿土匪，审明赏罚，不准匿报；抢劫案件，有犯必惩。凡有因循不职之员，立即撤委。

现署嘉义县事候补同知罗建祥、署彰化县事试用通判蔡麟祥，均到任未久，各能励精图治。罗建祥自四月到署任后，清理积案至一百五十余起，拿获积年巨匪四十余名，合邑绅民翕然称颂。蔡麟祥于许添丁、黄敏聚众抢杀之案，立即捕灭，办理甚为妥速。该二员勤能果断，均尚奋发有为，虽属地方应办之事，究系异常出力。合无仰恳天恩，将知府衔福建试用同知罗建祥、补用同知试用通判蔡麟祥，均请交部从优议叙。所有在事出力之已革总兵王九龄，拟请开复总兵衔。参将丁映升，拟请开复参将原官。都司衔候补守备钟水清、守备用澎湖水师千总汪兆荣，均请俟补守备后，以都司补用。守备龙殿飏，拟请加都司衔。候选教谕张步蟾，拟请赏加中书衔。廪生黄星华，拟请以训导归部选用，以示激劝。臣为整顿地方、鼓励人才起见，是否有当？出自逾格鸿慈！

所有台湾迭次拿获土匪，先后讯明正法，并请奖励出力地方文武官绅各缘由，谨会同督臣杨昌濬，恭折由驿具陈。伏乞皇太后、皇上圣鉴。谨奏。光绪十二年三月初四日[①]。

光绪十二年三月二十四日，军机大臣奉旨：览奏，均悉。罗建祥等均着照所请奖励，该部知道。钦此。[②]

【案】此奏之具呈日期，原文以朱批日期为之，未确。兹据朱批日期查“光绪十二年三月二十四日”《军机处随手登记档》[③] 朱批刘铭传折栏，则署有“报五百里，三月初四日发”等字样。据此，具奏日期当以“光绪十二年三月初四日”无疑。兹据校正。

## 一〇　奏报筹办澎湖防务情形请饬拨款折

光绪十二年三月初四日（1886 年 4 月 7 日）

督办台湾防务降二级留任台湾巡抚一等男臣刘铭传跪奏，为遵旨筹办澎湖防务，请饬部筹拨款项，以济急需，恭折仰祈圣鉴事。

窃臣承准军机大臣字寄：光绪十一年十月十九日，奉上谕：前有旨将福建巡抚改台湾巡抚，一切改设事宜，令该督抚详细筹议等因。钦此。到臣。除台湾台北道如何添设，令行筹议会奏外，当即咨商督臣杨昌濬，澎湖防务如何筹办，将才难得，能否由闽省布置。旋准杨昌濬咨覆，澎湖防务仍归台湾筹办等因。

臣查澎湖一岛，孤然特立，不独为闽台门户，亦南北洋紧要关键。诚如圣虑必须扼扎劲旅，认真操练，方足以资守御。该处

---

① 此具奏日期，据《军机处随手登记档》（档案编号：03-0250-1-1212-080）校补。

② 台湾史料集成编辑委员会编：《明清台湾档案汇编》，第 5 辑，第 93 册，第 76—85 页，台北远流出版事业股份有限公司，2009。

③ 中国第一历史档案馆藏：《军机处随手登记档》，档案编号：03-0250-1-1212-080。

妈宫港口，天然船坞，如内泊兵轮，外筑炮台，布置得宜，足可固守。惟该处一片河沙石，修筑炮台，黄土皆须由别岛装载，需费较多。且练兵、购器、筑台等事，若无得力将领素明操法、通晓外洋枪炮利钝者，守御仍难得力。

查有记名提督吴宏洛，素守吴淞海口，嗣在广东历办海防，曾于十一年六月间经臣派往澎湖察看情形，所论该处地势水陆险要，极为明当。该提督随臣日久，晓畅戎机，临敌身先，骁勇敢战，讲求操练，深明外洋火器利钝，若令驻防澎湖督率布置，实堪胜任。惟该提督兄弟俱没，母老多病，年近八旬，于上年七月请假回合肥原籍省亲，叠据禀请终养，情词恳切。臣惟勉以移孝作忠之义，专弁函令募勇来台。现在署提臣孙开华奉旨开去帮办差使，仍回提督署任，所部楚勇一千八百人，二月底即行内渡。臣令吴宏洛仍将所部可用营哨将弁招集，就近淮北地方选募勇丁一千八百名，克日来台，办理澎湖防务，以固海疆要隘。

惟办防以购炮为第一要务，否则虽有劲旅坚台，亦属无用。臣于上年十月二十五日附奏，请旨饬拨洋款一百万两。现准部议，洋款仅剩六十万两，已拨归海军衙门应用。刘铭传所请动拨百万两一节，应无庸议。惟现在海防虽撤，澎湖防务仍应竭力经营，为未雨绸缪之计，该抚亲历履勘，相度形势，筹画固甚详细。督、抚有兼理粮饷之责，一切布置，当量入为出，为久远之图，毋使半途匮乏，致隳前功。台湾系富庶之区，非新疆等地方可比，从前办理不得其人，于入款则肆其侵吞，于出款则滋为冒滥，以致入不敷出，异常竭蹶。今既改设巡抚，则一切政令皆所专主，应即请旨饬下该抚臣竭力整顿，通盘筹画，务将从前弊政、陋习概绝根株，总期取收之款涓滴归公，所用之款丝毫无滥，并将该处收支各款量入为出，计每年撙节银若干，另款存储，俟集有成数后，再将澎湖及各处炮台次第兴建，以期款足应用，事无中止。即令该抚察看情形，随时具奏办理等因。

查洋款仅存六十万两，已经奉旨拨归海军衙门，臣处无可请拨。但台湾一岛久为外人所窥伺，朝廷视为重地，改设巡抚，无非为保固严疆之意。臣忝膺斯土，恨不能倍日经营，诚如部议，从前办理不得其人，于入款则肆其侵吞，于出款则滋为冒滥。往事已不可追，今须百废俱兴，事事草创，如开山、招垦、建省、分治，皆为目前急务，均须巨款。臣前奏请暂缓分省，亦虑经费无着。惟办防以御外侮，抚番以清内患，清赋以裕饷需。此三事系急不可缓，臣现竭力经营，期于必成。

查已故两江督臣沈葆桢、已故福建抚臣丁日昌等，先后于台湾抚番、开山一事动需经费数十万，每剿一社，调兵十余营。臣于抚番重务，未增一兵一饷，惟与沈应奎、陈鸣志严裁冗费、收刘璈冒滥之余，清查隘租，夺土豪侵渔之利，惨淡经营，兵不血刃。全台生番已抚三分之一，将来愈抚愈多，虽经费无出，臣尚可就地筹画。惟办防一事，尤为台湾最重最急之务。臣于上年法兵退后，即饬修造基、沪炮台，并与洋商议购后门大炮三十一尊。始据上海洋行开价八十余万两，嗣经沪尾领事并税务局电商英国炮厂，往返议减至六十五万余两。现经旗昌包办，复议减三万余两，并将炮位运至台湾，不给运费，花洋不折色，约可便宜银十万两，急须定议给价。

今部议请旨饬臣量入为出，每年撙节银若干，另款存储，俟集有成数后，再将澎湖及各处炮台次第兴建等因。在部臣因饷项支绌，不得已请从缓办。查全台每年入款，从前只九十余万，现经臣逐处整顿，约增银洋十余万。所有防军三十五营，月饷并轮船制造各费，每年需银一百五十余万。此项督臣杨昌濬到台，议由闽省每年协济银二十四万，仍由闽关协济银二十万两，合计不足一百五十万，勉支全台兵饷杂款，一时万难撙节盈余。朝廷之设立海军，购买兵船，均为慎重海防起见。澎湖为南北洋之关键、闽台门户，凡有心时事者，无不以该处防务为重为急。若不及时办防，一旦有事，仓皇束手，前车之鉴能不疏。然即使经费有着，该处炮台工程浩大，非两年不能完工。若俟撙节存储，集有成数后，再行办防，则杳杳无期。臣若畏难苟安，就此推诿，惟恐海疆第一要隘弃不设守，为外人所窃笑。尤恐一旦有事，贻误大局。正在为难之际，适督臣杨昌濬由澎湖察看形势到台，船泊基隆。臣驰往会商三日。督臣久于军务，深知缓急，宜以澎湖防务关系紧要。明知闽省经费支绌，然一片公忠之忱，允回省城极力筹商。但臣办防购炮，急需银八十万两，如督臣回省筹定有着之款次第拨给，可资应用，否则惟有仰恳天恩，饬部另筹拨给，以济要需。无任急切待命之至。

所有微臣遵旨筹办澎湖防务，请饬部筹拨款项以济急需各缘由，谨缮折由驿五百里具陈。是否有当？伏乞皇太后、皇上圣鉴，训示，施行。谨奏。光绪十二年三月初四日[①]。

光绪十二年三月二十四日，军机大臣奉旨：户部速议具奏。钦此。[②]

【案】此奏之具呈日期，原文以朱批日期为之，未确。兹据朱批日期查“光绪十二年三月二十四日”《军机处随手登记档》[③] 朱批刘铭传折栏，则署有“报五百里，三月初四日发”等字样。据此，具奏日期当

① 此具奏日期，据《军机处随手登记档》（档案编号：03-0250-1-1212-080）校补。

② 台湾史料集成编辑委员会编：《明清台湾档案汇编》，第5辑，第93册，第86—90页，台北远流出版事业股份有限公司，2009。

③ 中国第一历史档案馆藏：《军机处随手登记档》，档案编号：03-0250-1-1212-080.

以“光绪十二年三月初四日”无疑。兹据校正。

## 一一　请将陈鸣志改为留闽遇缺题奏片

光绪十二年三月初四日（1886 年 4 月 7 日）

再，现署台澎道江苏遇缺题奏候补道陈鸣志，自上年五月到任以来，整顿地方，遣散营勇，拿办哥老会匪首王春华、易子林等，办理俱甚妥洽。从前刘璈蠹国沽名，视私财如性命，用公款如粪土。陈鸣志接手之后，破除情面，遣散冗员，裁并各局所，每年撙节银四万余两。该道持躬廉正，办事勤谨，实为司道中不可多得之员。合无仰恳天恩，俯准将陈鸣志改为留闽遇缺题奏，以资臂助。

查该道系曾经缴过离省银两、引见到省人员，此次又以原官原班改留闽省题奏，应请免予再缴离省银两，合并声明。谨会同督臣杨昌濬，附片具陈。伏乞圣鉴。谨奏。

光绪十二年三月二十四日，军机大臣奉旨：着照所请，该部知道。钦此。[①]

【案】此奏之具呈日期，原文以朱批日期为之，未确。兹据朱批日期查“光绪十二年二月二丨四日”《军机处随手登记档》[②] 朱批刘铭传折栏，则署有“报五百里，三月初四日发”等字样。据此，具奏日期当以“光绪十二年三月初四日”无疑。兹据校正。

① 台湾史料集成编辑委员会编：《明清台湾档案汇编》，第 5 辑，第 93 册，第 85—86 页，台北远流出版事业股份有限公司，2009。

② 中国第一历史档案馆藏：《军机处随手登记档》，档案编号：03-0250-1-1212-080.

## 一二　奏请将澎湖副将与海坛镇对调缘由片

光绪十二年三月初四日（1886 年 4 月 7 日）

再，臣恭奉上谕：澎湖为由闽赴台要隘，扼扎劲旅，认真操练，方足以资缓急。该处地方若由台湾巡抚管辖控制，自更得宜，并着详细议奏。其余未尽事宜，该督、抚如有所见，务当明晰敷陈，以备采择。将此由五百里各谕令知之。钦此。仰见圣虑周详，虚怀下问，钦佩莫名！

臣查澎湖本设副将一员，从前防务系归厅、协会办，遇有事故，既请命于镇、道，复受制于通判，处处牵掣，不能有为。若归统兵将领办理，副将一缺又成虚设，且恐主客不能相安。现当海上多事之秋，今昔情形不同，该处为闽台门户，似非特设重镇，不足以资守御。

督臣杨昌濬与臣意见不谋而合。据云拟将澎湖副将与海坛镇对调，各就现有弁兵略为变通，无须再添额兵，所费无几。将来海上有事，声援隔绝之际，稍可自立。防务虽归臣筹办，仍归督臣管辖，所需粮饷、军火，有事之际，必须闽台共济，合力顾全，不分畛域，方足以保孤危。如蒙圣主采纳，请旨饬下督臣杨昌濬妥筹议奏。

管见所及，谨附片具陈。伏乞圣鉴，训示，施行。谨奏。

光绪十二年三月二十四日，军机大臣奉旨：（另有旨）◆1。钦此。①

① 台湾史料集成编辑委员会编：《明清台湾档案汇编》，第 5 辑，第 93 册，第 90—91 页，台北远流出版事业股份有限公司，2009。

【案】此案于是年三月二十四日得旨允行。《清实录》载曰：

丁巳，谕军机大臣等：刘铭传奏，澎湖为闽台门户，非特设重镇，不足以资守御。杨昌濬与该抚意见相同，拟将澎湖副将与海坛镇对调，仍归总督管辖等语。即着杨昌濬、刘铭传会同筹议具奏。闽台防务，关系紧要，该督等商办一切，务当和衷共济，不分畛域，力顾大局。上年谕令该督等会议台湾改设各事宜，并着一并妥速议奏，毋稍迟延。将此由四百里各谕令知之。①

又【案】此奏之具呈日期，原文以朱批日期为之，未确。兹据朱批日期查"光绪十二年三月二十四日"《军机处随手登记档》② 朱批刘铭传折栏，则署有"报五百里，三月初四日发"等字样。据此，具奏日期当以"光绪十二年三月初四日"无疑。兹据校正。

## 一三　奏请奖叙开山剿抚出力员弁缘由折

光绪十二年四月十八日（1886 年 5 月 21 日）

督办台湾防务降二级留任台湾巡抚一等男臣刘铭传跪奏，为各路生番归化并陈开山剿抚情形，所有尤为出力将领、绅士援案恳恩给奖，以示鼓励，恭折仰祈圣鉴事。

窃臣于光绪十一年十月二十九日会同署提臣孙开华奏陈生番滋事，派营分路剿抚，并归化情形一折，于本年正月十三日递回原折，后开军机大臣奉旨：览奏，抚番情形已悉。着督饬官绅，次第妥为开导，遇事持平办理，以期日久相安。余依议行。钦此。等因。仰见圣恩浩大，训示周详，莫名钦佩！

臣于马来八社就抚后，即饬刘朝祜开通道路，直达该社，并

① 中华书局影印：《清实录·德宗景皇帝实录（四）》，卷之二百二十五，光绪十二年三月，第 45 页，中华书局，1987。

② 中国第一历史档案馆藏：《军机处随手登记档》，档案编号：03-0250-1-1212-080.

饬于石碇开路百余里，通至宜兰，上年十二月底一律竣工。马来就抚之后，极听约束。惟淡水东南大科崁、三角涌、新竹境之盐菜瓮一带，生番仍旧肆出杀人，迭经各该处绅民禀请发兵防剿。臣查盐菜瓮、大科崁离城六七十里，三角涌离城只三十五里，该处生番仍旧杀人，急须剿抚，以安地方。惟绅民俱称大科崁生番最为强悍，素不受抚。当有该处绅士武举黄希文并福建候补典史陆陈谦会禀，愿自备口粮，各率土勇数十名前为乡导。臣于本年正月十三日，派令刘朝祜率所部四营，并调驻防沪尾张广居一营，各出八成队伍，开赴大科崁，相机剿抚。

旋据刘朝祜禀称：十五日，率队进札头寮，即有大科崁东北附近十三社番目马来、犹力等来营求抚，当即饬令剃头，给予衣裤。惟东南竹头角、猫里翁等社恃强梗化，集众抵御。刘朝祜于十八日黎明进扎南雅，当有生番百余守住山口，刘朝祜派令提督唐仁元等迎敌，一面派营官尤福聚、张广居等从两旁抄击。唐仁元率勇开一排枪，该番即奔逃回社。刘朝祜当饬各营驻扎南雅一带，与番社相隔一河，适值大雨数日，河水陡涨，各营用炮遥击竹头角。五社畏惧，各头目泅水来降。猫里翁八社仍旧抗拒，屡经陆陈谦、黄希文选派通事，反覆开导，不肯就抚。刘朝祜拟俟开霁渡河，忽染瘴气，吐泻交作，病甚沉重。

臣闻信，即于二月初三日亲至大科崁督军进剿，适署台湾镇章高元因公来见。初四日，臣督带唐仁元、尤福聚、赵宗连等三营过河由东路进，派令章高元督带张广居、黄宗河两营由西路进，令陆陈谦、黄希文各率土勇二十名前领开路。当夜二更，番目流明姑笃率领凶番百余名前来劫营，当经唐仁元率队击败。初五日，两军开路，并集猫里翁社，踞其高山，连开数炮，各社生番全行逃遁。臣复令竹头角番目，劝令求降。初六日，猫里翁各社头目来营乞抚，流明姑笃素行凶悍，杀人最多，不敢出降，乃邀同马武督一带番社由盐菜瓮乞降。

臣到大科崁时，即派署新竹县知县方祖荫会同代理北路营游击袁绍从、都司张李成，各率所部一营，驰赴盐菜瓮，乘势招抚。当值猫里翁番社势穷就抚，所有三角涌并盐菜瓮以南毗连大湖一带六十余社均已悚惧输诚，一律就抚。臣于初九日回城，留黄宗河土勇一营驻防南雅，派唐仁元代统刘朝祜一军，督同黄宗河修造石营一所，以为久驻之计。

内山烟瘴过厉，时将交夏，臣恐将士生病，檄饬唐仁元回防休息。忽接三角涌并各局绅先后禀报，三角涌附近之紫微坑，于本月中旬，不知何处生番杀害六命，屈尺、马来境内亦被杀二命。查据降番马来、瓦丹、带么等称：紫微坑所杀六命，系竹家山生番；屈尺被杀二命，系加九岸生番，并能指出名字，恳请发兵剿抚，马来、瓦丹、带么愿为乡导，免其再来伺杀等语。臣当饬唐仁元由三角涌进兵，该处山高路险，竹家山约离五十余里，由竹家山至加九岸复有五十余里。

该处近在宜兰，距台北一百五十余里，番社甚多，俱系万山壁立，毫无路径。唐仁元督勇并令绅士陈玖英率领民夫，帮同开路，十余日始抵竹家山。番目舌摆鹤等率同八社男女千名，并白鸭尾社总番目马瓦丝蕊、石抚老社番目有千抚砼等，率众乞抚。加九岸番目马来诗徽等探知大兵深入，亦率九社番目么诣挪咱等，恳随降番马来带同乞抚。臣始饬唐仁元开路抵加九岸后，即行拔队回防休息。此北路自冬至夏剿抚各社生番开山之情形也。

中路林朝栋驻兵罩兰，据报十月十七日，附近之武荣社凶番出哨铳杀民夫刘阿古等数命，并率番众数百名到河头，截断水源，修筑铳柜，以图抗拒。林朝栋于十一月初二日饬派哨官苏益元、庄启川等前往东势角，绕出武荣番社之后，一面自督本营勇丁直逼武荣社，开炮轰击。旋据哨官苏益元禀报，绕至东势角、上新庄，武荣社番目苏笔禄暨老屋峨社各番目慑于兵威，均愿就抚。内有素行强悍之司马限、马那邦、老屋峨等十余社，亦俱先后就抚。尚有带目禾、芦翁等二十余社，皆在高山峻岭，路极崎岖，官军难以入社，抗不就抚，经林朝栋禀报前来。

臣因林朝栋兵力过单，当调驻防彰化柳泰和一军出队助剿。柳泰和到后，会同林朝栋饬派降番眉熟麻风驰往劝谕。番目油格自恃人多，盘踞于危崖邃谷之间，不肯就抚，并阻苏鲁、马那邦二社来降。惟该社小头目苏笔禄率带番丁三十余名，来营乞抚。林朝栋复谕苏笔禄开导油格。十一月三十日，据苏笔禄带同番目善阿月到营禀报，番目油格畏军威逃遁，巢穴一空，其余邻社俱愿就抚，均即先后来营剃头归化，所有罩兰一带番社全行就抚。

十二月初六日，林朝栋据新竹境之大湖地方庄民金协和、吴阿屘等禀称：该庄与番社毗连，迭遭惨害。十一月初九日，凶番四十余名，烧毁枋寮庄民谢阿和、廖阿水之房屋，枪伤刘阿兴、林阿庚、刘阿古三名。十一日，烧毁三义顶庄陈阿红之房屋。十七夜半，火攻劫八雁庄吴阿禄之房屋。二十一夜，又攻抢枋寮庄吴阿华之房屋。生番枪杀不休，急求拨兵防剿等语。林朝栋当同柳泰和商由罩兰开路四十里，以达大湖，西通后垄。二十六日，据林朝栋等禀称：行至大坪地方，开路筑营，即有大湖附近苏武落社番丁到营就抚，当经派令帮带营官林机会率勇两百，带同苏武落社番目先往大湖招抚。十三日，下楼、八卦力、大木淮等社来营乞抚。

二月初三日，据林朝栋、柳泰和申报，已于正月二十五日两军同札大湖，筑营于田枋寮，当有北港、下楼仔等七社番相率归顺。内有大南势、小南势并武城果诸社，强势未肯受抚。林朝栋等当饬老屋峨社副目眉熟麻风入社开导，旋由通事带引武城果、打捞淮席两社到营剃发，即以打捞淮席为乡导，招抚余社。初六日，打捞淮席率出流明卑、乃薄伏等社到营剃发受抚，大湖之大南势番众全行归化，惟小南势、雪博学、油叭盖等社不肯就抚。林朝栋、柳泰和各率所部，于七寮山顶伐木开路，置炮山巅，遥击其社。雪博学屡率番众乘黑夜风雨之际，潜来劫营，杀毙开路民夫陈阿发等五名，经林朝栋、柳泰和率队击败，雪博学弃社逃遁，该社副目瓦丹于十六日率领男妇到营乞抚，大湖一带番社一律就抚。林朝栋派弁随同降番探至玉山，无一番社，遂派都司郑有勤率勇由大湖以北狮潭、南浦一带招抚，直接盐菜瓮。所有彰、新两属前山番社一律归化。此中路自冬至夏剿抚生番开山之情形也。

南路嘉义土匪横行，臣饬署台湾镇章高元驻防嘉义，专办土匪，由该镇拨派副将周鸣声率带练兵一营，驻扎埔里社。叠据周鸣声、代理埔里社通判林桂芬先后禀报，自冬至夏，该处东至后山花莲港，西抵罩兰，所有生番经周鸣声等遣派通事逐社开导，陆续就抚六十余社，未烦兵力。

据驻防后山统领副将张兆连禀称：该军分防恒春、埤南、花莲港一带，地亘数百里。自奉檄抚番之后，该副将即遣通事并降番入山开导，先后共来就抚一百七十二社，均经剃头归化。其在深山未降番社尚多，禀请派兵由嘉义开路，直达埤南，两面夹抚。且此路开通直达埤南，不过五六日程，以免由恒春绕越数百里。臣查所议极是，于二月二十八日檄饬署台湾道陈鸣志会商驻防安单记名提督杨金龙并署台湾镇章高元两军，各出七成队伍，于三月初旬由嘉义进兵。该处前山生番上四社、下四社并大南势等社，经嘉义县罗建祥先期派令垦户叶阳春驰赴前山大南势等社劝令归化。旋据叶阳春禀报，勃仔社、简雾三石濑社、简雾梯仔社、简雾红远社、下四社番目赖阿戴薄，均愿就抚，当经罗建祥亲往招抚。所有下四社并达邦社、知母劳社、阿拔全社、鹿株社、上四社社长河吧哩等众，共一千七百余丁口，一律剃头归化。章高元、杨金龙于三月十八日由后大埔开路，一面招抚未降番社，并用降番二十名作为乡导。惟路经雁里溪、八潼关等处，险阻异常，入夏之后，溪水若涨，旬日不落。如过八潼关后，即可与张兆连一军通气。臣谕令该统领等步步稳慎，妥商办理，不求近功。此南路自冬至夏抚番开山之情形也。

臣查台湾生番，横亘南北七百余里，尽占腹心之地，与民处处毗连，每年戕杀生命至千余之多，匪盗藉番地以出没，聚众抢劫；土豪藉防番以敛费，养勇抗官。号令不能行，赋税不能清。从前官斯土者相率苟安，生番杀人，坐视不问。臣忝膺斯土，握领重兵，绅民禀报生番杀人，不能置之不问。

全台如人之一身，生番横亘南北四路，声气不通，譬如人身血脉不通，呼吸不灵，百病丛生。且内患不除，何以御外？已故两江督臣沈葆桢创议开山抚番，识见宏远，惜其未久驻台，舍之而去。臣渡台之后，即以办防、抚番、清赋三事为急务。办防、清赋尚易举办，惟抚番一事，官绅多以为难，或谓番情反覆，招遥无益；或谓人多山险，蒇事无期。且历年开山抚番，虚糜巨款，毫无实效。臣同前贵州藩司沈应奎、道员林朝栋力排众论，一意经营，所恃不增一兵一饷，纵无成效，亦无所损。幸能仰托朝廷威福，半年之间，招抚四百余社，剃头归化者七万余人。所有前山已垦复弃田地二万余亩，现又一律垦熟，既可开疆辟土，清赋分治，为国家经久之谋；又免民番仇杀之患，有裨于台湾大局，实非浅鲜。所剩后山生番，居处零落，约计不足十万人。现值夏令，天气炎热，内山瘴气过重，将士多病。臣已檄饬于四月底各回防营休息，俟秋末冬初，再行分路办理。

查光绪元年，沈葆桢派兵剿服狮头等社，目见将士劳苦，地入穷荒，请将在事出力员弁、官绅恳恩给奖。嗣后前督臣何璟派令署提臣孙开华、台湾镇吴光亮攻剿后山番社，在事将士亦请优奖，俱蒙恩准在案。臣于檄调各路将来开山抚番之际，即三令五申，不准诳杀焚掠、捏报战功。若实在著有战功，或有异常劳绩，方准请奖。惟林朝栋、刘朝祜两军，自冬至夏，披荆斩棘，凿石开路，颠踣于悬崖烟瘴之中，屡战于风雨昏夜之际，危苦万状，不无微劳足录。

除记名提督刘朝祜业已因病请假内渡无须给奖外，查选用道世袭骑都尉林朝栋、头品顶戴升用提督陕甘遇缺简放总兵柳泰和，始终勤奋，不避艰苦，异常出力，均拟请赏给勇号，林朝栋并请赏加三品衔。记名简放总兵彪勇巴图鲁唐仁元，拟请以提督交军机处记名，并遇有总兵缺出，先行请旨简放。记名提督辑勇巴图鲁尤福聚，拟请赏给一品封典。两江补用参将张广居，拟请免补参将，以副将仍留原省尽先补用。福建候补典史陆陈谦，拟请以县丞仍留福建补用。武举黄希文，拟请以守备补用。六品军功陈玖英，拟请赏给五品蓝翎。其余各路出力将士，拟俟全台生番一律归化，再行由臣择尤汇案请奖，是否有当？出自逾格鸿慈！

所有各路生番归化，请将开山剿抚尤为出力将领、绅士恳恩给奖缘由，谨会同督臣杨昌濬，恭折由驿五百里具陈。伏乞皇太后、皇上圣鉴，训示。谨奏。

光绪十二年五月初八日，军机大臣奉旨：（另有旨）◆1。钦此。①

【案】此奏旋于光绪十二年五月初八日得旨允行。《光绪朝上谕档》载曰：

光绪十二年五月初八日，内阁奉上谕：刘铭传奏，各路生番归化，请将开山剿抚尤为出力官绅恳恩给奖一折。上年冬间，台湾生番滋事，经刘铭传督饬官军分路剿办，并派员赴各社反复开导，该番等慑于兵威，率众就抚，现已招抚四百余社，归化七万余人。办理尚为妥速。刘铭传调度有方，深堪嘉尚。刘朝祜、章高元随同办理剿抚事宜，颇资得力。该二员均着交部从优议叙。其余出力员弁官绅，不无微劳足录，自应量予奖励。道员林朝栋，着赏给劲勇巴图鲁名号，并加三品衔。总兵柳泰和，着赏给健勇巴图鲁名号。唐仁元着以提督交军机处记名，并遇有总兵缺出，先行请旨简放。提督尤福聚，着赏给一品封典。参将张广居着免补参将，以副将仍留原省尽先补用。典史陆陈谦，着以县丞仍留福建补用。武举黄希文，着以守备补用。军功陈玖英，着赏给五品蓝翎。

另片奏，前藩司沈应奎赞助抚番，筹划经费，异常出力，请逾格恩施等语。沈应奎着赏还原衔花翎。余着照所议办理。该部知道。钦此。②

又【案】此奏片之具奏日期，录副目录以朱批日期为之，未确。兹据朱批日期查光绪十二年五月初八日《军机处随手登记档》③朱批刘铭传折栏，则署有“报五百里，四月十八日发”等字样。据此，此奏片之具奏时间当为“光绪十二年四月十八日”无疑。兹据校正。

---

① 台湾史料集成编辑委员会编：《明清台湾档案汇编》，第5辑，第93册，第156—163页，台北远流出版事业股份有限公司，2009。

② 中国第一历史档案馆编：《光绪宣统两朝上谕档》，第12册，第180页，广西师范大学出版社，1996。又，中华书局影印：《清实录·德宗景皇帝实录（四）》，卷之二百二十八，光绪十二年五月，第74页，中华书局，1987。

③ 中国第一历史档案馆藏：《军机处随手登记档》，档案编号：03-0250-2-1212-122.

## 一四　奏报量田清赋申明赏罚缘由折

光绪十二年四月十八日（1886年5月21日）

督办台湾防务降二级留任台湾巡抚一等男臣刘铭传跪奏，为丈量田亩，清查赋税，申明赏罚，以求实济，恭折仰祈圣鉴事。

窃查台湾粮课，自入版图以来，循郑氏之旧，每丁岁征银四钱八分六厘，于乾隆元年钦奉恩谕，台湾丁粮着照内地例中减则，每丁征银二钱，以纾民力；岁征银三千七百六十余两。逮十二年，乃议匀入田园征收。其番众所耕田地，概不完赋，仍照旧就丁纳粮。道光年间，通计全台垦熟田园三万八千一百余甲又三千六百二十一顷五十余亩，谷种折地一千四百三十余亩，年征粟二十万五千六百余石，余租番银一万八千七百余元。至今数十年，垦熟田园，较前多至数倍。统计全台额征银八万五千七百四十六两，洋银一万八千六百六十九元，谷十九万八千五十七石。久无报丈升科。

我朝轻徭薄赋，亘古所无，于台湾尤为宽厚。雍、乾间，屡奉恩谕，台湾赋税，不准议加。其时海宇澄清，升平无事，朝廷视台湾一隅无足重轻。现在海上多事，台湾为海疆要隘，奉旨改为行省，经费浩繁，今昔情形不同。臣忝膺斯土，目睹时艰。值此财用匮乏之际，百废待举之时，不能不就地筹划，期于三五年后能照部议以台地自有之财供台地之用，庶可自成一省，永保岩疆。况节次钦奉谕旨，开源节流，以额定之赋应有之税乃部库岁入之常经，国家经久之至计。舍而不计，徒求济于邻省，虽舌敝唇焦，缓急仍不足恃。

臣渡台以来，查访民间赋税，较之内地，毫不轻减，询知原系绅民包揽。如某处有田若干可垦，先由垦首递禀承揽包垦，然后分给垦户。垦首不费一钱，仅递一禀，垦成熟之后，垦首每岁抽租一成，名曰大租，又有屯租、隘租各项名目，而粮课正供毫无。续报升科，如台北、淡水，田园三百余里，仅征粮一万三千余石，私升隐匿，不可胜计。臣现由内地选调厅县佐杂三十余人，分派南北各县，由各该县选派公正绅士数人，会同先行遍查保甲，就户问粮。一俟户亩查明，再行逐户清丈，委派台湾府程起鹗、台北府雷其达，各设清赋总局，督率推行。至于赋税重轻，应俟丈量后再请旨饬部核议。

惟台湾民风强悍，一言不合，拔刀相向，聚众挟官，视为常事。有言林爽文之变系因升科逼迫。委员下乡清查，视为畏途。且万山丛杂，道路崎岖，若非勤实耐劳之员协同公正绅士切实清查，不惟无裨实济，且恐蒇事无期，惟有严定赏罚，以求成效。如各地方官、委员、绅士等办理妥速，清查认真，可否准由臣请照异常劳绩，从优奏奖，以示鼓励？倘有贿托隐匿等事，抑或畏难延误，即行参革，庶期实力奉行，为朝廷经久之谋，除地方吞匿之弊，裕国便民，实于台湾大局有裨。

谨将丈量田亩、清查赋税缘由，会同督臣杨昌濬，恭折由驿五百里具陈，是否有当？伏乞皇太后、皇上圣鉴，训示。谨奏。四月十八日。

光绪十二年五月初八日，军机大臣奉旨：览奏，已悉。即着督饬派出各员绅认真办理，出力人员准照异常劳绩奏奖。倘有贿托隐匿，畏难延误情事，即着严行参革。该部知道。钦此。[1]

---

① 中国第一历史档案馆藏：《军机录副》，档案编号：03-6218-013. 又，台湾史料集成编辑委员会编：《明清台湾档案汇编》，第5辑，第93册，第152—154页，台北远流出版事业股份有限公司，2009。

## 一五　请照南洋成案奖励转运各员缘由折

光绪十二年四月十八日（1886 年 5 月 21 日）

督办台湾防务降二级留任台湾巡抚一等男臣刘铭传跪奏，为台湾转运倍蓰内地，沥情吁恳天恩，饬部援照南洋各处成案，准照异常劳绩核奖，恭折仰祈圣鉴事。

窃臣接准吏部咨，核议臣等前保台湾转运饷械人员应照寻常劳绩核议分别准驳开单具奏一案，光绪十一年十二月二十五日，奉旨：依议，钦此。咨行前来。在部臣系为慎重名器、力杜冒滥起见，自应遵照办理。惟台湾孤悬海外，转运之艰险，十倍内地，经臣屡次陈明，当重围吃紧之际，海道梗塞，不但接济饷械无路可通，即召募通信之人，亦鲜有应。臣与南北洋、闽粤各疆臣悬立重奖，俾由民船冒险渡海。其陷于敌兵、坏于风涛者，前后接踵。各该员于万死一生之中间道接济，凡幸而得达者，无不蓬头徒跣，憔悴无复人状。臣见之，深为悯恻，然在身受者，益不堪设想。凡此情形，实为内地转运所未有。

臣既许倍奖，未敢没其前劳。今部臣照寻常劳绩核议，系属按例办理，不知渡台转运艰苦，实与内地各处不同，臣不得不为之沥情再请。

查此次军务，凡南洋各处转运人员曾准照异常劳绩请奖，由部核准有案。台湾事出一律，而危险过之，合无仰恳天恩，饬部查照，除业经核准张席珍等三十员名外，其余前单开列各员，准照南洋成案，按照异常劳绩分别核奖，以免向隅，出自逾格鸿慈！

至部咨稽查出身履历，各员俟另行查明，再行分晰咨部办理。合并声明。所有台湾转运艰险，恳恩饬部援照南洋各处成案，准照异常劳绩核奖缘由，谨恭折具陈。伏乞皇太后、皇上圣鉴。谨奏。四月十八日。

光绪十二年五月初八日，军机大臣奉旨：着照所请，该部知道。钦此。[1]

## 一六 奏报台湾厘金抽收缘由片

光绪十二年四月十八日（1886 年 5 月 21 日）

再，台湾厘金只有洋药、茶脑二项。同治四年，经已故台湾道丁日健开办船货厘金，无论何项货物，每百石抽收洋银二元四角，较之内地厘金，不稍轻减。查全台各口历年收数，每年仅二万余元，新竹属又有抽分名目，台南复有大小斛船区别。征收既属纷杂，办理不能划一，且有委员随意开报，多寡无所稽考，不无侵吞之弊。

臣因抚番经费无出，饬令沈应奎、陈鸣志切实整顿。现据沈应奎等详议，将船费厘金自本年四月初一日停止，改抽百货厘金，发给三联票，按成本百元抽厘五元，只收出口一项，此外不许重收。所有进口货物，除洋药一项照旧抽收外，其余百货以及陆路贩运，概不抽厘。米谷一项，亦照内地免厘。

惟台南以糖为大宗，向来糖商借口洋人发本不肯完厘，臣现饬令陈鸣志督同通商委员按照条约办理，或完子口税，或照内地一体抽厘，以示公允而求实济。谨附片具陈。是否有当？伏乞圣

① 中国第一历史档案馆藏：《军机录副》，档案编号：03-7138-011. 又，台湾史料集成编辑委员会编：《明清台湾档案汇编》，第 5 辑，第 93 册，第 154—156 页，台北远流出版事业股份有限公司，2009。

鉴，训示。谨奏。

光绪十二年五月初八日，军机大臣奉旨：该衙门知道。钦此。[1]

## 一七　报解刘璈任所资产变价缘由片

光绪十二年四月十八日（1886 年 5 月 21 日）

再，臣接准军机大臣字寄：光绪十一年十月十九日，奉上谕：前据卞宝第[2]、刘铭传先后具奏，已革台湾道刘璈任所、原籍赀产业经遵旨查抄等因。钦此。遵旨寄行前来。等因，到臣，当饬署台湾道陈鸣志转饬台湾县沈受谦，即将刘璈任所抄出赀财查照原估价值变价去后，兹接陈鸣志详解前项变价银一千三百四十两零前来。

除由臣委员管解赴部投交外，谨附片陈明。伏乞圣鉴。谨奏。

光绪十二年五月初八日，军机大臣奉旨：该部知道。钦此。[3]

---

① 中国第一历史档案馆藏：《军机录副》，档案编号：03-6496-021.

② 卞宝第（1824　1893），字颂臣，江苏仪征人。咸丰元年（1851），中式举人。五年（1855），充刑部江西司主事。六年（1856），选实录馆校对。八年（1858），补刑部陕西司员外郎。九年（1859），升刑部直隶司郎中。十一年（1861），授浙江道监察御史。同年，署湖南道监察御史。同治元年（1862），补礼科给事中。同年，补授顺天府府丞。二年（1863），升顺天府府尹。五年（1866），迁河南布政使。六年（1867），擢福建巡抚。光绪八年（1882），调补湖南巡抚。九年（1883），署理湖广总督。十四年（1888），补授闽浙总督。同年，署理福州将军。十六年（1890），兼管福州船政，兼署福建陆路提督。十八年（1892），因病开缺。十九年（1893），卒于籍。著有《卞制军奏议》等行世。

③ 中国第一历史档案馆藏：《军机录副》，档案编号：03-5209-035.

## 一八　请将张绍华等保案改奖缘由片

光绪十二年四月十八日（1886年5月21日）

再，直隶试用道张绍华、同知衔江苏补用通判吴懋鼎、内阁中书刘翰翔，经臣于转运饷械案内汇保，张绍华请归候补班尽先补用，吴懋鼎请免补本班以同知直隶州补用，刘翰翔请以直隶州知州不论双单月遇缺尽先选用，并加知府衔。准吏部咨：张绍华等所请奖励，与定章不符，应另覆请奖。吴懋鼎、刘翰翔等官阶是否捐纳？于何年月日覆准？抑拟劳绩保举，于何年月日奏准？均令一并查明等因。

查道员张绍华业于创办电报案内保归候补班补用；吴懋鼎系于光绪四年十二月初九日在江苏滇捐案内报捐通判，领有户部执照，又于创办电报案内保归直隶州知州，仍留原省补用，均于光绪十一年八月十七日奉旨允准在案；刘翰翔于光绪十一年八月在直隶遵海防例改捐知县新班先选用。该员等转运饷械渡台，随同打仗，异常出力，均于另案得有升阶，自应另拟请奖。

合无仰恳天恩，俯准将张绍华改奖赏戴花翎，吴懋鼎改奖知府衔，刘翰翔改奖同知衔。再，吴懋鼎本系江苏试用通判，前保单内误开浙江补用通判，应请饬部更正。谨附片具陈。伏乞圣鉴。谨奏。

光绪十二年五月初八日，军机大臣奉旨：吏部议奏。钦此。[①]

---

① 中国第一历史档案馆藏：《军机录副》，档案编号：03-5209-034.

【案】此奏片之具奏日期，录副目录以朱批日期为之，未确。兹据朱批日期查光绪十二年五月初八日《军机处随手登记档》① 朱批刘铭传折栏，则署有“报五百里，四月十八日发”等字样。据此，此奏片之具奏日期当为“光绪十二年四月十八日”无疑。兹据校正。

## 一九　奏请赏换沈应奎原衔花翎缘由片

光绪十二年四月十八日（1886 年 5 月 21 日）

再，台湾生番向来招抚不肯剃头，故终无实效。道员林朝栋禀请发给番丁男女衣裤，以示国恩。臣因台饷万分支绌，自上年五月至今，内地丝毫未曾协济，仅恃捐输弥补军饷，无款可筹，当由沈应奎会商陈鸣志东挪西凑，或劝官绅捐助，或将旧存旗帜、号衣改做，备办衣裤七万余套。生番穷苦异常，闻有衣裤，深山穷谷男女相率归化剃头，各路招抚得收实效。

查四品顶戴前贵州藩司沈应奎，自渡台以来，除奸剔弊，会计经营，不避劳怨；赞助抚番，筹画经费，实属办事认真，异常出力。臣不敢没其微劳，合无仰恳天恩，赏换原衔花翎，以示鼓励，出自逾格恩施！

谨附片具陈。伏乞圣鉴。谨奏。

光绪十二年五月初八日，军机大臣奉旨：（另有旨）◆1。钦此。②

【案】此案旋于光绪十二年五月初八日得旨允行。《光绪朝上谕档》载曰：

光绪十二年五月初八日，内阁奉上谕：刘铭传奏……。另片奏，前

① 中国第一历史档案馆藏：《军机处随手登记档》，档案编号：03-0250-2-1212-122.

② 台湾史料集成编辑委员会编：《明清台湾档案汇编》，第 5 辑，第 93 册，第 164 页，台北远流出版事业股份有限公司，2009。

藩司沈应奎赞助抚番，筹划经费，异常出力，请逾格恩施等语。沈应奎着赏还原衔花翎。余着照所议办理。该部知道。钦此。[1]

又【案】此奏片之具奏日期，录副目录以朱批日期为之，未确。兹据朱批日期查光绪十二年五月初八日《军机处随手登记档》[2] 朱批刘铭传折栏，则署有“报五百里，四月十八日发”等字样。据此，此奏片之具奏日期当为“光绪十二年四月十八日”无疑。兹据校正。

## 二〇　请将故尹陈星聚从优议恤缘由片

光绪十二年四月十八日（1886 年 5 月 21 日）

再，据台北绅士在籍广东候补道陈霞林等联名禀称：已故台北府知府陈星聚，由福建闽县升授淡水厅，约束书差，拿办积匪，十余年来盗贼敛迹，台北赖以安谧。及升任台北府知府，督建城工、庙宇、衙门，并捐廉添设书院膏火、诸生乡试川资及南北养济院口粮，种种经营，不遗余力，竟于光绪十一年六月二十二日在任病故。至今士民感戴不忘，联名恳请奏恤等情，前来。

臣查已故台北府陈星聚，于上年捐廉募勇，办理城防，居官廉正，遗爱在民，在任病故。伏查前任台北府林达泉，在任半年病故。其时未有军务，经前任福建抚臣勒方锜[3]奏准照积劳病故

---

① 中国第一历史档案馆编：《光绪宣统两朝上谕档》，第 12 册，第 180 页，广西师范大学出版社，1996。又，中华书局影印：《清实录·德宗景皇帝实录（四）》，卷之二百二十八，光绪十二年五月，第 74 页，中华书局，1987。

② 中国第一历史档案馆藏：《军机处随手登记档》，档案编号：03-0250-2-1212-122.

③ 勒方锜（1816—1882），字悟九，号少仲，江西南昌人。道光十七年（1837），拔贡。十八年（1838），充刑部七品小京官。二十四年（1844），中式举人。二十五年（1845），补刑部主事。咸丰五年（1855），升刑部员外郎。六年（1856），迁刑部郎中。九年（1859），放广西南宁府知府。同年，署桂林府知府。同治四年（1865），代理江宁布政使。五年（1866），署理江苏按察使。光绪元年（1875），晋江苏盐法道。同年，升授江苏按察使。三年（1877），授广西布政使，调补江苏布政使。四年（1878），护理江苏巡抚。五年（1879），擢福建巡抚。七年（1881），调补贵州巡抚。同年，补授河东河道总督。八年（1882），卒于任，著有《太素斋集》存世。

例赐恤在案。该故守陈星聚，办理防务，勤慎劳苦，合无仰恳天恩，准照军营立功后积劳病故例，交部从优议恤，俾资观感，以顺舆情？

谨会同闽浙总督臣杨昌濬，附片具奏。伏乞圣鉴。谨奏。

光绪十二年五月初八日，军机大臣奉旨：陈星聚着照军营立功病故例，交部从优议恤。钦此。[1]

【案】此奏片之具奏日期，录副目录以朱批日期为之，未确。兹据朱批日期查光绪十二年五月初八日《军机处随手登记档》[2]朱批刘铭传折栏，则署有"报五百里，四月十八日发"等字样。据此，此奏片之具奏日期当为"光绪十二年四月十八日"无疑。兹据校正。

## 二一　请将守备凌国祥即行革职缘由片

光绪十二年四月十八日（1886 年 5 月 21 日）

再，据台湾镇总兵章高元禀称：自奉檄驻扎嘉义，办理缉匪抚番事务，遴派熟悉地方情形员弁数人随营差遣。查有候补守备凌国祥，在外招摇，私收赌费，招摇骚扰，实属不知□办前来。臣查该守备凌国祥，私收赌费，招摇骚扰，实属不知检束，相应请旨将凌国祥即行革职，以肃戎政。

谨附片具陈。伏乞圣鉴，训示，施行。谨奏。

光绪十二年五月初八日，军机大臣奉旨：将凌国祥着即行革

① 台湾史料集成编辑委员会编：《明清台湾档案汇编》，第 5 辑，第 93 册，第 165 页，台北远流出版事业股份有限公司，2009。

② 中国第一历史档案馆藏：《军机处随手登记档》，档案编号：03-0250-2-1212-122.

职。兵部知道。钦此。[①]

【案】此奏片之具奏日期，录副目录以朱批日期为之，未确。兹据朱批日期查光绪十二年五月初八日《军机处随手登记档》[②] 朱批刘铭传折栏，则署有“报五百里，四月十八日发”等字样。据此，此奏片之具奏日期当为“光绪十二年四月十八日”无疑。兹据校正。

## 二二　奏请李时英升补恒春知县缘由折

光绪十二年五月初二日（1886年6月3日）

头品顶戴革职留任闽浙总督臣杨昌濬、督办台湾防务降二级留任台湾巡抚一等男臣刘铭传跪奏，为拣员升补海疆要缺知县，恭折仰祈圣鉴事。

窃查恒春县知县周志侃因案革职，于光绪十一年十月十八日奉旨，应以奉旨后第五日行文作为开缺日期，勒归十一年十二月分截缺。所遗恒春县知县系台湾海外疲、难题调要缺，非精明强干、熟悉海疆风土民情之员，不足以资治理。臣等督饬藩、臬两司在于闽省内地应调、应补人员内逐加遴选，非现居要缺，即人地未宜，一时实乏堪调、堪补之员。

复于应升各员内选择，查有嘉义县笔港县丞李时英，年四十八岁，贵州贵筑县人，由监生报捐指分福建补用县丞，委署按察司经历、莲河场大使，并代理彰化县鹿港同知等缺，均能治理裕如，准补永和里县丞。在闽遵防剿例，报捐双月同知在任候选，

① 台湾史料集成编辑委员会编：《明清台湾档案汇编》，第5辑，第93册，第166页，台北远流出版事业股份有限公司，2009。

② 中国第一历史档案馆藏：《军机处随手登记档》，档案编号：03-0250-2-1212-122.

并捐免离任。剿捕匪首林猫皆等出力，保举以同知在任即选，调补今职。旋因基沪获胜立功案内汇保，以同知在任候补，考试取列二等。惟定例佐贰升补知县，必须先尽卓异人员。如无卓异人员，实缺县丞始可升补。

兹查闽省卓异候升人员与是缺人地均未相宜，笔港县丞李时英请升恒春县知县，与例稍有未符。惟台湾分省伊始，恒春一缺新设不久，番多民少，事极繁重，必须精明强干、熟悉情形之员，始能胜任。李时英在台日久，廉勤素著，熟悉情形，以之升补恒春县知县，人地实在相宜。合无仰恳天恩，俯念海疆员缺紧要，准以嘉义县笔港县丞李时英升补恒春县知县，实于地方有裨。如蒙俞允，该员系现任县丞初升知县，应俟接到部覆，再行送部引见，并免核计参罚。所遗嘉义县笔港县丞，另行拣员调补。接福建藩司张梦元[①]、兼署臬司刘瑞祺[②]会详请奏前来。

臣等覆核无异，所有拣员升补海疆要缺知县缘由，谨合词恭

① 张梦元（1825—1896），字子善，号蓉轩，直隶天津人。咸丰元年（1851），中式举人，以拣选知县投效湖北军营。九年（1859），选授邵武县知县。同治二年（1863），保同知，并戴蓝翎。四年（1865），大计卓异，准补汀州府汀军同知。五年（1866），调补邵武府邵军同知，换花翎。同年，因办理通商出力，保福建知府。十一年（1872），署理永春直隶州知州。十二年（1873），补授福宁府知府。光绪二年（1876），调补福州府知府。同年，转台湾府知府。五年（1879），代理台湾道。六年（1880），实授台湾道，加按察使衔。七年（1881），迁福建按察使，兼理福建学政。九年（1883），赏三品卿衔，督办福建船政事务。同年，补授广西布政使。十一年（1885），调补福建布政使。十二年（1886），加头品顶戴。十三年（1887），革职留任。十五年（1889），开复革职处分，兼理福建臬司篆务，十六年（1890），督办天津制造局。二十年（1894），办理天津团练。同年，因病开缺。二十二年（1896），在籍病故。赠太子少保。著有《原始汇钞》《敬恕斋遗稿》等行世。

② 刘瑞祺（1833—1891），字伯符，号景臣、谨丞，江西德化县（今九江市）附生。咸丰九年（1859），中举。同治元年（1862），中式进士，改庶吉士。二年（1863），授翰林院编修。三年（1864），补国史馆协修、纂修等官。同年，充顺天乡试同考官。七年（1868），充会试同考官。八年（1869），补湖广道监察御史。十年（1871），升掌湖广道监察御史。十二年（1873），选巡城御史。光绪元年（1875），充甘肃乡试副考官。四年（1878），调江南道监察御史，转掌四川道监察御史。同年，迁礼科给事中。七年（1881），调兵科给事中。九年（1883），授户科掌印给事中。同年，放福建督粮道。十一年（1885），兼署福建按察使。十二年（1886），补授浙江按察使。同年，升授河南布政使。十六年（1890），调补福建布政使。同年，擢山西巡抚。十七年（1891），因病出缺。

折具陈。伏乞皇太后、皇上圣鉴，饬部核覆，施行。谨奏。五月初二日。

光绪十二年五月二十六日，军机大臣奉旨：吏部议奏。钦此。[①]

## 二三 陈请销假并与督臣会商台湾情形折

光绪十二年五月初七日（1886年6月8日）

督办台湾防务降二级留任台湾巡抚一等男臣刘铭传跪奏，为微臣目疾稍愈，陈请销假并到闽省会商情形，恭折仰祈圣鉴事。

窃臣于正月二十四日因目疾举发，奏请续假两月，于三月十七日准兵部火票递回原折，内开军机大臣奉旨：着赏假两月。钦此。臣钦遵之下，加意调摄。入夏以后，红瞳渐销，障翳稍退，遂于四月二十二日驰赴福州省城，会同督臣杨昌濬筹商分省事务。督臣力顾大局，亦以闽台唇齿相依，虽分犹合，应遵旨内外相维，不分畛域。闽省有指臂之助，台湾无孤注之忧，庶可联成一气，永固岩疆。督臣早饬闽台司道会议分省条款，臣此次到省，复同详细筹议，稍为增减，即由督臣主稿具奏，臣于二十八日驰回台北府城。台湾现在整顿海防，抚番招垦，百废待举，经费万分支绌。闽省向来每年津贴台饷六十万两，历年积欠至三百余万两。上年五月至今，毫无协济。台地经费支绌情形，共见共闻。

查全台防军经臣奏定三十五营，练军三营，每年军饷约需银一百二十万两，加之养船、制造、委员薪水、各官津贴一切杂费，统计需银一百五十余万两。现在外办防务，内抚生番，营勇

① 中国第一历史档案馆藏：《军机录副》，档案编号：03-5209-090. 又，台湾史料集成编辑委员会编：《明清台湾档案汇编》，第5辑，第93册，第184—185页，台北远流出版事业股份有限公司，2009。

无可裁撤，全台岁入之款，年仅一百万两内外。自奉旨改设行省之后，臣与督臣往复函商，请将闽省协饷照旧协济，另请邻省筹济分省经费。督臣因闽省用款太繁，无力多济，议由厘金项下由每年协济银二十四万两，由闽海关照旧协银二十万两另行会奏，请旨敕下粤海、江海、浙海、九江、江汉五关每年协银三十六万两，在督臣业已力竭心疲，无可再筹。以臣计之，闽省海关、厘金两项共协济银四十四万两，合之台湾，岁入之款勉可供给台湾军饷、杂费。其余办防、抚番、开垦、分治、建造省城衙署、坛庙，在在均需巨款，纵蒙五关由每年协济银三十六万两，杯水车薪，无所措手。

臣惟随事撙节，分别缓急，次第举办，断不敢畏难苟安，敷衍了事，有负圣主慎重海疆之至意！惟台湾孤悬海外，现在道府各库一空如洗，议者谓须稍有存储，以备缓急。臣目睹时艰，饷源支绌，目前断难筹备。昼夜所虑者，海上风涛无定，公文往返，动需数月，军饷一旦缺乏，即有哗溃之虞，惟有仰恳天恩敕下署福州将军古尼音布、督臣杨昌濬，自本年起将议定每年协济台湾饷银四十四万两，按季先行拨给，由臣派船领运，以期简便而免延误。

除分省事务会同督臣杨昌濬另行具奏外，谨将微臣目疾稍愈陈请销假并到省会商情形，恭折具陈。伏乞皇太后、皇上圣鉴，训示。谨奏。五月初七日。

光绪十二年五月二十六日，军机大臣奉旨：（另有旨）◆1。钦此。①

① 中国第一历史档案馆藏：《军机录副》，档案编号：03-5209-091. 又，台湾史料集成编辑委员会编：《明清台湾档案汇编》，第5辑，第93册，第182—183页，台北远流出版事业股份有限公司，2009。

【案】此奏旋于是年五月二十六日得旨允行，“廷寄”曰：

军机大臣字寄：署福州将军古尼音布、闽浙总督兼署福建巡抚杨昌濬、督办台湾事宜福建巡抚刘铭传：光绪十二年五月二十六日，奉上谕：刘铭传奏，台湾经费，现与督臣议由福建厘金项下每年协济银二十四万两，由闽海关照旧协银二十万两，请饬先期拨给等语。台湾需饷孔急，自应豫为筹拨，着古尼音布、杨昌濬自本年起，将议定每年协济台湾饷银四十四万两，按季先期拨给，以应要需。余俟杨昌濬会奏到时再降谕旨。将此由四百里各谕令知之。钦此。遵旨寄信前来。①

## 二四　请将何嗣焜饬赴台湾委用片

光绪十二年五月初七日（1886年6月8日）

再，臣于光绪十年渡台之际，奏留已革安徽候补道裕庚办理文案。该道公事娴熟，甚为得力。不料到台之后，不服水土，湿热上冲，两日俱病，日渐沉重，于上年五月请假内渡就医去后，所有一切公事皆臣一人办理，竭蹶万分，时欲访求品学兼优之士，稍为帮助，来得其人。

现查有分发补用直隶州何嗣焜，江苏常州府人，学识优长，讲求品节，素在已故两广总督张树声②幕中，持躬谨饬，不事外

① 中国第一历史档案馆编：《光绪宣统两朝上谕档》，第12册，第207页，广西师范大学出版社，1996。又，中华书局影印：《清实录·德宗景皇帝实录（四）》，卷之二百二十八，光绪十二年五月，第82页，中华书局，1987。

② 张树声（1824—1884），字振轩，安徽合肥人，廪生，卓勇巴图鲁。咸丰三年（1853），在籍办团。同治元年（1862），随李鸿章入沪，与刘铭传分领淮军。三年（1864），统六营驻镇江。四年（1865），署江苏徐海道。同年，升直隶按察使。八年（1869），署直隶布政使。同年，调山西按察使。九年（1870），迁山西布政使。同年，护理山西巡抚。十年（1871），擢漕运总督。十一年（1872），署江苏巡抚。同年，署两江总督兼办理通商事务大臣。十二年（1873），补江苏巡抚。光绪五年（1879），调贵州巡抚，转广西巡抚。同年，授两广总督。八年（1882），署理直隶总督，加太子少保衔。九年（1883），署北洋通商大臣。十年（1884），卒于广州。谥靖达。著有《张靖达公奏议》《庐阳三贤集》等行世。

交。直隶总督大学士臣李鸿章知臣左右无人，亦来信推荐，合无仰恳天恩俯念微臣一介武夫，需员赞佐，请旨饬下江苏抚臣卫荣光[①]转饬何嗣焜驰赴台湾，听候委用，以资臂助。

臣为用人起见，是否有当？出自逾格鸿慈！谨附片具陈。伏乞圣鉴，训示。谨奏。光绪十二年五月初七日。

光绪十二年五月二十六日，军机大臣奉旨：知道了。即着该抚咨行江苏巡抚，转饬何嗣焜驰赴台湾，听候委用。该部知道。钦此。[②]

## 二五　奏为刊刻林维源帮办关防缘由片

光绪十二年五月初七日（1886年6月8日）

再，臣接准部咨：光绪十二年二月十九日，内阁抄出十八日奉上谕：内阁侍读学士林维源着即前赴台湾，帮同刘铭传办理台北开垦、抚番事务。钦此。兹林维源业已回至本籍，所有台北抚番、开垦事务，臣曾经委派已革安徽臬司张学醇在大科崁设立总局，先行开办，此后即归林维源一手经理，应刊刻木质关防一颗，以昭信守，文曰“帮办台北抚番开垦事务关防”。

除开用并到籍日期另由林维源奏报外，谨附片具陈。伏乞圣

① 卫荣光（1826—1890），字静澜，河南新乡人。咸丰二年（1852），中式进士。同治元年（1862），补翰林院侍讲。二年（1863），选侍讲学士。同年，授济东泰武临道，署山东盐运使、按察使。四年（1865），山东巡抚阎敬铭委其督办河防。六年（1867），卸盐运使职，仍兼按察使。同年，丁父忧。十二年（1873），授江安粮道。同年，署按察使。光绪元年（1875），迁安徽按察使，调补浙江布政使。同年，丁母忧。三年（1877），擢山西巡抚。十二年（1886），补授浙江巡抚，调山西巡抚。嗣因病乞休。光绪十六年（1890），卒于籍。

② 中国第一历史档案馆藏：《军机录副》，档案编号：03-5209-092. 又，台湾史料集成编辑委员会编：《明清台湾档案汇编》，第5辑，第93册，第187—188页，台北远流出版事业股份有限公司，2009。

鉴。谨奏。

光绪十二年五月二十六日，军机大臣奉旨：该部知道。钦此。[1]

## 二六　奏报筹议台湾改设行省事宜折

光绪十二年六月十三日（1886 年 7 月 14 日）

头品顶戴革职留任闽浙总督兼管福建巡抚事臣杨昌濬、督办台湾防务福建巡抚一等男臣刘铭传跪奏，为筹议台湾改设行省事宜，谨缮清单，恭折复奏，仰祈圣鉴事。

窃照光绪十一年九月初五日，奉慈禧端佑康颐昭豫庄诚皇太后懿旨：醇亲王奕譞等遵筹海防善后事宜折内奏称，台湾要区，宜有大员驻扎等语。台湾为南洋门户，关系紧要，自应因时变通，以资控制，着将福建巡抚改为台湾巡抚，常川驻扎，福建巡抚事即着闽浙总督兼管，所有一切改设事宜，该督抚详细筹议，奏明办理。钦此。又于十一年十月十九日奉上谕：台湾南北地舆袤延甚远，以形势而论，台北各海口尤为紧要，原设台湾道一员，远驻台南，深虑难以兼顾，且巡抚常川驻扎，一切钱谷、刑名事宜，必须分员管理，各专责成，应否于台湾道之外添设台北道一员，着杨昌濬、刘铭传悉心会商，妥议具奏等因。钦此。钦遵经臣等各将筹度情形先后复奏，十一年十二月十二日，奉上谕：杨昌濬所奏添设台北道不如添设藩司，系为因地制宜起见，自可准行。台湾虽设行省，必须与福建联成一气，如甘肃、新疆

[1] 中国第一历史档案馆藏：《军机录副》，档案编号：03-5209-093. 又，台湾史料集成编辑委员会编：《明清台湾档案汇编》，第 5 辑，第 93 册，第 188—189 页，台北远流出版事业股份有限公司，2009。

之制，庶可内外相维。着详细会商，奏明办理。复于十二年三月二十四日奉上谕：刘铭传奏，澎湖为闽台门户，非特设重镇，不足以资守御。杨昌濬与该抚意见相同，拟将澎湖副将与海坛镇对调，仍归总督等管辖等语。即着杨昌濬、刘铭传会同筹议具奏。闽台防务关系紧要，该督等商办一切，务当和衷共济，不分畛域，力顾大局。上年谕令该督等会议台湾改设各事宜，并着一并妥速议奏，毋稍迟延等因。钦此。

仰见皇太后、皇上垂念海疆，谆谆训诫之至意！臣等忝膺重寄，目击时艰，何敢不竭力筹维，和衷商榷，以期事归尽善，仰纾宸廑？除往返函牍不计外，臣昌濬于二月间渡台，臣铭传四月间复内渡，详细面商。

查台湾为南洋门户，七省藩篱，奉旨改设巡抚，外资控制，内杜觊觎，实为保固海疆远大之谋。惟沿海数县之地，其余番地尚系化外，气局未成，孤悬海外，与新疆情形不同。闽、台本系一省，今分为二，尤须唇齿相依，已收指臂之助。诚应遵旨内外相维，不分畛域，乃可相与有成。兹就省局司道及署台湾道陈鸣志、总理粮台前贵州藩司沈应奎筹议条款，复加酌核，谨缮清单，恭呈御览。

现在整顿海防，百废待举，加以改设行省，经费浩繁，如澎湖一岛，为闽台门户，往来咽喉，购炮筑台，办防急需银八十万两，业经臣等奏请敕部指拨。此外办防制械、设电、添官、分治、招垦、抚番，在在均关紧要，前车可鉴，安能再事因循？至建立省城衙署、坛庙各项工程，虽不妨稍缓，既已分省，亦不能不次第筹办。台地防营除裁撤外，尚存三十五营，分布沿海二千余里，势难再减。

海外饷需缺乏，即有哗溃之虞。臣等悉心筹画，拟由闽海关每年照旧协银二十万两，经臣铭传咨请署福州将军臣古尼音布，嗣后由厦关径拨解台。至闽省各库局，无论如何为难，每年协银二十四万两，陆续筹解，并请旨敕下粤海、江海、浙海、九江、江汉五关，每年协济银三十六万两，共成八十万两，以五年为度。统计闽省及闽海关所协四十四万，合之台地岁入百万两，专为防军月饷之需。其五关每岁各协银七万余两，尚属轻而易举，而台事稍得藉手，庶不致尽托空言，仍求朝廷宽以时日，容臣铭传分别缓急重轻，次第举办。

经费支绌，固不能急切图成，竭力经营，又何敢迁延坐误？现已奏明清理田赋，并随地随事力求整顿，变私为公。如三五年后，能照部议，以台地自有之财，供台地之用，即当奏请停止协款。一切改设事宜，单内有未赅载者，容臣等续行奏咨办理。

所有遵旨筹议缘由，是否有当？谨合词恭折具陈。伏乞皇太后、皇上圣鉴，训示，施行。谨奏。六月十三日。

光绪十二年七月十三日，军机大臣奉旨：（另有旨）◆1。钦此。①

【案】此案清廷于光绪十二年七月十三日谕令该部议奏。《光绪朝上谕档》载曰：

光绪十二年七月十三日，内阁奉上谕：杨昌濬、刘铭传奏，遵议台湾改设行省事宜、开单呈览一折。着该部议奏，单并发。钦此。②

---

① 中国第一历史档案馆藏：《军机录副》，档案编号：03-5093-022. 又，台湾史料集成编辑委员会编：《明清台湾档案汇编》，第5辑，第93册，第240—242页，台北远流出版事业股份有限公司，2009。

② 中国第一历史档案馆编：《光绪宣统两朝上谕档》，第15册，第266页，广西师范大学出版社，1996。

## 二七　呈筹议台湾改设行省事宜清单

光绪十二年六月十三日（1886 年 7 月 14 日）

谨将筹议台湾改设行省事宜，胪列清单，恭呈御览。

谨开：

一、台湾奉旨改设行省，必须与福建联成一气，如甘肃新疆之制，庶可内外相维等因。钦此。查新疆新设巡抚，关防内称“甘肃新疆巡抚”。台湾本系福建，巡抚应仿照新疆，名曰“福建台湾巡抚”。凡司道以下各官考核大计，闽省由总督主政，台湾由巡抚主政，照旧会衔办理，巡抚一切赏罚之权仍不能去，庶可联成一气，内外相维，不致明分畛域。又，陕甘总督关防内有“兼管甘肃巡抚”字样，闽浙总督关防应否添铸“兼管福建巡抚”字样，恭候钦定。

一、学政向归台湾道兼理，光绪元年间曾有归巡抚兼理之议，现应查照前议，由道将学政关防、文卷呈送巡抚管理。文武乡闱，援照安徽赴江南汇考之例，仍归福建；应试中额，亦仍旧例。将来生聚日繁，文才日盛，再行酌核奏明办理。

一、旗后、沪尾两海关向归将军管理，近年所征税项均拨充台饷。现在台湾既改设行省，该两关事隶台属，可否援照浙江之制改归巡抚就近监督？应请敕下福州将军查明，奏咨办理。

一、澎湖为闽台门户，须设重镇以资守御，拟将澎湖副将与海坛镇对调。臣昌濬至基隆时，与臣铭传商酌，意见相同，如蒙俞允，应饬先行互相调扎，以重防务，一切事宜另行奏咨办理。

一、新疆以迪化州为省垣，城池衙署无须建造。台湾改设行省，必须以彰化中路为省垣，方可南北兼顾，须另造城池衙署，需费浩繁，一时万难猝办。所有官制仍须照旧，将来如有添设厅县、改派营汛之处，再行随时奏闻。

一、福建巡抚既已改归台湾，所有抚标左右两营兵丁即须移归台湾。惟省垣未定，无处安置，以后遇有空额，无须募补，仍暂留闽省归总督兼管，兵饷照旧由闽支发，俟台湾巡抚移住中路，再行全数调归台湾。其不愿来者听之。

一、台湾改省之后，应遵旨添设藩司一员，综核钱粮兵马，整顿厅县交代；并设布库大使一员，兼理经历事。所有建造衙署、添设官吏，事事草创，将来须仿照新疆章程。俟此次奉旨后，再行会同奏请简放。

一、台湾道向兼按察使衔，一切刑名案件应由台湾道审转，其驿传事务亦由道兼管。添设司狱一员，毋庸另设臬司。惟会典职官有按司狱、府司狱，无道司狱，应以候补按司狱、府司狱轮流借补。

一、台湾盐务场产不足，半由内地运售，名曰唐盐。内地长泰、南靖等县澳引额，定例拨归台湾代销，所征正、溢课厘，虽留台拨充防费，尚有抵解内地盐务杂支之款。每届奏销，由福建盐法道汇核造报。各省盐务引地多有推行外省，闽台盐务分办，殊多窒碍，应请仍照旧章办理。

一、台湾各县地舆太广，最大如彰化、嘉义、淡水、新竹四县，亟须添官分治，统计四县按周围百里为城，约可分出四五厅县，将来彰化即可改设首府，另设首县为台湾县，将台湾县改为安平县，应俟添设藩司后，再行酌核办理。

一、台湾烟瘴之地，内地官吏渡台视为畏途，向章会补台湾府厅县佐杂等缺者，如回内地，即属调简，故稍有才智者，决不肯渡台。今拟仿照新疆章程，凡到台湾各项实任，如逾三年，著有劳绩，准回内地，不计繁简；调补优缺，不以调简论；无缺当差者，酌委优差一次，但必有切实考语。如有停委、撤委之员，内渡仍不委用。闽省遇有撤委、停委之员，咨明台湾，亦不委用，以杜钻营而示鼓励。

一、台湾生番归化已多，日渐开辟，须添官分治。若照部章厅县佐杂须循例补署，台湾民番杂处，人地不能相宜，万难迁就，仅用合例人员恐不能尽期得力，拟请旨敕部于台湾新设省分暂行不论资格，俟全台生番归化，一律设官分治，再行奏请循照部章，以求实效。

一、生番地界日渐开广，必须添设营汛。新疆添设总兵、副将、参、游、千、把等官甚多，台湾情形不同，须俟全台生番抚定后，方有一定之局，目前只能随时察夺具奏，或改或添，以节饷需。

一、台湾改设巡抚，本拟仿照江苏分苏、分宁成案，于各班人员到省，积有三员掣签一次，以两员分闽、一员渡台。惟查台湾仅两府八县，缺分太少，若照三分之一掣签来台，必无位置之处，拟俟全台生番归化，一律设官，再行照办。目前需员差遣，或由司申送，或由台咨调，暂可不必限定数目，以免分发人员积滞向隅。

一、台湾改设巡抚，所有台湾镇总兵应销去“挂印”字样，与新调澎湖镇总兵统归巡抚节制。

一、抚辕原设经制书吏十二名，各有清书、帮书。今福建巡抚事归总督兼管，拟留经制书吏六名，酌用各帮清各书，在督署办公尚有经制书吏六名，酌带帮清各书赴台湾供役。所有抚辕档案造册登记，关涉内地者，留督辕核办；关涉台地者，送台备查。

军机大臣奉旨：览。钦此。[1]

## 二八　请准雷其达补授台北府牧缘由折

光绪十二年六月十三日（1886 年 7 月 14 日）

头品顶戴革职留任闽浙总督兼管福建巡抚事臣杨昌濬、督办台湾防务福建巡抚一等男臣刘铭传跪奏，为拣员请补海外要缺知府，恭折仰祈圣鉴事。

窃照本任台北府知府陈星聚于光绪十一年六月二十二日在台病故，业经具题开缺，照例应以病故本日作为出缺日期，归于十一年六月分截缺，详咨在案。所遗台北府知府系海外新设要缺，臣等督同藩、臬两司于闽省应调、应升人员内逐加遴选，非现居冲要，即人地未宜，一时实难其选，当将拣员未定缘由专案咨部展缓请补在案。

伏查台北府一缺设立甫经十年，政务最为繁剧。兹当创议改省之际，凡承办设官、清赋、开山、抚番各事宜，在在尤关紧要，非廉明勤干之员，不足以资治理。惟查有应调候补知府雷其达，年五十八岁，江西广信府铅山县人，由增贡生历保训导、教谕，复保知县分发福建补用。在籍帮办团练，调闽募勇助剿，旋委援湘大营差遣。同治元年，江西信防请奖，于三月十九日奉上谕：知县雷其达着留于福建，以同知遇缺即补。钦此。丁外艰回籍。三年，福建邵武请奖，于十二月初一日奉上谕：雷其达着俟

① 中国第一历史档案馆藏：《清单》，档案编号：03-5093-023. 又，台湾史料集成编辑委员会编：《明清台湾档案汇编》，第 5 辑，第 93 册，第 192—198 页，台北远流出版事业股份有限公司，2009。

补缺后，以知府升用，先换顶戴。钦此。服阕赴京，验放领照，于四年九月到省，委代大田县事。十年四月，委赴台湾密查案件。十一年七月，准补漳州府云霄同知，于次年正月到任。光绪元年七月，调署闽县，历署嘉义、诏安县篆，于七年四月回任。通商请奖，以前在闽县清理洋案出力保奏，开缺仍留原省，以知府补用。十年闰五月，委署福宁府事。

臣等会查得该员器识深稳，办事老成，堪资表率，曾在台湾委署差缺，于该处风土民情均为熟悉，以之请补台北府知府，人地可期相宜。合无仰恳天恩，准以候补知府雷其达补授台北府知府，俾要缺得人而理，实于地方有裨。如蒙俞允，该员系由现任同知保升知府，初补知府，照例给咨送部引见，并免核计参罚。据福建藩、臬两司会详前来。

臣等谨合词具陈。伏乞皇太后、皇上圣鉴，饬部议覆，施行。再，台湾议设行省，事多创始，台北府知府责任綦重，经臣昌濬渡台与臣铭传会商，始定请补，是以具奏稍迟。合并声明。谨奏。六月十三日。

光绪十二年七月十二日，军机大臣奉旨：吏部议奏。钦此。[①]

## 二九　奏为据情代奏恭谢天恩折

光绪十二年七月十五日（1886年8月14日）

督办台湾防务降二级留任台湾巡抚臣刘铭传跪奏，为据情代谢天恩，恭折仰祈圣鉴事。

① 中国第一历史档案馆藏：《军机录副》，档案编号：03-5211-050. 又，台湾史料集成编辑委员会编：《明清台湾档案汇编》，第5辑，第93册，第238—240页，台北远流出版事业股份有限公司，2009。

窃据署福建台湾镇山东登州镇总兵章高元、记名提督刘朝祜呈称：光绪十二年四月十八日，经臣奏报台湾各路生番归化在事出力案内各将领请奖一案，于五月初八日恭奉上谕：刘朝祜、章高元随同办理剿抚事宜，颇资得力，均着交部从优议恤等因。钦此。谨即恭设香案，望阙叩头谢恩讫。伏念高元等一介庸愚，毫无知识，涓埃未报，儆惕时深！乃蒙特锡温纶，褒表逾格，自天闻命，伏地怀惭！凡兹稠叠之殊恩，倍切悚惶于靡既，惟有益加奋勉，恪矢勤慎，以期仰答高厚鸿慈于万一等情，呈请代奏前来。

谨据情代陈。仰祈皇太后、皇上圣鉴，训示。谨奏。

光绪十二年八月初十日，军机大臣奉旨：知道了。钦此。[1]

【案】此奏片之具奏日期，原文以朱批日期为之，未确。兹据朱批日期查光绪十二年八月初十日《军机处随手登记档》[2] 朱批刘铭传折栏，则未署任何字样。兹据同批古尼音布折[3]推知，此奏片之具奏时间当为“光绪十二年七月十五日”。兹据校正。

## 三〇 查明已革通判梁岳英并无逃避等情片

光绪十二年八月初四日（1886 年 9 月 1 日）

臣杨昌濬、臣刘铭传跪奏：再，通判梁岳英于澎湖失事案内钦奉谕旨革职，发往军台效力赎罪，当经转行钦遵。旋据署台湾道陈鸣志呈报，梁岳英于澎湖失事时即已逃避，经臣等附片奏明饬缉在案，嗣该革员梁岳英具禀投到。据称先无逃避，后因内渡

① 台湾史料集成编辑委员会编：《明清台湾档案汇编》，第 5 辑，第 93 册，第 256 页，台北远流出版事业股份有限公司，2009。

② 中国第一历史档案馆藏：《军机处随手登记档》，档案编号：03-0250-3-1212-209.

③ 中国第一历史档案馆藏：《军机录副》，档案编号：03-6102-017.

遭风遇救，病痊觅船回省，始知奉发军台，投请遣发等情，当以所禀有无捏饰，批司提讯，并移行查复。

兹据署福建臬司解煜具详：据澎湖通判戎成猷查询澎湖善后局绅董徐癸山等佥称，上年六月澎湖收复后，防军奉撤，梁岳英尚在澎湖地方巡查弹压，实无先期逃避等语，经澎湖营查复相同，由台湾镇、道移复到司。其遭风覆舟、中途患病一节，旁无佐证。惟失事时既无逃避，现复自行投到，禀请赴戍，可见亦非捏饰。该革员已在省羁候查，先行详咨起解等情，前来。

臣等覆核无异，除饬司委员将梁岳英解部转发暨分咨查照外，理合附片陈明。伏祈圣鉴。谨奏。

光绪十二年八月二十四日，奉朱批：刑部知道。钦此。[①]

【案】此奏片之具奏日期，原件查无下落，录副则以朱批日期为之，未确。据朱批日期“光绪十二年八月二十四日”，查《军机处随手登记档》[②]朱批杨昌濬折栏，署有“杨昌濬、刘铭传附片”等字样。据同批主折“六月分雨水粮价由”日期可断，此奏片之具奏日期当为“光绪十二年八月初四日”无疑。兹据校正。

## 三一　请照刘朝祜各营原保奖案给奖折

光绪十二年八月十八日（1886年9月15日）

督办台湾防务降二级留任台湾巡抚一等男臣刘铭传跪奏，为声明部驳总兵刘朝祜所统各营并单请奖缘由，谨将武职人员分晰开单覆陈，吁恳天恩仍照前单给奖，以励戎行，而免向隅，恭折

① 中国第一历史档案馆藏：《军机录副》，档案编号：03-7396-018.

② 中国第一历史档案馆藏：《军机处随手登记档》，档案编号：03-0250-3 1212-223.

仰祈圣鉴事。

窃臣前经会同署提督臣孙开华将基、沪立功将士并历次战守及援军转运出力员弁，分营开单，汇案奏请奖励在案。前准兵部咨开：核议基、沪保案，分别准驳一折，于四月十八日具奏，奉旨：杨忠着赏给固勇巴图鲁名号，吴东贤着赏给豪勇巴图鲁名号，刘万钟着赏给敢勇巴图鲁名号，余依议，单三件并发。钦此。钦遵咨行遵照。

折内声称，至该抚单开记名总兵刘朝祜统带铭字中军三营亲兵炮队，暨各局所委员一并请奖。臣等复查各局所委员，不得与临敌营员劳绩笼统列保，应令该抚查明何员系营员，何员系局所委员，分晰具奏到日，再行核办等因。

臣伏查前开刘朝祜所统营局员弁保案，其营员固系前敌出力，即局所委员亦皆朝夕随臣左右前敌办事之员，当时因系同一在营出力人员，只论其劳绩之异常，未及详晰声叙。且值防务紧急之际，局员营弁往往有战守互调，劳逸更休，若欲一一剖分，转多窒碍，是以并开一单。今奉部臣饬查，自应分晰开单，以免笼统。

惟是台湾地处孤危，内地人员视为畏途，人人裹足。其本在台地及已经随同渡台者，见台事日亟，尚且纷纷告假，规避私行。所有甘心留台效力之员，其效命行间者，固已毋庸赘述。即在各局委员亦皆置死生于度外，起卧于炮雨枪林之内，奔走于悬崖峻岭之间，仅留余生以有今日。其出力异常之处，久在圣明洞鉴之中！除遵照部咨分晰开单，恭呈御览外，合无仰恳天恩，饬部将刘朝祜所统营、局出力各员，仍照前次奏请原单给奖，以励戎行而免向隅，出自逾格鸿慈！

所有分单声覆部驳刘朝祜所统营、局武职各员保案缘由，谨缮折具陈。伏乞皇太后、皇上圣鉴，训示，谨奏。八月十八日。

光绪十二年九月初五日，军机大臣奉旨：兵部议奏，单并发。钦此。[1]

## 三二　呈刘朝祜所统营局武职各员清单

光绪十二年八月十八日（1886年9月15日）

谨将记名总兵刘朝祜所统铭字中军三营暨亲兵炮队各局所委员，分晰开单，恭呈御览。

计开：

铭字中军三营武职人员

管带前营记名总兵辑勇巴图鲁尤福聚，拟请以提督记名请旨简放。

以上一员身先士卒，屡立战功。

帮带副营花翎副将衔两江督标参将巫得胜，拟请免补参将，以副将尽先补用，并请赏加总兵衔。

帮带前营花翎两江尽先参将程士元，拟请免补参将，以副将尽先补用，并请赏加总兵衔。

帮带左营两江督标补用游击赵宗连，拟请免补游击，以参将留原省尽先补用，并请赏加副将衔。

中军三营营务处升用副将尽先参将周鼎臣，拟请免补参将，以副将尽先补用，并请赏加总兵衔。

副营哨官记名总兵湖广补用副将黎泽海，拟请仍以副将留闽、浙补用，俟补缺后，以总兵升用。

---

① 中国第一历史档案馆藏：《军机录副》，档案编号：03-5843-048. 又，台湾史料集成编辑委员会编：《明清台湾档案汇编》，第5辑，第93册，第268—269页，台北远流出版事业股份有限公司，2009。

副营哨官副将衔两江补用参将张克胜，拟请免补参将，以副将留原省尽先题补。

副营哨官尽先游击黄金龙，拟请免补游击，以参将尽先补用，并请赏加副将衔。

副营哨官游击衔补用都司倪辰彬，拟请免补都司，以游击尽先补用，并请赏戴花翎。

副营哨官尽先都司刘朝焯，拟请免补都司，以游击尽先补用。

前营哨官副将衔尽先参将骆本贵，拟请免补参将，以副将尽先补用，并请赏加总兵衔。

前营哨官留川补用游击杨大志，拟请免补游击，以参将留原省尽先补用。

前营哨官升用游击两江补用都司徐学仁，拟请免补游击，以参将尽先补用，并请赏加副将衔。

前营哨官尽先游击潘贵升，拟请免补游击，以参将尽先补用，并请赏加副将衔。

前营哨官蓝翎补用守备恽竹斌，拟请免补守备，以都司尽先补用，并请赏换花翎。

左营哨官参将衔补用游击陈师善，拟请免补游击，以参将尽先补用，并请赏加副将衔。

左营哨官尽先游击孙占彪，拟请免补游击，以参将尽先补用，并请赏加副将衔。

左营哨官已革花翎总兵衔尽先副将潘梁柱，拟请开复原官、衔翎，并免缴捐复银两。

左营哨官蓝翎补用守备李人和，拟请免补守备，以都司尽先补用，并请赏换花翎。

左营哨官尽先守备萧守城，拟请免补守备，以都司留闽补用，并请赏加游击衔。

副营哨长都司用安徽抚标守备张涌盛，拟请免补守备，以都司尽先补用。

副营哨长尽先守备康从云，拟请免补守备，以都司尽先补用。

副营哨长尽先守备马秉春，拟请免补守备，以都司尽先补用，并请赏戴花翎。

副营哨长尽先守备熊振声，拟请免补守备，以都司尽先补用，并请赏加游击衔。

副营哨长守备用千总韦学有，拟请免补千总，以守备尽先补用。

前营哨长游击衔补用都司胡得财，拟请免补都司，以游击尽先补用，并请赏加参将衔。

前营哨长尽先守备王起胜，请免补守备，以都司尽先补用。

前营哨长尽先守备卞文华，拟请免补守备，以都司尽先补用。

前营哨长蓝翎千总朱泰成，拟请免补千总，以守备尽先补用，并请赏换花翎。

前营哨长蓝翎千总彭昌震，拟请免补千总，以守备尽先补用，并请赏换花翎。

左营哨长游击衔补用都司李春荣，拟请免补都司，以游击尽先补用。

左营哨长尽先都司刘长荣，拟请免补都司，以游击尽先补用。

左营哨长尽先守备沈棋山，拟请免补守备，以都司尽先补用。

左营哨长尽先守备唐银发，拟请免补守备，以都司留闽补用，并请赏加游击衔。

左营哨长两江补用千总李经业，拟请免补千总，以守备留原省尽先补用。

副营差弁尽先都司汤仁贵，拟请免补都司，以游击尽先补用。

副营差弁蓝翎漕标衔守备田俊章，拟请以本班归候补班前先补用，并加都司衔，赏换花翎。

前营差弁蓝翎补用守备赵文成，拟请免补守备，以都司尽先补用。

前营差弁升用守备两江督标补用千总强应南，拟请免补千总，以守备留原省尽先补用。

左营差弁蓝翎守备衔千总杜得胜，拟请免补千总，以卫守备归漕标尽先补用，并请赏换花翎。

什长蓝翎千总吴广发，拟请免补千总，以守备尽先补用，并请赏换花翎。

什长蓝翎千总张东林，拟请免补千总，以守备留福建镇标拔补，并请赏换花翎。

什长尽先千总褚义发，拟请免补千总，以守备尽先补用，并请赏戴花翎。

什长尽先千总夏芝兴，拟请免补千总，以守备尽先补用，并请赏戴花翎。

什长尽先千总王明义，拟请免补千总，以守备尽先补用，并请赏戴蓝翎。

什长尽先千总王同德，拟请免补千总，以守备尽先补用，并请赏戴蓝翎。

以上四十五员奋勇争先，带队打仗。

亲兵炮队武职人员

督队官记名提督龚云福，拟请交军机处存记，遇有总兵缺出，请旨简放。

督队官副将衔两广补用参将刘盛濯，拟请免补参将，以副将留原省尽先题补。

督队官两广补用参将程曾郁，拟请免补参将，以副将留原省尽先题补。

督队官副将衔留甘补用参将陈尚新，拟请免补参将，以副将改留闽浙补用。

督队官尽先参将刁德化，拟请免补参将，以副将尽先补用。

督队官尽先参将李琛，拟请免补参将，以副将尽先补用。

督队官蓝翎副将衔两江补用参将袁绍从，拟请赏换花翎。

管带亲兵炮队参将衔安徽抚标补用游击周起凤，拟请免补游击，以参将留原省尽先补用，并请赏加副将衔。

督队官四川督标补用游击傅桂芳，拟请免补游击，以参将留原省尽先补用。

督标官两江补用游击张广居，拟请免补游击，以参将留原省尽先补用。

督队官两江补用游击王立德，拟请免补游击，以参将尽先补用，并请赏加副将衔。

督队官花翎贵州补用游击龚勋臣，拟请赏加副将衔。

亲兵炮队哨官升用游击两江补用都司姜鸿胜，拟请免补都司，以游击尽先补用。

亲兵哨长升用游击骑都尉世职兼云骑尉世职湖北武昌城守营

例用都司江子焱，拟请免补都司，以游击尽先补用。

炮队哨长尽先守备陈瑞图，拟请免补守备，以都司尽先补用。

洋教习凯来博，拟请赏加都司衔。

以上十六员，临敌调队，奋勇争先。

炮手候选卫守备黄春甲，拟请以本班归漕标，遇缺尽先补用，并请赏戴花翎。

炮手都司衔尽先守备缪云湘，拟请以本班留原广东水师提标尽先补用，并请赏戴花翎。

炮手两江补用千总张长胜，拟请免补千总，以守备留原省尽先补用。

炮手江苏抚标千总胡志祥，拟请免补千总，以守备留原省尽先补用。

差弁云骑尉世职黄树人，拟请以守备留闽尽先补用。

差弁云骑尉世职窦懋森，拟请赏戴花翎。

差弁尽先守备周殿安，拟请以卫守备归部，不论双单月尽先选用。

炮队什长尽先把总王德尧，拟请免补千总，以卫守备尽先补用。

炮队什长四川督标补用把总洪肇彩，拟请免补千总，以守备留原省尽先补用。

炮队勇目五品军功柯壬贵，拟请以守备留闽尽先补用。

以上十员，随同打仗，屡经血战。

各局所武职人员

转运前敌军粮委员记名总兵徐赞彪，拟请赏加提督衔。

办理前敌转运记名总兵前湖北汉阳协副将柏云凌，拟请赏加提督衔。

办理前敌应夫局升用总兵两江推补副将张嘉斌，拟请以总兵记名请旨简放。

以上三员，不辞艰苦，前敌转运。

办理前敌军械所花翎两江补用游击陆汝霖，拟请赏加副将衔。

前敌收发军械委员留闽补用参将黄国栋，拟请赏加副将衔。

前敌押运军械委员守备用千总张家德，拟请免补千总，以守备尽先补用。

以上三员，前敌转运，不避险危。再，单内留闽补用参将黄国栋，前单误写“浙江补用游击”，合并声明。

前敌巡查委员参将衔湖广督标补用游击高森富，拟请赏给二品封典。

水雷局委员守备用千总陈子中，拟请免补千总，以守备尽先补用。

水雷局委员守备用千总袁国瑞，拟请免补千总，以守备尽先补用。

以上三员，不避艰苦，防守出力。

军机大臣奉旨：览。钦此。[①]

## 三三　特参提督方春发等克扣饷银缘由片

光绪十二年八月十八日（1886年9月15日）

再，驻防凤山统带镇海前军三营记名提督方春发，经臣访闻

① 中国第一历史档案馆藏：《清单》，档案编号：03-5846-012. 又，台湾史料集成编辑委员会编：《明清台湾档案汇编》，第5辑，第93册，第269—276页，台北远流出版事业股份有限公司，2009。

该统带有侵扣饷项、营伍废弛情事，当即密饬署台湾道陈鸣志就近密查，并派差弁驰往确访。现据陈鸣志禀称：委员查明方春发营中饷项，自本年三月起，每日止发勇丁伙食钱八十文，至今未发大饷，仍照甘肃章程，俟销差时再发全饷。勇丁病故一名，应发烧埋银五两，并不照章发足。遇有故勇欠存口粮，亲属具领，该提督亦始终不肯给发；并信用已革甘肃知县陈海春，由内地贩运烟土多斤，听其在营熬煮烟膏，发卖各勇吸食，按月扣饷抵销，以至营伍废弛等情。并查明管带镇海前军右营总兵桂占彪，亦有减发烧埋银两及扣发故勇存饷等情，具覆前来。并据派往差弁先后禀报，访查方春发以上各节，亦属情节相符。

臣伏查方春发、桂占彪均以提镇大员充当统领营官，驻扎凤山、旗后海口要隘，宜如何认真操防，方副委任。乃竟敢克扣饷项，并减发烧埋银两，废弛营伍，实属咎无可辞。若不据实参办，何以肃军政而饬纪纲？

除将方春发等即行撤委，另派前陕西榆林镇副将陶茂森、尽先副将江南通州营游击余德昌分别统带外，应请旨将记名提督方春发即行革职，总兵桂占彪以游击降补，以示儆戒而肃军政。谨附片具陈。伏乞圣鉴，训示。谨奏。

光绪十二年九月初五日，奉旨：（另有旨）◆1。钦此。①

【案】清廷于是年九月初五日颁布谕旨，饬令刘铭传将方春发、桂占彪亲提研训，按律定拟。《光绪朝上谕档》载曰：

光绪十二年九月初五日，内阁奉上谕：刘铭传奏，提镇大员克扣饷银，请旨革职、降补等语。记名提督方春发，统带镇海前军三营，于营

① 中国第一历史档案馆藏：《录副奏片》，档案编号：03-5843-050. 又，台湾史料集成编辑委员会编：《明清台湾档案汇编》，第5辑，第93册，第278—279页，台北远流出版事业股份有限公司，2009。

中应发各项饷银，或不照章发足，或竟始终不发，并信用已革知县陈海春贩运烟土，听在营各勇吸食，按月扣饷抵销，以致营伍废弛。又，总兵桂占彪管带前军右营，亦有减发银两、扣发存饷等情。似此克扣军饷，紊乱营规，实属大干法纪！该抚仅请革职、降补，殊属轻纵！方春发、桂占彪均着先行革职，交该抚亲提严讯，将应得罪名按律定拟具奏。其克扣欠发各款，仍着查明确数，勒限严追，不得稍涉含混。该部知道。钦此。①

## 三四　请准郎中余显邦留台差遣片

光绪十二年八月十八日（1886年9月15日）

再，台湾现在筹办善后，一切抚番、清赋、招垦、分治诸务，办理需员。查有刑部郎中余显邦，自上年来台，经臣察看，该员心地安详，办事明白，堪以差遣委用。

合无仰恳天恩，俯念台湾善后办事需人，准将刑部郎中余显邦留于台湾差遣之处，出自鸿慈！谨附片具陈。伏乞圣鉴。谨奏。

光绪十二年九月初五日，军机大臣奉旨：着照所请，该部知道。钦此。②

## 三五　奏请从优议恤剿抚生番出力员弁片

光绪十二年八月十八日（1886年9月15日）

再，台湾自上年十月以前所有各营病故员弁，均经臣随时奏

① 中国第一历史档案馆编：《光绪宣统两朝上谕档》，第12册，第303—304页，广西师范大学出版社，1996。

② 中国第一历史档案馆藏：《军机录副》，档案编号：03-5213-014. 又，台湾史料集成编辑委员会编：《明清台湾档案汇编》，第5辑，第93册，第277—278页，台北远流出版事业股份有限公司，2009。

明，蒙恩赐恤在案。兹查上年十一月以后，又据各营陆续禀报：记名总兵周太胜，总兵衔副将严湘，副将程士元、张广居，参将李楚一，已保副将衔参将沈大元、邹立美，二品顶戴游击周平贵，游击孙维恒、马德恒，游击衔都司张登岸，都司方访梅、沈有元、李应升、曹正春、罗桂和，已保都司衔守备龙殿飏，守备荣培原、刘兆祥、沙德明、冯锡庚、官红胜、袁国瑞、刘怀仁，守备衔千总徐学太，拟保守备千总王连登，千总易杨生、谢益清、秦绍村、贵国新、胡永善、朱元冠，六品军功已保千总张荣，把总邹美齐、刁德余、贵遵贤、袁寿泉、易福祥、王世明、范戴馨、傅祖、吴玉昆、蒋炳南，已保把总王文标、王家成、余应田、施云龙，外委萧永德、刘海禄、黄远胜、刘朝安、张廷芳，五品军功朱荣章，武生刘熏陶，军功庄国，五品已革留甘补用知县周之鉴，议叙盐大使附监生葛其盛，举人鲍深，附生张嘉馨，监生赵尚贤，从九高会沂、王用予、凌达泉、解惠之，府经历衔姚饷宸，已保县丞龚德庸，已保从九蔡庆兰，拟保从九文生梁仿程，均经先后在营病故。

臣查该故员等，俱系剿抚生番，随营出力，久受瘴疫，积劳病故，理合汇案奏陈，仰恳天恩，俯准将周太胜等六十八名一并交部从优议恤，出自逾格鸿慈！谨附片具陈。伏乞圣鉴。谨奏。

光绪十二年九月初五日，军机大臣奉旨：周太胜等均着交部从优议恤。钦此。①

【案】此奏之具呈日期，原文以朱批日期为之，未确。兹据朱批日期查“光绪十二年九月初五日”《军机处随手登记档》② 朱批刘铭传折

① 台湾史料集成编辑委员会编：《明清台湾档案汇编》，第5辑，第93册，第276—277页，台北远流出版事业股份有限公司，2009。

② 中国第一历史档案馆藏：《军机处随手登记档》，档案编号：03-0250-3-1212-233.

栏，则署有“报四百里，八月十八日发”等字样。据此，具奏日期当以“光绪十二年八月十八日”无疑。兹据校正。

## 三六　请将台防军需用款饬部立案缘由折

光绪十二年八月二十六日（1886年9月23日）

督办台湾防务降二级留任台湾巡抚一等男臣刘铭传跪奏，为台湾军需用款先行截清，胪列清单，恳请敕部立案，以凭核销，恭折仰祈圣鉴事。

窃光绪十年法人违约攻犯台湾，钦奉电旨：极力筹防，严行戒备，法兵登岸，应如何出奇设伏，以期必胜，并如何悬赏激励，使军士奋勇之处，均着便宜行事，不为遥制；又钦奉谕旨：饬调外省援军，协济饷银、军火，觅雇商船，不惜重赀，设法解运来台接济。如兵勇未能立时起程，即就地募勇，亦可应用各等因。钦此。钦遵。

臣伏查台湾孤悬海外，口岸林立。当臣奉命驰抵台北，法兵即旋踵而至，炮台不能御敌，营勇半多疲弱。港口未塞，水师无船，外洋枪炮雷械等件悉皆未备，局势甚为危殆，仰赖庙谟宏远，指示周详。臣仓猝应变，基隆炮台已为法人攻毁，惟于沪尾添筑炮台，另筑土墙，深挖壕沟，并添购外洋军火、枪炮、水雷等物，设法分投布置；一面沉船截石，填塞海口。兵力不足，除由内地添募外，并选募台民之精悍者以佐之。基、沪节经鏖战，非悬赏激励，难期用命，在在均需巨款。迨法兵撤退，被兵各处俱系岛屿，穷民又不能不优为抚恤，固结人心。计自光绪十年六月起至十一年六月止，各项用款初由行营支应处及台南支应处发给，嗣设粮台，经臣委派前贵州布政使沈应奎总办其事。

其时海道梗阻，事机危急，军饷难支，幸沈应奎不辞嫌怨，破除积习，诸凡撙节，裁革浮靡，而军情瞬息万变，事所必需，又不能吝惜小费，致滋贻误。所有添兵、购械、筑台、填口以及裁留防勇、分别赏恤各情形，均经臣随时奏明有案。其余因行营例章不全先经酌给者，并经沈应奎于各员造报到台时，一律查照例章，核明删减扣追，收回归款。现将全台收支各款饬令沈应奎总核汇齐，督同员书造具总、细各册，另行奏请报销。

臣细阅部定新章：募一军，购一械，筑一台，调一员，并一切收款、支款，皆须事前奏咨立案。兵勇另造名数、饷数、季册，军火另造各营存用总册，以为核销根据。而行军之际，力顾战守，无暇记载，且台澎南、北、中、前、后五路千有余里，分设支应，汇集需时，势难分案渎陈。惟立案系为杜绝浮冒，应将此案支用款目胪列清单，先行分晰声登，恭呈御览。合无仰恳天恩，俯念台湾远隔重洋，复被封口，行军与筹防缓急不同，敕部准照单开款目，先行立案，俟销册到部，以便查照核销，以清款目。

所有台防军需用款先行截清，胪列清单，恳请敕部立案各缘由，谨缮折具陈。伏乞皇太后、皇上圣鉴。谨奏。八月二十六日。

光绪十二年九月十四日，军机大臣奉旨：着照所请，该部知道，单、片并发。钦此。[1]

---

[1] 中国第一历史档案馆藏：《军机录副》，档案编号：03-6102-075.

## 三七　呈防务案内军需用款简明清单

光绪十二年八月二十六日（1886年9月23日）

谨将台湾光绪十年六月起至十一年六月底止防务案内军需用款，开具简明清单，恭呈御览。

谨开：

一、调台差遣轮船管驾舵水人等薪粮公费。

一、各轮船煤炭价值。

一、修理轮船价值。

一、行营差遣弁兵盐菜、夫折、口粮、银米。

一、水陆练兵官弁、伙夫薪粮、公费、加给口粮。

一、海口租雇民船、配设舵水、渡载巡防并赡家工食、船租。

一、台北快哨船驾弁、舵水薪粮。

一、屯弁、屯丁盐菜、夫折、口粮。

一、各属招募防守壮勇口粮。

一、后山招抚、招垦通事、番丁垦首、垦丁口粮。

一、行营随员差遣营务各员盐菜、夫折。

一、粮台支应、转运各局委员盐菜、口粮。

一、派查保甲城门委员盐菜、差役口粮。

一、各营洋枪、洋炮教习薪水。

一、招募各省勇丁未成军小口粮。

一、裁撤兵勇回籍行粮。

一、楚、湘、淮勇丁阵亡恤赏、受伤养伤。

一、各属正、腰站添设书夫工食、旗铃、包袱、房租。

一、制造衣旗、帐篷、器械、刀叉、锣鼓、枪炮、铅子工料。

一、解运军装、军饷官役盘费、木鞘、木桶、杠索工料。

一、修理洋枪、洋炮、机器各匠工食、安家行装。

一、药料价值。

一、购制船只、竹筏工料。

一、采购米谷价值。

一、电报学生赡养薪水、伙食、杂费。

一、后山各社义学塾师薪水、番童笔墨、房租。

一、招抚生番赏给羽毛、布疋、衣裤、银牌。

一、制造银牌犒赏打仗出力勇丁、乡团工料。

以上二十九款，或系照例支给，或按从前奏定章程，或按前奏准销成案核给，应请饬部分别核销，毋庸另行立案。理合登明。

一、督办台湾军务大员办公经费。

一、帮办台湾军务大员办公经费。

一、楚、湘、淮各军统领大员办公经费。

一、淮军柴草银两。

以上四款，遵照户部议覆银数核给，毋庸另行立案。理合登明。

一、楚、湘各军官弁勇丁薪粮、公费。

以上一款，查楚军营制并台湾准销成案，每营弁勇五百零五员名，随配长夫一百五十六名，月支银二千八百二十八两二钱，旗哨次第递减。此次照章核给，应请照准立案造销。理合登明。

一、楚、湘各军弁勇、随营军火长夫工食。

以上一款，查楚军营制并台湾准销成案，每一营准配军火长夫三十六名，每名日给银一钱，月共给银一百零八两，旗哨次第递减。此次系照章核给，应请照准立案造销。理合登明。

一、淮军官弁勇丁薪粮、公费。

以上一款，查外省援台淮军弁勇，每一营五百零五员名，随营配长夫一百五十六名，月支银二千八百二十两二钱，旗哨次第递减。此次系照章核给，应请照准立案造销。理合登明。

一、淮军弁勇、随营军火长夫工食。

以上一款，查外省援台淮军弁勇，每一营准配军火长夫二十四名，每名日给银一钱，月共支银七十二两，旗哨次第递减。此次系照章核给，应请照准立案造销。理合登明。

一、楚、湘、淮各军就地募添补足弁勇薪粮、公费、长夫工食。

以上一款，查台防紧急，从前分防各营有减成旗哨及本非整营者，力单不足守御，若待赴各省募补，迟缓必致失机。台民强悍，尚多敢战之士，就地募补以厚兵力，同在一营共事战守，口粮等项区分厚薄，心不归附，难期用命，是以准照湘、淮各本营一律支给，应请照准立案造销。理合登明。

一、就台招募随同征剿各土勇薪粮、公费、长夫工食。

以上一款，查外省援军未到，兵力单薄，不能不就台募选勇敢之士随同征剿，前敌用命则一，所需薪粮、长夫等项，如与楚军合队者，即照楚军核给；淮军合队者，即照淮军核给，应请照准立案造销。理合登明。

一、绅士选募各义勇随同征剿，接支薪粮、公费、长夫工食。

以上一款，查台北绅士道员林朝栋、郎中林汝梅、武举王廷理、职员周玉谦等，急公好义，捐资、募勇、助剿，立有战功，嗣因资斧不继，遣散可惜，所需薪粮、长夫等项由官分按楚、淮各军接支留用，应请照准立案造销。理合登明。

一、各海口炮台炮勇员弁勇夫薪粮、公费。

以上一款，查闽省长门炮勇二百员名，奉部覆准管带一员，月支薪水银六十两，公费银五十两；教习一名，月支银二十两；头等正头目五名，各月支银十八两；正头目十名，各月支银十二两；副头目十名，各月支银八两；进药弹勇三十名，各月支银七两，炮勇一百二十四名，各月支银五两四钱；水、火夫十八名，各月支银三两；书识工食饬在公费内开销。所有台湾安旗、沪基、澎湖各口炮台炮勇薪粮，除旧设者仍照旧式接支外，其新添各勇系援长门核准之案办理。理合登明。

一、澎湖租雇船只、弁勇、舵水人等薪粮、船租。

以上一款，查澎湖孤岛额设营船不敷，添雇民船，募配弁勇巡防，系援楚军营制酌量增减，计营官一员，月支薪水银五十两，公费银一百五十两；正哨弁每员月支银九两，副哨长每员月支银八两，红、蓝旗什长每名月支银四两二钱，亲兵、护勇伍长每名月支银四两，舵工每名月支银四两五钱，水勇每名月支银三两六钱，伙勇、长夫每名月支银三两，大船每号月给租价银七两，小船每号月给租价银一两五钱，竹筏每排月给租价银一两四钱，较与各军水勇减少，应请照准立案造销。理合登明。

一、沪尾海口分布水雷，募雇教习、弁勇薪费。

以上一款，查沪尾港内安放水雷，募雇正教习，每名月支银二十两，副教习每名月支银十二两，头目每名各月支银八两，水勇每名各月支银五两，均系选募熟谙西法雷械之人，核实雇用，并无例案可援，应请照准立案造销。理合登明。

一、修建海口炮台及护墙、濠沟工料银两。

以上一款，查各海口炮台，或添筑土墙，或添挖濠沟及添造土炮台，皆因军情紧急，仓猝添设，原非垂诸久远，开有旋攻旋修，均难拘以保固年限，所需工料核实支给，亦难绳以例价，应请照准立案造销。理合登明。

一、建修仓廒、库局、行台、公所、桥梁、道路、兵勇营房、碉堡工料银两。

以上一款，查各营建造营房、碉堡暨委员修理桥梁、道路，建修仓廒、库局、行台、公所，应需工料有照则例造销者，亦有因军情紧急，优给工资，赶紧修造，实用实报者，概于销案内分别声登，应请照准立案造销。理合登明。

一、塞港购用浮桩、船只、木石价银。

以上一款，钦奉电旨：何处最要，赶紧填塞口门，愈窄愈好等因。钦此。遵于沪尾、旗后等口购船装石凿沉海底，制造浮桩布置水面，所需价值无例可循，实用实报，应请照准立案造销。理合登明。

一、购买轮船价值。

以上一款，查马江失利，轮船被毁，台湾隔海不能无船遣用，与外洋订立合同，照价购买，无例可循，据实开报，应请照准立案造销。理合登明。

一、购买外洋军火、炮械、水雷、机器价值。

以上一款，查法人侵犯台湾，应需水雷、炮械等项，前奏明设法购运来台，俾资应用；购价向准实用实销，本无例案可循，且值封口之际，觅雇商轮乘机潜渡，所需夫船价脚亦实用实报，不能以例章相绳，应请照准立案造销。理合登明。

一、雇募洋教习薪水、盘费。

以上一款，查各炮台配用洋炮，延请外国教习教练，应需薪水、盘费，无例可循，据实开报，应请照准立案造销。理合登明。

一、外省援军弁勇来台雇搭商船儎脚。

以上一款，查各处援军来台，适值封禁海口，觅雇商轮，破浪潜渡，绕赴后山海口登岸，所需轮船载脚较与寻常不同，据实开报，应请照准立案造销。理合登明。

一、各属雇备解运军装、饷鞘民夫工食。

以上一款，查法人围攻台北，军情万紧，海口封禁，各处军饷、军火设法觅雇商船，假扮鱼船，装运来台，船价难拘定例，且乘间潜渡，僻静小口，何处可以登岸，即须起卸，不能择定，非雇备长夫分拨前往起卸转运济应，必致贻误，所需工食每名日给银一钱，照章核给。理合登明。

一、斩馘法兵首级犒赏银两。

以上一款，查广东省咨送赏格条款，无论军民人等，有能擒斩法兵一名，赏银一百两，台地一律出示悬赏，据各军兵勇、练董、义民擒斩法兵首级来营呈献，验明真实，照格给赏，应请照准立案造销。理合登明。

一、犒赏基、沪打仗出力将士赏项。

以上一款，查基隆、沪尾官军与法兵接仗获胜，奉旨发帑犒赏，由海关汇解到台祗领，除将领各官已经汇案保奖外，其勇丁众多，不能不分等第颁给，军需例载“军前立功乡勇、土兵奋勇争先，列为出众者，每名赏银三两；前进打仗，列为头等者，每名赏银二两五钱；继进打仗，列为二等者，每名赏银一两五钱；接应打仗，列为三等者，每名赏银五钱。其余稍次出力同随营遣用挑运长夫，均无庸给赏”。此次系援照此例办理。理合登明。

一、抚恤基、澎难民口粮、银米及恤赏、养伤、路费。

以上一款，查闽省剿办发逆，经前闽浙督臣左宗棠救出男妇大小难民，大口日给米五合，小口日给米二合五勺；收养外省难民，大口日给银三分，小口日给银一分五厘；遣回按道途远近核给路费，每名自数钱至数两不等，奉部准销。此次男妇大小难民援照前案抚恤遣散，粤籍难民每民给路费银五两七钱六分，漳泉府属每名给路费银四两三钱二分，台南每名给路费银二两八钱八分。又，随同官军助剿被炮阵亡，援照军需则例“乡勇、土兵照步兵例减半，给恤银二十五两；受伤者援照楚、湘、粤勇丁准销银数，头等伤每名给银一十五两，二等伤每名给银一十两，三等伤每名给银五两。路毙难民每名给棺木银二两，着令绅耆湾保收埋”。应请照准立案造销。理合登明。

一、抚恤基、澎被兵焚毁房屋、船只。

以上一款，查被灾之区，钦奉谕旨饬令妥为抚恤。此次法兵占据基隆、澎湖，蹂躏殆遍，嗣法兵退尽，业将基隆安抚布置善后各情形具奏在案。沿海居民庐舍被焚，船只被击，流离失业，情尤可惨，当即委员分别查看，瓦屋每大间给银二十一两六钱，小间给银一十两八钱，草屋每间给银五两四钱，领回建复栖止。船只大号给银三十六两，中号给银二十一两六钱，小号给银一十四两四钱，给领凑制谋生。此为固结海疆民心起见，宣布朝廷深仁厚泽，不使一夫失所，难为例案所无，因地制宜，不能不据实核给，应请照准立案造销。理合登明。

军机大臣奉旨：览。钦此。[①]

---

① 中国第一历史档案馆藏：《清单》，档案编号：03-6102-076.

## 三八 请将十年六月以后用款先行核销片

光绪十二年八月二十六日（1886 年 9 月 23 日）

再，查台湾收支各款向由台湾道经理，汇案造册，咨由闽省善后局司道覆核报销。所有光绪十年五月以前，微臣尚未渡台，台地收支条款，行营并无案据，自应仍由闽省司道确核已革台湾道刘璈报案，分别造销。惟前案年分较久，何时可以核竣，无从悬揣，兹拟自十年六月由臣奉命督办台防起，至十一年六月法人退尽截至月底止，款自先行核清，提归另办，与在前并无轇轕，未便因前案尚未到部，压后等前，转至迟误，相应奏请饬部准予先行核销，以免悬宕等情，据全台总粮台沈应奎具详前来。

理合附片具陈。伏乞圣鉴，训示。谨奏。

光绪十二年九月十四日，军机大臣奉旨：览。钦此。①

【案】此奏片之具奏日期，录副目录以朱批日期为之，未确。兹据朱批日期查光绪十二年九月十四日《军机处随手登记档》② 朱批刘铭传折栏，则署有“报四百里，八月二十六日台北府发”等字样。据此，此奏片之具奏日期当为“光绪十二年八月二十六日”无疑。兹据校正。

## 三九 请准已革都司郑渔暂留台澎差遣片

光绪十二年八月二十六日（1886 年 9 月 23 日）

再，已革澎湖协右营都司郑渔于上年澎湖失守案内奉旨革

---

① 中国第一历史档案馆藏：《军机录副》，档案编号：03-6102-077.

② 中国第一历史档案馆藏：《军机处随手登记档》，档案编号：03-0250-3-1212-242.

职，发往军台效力。正在交卸起解之际，适值督臣杨昌濬到澎大阅，随带横海兵轮触礁沉没。督臣当查郑渔素带兵船，熟悉洋面，派令起捞横海机器。两月以来，不避艰险，起卧于风涛之中，业已捞解铜铁器多件。臣前奏派记名提督吴宏洛到澎办理防务，察知该革员办事勤奋，熟悉澎湖情形，军民爱戴，亦以可否奏恳随同办防等情，禀请前来。

臣查郑渔系在失守澎湖案内奉旨革职、发往军台之员，原不应据情渎奏。惟是上年澎湖之失，郑渔虽有地方之责，臣累到澎湖访查，该革员尚无临敌畏避情事。且台、澎四面皆海，一举一动，非轮船不行，现在台湾兵轮日渐增广，臣时时留心物色管驾之才，颇难多得。查郑渔曾在船政管驾兵轮，熟习风涛浅线，勤奋耐劳，合无仰恳天恩俯念台澎海防紧要，兵轮管驾需人，可否准将已革澎湖协都司郑渔暂留台澎差遣以观后效之处，出自逾格鸿慈！

谨附片具陈。伏乞圣鉴，训示。谨奏。

光绪十二年九月十四日，军机大臣奉旨：郑渔着准暂留台、澎，带罪效力。该抚务当随时察看，如不得力，即奏明仍遵前旨发遣。钦此。①

【案】此奏片之具奏日期，原文以朱批日期为之，未确。兹据朱批日期查光绪十二年九月十四日《军机处随手登记档》② 朱批刘铭传折栏，则署有“报四百里，八月二十六日台北府发”等字样。据此，此奏片之具奏日期当为“光绪十二年八月二十六日”无疑。兹据校正。

① 台湾史料集成编辑委员会编：《明清台湾档案汇编》，第5辑，第93册，第281—282页，台北远流出版事业股份有限公司，2009。

② 中国第一历史档案馆藏：《军机处随手登记档》，档案编号：03-0250 3 1212-242.

# 四〇 奏报台湾购办水陆电线缘由折

光绪十二年八月二十八日（1886 年 9 月 25 日）

督办台湾防务降二级留任台湾巡抚一等男臣刘铭传跪奏，为台湾购办水陆电线，以通邮政，恭折仰祈圣鉴事。

窃台湾一岛，孤悬海外，来往文报，风涛阻滞，每至匝月兼旬，音信不通。水陆电报实为目前急务、必不可缓之图。查同治十年，经前两江督臣沈葆桢奏请设立台地水陆电报，奉旨允准在案。曾同上海大东北公司议明价值，业已粗定合同，因沈葆桢调任两江，议遂中止。

臣于上年法兵解严之后，即欲经营办理，固虑经费难筹，亦因水线价值昂贵，非考实精微利钝，不敢孟浪从事。自春至秋，洋商多有来台承办。此项电线，臣因旱线损断容易修理，水线损伤无船可修。中国只大东北公司修理电线轮船一只，若照沈葆桢议归归大东北公司承办，以后修理较易，特派已革浙江候补知府李彤恩驰赴上海，与该公司面议。据闻由厦门至澎湖以达安平，约共五百里，索价银十五万五千两；包修三年，需费银三万两；以后遇有损断，准令该轮船修理，每日需费银五百两，与沈葆桢原定合同大略相同，均须交付现银。李彤恩因该公司开价过多，置不与议，会同已革广东试用道张鸿禄咨访各洋行，令其各开价值，约同各洋商一并来台，与臣面议。然修理无船，水线万不能办。

据瑞生洋行条陈，自造钢壳四铁叶轮船一只，由外洋装线运至中国，并自购修理机器一副。船身长三百二十英尺，阔三十二英尺，可以安炮六尊，俟电线安妥后，平时可以载货、装兵、巡洋。遇有电线损断，随时自行修理，一举而数善备，以免大东北公司居奇。

臣稔筹熟商，事属可行。台湾四面皆海，多一船即得一船之用。当令洋商各开实价，择廉者与其成交。旋据地亚士等七行开单，内惟怡和、泰来、瑞生三行开价较廉，电线价银十万两，轮船价银九万两，修理电线机器价银一万两，测量机器一副，三局电报机器、器具，并包运、包放、工价、保险等费共银二万两，总共价银二十二万两，丝毫不能再减。

台湾经费支绌之时，难筹巨款，当同该商人等面议，如能分三年归还，即可成交。泰来、瑞生皆不承应，惟怡和愿办，当饬张鸿禄、李彤恩与其详议条款，先给定银四万两，其余分三年归清，不给息银。现据李彤恩等详送条款合同并船图、电线样式前来。

臣伏查沈葆桢前立合同，估价有三：一由福州至淡水白沙墩，再由台湾府至澎湖，议价洋二十四万二千五百余元。一由台湾经至厦门，议价洋十七万六千八百余元。一由安平至澎湖，再由澎湖至厦门，议价洋二十一万二千九百余元。三项中惟第一项与此次所办道里相同，其估价合成银数计之，须十五万三千二百余两，且所议电线近岸只重八吨重者八十五里，其余皆一吨三分四重。此次所订电线，议定头等近岸十吨者一百里，其余皆二吨重，不独价值便宜，线料亦大相径庭。且查琼州水程不足六十里，据大东北公司开送从前包办海线价值银二万余两。若以台湾线价比较，更属廉平。

至添购修理电线轮船一项，按照合同所开机器马力，价亦等，不昂贵。臣于经费万分支绌之际，勉力筹办急要之务，若不切实打算，给价稍多，不惟不能节省，且见笑洋人。

旱线由基隆、沪尾合至淡水，由淡水至台湾府城，来往两道，议定八百里，除木料之外，其余皆由泰来承办，共价银三万两，订于明年正月安设，水线定于明年六月安设。臣尤虑者，安设水线，费款十万，一旦有事，或被敌人割断，不独无补于缓急，且白弃巨款，殊为可惜。

今自造一船，可以自行随时捞取，便益甚大。惟此项经费无着，臣同沈应奎反复筹议，只有百货厘金项下可以抵拨。但本年六月甫经一律开办，每月收数银不足四千两，三年能否如数相偿，尚无把握。台地安设电报，于茶商最为得益。李彤恩现与商人议定，如三年内厘金收数不敷，电价由该商人等竭力捐助，以成要务。

除将合同、船图咨送海军并总理各国事务衙门查考外，谨将台湾购办水陆电线各缘由，缮折具陈。伏乞皇太后、皇上圣鉴，训示。谨奏。八月二十八日。

光绪十二年九月十四日，军机大臣奉旨：该衙门知道。钦此。①

## 四一　请将艋舺营参将张欣等革职降补片

光绪十二年八月二十八日（1886年9月25日）

再，淡水至宜兰县城，经臣于上年派兵开通路径一道，中有番境数十里，素无人烟，因饬淡水县于平林尾、樟谷坑、摩壁

① 中国第一历史档案馆藏：《军机录副》，档案编号：03-9436-052. 又见《刘壮肃公奏议·理财略》。

潭、倒吊子、四堵等处地方，修盖草屋卡房五处，檄饬艋舺营参将张欣，在艋舺、宜兰两营内挑选兵丁四十名，派弁带往该处驻防，保护行旅，并照练军章程，加给口粮在案。

数月以来，经臣诣闻此路到防兵丁并不足数，曾经面饬参将张欣派弁查看。旋据该参将回称，五处防兵并无缺少。复经臣委派千总卞有胜前往密查，据称所过一路，仅平林尾、四堵两处各有兵十名，樟谷坑向来无兵，本月二十日始有兵二名到防，并雇民人林立阳等三名为之顶替，其余摩壁潭、倒吊子两处仍旧无兵等情，具报前来。

臣伏查台湾自裁兵加饷之后，绿营兵饷已与内地迥别，再加之练饷，几与勇饷无异。养一兵不得一兵之用，该将弁等已觉毫无天良，乃于分派巡防道路兵丁四十名，仅有二十名；所防五处，仅只两处有兵，竟敢于耳目相近之地含混隐饰，以少报多，冒领加饷。参将张欣实属藐玩糊涂，不能胜任。噶玛兰都司李长青应派防兵二十名，只有十名驻防四堵，其余毫无查察，平时营伍废弛，亦可概见。若不一并参办，何以肃军政而重饷需？相应请旨将艋舺营参将张欣即行革职，噶玛兰都司李长青以千总降补，以儆欺冒而肃军政。

除将所有遗缺另行遴员署理外，谨会同闽浙总督臣杨昌濬，附片具陈。伏乞圣鉴。谨奏。

光绪十二年九月十四日，军机大臣奉旨：张欣着即行革职，李长青着以千总降补，余依议，兵部知道。钦此。[1]

【案】此奏片之具奏日期，原以朱批日期为之，未确。兹据朱批日

① 台湾史料集成编辑委员会编：《明清台湾档案汇编》，第5辑，第93册，第283—284页，台北远流出版事业股份有限公司，2009。

期查光绪十二年九月十四日《军机处随手登记档》① 朱批刘铭传折栏，则署有“报四百里，八月二十八日台北府发”等字样。据此，此奏片之具奏时间当为“光绪十二年八月二十八日”无疑。兹据校正。

## 四二　奏报台湾樟脑硫磺归于官办缘由片

光绪十二年九月初二日（1886年9月29日）

再，台湾素产樟脑、硫磺两项，民间私熬私售，每多械争滋事，经内阁侍读学士臣林维源、道员林朝栋等筹商收归官办，以助抚番经费。臣查硫磺一项，历由已革浙江候补知府通商委员李彤恩兼办，饬令该委员会同候补知府丁达意，将樟脑、硫磺筹议办理章程，以收自然之利。

据李彤恩等禀称：樟脑一项，近来日本出产甚多，香港脑价日落，若归官办，每石可获利二三元，台产每年约可出脑万石。硫磺一项，台产最佳，经前两江督臣沈葆桢奏请开禁，采备官用，历来办有旧章，每石成本洋一元，官买每石价洋三元。每年出产六七千石；上等硫磺每年只出千石，均解归官用。其次积聚三千余石，官既不用，商禁未开，不能出口，日久愈积愈多，不独糜费，弃置可惜，且香港年销日本硫磺至万余石，运至江南、天津一带，民间用之熏炙葵扇、草帽，蒸炊饽饽，制造爆竹，销路甚广。台湾磺产甚佳，奸民私煮贩运出口，不一而足。以自采之矿禁不出口，既听日本畅销，又不能禁止奸民私煮，若设法经理，虽获利无多，于抚番经费不无小补等情，前来。

臣查台湾樟脑、硫磺两项，民间私煮私售，每多械争滋事。

① 中国第一历史档案馆藏：《军机处随手登记档》，档案编号：03-0250-3-1212-242.

归官收买出售，发给执照出口，就目前情形而论，每年可获利三万余元。以后若能出产多，销路畅，经理得人，日渐推广，以自有之财供无穷之用，实于国计民生两有裨益。惟硫磺一项，虽经沈葆桢奏请开禁，采归官用，尚未准商运出口，相应请旨一体开禁，以畅销路而免堆积。谨附片具奏。伏乞圣鉴，训示。谨奏。

光绪十二年九月十六日，军机大臣奉旨：着照所请，该部知道。钦此。[1]

## 四三　奏请速筹的款以便分省设防缘由折

光绪十二年十月二十日（1886年11月15日）

督办台湾防务降二级留任台湾巡抚臣刘铭传跪奏，为覆陈台湾出入款目，谨开清单，条分缕析，请旨饬部查核，恭折仰祈圣鉴事。

窃臣于八月十六日准户部咨开：本部议覆闽浙总督兼福建巡抚臣杨昌濬奏台事需款甚急，筹拨维艰，据实沥陈一折，光绪十二年七月十一日具奏，本日奉旨：依议，钦此。钞录原奏飞咨。臣当即行查全台入款，惟部臣只计入款，不问出款，应将全台出入款目一并查明。现据总理粮台前贵州藩司沈应奎、署台湾道陈鸣志开具出入款目清单前来。

查盐务、煤务、洋药、茶脑厘金四项，已经臣厘剔弊端，奏明有案。谨再由清单内分款注明，毋庸赘渎。

部议台湾常例入款，如人丁饷税各项，年共征银十万三千余

① 中国第一历史档案馆藏：《军机录副》，档案编号：03-9427-027. 又见《刘壮肃公奏议·理财略》。

两等语。查有常例入款，即有常例出款，各省皆然。此项人丁饷税各项，除各县额编存留支给各款外，余由福建藩司核饬凑拨台湾额营兵饷，历年奏销报部有案，势难停其常支，指为办防经费。

又部议以台湾复有额征供粟十九万八千余石，虽未明指可作办防之用，意谓尚有此款入款。查此项供粟，攸关运给全台各额营兵米，近年裁兵案内截存未经募补兵谷，遵照奏案变价，年仅二万余两，暂行拨充防费。若行省设定，添设标兵，仍须拨还支放兵米。

以上二端，向由福建藩司照例收发，臣处无案可稽，惟据南北两府开报。其余有无入款，须饬藩司清查具报。至臣本年奏请抽收百货厘金，清丈田亩，甫经举办，厘金一项，已奏明抵拨电线价银。清赋竣事须时，虽有增益，诚如部议亦在五、七年后。

又部议上年海防捐输，计收银三十余万两。查此款系台湾被围之时先向绅商捐借动用，解严后始行补奖。部臣按照捐册稽核，指为现在入款，不知事后补奖，款早无存。自上年六月至本年四月，闽省丝毫未曾协济。全台共裁勇四十余营，补发欠饷，办理善后，东挪西凑，万分支绌。上年十月间，臣因兵饷不济，恐有哗溃之虞，不得已奏请敕由厦海关按月协银三万两。其时未与督臣晤面，尚未提及闽省协款。本年春初，督臣亲至台北，目睹支绌情形，力顾大局，允由闽省每年济银二十四万两，仍将厦海关协饷二十万按季拨归台湾，得免竭蹶之忧。

又部议台湾防务须照广东筹办南沙州三处防务办法，以十年为期，既无庸骤筹巨款，而防务亦毫无贻误等语。臣以广东南沙州能保十年无事，防务可以从容筹办。台湾孤悬海外，屏障东南，久为外人所窥伺。当法人围攻之际，皇太后、皇上宵旰忧劳，其时内外臣工无不以台湾无备为恨。解严后，钦奉电旨，敕由英、德两国购造钢甲快船四只，专为台、澎防务，需费二百余万两，并奉旨改分行省。仰见朝廷主持要政，不惜巨款，慎重海防，中外臣民无不同声感颂。臣忝膺斯土，恨不能倍日经营，以固海疆要隘。前车不远，后患方长，曷敢视为缓图？从前沿海办防，修一炮台，需费至数十万两。臣于澎湖、基隆、沪尾、安平、旗后五口购炮筑台，仅请款银八十万两。自春至冬，闽请部拨，部推闽拨，空文往返，毫无着落。转眼炮价到期，不能失信洋人，臣何以应？无任急切待命之至！

又部议督臣奏请筹拨五关协饷，每年三十六万两，各海关无款可解，徒托空言等语。查此款专为分省经费，台湾奉旨改设行省，以后修建城池、衙署，分治设官，需费不资，且无论分省与否，分治万不能缓。臣现查察形势，全台急须添设厅县七处，即土城草署，所费亦需数十万。部议以本地之财供本地之用，无庸台湾协济内地，亦无庸内地协济台湾。督臣奏称是可期于异日，难以行诸目前。譬如人在少小之时，全赖父兄教养，成立后方能自给。沈葆桢奏称台湾气局未成，如商人贸易，农民开垦，不费资本于目前，何能收利于异日？若以空言分省，部不拨款，闽不协济，是弃台湾，非重之也。

臣才力庸驽，一切新创大举，本难胜任，曾经奏请暂缓分省，亦恐经费难筹。现在闽省视为已分之局，锱铢必驳，台湾纵守未分之例，不能挽回。将来是分是合，朝廷自有权衡。惟以无米之炊处孤危之地，自立一省，势成孤注，不独无补于海防，且恐将来贻误东南大局。

臣赋性粗直，遇事不敢欺饰，谨据实沥陈。除将全台款目另开清单外，谨缮折由驿五百里覆陈。伏乞皇太后、皇上圣鉴，训示。谨奏。十月二十日。

光绪十二年十一月十三日，军机大臣奉旨：所陈筹办台澎防务并购炮价值，需款甚急，均系实在情形，着户部速议筹拨有着的款，即行具奏。单、片并发。钦此。[①]

## 四四　呈台湾全年各项出入款目清单

光绪十二年十月二十日（1886年11月15日）

谨将台湾全年各项出入款目，谨缮清单，恭呈御览。

计开：

一、部查每月煤价一万二千余元，每年应得银十万数千两，现在经费如何开支？煤井如何销售？煤价如何作收？等因。

查台地煤务，自法人窜扰基隆，煤井毁失，无从采取，所有官输取用皆系收买民煤，现拟鸠集股份，官商合办，甫购机器，尚未开厂，无数可计，无利可收，较之从前每月节省经费银八千两，本无进款。理合登明。

一、部查盐务经钦差查办奏称，除津贴成本外，收银亦在十三万两内外，折合十七八万元，运费、成本实应扣除若干？委员中饱如何查禁？等因。

查盐务收款本无一定数目，须视海市之旺衰、成本之贵贱，近来惟光绪四年销数为最旺，全年约可余番银十七万余元，以后渐见减少。至刘璈任内滥荐干修，自提卤耗公项，所余不过十二三万元。上年法人围困台湾，盐运不行，沿海私晒太多，竟短销

① 中国第一历史档案馆藏：《军机录副》，档案编号：03-6615-064. 又见《刘壮肃公奏议·理财略》。

九万余石。本年经臣厘剔陋规，涓滴归公，所有分局委员改用司事，约计全年多得盈余银五万余元，以补短销之数，以后如能禁绝私晒，方有起色。理合登明。

一、部查洋药厘金台南北每年正课六八番四十四万元，另缴三万元归刘璈私收，现在商人如何包办？私收如何查禁归公？等因。

查洋药前届全年连闰包商六八番三十四万元，自上年四月加征六八番一十万元，合共四十四万元。本届包商黄瑞阶等承办，照前届数目扣闰应匀分四十万七千元，经臣饬将私送刘璈规费三万元一并照缴归公，统共全年扣闰认缴包价六八番四十三万七千元，以六八折番银二十九万七千一百六十两。理合登明。

一、部查茶脑厘金全年认缴六八番十三万七千元，并另缴一万五千元归刘璈私收，现在仍否包办并私收款项如何查禁归公？等因。

查茶脑并船货厘金，前届包商陈郁堂全年认缴六八番十三万七千元。本届林协和承办，愿加三千元，全年认缴十四万元，并私送刘璈规费一万三千两，经臣饬令该商加缴二万元作为正课，统共全年认缴六八番银十六万元，以六八折共番银一十万零八千八百两。理合登明。

再，查本年四月初一日起，船货厘金奏请免征，另行征收百货出口厘金，所包船货厘金全年应扣除数千元，百货厘金现甫开办，难以豫定数目，以现收数月而论，全年除支销局用一切经费外，约可多收银三四万两，须俟一年期满，方可综核实数。合并登明。

一、本年四月起奉准闽省全年协饷银二十四万两。

一、本年五月起由厦关全年拨解洋税四成二十万两。

一、沪尾、基隆两口海关每年拨解税银约三十一万两。

一、安平、旗后两口海关每年拨解税银约一十四五万两。

查上年四口关税，岁约收银四十五万两零。理合登明。

统计全台除正供入款不计外，以上各款岁约共入银一百四十万余两。

一、全台三十五营月饷全年计需银一百一十三万二百一十一两六钱。

查前件共计三十五营，每营除奏定新章减去长夫八十名，每大建月饷银二千六百五十二两二钱，小建月饷银二千五百七十两四钱六分，又遵照部定新章每营每大建月给柴草银八十一两，小建月给柴草银七十八两三钱，以全年匀牵核计，共应前数。理合登明。

一、全台各军统领官统费、长夫，全年计需银一万三千七百四十两。

查前件各军统费，遵照部定新章，统至二千人以上者，月给银一百两、夫十名。全台三十五营，计统领官九员，按章匀摊，每营每月应支统费银二十五两。三十五营全年计应支银一万五百两；又长夫九十名，全年应支银三千二百四十两，统计共支前数。理合登明。

一、各营洋炮、洋枪、水雷各教习薪水，全年约需银八千余两。

一、各营三节赏犒，全年约需银三千七百余两。

一、左右翼练兵二营月饷并加给行粮长夫，全年约需银二万五千三百余两（台防旧章）。

一、果毅军练兵一营月饷、长夫，全年约需银五千余两（台防旧章）。

一、安平中、左、右三营挑选兵丁两哨月饷、长夫，全年约需银二千七百余两（台防旧章）。

一、安平炮台计弁勇一百二十二员名，月饷全年约需银一万二千五百余两（台防旧章）。

一、旗后炮台计弁勇一百二十五员名，月饷全年约需银九千三百余两（台防旧章）。

一、北中练营计弁兵一百零三员名，月饷并加给行粮长夫，全年约需银二千三百余两（新添）。

一、嘉义练营计弁兵一百二十五员名，月饷、长夫全年约需银一千五百余两（新添）。

一、噶玛兰营挑选练兵一百员名，月饷加给行粮，全年约需银二千一百余两（新添）。

一、驻守四堵艋兰营兵四十名，加给行粮，全年约需银一千二百余两（新添）。

一、防番各营通事、医生薪费，全年约需银一千二百余两（台防旧章）。

一、轮船经费万年清、伏波、南通、北达、海镜、威利、前美、如川八船，全年约需银七万余两。

一、粮台经费并护台勇丁全年约需银八千三百余两。

一、台南北中路各营务处经费并亲兵全年约需银一万一千四百余两。

一、台南支应分局员书勇丁等薪费全年约需银二千七百余两。

一、台南军装、军火各局经费全年约需银三千三百余两。

一、台南北保甲局经费全年约需银二千八百余两。

一、台南北通商局经费全年约需银六千余两。

一、台南电报局经费全年约需银三千四百余两。

一、报销所经费全年约需银二千二百余两。

一、台南北稽查发审处经费全年约需银二千六百余两。

一、随营差遣文武员弁薪水全年约需银一万四千余两。

一、机器制造局经费全年约需银二万余两。

查前件就现在仅造枪子用款约核此数，以后新购制造炮弹机器到齐，用款尚多，不能豫计。理合登明。

一、台北并中路军械所经费全年约需银五千余两。

一、官医并洋医经费全年约需银四千余两。

一、药料经费全年约需银四千余两。

一、厦门、台南北文报局经费全年约需银二千余两。

一、水雷局经费全年约需银一千八百余两。

一、各县驿站经费全年约需银一万五六千两（台防旧章）。

以上统共全年约计一百四十余万两。

一、现在开山抚番，设立各社义学并番童笔墨、书籍、房租及赏番牛酒、羽毛、布匹、衣裤、银牌、通事、番目口粮经费无定之款。

一、清赋经费无定之款。

一、恤赏阵亡、受伤、养伤、埋葬经费无定之款。

一、转运经费无定之款。

一、各轮船煤炭价银无定之款。

一、添购机器、枪炮经费无定之款。

一、购制船只、竹筏、工料经费无定之款。

一、轮船添制、修理无定之款。

一、起造、修理兵棚、局所、房屋及桥梁、道路无定之款。

一、汰弱募强，各营勇丁遣散行粮及未成军小口粮、川费银两无定之款。

一、修理军械无定之款。

一、犒赏剿番打仗出力勇丁银牌、赏号银两无定之款。

一、救护沿海中外遭风船只赏号无定之款。

以上均系无定之款，全年约需银三四十万两。

军机大臣奉旨：览。钦此。[①]

## 四五　奏请筹借洋款购筑炮台等情片

光绪十二年十月二十日（1886 年 11 月 15 日）

再，臣筹办澎湖防务并购炮台价值，急需银八十万两，经督臣与臣先后奏请饬部筹拨。现准部议，于闽省创办糖厂、开采铅矿等项课税拨解，以济要需等因，咨开前来。

臣查闽省并无创办糖厂之事，铅矿集股未成，亦未兴办。部臣以已故大学士左宗棠之空言，指为要需实用，自系帑项支绌暂行宕延起见。惟澎湖防务紧要，系奉旨饬办，迭经臣奏明有案。购炮筑台，非敢擅专。前借海军洋款二十万，穆图善兵饷所需，不能不作速筹还，明年正月又须给发炮价银二十万两，下余明年炮位到齐，均须给付。购炮原为办防，澎湖办防，急需款二十万，万不能缓。若再请部筹拨，势必延宕无期。

臣与督臣杨昌濬反复函商，拟由闽、台各借洋款四十万，约以周年六厘起息，三年后闽归闽还，台归台还，以济紧急。如蒙恩准，请旨饬令督臣杨昌濬速行筹借银四十万两，以二十万拨还海军，以二十万给付明春炮价。臣与台北中外商人业已议定，允借银四十万两，何时动支，再行起息。是否有当？谨附片具陈。伏乞圣鉴，训示，速赐施行。谨奏。

① 中国第一历史档案馆藏：《清单》，档案编号：03-6615 065.

光绪十二年十一月十三日，军机大臣奉旨：览。钦此。[1]

【案】此奏片之具奏日期，录副目录以朱批日期为之，未确。兹据朱批日期查光绪十二年十一月十三日《军机处随手登记档》[2] 朱批刘铭传折栏，则署有“报五百里，十月二十日台北府发”等字样。据此，此奏片之具奏日期当为“光绪十二年十月二十日”无疑。兹据校正。

又【案】光绪十二年十一月二十一日，户部议奏台湾拟借洋款一案，曰：

再，据台湾巡抚刘铭传片奏内称：臣与督臣杨昌濬反复函商，拟由闽、台各借洋款四十万，约以周年六厘起息，三年后闽归闽还，台归台还，以济急需。如蒙恩准，请旨饬令督臣杨昌濬速行筹借银四十万两，以二十万拨还海军，以二十万给付明春炮价。臣与台北中外商人业已议定允借银四十万两，何时动用，再行起息等语。

臣等查息借洋款一事，必事机成败在呼吸之间，苟不借用，则所失转大。虽知日后亏累，不能不暂借巨万以顾急，苟非情极无策，不敢为此贻累公家之计。台湾非至急之候也。且朝廷所以饬令整顿台防者，为有备无患计耳。全赖封疆大吏审时度势，实力经营，为久远可恃之策，方为不负朝廷委任，何得轻议借用洋款？

查臣部于光绪十一年四月间奏明请旨通饬各省督抚、各海关监督，嗣后非奉有特旨，不得轻议借用洋款等因，当经通饬遵照在案。又，塔尔巴哈台参赞大臣锡纶奏请部垫还俄商积欠一折，奉旨：览奏，已悉。锡纶何得轻向俄人借用巨款？殊属冒昧！此次姑照所请，由户部垫发银十二万两，嗣后不准再有欠款，致多轇轕。该衙门知道。钦此。当经臣部奏参将锡纶交部严加议处在案。

今该抚臣无故议借洋款数十万，且不候谕旨先行议定四十万两一

---

① 中国第一历史档案馆藏：《军机录副》，档案编号：03-9392-039. 又见《刘壮肃公奏议·设防略》。

② 中国第一历史档案馆藏：《军机处随手登记档》，档案编号：03-0250-4-1212-295.

款，固非有心要挟，实属任意妄为，其冒昧较锡纶为尤甚，臣部本应援照锡纶成案严行奏参。惟议定允借一节是否已立合同，原奏并未声明，相应请旨饬下闽浙总督杨昌濬、台湾巡抚刘铭传，不准借用洋款，其业已议定之四十万两作为罢论。如已立合同，不能退还，臣部当即援照锡纶之案，奏请严议，以维纪纲而昭炯戒，并请旨通饬各直省将军、督抚、海关监督等遵照。

所有查照奏案，不准轻易借用洋款各缘由，理合附片具陈。伏乞圣鉴，训示。遵行。谨奏。①

## 四六　请将陆陈谦保案改奖缘由片

光绪十二年十月二十日（1886 年 11 月 15 日）

再，臣于本年奏报开山抚番情形，所有尤为出力将领、绅士援案恳恩请奖一折，奉旨：典史陆陈谦着以县丞仍留福建补用。钦此。现准吏部咨开：所有劳绩保举，核与例章不符，应行驳回人员，于光绪十二年七月十八日具奏，奉旨：依议。钦此。抄单知照前来。内开陆陈谦所请县丞仍留福建补用，核与定章不符，应令另核奏明请奖等因。

臣查典史陆陈谦于本年二月随臣开山、抚番，备资募勇四十名，会同守备黄希文，不避艰险，向前开路，屡次接仗，实属异常出力，所请以县丞仍留福建补用，既经部驳，应恳天恩将福建补用典史陆陈谦改以巡检仍归福建补用，并请赏戴蓝翎，以示鼓励，出自逾格鸿慈！谨附片具陈。伏乞圣鉴，训示。谨奏。

光绪十二年十一月十三日，军机大臣奉旨：着照所请，吏部

① 中国第一历史档案馆藏：《军机录副》，档案编号：03-6558-066.

知道。钦此。[1]

【案】此奏片之具奏日期，原文以朱批日期为之，未确。兹据朱批日期查光绪十二年十一月十三日《军机处随手登记档》[2] 朱批刘铭传折栏，则署有“报五百里，十月二十日台北府发”等字样。据此，此奏片之具奏日期当为“光绪十二年十月二十日”无疑。兹据校正。

## 四七　请奖叙剿服中、北两路生番出力员弁折

光绪十二年十一月十一日（1886 年 12 月 6 日）

督办台湾防务降二级留任台湾巡抚一等男臣刘铭传跪奏，为微臣督兵剿服中、北两路生番，请将在事尤为出力员弁恳恩给奖，以示鼓励，恭折仰祈圣鉴事。

窃臣于九月初二日曾将中路生番滋事督兵亲往剿办缘由具奏在案，于十月十九日递回原折，恭奉谕旨：览奏，已悉。该番反覆无常，聚众抗拒，自宜示以兵威。即着该抚督饬各统领，相机进兵，妥为剿抚，务令各番知惧知威，倾忱向化。钦此。仰见庙谟宏远，指示周详，于德威并用之中，寓剿抚兼施之意。跪诵之下，钦佩莫名！

臣于九月初十日行抵彰化之罩兰，提督吴宏洛澎湖四营、提督朱焕明沪尾三营，各带六成队伍，乘坐轮船，于初九、初十等日驶抵鹿港、后垅海口，因风浪过大，轮船不能拢口，零星驳卸，阅五六日，登行北岸。林朝栋所带土勇驻扎大隙山顶，逼近番社，后路隔绝，粮道不通，势甚危迫。

---

① 中国第一历史档案馆藏：《军机录副》，档案编号：03-5215-049.

② 中国第一历史档案馆藏：《军机处随手登记档》，档案编号：03-0250-4-1212-295.

臣于十三日先带亲兵百名至大坪一带，察勘地势。查由罩兰至苏鲁等社三十余里，高山峻岭，柳泰和所开之路，扎营于深林茂草之中，地势低洼，凶番日日抄劫，先后被杀勇夫七八十名。查其平日营伍废弛，督队不力，当即撤委，另派记名提督李定明接统其军，改由瓮子肚开路至大隙山顶。

十七日，朱焕明会同林朝栋，添雇民夫，将路开通。

臣于十五日移扎大坪。十六日，派令吴宏洛率部进扎白布棚山顶，由房里溪边前进。十七日，臣由大坪进扎大隙山，攀藤附葛，逾岭数重，半系悬崖陡壁，沿途深林密箐，时有伏番施放冷枪，俱经各营击退。林朝栋、朱焕明各率所部亦于是日进扎溪底，直逼苏鲁、马那邦两社之中。

臣到大隙山之后，见山势险峻，粮运艰难，凶番日日抄劫后路，急须开通房里溪边之路，以便转运，当夜飞饬吴宏洛由白布棚绕溪而进；并饬兼理彰化县蔡嘉毅，挑选屯丁百余名，添雇民夫，节节搭桥开路；并饬化番老屋峨社番目白眉峰前往带路。一面调李定明新统春字三营，随臣下山。

十八日，由大隙山移扎溪边。其时吴宏洛一面派勇会同蔡嘉毅等开路搭桥，亲带小队，先由溪底渡河，五次凫水而来。苏鲁凶番见官军逼近，隔溪放枪，击伤勇丁数名。林朝栋、李定明当即出队，凫水过溪，攻击苏鲁番社。该番于山口层层修筑石卡，遍地布插竹签，为死拒之计。林朝栋率勇由左进攻，李定明由山边进攻。该番枪法甚准，每发必中。该两军伤亡勇丁五十余名，奋勇直前，连破雪山坑口番卡二座。李定明面中枪伤三处，幸不甚重，时已曛黑，当饬收队。

十九日，臣移扎老屋峨社山顶，派朱焕明于苏鲁对面山顶筑垒安炮。

二十日，饬朱焕明、林朝栋各派勇百名，携带沙袋，进扎雪山坑口，以扼武荣社救援苏鲁之路。

二十二日，臣派各军分三路进攻苏鲁社。春字副营营官李惟义率同春字三营攻其番社石垒，吴宏洛一军由溪东堵击马那邦、司马限等社来援之路，林朝栋由雪山坑击武荣社来援之路。该番恃有石垒，死命抵拒，山头施放炸炮，连中番卡数次。李惟义率勇乘势蜂拥而上，立破苏鲁番社石营，夺获刀枪多件，烧毁番屋数处。各番越山而窜，马那邦、武荣等社凶番屡次拼死来援，皆为吴宏洛、林朝栋两军击退。各营勇丁共伤亡四十余名，阵亡哨官一员。

自苏鲁攻破之后，番众皆聚扎于出火山顶，其山三面陡峻，只有后路可登。该处为司马限等七社出入要路，必须攻破此山，隔断七社声气，方能制其死命。查武荣、司马限等七社，悍番不足七百人，其余皆附近各社裹粮暗助。臣当饬老屋峨社化番白眉峰晓谕，赐以酒食，不准帮助叛番，各番目皆指天自誓，如允约束番丁，不再帮助，诚心归化。司马限等社势孤，惟死守出火山，不敢四出抄劫后路。

二十五日，吴宏洛所部到齐。臣派令会同林朝栋，由东冻山顶绕出火山之后。吴宏洛黎明出队，乘雾连破东冻山顶番卡二处，林朝栋由山下攻破番卡一处。吴宏洛一面开路，一面会同林朝栋滚营前扎。至二十九日，一路攻破番卡七处，两军齐抵出火山口。该番于山腰石砌长墙一道，两面茂草深林，处处埋伏。吴宏洛、林朝栋各率所部，仰攻三日，伤亡弁勇百余名。该番负隅死拒，未能攻破。

初二日，臣派李惟义等由山腰开路，分其兵势，复调署台湾镇总兵章高元三营队伍，由彰化境之集集街前来助剿。

初三日，吴宏洛会同林朝栋身先士卒，誓以必克，猛攻出火山腰长墙，先用炸炮、火箭击去树林中伏番，各勇乘势一拥而上，毙番甚多，其余皆滚崖而遁。其山如马鞍形，约长五里，吴宏洛等夺据东面山顶，该番复死守西面山顶，中隔深涧一道，只有山脊一路可通，该番修筑石卡五处。吴宏洛由山脊滚营前进，林朝栋由山边滚营前进。

初五日，李定明裹创督战，亦由山腰进攻。三军会合，于初六日攻破番卡三处，搭桥过涧。该番群聚山顶，死守石营。

初七日，章高元率带副将万国本一营并炮队先到。

初八日，即由西面进扎。万国本等攻破番卡二处，将出火山三面合围。

初九日，章高元所部全到。臣令吴宏洛等四面齐攻，营官钟玉镛率队猛进，所受枪伤，登时阵亡。自辰至午，员弁受竹签伤者百余名。该番死守不退。镇海营营官提督万本华率带奋勇六十名，由深林密草之中竹签稀处，蛇行而进，直逼石墙，摇旗一呼，各勇皆逾墙而入，枪毙凶番百余名，立将出火山石营攻破。

初十日，苏鲁等七社番目哭求老屋峨社番目白眉峰来营乞降。臣因兵威已立，该番计穷力竭，足以惩创，当见其降。

十二日，七社番目到营，发誓归化，不在反复，并沥诉百姓欺骗情形，官不为理。臣当将罩兰抚垦委员撤委，另派熟悉番情之员接办，清结民番积欠账目，并令林朝栋划明地界，谨遵圣谕，务令各番知惧知威，倾忱向化。

臣于十三日收队回至罩兰，饬令章高元率带所部，仍回集集街修路，以达后山水尾。当臣赴中路时，北路未降生番白阿歪等社屡次出巢杀人，于八月半后两次劫杀防勇二十一名。经内阁侍读学士臣林维源咨报前来。

臣于十五日由罩兰起行，令吴宏洛、朱焕明各将伤病勇丁送回防所，选带精锐并万国本所部一营六成队伍，随臣于十八日驰回大嵙崁，商同林维源进剿白阿歪等社。臣先期已檄调基隆防军三营由道员方策勋统带，淡水铭军三营由提督唐仁元统带，进扎南雅、义兴一带。唐仁元到义兴后，积劳病故，适提督刘朝祜病愈销假，臣令仍统其军，相机前进。

叠据方策勋、刘朝祜禀称：由义兴一路进攻无路，白阿歪等社所恃地险山深，十余里深溪悬崖，只有羊肠一路攀藤可上。该番堆石山顶，聚众设守，一夫当关，众无所施。林维源密派差弁刘加辉，携带洋银至已降竹头角等社，访询化番有能引路者，给以重赏。当有加飞社番丁应募引路，由该社逾山数重，直抵白阿歪社后，由南雅修路五十余里，均系崇山峻岭。

臣于二十日至南雅驻扎，山路崎岖，粮运艰难，幸得林维源竭力承办，臣得以放心前进。当派吴宏洛总统前敌各军并屯军土勇，由加飞开路。臣督带朱焕明、万国本由竹头角开路，仍令刘朝祜由义兴开路。白阿歪社番目马来诗昧纠集十六社生番，防守加九岸前面山顶，不知吴宏洛凿石开路。于二十九日直抵白阿歪山后，该番骇然惊惧，马来诗昧自知罪大恶极，托病不出，令副目舌马来并校维兰哈盖等社番目，带同合社男女到吴宏洛营中乞降。吴宏洛因马来诗昧不到，未准其降。

三十日，商派朱焕明、万国本两营并陆陈谦所部土勇三百名，进扎白阿歪社。臣于三十日亦至白阿歪山。当日马来诗昧带同妻子出降，并约同卓家山等十七社一并来降。臣因马来诗昧两月之间历杀防勇、百姓二十余名，必须正法以儆凶顽。而数其罪，该番俯首无辞，一味乞恩，同来各番目俱为求宽。臣当将马来诗昧留营囚禁，令寻化番取保，方准宥其一死。旋据义兴社番目单碧水前来取保，以后永不杀人。所有淡、宜交界未降生番二十余社，一律归化。臣于初三日收队回至大嵙崁。初五日，回抵台北。此微臣督军剿取中、北两路生番之情形也。

查生番情形，不难于抚，而难于化。林维源办事忠实，然诺无欺，所有北路抚垦防务，皆由其一力承办，以后诚信昭著，番情自可倾服。南路已由署台湾道陈鸣志会同副将张兆连、陶茂森，续行招抚。后山并凤山生番一百七十余社所剩无几，中路亦经林朝栋派令都司郑有勤续招狮潭五指山生番四十余社。宜兰于本年四月经臣派令道员方策勋，会同苏得胜剿服溪头三十余社。同时复派提督王贵扬、副将袁绍从，剿服新竹境之南河等处二十余社。现查未降生番，知名者仅新竹内山京孩儿数十社、猫里貊二十余社、宜兰后山大埤塘十余社。其余番社弱小，纵未归化，亦不滋事杀人。臣惟督饬各将领次第办理，不求近功。

惟此次攻剿中路叛番，林朝栋被困旬日，尚能坚守；吴宏洛等苦攻恶战，并开路转运。各员弁不避险难，不无微劳足录。除督队不力、营伍废弛提督柳泰和另片奏参外，其尤为出力记名提督吴宏洛，有谋能战，动合相宜，拟请赏穿黄马褂。三品衔道员林朝栋，拟请赏给二品顶戴。记名提督李定明，拟请赏给头品顶戴。记名提督朱焕明、万本华，均拟请赏给正一品封典。两江补用副将万国本，拟请以总兵记名简放，并赏给勇号。候选县丞洪熙、候选县丞祥集，均拟请以知县不论双单月归部选用。拣选知县郭名昌，拟请仍以知县归部选用，并加同知衔。兼理彰化县知县福建候补通判蔡嘉穀，请俟补缺后以同知用。已保福建候补巡检陆陈谦、附贡生梁成枬，均请以县丞归福建候补。军功刘加辉，请以千总补用，并请赏给守备衔。候选巡检蔡焕章，请赏戴蓝翎。

所有阵亡营官留闽尽先副将钟玉镛，总兵衔尽先副将刘煦章，都司李春山，守备刘复盛，千总陈贤卿、向斌廷，把总林桐，均请交部从优议恤。其余出力将士，可否由臣汇案请奖，以示鼓励而明赏罚，出自逾格鸿施！

所有中、北两路生番剿服情形，谨会同督臣杨昌濬，恭折由驿具陈。伏乞皇太后、皇上圣鉴，训示。谨奏。光绪十二年十一月十一日[①]。

光绪十二年十二月十二日，军机大臣奉旨：（另有旨）◆1。钦此。[②]

【案】此奏旋于是年十二月十二日得旨允行。《上谕档》载曰：

光绪十二年十二月十二日，内阁奉上谕：刘铭传奏，督兵剿服中、北两路生番，请将出力员弁奖励一折。览奏，均悉。台湾中路叛番，经刘铭传于本年九、十月间督率各军，开路搭桥，节节进剿，先后将各番社攻破，所有苏鲁等七社均已悔罪乞降。旋经该抚商同林维源进剿北路叛番，示以兵威，白阿歪等处生番二十余社亦均归化。刘铭传筹办剿抚，深合机宜，着交部从优议叙。

在事员弁奋勉出力，亦应量予奖励。提督吴宏洛，着赏穿黄马褂。道员林朝栋，着赏给二品顶戴。提督李定明，着赏给头品顶戴。朱焕明等均着赏给正一品封典。副将万国本，着以总兵记名简放，并赏给壮勇巴图鲁名号。县丞洪熙等，均着以知县不论双单月归部选用。知县郭名昌，着仍以知县归部选用，并加同知衔。通判蔡嘉穀，着俟补缺后以同知用。已保巡检陆陈谦等，均着以县丞归福建候补。军功刘加辉，着以千总补用，并赏给守备衔。巡检蔡焕章，着赏戴蓝翎。

阵亡之副将钟玉镛、刘煦章，都司李春山，守备刘复胜（盛），千总陈贤卿、向斌廷，把总林桐，均着交部从优议恤。余着照所议办理，

① 此具奏日期，据《军机处随手登记档》（档案编号：03-0250-4-1212-323）校补。

② 台湾史料集成编辑委员会编：《明清台湾档案汇编》，第5辑，第93册，第398—404页，台北远流出版事业股份有限公司，2009。

该部知道。钦此。[①]

又【案】此奏片之具奏日期，原文以朱批日期为之，未确。兹据朱批日期查光绪十二年十二月十二日《军机处随手登记档》[②]朱批刘铭传折栏，则署有“报五百里，十一月十一日发”等字样。据此，此奏片之具奏日期当为“光绪十二年十一月十一日”无疑。兹据校正。

## 四八　请将王贵扬等病故员弁从优议恤缘由折

光绪十二年十一月十一日（1886年12月6日）

督办台湾防务降二级留任台湾巡抚一等男臣刘铭传跪奏，为统兵大员提督、副将在营先后积劳病故，吁恳天恩从优议恤，恭折仰祈圣鉴事。

窃据武毅副营营官提督朱焕明禀报，该军统带记名提督王贵扬，于八月二十三日在营积劳病故。又据记名提督刘朝祜禀报，该军代统记名提督唐仁元，于十月十四日在义兴社营次积劳病故。复又据宜兰县知县林凤章、埔里社通判林桂芬先后禀报，埔里社营官副将周鸣声、苏澳营官副将袁绍从，先后在营病故等情，据报前来。

臣查记名提督王贵扬、唐仁元，均以勇目随臣克复苏、常各府、州、县，剿办捻匪，驰逐东豫，拔充统带营官。王贵扬自陕西撤防后即在保定，经大学士李鸿章委带练军。臣渡台时，咨调来台，接统沪尾三营，承修沪尾炮台，事事躬亲，不肯浪费一

① 中国第一历史档案馆编：《光绪宣统两朝上谕档》，第12册，第485页，广西师范大学出版社，1996。又，中华书局影印：《清实录·德宗景皇帝实录（四）》，卷之二百三十六，光绪十二年十二月上，第185页，中华书局，1987。

② 中国第一历史档案馆藏：《军机处随手登记档》，档案编号：03-0250-4-1212-323。

钱。本年四月，新竹境内南河地方民番仇杀，臣因时交夏令，将士不便深入内山，王贵扬适至淡水，力告奋勇，具限十日可以竣事，即率所部三营并副将袁绍从一营，由南河直逼六蓄番社。其时正值阴雨，河水陡涨，王贵扬亲率士卒首先凫水，过溪兰三道，直入内山各番境。旬日之间，招抚三十余社，查明滋事隘首钟浚尧，押送新竹县惩办，番情悦服，至今六蓄等社感戴输忱。臣过南河时，各番目来见，闻其病故，皆吁嗟感叹，足见其办事诚恳。唐仁元于本年三月率队由三角涌剿抚加九岸各社生番，开路三道，深入内山五十余里，沿途收抚三十余社。五月杪，始行收队。该营将士受瘴日久，死亡尤多，复于本年八月率队至义兴社，遽尔病故。该二员忠勇朴实，身经百战，方冀奏保储备将才，为国家任干城之寄，不意感受瘴气，积劳过甚，先后在营病故，殊堪痛惜！

副将周鸣声管带练军，驻防埔里社，会同通判林桂芬招抚生番七十余社，择番童之聪明者，亲自教读，持躬俭朴，颇通文理，为不可多得之才。副将袁绍从本任龙山营守备，臣知其素有才勇，咨调来台，随同王贵扬并道员方策勋招抚新竹、宜兰生番百余社，驻防苏澳。该副将抚驭得法，番情悦服，不料与周鸣声先后在营病故，均堪悯惜！

臣部已故记名提督周志本在台病故，经已故两江督臣沈葆桢奏准优恤在案。提督王贵扬、唐仁元，副将周鸣声、袁绍从等四员，转战数省，所向有功，剿抚生番，尤为出力。合无仰恳天恩，准照立功后在营积劳病故例，交部从优议恤，以慰忠魂，出自逾格鸿施！

除将王贵扬、唐仁元等生前战绩履历清册咨部查核外，谨将提督在营病故缘由恭折具奏。伏乞皇太后、皇上圣鉴，训示。

谨奏。

光绪十二年十二月十二日，军机大臣奉旨：王贵扬等均着交部照立功后在营积劳病故例，从优议恤。钦此。[1]

【案】此奏片之具奏日期，原文以朱批日期为之，未确。兹据朱批日期查光绪十二年十二月十二日《军机处随手登记档》[2] 朱批刘铭传折栏，则署有"报五百里，十一月十一日发"等字样。据此，此奏片之具奏日期当为"光绪十二年十一月十一日"无疑。兹据校正。

## 四九　请将刘宗海开缺留台差遣缘由片

光绪十二年十一月十一日（1886年12月6日）

再，安徽候补知府六安直隶州知州刘宗海于同治元年由廪生捐职教谕投效臣军，随同转战苏、皖，东豫，剿平发、捻案内历保至安徽补用直隶州知州，补缺后以知府用。同治六年十二月引见，七年四月到省，题补知州，调补六安。上年俸满例应引见，交卸请咨北上，经前安徽抚臣吴元炳附片陈明在案。今春交代清楚，尚未领咨就道。

臣因台湾现办清赋、抚垦，事务繁重，需员差委，素知该牧廉正朴诚，办事实心，函约来台。合无仰恳天恩，俯准将该员开去六安直隶州实缺，以知府留于台湾差遣委用，臣藉收指臂之助。谨附片具陈。伏乞圣鉴，训示，谨奏。

① 台湾史料集成编辑委员会编：《明清台湾档案汇编》，第5辑，第93册，第408—410页，台北远流出版事业股份有限公司，2009。

② 中国第一历史档案馆藏：《军机处随手登记档》，档案编号：03-0250-4-1212-323.

光绪十二年十二月十二日，军机大臣奉旨：吏部知道。钦此。[1]

【案】此奏片之具奏日期，原文以朱批日期为之，未确。兹据朱批日期查光绪十二年十二月十二日《军机处随手登记档》[2] 朱批刘铭传折栏，则署有“报五百里，十一月十一日发”等字样。据此，此奏片之具奏日期当为“光绪十二年十一月十一日”无疑。兹据校正。

## 五〇　请将提督柳泰和等即行革职缘由片

光绪十二年十一月十一日（1886年12月6日）

再，记名提督柳泰和统带春字三营，驻防中路。臣访闻该军勇数不足，于七月间派差弁分赴该军逐哨访查。八月初，适有苏鲁等社叛番滋事，经林朝栋禀调会同进剿。林朝栋驻扎大隙山顶，屹然不动。该提督退扎大坪，相距番境二十余里，时被生番抄劫，伤亡勇夫至百余名之多。臣至罩兰后，查悉该军勇数空额，营伍废弛，立将该提督并副营营官陶廷梁一并撤委，另派提督李定明接统其军。

查近来军营积习，侵吞虚冒，视为故常，若不切实惩办，不足以挽颓风。除春字前营营官李惟义自告奋勇，攻破苏鲁社石卡，聊以自赎，暂行留营，以观后效外，相应请旨将记名提督柳泰和先行革职，撤销勇号，由臣查明空勇若干，有无侵吞饷项情

① 中国第一历史档案馆藏：《军机录副》，档案编号：03-5216-039. 又，台湾史料集成编辑委员会编：《明清台湾档案汇编》，第5辑，第93册，第268—269页，台北远流出版事业股份有限公司，2009。

② 中国第一历史档案馆藏：《军机处随手登记档》，档案编号：03-0250-4-1212-323.

事，再行据实陈奏，请旨发落。其副营营官副将衔湖南补用参将陶廷梁，临阵不力，营伍废弛，应请即行革职，以肃军政。

谨附片具陈。伏乞圣鉴，训示。谨奏。

光绪十二年十二月十二日，军机大臣奉旨：柳泰和着先行革职，撤销勇号，由该抚查明有无侵吞饷项情事，奏明办理。陶廷梁着即行革职。钦此。[①]

【案】此奏片之具奏日期，原文以朱批日期为之，未确。兹据朱批日期查光绪十二年十二月十二日《军机处随手登记档》[②]朱批刘铭传折栏，则署有“报五百里，十一月十一日发”等字样。据此，此奏片之具奏日期当为“光绪十二年十一月十一日”无疑。兹据校正。

## 五一　请准知府罗建祥暂缓引见缘由片

光绪十二年十一月十一日（1886年12月6日）

再，知府衔福建试用同知现署台湾嘉义县知县罗建祥，由台湾海防捐输新例捐升知府，仍指原省试用，给领实收在案。兹据该员以既经捐升知府，应离署任，请咨赴部换领执照，捐免保举，带领引见等情，具禀前来。

臣查嘉义县正当举办清丈，幅员最广，民情嚣悍。罗建祥办事实心，清赋甫经办有端倪，遽难更替生手，而该员既经捐升知府，若阻其过班到省，未免向隅。合无仰恳天恩，准将新捐知府福建试用同知罗建祥暂留嘉义县署任，以资熟手。俟清丈完竣，

① 台湾史料集成编辑委员会编：《明清台湾档案汇编》，第5辑，第93册，第404—405页，台北远流出版事业股份有限公司，2009。

② 中国第一历史档案馆藏：《军机处随手登记档》，档案编号：03-0250-4-1212-323.

再行给咨送部引见，允以此次奉旨之日作为知府到省日期，以示鼓励而重地方。

如蒙俞允，即饬该员将实收呈缴咨部，并令缴足捐免保举银两，以符定例。是否有当？谨附片陈明。伏乞圣鉴，训示。谨奏。

光绪十二年十二月十二日，军机大臣奉旨：着照所请，吏部知道。钦此。[①]

【案】此奏片之具奏日期，原文以朱批日期为之，未确。兹据朱批日期查光绪十二年十二月十二日《军机处随手登记档》[②] 朱批刘铭传折栏，则署有“报五百里，十一月十一日发”等字样。据此，此奏片之具奏日期当为“光绪十二年十一月十一日”无疑。兹据校正。

## 五二　请将参将陈近标等从优议恤缘由片

光绪十二年十一月十一日（1886 年 12 月 6 日）

再，台湾自本年七月以前所有各营病故员弁，均经臣随时奏明，蒙恩赐恤在案。查自本年八月以后，据各营陆续禀报：尽先参将陈近标，花翎都司乔玉成，都司衔尽先守备俞春华，千总陈有才，蓝翎把总武生王金彪，五品顶戴外委荣自修，六品军功黄炳先、唐先志，选用知县王其恕，训导朱炬森、按照磨钱鼎，署盐巡检方锦标，从九品陈国安，附生危言，从九品衔唐麟书，均经先后在营病故。

---

① 中国第一历史档案馆藏：《军机录副》，档案编号：03-6535-103. 又，台湾史料集成编辑委员会编：《明清台湾档案汇编》，第 5 辑，第 93 册，第 406 页，台北远流出版事业股份有限公司，2009。

② 中国第一历史档案馆藏：《军机处随手登记档》，档案编号：03-0250-4-1212-323.

臣查该故员等，俱系剿抚生番随营出力，久受瘴疫，积劳病故，理合汇案奏陈，仰恳天恩，俯准将陈近标等一十五名一并交部从优议恤，出自逾格鸿慈！谨附片具陈。伏乞圣鉴。谨奏。

光绪十二年十二月十二日，军机大臣奉旨：陈近标等均着交部从优议恤。钦此。[①]

【案】此奏片之具奏日期，原文以朱批日期为之，未确。兹据朱批日期查光绪十二年十二月十二日《军机处随手登记档》[②]朱批刘铭传折栏，则署有“报五百里，十一月十一日发”等字样。据此，此奏片之具奏日期当为“光绪十二年十一月十一日”无疑。兹据校正。

## 五三　奏销办理法防军需收支各款情形折

光绪十二年十一月十六日（1886年12月11日）

督办台湾防务降二级留任台湾巡抚一等男臣刘铭传跪奏，为造销台湾办理法防军需款目，胪列清单，恭折仰祈圣鉴事。

窃照同治三年七月间钦奉上谕：本年七月起一应军需，凡有例可循者，务当遵例支发，力求撙节。其例所不及有应酌量变通者，亦须先行奏咨备案等因。钦此。嗣准户部咨行：本部议奏军需善后报销内外办法一折内开：光绪九年正月以后，各省军需善后，无论何省何处，拟令一律造册报销，不准再有开单等语，于光绪八年十月十五日具奏，本日奉旨：依议。钦此。通行遵办。

查台湾四面环海，七省屏藩，久为岛族所觊觎。法人自恃船

① 中国第一历史档案馆藏：《军机录副》，档案编号：03-5845-031. 又，台湾史料集成编辑委员会编：《明清台湾档案汇编》，第5辑，第93册，第410页，台北远流出版事业股份有限公司，2009。

② 中国第一历史档案馆藏：《军机处随手登记档》，档案编号：03-0250-4-1212-323.

坚炮利，违约称兵，臣于光绪十年五月间奉命渡台督办军务，其时基隆已泊敌船多艘，台南之安平、旗后各口亦有法船游弋窥伺。陆营单薄，水师无船，枪械未齐，海口未塞，军情万分紧急，仰蒙圣主睿虑周详，饬令南北洋、闽、粤各省调拨援军，筹协饷银、军火，济台应用，俾臣得效犬马之力，专事经营，塞口沉雷，筑台安炮，布置靡备，即行开仗。臣会督各军及助剿团勇，在基、沪等处迭经血战，严密堵御，仰赖天威，彼族未能逞志。嗣于十一年四月，复修盟好，防务解严，臣即札饬粮台将收支各款，以光绪十年六月起至十一年六月止，汇列一案，确核造销，并将支用各款查照新章，应行立案者，经臣汇案具折奏明在案。

兹据总办粮台前贵州藩司沈应奎详称：督同委员、书吏，调齐台南北各案及各营属请销各册，详细勾稽，核与台湾从前支给原案及奉部准销各款相符者，分别核准；其与原案不符及曾奉部核删者，概行驳饬，或追或扣，收回原款。计光绪十年六月起至十一年六月底止，法防军需报销，旧管接收光绪十年闰五月底流存银四十六万四千三百零八两九钱九分三厘四毫，新收各省关税协饷并台湾关税、盐课、税厘、捐输、平余等银款三百六十四万七千八十三两二钱九厘二毫，管收共银四百一十一万一千三百九十二两二钱零二厘六毫。开除支给淮军援台弁勇光绪九年以前欠饷银六千八百三十三两三钱三厘九毫，应归淮军光绪十年分第十三案内报销。又支给楚、湘、淮各军弁勇新粮，随营长夫工食，水勇、炮勇、轮船弁勇、屯丁、壮勇盐粮，随营员弁、水陆练兵薪粮、公费，未成军以前小口粮、撤勇行粮，教习、炮匠、医生工食，安家行装，阵亡恤赏，养伤掩埋，购雇轮船价脚，正、腰站书夫工食，填塞口港、修建炮台、兵房各工，购买外洋军火，制造旗械火药，及一应杂支各款，共银三百九十一万二千八百二十九两六钱五分三厘四毫，分晰造具详册，请奏前来。

臣所设粮台与臣行署近在咫尺，无论支给何款，悉皆亲自裁度。当经费支绌之时，筹饷难于筹兵，何敢稍任虚糜？虽有无例可循之供支，曾无尚欠核实之款目。其营属册造各款，经沈应奎认真分别厘剔，或系循照例章，或系接续支给。臣复加查核，均无浮冒。相应奏恳天恩，俯念台湾行军与筹防不同，敕部全数准销，以清款项。

至兵退后赈恤基、澎灾黎等款银四万九千一百一十七两八钱四分九厘，并请先行开除，遵照部章，另行专案造报，以收准支。计尚存银一十四万二千六百一十一两六钱六分六厘三毫，容俟另行归入台湾光绪十一年六月以后善后案内列收造报。

除将总、细清册咨送户、兵、工三部核销外，合将台湾办理法防军需收支款目，开具四柱清单，恭呈御览。谨专折具陈。伏乞皇太后、皇上圣鉴，饬部查照办理。谨奏。十一月十六日。

光绪十二年十二月十九日，军机大臣奉旨：该部知道，单并发。钦此。[①]

## 五四　呈台湾法防军需收支款目清单

光绪十二年十一月十六日（1886年12月11日）

谨将台湾光绪十年六月起至十一年六月底止法防军需收支款目，开具四柱清单，恭呈御览。

① 中国第一历史档案馆藏：《军机录副》，档案编号：03-6104-049. 又，台湾史料集成编辑委员会编：《明清台湾档案汇编》，第5辑，第93册，第375—377页，台北远流出版事业股份有限公司，2009。

谨开：

旧管：光绪十年闰五月底止，流存银四十六万四千三百零八两九钱九分三厘四毫。

新收：一、收天津协济台饷银二十万两。

一、收广东盟济台饷银四十一万四千五百一十三两二钱四分五厘。

一、收福建善后局转解闽海关四成洋税拨充台防经费银二十万两。

一、收福建善后局协济台饷银五十一万三千八百七十两零四钱三分八厘。

一、收福建就洋款内提协台饷银七十三万五千九百八十五两九钱七分九厘一毫。

一、收福建就洋款内解运江苏出使经费购金解台充饷银四万六千三百二十四两八厘。

一、收奉发内帑犒赏出力将士银一万三千两。

一、收旗后、沪尾两口征收关税银四十五万九千九百一十二两七钱零九厘六毫。

一、收台湾征收各款税厘银三十三万五千零一十四两二钱五分九厘八毫。

一、收台属额征盐课及盈余盐价银一十万七千二百二十一两五钱六分三厘九毫。

一、收台北绅士林维源捐饷洋圆合银一十四万四千两。

一、收台属捐输银八万七千四百七十四两一钱六分四厘二毫。

一、收已革台湾道刘璈滥支统费捐充防费银六千八百两。

一、收提用台湾府库存储各款银三十五万两。

一、收本案军需支给楚、湘、淮各军薪粮、公费及长夫工食湘平申出余平银一万一千九百七十九两九钱二分七厘六毫。

一、收本案军需支给各款核扣六分新平银二万零九百八十六两九钱一分四厘。

以上共收银三百六十四万七千零八十三两二钱零九厘二毫。连管、收统共银四百一十一万一千三百九十二两二钱零二厘六毫。

开除：一、除支给淮军援台弁勇光绪九年以前欠饷银六千八百三十三两零三分三厘九毫。前件银两系补给淮军光绪九年以前欠饷，另归淮军光绪十年分第十三案内报销。理合登明。

一、除支给督办军务大员办公经费银二千八百三十二两一钱七分六厘。

一、除支给帮办军务大员办公经费银四千六百六十两。

一、除支给楚、湘、淮各军统领办公经费银一万零一百九十八两三钱五分七厘六毫。

一、除支给外省援台淮军柴草银六千零八十两零三分二厘八毫。

一、除支给楚、湘各军弁勇、长夫薪粮、公费、工食一百八十四万八千七百零三两二钱零六厘。

一、除支给楚、湘各军随营军火夫工食银六万九千二百零六两六钱。

一、除支给淮军弁勇、长夫薪粮、公费、工食银三十五万六千三百四十六两一钱六分二厘七毫。

一、除支给淮军随营军火夫工食银九千零八两九钱。

一、除支给沪尾守护水雷弁勇薪粮银四千六百一十三两零九分一厘一毫。

一、除支给守护沪尾水雷沉船民船租价银一百三十三两九钱三分一厘四毫。

一、除支给中南路暨澎湖船筏水军弁勇薪粮银四万七千三百六十六两一钱八分三厘七毫。

一、除支给中南路暨澎湖船筏租价银二千八百七十四两八钱零九厘五毫。

一、除支给台北后山快哨船只弁勇薪粮银一千零二十八两六钱四分九厘。

一、除支给各轮船管驾、舵水人等薪粮、公费银四万二千零三十三两一钱零七厘。

一、除支给各轮船煤炭价值银五千九百二十八两零三分四厘三毫。

一、除支给各炮台炮勇薪粮银七万八千零七十六两零三钱三分六厘二毫。

一、除支给管带屯丁官弁盐菜银二百三十三两四钱五分一厘五毫。

一、除支给管带屯丁官弁驮马折夫银五百零七两。

一、除支给屯丁口粮银四万八千四百三十三两零一分四厘三毫。

一、除支给管带各属壮勇官弁跟役盐菜银四十六两九钱零九厘八毫。

一、除支给管带各属壮勇官弁驮马折夫银一百二十二两四钱。

一、除支给各属防守城池、库、狱壮勇口粮银四万七千五百五十九两五钱三分五厘六毫。

一、除支给随营差遣员弁暨跟役盐菜银三十一两九钱四分八厘八毫。

一、除支给随营差遣员弁、跟役、驮马折夫银七十六两八钱。

一、除支给随营差遣兵丁口粮银三千二百五十一两二钱九分七厘三毫。

一、除支给水陆练营官弁、练兵、伙夫薪粮、公费银二万零七十五两四钱三分二厘。

一、除支给招募楚军勇夫未成军以前小口粮银一万二千四百四十七两九钱二分。

一、除支给裁撤外省勇丁回籍行粮银一万八千四百八十六两。

一、除支给随营各项差遣文武员弁跟役盐菜银四千四百三十七两五钱九分零七毫。

一、除支给随营各项差遣文武员弁驮马折夫银一万零三百八十六两五钱九分。

一、除支给派办粮台局务各员及跟役盐菜、口粮银三千三百七十六两八钱九分六厘一毫。

一、除支给稽查保甲、城门员绅、跟役盐菜、口粮银二千五百一十六两九钱八分八厘五毫。

一、除支给雇倩外国洋教习薪水银二千九百九十一两九钱。

一、除支给各营洋枪、洋炮并水雷教习薪水银六千零二十四两一钱三分。

一、除支给各营雇募洋枪炮匠工食银三千三百四十九两二钱七分六厘九毫。

一、除支给台南、北官医局及各营医生、药匠工食银二千四百五十两四钱八分二厘四毫。

一、除支给各营雇募洋枪炮工匠安家行装银一千一百零七两。

一、除支给各营医生、药匠安家行装银七百六十八两。

一、除支给楚、湘、淮各军打仗阵亡恤赏及受伤养伤银四万零二百八十两。

一、除支给基、澎被法炮毙义民恤赏银五千二百五十两。

一、除支给基、澎炮伤义民养伤银三千五百五十两。

一、除支给基隆埋掩遗胔银二百一十四两。

一、除支给购买轮船价值银三万九千两。

一、除支给修理轮船并添置器具价值银七千三百零九两二钱一分六厘。

一、除支给外省援军来台雇搭轮船儎脚银二万六千二百九十二两四钱六分七厘一毫。

一、除支给本省防军来台雇搭商、渔船只儎价银七千四百七十六两四钱八分。

一、除支给采购外洋军火、枪炮商轮儎脚银三万三千五百零七两二钱三分二厘。

一、除支给台湾南北海口渡儎巡船舵工、水手赡家工食、口粮银二万九千五百三十四两四钱六分五厘一毫。

一、除支给台湾南北海口渡儎巡船租价银一千八百九十五两六钱四分五厘一毫。

一、除支给各县雇养里夫搬运军装、军火、饷银过境工食银三万二千三百二十一两九钱二分。

一、除支给各属正、腰站书夫盐菜、工食银一万四千七百零七两二钱六分四厘四毫。

一、除支给各属正、腰站房租、旗铃、包袱等项银四千八百五十五两零九分九厘三毫。

一、除支给采购储仓军谷价值银九千九百两。

一、除支给制造船筏工料银二千五百七十一两一钱四分零二毫。

一、除支给填塞海口港道船石锚碇价值银八万零八百六十四两一钱一分。

一、除支给修建炮台、添挖濠沟、添筑土墙、长堤等项工料银六万五千一百七十两八钱八分七厘六毫。

一、除支给修建兵房工料银五万四千一百八十六两五钱七分三厘四毫。

一、除支给修建碉堡工料银五百一十九两六钱二分二厘二毫。

一、除支给修建衙署、库局、公所工料银二千二百九十一两一钱八分二厘二毫。

一、除支给修建军装、军火库局厂屋工料银三千一百三十七两零四分一厘三毫。

一、除支给修建仓廒工料银二千二百八十八两一钱三分七厘。

一、除支给修理桥梁、道路工料银三千三百五十六两七钱二分三厘九毫。

一、除支给购买外洋军火、枪炮价值银六十四万零二百九十五两五钱九分六厘。

一、除支给制造加工火药并木桶工料银九千七百八十八两一钱四分五厘。

一、除支给制造铅子、火绳并木桶工料银二千四百七十一两零三分一厘。

一、除支给各军弁勇配用衣旗、账房、器械工料银六万五千九百八十八两六钱六分六厘。

一、除支给电报局学生薪水银六百四十四两二钱。

一、除支给电报局学生养赡银三百八十九两五钱二分九厘六毫。

一、除支给电报局学生及书役伙食什费银一千七百五十七两八钱四分八厘。

一、除支给招抚番社通事口粮银三千九百五十三两六钱。

一、除支给招抚、招垦等局雇募番丁口粮银四千六百零八两。

一、除支给后山卑南各社垦首、垦丁口粮银二千一百二十二两八钱。

一、除支给后山各社义学塾师薪水、跟役工食银三千零九十六两。

一、除支给后山各社义学房租银二百五十八两。

一、除支给后山各社义学书籍、笔墨纸砚银一千五百四十八两。

一、除支给基、沪打仗出力赏犒银一万三千两。

一、除支给擒斩法兵犒赏银三千四百两。

一、除支给采购药料及配制药茶、丸散价值银二千九百零四两八钱零二厘八毫。

一、除支给后山归化生番赏给衣裤、羽毛、哔叽布匹工料银一千一百零九两五钱九分二厘。

一、除支给犒赏民团兵勇、番丁银牌工料银五千二百四十四两四钱九分五厘。前件各款共银三百九十一万二千八百二十九两六钱五分三厘四毫，现经造具细册，或系循照例案，或系接续支给，或系购自外洋，无例可循，据实报销，均无浮冒，应请照准作正开销。理合登明。

一、除支给抚恤基、澎被灾难民口粮、银米、路费等款银四万九千一百一十七两八钱四分九厘。前件银两另行专案造销。理合登明。

以上统共除银三百九十六万八千七百八十两五钱三分六厘三毫。

实在：存银一十四万二千六百一十一两六钱六分六厘三毫。前件银两另归光绪十一年七月起善后案内列收造报。理合登明。

扣收平余项下：

一、本案军需用款核扣一分平余银三千四百九十七两八钱一分八厘。前件银两例得开支各局书识工食、油蜡、纸张等费，另行造册报销。理合登明。

军机大臣奉旨：览。钦此。[①]

## 五五　台湾扣收平余银两请饬免予解拨片

光绪十二年十一月十六日（1886 年 12 月 11 日）

再，案准户部咨行：各省支放杂款，扣收六分平银银两，务须专款存储，听候解部拨用等因。查台湾重洋远隔，承平之际，向资海关、司库协济。光绪十年夏间，法人窜踞基隆，军情紧急，饷项艰难，军需支放各款，并照例扣收六分新平，共计银三万零九百八十六两九钱一分四厘，随时均提凑作正动用，归入本

① 中国第一历史档案馆藏：《清单》，档案编号：03-6104-050. 又，台湾史料集成编辑委员会编：《明清台湾档案汇编》，第 5 辑，第 93 册，第 377—380 页，台北远流出版事业股份有限公司，2009。

案，列收造报。据总办粮台前贵州藩司沈应奎具详前来。

臣覆核无异，相应奏明敕部照准，列收造报，免予解拨。理合附片具奏。伏乞圣鉴。谨奏。

光绪十二年十二月十九日，军机大臣奉旨：户部知道。钦此。[①]

【案】此奏片之具奏日期，录副目录以朱批日期为之，未确。兹据朱批日期查光绪十二年十二月十九日《军机处随手登记档》[②] 朱批刘铭传折栏，则署有“报四百里，十一月十六日发”等字样。据此，此奏片之具奏日期当为“光绪十二年十一月十六日”无疑。兹据校正。

## 五六　奏为嘉义城隍等神显应请颁匾额折

光绪十二年十二月十五日（1887 年 1 月 8 日）

督办台湾防务降二级留任台湾巡抚一等男臣刘铭传跪奏，为神灵显应昭著，吁恳天恩敕颁匾额，以顺舆情，恭折仰祈圣鉴事。

窃据现署嘉义县知县罗建祥详称：嘉义旧祀城隍庙、龙神庙以及笨港天后宫，均系久昭灵应。同治元年，彰化戴逆扑犯嘉义县城，时城隍庙神显灵助顺，曾经已故两江督臣沈葆桢奏蒙敕加封号在案。本年该邑地方自春徂夏，雨泽愆期，陂塘沟圳干涸殆尽，田禾均多枯槁，旱象已成，农民忧灾，情殷望泽，经该令率同绅耆恭诣城隍庙、龙神庙、笨港天后宫神前虔诚吁祷，蒙神灵默佑，立沛甘霖三日，禾稻枯而复茂，岁获有秋，城乡绅民额手

① 中国第一历史档案馆藏：《军机录副》，档案编号：03-6104-051.

② 中国第一历史档案馆藏：《军机处随手登记档》，档案编号：03-0250-4-1212-330.

共庆，咸称神贶。理合据情详请奏恳颁给匾额各一方，以答神庥等因，前来。

臣伏查庙祀正神实能功德及民，例得请颁匾额。今嘉义县城隍庙、龙神庙、笨港天后宫神，各著灵异，祷雨立应，岁获有秋，洵为功德及民，允宜上邀褒宠，合无仰恳天恩，俯准颁赐匾额各一方，俾得敬谨悬挂，以顺舆情而昭灵贶。理合会同闽浙督臣杨昌濬，恭折具陈。伏乞皇太后、皇上圣鉴，训示。谨奏。光绪十二年十二月十五日。

（朱批）：另有旨。①

光绪十三年二月十四日，奉朱批：另有旨◆1。钦此。②

【案】此折于光绪十三年二月十四日得旨允行，曰：

光绪十三年二月十四日，内阁奉上谕：刘铭传奏，神灵显应，恳颁匾额一折。福建嘉义县城隍庙、龙神庙及笨港天后宫均著灵应。上年，该地方自春徂夏，雨泽愆期，田禾枯槁，经该官绅诣庙虔祷，甘霖立沛，岁获有秋，实深寅感。着南书房翰林恭书匾额各一方，交刘铭传祗领，饬属分诣悬挂，以答神庥。钦此。③

又，乙亥④，以神灵显应，颁福建台湾嘉义县城隍庙匾额曰“台洋显佑”，龙神庙匾额曰“海屿昭灵”，天后宫匾额曰“慈云洒润”。⑤

---

① 中国第一历史档案馆藏：《朱批原件》，档案编号：04-01-15-0078-010.

② 中国第一历史档案馆藏：《军机录副》，档案编号：03-5545-051. 又，台湾史料集成编辑委员会编：《明清台湾档案汇编》，第5辑，第93册，第412—413页，台北远流出版事业股份有限公司，2009。

③ 中国第一历史档案馆编：《光绪宣统两朝上谕档》，第13册，第71—72页，广西师范大学出版社，1996。

④ 乙亥，即光绪十三年二月十七日。

⑤ 中华书局影印：《清实录·德宗景皇帝实录（四）》，卷之二百三十九，光绪十三年二月，第223页，中华书局，1987。

# 五七 奏核基沪获胜及转运饷械案内请奖折

光绪十二年十二月十八日（1887 年 1 月 11 日）

督办台湾防务降二级留任台湾巡抚一等男臣刘铭传跪奏，为遵照部议，谨将基沪获胜立功及转运饷械出力案内另核请奖各员开单并呈，吁恳天恩敕部照单给奖，以励戎行而免向隅，恭折仰祈圣鉴事。

窃臣先后接准吏部咨开：本部议覆台湾巡抚刘铭传奏基沪获胜立功各员请照原保给奖、转运饷械各员请照异常劳绩核奖各一折，于本年七月二十六日、八月二十五日先后具奏，均经奉旨依议，钦此，相应黏连原奏知照等因。查议覆基沪获胜一案，原奏内开所有原保清单，除潘作霖等一百五十二员核与奏定异常劳绩章程相符相应照准，商作霖等二百五十五员均经由部照章分别改定，业已核准外，其舒体元等三十员所请分省、留省补用，核与奏定章程不符，应请与所请衔翎一并另核奏明请奖等因。又，查议覆转运饷械一案，原奏内开所有开单请奖各员，除邓联恩等十八员核与定章相符应行照准，杨玉书等十四员均经由部照章改定相应核准外，其钟恂等十员所请分发省分及请保官阶、翎枝核与定章不符，应将该员等饬令另核奏明请奖等因，咨行到臣。

查部臣按照异常劳绩核议保举，声明将奉驳各员另核请奖，足见于慎重名器之中，仍寓有功必赏之意，自应遵照部章，将基沪获胜案内舒体元等三十员、转运饷械案内钟恂等十员另行复核，并开清单，奏请给奖。除将奉部另行查覆基沪获胜案内孙道仁等十员、转运饷械案内黄毓楠等十九员俟饬查捐纳保举年月日期另行咨部查核办理外，所有应行另核请奖各员，谨遵部议，详细复核，并开清单，恭呈御览。合无仰恳天恩，俯念台湾孤悬海外，该员等历次接仗获胜，转运饷械出力，驰驱效命，其艰苦危险，实倍内地行军，恩准照章给奖，以励戎行，而免向隅，出自逾格鸿慈！

谨将遵照部议另核基沪获胜转运饷械案内各员并单请奖缘由，恭折具陈。伏乞皇太后、皇上圣鉴，训示。谨奏。光绪十二年十二月十八日。

（朱批）：吏部议奏，单、片并发。[①]

光绪十三年二月初二日，奉朱批：吏部议奏，单、片并发。钦此。[②]

## 五八　呈基沪获胜及转运饷械请奖清单

光绪十二年十二月十八日（1887 年 1 月 11 日）

谨将基沪获胜立功及转运饷械出力案内另核请奖各员，并开清单，恭呈御览。

计开：

同知衔不论双单月即选知县舒体元，拟请免选本班，以同知不论双单月归部选用，并请赏戴花翎。

五品衔候选知县彭瀛，拟请俟选缺后，以同知升用。

候选盐大使舒泰元，拟请仍以盐大使不论双单月归部选用，

① 中国第一历史档案馆藏：《朱批原件》，档案编号：04-01-16-0219-001.

② 中国第一历史档案馆藏：《军机录副》，档案编号：03-5219-002. 又，台湾史料集成编辑委员会编：《明清台湾档案汇编》，第 5 辑，第 93 册，第 418—419 页，台北远流出版事业股份有限公司，2009。

并加六品衔。

候选通判朱仁溥，拟请仍以通判不论双单月归部选用，并加同知衔。

候选县丞郑乐网，拟请仍以县丞不论双单月归部选用，并加六品衔。

议叙双月选用州吏目马庆熙，拟请仍以州吏目不论双单月归部前先选用。

候选同知黄大文，拟请仍以同知不论双单月归部选用，并加知府衔。

候选同知蔡继成，拟请仍以同知不论双单月归部选用，并加知府衔。

拣选知县汪望庚，拟请仍以知县不论双单月归部选用，并加五品衔。

候选县丞徐士铭，拟请仍以县丞不论双单月归部选用，并加六品衔。

候选从九品王叔南，拟请免选本班，以县丞主簿不论双单月前先选用。

拣选知县林齐翔，拟请仍以知县不论双单月归部选用，并加同知衔。

拣选知县赖宏，拟请仍以知县不论双单月归部选用，并加同知衔。

拣选知县陈登元，拟请赏戴五品蓝翎。

分省补用巡检王文炳，拟请仍以巡检归候补班前补用，并加六品衔。

东河掣省补用知府丁达意，拟请免补本班，以道员仍归东河两省掣签补用。

同知衔留甘补用知县赵先椝，拟请俟补缺后，以同知补用。

江西试用从九品陈绍棠，拟请免补本班，以县主簿仍留原省前先补用。

两淮试用运判方模立，拟请仍以运判归候补班前先补用。

四品衔候选州同熊良翰，拟请免选本班，以知州不论双单月遇缺尽先即选。

五品蓝翎两淮补用盐大使孙传恕，拟请免补本班，以知县仍留江苏补用。

蓝翎升用知州候选布理问李葆繁，拟请免选本班，以知州不论双单月选用。

候选布理问欧阳秉衡，拟请免选本班，以知州不论双单月选用。

候选府经历林汝棠，拟请免选本班，以知县归部选用。

五品衔江苏补用县主簿汤懋功，拟请免补本班，以县丞仍留原省归候补班前补用。

候选县主簿孙渥，拟请免选本班，以县丞不论双单月归部选用。

安徽试用典史刘兆藜，拟请赏戴蓝翎。查原保单内，刘兆藜系候选典史，曾经在事出力，现遵海防例捐典史，指分安徽试用，应行更正坐衔列保。合并声明。

湖北试用典史戴振镛，拟请免补本班，以巡检仍留原省前先补用。

中书科中书衔朱炳焱，拟请赏戴蓝翎。

候选县丞钟恂，拟请免选本班，以知县归部前先选用。

理问衔福建候补县丞程邦基，拟请俟补缺后，以知县用。

湖北补用州同祝金鉴，拟请免补本班，以知州仍留原省补用。

山西补用直隶州知州陈占鳌，拟请免补本班，以知府留原省前先补用，并加三品衔。

广东试用通判刘保林，拟请免补本班，以直隶州知州留原省归候补班前补用，并加四品衔。

江苏试用从九品张兴彦，拟请指项巡检，仍留原省前先补用，并加六品衔。

拣选知县李隽，拟请仍以知县不论双单月选用，并加同知衔。

蓝翎候选府经历杨文灿，拟请仍以本班不论双单月前先选用，并加六品衔。

府经历衔候选从九品程铨，拟请免选本班，以县主簿不论双单月前先选用。

蓝翎候选从九品傅鸿熙，拟请免选本班，以县主簿不论双单月前先选用。

查基沪获胜立功另核请奖各员案内，蓝翎五品衔候选通判李桂芬，原保以本班留闽补用，前已病故，于光绪十一年十月二十九日照通判官阶请恤在案。此次毋庸另核请奖，合并声明。

（朱批）：览。[①]

## 五九　奏请更正县丞顾元勋保案缘由片

光绪十二年十二月十八日（1887 年 1 月 11 日）

再，候选县丞顾元勋，经臣于前年渡台转运饷械出力人员案

① 中国第一历史档案馆藏：《清单》，档案编号：03-5219-003. 又，台湾史料集成编辑委员会编：《明清台湾档案汇编》，第 5 辑，第 93 册，第 454—457 页，台北远流出版事业股份有限公司，2009。

内保奖免选本班，以知县不论双单月尽先选用。本年五月初八日，奉旨：着照所请。钦此。旋准部咨行知在案。兹据顾元勋声称，该员于本年二月先经在户部遵海防捐例加捐三班，以县丞指省分发直隶试用，奏保单内仍开候选县丞，尚系按照前年转运时官衔开列，以致前后不符，应请更正保案坐衔为直隶试用县丞等情，禀经北洋大臣大学士直隶督臣李鸿章咨会更正前来。

臣查候选县丞顾元勋，既经于保案未经奉旨之前加捐指省分发，自应作为直隶试用县丞列保，相应请旨敕部将臣原保之候选县丞顾元勋免选本班以知县不论双单月选用，更正为直隶试用县丞顾元勋免补本班，以知县仍留原省补用，以归核实而免两歧，出自逾格鸿慈！

谨附片具陈。伏乞圣鉴，训示。谨奏。

（朱批）：览。[①]

光绪十三年年二月初二日，奉朱批：览。钦此[②]。

## 六〇　请准暂缓校阅台湾营伍缘由片

光绪十二年十二月十八日（1887年1月11日）

再，台湾营伍向由台湾镇总兵于每年冬间亲赴南北两路校阅，分别等第，自行恭折奏报。自光绪元年以后开山事起，营兵纷纷抽调，分路防番，未能操演阵图，于光绪三年曾经前抚臣丁日昌奏请汰弱留强，暂停募补，营兵日见短少，更难演阵式，历

① 台湾史料集成编辑委员会编：《明清台湾档案汇编》，第5辑，第93册，第420页，台北远流出版事业股份有限公司，2009。

② 此朱批日期与内容，据《军机处随手登记档》（档案编号：03-0253-1-1213-028.）校补。

经台湾镇总兵照例自行奏请暂缓冬操阅伍，奉旨允准在案。本年届阅伍之期，台湾水陆各营自应照旧分路校阅，以符定制。惟查现值开山防番之际，所有各营练军大半分防隘卡，其余零星无几，不敢会操。除通饬各营勤加训练，不得因不能会操稍致废弛外，拟仍请暂缓校阅，俟各隘卡营兵撤防归伍，再行遵照分路校阅等因，由署台湾镇总兵章高元呈请代奏前来。

臣伏查台湾绿营兵丁，除挑选练军分防隘卡外，其余零星无几，实不足以演练阵式，且章高元现在统军由彰化前山集集街凿山开路，通前后山水尾，计程二百余里，工程浩大，非特营兵难于抽调，并恐贻误要工，理合据情援照前案，将台湾各营仍请暂缓校阅，俟开山事竣，额兵补足，再行照章办理。

所有仍请暂缓校阅台湾营兵缘由，谨会同闽浙督臣杨昌濬，附片具陈。伏乞圣鉴。谨奏。

光绪十三年二月初二日，奉朱批：兵部知道。钦此。[1]

【案】此奏片之具奏日期，因原件查无下落，而录副则以朱批日期为之，且示存疑。兹据朱批日期“光绪十三年二月初二日”，查《军机处随手登记档》[2] 朱批刘铭传折栏，署有“报四百里，十二年十二月十八日发”等字样。据此，此奏片之具奏日期当为“光绪十二年十二月十八日”无疑。兹据校正。

---

① 中国第一历史档案馆藏：《录副奏片》，档案编号：03-6023-007.

② 中国第一历史档案馆藏：《军机处随手登记档》，档案编号：03-0253-1-1213-028.

# 刘铭传文献汇笺

中

杜宏春 辑笺

国家出版基金项目
NATIONAL PUBLICATION FOUNDATION

国家出版基金项目
2011—2020年国家古籍整理出版规划项目
国家社科基金项目『刘铭传文献汇集、整理与研究』之研究成果

黄山书社

# 光绪十三年（1887）

## 一　奏为颁赏御书福字等物谢恩折

光绪十三年正月二十四日（1887年2月16日）

督办台湾防务降二级留任台湾巡抚一等男臣刘铭传跪奏，为恭谢天恩，仰祈圣鉴事。

窃臣承准军机大臣咨行，递到颁赏御书“福”字一方并荷包、银锞、南枣、莲子、藕粉等件。谨即恭设香案，望阙叩头，谢恩祗领。

伏惟我皇太后、皇上锡福临宸，介福懋治，龙章启瑞，瞻临仰模楷之尊；鱼袋颁荣，膺服佩丝纶之宠。举头恩重，伏地惭深！臣谬绾兵符，滥膺疆寄，迭承赏赉之施，未效涓埃之报。臣惟有矢慎矢勤，勉竭悃忱于驽质；任劳任怨，聊酬高厚之鸿慈！

所有微臣感激下忱，理合恭折叩谢天恩。伏乞皇太后、皇上圣鉴。谨奏。光绪十三年正月二十四日。

（朱批）：知道了。[1]

光绪十三年二月十四日，奉朱批：知道了。钦此。[2]

---

① 中国第一历史档案馆藏：《朱批原件》，档案编号：04-01-12-0537-117.

② 台湾史料集成编辑委员会编：《明清台湾档案汇编》，第5辑，第93册，第465页，台北远流出版事业股份有限公司，2009。

## 二　奏报讯明方春发等员欠发饷项缘由折

光绪十三年正月二十七日（1887 年 2 月 19 日）

督办台湾防务降二级留任台湾巡抚一等男臣刘铭传跪奏，为遵旨讯明带勇提镇欠发饷项，一律补清，恳恩免议余罪，恭折覆陈，仰祈圣鉴事。

窃臣于上年八月十八日奏参记名提督方春发、总兵桂占彪克扣饷项、营伍废弛一片，于十月初八日准兵部火票递回原折，内开军机大臣奉旨：另有旨。钦此。于十月二十日准户部咨开：光绪十二年九月初五日军机大臣奉上谕：刘铭传奏，提镇大员克扣饷银，请旨革职、降补等语。记名提督方春发统带镇海前军三营，于营中应发各项饷银，或不照章发足，或竟始终不发，并信用已革知县陈海春贩运烟土，听在营各勇吸食，按月扣饷抵销，以致营伍废弛。又总兵桂占彪管带镇海前军右营，亦有减发银两、扣发存饷等情。似此克扣军饷，紊乱营规，实属大干法纪！该抚仅请革职、降补，殊属轻纵。方春发、桂占彪均着先行革职，交该抚亲提严讯，将应得罪名按律定拟具奏；克扣欠发各款，仍着查明确数，勒限严追，不得稍涉含混。该部知道。钦此。仰见朝廷整饬戎行，严明赏罚，跪读之下，悚佩莫名！当即钦遵谕旨，立传已革提督方春发、已革总兵桂占彪前来备讯，当经台湾道陈鸣志禀报，方春发身抱重病，不能启行，至本年正月初始行病愈，与桂占彪一并投供候讯。

经臣亲提严讯，据方春发供称：光绪十年奉调渡台，十一年委统镇海前军中、左、右三营，驻防凤山，兼管营旗后炮队，所有左、右两营勇丁月饷均由各营管带官自向台南支应局支领，惟中营系自行领发，从前饷银俱系按月发清。因查各勇稍有积蓄者，常行潜逃；其领饷滥用者，或因病退，或因事革，往往无资回籍，以致逗留滋事。因仿甘肃军营章程，自光绪十二年三月为始，每日仅发伙食钱八十文，余饷暂为存储，候勇丁告假回籍，再行补发，实不敢意存侵扣。惟未经预先禀明，自知糊涂，当交卸时已将各勇丁所存余饷会同接统之副将陶茂森按名找给清楚，并无丝毫短欠。至勇丁病故，每名应发烧埋银五两，向于领饷届期始备文附领。当时系酌量所需殓费若干，先行垫发五六元不等，所有未足之数领款到时均皆一律找发。方春发自夏至秋，抱病数月，以致勇丁未能操练。复有投效已革知县陈海春来台，暂住营内。陈海春素吸洋烟，因知难求录用，先自戒吸，并将所存烟膏数十两托人变卖，内有勇丁向买吸食，当时无钱付价，声言候积存余饷领出归还。嗣经方春发查悉前情，当将陈海春斥逐内渡，并无任听在营煮烟，发卖各勇吸食，勒扣饷项抵销等语。

又据已革总兵桂占彪供称：于光绪十一年八月间经署台湾道陈鸣志委带镇海前军右营，接带以来，所有饷项均系按月备文向台南支应局承领，一经到营，即行散发，并不敢蒂欠分厘。其烧埋银两，病故勇丁一名，照章给银五两。自接带日起至本年八月二十八日交卸止，共故勇丁三十名，俱系先行垫发烧埋四五元不等，至领饷时并将此项领回，饬令故勇亲属照章全行补领。若无亲属在营，即将应补之银厚为烧埋。因修造旗后炮台，故未操练，不敢有意废弛等情。

臣反覆研讯，各执前供，矢口不移。复据接统镇海前军三营副将陶茂森、接带镇海前军右营副将余德昌禀报：接带时，传集各哨勇丁查讯以上各情，与方春发、桂占彪所供情节亦属相符。

臣伏查已革提督方春发、已革总兵桂占彪，均以提镇大员充当统领营官，驻扎凤山旗后海口，宜如何认真操防，讲求营伍。方春发虽无克扣军饷情事，因病数月，不事操练。已革知县陈海春将存余烟土发卖各勇，扣饷作抵，虽据供称因病失于稽察，并非知情故纵，其平日漫无纪律，已可概见，实属咎无可辞。惟查现在饷已发清，所称应发烧埋银两先垫后领，亦系实情。桂占彪并无欠饷情事，烧埋银两于交卸时亦补发清楚。该二员业已革职，可否免其议罪之处，出自逾格鸿慈！

谨将带勇提镇欠发饷项一律补清，遵旨讯明各缘由，恭折覆陈。伏乞皇太后、皇上圣鉴，训示。谨奏。光绪十三年正月二十七日。

（朱批）：着照所请，该部知道。[①]

光绪十三年二月十四日，奉朱批：着照所请，该部知道。钦此。[②]

## 三　万年清轮船被撞沉没请饬照章断赔折

光绪十三年正月二十七日（1887年2月19日）

督办台湾防务降二级留任台湾巡抚一等男臣刘铭传跪奏，为万年清轮船因公赴沪，行至铜沙洋面，被碰沉没，请旨敕下总理

① 中国第一历史档案馆藏：《朱批原件》，档案编号：04-01-30-0365-033.

② 中国第一历史档案馆藏：《军机录副》，档案编号：03-5847-074. 又，台湾史料集成编辑委员会编：《明清台湾档案汇编》，第5辑，第93册，第445—448页，台北远流出版事业股份有限公司，2009。

各国事务衙门照会英公使速饬领事刑司照章断赔，以昭公允，恭折仰祈圣鉴事。

窃台湾万年清轮船于上年十二月二十一日因公赴沪，于二十九日接在船商务委员已革道员张鸿禄电报：万年清轮船于十二月二十一日由基隆黎明展轮途中，因风雾迟滞。二十六日晚，至铜沙灯船海面停泊。二十七日早六点钟十分，正在起锚，突被英来申公司你泊而轮船直向万年清轮船右边前半截猛撞，当即闻声出视，据洋管驾谭文生称，损伤甚重，势必沉溺。急令呼众登高，设法救渡。约一刻时，船身渐沉，随即赶急缘上桅顶，督同洋管驾等放艇救人，渡登英公司船。其时船面已经入水尺许，查点人数，实共救获一百八十一人、洋人六名、尸身六具，溺毙委员、折弁并奉差请假员弁、兵役七十三名。所有奏折、公牍、饷银概行沉没等语。当即饬令该道迅即会同上海道龚照瑗查明详细情形，一面将尸、饷设法打捞，一面照会英领事将英公司你泊而轮船先行扣留，查照行船章程，秉公断令赔偿，并咨明南、北洋大臣查照办理。

臣伏查向来海面行船章程，遇有下雾之时，轮船一体均应缓行，载在约章。如果两船同行，彼此是非尚有辩论。此次万年清轮船在铜沙洋面停泊，正在起锚，英来申公司你泊而轮船于海洋下雾时，并不照章缓行，突向万年清轮船右边前半截猛撞，致令登时全船沉没，并溺毙文武员弁七十余名之多，其错在彼，无可辩论，应即按照约章，责令赔偿，相应请旨敕下总理衙门，照会英公使速饬领事刑司会同上海道迅将此案秉公会讯，按照条约，断令该公司照数赔偿，以昭公允。

除将在船因公死事人员另片请恤外，所有万年清被碰沉没缘由，谨会同署福州将军臣古尼音布、闽浙总督臣杨昌濬、署船政大臣臣裴荫森[①]，合词恭折，由驿具陈。伏乞皇太后、皇上圣鉴，训示。谨奏。光绪十三年正月二十七日。

（朱批）：该衙门知道。[②]

光绪十三年二月十四日，奉朱批：该衙门知道。钦此。[③]

## 四　请将轮船沉没溺毙员弁从优议恤片

光绪十三年正月二十七日（1887年2月19日）

再，查万年清轮船被碰沉没，所有在船溺毙机器局采办委员福建候补直隶州顾镕，县丞郭云程，军械所采办委员直隶州州判王中灏，江苏候补县丞卢自信，铭字营采办军米委员县丞陈明启、杨立本，武毅营采运军米委员安徽绩溪县训导郑承铎，从九品周洪朴，煤矿局采办机器委员从九卢光淮，折弁世袭云骑尉任汝祥，因公赴沪差弁都司刘兴泰，守备夏芝兴，守备衔千总王正元，六品军功杨万双，千总苏广，万年清轮船文案委员从九溥霖，请假就医随营差遣委员四品衔山东补用知州陈颖烁，候选直隶州杨典训，请假回籍各营局所委员两江补用副将张文萃，游击吴开胜，都司宋鸿谟，守备左成章、赵月三，千总王家邦，增生

① 裴荫森（1823—1895），字樾岑，江苏阜宁人，监生。咸丰八年（1858），中举。十年（1860），中式贡士。同治元年（1862），以功赏戴蓝翎。二年（1863），中式二甲进士，以主事签分工部。三年（1864），捐湖南道员。十二年（1873），署湖南长宝盐法道。光绪五年（1879），署衡永郴桂道。八年（1882），补授辰永沅靖道。九年（1883），升补福建按察使，加二品衔。十年（1884），署船政大臣。十四年（1888），授督办船政大臣、候补三品京堂。十六年（1890），因病开缺，回籍调理。二十一年（1895），卒于里。有《船政奏议汇编》《裴光禄集》《他山剩简》《阜宁县志》等行世。

② 中国第一历史档案馆藏：《朱批原件》，档案编号：04-01-36-0077-005.

③ 此朱批日期与内容，据《军机处随手登记档》（档案编号：03-0253-1-213-040）校补。又，台湾史料集成编辑委员会编：《明清台湾档案汇编》，第5辑，第93册，第448—450页，台北远流出版事业股份有限公司，2009。

吴楚璜，五品军功吴道新，六品军功严登科、严登高等共二十八员，一并随船溺毙，死于非命。据万年清管带委员两淮候补盐知事陈振鸿禀报前来。

臣伏查该故员等从军海外，劳苦有年，此次同遭惨厄，殊堪悯恻！其因公赴沪者固等于陷阵捐躯，即暂行请假各员亦惨于在营病故。合无仰恳天恩，俯准将顾镕等二十八员一并敕部从优议恤，以慰忠魂，出自逾格鸿慈！

谨附片具陈。伏乞圣鉴，训示。谨奏。

光绪十三年二月十四日，奉朱批：顾镕等着交部分别从优议恤。钦此。①

【案】此奏片之具奏日期，原文以朱批日期为之，未确。兹据朱批日期“光绪十三年二月十四日”，查《军机处随手登记档》② 朱批刘铭传折栏，则署有“报四百里，正月二十七日台北府行营发”等字样。据此，此奏片之具奏日期当为“光绪十三年正月二十七日”无疑。兹据校正。

## 五　请将知县沈允章从优议恤缘由片

光绪十三年正月二十七日（1887 年 2 月 19 日）

再，查有甘肃知县沈允章，系浙江杭州府选拔贡生，于光绪十一年来台投效，当经委办粮台收支款册，办事精实。上年四月请假入都朝考，取列一等，以知县用，签掣甘肃。该员于领凭后

① 台湾史料集成编辑委员会编：《明清台湾档案汇编》，第 5 辑，第 93 册，第 467—468 页，台北远流出版事业股份有限公司，2009。

② 中国第一历史档案馆藏：《军机处随手登记档》，档案编号：03-0253-1-1213-040.

在部告假回籍省墓，因前在台湾尚有经手未完事件，复行渡台清理，于上年十二月交代清楚，乘坐万年清轮船内渡赴甘，不意随船溺毙，所领凭限一纸随身沉失，应请敕部注销，由前贵州藩司沈应奎具禀前来。

臣伏查该故员在台办事宣力年余，此次因交代未清，往返重洋，致死非命，情殊可悯！可否仰恳天恩敕部从优议恤之处，出自逾格鸿慈！

谨附片具陈。伏乞圣鉴，训示。谨奏。

光绪十三年二月十四日，奉朱批：该部议奏。钦此。[①]

【案】此奏片之具奏日期，原文以朱批日期为之，未确。兹据朱批日期“光绪十三年二月十四日”，查《军机处随手登记档》[②] 朱批刘铭传折栏，则署有“报四百里，正月二十七日台北府行营发”等字样。据此，此奏片之具奏日期当为“光绪十三年正月二十七日”无疑。兹据校正。

## 六　请将方策勋照例从优议恤缘由折

光绪十三年正月二十七日（1887 年 2 月 19 日）

再，据营务处差弁游击江子焱禀报：办理营务处道员方策勋，带队随同攻剿白阿歪社生番，收队后行至中途，得病染瘴，积劳病故。造赍履历清册，恳请奏恤前来。

臣查方策勋由文童投效前督办陕西军务荆州将军多隆阿军

① 台湾史料集成编辑委员会编：《明清台湾档案汇编》，第 5 辑，第 93 册，第 466 页，台北远流出版事业股份有限公司，2009。

② 中国第一历史档案馆藏：《军机处随手登记档》，档案编号：03-0253-1-1213-040.

营，并随臣剿办捻匪，转战数省，功绩卓著，荐保二品衔升用道、盐运使衔河南候补知府，经臣于光绪十年六月奏以熟悉军务，办事勤能，调台差遣。时值法人封港，冒险潜渡，委派总办营务，异常出力，于解严案内随折保以道员改留闽省补用。十一年冬，委派监修基隆炮台，并代管健军营务。海滨严寒，雨多风肃，日日督工，无稍休息。

上年六月，由工调赴宜兰剿办生番，适当炎夏瘴疫正盛，水土恶劣，深入内山，剿平溪头、小坡塘等十余社，回营后即染瘴疠，泻痢月余始愈。九月初，臣督剿中路叛番，委派该员会同铭、健两军，由北路进剿白阿歪等社生番，该员力疾率队，开路搭桥，勤劳倍甚，不料染瘴，旧疾复发，收队后于十一月十四日病故淡水营次。

臣伏查方策勋办事勤能，才兼文武，果敢耐劳，为军营不可多得之员，经臣奏调来台，方期得收臂指之助，遽以历受瘴疫，积劳病故，劳苦一生，家贫如洗，殊堪悯恻！合无仰恳天恩，俯准敕部照军营立功后病故例从优议恤，以慰忠魂！

除将该道履历咨部外，谨将道员在营病故缘由附片具陈。伏乞圣鉴，训示。谨奏。

（朱批）：方策勋着照军营立功后病故例从优议恤，该部知道。①

光绪十三年二月十四日，奉朱批：方策勋着照军营立功后病故例从优议恤，该部知道。钦此。②

---

① 中国第一历史档案馆藏：《朱批原件》，档案编号：04-01-16-0222-116.

② 中国第一历史档案馆藏：《军机录副》，档案编号：03-5847-075. 又，台湾史料集成编辑委员会编：《明清台湾档案汇编》，第5辑，第93册，第468—469页，台北远流出版事业股份有限公司，2009。

【案】此奏片之具奏日期，原件目录署“光绪十三年正月二十六日”，并示存疑，且未署具奏者。而录副具奏日期则以朱批日期为之，均未确。兹据朱批日期查光绪十三年二月十四日《军机处随手登记档》[①]朱批刘铭传折栏，则署有“报四百里，正月二十七日台北府行营发”等字样。据此，此奏片之具奏日期当为“光绪十三年正月二十七日”无疑。兹据校正。

## 七　特参总兵吴忠胜等员庸劣不职缘由片

光绪十三年正月二十七日（1887年2月19日）

再，臣查总兵吴忠胜逗留新竹，招摇滋事；守备侯作美垄断煤务，讹诈地方；福建候补县丞凌云品行卑污，遇事招摇；已保江苏候补知县刘廷辉藉差需索，举止轻浮；福建候补县丞杨天炜办理盐务，声名狼藉，相应请旨即行一并革职。已保福建候补知县李烇，始勤终懈，清丈不力，应请敕部撤销知县保案，以肃官方而示惩儆。谨附片具陈。伏乞圣鉴，训示。谨奏。

（朱批）：另有旨。[②]

光绪十三年二月十四日，奉朱批：另有旨◆1。钦此。[③]

【案】此奏于光绪十三年二月十四日得旨允行，《光绪朝上谕档》载曰：

光绪十三年二月十四日，内阁奉上谕：刘铭传奏，甄劾文武各员等语。总兵吴忠胜，逗留新竹，招摇滋事；守备侯作美，垄断煤务，讹诈

① 中国第一历史档案馆藏：《军机处随手登记档》，档案编号：03-0253-1-1213-040.

② 中国第一历史档案馆藏：《朱批原件》，档案编号：04-01-16-0222-130.

③ 中国第一历史档案馆藏：《军机录副》，档案编号：03-5219-052. 又，台湾史料集成编辑委员会编：《明清台湾档案汇编》，第5辑，第93册，第469—470页，台北远流出版事业股份有限公司，2009。

地方；福建候补县丞凌云，品行卑污，遇事招摇；江苏候补知县刘廷辉，藉差需索，举止轻浮；福建候补县丞杨天炜，办理盐务，声名狼藉，均着即行革职。已保福建候补知县李烇，始勤终懈，清丈不力，着撤销知县保案，以肃官方。该部知道。钦此。[①]

又【案】此奏片之具奏日期，原件目录署“光绪十三年正月二十六日”，并示存疑。而录副则署“光绪十三年正月十六日”，均未确。兹据朱批日期查光绪十三年二月十四日《军机处随手登记档》[②] 朱批刘铭传折栏，则署有“报四百里，正月二十七日台北府行营发”等字样。据此，此奏片之具奏日期当为“光绪十三年正月二十七日”无疑。兹据校正。

## 八　请将提督柳泰和发配新疆效力片

光绪十三年正月二十七日（1887 年 2 月 19 日）

再，臣于光绪十二年十一月十一日附片奏参已革记名提督柳泰和营伍废弛，勇数空额，于本年正月十三日接准兵部火票递回原折，内开军机大臣奉旨：柳泰和着先行革职，撤销勇号，由该抚查明有无侵吞饷项情事，奏明办理。陶廷梁着即行革职。钦此。臣查柳泰和统带春字三营楚勇驻防中路，会同道员林朝栋剿办苏鲁等社叛番，临战不力，复经访查，该军勇数不足。臣至罩兰亲见该军精壮无多，战守不力，当即撤委，另饬记名提督李定明[③]接统。据李定明册报：该军三营九月空额三百零三名，内有

① 中国第一历史档案馆编：《光绪宣统两朝上谕档》，第 13 册，第 72 页，广西师范大学出版社，1996。又，中华书局影印：《清实录・德宗景皇帝实录（四）》，卷之二百三十九，光绪十三年二月，第 222 页，中华书局，1987。

② 中国第一历史档案馆藏：《军机处随手登记档》，档案编号：03-0253-1-1213-040.

③ 李定明，生卒年不详，湖南湘乡县人，行伍出身。咸丰七年（1857），投效楚军，以军功保至参将。光绪十年（1884），保记名提督，加依博德恩巴图鲁勇号。二十九年（1903），署江南狼山镇总兵。三十年（1904），补授江南福山镇总兵，旋因案革职。三十三年（1907），开复原官。三十四年（1908），调补安徽寿春镇总兵。宣统三年（1911），因病开缺。

阵亡病故者，亦有临事逃走者，经臣委员点验，除阵亡、病故外，空额共二百零六名。

据柳泰和供称：该军勇数九月以前俱不短少，饰词狡辩，恃无证据。李定明已经接统数月，无可稽查。惟据李定明九月册报该军三营空额勇丁三百零三名，柳泰和八月册报仅空勇十名，前后相去大相悬殊，显有虚冒情弊，但事隔数月，无从查核。迨柳泰和于本营四哨各抽一棚作为亲兵，又抽前营一哨作为炮队，是正营兵力最厚。及接仗时，正营最不得力，其平日玩视军政，不事操练，各营、各哨俱有旷额不补，该提督并不点验稽查，虽无侵吞饷项情事，实属废弛营伍，贪滑不力，仅予革职，尚不足以示惩，相应请旨将柳泰和发往新疆效力，以肃军政而儆戒。谨附片具陈。伏乞圣鉴，训示。谨奏。

（朱批）：柳泰和着发往新疆效力，该部知道。[1]

光绪十三年二月十四日，奉朱批：柳泰和着发往新疆效力，该部知道。钦此。[2]

## 九　奏报台湾修建铁路创办商务缘由折

光绪十三年三月二十日（1887 年 4 月 13 日）

督办台湾防务降二级留任台湾巡抚一等男臣刘铭传跪奏，为台湾拟修铁路，创办商务，以兴地方而固海防，请旨遵行，恭折仰祈圣鉴事。

窃臣据商务委员已革道员张鸿禄、候补知府李彤恩等禀称：

① 中国第一历史档案馆藏：《朱批原件》，档案编号：04-01-16-0222-131.

② 中国第一历史档案馆藏：《军机录副》，档案编号：03-5754-007.

上年奉委招致南洋各岛贸易闽人来台合办商务，以兴地方，当即专函往招。现有南洋新嘉坡、西贡等岛闽商陈新泰、王广余等复信，佥称俱愿回籍在台合办商务。革道等现已集股订购轮船二只，先行开办。惟台湾一岛孤悬海外，当此分省伊始，极宜讲求生聚，以广招徕。现在贸易未开，内山货物难以出运，非造铁路不足以繁兴商务。查安平、旗后两口，限于海涌，自春至秋，不便泊船。沪尾一口，日渐淤浅，轮船来往候潮，耽误时日；只基隆一口无须候潮，便于泊船，因距淡水旱路六十里，不便运货，所有各商不得已于沪尾迁就往来，若能就基隆开修车路以达台南，不独全台商务繁兴，且于海防有裨甚大。现在公款支绌，革道等议集商股承修，约需工本银百万两，将来即取偿于铁路，无庸动用公款，拟具章程数条，陈请酌核办理等情，前来。

臣查台湾一岛孤立海外，现在设立省会，为南洋之屏蔽，必须开浚利源，使经费堪以自给，南北防勇，征调可以灵通，方能永保岩疆，自成一省。现在办防、清赋以及安设水陆电报，本年内外均可次第竣事。惟于铁路一事，臣知其利，因经费无出，踌躇未敢猝议举办。现据该委员等禀请由商人承修，于公款无关出入，将来坐收厚利，实于台湾大局有裨。所有铁路利益，除便于驿务、垦务不计外，目前大利有三，请为我皇太后、皇上陈之。

台湾四面皆海，除后山无须办防外，其余防不胜防。基、沪、安、旗四口现已购炮筑台，可资守御。其余新竹、彰化一带，海口分歧，万无此兵力处处设守，臣已于奏办台湾善后折内陈明在案。如遇海疆有事，敌船以旱队猝然登岸，隔绝南北声气，内外夹攻，立见危迫。若修铁路，调兵灵便，何处有警，瞬息即至，无虞敌兵由中路登岸。此有裨于海防者一也。

台湾既经分省，须由中路建设省城，以便控制南北。查彰化桥孜图地方，曾经前抚臣岑毓英察看地形，可以建省，臣于上年九月复亲往察看，该处地势平衍，气局开展，襟山带海，控制全台，实堪建立省城。惟地近内山，不通水道，不独建筑衙署、庙宇运料艰难，且恐建城之后商贾寂寥，虽有城垣，空无人居。若修车路，商务立见繁盛，于建造各项工程，转运之费，节省尤多。此有裨于建立省城者二也。

台北至台南六百余里，中隔大溪三道，春夏之交，山水涨漫，行人隔绝。大甲、房里两溪，每年必淹毙数十人，急须造桥，以便行旅。查大甲、房里、曾文三溪，或宽十里、八里。其次小溪二十余道，或宽百余丈、数十丈不等。大甲溪经前任抚臣岑毓英督修石坝，以阻漫流，并未修桥，已费洋三十余万元，数月之后为水冲刷净尽。臣现由上游窄处议修，统计大小溪桥工必需银三十余万两。今该商等承办车路，此项桥工二十余处一律兴修，暂勿论车路之利，公家先省桥工银数十万两。此有裨于台湾工程者三也。

臣于光绪六年曾经条陈具奏铁路之利，其时风气未开，不无异议。现在开平业经办有榜样，可释群疑，且台湾与内地情形不同，兴修铁路，商民固多乐从，绅士亦无异议。如蒙天恩俯准开办，有裨于台湾大局实非浅鲜。臣无任惶悚待命之至。

除将商人议立章程另行开单恭呈御览外，谨将台湾拟修铁路，创办商务，请旨遵行各缘由，恭折由驿具陈。伏乞皇太后、皇上圣鉴，训示。谨奏。光绪十三年三月二十日。[①]

光绪十三年四月初十日，奉朱批：钦此。[②]

---

① 中国第一历史档案馆藏：《军机录副》，档案编号：03-9439-027. 又，台湾史料集成编辑委员会编：《明清台湾档案汇编》，第5辑，第93册，第523—525页，台北远流出版事业股份有限公司，2009。

② 此朱批日期与内容，据《军机处随手登记档》（档案编号：03-0253-2-1213-092）校补。

## 一〇　呈台湾商办铁路章程清单

光绪十三年三月二十日（1887 年 4 月 13 日）

谨将商办台湾铁路章程各条，恭呈御览。

一、基隆至台湾府城拟修车路六百余里，所有钢质铁路并火车、客车、货车以及一路桥梁统归商人承办，议定工本价银一百万两，分七年归还，利息按照周年六厘，每年归还数目，俟办成后核量铁路脚价进款数目，再行定议。

一、台北至台南沿途所过地方，土沃民富，应用铁路地基，若由商买，民间势必居奇。所有地价请由官发，其修筑工价由商自给。

一、基隆至淡水，猫里街至大甲，中隔山岭数重，台湾人工过贵，必须由官派勇帮同工作，以期迅速。

一、车路所用枕木为数过多，现在商船订购未到，须请先派官轮代运，免算水脚。

一、车路造成之后，由官督办，由商经理。铁路火车一切用度皆归商人自行开支。所收脚价，官收九成，偿还铁路本利，商得一成，并于搭客另收票费一成，以作铁路用度。除火车应用收票、司事人等由官发给薪水外，其余不能支销公费。

一、铁路经过城池街镇，如须停车之处，由官修造车房，所有站房码头均由商自行修造。

一、此项铁路现虽商人承办，将来即作官物，所用钢铁条每码须三十六磅，沿途桥梁必须工坚料实，由官派员督同修造。

一、此项铁路计需工本银一百万两，内有钢条、火车、铁桥等项约需银六十余万两。商人或在德厂或在英厂订购，其价亦须分年归还。如奉旨准办，再与该厂议立合同，由官验明盖印以后，由商自行归还，官不过问。如商人另做别项生意，不能以铁路作抵另借洋款。[①]

【案】光绪十三年四月二十八日，军机大臣奕谖等具折议覆台湾巡抚刘铭传奏请修筑铁路并创办商务缘由，曰：

臣奕谖等奏，为议覆台湾拟修铁路、创办商务事宜，仰祈圣鉴事。

光绪十三年四月初十日，钦奉慈禧端佑康颐昭豫庄诚皇太后懿旨：刘铭传奏，台湾拟修铁路，创办商务，暨恳饬林维源督办各折、片，着总理海军事务衙门议奏，单并发。钦此。伏查台湾孤悬海外，物产繁盛，非兴商务不足以开利源，非造铁路不足以兴商务。该岛南北相距千里，海口纷歧，兵力、饷力断难处处设守。若修成铁路，调兵灵捷，无虞敌人窥犯，尤属海防百世之利，是以前福建抚臣丁日昌规画台防折内曾建议须修铁路，因经费无措，迄未果行。今刘铭传招致新加坡、西贡各岛闽商回籍合办商务，又劝令由商承修铁路，所需工本银一百万两，将来即于铁路取偿，于公款无关出入，洵为裕国便民起见。折内所陈三大利，均系实在情形，既称该处商民乐从，绅士亦无异议，应请旨准其开办，以裨台防大局。

臣等细核单开章程，如台南、北应用铁路地价，由官筹发，并由官派勇帮同工作，官轮代运木料，免算水脚，经过城池、街镇停车之处，由官修造车房；火车应用收票、司事人等，官给薪水。统计商人省费已属不少，与津沽现办铁路全由公司承认者稍有不同。至其工本银一百万两，分七年归还，周年六厘利息，内有钢条、火车、铁桥等项，约需六十余万两，由商在洋厂订购，其价亦分年归还，与该厂议定合同，由官

① 中国第一历史档案馆藏：《清单》，档案编号：03-7147-031. 又，台湾史料集成编辑委员会编：《明清台湾档案汇编》，第5辑，第93册，第519—522页，台北远流出版事业股份有限公司，2009。

盖印，由商于铁路造成后，提脚价九成偿还本利，另以一成并搭客票费一成作为铁路用度各等语。该抚自必与中外商人妥议办法。

另片又虑该商以多报少，任意吞匿，恐七年内尚难清偿工本，并以内山番地招民开垦，均须得人经理，请令内阁侍读学士林维源督办台湾铁路、商务，仍兼办抚垦事宜，以收实济而专责成。查林维源籍隶台北，乡望素孚，拟请旨准如该抚所奏，令该学士查照现议条规，督饬承办商人、委员认真照办，不准稍有滋弊、失信之处。凡遇铁路、商务应奏事件，应仍由台湾巡抚领衔，会同林维源具奏，庶收和衷共济之效。

所有遵旨议覆缘由，是否有当？谨恭折具陈。伏乞皇太后慈鉴。谨奏。光绪十三年四月二十八日。臣奕谖、臣奕劻、臣李鸿章（在任）、臣善庆、臣曾纪泽。①

## 一一　奏请林维源督办铁路兼理抚垦缘由片

光绪十三年三月二十日（1887 年 4 月 13 日）

再，臣查铁路之利，不独目前有裨于海防、建省、桥工三事，将来亦可添一大宗入款，以充海防经费。台湾地面窄小，万不能如内地利息之厚。该商人等请以七年归还本息，似可有盈无绌。惟经理必须得人，苦无廉实大员查察会计，将来商人以多报少，任意吞匿，不独无利可余，且恐七年之内铁路工本尚难清偿。

查台北府城市面日兴，内山番地土旷人稀，闽广穷民多有愿来开垦，因轮船水脚过贵，无力渡台，若商务办理起色，即就商局轮船往来香港、厦门之便，运载垦民渡台，由官薄给船资，十

① 中国第一历史档案馆藏：《军机录副》，档案编号：03-9439-030. 又，台湾史料集成编辑委员会编：《明清台湾档案汇编》，第 5 辑，第 94 册，第 87—88 页，台北远流出版事业股份有限公司，2009。

数年后全台均成沃壤，永无番患。惟近年内地招商集股历被欺骗，亏折太多，现在商人达股不无疑虑。查内阁侍读学士臣林维源，端谨忠实，为商人所钦信，自奉旨回籍帮办台北抚垦以来，不独抚垦得力，如清赋、抽厘等事，均资臂助。其于理财一道，尤为精实。如蒙朝廷主持要政，俯准台湾修造车路，可否仰恳天恩，饬令学士臣林维源督办台湾铁路、商务，仍兼办台北抚垦事务。凡遇铁路、商务，准由该学士专折奏事，以收实济而专责成之处，出自逾格鸿慈！

臣为慎重经费、兴盛地方起见，是否有当？谨附片具陈。伏乞圣鉴，训示。谨奏。[①]

光绪十三年四月初十日，奉朱批：钦此。[②]

## 一二 请将游击余德昌等留台差遣缘由片

光绪十三年三月二十日（1887 年 4 月 13 日）

再，臣准兵部咨开：本部议驳两江总督臣曾国荃调补江南狼山镇标中营游击余德昌一片，于光绪十二年十二月十五日具奏，奉旨：依议。钦此。相应抄录原奏知照该抚，并粘单内称：查江南狼山镇标中营游击余德昌，据该抚声称，前经福建巡抚刘铭传札调赴台湾差遣，并未奏明奉旨允准，且向无札调悬缺遽请调补例章，所请碍难议准，相应请旨饬下台湾巡抚转饬余德昌迅速回任，以实营伍而重员缺等因前来。

① 中国第一历史档案馆藏：《军机录副》，档案编号：03-9439-028. 又，台湾史料集成编辑委员会编：《明清台湾档案汇编》，第 5 辑，第 93 册，第 531—532 页，台北远流出版事业股份有限公司，2009。

② 此朱批日期与内容，据《军机处随手登记档》（档案编号：03-0253-2-1213-092）校补。

臣查台湾现在内抚生番，外办海防。上年秋间，因统将王贵扬、唐仁元等感受瘴疠，相继积劳病故。若就台湾遴选统带，实难其人。因查江南狼山营游击副将余德昌、常州营游击副将万国本，打仗奋勇，讲求操练，经臣咨调来台。万国本委带镇海三营，余德昌委带昌字三营。该二员朴实勤谨，尚无军营贪滑习气，现值剿抚生番之际，合无仰恳天恩，俯念台湾统将需员，准将江南狼山营游击副将余德昌、常州营游击副将万国本一并留于台湾差遣，以资剿抚，出自逾格鸿慈！

谨附片具陈。伏乞圣鉴，训示。谨奏。

（朱批）：着照所请，兵部知道。[①]

光绪十三年四月初十日，奉朱批：着照所请，兵部知道。钦此。[②]

【案】此奏片之具奏日期，原件目录署“光绪十三年正月二十六日”，且示存疑，而录副则以朱批日期为之。据朱批日期“光绪十三年四月初十日”，查《军机处随手登记档》[③] 朱批刘铭传折栏，署有“报四百里，三月二十日发”等字样。据此，此奏片之具奏日期当为“光绪十三年三月二十日”无疑。兹据校正。

## 一三　请将淡水知县汪兴祎改奖缘由片

光绪十三年三月二十日（1887 年 4 月 13 日）

再，花翎补用同知调补淡水县知县汪兴祎，前在晋江县任内

① 中国第一历史档案馆藏：《朱批原件》，档案编号：04-01-16-0222-154.
② 中国第一历史档案馆藏：《军机录副》，档案编号：03-5848-080.
③ 中国第一历史档案馆藏：《军机处随手登记档》，档案编号：03-0253-2-1213-092.

因基沪获胜转运出力案内，经臣等请以同知在任候补，吏部议准，于光绪十一年十二月二十五日具奏，奉旨：依议。钦此。钦遵转行在案。兹据淡水县知县汪兴祎禀称：前在闽省办理甘捐协饷出力，已得有俟补缺后以同知用升阶，奉部核准，于同治十三年六月十三日奉旨：依议。钦此。今蒙保奖请以同知在任候补，似属重复，理合报明等情，前来。

臣伏查该员汪兴祎，前在晋江县任内转运军械等项出力，实属奋勉任事，不辞艰险，所有保案既属重复，合无仰恳天恩，俯准饬部将淡水县知县汪兴祎改以俟补同知缺后以知府补用，并先换顶戴，以昭激励之处，出自逾格鸿慈！

谨附片具陈。伏乞圣鉴，训示。谨奏。

（朱批）：吏部议奏。[①]

光绪十三年四月初十日，奉朱批：吏部议奏。钦此。[②]

【案】此奏片之具奏日期，原件目录署“光绪十三年正月二十六日”，且示存疑，而录副则以朱批日期为之。据朱批日期“光绪十三年四月初十日”，查《军机处随手登记档》[③] 朱批刘铭传折栏，署有“报四百里，三月二十日发”等字样。据此，此奏片之具奏日期当为“光绪十三年三月二十日”无疑。兹据校正。

## 一四　奏为台湾学政仍由巡抚兼理缘由折

光绪十三年四月二十日（1887 年 5 月 12 日）

头品顶戴革职留任闽浙总督兼管巡抚事臣杨昌濬、督办台湾

① 中国第一历史档案馆藏：《朱批原件》，档案编号：04-01-12-0537-133.

② 中国第一历史档案馆藏：《军机录副》，档案编号：03-5221-042.

③ 中国第一历史档案馆藏：《军机处随手登记档》，档案编号：03-0253-2-1213-092.

防务福建巡抚一等男臣刘铭传、福建学政詹事府少詹士臣陈学棻跪奏，为台湾学政仍请由巡抚兼理缘由，恭折复陈，仰祈圣鉴事。

窃照光绪十二年十二月初二日承准军机大臣字寄：光绪十二年十一月十四日奉上谕：御史陈琇莹奏，台湾考试宜添设学政，以专责成，或令福建学政乘轮东渡按试台属等语。现在台湾改设行省，学政应否添设及福建学政能否渡台考试之处，着会议具奏等因。钦此。当经咨行钦遵。

伏查台湾现虽改设行省，拟添县治，系从旧有各属幅员较大者量为区分，所有新抚番地，甫经薙发授衣，分治尚早。即现考各属计之，台南澎湖一厅，台、凤、嘉、彰四县，台北淡、兰、新三县，向分两棚考试。省会拟建中路，自必再添附郭一府，割中路各县以隶之，然亦仅只三棚。而中路应试士子仍即嘉、彰、新竹等县之人，为数并不加多，专设学政一员，经费尚属有限，而事太简略，似未相称。近来通行轮舶，与从前配坐帆船，夷险迥判，改由福建学政渡台考试，原可照行。

惟台洋系属横流，如遇风涛海雾，轮船亦多阻滞。台地士子向于府试后即在郡等候道试，福建学政周历上下游各属，均系陆路。岁科两试余日已觉无多，再由内地远涉重洋，倘中途有阻，必致两误，似不若巡抚就台兼试之便。先于议复台湾改设行省案内，曾经奏奉敕部议准行知在案。至整顿士习，巡抚事权重于学政，自可随事随时认真办理。臣等彼此筹商，拟请仍照先前奏案，台湾学政事宜由巡抚暂行兼理，俟将来辟地日广，人文日盛，再行拟请添设，以专责成而广登进，并据福建布政使张梦元会同署台湾道陈鸣志详请奏咨前来。

除咨部查照外，臣等谨合词恭折复陈，是否有当？伏乞皇太后、皇上圣鉴，训示。谨奏。光绪十三年四月二十日。

（朱批）：该部知道。[1]

光绪十三年闰四月初十日，奉朱批：该部知道。钦此。[2]

## 一五 奏报停止收捐日期等情缘由折

光绪十三年四月二十八日（1887 年 5 月 20 日）

督办台湾防务降二级留任台湾巡抚一等男臣刘铭传跪奏，为台湾海防捐输依限停止，并截清请奖数目，恭折仰祈圣鉴事。

窃臣于光绪十一年八月十四日准户部咨开：军机处交出福建巡抚刘铭传奏台北各军饷项短少，现饬委员分赴各县催收捐项，附片一件，于光绪十一年七月初八日军机大臣奉旨：户部知道。钦此。相应恭录飞咨遵照。所收银两归入海防事例案内造册请奖，按月咨部，毋庸另行奏奖，并毋庸另立捐输，以符奏案而昭核实等因。当经遵照饬行全台总粮台遴委干员分赴台属各县，妥为劝办，并刊刷实收，发由台南、北捐输局委员核例填给，分作南、北局，挨次造册汇详请奖在案。

于光绪十三年二月初二日准户部咨称：本部议覆海军衙门奏，预筹经费并将海防捐输再行展限一年，统归部库收捐一折，光绪十二年十二月二十六日具奏，奉旨：依议。钦此。钦遵行知遵办。查原奏内声明各省海防大捐、常捐，无论临海省分，统自本年四月初一日展限之日起，概行改归部库，照海防章程兑收。惟查各省新例，海防捐输，直隶省收捐最多，一月一报，可见按

① 中国第一历史档案馆藏：《朱批原件》，档案编号：04-01-38-0186-050.

② 中国第一历史档案馆藏：《军机录副》，档案编号：03-5222-044. 又，台湾史料集成编辑委员会编：《明清台湾档案汇编》，第 5 辑，第 94 册，第 78—79 页，台北远流出版事业股份有限公司，2009。

月造册并不为难，但恐各省狃于积习，若不略宽时日，又或以捐册赶不及为词。拟请光绪十三年三月底截止后，予限一月，令各省将限内捐册赶造到部，逾限即概不准请奖，庶清捐案而杜弊端等因，遵经转饬南、北两局依限造报，以凭造册汇详请奖。

兹查台湾海防新例捐输，已于本年三月底一律停止。计台南局自第一次起至第八次止，共请奖银一十八万三千五十两六钱；台北局自第一次起至第二十一次止，共请奖银一百四万八千三十一两四钱。总计全台共核收捐输请奖银一百二十三万一千八十二两，合之觉为数尚多。惟当军务紧急之时，先向各属殷户捐借款项以济军饷，嗣于海防解严之后，照数核奖，款早用去。自光绪十年十一月开办以来，所有陆续收到捐款，均充海防军饷并善后经费，随到随用，毫无积储，实以办防、清赋、抚番各要务在在需款，至巨且急，不能不随时拨用，以顾要公。除将收支细数归案造销外，所有依限停止日期并截清捐输请奖数目，由全台总粮台前贵州布政使沈应奎详请奏咨前来。

臣覆核无异，除饬将收支各数归案造销另行咨部外，所有依限停止收捐并截清请奖数目缘由，理合恭折具陈。伏乞皇太后、皇上圣鉴。谨奏。光绪十三年四月二十八日。

（朱批）：该衙门知道。[①]

光绪十三年闰四月十四日，奉朱批：该衙门知道。钦此。[②]

## 一六　奏报仿照福建设立善后总局片

光绪十三年四月二十八日（1887年5月20日）

再，臣准户部咨开：本部具奏核明台湾出入款目一折，光绪

① 中国第一历史档案馆藏：《朱批原件》，档案编号：04-01-01-0959-084.

② 中国第一历史档案馆藏：《军机录副》，档案编号：03-6106-042.

十二年十二月二十五日奉旨：依议。钦此。内开台湾粮台经费并护台勇丁全年约需银八千三百余两等语。查该抚设立粮台，未据专案奏报。惟该抚从前督办军务，自不能不设立粮台。现在军务虽平，而行省尚未议定，所有收支款项，自应仍归粮台经理，应准暂缓裁撤。惟该台共用员役若干、勇丁若干、薪水口粮作何支给，未经报部，无凭核定，应俟销案到时，再由臣部比照成案办理。至将来设定行省之后，一切收支款项即可由新设藩司办理，届时应令该抚将粮台裁撤，计每年可节省银八千三百余两等因，飞咨前来。查台湾设立粮台，经臣会同提臣孙开华于十年十二月二十四日附片具奏在案。现在部议分省已定，藩司邵友濂①将次到任。据办理粮台前贵州藩司沈应奎禀请，于本年闰四月底截止，遵照部议将粮台裁撤以后，收支款目即归藩司经理，请假内渡就医等情，前来。

臣伏查沈应奎办理粮台，所有台湾善后、厘金、盐务、工程、筹防、清赋诸要务，俱未另设总局，虽每年经费八千三百余两，若照内地各省一事设立一局，节省甚多。现在藩司邵友濂尚无渡台之期，即便到任，台湾新设省分，不独书吏全无，亦无办公住所。

---

① 邵友濂（1841—1901），名维埏，字筱春、小村，浙江余姚人。先以监生遵例捐官，签分工部。同治元年（1862），以本部员外郎尽先补用。四年（1865），中式乙丑补行辛酉、壬戌两科乡试举人。五年（1866），会试不售。十年（1871），选工部虞衡司员外郎。十三年（1874），充总理各国事务衙门汉章京。光绪元年（1875），出使俄罗斯。四年（1878），以道员充头等参赞，随崇厚赴俄谈判伊犁归还，并襄办通商事务。五年（1879），署理俄罗斯钦差大臣。八年（1882），补授江苏苏松太道。九年（1883），中法战争，襄办台湾防务。十年（1884），中法约成，以功劳卓著赏一品封典。十二年（1886），补授河南按察使，旋因病开缺。十三年（1887），迁台湾首任布政使。十五年（1889），因感受湿热，请假内渡就医，旋擢湖南巡抚，兼署湖南提督，以忧免。十七年（1891），母忧服阕，补授台湾巡抚，以礼未终，准由沈应奎护理，旋莅任。二十年（1894），调署湖南巡抚，与张荫桓同为钦差大臣，出使日本乞和，和谈决裂回国，署湖南巡抚，嗣因病开缺。二十二年（1896），因病回籍调理。二十七年（1901），卒于里。有主纂《余姚县志》行世。

臣渡台数年，因经费支绌，非系地方至急至要之务，不肯浪用一钱。所住淡水县署半系草房，近来办防、清赋、抚番诸大端，悉赖捐输支持，现在捐输停止。分省之后，设官分治，在在需款，臣实无所措手，拟俟藩司邵友濂到任后，将粮台裁撤，仿照福建设立善后总局，诸务方有归宿。所有厘金、盐务并三十五营军饷，仍饬沈应奎会同办理，以资熟手。

所有部议裁撤粮台遵照办理缘由，谨附片陈明。伏乞圣鉴，训示。谨奏。

（朱批）：户部知道。[①]

光绪十三年闰四月十四日，奉朱批：户部知道。钦此[②]。

## 一七　请将已革藩司沈应奎开复原官缘由片

光绪十三年四月二十八日（1887年5月20日）

再，前贵州藩司沈应奎于光绪十年十一月冒险渡台，正值事机万紧之时，南北军饷告竭之际，经臣奏派办理粮台。该前司于无可罗掘之处分催各县捐款，并查出奸商匿报洋药厘金六万余元。其时月需军饷三十万两，臣在前敌，后路筹画接济全赖该前司设法支持，勉保危局。解严后遣撤客军、土勇四十余营，补发欠饷，需款尤巨，仅恃已故大学士左宗棠解到所借洋款五十万两。至十一年冬季，台南、北道府各库如洗，粮台存款不敷一月之用，情势岌岌。该前司惨淡经营，严催捐款，以济急需，一面整顿盐务、厘金，概停不急之需，力除中饱之弊，实心实力，任

① 中国第一历史档案馆藏：《朱批原件》，档案编号：04-01-30-0212-022.

② 台湾史料集成编辑委员会编：《明清台湾档案汇编》，第5辑，第94册，第91—92页，台北远流出版事业股份有限公司，2009。

怨任劳，会计精密，事事躬亲，所有全台百废俱兴，办防、清赋、抚番诸大端，一时并举，得以支持至今日者，沈应奎一人之力也。

现在粮台裁撤，捐输停止，该前司心力俱瘁。臣抚今追昔，不敢没其勤劳。查近时各省司道中办事精勤者有之，持躬廉正者亦有之，若如沈应奎之实力实心、不避劳怨，罕有其匹。臣统兵数十年，仰仗天威，所以能得稍立寸功者，别无所长。惟赏罚无私，用人不分畛域，毁誉悉出至公。

除办理捐输出力浙江候补知府李彤恩并道、府、厅、县暂行记奖外，开复衔翎已革贵州藩司沈应奎，办理粮台捐输出力，劳苦功多，可否仰恳天恩开复原官，以示鼓励人才之处，出自逾格鸿施！谨附片具陈。伏乞圣鉴，训示。谨奏。

（朱批）：沈应奎着准开复原官，余依议，该部知道。①

光绪十三年闰四月十四日，奉朱批：沈应奎着准开复原官，余依议，该部知道。钦此。②

## 一八　奏报新授台湾道唐景崧接印日期片

光绪十三年四月二十八日（1887年5月20日）

再，新授台湾道兼按察使衔唐景崧③前在滇越随同办理勘界

---

① 中国第一历史档案馆藏：《朱批原件》，档案编号：04-01-30-0212-023.

② 中国第一历史档案馆藏：《军机录副》，档案编号：03-5222-063.

③ 唐景崧（1841—1903），字维卿，广西灌阳人，廪生。咸丰十一年（1861），中举。同治四年（1865），中式进士，改庶吉士。七年（1868），授吏部主事。光绪八年（1882），赴越南招刘永福黑旗军。九年（1883），赏四品卿衔。十年（1884），奉命募成景字军，赴越抗法，以功赏花翎，赐号迦春巴图鲁。十一年（1885），升福建台湾道，兼按察使衔。十七年（1891），迁福建台湾布政使。二十年（1894），署台湾巡抚。二十五年（1899），任桂林体用学堂中文总教习。二十九年（1903），病卒。著有《请缨日记》《诗畴》《迷拾》《寄困吟馆诗存》《看棋亭杂剧》等行世。

事宜，界务办完，经勘界大臣周德润[①]等奏明，饬由广东来台到任。兹查该道于光绪十三年三月初一日驰抵台北府城，自应饬令即行赴任，以重职守。现据唐景崧详称，已于四月初九日接印任事。

谨会同闽浙总督臣杨昌濬，附片陈明。伏乞圣鉴。谨奏。

（朱批）：吏部知道。[②]

光绪十三年闰四月十四日，奉朱批：吏部知道。钦此。[③]

## 一九 奏为部拨台湾款项虚悬无着请饬另拨折

光绪十三年闰四月初四日（1887年5月26日）

督办台湾防务降二级留任台湾巡抚一等男臣刘铭传跪奏，为部拨款项虚悬无着，据实覆陈，请旨饬部另拨有着的款，以应要需，恭折仰祈圣鉴事。

窃臣于上年十二月二十九日准户部咨开：本部遵旨议拨安徽省认解旗兵加饷银四万两，浙江省盐务加价、商捐、酱捐各项下共银十万两，前奏提解部库台湾征存加征洋药税厘项下拨银十九万两、福建应解部库筹边军饷项下拨银三万两，共银三十六万

---

① 周德润（1832—1892），字生霖，号义庐，广西桂林人。同治元年（1862），中式进士，选庶吉士。二年（1863），授翰林院编修，历国史馆协修、国史馆纂修、国史馆总纂等官。光绪元年（1875），任实录馆纂修。五年（1879），补国子监司业。六年（1880），授詹事府右春坊右中允、司经局洗马，署理日讲起居注官。同年，补授翰林院侍讲，转翰林院侍读。七年（1881），授詹事府右春坊右庶子、翰林院侍讲学士。八年（1882），选翰林院侍读学士。同年，迁詹事府少詹事，署汉经筵讲官。九年（1883），升内阁学士兼礼部侍郎衔。同年，充武会试副考官。十年（1884），授总署大臣，署理礼部左侍郎。十三年（1887），补授工部右侍郎兼管钱法堂事务。同年，除刑部右侍郎。十四年（1888），简顺天学政。十八年（1892），管理户部三库事务。同年，卒于任。

② 中国第一历史档案馆藏：《朱批原件》，档案编号：04-01-01-0959-083.

③ 中国第一历史档案馆藏：《军机录副》，档案编号：03-5222-064.

两，以济台湾筑台购炮要需一折，光绪十二年十一月二十一日具奏，奉旨：即着该部迅咨各省赶解刘铭传应用等因。钦此。当经分别咨行钦遵办理去后。

兹准浙江抚臣卫荣光咨覆：所有浙江盐务加价、商捐、酱捐各项银十万两，业由升任四川总督前浙江抚臣刘秉璋奏准拨充海盐塘工经费八万两，余存运库，计实只二万余两，除饬司先将存库银二万两解归台湾外，其余不敷银八万两已于本年二月初八日附片声明，奏请改拨，以免贻误，于三月十四日奉朱批：户部知道。钦此。相应咨明查照钦遵等因。又据全台总粮台前贵州布政使沈应奎禀称：所有奉拨提解部库台湾征存加征洋药税厘银十九万两，查台湾洋药向系包商承办，全年征数屡经列折奏报在案，并无另存加征可提之款，应请奏咨另拨等情前来。

臣查此项奉拨的款原系台湾办防要需，现在浙江盐务加价、商捐、酱捐项下短银八万两，台湾征存洋药税厘十九万两，均系无着之款，共计二十七万两。际此购炮筑台、需费紧急之时，要款虚悬，实属无从措手，惟有据实覆陈，请旨饬部将奉拨办防经费二十七万两速即另行指拨有着的款，以济要需而免贻误，不胜急切待命之至！

所有部拨款项无着，请旨饬部另行指拨缘由，谨缮折由驿具奏。伏乞皇太后、皇上圣鉴，训示。谨奏。光绪十三年闰四月初四日。

（朱批）：户部速议具奏。[①]

光绪十三年闰四月十六日，奉朱批：户部速议具奏。钦此。[②]

① 中国第一历史档案馆藏：《朱批原件》，档案编号：04-01-30-0202-022.

② 中国第一历史档案馆藏：《军机录副》，档案编号：03-6616-114.

## 二〇 奏报台湾生番归化情形请奖出力将领折

光绪十三年闰四月初四日（1887 年 5 月 26 日）

督办台湾防务降二级留任台湾巡抚一等男臣刘铭传跪奏，为台湾各路生番归化并开山招抚情形，所有尤为出力将领恳恩给奖，以示鼓励，恭折仰祈圣鉴事。

窃臣于光绪十二年四月并九月剿抚南北各路番社情形，先后奏明在案。上年十月，据署台湾道陈鸣志、统带镇海后军副将张兆连先后禀称：后山番社未抚尚多，悉在深山之内，北抵苏澳、岐莱，南至埤南、恒春，若由水尾适中之地，与前山彰化遥遥相对，开通道路，声气联络，先抚后山中路，其余闻风向化，招抚较易，否则一抚之后，声气仍然隔绝，徒糜经费，难求实效等因。臣当檄署台湾镇总兵章高元统带炮队并镇海中军前营定字左营及练兵七百人，兼雇石工、民夫，由彰化境之集集街开山而东，张兆连由水尾开山而西，两面刻期会办。

章高元率勇由拔埔社开至丹社岭，计修路一百二十里；张兆连自水尾开至丹社岭，计程六十里，均系崇山峻岭。该镇等凿石伐木，自冬至春，一律修竣。张兆连当乘开山军势，即派管带黄定国、毕宝印，先将水尾、南北川、丁仔老等二十四社，番丁四千余人招抚归化，一律剃发，择立社长，颁给宪书条款，使奉正朔。次由花莲港至岐莱沿山一带招抚他良等十二社，番丁二千余人，当有毗连岐莱之大鲁阁、木瓜等社，丁众势强，意图抗拒。张兆连因大鲁阁社为北路最强之番，若招抚归化，则岐莱一带即可一同就抚，亲带三营队伍扎驻山口，声言开炮攻剿。该社番目廉画溢等畏威乞抚，并愿同大马鞍、大吧垄等五十三社一同归化，先后剃发一万五千余丁。此水尾至花莲港后山北路番社一律归化之情形也。

张兆连于北路生番归化之后，即会同埤南同知欧阳骏移军，向埤南、平埔一带内山招抚。南路生番平埔以南各社，以吕家旺左、右社为最强，该社地大丁众，雄其侪偶，不独不遵剃发之令，且统众强阻附近各社，不准就抚，各社因而观望。张兆连、欧阳骏当传通事朱清吉到营，告以该社案行恃众藐法，此次是降是抗，立即回报，一面滚营进扎，耀兵山麓。吕家旺番目卞海盈、齐骨狮、康大鳌等见官军逼近，势在攻剿，聚谋数日，各随通事到营乞抚，并约同附近巴六九等二十六社一律归化，并有八栳南等十三社亦闻风归化，统共剃发番丁一万三千余人。其毗连恒春、凤山两县属境，层峦叠嶂，内有番社在凤山辖境者，以三条仑为大枝；在恒春辖境者，以高山牡丹湾为大枝。张兆连督同凤山营都司蓝凤春、管带林维桢，分道进山，招抚三条仑、六仪等十五社，高山牡丹湾、阿眉等二十二社，中心仑等四十二社。又饬管带黄定国、毕宝印招抚大兰、打腊、打南等十一社。该处地极幽深，各番皆伏处山顶，寒苦异常。自吕家旺至大兰等处共抚一百二十九社，计番丁三万五千余人。此埤南、恒、凤所属后山南路番社一律归化之情形也。

凤山所属前山尚有未抚番社，臣上年檄饬统带镇海前军副将陶茂森，率队由牛栏棍、内口、半路店招抚沙摩溪等六社，由山猪门招抚柏叶等十八社，由万全店招抚粪箕等四社，统计二十八社，番丁一万二千余人，均皆剃发归化。

其毗连台湾、嘉义两县所属内山未降番社，经署台湾道陈鸣志檄饬镇标中军易豫俊招抚大喃等二十四社，番丁四千三百余人。又派游击刘智坤续抚大武龙、内攸等四社，番丁四百余人。章高元由彰化水底寮开路至埔里社，沿山招抚北港、万雾等五大社，眉毛纳、吻吻等四十四小社，共番丁九千余人。又由拔埔社开路至丹社，沿路招抚卓大、意东等六十一社，番丁八千余人。中路嘉、彰之交，经斗六门县丞陈世烈于云林坪设局招抚，所有沿山郡番十六社，峦番、丹番等三十七社，番丁四千余人，樟脚、楠仔脚等七社四百余人，均先后剃发归化。

新竹前山番社，上年已一律归化。惟内山石加碌、京孩儿等百余社，素行凶悍，降番垦民历受其害，仇杀不休，叠据民番禀请调兵剿办。臣于上年十二月檄饬道员林朝栋，督同营官郑有勤两营队伍前往，相机剿抚。林朝栋率带正营由十八孩儿社进攻石加碌南路，派令营官郑有勤率领副营由西熬进剿石加碌北路，各带化番数十名为之向导，深入内山七十余里，节节开路筑卡。石加碌五社并哇西熬、梅素、雪中、明都郁等十七社番众，见官兵分道深入，畏威乞降，并愿劝导京孩儿南界密拿栳社一同归化。林朝栋当派郑有勤率带化番亲往京孩儿边界，将密拿栳、碧牙兰、南口等社土目哇素老、哇油老、瓦丹打、劳邦朗等生番二十四社，一律招抚归化。此前山各路自冬至春续行开山抚番之情形也。

查台湾生番种类繁多，处处与民仇杀。自上年九月臣亲督大队剿抚中、北两路生番归化后，现在数月之间，所有后山各路生番二百一十八社，番丁五万余人，一律归化。前山各路续抚生番至二百六十余社，番丁剃发三万八千余人。水尾、花莲港、云林、东势角等处可垦水旱田园数十万亩，不独开疆辟地，且可免民番仇杀之祸。此皆朝廷威福远抚遐荒，使深山幽谷、野居穴处之类咸知向化归仁，化獉狉而登衽席，实非微臣意料所及。惟招抚番社愈多，经费愈大，现在捐输截止，经费支绌异常，臣已檄饬各军仍回防所，筹画设官分治，俟有经费，再行续抚，以期全台生番一律归化。

查前、后山将士自开山抚番以来，披荆斩棘，奔走于深山穷谷之内，从事于蛮烟瘴雨之中。两年以来，倍尝艰苦，不无微劳足录。所有尤为出力总兵衔闽浙尽先补用副将张兆连、留闽补用副将协勇巴图鲁陶茂森，均拟请以总兵记名简放，留闽补用。守备郑有勤，拟请以都司尽先补用，并赏加游击衔。其余在事出力官弁，可否由臣汇案请奖，以示鼓励之处。出自逾格鸿慈！

除将已抚番境筹商设官分治另行会奏外，所有各路生番归化并尤为出力将领恳恩给奖缘由，谨会同闽浙督臣杨昌濬，恭折具陈。伏乞皇太后、皇上圣鉴，训示。谨奏。光绪十三年闰四月初四日。

（朱批）：另有旨。①

光绪十三年闰四月十六日，奉朱批：另有旨◆1。钦此。②

【案】此案旋于十年闰四月十六日得旨允行。《光绪朝上谕档》载曰：

光绪十三年闰四月十六日，内阁奉上谕：刘铭传奏，台湾各路生番归化并开山招抚情形，请将出力将领奖励一折。台湾前、后山各路生番，自上年十月经刘铭传檄委将领开通道路，设法招抚，数月之间，后山南北两路生番二百十八社、番丁五万余人，前山各路生番二百六十余社、番丁三万八千余人，均各次第归化，可垦田园数十万亩。办理尚为妥速。

① 台湾史料集成编辑委员会编：《明清台湾档案汇编》，第5辑，第94册，第97—101页，台北远流出版事业股份有限公司，2009。

② 此朱批日期与内容，据《军机处随手登记档》（档案编号：03-0253-2-1213-128）校补。

刘铭传督率有方，深堪嘉尚。其尤为出力之副将张兆连、陶茂森，均着以总兵记名简放。守备郑有勤，着以都司尽先补用，并赏加游击衔。其余在事出力员弁，准其汇案请奖，毋许冒滥。余着照所议办理，该部知道。钦此。①

## 二一　奏报姜胡氏捐襄考棚请旨建坊片

光绪十三年闰四月初四日（1887 年 5 月 26 日）

再，据台北府知府雷其达②详称：据淡水县监生洪龙光禀称：故祖四品封典例贡生洪腾云，生前因台北府城建造考棚行署，捐助上田一千四百七十八丈地基，又捐建盖考棚经费银一百九十四两四钱，经该府查明捐缴银数属实，契载田价洋银一千八百两，现在核实估计，值银八百五十一两三钱二分八厘，合之已捐现银一百九十四两四钱，共计银一千零四十五两七钱二分八厘，捐数已在千两以上，与请建坊之例相符。

又据新竹县知县方祖荫禀称：新竹大南坑一带毗连番界地方，屡因争占垦地，民番仇杀，现在该处生番一律归化，无地耕种，而山外番地，百姓估占垦多年，更易数姓，又不能断令归还。据候选县丞姜绍基禀称：伊母姜胡氏愿备田价，向垦户金广

① 中国第一历史档案馆编：《光绪宣统两朝上谕档》，第 13 册，第 182—183 页，广西师范大学出版社，1996。又，中华书局影印：《清实录·德宗景皇帝实录（四）》，卷之二百四十二，光绪十三年闰四月，第 262 页，中华书局，1987。

② 雷其达（1828—?），字颖生，江西铅山县人，咸丰年间，由增贡生历保训导、教谕，复保知县分发福建补用，在籍帮办团练，调闽募勇助剿，旋委援湘大营差遣。同治元年（1862），保同知。同年，丁外艰回籍。三年（1864），保知府，换顶戴。四年（1865），代理大田县知县。十年（1871），委赴台湾密查案件。十一年（1872），补漳州府云霄同知。光绪二年（1876），调署闽县知县，历署嘉义、诏安县篆。以前在闽县清理洋案出力，保知府。十年（1884），委署福宁府。十二年（1886），署台北府知府。十四年（1888），署台湾府知府。十八年（1892），调漳州府知府。同年，升兴永泉道。二十年（1894），补授高濂钦道。

福购买大坪、长坪两处田亩，归还各番，以免仇杀，经该县履勘大坪等处田地，每年可收谷八九百石，契载田价洋二千三百余元。当此生番甫经归化，无地耕种，姜胡氏慨然捐买田亩，价洋二千三百余元，合银一千六百余两，实属急公好善等情，先后详请给奖前来。

臣查台湾现在设官分治、办防、抚番，需费浩繁，洪腾云、姜胡氏慨然捐资襄助，合计田价银均在一千两以上，似应照例给奖。已故四品封典例贡生洪腾云、候选县丞姜绍基之母姜胡氏，合无仰恳天恩给予“急公好义”字样，饬令自行建坊，以示观感。谨会同闽浙总督臣杨昌濬，附片具陈。伏乞圣鉴，训示。谨奏。

（朱批）：着照所请，吏部知道。[1]

光绪十三年闰四月十六日，奉朱批：着照所请，吏部知道。钦此。[2]

【案】此奏片之具奏日期，原件仅署“光绪十三年”，而录副以奉旨日期为之，均未确。据朱批日期“光绪十三年闰四月十六日”，查《军机处随手登记档》[3]朱批刘铭传折栏，则署有“报四百里，闰四月初四日台北府发”等字样。据此，此奏片之具奏日期当为“光绪十三年闰四月初四日”无疑。兹据校正。

## 二二　查明同知刘清河底衔错误请敕更正片

光绪十三年闰四月初四日（1887年5月26日）

再，查基沪历次战守获胜保奖案内同知衔刘清河，原保请给

① 中国第一历史档案馆藏：《朱批原件》，档案编号：04-01-38-0167-047.

② 中国第一历史档案馆藏：《军机录副》，档案编号：03-5545-107.

③ 中国第一历史档案馆藏：《军机处随手登记档》，档案编号：03-0253-2-1213-128.

五品蓝翎，因当时误缮“州同衔”，奉部议驳，刘清河已声叙有州同衔，该员衔已无可再加，改为议叙等因。

臣查刘清河系基隆绅董，当法兵占踞之时，该绅纠集大武仑等处团练，并由臣饬募土勇一百名防守基隆西北一路，屡次接仗，获胜立功，本有同知衔，系误写“州同衔”。奉部议驳，自应更正，另核请奖，应恳天恩饬部将刘清河“州同衔”更正为“同知衔”注册，并照原保赏戴蓝翎，以示鼓励，出自逾格鸿慈！谨附片具陈。伏乞圣鉴，训示。谨奏。

（朱批）：吏部议奏。[①]

光绪十三年闰四月十六日，奉朱批：吏部议奏。钦此。[②]

【案】此奏片之具奏日期，原件仅署“光绪十三年”，而录副以奉旨日期为之，均未确。据朱批日期“光绪十三年闰四月十六日”，查《军机处随手登记档》[③] 朱批刘铭传折栏，则署有“报四百里，闰四月初四日台北府发”等字样。据此，此奏片之具奏日期当为“光绪十三年闰四月初四日”无疑。兹据校正。

## 二三　请将候补道陈鸣志交军机处存记片

光绪十三年闰四月初四日（1887年5月26日）

再，署台湾道福建候补道陈鸣志经臣于光绪十一年五月奏保署理台湾道，现在实缺台湾道唐景崧已到任，该道交卸后，臣檄饬总理全台营务处，并会办盐务、厘金、清赋等事。查该道自署

① 中国第一历史档案馆藏：《朱批原件》，档案编号：04-01-13-0359-077.
② 中国第一历史档案馆藏：《军机录副》，档案编号：03-5849-029.
③ 中国第一历史档案馆藏：《军机处随手登记档》，档案编号：03-0253-2-1213-128.

任以来，除弊剔奸，整顿营务、吏治，拿办哥老会匪，遣散游勇，商同后山统带张兆连、凤山统带陶茂森等，招抚生番先后不下十万人，不惮劳怨，力洗台南积习。其于军务、洋务尤为熟悉，持躬廉朴，办事稳练，实为道员中不可多得之员。方今海内多事，人才难得，臣不敢壅于上闻，可否仰恳天恩，将道员陈鸣志交军机处存记以备任使之处，出自逾格鸿慈！

臣为保举人才起见，是否有当？谨附片具陈。伏乞圣鉴，训示。谨奏。

（朱批）：陈鸣志着交军机处存记。[①]

光绪十三年闰四月十六日，奉朱批：陈鸣志着交军机处存记。钦此。[②]

【案】此奏片之具奏日期，原件仅署“光绪十三年”，而录副以奉旨日期为之，均未确。据朱批日期“光绪十三年闰四月十六日”，查《军机处随手登记档》[③] 朱批刘铭传折栏，则署有“报四百里，闰四月初四日台北府发”等字样。据此，此奏片之具奏日期当为“光绪十三年闰四月初四日”无疑。兹据校正。

## 二四　奏补剿服生番保案履历清单缘由片

光绪十三年闰四月初四日（1887年5月26日）

再，臣于本年三月初八日接准吏部咨开：所有台湾巡抚刘铭传奏保剿服中、北两路生番出力各员请奖，应补送年貌、籍贯、

① 中国第一历史档案馆藏：《朱批原件》，档案编号：04-01-12-0538-059.

② 中国第一历史档案馆藏：《军机录副》，档案编号：03-5545-107.

③ 中国第一历史档案馆藏：《军机处随手登记档》，档案编号：03-0253-2-1213-128.

出身履历清单到部，再行核议查明具奏一折，于光绪十三年二月二十九日具奏，奉旨：依议。钦此。相应黏连原奏知照，并单开查该抚原折内并未将出力各员年貌、籍贯、出身履历另列清单，详细声明，臣部碍难核办。查该抚出奏日期系在接到此次申明定章部文后，相应请旨将原保之台湾巡抚刘铭传照章先行议处，并行令该抚将奏保剿服中、北两路生番出力各员年貌、籍贯、出身履历开列清单，补送到部，臣部再行照章核议等因前来。

臣查部定章程，于光绪十二年四月二十五日具奏，五月二十九日奉行到台，当经转行各营遵照办理。惟臣上年九月剿抚中、北两路生番，深入内山，当戎马倥偬之际缮折奏报，未及另列清单，兹经列保各员陆续送到履历，合无仰恳天恩饬部查照原案核奖，以昭激励！

除各员履历另行造册咨部外，谨附片具陈。伏乞圣鉴，训示。谨奏。光绪十三年闰四月初四日

(朱批)：该部知道。[①]

光绪十三年闰四月十六日，奉朱批：该部知道。钦此。[②]

【案】此奏片之具奏日期，原件仅署“光绪十三年”，而录副以奉旨日期为之，均未确。据朱批日期“光绪十三年闰四月十六日”，查《军机处随手登记档》[③]朱批刘铭传折栏，则署有“报四百里，闰四月初四日台北府发”等字样。据此，此奏片之具奏日期当为“光绪十三年闰四月初四日”无疑。兹据校正。

---

① 中国第一历史档案馆藏：《朱批原件》，档案编号：04-01-12-0538-015.

② 中国第一历史档案馆藏：《军机录副》，档案编号：03-5849-028.

③ 中国第一历史档案馆藏：《军机处随手登记档》，档案编号：03-0253-2-1213-128.

## 二五 查明贺明勋等员保案有误请敕更正片

光绪十三年闰四月初四日（1887 年 5 月 26 日）

再，台湾基隆获胜立功将士并历次战守及援军转运出力各员弁，经前臣会同提臣孙开华汇案开单奏保，蒙恩给奖，经部分别准驳核覆，并经转行在案。

兹查原保清单及部覆单内，孙开华所部擢胜营湖南抚标骑都尉世职贺明勋误写“提标曹志忠所部庆祥”，绥靖营参将成有盛误写“陈有盛”，都司万守先误写“万守光”；杨金龙所部绥靖恪靖营千总姜玉根误写“蒋玉根”，都司赵元福误写“赵福元”；章高元所部武毅营守备邬清山误写“邬青山”，俊秀章册新误写“张册新”；王诗正所部营都司朱义胜误写“朱易胜”；刘朝祜所部亲兵炮队游击王立玉误写“王立德”，义勇营千总施材举误写“施才举”，把总李友得误写“李友德”，共计十一员，衔名缮写均有笔误，相应请旨饬部一并分别更正注册，以符原案。谨附片陈明。伏乞圣鉴，训示。谨奏。

（朱批）：该部知道。①

光绪十三年闰四月十六日，奉朱批：该部知道。钦此。②

【案】此奏片之具奏日期，原件仅署“光绪十三年”，而录副以奉旨日期为之，均未确。据朱批日期“光绪十三年闰四月十六日”，查《军机处随手登记档》③ 朱批刘铭传折栏，则署有“报四百里，闰四月初四

① 中国第一历史档案馆藏：《朱批原件》，档案编号：04-01-01-0958-091.
② 中国第一历史档案馆藏：《军机录副》，档案编号：03-5849-027.
③ 中国第一历史档案馆藏：《军机处随手登记档》，档案编号：03-0253-2-1213-128.

日台北府发”等字样。据此，此奏片之具奏日期当为“光绪十三年闰四月初四日”无疑。兹据校正。

## 二六　请将试用道张鸿禄开复处分缘由片

光绪十三年闰四月初四日（1887 年 5 月 26 日）

再，据粮台前贵州藩司沈应奎详称：已革盐运使衔前广东试用道张鸿禄于光绪十二年承办电线来台，在大嵙崁内山见新抚生番寒冬赤体，情状可悯，由上海捐制男女生番衣两万件，由大嵙崁抚垦局委员福建补用知县陈文泉详报两次如数收到，转发新抚各番社。查所捐番衣二万件，计合银一万两。该革道系被议人员，应恳援案具奏给奖等情前来。

臣查已革盐运使衔广东试用道张鸿禄，于光绪十一年办理招商局，因亏欠大兴公记余利银六千余两，经大学士直隶总督臣李鸿章奏参，奉旨革职。所欠款项已于被参后一律缴清。此次捐助番衣二万件，合银一万两，为数甚巨。当此经费支绌之际、群番向化之时，于抚务实属有裨。合无仰恳天恩将已革盐运使衔广东试用道张鸿禄开复翎顶，出自逾格鸿慈！谨附片具陈，伏乞圣鉴，训示。谨奏。光绪十三年闰四月初四日。

（朱批）：张鸿禄着准其开复翎顶，该部知道。[①]

光绪十三年闰四月十六日，奉朱批：张鸿禄着准其开复翎顶，该部知道。钦此。[②]

【案】此奏片之具奏日期，原件仅署“光绪十三年”，而录副以奉旨

① 中国第一历史档案馆藏：《朱批原件》，档案编号：04-01-12-0538-033.

② 中国第一历史档案馆藏：《军机录副》，档案编号：03-5545-107.

日期为之，均未确。据朱批日期“光绪十三年闰四月十六日”，查《军机处随手登记档》① 朱批刘铭传折栏，则署有“报四百里，闰四月初四日台北府发”等字样。据此，此奏片之具奏日期当为“光绪十三年闰四月初四日”无疑。兹据校正。

## 二七　密陈武备亟宜整顿并保将才折

光绪十三年闰四月二十一日（1887 年 6 月 12 日）

督办台湾防务降二级留任台湾巡抚一等男臣刘铭传跪奏，为密陈武备废弛，亟须切实整顿，并遵旨保举将才，以备任使，恭折仰祈圣鉴事。

窃臣于本年闰四月初四日，准军机大臣字寄：光绪十三年四月初八日奉上谕：各省提镇大员均有专阃之责，必须才略素优，方足以资整顿。迩来军务敉平，尤应安不忘危，物色将才，用备任使。着各直省督抚于军营著绩人员内，无论实缺、候补，各就其人之才具，或长于陆路，或熟于水师，出具切实考语，分别保奏。其曾经引见发往各省差委之提镇各员，本欲令其练习营伍，以备缓急，并着随时留心察看，如有才识出众之员，一并奏保，听候简擢。各该督抚身膺疆寄，以知人为最要，务当确切考察，勿采虚声，勿徇情面，用副朝廷访求人才、整顿武备之至意。将此各谕令知之。钦此。遵旨寄信前来。仰见圣谟远大，安不忘危，莫名钦佩！

窃维国用不足，兵伍不精，为天下之大患。目前财用匮乏，已不待言；兵武不精，各省情状不一，有操练后门枪炮者，有操

① 中国第一历史档案馆藏：《军机处随手登记档》，档案编号：03-0253-2-1213-128.

前门枪炮者，有终年不操者，大约不操者十居八九，军营衰暮之气日一日，将贪卒惰，虚名空额，竟成积重难返之势。若不切实整顿，筹饷于万难之中，养此游手好闲之徒，无事非烟即赌，有事则相率逃遁，何足以备朝廷捍乱御侮之用？

泰西各国武备日新，其操练有一定章程，如读书功课，一日不懈。近时沿海沿江各省所购外洋后门枪炮甚多，若不操练，枪久机器锈损，炮久零件遗失，俱成废物。现在整顿之法，惟有认真讲求营规、操练，方足以挽回积习。神机营与直隶总督大学士臣李鸿章所部，均经操练多年，步伍整齐，请旨饬下海军衙门王大臣，详定营规、操练章程，刊发各省，严定赏罚，如一省防军万人，能练劲旅三千，随时可以征调，则缓急之际，尚有可恃。惟练兵重在选将，现任并军营历保记名提镇固多贪滑钻营之类，亦有才勇可用之人，各疆臣公事繁多，无暇勤阅营伍，平时考察将官，惟见其表。刚直武勇者，每多见弃；钻营贪滑者，转得擅长。此营伍废弛不能振作之病源也。

朝廷整顿武备，物色将才，必先考其真才实技，或枪炮打靶有准，或操练口令娴熟，洞悉外洋军器之利钝，身体强健，毫无恶习。有何才谋，由原保督抚出考。俟海军衙门议立营规、操练章程，刊发各省后，限期一年，或十个月，将各疆臣所保将才陆续调京考验，如所保将官与考语不符，即将原保督抚议处。并请每年特派知兵大员，巡阅沿江、沿海营伍，考验枪炮操练，查点勇数，或可转移风气，挽回积习。朝廷之精神一振，山泽之猛士云兴，惟在我皇太后、皇上加意武备而已。

臣一介武夫，仰蒙天恩破格成全，畀以封疆重任。事关军政得失大计，具有天良，不敢因循粉饰、缄默不言，谨将臣智虑所及，聊献一得之愚，以供采择。

至臣部将官，如提督方春发、柳泰和等，营伍废弛，已经先后参革。其将领可用、可为干城之选者，臣应遵旨保荐，以备任使。统带澎湖防军记名提督吴宏洛，打仗奋勇，布置有方，营规严整，熟悉操练；统带沪尾防军记名提督李定明，勇于任事，粗通文理，临敌身先，枪能命中。该二员才勇俱堪独当一面。其余如驻防安平总兵万国本①、驻防淡水副将余德昌、栋字营营官已保都司郑有勤，或勤奋有为，或才勇出众，年力强壮，均堪造就，为国家有用之将才。

外省实缺提镇，臣所深知者，亦不敢壅于上闻。福建水师提督彭楚汉②、九江镇总兵朱淮森③，俱忠勇勤朴，持躬纯谨，办事认真，实心实力。该二员如蒙圣主饬派办防、练军，稍假事权，必能竭力整顿，勤慎操防。其余非臣所知，不敢滥保，有负

① 万国本（1837—1902），安徽合肥人。咸丰初，以武童在籍带练随剿，历保游击、参将，加壮勇巴图鲁勇号。同治五年（1866），保副将，换奇车伯巴图鲁勇号。八年（1869），加总兵衔。十一年（1872），管带督标新兵前营。十二年（1873），借补庐州营都司。同年，调江南淮阳镇标城守营都司。光绪四年（1878），升常州营游击。六年（1880），署督标左营游击。七年（1881），署海州营参将。九年（1883），署淮阳镇标中营游击，管理练军并行营事务。十二年（1886），署督标左营游击。十三年（1887），署台湾镇总兵。十四年（1888），实授台湾镇总兵。二十一年（1895），调补闽粤南澳镇总兵。二十八年（1902），卒。

② 彭楚汉（1830—1912），字习之，号纪南，湖南湘乡县人。咸丰四年（1854），投效湘军，随杨岳斌转战湖北、江西、安徽、江南等省，以功历保至参将，加利勇巴图鲁勇号。咸丰十一年（1861），保尽先副将。同治二年（1863），保记名水师总兵、记名提督。同年，补授广东琼州镇总兵。三年（1864），赏云骑尉世职。十年（1871），统带保定练军马步三营。同年，补授直隶大名镇总兵。十一年（1872），擢福建水师提督。十三年（1874），统带北洋洋枪队赴台。光绪五年（1879），充福建轮船统领。二十年（1894），署长江水师提督。二十二年（1896），因病交卸回籍。民国元年（1912），卒于里。

③ 朱淮森（1830—?），安徽寿县人。咸丰元年（1851），投效军营，保加六品顶戴。四年（1854），充寿春中营顾家桥汛额外弁。五年（1855），选右营红心汛外委，赏戴蓝翎。同年，换花翎。六年（1856），补中营寿州汛把总。七年（1857），保寿春六安营守备。同年，保都司，加游击衔。八年（1858），补授四川川北镇标中营游击。十年（1860），补甘肃沙州营参将，加尚勇巴图鲁勇号。十一年（1861），升补甘肃永固协副将。同治元年（1862），保总兵。二年（1863），加提督衔。六年（1867），保提督。八年（1869），统带督标中军。十二年（1873），署督标中军副将。光绪二年（1876），擢江南淮扬镇总兵。八年（1882），补授江西九江镇总兵。十六年（1890），因伤请假调理。十七年（1891），署理江南苏松镇总兵。

朝廷访求人才、整顿武备之至意。

谨将武备废弛，亟须切实整顿，并遵旨保举将才缘由，恭折由驿密陈。伏乞皇太后、皇上圣鉴，训示。谨奏。光绪十三年闰四月二十一日。①

光绪十三年五月十九日，奉旨：原折归箍，另钞交海署。②

【案】此案于是年五月二十日得旨允行，《清实录》载曰：

丙子（五月二十日），奉慈禧端佑康颐昭豫庄诚皇太后懿旨：刘铭传奏，整顿武备请饬海军衙门详定营规、操练章程，刊发各省，并遵保将才一折。除所保各员已交军机处存记外，其余所陈各节，均着该衙门议奏。钦此。③

## 二八　请将杨宗瀚留差并请林维源帮办抚垦片

光绪十三年闰四月二十一日（1887 年 6 月 12 日）

再，台湾拟修铁路，创办商务，曾经臣附片奏请内阁侍读学士臣林维源督办。因该学士取予不苟，将来车路脚价期于涓滴归公，不虞中饱。连日据林维源面称：所办台北沿山垦务，新开田园，俱定于本年秋冬清丈，逐段分界，以便将来陆续升科。宜兰现又有新垦、旧垦争产械斗情事，即宜前往，督同官绅清丈，地方宽阔，一时不能竣事，商务、垦务彼此不能兼顾，商请奏销铁

① 中国第一历史档案馆藏：《军机录副》，档案编号：03-5849-108. 又，台湾史料集成编辑委员会编：《明清台湾档案汇编》，第 5 辑，第 94 册，第 202—205 页，台北远流出版事业股份有限公司，2009。

② 此奉旨日期与内容，据《军机处随手登记档》，（档案编号：03-0253-2-1213-159）校补。

③ 中华书局影印：《清实录·德宗景皇帝实录（四）》，卷之二百四十三，光绪十三年五月，第 274 页，中华书局，1987。

路商务差使，以免遗误等情。

臣查林维源所办台北垦务，亟须清丈。宜兰八里沙地方，本年三月经林维源督同官绅议开河道，该处可垦田园数万亩，全系平阳膏腴之地，新垦、旧垦争占地界，不时械斗，亟须林维源前往督同官绅清丈分界，以免滋事。所称两处不能兼顾，亦系实在情形。铁路商务现经海军衙门议准，奉懿旨：依议。钦此。咨行钦遵前来。

据商务委员已革道员张鸿禄、浙江候补知府李彤恩等禀称：现由英、德两厂先行订购铁路钢条三百三十里、铁桥二道、火车客车七十具，定于年内到齐，股分银两陆续招集，所欠无几，先由基隆造至彰化，再行接续前进。工程浩大，必须二三年后方能完工，并请派道员杨宗瀚总办铁路商务，以顺商情等因。

臣查盐运使衔新班先选用道杨宗瀚，以知县于同治元年投效大学士臣李鸿章军营，办理文案，随营历保道员留于河南补用，于光绪十一年报捐海防先选用。其器局开展，办事精实，志趣远大，平时家居每以中国之大不能富强为恨，经臣函招来台总办商务，实称其选。惟据杨宗瀚禀称，现届轮选到班，理应赴部投供，合无仰恳天恩，俯念台湾分省伊始，事事兴创，需才佐理，饬部注册，准将盐运使衔新班先选用道杨宗瀚留于台湾差遣，差次遇缺即选，俟选缺后再行送部引见。

至铁路抽收脚价，为期尚早。现由外洋开来铁路脚价章程，简当详明，丝毫不能舞弊，届时再由臣妥筹办理。相应请旨开去林维源铁路商务差使，俾其一意帮办抚垦，以专责成而收实效，是否有当？出自逾格鸿慈！谨附片具陈。伏乞圣鉴，训示。谨奏。

（朱批）：着照所请，该衙门知道。[1]

光绪十三年五月十九日，奉朱批：着照所请，该衙门知道。钦此。[2]

【案】此奏片之具奏日期，原件仅署“光绪十三年闰四月初四日”，且存疑。而录副以奉旨日期为之，均未确。据朱批日期“光绪十三年五月十九日”，查《军机处随手登记档》[3] 朱批刘铭传折栏，则署有“报四百里，闰四月二十一日发”等字样。据此，此奏片之具奏日期当为“光绪十三年闰四月二十一日”无疑。兹据校正。

## 二九　请将拿获盗匪在事文武官弁分别奖惩折

光绪十三年闰四月二十四日（1887 年 6 月 15 日）

督办台湾防务降二级留任台湾巡抚一等男臣刘铭传跪奏，为营县屡获著名盗匪，先后讯明正法，请将地方文武官弁分别奖惩，以示儆戒，恭折仰祈圣鉴事。

窃台湾地方山海交错，盗风甚炽。上年嘉、澎一带土匪横行，臣曾经特派署台湾镇总兵章高元驻扎嘉义，督带营勇，会同地方官，拿获匪犯多名，随时正法，于光绪十二年三月初四日将办理情形奏明在案。中路一带近年盗风稍息，惟凤山一县僻在台南，素有著名积匪陈春林、庄明月、苏金英、刘乞食、尤永记、张老帅等六大头目，各分股类，纠集匪党，肆行抢掠。上年十月以来，叠抢凤山县旧城内及潮州庄、阿猴庄等处盐馆，并抢埤头

① 中国第一历史档案馆藏：《朱批原件》，档案编号：04-01-01-0960-089.

② 中国第一历史档案馆藏：《军机录副》，档案编号：03-9439-032.

③ 中国第一历史档案馆藏：《军机处随手登记档》，档案编号：03-0253-2-1213-159.

城内烟、银各铺户，叠据道府禀请派兵拿办，以安地方等情前来。

臣当饬统带镇海前军副将陶茂森带勇，会同代理凤山县吴元韬切实拿办。旋据陶茂森先后禀报：上年十一月十六日，潮州庄有著名匪首苏金英、庄明月，纠党五六十名，各执器械，驻扎匪首陈春林家，日则拦途搜劫行旅，夜则明火强抢居民。当日探明，督同兵勇围拿，该匪知觉逃走，当将匪首庄明月拿获，并于陈春林宅中搜出枪炮、藤牌多件，立将其宅焚毁，庄明月供认叠劫各案不讳。十二月初三日，溪州庄民钱允兄弟于淡水溪埔途中被盗，十余人抢劫银物，并将钱允等用索捆缚。钱允高声喊救，经附近庄民鸣锣围拿，该匪胆敢开铳对击，当有防守阿猴庄左营前哨哨官陶文彬率勇驰往，当场获住陈妈清、陈鼻二名，解营讯明，供认抢劫、捆缚事主不讳。十六日，探闻后协黄冲家有匪徒聚集抢劫，当饬分防哨官潘得元带队围拿，擒获枪犯李螺、王元两名，搜出阿公店李进才家银饰等赃多件，黄冲乘间逸去。提李螺等审讯，供认听从匪首陈春林迭次抢劫不讳。本年二月十八日，又在旗尾庄拿获匪首张老帅一名，系著名积恶，悬赏购办多年，研讯所犯迭次抢案直认不讳等语。均经臣批饬先后正法。

本年四月初二日，又据陶茂森会同代理凤山县知县吴元韬禀称：凤邑抢匪俱在下淡水一带，阿猴为下淡水适中之地。三月十一日，陶茂森与吴元韬约齐率勇至阿猴分扎，一面晓谕各庄绅耆，限令将各庄著匪捆送，一面购线查探匪踪。十三夜，据眼线报称：柳仔林庄聚有著匪董盐稷等十余人，即行密令各军暨下淡水都司吴玉佩、县丞吴炳勋，各带勇丁前往围捕。该匪等闻风奔窜，各勇跟追，竟敢开放排枪，且拒且走。当经勇丁等拿获董盐糉一名，余匪逸至社皮龟村庄。该处绅耆将匪首洪两枝、曾王二名捆解送营，当即提同董盐糉隔别研讯，据各供认听从陈春林，叠次抢劫凤山城内外店铺及盐馆得赃、拒杀事主不讳。

十二日，又据吴元韬禀报：三月十九、二十等日，先后拿获积匪陈建、林漏易、郑能、黄述四犯，并在郑能身上搜获潮州庄盐馆被劫案内原赃蓝湖绉腰带一条，陈建、林漏易身上搜出六响洋枪各一把，隔别提讯，均各供认听从陈春林叠次抢劫得赃不讳。四月初八夜，线探著匪施石老逃匿大树脚地方。吴元韬星夜驰往，该匪已闻风逃入甘蔗丛中，当即督率亲勇搜捕，该犯开枪拒捕，致伤帮捕乡民吴启、亲勇洪福两名，当将施石老格伤就擒，并夺洋枪一杆、腰刀一把。该犯被格伤重，登时身死。惟匪首陈春林狡悍异常，党羽最众，叠经围拿格斗，拒捕、在逃等情，先后具报前来。臣当即批饬将董盐糉、洪两枝、曾王三名即行就地正法，施石老戮尸示众，以昭炯戒。

据署台湾道陈鸣志禀称：访闻陈春林逃匿台湾县境，密饬台湾府知府程起鹗，设法将陈春林缉拿务获。旋据程起鹗禀称：匪首陈春林因官军搜庄围拿，纠率伙党数十人，各带洋枪，逃匿台湾、凤山两县交界处所游弋，若明派兵役缉拿，该匪必有准备，即先远飏。商同台湾县知县沈受谦密饬道标千总郑超英，伪赴台邑边界，丈量田亩，不动声色；选带勇丁，扮作弓丈手，密约就地绅民侦探消息，相机围拿。四月十五日，线民密报，该匪首陈春林等潜匿盐山寮地方，郑超英即带勇丁百余名前往围捕。陈春林率党开枪抵拒，线民游水元、勇丁郑万等五人均各受伤。郑超英督勇正在围拿，适台湾县知县沈受谦先期密派清丈委员左军把总石国珍带勇亦来策应，陈春林等始各奔逃。郑超英跟踪追至盐溪崁地方，天甫黎明，营县兵役踵至，当将该匪陈春林获住，解交台湾县沈受谦研讯。陈春林供认叠劫盐馆并铳伤事主周藤身死、历年抢劫等案不讳。解由台湾道唐景崧覆审无异，详请惩办，经臣批饬就地正法，传首犯事地方示众。台、凤两县乡民同声称快。

查郑超英拿获邻境积年稔恶著名盗首陈春林，立正典刑，以除地方之害；台湾县知县沈受谦设计拿获邻县盗犯，协拿盗首之把总石国珍，均不无微劳足录，可否分别请奖，以示鼓励，并另禀实任凤山县知县现署鹿港同知张星锷，前在凤山任内于陈春林等股匪肆行抢劫之时，虽然匪党众多，非仅恃捕役数人所能缉获，应即禀请派勇拿办。乃该员到任之后，毫不振作，坐视不管，以致城内外抢案层见叠出，实属玩视民瘼，废弛捕务，相应据实揭参，以示惩儆。

盗首陈春林等六名，查刘乞食一名已于上年十二月间被仇家围拿自杀。现在陈春林、庄明月、张老帅三名，匪党陈妈清等十三名，均经先后拿获正法，尚有苏金英、尤永记二名在逃，仍行饬县设法严拿，并陈春林等供招另行详办外，合将拿获盗匪分别办理情形据实禀覆等情另禀前来。

臣查凤山县知县张星锷，身任民社，应如何安良缉盗，以靖地方，乃敢玩视民瘼，捕务废弛，实属咎有应得，相应请旨将凤山县知县张星锷即行革职，以示惩儆。道标千总郑超英设计拿获邻境著名盗首，实属异常出力，合无仰恳天恩开去道标千总实缺，以守备留于台湾镇标尽先补用，左军把总石国珍以千总尽先补用；协获邻境斩枭盗犯一名，台湾县知县沈受谦，请饬部照例议叙，以示鼓励，出自逾格鸿慈！

所有营县屡获著名盗匪讯明正法，并将地方文武官弁分别奖惩各缘由，谨会同闽浙督臣杨昌濬，恭折具奏。伏乞皇太后、皇上圣鉴，训示。谨奏。光绪十三年闰四月二十四日。

（朱批）：张星锷着即行革职，郑超英等均着照所请奖励，该部知道。[①]

光绪十三年五月十九日，奉朱批：张星锷着即行革职，郑超英等均着照所请奖励，该部知道。钦此。[②]

## 三〇　请将副将张东麓等员从优议恤缘由片

光绪十三年闰四月二十四日（1887年6月15日）

再，台湾自光绪十二年十月以前，所有各营病故员弁均经臣随时奏明，蒙恩赐恤在案。兹自十二年十一月以后，据各营陆续禀报：副将张东麓、钱守文，副将衔参将孙安邦，花翎都司高文元、程邦富，蓝翎都司程连升，都司衔守备刘彩璩，花翎守备潘金元，守备丁振邦，蓝翎守备苏廷瑞，蓝翎千总张志森、胜邦寿，千总黄朝义，蓝翎把总吕道儒，把总杨家骥、王万泰，候选县丞张文焕，从九品职衔王家乐、邱继先、徐午阳、吴道纯，已保巡检李超林，拟保从九奚承爵，文童卢策勋、袁良炳等二十五员名，均经先后在营病故；千总曾奇成、萧顺喜、龙大金等三名，剿番受伤，伤重身故。

臣查该故员等俱系剿抚生番，随营出力，或久受瘴疫，或随剿受伤，均经先后在营积劳病故，理合汇案具陈，仰恳天恩俯准将张东麓等二十八员名，一并交部从优议恤，出自逾格鸿慈！附

① 中国第一历史档案馆藏：《朱批原件》，档案编号：04-01-16-0220-094. 又，台湾史料集成编辑委员会编：《明清台湾档案汇编》，第5辑，第94册，第207—211页，台北远流出版事业股份有限公司，2009。

② 中国第一历史档案馆藏：《军机录副》，档案编号：03-5223-045.

片具陈。伏乞圣鉴。谨奏。

（朱批）：张东麓等均着交部从优议衈。[①]

光绪十三年五月十九日，奉朱批：张东麓等均着交部从优议恤。钦此。[②]

## 三一　续查基沪获胜出力各员履历请饬核办片

光绪十三年闰四月二十四日（1887 年 6 月 15 日）

再，臣前经遵照部议将基沪获胜立功及转运饷械案内各员另核请奖，并声明除将奉部行查孙道仁等二十九员捐纳保举年月日期另行咨部查核办理一折，于光绪十二年十二月十八日具奏，本年二月初三日恭奉朱批：吏部议奏，单、片并发。钦此。钦遵并将查覆各员履历陆续咨送吏部在案。兹准吏部咨称：该抚所有咨送行查各员出身履历系奏明行查之案，本部未便据咨核办，应由该抚奏明办理等因。臣自应再行遵照部议，分别奏咨办理。

惟查基沪获胜立功及转运饷械出力保案奉部行查出身履历各员，于法防平定之后，内有久已离营内渡，或回原籍，或到他省谋差，虽经转饬行查，各该员远隔重洋，造送履历先后参差，不能克期一律齐集。而本在台地及已经造送之员，既不便久压存候汇咨，又未便一起一奏，致纷案牍，故于各该员陆续送到履历，随时咨部，以备查核。

兹奉部咨，须由臣奏明办理，除二品荫生孙道仁等二十二员

① 中国第一历史档案馆藏：《朱批原件》，档案编号：04-01-16-0220-062. 又，台湾史料集成编辑委员会编：《明清台湾档案汇编》，第 5 辑，第 94 册，第 211—212 页，台北远流出版事业股份有限公司，2009。

② 中国第一历史档案馆藏：《军机录副》，档案编号：03-5849-109.

履历已经咨部，应请饬部查照核办外，其余二品难荫生陈祖荫等各员履历如续行查到，合无仰恳天恩，饬部准由臣随时咨部核办，以免烦渎而昭信赏，出自逾格鸿慈！谨附片陈明。伏乞圣鉴，训示。谨奏。

（朱批）：吏部知道。①

光绪十三年五月十九日，奉朱批：吏部知道。钦此。②

## 三二　奏请展缓台湾造送交代册结等情片

光绪十三年闰四月二十四日（1887年6月15日）

再，臣于四月三十日准户部咨开：据闽浙督臣杨昌濬奏，台湾所有厅县各案交代，请俟行省设定以后，由台湾另议章程，分别清厘等因。光绪十三年二月十七日，恭奉朱批：户部知道。钦此。钦遵抄出到部。查台湾厅县等官交代册结久未造报，亦未遵照新章将厅县到任日期逐员开报，前经本部会议台湾改设行省并设藩司案内，拟令该督、抚于接到此次部文之日起，限四月内先将现在任事之经管钱粮各厅、县、佐等官接收交代，分造册结，汇齐送部，以为将来考核之据等因，奏奉谕旨允准，由吏部行知遵照。兹据该督奏称，台湾交代久未清厘，俟行省设定以后，由台湾另议章程分别清厘之处，本部查核系为清厘交代起见。现在改设行省，已经议定覆奏，该省自应遵照办理，应令该督、抚迅将台湾历年旧案交代妥议章程报部，分别清厘，并令遵照本部会议案内定限，现在任事各官接收、交代，分造册结，汇齐送部，

① 中国第一历史档案馆藏：《朱批原件》，档案编号：04-01-16-0220-093.

② 中国第一历史档案馆藏：《军机录副》，档案编号：03-5849-110.

以为将来考核之据等因，知照前来。并先奏吏部咨同前因。

臣查台湾新设行省，所有各厅县交代，自应遵照部议，截清界限，分作新案、旧案，送部考核，以免纠葛。惟历年旧案既须会同福建藩司分别清查，新案为分省之初，尤须藩司专司综核。至于地方厅县到任日期，原应遵照部章，随时逐员开报。惟台湾向章地方委署须由福建藩司查明合例并人地相宜人员，申详补署，公文往返，动需数月，故不能及时开报，均须台湾藩司到任后妥立章程，认真办理。现在藩司邵友濂尚无渡台之期，一切案卷均须由闽省抄录核办。旧案积压太多，稽查清厘，尤需时日。若依部限于接到部文四个月内造册报部，实恐赶办不及，合无仰恳天恩，饬部将台湾新案交代册结期限并地方厅县到任日期，俟藩司到任后再行酌度扣限起算，清结开报，以专责成而免延误。

所有展缓造送交代册结，并开报地方厅县到任日期缘由，谨附片具陈。伏乞圣鉴，训示。谨奏。

（朱批）：着照所请，该部知道。[①]

光绪十三年五月十九日，奉朱批：着照所请，该部知道。钦此。[②]

【案】此奏片之具奏日期，原件署“光绪十三年四月初四日”，而录副则署“光绪十三年四月二十四日”，两相悬殊。据朱批日期查光绪十三年五月十九日《军机处随手登记档》朱批刘铭传折栏，则署有“报四百里，闰四月二十四日发”等字样。据此，此片具奏日期当为“光绪十三年闰四月二十四日”。兹据校正。

① 中国第一历史档案馆藏：《朱批原件》，档案编号：04-01-12-0538-026. 又，台湾史料集成编辑委员会编：《明清台湾档案汇编》，第5辑，第94册，第94—95页，台北远流出版事业股份有限公司，2009。

② 中国第一历史档案馆藏：《录副奏片》，档案编号：03-5223-050.

## 三三　奏请奖叙办理洋务出力员弁缘由折

光绪十三年五月十五日（1887 年 7 月 5 日）

署福州将军臣古尼音布、头品顶戴革职留任闽浙总督兼管福建巡抚事臣杨昌濬、福建台湾巡抚一等男臣刘铭传跪奏，为查明办理洋务、防务出力各员，仍恳恩准分别奖叙，恭折复陈，仰祈圣鉴事。

窃照闽省福州、厦门、台湾三口印委各员，历办通商及防务异常出力，经臣等会折奏保，奉旨：刘瑞祺等均着照所请奖励，该部知道。钦此。钦遵在案。嗣准吏部咨：此次保奖各员适当法防戒严，弹压保护，派赴前敌，著有勤劳，并非尽系征收税课出力，自应量予奖励。惟所叙各员劳绩未能详晰，且有在前任所著劳绩之员，是否适当法防戒严之时，亦未声明，并何员著何项洋务劳绩，未将履历声叙，饬即查明，分晰奏覆，并将各员年貌、籍贯、履历送部办理等因，到闽。当经转行遵照。兹据福建通商局司、道汇造各该员履历清册，声明各项劳绩，详请奏咨前来。

臣等伏查部定章程，洋务差委劳绩，准予奖叙，惟征收洋税等项事务不准保奖。闽省办理通商各员，皆承办外洋各国交涉事件，实系洋务，并非管理贸易商税，照章应准给奖。因历届保案均称“通商”字样，故仍其旧。此后应更名“洋务请奖”，以符定章。至法防戒严之时，敌船屯聚福州马祖澳与台北、沪尾等处，并在厦门一带游弋，窥伺各海口，民心惶惑，且欲与各国洋人为难。该印委各员或派赴前敌，密探严防，布置水雷，堵塞港道，查禁引水，杜绝接济；或昼夜弹压保护，始终不懈，并设法赶结要案，俾无牵掣，得以一意办防，均属不避艰辛，异常奋勉。其在前任所著劳绩之员，比值法防戒严，同时出力，缘循案保奖通商人员，致前开清单内各员兼办防务，声叙未详。兹据各该员补开履历，叙明各项差务出力。臣等复加查察，委系实情，并无虚饰冒滥。

除将清册咨部查核，并将兵部议覆武职二员另片奏陈外，合无仰恳天恩，俯准敕部钦遵前旨，将原保各员照拟给奖，以示鼓励。臣等谨合词恭折复陈。伏乞皇太后、皇上圣鉴，训示。谨奏。光绪十三年五月十五日。

（朱批）：着照所请，该部知道，片并发。①

## 三四　奏请台北府属士子选拔贡额缘由折

光绪十三年六月初四日（1887 年 7 月 24 日）

头品顶戴革职留任闽浙总督兼管巡抚事臣杨昌濬、福建台湾巡抚一等男臣刘铭传、福建学政詹事府少詹事臣陈学棻跪奏，为台北府属士子仍请选拔贡额，谨援案复陈，恭折仰祈圣鉴事。

窃照台北府属各绅士援案请准选拔贡额一案，经臣等于光绪十一年正月间奏奉谕旨：礼部议奏。钦此。嗣准礼部咨：议复以检查上两届福建选拔档册，台湾府属均经考有淡水厅学选拔一名。惟新升府治以来，府学生员现只一百七十余名，所请照例选拔二名之处，未免过优，应将原定选拔贡额一名，准其于本届乙酉科在府学生员内认真考取。倘不得其人，仍照例任缺无滥。如

① 台湾史料集成编辑委员会编：《明清台湾档案汇编》，第 5 辑，第 94 册，第 182—183 页，台北远流出版事业股份有限公司，2009。

本届科试业已完竣，即自下届丁酉科为始，再行考选。至淡水、新竹、宜兰三县学，现在廪、增、附人数均未及百名，核与道光四年定章不符。其原奏所引乾隆六年屏南县选拔之案，系在道光四年定章以前，未便援引。所有淡水、新竹、宜兰三县学，应俟下届丁酉科选拔之前，先期一二年由该督抚会同学政察看情形，如人数已逾百名，文风较盛，再行奏请设立，以符定制而杜冒滥等因。当经转行遵照去后。

兹据台北府在籍绅士广东候补道陈霞林等联名呈称：淡水、新竹、宜兰当未分学时，每届拔科厅学原贡一名，本与府学生员并归台湾府属考选者有别。迨分学之后，人数比前尤多，若限每学必逾百名方得选拔，是府学生员虽缓其二犹准其一，而三学二百数十名之廪、增、附各以限额，均不获与斯选，间有文行兼优之士，未免独抱向隅。查嘉庆二十三年淡水自彰化分学以来，初设学额亦止六名。算至道光五年乙酉，相距不过八年，岁科不过五次，生员尚非满百，经蒙选拔郑用鉴一名。是远引屏南于例，固有未合。近考淡水既属本地成案，且在道光四年以后，与定章实适相符，我朝加恩海外，逾格栽培，相应请照道光五年淡水厅选拔之案，恳准淡水、新竹、宜兰三县学各拔一名贡额，即就本届岁科补考，俾得均沾惠泽等情。

并据台北府合学林廷璧等联名佥禀：奉部议复前因，惟查延、建、邵、汀四府于咸丰辛酉本届考拔之年，适值发匪犯境之候，停至同治元年始行补考选拔。二年，补应朝考前代理淡水学教谕黄而康即与其选，核与台北因法人滋扰无异。如以格于部议，本届科试业已完竣，即自下届丁酉科再行考选，未免使台北合学生员独抱向隅。况部咨到闽已在科试完竣之后，所议台北府学准选拔贡额一名，又系原定旧额，应请援照同治元年延、建等四府补考选拔之例，准予补考，以惠士林等情。

臣等伏查嘉庆二十三年淡水自彰化分学以后，至道光五年乙酉科，岁科不过五次，廪、增、附生尚未满百，经蒙选拔郑用鉴一名。兹淡水、新竹、宜兰三县于光绪四年新设学额以来，岁科亦经五次，适逢乙酉科选拔之期，既有淡水厅本地成案，且在道光四年以后，与定章实适相符。又咸丰十年十二月二十日，准部议复贵州省奏请变通考试拔贡一案，所有军务未竣未能按试各属，一俟地方肃清，准援照补行乡试之例，即行选补，以广登进。由是延、建、邵、汀四府咸丰辛酉科考拔之年，亦因军务未竣，未经考选，迨同治元年查照贵州省变通考试拔贡案内部议定章，补行考选在案。是所请补考之例，亦属符合。

台湾远隔海外，多士涵濡圣教，莫不怀才欲试，情殷上进。彼时防务戒严，台洋风帆靡定，办理迟延，实出有因。当此分省辟疆之始，于士子进取之途，似无妨从宽，用示激劝。经福建布政使张梦元等会议，详请奏咨前来。

合无仰恳天恩，俯念台北海外岩疆，版籍既繁，文风日盛，准予援照道光五年淡水厅学选拔之案，淡、新、宜三县学每学选拔贡生一名，连同台北府学应拔贡生一名，并准补考，俾广成均之选。倘不得人，照例任缺无滥，以符定制。

除咨部外，臣等谨合词恭折覆奏。伏乞皇太后、皇上圣鉴，训示。谨奏。光绪十三年六月初四日。

（朱批）：礼部议奏。[①]

光绪十三年七月初三日，奉朱批：礼部议奏。钦此。[②]

---

① 中国第一历史档案馆藏：《朱批原件》，档案编号：04-01-38-0167-036.

② 中国第一历史档案馆藏：《军机录副》，档案编号：03-5546-001.

## 三五　请将筹议澎湖、海坛镇协互调缘由折

光绪十三年六月十七日（1887年8月6日）

头品顶戴革职留任闽浙总督兼管福建巡抚事臣杨昌濬、福建台湾巡抚一等男臣刘铭传跪奏，为筹议澎湖、海坛镇协互调事宜，谨缮清单，恭折覆陈，仰祈圣鉴事。

窃照光绪十二年三月二十四日奉上谕：刘铭传奏，澎湖为闽台门户，非特设重镇，不足以资守御。杨昌濬与该抚意见相同，拟将澎湖副将与海坛镇对调，仍归总督管辖等语。即着会同筹议具奏等因。钦此。臣等当将改设行省各事宜一并会核具陈，奉旨：该部议奏。钦此。旋准部咨：议覆澎湖改设重镇，方足资统摄而靖地方。该督等所请将澎湖副将与海坛镇对调，自应准如所请。至现任总兵吴奇勋、副将苏吉良互相调扎，是否堪胜新任，应由该督抚察看奏明后，再行换给札付，一切未尽事宜，仍令随时奏明办理等因。即经咨行遵照去后。

伏查台湾为七省屏蔽，澎湖尤为闽台咽喉，海外孤悬，四面受敌，虽经筹款造船、购炮、筑台，饬令提督吴宏洛统带防营专驻其间，认真布置，而改设重镇要须斟酌尽善，委任得人，庶几兵勇相辅而行，益以壮干城而垂久远。海坛为福州海口藩篱，与闽安有辅车之势，惟距省垣较近，声势尚易联络，兹就部指各节暨省局司道议详等情，覆加酌核，谨缮清单，恭呈御览。其现任总兵吴奇勋，虽老于水师，现筹防务，机宜未能深悉。副将苏吉良患病日久，互相调扎，均难期胜任。事关海防要着，未敢稍涉迁就，澎湖镇总兵应请旨另行简授。其海坛协副将仍令吴奇勋暂

行署理，遇有内地水师总兵缺出，候旨简用。

所有一切更调事宜，应请敕部迅速核覆，以凭次第遵办。谨将筹议澎湖、海坛镇协互调缘由，合词恭折覆陈，是否有当？伏乞皇太后、皇上圣鉴，训示，施行。谨奏。光绪十三年六月十七日。

（朱批）：另有旨。[①]

光绪十三年七月初九日，奉朱批：另有旨◆1。钦此。[②]

【案】此奏旋于是年七月初九日得旨允行，《光绪朝上谕档》载曰：

光绪十三年七月初九日，内阁奉上谕：杨昌濬等奏，筹议澎湖海坛镇协互调事宜一折。新设福建澎湖镇总兵，着吴宏洛补授。其海坛协副将，着吴奇勋暂行署理，遇有内地水师总兵缺出，候旨简放。余着该部议奏，单并发。钦此。[③]

## 三六　呈筹议澎湖、海坛镇协互调事宜清单

光绪十三年六月十七日（1887年8月6日）

谨将筹议澎湖、海坛镇协互调事宜，胪列清单，恭呈御览。

一、兵部查海坛镇总兵与澎湖协副将互调驻扎，所有该镇、协所属官弁，应否改设、添设等因。伏查海坛镇标下旧制，额设中军游击兼管左营一缺、右营都司一缺，左、右营守备各一缺。澎湖协旧制，额设中军都司兼管左营一缺、右营都司一缺。今

---

① 中国第一历史档案馆藏：《朱批原件》，档案编号：04-01-01-0957-030.

② 中国第一历史档案馆藏：《军机录副》，档案编号：03-5850-057.

③ 中国第一历史档案馆编：《光绪宣统两朝上谕档》，第13册，第251页，广西师范大学出版社，1996。又，中华书局影印：《清实录·德宗景皇帝实录（四）》，卷之二百四十五，光绪十三年七月，第289页，中华书局，1987。

镇、协对调，拟改海坛中军兼管左营游击为澎湖中军兼管左营游击，即改澎湖左营都司为海坛左营都司兼管中军，以符体制。惟游击向不兼理粮饷，且所管左营有千、把而无都司，亦与体制未符。拟改海坛右营守备为澎湖左营守备，兼理兵饷，其海右兵饷即归都司管理，与澎右都司一律相符，俾昭平允，其余概不更动，以节靡费。

一、官弁既经改调，兵额亦应核定，以免偏枯。查海坛左营步、守兵四百五十六名，又添募守兵二十一名；右营步、守兵四百五十五名，又添募守兵二十名。统共实存额兵九百五十二名，除现减一成外，尚存八百一十二名。澎湖左营步、守兵四百零二名，右营步、守兵三百六十名，统共实存额兵七百六十二名，较之海坛计少兵五十名。今镇协互调，拟裁海右守备，改添澎左守备，所有海坛右营添募守兵二十名，拟全数撤去，即于澎湖左营添募二十名，以充兵额而免借口。其海坛左营添募之二十一名，除裁兵案内应减二名外，余悉仍旧，毋庸并裁。

一、户部查澎湖副将与海坛总兵对调，所有该二营岁需俸饷等银，内地如何截裁，台湾如何拔补等因。除海坛左、右两哨归于通省裁兵案内办理应毋庸议外，查澎营额饷向由福建藩司给发，其兵米向由台湾县解送，台防应拨船运至澎湖支放。惟由澎赴省，远隔重洋，领饷每多沮滞，法防一役尤为前车之鉴。今台地改设行省，所有该二营俸饷自应查照台湾各营，一律办理。拟俟台湾藩司抵任，即饬福建藩司检抄全案底册，移交台省，就近核发，一面截清数目，详请专案报部。其公费银两向由台湾府支给，应与兵米各仍其旧。

一、礼部查新改澎湖镇总兵、海坛协副将，应换关防，由兵部一并撰拟字样，送部铸造。至各镇、协所属官弁，如有改设、添设，亦应换铸印信、关防等因。查现拟澎湖中军兼管左营游击、海坛中军兼管左营都司、澎湖左营守备三缺，均系添改。如蒙俞允，应请敕部铸造颁发，以昭信守。

一、兵部查新改澎湖镇总兵，请听闽浙总督、福建台湾巡抚、福建水师提督节制，新改海坛协副将请归福建水师提督节制。惟海坛已改镇为协，其旧管闽安协副将暨新收海坛协副将，应归何镇管辖等因。伏查海坛系滨海要区，闽安乃省城门户，关系甚重，惟与福宁镇辖之罗源、连江等处水陆毗连，该镇曹志忠统领诸军，近驻长门，尤足以资调遣而壮声势。拟请将闽安、海坛两协副将统归福宁镇管辖。伏乞圣裁。[①]

## 三七　奏为代奏沈应奎开复原官谢恩折

光绪十三年七月初六日（1887年8月24日）

督办台湾防务降二级留任台湾巡抚一等男臣刘铭传跪奏，为据情代谢天恩，吁请陛见，恭折仰祈圣鉴事。

窃臣据开复原官前贵州布政使沈应奎禀称：应奎于光绪十三年六月初二日接奉行知，办理粮台捐输出力，经臣附奏恳恩开复原官以示鼓励一片，本年五月二十日：准兵部火票递回原片内开：奉朱批：沈应奎着开复原官。钦此。等因。跪诵之下，当即恭设香案，望阙叩头谢恩讫。伏念应奎庸材朽质，久任监司，不知检束，致被严参，臣罪丛多，讵有归山之望；圣慈宽大，仅从削职之条！方拟闭门思过之未遑，又值转饷筹边之交荐。三年会

① 台湾史料集成编辑委员会编：《明清台湾档案汇编》，第5辑，第94册，第286—288页，台北远流出版事业股份有限公司，2009。

计，无补锱铢；四次刿章，迭蒙奖叙。兹复渥蒙恩旨开复原官，闻命自天，悚惶无地！虽弃瑕录用，在朝廷自有权衡；而受宠若惊，顾臣子益难报称！惟有仰恳据情代奏，准其瞻仰天颜，跪聆圣训，俾得稍伸依恋之诚等情，禀请具奏前来。

臣查沈应奎请假两月内渡就医，现在病已痊复，拟就近由籍起程北上，可否仰恳天恩，俯准其到京陛见，出自逾格鸿施！所有藩司感激下忱并吁请陛见缘由，谨缮折代奏。伏乞皇太后、皇上圣鉴，训示。谨奏。光绪十三年七月初六日。

（朱批）：毋庸来见。[①]

光绪十三年七月十七日，奉朱批：毋庸来见。钦此。[②]

## 三八　请将前保案候选知州李枭复核改奖片

光绪十三年七月初六日（1887 年 8 月 24 日）

再，候选直隶州知州李枭经臣于光绪十五年保奏历年剿办埤南叛番异常出力在事各员，请奖免选本班以知府不论双单月选用，奉部核准，于十二月二十日具奏，奉旨：依议。钦此。遵经行知在案。兹据该员李枭禀称：已遵郑工例加捐分发指省江苏试用，于十五年三月赴部分发在案。前保单内仍开候选直隶州知州，尚系按照前次所著劳绩开保，以致前后不符，应请更正保案坐衔为江苏试用直隶州等情，禀请更正前来。

臣查候选直隶州知州李枭，于保案未经奉旨之前加捐指省分发，自应更正作为江苏试用直隶州知州列保，相应请旨敕部将臣

① 中国第一历史档案馆藏：《朱批原件》，档案编号：04-01-12-0539-097.

② 中国第一历史档案馆藏：《军机录副》，档案编号：03-5225-062.

前单开保之候选直隶州知州李椝免选本班以知府不论双单月选用，更正为江苏试用直隶州知州李椝，免补本班，以知府仍留原省补用，以昭核实。理合附片具奏。伏乞圣鉴训示，敕部施行。谨奏。

（朱批）：吏部知道。[①]

## 三九　请饬英公司遵断赔偿万年清船一案折

光绪十三年七月十三日（1887 年 8 月 31 日）

督办台湾防务降二级留任台湾巡抚一等男臣刘铭传跪奏，为万年清船案已经英刑司断赔，复行翻控，请旨饬下总理各国事务衙门照会驻京英使，速饬英公司遵断赔偿，以免延累，恭折仰祈圣鉴事。

窃查台湾万年清轮船被撞沉没一案，当将控理情形于正月二十七日经臣等会奏陈明，恭奉朱批：该衙门知道。钦此。嗣于二月初一日经英刑司断令你泊而船全赔，又经臣电由大学士直隶督臣李鸿章转电总理衙门在案。

兹据上海道龚照瑗禀称：此案万年清于上年十二月二十七日在铜沙洋面因雾停泊，突被经过之英公司你泊而轮船撞沉，船物漂没无存，淹毙官弁、兵民共一百十余人之多。若照中国办法行船碰沉停船，应由行船赔偿，不难立断。因你泊而系英公司轮船，是以会同已革道员张鸿禄，延请英律师担文赴驻沪之英刑司处控理。嗣由英刑司集讯多次，咎在你泊而轮船，断令全赔，足见事有公论，中外一理。乃被告律师于英刑司断定之后，希图翻

① 中国第一历史档案馆藏：《朱批原件》，档案编号：04-01-12-0539-096.

案，声称前往英京内阁具控等语，至今未曾缴赔，现由担文将原卷寄至英京，另延律师在英辩论，而究竟英国如何定案，无从查悉。伏思中外交涉事件，彼此均应一秉至公。此案既经英刑司断赔，足见明直无私，被告律师即应遵断照偿，何得又赴英京翻控，以为延宕之计，殊出情理之外！且在船水手人证及溺毙官弁家属守候上海，拖累甚多，相应禀请奏咨照会办理等语前来。

臣查你泊而船于海洋下雾之时，并不照章缓行，致将万年清船撞沉，全船货物沉没，并溺毙多人，本属咎无可辞，既经英刑司集讯，秉公断令全赔，即应迅速赔缴。乃被告律师又复借词上控，希图延宕，致令全船人证、难属守候拖累，实属狡玩！相应请旨饬下总理各国事务衙门照会英国驻京公使转饬英公司轮船，速遵英刑司所断，照数赔偿，并知照出使英国大臣照会英国外部大臣，照断饬赔，俾早结案，勿任被告律师无理妄讼，任意延宕，以昭公允而全邦谊。

除将英刑司审断万年清全案洋文翻译汉文咨送总理衙门外，谨会同福州将军臣古尼音布、闽浙督臣杨昌濬、船政大臣裴荫森，合词恭折由驿具陈。伏乞皇太后、皇上圣鉴，训示。谨奏。光绪十三年七月十三日。

（朱批）：该衙门知道。[①]

光绪十三年七月二十七日，奉朱批：该衙门知道。钦此。[②]

① 台湾史料集成编辑委员会编：《明清台湾档案汇编》，第5辑，第94册，第297—298页，台北远流出版事业股份有限公司，2009。

② 此朱批日期与内容，据《军机处随手登记档》（档案编号：03-0254-1-1213-223）校补。

## 四〇 请准总兵章高元暂缓陛见缘由片

光绪十三年七月十三日（1887 年 8 月 31 日）

再，据记名提督山东登莱青镇总兵章高元禀称：自光绪九年奉调随带武毅右军来台，十年五月移守基沪，十一年秋奉饬赴台湾总兵署任，随赴嘉义等处办理清庄缉匪，并历年随剿叛番及开山修路工程，辗转内山，深受瘴湿，掣动夙恙，手足麻木。现已交卸篆务，并无经手未完事件，禀请给假内渡就医前来。

臣查章高元自幼隶臣部下，转战各省，未尝休息。上年调赴台湾，于总兵署任内开山抚番，历受瘴气，现因积病甚重，请假内渡就医，经臣批准交卸内渡。该镇系登莱青镇实缺总兵，可否仰恳天恩，俯念累年战守，劳苦异常，准其先赴本任，俟调理就痊，再行陛见，俾资休息之处，出自逾格鸿慈！谨会同闽浙督臣杨昌濬，附片具陈。伏乞圣鉴，训示。谨奏。

（朱批）：着照所请，兵部知道。①

光绪十三年七月二十七日，奉朱批：着照所请，兵部知道。钦此。②

【案】此奏片之具奏日期，原件目录署“光绪十三年七月初六日”，且示存疑。而录副则以朱批日期为之，均未确。随据朱批日期“光绪十三年七月二十七日”，查《军机处随手登记档》③ 朱批刘铭传折栏，署有

① 中国第一历史档案馆藏：《朱批原件》，档案编号：04-01-16-0221-053.

② 中国第一历史档案馆藏：《军机录副》，档案编号：03-5850-110.

③ 中国第一历史档案馆藏：《军机处随手登记档》，档案编号：03-0254-1-1213-223.

“报四百里，七月十三日发”等字样。据此，此奏片之具奏日期当为“光绪十三年七月十三日”无疑。兹据校正。

## 四一 奏报整顿台湾屯务情形折

光绪十三年八月初二日（1887年9月18日）

头品顶戴革职留任闽浙总督兼管福建巡抚事臣杨昌濬、督办台湾防务降二级留任台湾巡抚一等男臣刘铭传跪奏，为整顿屯务，以除积弊而裕供赋，恭折仰祈圣鉴事。

窃臣等查乾隆五十三年，前大学士臣福康安[①]以台地林爽文之乱，番目潘明慈等率部随军进剿有功，事平议选番丁四千名，设屯十二所，就其社长授以千、把、外委土职十八员，按丁授地，蠲免供赋，每丁自一甲至一甲三四分不等，屯弁递加有差，共授番地五千六百九十余甲。此外复拨民间溢额田园三千七百三十余甲，每年征收租谷四万一千二百六十余石，每石折征番银一

① 福康安（1754—1796），字瑶林，号敬斋，富察氏，满洲镶黄旗人，大学士傅恒之子。乾隆三十二年（1767），承袭云骑尉，授三等侍卫。三十四年（1769），升二等侍卫。三十五年（1770），晋一等侍卫。三十六年（1771），补户部右侍郎、镶蓝旗蒙古副都统。三十七年（1772），充军机处行走、镶黄旗满洲副都统。同年，授领队大臣。四十年（1775），拜内大臣，加嘉勇巴图鲁勇号。四十一年（1776），封三等嘉勇男，补户部左侍郎。同年，授军机大臣、镶白旗蒙古都统、正白旗满洲都统、镶白旗满洲都统。四十二年（1777），署理吏部右侍郎。同年，授吉林将军。四十三年（1778），调补盛京将军。四十五年（1780），补授云贵总督。四十六年（1781），调补四川总督，兼署成都将军。四十七年（1782），拜御前大臣，晋太子太保。四十八年（1783），署工部尚书，充正黄旗领侍卫内大臣、总管銮仪卫大臣、总管健锐营官兵大臣。同年，授军机大臣、正蓝旗满洲都统。四十九年（1784），调补兵部尚书，兼工部尚书、总管内务府大臣、清字经馆总裁。同年，补授户部尚书、陕甘总督，封一等嘉勇侯。五十一年（1786），补吏部尚书，擢协办大学士。五十二年（1787），晋封一等嘉勇公。五十三年（1788），调补闽浙总督。五十四年（1789），兼署福建巡抚。同年，调补两广总督，兼署广东巡抚。五十七年（1792），拜大将军、武英殿大学士兼吏部尚书。同年，加一等轻车都尉。五十八年（1793），封一等忠锐嘉勇公。同年，补授四川总督。五十九年（1794），调补云贵总督。六十年（1795），调闽浙总督。同年，赏戴三眼花翎，赐忠锐嘉勇贝子。嘉庆元年（1796），卒于军。追封嘉勇郡王，谥号文襄。有《重修昭觉寺志》等行世。

元，又九芎林租谷折银八十元，共折征番银四万一千三百四十一元有奇。此项租折番银专充屯兵弁丁俸饷，是为屯租。每丁年支银洋八元，外委支银洋六十元，把总支银洋八十元，千总支银洋一百元，每年支额饷番银洋三万三千二百四十元。其租地散隶台南北各县，由县征收，分解中南两路理番两厅，于二、八月间由台湾道委员会厅放领。又年支隘丁口粮、佃首辛工银二千一百余元。其余留为屯费，以备旱潦之需。此昔年设屯、授地、征租、支饷章程也。

至今百余年，屯租则征不足额，屯饷则减半放支。历年已久，屯丁不独疲癃残弱，且有名无实，半由书吏、屯弁冒领瓜分。若一旦裁革，此辈视为世业，万不甘心。臣等熟思审计，非设法整理，改弦更张，万不能收实效。

查番屯授地之初，名为奖功，实资捍御内山生番，故选其壮丁，屯诸沿山，蠲其供赋，导令垦荒，其虑至为周密。今则时异事殊，后山生番且多归化，拓地日深，所设屯营已居腹内，所授埔地久为膏腴。且番地虽免完供，而向有番饷、番租各名目，私派之数，视民由下沙则例，殆有过之。而其典卖汉民，则虽业更数主，犹名番地，幸逃正供，甚至狼狈为奸，竟以粮田纳番租而冒番业者，比比皆然。现当查办全台田赋，无问民番，寸土皆关赋役，必须一律丈量，方免影射。该屯丁既经抚养百年，则应视同赤子，所有各属番地似宜悉行丈量，归入清赋案内，分别升科，将各屯编籍为民，各执各业，俾民番联络一体，畛域悉除。既归作其安分力农之心，并示以践土食毛之义。

伏查屯田原拨之数，屡遭兵燹，档案无存。分隶各县，由县催征，第知岁征租额，责成佃首完纳，并不知田在何处，租数多少。由是佃棍以多稼而纳薄租，以硗确而更沃产，以及窃占盗卖，不一而足，上下相蒙，率以水冲沙压例报而例蠲之，以故积欠岁增，额饷日绌。欲清其源，非改租为赋不可。况租者一时之权宜，赋者万年之经制。现既一律清丈，另立图册以凭，照则升科。所有屯饷仍于此款改征项下提存支放，于租例不无减增，于饷额仍无出入。

查番丁编屯以来，世食额饷，田无供赋，所以拊循之者备至，宜若家给人足。乃富庶未觌，贫蹙滋甚，盖番性不善居积，不事贸迁，惟以垦猎为生，而其田园向招汉民承佃，辗转轇轕，因而觊觎，始抗其租，继据其产，以致番丁失业甚多。至其屯饷，岁本无多，复以屯租阙额减半放支，屯弁吏胥从中克扣，为数更属寥寥。地日削而聚族日繁，饷愈微而治生愈拙，疾苦之情，莫由控诉。

臣等查该屯丁世沐皇恩，佐平台乱，服习烟瘴，好勇耐劳，诚能训练有方，较胜绿营兵丁，拟将全台番丁仍留四千原额，逐加沙汰，酌裁土勇，就其原饷数目，每年按屯抽调，分班出防山内生番，以六个月换班一次，每名行粮按月加给番银四元。其屯弁等按照营哨酌加，轮流接替，均以到防之日起支。其管带哨弁，即饬各该屯弁分辖所属，以免他省弁目语言不通；遴选熟悉番情将官统带，以便教习营规、操练。其未经调派出防者，均归台湾镇统属，各归该县营管带，以补绿营兵丁之不足。以后屯营坐饷，每年仍给八元，统归台湾镇支发，出防行粮归统将发给，以期兵归实用，饷不虚糜，即于抚驭屯番之中，并仿寓兵于农之制，似于屯务、供赋两有裨益。

至此项番屯地亩旧额是否相符，改收正供若干，除俟归入全台清赋案内分别查核办理外，所有整顿屯务缘由，谨合词恭折由驿具陈。是否有当？伏乞皇太后、皇上圣鉴，训示。再，此折系臣铭传主稿，合并声明。谨奏。八月初二日。

光绪十三年八月十九日，奉朱批：着照所请，该部知道。钦此。①

## 四二　请将台北府科试仍由台湾道接办片

光绪十三年八月初二日（1887年9月18日）

再，台湾学政事宜经部议准改归巡抚兼管，奉旨：依议，钦此，钦遵在案。惟查本届举行科试日期系在未奉部咨以前，台湾府属已经台湾道唐景崧按试完竣，所余台北一府仍应由该道接办，以归画一，自下届岁试为始，再由臣铭传兼管办理。谨附片陈明。伏乞圣鉴，训示。谨奏。

（朱批）：礼部知道。②

光绪十三年八月十九日，奉朱批：礼部知道。钦此。③

【案】此奏片之具奏日期，原件目录署“光绪十三年七月初六日”，且示存疑。而录副则以朱批日期为之，均未确。随据朱批日期“光绪十三年八月十九日”，查《军机处随手登记档》④朱批杨昌濬、刘铭传折栏，署有“报四百里，八月初二日发”等字样。据此，此奏片之具奏日期当为“光绪十三年八月初二日”无疑。兹据校正。

① 中国第一历史档案馆藏：《军机录副》，档案编号：03-9554-078. 又，台湾史料集成编辑委员会编：《明清台湾档案汇编》，第5辑，第94册，第331—334页，台北远流出版事业股份有限公司，2009。

② 中国第一历史档案馆藏：《朱批原件》，档案编号：04-01-12-0539-086.

③ 中国第一历史档案馆藏：《军机录副》，档案编号：03-7191-031.

④ 中国第一历史档案馆藏：《军机处随手登记档》，档案编号：03-0254-1-1213-243.

## 四三　新刊福建台湾布政使司木质关防片

光绪十三年八月初二日（1887 年 9 月 18 日）

再，新授台湾布政使邵友濂前到上海因病请假就医，现于七月二十一日抵台，当即饬令赴任。该藩司才长心细，谙悉吏治，可补臣之不足。惟新铸藩司印信尚未颁到，所有日行公牍应钤用关防，以昭信守。兹谨先刊给木质关防，其文曰“福建台湾布政使司关防”。现据该藩司详称，已于七月二十八日开用任事。附片陈明。伏乞圣鉴。谨奏。

（朱批）：知道了。[①]

光绪十三年八月十九日，奉朱批：知道了。钦此。[②]

【案】此奏片之具奏日期，原件目录署“光绪十三年七月初六日”，且示存疑。而录副则署“光绪十三年七月二十八日”，亦未确。随据朱批日期“光绪十三年八月十九日”，查《军机处随手登记档》[③] 朱批杨昌濬、刘铭传折栏，署有“报四百里，八月初二日发”等字样。据此，此奏片之具奏日期当为“光绪十三年八月初二日”无疑。兹据校正。

## 四四　请敕速发新铸台湾各官印信片

光绪十三年八月初二日（1887 年 9 月 18 日）

再，前准部咨：会议台湾分省案内所有福建台湾巡抚关防并

① 中国第一历史档案馆藏：《朱批原件》，档案编号：04-01-12-0539-085.

② 中国第一历史档案馆藏：《军机录副》，档案编号：03-5226-051.

③ 中国第一历史档案馆藏：《军机处随手登记档》，档案编号：03-0254-1-1213-243.

台湾布政使印，布库大使、按司狱印各一颗，应由礼部铸造颁发等因，业经奉旨允准在案。现查全台清赋事务将次告竣，藩司邵友濂业已到任，所有发给丈单并一切田亩图册，均须钤用司印，方昭信守，可否请旨敕部将新铸台湾各官关防、印信迅速颁发，以资钤用。谨附片具陈。伏乞圣鉴，训示，施行。谨奏。

（朱批）：礼部知道。[1]

光绪十三年八月十九日，奉朱批：礼部知道。钦此。[2]

【案】此奏片之具奏日期，原件目录署“光绪十三年七月初六日”，且示存疑。而录副则署“光绪十三年七月二十八日”，亦未确。随据朱批日期“光绪十三年八月十九日”，查《军机处随手登记档》[3] 朱批杨昌濬、刘铭传折栏，署有“报四百里，八月初二日发”等字样。据此，此奏片之具奏日期当为“光绪十三年八月初二日”无疑。兹据校正。

## 四五　筹议添改裁撤台湾郡县情形折

光绪十三年八月十七日（1887 年 10 月 3 日）

头品顶戴革职留任闽浙总督兼管福建巡抚臣杨昌濬、督办台湾防务降二级留任台湾巡抚一等男臣刘铭传跪奏，为筹议台湾郡县分别添改、裁撤，以资治理而固地方，恭折仰祈圣鉴事。

窃臣等于光绪十二年六月十三日会奏台湾改设事宜折内声明彰化等县地舆太广，亟须添官分治，奉旨：该部议奏。钦此。旋准部咨，议令酌度情形，奏明办理等因。伏查台湾疆域南北相距

① 中国第一历史档案馆藏：《朱批原件》，档案编号：04-01-01-0957-040.

② 中国第一历史档案馆藏：《军机录副》，档案编号：03-5226-050.

③ 中国第一历史档案馆藏：《军机处随手登记档》，档案编号：03-0254-1-1213-243.

七百余里，东西近者二百余里，远或三四百里，崇山大溪，钩联高下。从前所治不过山前迤南一线，故仅设三县而有余；自后榛莽日开，故屡增厅治而犹不足。光绪元年，沈葆桢请设台北府县以固北路，又将同知移治卑南以顾后山，全台官制粗有规模。然彼时局势未开，择要修举，非一劳永逸之计也。

臣等公同商酌，窃谓建置之法恃险与势，分治之道贵均而平。台省治理，视内地为难，而各县幅员反较多于内地，如彰化、嘉义、凤山、新竹、淡水等县，纵横二百余里、三百里不等，仓卒有事，鞭长莫及，且防务为治台要领，辖境太广则耳目难周，控制太宽则声气多阻。至山后中、北两路延袤三四百里，仅区五段分设碉堡，并无专驻治理之员，前实后虚，亦难遥制。现当改设伊始，百废具兴，若非量予变通，何以定责成而垂久远！

臣铭传于上年九月亲赴中路督剿叛番，沿途查勘地势，并据各地房官将境内扼塞道里、田园、山溪绘图贴说呈送前来。又据抚番、清赋各员弁将抚垦地段陆续禀报，谨就山前后通局筹划，有应添设者，应改设者，应裁撤者。查彰化桥孜图地方，山环水复，中开平原，气象宏敞，又当全台适中之地，拟照前抚臣岑毓英议，就该处建立省城，分彰化东北之境，设首府曰台湾府，附郭首县曰台湾县；将原有之台湾府县改为台南府、安平县；嘉义之东、彰化之南自浊水溪始，石圭溪止，截长补短，方长约百余里，拟添设一县曰云林县；新竹苗栗街一带扼内山之冲，东连大湖，沿山新垦荒地甚多，拟分新竹西南各境，添设一县曰苗栗县，合原有之彰化县及埔里社通判一厅四县，均隶台湾府属。其鹿港同知一缺，应即裁撤。淡水之北，东抵三貂岭，番社歧出，距县太远；基隆为台北第一门户，通商建埠，交涉纷繁，现值开采煤磺，修造铁路，商民麕集，尤赖抚绥，拟分淡水东北四保之地，拨归基隆厅管辖，将原设通判改为抚民理番同知，以重事权。此前路添改之大略也。

后山形势，北以苏澳为总隘，南以卑南为要区，控扼中权，厥惟水尾。其地与拟设之云林县东西相直，现开山路一百八十余里，由丹社岭、集集街径达彰化，将来省城建立，中路前后脉络呼吸相通，实为台东锁钥。拟添设直隶州知州一员，曰台东直隶州，左界宜兰、右界恒春，计长五百余里，宽三四十里、十余里不等，统归该州管辖，仍隶于台湾兵备道。其卑南厅旧治，拟改设直隶州同一员。水尾迤北为花莲港，所垦熟田约数千亩，其外海口水深数丈，稽查商舶，弹压民番，拟请添设直隶州判一员，常川驻扎，均隶台东直隶州属。此后路添改之大略也。

谨案，台湾疆土，赋役日增月广，与旧时羁縻侨置情形迥不相同，因地制宜，似难再缓。况年来生番归化，狉獉之性初就范围，尤须分道拊循，藉收实效，辑遐牖迩，在在需员。臣等身在局中，既不敢遇事纷更，以紊典章之旧；亦不敢因陋就简，以失富庶之基。损益酌中，期归妥协。如蒙俞允，臣等拟先委员前往作为署任，主办画界分治事务，并请饬部分别换铸关防、印信，先行颁发，俾昭信守。俟全局勘定，再将四至图册及作为何项缺分，详细奏咨，请旨定夺。至教职暨沿山、沿隘佐杂武弁并屯地等官，应添应改，亦拟于郡县设定后，分饬各员就近体察，详请奏咨。其余未尽事宜，统俟陆续会商，随时具奏办理。

所有筹议添改台湾郡县大略情形，谨合词恭折具陈。伏乞皇太后、皇上圣鉴，训示，施行。再，此折系臣铭传主稿。合并声明。谨奏。光绪十三年八月十七日。

（朱批）：该部议奏。[1]

光绪十三年九月初七日，奉朱批：该部议奏。钦此。[2]

## 四六　请以知县罗金诰与章国均对调缘由折

光绪十三年八月二十七日（1887 年 10 月 13 日）

头品顶戴革职留任闽浙总督兼管福建巡抚臣杨昌濬、督办台湾防务降二级留任台湾巡抚一等男臣刘铭传跪奏，为遴员对调知县，恭折仰祈圣鉴事。

窃台北府属之宜兰县知县系海外添设疲难题调要缺，前因实任知县王家驹革职，遗缺请以候补知县章国均补授，奉部覆准在案。现在该处办理抚垦、清赋，较之从前尤关紧要，非勤明稳练、身体结实之员，不足以胜斯任。伏查准补是缺之章国均曾任头围县丞，于该处水土不服，时多疾病，自应遴员互相调补，俾人地得宜，于吏治亦有裨益。

查有本任宁洋县知县罗金诰，年五十五岁，江西南城县监生，遵例报捐盐大使，随营赴浙，委署处州府经历；复委署云和县知县，管解闽饷，就闽禀到，于肃清全闽案内汇奖，奉上谕：着留于福建补用。钦此。委代建阳县，卸事请咨引见，同治十年八月初五日到省，捐戴蓝翎，准补浯州场盐大使，十三年十一月到任，因仙游盐务催征课厘出力保奖，以知县在任候补。光绪元年五月二十二日奉旨：依议。钦此。加捐本班尽先补用，考试取列三等，准补泰宁县知县，因距原籍在五百里以内回避，调补宁

① 中国第一历史档案馆藏：《朱批原件》，档案编号：04-01-12-0539-001.

② 中国第一历史档案馆藏：《军机录副》，档案编号：03-5093-038.

洋县知县，奉部覆准，饬赴新任，光绪八年六月初十日到任，调台差遣，十二年八月二十七日卸事。该员才明心细，办事耐劳，在闽年久，且复调台差遣，于海外风土民情深为熟悉，以之调补宜兰县知县，人地相宜。

其所遗宁洋县知县系内地简缺，查有准补宜兰县知县章国均，年四十七岁，湖南沅陵县监生。同治三年克复浙江湖州、武康各府县城池出力，保举从九品遇缺尽先即选；来闽投效，于克复漳州全闽肃清案内保准免选本班，以县丞留于福建补用，赴京验看，领照到省，奉委购运京米赴天津验兑出力，保奏补缺后，以知县补用。同治十年三月初二日奉旨：依议用。钦此。准补噶玛兰头围县丞，考试取列三等，光绪三年十月初十日到任，遵例捐离县丞本任，归知县班留闽补用，奉文开缺，顺差引见，领照回闽，光绪八年二月初一日到省，代理归化县，署理长汀、同安等县篆务，准补宜兰县，未饬赴任，现署宁化县知县。该员明白安详，勤于听断，以之调补宁洋县知县，亦堪胜任。惟该员以烦调简，与例稍有未符。第海疆要缺，因地择人，未便迁就，相应据实陈明，仰恳天恩，俯准以宁洋县知县罗金诰调补宜兰县知县。

所遗宁洋县知县，即以准补宜兰县知县章国均互相对调，于地方、吏治均有裨益。如蒙俞允，该员等俱系实缺知县互调知县，衔缺相当，毋庸送部引见。至罗金诰系由准补泰宁县调补宁洋县，今请调补宜兰县，系属再调人员，照例应缴初调以前任内罚俸银两。缘该员准补泰宁，未经到任，尚无奉议罚俸事件，应请毋庸饬缴。章国均系候补知县准补宜兰县，今请对调宁洋县，尚非再调之员，并请免计参罚。据福建布政使张梦元、署按察使解煜、台湾道唐景崧会详前来。

臣等谨合词具陈。伏乞皇太后、皇上圣鉴，敕部核覆施行。谨奏。光绪十三年八月二十七日。

（朱批）：吏部议奏。[①]

光绪十三年九月二十三日，奉朱批：吏部议奏。钦此。[②]

## 四七　奏报威利轮船因风触礁沉没情形折

光绪十三年九月初三日（1887 年 10 月 19 日）

督办台湾防务降二级留任台湾巡抚一等男臣刘铭传跪奏，为威利轮船因风触礁沉没，谨将失事情形恭折具陈，仰祈圣鉴事。

窃据统带台湾镇海中军记名总兵万国本禀称：光绪十三年七月二十六日，奉调前赴台北，遵于是月二十六日亲率正、副两营勇丁五百七十余名，随带军装、器械，由安平装载威利轮船，是日申刻开驶，风狂雨骤，簸荡异常。夜半行至澎湖口外良文港地方，陡触暗礁，洋管驾罗音立即停轮，因风浪过大，不能退出。时当黑夜，阴云如墨，且距岸甚远，无从呼救。次日黎明，船身已被潮流压转倒向左偏，当即乘坐洋划至港登岸，设法救渡，一面飞报统带澎湖防军提督吴宏洛及澎湖文武地方官，募雇小船十六只救渡一次。至第二次出口时，潮退涌高，风势愈大，不能拢近，吴宏洛赶派小轮前往，亦为飓风所阻。二更以后，风益猛烈。八月初一日黎明，遥望该船已经冲折两段，斜覆礁上，所有驰救之小轮及民船等驶至口外，被覆轮两面回涌所激，相离数丈，不能前进，仅将水面破板漂浮之人抢救登岸等情禀报

① 中国第一历史档案馆藏：《朱批原件》，档案编号：04-01-12-0539-014.
② 中国第一历史档案馆藏：《朱批原件》，档案编号：03-5227-062.

前来。

正饬查办间，旋据澎湖文武地方官禀报前情，同日并有夹板船、民船遭风失事，并将救出弁勇人等三百五十余名、大副一名、水手十余名，由吴宏洛饬派海镜轮船送至台北。其余淹没帮带哨官、差弁等十三员、勇夫二百余名，及军装、器械、关防全行沉没，洋管驾罗音、二副萨姆喃、大铁柜汉达生、二铁柜鲍格理等亦均淹毙。当饬办理全台营务处道员陈鸣志传该大副文德辉等分别严讯，委因风潮过大，致触暗礁，并无违背行船章程等情，取具供结，详请奏咨前来。

臣复核无异，除将全案供结咨送总理各国事务衙门、海军衙门查照，并查明沉没员弁另片奏恤外，所有威利轮船因风触礁失事情形，谨缮折由驿驰奏。伏乞皇太后、皇上圣鉴，训示。谨奏。光绪十三年九月初三日。

（朱批）：该衙门知道。[1]

光绪十三年九月二十一日，奉朱批：该衙门知道。钦此。[2]

## 四八　请将参将姜汉春等员从优议恤缘由片

光绪十三年九月初三日（1887 年 10 月 19 日）

再，查威利轮船因风触礁沉没，所有在船溺毙员弁参将姜汉春，游击童正兴，守备张朝标、徐兴武，千总刘定发、钱茂选，把总金士声、陶家申、刘座雨，外委吴学双，武举人万国梁，六品军功许大有、蒯得高，共一十三员名，一并在船溺毙，死于非

① 中国第一历史档案馆藏：《朱批原件》，档案编号：04-01-16-0221-156.

② 中国第一历史档案馆藏：《军机录副》，档案编号：03-9393-016.

命。据总兵万国本另禀请恤前来。

臣伏查该故员等从军海外，劳苦有年，此次因公赴调，同遭惨厄，实堪悯恻！合无仰恳天恩，俯准将参将姜汉春等一十三员名敕部从优议恤，出自逾格鸿慈！谨附片具陈，伏乞圣鉴。谨奏。

（朱批）：姜汉春等均着交部从优议恤。[①]

光绪十三年九月二十一日，奉朱批：姜汉春等均着交部从优议恤。钦此。[②]

【案】此奏片之具奏日期，原件目录署“光绪十三年九月初三日”，且示存疑。而录副则以朱批日期为之，均未确。随据朱批日期“光绪十三年九月二十一日”，查《军机处随手登记档》[③] 朱批刘铭传折栏，署有“报四百里，九月初三日发”等字样。据此，此奏片之具奏日期当为“光绪十三年九月初三日”无疑。兹据校正。

## 四九　请将总兵萧辉绪等员从优议恤缘由片

光绪十三年九月初三日（1887年10月19日）

再，台湾自本年四月以前，所有各营病故员弁均经臣随时奏明，蒙恩赐恤在案。兹自本年闰四月以后，据各营陆续禀报：提督衔总兵萧辉绪，副将包良臣、李盛元，参将刘兴邦，游击衔都司张明大、陈良佐、刘国华、郭长青，都司熊可修、戴质威、汪有发，守备夏锡汉、毛鸿佐、梁伯春，千总张步升、郑维起、杨

---

① 中国第一历史档案馆藏：《朱批原件》，档案编号：04-01-16-0221-157.

② 中国第一历史档案馆藏：《军机录副》，档案编号：03-5227-059.

③ 中国第一历史档案馆藏：《军机处随手登记档》，档案编号：03-0254-1-1213-275.

继福，世袭云骑尉刘维谷，军功戴玉阶，荫生蔡先忠，外委徐汉标，知县王墉、郑廷槐、陈百元、陈文泉、钱维辛，五品衔知县罗荣鋆，同知衔蔡松云，县丞赵慕鼎、黄名琛、于德玉，从九徐家贵，未入流王楫，贡生包亦庚，廪生田曾，生员陈耀諶等三十六员名，均经先后在营病故等情前来。

臣查该故员等俱系剿抚生番，随营出力，久受瘴疫，积劳病故，理合汇案具陈，仰恳天恩，俯准将萧辉绪等三十六员名一并敕部从优议恤，出自逾格鸿慈！谨附片具陈。伏乞圣鉴。谨奏。

（朱批）：萧辉绪等均着交部从优议恤。[①]

光绪十三年九月二十一日，奉朱批：萧辉绪等均着交部从优议恤。钦此。[②]

【案】此奏片之具奏日期，原件目录署“光绪十三年九月初三日”，且示存疑。而录副则以朱批日期为之，均未确。随据朱批日期“光绪十三年九月二十一日”，查《军机处随手登记档》[③] 朱批刘铭传折栏，署有“报四百里，九月初三日发”等字样。据此，此奏片之具奏日期当为“光绪十三年九月初三日”无疑。兹据校正。

## 五〇　奏请仿照同安下沙则核议定赋缘由折

光绪十三年九月二十四日（1887年11月9日）

督办台湾防务降二级留任台湾巡抚一等男臣刘铭传跪奏，为全台田亩清丈将竣，拟仿同安下沙则定赋升科，请旨饬部先行核

① 中国第一历史档案馆藏：《朱批原件》，档案编号：04-01-16-0221-158.
② 中国第一历史档案馆藏：《军机录副》，档案编号：03-5851-106.
③ 中国第一历史档案馆藏：《军机处随手登记档》，档案编号：03-0254-1-1213-275.

议，以便遵办，恭折仰祈圣鉴事。

窃臣于十二年四月十八日具奏台湾丈量田亩一折，奉旨：览奏，已悉，即着督饬派出各员绅认真办理等因。钦此。臣遵饬府县并在事员绅认真丈量，每县或分十余班、二十余班不等，严定赏罚，不许旷日延怠。其稍有玩惰者，均已先后撤委、咨革，以期妥速蒇事。现据淡水、台湾、嘉义、彰化等县先后禀报丈竣，经臣饬令清赋总局布政使邵友濂、道员陈鸣志，督同南、北两府会议升科定赋章程，删除各项名目，每亩按征银若干，以杜将来浮收之弊，务期有济于公、无损于民。

兹据邵友濂等详称：台湾自隶版图以来，田园未经清丈，供赋轻重，南北悬殊。如台湾、凤山、嘉义三县，所征供粟系沿郑氏取租之数，赋额极重。续辟之彰化、淡水、噶玛兰各厅县均照同安下沙则，应配银米折征供粟，赋额较轻，不能划一，统计全额无多，历办销册有案。自道光初年报计之后，续垦成熟田园相率欺隐，又有隘租、番租各项名目，影射吞匿，均未报升。此次清丈将竣，台俗田园论甲，约有四十余万甲，额溢数倍。惟旧征新额向无鳞册，不能分别，若仍照旧章开征，轻重不一，小民则苦累不堪，自非通筹全局另议赋则章程不可。据台湾、台北两府详察会覆，拟将现丈田园无论新旧，悉照同安下沙成例，分别等则，配征化甲为亩，一甲作一十一亩，仿一条鞭办法，删去各项名目，凡地丁粮米、耗羡等款一并在内，并化折征谷价，提充正赋，每十一亩上田征银二两四钱六分零，中田征银二两零，下田征银一两六钱六分零。上园视中田，中园视下田。其下园及下下之田土壤瘠薄，照下田核减二成。下下园照下下田递减。此外沿山、沿海及垦荒未熟各田园，暂予剔归未入额数，从缓升科，先行核定赋则，分饬各属填造图册备案等情，会详请奏前来。

臣查该司道等所陈，均属实在情形。台湾建治之初，赋额无几，至今休养生息，垦辟倍增，一岁再收，地方渐臻富庶。现在设立行省，风气已开，今昔情形迥异，全台赋则似应划一，以免苦乐不均。老业承粮，相沿郑氏旧章，失之过重。续垦升科，改照同安下沙则，折配供粟，各县亦参差不一，赋既轻重相悬，田复新旧莫辨，加以官产、番地、屯田、隘租等项名目繁多，纷纭杂糅，其间无从究诘。

臣熟思审计，方今筹防、建置诸务，需款孔殷。财用大端，本以正供为首，赋法如此坏乱，非彻底清厘，不足以裕正供而除积弊。臣于上年奏明清丈，无论新旧田业，但系久经成熟，均予一体升科，以田亩之瘠腴为赋则之增减，使田有高下之分，而赋无轻重之异，持平核实，务协舆情。兹幸仰承圣训，地方官并在事员绅办理尚为认真，不日告竣。该司道等所拟赋则，化甲为亩，每十一亩上田征银二两四钱六分零，中、下等田照则递减，内一半系原征。每甲下沙则银数一半系化折征谷价，提充正赋，既未更张旧制，亦非新加于民，并仿一条鞭办法，举丁粮正耗，一并核计，删繁就简，以便乡愚易知从，胥吏无所朘削。

统计全台粮赋，每年正供数仅十八万。现丈田园溢出数倍，每年约可收正供银七十万内外。查照全台各县最轻之赋，尚属有减无增。历查台湾田园，从未丈量，素多隐漏，此次一律清丈，是以定则虽轻，征数较巨，于国计民生两有裨益。其未入额各项地亩收成微末，请予暂缓升科，以示区别。既据该司道等详称前情，案关更定赋则轻重大计，敬缮清单，请旨饬部速即核议，以便颁示地方，使知赋则轻减，不难试办升科。

臣更有请者，查钱粮正供之外向有随收补水平余，各省情形不同，即一省之中各县情形又不同，若不明定章程，以后地方官任意加派，小民受累无穷。台湾海外一隅之地，从前屡承恩诏不再加赋，今昔情形不同，现在改设行省，部议以台湾之出供台湾之用，臣不得已力排众议，清丈全台田亩，每年供赋竟可得七十万内外，不亚内地中等省分，实臣始料所不及。以后若再有私加、浮收等弊，不独有负朝廷抚绥海外岛民之意，且恐激出事端。臣同藩司邵友濂等筹议多日，宁为怨府，不累小民，惟有据实直陈，予以限制。台地通用番银，今赋则改照内地，应需纹银补水每两随收一钱外，拟酌定平余银一钱五分，为升科各县办公之需。其不能升科之恒春、台东、埔里社各缺，仍须由外另筹津贴。此系臣等目睹内地浮收病民情形，期于力除积弊，恐与部章未符，不得不缕晰陈明。

所有全台田亩丈量将竣，请旨饬部仿照同安下沙则核议定赋缘由，谨会同闽浙总督臣杨昌濬，恭折由驿具陈。伏乞皇太后、皇上圣鉴，训示。谨奏。光绪十三年九月二十四日。

（朱批）：户部速议具奏，单并发。[①]

光绪十三年十月十一日，奉朱批：户部速议具奏，单并发。钦此。[②]

## 五一　呈同安下沙则田应征银数清单

光绪十三年九月二十四日（1887 年 11 月 9 日）

谨将同安下沙则分别上、中、下田，应征银数，开具清单，恭呈御览。

① 中国第一历史档案馆藏：《朱批原件》，档案编号：04-01-35-0094-046.

② 中国第一历史档案馆藏：《军机录副》，档案编号：03-6223-065.

谨开：

上田每亩应征银八分五厘三毫四丝，米六合九勺五抄，一五六折银一分零八毫四丝二忽，匀丁银四厘，加一二耗银一分二厘零二丝二忽，共银一钱一分二厘二毫零四忽。每十一亩作一甲，共正、耗银一两二钱三分四厘二毫四丝四忽。又化折征谷价提充正赋银一两二钱三分四厘二毫四丝四忽，共银二两四钱六分八厘四毫八丝八忽。

中田每亩应征银六分五厘八毫八丝四忽，米三合八勺七抄七撮，一五六折银六厘零四丝八忽，匀丁银一分，加一二耗银九厘八毫三丝二忽，共银九分一厘七毫六丝四忽。每十一亩作一甲，共正、耗银一两零零九厘四毫零四忽。又化折征谷价提充正赋银一两零零九厘四毫零四忽，共银二两零一分八厘八毫零八忽。

下田每亩应征银五分七厘五毫五丝，匀丁银一分，加一二耗银八厘一毫零六忽，共银七分五厘六毫五丝六忽。每十一亩作一甲，共正、耗银八钱三分二厘二毫一丝六忽。又化折征谷价提充正赋银八钱三分二厘二毫一丝六忽，共银一两六钱六分四厘四毫三丝二忽。

（朱批）：览。[①]

## 五二　奏报接收沪打二口海关日期情形片

光绪十三年九月二十四日（1887年11月9日）

再，查前准吏部咨开：福建台湾改设行省会奏一折，奉旨：依议。钦此。计黏单内开台湾旗后、沪尾两海关收税事宜，应改

① 中国第一历史档案馆藏：《清单》，档案编号：03-6223-066.

归巡抚就近监督，以一事权，嗣后该抚务宜选派廉干妥员，实心经理等因，当经咨行遵照在案。现准署福州将军臣古尼音布咨称：本年八月十四日为洋税第一百八结届满之期，自八月十五日第一百九结起，所有沪尾、打狗二口税务，应即遵照部议，由台湾巡抚监督，派员接办，以清界限；并称部定新章，洋药税厘归闽并征，理应另款存储。查台湾税厘向归台地之用，所有第一百八结以前沪尾、打狗二口税厘，业经随同关税银两，仍行解归台地，归入海防经费拨用，应请会同奏咨，以符定案等因前来。

臣查沪尾、打狗二口所征关税及洋药税厘银两，系奏明向归台防经费拨用。现在海关既经部议改由臣就近监督，自应截清界限，于本年八月十五日第一百九结起由臣派员接办，以专责成。

除将该二口关务选派妥员认真经理，并以后按结造报收支事宜，仍会同福州将军查照洋税定章随时奏明办理，并洋药税厘一并归入海防经费另行汇案造报外，所有接收沪尾、打狗二口海关日期，谨会同署福州将军臣古尼音布、闽浙总督臣杨昌濬，附片陈明。伏乞圣鉴。谨奏。

（朱批）：该衙门知道。[①]

光绪十三年十月十一日，奉朱批：该衙门知道。钦此。[②]

【案】此奏片之具奏日期，原件目录仅署“光绪十三年九月”。而录副则以朱批日期为之，均未确。随据朱批日期“光绪十三年十月十一日”，查《军机处随手登记档》[③] 朱批刘铭传折栏，署有“报四百里，九月二十四日发”等字样。据此，此奏片之具奏日期当为“光绪十三年九月二十四日”无疑。兹据校正。

---

① 中国第一历史档案馆藏：《朱批原件》，档案编号：04-01-35-0400-035.

② 中国第一历史档案馆藏：《军机录副》，档案编号：03-5093-038.

③ 中国第一历史档案馆藏：《军机处随手登记档》，档案编号：03-0254-1-1213-223.

## 五三　请将知县杨崇铨开复革职处分缘由片

光绪十三年九月二十四日（1887年11月9日）

再，前办基隆煤务委员福建候补知县杨崇铨因认赔抢失银两迁延不缴，经臣附片奏参革职勒追，以重帑项，于光绪十二年二月十八日奉旨：着照所请，该部知道。钦此。钦遵在案，当经转行追缴去后。兹据台湾善后总局藩司邵友濂、道员陈鸣志详称：所有革员杨崇铨认赔基隆煤务抢失银两六千三百零五两九钱七分，已据遵限陆续缴清。查基隆八斗煤局当时被抢一案，前据基隆通判梁绝夫查勘，并传集局勇、更夫隔别研讯，据供被抢情形相同，在杨崇铨事前未能预防致被抢失，事后又不立时赔缴，固属咎由应得。惟奉参后款已遵限缴清，尚知愧奋。查官员参追赔款一经缴清，例准随案奏请开复，可否将杨崇铨革职处分援案开复等情前来。

臣查知县杨崇铨被参后既经将着赔银两依限缴由善后局兑收清款，自应奏请开复，以资观感，合无仰恳天恩，俯准将杨崇铨革职处分开复，仍留闽省以知县补用之处，出自逾格鸿施！理合附片具陈。伏乞圣鉴，训示。谨奏。

（朱批）：杨崇铨着准其开复革职处分，余依议，该部知道。[①]

光绪十三年十月十一日，奉朱批：杨崇铨着准其开复革职处分，余依议，该部知道。钦此。[②]

① 中国第一历史档案馆藏：《朱批原件》，档案编号：04-01-12-0540-029.

② 中国第一历史档案馆藏：《军机录副》，档案编号：03-6561-006.

【案】此奏片之具奏日期，原件目录仅署“光绪十三年九月”，而录副则署“光绪十三年九月二十四日”。随据朱批日期“光绪十三年十月十一日”，查《军机处随手登记档》[①] 朱批刘铭传折栏，署有“报四百里，九月二十四日发”等字样。据此，此奏片之具奏日期当为“光绪十三年九月二十四日”无疑。兹据校正。

## 五四　请将高光斗等员留台差遣缘由片

光绪十三年九月二十四日（1887 年 11 月 9 日）

再，查台湾分省伊始，百事草创，所有抚番、清赋各务，在在需员差遣。兹查有甘肃候补知县高光斗、已革广西贺县知县孙浤泽、四川候补典史谢文藻，先后投效来台，经臣分别委用。年余以来，细察该员等，均尚朴实耐劳，办事勤慎，堪以留台差遣。合无仰恳天恩，俯念海疆烟瘴之地需员委用，准将知县高光斗等三员留于台湾差遣之处，出自逾格鸿慈！谨附片陈明。伏乞圣鉴。谨奏。

（朱批）：着照所请，吏部知道。[②]

光绪十三年十月十一日，奉朱批：着照所请，吏部知道。钦此。[③]

【案】此奏片之具奏日期，原件目录仅署“光绪十三年九月”，而录副则查无下落。随据主折朱批日期“光绪十三年十月十一日”，查《军机处随手登记档》[④] 朱批刘铭传折栏，署有“报四百里，九月二十四日发”等字样。据此，此奏片之具奏日期当为“光绪十三年九月二十四

① 中国第一历史档案馆藏：《军机处随手登记档》，档案编号：03-0254-1-1213-223.

② 中国第一历史档案馆藏：《朱批原件》，档案编号：04-01-12-0540-030.

③ 此朱批日期与内容，据《军机处随手登记档》（档案编号：03-0254-1-1213-223）校补。

④ 中国第一历史档案馆藏：《军机处随手登记档》，档案编号：03-0254-1-1213-223.

日”无疑。兹据校正。

## 五五 请准水师员缺暂宽例章变通办理缘由折

光绪十三年十月二十日（1887 年 12 月 4 日）

头品顶戴革职留任闽浙总督兼管福建巡抚事臣杨昌濬、督办台湾防务降二级留任台湾巡抚一等男臣刘铭传跪奏，为台湾水师员缺并武职补署章程，请旨饬部变通办理，以资整顿而免虚縻，恭折仰祈圣鉴事。

窃查台湾绿营额设水陆一十八营，水师七营，陆路十一营，共额兵一万四千余名。自同治八年前督臣左宗棠奏准裁兵加饷后，存兵七千七百余名。光绪三年，前抚臣丁日昌复请汰弱留强，暂停募补。截至光绪八年经台湾镇总兵吴光亮[1]核明咨报续裁，实存兵数四千五百余名，年支饷银一十七万余两，此后如有革、故缺出，随时募补，是为水陆现存兵额，内水师七营，分隶澎湖、安平各协，原定船舰若干，久废无存。

台澎孤悬海外，今昔情形不同，海防紧要，非兵轮不足以战守。此项经制水师即有船械，亦属无用，况其兵丁业经选充练兵，徒有其名。即陆路营汛亦无异虚设，兵丁积习惰弛，不堪应敌；将领或年老疲病，嗜好太深；或服官日久，习气过重。所有练兵、出防，皆另委将弁管带。凡补署现任人员，遇有抢劫重

① 吴光亮（1834—1898），字霁轩，名家霁，祖籍广东英德，寄籍江西赣县。咸丰年间，以军功保至参将，并加诚勇巴图鲁勇号。同治元年（1862），保江西补用副将，加总兵衔。三年（1864），保福建补用副将。五年（1866），署福建建宁镇总兵。同年，补授闽粤南澳镇总兵，嗣保记名提督。十一年（1872），丁忧开缺。光绪元年（1875），署理闽粤南澳镇总兵。二年（1876），补授福宁镇总兵。五年（1879），调补福建台湾镇总兵。十年（1884），署福建漳州镇总兵。十六年（1890），赴部引见。二十四年（1898），卒于粤。

案，事前既不禀报，事后亦不缉捕，惟在地方抽收规费而已。若不变通整顿，废弛伊于胡底！

臣等因时制宜，详加商酌，除澎湖水师两营兵丁暂照原章，俟总兵吴宏洛接印后再议整顿外，其余安平、沪尾、噶玛兰水师五营久无船械，未便任其废弛，拟请改为陆路，仍隶原营。并请将安平副将移驻后山水尾，该处已经臣等奏请改为台东直隶州，安平副将拟请改为台东协，请将北路副将移驻埔裹社，均作为陆路题补之缺。所辖营汛，北路副将仍可照旧，台东协须另行因地筹设。水尾为台东新建之地，埔裹社为南北交错之区，毗连生番，形势扼要，既可以控制穷荒，又可免另添营汛，于节饷筹防之道不无裨益。惟设营防于新开之地，民番杂处，必须将弁得力。

查台湾水陆马步兵丁，每名月饷及加给戍饷、兵米、练饷均在三两二三钱不等，练兵出防每月又加银一两二钱，统计在四两五钱余，较之勇粮尤重，一兵不得一兵之用，依旧疲弱，殊堪太息。若不变通整顿，遴选将弁，万难挽回积习。惟有就现在军营官弁并投效武职之中，或年力强壮，未染恶习；或打仗奋勇，办事勤实，拟请由臣等按月考试，如五枪能命中三四者，即分别奏咨留标，以后考列在前，准其补署。论枪法之高下，不论资格之浅深，庶钻营之弊不禁可除，疲老之将不遣自去，于例章不无破格，于营伍却有实济。

事关水陆营制，员缺更定移调并各项武职人员酌留补署章程，相应请旨饬部暂宽例章，准予变通办理，以挽积习而免虚糜。如蒙俞允，再由臣等认真挑选，查取留台各将弁履历，考试列等后，奏咨备案。

臣等为整顿营伍实事求是起见，谨合词恭折具陈，是否有当？伏乞皇太后、皇上圣鉴，训示，施行。再，此折系臣铭传主稿，合并声明。谨奏。光绪十三年十月二十日。

（朱批）：兵部议奏。[1]

光绪十三年十一月十六日，奉朱批：兵部议奏。钦此。[2]

## 五六 请将台湾盐务仍归闽省奏销缘由折

光绪十三年十月二十日（1887 年 12 月 4 日）

头品顶戴降四级留任闽浙总督兼管福建巡抚事臣杨昌濬、福建台湾巡抚一等男臣刘铭传跪奏，为闽台盐务碍难分办情形，谨据实覆陈，仰祈圣鉴事。

窃准部咨：台湾每年所收正、溢课银约在十二三万两，与从前场产不足，须由内地运售情形不同。今既改设行省，而盐务应照旧章，归福建盐法道造报。闽台远隔一海，巡缉稽查，鞭长莫及。据称代销长泰、南靖引盐，虽将所征正溢课厘留充防饷，尚有抵解内地盐务杂支之款，似不如闽台分办，各专责成。台湾盐务或就近归台湾道责令兼理。其长泰、南靖引盐，可否据还闽省，毋庸台湾代销，亦无须由台抵解杂支银两之处，事属改章，无从悬断，应详查妥筹，奏明办理等因。当经咨行遵照去后。

伏查台湾场盐不足，向由内地商、渔各船运往接济，名曰“唐盐”。近虽迭加整顿，多得盈余，然台南各场并未设官，台北晒盐尚未畅旺。前年法防之役，沿海戒严，销数因而大绌。上年七月，盐船少到，即派官轮赴泉州盐场，以济民食。是台地产盐一时未能充裕。台内行盐原属一气相通。现奉部咨，以闽台隔海，

① 中国第一历史档案馆藏：《朱批原件》，档案编号：04-01-16-0027-029.

② 中国第一历史档案馆藏：《军机录副》，档案编号：03-9420-046.

深恐巡缉稽查鞭长莫及，诚属审虑周详。第台盐之筹运筹销，向本责之台湾道、局，现虽分设行省，仍可奉循旧章，自无鞭长之虑。

长泰、南靖正、溢额盐系于道光四年奏准拨归台湾行销。迨咸丰、同治年间，该二县又迭遭土匪、粤匪之扰，户口凋零，元气未复，帮销疲滞异常。若将额引责令收回，销数断难足额，课款转致虚悬。即抵解杂支银两，查照向章，历年已久，值此内地行销支绌于前，一旦无款抵支，于办公殊多窒碍。且泉、漳一带产米无多，向恃台米接济，滨海穷民运盐赴台，购米内渡，辘轳转运，藉免呼庚。倘闽台盐务划而为二，则闽盐既不能往，势必倒灌内地，全纲俱坏，小民乏食，须另筹资告籴，益将无以为生，关系尤非浅鲜。

总之，闽台本属一省，叠次钦奉谕旨，必须联为一气，方可内外相继。现当分治之初，岂可遽存畛域？况浙江引界行及江西、苏、皖，两淮引界行及两湖、江西，此外两广、长芦各处亦多兼行邻境。闽省产盐颇饶，而引地甚窄。汀州一府八县向行粤盐，沿海阿澳各帮逼近场所，额征无几。一盐道所辖赖以转运者，尽止腹内数郡之地，而责以三十数万两之课厘，年来官运商运，局面苦难扩充。台地开山抚番，创造铁路，将来幅员愈广，销路愈多，则内地盐米往来，更属两有利益。筹度情形，势实遽难分办。据署福建盐法道司徒绪[1]详请奏咨前来。

---

① 司徒绪（1822—?），广东开平县荫生。咸丰元年（1851），选授福建永定县知县。四年（1854），调补闽县知县，并加同知衔。嗣因捐军饷，赏戴花翎。同年，委署海门同知。五年（1855），升补永春直隶州知州，因海运米石，赏加四品衔。六年（1856），委署兴化府知府，因倡捐保道员。同年，调署福州府知府。七年（1857），补授兴泉永道。九年（1859），丁父忧，奏留闽省差遣，因功加盐运使衔，遵例回籍补行穿孝，服满起复。同治三年（1864），赴部引见，以道员候补。九年（1870），充福建候补道。光绪四年（1878），署福建兴泉永道。七年（1881），以办理通商事务出力，交部从优议叙。十三年（1887），署理福建盐法道。十六年（1890），补授福建延建邵道。

臣等复加查核，所陈各节委系实在情形。合无仰恳天恩，俯念闽台唇齿相依，准将台湾盐务奏销仍归闽省附入票运，照章造报，以符旧制而免更端，于两地均有裨益。除咨部外，谨合词恭折具陈。伏乞皇太后、皇上圣鉴，训示，施行。谨奏。十月二十日。

光绪十三年十一月二十二日，奉朱批：着照所请，户部知道。钦此。[①]

## 五七　奏报台湾就田抽收丈费缘由片

光绪十三年十月二十日（1887 年 12 月 4 日）

再，台湾办理清赋，所有各属田亩溢出原额民间管业田园，新旧混淆，或有田无契，或数目不符，若由各县逐户查契，核对图册，未免繁扰，应于丈竣之后一律由藩司换发丈单，以后田园如有出卖、换业，再令税契过户，庶目前官便升科，民资执守。

查自开办以来，各县所派员绅带同弓丈书吏逐堡分丈，每县或十余班、二十余班不等。所有薪水、夫马、工食等项，悉由各县并善后局暂行垫给，不准索取民间一餐一费。阅时年余，现计支销经费已不下二十万，皆由别款随时挪用。此后各县分班复丈，绘造图册，刊印单票，在在需费。台湾现有各款丝毫皆抵正用，此项清丈经费无从筹画。

查内地江苏等省从前举办清丈，闻系就田抽收丈费。台湾拟仿照办理，每中则田一甲，不分新旧，于发给新单之时，由业户先缴丈费洋二元，上则酌加五角，下则递减五角。上中田园无

---

① 中国第一历史档案馆藏：《军机录副》，档案编号：03-6462-052. 又，台湾史料集成编辑委员会编：《明清台湾档案汇编》，第 5 辑，第 94 册，第 430—432 页，台北远流出版事业股份有限公司，2009。

多，以每甲十一亩计算，每亩不及二百文，在业户所出无几，既免新旧税契之繁扰，复免数目不符之弊混，官民两有裨益。

臣前奏请开办台湾铁路，所有车房、地价用款，曾经奏明由官发给，业经海军衙门议准，荷蒙俞允在案。此项经费尤巨，本年七月准户部咨查在于何款项下动支等因。臣正无处筹画，将来惟就所抽丈费项下除拨还清赋经费外，其余拨归铁路、地价、车房等项，或多或少，应俟收齐实数，再同支销数目另行分别归案造报。谨附片陈明。伏乞圣鉴。谨奏。

（朱批）：该衙门知道。①

光绪十三年十一月十六日，奉朱批：该衙门知道。钦此。②

【案】此奏片之具奏者，原件、录副目录均署“杨昌濬等”。具奏日期原件仅署“光绪十三年九月”，而录副则署“光绪十三年十一月二十三日”，均未确。兹据朱批日期“光绪十三年十一月十六日”，查《军机处随手登记档》③朱批杨昌濬、刘铭传折栏，署有“报四百里，十月二十日台北府发”等字样。据此，此奏片之具奏者当为杨昌濬、刘铭传，具奏日期当为“光绪十三年十月二十日”无疑。兹据校正。

## 五八　奏报台湾兵额无可裁减缘由片

光绪十三年十月二十日（1887 年 12 月 4 日）

再，前准户部咨开：查闽省现在裁减水陆额兵一成，以节饷需。台湾陆营兵额能否仿内地裁减之处，应咨由台湾巡抚酌度台

① 中国第一历史档案馆藏：《朱批原件》，档案编号：04-01-35-0990-037.

② 中国第一历史档案馆藏：《军机录副》，档案编号：03-6224-005.

③ 中国第一历史档案馆藏：《军机处随手登记档》，档案编号：03-0254-2-1213-329.

地情形，迅速会同总督奏明办理，毋许延缓等因。臣铭传伏查台湾地段辽阔，额设兵丁历次裁减，仅存四千五百余名。现在改设行省分治，开山拓地日广，设汛益多，实已不足分布，不能再行裁减。

谨合词附片陈明。伏乞圣鉴。谨奏。

（朱批）：该部知道。①

光绪十三年十一月十六日，奉朱批：该部知道。钦此。②

【案】此奏片之具奏日期，原件目录署“光绪十三年九月二十六日”，并示存疑，而录副则以朱批日期为之，亦未确。据朱批日期“光绪十三年十一月十六日”，查《军机处随手登记档》③ 朱批杨昌濬、刘铭传折栏，署有“报四百里，十月二十日台北府发”等字样。据此，此奏片之具奏日期当为“光绪十三年十月二十日”无疑。兹据校正。

## 五九　请将台湾镇吴光亮撤任查办缘由片

光绪十三年十月二十日（1887 年 12 月 4 日）

再，臣等据署恒春营游击刘全禀称：台湾镇总兵吴光亮由漳州卸任回台，函饬该游击借银五百两，又于调考军政时经镇署帐房吴卓勋向该游击索贿四百两，准其免考，并将原信二件附呈等情，当经臣铭传檄饬台湾道唐景崧确查去后。

旋据唐景崧禀称：奉查吴镇未回任以前，实有函致恒春营游击刘全借贷之事，当传函内所指之吴乾初即补用同知吴炳章查

① 中国第一历史档案馆藏：《朱批原件》，档案编号：04-01-16-0221-029.

② 中国第一历史档案馆藏：《军机录副》，档案编号：03-6023-083.

③ 中国第一历史档案馆藏：《军机处随手登记档》，档案编号：03-0254-2-1213-329.

询，据称从前吴镇驻扎彰化县属剿抚番社，适刘全署防林机埔汛，时向吴镇告贷。此次吴镇因刘全前欠未偿，致向函借，刘全并未应允等语。至索贿免考一节，访查未得实据。诘之吴卓勋，坚称本年六月间，因刘全往探，伊往回看，晤面一次，数语即出，此后并未往来，委无说项免考情事。查刘全业已卸署恒春营，究竟吴卓勋有无前向索贿，自非当面质对，难期水落石出。除俟刘全来郡究明确情，再行据实禀报外，先行禀覆等情前来。

臣等伏查台湾镇总兵吴光亮，甫经交卸回任，即向属员告贷，实属不知检束。虽称系索还前欠，而察核该镇借贷原信，并无索欠字样。至调考军政索贿四百两免考一节，虽经台湾道唐景崧诘讯，吴卓勋坚不承认，何以其时吴光亮适将恒春营游击刘全撤委，其中不无可疑。事关军政索贿，非将吴光亮撤任彻底查究，不足以服刘全之心。所有台湾镇总兵吴光亮应即先行撤任，听候查办。所遗镇缺，查有驻防台湾府统带镇海各营记名总兵万国本，操防认真，办事勤实，堪以暂行署理。

除饬台湾道提同卸署恒春营游击刘全与镇署帐房吴卓勋严行质讯，彻究虚实，再行奏明办理外，谨合词附片具陈。伏乞圣鉴。谨奏。

（朱批）：吴光亮着即撤任，听后查办，余依议，该部知道。[①]

光绪十三年十一月十六日，奉朱批：吴光亮着即撤任，听后查办，余依议，该部知道。钦此。[②]

【案】此奏片之具奏日期，原件目录署“光绪十三年九月二十六

---

① 中国第一历史档案馆藏：《朱批原件》，档案编号：04-01-16-0221-030.

② 中国第一历史档案馆藏：《军机录副》，档案编号：03-5852-088.

日”，并示存疑，而录副则以朱批日期为之，亦未确。据朱批日期“光绪十三年十一月十六日”，查《军机处随手登记档》① 朱批杨昌濬、刘铭传折栏，署有“报四百里，十月二十日台北府发”等字样。据此，此奏片之具奏日期当为“光绪十三年十月二十日”无疑。兹据校正。

## 六〇　奏报中北两路剿抚滋事番社情形折

光绪十三年十一月初三日（1887 年 12 月 17 日）

督办台湾防务降二级留任台湾巡抚一等男臣刘铭传跪奏，为中北两路化番滋事，派兵先后剿复，谨陈剿抚情形，恭折仰祈圣鉴事。

窃臣于光绪十三年闰四月初四日曾将招抚各路生番归化情形奏明在案。本年五、六月间，台湾沿山内外疫疠大作，守隘勇丁半多移往山外避疫，番社瘟疫尤重，番俗杀人禳灾。叠据统带北路土勇都司郑有勤禀报：大嵙崁、咸菜瓮、三角涌等处俱有化番潜出杀人，屡经入社查拿凶首，皆推为内山未降生番。访闻尖石社番目流明孩容率子在黄麻坑地方，杀毙民人杨阿树等四命，经该都司入社擒拿流明孩容父子到案，讯认不讳。复查有竹头角社丁有干老敏兄弟两人，在南雅地方潜杀土勇林笼一名，并大坝、怡磨社番目瓦丹有老等在双溪地方潜杀伐木匠人廖生、廖畎、许进来等三名，均经该都司会同大嵙崁抚垦委员候补县丞陆陈谦，勒令各该社番目交出正凶，同流明孩容一并就地正法。

七月初三日，据三角涌抚垦委员候补典史谢文藻禀报，该处民人王阿房等四人在山伐木，被番杀毙；初五、初六等日，又杀

① 中国第一历史档案馆藏：《军机处随手登记档》，档案编号：03-0254-2-1213-329.

毙防勇黄阿添、连乞来、林东等三命，当经该委员饬令通事并防勇八名，至附近大坝社查拿凶首，该社尚敢将所杀人首挂在门外示威。勇目吴得禄等与其争论，该番竟将通事、防勇共十人一并杀害，勾结墩乐、插角等七社背抚抗官。其时天气炎热，兵勇不便深入内山，当商太常寺少卿臣林维源，亲至大嵙崁，将防勇仍扎山内，一面查明杀人番社，惟大坝最多。该社离淡水只六十余里，民地三面包裹，该社番案素称凶悍，倚恃山深路险，抗不交凶。

臣于八月二十四日派令统带定字三营记名提督李定明暂带昌字三营，守备陶麟徵、卫队营副将李桂成管带一营，各出七成队伍，并调大嵙崁土勇三百名，商请林维源就近调遣，相机剿办。林维源派令陶麟徵于二十六日先将附近之褒懂社剿毁，李定明于九月初一日由紫薇坑进剿大坝西面，本日进扎牛角坑。大坝等七社凶番合力抗拒，接仗自午至戌，枪毙凶番多名，始行退去。当烧毁番社十余处，我勇阵亡一名，受伤二十余名。李定明由西路滚营进扎，番众并力西路。林维源商令守备陶麟徵并卫队营管带副将李桂成，由东南小路翻山二十余里，直捣大坝老巢。陶麟徵、李桂成于初二日潜至外插角，初三日出其不意，进攻大坝。该番悉由西路回拒，已经陶麟徵进攻大坝，毙番数名，弁勇伤亡十余名。该处毗连七社，同时逃遁，经李定明派令各营将所有番社悉行焚毁。

初五日，大坝七社总番目夭月舌率各番目来营乞抚，经陶麟徵送经林维源议抚。旋准林维源函商，大坝七社凶番归化已有年余，仍不时潜出杀人，讯据番目供称，番无统属，该番目等不能约束子弟，必得搬出山外，方保永不滋事。臣当查大坝七社番丁男女不足千人，搬出山外，其地周围数十里，招民开垦，半皆膏腴，二三年后所收垦租发给七社口粮，有多无少。目前先由官筹给。与林维源往复函商，照议收抚，分饬各营拨队，于十月初三日各回防所。此北路剿平滋事化番之情形也。

据中路营务处道员林朝栋禀报：五月二十二日，头忭坑地方被里冷社凶番杀毙垦民二人；二十三日，戆德地方被白茆社番丁歪挠威杀毙垦民一人。当即拿获歪挠威并里冷社凶番雪华烧，送至台北，经臣讯明正法。该二社人众势强，闻将雪华烧等正法，竟声言背抚，于八月十一、十二等日在新路地方围杀防勇四名，又杀佃民黄阿戆等四命。林朝栋禀请带勇剿办，并请调驻防彰化记名提督朱焕明所统武毅军两营队伍前往助剿。林朝栋于八月十五日进攻白茆社，夺取山顶。该社同里冷等社凶番五百余人，自黎明接仗至日落，经林朝栋督勇，枪炮并施，铳毙凶番十余名，各番始行败退。林朝栋滚营前进，于二十日夜袭破里冷社，接战一日，各有伤亡，所有两社房屋全行焚毁。朱焕明于二十一日带勇会合林朝栋分扎白茆、里冷两社要隘。该番见兵勇扎营久住，日日拼命抵抗。二十三日黎明，凶番三百余人围攻林朝栋分卡，当经林朝栋、朱焕明分路接战，阵毙凶番二十余名，夺获枪械等件。帮带营官游击张国理奋勇争先，中枪阵亡。

统计自八月十五日至九月初二日，无日不战，共伤亡勇丁三十余名。番丁伤亡尤多，屡战屡败，势穷力竭，同时悔罪乞抚。九月二十五日，林朝栋议准招抚，定明该两社地界遇有杀人案件，惟该番目是问，具结埋石发誓。林朝栋、朱焕明于十月二十四日拔队，各回防所。此中路剿抚之情形也。

臣查生番野性，平时以杀人为事，招抚之后仍敢潜出杀人，一经拿办凶手，即行背叛。若不严行剿办，不足以儆凶玩。此次中北两路办理剿抚尚为妥速，所有林朝栋、李定明、朱焕明、余应璜等军尤为出力将士，拟由臣分别记奖。查都司卫守备陶麟徵，冒险猛进，有勇有谋，拟请免补都司，以游击尽先补用，并请赏加勇号。游击张国理力战阵亡，请交部从优议恤，以励戎行。

所有中北两路化番滋事，派兵先后剿抚情形，谨会同闽浙督臣杨昌濬，恭折具奏。伏乞皇太后、皇上圣鉴，训示。谨奏。光绪十三年十一月初三日。

（朱批）：陶麟徵着免补都司，以游击尽先补用，并赏给捷勇巴图鲁名号。张国理着照阵亡例，从优议恤。余依议，该部知道。[①]

光绪十三年十二月初九日，奉朱批：陶麟徵着免补都司，以游击尽先补用，并赏给捷勇巴图鲁名号。张国理着照阵亡例，从优议恤。余依议，该部知道。钦此。[②]

## 六一　请将知县林凤章等摘顶革职勒限严追片

光绪十三年十一月初三日（1887 年 12 月 17 日）

再，台湾厅县新案交代前经臣奏明俟藩司到任后酌度扣限起算，奉旨允准在案。兹查前署宜兰县知县林凤章短欠交代款银七千六百四十二两零九分八厘，前署彰化县知县蔡麟祥病故出缺短欠交代款银三千二百三十七两零，屡经严催，延不清解，据该管道府据实揭报，由台湾布政使邵友濂会同台湾道唐景崧具详请参前来。

臣复查前署宜兰县知县林凤章、已故前署彰化县蔡麟祥，短欠交代银两，屡催不解，均属玩违，相应请旨将前署宜兰县升用

① 台湾史料集成编辑委员会编：《明清台湾档案汇编》，第 5 辑，第 94 册，第 451—454 页，台北远流出版事业股份有限公司，2009。

② 此朱批日期与内容，据《军机处随手登记档》（档案编号：03-0254-1-1213-351）校补。

同知候补知县林凤章摘去顶戴，已故前署彰化县试用同知蔡麟祥革职，分别勒限、提属，严追完缴，一面饬将交代赶紧造册结报。除将该管各上司职名报部备核外，理合会同闽浙总督臣杨昌濬附片具陈。伏乞圣鉴，训示。谨奏。

（朱批）：林凤章着摘去顶戴，蔡麟祥着即革职，分别勒限提追完缴，余依议，该部知道。[①]

光绪十三年十二月初九日，奉朱批：林凤章着摘去顶戴，蔡麟祥着即革职，分别勒限提追完缴，余依议，该部知道。钦此。[②]

【案】此奏片之具奏日期，原件目录署“光绪十三年十一月初三日”，且示存疑。而录副则以朱批日期为之，亦未确。据朱批日期“光绪十三年十二月初九日”，查《军机处随手登记档》[③] 朱批刘铭传折栏，署有“报四百里，十一月初三日发”等字样。据此，此奏片之具奏日期当为“光绪十三年十一月初三日”无疑。兹据校正。

## 六二　请将副将余德昌照例从优议恤缘由片

光绪十三年十一月初三日（1887 年 12 月 17 日）

再，统领昌字等营总兵衔留闽补用副将余德昌，原任江南狼山中营游击，经臣奏调来台，统带昌军三营，历在内山剿抚番社。六月间调驻基隆，督修铁路工程，于本年八月初八日在营病故。据代统昌字等营五品衔教谕余应璜禀报前来。

臣查已故副将余德昌忠勇朴实，久历戎行，随剿发、捻，勋

① 中国第一历史档案馆藏：《朱批原件》，档案编号：04-01-12-0540-076.

② 中国第一历史档案馆藏：《军机录副》，档案编号：03-5698-009.

③ 中国第一历史档案馆藏：《军机处随手登记档》，档案编号：03-0254-1-1213-351.

绩卓著，臣特奏调来台统领昌军。方期造就其才，为国家干城之选，不料屡在内山，染受瘴气，兼受基隆暑湿，劳伤举发，猝然病故，殊堪悼惜！可否仰恳天恩，饬部将总兵衔补用副将余德昌照总兵军营立功后病故例，从优议恤，以励忠勤之处，出自逾格鸿施！

除将该故员履历清册咨送兵部备查外，谨附片具陈。伏乞圣鉴，训示。谨奏。

（朱批）：余德昌着交部照总兵军营立功后病故例，从优议恤。[1]

光绪十三年十二月初九日，奉朱批：余德昌着交部照总兵军营立功后病故例，从优议恤。钦此。[2]

【案】此奏片之具奏日期，原件目录署“光绪十三年十一月初三日”，且示存疑，而录副则查无下落。据主折朱批日期“光绪十三年十二月初九日”，查《军机处随手登记档》[3]朱批刘铭传折栏，署有“报四百里，十一月初三日发”等字样。据此，此奏片之具奏日期当为“光绪十三年十一月初三日”无疑。兹据校正。

## 六三　奏报修理伏波经费归入台防造销等情片

光绪十三年十一月初三日（1887年12月17日）

再，查伏波轮船自马江捞起修理后，即经署船政臣裴荫森奏明拨归台湾差遣，所有薪粮亦归台湾给发。该船到台数月，却据管驾林承谟屡称水缸渗漏，非加修换，不能行驶等因，当经臣于

---

① 中国第一历史档案馆藏：《朱批原件》，档案编号：04-01-16-0027-044.

② 此朱批日期与内容，据《军机处随手登记档》（03-0254-1-1213-351）校补。

③ 中国第一历史档案馆藏：《军机处随手登记档》，档案编号：03-0254-1-1213-351.

本年二月咨送回厂勘验修理，并于购买威定轮船案内声明在案。

兹准署船政臣裴荫森咨称：查伏波船自同治九年落成至今闲十余年之久，上年捞起，权行修补，未及换造水缸，究竟铁质渐薄，日见渗漏，必须改换新缸。其余船身、轮机亦多朽坏，均宜酌量修补，现已饬厂一律修竣，共需经费银一万四千四百八十九两二钱六分五厘，除各匠工价银五千八百九十八两二钱一分六厘自由船厂造销外，其新换水缸及各项料价库平纹银八千五百九十一两四分九厘，请由台湾照数解还，以清款目等因前来。

臣查闽厂代修台湾轮船，前经议明由厂出工，由台发还料价，据开报料价银八千五百九十余两，当饬善后局照数解还。惟伏波轮船船身既旧，用煤尤费，全船开支每月须银一千九百余两，徒有兵轮之名，毫无实用。台湾孤悬海外，办防、分省、运载一切料件，调遣南北兵勇，需船孔亟。此种兵轮养之不能得力，弃之又无船可用，惟有裁减冗费以免虚糜，所有该船管队一名、正管炮一名、副管炮一名、炮勇二十四名、正号手一名、副号手一名、鼓手一名、医生一名，经臣于本年八月初一日一并裁撤，并酌减各项薪粮，每年可节省银八千余两。

除将修理伏波船料价银两饬善后局归入台防造销，并将改定伏波薪粮造册咨送海军衙门及户、兵两部外，谨会同署船政大臣臣裴荫森，附片陈明。伏乞圣鉴，训示。谨奏。

（朱批）：该衙门知道。[1]

光绪十三年十二月初九日，奉朱批：该衙门知道。钦此。[2]

【案】此奏片之具奏日期，原件目录署“光绪十三年十一月初三

① 中国第一历史档案馆藏：《朱批原件》，档案编号：04-01-30-0462-013.

② 此朱批日期与内容，据《军机处随手登记档》（03-0254-1-1213-351）校补。

日”，且示存疑，而录副则查无下落。据主折朱批日期“光绪十三年十二月初九日”，查《军机处随手登记档》① 朱批刘铭传折栏，署有“报四百里，十一月初三日发”等字样。据此，此奏片之具奏日期当为“光绪十三年十一月初三日”无疑。兹据校正。

## 六四　奏报台勇长夫不能再裁缘由折

光绪十三年十一月初九日（1887年12月23日）

督办台湾防务降二级留任台湾巡抚一等男臣刘铭传跪奏，为台湾各营长夫已经裁减，现在不能再裁，谨据实覆陈，恭折仰祈圣鉴事。

窃臣于光绪十三年十月户部咨称：本部筹议河工赈需用款一折◆1，奉旨：览奏，均悉。裁撤长夫暨盐商捐输、当商汇号交银三条，着照所请行等因。钦此。并粘单内开：自本年十一月初一起，无论沿海、沿边，各营长夫全行裁撤。每月节省饷银若干，限于年内迅速奏报，腾出银数，专作河工之用等因。咨行到台。除原单所指盐商、当商等项，台湾向无此项商户。查各营长夫一项，当军营废弛不堪之时，经前大学士臣曾国藩创立湘军营制，苦心整顿，特恐各营以勇作夫、不事操练，故多给长夫，力除积弊。嗣后淮军遵照旧制，历今二十余年，虽不能如前精劲，尚有皮毛可观，赖有长夫一项，未致显然废操空勇。若全行裁减，将来各营势必以勇代夫，军政不堪设想！

如以目前无事，不但夫可裁，勇亦可裁。惟兵可百年不用，不可一日无备。泰西各国讲求武备，日强月盛，精神注于造器，

① 中国第一历史档案馆藏：《军机处随手登记档》，档案编号：03-0254-1-1213-351.

国用绌于养兵。我朝近年筹办海防，访求将才，方以整顿武备为急务，似未便于军营搜取有限之费，使贪将惰卒得以借口废弛，一旦有事，虽加百倍，亦不足以偿其失。惟当此黄河决口、费用支绌之际，部臣无款可筹，不得已而百计搜罗。以臣管见，可裁冗费，如河海漕粮运费并各省驿站二项，若能变通办理，每年约可撙节数百万，且利国便民，有益无损，似较胜于搜取微末。但事关更革旧制，能否破除成例，臣草昧无知，不敢妄陈天聪，已将详细情形函达大学士臣阎敬铭①，请其斟酌办理。如能采择，谅必据情入告，以纾圣主宵旰之忧◆2。

至臣部台军三十五营，已经光绪十一年十月二十七日附片奏明，每营裁减长夫八十名。数年以来，修筑沿海炮台，兼之剿抚生番，不时征调，与内地军营不事工作、无所征调，情形迥别。长夫一项已经裁减，万难再减。谨据实覆陈。伏乞皇太后、皇上圣鉴，训示，谨奏。光绪十三年十一月初九日。

（朱批）：户部知道。②

光绪十三年十二月初九日，奉朱批：户部知道。钦此。③

【案】光绪十三年九月二十日，大学士阎敬铭等以黄河决口筹议赈

---

① 阎敬铭（1817—1892），字丹初，号约盦，陕西朝邑县人。道光二十五年（1845），中式进士，改庶吉士。咸丰四年（1854），充贵州司主事。同年，丁生母忧，回籍终制。六年（1856），补四川司主事。十年（1860），授湖广司员外郎，总办湖北粮台，兼管营务。同年，升户部郎中，赏戴花翎。十一年（1861），以四品京堂候补。同年，迁湖北按察使。同治元年（1862），署湖北布政使，旋转山东盐运使，署山东巡抚，加二品顶戴。同年，丁生父忧。二年（1863），擢山东巡抚。六年（1867），以病休。八年（1869），补工部右侍郎兼管钱法堂事务。同年，因病乞休。光绪三年（1877），稽查山西赈务。八年（1882），拜户部尚书。九年（1883），兼署兵部尚书。十年（1884），充军机大臣上行走、总理衙门行走，晋协办大学士。十一年（1885），转东阁大学士，管理户部事务。十二年（1886），授会典馆正总裁。十三年（1887），四请致仕，得允。十八年（1892），卒，赠太子少保，谥文介。

② 中国第一历史档案馆藏：《朱批原件》，档案编号：04-01-16-0027-053.

③ 中国第一历史档案馆藏：《军机录副》，档案编号：03-7078-064.

需用款具折，曰：

大学士管理户部事务革职留任臣阎敬铭等谨奏，为筹议河口赈需用款，酌拟款目六条，请旨遵行事。

窃查河南郑州黄河漫口，掣溜南趋，仰蒙圣慈特颁内帑，急赈灾黎。迭次钦奉谕旨，截留京饷、南漕，以资赈抚。鸿施迭沛，凡有血气，感泣同声！复于八月三十日由军机处交出军机大臣面奉谕旨：此次河南郑州黄河漫口，所有捐办河工及办理灾赈各事宜，需款甚巨等因。钦此。当经臣部议将各省洋药加征厘税款，今年正月以后，除已由部拨他用不计外，所有征数全行存储，以备防赈之用，并声明再由臣等将应减应停之项及变通捐例再行详具条款，奏明办理，钦奉谕旨：依议。钦此。钦遵在案。伏惟黄流尚无归宿，泛滥之处必宽，淹漫之日必久，亿万生灵嗷嗷待哺，现据河臣成孚奏报，口门刷至五百余丈之宽，则决口一日不堵，民生一日不安，即朝廷忧勤一日不释。现经钦奉谕旨，令于部库拨银二百万两，克日解往，此后仍陆续筹拨。工程浩大，即使修防得手，克日奏功，而五六百万之巨款何从筹措？

查历次河工用款，皆以捐输为大宗。现在海防捐输拟改为河工事例，尚须详细斟酌，变通办理，容另折陈奏。此外应筹款项，臣等再三集议，既不便将一切支款概行核减，更不敢遇事搜括、累及小民。际时艰万分焦急，不得不于无可设法之中，竭力筹画，惟有裁长夫，停购买，改半折，调防营，以及劝谕盐、当、汇号各商，捐输集款，以佐经费之不足。谨拟各项办法六条，另缮清单，恭呈御览。伏乞皇太后、皇上圣鉴，训示。谨奏。九月二十日。①

河工用款酌拟六条清单

谨将筹备河工赈需用款酌拟六条，缮具清单，恭呈御览。

一、各省防营长夫，拟概令裁撤也。查长夫一项，原为征兵而设。现在各省皆系防军，并非出征可比。近年以来，各省长夫饷银开销至一百数十万两之多。如将此项裁撤，移作河工之用，亦可成一巨款。况河

① 中国第一历史档案馆藏：《军机录副》，档案编号：03-9633-059.

南、山西、湖北、安徽、江西等省均已一律裁撤，甘肃、新疆练军亦无长夫之名，历时已久，皆能相安无事。臣等公同商酌，拟令凡有防营省分，除河南等省已经裁撤外，其余无论沿边沿海各营长夫，自本年十一月初一日起，全行裁撤，每月节省饷银若干，限于年内迅速奏报，统计腾出银数，专作河工之款。

一、购买外洋枪炮、船只、机器等项及炮台各工，拟令暂行停止也。查各省购买洋枪洋炮、各项船只以及修筑洋式炮台各工，每次用款动需数十万两，均须由部筹拨，竟有不候部拨已将本省别项挪用，遂致应解京协各饷每多虚悬，迨经饬催，辄以入不敷出，转请部中改拨他省。窃计十余年来，购买军械，存积甚多；铁甲快船，新式炮台，业经次第添办。且各省设有机器制造各局，福建设有船厂，岁需经费以百万计，尽可取资各处，不必购自外洋。迩来筹备海防，固属紧要，而河工巨款，待用尤殷，自应移缓就急，以资周转。拟请饬下各省督抚，所有购买外洋枪炮、船只及未经奏准修筑之炮台，均请暂行停止，俟河工事竣，再行办理。

一、在京官员、兵丁应领各项米折银两，拟令分别停止、变通也。查米折一项，原系因仓储不足用银搭放、专动库存漕折之款。近来部库进款日减，出款日增，本年划拨截留，已短进六百万两。现在河工紧急，奉旨提拨部库银二百万两，因正项无多，不得已由漕折项下动用。惟米折一项，无款另筹。查米折开放之数，官员、兵丁每人所得，为数甚微，而总计部拨之款，每年约须百余万两，若一律全行停止，官员所损无多，恐兵丁生计有碍。今拟变通办理，自光绪十四年正月起，将在京王公、百官米折银两暂行停支一年；兵丁应领甲米，每米一石，内加放一斗五升本色实米，将米折银两一律停支一年，庶库款稍可周转，而兵丁多领一成五实米，似亦有所裨益。

一、酌调附近河南省防军，以节经费也。查此次河工情形甚重，一切堵筑疏浚，必须广募民夫，需费甚大。现在库款支绌，筹措匪易。查各省防营，近无征调之案，均系驻扎无事。若调附近豫省防军，协同工作，仍食本饷，以辅经费之不足，于河工不无裨益。拟请旨饬下附近豫省督抚体察情形，与豫抚、河督商酌遣调，迅速奏明办理。

一、各省盐商，应令捐输请奖也。查长芦、两淮、山东、河东、浙江等省盐商，从前凡遇军需、河防、灾赈，无不踊跃输将。咸丰年间军兴以后，商力虽不如前，而小逻堡、清水潭等工及协助各省赈款，并光绪六年筹备饷需，两淮商人已先后捐过数百万两。并查两淮盐商前于筹备饷需案内，该督奏准公捐一次，共银一百万两，且称宽恤一时，正以备缓急于异日等语。现在河工用款浩繁，拟援照成案，捐输济用。应令两江督臣转饬两淮运使，按照引票，劝谕该商等捐输一次。其余盐务省分情形不同，应并令各该督抚，就行盐地方，体察商情，督饬运使、盐道，按引按票，劝谕各该商普捐一次，以济经费。如捐有成数，专款存储，迅即报部候拨；并准按所捐银数，给予虚衔、封典奖叙。各该督抚务当实心实力，赶紧劝办，并限一月内，将如何筹办情形先行奏报，不得以商情疲累空言搪塞，致误要需。

一、当商、汇号，应令分别交银也。查当商每年所完当税，各省数目不同，然至多亦不过五两，交纳零星，地方官不免侵吞挪用。今拟令各省查明各当商每年应交税银数目，豫行饬交二十年之课。如每年应完银五两者，完银一百两，即准抵二十年应交之税，由该地方给予收照，注明所交银数及准抵年分，以免混淆。在当商应完此数，本不为难，且一总汇交，尤为便捷，该商等自必乐从。惟甫经定章，必须严防弊窦，倘有不肖官吏藉此格外需索，一经发觉，严参治罪。至应交税银，应自光绪十四年起一律计算，统限年底，埽数解司。逾限不解，将该地方官参处。再，汇兑号商亦系殷实富户，从前臣部会议筹饷章程内，拟令承领部帖，每年每号纳课银六百两。旋因海疆撤防，故未举办。此次拟令每处每号捐银六百两，并令只捐一次，免其承领部帖。以上两款所收银两，均由各该省报部候拨，作为河工专款，不得擅作别用。①

【案】光绪十三年十二月二十四日，大学士阎敬铭具折奏报议覆刘铭传具奏变通漕运、驿站一折，曰：

① 中国第一历史档案馆藏：《清单》，档案编号：03-9633-060.

大学士管理户部事务臣阎敬铭跪奏，为议覆台湾抚臣刘铭传具奏变通漕运、驿站二事，敬陈管见，仰祈圣鉴事。

窃台湾巡抚刘铭传跪奏，各营长夫已经裁减一折，光绪十三年十二月初九日，奉朱批：户部知道。钦此。除由户部钦遵办理外，其折内声称：河、海漕粮运费、各省驿站二项，若能变通办理，每年可撙节数百万，利国便民，有益无损，已函达大学士臣阎敬铭斟酌办理等因，自应由臣敬铭专折覆陈。据该抚于臣原函内称：查南北洋、广东、浙、闽沿海省分多有轮船，若将河、海所运漕粮按四股配分代运，每年可免开支水脚数十万，台湾亦可与闽、浙认股承办。漕粮到津，剥费甚巨，若分四股，以直隶、两江、广东各认一股，闽、台、浙承认一股，每股运米不过三十万，若先运竣者，督、抚优叙，委员给奖，无不争先恐后，南北洋、广东皆有轮船，惟闽、浙船少，有船者即行自运，无船或租或造，自行筹款，在一省所费无几，通计运费节省甚巨，惟不利于招商局并河运官耳。此其一也。

电线之设，公家出费已多，原为通递要信，沿海又设文报局驿站一项，糜费甚巨，绿营兵丁养之无用，若将内地驿站仿外洋邮政局办理，各省即以无用之营兵分隶各站，每省添设邮官一员，无论官私信件发单递送，所收信资，年终计数，分给驿官、驿兵，有余归公，不敷由官贴补，每年可裁冗费数百万等语。臣愚窃惟驿站一事，中外形势既异，制度亦殊，其万不可行之处，约有数端，请详言之。

国家岁支驿站银二百余万两，岂好为糜费哉？特以幅员既广，夫马供亿，应接不暇，不欲重繁民力，非仅借通文报已也。今若改设驿政，仅以传递文报，若使节之往来，饷鞘之接解，必致科派民间，重滋骚扰，甚非恤民之意。其不可一也。

外国邮政章程，臣虽未深悉其要，必与铁路、电线相副而行，铁路通则驰递捷，有电线则紧要文件不借邮传，所邮递者寻常信报耳。中国本无铁路，电线之设亦不能遍，且闻电线二三十年后，必致间有糟朽，或恐奸民乘机截断，一有紧急军报，声息不通，所误匪浅。其不可二也。

中国电报之设，虽准民间寄信，然通计之，公家赔项不少，不能如洋人于此得利。且当军书旁午，则私信应行停递，若置邮政行旅商贾之私报皆与官报并行，且倍蓰于官报，官私杂沓，何从稽查？一省以一邮官主之，其邮传则委之无用之营兵，谓其不至迟误，谁敢必之？其不可三也。

国家额设营兵，原以除暴诘奸，并以解囚护鞘，因将弁弊习太重，油滑惰诈，勤劳朴实之不知，浮伪侵渔之难破，其渐至积弱无用。如果将领统率有方，均是人也，岂真勇可用而兵不可用哉？今欲尽裁营兵，使之分隶各站，既改二百余年之制度，而旧隶驿站之千万人夫一旦失役，将何以善其后？今裁相沿虚额之长夫，且多谓不可，况绝千万人之生计耶！其不可四也。

以臣愚见，邮政一事，决不可行。

至所陈沿海轮船承运漕粮一事，亦须兼筹并计。臣五年前初至户部时，见河、海运费岁支百数十万，私拟若以内地轮船承运，可省巨费，历访舆论，多言沿海所设轮船及船政局所造多系兵船，与商船异制。商船宜于运货而不利于行兵，兵船便于行兵而不宜于运货，因以罢议。其不便一也。

南漕岁百余万，江淮之民借漕运为业者以千万计。自招商局轮船分载，漕米粮艘失业者众，然每岁沙船尚运米一大半，合计河、海民船水脚岁尚六七十万，若再夺之，则此千万人何所安置？其不便二也。

招商局之设，沈葆桢、李鸿章均谓各口通商以来，沿江、沿海之利尽为外国侵占，故创为此局，以与洋商争衡。多年以来，该局有无获利，臣不深悉，群谓全赖漕运水脚津贴。臣前以脚费过巨，且较之外国承运价脚亦增，三年前与南北洋大臣再四商议，始每石减去修舱费一钱五分，岁省银十几万两，实属无多。今该抚身任海疆，参谋筹画，果使此事可行，则岁省运费于度支良有裨益。惟沙船承运为小民生计所关，未便议令停运外，其兵船究竟能否运载？招商局轮船运费能否撙节减省？应请饬下南北洋大臣共体时艰，察看情形，妥议具奏。

臣愚昧之见，是否有当？恭折具陈。伏乞皇太后、皇上圣鉴。至该抚致臣原函，并由臣抄录咨送军机处备查。

再，该抚系致臣一人信函，是以由臣单衔覆奏。臣现在请假，未经呈递膳牌。合并陈明。谨奏。光绪十三年十二月二十四日。①

呈钞录台湾巡抚刘铭传原函单

中堂阁下：谨肃者，黄河决口，灾及皖、豫，屡奉部咨议令裁款治河，各省如有可裁之款，自应设法裁减。台湾新近建省，百废待举，资绌用繁，无可撙节，想在钧鉴之中。筹思再四，惟有一得之见，陈请尊裁，如何照行，裨助甚大，较胜于搜取微末。

查南北洋、广东、浙、闽，皆沿海省分，多有轮船，若将河海所运漕粮按四股配分代运，转轮便捷，每年可免开支水脚数拾万。台湾虽小，亦可与闽、浙认股，承办河运、海运，每年秋、冬漕粮始到天津，通州以下河水干涸，起驳用费甚巨，若分四股，以直隶、两江、广东各认一股，闽、台、浙承认一股，每股运米至多不过三十万。若先运竣者，督抚从优议叙，委员照异常劳绩给奖，无不争先恐后，即可早到天津，趁水上运，既免延迟，又可省费。南北洋、广东皆有轮船，惟闽、浙船少，自十四年起，各省有船者即行自运，如无轮船，准其或租或造，自行筹款。在一省所费无几，通计河、海两项运费，节省甚巨，且于公私毫无挂碍，惟不利于招商局并河运官耳。此其一也。

查电线之设，公家出费已多，原为通递紧要信件，沿海又设文报局驿站一项，糜费甚巨。绿营兵丁养之无用，鄙见若将内地驿站变通章程，仿外洋邮政局办理，各省即以无用之营兵分隶各站，责成各汛仍仿塘埔旧制，每省添派邮官一员，无论官私信件，发单送递。所收信资，年终照单计数，分给各省邮官，加发驿兵口粮，有余归公，不敷由官贴补，每年可裁冗费数百万。此外洋办有成法，可以仿照，且较驿站灵便，不致迟延遗失，既济于公，又便于民。

以上两端愚昧之见，未识有当否？传已于覆奏裁减长夫折内声明。如蒙采择，无所窒碍，即请据以入告中堂，忠于谋国，集思广益，当不

① 台湾史料集成编辑委员会编：《明清台湾档案汇编》，第5辑，第94册，第519—522页，台北远流出版事业股份有限公司，2009。

以鄙言为多事也。谨启。

再，黄河决口，经费支绌，贵部不能不苦心搜掘，惟现在所筹各节为数毫末，恐无补于大局。鄙见河海漕粮运费分派沿海各省代运，省费不过数拾万，若能将各省驿站经费全行裁除，仿照外洋邮政办理，纵不能收民间有余之信资，必可省州县侵蚀之冗费，统计每年可得数百万。台湾本无驿站，自沈文肃渡台后，由各县设站，每年需费叁肆万，不独迟延，且多遗误，现饬司道议归绿营兵丁递送，仿照外洋邮政试办，以节縻费，如有成效，再行具奏。又启。①

## 六五　请将总兵李嘉谷等员从优议恤缘由片

光绪十三年十一月初九日（1887 年 12 月 23 日）

再，台湾自本年八月以前所有各营病故员弁均经臣随时奏明，蒙恩赐恤在案。查自本年九月以后，据各营陆续禀报，提督衔云南补用总兵李嘉谷、两江补用副将李允廷、副将任子南、副将衔参将谭凤林、参将刘南华、花翎游击易豫俊、都司衔千总林登鳌、举人龚佐中、分省县丞宋钟杰、未入流姚寿生、生员陈炳煌、从九品林锦波、监生汤正德，先后在营病故。

臣查该故员等俱系剿抚生番，随营出力，久受瘴疫，积劳病故，理合汇案奏陈，仰祈天恩俯准将李嘉谷等一十三名一并交部从优议卹，出自逾格鸿慈！谨附片具陈。伏乞圣鉴。谨奏。

（朱批）：着照所请，该部知道。②

光绪十三年十二月初九日，奉朱批：着照所请，该部知道。

① 中国第一历史档案馆藏：《清单》，档案编号：03-9436-069.

② 中国第一历史档案馆藏：《朱批原件》，档案编号：04-01-16-0027-054.

钦此。[1]

【案】此奏片之具奏日期，原件目录署“光绪十三年十一月初九日”，且示存疑，而录副则查无下落。据主折朱批日期“光绪十三年十二月初九日”，查《军机处随手登记档》[2] 朱批刘铭传折栏，署有“报四百里，十一月初九日发”等字样。据此，此奏片之具奏日期当为“光绪十三年十一月初九日”无疑。兹据校正。

## 六六　奏请核销台北机器局用过银数缘由片

光绪十三年十一月初九日（1887 年 12 月 23 日）

再，前准部咨：各省购买外洋枪炮、军火等项，应将数目、物件、价银先行奏咨立案，方准造销，自应遵照办理。兹查台北设立机器局，制造枪炮子弹，应需机器、模子、铜斤各料件，先后委员分投采购。其已经购运到台机器、模子、铜片各料件及添购洋枪、药弹，连同船价、行用保险各项，或以洋圆合银，或以英镑合银，或以规圆合银，均系据实折合，共计银八万四千一百一十二两六钱八分零二毫，请照部章先行开单，详请奏咨，以符定案等情，由善后局司道具详前来。

臣覆核无异，除饬该司道另行汇案造册报销，并先咨明户、兵、工三部外，理合恭缮清单，恳请敕部查照立案，以符定章。附片陈明。伏乞圣鉴，训示。谨奏。

（朱批）：该衙门知道，单并发。[3]

---

① 中国第一历史档案馆藏：《军机录副》，档案编号：03-7078-064.

② 中国第一历史档案馆藏：《军机处随手登记档》，档案编号：03-0254-1-1213-351.

③ 中国第一历史档案馆藏：《朱批原件》，档案编号：04-01-35-0991-008.

光绪十三年十二月初九日，奉朱批：该衙门知道，单并发。钦此。①

【案】此奏片之具奏日期，原件目录署“光绪十三年十一月初九日”，且示存疑，而录副则查无下落。据主折朱批日期“光绪十三年十二月初九日”，查《军机处随手登记档》② 朱批刘铭传折栏，署有“报四百里，十一月初九日发”等字样。据此，此奏片之具奏日期当为“光绪十三年十一月初九日”无疑。兹据校正。

## 六七　呈台北机器局购买外洋机器等项清单

光绪十三年十一月初九日（1887 年 12 月 23 日）

谨将台北设立机器局购买外洋机器等项件数，开具清单，恭呈御览。

谨开：

一、购洋水龙一椇，价洋一百四十圆。

一、购自来水机器全副，价洋二千圆。

一、购黎意新造码子床一架，价洋九百九十圆。

一、购黎意、毛瑟小机器各一百十八件，价洋一千圆。

一、购哈乞开司士乃打小机器各五十九件，价洋五百圆。

一、购顶上生菜油一百四十四瓶，每瓶价洋三圆八角；中等二百四十四瓶，每瓶价洋二圆六角；次等五箱，每箱价洋二十四圆。共洋一千二百零一元六角。

一、购粗细砂布二千二百二十打，每打价洋二角四尖；砂砖

① 中国第一历史档案馆藏：《军机录副》，档案编号：03-7078-064.

② 中国第一历史档案馆藏：《军机处随手登记档》，档案编号：03-0254-1-1213-351.

二百块，每块价洋六尖。共洋五百四十四圆八角。

一、购白棉纱一十包，每包价洋三十九圆；纱布头三百磅，每磅价洋一尖一瓣。共洋四百二十三圆。

一、购磺强水一百六十四磅，每磅价洋一角二尖五瓣；盐强水四十磅，每磅价洋五角。共洋八十圆零五角。

一、购红丹粉五罐，每罐价洋二圆二角五尖；白漆五罐，每罐价洋一圆七角；白漆油五十桶，每桶价洋二圆；生漆油四桶，每桶价洋四圆五角。共洋一百三十七圆七角五尖。

一、购洋火油三十箱，每箱价洋一圆六角四尖；火酒三十磅，每磅价洋四角。共洋六十一圆二角。

一、购松香水四箱，每箱价洋六圆七角五尖；洋胰三千磅，每磅价洋六尖五瓣；硼砂四十斤，每斤价洋二角五尖。共洋二百三十二圆。

一、购焊锡五磅，每磅价洋五角，点铜锡二十斤，每斤价洋二角五尖。共洋七圆五角。

一、购六寸口虎钳二把，每把价洋一十七圆零一尖；手用小老虎钳四把，每把价洋七角五尖；化钢洋泥罐四个，每个价洋六圆。共洋六十一圆零二尖。

一、购一分径圆铁丝二十斤，每斤价洋八尖三分；径圆钢条一十根，每根价洋一圆八角六尖；二周半分径圆铁丝五斤，每斤价洋八尖。共洋二十圆零六角二尖。

一、购棕刷十打，每打价洋一圆四角一瓣；钢榔头一十把，每把价洋八角；磨刀石一块，价洋五圆。共洋二十七圆。

一、购炭一万二千斤，每百斤价洋一元二角，共洋一百四十四圆。

以上共享洋七千六百七十圆九角九尖，每圆洋平以七三折合库平银五千五百九十九两八钱二分三厘七毫。

一、购刨木床机器一副，英银一百镑。

一、购笋木头机器一副，英银一百二十镑。

一、购锤床并锯五把，英银二百一十镑。

一、购五寸口至十二寸口径炮用开花硬铁弹模子铁柜机器一十二副，英银六百七十镑。

一、购五寸口至二寸口径炮用开花硬铁弹内膛模子机器一十二副，英银五百镑。

一、购硬铁弹机器一十二副，英银二百七十五镑。

一、购各种翻砂铁箱机器四十八对，英银二百七十五镑。

一、购各种弹子钻眼机器一副，英银三百八十三镑。

一、购磨各种弹子合度机器一副，英银二百四十五镑。

一、购压各种弹子铜箍在位机器一副，英银三百七十五镑。

一、购各种弹子铅螺丝弹盖机器一副，英银一百二十七镑。

一、购各种弹子头二次撞火及合成钻眼各车床机器七副，英银五百八十九镑。

一、购各种撞火铜帽装白药及钻眼手板各机器四副，英银四百镑。

一、购压水火力装大小各种弹匣机器二副，英银一千四十镑。

一、购弹子内膛铜模信子机器二百个，英银八十镑。

一、购各种机器钻刀全套，英银一百五十镑。

一、购各种机器上下皮条地轴、汽管轮轴全副，英银二百五十镑。

一、购运动飞轮汽机及锅炉全副，英银三百镑。

以上共享英银六千零八十九镑，每镑四两四钱，合规平银二万六千七百九十一两六钱；每百两一零九六，折库平银二万四千四百四十四两八钱九分零五毫。

一、购枪子壳铜片二百担，每担价银三十两，共规银六千两。

一、购新式黎意连响兵枪三千杆，每杆价银一十三两五钱；皮带三千条，每条价银一钱五分。共规平银四万零九百五十两。

一、购黎意枪子六十万粒、后膛快枪子一万五千粒，每千粒各价银一十五两，共规平银九千二百二十五两。

一、支给盘运川资、运费等项规银四千七百零六两八钱八分零四毫。

一、支给洋人保险行、用各款规银一千四百九十五两四钱七分九厘四毫。

以上共享规银六万二千三百七十七两三钱五分九厘八毫，九五折实规平银五万九千二百五十八两四钱九分一厘八毫一丝；每百两一零九六折库平银五万四千零六十七两九钱六分七厘。

以上统共合库平银八万四千一百一十二两六钱八分零二毫。

（朱批）：览。[①]

## 六八　请准新授总兵吴宏洛暂缓陛见缘由片

光绪十三年十一月初九日（1887年12月23日）

再，臣于光绪十三年八月二十一日案，准兵部咨开：光绪十三年七月初九日奉上谕：新设福建澎湖镇总兵着吴宏洛补授等因。钦此。钦遵转行去后。兹查新设澎湖镇总兵系海外要缺，所

① 中国第一历史档案馆藏：《清单》，档案编号：03-9409-034.

有该处筑建炮台，布置防务，均系吴宏洛一手经理。现在吴宏洛钦奉恩命补授斯缺，应请援案暂缓陛见，先令赴任，以资熟手。谨先刊刻木质关防一颗，文曰“镇守福建澎湖总兵官之关防”，以昭信守。

除由臣会同督臣杨昌濬檄饬先行赴任，并将未尽事宜另行随时会奏外，谨将新授澎湖镇总兵吴宏洛先饬赴任供职，并恳恩准暂缓陛见各缘由，会同闽浙总督臣杨昌濬，附片具陈。伏乞圣鉴，训示。谨奏。

（朱批）：着照所请，该部知道。[①]

光绪十三年十二月初九日，奉朱批：着照所请，该部知道。钦此。[②]

【案】此奏片之具奏日期，原件目录署“光绪十三年十一月初九日”，且示存疑，而录副则查无下落。据主折朱批日期“光绪十三年十二月初九日”，查《军机处随手登记档》[③] 朱批刘铭传折栏，署有“报四百里，十一月初九日发”等字样。据此，此奏片之具奏日期当为“光绪十三年十一月初九日”无疑。兹据校正。

## 六九　奏明台湾各属来春毋庸接济缘由折

光绪十三年十二月初二日（1888 年 1 月 14 日）

督办台湾防务降二级留任台湾巡抚一等男臣刘铭传跪奏，为台湾各属本年岁收中稔，来春毋庸接济，恭折覆陈，仰祈圣

① 中国第一历史档案馆藏：《朱批原件》，档案编号：04-01-16-0027-055.
② 中国第一历史档案馆藏：《军机录副》，档案编号：03-5230-033.
③ 中国第一历史档案馆藏：《军机处随手登记档》，档案编号：03-0254-1-1213-351.

鉴事。

窃臣承准军机大臣字寄：光绪十三年十月初三日奉上谕：本年顺天、直隶各属洼区积水未消，春麦未能播种，赏拨江苏海运漕米十万石，并由李鸿章在直隶藩库添提银八万两办理春赈，此外各省有无被灾地方应行调剂抚恤之处，着该将军、督抚等一并查奏，候旨施恩。将此各谕令知之等因。钦此。恭录转行钦遵去后。

查台湾各属本年收成中稔，粮价亦尚平减，民情安谧，来春自可毋庸接济。臣仍随时查看，如别有应行调剂之处，再行妥筹酌办，断不敢稍存膜视，以期仰副圣主轸念民生至意！据台湾布政使邵友濂、台湾道唐景崧会详前来。

除咨部外，谨缮折覆陈。伏乞皇太后、皇上圣鉴，训示。谨奏。光绪十三年十二月初二日。

（朱批）：知道了。[①]

光绪十三年十二月三十日，奉朱批：知道了。钦此。[②]

## 七〇　奏为收回基隆煤矿并动用官款缘由片

光绪十三年十二月初二日（1888年1月14日）

再，查台湾基隆煤务，从前每年开支银十万两，积成漏卮。自法人滋事后，煤矿毁坏，乏煤应用，曾经商人张学熙禀请承办，于光绪十二年正月经臣附片奏明在案。嗣因该矿积水过深，张学熙无力购办机器，仅用人力开办数月，亏折本银数千，力不

① 中国第一历史档案馆藏：《朱批原件》，档案编号：04-01-02-0087-017.

② 中国第一历史档案馆藏：《军机录副》，档案编号：03-6308-087.

能支，禀请退办。臣因煤炭系必需之物，不能废弃不办，当商同南洋两江督臣曾国荃①、署船政臣裴荫森并台湾各凑本银二万两，委派补用知府张士瑜，招集商股六万两，共合成本银十二万两，于本年正月开局诚办，如有成效，再行广招商股，收回官本，以期官商轮船来往不至有乏煤之患。

自春至冬，经张士瑜添购机器，雇用洋匠，抽干矿中积水，规模已具，每日可出煤百吨，核计出售价值，仅可勉支局用，毫无利息。推原其故，皆由煤炭出矿之后，运至基隆海口，水道风浪过大，驳船难驶；旱道有山路十余里，运脚太重，非造铁路以利转运，煤务不能获利。查矿局官商原本十二万两，办理机器工程，尚形竭蹶，实无力再办铁路，禀请由官收回煤务，另行设法筹办，以免日久亏折愈多等情，由知府张士瑜具禀前来。

臣查闽洋官商轮船并船政制造各局，专恃基隆煤炭，且台南北铁路办成更需煤用，现在工程已有十分之九，以后亦无须再添资本，未便停止不办。商人惟利是视，既知无息可图，自难强令入股，应将矿务仍旧由官收回，自本月初一日接办。所有商本银六万两并船政原本银二万两，暂由台湾于上年捐输存余项下筹拨归还，经臣另行饬派洋人玛体荪监督工程，仿照商办章程以杜弊端，再由铁路公司由八平煤矿分接车路一道，直通基隆码头，以

① 曾国荃（1824—1890），字沅浦，号叔纯，又名子植，湖南湘乡县人，曾国藩之弟。道光二十七年（1847），取生员。咸丰二年（1852），举优贡。六年（1856），加同知衔。七年（1857），丁父忧。八年（1858），升知府，加道衔，赏戴花翎。十一年（1861），保按察使，加布政使衔，并伟勇巴图鲁勇号。同年，赏头品顶戴，赐黄马褂。同治元年（1862），补浙江按察使。同年，迁江苏布政使。二年（1863），擢浙江巡抚。三年（1864），加太子少保，封一等威毅伯，赐双眼花翎。五年（1866），调补湖北巡抚。光绪元年（1875），授河东河道总督。二年（1876），调山西巡抚。七年（1881），拜陕甘总督。八年（1882），补授两广总督。十年（1884），署礼部尚书。同年，调两江总督，兼办理通商事务大臣。十五年（1889），晋太子太保。十六年（1890），卒于官。赠太傅，谥忠襄。著有《曾忠襄公批牍》《曾忠襄公奏议》《宗圣志》《曾子家语》《抚鄂批札》《山西通志》《湖南通志》《鸣原堂论文》等行世。

便运售迅速；将来全台铁路告成，销路日广，利息日厚，仍旧招商接顶，纵不能收回原本，庶不致全行亏折，以免积久又成漏卮，于地方、商务不无裨益。

所有收回基隆煤矿并动用官款缘由，除咨户部外，理合附片陈明。伏乞圣鉴。谨奏。

（朱批）：户部知道。①

光绪十三年十二月三十日，奉朱批：户部知道。钦此。②

【案】此奏片之具奏日期，原件目录署“光绪十三年十二月初二日”，且示存疑。而录副则以朱批日期为之，亦未确。据朱批日期“光绪十三年十二月三十日”，查《军机处随手登记档》③朱批刘铭传折栏，署有“报四百里，十二月初二日发”等字样。据此，此奏片之具奏日期当为“光绪十三年十二月初二日”无疑。兹据校正。

## 七一　奏报饬令各属定限将欠款截清情形片

光绪十三年十二月初二日（1888 年 1 月 14 日）

再，台湾各属新案交代业经臣奏明自藩司到任后再行酌度扣限，奉旨允准在案。查台属解款向由内地藩司划抵营饷，从前台地奏销未办，凡划饷各款未能按年截清，以致各属交代或存或垫，前后抵算，纠葛不清，必须彻底厘定，以后接续照办，方有头绪。但款目纷繁，率与内地司库牵涉，往返行查，动需数月，除已查明欠款未清之前署宜兰县知县林凤章暨已故前署彰化县知

---

① 中国第一历史档案馆藏：《朱批原件》，档案编号：04-01-36-0106-018.

② 中国第一历史档案馆藏：《军机录副》，档案编号：03-9427-046.

③ 中国第一历史档案馆藏：《军机处随手登记档》，档案编号：03-0254-2-1213-372.

县蔡麟祥均经据实参追外，所有各属应造册结，查照部章四个月为限，倘造送迟延，扣去往返程途，逾限三个月以外到部者，即行奏参。

台地交代，改章之初，与内地情形迥别，若遽绳以定限，各官徒干吏议，亦仍无补于公。惟有据实直陈，请予展缓六个月，由藩司严饬清理，造送汇齐咨部。至旧案交代积压过多，须另议章程，分别清厘。据布政使邵友濂详请奏咨前来。

臣覆核无异，除咨部外，理合附片陈明。伏乞圣鉴。谨奏。

（朱批）：户部知道。[1]

光绪十三年十二月三十日，奉朱批：户部知道。钦此。[2]

【案】此奏片之具奏日期，原件目录署“光绪十三年十二月初二日”，且示存疑。而录副则以朱批日期为之，亦未确。据朱批日期“光绪十三年十二月三十日”，查《军机处随手登记档》[3] 朱批刘铭传折栏，署有“报四百里，十二月初二日发”等字样。据此，此奏片之具奏日期当为“光绪十三年十二月初二日”无疑。兹据校正。

① 中国第一历史档案馆藏：《朱批原件》，档案编号：04-01-01-0957-041.

② 中国第一历史档案馆藏：《军机录副》，档案编号：03-6561-056.

③ 中国第一历史档案馆藏：《军机处随手登记档》，档案编号：03-0254-2-1213-372.

# 光绪十四年（1888）

## 一　奏报启用福建台湾巡抚关防日期折

光绪十四年正月二十二日（1888年3月4日）

督办台湾防务降二级留任台湾巡抚一等男臣刘铭传跪奏，为陈报微臣启用巡抚关防日期，并请撤销督办差使，恭折仰祈圣鉴事。

窃臣于光绪十一年钦奉慈禧端佑康颐昭豫庄诚皇太后懿旨：福建巡抚改为台湾巡抚等因。钦此。当蒙饬部换颁关防，由臣派委台湾布库大使沈锡荣赴部请领。兹于光绪十四年正月十九日由该部委员沈锡荣将新颁光字第二十九号福建台湾巡抚银关防一颗赍领到台。臣当恭设香案，望阙叩谢天恩敬领。时值封篆期内，臣于验明后仍暂缄封，于二十一日开印启用。

伏查臣于光绪十年九月仰蒙恩命补授福建巡抚，仍驻台湾督办防务，当将刊用行营木质关防奏报在案。现在部颁台湾巡抚关防业经启用，相应请旨撤销督办防务差使，并将前刊行营木质关防销毁，以昭划一。惟念臣奉命东渡，已逾三年，渥荷恩慈，涓埃未报。今以分治伊始，忝佩银章，自顾愚庸，倍深悚惕！查台湾为海疆重地，所有筹防、练兵、抚番、清赋以及地方应办事件，臣惟有不避劳怨，殚竭血诚，随时会商督臣和衷办理，以期仰答高厚鸿慈于万一！

所有微臣接收新颁关防启用日期，并请撤销督办防务差使各缘由，除恭疏题报外，理合缮折具陈。伏乞皇太后、皇上圣鉴，训示。谨奏。光绪十四年正月二十二日。

（朱批）：着照所请，该部知道。[①]

光绪十四年二月初十日，奉朱批：着照所请，该部知道。钦此。[②]

## 二　奏报启用台湾布政使印信日期片

光绪十四年正月二十二日（1888 年 3 月 4 日）

再，部颁福建台湾布政使印信已据委员布库大使沈锡荣赍领到台，经臣饬发去后。兹据布政使邵友濂详称，遵于光绪十四年正月十九日祗领，二十一日启用，并将前刊木质关防缴销前来。

除将木质关防由臣销毁外，所有藩司启用新颁印信日期，理合附片具陈。伏乞圣鉴。谨奏。

（朱批）：知道了。[③]

光绪十四年二月初十日，奉朱批：知道了。钦此。[④]

## 三　讯明总兵吴光亮被参实情按律缘由折

光绪十四年正月二十五日（1888 年 3 月 7 日）

督办台湾防务降二级留任台湾巡抚一等男臣刘铭传跪奏，为

① 中国第一历史档案馆藏：《朱批原件》，档案编号：04-01-16-0225-033.
② 中国第一历史档案馆藏：《军机录副》，档案编号：03-6024-012.
③ 中国第一历史档案馆藏：《朱批原件》，档案编号：04-01-16-0225-034.
④ 中国第一历史档案馆藏：《军机录副》，档案编号：03-5234-052.

总兵调考军政，讯无索贿实据，请旨分别议拟，恭折仰祈圣鉴事。

窃台湾镇总兵吴光亮于上年到任，调考军政，曾据署恒春营游击刘全禀控，函借不遂索费等情，虚实即应彻究，当请撤任，听候查办，遗缺暂委记名总兵万国本署理，经臣附片具奏，恭奉朱批：吴光亮着即撤任，听候查办，余依议。该部知道。钦此。钦遵之下，当即转行台湾道就近查办。

兹据台湾道唐景崧详称：光绪十三年十月二十九日，遵传卸署恒春营游击刘全与镇署帐房吴卓勋质讯。据刘全供：福建安南县人，由军功历保今职。本年四月在署恒春游击任内，接本任台湾镇吴光亮自漳来函，向全借银五百两，全以缺苦未允应付。七月，调考军政，有镇署帐房吴卓勋来寓，称说免考军政，索银洋四百圆，刘全弗听，立请考验等情。当诘以原禀索贿系银四百两，何以现供系洋四百圆？既不相符，究竟已否过付若干？有无确实证据？迭次研鞫，始据供称，伊因久病，虑恐军政撤委，一时情急误禀，并将吴镇从前借银函件黏附用印禀呈。至于函借之件，彼此帐目向有往来未结。今蒙覆讯，据实供明。并据吴卓勋供：广东南海县人，在镇署经理帐房，与刘全素不相识，因伊先行来拜，顺道回候，彼此仅谋一面，时已过考，尚有何索贿免考之事？虚实不辩自明各等语。并各据照缮亲供呈递。再三究诘不移，似无遁饰。

查前署恒春营游击刘全经台湾镇吴光亮调考军政，以其带病过考，未能得力，禀撤调郡，委员接署，刘全即以吴镇先向函借未允，并镇署帐房吴卓勋索贿免考等情禀控。现经讯明，吴镇借银，因彼此账目素有往来，吴卓勋索贿免考，毫无证据。严诘刘全，实因抱病，恐干撤委，一时情急误禀所致。当发禀时未接调郡明文，委非被揭后禀控。惟查镇署撤任牌示在刘全发禀之前六日，纵未接奉行知，其为得报无疑。且禀列各款皆有不实，自应按例拟办，姑念因病情急误禀，已知悔罪，应请比例酌量问拟。

前署恒春营游击刘全，合依“属员砌款诬揭上司审虚革职加等治罪”例上量减为即行革职，免其加等治罪。台湾镇吴光亮讯无令吴卓勋向刘全索贿免考军政，其函致借银事属有因，亦非平空借贷。惟函内并不声明索欠，殊属疏忽，业已撤任，应否免予置议，未便擅拟；六品顶戴吴卓勋虽讯无向刘全索贿免考情事，惟既在镇署管账，不知远嫌，应即勒令回籍，不准逗留，在台各讯拟缘由，详请覆奏前来。

臣覆查赃私事件必须确有证据，方足以昭信谳。此案据吴光亮详报署恒春营游击刘全调考军政，带病过考，不能得力，未便瞻徇，应行调郡，遗缺请以尽先游击梁士悦署理等因。同时，据刘全禀讦前情。案关属员讦控上司，且牵涉赃私军政事件，亟宜分别查究，不容稍有含混，当饬台湾道唐景崧切实查讯，务得确情，按拟详结，毋稍徇纵。兹据该道覆称：叠次研鞫明确，案无遁饰，应即拟结。

前署恒春营游击刘全，合依“属员砌款诬揭上司审虚革职加等治罪”例上革职，永不叙用。台湾镇总兵吴光亮，身膺专阃，辄向属员函借银两，虽讯系从前原有账目未清，非平空借贷可比，而函内又无“索欠”字样，致贻口实，究属不知检束，相应请旨交部议处。六品顶戴吴卓勋，在镇署管账，辄与刘全往来，不能安分，应即驱逐回籍，不准逗留。

除咨部外，所有讯拟各缘由，理合会同闽浙总督臣杨昌濬，恭折由驿具陈。伏乞皇太后、皇上圣鉴，施行。谨奏。光绪十四年正月二十五日。

（朱批）：另有旨。①

光绪十四年二月二十一日，奉朱批：另有旨◆1。钦此。②

【案】此案旋于是年二月二十一日，得旨允行。《光绪朝上谕档》载曰：

光绪十四年二月二十一日，内阁奉上谕：前据刘铭传奏，署恒春营游击刘全禀控台湾镇总兵吴光亮调考军政，有向该员函借索贿等情，当将吴光亮撤任，交刘铭传查办。兹据查明覆奏，吴光亮虽无向刘全索贿免考军政情事，惟以专阃大员辄向属员函借银两，究属不知检束。吴光亮着交部议处。刘全因带病过考，未能得力，经吴光亮禀撤调郡，即以吴光亮索贿免考等情，挟嫌妄控。此风断不可长！刘全着革职永不叙用，以示惩儆。六品顶戴吴卓勋，在该镇署内管帐，辄与刘全往来，亦属不安本分，着即勒令回籍，不准逗留。该部知道。钦此。③

## 四　请将台湾镇总兵吴光亮开缺缘由片

光绪十四年正月二十五日（1888 年 3 月 7 日）

再，台湾镇标兵饷优厚甲于天下，其军政废弛更甚他处。臣于上年八月奏请将屯兵四千名并归总兵节制调遣，以免虚糜，将来稽发屯饷，整顿操练，必得勤朴忠实之员，方能胜任。现在署任记名总兵万国本驻防台南，办事实心，勤实耐劳，军民交颂，如能假以岁月，或冀挽回积习，以收实济。

查本任总兵吴光亮，人尚朴厚，惟于操防器械不知讲求，暮

① 中国第一历史档案馆藏：《朱批原件》，档案编号：04-01-16-0225-041.

② 中国第一历史档案馆藏：《军机录副》，档案编号：03-5854-064.

③ 中国第一历史档案馆编：《光绪宣统两朝上谕档》，第 14 册，第 82 页，广西师范大学出版社，1996。又，中华书局影印：《清实录·德宗景皇帝实录（四）》卷之二百五十二，光绪十四年二月，第 403—404 页，中华书局，1987。

气太深，难期振作，拟请旨开去台湾镇缺，饬令到京陛见，另候简用，抑或准予原品休致之处，出自鸿施！

臣为慎重海疆总兵要缺、整顿绿营起见，是否有当？伏乞圣鉴，训示。谨奏。[①]

光绪十四年二月二十一日，原片归箍。[②]

【案】此奏片之具奏日期，原件目录仅署“光绪十四年”，未确，据主折朱批日期“光绪十四年二月二十一日”，查《军机处随手登记档》[③]朱批刘铭传折栏，署有“报四百里，正月二十五日台北府发”等字样。据此，此奏片之具奏日期当为“光绪十四年正月二十五日”无疑。兹据校正。

## 五　奏为恩赏福字一方等物谢恩折

光绪十四年正月二十八日（1888年3月10日）

督办台湾防务降二级留任福建台湾巡抚一等男臣刘铭传跪奏，为叩谢天恩，恭折仰祈圣鉴事。

窃臣承准军机大臣咨行：由驿递到颁赏御书“福”字一方，并荷包、银锞、南枣、莲子、藕粉等件。谨即恭设香案，望阙叩头谢恩祗领。钦惟我皇太后、皇上御字凝庥，抚展笃祜，赉龙章而锡祉，赐鱼袋以彰荣。丰盈征御府之藏珍，异重天厨之品，恩施稠叠，感戴悚惶！臣谬领海疆，滥膺重寄，迭邀赏赉，未报涓埃，惟有永矢慎勤，不辞劳怨，冀竭愚诚于驽钝用酬高厚之

① 中国第一历史档案馆藏：《军机录副》，档案编号：03-5859-073.

② 此奉旨日期与内容，据《军机处随手登记档》（档案编号：03-0254-1-1214-047）校补。

③ 中国第一历史档案馆藏：《军机处随手登记档》，档案编号：03-0254-1-1214-047.

鸿慈！

所有微臣感激下忱，理合恭折叩谢天恩。伏乞皇太后、皇上圣鉴。谨奏。光绪十四年正月二十八日。

（朱批）：知道了。[①]

光绪十四年正月二十八日，奉朱批：知道了。钦此。[②]

## 六　奏请暂免扣计上下忙匀征分数缘由折

光绪十四年二月二十二日（1888 年 4 月 3 日）

督办台湾防务降二级留任福建台湾巡抚一等男臣刘铭传跪奏，为全台田亩甫经丈竣，应俟给单后再行接办升科，所有上下忙匀征分数，请旨饬部展缓，暂免扣计，恭折仰祈圣鉴事。

窃臣准户部咨开：议覆台属赋额准照同安沙则定赋升科，所定粮额是否即自本年启征，暨应报上下忙匀征分数及征信册速即办理等因，当经转行遵办去后。兹查台湾自隶版图以来，所有田园未经清丈，兼多续辟，南北赋额不一，此次一律清查，改定赋则、额数，固盈溢甚多，赋则复新旧互异，事同草创，头绪纷繁，非按户核给丈单，编造鱼鳞归户各册，新赋莫从启征。虽据各属陆续具报丈竣，而验契、编户，分段造册，按亩给单，照则科粮，事极繁琐，不能猝办。倘某户有业无契，某户辗转典卖，必须查取族保、田邻切结，或根查原主旧据，方可归户入册，未便稍涉草率。所有各县应造鱼鳞归户各册，叠经分催赶造，卷帙繁多，或有二三成，或甫经开办，一时万难竣事。

① 中国第一历史档案馆藏：《朱批原件》，档案编号：04-01-14-0083-068.

② 中国第一历史档案馆藏：《军机录副》，档案编号：03-5547-073.

奉到部文，启征后上下忙分数例限及查造征信录，均照内地一律办理。查内地各属，照例征解，由来已久。台地当全盘改章之际，花户田亩统须另行查编，若不将上下忙例限及匀征分数展缓暂免扣计，即经征、督征之员俱惧严议，于事仍属无补。盖事属创办，与寻常之催征不力情形迥异。其征信录尤非新赋一律启征后粮额大定，不能造送。至启征新赋以何时划清界限，各县给单有难易多寡之分，势难悬揣定期，拟饬各县赶将丈单核给，一面编户造册，随时启征，俟届办奏销，据实造报。据台湾布政使邵友濂、办理清赋总局前署台湾道陈鸣志会同详请奏咨立案前来。

臣覆核无异，除饬令该司等转饬各县赶紧给单，定于本年接办开征，不得延误外，谨将全台田亩甫经丈竣，所有上下忙匀征分数，请旨饬部展缓暂免扣计缘由，会同闽浙总督臣杨昌濬，恭折由驿具陈。伏乞皇太后、皇上圣鉴，训示。谨奏。光绪十四年二月二十二日。

（朱批）：着照所请，户部知道。[①]

光绪十四年三月十四日，奉朱批：着照所请，户部知道。钦此。[②]

## 七　请将守备郑维霖等员底衔更正缘由片

光绪十四年二月二十二日（1888年4月3日）

再，查光绪十一年奏奖基隆、沪尾获胜出力员弁案内，尽先

① 中国第一历史档案馆藏：《朱批原件》，档案编号：04-01-35-0095-033.

② 中国第一历史档案馆藏：《军机录副》，档案编号：03-6225-035.

补用守备郑维霖，名字误作“维林”。广东水师提标尽先补用守备缪云湘，原系营用守备，底衔误作尽先守备。补守备后以都司尽先补用萨胪芳，原系闽浙督标学习云骑尉世职，底衔误作尽先守备。查该员既属云骑尉世职，并未引见，归入守备班次，所有准保俟补守备后以都司补用，拟请改以守备尽先补用。

以上三员，可否仰恳天恩饬部分别更正注册，出自鸿慈！除取该员等履历咨部外，谨附片具陈。伏乞圣鉴，训示。谨奏。

（朱批）：兵部知道。[1]

光绪十四年三月十四日，奉朱批：兵部知道。钦此。[2]

【案】此奏片之具奏日期，原件目录署“光绪十四年二月二十五日”，且示存疑。而录副则以朱批日期为之，均未确。据朱批日期“光绪十四年三月十四日”，查《军机处随手登记档》[3]朱批刘铭传折栏，署有“报四百里，二月二十二日台北府发”等字样。据此，此奏片之具奏日期当为“光绪十四年二月二十二日”无疑。兹据校正。

## 八 请准参将周起凤等员留闽补用缘由片

光绪十四年二月二十二日（1888年4月3日）

再，副将衔安徽抚标尽先补用参将周起凤，尽先补用游击谈炳南、汤仁贵，均于光绪十年随臣来台，于基隆、沪尾获胜案内出力，奏保今职，奉部复准在案。臣查该员等在台有年，屡著战功，均能练习地方、海防情形，叠经考验，枪法有准。合无仰恳

① 中国第一历史档案馆藏：《朱批原件》，档案编号：04-01-16-0225-019.

② 中国第一历史档案馆藏：《军机录副》，档案编号：03-5855-016.

③ 中国第一历史档案馆藏：《军机处随手登记档》，档案编号：03-0257-1-1214-068.

天恩，俯准将周起凤、谈炳南、汤仁贵留于闽省，各以原保班次照例补用，敕部分别注册，出自鸿慈！

除饬取该员等履历咨部外，谨会同闽浙督臣杨昌濬，附片具陈。伏乞圣鉴。谨奏。

（朱批）：着照所请，兵部知道。①

光绪十四年三月十四日，奉朱批：着照所请，兵部知道。钦此。②

【案】此奏片之具奏日期，原件目录署“光绪十四年二月二十五日”，且示存疑。而录副则以朱批日期为之，均未确。据朱批日期“光绪十四年三月十四日”，查《军机处随手登记档》③朱批刘铭传折栏，署有“报四百里，二月二十二日台北府发”等字样。据此，此奏片之具奏日期当为“光绪十四年二月二十二日”无疑。兹据校正。

## 九　奏报十二年六月至上年六月厘金收支折

光绪十四年二月二十五日（1888年4月6日）

督办台湾防务降二级留任福建台湾巡抚一等男臣刘铭传跪奏，为台湾百货厘金查照半年奏报章程，将光绪十二年六月开办起至十二月止并十三年正月起至六月止收支数目并案奏报，恭折仰祈圣鉴事。

窃照台湾停止船货厘金，改抽百货厘金，经臣于光绪十二年奏明办理在案。嗣准部咨，令将征收数目照章按半年奏报一次等

① 中国第一历史档案馆藏：《朱批原件》，档案编号：04-01-16-0225-020.

② 中国第一历史档案馆藏：《军机录副》，档案编号：03-5855-015.

③ 中国第一历史档案馆藏：《军机处随手登记档》，档案编号：03-0257-1-1214-068.

因。兹查自光绪十二年六月开办起，截至十二月底止，共收银二万四千七百四十八两一钱七分一厘；又自光绪十三年正月起，截至六月底止，共收银五万一千四百九十九两九钱一分九厘。此项银两前经臣以台湾购办水陆电线，经费无出，请于厘金项下动拨。所有两届收款，除提支局用外，悉数解归电线工程应用。至局用一款，咨准部覆，开支不得过一成之数。惟创办之日，间有开支二成者，系在未准部覆以前，业经发给，无从着追，应请照销。其自光绪十三年正月以后，即行遵照一成开支，以归划一。据台湾布政使邵友濂会同全台税厘局司道具详前来。

除另册咨部外，谨将两届收支数目分缮清单，恭呈御览。所有台湾厘金自光绪十二年六月开办起至十三年六月止收支数目并案奏报缘由，理合会同闽浙总督臣杨昌濬，恭折具陈。伏乞皇太后、皇上圣鉴。

再，各省厘金章程系按半年奏报一次。台湾开办之始，查造稽迟，是以并案奏报，合并声明。谨奏。光绪十四年二月二十五日。

（朱批）：该衙门知道，单二件并发。[1]

光绪十四年三月十四日，奉朱批：该衙门知道，单二件并发。钦此。[2]

## 一〇　呈台湾十二年六月至十二月厘金收支清单

光绪十四年二月二十五日（1888年4月6日）

谨将台湾自光绪十二年六月起至十二月止收支厘金数目开

① 中国第一历史档案馆藏：《朱批原件》，档案编号：04-01-35-0565-032.

② 中国第一历史档案馆藏：《军机录副》，档案编号：03-6499-007.

单，恭呈御览。

谨开：

收款项下：

一、收百货厘金银二万四千七百四十八两一钱七分一厘。

以上共收银二万四千七百四十八两一钱七分一厘。

支款项下：

一、支给南北各局卡开销局用银三千一百三两九钱五分八厘。

一、解水陆电线工程银二万一千六百四十四两二钱一分三厘。

以上共支银二万四千七百四十八两一钱七分一厘。

（朱批）：览。[①]

## 一一　呈台湾十三年上半年厘金收支清单

光绪十四年二月二十五日（1888 年 4 月 6 日）

谨将台湾自光绪十三年正月起至六月止收支厘金数目开单，恭呈御览。

谨开：

收款项下：一、收百货厘金银五万一千四百九十九两九钱一分九厘。

以上共收银五万一千四百九十九两九钱一分九厘。

支款项下：一、支给南北各局卡开销局用银五千一百四十九两九钱九分二厘。

---

① 中国第一历史档案馆藏：《清单》，档案编号：03-6499-008.

一、解水陆电线工程银四万六千三百四十九两九钱二分七厘。

以上共支银五万一千四百九十九两九钱一分九厘。

（朱批）：览。[①]

## 一二　请饬核定购办外洋军火物件章程折

光绪十四年二月二十五日（1888年4月6日）

督办台湾防务降二级留任福建台湾巡抚一等男臣刘铭传跪奏，为请旨饬部核定购办外洋物件章程，恭折仰祈圣鉴事。

窃臣于光绪十三年十一月初九日附奏台北购办机器料件及洋枪、药弹等项，照章声请立案。接准户部咨开：查明定购年月日期，报部核办。嗣后如有定购外洋军火、器械等项，务须遵照部奏章程，先期奏报，听候海军衙门暨户部核定，不得擅自购买等因。查外洋各项机器、军火，价值无定，一经定议，届期兑价。倘值款项支绌，易致失信远人。且恐经手人员滥买糜费等因。部臣系为慎重库款起见，定章于未经定议之先，报候核准，所以杜冒滥而严限制，自应遵照办理。

惟台湾孤悬海外，缓急须听轮船之便。海防工程关系紧要，所有铜铁、料件以及军火、制造之需，往往取办临时，多寡非能预计。若动须奏咨办理，往返数月，缓不济急，停工待料，稽延耗费，转多虚糜。臣查外洋器械，工料繁多，原非一致，果为船炮重大，器械成制需时，赀费巨万，货须审办，价待考论，固宜先事声明请旨定议。若机器局每月需用料件、修筑炮台需用铁水

① 中国第一历史档案馆藏：《清单》，档案编号：03-6499-009.

泥，以及修制枪炮零件，机器随时添补，数既不能预定，又不能不早为备办，必须有便轮载运，定议后动经年余，始能办到。且事事新创，无一定限制，现在经费支绌，平时无力多备，及临用时已觉缓不济急。如俟咨部与海军衙门核议后，往返数月，必至停工待料。购料需费尚轻，停工耗费转大。如款目过巨，或不急于需用，自应遵照部章分别专案奏咨，听候核定，以杜冒滥。

至随时需用之件，款项不多，可否仰恳天恩饬部准随时由臣一面定购，一面咨部立案，庶于用款不致无稽，而于制造、海防工程均无窒碍。

除饬军械所、机器局查明未奉部章以前所购外洋军火料件声明年月日期速行补报，并以后遇有定购船炮、器械巨款，遵章先期奏咨，听候核定外，所有请旨饬部核定购办外洋物件章程缘由，谨缮折具陈。伏乞皇太后、皇上圣鉴，训示。谨奏。光绪十四年二月二十五日。

（朱批）：该衙门议奏。①

光绪十四年三月十四日，奉朱批：该衙门议奏。钦此。②

## 一三　请将游击陶麟徵照例从优议恤片

光绪十四年二月二十五日（1888 年 4 月 6 日）

再，查管带昌字左营营官游击陶麟徵，上年九月间带勇剿办北路滋事叛番尤为出力，经臣随折保奏，蒙恩给奖在案。该员因在内山历受风雨烟瘴，回防后即掩重病，于十二月初三日在营病

① 中国第一历史档案馆藏：《朱批原件》，档案编号：04-01-30-0462-001.

② 中国第一历史档案馆藏：《军机录副》，档案编号：03-7126-021.

故。据代统昌字营五品衔教谕余应璜禀报前来。

臣查已故游击陶麟徵，平时整顿营规，讲求操练，深资得力；剿办叛番，独当一面，出奇制胜，谋勇兼优。方期造就成才，以备偏裨之选，遽以积劳病故，殊堪悯惜！可否仰恳天恩，俯准敕部照游击立功后在营病故例从优议恤，以励忠勤之处，出自逾格鸿施！

除饬取该故员履历另行咨部查核外，谨附片具陈。伏乞圣鉴，训示。谨奏。

（朱批）：陶麟徵着照游击立功后在营病故例，从优议恤，该部知道。[①]

光绪十四年三月十四日，奉朱批：陶麟徵着照游击立功后在营病故例，从优议恤，该部知道。钦此。[②]

【案】此奏片之具奏日期，原件目录署“光绪十四年二月二十二日”，且示存疑。而录副则以朱批日期为之，均未确。据朱批日期“光绪十四年三月十四日”，查《军机处随手登记档》[③] 朱批刘铭传折栏，署有“报四百里，二月二十五日台北府发”等字样。据此，此奏片之具奏日期当为“光绪十四年二月二十五日”无疑。兹据校正。

## 一四　请将哨长李秾等员分别从优议恤片

光绪十四年二月二十五日（1888年4月6日）

再，臣前于光绪十一年会报澎湖法船退去，所有失事文武请

① 中国第一历史档案馆藏：《朱批原件》，档案编号：04-01-16-0225-016.

② 中国第一历史档案馆藏：《军机录副》，档案编号：03-5855-017.

③ 中国第一历史档案馆藏：《军机处随手登记档》，档案编号：03-0257-1-1214-068.

旨分别处分折内声明阵亡官勇俟查明再行奏恤在案。嗣据查报：德义后营亲军哨长从九品职衔李秾，六品军功袁玉瑞、梁允谦、梁允恭、梁实、梁兴隆、林万、陈恺、熊祥等九员，皆争先御敌，力战阵亡。又，阵亡勇丁五十六名，伤亡勇丁十二名。经臣批饬澎湖通判戎陈猷覆查属实，禀由前办粮台开复贵州布政使沈应奎详请奏咨议恤前来。

臣查法人一役，基隆、沪尾接仗，伤亡将士先经恳恩优恤。兹李秾等执戈效命，奋不顾身，虽强敌未歼而报国捐躯，未便没其忠烈，合无仰恳天恩，准将阵亡哨长李秾等九员并阵亡、伤亡勇丁共六十八名，交部分别从优议恤，以慰忠魂而昭激劝，出自逾格鸿慈！

所有查明澎湖阵亡员弁勇丁，恳请议恤缘由，除勇丁另单咨部外，理合附片具陈。伏乞圣鉴，训示。谨奏。

（朱批）：着照所请，该部知道。[①]

光绪十四年三月十四日，奉朱批：着照所请，该部知道。钦此。[②]

【案】此奏片之具奏日期，原件目录署“光绪十四年二月二十二日”，且示存疑，而录副则查无下落。据朱批日期“光绪十四年三月十四日”，查《军机处随手登记档》[③] 朱批刘铭传折栏，署有“报四百里，二月二十五日台北府发”等字样。据此，此奏片之具奏日期当为“光绪十四年二月二十五日”无疑。兹据校正。

---

① 中国第一历史档案馆藏：《朱批原件》，档案编号：04-01-16-0225-017.

② 此朱批日期与内容，据《军机处随手登记档》（档案编号：03-0257-1-1214-068）校补。

③ 中国第一历史档案馆藏：《军机处随手登记档》，档案编号：03-0257-1-1214-068.

## 一五　奏为洋商子口半税应划清界限折

光绪十四年三月初三日（1888 年 4 月 13 日）

督办台湾防务降二级留任福建台湾巡抚二等男臣刘铭传跪奏，为洋商应完子口半税，亟应声明约章，划清界限，以示限制而免觊觎，恭折具陈，仰祈圣鉴事。

窃臣于本年二月二十七日准北洋大臣李鸿章电开：总理各国事务衙门奏◆[1]奉谕旨：台湾为通商口岸，洋商向不抽厘，既据该使臣等屡次据约陈请，着将抽收洋商厘金一事即行停止。至该省应如何征收落地税厘，着另行设法办理等因。钦此。伏查台湾停止船货厘金，改抽百货厘金，经臣于光绪十三年四月间附片陈明在案。

开办以来，华商照章完厘，凡洋商入内地买土货领有三联单者，完纳子口半税。如未领三联单者，饬令补完内地税项，均系按照约章办理，数目持平，各商称便。间有无耻之华商，串通洋人，不领单，亦不完厘，希图偷漏，经臣严饬局卡委员设法抽收，奸商计无可施，遂怂恿各该使臣，屡向总理衙门言及台湾系通商口岸，非比内地，洋商不应领单，亦不应完厘，中国征收洋厘，系属违约等语，由北洋大臣李鸿章转电前来。

该使臣等所谓台湾系通商口岸者，殆指英国条约十一款内开“台湾府城口准其买卖”而言。夫仅准其买卖，原不能遽作为通商口岸。今即略予通融，而以府城口为通商口岸，亦不过滨海一隅之地。凡府城口以外之地皆属内地，既入内地，即应领单。倘不领单，即与华商无异，应照华商一律完厘。

又，所谓不应领照、不应完厘者，系指就通商口岸购买土货而言。夫购买未经完厘之土货，照约本宜补完内地税项，今即稍为放松，而于通商口岸不令完厘，此外非通商口岸，即应领单完半税，不完半税，则应完厘。

又，所谓征收洋厘系属违约者，盖明知我征收子口税，照章本无不合，而故创此洋厘名目，以相为抵制。据台湾沪尾口税务司三次来商，并持送总税务司赫德条议各款，有华船、洋船进出子口半税由新关并征，谅各公使可以允订之说。当以事关大局，未便轻许。然同此口岸，同此半税，何以在我仅取其一，已觉其难？在彼兼收其二，转形其易？此中狡诡情形，自难逃圣明洞鉴之中，臣亦何庸置辩！

顾臣所窃虑者，台湾土货以糖与茶为大宗。茶在台北，商家包办厘金，相安已久。台南之糖，有洋人发本交华人代办者，有华商诡托洋商购买者，互相影射，真伪莫辨。臣既钦遵训示，专于落地税设法，自应增设局卡，多方堵截。洋商无利可图，未必不别生诡计，况洋人于文牍字句往往断章取义，惟利是图。此次恭绎谕旨，于体恤洋商之中，仍寓声明约章之意，明白晓畅，何至误会？特恐洋人得步进步，故意假借，为既云台湾系通商口岸，即不能专指府城一处为词；既仅云洋商应完正税，即不能再以子口半税为词，从此入内地概不领单，出口概不完子口税，将来华商势必尽冒洋商，厘金胥归乌有。台地需费浩繁，若再失此巨款，何以自立？

除将赫德条议钞呈总理各国事务衙门外，应请旨饬下总理各国事务衙门照会各该使臣，将府城口通商暨内地子口半税二事声叙明白，以示限制而绝觊觎。是否有当？伏乞皇太后、皇上圣鉴，训示。谨奏。光绪十四年三月初三日。

（朱批）：该衙门知道，片并发。[①]

光绪十四年三月二十一日，奉朱批：该衙门知道，片并发。钦此。[②]

【案】光绪十四年二月二十五日，总理各国事务王大臣奕劻等具折奏报筹议暂停抽收台湾洋商厘金缘由，曰：

臣奕劻等跪奏，为台湾设局抽收洋商厘金，与约不符，请旨遵办事。

查台湾初设行省，需款浩繁，前经抚臣刘铭传奏请于台湾城外设局，抽收百货厘金，无论中外商人，俱令一体完纳。洋商或完子口半税，或照内地一律抽厘，业于十二年夏间开办。嗣接德国驻京使臣巴兰德函致臣衙门内称：据台湾德商禀称，近来该处厘局欲将货物抽捐，因令该商等先行出结，存在海关，暂行停抽，俟订妥后再行办理，勿得勒抽等语。当经钞录原函行查。该抚随据覆称：台地抽收百货厘金系照内地一律办法，洋商应完子口半税亦系仿照内地土货出口成案，并非勒抽等因，经臣衙门照覆该使臣在案。迨上年十二月间，各国驻京使臣先后照会臣衙门，以台湾抽收洋商厘金系属违约，台湾为通商口岸，载在约章，洋商在通商口岸运货，非入内地可比，除完出口正税外，不应另纳他项税厘等语，又经臣衙门坚持驳覆。

本年二月初三日，英、法、德三国使臣约齐来署，复提前事。臣等以税厘为该省饷项所关，力与辩论，谓台湾建置伊始，土货出产之处距海口甚近，只收此一道厘金，与他省出产之在内地者不同，是以不得不如此办理，理令各国使臣既称洋商不愿抽厘，或由臣衙门函致该抚，另筹办法。乃本月二十一日，英、法、德三国使臣又至臣衙门晤称：台湾抽收洋商厘金，实属违约，业经商办经年，不能再待，当即饬该商等，不令完厘。倘因此扣留货物，即须索赔本利，中国任咎等语。情势迫切，臣等虽舌敝唇焦，与之力争，终难折服。窃思洋商应否完纳子税，或完

① 中国第一历史档案馆藏：《朱批原件》，档案编号：04-01-35-0565-034.

② 中国第一历史档案馆藏：《军机录副》，档案编号：03-6363-070.

厘金，自以该处是否通商口岸为断。洋商与通商口岸运货出口，于入内地运货必须请领联单完纳子口税者，办法本自不同。台湾为通商口岸，本系载在约章，该使臣等指抽厘为违约，亦非漫无依据。察其情形，断难强令遵从。倘因其不纳厘金，竟将货物扣留，彼若藉此索赔，实在意中，办理转多棘手。

除将大略情形电知该抚外，相应请旨饬下台湾巡抚，将抽收洋商厘金一事即行停止，以杜口实而符约章。至该省应如何征收落地税厘，应由该抚另行设法办理。只应征之于华商，不征之于洋商，彼自无所借口矣。

所有臣等筹议停抽台湾洋商厘金缘由，是否有当？伏乞皇太后、皇上圣鉴，训示。谨奏。光绪十四年二月二十五日。臣奕劻，臣阎敬铭（假），臣宗室福锟，臣锡珍，臣许庚身（假），臣曾纪泽，臣续昌，臣廖寿恒，臣孙毓汶，臣徐用仪。

光绪十四年二月二十五日，奉朱批：另有旨。钦此。[①]

## 一六　奏报府城难顾土货出处情形片

光绪十四年三月初三日（1888年4月13日）

再，正在缮折拜发间，准北洋大臣李鸿章转达总理各国事务衙门，电开：凡通商之处，无论是城是镇，皆为口岸，抽华商厘金原与洋商无涉。至领联单、纳半税，系指往内地贩土货而论。所谓内地者，离约内指明口岸外皆是等因。

伏查英约内载：台湾府城口系指府城所属之港口，即洋商贸易之安平口。府城与安平口陆路相距八里，其停船运货之处，且远至十余里。即如潮州之汕头口、登州之芝罘口，虽均隶府城约

① 中国第一历史档案馆藏：《朱批原件》，档案编号：04-01-35-0565-033. 又《军机录副》，档案编号：03-6363-046.

内，与台湾同款，列作府城口，未闻潮州、登州府城皆作为口岸。若谓通商之处无论是城是镇皆作为口岸，考之约章，英约内载：广州五处领事等官，准居城邑，而通商则指明港口。

又，美约载“各港口市镇居住贸易”一语，市即他约内所指之市埠，与城不同。此外未见城镇作口岸明文，不识总理衙门是否另有所本？臣所以亟极辩明者，台南以糖为大宗，糖廍多半逼近府城，若非就府城堵截，此外无要可扼。且洋商买糖，率系上年预发本资交华商代办，一旦将府城笼作为通商口岸，则土货出处，洋商必皆指为已经入手，华厘从何征起？臣初非欲于府城抽收洋商之半税，实为顾全土货出处之华厘。况英约内明明载定府城口，据定“口”字立言，洋商亦不能违约置辩。为此，附片陈明。伏乞圣鉴。谨奏。

光绪十四年三月二十一日，奉朱批：览。钦此。[①]

## 一七　奏报沪尾、打狗二口一百九结征收洋药税厘折

光绪十四年三月十二日（1888年4月22日）

督办台湾防务降二级留任福建台湾巡抚兼管海关一等男臣刘铭传跪奏，为台湾洋药税厘归关并征，谨将沪尾、打狗两口第一百九结期内征收数目，缮具清单，恭折奏报，仰祈圣鉴事。

窃查台湾洋药税厘归关并征，自应按照洋税收支章程，分晰正税、厘金两项银数，随同结期，按三个月奏报一次，扣足四结，专折奏销，以符洋税定案。

所有沪尾、打狗两口自光绪十三年正月初九开办之日起至八

① 中国第一历史档案馆藏：《军机录副》，档案编号：03-7133-010.

月十四日第一百八结止征收银两数目，已由福州将军臣先后奏报在案。兹查光绪十三年八月十五日起至十一月十七日，届满第一百九结。臣接管该两口海关税务期内征收洋药、税厘银两，仍应按结奏报，俾清界划。

除将本结征收数目循案分咨总理各国事务衙门、户部、通商大臣，并将所征银两归入台防经费拨用外，谨会同福州将军臣善庆[①]、闽浙总督臣杨昌濬，恭折奏报，并缮清单，恭呈御览。伏乞皇太后、皇上圣鉴。谨奏。光绪十四年三月十二日。

（朱批）：该衙门知道，单并发。[②]

光绪十四年三月二十九日，奉朱批：该衙门知道，单并发。钦此。[③]

## 一八　呈沪尾、打狗二口一百九结并征洋药税厘清单

光绪十四年三月十二日（1888 年 4 月 22 日）

谨将台湾沪尾、打狗二口第一百九结期内并征洋药税厘所有

① 善庆（1833—1888），张佳氏，字厚斋，又名张善庆，满洲正黄旗人，黑龙江驻防。咸丰三年（1853），投效军营，从胜保征捻。七年（1857），保骁骑校，选防御。八年（1858），保佐领，充黑龙江城正红旗庆禄佐领下骁骑校。同年，保协领，加济特固勒忒依巴图鲁勇号。九年（1859），加副都统衔。十年（1860），擢副都统，晋头品顶戴。同年，补布特哈镶黄旗佐领。十一年（1861），充布特哈正蓝旗副管，统带吉林黑龙江马队。同治元年（1862），以所部兵马疲瘠褫职，仍留军。四年（1865），授吉林双城堡总管。同年，升杭州副都统。五年（1866），统带河南三镇马队官兵并满营官兵。六年（1867），晋都统，赏黄马褂，封骑都尉世职。七年（1868），晋二等轻车都尉。九年（1870），署乍浦副都统。十二年（1873），擢杭州将军。光绪元年（1875），调补绥远城将军。二年（1876），补授镶白旗蒙古都统。四年（1878），授宁夏将军。七年（1881），兼署宁夏副都统。九年（1883），补授江宁将军。十年（1884），调补正红旗汉军都统，管理神机营事务，总统神机营马步官兵及外调各军，驻扎通州，办理畿东防务。同年，充管理正红旗汉军专操大臣。十一年（1885），授御前侍卫，管理本旗新营房城内官房大臣。同年，帮办海军事务。十二年（1886），管理健锐营事务，充保和殿监试大臣、崇文门副监督，管理御鸟枪处事务。同年，署镶红旗满洲都统、镶黄旗领侍卫内大臣。十三年（1887），充阅兵大臣。同年，补授福州将军，管理闽海关事务。十四年（1888），卒于任。谥勤敏。

② 中国第一历史档案馆藏：《朱批原件》，档案编号：04-01-35-0401-021.

③ 中国第一历史档案馆藏：《军机录副》，档案编号：03-6363-073.

征过银数，理合缮具清单，恭呈御览。

谨开：

旧管：无项。

前件查沪尾、打狗二口自光绪十三年正月初九开办之日起至八月十四日第一百八结止所征前项银两，业已尽数解交全台善后局并台湾道库兑收拨用。理合陈明。

新收：

光绪十三年八月十五日起至十一月十七日届满第一百九结期内，沪尾口共征洋税银一万四千三百五十六两四钱二分五厘，又征洋药厘银三万八千二百八十三两八钱，二共征税厘银五万二千六百四十两二钱二分五厘。

打狗口征洋药税银一万八千一百一两七钱二分二厘，又征洋药厘银四万八千二百七十一两二钱五分，二共征税厘银六万六千三百七十二两九钱七分二厘。

以上沪尾、打狗二口共征洋药税厘银一十一万九千一十三两一钱九分七厘。

开除：无项。

实在：存洋药税银三万二千四百五十八两一钱四分七厘，洋药厘银八万六千五百五十五两五分，已由该二口委员分别正税、厘银，就近分交台湾善后局及台湾道库兑收，归入台防经费拨用，仍俟扣足四结期满，查明征收厘银赢余若干，另行遵照部议，分别提解。合并陈明。

（朱批）：览。[①]

---

① 中国第一历史档案馆藏：《清单》，档案编号：03-6363-074.

## 一九　奏报沪尾、打狗二口一百九结收支洋税清单

光绪十四年三月十二日（1888 年 4 月 22 日）

督办台湾防务降二级留任福建台湾巡抚兼管海关一等男臣刘铭传跪奏，为台湾沪尾、打狗二口征收洋税，照章按结奏报，谨将第一百九结期内收支数目分晰，缮具清单，恭折仰祈圣鉴事。

窃照各海关征收洋税，案经总理各国事务衙门会同户部奏定章程，改题为奏，停用亲填等簿，行令各关将收支数目按结奏报一次，扣足四结，专折奏销，毋庸按照关期题销，以清界划等因。兹查沪尾、打狗二口海关税务改归台湾巡抚就近监督，经臣奏明截清界限，于光绪十三年八月十五日第一百九结起由臣派员接办在案。所有该两口自光绪十三年八月十五日起至十一月十七日止届满第一百九结期内收支各项洋税银两，应遵新章按结奏报。其循案支销各项经费，容俟扣足四结时，造册奏销，以符定案。

除将本结收支数目循案分咨查照外，谨会同福州将军臣善庆、闽浙总督臣杨昌濬，恭折奏报，并缮清单，恭呈御览。伏乞皇太后、皇上圣鉴。再，一百八结以前收支数目，另由福州将军臣造报，合并陈明。谨奏。光绪十四年三月十二日。

（朱批）：该衙门知道，单并发。[①]

光绪十四年三月二十九日，奉朱批：该衙门知道，单并发。钦此。[②]

---

① 中国第一历史档案馆藏：《朱批原件》，档案编号：04-01-35-0401-018.

② 中国第一历史档案馆藏：《军机录副》，档案编号：03-6363-077.

## 二〇　呈沪尾、打狗二口一百九结收支洋税清单

光绪十四年三月十二日（1888 年 4 月 22 日）

谨将台湾沪尾、打狗二口第一百九结期内除洋药税银另行归入并征洋药税厘案内造报外，所有征收各项洋税银两遵照新章按结奏报，并将收支各数目理合敬缮清单，恭呈御览。

谨开：

旧管：无项。

前件查沪尾、打狗二口关税案，经前台湾海防大臣沈葆桢奏准，尽数截留，充作台防经费。所有每结所征税银业已尽数解交全台善后局、台湾道库兑收拨用。理合陈明。

新收：光绪十三年八月十五日起至十一月十七日届满第一百九结期内，沪尾口共征洋税银七万五千九百七十九两五钱五分八厘，洋船吨钞银无项，土货复进口半税银一千三百二十三两四钱七分三厘。

打狗口共征洋税银五千二百八十两四钱九分一厘，洋船吨钞银六两七钱，土货复进口半税银二百五十四两八钱三分六厘。

以上沪尾、打狗二口共征税钞银八万二千八百四十五两五分八厘。

开除：

一、提解总理衙门及拨给税务司吨钞共银六两七钱。此项吨钞内应提解总理衙门三成银两外，其余七成吨钞银四两六钱九分，已由该口照案给交税务司收领，以为建造塔表、望楼之用。理合陈明。

一、支给沪尾、打狗二口税务司辛俸三个月共银一万二千两。此项辛俸系遵照总理衙门续定数目支给。理合陈明。

以上共开除银一万二千六两七钱。

实在：存税银七万八百三十八两三钱五分八厘，已据该二口禀报，内除循案支销经费外，所余银两均已照案移解台湾善后局及台湾道库兑收，充作台防经费。至本结该二口共征洋药正税银三万二千四百五十八两一钱四分七厘，另行归入并征洋药税厘案内造报。合并陈明。

（朱批）：览。[①]

## 二一　奏报打狗口一百九结提解船钞银两片

光绪十四年三月十二日（1888 年 4 月 22 日）

再，台湾沪尾、打狗二口按结应解总理各国事务衙门三成船钞银两，向由福州将军臣报解在案。兹查该两口税务自光绪十三年八月十五日第一百九结起改归臣监督，所有本结期内沪尾口船钞银两征收无项，打狗口征收船钞银六两七钱，应提解三成银二两一分，自当照案报解。

惟台湾孤悬海外，现无汇兑银号，此款为数无多，谨将前银按数兑足，填具文批，咨由福州将军臣善庆发交福州号商领解，前赴总理各国事务衙门投纳，以期便速。除咨明外，理合附片奏报。伏乞圣鉴。谨奏。

（朱批）：该衙门知道。[②]

---

① 中国第一历史档案馆藏：《清单》，档案编号：03-6363-078.

② 中国第一历史档案馆藏：《朱批原件》，档案编号：04-01-35-0401-019.

光绪十四年三月二十九日，奉朱批：该衙门知道。钦此。[1]

## 二二　奏报沪尾、打狗二口添派书吏缘由片

光绪十四年三月十二日（1888 年 4 月 22 日）

再，台湾沪尾、打狗二口税务原归闽海关、将军管理。嗣准吏部咨开：福建台湾改设行省会奏一折，奉旨：依议。钦此。计单内开：台湾旗后、沪尾两海关收税事宜，应改归巡抚就近监督，以一事权。嗣后该抚务宜选派廉干妥员，实心经理等因，当经咨行遵照。并准署福州将军臣古尼音布咨称：自八月十五日第一百九结起，沪尾、打狗二口税务，遵照部议，由台湾巡抚监督，派员接办，以清界限。当将接收关务日期附片奏报，并选派妥员经理该二口税务在案。

惟查监督衙门有总核各口、禀办一切事宜，并收支钱粮之责。闽海关署向有额设书吏二十一名，专办福、厦等口洋税文案册档。又，关库兑收钱粮另设库员、库丁、银匠各项十余名，所需工食等费向准作正开销，业经管关将军臣奏咨有案。兹臣监督沪尾、打狗二口收税事宜，与闽海关事同一律。

现在关库未设，库员等项应无庸添派。惟书吏为办公所必需，当于接办关务时，先行酌量遴派总稿、核算、缮清各书共十五名，专司一切文案，并缮造册籍。此项应需工食，同纸张、油朱、杂费及造送各册档工伙等款，应请查照闽海关衙门成案，准予一体入册开报。至闽海关署派员赍送洋税奏销册档路费一款，亦请援案支销。

---

① 中国第一历史档案馆藏：《军机录副》，档案编号：03-6363-076.

除咨部外，臣谨会同福州将军臣善庆、闽浙总督臣杨昌濬，附片陈明。伏乞圣鉴。谨奏。

（朱批）：户部知道。[1]

光绪十四年三月二十九日，奉朱批：户部知道。钦此。[2]

## 二三　核销光绪十年六月至十一年六月军需各款折

光绪十四年三月十八日（1888 年 4 月 28 日）

督办台湾防务降二级留任福建台湾巡抚一等男臣刘铭传跪奏，为台湾光绪十年六月起至十一年六月止办理法防军需报销由部行查删除各款，核案登覆，恭折仰祈圣鉴事。

窃准户部咨：具奏台湾自光绪十年六月起至十一年六月止办理法防军需收支各款分别准驳一折，奉旨：依议。钦此。抄录原奏咨行到台，当即转行遵办去后。

兹据台湾善后局司道详称：部单内删除银三万九千六十七两八钱七分八厘一毫五丝二忽，行查银一万五千五百九两一钱三分。遵查删除渡载巡船舵工、水手、赡家一款。查此款前办粤匪案内曾奉准销，嗣因台防开山抚番，海口渡载巡船仅为运护军装而设，故将赡银暂停。此次法船游弋各口，见船轰击，舵工、水手已难招募。敌人不熟内港，未敢深入，若不选募有家室者，必为所诱，给其赡家银两，明则固结其心，暗以家口为质，因时制宜，委实事所必需。

又删减炮台炮勇薪粮一款。查台湾海口无险可扼，仅恃炮台

① 中国第一历史档案馆藏：《朱批原件》，档案编号：04-01-35-0401-020.

② 中国第一历史档案馆藏：《军机录副》，档案编号：03-6363-075.

远击，敌船稍惧，临时添募新勇，既有长门成案可援，自应照案核给。旧配各勇初照轮船辛工，继已核减，当吃紧之际，再减口粮，新来者手法未熟，旧存者人心先散，恐误事机，不能不照旧支给。

又删除修理洋枪匠安家行装一款。查法衅初开，沿海各省纷纷募勇，初入营伍，洋枪机栝易于损伤，到处皆需修枪工匠。台地孤悬海外，渡海远来，尤居奇货，与上届情事有间，是以援例核给。

又删除医生安家行装一款。查台地本属烟瘴，外省将士来台，水土不服，医药尤不可少，就地不但无医可雇，且言语不通，亦难诊治。各营及官医局皆由淮湘内地延招，并募药匠配制药饵。安家行装，例有专条，若不支给，孰肯冒险前行？海外情形实非内地可比。

又删减统领公费一款。查楚军营制内开：凡统领自带一营，除本营薪费、夫价已足敷用外，凡统至三千人以上者，每月加银一百两、夫十名等语。是定章系指已有薪费、夫价再行酌加而言。此案册造内除方春发、吴鸿源、苏得胜只有自带一营薪费、夫价者遵照删除外，其余各统领并不自带一营，未经支食薪水、公费，核与营制所载不同。统兵海外，仅支此项经费以资办公，不得不稍示体恤。

又行查水雷教习薪水一款。查水雷正副教习八名，系轮管各口水雷，与沪尾并无重复。

又行查德义后营、鄂营、南字营薪粮一款。查该三营起止月日与造报界限稍有参差，先销后销款项并无出入。

计此案删除各款，内遵照剔归平余造销银一百三十两，又遵删银四千九百一十三两九钱三分二厘九毫五丝二忽，容俟追缴归入后案造收外，尚余银三万四千二十三两九钱四分五厘二毫，连同行查各款银一万五千五百九两一钱三分，共银四万九千五百三十三两七分五厘二毫，现经逐款确查，造册登覆，详请奏咨准销等情前来。

臣覆加查核，尚属实在情形，合无仰恳天恩，俯赐饬部准予一并照销，以清款项。除将登覆清册咨部外，谨恭折具陈。伏乞皇太后、皇上圣鉴。谨奏。光绪十四年三月十八日。

（朱批）：户部知道。①

光绪十四年四月初四日，奉朱批：户部知道。钦此。②

## 二四　奏报光绪十三年八月至十二月底委署员缺情形折

光绪十四年四月初九日（1888 年 5 月 19 日）

头品顶戴革职留任闽浙总督兼管巡抚事臣杨昌濬、头品顶戴福建台湾巡抚一等男臣刘铭传跪奏，为汇报台湾光绪十三年八月起至十二月底止委署知县员缺，恭折仰祈圣鉴事。

窃准部咨：钦奉上谕：各省州县无论奏调、委署、代理，着每届三个月汇奏一次。钦此。查台湾分省已定，所有光绪十三年八月以前奏调、委署、代理各缺，应归闽省汇办，其自十三年八月以后就台办理。兹查光绪十三年八月起至十二月底止，出有台湾县知县沈受谦俸满调取引见，遗缺以试用通判沈光绶署理。又署恒春县知县程邦基撤任，遗缺以候补知县高晋翰署理，均经批准饬遵在案。兹据台湾布政使邵友濂具详前来。

---

① 中国第一历史档案馆藏：《朱批原件》，档案编号：04-01-01-0964-010.

② 中国第一历史档案馆藏：《军机录副》，档案编号：03-6110-067.

除咨部查照外，臣等谨恭折具陈。伏乞皇太后、皇上圣鉴。谨奏。光绪十四年四月初九日。

（朱批）：吏部知道。[①]

光绪十四年四月二十二日，奉朱批：吏部知道。钦此。[②]

## 二五　奏报委令雷其达等署理府尹情形片

光绪十四年四月初九日（1888 年 5 月 19 日）

再，台湾添改郡县，业已接准部覆，各属管辖界址亟应责成，该管知府分别勘划，俟清丈、升科、编户、造册一律完竣，即行分治归齐。所有新设之台湾府缺，查有台北府知府雷其达，操守廉正，办事实心，堪以调署。所遗台北府缺，查有台湾府现改台南府知府程起鹗，才明心细，遇事认真，堪以调署。递遗新改之台南府缺，查有候补知府本任福防同知罗大佑，年力正强，精明练达，堪以委署。并先刊刻台湾府、台南府木质关防，发领启用，以昭信守。据台湾布政使邵友濂会同台湾道兼按察使衔唐景崧详请奏咨前来。

除批饬遵照并咨部查照外，臣谨会同兼管福建巡抚事闽浙总督臣杨昌濬，附片具陈。伏乞圣鉴。再，现在划界未定，所有改隶新设台湾府之彰化县本年应办十三年分奏销，仍归台南府暂行核转。合并声明。谨奏。

光绪十四年四月二十二日，奉朱批：吏部知道。钦此。[③]

① 中国第一历史档案馆藏：《朱批原件》，档案编号：04-01-12-0542-011.

② 中国第一历史档案馆藏：《军机录副》，档案编号：03-5236-066.

③ 中国第一历史档案馆藏：《军机录副》，档案编号：5236-067.

## 二六　奏报各省关解到台防经费情形片

光绪十四年四月初九日（1888 年 5 月 19 日）

再，前因台湾办防，筑台购炮，需款孔殷，经臣奏奉谕旨，饬部先后指拨银八十万两，以济要需，已准各省关陆续解到银七十五万两，兑收动用，应归海防案内核实造报，由善后局司道详请奏咨前来。

臣查奉拨一款，惟浙海关尚有银五万两欠未解台。现准部咨，令于台湾清出税厘等款，设法匀筹拨补等因。查台湾征收百货厘金，经臣奏明为水陆电线、轮船价银，分三年付清，一时难以指拨。值此各省款项支绌，惟就台防经费项下设法匀筹，以免协济。

除将各省关解到银两数目开单咨部查照外，理合附片陈明。伏乞圣鉴。谨奏。

（朱批）：户部知道。[①]

光绪十四年四月二十二日，奉朱批：户部知道。钦此。[②]

## 二七　筹议移设陆路副将酌拨营伍缘由折

光绪十四年四月十五日（1888 年 5 月 25 日）

头品顶戴降四级留任闽浙总督兼管福建巡抚事臣杨昌濬、头品顶戴福建台湾巡抚一等男臣刘铭传跪奏，为筹议移设陆路副将

---

① 中国第一历史档案馆藏：《朱批原件》，档案编号：04-01-01-0964-015.

② 此朱批日期与内容，据《军机处随手登记档》（档案编号：03-0257-2-1214-105）校补。

员缺，酌拨营伍，以资统摄，请旨饬部议行，恭折仰祈圣鉴事。

窃准兵部咨：议覆台湾武职改设员缺一折，奉旨：依议。钦此。抄录原奏内称：所请安平水师副将移扎后山水尾暨安平以下水师各营，均改陆路，应毋庸议。至台东应如何设官控制，准在附近水陆营分抽拨布置等因。准此，查台湾洋面辽阔，港汊纷歧，缉捕巡防，关系紧要。部议以经制水师各缺未便全改陆路，系为专汛防守起见。

至安平水师副将，昔年建设，原属要缺。第沿海情形今昔不同，而台东控扼后山，议设武职大员，未便稍涉迁就。臣等往返函商，安平仅距台南府城数里，台湾总兵有水陆兼辖之责，驻扎府城，足可照顾。海口副将一缺，无船无兵，久为虚设。台东为后山扼要之区，非参、游所能镇压，就近营分无可抽拨。现当饷项支绌，又未便轻议添设，徒糜饷需。

若以安平水师副将改为台东陆路副将，所属中、右两营都司等缺随同移拨，其左营游击现驻鹿港，将来中路有抚标两营分布，不虞单弱，应将鹿港游击作为安平水师营游击，隶台湾镇管辖。所有台湾镇属之恒春游击改隶台东，仍使镇、协两标各还原营之数。似此量为布置，饷项毫无所增，于新设地方得有实济，而于水陆营制亦属相符，相应请旨饬部议行。

所有臣等筹议移设陆路副将员缺，酌拟营伍，以资统摄缘由，谨合词恭折具奏。是否有当？伏乞皇太后、皇上圣鉴，饬部议覆施行。再，此折系臣铭传主稿。合并声明。谨奏。光绪十四年四月十五日。

（朱批）：兵部议奏。①

---

① 中国第一历史档案馆藏：《朱批原件》，档案编号：04-01-16-0223-014.

光绪十四年五月初五日，奉朱批：兵部议奏。钦此。[①]

## 二八　奏报光绪十四年春季委署知县员缺情形折

光绪十四年四月十五日（1888 年 5 月 25 日）

头品顶戴降四级留任闽浙总督兼管巡抚事臣杨昌濬、头品顶戴福建台湾巡抚一等男臣刘铭传跪奏，为光绪十四年春季分台湾委署知县员缺，恭折仰祈圣鉴事。

窃案准部咨：钦奉上谕：各省州县无论奏调、委署、代理，着每届三个月汇奏一次。钦此。查台湾分省已定，所有光绪十三年八月以前奏调、委署、代理各缺，应归闽省汇办，八月以后就台办理，业将十三年八月起至十二月底止委署员缺奏报在案。兹查光绪十四年春季分出有新设云林县知县员缺，请以现署斗六门县丞本任台湾府经历陈世烈署理。又出宜兰县知县罗金诰病故，遗缺请以补用知县沈继曾代理，均经批准饬遵在案。据台湾布政使邵友濂汇详前来。

臣等查台湾添改各厅县，应随时酌量情形，次第委署。斗六门县丞陈世烈勘划云林辖界，已有头绪，现令办理抚番、开垦并修造城工、衙署各事宜，已由臣铭传先行刊发木质关防，委令署理，俾昭信守而资呼应。其钱粮、词讼事件，仍归嘉义、彰化两县暂行照旧管理。

除咨部查照外，谨合词恭折具陈。伏乞皇太后、皇上圣鉴。谨奏。光绪十四年四月十五日。

---

① 中国第一历史档案馆藏：《军机录副》，档案编号：03-6024-037.

（朱批）：吏部知道。[1]

光绪十四年五月初五日，奉朱批：吏部知道。钦此。[2]

## 二九　奏报电线安设竣工请奖在事出力人员折

光绪十四年五月初五日（1888年6月14日）

头品顶戴福建台湾巡抚一等男臣刘铭传跪奏，为恭报台湾水陆电线安设竣工，请将在事出力人员援案恳恩奖励，恭折仰祈圣鉴事。

窃台湾购办水陆电线，经臣于光绪十二年八月间奏明在案。嗣因海线取道厦门，海程不便，改由台北、沪尾接达福州之川石，海程较多五六十里，复经勘议，加购水线价银五千两，因地隔海外，需用中国、外洋材料，不能依期运齐。十三年三月，甫将基隆、沪尾合至台北两线动工。八月，怡和洋行承办水线，装由飞捷水线轮船到台。经臣委员验收，随即驾驶勘量海道，将川石至沪尾水线安放福、台两省，先行通报，续至澎湖放线，抵台南之安平口。时陆路已先勘明，于十一月间由台南接办陆线，取道彰化迤逦而北。十四年二月初一日，与台北之基隆、沪尾两线接通。臣以闽海暗礁太多，台南北山径崎岖，溪流横截，线条、线杆均须格外坚牢，复饬原办委员往返周巡，妥为安插。现自开报之后，一律完固。

统计水陆设线一千四百余里，分设川石、沪尾、澎湖、安平，水线房四所。除台南、安平、旗后原设报局三处外，添设澎

① 中国第一历史档案馆藏：《朱批原件》，档案编号：04-01-12-0542-041.

② 中国第一历史档案馆藏：《军机录副》，档案编号：03-5236-114.

湖、彰化、台北、沪尾、基隆报局五处，一切材料、机器、水线、轮船、木杆、工程、勘路、转运、洋匠薪水、路费、开局经费，共银二十八万七千余两。除怡和原订线价分三年归还，尚有十二万两未付外，原奏动拨百货厘金一款，自光绪十二年六月至十三年六月，已据报解银六万七千九百余两，其余暂由海防经费项下挪垫，业饬承办委员速将所用数目分晰开单，并取水陆巡护、修理暨各报局支销经费章程详咨立案，仍俟线价付清并厘金银两解足三年，综核赢绌，再行报销。此台湾水陆电线竣工之大略情形也。

臣查电报关系海防、洋务，各省办理出力人员蒙恩准照异常劳绩给予奖励在案。此次台湾安设电报，事同一律。而水线悬放海底，各该委员督率匠役出没惊涛险浪之中，曾无损失虚糜，工程悉臻稳固，较之河工抢险情形无异，且使海外孤悬之地与内地息息相通，其有裨于海疆者尤大。

所有在事尤为出力人员，三品衔浙江补用知府李彤恩，拟请以道员仍留原省补用。东河掣省补用知府丁达意，拟请以道员仍归山东、河南掣省补用。提举衔候选通判刘竺保，拟请以直隶州知州不论双单月尽先选用。尽先选用县丞俞书祥，拟请以知县不论双单月尽先选用。附生董润璋，拟请以县丞不论双单月选用。指分福建试用从九品林清漪，拟请以县丞不论双单月仍留原省补用。候选县丞罗贞意，拟请以知县不论双单月选用。其余在事出力弁勇，可否准由臣择尤请给外奖以示鼓励之处，出自逾格鸿慈！

除饬取各员履历随案咨部查核外，所有台湾安设水陆电线竣工，并查明出力人员恳请奖励缘由，谨会同北洋大臣大学士直隶总督臣李鸿章、南洋大臣两江总督臣曾国荃、闽浙总督臣杨昌濬，恭折具陈。伏乞皇太后、皇上圣鉴，训示。

再，台南恒春县属鹅銮鼻地方系属紧要海口，叠据海关税务司商请接造电线，容臣查明应否照办，另案办理。合并陈明。谨奏。光绪十四年五月初五日。

（朱批）：吏部议奏。[①]

光绪十四年五月二十五日，奉朱批：吏部议奏。钦此。[②]

## 三〇　奏为基隆龙神庙灵显昭著请加封号片

光绪十四年五月初五日（1888年6月14日）

再，据福宁镇总兵曹志忠文称：光绪十年间带勇驻扎基隆，与法人对垒，每苦阴雨沉绵，士卒困于泥滓，时经虔祷龙神，俄蒙开霁，营勇得以并力滚营前进，幸未偾军，实邀神佑，当于光绪十一年就地立庙，移会基隆厅立案，恳准奏请敕加封号等由。当经饬据该厅查覆无异，并以基隆龙神先无庙宇，自曹志忠立庙后，每逢旱潦，祈祷辄应。光绪十三年夏间，雨泽愆期，民间酷热致病，绅民赴庙虔祷，获沛甘霖，疫气顿消，民以苏困等情具详前来。

臣查定例，各直省志乘所载：庙祀正神实能御灾捍患，有功德于民者，由该督抚题请敕封等语。基隆自光绪初年建设厅治，尚无志乘可考，而其地崇山兀峙，兴云降雨，实为神灵所凭。既据查明该处龙神上助国威，下苏民困，洵为御灾捍患，有功于民，合无仰恳天恩，俯准敕加封号，以顺舆情而昭灵贶。附片具奏。伏乞圣鉴，训示，施行。谨奏。

---

① 中国第一历史档案馆藏：《朱批原件》，档案编号：04-01-01-0966-018.

② 中国第一历史档案馆藏：《军机录副》，档案编号：03-9437-012.

（朱批）：礼部议奏。[1]

光绪十四年五月二十五日，奉朱批：礼部议奏。钦此。[2]

## 三一　请饬铸颁钦天监时宪书印缘由片

光绪十四年五月初五日（1888年6月14日）

再，查定例，钦天监时宪书印，各省颁给一颗，存于藩库，以备每年印书颁行郡县等语。台湾改设行省，此后递年时宪书，自应由台照式刊刷，盖印颁行，应请饬部铸颁钦天监时宪书印一颗，发由县驿递送来台，存储藩库，以备每年印书之用。据布政使邵友濂具详前来。

除咨部查照外，谨附片具陈。伏乞圣鉴，训示。谨奏。

光绪十四年五月二十五日，奉朱批：礼部议奏。钦此。[3]

## 三二　奏报沪尾、打狗二口一百十结收支洋税折

光绪十四年五月初十日（1888年6月19日）

头品顶戴福建台湾巡抚兼管海关一等男臣刘铭传跪奏，为台湾沪尾、打狗二口征收洋税，照章按结奏报，谨将第一百十结期内收支数目分晰缮具清单，恭折奏祈圣鉴事。

窃照各海关征收洋税，案经总理各国事务衙门会同户部奏定章程，改题为奏，停用亲填等簿，行令各关将收支数目按结奏报

① 中国第一历史档案馆藏：《朱批原件》，档案编号：04-01-14-0083-013.

② 中国第一历史档案馆藏：《军机录副》，档案编号：03-5548-020.

③ 中国第一历史档案馆藏：《军机录副》，档案编号：03-5701-032.

一次，扣足四结，专折奏销，毋庸按照关期题销，以清界划等因。查沪尾、打狗二口海关税务，自光绪十三年八月十五日第一百九结起改由臣就近监督，所有一百九结期内收支洋税各数目，业经遵照新章，分别奏咨各在案。兹自光绪十三年十一月十八日起至十四年二月十九日止届满一百十结期内，该二口收支各项洋税银两，应遵新章按结奏报。其循案支销各项经费，容俟扣足四结时造册奏销，以符定案。

除将本结收支数目循案分咨查照外，谨会同暂署福州将军闽浙总督臣杨昌濬，恭折具奏，并缮清单，恭呈御览。伏乞皇太后、皇上圣鉴。谨奏。光绪十四年五月初十日。

（朱批）：该衙门知道，单并发。[①]

光绪十四年五月二十五日，奉朱批：该衙门知道，单并发。钦此。[②]

## 三三　呈沪尾、打狗二口一百十结并征洋税清单

光绪十四年五月初十日（1888 年 6 月 19 日）

谨将台湾沪尾、打狗二口第一百十结期内并征洋药税厘，所有征过银数，理合缮具清单，恭呈御览。

谨开：

旧管：无项。

前件查沪尾、打狗二口第一百九结以前所征前项银两，业已尽数解交台湾善后局并台湾道库兑收拨用。理合陈明。

---

① 中国第一历史档案馆藏：《朱批原件》，档案编号：04-01-35-0401-038.

② 中国第一历史档案馆藏：《军机录副》，档案编号：03-6364-067.

新收：光绪十三年十一月十八日起至十四年二月十九日届满第一百十结期内，沪尾口征洋药税银一万四千五百二十八两六钱四分四厘，又征洋药厘银三万八千七百四十三两五分，二共征税厘银五万三千二百七十一两六钱九分四厘。

打狗口征洋药税银二万四百八十四两八钱二分五厘，又征洋药厘银五万四千六百二十六两二钱，二共征税厘银七万五千一百一十一两二分五厘。

以上沪尾、打狗二口共征洋药税厘银一十二万八千三百八十二两七钱一分九厘。

开除：无项。

实在：存洋药税银三万五千一十三两四钱六分九厘，洋药厘银九万三千三百六十九两二钱五分，已由该二口委员分别正税、厘银，就近分交台湾善后局及台湾道库兑收，归入台防经费拨用，仍俟扣足四结期满，查明征收厘银赢余若干，另行遵照部议，分别提解。合并陈明。

（朱批）：览。[①]

## 三四　奏报沪尾、打狗二口一百十结洋税收支数目折

光绪十四年五月初十日（1888 年 6 月 19 日）

头品顶戴福建台湾巡抚兼管海关一等男臣刘铭传跪奏，为台湾洋药税厘归关并征，谨将沪尾、打狗两口一百十结期内征收数目，缮具清单，恭折奏报，仰祈圣鉴事。

窃查台湾洋药税厘归关并征，自应按照洋税收支章程，分晰

① 中国第一历史档案馆藏：《清单》，档案编号：03-6364-068.

正税、厘金两项银数随同结期，按三个月奏报一次，扣足四结，专折奏销，以符洋税定案。臣接管台湾关务，所有沪尾、打狗两口自光绪十三年八月十五日起至十一月十七日止第一百九结期内征过银数，业经奏报在案。兹查光绪十三年十一月十八日起至十四年二月十九日止届满第一百十结期内沪尾、打狗两口征收洋药税厘银两，仍应按结奏报，俾清界划。

除将本结征收数目循案分咨总理各国事务衙门、户部、通商大臣查照外，谨会同暂署福州将军闽浙总督臣杨昌濬，恭折奏报，并缮具清单，恭呈御览。伏乞皇太后、皇上圣鉴。谨奏。光绪十四年五月初十日。

（朱批）：该衙门知道，单并发。[①]

光绪十四年五月二十五日，奉朱批：该衙门知道，单并发。钦此。[②]

## 三五　呈沪尾、打狗二口一百十结收支洋税清单

光绪十四年五月初十日（1888 年 6 月 19 日）

谨将台湾沪尾、打狗二口第一百十结期内，除洋药税银另行归入并征洋药税厘案内造报外，所有征收各项洋税银两遵照新章按结奏报，并将收支各数目理合敬缮清单，恭呈御览。

谨开：

旧管：无项。

前件查沪尾、打狗二口关税案，经前台湾海防大臣沈葆桢奏

① 中国第一历史档案馆藏：《朱批原件》，档案编号：04-01-35-0401-039.

② 中国第一历史档案馆藏：《军机录副》，档案编号：03-6364-070.

准尽数截留，充作台防经费。所有每结所征税银业已尽数解交台湾善后局、台湾道库兑收拨用。理合陈明。

新收：光绪十三年十一月十八日起至十四年二月十九日届满第一百十结期内，沪尾口共征洋税银一万一千七百九十四两三钱八厘，洋船吨钞银一千三十一两二钱，土货复进口半税银五百四十八两九分三厘，子口半税银无项。

打狗口共征洋税银四万二千九百三十二两四钱二分七厘，洋船吨钞银一千七百八十七两八钱，土货复进口半税银三百五十四两一钱九分六厘，子口半税银五十六两二钱五分。

以上沪尾、打狗二口共征税银五万八千五百四两二钱七分四厘。

开除：

一、提解总理各国事务衙门及拨给税务司吨钞共银二千八百一十九两。此项吨钞内应提解总理衙门三成银两外，其余七成吨钞银一千九百七十三两三钱，已由该口照案给交税务司收领，以为建造塔表、望楼之用。理合陈明。

一、支给沪尾、打狗二口税务司辛俸三个月共银一万二千两。此项辛俸系遵照总理各国事务衙门续定数目支给。理合陈明。

以上共开除银一万四千八百一十九两。

实在：存税银四万三千六百八十五两二钱七分四厘，已据该二口禀报内除循案支销经费外，所余银两均已照案移解台湾善后局及台湾道库兑收，充作台防经费。至本结该二口共征洋药正税银三万五千一十三两四钱六分九厘，另行归入并征洋药税厘案内造报。合并陈明。

（朱批）：览。[1]

## 三六　提洋税补水三成支给台关办公经费片

光绪十四年五月初十日（1888 年 6 月 19 日）

再，查各关洋药税厘并征，事务较繁，所需经费经前署闽海关将军臣古尼音布奏请援照银号给领工伙成案，在于洋药税厘金拨解本省款项每百两补水十两内，提出三两分给。旋准户部咨覆，令在每年酌提本省厘银四十万两补水内提支，由该署将军咨会查照在案。

台湾沪尾、打狗两口自光绪十三年八月十五日起由臣监督。伏查此项药厘办公经费，奏请在闽、台未经分关之前，部覆在既经分关之后，沪尾、打狗两口应给各项薪水、辛工、饭食及纸笔、油朱、杂费等项，与福州、厦门两口事同一律，加以臣监督衙门、收支造报以及总核各口一切事宜，派有文案、经承员役，其薪工等费亦属势所必需。户部覆准闽关在于每年酌提本省厘金补水内提支办公经费，未将台关应如何支给之处分别指明，经臣咨商前福州将军臣善庆去后。接准覆称：闽、台既已分关，药厘银两各归本省拨用，药厘经费自应各归各给等因前来。

臣查台湾药厘银两，向系尽数拨充海防经费。本年二月，接准户部咨称：台湾药厘一款，应划还银二十九万七千一百六十两，以符该省原征之数等因。所有台关应给药厘、办公经费，应请在于划还本省洋药厘银二十九万七千一百六十两补水内提出三成支给，以免另动库款而符原案。

---

① 中国第一历史档案馆藏：《清单》，档案编号：03-6364-071.

除咨呈总理各国事务衙门暨户部察核外，谨会同暂署福州将军闽浙总督臣杨昌濬，附片具陈。伏乞圣鉴。谨奏。

（朱批）：该衙门知道。[1]

光绪十四年五月二十五日，奉朱批：该衙门知道。钦此。[2]

## 三七　奏报汇解总理衙门三成船钞银数片

光绪十四年五月初十日（1888年6月19日）

再，台湾沪尾、打狗二口按结应解总理各国事务衙门三成船钞银两，向由福州将军臣报解。嗣因该两口税务自光绪十三年八月十五日第一百九结起改归臣监督，所有一百九结期内应解前项银两，当因台湾孤悬海外，现无汇兑银号，经兑由福州将军臣发交福州号商领解在案。

兹自光绪十三年十一月十八日起至十四年二月十九日止第一百十结期内，沪尾口征收船钞银一千三十一两二钱，应解三成银三百九两三钱六分；打狗口征收船钞银一千七百八十七两八钱，应解三成银五百三十六两三钱四分。核计该二口第一百十结期内共征船钞银二千八百一十九两，共应提解三成银八百四十五两七钱。兹将前银按数兑足，填具文批，照案咨由暂署福州将军臣杨昌濬发交福州号商承领汇解，前赴总理各国事务衙门投纳。

除咨明外，理合附片奏报。伏乞圣鉴。谨奏。

（朱批）：该衙门知道。[3]

---

① 中国第一历史档案馆藏：《朱批原件》，档案编号：04-01-35-0401-040.

② 中国第一历史档案馆藏：《军机录副》，档案编号：03-6364-072.

③ 中国第一历史档案馆藏：《朱批原件》，档案编号：04-01-35-0565-041.

光绪十四年五月二十五日，奉朱批：该衙门知道。钦此。[①]

## 三八 奏报各属光绪十四年春季雨水粮价情形折

光绪十四年五月十三日（1888年6月22日）

头品顶戴福建台湾巡抚一等男臣刘铭传跪奏，为恭报台湾各属光绪十四年春季分晴雨、粮价情形，仰祈圣鉴事。

窃台湾远隔重洋，各属晴雨、粮价向由内地按季附奏。今当新设行省，拟请自光绪十四年春季起就台循照向章按季办理。其十三年冬季以前，仍由内地核办补报，以清界划。

查台湾府城本年正月分得雨三次，二月分得雨五次，三月分得雨四次；台北府城正月分得雨十二次，二月分得雨十一次，三月分得雨四次。此外各县禀报晴雨情形大略相同，二麦业已收成，早稻亦经布种，园蔬杂粮均皆茂盛，民情安帖。

所有米粮价值，据布政使邵友濂开册详送。臣覆加查核，台湾府属正月分上、中、下米与上年十二月同，二月分较正月分稍增，三月分较二月分有减；台北府属正、二月分上、中、下米，三月分中、下米均与上月同，惟三月分上米较二月分减五分。

臣谨恭折具陈，并缮清单，恭呈御览。伏乞皇太后、皇上圣鉴。谨奏。光绪十四年五月十三日。

（朱批）：知道了。[②]

光绪十四年五月二十五日，奉朱批：知道了。钦此。[③]

---

① 中国第一历史档案馆藏：《军机录副》，档案编号：03-6364-069.

② 中国第一历史档案馆藏：《朱批原件》，档案编号：04-01-25-0531-031.

③ 中国第一历史档案馆藏：《军机录副》，档案编号：03-9955-009.

## 三九　呈台湾光绪十四年春季粮价清单

光绪十四年五月十三日（1888 年 6 月 22 日）

谨将台湾各属光绪十四年春季分米粮价值，缮具列表，恭呈御览。

谨开：

台湾府属：光绪十四年正月分，上米每仓石价银一两八钱至二两六钱，与上年十二月分同；中米每仓石价银一两六钱至二两四钱，与上年十二月分同；下米每仓石价银一两六钱至二两二钱，与上年十二月分同。

台湾府属：光绪十四年二月分，上米每仓石价银一两八钱至二两八钱，比正月分增二钱；中米每仓石价银一两六钱至二两六钱，比正月分增二钱；下米每仓石价银一两六钱至二两四钱，比正月分增二钱。

台湾府属：光绪十四年三月分，上米每仓石价银一两八钱至二两二钱一分，比二月分减五钱九分；中米每仓石价银一两六钱至一两九钱二分，比二月分减六钱八分；下米每仓石价银一两六钱至一两七钱，比二月分减七钱。

台北府属：光绪十四年正月分，上米每仓石价银一两九钱至二两三钱五分，与上年十二月分同；中米每仓石价银一两八钱至二两二钱，与上年十二月分同；下米每仓石价银一两七钱至二两一钱，与上年十二月分同。

台北府属：光绪十四年二月分，上米每仓石价银一两九钱至二两三钱五分，与正月分同；中米每仓石价银一两八钱至二两二钱，与正月分同；下米每仓石价银一两七钱至二两一钱，与正月分同。

台北府属：光绪十四年三月分，上米每仓石价银一两九钱至二两三钱，比二月分减五分；中米每仓石价银一两八钱至二两二钱，与二月分同；下米每仓石价银一两七钱至二两一钱，与二月分同。

（朱批）：览。[1]

## 四〇　奏报各属本年二麦收成分数情形折

光绪十四年五月十七日（1888 年 6 月 26 日）

头品顶戴福建台湾巡抚一等男臣刘铭传跪奏，为台湾各属光绪十四年分二麦收成分数，恭折仰祈圣鉴事。

窃台湾改设行省，各属按月雨旸、粮价情形，已自本年春季为始由台奏报在案。所有早晚稻、二麦收成分数，自应一体办理。兹查光绪十四年分大小二麦已届收成之期，据各县先后开报分数，由藩司邵友濂汇核造册详送，并声明澎湖厅凤山县向无栽种二麦等情，前来。

臣覆加查核，收成六分有余者，台湾府属之台湾、嘉义、彰化，台北府属之淡水、宜兰等五县。收成七分有余者，台北府属之新竹一县。两府合计，通共收成六成有余。现在早稻业经布种，田水充足，园蔬杂粮亦皆畅茂，民情安堵，堪以仰慰宸廑！

至台湾府属恒春一县系新设地方，逼近内山，向未据报麦收分数，究竟能否一律播种，容另饬查办理外，所有台湾各属光绪

① 中国第一历史档案馆藏：《清单》，档案编号：03-9955-010.

十四年分二麦收成分数，臣谨恭折奏报。伏乞皇太后、皇上圣鉴。谨奏。光绪十四年五月十七日。

（朱批）：知道了。[1]

光绪十四年六月十一日，奉朱批：知道了。钦此。[2]

## 四一 请饬暂宽例章变通补署知县缘由折

光绪十四年五月二十日（1888年6月29日）

头品顶戴福建台湾巡抚一等男臣刘铭传跪奏，为台湾烟瘴地方水土恶劣，现在知县员缺乏人遴委，请旨饬部，变通补署，以资治理，恭折仰祈圣鉴事。

窃据布政使邵友濂详称：台湾知县一班，本年春季病故数人，先后三次请调闽省候补人员，仅有李承绪一人领咨东渡，近又病故。续调实缺两员，现尚未到。台地烟瘴，水土恶劣，两年之间病故厅县十余员，奉调之员闻风裹足。查各县悬缺未补已积至八九缺，现据代理凤山县知县吴元韬禀报病势沉重，急需委员代理。值此清丈甫竣，给单升科，在在均关紧要，台地竟无候补人员可以委署。除再遴选闽省人员另请咨调外，详请速即察核办理等情前来。

臣查台湾现办给单升科，正当吃紧之际，委用得力。无如知县一官，照章咨调闽省人员，地隔重洋，已苦呼应不灵，加以水土恶劣，人人视为畏途。近年所用清丈人员，颇有实力耐劳，熟悉地方情形，堪胜繁剧之任者，辄以格于成例，不容假以事权，

① 中国第一历史档案馆藏：《朱批原件》，档案编号：04-01-23-0205-025.

② 中国第一历史档案馆藏：《军机录副》，档案编号：03-9955-013.

弃置可惜。是合例者无人可用，可用者不能合例，徒使地方久悬要缺，遴委无人，未免贻误。

伏查台湾添设、改设厅县各缺，暂准不论资格，变通酌补，原设各县本难援照办理。惟现值清丈升科之际，而熟悉情形、能耐劳苦之员不堪委用，况现无候补人员可委，可否仰恳天恩，俯念地方治理紧要，稍宽例章，或俟省城完工，或以十年为限，暂准不拘资格一体变通，酌量补署，以资治理。请旨饬部速即核议施行。

臣为地方悬缺紧要、急切需员补署起见，是否有当？谨会同闽浙总督臣杨昌濬，恭折具奏。伏乞皇太后、皇上圣鉴，饬部议覆施行。谨奏。光绪十四年五月二十日。

（朱批）：吏部速议具奏。①

光绪十四年六月十一日，奉朱批：吏部速议具奏。钦此。②

## 四二　奏销建造台北机器局厂工料银数缘由片

光绪十四年五月二十日（1888 年 6 月 29 日）

再，台湾先后购买后膛洋枪一万余杆，各种弹子不自仿造，用尽则枪即废弃。且孤悬海外，有事运济艰难。机器局厂工程虽较繁重，为善后计，不能不急筹兴造。光绪十一年，由两广督臣张之洞代购制造枪弹机器一副，经臣饬令记名提督刘朝幹会同淡水县知县李嘉棠在台北府城北门外购买民田，共积方三千八百九十丈七尺八寸，用契价银一千六百八十两八钱一分七厘，兼饬刘

① 中国第一历史档案馆藏：《朱批原件》，档案编号：04-01-12-0542-056.

② 中国第一历史档案馆藏：《军机录副》，档案编号：03-5237-030.

朝幹砌筑基址，分赴内地采办木料，督匠起造机器局厂。自十一年六月兴工，至十二年二月讫工，计建成正、侧各屋并小机器厂一百一十七间，连同筑墙、浚井、砌路、开沟、填河，需工料银二万三百二两五钱四分六厘七毫。

台北军械无处存储，即就偏西地方建造军械所，自十一年八月兴工至十二年三月讫工，计建成大小房屋共七十三间，需工料银一万六千三百七十二两七钱八分二厘五毫。尚有制造各种炮弹大机器厂、汽炉房、洋房、打铁房，工程较大，未能同时并举，续经兴造，尚未蒇工，本拟俟全局造齐，一律奏报。兹奉部行已竣工程限期造销，机器局、军械所既经造成，自应将用过各工料银数先行截清奏咨立案，汇案造册报销。其未竣工之大机器厂等项，另行剔归后案办理，以清界限。据善后局司道详请奏咨立案前来。

臣覆核无异，除咨部查照外，谨附片具奏。伏乞圣鉴。谨奏。

（朱批）：该部知道。[①]

光绪十四年六月十一日，奉朱批：该部知道。钦此。[②]

## 四三　奏报委令高光斗署理凤山县知县缘由片

光绪十四年五月二十日（1888 年 6 月 29 日）

再，据代理凤山县知县吴元韬禀称病势沉重，恳请委员接署，经臣饬据布政使邵友濂详称，台湾现无本班合例人员，仅有候补同知包容，现办安平厘金要差，未便更动。候补通判周传辉

① 中国第一历史档案馆藏：《朱批原件》，档案编号：04-01-01-0964-011.

② 中国第一历史档案馆藏：《军机录副》，档案编号：03-9409-044.

人地不宜，应否于别项人员中酌委，详请示遵前来。

臣查凤山现值给单升科之际，兼之地方土匪横行，非年力精壮、能耐劳苦、熟悉台地情形者，不能胜任。既据该司详明知县本班暨同通各班均无合例人员可委，查臣奏留台湾差遣之甘肃候补知县高光斗，堪以委令暂行代理，以免悬缺遗误升科。臣非敢故违例章，只以急切遴委无人，不得不从权办理。

除饬司给委仍令详咨闽省速行遴调外，谨会同闽浙总督臣杨昌濬，附片具奏。伏乞圣鉴。谨奏。

（朱批）：吏部知道。[①]

光绪十四年六月十一日，奉朱批：吏部知道。钦此。[②]

## 四四　请将命盗各案划定界限由台办理缘由折

光绪十四年五月二十四日（1888 年 7 月 3 日）

调补陕甘总督闽浙总督臣杨昌濬、头品顶戴福建台湾巡抚一等男臣刘铭传跪奏，为台湾命盗以及刑名题、奏、咨各案画定界限，由台办理，恭折具奏，仰祈圣鉴事。

窃查台湾改设行省案内接准部覆，全台刑名案件仍归台湾道管理，惟命盗等案问拟立决并绞监候应入秋审及应行咨部案件是否即由该道审勘，详解台湾巡抚分别题奏，咨部核覆，应令妥议奏明办理等因，转行遵照去后。

伏查台湾命盗等案问拟斩绞立决、监候罪名，向系台湾道审拟，解由福建按察使详解福建巡抚勘审具题。其应入秋审斩绞人

① 中国第一历史档案馆藏：《朱批原件》，档案编号：04-01-12-0542-057.

② 中国第一历史档案馆藏：《军机录副》，档案编号：03-5237-031.

犯，由按察使核案，分拟实缓，详请督抚臣督同在省司道审录覆核定拟，于五月内具题到部。至寻常遣、军、流犯及命案拟徒人犯勿庸解省，由道审拟移司，详请咨部核覆。其命案遣、军、流犯，仍照例解司覆审。此向来办理章程也。

今台湾改设行省，而台湾道本兼按察使衔，全台刑名自应统归管理。且复添设按司狱一官，体制与按察使相仿，即属刑名总汇。所有台湾三府一州所属厅县审办命盗及刑名各案，问拟凌迟、斩绞立决、监候及一切遣、军、流、徒应行题咨案件，应请悉由台湾道审拟。应解勘者，即详解台湾巡抚勘审，分别题奏。应核咨者，即详由巡抚咨部核覆，以一事权。至前项题、奏、咨各案，请俟此次奏明准到部覆之日，遵照新章，由台办理。未准部覆以前，应仍暂循其旧。其应入秋审斩绞监候及旧事秋审应行覆审人犯，请以光绪十五年为始，由台湾道照例拟详。

惟台湾巡抚系新设，案卷不全，须逐件赴福建省城抄录，秋谳大典，缓、实最关紧要，拟请暂行变通办理，每年由臣铭传查明应勘人犯，先期行道造册，饬解台北府城，臣即督同藩司勘审录供，咨送督臣会核，拟定实、缓，饬发福建按察使造册，附于福建秋审册后，会衔具题，以昭详慎。俟台湾省城衙署造成，照抄案卷齐全，再行奏请由台湾办理，是否有当？事关改章，理合奏明请旨饬部核议，祇遵。兹据台湾布政使邵友濂、福建按察使奎俊[①]、按

① 奎俊（1843—1916），字乐峰，瓜尔佳氏，满洲正白旗人。光绪初，由花翎充工部屯田司郎中。五年（1879），放福建延建邵道，加三品衔。十四年（1888），补授福建兴泉永道。同年，升福建按察使。十五年（1889），署福建布政使。同年，调补山西布政使。十七年（1891），擢山西巡抚。十八年（1892），补授江苏巡抚，兼理江南织造。二十年（1894），兼管江西新关税务监督。二十一年（1895），调补陕西巡抚。二十三年（1897），署江苏巡抚。二十四年（1898），授四川总督。二十六年（1900），兼署成都将军。二十九年（1903），授理藩院尚书、正白旗蒙古都统。同年，兼署都察院左都御史、刑部尚书。三十年（1904），拜经筵讲官。三十一年（1905），授吏部尚书。三十二年（1906），充总管内务府大臣。宣统三年（1911），授弼德院顾问大臣。民国五年（1916），卒，谥悫靖。

察使衔台湾道唐景崧会议，详请具奏前来。

除分咨吏、刑部外，臣等谨合词恭折具奏。伏乞皇太后、皇上圣鉴，训示。谨奏。光绪十四年五月二十四日。

（朱批）：该部议奏。[①]

光绪十四年六月十一日，奉朱批：该部议奏。钦此。[②]

## 四五　请将台湾学堂动销经费饬部立案缘由折

光绪十四年六月初四日（1888 年 7 月 12 日）

头品顶戴福建台湾巡抚一等男臣刘铭传跪奏，为台湾开设西学堂，选取学生，延订洋师教习，以育人才而资器使，所有动销经费，恳恩准饬先行立案，恭折仰祈圣鉴事。

窃惟中外通商，准彼此学习文艺。自京师设立同文馆，招选满汉子弟，延请西人教授。而天津、上海、福建、广东等处，凡有仿造枪炮船械之地，无不兼设学堂，风气日开，人才蔚起，海防、洋务利赖良多。台湾为海疆冲要之区，通商、筹防，在在皆关交涉，只以一隅孤陋，各国语言文字辄未知所讲求。

臣初到台，翻译取材内地，重洋遥隔，往往要挟多端，月薪率至百余金，尚非精通西学者。因思聘延教习，就地育才，初拟官绅捐集微赀，造就一二聪颖子弟，以资任用。讵一时风气兴起，庠序俊秀接踵而来，情殷入学，不得不开设学堂，以广朝廷教育人才之意。先后甄录年轻质美之士二十余名，延订英国人布茂林为之教习。生童酌给膏火，厘定课程，并派汉教习二人，于

① 中国第一历史档案馆藏：《朱批原件》，档案编号：04-01-01-0966-044.

② 中国第一历史档案馆藏：《朱批原件》，档案编号：03-7255-051.

西学闲暇时兼课中国经史文字，既使内外通贯，亦以娴其礼法，不致尽蹈外洋习气；日以巳、午、未、申四时，专心西学，早晚则由汉教习督课。遇西国礼拜日，课试策论。每届三个月，委员会同洋教习考校一次，等其优劣，分别奖励，戒饬有不堪造就者，随时撤退。计光绪十三年三月起，迄今已逾一年，规模粗立。

臣尝亲加查察，所习语言文字均有成效，拟渐进以图算、测量、制造之学，冀各学生砥砺研磨，日臻有用。而台地现办机器制造、煤矿、铁路，将来亦不患任使无才。本年复添学生十余名。所有洋教习每月修伙洋三百五十元；汉教习二人，每月各支薪水洋五十元，共折合库平银三百二十四两。学生由生员考取者，每月各给膏火银八两；由文童考取者，每月各给银五两七钱六分；幼童每月各给银二两八钱八分。另设门役、厨、伙夫共四名，每月各给工食银三两。其学生椅桌、器具以及随时应用外洋书籍、纸笔等项，据实开报，约计修伙、薪水、膏火、工食、杂费，一年需银七千余两，现在盐务项下动支，将来必须建造学堂一处，以资栖宿。应用经费，俟工竣后再行造销，相应仰恳天恩，准饬先行立案，按年汇销。

所有台湾开设西学堂，选取学生，延订教习，动销经费各缘由，除咨呈总理各国事务衙门、海军衙门暨咨户部、工部查照外，谨恭折具奏。伏乞皇太后、皇上圣鉴，训示，施行。谨奏。光绪十四年六月初四日。

（朱批）：该衙门知道。[①]

光绪十四年六月十九日，奉朱批：该衙门知道。钦此。[②]

---

① 中国第一历史档案馆藏：《朱批原件》，档案编号：04-01-01-0967-002.

② 中国第一历史档案馆藏：《军机录副》，档案编号：03-9434-033.

# 四六　奏报启征新赋日期并将出力人员奖励折

光绪十四年六月十九日（1888 年 7 月 27 日）

头品顶戴福建台湾巡抚一等男臣刘铭传跪奏，为陈报台湾启征新赋日期，请将在事尤为出力人员先行恳恩奖励，以示信赏，恭折仰祈圣鉴事。

窃照台湾办理清丈，改定赋则，丈竣给单接办升科，所有上下忙例限匀征分数请缓扣计，经臣先后奏咨在案。查台地田园从未清丈，向无鱼鳞册籍，此次按户核给丈单，填明丘段、甲数、等则、户名，即为造册升科根据，叠饬各属赶紧给单接办升科。数月以来，台北将次竣事，惟台南田园太广，户口畸零，事极繁琐，每属自数万甲至十余万甲，丈单虽赶紧填给，势非一时可以竣事。若待全台丈单给清，本年断难启征，必致有误正供，现经通饬各属趁民间五月收获之后，于六月十六日一律启征上忙。其给单未清之处，一面给单，一面开征，并行不悖，下忙即定于十月接征。先准部咨，自光绪十五年起经征、督征例限处分均照内地办理。十四年分虽免核扣，其上下忙奏报暨颁发征信册仍应举办等因。

查台地赋额尚未大定，实难稽核考成，而本届启征既已逾期，现惟督饬各属尽力催征，仍俟下忙及奏销届期据实造报，免计分数。至征信册为杜中饱起见，台地举办升科，编户造册，正在彻底清厘，应请俟赋额大定后，照章办理。全台现已启征新赋，所有在事出力员绅不无微劳足录，应否汇案请奖？据清赋总局布政使邵友濂、候补道陈鸣志等具详前来。

臣查内地历办清丈不过一州一邑，旧有图籍约略可循，往往时阅数年，尚难获睹成效。台湾自隶版图二百余年，此次举办清丈，事事草创，全省袤延千余里，未及两年，业经蒇事。隐匿者揭报，开垦者升科，盈溢田粮，计逾旧额不下四十万两，民间供赋反比从前轻减，固皆仰赖朝廷威德，民情踊跃，亦系在事官绅实心实力，栉风沐雨，不避瘴疠，而总局司道并府、厅、县官竭虑殚心，不辞劳怨，钩稽妥速，规画精详，洵能下裕民生，上裨国计，已于清丈之始经臣奏奉谕旨，准照异常劳绩给奖。

现已启征薪粮，所有尤为出力之台湾布政使邵友濂，拟请赏加头品顶戴。开复贵州布政使沈应奎、二品衔台湾道兼按察使衔唐景崧，均拟请交部从优议叙。布政使衔留闽遇缺题奏道陈鸣志，拟请赏给三代一品封典。台湾府知府程起鹗、台北府知府雷其达，均拟请以道员在任候补，并加盐运使衔。现署埔里社通判盐运使衔候补知府吴本杰，拟请俟知府补缺后，以道员在任候补。现署彰化县知县补用同知候补通判李嘉棠，拟请以同知直隶州知州留闽归候补班前补用。本任台湾县知县在任候补同知沈受谦，拟请开缺，以同知直隶州知州留闽补用。补用知府候补同知现任淡水县知县汪兴祎，拟请俟归知府班后加盐运使衔，并先赏换知府顶戴。五品衔本任埔里社通判现署新竹县知县方祖荫，拟请以同知直隶州知州在任候补。试用布经历补缺后以通判用管元善，拟请以通判仍留闽省补用，并加同知衔。

以上十二员，相应仰恳天恩，俯赐先行给奖，以昭信赏而示鼓励。其余在事出力员弁、绅士，可否容臣俟给单竣事后汇案续行请奖，出自逾格鸿慈！

谨将台湾启征新赋日期并请将尤为出力各员恳恩奖励缘由，除咨明户部并饬取各该员履历随案咨部外，会同闽浙总督臣杨昌濬，恭折具奏。伏乞皇太后、皇上圣鉴，训示，施行。谨奏。光绪十四年六月十九日。

（朱批）：另有旨。①

光绪十四年七月初八日，奉朱批：另有旨◆1。钦此。②

【案】此奏旋于是年七月初八日得旨允行。《光绪朝上谕档》载曰：

光绪十四年七月初八日，内阁奉上谕：刘铭传奏，台湾启征新赋，请将尤为出力人员先行奖励一折。台湾各属地亩举办清丈，事属创始，经刘铭传督率官绅，核实丈量，改定赋则，全台袤延千余里，未及两年，一律丈竣升科，田粮计逾旧额不下四十万两，民乐输将，新赋现已启征，办理甚为妥速。在事出力各员实属著有微劳，自应量予奖叙：台湾布政使邵友濂，着赏加头品顶戴。开复布政使沈应奎、台湾道唐景崧，均着交部从优议叙。道员陈鸣志，着赏给三代一品封典。台湾府知府程起鹗、台北府知府雷其达，均着以道员在任候补，并加盐运使衔。署埔里社通判候补知府吴本杰，着俟知府补缺后，以道员在任候补。署彰化县知县候补通判李嘉棠，着以同知直隶州知州留于福建，归候补班前补用。台湾县知县在任候补同知沈受谦，着开缺，以同知直隶州知州留于福建补用。补用知府淡水县知县汪兴祎，着俟归知府班后，加盐运使衔，并先换知府顶戴。埔里社通判方祖荫，着以同知直隶州知州在任候补。试用布经历管元善，着以通判留于福建补用，并加同知衔。余着照所议办理。……该部知道。钦此。③

① 中国第一历史档案馆藏：《朱批原件》，档案编号：04-01-12-0542-105.

② 中国第一历史档案馆藏：《军机录副》，档案编号：03-6226-054.

③ 中国第一历史档案馆编：《光绪宣统两朝上谕档》，第14册，第207页，广西师范大学出版社，1996。

# 四七　奏报光绪十三年下半年百货厘金收支情形折

光绪十四年六月十九日（1888 年 7 月 27 日）

头品顶戴福建台湾巡抚一等男臣刘铭传跪奏，为台湾百货厘金光绪十三年七月起至十二月底止下半年收支数目，恭折奏报，仰祈圣鉴事。

窃照台湾停止船货厘金，改抽百货厘金，经臣于光绪十二年奏明办理。嗣准部咨，令将征收数目照章每按半年奏报一次等因，业经遵照将光绪十二年六月开办起至十三年六月底止并案开单具奏在案。

兹查光绪十三年七月起，截至十二月底止，共收银二万八千二十六两八钱一分四厘。此项银两前经臣以台湾购办水陆电线经费无出，请于厘金项下动拨。所有本届收款，除提支局用外，余银悉数解归电线工程应用。至局用一款，遵奉部覆，按照收数一成开支，并无盈溢。据台湾布政使邵友濂会同全台税厘局司道核详请奏，并声明春夏收成之际，船货出口为多，征厘较旺，秋冬风汛不顺，商船稀少，收数亦减等情前来。

臣覆查无异，除将清册分送部、科外，所有台属百货厘金自光绪十三年七月起至十二月底止下半年收支数目，谨会同闽浙总督臣杨昌濬，恭折奏报，并缮清单，恭呈御览。伏乞皇太后、皇上圣鉴。谨奏。光绪十四年六月十九日。

（朱批）：户部知道，单并发。[1]

① 中国第一历史档案馆藏：《朱批原件》，档案编号：04-01-35-0565-045.

光绪十四年七月初八日，奉朱批：户部知道，单并发。钦此。[①]

## 四八　呈光绪十三年下半年百货厘金收支清单

光绪十四年六月十九日（1888 年 7 月 27 日）

谨将台湾自光绪十三年七月起至十二月止收支厘金数目开单，恭呈御览。

谨开：

收款项下：

一、收百货厘金银二万八千二十六两八钱一分四厘。

以上共收银二万八千二十六两八钱一分四厘。

支款项下：

一、支给南北各局卡开销局用银二千八百二两六钱八分一厘。

一、解水陆电线工程银二万五千二百二十四两一钱三分三厘。

以上共收支银二万八千二十六两八钱一分四厘。

（朱批）：览。[②]

## 四九　奏请藩司邵友濂免其更动等情片

光绪十四年六月十九日（1888 年 7 月 27 日）

再，台地田亩，嘉义、凤山两县地方辽阔，均在十万甲左

---

① 中国第一历史档案馆藏：《军机录副》，档案编号：03-6499-028.

② 中国第一历史档案馆藏：《清单》，档案编号：03-6309-056.

右，户口繁碎。凤山县官或故或病，迭相更替，所派清丈人员间有未尽核实之处，现经总局司道另委妥员抽查复丈，一律清厘。其给单造册情形，较之各属尤为迟缓。但勘丈已定，以后有单册可据。本年内外，或可蒇事。

查布政使邵友濂，才长心细，自上年八月到任，臣即以田赋事务责成一手经理，措施有条不紊，故能迅速启征。惟编户造册，立法伊始，非一时所能竣事。邵友濂情形已熟，若得宽假岁月，方能悉心经理，克竟全功，可否仰恳天恩，俯准一二年间免其更动，方于新设省会初办赋额不致功亏一篑。惟新赋甫经开征，目前分治在即，应将添设各厅县分造城垣并须筹建省城工程，经始需用浩繁，库局如洗，无力措施。

本年，东罗西掘，颇难接济，前经督臣杨昌濬同臣议定奏准每年闽省协银二十四万两，并由闽海关照旧每年协银二十万两，计已照数协助三年，原议以五年为期，杨昌濬现值去闽有日，相应请旨饬下新任福州将军臣希元、督臣卞宝第，查照前案，仍旧协解五年，以符原议而资接济。理合附片陈明。伏乞圣鉴，训示，施行。谨奏。[1]

光绪十四年七月初八日，原片归箍。[2]

## 五〇　林维源帮办抚垦出力请予奖励片

光绪十四年六月十九日（1888 年 7 月 27 日）

再，帮办台北抚垦事务三品卿衔太常寺少卿林维源，在籍帮

---

① 中国第一历史档案馆藏：《军机录副》，档案编号：03-6228-076.

② 此奉旨日期与内容，据《军机处随手登记档》（档案编号：03-0257-3-1214-175）校补。

办抚垦，极重公义。此次开办清丈、给单、升科，事事皆得林维源倡首襄助。所有屯租、番租、大小租名目不一，俱由林维源会同司道分别厘定，民间称便，深得其力。在林维源受恩深重，力图报称，非有他望。然地方清丈大举赖其倡导出力，不辞嫌怨，应否奏请奖励之处，据清赋总局布政使邵友濂等具详前来。

臣查全台清丈之始，官绅半设难词，阻挠大计，林维源田园较多，不避嫌怨，身先倡导，遇事出力，民情因之踊跃，未及两年，全功已竟，虽其意在图报，不敢仰邀议叙，臣未便壅于上闻，应如何加恩之处，出自圣主鸿施！理合附片陈明。伏乞圣鉴，训示，施行。谨奏。

（朱批）：另有旨。①

光绪十四年七月初八日，奉朱批：另有旨◆1。钦此。②

【案】此奏旋于是年七月初八日得旨允行。《光绪朝上谕档》载曰：

光绪十四年七月初八日，内阁奉上谕：刘铭传奏，台湾启征新赋，请将尤为出力人员先行奖励一折。……另片奏，三品卿衔太常寺少卿林维源，于清丈升科事宜倡首襄助，不避嫌怨，民间称便，克竟厥功，请旨奖励等语。林维源着赏给二品顶戴。该部知道。钦此。③

## 五一　奏报修筑炮台购办钢铁等项缘由片

光绪十四年六月十九日（1888 年 7 月 27 日）

再，台湾办理海防，购炮筑台，经臣奏明在案。各口自十二

---

① 中国第一历史档案馆藏：《朱批原件》，档案编号：04-01-12-0542-089.

② 中国第一历史档案馆藏：《军机录副》，档案编号：03-6226-053.

③ 中国第一历史档案馆编：《光绪宣统两朝上谕档》，第 14 册，第 207 页，广西师范大学出版社，1996。

年正月兴工，分筑炮台。惟安平旧台尚可修葺留用，其余基隆、沪尾、澎湖等处俱皆从新择地另造。旗后本有炮台一座，后由大坪山添筑一座。本年春夏各军陈报，壕沟、兵房并外围均已陆续完工，因炮位未到，子墙高低宽窄须视炮架部位，方能定筑。澎湖筑台四座，基隆、沪尾各二座，因地势土松，沙湿，非重用外洋铁水泥层累坚筑，不能胜巨炮震力，各兵房俱仿外洋图形，已用铁水泥三万六千桶。现在大炮已运到澎湖十七尊，其余即由上海续运。据炮台监工洋人鲍恩士并炮厂派来总兵闻德详勘各炮台，均尚如式。子墙炮基亟须铁水泥逐层封筑，计澎湖、基隆、沪尾、安平、旗后五口共炮台十座，计需铁水泥二十万桶。

查铁水泥价银每桶二两九钱，核计需款太巨，当饬委员会同洋人覆勘。其子墙不当敌炮之处，改用土墙，外用铁水泥敷面，炮基亦多用石子与铁水泥拌合，以期减省。反覆筹议，至少尚须十二万桶，方能悉臻完固。臣覆加查核，委系实在情形。查各省购办外洋物件，须由海军衙门、户部核议，方准动款购买。此项铁水泥除兵房已用三万六千桶尚在未奉新章以前，初因台工需用尚多，拟俟一并奏报，现已饬局详请补咨立案外，现在修筑子墙，安设炮位，急须添购铁水泥十二万桶，相应请旨饬下海军衙门、户部核准，俾得早日陆续购运，以竣台工。

又，台湾建有大炮子、枪子各厂，亟须购办钢铁暨机器、焦煤等项，用资制造。若自上海、香港零星采买，价值过贵。外洋价既廉省，物亦较胜。据机器局总办东河补用知府丁达意开单请购前来。

臣细加查核，皆系制造急需之件。除同铁水泥另单咨送海军衙门、户部外，相应请旨饬令一并核准，以利制造而裕军储。谨附片具陈。伏乞圣鉴，训示，施行。谨奏。

（朱批）：该衙门议奏。①

光绪十四年七月初八日，奉朱批：该衙门议奏。钦此。②

【案】此奏片之具奏日期，原件目录署“光绪十四年”，并示存疑，而录副则以朱批日期为之，亦未确。据朱批日期“光绪十四年七月初八日”，查《军机处随手登记档》③ 朱批刘铭传折栏，署有“报四百里，六月十九日发”等字样。据此，此奏片之具奏日期当为“光绪十三年六月十九日”无疑。兹据校正。

## 五二 查明未奉新章前定购外洋机器情形折

光绪十四年七月初八日（1888 年 8 月 15 日）

头品顶戴福建台湾巡抚一等男臣刘铭传跪奏，为查明台省未奉新章以前定购外洋机器料件，恭折奏报立案，仰祈圣鉴事。

窃准户部咨覆：台北设立机器局，应需机器各料件用过银两开单奏报一案。查外省购买外洋器械在奏定新章以前者，原准自行购买。若在奏定新章以后者，即应遵照新章，听候海军衙门暨户部核定，不得擅自定议。今台湾所购机器等项是否在新章以前，饬查定购年月日期，专案报部核办等因，即经行局将前次奏报购买机器、枪弹等项原定年月，分晰开单详咨，并于本年二月臣奏请定章折内声明，饬查未奉新章以前所购外洋军火料件年月日期速行补报，各在案。

① 中国第一历史档案馆藏：《朱批原件》，档案编号：04-01-01-0963-040.

② 中国第一历史档案馆藏：《军机录副》，档案编号：03-9393-041.

③ 中国第一历史档案馆藏：《军机处随手登记档》，档案编号：03-0257-3-1213-175.

兹据军械所、机器局将光绪十二年八月十六日台地未奉新章以前定购机器、料件共价库平银五万六千四百三两三钱二分一厘三毫六丝七忽六微，声明原定年月日期补报，由善后局司道核详奏咨前来。

臣查前项机器、料件既系未奉新章以前业经购定，自应赶紧截清补行奏报，以后如需何项机器，凡向外洋采购者，无论巨细，先行开列清单，详咨核准，再行定购，以符新章。

除饬将所购各项归案造销并另单咨呈海军衙门暨咨户、工部外，所有查明台湾未奉新章以前定购外洋机器、料件缘由，理合恭折奏报。伏乞皇太后、皇上圣鉴，训示，施行。

再，炮台兵房工程已用外洋铁水泥三万六千桶，亦在未奉新章以前，先经臣于奏请续购案内声明饬局详请补咨，兹已列入另单，一并分咨立案。合并陈明。谨奏。光绪十四年七月初八日。

（朱批）：该衙门知道。①

光绪十四年八月初四日，奉朱批：该衙门知道。钦此。②

## 五三　奏报埔里社及恒春二属田园减等升科折

光绪十四年七月初八日（1888年8月15日）

头品顶戴福建台湾巡抚一等男臣刘铭传跪奏，为台湾埔里社厅暨恒春县二属田园减等升科，请先立案，恭折仰祈圣鉴事。

窃照台湾埔里社厅暨恒春县二属均为光绪初年新辟之境，非

① 中国第一历史档案馆藏：《朱批原件》，档案编号：04-01-01-0964-012.

② 中国第一历史档案馆藏：《军机录副》，档案编号：03-9408-048.

傍山乏水，即近海多风，土壤硗瘠，田园收成浅薄，据该厅县禀请减等升科。经臣饬据清赋总局司道查议请将埔里社厅田园照同安下沙则递减一等升科，上田科中则，中田科下则，下田照下则核减二成，上园视中园依次递减，匀丁粮米，概免配征。其恒春县田园尚不及埔里社，亦照下沙则减等升科，并免配征、耗羡及匀丁粮米。会同布政使邵友濂核详奏咨立案前来。

臣查台湾新辟地方，沿海沿山，土壤硗薄，埔里社田园既非嘉义、彰化等属可比，恒春又较埔里社为逊。若后山台东州一带原为番社榛棘之区，尤不逮前山远甚，虽已一律清丈，而因地制宜，不能不量为次第。兹当升科伊始，该司道所请埔里社厅暨恒春县两属减等办理，委系实在情形。

除批饬遵照并令查明后山台东直隶州田园能否援照减则另行详办外，所有台湾埔里社厅暨恒春县二属田园减等升科缘由，谨会同闽浙总督臣杨昌濬，恭折具奏。伏乞皇太后、皇上圣鉴，饬部立案施行。谨奏。光绪十四年七月初八日。

（朱批）：户部知道。[①]

光绪十四年八月初四日，奉朱批：户部知道。钦此。[②]

## 五四　奏报核议台湾院司首领俸廉役食缘由折

光绪十四年七月初八日（1888 年 8 月 15 日）

头品顶戴福建台湾巡抚一等男臣刘铭传跪奏，为台湾移驻巡抚、新设藩司等官，应需俸廉、役食暨台湾道兼理臬司养廉，分

① 中国第一历史档案馆藏：《朱批原件》，档案编号：04-01-35-0096-013.

② 中国第一历史档案馆藏：《军机录副》，档案编号：03-6227-001.

别议给、酌增，恭折仰祈圣鉴事。

窃准部咨：会议台湾改设行省案内饬将新设藩司等官岁需廉俸等款，核议奏报等因，转行遵照去后。除台地续经添设府、厅、州、县各缺及应添教、杂等官岁需各项，容俟另行汇案议办，并内地督臣兼管巡抚衙门吏役支款应由闽省核定办理外，伏查台湾移驻巡抚，新设布政使、布库大使及台湾道兼臬司，添设按司狱一员。所有俸廉、书役工食均属在所必需，各官俸银例有定数，惟养廉、役食各按缺分，情形原难一律，且新设抚、藩衙门，百事草创，头绪纷繁，前由内地先行酌派吏书二三十人来台办公，现在公事日增，委难敷用。原奏议请抚署经制书吏于额设十二房内匀拨六名，带同清书、帮书赴台供役，确按情形，实属十分不敷，仍应照额充补。况台湾为海外岩疆，孤悬一岛，僻处东溟，百物均形昂贵，一切办公费用，较之内地倍增。

臣督饬闽、台藩司悉心核议，台湾改设行省，一切章程均系循照闽省办理。前项新设衙门应支各款，应请按照闽省定章，核拟动销，以资公用。计年额巡抚衙门支俸银一百八十两、养廉银一万三千两，皂隶、门子、轿伞、扇夫、传报、舍人、铺兵等共三十八名，匀闰工食银二百三十五两六钱，又书役心红、纸扎、盐菜、饭食等银三千九百三十二两五钱三分二厘。

布政司衙门支俸银一百五十五两、养廉银八千两，门子、皂隶、决手、铺兵、轿伞、扇夫、听事吏、库子等共五十七名，匀闰工食银三百五十三两四钱，又书役、盐菜、饭食银二千八百八十二两一钱。

布库大使衙门支俸银四十两、养廉银六十两。皂隶二名，匀闰工食银一十二两四钱。该大使兼经历事，拟再添设门子、马夫各一名，岁支匀闰工食银一十二两四钱。

按司狱衙门支俸银三十一两五钱二分、养廉银六十两。禁卒十二名，匀闰工食银七十四两四钱；门子、皂隶、马夫六名，匀闰工食银三十七两二钱。

查俸廉、役食向在地丁耗羡动销，台湾旧额人丁饷税及耗羡、公费，并拨收盐课项下，除留支各款外，尚有不敷，系在台属裁兵谷价及宜兰余租各款内拨补，奉部覆准有案。又查闽省历年耗羡、公费奏销内，有拨收台湾官庄银二万二千两。是官庄一项历有拨归公费动用。今闽、台分治，此项官庄银两自十三年起，闽省毋庸再行拨收。所有以上年额应支各项，请自光绪十三年起，即在台湾官庄项下动支，不敷银两仍在裁兵、谷价等款拨补。内除十三年分巡抚衙门养廉已由闽省解台，应同役食等项，暂仍统归闽省动销办理外，布政使、布库大使上年均已到任，俸廉、役食就台动支，俟届办理十四年分奏销，另册附报。

其添设库大使兼经历事门子、马夫各一名，请俟奉文核准之日起支。又按司狱一缺，本年甫经委员署理，应自到任之日起支。又查福建臬司年额养廉银六千两，台湾道原额养廉仅银一千六百两。今兼臬司，事务较繁，自应量予加增，拟照新疆镇迪道兼臬司事之例，定为岁支养廉银三千两。现在台湾刑名题、奏、咨事件，业已奏明归台办理，应请以接准部覆奉旨之日起支。

至文武各官养廉，向例减成支给。臣驻台养廉，蒙恩准支十成实银。台湾僻处海隅，物价昂贵，现自清赋之后涓滴归公，丝毫无可挹注。此后台湾各官养廉，拟恳天恩均按十成开放，以免办公不敷。

除另行开具清单咨部外，所有核议台湾院、司首领俸廉、役食缘由，谨会同闽浙总督臣杨昌濬，恭折具奏。伏乞皇太后、皇上圣鉴，饬部核覆施行。谨奏。光绪十四年七月初八日。

（朱批）：户部议奏。[1]

光绪十四年八月初四日，奉朱批：户部议奏。钦此。[2]

## 五五　请将宜兰知县林凤章革职勒追缘由片

光绪十四年七月初八日（1888 年 8 月 15 日）

再，查前署宜兰县知县林凤章短欠交代款银七千六百四十二两零，屡经严催，延不清解，经臣汇同已故前署彰化县知县蔡麟祥一并会片奏参，奉到朱批：林凤章着摘去顶戴，蔡麟祥着即革职，分别勒限提追完缴，余依议，该部知道。钦此。恭录转行钦遵去后。

除蔡麟祥据报已有续完款项，该家属潜回原籍，由臣节次咨籍提追外，其林凤章欠数较巨，遵经先后严追暨委员守催，迄今未据完缴。兹据该管道府揭请复参追办，由藩司邵友濂、台湾道兼按察使衔唐景崧会详前来。

相应请旨将前署宜兰县事升用同知候补知县林凤章革职勒追，以为抗延者戒。再，此案交代已据造册结报。至该管各上司职名，已于前参摘顶案内报部备核在案。合并陈明。谨会同闽浙总督臣杨昌濬，附片具奏。伏乞圣鉴，训示。谨奏。

（朱批）：着照所请，该部知道。[3]

光绪十四年八月初四日，奉朱批：着照所请，该部知道。

---

① 中国第一历史档案馆藏：《朱批原件》，档案编号：04-01-35-0994-009.

② 中国第一历史档案馆藏：《军机录副》，档案编号：03-5238-015.

③ 中国第一历史档案馆藏：《朱批原件》，档案编号：04-01-35-0832-001.

钦此。[①]

## 五六　请将副将酆炳南等一并革职缘由片

光绪十四年七月初八日（1888 年 8 月 15 日）

再，尽先补用副将酆炳南，管带屯军，遗失军械，操防废弛，经臣饬据台湾道查明，会同布政使详参。又，署北路中营都司世职云骑尉洪磐安，挪饷包差，声名狼藉，由该管镇、协禀揭到臣。

除分别撤办外，相应请旨将补用副将酆炳南、世职云骑尉洪磐安一并革职，以示惩儆而肃营防。谨会同闽浙总督臣杨昌濬，附片具陈。伏乞圣鉴，训示。谨奏。

（朱批）：着照所请，该部知道。[②]

光绪十四年八月初四日，奉朱批：着照所请，该部知道。钦此。[③]

## 五七　请准总兵万国本暂缓入都陛见缘由片

光绪十四年七月初八日（1888 年 8 月 15 日）

再，准吏部咨：光绪十四年三月二十八日奉上谕：福建台湾镇总兵员缺，着万国本补授。钦此。当即转行钦遵在案。该总兵万国本应即奏请陛见，仰聆圣训。惟查台湾分省伊始，亟须整顿

① 中国第一历史档案馆藏：《军机录副》，档案编号：03-5238-017.

② 中国第一历史档案馆藏：《朱批原件》，档案编号：04-01-16-0224-088.

③ 中国第一历史档案馆藏：《军机录副》，档案编号：03-5857-073.

营汛。该总兵先经奏署是缺，深资得力，加以屯兵现归节制，稽发饷项，督饬操防，在在均关紧要，未便遽易生手。合无仰恳天恩，俯准万国本暂缓入都陛见，一俟营务、屯务料量妥协，再行奏请，出自逾格鸿施！谨附片具陈。伏乞圣鉴，训示。谨奏。

（朱批）：着照所请。①

光绪十四年八月初四日，奉朱批：着照所请。钦此。②

## 五八　请将知县李承绪从优议恤缘由片

光绪十四年七月初八日（1888 年 8 月 15 日）

再，同知衔福建候补知县李承绪，经臣调台委办凤山清丈，并给单造册。本年三月，感受瘴疠，犹复力疾从公。四月二十三日，积劳病故。据布政使会同清赋局司道详请奏恤前来。臣查台湾办理清丈出力人员，先经奏奉谕旨，准照异常劳绩给奖在案。该员李承绪承办清丈，给单造册，尤为出力，系属应行列保人员，遽以在差积劳身故，深堪悯恻！合无仰恳天恩俯准饬部从优议恤以励贤劳之处，出自逾格鸿施！

除饬取该故员履历另行咨部外，谨会同闽浙总督臣杨昌濬，附片具奏。伏乞圣鉴，训示。谨奏。

（朱批）：着照所请，该部知道。③

光绪十四年八月初四日，奉朱批：着照所请，该部知道。钦此。④

① 中国第一历史档案馆藏：《朱批原件》，档案编号：04-01-16-0224-087.

② 中国第一历史档案馆藏：《军机录副》，档案编号：03-5857-074.

③ 中国第一历史档案馆藏：《朱批原件》，档案编号：04-01-12-0543-095.

④ 中国第一历史档案馆藏：《军机录副》，档案编号：03-5238-016.

## 五九　新竹县城隍等庙灵应请颁匾额片

光绪十四年七月初八日（1888年8月15日）

再，据署新竹县知县方祖荫禀称：该县原系淡水厅旧治，城内城隍庙、龙神庙暨南门外观音庙向遇水旱疫疠，叠著灵应。上年六月，地方久旱，各乡田园当将熟之际，禾稼枯槁，经诣城隍、观音、龙神各庙，虔诚祈雨，如响斯应，年谷有秋，地方士民禀恳奏颁匾额，以答神庥。取具事实册结，相送台北府加结核转，由布政使邵友濂具详请奏前来。

臣查例相符，合无仰恳天恩，俯准颁赐匾额各一方，以顺舆情而昭灵贶。除册、结咨部外，理合会同闽浙总督臣杨昌濬，附片具陈。伏乞圣鉴，训示。谨奏。

光绪十四年八月初四日，奉朱批：另有旨◆1。钦此。①

【案】此奏旋于是年八月十四日得旨允行，清廷颁布谕旨曰：

光绪十四年八月初四日，内阁奉上谕：刘铭传奏，神灵显应，请颁匾额等语。台湾新竹县城内城隍庙、龙神庙、暨南门外观音庙，夙著灵应。上年六月，天气久旱，经该地方官虔诚祈雨，如响斯应，年谷有秋，实深寅感。着南书房翰林恭书匾额各一方，交刘铭传祗领，饬属分诣，敬谨悬挂，以答神庥。钦此。②

又，癸未，以神灵显应，颁台湾新竹县城隍庙扁额，曰“金门保

① 中国第一历史档案馆藏：《军机录副》，档案编号：03-5548-068.

② 中国第一历史档案馆编：《光绪宣统两朝上谕档》，第14册，第243页，广西师范大学出版社，1996。

障”；龙神祠扁额，曰“泽普瀛壖”；观音庙扁额，曰“大海慈云”。①

又【案】此奏片之具奏日期，因原件查无下落，录副以朱批日期为之，未确。据朱批日期“光绪十四年八月初四日”，查《军机处随手登记档》② 朱批刘铭传折栏，署有“报四百里，七月初八日发”等字样。据此，此奏片之具奏日期当为“光绪十四年七月初八日”无疑。兹据校正。

## 六〇　请为经历陈世烈故父母建坊缘由片

光绪十四年七月初八日（1888 年 8 月 15 日）

再，据署云林县知县本任台湾府经历陈世烈禀称：故父提举衔前福建候补通判陈兰、故母伍氏遗命祭田八十余亩，如遇水旱，捐助赈需。今值郑州决口之后，凑集库平番银一千零八十一两四钱三分，禀请赈助，以成先志。据善后局司道详请奏奖前来。

臣查各省绅民捐助善举银在千两以上者，例得请旨建坊，给予“乐善好施”字样。今陈世烈之故父母遗命捐资，遇灾赈济，所捐银数核与定例相符，合无仰恳天恩俯准建坊，给予“乐善好施”字样，以资激劝。

除饬将捐款汇解河南助赈并咨部外，谨附片具陈。伏乞圣鉴，训示。谨奏。

光绪十四年八月初四日，奉朱批：着照所请，礼部知道。

① 中华书局影印：《清实录·德宗景皇帝实录（四）》，卷之二百五十八，光绪十四年八月，第 465 页，中华书局，1987。

② 中国第一历史档案馆藏：《军机处随手登记档》，档案编号：03-0257-3-1214-200.

钦此。[①]

【案】此奏片之具奏日期，因原件查无下落，录副以朱批日期为之，未确。据朱批日期“光绪十四年八月初四日”，查《军机处随手登记档》[②] 朱批刘铭传折栏，署有“报四百里，七月初八日发”等字样。据此，此奏片之具奏日期当为“光绪十四年七月初八日”无疑。兹据校正。

## 六一　奏报派兵剿办埤南叛番情形折

光绪十四年七月十六日（1888 年 8 月 23 日）

头品顶戴福建台湾巡抚一等男臣刘铭传跪奏，为埤南番叛围攻厅治，先后派兵解围，并筹剿办情形，恭折仰祈圣鉴事。

窃臣于光绪十四年六月二十九日接据后山镇海后军统带总兵张兆连、署埤南同知陈灿会禀：埤南附近吕家望社素恃凶蛮，不服教化，时常潜出滋事杀人。上年，知本、射马干两社番民被杀两命，抗不交凶。本年五月，哈水社番民闵长仔、闵彼马负米回社，突为吕家望番丁铳毙，据哈水社长禀经张兆连并地方官查明正凶康冷押、卞汶物二名，饬令该社长拿获交凶，讯明禀请就地正法在案。旋于七月初四日，据花莲港营官李得胜禀报：埤南所辖大庄一带化番，突与吕家望社勾结，于六月二十五日纠合番匪七百余人，在大庄地方焚烧房舍，除寄居粤人外，概行杀戮，就近分防营弁暨委员雷福海等弹压被戕，率党径趋埤南，沿途焚杀，进逼张兆连坐营。张兆连所部三营分防六百余里，埤南仅存

① 中国第一历史档案馆藏：《军机录副》，档案编号：03-7079-101.

② 中国第一历史档案馆藏：《军机处随手登记档》，档案编号：03-0257-3-1214-200.

两哨并亲兵六棚，仓猝闻警，即会同署同知陈灿驰报台湾镇道告急，一面预备战守。该叛番党众约有三四千人，于二十八日黎明四面围扑，全镇被焚，杀毙男妇百余人等情。

初六日，接张兆连二十七、八等日来禀，情形相同。其时台北轮船或出差未回，或赴厂修理，驰援无术，焦灼万分。初七日，威定轮船始回，适值初八、九日风台暴作，大雨不止，海道被阻。十一日，风势稍息，即派威定轮船装载提督李定明所部定宇前营并炮队百名先行开驶，续派商务局新购快船并飞捷轮船分装中、后两营，随后进发。台湾镇总兵万国本于初二日接报，即派两营并由台湾道唐景崧商调镇海前军统带总兵陶茂森派队二百余人，于初五日先由陆路往援。

十二日，伏波轮船驶到安平海口，万国本遂率带中营下船开行。十四日卯刻，驰抵埤南。遥见张兆连坐营被叛番重重围困，四面环攻，即饬帮带曾喜照连放开花炮，一面率勇登岸。张兆连见有援兵，亦率队出击，适威定等船陆续驶到，内外夹攻，炮轰枪击，歼毙无算。该番势力不支，纷纷奔逃回社，立解重围。据万国本、李定明、张兆连同时具禀前来。

臣查吕家望社从前号为后山番王，人众丁强，名虽归化，而阳奉阴违，向来不受约束。臣因前山生番甫经就抚，未尽驯伏，屡饬张兆连暂行羁縻，与民休息。此次杀毙哈水社番丁，该社社长遽肯交凶惩办，殊出意料之外，忽然勾结大庄化番围攻厅治，戕杀委员、防勇，其交凶显系尝试，蓄谋叛乱，已非一日。事起仓猝，张兆连所部不及三百人，幸仗圣主威福，会同署埤南厅治陈灿苦守十七昼夜，水米俱乏，力支危局。万国本身先率勇登岸，李定明一军续至，即日解围。臣现添派澎湖镇总兵吴宏洛，率带所部四营六成队伍前往，会同万国本、李定明、张兆连严行剿办，以儆凶顽，一面檄饬台湾道唐景崧派员携带银两，会同张兆连、陈灿抚恤难民。

除将各军剿办详细情形再行续奏外，谨将埤南叛番滋事暨筹办大略情形，恭折由驿六百里具陈。伏乞皇太后、皇上圣鉴，训示。谨奏。光绪十四年七月十六日。

（朱批）：览奏，均悉。仍着饬令派出各员分别妥为剿抚，以靖地方。[①]

光绪十四年八月初四日，奉朱批：览奏，均悉。仍着饬令派出各员分别妥为剿抚，以靖地方。钦此。[②]

## 六二　请饬海军衙门拨购快船缘由片

光绪十四年七月十六日（1888年8月23日）

再，台北距埤南旱道一千三百余里，山水阻隔，轮船只须两日。臣于初五日接到警报，当即电请北洋大臣李鸿章速派快船两只来台助援，借通信息，至今未到。查光绪十一年法事平定之后，恭奉特旨，由英、德购造铁甲快船四只，专备台、澎防务等因。钦此。上年船成回国间，经海军衙门奏归北洋训练。臣因台湾经费支绌，既无养船之资，又乏管驾之材，期于无事，不便烦渎。此次埤南变起仓猝，若得台南、北各有兵船一只立时驰往，不独张兆连不致受困，且免埤南数百家焚杀之祸。

新购铁甲快船既归北洋训练，惟有仰恳天恩，俯念台湾孤悬海外，非船不行，饬令海军衙门酌拨次等稍快兵船两只，再由臣

① 中国第一历史档案馆藏：《朱批原件》，档案编号：04-01-01-0963-038.

② 此朱批日期与内容，据《军机处随手登记档》（档案编号：03-0257-3-1214-200）校补。

添购大小鱼雷船数只，专为台、澎防患巡口之用，以免临事无所措手。如蒙恩准，应请饬下海军衙门一并核议施行。谨附片具陈。伏乞圣鉴，训示。谨奏。

（朱批）：该衙门议奏。[1]

光绪十四年八月初四日，奉朱批：该衙门议奏。钦此。[2]

## 六三 奏报十四年夏季委署知县各缺情形折

光绪十四年七月二十七日（1888年9月3日）

调补陕甘总督闽浙总督臣杨昌濬、头品顶戴福建台湾巡抚一等男臣刘铭传跪奏，为光绪十四年夏季分台湾委署知县员缺，恭折仰祈圣鉴事。

窃案准部咨：钦奉上谕：各省州县无论奏调、委署、代理，着每届三个月汇奏一次。钦此。查台湾分省已定，所有光绪十三年八月以前奏调、委署、代理各缺应归闽省汇办，八月以后就台办理，业将十三年八月起至十四年春季分止委署员缺先后奏报在案。

兹查光绪十四年夏季分出有署台湾县知县沈光绥另有差委，遗缺请以候补同知包容署理。又，代理凤山县知县吴元韬患病，遗缺合例应委之员，以留台差遣之甘肃候补知县高光斗暂行代理，均经批准饬遵在案。据台湾布政使邵友濂汇详前来。

除咨部查照外，臣等谨恭折具陈。伏乞皇太后、皇上圣鉴。谨奏。光绪十四年七月二十七日。

---

① 中国第一历史档案馆藏：《朱批原件》，档案编号：04-01-01-0963-039.

② 此朱批日期与内容，据《军机处随手登记档》（档案编号：03-0257-3-1214-200）校补。

（朱批）：吏部知道。[1]

光绪十四年八月十六日奉朱批：吏部知道。钦此。[2]

## 六四　请将副将许松林等员交部议恤片

光绪十四年七月二十七日（1888年9月3日）

再，台湾自光绪十三年十月以前所有各营病故员弁，均经臣随时奏明，蒙恩赐恤在案。查自十三年十一月以后，据各营陆续禀报：湖南补用副将许松林、副将王大发，参将胡茂林，都司李新应、丁成义，蓝翎守备姜润利、黄鸣岗，千总石甫堂，把总拟保守备衔千总左占鳌，把总邱鸿藩、刘守亮，屯把总金敬贤，外委杨应祥，五品军功熊祖训、刘洪守，六品军功龚子凤，补用九品笔帖式善润，湖南试用巡检王其照，巡检汤其濬，从九品衔刘汝楫，典史程立，先后在营病故。

臣查该故员等俱系剿抚生番随营出力，久受瘴疠，积劳病故，理合汇案奏陈。仰恳天恩，俯准将许松林等二十一名一并交部从优议恤，出自逾格鸿施！谨附片具陈。伏乞圣鉴，训示。谨奏。

（朱批）：许松林等均着交部从优议恤。[3]

光绪十四年八月十六日，奉朱批：许松林等均着交部从优议恤。钦此。[4]

---

① 中国第一历史档案馆藏：《朱批原件》，档案编号：04-01-12-0543-075.
② 中国第一历史档案馆藏：《军机录副》，档案编号：03-5238-062.
③ 中国第一历史档案馆藏：《朱批原件》，档案编号：04-01-16-0224-046.
④ 中国第一历史档案馆藏：《军机录副》，档案编号：03-5857-110.

## 六五　奏请奖叙办理郑工捐输捐生缘由折

光绪十四年八月二十八日（1888 年 10 月 3 日）

头品顶戴福建台湾巡抚一等男臣刘铭传跪奏，为台湾办理郑工捐输，恳恩奖叙，以昭激劝，恭折仰祈圣鉴事。

窃照河南省郑州黄河漫口，需款繁巨，经户部议奏请开郑工新例捐输，行令各直省一律收捐，随时填发实收，分次造册，将副实收随册送部核办。所收银两专款存储，听候随时提用，并会议铨补章程，分别花样成数，以实银上兑，予限一年，限满即行停止，俾示限制，奏奉谕旨：依议。钦此。咨行到台，当经转行遵办。

嗣据台湾善后局司道将自本年正月开篆起至四月底止，据捐员吴元韬等三十名报捐翎枝、实职、虚衔、贡、监生，共收正项实银六千二百三十六两。又，七月初二日，据张云逵报捐双月同知，收正项实银一千四百六十八两八钱。先填司印实收给领，分案造册请咨，当经咨部在案。查台湾偏处一隅，诚恐捐款无多，是以开办时未便具奏。现在已逾半年，势虽再缓。据台湾善后局司道详请具奏前来。

合无仰恳天恩，俯准饬部分别奖叙，缮颁执照，发台换给，以昭激劝。除分咨部、监查照外，臣谨恭折具陈。伏乞皇太后、皇上圣鉴。谨奏。光绪十四年八月二十八日。

（朱批）：该部议奏。[1]

---

① 中国第一历史档案馆藏：《朱批原件》，档案编号：04-01-35-0697-084.

光绪十四年九月十八日，奉朱批：该部议奏。钦此。[①]

## 六六　奏报购办水雷军需等项缘由片

光绪十四年八月二十八日（1888年10月3日）

再，前准部咨：定购外洋军火等项，务须先期奏咨，听候海军衙门、户部核定等因，业经遵办在案。查海防利器，水雷与炮台相资为用。台湾各口分建炮台，渐次就绪，非先储备沉雷、碰雷各种预筹分布，有事办运，必至缓不济急，当由机器局委员东河候补知府丁连意查开式样、价目，核计购雷一二百个，经费支绌，一时难以筹备。

现经酌减，拟先定购沉雷六十个、碰雷二十个，配齐雷线及应用物件，加以保险、运脚等项，约须银二万两左右。又军火项下需用洋硝磺、火药等件，亦系急切待用，并拟酌量撙节购办，连同保险、运脚等项约须银九千数百两，自应遵照新章，先行奏咨核准，俾得分别采购，以实军储。据善后局司道具详前来。

臣覆核无异，除另单分咨外，相应请旨饬令海军衙门暨户部核议施行。谨附片具陈。伏乞圣鉴，训示。谨奏。

（朱批）：该衙门议奏。[②]

光绪十四年九月十八日，奉朱批：该衙门议奏。钦此。[③]

---

① 中国第一历史档案馆藏：《军机录副》，档案编号：03-9973-003.

② 中国第一历史档案馆藏：《朱批原件》，档案编号：04-01-01-0964-013.

③ 中国第一历史档案馆藏：《军机录副》，档案编号：03-6112-015.

## 六七　特参知县罗建祥等贻误要公请旨惩办折

光绪十四年九月初二日（1888 年 10 月 6 日）

头品顶戴福建台湾巡抚一等男臣刘铭传跪奏，为特参奸惰狡诈、朦混欺饰、膜视民事、贻误要公之知县，分别请旨惩办，恭折仰祈圣鉴事。

窃照台湾举办清赋，经臣奏请明定赏罚在案。各县知县宜如何悉心经理，以副委任。查署嘉义县知县罗建祥，初觉精明强干，自上年捐升知府仍留署任之后，即膜视民事，既不坐堂讯案，亦不到乡巡缉。抢杀案件无月不有十数起，未据报获一犯、讯结一案，声名狼藉，民怨沸腾。其于清丈一事，首报丈竣，禀请升科。臣固未敢深信，随时访查督责，罗建祥专恃狡辩，矢口不移，禀称实在办竣，毫无虚伪。而人言籍籍，俱谓朦混欺饰。直至委员复丈，始知该县田亩多未确勘，尽属空言，虚糜经费。似此荒谬贻误要公，且膜视民命，废弛政事，未便宽纵。

代理凤山县知县吴元韬，承办该县清丈，亦多敷衍粉饰，未能着实勘丈。据查因病贻误，尚非罗建祥始终有心欺饰可比。惟所靡经费至二万三千余两，自应分别办理。

除已饬司将该署令等先后撤任，并催接任各员速行补丈完竣外，相应请旨将署嘉义县知县福建试用知府罗建祥即行革职，由台湾道派员押交淡水县看管，听候查办。所有该县用过清丈经费，先行勒令全数赔缴；并请将代理凤山县知县提举衔福建候补通判吴元韬暂行革职，并查明该县用过清丈经费，勒缴一半，仍着随同清丈，俟丈务报竣缴清经费后，如果该代令尚知愧悔出力，再由臣奏请加恩开复，以儆奸邪而昭公允。

所有特参贻误要公知县缘由，谨会同闽浙总督兼管福建巡抚臣杨昌濬，恭折具奏。伏乞皇太后、皇上圣鉴，训示。谨奏。光绪十四年九月初二日。

（朱批）：另有旨。[①]

光绪十四年九月二十五日，奉朱批：另有旨◆1。钦此。[②]

【案】此奏旋于是年九月二十六日得旨，《光绪朝上谕档》载曰：

光绪十四年九月二十六日，内阁奉上谕：刘铭传奏，特参贻误要公各员，请旨惩办。福建台湾署嘉义县知县试用知府罗建祥，勘丈田亩，蒙混欺饰，并漠视民命，废弛公事，着即行革职，听候查办。代理凤山县知县候补通判吴元韬，承办清丈，敷衍粉饰，着暂行革职，仍责令随同勘丈，以观后效。该二员均有虚糜经费情事，着分别勒令赔缴，毋任延欠。余着照所议办理。该部知道。钦此。[③]

## 六八　奏咨攻克后山叛番出力员弁履历片

光绪十四年九月初二日（1888年10月6日）

再，查部定章程：各省劳绩出力各员，应于保奏时将该员等年貌、籍贯、出身履历另列清单，详细声明。自应遵照办理。

此次官军攻克后山叛番各社，臣为鼓励士气起见，先将在事尤为出力各员先行随折奏保，所有各该员现在前敌，未及取其履历、列单随送，相应仰恳天恩先行饬部查照，一面容臣饬取各员

---

① 中国第一历史档案馆藏：《朱批原件》，档案编号：04-01-12-0543-041.

② 中国第一历史档案馆藏：《军机录副》，档案编号：03-5239-080.

③ 中国第一历史档案馆编：《光绪宣统两朝上谕档》，第14册，第317页，广西师范大学出版社，1996。

履历，另咨送部。理合附片陈明。伏乞圣鉴。谨奏。

光绪十四年九月二十五日，奉朱批：该部知道。钦此。[①]

【案】此奏片之具奏日期，原件查无下落，而录副以朱批日期为之，未确。据朱批日期“光绪十四年九月二十五日”，查《军机处随手登记档》[②] 朱批刘铭传折栏，署有“报五百里，九月初二日发”等字样。据此，此奏片之具奏日期当为“光绪十四年九月初二日”无疑。兹据校正。

## 六九　请将通判黄承乙等员留台差委片

光绪十四年九月初二日（1888 年 10 月 6 日）

再，台湾清丈之后，催科、抚字，事事紧要，本省现乏候补人员，惟有选调外省精明强干之员，以资委用。查有知府衔江苏候补通判黄承乙、补用同知直隶州江苏候补知县朱公纯，先后经臣函招来台。该通判等俱曾历署繁、要各缺，谙练朴实，能耐劳苦，与台疆人地相宜，合无仰恳天恩准将黄承乙、朱公纯留台差遣委用，以资臂助之处，出自逾格鸿慈！

除咨部查照外，谨附片具陈。伏乞圣鉴，训示。谨奏。

光绪十四年九月二十五日，奉朱批：着照所请，该部知道。钦此。[③]

【案】此奏片之具奏日期，原件查无下落，而录副以朱批日期为之，

---

① 中国第一历史档案馆藏：《军机录副》，档案编号：03-7256-026.

② 中国第一历史档案馆藏：《军机处随手登记档》，档案编号：03-0257-3-1214-248.

③ 中国第一历史档案馆藏：《军机录副》，档案编号：03-5239-081.

未确。据朱批日期“光绪十四年九月二十五日”，查《军机处随手登记档》[1]朱批刘铭传折栏，署有“报五百里，九月初二日发”等字样。据此，此奏片之具奏日期当为“光绪十四年九月初二日”无疑。兹据校正。

## 七〇　奏报十四年夏季雨水粮价情形折

光绪十四年九月初七日（1888年10月11日）

头品顶戴福建台湾巡抚一等男臣刘铭传跪奏，为恭报台湾各属光绪十四年夏季分晴雨、粮价情形，仰祈圣鉴事。

窃台湾远隔重洋，各属晴雨、粮价向由内地按季附奏。今当新设行省，拟请自光绪十四年春季起就台循照向章按季办理，已将十四年春季分晴雨、粮价情形恭折奏报在案。

兹查台湾府城本年四月分得雨十七次，五月分得雨十次，六月分得雨八次；台北府城四、五两月分均得雨十二次，六月分得雨四次。此外各厅县禀报晴雨情形，大略相同。所有米粮价值，据藩司邵友濂开册详送前来。

臣覆加查核，台湾府属十四年四月分上、中、下米较三月分有增，五月分与四月分同，六月分较五月分稍减；台北府属四、五、六等月分上、中、下米均与三月分同。

臣谨恭折具陈，并缮清单，恭呈御览。伏乞皇太后、皇上圣鉴。谨奏。光绪十四年九月初七日。

（朱批）：知道了。[2]

---

① 中国第一历史档案馆藏：《军机处随手登记档》，档案编号：03-0257-3-1214-248.

② 中国第一历史档案馆藏：《朱批原件》，档案编号：04-01-25-0532-028.

光绪十四年十月初一日，奉朱批：知道了。钦此。[1]

## 七一　呈台湾各属光绪十四年夏季粮价清单

光绪十四年九月初七日（1888年10月11日）

谨将台湾各属光绪十四年夏季分米粮价值，缮具列表，恭呈御览。

谨开：

台湾府属：光绪十四年四月分，上米每仓石价银一两七钱至二两八钱，比三月分增五钱九分；中米每仓石价银一两六钱至二两六钱，比三月分增六钱八分；下米每仓石价银一两六钱至二两四钱，比三月分增七钱。

台湾府属：光绪十四年五月分，上米每仓石价银一两六钱五分至二两八钱，与四月分同；中米每仓石价银一两六钱至二两六钱，与四月分同；下米每仓石价银一两五钱五分至二两四钱，与四月分同。

台湾府属：光绪十四年六月分，上米每仓石价银一两六钱五分至二两七钱，比五月分减一钱；中米每仓石价银一两六钱至二两五钱，比五月分减一钱；下米每仓石价银一两五钱至二两三钱，比五月分减一钱。

台北府属：光绪十四年四月分，上米每仓石价银一两九钱至二两三钱，与三月分同；中米每仓石价银一两八钱至二两二钱，与三月分同；下米每仓石价银一两七钱至二两一钱，与三月分同。

① 中国第一历史档案馆藏：《军机录副》，档案编号：03-9955-025.

台北府属：光绪十四年五月分，上米每仓石价银一两九钱至二两三钱，与四月分同；中米每仓石价银一两八钱至二两二钱，与四月分同；下米每仓石价银一两七钱至二两一钱，与四月分同。

台北府属：光绪十四年六月分，上米每仓石价银一两九钱至二两三钱，与五月分同；中米每仓石价银一两八钱至二两二钱，与五月分同；下米每仓石价银一两七钱至二两一钱，与五月分同。

（朱批）：览。[①]

## 七二　奏报台湾各属本年早稻收成分数折

光绪十四年九月初七日（1888年10月11日）

头品顶戴福建台湾巡抚一等男臣刘铭传跪奏，为台湾各属光绪十四年分早稻收成分数，恭折具陈，仰祈圣鉴事。

窃台湾改设行省，各属按月雨旸、粮价情形，已自本年春季为始由臣奏报在案。所有早晚稻、二麦收成分数，自应一体办理。兹查光绪十四年分早稻已届收成之期，据各县先后开报分数，由藩司邵友濂汇核造册详送，并声明澎湖厅向不产谷，台湾县并无栽种早稻，恒春县系属新辟地方，尚无收成可计等情前来。

臣覆加查核，收成六分有余者，台湾府属之凤山、嘉义、彰化三县；台北府属之基隆厅并淡水、新竹二县。收成七分有余者，台北府属之宜兰一县。两府合计，通共收成六分有余。

① 中国第一历史档案馆藏：《清单》，档案编号：03-9955-026.

所有台湾各属光绪十四年分早稻收成分数，臣谨恭折奏报。伏乞皇太后、皇上圣鉴。谨奏。光绪十四年九月初七日。

（朱批）：知道了。①

光绪十四年十月初一日，奉朱批：知道了。钦此。②

## 七三　奏报沪尾、打狗二口一百十一结征收洋税情形折

光绪十四年九月十二日（1888 年 10 月 16 日）

头品顶戴福建台湾巡抚兼管海关一等男臣刘铭传跪奏，为台湾沪尾、打狗二口征收洋税照章按结奏报，谨将第一百十一结期内收支数目，分晰缮具清单，恭折奏祈圣鉴事。

窃照各海关征收洋税，案经总理各国事务衙门会同户部奏定章程，改题为奏，停用亲填等簿，行令各关将收支数目按结奏报一次，扣足四结，专折奏销，毋庸按照关期题销，以清界划等因。查沪尾、打狗二口海关税务，自光绪十三年八月十五日第一百九结起，改由臣就近监督，所有一百九、十两结期内收支洋税各数目，业经遵照新章分别奏咨在案。

兹自光绪十四年二月二十日起至五月二十一日届满第一百十一结期内，该二口收支各项洋税银两，应遵新章按结奏报。其循案支销各项经费，容俟扣足四结时，造册奏销，以符定案。

除将本结收支数目循案分咨查照外，谨会同暂署福州将军臣杨昌濬、闽浙总督臣卞宝第，恭折具奏，并缮清单，恭呈御览。伏乞皇太后、皇上圣鉴。谨奏。光绪十四年九月十二日。

---

① 中国第一历史档案馆藏：《朱批原件》，档案编号：04-01-23-0205-027.

② 中国第一历史档案馆藏：《军机录副》，档案编号：03-9955-024.

（朱批）：该衙门知道，单并发。[①]

光绪十四年十月初五日，奉朱批：该衙门知道，单并发。钦此。[②]

## 七四　呈沪尾等口一百十一结并征洋税清单

光绪十四年九月十二日（1888 年 10 月 16 日）

谨将台湾沪尾、打狗二口第一百十一结期内并征洋药税厘所有征过银数，理合缮具清单，恭呈御览。

谨开：

旧管：无项。

前件查沪尾、打狗二口第一百十结以前所征前项银两，业已尽数解交台湾善后局并台湾道库兑收拨用。理合陈明。

新收：光绪十四年二月二十日起至五月二十一日届满第一百十一结期内，沪尾口征洋药税银一万二千五百八十八两一钱五分，又征洋药厘银三万三千五百六十八两四钱，二共征税厘银四万六千一百五十六两五钱五分。

打狗口征洋药税银二万五千九百七十一两六钱，又征洋药厘银六万九千二百五十七两六钱，二共征税厘银九万五千二百二十九两二钱。

以上沪尾、打狗二口共征洋药税厘银一十四万一千三百八十五两七钱五分。

开除：一、支给沪尾、打狗二口税务司经费三个月共银三千

① 中国第一历史档案馆藏：《朱批原件》，档案编号：04-01-35-0994-040.

② 中国第一历史档案馆藏：《军机录副》，档案编号：03-6365-067.

两。此项银两系准总理各国事务衙门暨户部咨行，自一百十一结起由厘金项下拨给。理合陈明。

实在：存洋药税厘银一十三万八千三百八十五两七钱五分，内洋药税银三万八千五百五十九两七钱五分，洋药厘银九万九千八百二十六两，已由该二口委员分别正税、厘银，就近分交台湾善后局及台湾道库兑收，归入台防经费拨用。至征收洋药厘银是否扣足四结，届满除划还本省之外赢余若干，再行解京，业经咨请户部核示。合并陈明。

（朱批）：览。[①]

## 七五　奏报沪尾、打狗二口一百十一结征收洋税折

光绪十四年九月十二日（1888 年 10 月 16 日）

头品顶戴福建台湾巡抚兼管海关一等男臣刘铭传跪奏，为台湾洋药税厘归关并征，谨将沪尾、打狗两口第一百十一结期内征收数目，缮具清单，恭折奏报，仰祈圣鉴事。

窃查台湾洋药税厘归关并征，自应按照洋税收支章程，分晰正税、厘金两项银数，随同结期，按三个月奏报一次，扣足四结，专折奏销，以符洋税定案。

臣接管台湾关务，所有沪尾、打狗两口第一百九、十两结期内征过银数，业经奏报在案。兹查光绪十四年二月二十日起至五月二十一日止届满第一百十一结期内，沪尾、打狗两口征收洋药税厘银两，仍应按结奏报，俾清界划。

除将本结征收数目循案分咨总理各国事务衙门、户部、通商

① 中国第一历史档案馆藏：《清单》，档案编号：03-6365-068.

大臣查照外，谨会同暂署福州将军臣杨昌濬、闽浙总督臣卞宝第，恭折奏报，并缮具清单，恭呈御览。伏乞皇太后、皇上圣鉴。谨奏。光绪十四年九月十二日。

（朱批）：该衙门知道，单并发。[①]

光绪十四年十月初五日，奉朱批：该衙门知道，单并发。钦此。[②]

## 七六 呈沪尾、打狗二口一百十一结收支洋税清单

光绪十四年九月十二日（1888 年 10 月 16 日）

谨将台湾沪尾、打狗二口第一百十一结期内，除洋药税银另行归入并征洋药税厘案内造报外，所有征收各项洋税银两，遵照新章按结奏报，并将收支各数目理合敬缮清单，恭呈御览。

谨开：

旧管：无项。

前件查沪尾、打狗二口关税案，经前台湾海防大臣沈葆桢奏准尽数截留，充作台防经费。所有每结征收税银业已尽数解交台湾善后局、台湾道库兑收拨用。理合陈明。

新收：光绪十四年二月二十日起至五月二十一日届满，第一百十一结期内，沪尾口共征洋税银一十一万四千三十三两二钱六分五厘，洋船吨钞银七百五十六两，土货复进口半税银一千二百七十七两三钱一分八厘，子口半税银无项。

打狗口共征洋税银三万八千九百一十两八钱六厘，洋船吨钞

① 中国第一历史档案馆藏：《朱批原件》，档案编号：04-01-35-0994-041.

② 中国第一历史档案馆藏：《军机录副》，档案编号：03-6499-061.

银九百一十一两九钱，土货复进口半税银二百三十六两四钱三分三厘，子口半税银无项。

以上沪尾、打狗二口共征税钞银一十五万六千一百二十五两七钱二分二厘。

开除：

一、提解总理各国事务衙门及拨给税务司吨钞共银一千六百六十七两九钱。此项吨钞内应提解总理各国事务衙门三成银两外，其余七成吨钞银一千一百六十七两五钱三分，已由该二口照案给交税务司收领，以为建造塔表、望楼之用。理合陈明。

一、支给沪尾、打狗二口税务司辛俸三个月，共银一万五千两。此项辛俸每三个月原给银一万二千两，续准总理各国事务衙门暨户部咨行，自一百十一结起改发前数。理合陈明。

以上共开除银一万六千六百六十七两九钱。

实在：存税银一十三万九千四百五十七两八钱二分二厘，已据该二口禀报，内除循案支销经费外，所余银两均已照案解交台湾善后局及台湾道库兑收，充作台防经费。

至本结该二口共征洋药正税银三万八千五百五十九两七钱五分，另行归入并征洋药税厘案内造报。合并陈明。

（朱批）：览。[①]

## 七七　报解沪打尾、打狗二口一百十一结船钞银两片

光绪十四年九月十二日（1888 年 10 月 16 日）

再，台湾沪尾、打狗二口按结应解总理各国事务衙门三成船

① 中国第一历史档案馆藏：《清单》，档案编号：03-6499-062.

钞银两，向由福州将军臣报解。嗣因该两口税务自光绪十三年八月十五日第一百九结起改归臣监督，所有一百九、十两结期内应解前项银两，当因台湾孤悬海外，现无汇兑银号，经兑由福州将军臣发交福州号商领解在案。

兹自光绪十四年二月二十日起至五月二十一日止第一百十一结期内，沪尾口征收船钞银七百五十六两，应解三成银二百二十六两八钱；打狗口征收船钞银九百一十一两九钱，应解三成银二百七十三两五钱七分。核计该二口第一百十一结期内共征船钞银一千六百六十七两九钱，共应提解三成银五百两三钱七分。兹将前银按数兑足，填具文批，照案咨由暂署福州将军臣杨昌濬发交福州号商承领汇解，前赴总理各国事务衙门投纳。

除咨明外，理合附片奏报。伏乞圣鉴。谨奏。

（朱批）：该衙门知道。[①]

光绪十四年十月初五日，奉朱批：该衙门知道。钦此。[②]

【案】此奏片之具奏日期，原件目录署“光绪十四年七月初八日”，且示存疑。而录副则署“光绪十四年九月十二日”。据朱批日期“光绪十四年十月初五日”，查《军机处随手登记档》[③] 朱批刘铭传折栏，署有“报四百里，九月十二日发”等字样。据此，此奏片之具奏日期当为“光绪十四年九月十二日”无疑。兹据校正。

## 七八　奏报台湾沪尾、旗后二口添设书吏请给工食事

光绪十四年九月十二日（1888 年 10 月 16 日）

再，准户部咨称：本部片奏台湾沪尾、旗后二口归巡抚监

① 中国第一历史档案馆藏：《朱批原件》，档案编号：04-01-35-0994-007.

② 中国第一历史档案馆藏：《军机录副》，档案编号：03-6499-064.

③ 中国第一历史档案馆藏：《军机处随手登记档》，档案编号：03-0257-4-1214-258.

督，所有抚署添设书吏应支工食，应于该二口经费内匀给，未便另请开支一件，奉旨：依议。钦此。抄录附片咨饬遵照等因。查台湾沪尾、旗后两海关税务归台办理，监督衙门有总核各口，禀办一切事宜，并收支钱粮之责。书吏有关办公，必不可少。该两口征收税项较福、厦二口数目虽有多寡之分，而应办公事系属一律。且闽海关署额设书吏二十一名，台湾仅设十五名，已属酌量减少。以现在情形而论，只足敷用，实难再裁。

至两口额设吏书，有该口应办之事，察看情形，并皆不能裁减。原定经费苟可酌盈剂虚，自应遵照部议分别匀拨，但一款有一款之用，均已按照定额支给，委属无可匀分。况台地物价比内地倍形昂贵，现添抚署各书工伙，仍照内地定章开支，亦甚核实。所有监督衙门书吏，相应仰恳天恩，准照前奏添设十五名，其应需工食同纸张、油硃、杂费及造送各册档工伙等款，仍照闽海关成案，一体入册开支，以资办公。

除造具年支、月支各款数目清册咨部外，谨会同暂署闽海关将军臣杨昌濬、闽浙总督臣卞宝第，附片具奏。伏乞圣鉴，饬部立案施行。谨奏。

（朱批）：户部知道。①

光绪十四年十月初五日，奉朱批：户部知道。钦此。②

【案】此奏片之具奏日期，原件目录署“光绪十四年七月初八日”，且示存疑。而录副则署“光绪十四年九月十二日”。据朱批日期“光绪十四年十月初五日”，查《军机处随手登记档》③ 朱批刘铭传折栏，署有“报四百里，九月十二日发”等字样。据此，此奏片之具奏日期当为

---

① 中国第一历史档案馆藏：《朱批原件》，档案编号：04-01-35-0994-008.

② 中国第一历史档案馆藏：《军机录副》，档案编号：03-6499-063.

③ 中国第一历史档案馆藏：《军机处随手登记档》，档案编号：03-0257-4-1214-258.

“光绪十四年九月十二日”无疑。兹据校正。

## 七九　奏委朱公纯代理彰化县知县缘由片

光绪十四年九月二十四日（1888年10月28日）

再，据台湾布政使邵友濂、台湾道兼按察使衔唐景崧会详称：署彰化县知县李嘉棠因案撤任，现在彰化事务紧要，台湾查无候补合例堪委人员，禀经臣饬委奏留台湾之江苏候补知县朱公纯代理，详请专案具奏前来。

臣查彰化县当土匪滋事之后，地方一切事宜在在均关紧要，非庸碌之才所能胜任。台湾现无候补合例人员，朱公纯朴实勤明，能耐劳苦，经臣奏请留台差委，应准委令代理，以期得力。

除批饬遵照外，理合会同闽浙总督臣卞宝第，附片具奏。伏乞圣鉴。谨奏。

（朱批）：吏部知道。[①]

光绪十四年十月十七日，奉朱批：吏部知道。钦此。[②]

## 八〇　请将提督刘朝祜等员照例从优议恤片

光绪十四年九月二十四日（1888年10月28日）

再，统领铭字中军记名提督刘朝祜，以军功随臣转战江苏、浙江、湖北、山东等省，平定发、捻各匪，洊保总兵。光绪十年，自江阴率带铭军三营援台，于沪尾获胜案内荷蒙特恩赏赉并

① 中国第一历史档案馆藏：《朱批原件》，档案编号：04-01-12-0543-020.

② 中国第一历史档案馆藏：《军机录副》，档案编号：03-5240-056.

加提督衔。旋因台北解严，奉旨以提督记名简放，统领铭军剿抚生番出力，蒙准议叙。十二年十一月，调驻基隆，修筑炮台，工作之际，仍不时抽队入山，剿办生番，历受烟瘴，于十四年七月十八日在营病故。

查该提督从军效力多年，尚知自奋。年来渥荷恩施，尤矢竭忠图报。讵以积劳成疾，遽尔病故，并管带铭字中军左营营官两江补用副将韩振基亦于八月二十七日在营积劳病故，先后据报到臣。合无仰恳天恩，俯念该提督等久立战功，积劳成疾，准将刘朝祜、韩振基饬部照军营立功后积劳病故例从优议恤，出自逾格鸿慈！

除另委员接统铭军并饬委员管带该军左营暨将该故员等履历咨部外，谨附片具奏。伏乞圣鉴，训示。谨奏。

（朱批）：刘朝祜、韩振基均着照军营立功后积劳病故例从优议恤，该部知道。[1]

光绪十四年十月十七日，奉朱批：刘朝祜、韩振基均着照军营立功后积劳病故例从优议恤，该部知道。钦此。[2]

【案】此奏片之具奏日期，原件目录署“光绪十四年九月二十四日”，且示存疑。而录副则以朱批日期为之，均未确。据朱批日期“光绪十四年十月十七日”，查《军机处随手登记档》[3] 朱批刘铭传折栏，署有“报四百里，九月二十四日发”等字样。据此，此奏片之具奏日期当为“光绪十四年九月二十四日”无疑。兹据校正。

---

① 中国第一历史档案馆藏：《朱批原件》，档案编号：04-01-16-0226-085.

② 中国第一历史档案馆藏：《军机录副》，档案编号：03-5858-070.

③ 中国第一历史档案馆藏：《军机处随手登记档》，档案编号：03-0257-4-1214-269.

## 八一　请将把总孙得标等员从优议恤缘由片

光绪十四年九月二十四日（1888 年 10 月 28 日）

再，官军攻克后山番社一案，经臣声请查明阵亡弁勇另行奏恤。兹据各军先后开报北洋水师阵亡把总孙得标、宏字营阵亡都司衔守备韦学有、镇海中军阵亡都司区则超、镇海后军阵亡外委刘得有，其余阵亡勇丁二百二十二名。

除将该弁勇名册咨部外，相应仰恳天恩，俯准分别一体从优议恤，以慰忠魂而昭激劝。谨会同北洋大臣大学士直隶总督臣李鸿章、闽浙总督臣卞宝第，附片具奏。伏乞圣鉴，训示。谨奏。

（朱批）：着照所请，该部知道。[①]

光绪十四年十月十七日，奉朱批：着照所请，该部知道。钦此。[②]

【案】此奏片之具奏日期，原件目录署“光绪十四年九月二十四日”，且示存疑。而录副则以朱批日期为之，均未确。据朱批日期“光绪十四年十月十七日”，查《军机处随手登记档》[③] 朱批刘铭传折栏，署有“报四百里，九月二十四日发”等字样。据此，此奏片之具奏日期当为“光绪十四年九月二十四日”无疑。兹据校正。

① 中国第一历史档案馆藏：《朱批原件》，档案编号：04-01-16-0226-109.

② 中国第一历史档案馆藏：《军机录副》，档案编号：03-5858-071.

③ 中国第一历史档案馆藏：《军机处随手登记档》，档案编号：03-0257-4-1214-269.

## 八二 奏销筹办海防善后并招抚等务收支情形折

光绪十四年九月二十八日（1888 年 11 月 1 日）

头品顶戴福建台湾巡抚一等男臣刘铭传跪奏，为造销台湾光绪十一年七月起至十二年十二月底止筹办海防善后并招抚等务收支银数，胪列清单，恭折仰祈圣鉴事。

窃照同治三年七月间钦奉上谕：本年七月起，一应军需，凡有例可循者，务当遵例支发，力求撙节。其例所不及有应酌量变通者，亦须先行奏咨备案等因。钦此。嗣准户部咨行：本部议奏军需善后报销内外办法一折，内开光绪九年正月以后各省军需善后，无论何省何处，概令一律造册报销，不准再有开单等语，于光绪八年十月十五日具奏，本日奉旨：依议。钦此。通行遵照办理。

所有台湾自光绪十年六月起至十一年六月止用款，业经由台汇案造册报销，分别奏咨。惟台湾孤悬海岛，为南洋门户，防务未可稍松。澎湖居台、厦之冲，形势尤关紧要，不能不驻扎重兵，训练防守。全台勇营除先后陆续裁撤外，共留三十五营，已将官弁勇名数、饷数及驻扎处所按季造册咨部查核。其修建各口炮台，添购外洋船械，以及招抚各路社番，一切筹办情形，均经随时奏咨各在案。

兹据台湾善后局司道详称：台湾筹办海防善后并招抚事务，自光绪十一年七月起至十二年十二月底止收支银数，督同委员书吏，详细勾稽，核与例章相符，并奉部准销及奏咨有案者，分别核准；其不符者，均已核实删除；有可节减者，亦复厘剔追扣还款。计旧管接收光绪十一年六月底流存银一十四万二千六百一十一两六钱六分六厘三毫，新收闽省协饷并台湾关税、盐课、税厘、捐输、平余等款银二百六十万三千二百三十九两四钱三分九厘九丝七忽，管、收共银二百七十四万五千八百五十一两一钱五厘三毫九丝七忽。开除支给楚、湘、淮各军官弁勇夫办公经费、薪粮、柴草、工食、水勇、炮勇、轮船弁勇、屯丁、保甲、壮勇盐粮、水陆练兵薪粮、公费、随营文武员弁及台局员役盐菜、夫折、购买外洋军火、轮船价值、正腰站书夫工食、修建兵勇营房各工、制造旗械、军火工料及一应杂支各款，共银二百六十七万七千六百五十两七钱八分八厘六毫九丝四忽，或循照例章，或接续支给，或恪遵奏案，或购自外洋，无例可循，均系实用实销，委无丝毫浮冒，应请全数准销除外，实存银六万八千二百两三钱一分六厘七毫三忽，容俟另行归入光绪十三年善后案内列收造报等情前来。

臣覆核无异，合无仰恳天恩饬部全数准销，以清款项。除将总、细清册另行咨送户、兵、工三部核销外，谨恭折具奏，并缮四柱简明清单，恭呈御览。伏乞皇太后、皇上圣鉴，饬部查照办理。谨奏。光绪十四年九月二十八日。

（朱批）：户部知道，单并发。[①]

光绪十四年十一月初三日，奉朱批：户部知道，单并发。钦此。[②]

---

① 中国第一历史档案馆藏：《朱批原件》，档案编号：04-01-35-0994-057.

② 中国第一历史档案馆藏：《军机录副》，档案编号：03-6621-030.

## 八三　呈筹办海防善后并招抚等务收支银数清单

光绪十四年九月二十八日（1888 年 11 月 1 日）

谨将台湾光绪十一年七月起至十二年十二月底止筹办海防、善后、招抚等务收支银数，开具四柱清单，恭呈御览。

谨开：

旧管：

光绪十一年六月底止，流存银一十四万二千六百一十一两六钱六分六厘三毫。

新收：一、收福建善后局转解闽海光绪十一年分四成洋税拨充台防经费银二十万两。

一、收福建善后局协济台饷银九万五千二两九分九厘一毫。

一、收闽海关将军协解光绪十二年分四成洋税拨充台防经费银二十万两。

一、收旗后、沪尾两口征收关税银六十七万六千七十六两七钱一分三毫。

一、收台湾征收洋药、茶脑、船货各款税厘银四十万五千五百四十八两七钱一分二厘九毫二丝七忽。

一、收台属额征盐课及赢余盐价银一十万九千七百六十九两三钱五分三厘二毫七丝。

一、收福建善后局转解光绪十二年四月起闽省税厘协解台湾军饷银一十八万两。

一、收台湾海防捐输银五十八万六百六十六两七钱三分五厘八毫。

一、收彰化县绅士候选同知林文钦缴还前管带台防义营弁勇薪粮并军火长夫口粮银一万六千一百三十二两九钱九分九厘二毫。

一、收彰化县绅士广东候补同知吴朝阳缴还前管带台防信营弁勇薪粮银四千一百两。

一、收北洋垫支金陵海防支应局、天津军械所解台枪炮价值银五万七千四十四两八钱五分三厘一毫。

一、收本案支给楚、湘、淮各军薪粮、公费及长夫工食湘平申出余平银五万四千四百八十三两八钱五分九厘四毫。

一、收本案支给各款核扣六分新平银二万四千四百一十四两一钱一分六厘。

以上共收银二百六十万三千二百三十九两四钱三分九厘九丝七忽，连管、收统共银二百七十四万五千八百五十一两一钱五厘三毫九丝七忽。

开除：一、除支给帮办军务大员办公经费银四千八百两。

一、除支给楚、湘、淮各军统领办公经费银六千八百九十六两一钱三分四厘八毫。

一、除支给楚、湘各军弁勇、长夫薪粮、公费、工食银九十五万四千三百五十八两七分二厘。

一、除支给淮军弁勇、长夫薪粮、公费、工食银六十九万一千一百五十八两二分七厘四毫。

一、除支给楚、湘各军随营军火长夫工食银二万九千九十九两。

一、除支给淮军随营军火长夫工食银一万八千九百五十六两八钱。

一、除支给楚、湘各军柴草银二万一千四百一十六两六钱七分五厘四毫。

一、除支给淮军柴草银二万七百五十四两三钱九分七厘八毫。

一、除支给守护水雷水勇口粮银一百四十六两三钱。

一、除支给船筏水勇口粮银六十三两八钱四分。

一、除支给台北后山快哨船只舵水人等口粮银二百一十四两一钱五分二厘。

一、除支给各轮船管驾、舵水人等薪粮、公费银七万三千八百八十四两三钱八分七毫。

一、除支给各轮船煤炭价值银二万一千六百七十四两六钱。

一、除支给各炮台弁勇薪粮银五万八千五百二十八两九钱九分九厘七毫。

一、除支给管带屯丁官弁盐菜银一百二十两五钱四分七厘。

一、除支给管带屯丁官弁驮马夫折银二百七十八两八钱五分。

一、除支给屯丁口粮银三万八千五百一十三两九钱九分八厘二毫。

一、除支给巡防保甲壮勇口粮银七百一十五两四分。

一、除支给随营差遣员弁暨跟役盐菜银一十九两七钱一分八厘四毫。

一、除支给随营差遣员弁跟役驮马夫折银四十七两四钱。

一、除支给随营差遣兵丁口粮银二千六两六钱六分。

一、除支给水陆练营官弁、练兵、伙夫薪粮、公费银三万一千五百八十九两六钱八分一厘七毫九丝。

一、除支给招募淮军勇夫未成军以前小口粮银六千九百九十两七钱。

一、除支给裁撤外省勇丁回籍行粮银七千一百七两。

一、除支给随营各项差遣文武员弁跟役盐菜银六千一十两二钱二分一厘三毫。

一、除支给随营各项差遣文武员弁驮马夫折银一万一千九百七十二两九钱四分。

一、除支给派办粮台局务各员及跟役盐菜、口粮银二千一百二十三两六钱七分七厘八毫。

一、除支给稽查、保甲、城门员弁跟役盐菜、口粮银二千八百三十七两八钱五分三厘八毫。

一、除支给办理军装、军火库局委员、文武员弁跟役盐菜口粮银二千六百九十七两六钱九分五厘。

一、除支给通商局经费银九千一百一十一两七钱三厘。

一、除支给文报局经费银二千一百四十四两。

一、除支给雇募外国洋教习薪水银七千一百五十两三钱二分。

一、除支给外国洋教习船价银四百三两二钱。

一、除支给各营洋枪炮并水雷教习薪水银七千三百九十二两五钱二分六厘。

一、除支给各营雇募洋枪炮匠工食口粮银五千一百八十九两三钱四分九厘。

一、除支给台南北官医局及各营医生、药匠工食银一千八百九十三两六钱三分一厘九毫。

一、除支给各营雇募洋枪炮工匠安家行装银一百三十五两。

一、除支给各营医生安家行装银五百六十两。

一、除支给楚、湘、淮各军打仗阵亡恤赏及受伤养伤银九千八百六十两。

一、除支给购买轮船价值银四万二千三百二十两。

一、除支给修理轮船并添置器具等项价值银三万二千七百一十五两五钱七分二厘二毫。

一、除支给采购外洋军火枪炮商轮载脚银四千七十九两八钱六分九厘一毫。

一、除支给采购外洋军火枪炮保险行用银一千二百九十六两二钱六分四厘。

一、除支给解运军饷、军装、军火及备赏归化生番衣裤等件、官役盘费银五百六十二两二钱六分六厘四毫。

一、除支给解运军饷、军装、军火及备赏归化生番衣裤等件夫价、口粮银二万二千六百一十二两五钱四分三厘一毫。

一、除支给解运军饷、军装、军火及备赏归化生番衣裤等件需用杠索银五百四十二两五钱七分九厘二毫。

一、除支给正腰站书夫盐菜、工食银一万五千五百四十五两四钱八分九厘七毫六丝。

一、除支给正腰站房租、旗铃、包袱等项银五千三百五十七两九钱六分八厘二毫。

一、除支给撤回原调各营官兵夫船价脚银一十七两八钱三分五厘八毫一丝。

一、除支给撤回原调各营官兵房租银七两二钱。

一、除支给修建兵勇营房草屋工料银三万三千三百七十八两三钱六分八厘三毫六丝。

一、除支给修建衙署库局工料银二千八百一十四两八钱八分六厘一毫。

一、除支给修建军装、军火库局工料银一千八百七两一钱八分七厘二毫。

一、除支给修建机器、军械库局工料银三万八千三百五十六两一钱四分六厘二毫。

一、除支给修建桥梁、道路工料银四万五千三百三十一两九钱一分六厘六毫。

一、除支给购买外洋军火、枪炮价值银七万八千七百三十六两五钱四分七厘一毫。

一、除支给制造加工火药并木桶工料银二千一百二十八两七钱五分九厘。

一、除支给制造铅子火绳并木桶工料银四千五百一十四两六钱七分五厘。

一、除支给各军弁勇配用衣、旗、帐房、器械工料银二万五千二百五十两三分八厘。

一、除支给制造大小账房、凉篷、火药袋等项工料银五千八百六十三两七钱二分五厘。

一、除支给支配轮船水手、炮勇衣旗工料银二百九十八两八钱八分九厘八毫二丝四忽。

一、除支给电报局学生薪水银一千九十九两四钱六分三厘。

一、除支给电报局学生赡养银一千六十四两。

一、除支给电报局学生及书役、工匠伙食、杂费银二千二百六十三两四钱四分七厘。

一、除支给招抚番社口粮银一万一百八十九两八钱八分。

一、除支给招抚番社雇募番丁口粮银一万三千三百九十四两二钱。

一、除支给后山各社义学塾师薪水、跟役工食银四千二百八十四两。

一、除支给后山各社义学房租银三百五十六九钱九分九厘一毫。

一、除支给后山各社义学书籍、笔墨纸砚银二千一百四十二两。

一、除支给采购药料及配制药茶丸散价值银四千七百一十四两五钱八厘七毫。

一、除支给制办招抚后山各社生番归化备赏衣裤等件工料价值银一十九万九千七百八十二两八钱一厘七毫五丝。

一、除支给制造犒赏兵勇、生番银牌工料银八千七百九十七两六钱七分。

一、除支给还英国教士建复教堂价值银七千二百两。

以上统共除银二百六十七万七千六百五十两七钱八分八厘六毫九丝四忽。前件各款银两或系循照例案，或系接续支给，或恪遵奏案，或系购自外洋，无例可循，据实报销，毫无浮冒，应请照准作正开销。理合登明。

实在：存银六万八千二百三钱一分六厘七毫三忽。前件银两另归光绪十三年正月起善后案内列收造报。理合登明。

扣收平余项下：一、本案海防善后用款核扣一分平余银四千六十九两一分九厘九毫。前件银两例得开支各局书识工食、油蜡、纸张等费，容俟另行造册报销。理合登明。

（朱批）：览。[①]

## 八四　奏报台湾支放杂款照例扣收六分银两片

光绪十四年九月二十八日（1888 年 11 月 1 日）

再，案准户部咨行：各省支放杂款扣收六分新平银两，务须

① 中国第一历史档案馆藏：《清单》，档案编号：03-6621-031.

专款存储，听候解部拨用等因。查台湾孤悬海外，承平之年向资协济，从无解部之款。所有光绪十一年七月起至十二年十二月底止筹办海防善后案内支放各款，虽照例扣收六分新平，均经随时提凑作正动用。据台湾善后局司道具详前来。

臣覆核无异，相应奏明请旨饬部照准列收造报。除咨部查照外，谨附片具陈。伏乞圣鉴，训示。谨奏。

（朱批）：户部知道。[①]

光绪十四年十一月初三日，奉朱批：户部知道。钦此。[②]

【案】此奏片之具奏日期，原件目录署“光绪十四年九月二十八日”，且示存疑。而录副则以朱批日期为之，均未确。据朱批日期“光绪十四年十一月初三日”，查《军机处随手登记档》[③] 朱批刘铭传折栏，署有“报四百里，九月二十八日发”等字样。据此，此奏片之具奏日期当为“光绪十四年九月二十八日”无疑。兹据校正。

## 八五　奏报动拨平余款项开销缘由片

光绪十四年九月二十八日（1888 年 11 月 1 日）

再，据台湾善后局司道详称：窃照台湾光绪十一年七月起至十二年十二月底止，海防善后案内留防各军弁勇并开山抚番等项，用巨事繁；南北各路设立粮台，支应军装、军械机器局、所，选派书识、核算、缮写，应需工食、油蜡、纸张等项，悉遵军需例载，在扣收一分平余项下支给。查此次海防善后支给各

① 中国第一历史档案馆藏：《朱批原件》，档案编号：04-01-35-0994-058.
② 中国第一历史档案馆藏：《军机录副》，档案编号：03-6499-070.
③ 中国第一历史档案馆藏：《军机处随手登记档》，档案编号：03-0257-4-1214-283.

款，核扣一分平余银四千六十九两一分九厘九毫，又上案流存银一百六两九钱六分九厘六毫，共银四千一百七十五两九钱六分九厘五毫，内动支书识、工食、油蜡、纸张、笔墨等项银四千四百四十八两三钱六厘，委系核实撙节，毫无浮冒，应请准就平余款内开销。尚不敷银二百七十二两三钱一分六厘五毫，系暂挪支应，另行汇归后案续收，拨补造报等情，前来。

臣覆核无异，除将清册咨送户部核销外，谨附片具陈。伏乞圣鉴。谨奏。

（朱批）：户部知道。①

光绪十四年十一月初三日，奉朱批：户部知道。钦此。②

【案】此奏片之具奏日期，原件目录署"光绪十四年九月二十八日"，且示存疑。而录副则以朱批日期为之，均未确。据朱批日期"光绪十四年十一月初三日"，查《军机处随手登记档》③ 朱批刘铭传折栏，署有"报四百里，九月二十八日发"等字样。据此，此奏片之具奏日期当为"光绪十四年九月二十八日"无疑。兹据校正。

## 八六　请将创办电线出力各员仍照原保给奖折

光绪十四年十月初三日（1888 年 11 月 6 日）

头品顶戴福建台湾巡抚一等男臣刘铭传跪奏，为台湾创办电线在事各员异常出力，比照直隶、广东成案，事同一律，吁恳天恩准按原保给奖，以昭平允而免向隅，恭折仰祈圣鉴事。

① 中国第一历史档案馆藏：《朱批原件》，档案编号：04-01-35-0994-059.

② 中国第一历史档案馆藏：《军机录副》，档案编号：03-6621-032.

③ 中国第一历史档案馆藏：《军机处随手登记档》，档案编号：03-0257-4-1214-283.

窃准吏部咨称：所有台湾安设水陆电线工竣请奖遵旨覆奏一折，光绪十四年八月十九日奉旨：依议。钦此。抄录原奏内称：此次台湾安设水陆电线工竣列保，并非创办，亦与接递紧要军报有间，应照寻常劳绩核奖；又未将在事出力各员委办衔名及到工日期咨部立案，应令声覆改奖到部，再行核办等因。

查创办电报准照异常劳绩给奖，直隶于光绪十一年、广东于光绪十二年，各照异常保奏，均经吏部复准在案。又查本年三月间，吏部议复两广督臣张之洞奏请添设电线，援照上届创办成案保奖案内声叙。十一、二年直隶、广东两案所保出力各员均系创办，惟时法人滋事，接递紧急军报，是以按照异常劳绩核奖。又云此次出力各员系添设电线，非创办者可比，自应稍示区别各等语。是重在创办，非仅为一时军报已也。盖电线之设，要在创办得法，原与海防、洋务在在攸关，若仅重于一时之军报，而不重在创办，则十一年直隶督臣保奏固值法人滋事之日，而十二年间两广督臣奏奖之时，和议早成，已无紧急军报，与现在台湾创办无异，然亦仍准照十一年直隶创办异常劳绩成案核议。

今台湾创办电线，事同一律，叙功核过，不宜稍有偏枯。况台地孤悬海外，远涉重洋，人皆视为畏途。在事各员出没于惊涛险浪之中，创办于人力难施之际，均能不辞劳瘁，备历艰辛，得以迅速成功，实属异常出力，迥非内地旱线可比。其创办之难，亦尤甚于直、粤。兹仅按照直、粤创办成案，保奖并不为优。若再办理两歧，实不足以昭平允而劝将来，合无吁恳天恩，俯准仍照原保给奖，以资鼓励而免向隅。

谨会同北洋大臣大学士直隶总督臣李鸿章、南洋大臣两江总督臣曾国荃、闽浙总督臣卞宝第，恭折具奏。伏乞皇太后、皇上圣鉴，训示。至在事出力各员委办衔名及到工日期，均于前次奏保时随案咨部。合并声明。谨奏。光绪十四年十月初三日。

（朱批）：着仍照原保给奖，该部知道。[①]

光绪十四年十一月初三日，奉朱批：着仍照原保给奖，该部知道。钦此。[②]

## 八七　奏报威定轮船失事救护情形折

光绪十四年十月初三日（1888 年 11 月 6 日）

头品顶戴福建台湾巡抚一等男臣刘铭传跪奏，为威定轮船在澎湖北硗洋面因风触礁沉没，谨将失事救护情形恭折奏报，仰祈圣鉴事。

窃臣于光绪十四年九月初六日饬派威定轮船载送委署台湾、嘉义两县知县范克承、包容赴任，并台南府知府程起鹗因交代事务禀商来北，搭坐南还。初七日，据报出沪尾口，旋有在洋失事之信。当饬飞捷轮船驰往，沿途查勘。

嗣据程起鹗等禀称：该船于初七日下午展轮，风浪极猛。初八日午间，驶至北硗洋面，甫见澎湖山，陡触暗礁，船身破坏，水即平舱。管驾洋人毕得生先放舢舨一号，即为巨浪击碎。船中人争由船尾上踞舵楼，眼将坐毙。当商洋人再行驾放舢舨，由程起鹗等乘坐，冲风破浪，前赴澎湖声救。至夜二鼓，甫得到澎，驰商该处营、厅，即由署右营都司李培林督带酒水兵丁十余名，雇同渔船八号，漏夜驶赴。初九日辰刻，救回奉差员弁勇丁共四十余人，本船洋人、水手等十余人。在船淹毙洋人一名、华人十

① 中国第一历史档案馆藏：《朱批原件》，档案编号：04-01-12-0544-075.
② 中国第一历史档案馆藏：《军机录副》，档案编号：03-9437-014.

余名。该船前截为风浪折沉，船尾搁礁出水仅二三尺，底已穿透。经该署都司出赏捞得船上铁圈、铜管等项二十二件，载有木料全在前舱，沉入海底，应饬雇人打捞等情，并由该地方文武禀报，暨飞捷轮船委员查复，均同前情。经臣饬提毕得生严讯，据供风浪势大，船不自主，致触暗礁，罗经委无错谬等语。

查该处北硗洋面为船政横海轮船前年失事之地，礁石丛生，最为奇险。此次威定轮船因风过大致遭触破，尚系实在情形。署澎湖右营都司李培林，急公冒险，漏夜出入海洋，非寻常救护出力可比。闽省救护章程，救人十名以上，注册记功。李培林救人至五十余名，可否容臣查取该署都司履历，另咨送部，核给奖叙，以示鼓励之处，出自天恩。

除将毕得生亲供咨送总理各国事务暨海军衙门查照外，所有威定轮船因风失事救护情形，理合缮折驰奏。伏乞皇太后、皇上圣鉴，训示。谨奏。光绪十四年十月初三日。

（朱批）：着照所请，该衙门知道。[①]

光绪十四年十一月初三日，奉朱批：着照所请，该衙门知道。钦此。[②]

## 八八　奏报巡检吴守植因公殒命请旨优恤片

光绪十四年十月初三日（1888 年 11 月 6 日）

再，查旗后海关委员浙江候补巡检吴守植，解送关收银两来北，附搭威定轮船回差；又臣衙门差弁外委严登榜赴澎湖公干，

① 中国第一历史档案馆藏：《朱批原件》，档案编号：04-01-01-0966-017.

② 中国第一历史档案馆藏：《军机录副》，档案编号：03-9393-052.

均于该船触礁之际落水淹毙。

臣查该员弁等因公在洋殒命，深堪悯恻！合无仰恳天恩饬部将巡检吴守植、外委严登榜从优议恤，出自逾格鸿慈！谨附片具陈，伏乞圣鉴，训示。谨奏。

（朱批）：吴守植、严登榜均着交部从优议恤。①

光绪十四年十一月初三日，奉朱批：吴守植、严登榜均着交部从优议恤。钦此。②

【案】此奏片之具奏日期，原件目录署“光绪十四年十月初三日”，且示存疑，而录副查无下落。据主折朱批日期“光绪十四年十一月初三日”，查《军机处随手登记档》③ 朱批刘铭传折栏，署有“报四百里，十月初三日发”等字样。据此，此奏片之具奏日期当为“光绪十四年十月初三日”无疑。兹据校正。

## 八九　奏报兼管台湾学政接印任事日期折

光绪十四年十月初七日（1888 年 11 月 10 日）

头品顶戴福建台湾巡抚兼管学政一等男臣刘铭传跪奏，为微臣兼管台湾学政接印任事日期，恭折奏报，仰祈圣鉴事。

窃查筹议台湾改设行省案内，经部议准台湾学政改归巡抚管理，由台湾道将关防、文卷呈送查收。其一切造册、解卷、咨达事件，径由巡抚办理等因。嗣以本届科试日期在未奉部咨以前业经台湾道开办，应自下届岁试为始，由巡抚办理，经臣奏奉朱

① 中国第一历史档案馆藏：《朱批原件》，档案编号：04-01-12-0544-082.

② 中国第一历史档案馆藏：《录副奏片》，档案编号：03-6366-016.

③ 中国第一历史档案馆藏：《军机处随手登记档》，档案编号：03-0257-4-1214-283.

批，礼部知道。钦此。钦遵在案。

兹本届科试已竣，据台湾道兼理学政臣唐景崧将道字一千二百一号台湾学政关防连同文卷造具书吏名册，于本年九月初五日派委教谕翁景藩由台南赍送起程，十月初七日到臣台北行辕。谨即恭设香案，望阙叩头，谢恩祗领，兼管任事。唐景崧即于九月初五日交卸。

除将考试事宜循例办理，并一切造册、解卷事件由臣径行咨达外，所有微臣兼管台湾学政接印任事日期，理合恭折奏报。伏乞皇太后、皇上圣鉴。谨奏。光绪十四年十月初七日。

（朱批）：知道了。[①]

光绪十四年十一月初八日，奉朱批：知道了。钦此。[②]

## 九〇　奏报台湾铁路改归官办缘由折

光绪十四年十月十六日（1888 年 11 月 19 日）

头品顶戴福建台湾巡抚一等男臣刘铭传跪奏，为台湾铁路改归官办，以恤商情而免中止，恭折仰祈圣鉴事。

窃照台湾兴造铁路，前经海军衙门议准，奏奉懿旨：依议。钦此。遵经饬据商务委员已革道员张鸿禄、浙江候补知府李彤恩订由英、德两厂购办铁路钢条三百三十里，大小铁桥十一道，火车客车七十具，先自基隆造至淡水，再行接续前进，由臣改派道员杨宗瀚总办，议定地价、车房、码头归官承办，并拨营勇代做工程，于光绪十三年闰四月奏明在案。当时勘定台南、北六百余

① 中国第一历史档案馆藏：《朱批原件》，档案编号：04-01-12-0544-107.

② 中国第一历史档案馆藏：《军机录副》，档案编号：03-5241-052.

里，除地价、车房、码头、土工外，估价银一百万两。惟淡水至基隆山河夹杂，须挖山洞九十余丈，大小桥梁一百二十余座，穿山渡水，挖高填低，工程浩大。各军因修筑炮台、剿番、剿匪，无暇代修，均由商局雇夫兴办。现将基隆六十里修造平坦，铺成铁条三十里，年外可以完工，共计夫价桥梁已费银十九万两。

查李彤恩等招集商股一百万，其时创议皆以铁路利厚，两月之间即招股七十万，收到现银三十余万。复经各商议购快船两只，价银三十六万两，以辅铁路之不足。自工师到后，细勘工程，统计土工需银三十余万两，营兵无暇代修，各商观望，需用经费经李彤恩禀请由臣挪用，陆续借支银二十万两。所有铁条、火车、铁桥均经臣议立合同，由外洋购办，分年归还。本年头批已给银十万两，李彤恩勇于任事，商民信服，拟俟基隆六十里最大工程告竣后，再行招集股分。不料李彤恩于九月病故，杨宗瀚因病假归，经臣委员督修。据各商禀请归官自办，已缴现银三十余万，愿留快船两只作抵等情。

臣查台湾铁路办成，不独利商便民，且于海防大局有裨，故臣费尽经营，创议兴办。今商股既已观望不前，承办委员或死或病，若听其中止，不独已费公款无所着落，且购到铁条、铁桥、车辆、木料弃置可惜。臣饬工师详细勘估，究竟需用经费若干。据称通盘核算，基隆至彰化每里合银三千两，彰化至台南每里合银二千五百两，计地价、土工、车房、码头四项需银六十余万两，核之原估百万数目相符，较之开平铁路工倍而价廉。现在基隆至淡水山路六十里不日完工，其余除大甲溪之外，别无大工。臣拟尽购到铁条办至彰化，然后再行量力进止。

惟经费无出，臣同藩司邵友濂筹商至再，惟有自本年秋季以后闽省每年协济银四十四万两，计至十七年春季止，尚存未解银一百零四万两。此项本拟节存，备充建省分治经费。现在分治虽然在急，工程浩大，尚非一时所能猝办，拟请暂将此款挪抵车路应用，俟竣工后所收脚价，即行陆续归还成本，办理分治，官项固不致丝毫落空。商股有快船取利，亦未受累。将来不独有裨于海防，即建省分治工程有铁路运载木石、砖瓦，省费甚多，竣工亦速。

所有台湾铁路改归官办缘由，是否有当？理合恭折具奏。伏乞皇太后、皇上圣鉴，训示。谨奏。光绪十四年十月十六日。

（朱批）：着照所请，该衙门知道。[①]

光绪十四年十一月初五日，奉朱批：着照所请，该衙门知道。钦此。[②]

## 九一　委令林桂芬等代理通判等缺缘由片

光绪十四年十月十六日（1888年11月19日）

臣杨昌濬、臣刘铭传跪奏：再，台北府基隆通判梁纯夫病故，遗缺查有代理埔里社通判试用府经历林桂芬，堪以调委代理；所遗埔里社通判，查有候补班前同知吴本杰，堪委署理。又，署中路同知蔡嘉毂撤任察看，遗缺查有现任凤山县张星锷，才具明晰，本任内并无承缉盗案以及经征钱粮将届四参限满处分，堪以调署中路同知篆务。

该员林桂芬系广东番禺县监生，考试取列三等；吴本杰系湖北钟祥县附贡生，张星锷系四川峨眉县进士，均毋庸考试，俱距

① 中国第一历史档案馆藏：《朱批原件》，档案编号：04-01-01-0966-016.

② 中国第一历史档案馆藏：《军机录副》，档案编号：03-9439-034.

原籍在五百里以外。据福建藩、臬两司会详前来。臣等谨合词附片陈明。伏乞圣鉴。谨奏。

（朱批）：吏部知道。[①]

光绪十四年十一月初五日，奉朱批：吏部知道。钦此。[②]

【案】此奏片之具奏日期，原件目录仅署“光绪朝”，而录副则署为“光绪十四年十月十二日”，均未确。据朱批日期“光绪十四年十一月初五日”，查《军机处随手登记档》朱批刘铭传折栏，则署有“报四百里，十月十六日发”等字样。据此，此片具奏时间当为“光绪十四年十月十六日”无疑。兹据校正。

## 九二　请将副将臧得成等员饬部优恤片

光绪十四年十月十六日（1888年11月19日）

再，宏字左营营官总兵衔副将臧得成、澎湖镇标练营后哨哨官副将萧文典，随同澎湖镇总兵吴宏洛攻剿吕家望番社，苦战出力，染受瘴气，先后在营病故。宏字左营后哨哨官五品军功王智礼，随剿该番社，两次报充奋勇，首先夺取番卡，阵被番枪击中要害受伤，验列头等，越二日，因伤身故。又，台湾镇标练营营官游击丁广龄驻防大甲，因赴台南领饷，适值彰化土匪滋事，随同提督朱焕明回援遇敌，前后夹击，力战阵亡。武毅右军右营营官守备朱家齐驻防嘉义，当彰化紧急之际，昼夜防哨，积劳病故。由澎湖镇总兵吴宏洛、台湾镇总兵万国本先后呈请奏恤前来。

① 中国第一历史档案馆藏：《朱批原件》，档案编号：04-01-13-0425-067.

② 中国第一历史档案馆藏：《军机录副》，档案编号：03-5241-032.

相应仰恳天恩，俯准饬部将总兵衔副将臧得成、副将萧文典、守备朱家齐，照立功后军营病故例，从优议恤；并将游击丁广龄、五品军功王智礼，照阵亡、伤亡例，分别从优议恤，以慰忠魂而昭激劝！臣谨附片具奏。伏乞圣鉴，训示。谨奏。

（朱批）：着照所请，兵部知道。钦此。[①]

光绪十四年十一月初五日，奉朱批：着照所请，兵部知道。钦此。[②]

【案】此奏片之具奏日期，原件目录仅署“光绪朝”，而录副则署为“光绪十四年十月十二日”，均未确。据朱批日期“光绪十四年十一月初五日”，查《军机处随手登记档》朱批刘铭传折栏，则署有“报四百里，十月十六日发”等字样。据此，此片具奏时间当为“光绪十四年十月十六日”无疑。兹据校正。

## 九三　请将凤山知县高光斗革职勒缉缘由折

光绪十四年十一月初六日（1888 年 12 月 8 日）

头品顶戴福建台湾巡抚一等男臣刘铭传跪奏，为县城一夜连劫，请将知县从严参革、勒缉，以重捕务，恭折仰祈圣鉴事。

窃据代理凤山县知县高光斗详报：光绪十四年十月初三日，据该县城内大庙前开张专妙号烟店事主洪朝阳禀称：伊店于本月初二日夜四更时分，被贼十余人撬门进内行窃，伊惊觉喊捕，该贼用刀吓禁、搜劫，复由伊店无墙隔断之后天井转过间壁王元记开设之和美号烟店劫夺银物，拒伤其店伙苏枝财，携赃仍由伊店

① 中国第一历史档案馆藏：《朱批原件》，档案编号：04-01-16-0226-077.

② 中国第一历史档案馆藏：《军机录副》，档案编号：03-5858-100.

逃逸，开单请勘验缉究等情，暨据王元记禀同前由，并经该县先行访闻，督带役勇追捕无踪，会营亲诣失事处所，勘明被劫情形，并验明苏枝财伤痕、填单。讯据洪朝阳、王元记各供，与禀词同。查讯苏枝财，供亦无异。传牙估得专妙号被劫银物共值银一百八十两零，和美号被劫银物共值银三百六十三两零，造册绘图详报前来。

臣查此案逸贼虽先劫专妙烟店，复由其无墙隔断之后天井转劫和美烟店，惟该事主洪朝阳等既系各立字号，各开门面，出入生理，并非一家。况县城重地，盗匪横行，一夜连劫两家，并拒伤店伙，时非俄顷。该县事前既不慎加防范，事后亦无追获赃贼，其捕务废弛，实较诸仅止疏防城内一家被劫，与寻常道路、村庄一夜连劫者更甚，未便稍事姑容，自应从严参办，勒限缉拿，以重捕务。

除将该代理县高光斗行司撤任，勒限两个月，留于地方协缉，并遴员前往接署，会同地方文武一体严拿赃贼，务获究报外，所有县城一夜连劫，勒限严缉缘由，谨会同兼管福建抚事闽浙督臣卞宝第，合词具陈。相应请旨将代理凤山县知县高光斗从严革职，留于地方协缉，以示儆戒。是否有当？伏乞皇太后、皇上圣鉴，训示。谨奏。光绪十四年十一月初六日。

（朱批）：高光斗着即革职，余依议，该部知道。[①]

光绪十四年十二月初一日，奉朱批：高光斗着即革职，余依议，该部知道。钦此。[②]

---

① 中国第一历史档案馆藏：《朱批原件》，档案编号：04-01-01-0967-013.

② 中国第一历史档案馆藏：《军机录副》，档案编号：03-5242-001.

## 九四　请将知县洪熙革职监追缘由片

光绪十四年十一月初六日（1888 年 12 月 8 日）

再，查机器局需用料件，经臣奏咨在案。因有商务局快船自英回国之便，当经办理机器局委员东河候补知府丁远意开单，交押船委员候选知县洪熙顺便购买。及至船抵台湾，查收物料，洪熙将发货行单藏匿不交，经臣追出，竟敢裁碎，挖去花押。据洋匠毕第兰查核，单内有收回用七分、三分不等，显系舞弊侵吞。现饬该洋匠至外洋调取行账，另查捏报商务领船经费二万余两，皆有账可稽。

该委员抗不缴还，贪鄙无耻，行同抢夺。若不严行参办，不足以儆贪邪。候选知县洪熙请旨革职，永不叙用，交淡水县监追。俟侵吞公私款项缴清，方准释放。谨附片具陈。伏乞圣鉴，训示。谨奏。

（朱批）：洪熙着革职，永不叙用，余依议，该部知道。①

光绪十四年十二月初一日，奉朱批：洪熙着革职，永不叙用，余依议，该部知道。钦此。②

## 九五　奏报委任张兆芝署理凤山县知县情形片

光绪十四年十一月初六日（1888 年 12 月 8 日）

再，代理凤山县知县高光斗撤任，遗缺查有咨调来台之本任

① 中国第一历史档案馆藏：《朱批原件》，档案编号：04-01-36-0117-019.

② 中国第一历史档案馆藏：《军机录副》，档案编号：03-5242-003.

宁德县知县张兆芝，精明勤干，任内并无承缉盗案将届四参限满以及经征钱粮降调处分，堪委署理。据台湾布政使邵友濂、台湾道兼按察使衔唐景崧会详请奏前来。

除檄饬遵照外，理合会同兼管福建巡抚事闽浙总督臣卞宝第，附片具陈。伏乞圣鉴，训示。谨奏。

（朱批）：吏部知道。[1]

光绪十四年十二月初一日，奉朱批：吏部知道。钦此。[2]

## 九六　奏报光绪十四年秋季台湾委署知县情形折

光绪十四年十一月初九日（1888 年 12 月 11 日）

头品顶戴闽浙总督臣卞宝第、头品顶戴福建台湾巡抚一等男臣刘铭传跪奏，为光绪十四年秋季分台湾委署知县员缺，恭折仰祈圣鉴事。

窃案准部咨：钦奉上谕：各省州县无论奏调、委署、代理，着每届三个月汇奏一次。钦此。查台湾分省已定，所有奏调、委署、代理各缺，业经就台办理至光绪十四年夏季止，先后奏报在案。兹查光绪十四年秋季分，出有增设台东直隶州知州员缺，请以调署埤南同知补用知府吴本杰署理。又，嘉义县知县罗建祥因案撤任，遗缺请以现署台湾县事补用同知包容署理；所遗台湾县缺，请以咨调来台之即用知县范克承署理。又，署彰化县知县李嘉棠因案撤任，遗缺合例应委乏员，请以奏调来台之江苏候补知县朱公纯代理，均经批准饬遵在案。据台湾布政使邵友濂汇详

① 中国第一历史档案馆藏：《朱批原件》，档案编号：04-01-12-0544-141.

② 中国第一历史档案馆藏：《军机录副》，档案编号：03-5242-002.

前来。

除咨部查照外，臣等谨恭折具陈。伏乞皇太后、皇上圣鉴。谨奏。光绪十四年十一月初九日。

（朱批）：吏部知道。[①]

光绪十四年十二月初八日，奉朱批：吏部知道。钦此。[②]

## 九七　请以汪兴祎补授基隆抚民理番同知片

光绪十四年十一月初九日（1888 年 12 月 11 日）

头品顶戴闽浙总督臣卞宝第、头品顶戴福建台湾巡抚一等男臣刘铭传跪奏，为酌拟台湾海疆新改同知缺目，拣员请补，以资治理，恭折仰祈圣鉴事。

窃台湾新改基隆抚民理番同知员缺，经臣铭传会同臣宝第附片奏明檄饬暂委原代基隆通判补用知县府经历林桂芬一手代理，并陈明俟酌定缺目，另行拣员请补，一面督饬台湾司道遵照酌拟拣补去后。

兹据台湾布政使邵友濂、台湾道兼按察使衔唐景崧查得基隆当台北第一门户之冲，现在通商建埠，交涉纷繁，并画分淡水县东北四堡之地，撤归管辖，开煤采矿，商贾辐辏，尤为难治。且原设通判本为要缺，今改设同知，拟仍定为海疆调要缺，例应由外拣员请补。该司等查内地实任同知中，非现居要地，即人地未宜。该厅东界三貂岭逼近番社，值此改设画界分治伊始，巡缉抚绥，在在均关紧要，责任较重，非熟悉情形之员，不足以资治

① 中国第一历史档案馆藏：《朱批原件》，档案编号：04-01-12-0544-143.

② 中国第一历史档案馆藏：《军机录副》，档案编号：03-5242-036.

理。惟查有现任淡水县知县候补同知汪兴祎，年四十五岁，安徽旌德县监生，报捐县丞分发福建，赴京验看，于同治三年八月领照到省。五年，奉调赴陕甘军营，随同堵剿，于甘肃凤翔岐山解围，又在直隶、山东境内剿平捻匪出力，汇案保奖，七年八月初六日奉上谕：福建县丞汪兴祎着免补本班，以知县仍留福建尽先即补，并赏加同知衔。钦此。是年九月，大军凯旋销差。八年，顺差请咨引见，领照回闽，委署长乐县，奏署松溪县知县，于十一年八月二十六日到任。试署期满，呈准实授。于筹办甘捐协饷案内保奖，十三年六月十三日奉旨：俟补缺后以同知用，调署侯官、霞浦、连江等县篆务。光绪八年十二月，仍回松溪县本任，调补晋江县，十年四月到任。海防捐输案内议叙花翎。十二年，调署淡水县，于十月十七日到任，旋准调补斯缺。是年，大计卓异，办理海防转运案内保奖，于十三年五月初四日奉旨，俟补同知缺后，以知府补用。该司查得该员体用兼备，心细才长，现任淡水县，措置裕如。基隆本由淡水画界分治，于该处情形尤为熟悉，以之请补改设基隆抚民理番同知，足资治理等情，会详请奏前来。

臣等会查得该司道察酌新改基隆同知地方情形，拟仍定为调要缺，复加查核，洵属名实相符，应请如所拟酌定。惟臣宝第到任未及三月，例不出考。臣铭传查得该员汪兴祎，办事实心，才守兼备，且熟悉该处风土民情，以之请补，人地实为相宜，合无仰恳天恩，俯念台湾海疆新改员缺紧要，准以现任淡水县候补同知汪兴祎补授新改基隆抚民理番同知，俾要缺得人而理，实于地方有裨。如蒙俞允，该员系候补同知初补同知，照例给咨送部引见，并免核计参罚。

所有臣等酌拟台湾海疆新改基隆同知缺目拣员请补缘由，谨合词具陈。伏乞皇太后、皇上圣鉴，饬部核覆施行。再，所遗淡水县知县系请调要缺，应俟接准部覆，由外拣员调补。合并陈明。谨奏。光绪十四年十一月初九日。

（朱批）：吏部议奏。①

光绪十四年十二月初八日，奉朱批：吏部议奏。钦此。②

## 九八　请将千总王世纲等员从优议恤缘由片

光绪十四年十一月初九日（1888 年 12 月 11 日）

再，查官军攻克后山番社所有阵亡弁勇，经臣铭传附片奏恤在案。兹据各营、局补报阵亡守备衔千总王世纲，五品军功李嘉应、杨士诚暨勇丁九名，又剿办彰化土匪阵亡千总张国桢、唐先正，五品军功黄开第、李世鑛，外委王禧崑、宋得明、王兴富、王得胜、杨洪顺、林德谟、谢清泉暨勇丁三十三名，伤亡卫守备邹德聪暨勇丁四名，由善后局司道造册汇详前来。

除册咨部外，相应仰恳天恩，俯准照例分别从优议恤，以昭激励而慰忠魂。臣铭传谨附片具陈。伏乞圣鉴，训示。谨奏。

（朱批）：着照所请，该部知道。③

光绪十四年十二月初八日，奉朱批：着照所请，该部知道。钦此。④

【案】此奏片之具奏日期，原件目录署“光绪十四年十一月初六

① 中国第一历史档案馆藏：《朱批原件》，档案编号：04-01-12-0544-144.

② 中国第一历史档案馆藏：《军机录副》，档案编号：03-5242-035.

③ 中国第一历史档案馆藏：《朱批原件》，档案编号：04-01-16-0226-041.

④ 中国第一历史档案馆藏：《录副奏片》：档案编号：03-5859-020.

日”，且示存疑，而录副则署“光绪十四年十一月初九日”。据朱批日期“光绪十四年十二月初八日”，查《军机处随手登记档》① 朱批卞宝第、刘铭传折栏，署有“报四百里，十一月初九日台北府发”等字样。据此，此奏片之具奏日期当为“光绪十四年十一月初九日”无疑。兹据校正。

## 九九　奏报现收丈费抵完新粮并就款划拨经费折

光绪十四年十一月十五日（1888 年 12 月 17 日）

头品顶戴福建台湾巡抚一等男臣刘铭传跪奏，为台湾秋收减色，酌量情形，请将现收丈费抵完新粮，并恳就款划拨经费，另行结数奏报，恭折仰祈圣鉴事。

窃照台湾办理清赋，丈量田亩前，以经费无出，经臣奏请仿照江苏等省办理清丈章程，于给发印单时就田抽收丈费，以为官吏、弓手人等薪工、夫马及绘造图册等项之用。本年二月，清丈报竣，叠饬各属赶给丈单，接办升科。嗣因台南田园太广，若待丈单给竣，必致有误本年征供，当于六月通行启征新粮。其给单未清之处，一面给单，一面开征，复经臣奏报在案。

现据清赋局司道详称：凤山、嘉义两属以原丈田园未能核实，现办复丈同时，照收丈费，随征新粮，民力恐有未逮。惟新粮有关忙奏，若不量予变通，小民观望不前，转致单、粮两误，请先征新粮，将应征丈费缓俟以后，分年带征等情。

臣查本年夏秋以来，雨少旸多，南北各县稻遭虫啮，收成因之减色。若一时粮、费并征，民力未逮，自系实在情形。惟凤

① 中国第一历史档案馆藏：《军机处随手登记档》，档案编号：03-0257-4-1214-316.

山、嘉义两属田园宽广，由官贻误，致须复丈，现因新粮忙奏攸关，独得缓收丈费，如台北各属输将踊跃，丈费多已交纳在先，若不一律缓收，未足以昭公允，相应酌量变通，仰体皇太后、皇上念切民依之至意！

所有基隆、淡水、新竹、宜兰、台湾、凤山、嘉义、彰化各属并于十月底缓收丈费，其已收者准抵新粮。如台北各属粮、费并经征收，即在下届扣抵。至埔里社、恒春两属田园瘠薄，民番困苦，先经由臣奏请减等升科，未准部覆。现查该两属丈费业已收竣，未便再作扣抵，致涉纷扰，应俟准到部覆，即自光绪十五年起接办升科，以示体恤。其新设台东直隶州一属，为后山新辟之境，田园尤瘠，虽俱一律报丈，兹当番变甫定，应俟给单造册完竣，再行酌量等则，定期升科。当经分别檄饬示谕照办。

惟此次清丈官吏、弓手人等薪公、夫马以及绘造图册一切用款，均先于丈费随收随用。现在所收丈费抵作新粮，已支者既无可归还，续支者亦无从挪垫，合无仰恳天恩，俯念台湾各属秋季稻谷收成减色，准于新粮项下划拨抵用。如蒙俞允，容臣饬催复丈两县暨各属给单造册一律速竣，先将此项支用经费结数奏报。其埔里社、恒春两属丈费另作收款，一并开支，以归划一。

所有台湾秋收减色，酌量情形，请将现收丈费抵完新粮，并恳就款划拨经费，另行结数奏报各缘由，谨会同闽浙总督臣卞宝第，恭折具奏。是否有当？伏乞皇太后、皇上圣鉴，训示。谨奏。光绪十四年十一月十五日。

（朱批）：着照所请，户部知道。[1]

光绪十四年十二月二十一日，奉朱批：着照所请，户部知

---

① 中国第一历史档案馆藏：《朱批原件》，档案编号：04-01-35-0096-025.

道。钦此。[①]

## 一〇〇　请饬派林维源帮办全台抚垦事务缘由片

光绪十四年十一月十五日（1888 年 12 月 17 日）

再，太常寺少卿臣林维源奉旨帮办台北抚垦事务，自光绪十二年四月回籍开办以来，垦辟新旧荒埔至七万余亩，业经淡水县丈量三万余亩一律升科，其余俟三年后陆续升科。所有台北沿山番地种茶开田，已无旷土，其次皆土瘠山高，难以招垦。

查全台生番全行归化，仅剩新竹内山数社负隅未服，现经臣饬派都司郑有勤统带所部隘勇并就近化番前往，相机剿抚，不日可以竣事。与垦民同居杂处日久，婚姻交易，乃知人世衣食伦常之乐，其嗜杀积习即可潜移默化。

现在中路暨后山一带旷土尚多，亟须招垦，非有勤实大员督率经始，难期实济。林维源忠勤笃实，感激图报，台北已办有成效，拟恳天恩饬派帮办全台抚垦事务，不独臣得资指臂之助，实与全省治化有裨。是否有当？谨附片具奏。伏乞圣鉴，训示。谨奏。

（朱批）：另有旨。[②]

光绪十四年十二月二十一日，奉朱批：另有旨◆1。钦此。[③]

【案】此奏旋于是年十二月二十一日得旨允行。《光绪朝上谕档》

---

① 中国第一历史档案馆藏：《军机录副》，档案编号：03-9966-004.

② 中国第一历史档案馆藏：《朱批原件》，档案编号：04-01-22-0064-027.

③ 台湾史料集成编辑委员会编：《明清台湾档案汇编》，第 5 辑，第 96 册，第 67 页，台北远流出版事业股份有限公司，2009。

载曰：

光绪十四年十二月二十一日，内阁奉上谕：太常寺少卿林维源，着帮办全台开垦抚番事务。钦此。①

## 一〇一　奏报台湾来春各属毋庸接济缘由折

光绪十四年十一月二十一日（1888年12月23日）

头品顶戴福建台湾巡抚一等男臣刘铭传跪奏，为台湾各属本年岁收减色，业经酌缓丈费，体察民情，来春尚可毋庸接济，遵旨覆陈，恭折仰祈圣鉴事。

窃臣承准军机大臣字寄：光绪十四年十月初三日，奉上谕：本年顺天、直隶各属洼区积水未消，民情困苦，来春青黄不接之时应否接济？此外各省有无被灾地方应行调剂、抚恤之处，着该将军、督抚等一并查奏，候旨施恩。将此各谕令知之。钦此。遵旨寄信前来。

臣查台湾各属本年夏秋以来雨少旸多，南北各属稻遭虫啮，岁收减色，业将全台丈费由臣酌量另折奏请缓收，以纾民力在案。目下体察民情，尚称安谧，来春似可毋庸接济。臣仍随时察看，如有应行调剂之处，再行妥筹酌办，断不敢稍存膜视，以期仰副圣主轸念民生至意！行据台湾布政使邵友濂、台湾道唐景崧会详前来。

除咨部外，谨会同闽浙总督臣卞宝第，合词缮折覆陈。伏乞皇太后、皇上圣鉴，训示。谨奏。光绪十四年十一月二十一日。

① 中国第一历史档案馆编：《光绪宣统两朝上谕档》，第14册，第472页，广西师范大学出版社，1996。

（朱批）：知道了。[1]

光绪十四年十二月二十一日，奉朱批：知道了。钦此。[2]

## 一〇二　奏报委任黄承乙代理台湾县令片

光绪十四年十一月二十一日（1888 年 12 月 23 日）

再，查部覆：台湾改设府县案内，准于彰化桥孜图地方建立省会，设附郭首县曰台湾县，其原设之台湾县改为安平县。至添设之缺定为何项缺目，现在先委何员署理，行令察酌，随时具奏等因。省会地方关重，首县员缺未便久悬，且该县应与彰化县划疆分辖。现当土匪滋事之后，规画治理，尤关紧要，非明干谙练之才，未易胜任。

台湾现无候补合例人员，查有江苏候补通判黄承乙[3]，经臣奏留差遣委用在案。该员勤干耐劳，堪以饬司委令暂行代理新设台湾县知县，以期得力。据布政使邵友濂、台湾道兼按察使衔唐景崧会详请奏前来。

除先刊发木质关防，并饬酌定缺目，另行拣员请补，暨将原设之台湾县改为安平县一体刊发木质关防，俾昭信守外，谨会同闽浙总督臣卞宝第，附片具陈。伏乞圣鉴。谨奏。

（朱批）：吏部知道。[4]

---

① 中国第一历史档案馆藏：《朱批原件》，档案编号：04-01-35-0096-030.

② 中国第一历史档案馆藏：《军机录副》，档案编号：03-9968-005.

③ 黄承乙（1844—1924），初名应瑞，又名安澜，字芝生，号嘉荫，又号尹候，晚年诗文函牍多署名老尹，浙江余姚人，廪贡生。光绪十四年（1888），经台湾巡抚刘铭传奏调赴台差委。同年，署理台湾县知县。十六年（1890），借补台湾县知县。十七年（1891），补授台东直隶州知州。二十一年（1895），以道员发江苏补用。二十五年（1899），署理江南盐巡道兼金陵关监督。三十年（1904），署理淮扬海道。民国十三年（1924），卒于籍。

④ 中国第一历史档案馆藏：《朱批原件》，档案编号：04-01-12-0544-130.

光绪十四年十二月二十一日，奉朱批：吏部知道。钦此。[①]

## 一〇三　请免计十四年十月以前旧案审限缘由片

光绪十四年十一月二十五日（1888 年 12 月 27 日）

再，台湾频因海防军务，近又筹办善后，清丈田赋，给单征粮。当此时事孔多，地方官于承审命、盗杂案不无顾此失彼，若概绳以例章，衡情亦觉可恕。现在台湾改设行省，一应刑名案件，接准部覆，应行就台办理。所有光绪十四年十月以前旧案，合无仰恳天恩，俯准免计审限，由臣督同台湾道严檄各属赶紧设法清厘，出自逾格鸿施！据台湾道兼按察使衔唐景崧具详前来。

除咨部外，谨附片具陈。伏乞圣鉴，训示。谨奏。

（朱批）：刑部知道。[②]

光绪十四年十二月二十一日，奉朱批：刑部知道。钦此。[③]

【案】此奏片之具奏日期，原件目录署“光绪十四年十一月二十五日”，且示存疑，而录副则署“光绪十四年十一月二十一日”。据朱批日期“光绪十四年十二月二十一日”，查《军机处随手登记档》[④] 朱批卞宝第、刘铭传折栏，署有“报四百里，十一月二十一日台北府发”等字样。据此，此奏片之具奏日期当为“光绪十四年十一月二十一日”无疑。兹据校正。

---

① 中国第一历史档案馆藏：《军机录副》，档案编号：03-5242-099.

② 中国第一历史档案馆藏：《朱批原件》，档案编号：04-01-35-0096-033.

③ 中国第一历史档案馆藏：《军机录副》，档案编号：03-7311-089.

④ 中国第一历史档案馆藏：《军机处随手登记档》，档案编号：03-0257-4-1214-329.

## 一〇四　请以吴本杰借补台东直隶州知州要缺片

光绪十四年十一月二十七日（1888 年 12 月 29 日）

头品顶戴闽浙总督臣卞宝第、头品顶戴福建台湾巡抚一等男臣刘铭传跪奏，为酌拟台湾后山新设直隶州缺目，拣员借补，以资治理，恭折仰祈圣鉴事。

窃台湾后山新设台东直隶州知州员缺，经臣铭传会同臣宝第附片奏明檄委补用知府吴本杰前往署理，并陈明俟酌定缺目另行拣员请补，一面督饬台湾司道遵照酌拟拣补去后。

兹据台湾布政使邵友濂、台湾道兼按察使衔唐景崧查得新设台东直隶州，驻后山水尾要区，扼南北之冲繁，为台东之锁钥，管辖改设台东直隶州州同、添设直隶州州判各一，自埤南以至花莲港相距五百余里，民番错处，尤为难治，拟请定为冲、繁、难三字拣调要缺，例应由外拣员调补。该司等于应补、应升、应调各员中逐加遴选，一时实乏人地相宜之员。况台东此次番叛甫平，地皆新辟，招徕抚绥，在在均关紧要，尤非曾莅后山能耐烟瘴、熟悉情形、声望素孚之员，不足以资治理。

惟查有现署斯缺之补用知府吴本杰，年四十七岁，湖北钟祥县附贡生，报捐知县指分福建，赴京验放，于同治五年六月二十二日领照到省。在台湾拿办土匪案内请奖，七年四月十七日奉上谕：候补知县吴本杰着俟补缺后，以同知补用。钦此。劝办甘捐案内议叙花翎，准补福建归化县知县。十三年，呈准离任，以同知留闽归候补班补用。光绪九年，于防剿案内保奖，加知府衔，请咨引见，奉钦派王大臣验放，领照回闽。票盐案内保奖，俟补缺后以知府用，七年闰七月初九日奉旨：依议。钦此。办理海防案内议叙加一级、记录三次。通商案内保加盐运使衔，遵海防例报捐离任，以知府留闽归原保班补用，历署彰化、凤山、福鼎等县篆务、南路理番抚民同知、代理台湾府知府。十三年，委署埔里社通判。十四年，调署新设台东直隶州知州。除任事日期另行汇报详咨外，该司道查得该员才具开展，为守兼优，在台年久，曾署南路理番抚民同知，措置裕如，民番驯服，以之借补新设台东直隶州知州，人地实在相需等情，会详请奏前来。

臣等会查得该司道察酌新设台东直隶州地方情形，拟定为冲、繁、难三字拣调要缺，复加查核，洵属名实相符，应请如所拟酌定。惟臣宝第到任未及三月，例不出考。臣铭传查得该员吴本杰，勤干有为，办事精细，前于奏委署理片内业经加考陈明在案。

今该司道既以该员于后山情形极为熟悉以之借补，人地实在相需。惟该员系补用知府借补直隶州知州，与例稍有未符，但该州当此新设伊始，遴才任使，实为目前第一要义。况闽台分治，本仿甘肃新疆之制，新疆建省设官，亦曾援照吉林变通新章，择其人地相宜者，拣选请补，经部议准有案。台湾孤悬海外，方今初设行省，既无殊于新疆，借补虽异于升补，而因地择人亦同。今既人地实在相需，合无仰恳天恩，俯念台湾后山新设员缺紧要，并准援章以补用知府吴本杰借补台东直隶州知州，俾要缺得人而理，实于地方有裨。如蒙俞允，该员系同知报捐离任留闽补用知府借补直隶州知州，仍给咨送部引见，并免核计参罚。

所有臣等酌拟台湾后山新设台东直隶州缺目、拣员借补缘由，谨合词恭折具陈。伏乞皇太后、皇上圣鉴，敕部核覆施行。

谨奏。光绪十四年十一月二十七日。

（朱批）：吏部议奏。①

光绪十四年十二月二十八日，奉朱批：吏部议奏。钦此。②

## 一〇五　奏报办理郑工捐输第二次收捐核奖折

光绪十四年十二月初一日（1889年1月2日）

头品顶戴福建台湾巡抚一等男臣刘铭传跪奏，为台湾办理郑工捐输第二次收捐银数，恳恩敕部核奖，以昭激劝，恭折仰祈圣鉴事。

窃照河南省郑州黄河漫口，需款繁巨，经户部议奏，请开郑工新例捐输，行令各直省一律收捐，分别酌减成数，实银上兑等因，奉旨：依议。钦此。咨行到台。遵经转饬开办，业将第一次收捐正项银六千二百三十六两并续收张云逵一员捐项银一千四百六十八两八钱，先后造册咨部，具奏请奖在案。

兹复据捐员李显谋等二十八名报捐实职、虚衔、封典、贡、监生等项，共收正项实银六千三百七十四两，先填司印实收给领，所收捐项专款存储，听候部拨。据台湾善后局司道编列郑工第二次造册，详请奏咨前来。

合无仰恳天恩，俯准敕部分别核奖，缮颁执照，发台换给，以昭激劝。除将请奖清册同截存副实收分送部、监核办外，臣谨恭折具陈。伏乞皇太后、皇上圣鉴，训示。谨奏。光绪十四年十二月初一日。

---

① 中国第一历史档案馆藏：《朱批原件》，档案编号：04-01-12-0544-119.

② 中国第一历史档案馆藏：《军机录副》，档案编号：03-5242-144.

（朱批）：该部议奏。[1]

光绪十五年正月初八日，奉朱批：该部议奏。钦此。[2]

## 一〇六　奏报南通、北达等号轮船马力尺寸情形片

光绪十四年十二月初一日（1889年1月2日）

再，准兵部咨：汇覆台湾造送光绪十一年六月以前法防报销各款案内，原奏声明南通、北达、前美轮船三号未开马力，应令转饬查明报部，并照章补行奏明立案，以便核销等因，当经行局遵办去后。

兹据善后局司道详称：台湾南北各口大号轮船不能深入，先于光绪十年五月间经台湾镇道禀设澎湖、安平、沪尾三口小轮船各一号，以备驳运，平时兼资缉捕，有事并可递报，当在香港轮机厂定造，一曰南通，船身长九丈五尺，阔一丈四尺五寸，马力二十四匹；一曰北达，船身长六丈五尺，阔一丈八寸，马力二十二匹；一曰前美，船身长七丈二尺，阔一丈一尺，马力二十二匹，各配驾弁、舵水人等，分拨南北海口及澎湖遣用。月支薪粮、公费等项，均照大轮船酌减，核实支给，业经汇案造册咨部核销。奉准饬查前因，理合详请补行奏咨立案等情，前来。

臣覆核无异，相应附片具奏。伏乞圣鉴，饬部立案，施行。谨奏。

（朱批）：兵部知道。[3]

---

① 中国第一历史档案馆藏：《朱批原件》，档案编号：04-01-01-0965-004.
② 中国第一历史档案馆藏：《军机录副》，档案编号：03-7080-003.
③ 中国第一历史档案馆藏：《朱批原件》，档案编号：04-01-01-0975-019.

光绪十五年正月初八日，奉朱批：兵部知道。钦此。[①]

【案】此奏片之具奏日期，原件目录署“光绪十六年十二月十四日”，而录副则署“光绪十四年十二月初一日”，两相悬殊。据朱批日期“光绪十五年正月初八日”，查光绪十四年《军机处随手登记档》[②] 朱批刘铭传折栏，则署有“报四百里，十二月初一日发”等字样。据此，此奏片之具奏日期当为“光绪十四年十二月初一日”无疑。兹据校正。

## 一〇七　奏报各属十四年秋季雨水粮价情形折

光绪十四年十二月初八日（1889 年 1 月 9 日）

头品顶戴福建台湾巡抚一等男臣刘铭传跪奏，为恭报台湾各属光绪十四年秋季分晴雨、粮价情形，仰祈圣鉴事。

窃台湾远隔重洋，各属晴雨、粮价向由内地按季附奏。今当新设行省，拟请自光绪十四年春季起就台循照向章按季办理，已奏报至光绪十四年夏季分止在案。兹查台南府城本年七月分得雨十次，八、九两月均得雨一次；台北府城七月得雨十五次，八月分得雨七次，九月分得雨十次。此外各厅县禀报晴雨情形，大略相同。所有米粮价值，据藩司邵友濂开册详送前来。

臣覆加查核，台南府属十四年七月分上、中、下米较六月分稍增，八月分较七月分有减，九月分与八月分同；台北府属七、八、九等月分上、中、下米均与六月分同。

臣谨恭折具陈，并缮清单，恭呈御览。伏乞皇太后、皇上圣鉴。谨奏。光绪十四年十二月初八日。

---

① 中国第一历史档案馆藏：《军机录副》，档案编号：03-7122-008.

② 中国第一历史档案馆藏：《军机处随手登记档》，档案编号：03-0258-1-1215-007.

（朱批）：知道了。[1]

光绪十五年二月十二日，奉朱批：知道了。钦此。[2]

## 一〇八　呈台湾各属光绪十四年秋季粮价清单

光绪十四年十二月初八日（1889年1月9日）

谨将台湾各属光绪十四年秋季分米粮价值，缮具列表，恭呈御览。

谨开：

台南府属：光绪十四年七月分，上米每仓石价银一两六钱五分至二两八钱，比六月分增一钱；中米每仓石价银一两六钱至二两六钱，比六月分增一钱；下米每仓石价银一两五钱至二两四钱，比六月分增一钱。

台南府属：光绪十四年八月分，上米每仓石价银一两六钱五分至二两七钱，比七月分减一钱；中米每仓石价银一两六钱至二两五钱，比七月分减一钱；下米每仓石价银一两五钱至二两三钱，比七月分减一钱。

台南府属：光绪十四年九月分，上米每仓石价银一两六钱五分至二两七钱，与八月分同；中米每仓石价银一两六钱至二两五钱，与八月分同；下米每仓石价银一两五钱至二两三钱，与八月分同。

台北府属：光绪十四年七月分，上米每仓石价银一两九钱至二两三钱，与六月分同；中米每仓石价银一两八钱至二两二钱，

① 中国第一历史档案馆藏：《朱批原件》，档案编号：04-01-25-0532-027.

② 中国第一历史档案馆藏：《军机录副》，档案编号：03-6874-016.

与六月分同；下米每仓石价银一两七钱至二两一钱，与六月分同。

台北府属：光绪十四年八月分，上米每仓石价银一两九钱至二两三钱，与七月分同；中米每仓石价银一两八钱至二两二钱，与七月分同；下米每仓石价银一两七钱至二两一钱，与七月分同。

台北府属：光绪十四年九月分，上米每仓石价银一两九钱至二两三钱，与八月分同；中米每仓石价银一两八钱至二两二钱，与八月分同；下米每仓石价银一两七钱至二两一钱，与八月分同。

（朱批）：览。[①]

## 一〇九　奏报台湾拟添改教职佐杂各官情形片

光绪十四年十二月初八日（1889年1月9日）

头品顶戴闽浙总督臣卞宝第、头品顶戴福建台湾巡抚兼管学政一等男臣刘铭传跪奏，为台湾拟添改教职、佐杂各官，俾资训迪而佐治理，恭折仰祈圣鉴事。

窃台湾应行添改教职、佐杂等官，经臣铭传会同前督臣杨昌濬于筹议台湾郡县分别添改案内声明陆续会商办理等因，由部议准，奏奉谕旨：依议。钦此。咨行钦遵，将台湾新设、改设各府、厅、州、县次第遴员委署、代理，先后陈奏在案。

当兹台地日辟，人文渐兴，教养为先，除莠安良，缉捕宜讲，教、佐各官为训迪佐治攸关，允宜察酌各地情形，分别添

① 中国第一历史档案馆藏：《清单》，档案编号：03-6874-017.

设，以收及时教养整顿之效。查新设台湾府系省会首府，拟请添设教授一员、训导一员，将斗六门县丞裁撤，改设经历兼司狱一员。台湾县为省会县首，拟请添设教谕一员、训导一员、典史一员。云林、苗栗两县各拟添设典史一员。台东直隶州拟请添设吏目一员。基隆为通商海口，商民麕聚，词讼繁多，拟请添设照磨兼司狱一员。又查从前原设之恒春县未经设有典史，近来词讼增繁，并请添设典史一员，以资缉捕，均于地方有裨。据台湾布政使邵友濂、台湾道兼按察使衔唐景崧会详前来。

臣等往返函商，意见相同。除新设教、佐各官俸廉、役食与应增学额一切未尽事宜另行次第酌核办理外，所有台湾现拟添改教、佐各官，俾资训迪而佐治理缘由，是否有当？谨合词恭折具陈。伏乞皇太后、皇上圣鉴，训示，敕部议覆施行。

再，恒春县应试文童近尚无多，向附凤山县并考，请仍其旧。新改基隆厅由淡水划界分治，该厅应试文童，请暂归淡水县附考。台东直隶州与云林、苗栗两县各考试将来或附或分，由道府随时察看，议详核办，现均毋庸添设教职。其已设教、佐各缺，俟奉准部覆，再行遴员补署。又，台湾学政系臣铭传兼管，毋庸会衔。合并陈明。谨奏。光绪十四年十二月初八日。

（朱批）：该部议奏。[①]

光绪十五年二月十二日，奉朱批：该部议奏。钦此。[②]

## 一一〇 汇奏十四年秋季台属正法情重人犯片

光绪十四年十二月初八日（1889年1月9日）

再，台湾各属就地正法人犯光绪十四年夏季以前之案，均由

① 中国第一历史档案馆藏：《朱批原件》，档案编号：04-01-12-0544-045.

② 中国第一历史档案馆藏：《军机录副》，档案编号：03-7209-014.

闽省奏报。现在台属刑名题奏案件，已准部覆由台办理。兹十四年秋季分，查有台南府属台湾、彰化等县报获胡铎、林蕃薯、林武三名，均系叠犯抢劫得赃，情罪重大，未便稽诛，审明后禀经臣核饬就地正法，以昭炯戒在案。据台湾道唐景崧详请具奏前来。

除将各犯籍贯、罪由开单咨部查照外，臣谨会同兼管福建巡抚事闽浙总督臣卞宝第，附片具陈。伏乞圣鉴。谨奏。

（朱批）：刑部知道。[①]

光绪十五年二月十二日，奉朱批：刑部知道。钦此。[②]

【案】此奏片之具奏日期，原件目录署“光绪十四年十二月十六日”，且示存疑，而录副则以朱批日期为之，亦未确。据朱批日期“光绪十五年二月十二日”，查《军机处随手登记档》[③] 朱批卞宝第、刘铭传折栏，署有“报四百里，上年十二月初八日发”等字样。据此，此奏片之具奏日期当为“光绪十四年十二月初八日”无疑。兹据校正。

## 一一一　请将参将徐学仁保案更正缘由片

光绪十四年十二月初八日（1889年1月9日）

再，臣于官军攻克后山番社请奖在事尤为出力人员案内副将衔参将徐学仁，经以副将尽先补用，并加总兵衔奏保在案。嗣查该员先于基隆、沪尾获胜案内奏保免补游击，以参将尽先补用，并加副将衔。准到部覆，以该员越级请升，核与定章不符，除加

① 中国第一历史档案馆藏：《朱批原件》，档案编号：04-01-01-0967-041.

② 中国第一历史档案馆藏：《军机录副》，档案编号：03-7356-004.

③ 中国第一历史档案馆藏：《军机处随手登记档》，档案编号：03-0257-4-1214-329.

衔照准外，应改为免补都司，以游击尽先补用等因。现以参将请保副将，系属错误。据统领定字营提督李定明禀请更正前来。

臣覆核无异，所有副将衔游击徐学仁，合无仰恳天恩，准以参将尽先补用，并加总兵衔，饬部更正核覆，出自逾格鸿施！除将该员履历汇同送部外，理合附片具陈。伏乞圣鉴，训示。谨奏。

（朱批）：兵部议奏。[①]

光绪十五年二月十二日，奉朱批：兵部议奏。钦此。[②]

【案】此奏片之具奏日期，原件目录署“光绪十四年十二月十六日”，且示存疑，而具奏者则署为“盛京将军庆裕”；录副具奏日期则以朱批日期为之，而具奏者署“台湾巡抚刘铭传”，两相悬殊。据朱批日期“光绪十五年二月十二日”，查《军机处随手登记档》[③] 朱批卞宝第、刘铭传折栏，署有“报四百里，上年十二月初八日发”等字样。据此，此奏片之具奏日期当为“光绪十四年十二月初八日”，具奏者为“台湾巡抚刘铭传”无疑。兹据校正。

## 一一二　请将总兵廖世霖等员从优议恤片

光绪十四年十二月初八日（1889年1月9日）

再，台湾自光绪十四年七月以前所有积劳病故员弁，均经臣随时奏明，蒙恩赐恤在案。查自十四年八月以后，据各营陆续禀报：提督衔总兵廖世霖，副将衔参将王从兴，花翎守备胡毓麟，

① 中国第一历史档案馆藏：《朱批原件》，档案编号：04-01-16-0226-030.

② 中国第一历史档案馆藏：《军机录副》，档案编号：03-5860-067.

③ 中国第一历史档案馆藏：《军机处随手登记档》，档案编号：03-0257-4-1214-329.

前噶玛兰营都司降补千总李长青，守备衔千总苏开林，蓝翎千总陈家声，升用守备把总吕贤亿，把总郑兴彭，外委汪维仁、蒋锡纯、何月如、张学明、张相元、池振萧，五品军功贾金彪、王楫、翁端，五品衔通判叶兆封，江苏补用同知候补通判陈承基，举人王守诚，巡检李守岑，从九雷毓柄，附生王树良，先后在营病故二十三员名。

又据补报：剿办吕家望番社案内阵亡蓝翎把总易贵山一员，伤亡副将酆炳南、守备章纪煌、蓝翎千总刘世东三员。

又据藩司详报：清赋案内先后在差积劳病故前台湾府南路同知欧阳骏、福建候补知县陈昌言、县丞马斯臧、府司狱李仲明、巡检吴容五员。

臣覆核无异，合无仰恳天恩，俯准饬部将廖世霖等三十二员名，分别从优议恤，出自逾格鸿施！所有汇案请恤缘由，谨附片具陈。伏乞圣鉴，训示。谨奏。

（朱批）：着照所请，该部知道。钦此。[①]

光绪十五年二月十二日，奉朱批：着照所请，该部知道。钦此。[②]

【案】此奏片之具奏日期，原件目录署“光绪十四年十二月十六日”，并示存疑，而未署具奏者；录副具奏日期则以朱批日期为之，具奏者署“台湾巡抚刘铭传”。据朱批日期“光绪十五年二月十二日”，查《军机处随手登记档》[③] 朱批卞宝第、刘铭传折栏，署有“报四百里，上年十二月初八日发”等字样。据此，此奏片之具奏日期当为“光绪十四年十二月初八日”，具奏者为“台湾巡抚刘铭传”无疑。兹据校正。

---

① 中国第一历史档案馆藏：《朱批原件》，档案编号：04-01-12-0544-038.

② 中国第一历史档案馆藏：《军机录副》，档案编号：03-5860-068.

③ 中国第一历史档案馆藏：《军机处随手登记档》，档案编号：03-0257-4-1214-329.

# 一一三 覆陈抚番清赋情形折

光绪十四年十二月十六日（1889 年 1 月 17 日）

头品顶戴福建台湾巡抚一等男臣刘铭传跪奏，为遵旨据实覆奏，恭折仰祈圣鉴事。

窃臣于光绪十四年十二月十三日承准军机大臣字寄：光绪十四年十一月十一日奉上谕：有人奏，疆臣不胜职任，据实纠参一折◆[1]。据称刘铭传于抚番、清丈徒事铺张，致有埤南激变之事；并任用非人，漫视民瘼，以致奸民、土匪乘机作乱，官激民变，确有明征，用人办事颟顸竭蹶各节。又片奏彰化各处因科派单费，一乡尽逃，台南尤甚，及投效函招各员委署凤山等缺，变通补署，未免偏私各等语。刘铭传自简任台湾巡抚以来，办事尚为得力，惟恐操之过急，任用或不得人，措置不无失当，以致民心未协，激成近日番变。参折所陈均不为无因，着即钞寄刘铭传阅看。该抚当仰体朝廷开诚训诫、示以谤书之意，于折内所陈平心省察，据实覆奏，一面清厘正赋，禁革规费，并严查贪吏，从重惩办，勿稍瞻徇！至片奏台省缺员，应请拣发一节，并着该抚酌核具奏。将此谕令知之。钦此。仰见圣恩宽大，开诚训诫，信任不疑。臣何人斯，承兹眷遇！拜诵之下，感激涕零！

臣一介武夫，渥荷殊恩，破格录用，畀以封疆重任，涓埃未报，惶悚滋深。惟莅台以来，惨淡经营，不辞劳怨，区区愚诚，期于孤岛自强，以固七省门户，仰副朝廷慎重瀛疆之至意，抑亦微臣力图报称之初心。

台湾之抚番也，言者谓番丁归化，宜有以善其后。乃十五六万之众，未闻驭之何人、处之何地，何以筹其生计，何以驯其性情等语。不知抚番者，系就而抚之，非抚而迁之也。台湾平埔民地居其四，高山番地居其六。番社错处，各有家室，各有田庐，耕凿自食，何须处之以地？旷土甚多，除番自垦外，尚招民垦，概未升科，何须筹其生计？计各社本有头目曰社长，按社之大小，每月酌给口粮，责令钤束番丁。从前沿山垦民被戕，年常数百人，近则绝无仅有。番性虽犷，而舐犊之爱，则转越恒情，爰择强大之社，饬令社长送子入学，衣之食之，教以语言，俾粗识字义。大嵙崁抚垦局所收番童已不下二百名，乃父若母，时来探望，莫不鼓舞欢欣。启番童之颛蒙，即以资众番之观感。其余抚垦十余局，均饬一律照办。台湾抚番久矣。从前番民日事仇杀，官不究问，所难者，变其气质，只可渐移，非可强致也。

言者又谓犒赏不赀，保奖优异，不免糜滥邀功等语。不知开山抚番，事本艰巨。以经费言之，查前江督沈葆桢[①]创议举行，奏请每年开抚经费银二十万两，由闽协济。臣到任后，闽省每年只协军饷银四十四万两，并无另协开抚经费。现在统计全台各局经费、各社番目口粮及番童学塾一切用款，每年开销不足十万两，较之从前，抚番多而用费少。以保奖言之，各营分布后山，数年来，战亡病故，自提镇至千把不下百余员，兵勇死者二千余

---

① 沈葆桢（1820—1879），初名振宗，字翰宇，号幼丹，福建侯官人。道光十九年（1839），中举。二十七年（1847），中式进士，改庶吉士。三十年（1850），授翰林院编修。咸丰元年（1851），补武英殿纂修官。二年（1852），充顺天乡试同考官。四年（1854），补江南道监察御史。五年（1855），升掌贵州道监察御史。同年，放江西九江府知府。六年（1856），署江西广信府知府。七年（1857），迁江西广饶九南道。八年（1858），兼管粮台。九年（1859），加按察使衔。十年（1860），补江西吉南赣宁道。十一年（1861），擢江西巡抚。同治元年（1862），兼办广信粮台。三年（1864），封一等轻车都尉，晋头品顶戴。四年（1865），丁母忧，回籍终制。六年（1867），授福建船政大臣。九年（1870），丁父忧。十一年（1872），回福建船政大臣本任。十三年（1874），兼办各国通商事务。是年，巡视台湾。光绪元年（1875），调补两江总督，兼理通商事务大臣。五年（1879），卒于任。赠太子太保，谥文肃。著有《沈文肃公政书》等行世。

名，均经奏报有案。除臣先后三次亲入内山剿抚叛番外，各将士年年苦战，择其尤为出力者，随时保奖一二人或十余人。三年之久，收抚生番十余万，辟地数百里，综计请奖不满五十人，实有保所不得不保者。此抚番之实在情形也。

台湾之清丈也，言者谓甫报升科，旋有埤南激变之事。彰化等处，如果官民相安，何忽遍地皆贼？官激民变，确有明征等语。不知埤南系番变，吕家望著名强社，犬羊之性，反复亦事所常有。匪徒张兆晖等以外籍游民，乘机抢劫。番地本不清丈，张兆晖等又查无尺寸之地，无论委员有无勒索，张兆晖等总非被索之人，于清丈何与也？台湾民情浮动强悍，嘉、彰尤甚。从前，械斗、抢劫案件无日不有。臣莅任后，严拿著名积匪，立置重典，抢劫、械斗之风稍戢。所谓嘉义匪徒及新竹、彰化交界之匪徒，究其踪迹，无非乘乱窃发，短劫财物。其人率皆无业无粮，又于清丈何与也？惟彰化逆匪围城，谓因清赋激变，不为无因。但系臣激绅变，非官激民变。臣已将逆绅施家珍等挟恨主使谋逆具奏在案。如果官激民变，宜乎合县皆变，何以抗粮只鹿港一堡？会盟围城，又只鹿港附近数十庄？其余各堡不但不变，如田产最多之绅士道员林朝栋，尚且力解城围，不遗余力。然此犹谓系臣委用之员。此外又有绅士郎中蔡占鳌，该县第一富户，帮同解散胁从，拏送匪首蔡芳正法。世职洪磐安、训导杨春华等亦各带练丁，助守助剿。岂清丈独苛于鹿港一隅耶？

言者又谓委员何曾丈量，不过随意科派。单内所誊赋额，官可意为轻重，富者几欲罄其家资，彰化各处竟有苦被骚扰一乡尽逃，台南尤甚等语。是以升科经久之规，加为官吏勒捐之罪。不知清丈田园既有图册可凭，复有原契可验，非将分数、丘段、壤则、户名逐一查清，不能填单，即无从定赋。若谓可以意为轻重，随意科派，转瞬上下忙，例限綦严，纵能欺饰于目前，岂能弥缝于日后？臣于十三年十月附片陈明，各属田亩溢额，概免深究，由藩司发给丈单，为执业之据；仿照江苏等省，酌收丈费，每亩不及二百文，以偿清丈经费。各属清丈给单业将竣事，不料嘉义、凤山两县贻误。先据清赋局司道详请二县先征新粮，缓收丈费。又值本年夏秋台地谷遭虫伤，臣即奏明丈费一律缓收，已缴者准抵新粮，以昭公允。丈费几何，微末之至。就令照旧抽收，富者固不知罄其家资。即寻常小户，亦何至轻弃家庐而不顾？既谓一乡尽逃，何又聚众数千围攻县城，胁令县官焚烧清丈图册？台南尤甚，台北单粮收数最多，追呼更急，何以又无逃者？

清丈本非易事，而于台湾民情尤难办理，自隶版图以来，田赋从未清厘。台南粮赋系沿郑氏之旧，上则田每甲征供粟至八石八斗，每石折收洋银二圆，其余征粟、征银，参差不一，轻重悬殊。南北新辟田园，有大租、隘租、番租、香灯租、通土口粮，无非土豪包揽代收赋额之名目也。此次一律清丈，仿照同安下沙则升科，计上则田每甲仅完银四圆零，于台南固大为轻减，即台北亦有减无增。其大租等项，初由绅士出名认垦收租，毫无资本，名为代完正供，其实并无完纳。数十年来，官不清查，日久辗转卖买，竟成世业。臣犹恐此次就田问赋，业户完粮，大租落空，饬令台北府县商同绅士，折中定议，就大租酌扣四成，贴业户完粮，余仍照纳，俾免向隅，业户亦无所亏，以故民情均称踊跃。大租应完，正供无可推托。综计全年赋额，比前溢出不下四十万，此无他。减重赋之粮，受惠者咸有余粟；征无粮之地，执业者永杜争端。此清丈之情形也。

若云请款，臣到台遭法人乱后，库局如洗，购买大炮，曾蒙户部拨给银六十万，此外未迭请也。闽省协饷，每年四十四万，较之从前尚减少三十六万，且五年为限，以后即无协济。向者台地养兵数千，未闻举办何事，每年由闽协济八十万。今则养兵几二万人，开山抚番，修筑炮台，办理清丈，建造城、署、庙宇，安设水陆电线，修建制造局，购买各种机器，兴造铁路，添购轮船，种种用款，均属在所必需，试以前后出入相衡，有无糜费，不待言矣。

若云用人，臣以武职忝膺疆寄，吏治未娴，用人难，知人尤难。凡地方属吏，惟有功立赏，有罪立罚，不怀成见，不稍瞻徇而已。即如罗建祥、李嘉棠、吴元韬、陈灿，同时获咎，不能因人多而减去之，亦不能因埤南、彰化滋事之后而讳饰之。倘所劾者谓任用非人，所保者谓欺饰邀功，以后将何以用人？何以办事乎？

以上各节有无虚伪，难逃公论。台湾一海外孤岛耳，自改设行省以来，用项较前倍繁，协饷较前转绌。若仍安简陋，何以自强？若拘守例章，行将坐困。举凡抚垦以广幅员，清丈以裕供赋，整顿厘税，裁汰陋规。臣所以竭力图维、任劳任怨者，无非就地筹款，多方集腋，为久远之谋。成效不难立睹，以后便不必仰给于邻省，顾利之所在，苟有裨于公家，即有损于私囊。此招谤之由来也。言者易而行者难，当局之苦衷，本不必求谅于局外。幸荷圣明开诚训诫，饬令据实覆奏，臣不敢不详细胪陈。

除台省缺员应否拣发一节另片具奏外，理合遵旨据实覆陈。伏乞皇太后、皇上圣鉴，训示。谨奏。光绪十四年十二月十六日。

（朱批）：览奏，均悉。覆陈各节，均属明晰。叙述现办情形，亦尚核实。该抚嗣后务当实力图功，虚心集益，固不必顾恤浮言，亦不可固执成见。慎终如始，用副委任。勉之！钦此。[1]

---

[1] 中国第一历史档案馆藏：《朱批原件》，档案编号：04-01-12-0544-051.

光绪十五年二月十二日，奉朱批：览奏，均悉。覆陈各节，均属明晰。叙述现办情形，亦尚核实。该抚嗣后务当实力图功，虚心集益，固不必顾恤浮言，亦不可固执成见。慎终如始，用副委任。勉之！钦此。[①]

【案】光绪十四年十一月十一日，浙江道监察御史林绍年以台湾巡抚刘铭传不胜职任具折奏参，曰：

浙江道监察御史臣林绍年跪奏，为疆臣不胜职任，据实纠参，恭折仰祈圣鉴事。

台湾巡抚刘铭传素有盛名，勇于任事，但其始莅台北，督办防务，旋报基隆失守，台民咎其退却，然或可诿诸军火未齐、形势未熟耳。及巡抚全台，意必竭力经营，认真整顿矣。台湾外海内山，民鲜土著，俗极强悍，号为难治。抚斯土者，尤须勤察民情，善驭属吏，方称胜任。乃未闻其政治如何，第见迭叙战功，屡请经费。尤甚者，前年四月奏称，半年之间，招抚四百余社，归化七万余人，所剩后山生番不足十万。上年四月奏称，所有后山生番二百一十八社，番丁五万余人，一律归化；前山续抚生番至二百六十余社，番丁三万八千余人，犒赏不赀，保奖优异，已不免糜费邀功。番丁归化，宜有以善其后，非仍纵之入山为番也。乃十五六万之众，未闻驭之何人、何地，何以筹其生计，何以驯其性情，只一饬其剃头，给其衣裤，遂曰归化，岂不旋服旋叛，与未抚同谓非徒事铺张、有意欺饰乎？然此犹不善于抚番也。

地方民事，其他切勿具论，按其奏报，前者甫称清丈升科，计逾旧额数十万，民间供赋反比从前轻减，民情踊跃；府厅州县勾稽妥速，规画精详，照异常劳绩保奖，旋有埤南激变、飞调兵轮之事。近日奏报除叛番外，埤南有奸民张兆晖、陈宗猷等，聚党二百余人；鹿港盗匪百余人，彰化匪首施九段、王焕，嘉义匪首李达、杨中城纠合余党三千余人，

① 此奉旨日期与内容，据《刘壮肃公奏议》校补。

彰化贼匪围城，初一不足千人，两三日闻叛民竟至五六千人。又，彰化、新竹交界地方俱有土匪等语。如果官民相安，何忽遍地皆贼？如此臣固疑其任用非人，漫视民瘼也。

及其奏参陈灿等也，曰代理埤南同知陈灿，昏贪贻误，纵使清丈委员，苛派垦民单费，拘押总理妇人；署嘉义县罗建祥，勘丈田亩，朦混欺饰，并漠视民命；凤山县吴元韬，承办清丈，敷衍粉饰；彰化县李嘉棠，丈田不公，任听委员需索，因失民心等语。随埤南、彰化解围之案奏参。是官激民变，确有明征。可见其任用非人、漫视民瘼矣。

夫刘铭传抚台数年，屡请调人，吏部未尝阻也；迭拨巨款，户部未敢靳也。以武职特简封疆，受恩不为不深；四年有余，时日不为不久；无同城督抚牵掣，事权不为不专。台湾南北千里，东西二三百里，较之他省，幅员并未为广；新设、旧有只三四道府、十余厅县，稽察更不为难。乃全省十余处，已见奏报者，民变至五六属。据其奏参者，不肖厅县已四五员。试问平日所管何人、所司何事乎？大臣重在察吏，设官所以卫民。乃为之三四年，费至数百万，其效尚且如此，谓可以参劾数员毕乃责乎？且数员非他，皆刘铭传所委用也。今之漠视民命、大失民心者，该抚向以民情踊跃入告矣。

今之苛派单费，勘丈欺饰，丈田不公者，该抚向以勾稽妥速、规画精详请奖矣。前后不及三月，奏报自相矛盾如此。尤可异者，奏撤李嘉棠保案曰：李嘉棠办事草率，绅民啧有烦言，藩司屡请拣员调换。是李嘉棠之不善，藩司知之，且屡请之。该抚乃迟迟不换，得毋故纵之耶？直俟激变始行随案奏参，岂平日毫无闻见乎？雷福海已经被杀，即曰毋庸置议，其余委员迄未指名奏参，抑又何故？雷福海所虐者垦民，乃曰已为叛番所杀，岂尚讳言民变伤官耶？以刘铭传之用人如此，办事如此，颟顸竭蹶，固不待言。即律以溺职辜恩，当无不可。

然臣亦不欲深咎，第恐刘铭传已见狎于属僚，大失乎民望，循此为之，其棘手且百倍于曩昔。纵刘铭传再为之数年，将又事故迭生，不过再劾数员以塞责，而台湾之吏治、民生尚可问耶？以僚属共藐、众民素怨之人强镇要区，敢望其为国家办事乎？且亦非所以保全刘铭传之道也。今虽埤南、彰化均已解围，然远隔重洋，事变正不可测，奏报未必尽详。以素悍之民风，遇不肖之官吏，动必生事，势且燎原，直必辄费大兵，其有损于国计若何，有损于民生若何，何如未雨绸缪之为愈乎?

相应请旨另拣贤员，以安民心，以饬群吏，庶海外岩疆可纾朝廷南顾之忧，则国家幸甚。至该抚应否立予罢黜，出自圣裁。惟该抚于地方不宜，于台湾尤为不宜，臣见闻既确，不敢不据实纠参。理合恭折上陈。伏乞皇太后、皇上圣鉴。谨奏。光绪十四年十一月十一日。[1]

## 一一四　请准台湾员缺由闽咨补缘由片

光绪十四年十二月十六日（1889 年 1 月 17 日）

再，钦奉谕旨：台湾缺员，应请拣发一节，饬即酌核具奏等因。原片谓从前未闻缺员，何以今竟若斯之甚？不知今日之台湾岂可与从前同语？自开办抚垦清丈以来，头绪纷繁，规画钩稽，在在须躬亲其事。稍涉大意，即参劾随之。此公事之难，一也。自清丈改为一条鞭办法，举凡平余、火耗等项，涓滴归公，视县缺之简繁，分津贴之多寡。此缺分之苦，二也。台湾分省案内，凡咨调、补署、差委各员，倘因记过撤任者，均知照闽省，一律停委。此考核之严，三也。

况闽候补人员虽多，其办事得力者，亦正无几。果系干练之员，闽省亦需贤孔亟，非现居要缺，即有经手事件未清，并有因老亲迎养在闽，不能东渡，未为皆立呼立至。本年夏秋间，委用需人，咨调闽省实缺者数员，均须料理交代，抵台需时，是以于奏留人员中酌量试署。如果人地实在相宜，再令赴部补缴捐离本

① 中国第一历史档案馆藏：《军机录副》，档案编号：03-5241-071. 再，据折面判断，应为原件。

省银两，以符定章。此乃顾全公事、一时权宜之计，非敢故违成例也。

甘肃候补知县高光斗、江苏候补知县朱公纯，或在台有年，或曾权剧邑，经臣破格擢用，冀收得人之效。如高光斗因案立予撤参，既不敢以奏保在先曲为回护，更不敢以相知有素稍事瞻徇。论者疑为信用私人，殆未知臣因地择人，随委随撤，毫无成见。

至拣发一节，台地均系边要之缺，自应于曾任实缺人员中请拣。倘所拣合用，裨益固多。设有人地不宜，或水土不服，此项由台请拣之员又未能咨回闽省，其将何以处之？臣悉心酌议，台湾孤悬海外，缺数无多，拣发人员，似可缓议。

至现在应补各缺，仍当函商督臣，由闽咨调请补。是否有当？谨附片陈明。伏乞圣鉴，训示。谨奏。

光绪十五年二月十二日，奉朱批：知道了。钦此。[①]

## 一一五　密陈台省司道知府各官年终考语折

光绪十四年十二月十九日（1889 年 1 月 20 日）

头品顶戴福建台湾巡抚一等男臣刘铭传跪奏，为敬陈台省司、道、知府各官年终考语，密缮清单，仰祈圣鉴事。

窃照司、道、知府等官每届年终，例应出具切实考语，密行陈奏。今台湾分省已定，臣仰荷圣恩，忝膺疆寄，际此百废待兴，尤赖得人而理，凡讲求政治、官常，实为地方之首务。臣于

① 中国第一历史档案馆藏：《军机录副》，档案编号：03-5246-053. 又见《刘壮肃公奏议·奖贤略》。

所属各员或因接晤时询其议论，或于禀牍中别其施为，随时考察，人材政治，臧否勤惰，具得梗概。

兹值年终陈奏之期，臣复加密访暗查，细心察看。除本任台南府调署台北府知府程起鹗因于台南府交代算清甫经结报，未赴台北府署任，与现署台南府知府罗大佑亦系委署人员，均无庸出考外，谨就现任各员分别出具切实考语，密缮清单，恭呈御览。伏乞皇太后、皇上圣鉴。

再，知府雷其达已请调署新设台湾府，未赴调任，今系仍就现任台北府加考。合并陈明。谨奏。光绪十四年十二月十九日。

（朱批）：知道了，单留中。[1]

光绪十五年二月十二日，奉朱批：知道了，单留中。钦此。[2]

① 中国第一历史档案馆藏：《朱批原件》，档案编号：04-01-01-0965-043.

② 中国第一历史档案馆藏：《军机录副》，档案编号：03-5246-052.

# 光绪十五年（1889）

## 一 奏为恩赏福字一方等物谢恩折

光绪十五年正月二十四日（1889年2月23日）

头品顶戴福建台湾巡抚一等男臣刘铭传跪奏，为叩谢天恩，恭折仰祈圣鉴事。

窃臣承准军机大臣咨行，由驿递到颁赏御书"福"字一方，并荷包、银锞、南枣、莲子、藕粉等件。谨即恭设香案，望阙叩头，谢恩祗领。

伏惟我皇太后、皇上锡福临宸，介福出治。陇章彪炳，仰瞻模楷之尊；鱼袋辉煌，永佩丝纶之宠。占丰盈于御府，利用厚生；分珍异于天厨，饮和食德。拜恩施之稠叠，实感悚之交并！臣谬绾疆符，远蒙帱庇，涓埃未报，赏赍频承，惟有永矢慎勤，不辞劳怨，冀竭愚诚之驽钝，用酬高厚之鸿慈！

所有微臣感激下忱，理合恭折叩谢天恩。伏乞皇太后、皇上圣鉴。谨奏。光绪十五年正月二十四日。

（朱批）：知道了。[①]

光绪十五年二月二十一日，奉朱批：知道了。钦此。[②]

---

① 中国第一历史档案馆藏：《朱批原件》，档案编号：04-01-14-0084-037.

② 中国第一历史档案馆藏：《军机录副》，档案编号：03-5246-093.

## 二　奏为赏加太子少保衔谢恩折

光绪十五年二月初一日（1889 年 3 月 2 日）

太子少保福建台湾巡抚一等男臣刘铭传跪奏，为微臣叩谢天恩，恭折仰祈圣鉴事。

窃臣恭阅邸钞：光绪十五年正月二十三日，钦奉慈禧端佑康颐昭豫庄诚皇太后懿旨：各省封疆大吏，其久历戎行、熟谙韬略者，懋著殊勋，勤劳不懈。现在归政伊迩，允宜分别施恩，福建台湾巡抚刘铭传，着赏加太子少保衔等因。钦此◆1。臣谨恭设香案，望阙叩头谢恩讫。

钦惟慈禧端佑康颐昭豫庄诚皇太后躬育义轩，德高任姒。运启两朝之盛，治臻千古之隆。我皇上宝箓膺庥，璇闱承训。值干纲之亲揽，化洽仁风；冀颐养之有加，欢娱爱日。兹以典崇归政，眷笃旧勋，洵希世之殊恩，实异常之懋赏！

伏念臣幸叨际会，勉效驰驱，悉遵擘画于宸谟，曾乏韬钤之戎略，过蒙拔擢，忝任专圻，重沐恩慈，滥邀清秩。自天锡命，伏地增惭！惟有永矢慎勤，时切战兢之初志；倍加策励，用酬高厚之隆施！

所有微臣感激下忱，理合恭折叩谢天恩。伏乞皇太后、皇上圣鉴。谨奏。光绪十五年二月初一日。

（朱批）：知道了。①

光绪十五年二月二十一日，奉朱批：知道了。钦此。②

---

① 中国第一历史档案馆藏：《朱批原件》，档案编号：04-01-12-0545-203.

② 中国第一历史档案馆藏：《军机录副》，档案编号：03-5246-092.

【案】此节文字尚多节略，《光绪朝上谕档》载曰：

光绪十五年正月二十二日，钦奉慈禧端佑康颐昭豫庄诚皇太后懿旨：各省封疆大吏均为国家倚任之臣，其久历戎旃、熟谙韬略者，懋建殊勋，贤劳尤著。现任提镇诸臣类皆起自行间，洊膺专阃。各该文武大员为国宣勤，历久不懈。现在归政伊迩，允宜分别施恩。大学士直隶总督李鸿章着赏用紫缰，两江总督曾国荃、云贵总督岑毓英，均着赏加太子太保衔。陕甘总督杨昌濬、山东巡抚张曜、甘肃新疆巡抚刘锦棠、福建台湾巡抚刘铭传，均着赏加太子少保衔。

吉林将军长顺、江宁将军丰绅、绥远城将军克蒙额、乌里雅苏台将军杜嘎尔、察哈尔都统托伦布、直隶提督李长乐、陕西提督雷正绾、甘肃提督周达武、长江水师提督李成谋、浙江提督欧阳利见、福建水师提督彭楚汉、福建陆路提督孙开华、广东水师提督方耀、广东陆路提督唐仁廉、广西提督苏元春、湖北提督程文炳、四川提督宋庆、云南提督冯子材，均着赏加二级。

前兵部尚书彭玉麟着交部从优议叙。前陕甘总督杨岳斌、长江水师提督黄翼升、江南提督李朝斌，均着交部议叙。此外现任曾历军营之文武一二品大员，着吏部、兵部分晰查明，均赏加一级。该部知道。钦此。①

## 三　奏报各属光绪十四年晚稻收成分数折

光绪十五年二月初十日（1889年3月11日）

太子少保福建台湾巡抚一等男臣刘铭传跪奏，为台湾府属光绪十四年分晚稻收成分数，恭折具陈，仰祈圣鉴事。

窃台湾改设行省，各属按月雨旸、粮价情形，已自十四年春

① 中国第一历史档案馆编：《光绪宣统两朝上谕档》，第15册，第64页，广西师范大学出版社，1996。

季为始由臣奏报在案。所有早晚稻、二麦收成分数，自应一体办理。兹查光绪十四年分晚稻已届收成之期，据各县先后开报分数，由藩司邵友濂汇核造册详送，并声明澎湖厅尚无栽种晚稻，恒春县系属新辟地方，尚无收成可计等情前来。

臣覆加查核，收成六分有余者，台南府属之安平、凤山、嘉义、彰化四县，台北府属之基隆厅并新竹一县。收成六分者，台北府属之宜兰一县。收成五分有余者，台北府属之淡水一县。两府合计，通共收成六分有余。

所有台湾各属光绪十四年分晚稻收成分数，臣谨恭折奏报。伏乞皇上圣鉴。谨奏。光绪十五年二月初十日。

（朱批）：知道了。[①]

光绪十五年三月初五日，奉朱批：知道了。钦此。[②]

## 四　奏报办理郑工捐输第三次请奖缘由折

光绪十五年二月初十日（1889 年 3 月 11 日）

太子少保福建台湾巡抚一等男臣刘铭传跪奏，为台湾办理郑工捐输第三次收捐银数，恳恩敕部核奖，以昭激劝，恭折仰祈圣鉴事。

窃照河南省郑州黄河漫口，需款繁巨，经户部议奏请开郑工新例捐输，行令各直省一律收捐，分别酌减成数，实银上兑等因。奉旨：依议。钦此。咨行到台。遵经转饬开办，业将第一、第二两次收捐正项银数先后造册咨部具奏请奖在案。

① 中国第一历史档案馆藏：《朱批原件》，档案编号：04-01-23-0206-020.
② 中国第一历史档案馆藏：《军机录副》，档案编号：03-6720-014.

兹复据捐员李应元等十七名报捐实职、职衔、贡监生等项，共收正项实银三千九百四十五两八钱，先填司印实收给领。所收捐项专款存储，听候部拨。据台湾善后局司道编列郑工第三次造册，详请奏咨前来。

合无仰恳天恩，俯准敕部分别核奖，缮颁执照，发台换给，以昭激劝。除将请奖清册同截存副实收分送部、监核办外，臣谨恭折具陈。伏乞皇上圣鉴，训示。谨奏。光绪十五年二月初十日。

（朱批）：该部议奏。[①]

光绪十五年三月初五日，奉朱批：该部议奏。钦此。[②]

## 五　奏委罗东之署理彰化县知县缘由片

光绪十五年二月初十日（1889年3月11日）

再，代理彰化县知县朱公纯撤任遗缺，兹查有由闽咨调来台之本任泰宁县知县罗东之，朴实明练，任内并无承缉盗案将届四参限满以及经征钱粮降调处分，堪委署理。据台湾布政使邵友濂、台湾道兼按察使衔唐景崧会详请奏前来。

除檄饬遵照外，理合会同兼管福建巡抚事闽浙总督臣卞宝第，附片具陈。伏乞圣鉴，训示。谨奏。

（朱批）：吏部知道。[③]

光绪十五年三月初五日，奉朱批：吏部知道。钦此。[④]

---

① 中国第一历史档案馆藏：《朱批原件》，档案编号：04-01-35-0698-011.

② 中国第一历史档案馆藏：《军机录副》，档案编号：03-7080-027.

③ 中国第一历史档案馆藏：《朱批原件》，档案编号：04-01-12-0545-148.

④ 中国第一历史档案馆藏：《军机录副》，档案编号：03-5247-041.

【案】此奏片原件目录署“光绪十五年二月十一日”，具奏者署“两广总督张之洞”；而录副具奏日期则署“光绪十五年二月十三日”，具奏者署“台湾巡抚刘铭传”。据朱批日期“光绪十五年三月初五”，查《军机处随手登记档》[1] 朱批刘铭传折栏，即有此片，且栏首署有“报四百里，二月初十日发”等字样。据此，此奏片之具奏日期当为“光绪十五年二月初十日”，具奏者为“台湾巡抚刘铭传”无疑。兹据校正。

## 六　请将罗骏升等员恤案饬部更正片

光绪十五年二月初十日（1889年3月11日）

再，臣于光绪十年奏报基隆、沪尾接仗伤亡员弁案内请恤都司衔尽先外委罗骏升，前准兵部咨查原官、升衔原案。兹经饬据该家属禀：罗骏升由广东惠州巡船勇目缉捕出力，经该省提督臣先后准以外委尽先拔补，又给六品顶戴，委无得有“都司衔”字样。当时所叙升衔系属错误。又，光绪十一年十月汇报积劳病故案内请恤以保巡检林则荣，经即造册送部，接准吏部咨覆：该员册开加捐布政司理问衔，原奏并未声叙，应查明另行奏请核办。兹经饬据该家属禀：林则荣委系先由从九品衔捐纳监生加捐布政司理问衔，蒙保以巡检分省补用，奉部核改以巡检归部选用，当时所叙官衔系属遗漏。先后由台湾布政使邵友濂、营务处道员陈鸣志详请更正、议恤前来。

臣覆查无异，相应仰恳天恩准将六品顶戴外委罗骏升、布政司理问衔巡检林则荣分别饬部更正、议恤，出自逾格鸿慈！除将该故员弁履历咨部外，谨附片具奏。伏乞圣鉴，训示。谨奏。

---

① 中国第一历史档案馆藏：《军机处随手登记档》，档案编号：03-0258-1-1215-062.

（朱批）：该部知道。[1]

光绪十五年三月初五日，奉朱批：吏部知道。钦此。[2]

【案】此奏片原件目录署“光绪十五年二月十一日”，未署具奏者；而录副具奏日期则署“光绪十五年二月十三日”，具奏者署“刘铭传”。据朱批日期“光绪十五年三月初五”，查《军机处随手登记档》[3] 朱批刘铭传折栏，即有此片，且栏首署有“报四百里，二月初十日发”等字样。据此，此奏片之具奏日期当为“光绪十五年二月初十日”，具奏者为“刘铭传”无疑。兹据校正。

## 七　奏为蔡占鳌等绅保卫乡里请旨奖励片

光绪十五年二月初十日（1889 年 3 月 11 日）

再，据代理彰化县知县朱公纯禀称：光绪十四年秋间，土匪施九段围攻县城，四乡盗贼窃发。城南有李碰戕害提督朱焕明，城北有蔡芳听受施逆号召，纠合三十六庄，于大甲溪阻截官军援路。查有在籍分部郎中蔡占鳌，于官军进援之日帮同解散三十六庄，立将该族匪首蔡芳拿送正法，洵为公而忘私。

又据署嘉义县知县包容、署嘉义营参将陈宗凯禀称：嘉义毗连彰化，当土匪肆扰之际，前署知县罗建祥奉文交卸，新任未到，人心惶惑，一夕数惊。在籍工部主事林启东，声望夙孚，孝友素著，当即会合陈宗凯并清丈委员福建补用县丞李联珪，办理团防，晓谕顺逆，约会各乡，连庄缉匪，民心遂定，彰匪亦未敢

① 中国第一历史档案馆藏：《朱批原件》，档案编号：04-01-16-0227-026.

② 中国第一历史档案馆藏：《军机录副》，档案编号：03-5681-010.

③ 中国第一历史档案馆藏：《军机处随手登记档》，档案编号：03-0258-1-1215-062.

南窜，实赖林启东邀约保卫之力各等情，先后声明保奖前来。

臣查蔡占鳌帮同官军解散胁从，且能拿获同族匪首蔡芳，送官惩办，实属不避嫌怨，尚义急公。林启东孝友素著，品学具优，临乱定变，地方得以安全，于台湾民情尤为难得。该二绅尚义守正，保卫乡里，实堪为地方表率，其劳绩不下于军功。分部郎中蔡占鳌，可否赏加道衔，工部主事林启东可否赏加五品衔，并均请赏戴花翎，俾昭激劝而示优异之处，出自天恩！

除饬取该员等履历咨部外，谨附片具陈。伏乞圣鉴，训示。谨奏。

（朱批）：另有旨。①

光绪十五年三月初五日，奉朱批：另有旨◆1。钦此。②

【案】此奏于三月初五日得旨允行，《光绪朝上谕档》载曰：

光绪十五年三月初五日，内阁奉上谕：……另片奏，彰化、嘉义绅士保卫乡里，缉匪弭患，恳请奖叙等语。郎中蔡占鳌着赏加道衔，主事林启东着赏加五品衔。该二员并均赏戴花翎，以示鼓励。该部知道。钦此。③

## 八　奏报台省光绪十四年秋冬新案交代情形折

光绪十五年二月十三日（1889 年 3 月 14 日）

头品顶戴闽浙总督臣卞宝第、太子少保福建台湾巡抚一等男臣刘铭传跪奏，为台湾省新案交代仿照山东新章按半年开单，恭

① 中国第一历史档案馆藏：《朱批原件》，档案编号：04-01-12-0545-145.

② 中国第一历史档案馆藏：《军机录副》，档案编号：03-5247-036.

③ 中国第一历史档案馆编：《光绪宣统两朝上谕档》，第 15 册，第 27—28 页，广西师范大学出版社，1996。

折具陈，仰祈圣鉴事。

窃照台湾各属交代新旧划清办理，以藩司到任后在任之员接收交代作为新案，其旧案另行分别清厘，业经遵照部行，将各府、厅、县新案分造册结，于光绪十四年六月二十九日展现期内汇齐咨部，并将宜兰县沈继曾接收罗金诰交代依限接续造报各在案。除光绪十四年六月三十日展现期满以前新案均已咨部外，兹自光绪十四年七月起至十二月止半年期内二参限满已结各案交代，据台湾布政使邵友濂请仿照山东新章造册详奏前来。

臣等覆核无异，除咨部查照外，谨合词恭折具奏，并缮清单，恭呈御览。伏乞皇上圣鉴。谨奏。光绪十五年二月十三日。

（朱批）：户部知道。单并发。[①]

光绪十五年三月初五日，奉朱批：户部知道，单并发。钦此。[②]

## 九　呈台省上年秋冬新案交代情形清单

光绪十五年二月十三日（1889 年 3 月 14 日）

谨将台省光绪十四年七月起至十二月止各属二参限满已结新案交代，敬缮清单，恭呈御览。

计开：

二参限内算清结报各案

台湾府新改台南府署理知府罗大佑，光绪十四年八月十六日到任，应接前任程起鹗交代，扣至十二月十五日，正展二参限

① 中国第一历史档案馆藏：《朱批原件》，档案编号：04-01-12-0545-139.

② 中国第一历史档案馆藏：《军机录副》，档案编号：03-5247-038.

满，已于初参限内算清结报

凤山县代理知县高光斗，光绪十四年六月十一日到任，应接前任吴元韬交代，扣至十月初十日二参限满，已于限内算清结报。

澎湖通判代理通判龙景惇，光绪十四年八月十六日到任，应接前任李春荣交代，扣至十二月十五日二参限满，已于限内算清结报。

以上三案，业已造册详咨。

（朱批）：览。[1]

## 一〇　奏报光绪十四年冬季台湾委署员缺缘由折

光绪十五年二月十三日（1889年3月14日）

头品顶戴闽浙总督臣卞宝第、太子少保福建台湾巡抚一等男臣刘铭传跪奏，为光绪十四年冬季分台湾委署知县员缺，恭折仰祈圣鉴事。

窃案准部咨：钦奉上谕：各省州县无论奏调、委署、代理，着每届三个月汇奏一次。钦此。查台湾分省已定，所有奏调、委署、代理各缺，业经就台办理至光绪十四年秋季分止先后奏报在案。兹查光绪十四年冬季分，出有代理凤山县知县高光斗因案撤任，遗缺请以咨调来台之本任宁德县知县张兆芝署理；又出新设台湾县知县员缺，合例应委乏员，请以奏调来台之江苏候补班前先补用通判黄承乙代理；又出代理彰化县知县朱公纯撤任，遗缺请以咨调来台之本任泰宁县知县罗东之署理，均经批准饬遵在

① 中国第一历史档案馆藏：《清单》，档案编号：03-5247-039.

案。据台湾布政使邵友濂汇详前来。

除咨部查照外，臣等谨恭折具奏。伏乞皇上圣鉴。谨奏。光绪十五年二月十三日。

（朱批）：吏部知道。[①]

光绪十五年三月初五日，奉朱批：吏部知道。钦此。[②]

## 一一　奏报藩司邵友濂暂缓开缺等情折

光绪十五年二月十三日（1889年3月14日）

再，光绪十四年十二月初九日，据台湾藩司邵友濂禀称，该藩司到任后感受湿热，时患湿滞、泄泻等证。夏秋以来，每彻夜不能成寐，近复举发心神困惫。医云心血太亏，必须静养，否则即成怔忡，禀恳给假两月，经臣铭传批准调理去后。兹复据该藩司以假期届满，病仍未痊，台地苦无医药，禀恳奏请开缺，回籍就医等情前来。

臣铭传查该司患病属实，台地医药不便，亦系实在情形。惟台湾分治之初，百事经使，邵友濂才长心细，办事周详，到任以来，于一切地方事宜深资得力。现在所患尚非难治之症，如调理痊愈，仍可回任供职，相应仰恳天恩给假两个月，暂缓开缺，准其内渡就医。

至台湾藩司印务，查有开复前贵州布政使沈应奎，在台多年，历著劳绩，办理清赋，始终在事，堪以委令署理。除檄饬遵照外，臣等谨附片具陈。伏乞圣鉴，训示。谨奏。

---

① 中国第一历史档案馆藏：《朱批原件》，档案编号：04-01-12-0545-154.

② 中国第一历史档案馆藏：《军机录副》，档案编号：03-5247-035.

（朱批）：着照所请，吏部知道。[1]

光绪十五年三月初五日，奉朱批：着照所请，吏部知道。钦此。[2]

## 一二　请将藩司张梦元开复处分缘由片

光绪十五年二月十三日（1889 年 3 月 14 日）

再，台湾经费支绌，经臣于光绪十二年赴闽商同前督臣杨昌濬、福建藩司张梦元，议由福建厘金项下每年协济银二十四万两、闽海关协济银二十万两，定以五年为期，奏奉谕旨按季拨给，自光绪十二年夏季起至今，按期解运。

因由杨昌濬及前署福州将军臣古尼音布等和衷共济，顾全大局。而张梦元曾任台湾道，深知台饷为难情形，每于台湾委员提饷到闽，竭力筹措，数年以来从未延误，臣得以军饷无缺，勉力支持，将抚番、办防等事先后可以告竣，不敢壅于上闻，革职留任福建藩司张梦元可否仰恳天恩，俯准开复革职留任处分，以资激励，出自逾格鸿施！

臣铭传谨附片具陈。伏乞圣鉴，训示。谨奏。

（朱批）：着照所请，该部知道。[3]

光绪十五年三月初五日，奉朱批：着照所请，该部知道。钦此。[4]

---

① 中国第一历史档案馆藏：《朱批原件》，档案编号：04-01-12-0545-143.

② 中国第一历史档案馆藏：《军机录副》，档案编号：03-5247-037.

③ 中国第一历史档案馆藏：《朱批原件》，档案编号：04-01-16-0227-027.

④ 中国第一历史档案馆藏：《军机录副》，档案编号：03-5247-042.

## 一三　奏报沪尾、打狗二口一百十二结收支洋税折

光绪十五年二月十九日（1889 年 3 月 20 日）

太子少保福建台湾巡抚兼管海关一等男臣刘铭传跪奏，为台湾沪尾、打狗二口征收洋税照章按结奏报，谨将第一百十二结期内收支数目分晰缮具清单，恭折奏祈圣鉴事。

窃照各海关征收洋税，案经总理各国事务衙门会同户部奏定章程，改题为奏，停用亲填等簿，行令各关将收支数目按结奏报一次，扣足四结，专折奏销，毋庸按照关期题销，以清界划等因。查沪尾、打狗二口海关税务，自光绪十三年八月十五日第一百九结起，改由臣就近监督，所有一百九、十、十一，三结期内收支洋税各数目，业经遵照新章分别奏咨在案。

兹自光绪十四年五月二十二日起至八月二十五日届满第一百十二结期内，该二口收支各项洋税银两，应遵新章按结奏报。其循案支销各项经费，计自第一百九结起扣至本结，业已四结届满，容另造册奏销，以符定案。

除将本结收支数目循案分咨查照外，谨会同暂署福州将军闽浙总督臣卞宝第，恭折具奏，并缮清单，恭呈御览。伏乞皇上圣鉴。谨奏。光绪十五年二月十九日。

（朱批）：该衙门知道，单并发。[①]

光绪十五年三月十八日，奉朱批：该衙门知道，单并发。钦此。[②]

① 中国第一历史档案馆藏：《朱批原件》，档案编号：04-01-35-0402-027.

② 中国第一历史档案馆藏：《军机录副》，档案编号：03-6367-053.

## 一四　呈沪尾、打狗二口第一百十二结收支洋税清单

光绪十五年二月十九日（1889年3月20日）

谨将台湾沪尾、打狗二口第一百十二结期内除洋药税银另行归入并征洋药税厘案内造报外，所有征收各项洋税银两遵照新章按结奏报，并将收支各数目理合敬缮清单，恭呈御览。

谨开：

旧管：无项。

前件查沪尾、打狗二口关税案，经前台湾海防大臣沈葆桢奏准尽数截留，充作台防经费。所有每结征收税银业已尽数解交台湾善后局、台湾道库兑收拨用。理合陈明。

新收：

光绪十四年五月二十二日起至八月二十五日届满第一百十二结期内，沪尾口共征洋税银一十四万四千六百九两九钱一分二厘，洋船吨钞银一千八百二两四钱，土货复进口半税银六百九十四两一钱一厘，子口半税银无项。

打狗口共征洋税银一万六千八百三十三两四分九厘，洋船吨钞银七百二十一两九钱，土货复进口半税银一百一十三两九钱四分，子口半税银三十四两一钱二分五厘。

以上沪尾、打狗二口共征税钞银一十六万四千八百九两四钱二分七厘。

开除：

一、提解总理各国事务衙门暨拨给税务司吨钞共银二千五百二十四两三钱。此项吨钞内应提解总理各国事务衙门三成银两

外，其余七成吨钞银一千七百六十七两一分，已由该口照案给交税务司收领，以为建造塔表、望楼之用。理合陈明。

一、支给沪尾、打狗二口税务司辛俸三个月共银一万五千两。此项辛俸每三个月原给银一万二千两，续准总理各国事务衙门暨户部咨行，自一百十一结起改发前数。理合陈明。

以上共开除银一万七千五百二十四两三钱。

实在：

存税银一十四万七千二百八十五两一钱二分七厘。计自第一百九结起扣至本结，已历四结届满，应遵定案另行专折奏销。所有各该口历结支销经费各项，均请循照旧章统归奏销案内分晰开报；其余税银业据该二口禀报，均已照案移解台湾善后局暨台湾道库兑收，充作台防经费。至本结该二口共征洋药正税银三万六千八百九十二两四钱二分五厘，另行归入并征洋药税厘案内造报。合并陈明。

（朱批）：览。①

## 一五　奏报沪尾、打狗二口一百十二结征收洋税折

光绪十五年二月十九日（1889 年 3 月 20 日）

太子少保福建台湾巡抚兼管海关一等男臣刘铭传跪奏，为台湾洋药税厘归关并征，谨将沪尾、打狗两口第一百十二结期内征收数目缮具清单，恭折奏报，仰祈圣鉴事。

窃查台湾洋药税厘归关并征，自应按照洋税收支章程，分晰正税、厘金两项银数，随同结期，按三个月奏报一次，扣足四

① 中国第一历史档案馆藏：《清单》，档案编号：03-6367-054.

结，专折奏销，以符洋税定案。臣接管台湾关务，所有沪尾、打狗两口第一百九、十、十一，三结期内征过银数业经奏报在案。

兹查光绪十四年五月二十二日起至八月二十五日止届满第一百十二结期内，沪尾、打狗两口征税洋药、税厘银两，仍应按结奏报，俾清界划。

除将本结征收数目循案分咨总理各国事务衙门、户部、通商大臣查照外，谨会同暂署福州将军闽浙总督臣卞宝第，恭折奏报，并缮清单，恭呈御览。伏乞皇上圣鉴。谨奏。光绪十五年二月十九日。

（朱批）：该衙门知道，单并发。[1]

光绪十五年三月十八日，奉朱批：该衙门知道，单并发。钦此。[2]

## 一六　呈沪尾、打狗二口一百十二结并征洋税银数清单

光绪十五年二月十九日（1889 年 3 月 20 日）

谨将台湾沪尾、打狗二口第一百十二结期内并征洋药税厘所有征过银数，理合缮具清单，恭呈御览。

谨开：

旧管：存前届一年期满洋药厘金赢余银二千一百三十两二钱二分五厘。

前件查沪尾、打狗二口第一百九结期内征收洋药厘金，遵照部文除补足一百八结以前划留本省不敷银两外，计余前数，应行

① 中国第一历史档案馆藏：《朱批原件》，档案编号：04-01-35-0402-029.
② 中国第一历史档案馆藏：《军机录副》，档案编号：03-6367-056.

另款存储，听候拨用。至第一百十、十一两结所征前项银两，业已尽数解交台湾善后局并台湾道库兑收，除正税照案留充防费外，其余药厘银两请俟一百十三结一年期满，统计赢余若干，造报听候拨用。理合陈明。

新收：光绪十四年五月二十二日起至八月二十五日届满第一百十二结期内，沪尾口征洋药税银一万七千三十七两五钱二分五厘，又征洋药厘银四万五千四百二十七两四钱，二共征税厘银六万二千四百六十四两九钱二分五厘。

打狗口征洋药税银一万九千八百五十四两九钱，又征洋药厘银五万二千九百四十六两四钱，二共征税厘银七万二千八百一两三钱。

以上沪尾、打狗二口共征洋药税厘银一十三万五千二百六十六两二钱二分五厘。

开除：一、支给沪尾、打狗二口税务司经费三个月共银三千两。此项银两系准总理各国事务衙门暨户部咨行，自一百十一结起由厘金项下拨给。理合陈明。

实在：存本结洋药税厘银一十三万二千二百六十六两二钱二分五厘，内洋药税厘银三万六千八百九十二两四钱二分五厘，洋药、厘银九万五千三百七十三两八钱，已由该二口委员分别正税、厘银，就近分交台湾善后局暨台湾道库兑收，归入台防经费拨用。至征收洋药厘银，前准户部咨行，令将划留本省银两分为四结提支。台湾每年划留银二十九万七千一百六十两，本结征银九万八千三百七十三两八钱，除支给税务司经费外，实存银九万五千三百七十三两八钱，应提银七万四千二百九十两，尚剩银二万一千八十三两八钱，应请俟至一百十三结扣足四结作为一年期满，统计赢余若干，再行报部候拨。所有本结税厘，除税银尽数留充防费厘银留支以外，余银另行统算报拨外，计仍实存前届一年期满洋药、厘金赢余银二千一百三十两二钱二分五厘，现经另款存储，听候拨用。理合陈明。

（朱批）：览。①

## 一七 奏报沪尾、打狗二口一百十二结提解船钞片

光绪十五年二月十九日（1889 年 3 月 20 日）

再，台湾沪尾、打狗二口按结应解总理各国事务衙门三成船钞银两，向由福州将军臣报解，嗣因该二口税务自光绪十三年八月十五日第一百九结起改归臣监督，所有一百九、十、十一，三结期内应解前项银两，当因台湾孤悬海外，现无汇兑银号，经兑由福州将军臣发交福州号商领解在案。

兹自光绪十四年五月二十二日起至八月二十五日止，第一百十二结期内沪尾口征收船钞银一千八百二两四钱，应解三成银五百四十两七钱二分；打狗口征收船钞银七百二十一两九钱，应解三成银二百一十六两五钱七分。核计该二口第一百十二结期内共征船钞银二千五百二十四两三钱，共应提解三成银七百五十七两二钱九分。兹将前银按数兑足，填具文批，照案咨由暂署福州将军闽浙总督臣卞宝第发交福州号商承领汇解，前赴总理各国事务衙门投纳。

除咨明外，理合附片奏报。伏乞圣鉴。谨奏。

（朱批）：该衙门知道。②

---

① 中国第一历史档案馆藏：《清单》，档案编号：03-6367-057.

② 中国第一历史档案馆藏：《朱批原件》，档案编号：04-01-35-0402-028.

光绪十五年三月十八日，奉朱批：该衙门知道。钦此。①

## 一八　覆陈津通铁路利害缘由折

光绪十五年二月二十八日（1889年3月29日）

太子少保福建台湾巡抚一等男臣刘铭传跪奏，为覆陈管见，仰祈圣鉴事。

光绪十五年二月十六日，承准军机大臣字寄：正月十五日，钦奉慈禧端佑康颐昭豫庄诚皇太后懿旨：前据总理海军事务衙门奏请由天津至通州接修铁路，当经降旨允准。嗣据御史余联沅等先后奏请停办铁路◆1，均谕令总理海军事务衙门会同军机大臣妥议具奏◆2。兹据会商筹议，逐款胪陈。详加披阅，所陈各节，辨较精详，敷陈剀切。其于条陈各折内似是而非之论，实能剖析无遗。惟事关创办，不厌求详，在廷诸臣于海防机要素未究心，语多隔膜。该将军、督抚等身膺疆寄，办理防务，利害躬亲，自必讲求有素，着按切时势，各抒所见，迅速覆奏，用备采择等因。钦此。并钞各折、片，遵旨寄信前来。

查阅海军衙门会奏折内，辩论洞中窾要，悉与臣意见相同，已觉无可置议。惟既仰荷垂询，特就原奏“资敌、扰民、失业”三条，推阐未竟之词，为我皇上敬陈之。

窃惟天下之势，惟一乃定。五大洲幅员辽阔，驾驭为难，于是铁路与电报兴焉。此固囊括中外之机缄，统一环球之功用也。朝廷屡诏求富强之策，倘通盘筹画，事苟有胜于铁路者，何苦效法西人，轻贻众谤？无如外审海疆之形势，内揆战守之机宜，计

① 中国第一历史档案馆藏：《军机录副》，档案编号：03-6367-055.

无有过于此者。

臣于十年前即有创修铁路之奏，徒以格于迂论，议不果行。今者圣明在上，与在廷王大臣坚持定见，决意举行。臣等方额手称庆，以为从此推行尽利，庶几富强可以立致，不谓言者转疑为资敌也。自火器之制日精，舍海口炮台，本无可扼之险要。奥、法、俄、德诸国，犬牙相错，其铁路纵横，于都会而并无所谓城垣，使谓藉端寻衅，兵车可即到都门。各国互相猜忌，屡启衅端，早已并吞殆尽，何仅于海上兴问罪之师，不闻都下有要盟之举乎？

言者又谓山溪之险，敌所忌；林木丛杂，沟堑重阻，敌所患。一旦偶有嫌隙，彼挟其火枪、火炮，尽载之火车之上等语。若指海口未失而言，则安得若许洋人从容布置，而我之官若兵竟形同木偶，任其所为乎？若指海口已失而言，则天津距通州二百余里，皆属坦途，即无铁路，亦何难长驱直入？至于该处山溪、林木、关堑，臣熟经其地，视若无睹，敌何胆怯如斯而忧之患之欤？夫海口者，京师之门户也，安危所系，固宜呼吸相通。

臣以为铁路建至京师方为尽善，有事则津、沽之劲旅，即为宿卫之禁军；无事则遣神机营与海口各营之兵，合队并操，联为一气，临变策应，声势倍壮。是遏敌者，莫如铁路，而或以为资敌，则误矣。不谓言者又疑为扰民也，非特室庐丘墓，呈诉者只有一二起，固不足介意。即过有二三百起之多，而事关军国，亦当权衡轻重，岂能以小不忍而乱大谋？且世之讲求风鉴而改葬者事所常有。给以重价而迁之，庸何伤？兵家筹备于平时，无异决胜于临阵。王者克敌致果，初不闻以伤残物命为嫌。倘以筹备为扰民，犹之两国交绥，斤斤于不重伤、不擒二毛之说也。

方今强邻环伺，其敢与我为难者，乘我之无备耳。诚能于沿海冲要之区遍置铁路，一省有兵，而数省得其力；一省有警，而各省效其能。夫惟能守而后能战，惟能战而后可以不战。洋人趋避最工，何肯远涉风涛，自取倾覆之祸？如此则和局可恃，上以奠亿万年有道之基；阖境胥安，下以全亿兆姓生灵之命。是卫民者，莫如铁路，而或以为扰民，则又误矣。

不谓言者又虑民之失业也。溯自河运废而转输全改为海船，轮舟兴而商贾竟趋于海道。北五省人烟寥落，旅店荒凉，久非嘉、道年间繁华景象。果使铁路由通州建至清淮，则运货无沉失之虞，行人免风波之苦，将见海上之生意，不数年尽归于腹地。夺洋人之利权，益小民之生计。洋人无利可图，必有废然思返者。乃一则曰车脚店行势将歇业，再则曰船户水手糊口无资，不知铁路仅设于大道通衢。至于港汊纷歧，船行如故，村镇罗立，车载如故。譬诸长江轮船，往来不绝，未闻内地操舟为业者坐以待毙也。是厚民生者，莫如铁路。而或虑民之失业，则又误矣。

言者又以铁路为开辟所未有、祖宗所未创，不知人事随天道为变迁。今之人既非上古先朝之人，今之政岂犹是上古先朝之政？使事事绳以成例，则井田之制自古称良，弧矢之威本朝所尚，试行之于今日，庸有济乎？泰西制造之精，日新月异，中国踵而行之，已苦居人后。若再因循坐误，一旦变生仓卒，和战两难，其将何以自立？

臣前岁阅俄国新报，载称其君拟由托木司克城添建铁路一道，至距黑龙江六百余里之司他城，计长六千一百里。旋据德国商人面称，此路俄君谕令工人日造十里，约两年后工竣。虽成功迟速原不可知，而其垂涎东省居心已可概见。际此中俄无事，正宜先事预防，必待其既发而乘之，恐贻噬脐之悔。预防之法，要非铁路不为功。言者又谓外洋以商务为国本，自强在经商；中国以民生为国本，自强在爱民。不知商即民也，商务即民业也，经商即爱民之实政也。臣更有请者，恒心必根于恒产，足食方可以足兵。

中国生齿日繁，有田可耕者无几，谋生乏术，缓急堪虞。故欲自强，必先致富，欲致富必先经商。西国官与商合，在下无不达之情；中国官与商分，在下多难言之隐。闻从前息借洋商之款，多系华人之资，贿托洋人使之出面。保邦惟民而顾，任其暌违疏逖，非所以振兴积弱、挽救极贫也。

臣以为当此改弦易辙、发愤为雄之际，亟宜讲求商政，特派廉明公正大员认真督理。举凡丝、茶、煤、铁、纺织、种植暨一切矿务、垦务、制造各务，招集股商富户，各出资本，妥议取益防损章程，使之分头认办，银钱出入，官不经手，而但考察功过，综核赢亏，保护维持，俾无掣肘。内地办理得法，推而至于边省；中土行销既畅，推而至于外洋。五行百产之菁英，地球中吾华称最。行之数十年，物阜民康，无敌于天下。此所谓商战从容、坐镇而屈人者也。夫不聚敛于民者，不能不藏富于民；不与民争利者，不能不与敌争利。此事与铁路相辅而行，关系綦重，应否筹议及之，伏候圣裁。

臣自奉命督办台湾防务以来，适值法人肆扰，占踞基隆，向非仗国威灵、沪尾一捷，恐全台已非我有。故和议甫成，臣即奏请开办铁路。明知山路崎岖，溪流梗阻，凡凿山开道，铺路建桥，费巨工艰，数倍于内地。所以不辞劳怨、毅然为之者，良以此地四面滨海，随处可以登岸，防不胜防。铁路告成，则骨节灵通，首尾呼应。其利难以枚举。大凡人情每乐于观成，而难与谋始。从前削平发、捻，全以抬枪、劈山炮取胜。湘军旧将狃于成见，不以洋人后膛枪炮为然，无论如何开导，终不见信。及与法人对垒，始叹格林炮、黎意枪运用之灵、命中之远、臣之所言为不谬。

夫物之精粗，经用而始显；事之利害，亲历而后知。今日之訾议铁路者，即异日之赞美铁路者也。伏愿皇上宸衷独断，明白宣示，使天下臣民咸晓然于铁路一事为安内攘外、刻不容缓之需，非一隅之利、乃四海之利，非一时之利、乃万世之利，非一二人之私利、乃千万人之公利。众志既孚，商情益奋，成效渐睹，浮议自清。

臣身膺疆寄，目击时艰，大局所关，不敢安于缄默，谨披沥上陈，伏乞皇上圣鉴，训示。谨奏。光绪十五年二月二十八日。[①]

光绪十五年三月二十五日，堂谕封存，抄送醇邸。[②]

【案】光绪十四年十二月初八日，御史余联沅奏请停止开办铁路缘由，曰：

河南道监察御史臣余联沅跪奏，为铁路有害无利，请旨停修，以顺舆情而培正本，恭折仰祈圣鉴事。

臣窃惟兴天下之大利者，必豫防天下之大害。苟计利而不先明其害，则其为利亦仅矣。谋国者不可不兼权而并筹也。近闻广东商人陈承德等，禀请直隶总督李鸿章奏明由天津至通州，接造铁路，招股兴办，并许将来推广建造。是李鸿章以为大利所在也。故朝廷不惜委曲而从之。果有利而无害，臣亦将乐观于其成。第就近日所闻于众论者，博采兼收，只言其害，未见其利，请为皇太后、皇上敬陈之。

夫百姓者，国家之元气也。为之筹安全、谋乐利，惟恐其不周而顾，驱而夺之焉，可乎？窃查天津至京，计程二百四十里。陆行者，车几三

---

① 中国第一历史档案馆藏：《军机录副》，档案编号：03-9439-004. 又见《刘壮肃公奏议·谟议略》。

② 此奉旨日期与内容，据《军机处随手登记档》（档案编号：03-0258-1-1215-082）校补。

千辆；水行者，舟几数万只。刍秣仰给于旅店，饘粥并资于市廛。若铁路一开，全归火车，则执鞭者辍业，操舵者停工，以数十百万之生灵，尽束手而绝其生计，不辗转于沟壑，必啸聚于山林。是有害于舟车也。

夫安土重迁，恒情所同，推耕让畔，古风难再。铁路取径宜直又宜平，势必铲墓拆庐，蹂田堙井。室家之转徙匪易，闾阎之鸡犬皆惊，而当事者非迫之以刑章，必要之以贿赂，纷纷滋扰，民何以堪！是有害于田野也。在昔挟澧据陇，关中阻以四塞；虎踞龙蟠，金陵扼以石头。帝王之都，形胜为要。闻英人戈登曾为李鸿章言以宫阙逼近大沽，无异莲房外露，易于窥觇等语。是无铁路尚有可虑，况铁路一开，则由津至京，不崇朝而达门庭，历堂奥，长驱直入，毫无阻碍。既失王公设险之意，又懈重门击柝之防。是有害于根本也。

伏查天主、耶稣布满中华，教师、神甫毒流村镇。其患为从古所未有，其横为有司所难惩，然犹有穷乡僻壤为彼族所不及到之区也。若铁路一行，则四通八达，皆可任彼遨游，愚妇村氓不难尽被煽惑。冠裳化为鳞介，礼义必至消亡。是有害于风俗也。

自古疆场攸分，出入有禁，况银币为国家之大政，销耗宜未雨而绸缪。铁路仿自外夷，制造必由洋匠，多则千万，少亦数百万，辇金徒供于海外，还珠未见其有期。是有害于财用也。夫中国之害，外洋之利也；朝廷之害，奸民之利也。中国自隆古以来，政教修明，府库充溢，无所为铁路也。

我朝自祖宗以来，深仁厚泽，远至迩安，亦无所为铁路也。迨至中外通商，洋人以奇巧薄脆之物，购十伯倍蓰之利。电灯、气球外，只有铁路未兴耳。故不惜金钱买通奸民，具呈招股，以遂其眈眈之欲，而奸民亦即引类呼朋，因缘以为利，其言以为为国家开自强之计，冀图耸听，仰蒙俞允。殊不知所谓自强者，正所谓自弱也。弃险要而肆彼驰驱，縻财力而充彼府库，数十百年后，洋人之足迹将遍于山陬岭峤。而小民之耳目尽濡染夫异类殊形，万一有事，谁为皇上之腹心？孰为朝廷之干城乎？夫铁路之利，洋人既津津乐道之，在彼国中，宜其为之不遗余力矣。

乃以臣所闻，亦有不尽然者，岂其自爱不如其爱中国之甚哉？盖其防患深而为虑远也。昔有人言英法交界之海汊底六十里拟开铁路，以通车道。英人纷纷议论，质之于该国胡思礼元帅，通盘筹算，宣言于众曰：若开此路，岌岌可危，必须如法国之一等炮台，需兵一万四千名，方可抵御外寇。若将来遇有战争，欲将此路毁坏，用水灌入，此等重大之事，必须熟商！倘议未成而敌已至，至贻误国是，殊非浅鲜。抑或此路为他国所据，则英国俯首听命，不能逞雄海内，渐至四路可通，法兵之来更属易易，英将何以御之？不如不开之为愈也。又有人言往年英法诸国商与俄人开造铁路，以通商货。俄人统计物产衰旺，伊稍迟之，惟恐异日利为人夺，彼国空虚，受人钤制，遂决意不开。

由是观之，以英俄之智谲富强，雄视海外，犹必熟筹其利害，有所畏而不敢开，有所忌而不肯开，奈何以己所不欲施之于人？是明以害贻中国而欲坐收其利也。惜乎，中国之不悟也！

总之，铁路利不在国，不在民，而在洋人所贿买之奸民，而仍在居心叵测之洋人。想其处心积虑谋之于数十年之前者，兹竟如愿相偿而获之于一旦。乃犹有以自强之说进者，是洋人以利啖李鸿章，而李鸿章以利误国家也。盖李鸿章所与共谋者，不过沈保靖、周馥诸人，识见卑下，不知经邦致治之大猷。其余如马建忠、伍稚庸等，又皆惟利是视，通外洋以蠹中国，故该商等得以乘其隙，而售其奸。事为大局安危所系，且为民生、治乱所关，不可不熟思而审处！仰恳圣明俯察，饬下六部九卿会议具奏，是否可行，亦必询谋佥同，请旨宣示，为天下臣民公其利。如蒙洞见其害，即不必以李鸿章一人之言为据，则毅然停止，天下幸甚！万民幸甚！

臣至愚极陋，谨以得诸舆论者，冒昧上陈。无任悚惕屏营之至。是否有当？伏乞皇太后、皇上圣鉴，训示。谨奏。光绪十四年十二月初八日。①

【案】光绪十五年正月十四日，总理海军事务王大臣奕谖等议覆津通铁路事宜，曰：

① 中国第一历史档案馆藏：《军机录副》，档案编号：03-9439-037.

臣奕譞等谨奏，为遵旨会议津通铁路事宜，仰祈慈鉴事。

光绪十四年十二月二十日，钦奉慈禧端佑康颐昭豫庄诚皇太后懿旨：余联沅、屠仁守等、洪良品等奏请停办铁路折三件，徐会沣等折内请停铁路一条，着海军衙门会同军机大臣，妥议具奏。钦此。二十一日，钦奉慈禧端佑康颐昭豫庄诚皇太后懿旨：翁同龢等、奎润等、游百川、文治奏请停办铁路折四件、片一件，着总理海军事务衙门会同军机大臣，归入余联沅等折件，一并妥议具奏。钦此。海军衙门查前于请修津通铁路折内，曾将一切简捷有利、万无假人之虑各情形详陈在案。

溯自往年，法越事亟，粮阻财匮，筹措维艰，幸凉山一捷国威远播，适值英人出为调停，臣奕譞等奏恳允准以纾兵力、财力，并于召见时陈奏。从此改弦易辙，力图自强实效，以备不虞。彼时臣奕譞即虑及近年言事陋习，畛域太分，事急虽相缄默，事过必复吹求，当经详细面陈，仰蒙恩允作主，饬令次第推行，是以筹款购械，以立海军；调舰会师，以巡海防，因海岸之绵亘也，始议设铁路以省兵；因铁路之经费无出也，再续办津通之轨以养路。一气贯注，无一泛文。夫津通之路非为富国，亦非利商，外助海路之需，内备征兵入卫之用，一举两益，所关非浅。乃议者不察底蕴，不相匡助，或信道听途说，或竟凭空结撰，连章论列，上渎天听。详阅各原奏所虑各节，综而约之，大抵皆臣等创议之始、筹商问难所及者，敬陈其略，上慰慈廑。

一曰资敌。窃惟敌乘我路，必须用车运载，将夺我车欤？分布既齐，车已收回，无可夺也，将用彼车欤？少则无济于用，多则船不胜装，且海口既塞，拦沙水浅，万余斤之车不能达岸。即使听其所为，亦须安设起重木架，始能挽运，岂有如此从容摒挡，我军尚作壁上观乎？议者又虑及炮车，是于轮车之轨若何窄，炮车之制若何宽，全不知悉，以意揣测耳。无论彼时铁轨已徹，地雷已伏，万无假人之虑，即彼果肆长驱，自有素无险要之通衢可循，何必定由此路？咸丰庚申之变，亦岂铁路被乘？兵力苟强，自能御敌。议者徒诵设险守国之陈言，亦思地利人和之圣经乎？

一曰扰民。臣奕譞始议建设铁路，即与臣鸿章反复讨论，以避民间庐舍丘墓为最要之端。不独津通铁路为然，即唐山之至大沽、大沽之至天津，亦莫不然。偶有一屋一坟关碍大势，万不能避，则给以重价，谕令迁徙，务恤民隐而顺舆情，以仰体朝廷子惠黎元之至意。查津通铁路奉文后，止于上年十二月初一日，有天津民人王有庆，赴铁路总局呈递求让菜园呈词一纸。又，于十二月初十日，有天津候选训导于世棻，赴天津道署呈递求让坟前余地呈词一纸。均由天津道县详细酌商迁让，此外并无别案，亦无向直隶督署呈递呈词之人。臣等又虑及天津呈词虽少，或者向通永道署呈诉者，实如奎润等所称，亦未可知。复札饬通永道，令其查明，据实详覆。旋于本年正月初二日接准该道详称：铁路公司自通州南关外勘路、立标、洒线，取道武清县属之杨村等处，至天津县交界至，所过田庐坟墓，各地主人并未有一人一词赴该道署具呈申诉，实无接收多词、置之不理情事等因。而建言者乃云，民间因立限迁坟，百姓呈诉有二三百起之多，呈词中坟墓在千起以上。而不思现在地未定准，诉从何来。是直藉传闻失实之事为危言耸听之词矣。

一曰失业。天下万国，地形不同，风俗殊异。而趋利避害，人情之常，西洋之人趋避尤工。使铁路利少而害多，则断无各国相率兴建之理。诸臣折中所论铁路利害，犹是悬揣之臆说耳。不惟所举之害并非实在情形，即其所指之利亦未必恰当事理。西洋各国初造铁路之时，亦有异议蜂起，龂龂驳诘。彼之持异议者，则并非悬揣之臆说，大抵皆能胪列有形之实事，以相问难。如原有马车、手车、牛牵鹿挽之车若干辆，坐船、货船、帆行轮驶之船若干艘，御车驾船，舁挑负戴以糊其口者若干名，家属妇孺老幼残疾藉此事畜之资以全其生者若干户口，细计之析锱铢，总括之成亿万，连篇累牍，以与议建铁路之党，往复争持，宜若可胜矣。而议建铁路之党备陈情势，条分缕析，使大众咸能了然于铁路之利多而害少，利久而害暂。于是异议之党无可置喙，而铁路兴焉。始则试造，继则推广，而国计与民生遂已交受其益，向之持异议者，早已自悔其前说，群贺新路之成而恨建路之晚矣。

向之御车驾船、舁挑负戴之徒，鳃鳃然以失业为虑者，或仍操其旧业，或投效于铁路公司而改习职业矣。修路扫轨，升旗听电，收票验座，查鞕敲轮，运煤添水，搬货物，运行李，卖新闻，贩茶果，伺应店客，巡查栈货，事务繁多，种种需人，何曾有失业之民？非徒不失业而已，民之生计因之而益广，乃更裕于未兴铁路之时。德国自有铁路以来，陆续添开运河九道，则水路生理因铁路而更旺，铁路无害于驾船之业可证也。英国伦顿都城自有铁路以来，城中陆续添设单马坐车，八倍于前，他车称是，他城称是，则陆路生理因铁路而更旺，铁路无害于御车之案可知也。

盖南北有铁路，则南北往来之御车驾船、舁挑负戴者稍减，而东西之御车驾船、舁挑负戴以横赴南北铁路、赶趁生理者转增。东西有铁路，其此减彼增之情形与南北亦正相似。铁路如干，横赴者如枝，干盛而枝茂。铁路兴而生计广，西洋各国之所同，然中国何至遽相反耶？诸臣折中所称铁路之害不外资敌、扰民及夺民生计三端，臣等深知其论未当，不得不辩。

亦有举西洋之事以为证者，或依稀影响，或毫无根据。在进言者诩博闻旁采之才，为推波助澜之笔，虽属无足重轻，然耳食之言每致误事，传播外国，贻笑堪虞。是亦有不得不辩者。如谓英法海底铁路不成为西人不韪铁路之证，此依稀影响之谈也。夫于大海水底开洞以通铁路，岂可与寻常铁路同日而语？水力所压，难成易毁，集股者观望，经手者因而游移，中止之故实不因英将吴尔思礼一人之言也。

又言英法诸国与俄人商造铁路，以通商货，俄恐利为人夺，决意不开等语。此毫无根据之言也。英法与俄壤地并不相接，其商货往来，南则由瑞士国铁路经过奥国铁路以入于俄，北则由德国铁路经过已废之波兰国境内铁路以入于俄，英法与俄何尝无铁路可相通哉？俄之铁路密如蛛网，四通八达，犹复逐渐推广，何尝有有所畏而不敢开、有所忌而不肯开之说哉？欧罗巴、亚细亚两洲间之国铁路较少者，惟土耳其与波斯耳。该两国皆力弱而势微，堂堂中国，岂可与之比拟！

至于传教之禁久开，洋人布满都京，何计乎穷乡僻壤？华洋之防久彻，风气遍于大地，更难论上古先朝。此又易明之理，不待剖析者也。又如外洋以商贾为重，中国以耕读为重，是固夫人皆知。然而不重商贾可也，军事亦可不重乎？不讲营运可也，转输亦可不讲乎？方今环球诸国，各治甲兵，惟力是视。其性也非干羽所能格，其来也非牛饩所能退，全视中华之强弱，为相安、相扰之枢机。臣等创兴铁路本意不在效外洋之到处皆设，而专主力于用兵，不仅修津通之路，而志期应援全局。诚能于江南、赵北、关东、陇西各设重兵，各安铁路，则军行万里无胼胝之劳，粮运千仓有瞬息之效，缓急相助，声气相通，而且零星队伍可彻可并，浮滥饷干或裁或节，此专指陆战而言也。

此外顾而易见之利尚有二端，沿海设防，固须有精炼之水师而后能战，尤赖有精炼之陆师而后能守。圣朝幅员广大，超越前古，如欲令沿海各省逐处皆屯重兵，即使财赋所入足以供给，设敌以偏师相扰，我即须全力因应，长年不休，何以堪此！有铁路则运兵神速，畛域无分，粮饷煤械不虞缺乏，主灵而客钝，守易而攻难。首善之地有三五支精炼大军，直与沿海逐处皆屯重兵者无异。诚御侮之长策，亦持久之良图。此兼及海防而言也利一。

河运日滞，海运多险，因循不变，则天庾正供或有偶然窒碍之虞。有铁路则举重若轻，霎时千里，风雨无阻，昼夜可行，奸伪无所施，沉失无可虑。岁丰则积储无缺，岁歉则赈济易办。此兼及河路而言也利二。

至于通货物，销矿产，利行旅，便工役，速邮递，利之所兴，难以枚举。言者乃云是臣下之利，非君上之利；是外洋之利，非中国之利；是一二人之私利，非千万人之公利，岂非颠倒是非乎？

议建铁路，忽然中止，显然之害亦有二端：主见不定，朝令夕更。外洋讥诮，固无足论，海上铁路失此资助，恐难久存；遇事分防抵御，岸长兵少，设有疏失，咎将谁归？且已成之功无端废弃，虚掷款项，失信商民，继此再兴他事，难于招徕，害一。

津沽铁路前因力催赶办，曾借洋债百余万两，罢津通之路，则商情畏阻，断难再招商股，以清洋债。而事非办理不善，亦无可着落赔偿，势须户部动拨正款，以有用之财掷无用之地，较之昔年江苏以重金购吴淞铁路毁而弃之、任其销蚀者，尤为失算，害二。

言者之论铁路，乃云即使利多弊少，亦当立予停止。此臣等所甚不解也。先当大婚、归政举行在即，礼仪繁重，诸赖慈虑亲裁。臣等以本分应办之事，若与局外浮议屡事抵牾，哓哓不已，以致重烦批阅，实非下悃所安，而关系军国要务又不敢为众咻牵制，遽萌推诿之心，惟有将臣等所见所闻、确切可查之事，据实胪陈，伏乞圣鉴。

至于事关创办，本属不厌详求。然局外浮谈，恒多失实。查防务以沿江、沿海最为吃紧，各该将军、督抚利害躬亲，讲求切实，可否将臣等此奏并廷臣各原奏发交各该将军、督抚，按切时势，各抒所见，再行详议以闻，届时仰禀圣慈，折衷定议，尤为审慎周妥。

以上所陈，臣奕譞与臣世铎等函商面议，意见相同。谨合词恭折覆陈。伏乞皇太后慈鉴训示。遵行。谨奏。光绪十五年正月十四日。

总理海军事务和硕醇亲王臣奕譞（假），会同办理海军事务多罗庆郡王臣奕劻，会同办理海军事务大学士直隶总督臣李鸿章（在任），帮同办理海军事务山东巡抚臣张曜（在任），帮同办理海军事务户部右侍郎侯臣曾纪泽，军机大臣和硕礼亲王臣世铎，军机大臣大学士臣额勒和布，军机大臣帮办大学士刑部尚书臣张之万，军机大臣兵部尚书臣许庚身，军机大臣吏部右侍郎臣孙毓汶。①

【案】此奏旋于是年四月初八日获清廷批示，清廷颁布上谕曰：

光绪十五年四月初八日，钦奉慈禧端佑康颐昭豫庄诚寿恭钦献皇太后懿旨：前因筹议铁路事宜，谕令沿江、沿海将军、督抚各抒所见，以备采择。嗣据陆续覆奏，详加披阅，其偏执成见、不达时势及另筹办法、尚未合宜者毋庸议外，张之洞、刘铭传、黄彭年所奏各有见地，而张之洞所议自卢沟桥起径行河南，达于湖北之汉口镇，划为四段，分作八年造办等语，尤为详尽。此事为自强要策，必应通筹天下全局。海军衙门原奏意在开拓风气，次第推行，本不限定津通一路，但冀有益于国，无损于民，定一至当不易之策，即可毅然兴办，毋庸筑室道谋。着总理海军事务衙门即就张之洞所奏各节，详细复议，奏明请旨。张之洞、刘铭

① 中国第一历史档案馆藏：《军机录副》，档案编号：03-9440-002.

传、黄彭年折各一件，均着钞给阅看。钦此。[1]

## 一九　奏报台湾各属十四年冬季雨水粮价情形折

光绪十五年三月初二日（1889 年 4 月 1 日）

太子少保福建台湾巡抚一等男臣刘铭传跪奏，为恭报台湾各属光绪十四年冬季分晴雨、粮价情形，仰祈圣鉴事。

窃台湾远隔重洋，各属晴雨、粮价向由内地按季附奏。今当新设行省，自光绪十四年春季起，就台循照向章，按季办理，已奏报至光绪十四年秋季分止在案。兹查台南府城十四年十月分得雨二次，十一月分得雨五次，十二月分得雨一次；台北府城十月分得雨九次，十一月分得雨十次，十二月分得雨十九次。此外，各厅县禀报晴雨情形大略相同。所有米粮价值，据署藩司沈应奎开册详送前来。

臣覆加查核，台南、台北二府属十四年十、十一、十二等月分上、中、下米均与九月分大略相同。臣谨恭折具陈，并缮清单，恭呈御览。伏乞皇上圣鉴。谨奏。光绪十五年三月初二日。

（朱批）：知道了。[2]

光绪十五年三月二十五日，奉朱批：知道了。钦此。[3]

---

① 中国第一历史档案馆编：《光绪宣统两朝上谕档》，第 15 册，第 46—47 页，广西师范大学出版社，1996；又，中华书局影印：《清实录・德宗景皇帝实录（四）》，卷之二百六十九，光绪十五年四月，第 599 页，中华书局，1987。

② 中国第一历史档案馆藏：《朱批原件》，档案编号：04-01-25-0535-025.

③ 中国第一历史档案馆藏：《军机录副》，档案编号：03-6875-037.

## 二〇　呈台湾各属十四年冬季粮价清单

光绪十五年三月初二日（1889 年 4 月 1 日）

谨将台湾各属光绪十四年冬季分米粮价值，缮具列表，恭呈御览。

谨开：

台南府属：光绪十四年十月分，上米每仓石价银一两六钱至二两七钱，与九月分大略相同；中米每仓石价银一两五钱至二两五钱，与九月分大略相同；下米每仓石价银一两四钱至二两三钱，与九月分大略相同。

台南府属：光绪十四年十一月分，上米每仓石价银一两六钱至二两七钱，与十月分同；中米每仓石价银一两五钱至二两五钱，与十月分同；下米每仓石价银一两四钱至二两三钱，与十月分同。

台南府属：光绪十四年十二月分，上米每仓石价银一两六钱至二两七钱，与十一月分同；中米每仓石价银一两五钱至二两五钱，与十一月分同；下米每仓石价银一两四钱至二两三钱，与十一月分同。

台北府属：光绪十四年十月分，上米每仓石价银一两九钱至二两三钱，与九月分同；中米每仓石价银一两八钱至二两二钱，与九月分同；下米每仓石价银一两七钱至二两一钱，与九月分同。

台北府属：光绪十四年十一月分，上米每仓石价银一两九钱至二两三钱，与十月分同；中米每仓石价银一两八钱至二两二钱，与十月分同；下米每仓石价银一两七钱至二两一钱，与十月分同。

台北府属：光绪十四年十二月分，上米每仓石价银一两九钱至二两三钱，与十一月分同；中米每仓石价银一两八钱至二两二钱，与十一月分同；下米每仓石价银一两七钱至二两一钱，与十一月分同。

（朱批）：览。[①]

## 二一　奏报十四年上半年货厘收支情形折

光绪十五年三月初二日（1889年4月1日）

太子少保福建台湾巡抚一等男臣刘铭传跪奏，为台湾百货厘金光绪十四年正月起至六月止上半年收支数目，恭折奏报，仰祈圣鉴事。

窃照台湾停止船货厘金，改抽百货厘金，经臣于光绪十二年奏明办理。嗣准部咨，令将征收数目照章每按半年奏报一次等因，业经遵照将光绪十二年六月开办起至十三年十二月底止先后开单具奏在案。兹查自光绪十四年正月起，截至六月止，共收银五万九千六百九十八两八钱四分三厘。此项银两前经臣以台湾购办水陆电线经费无出，请于厘金项下动拨。所有本届收款除提支局用外，余银悉数解归电线工程应用。至局用一款，遵奉部覆，按照收数一成开支，并无盈溢。据署台湾布政使沈应奎会同全台税厘局司道核详请奏前来。

臣覆查无异。除将清册分送部、科外，所有台属百货厘金自

① 中国第一历史档案馆藏：《清单》，档案编号：03-6875-038.

光绪十四年正月起至六月止上半年收支数目，谨会同闽浙总督臣卞宝第，恭折具陈，并缮清单，恭呈御览。伏乞皇上圣鉴。谨奏。光绪十五年三月初二日。

（朱批）：户部知道。单并发。[1]

光绪十五年三月二十五日，奉朱批：户部知道，单并发。钦此。[2]

## 二二　呈光绪十四年上半年收支厘金清单

光绪十五年三月初二日（1889 年 4 月 1 日）

谨将台湾自光绪十四年正月起至六月止收支厘金数目开单，恭呈御览。

谨开：

收款项下：

一、收百货厘金银五万九千六百九十八两八钱四分三厘。

以上共收银五万九千六百九十八两八钱四分三厘。

支款项下：

一、支给南北各局卡开销局用银五千九百六十九两八钱八分四厘。

一、解水陆电线工程银五万三千七百二十八两九钱五分九厘。

以上共支银五万九千六百九十八两八钱四分三厘。

（朱批）：览。[3]

① 中国第一历史档案馆藏：《朱批原件》，档案编号：04-01-35-0566-017.

② 中国第一历史档案馆藏：《军机录副》，档案编号：03-6500-015.

③ 中国第一历史档案馆藏：《清单》，档案编号：03-6500-016.

## 二三　奏委程起鹗署理台湾府知府等情片

光绪十五年三月初二日（1889年4月1日）

再，台湾中路新设台湾府知府员缺，前经请以台北府知府雷其达调署，所遗台北府缺并请以台南府知府程起鹗调署等情，分别出考附片奏明在案。

兹查程起鹗于交代台南府篆务之后，因赴嘉、彰一带督办划界事宜，一时未能即到台北府署任，自应将新设台湾府员缺即请改委程起鹗就近署理，以资熟手，并饬令调署斯缺之雷其达毋庸赴署，仍留未交卸之台北府本任供职，各专责成。据台湾布政使邵友濂、台湾道兼按察使衔唐景崧会详请奏前来。

除批饬遵照并咨部外，臣谨会同兼管福建巡抚事闽浙总督臣卞宝第，附片陈明。伏乞圣鉴。谨奏。

（朱批）：吏部知道。①

光绪十五年三月二十五日，奉朱批：吏部知道。钦此。②

【案】此奏片之具奏者，原件目录署“闽浙总督卞宝第”，具奏日期为“光绪十五年三月二十四日”，而录副之具奏者则署为“刘铭传”，具奏日期则署“光绪十五年三月二十五日”，即朱批日期，二者相悬殊。兹据朱批日期查《军机处随手登记档》③朱批刘铭传折栏，则署有“报四百里，三月初二日发”等字样。据此，此片之具奏者当为“刘铭传”，具奏日期当为“光绪十五年三月初二日”无疑。兹据校正。

① 中国第一历史档案馆藏：《朱批原件》，档案编号：04-01-13-0365-060.

② 中国第一历史档案馆藏：《军机录副》，档案编号：03-5247-148.

③ 中国第一历史档案馆藏：《军机处随手登记档》，档案编号：03-0258-1-1215-082.

## 二四　奏报光绪十四年底止未结京控案件情形片

光绪十五年三月初二日（1889年4月1日）

再，闽省前准刑部咨：嗣后京控交审案件，无论奏咨，每年将已、未完结数目分两次汇开清单，具奏咨部，以凭稽核等因。查台属京控各案，以前均由闽省汇单奏报。现在刑名题奏案件，亦准部覆由台办理。兹据台湾道兼按察使衔唐景崧、署台湾布政使沈应奎详称：台属京控各案，截至光绪十四年十二月底止，尚有咨交未结之黄连蒲等及林振旺二起，或因正凶潜逃，或因要证外出，致难审结，委非无故迟延，亦非提解不力等情开折具详前来。

除批饬勒限严催提解审办，并咨部查照外，谨会同兼管福建巡抚事闽浙总督臣卞宝第，附片具奏，并缮清单，恭呈御览。伏乞圣鉴。谨奏。

光绪十五年三月二十五日，奉朱批：刑部知道，单并发。钦此。①

【案】此奏片之具奏者，录副目录以朱批日期为之，未确。兹据朱批日期"光绪十五年三月十五日"，查《军机处随手登记档》② 朱批刘铭传折栏，则署有"报四百里，三月初二日发"等字样。据此，此片之具奏日期当为"光绪十五年三月初二日"无疑。兹据校正。

① 中国第一历史档案馆藏：《军机录副》，档案编号：03-7413-045.
② 中国第一历史档案馆藏：《军机处随手登记档》，档案编号：03-0258-1-1215-082.

## 二五 呈光绪十四年底止未结京控案件清单

光绪十五年三月初二日（1889年4月1日）

谨将台湾咨交京控各案截至光绪十四年十二月底止未结数目，汇开清单，恭呈御览。

谨开：

一、彰化县民黄连蒲、林应时、洪壬厚各京控林文明焚毁、霸占等情一案，均于光绪二年十一月二十四日准咨，合作一起。

彰化县民林振旺控林文明奸杀、霸占等情一案，光绪九年十一月二十九日准咨。

以上未结咨交京控案二起。

（朱批）：览。[1]

## 二六 奏请于台湾建立沈葆桢等员专祠折

光绪十五年三月十二日（1889年4月11日）

太子少保福建台湾巡抚一等男臣刘铭传跪奏，为前办抚番大员功德在民，据情奏恳天恩，准在台湾建立专祠，恭折仰祈圣鉴事。

窃据台湾各属绅士中书施士浩、郎中蔡占鳌、主事蔡寿星、道员林朝栋等连名呈称：台湾生番顽梗，戕害生灵，久为地方大患。现蒙剿抚兼施，内山社番一律归化，大启榛狉，田畴拓开，

① 中国第一历史档案馆藏：《清单》，档案编号：03-7257-049.

民番乐业，水汉相安。今日之蒙庥，感颂从前之被德，亦所难忘。伏思升任两江总督督办台湾海防大臣沈葆桢，于同治十三年及光绪初年两次渡台，创议开山抚番，督兵筹办，拓出埤南一厅、恒春一县，改设台北一府，控制抚驭，番务始有规模。厥后兼署福建巡抚船政大臣吴赞诚亦两次渡台，于光绪三年接办防务，布置安抚事宜，周历番境，自恒春、埤南、花莲港以达宜兰，不下千里，触染瘴疠，舆疾出山，受病已重；复于光绪四年亲督漳州镇总兵孙开华、台湾镇总兵吴光亮剿办后山番社，由岐来沿海地绕回台北，旧疾齐发，请假回江南就医，旋即病没。其为国尽瘁，勤事忘身，与沈葆桢后先辉映沉落。沈葆桢已蒙特恩准于立功省分建立专祠，各省闻均遵旨兴建。台湾现经分省，同属立功地方，祀典阙如，应请一律遵建。至吴赞诚虽系在籍病故，究其受病之由，实因督剿社番、触染瘴疠所致，委属功德在民，地方同深感戴。兹当抚番竣事，理合呈恳一并奏请在于台湾建立专祠，以纾绅民爱慕等情，并准帮办全台开垦抚番事务太常寺少卿臣林维源咨请前来。

臣查台湾环海一岛，生番不靖，为患甚大。沈葆桢督办台防，创筹开抚安内，实为攘外之计。吴赞诚承其规画，勤事忘身，不避瘴疠，督剿番社，开辟后山道路。若非该大臣等忠心实力开基于前，臣何能于三四年间竟将全台番社一律抚清，输诚归化？地方绅民追思功德，感慕出于至诚，合无仰恳天恩，俯准原任两江总督前督办台湾海防大臣沈葆桢、前署福建巡抚船政大臣吴赞诚并于台湾建立专祠，由地方春秋致祭，以彰荩绩而顺舆情！吴赞诚可否加恩并准予宣付史馆立传之处，出自逾格鸿施！

理合据情恭折具奏。伏乞皇上圣鉴，训示。谨奏。三月十二日。

光绪十五年三月三十日，奉朱批：该部议奏。钦此。[1]

## 二七　奏报崇安县神灵应请敕赐封号折

光绪十五年三月二十二日（1889 年 4 月 21 日）

闽浙总督臣卞宝第、福建台湾巡抚臣刘铭传跪奏，为神灵显应，恳请敕赐封号，以酬灵贶而顺舆情，恭折仰祈圣鉴事。

窃准军机大臣字寄：闽浙总督杨昌濬、福建台湾巡抚刘铭传：光绪十年十一月二十九日，奉上谕：给事中万培因奏，福建崇安县属瑞岩寺奉祀辟支古佛及护法三神历著灵应，请饬查明事迹，奏请封号等语。着杨昌濬、刘铭传查明具奏。又片奏，该县五夫里社仓日就颓废，陈谷尚多，请饬设法整顿等语。即着该督抚督饬地方官认真经理，俾复旧规。原片均着抄给阅看。将此各谕令知之。钦此。遵旨寄信前来。当经恭录行查去后。

伏查崇安县崇祀辟支古佛及护法唐、葛、周三神，屡著灵迹，庇佑万民。咸丰四年间，据该府县详经前督抚臣题请加封，经部臣以所称捍患御灾皆属远年陈迹议驳在案。兹经饬据署崇安县知县陈铣覆称：崇邑英屯里原建瑞岩寺奉祀辟支古佛，又有护法三神，曰唐宏，曰葛雍，曰周武，宋时俱膺封号，每遇地方灾患，祈祷辄应。咸丰七、八年，发逆两次由江西窜入崇安，四乡搜掳殆尽，惟瑞岩一处贼往则昏黑不能进，人民避寺得保全者以数千计。同治五年齐匪之乱，以灰面捻成伪主彩舆，蜂拥惑众，

① 中国第一历史档案馆藏：《军机录副》，档案编号：03-7157-013. 又见《刘壮肃公奏议·建省略》。

过瑞岩山，忽雷雨交作，立时击破，贼灭民安。光绪九年夏亢旱，田禾枯槁，绅民赴瑞岩祈祷，甘霖随沛，转歉为丰。此其御灾捍患，功德及民，均属近年之事，信而有征；并声明志书、佛传登载佛名实系藻光。其唐、葛、周三神姓名，县志载在义武祠可考。据该府县造具事实册结，由福建布政使张梦元核详请奏前来。

查庙祀正神实能御灾捍患、有功德于民者，例得奏请敕封。今崇安县奉祀辟支古佛及唐、葛、周三神，御灾捍患，近年屡著灵应，洵属有功德于民。臣等覆查无异，核与定例及志传所载亦均属相符，合无仰恳天恩俯准敕赐崇安县瑞岩寺辟支古佛及护法唐、葛、周三神封号，列入该县祀典，以答神庥。

除册结、志、传送部查核，并将整顿该县五夫里社仓情形另片附奏外，臣等谨合词恭折具陈。伏乞皇上圣鉴，饬部议覆，施行。再，此案因府县具详未甚详晰，经前督臣杨昌濬批饬查覆，是以覆奏稍稽。合并陈明。谨奏。光绪十五年三月二十二日。

（朱批）：礼部议奏。[①]

光绪十五年四月十三日，奉朱批：礼部议奏。钦此。[②]

## 二八　奏报台湾举成岁试前赴台南起程日期折

光绪十五年三月二十八日（1889年4月27日）

太子少保福建台湾巡抚兼管学政一等男臣刘铭传跪奏，为台湾举行岁试，臣由台北前赴台南起程日期，恭折奏报，仰祈圣

① 中国第一历史档案馆藏：《朱批原件》，档案编号：04-01-15-003-1435.

② 中国第一历史档案馆藏：《军机录副》，档案编号：03-5551-020.

鉴事。

窃照台湾学政改归巡抚兼管，臣曾将接印任事日期奏报在案。查台湾原设二府九学，向分两棚考试。分省后，改设郡县，已由臣会同督臣卞宝第奏添新设台湾府县两学教官，并声明恒春仍附凤山并考。其基隆厅及新设各州县，或附或分，随时察看议办，于光绪十四年十二月初八日具奏，十五年二月十二日，奉朱批：该部议奏。钦此。现在应增学额亦未厘定，本届岁试自应仍分两棚，将台湾府属之彰化一县，循旧暂归台南考试。兹臣定于四月初一日由台北起程，乘坐轮船前赴台南开考。一俟考竣，即行遄回，接试台北一棚。本年恭遇恩科，俾新进诸生同遂观光，用副圣朝雅化作人之至意。

除将巡抚衙门日行公事委令署藩司沈应奎代折、代行，遇有紧要事件仍随时包封送臣行次核办外，所有台湾举行岁试，臣由台北前赴台南起程日期，理合恭折奏报。伏乞皇上圣鉴。谨奏。光绪十五年三月二十八日。

（朱批）：知道了。[①]

光绪十五年四月十七日，奉朱批：知道了。钦此。[②]

## 二九　请将黄承乙留于台湾补用缘由片

光绪十五年三月二十八日（1889年4月27日）

再，查知府衔江苏候补班前先补用通判黄承乙，经臣奏留台湾差遣委用，于光绪十四年九月二十六日奉朱批：着照所请，该

① 中国第一历史档案馆藏：《朱批原件》，档案编号：04-01-12-0545-128.

② 中国第一历史档案馆藏：《军机录副》，档案编号：03-5248-081.

部知道。钦此。钦遵在案。旋于十一月间委令代理新设台湾县知县。该员到任后，励精图治，规画井井，于分设地方深资得力，为海疆不可多得之员。合无仰恳天恩，俯准饬部将黄承乙留于福建台湾，仍归原班照例补用，并令补缴离省指省银两，以杜取巧而符定章。

理合附片具陈。伏乞圣鉴，训示。谨奏。

（朱批）：着照所请，吏部知道。[①]

光绪十五年四月十七日，奉朱批：着照所请，吏部知道。钦此。[②]

【案】此奏片原件目录署“光绪朝”，且未署具奏者；而录副具奏日期则以朱批日期为之，具奏者署“刘铭传”。据朱批日期“光绪十五年四月十七日”，查《军机处随手登记档》[③] 朱批刘铭传折栏，即有此片，且栏首署有“报四百里，三月二十八日发”等字样。据此，此奏片之具奏日期当为“光绪十五年三月二十八日”、具奏者为“刘铭传”无疑。兹据校正。

## 三〇　奏请核销台湾收支樟脑情形片

光绪十五年三月二十八日（1889 年 4 月 27 日）

再，查台湾素产樟脑，前因筹办抚番，据绅士林维源、林朝栋议请收归官办，以助经费，经臣附片具奏，奉旨允准，并委候补知府丁达意等设厂，分别煎采、运销在案。兹据台湾善后局司

① 中国第一历史档案馆藏：《朱批原件》，档案编号：04-01-13-0430-033.

② 中国第一历史档案馆藏：《军机录副》，档案编号：03-5248-082.

③ 中国第一历史档案馆藏：《军机处随手登记档》，档案编号：03-0258-2-1215-103.

道详称：查台属腹地樟木早经砍伐殆尽，出脑无多。此次系从新抚各番社采取煎熬。若专归官办，自可由近及远，深入内山，设法多运，渐图畅旺获利。讵料开办未久，奸商勾串，洋人坚执同治八年所立条约，亦往官办处所，分投私煎私贩，夺我利权，以致新出樟脑为其分占，不能全归官厂。所定脑价，我涨彼落，又不能独自居奇。运赴香港，彼亦暗中排挤，每致滞销折耗。

然误于立约在前，此事已难补救。现饬据承办委员丁达意造报：计自光绪十二年十一月起，至十四年十二月止，共采熬樟脑六十三万七千四百三十三斤十二两。除节次运赴香港折耗一万八千四百六十七斤外，实售出六十一万八千九百六十六斤十二两，计得樟脑价银六万一千五百七两八钱一分。除收回垫发成本银四万八千一百八十九两九钱九分二厘，又开支局用、载脚、保险等项银八千六百七十七两五分九厘外，实盈余银四千六百四十两七钱五分九厘。查核收支各数，尚属相符，应请准予造销，并将盈余银两汇归台防、善后、抚番案内列支造报，俾昭核实。由局造册详请奏咨前来。

臣覆核无异，除将清册咨送户部核销外，理合附片具奏。伏乞圣鉴，训示。谨奏。

(朱批)：该衙门知道。[1]

光绪十五年四月十七日，奉朱批：该衙门知道。钦此。[2]

【案】此奏片原件目录署“光绪十四年”，且未署具奏者；而录副具奏日期则以朱批日期为之，具奏者署“刘铭传”。据朱批日期“光绪十五年四月十七日”，查《军机处随手登记档》[3] 朱批刘铭传折栏，即有此

① 中国第一历史档案馆藏：《朱批原件》，档案编号：04-01-36-0114-042.

② 中国第一历史档案馆藏：《军机录副》，档案编号：03-5248-091.

③ 中国第一历史档案馆藏：《军机处随手登记档》，档案编号：03-0258-2-1215-103.

片，且栏首署有“报四百里，三月二十八日发”等字样。据此，此奏片之具奏日期当为“光绪十五年三月二十八日”、具奏者为“刘铭传”无疑。兹据校正。

## 三一　请将在籍主事徐德钦从优奖叙缘由片

光绪十五年三月二十八日（1889年4月27日）

再，剿平彰化叛案内匪首施九段、王焕等在逃未获，并续查明官绅庇匪情形，经臣会同闽浙总督臣卞宝第先后奏报，并悬赏购拿在案。兹据署嘉义营参将陈宗凯、署嘉义县知县包容禀称：在籍工部主事徐德钦访获王焕匪踪，诱至县属之牛栏庄，报经嘉义营、县，各带勇、役，于光绪十五年三月初十日会同拿获、解送前来。经臣饬发淡水县知县汪兴祎研讯，据供系被施九段胁从等情。

臣查台湾绅士，每多通庇匪类，互相党援，积习已久。徐德钦不避嫌怨，设法诱拿匪首王焕，洵足以挽回地方风气。该绅本有随同剿抚生番并清赋劳绩，应一并从优奖叙，以资激劝。合无仰恳天恩，俯准将在籍工部主事徐德钦加五品衔，并戴花翎？

除将王焕暂行监禁待质，并将徐德钦履历咨部外，所有获匪出力绅士请奖缘由，谨会同闽浙总督臣卞宝第，附片具陈。伏乞圣鉴，训示。谨奏。

（朱批）：徐德钦着赏加五品衔，并赏戴花翎。该部知道。[①]

光绪十五年四月十七日，奉朱批：徐德钦着赏加五品衔，并赏戴花翎。该部知道。钦此。[②]

---

① 中国第一历史档案馆藏：《朱批原件》，档案编号：04-01-04-0034-003.

② 中国第一历史档案馆藏：《军机录副》，档案编号：03-5248-092.

【案】此奏片原件目录仅署“光绪朝”，且未署具奏者；而录副具奏日期则以朱批日期为之，具奏者署“刘铭传”。据朱批日期“光绪十五年四月十七日”，查《军机处随手登记档》[①] 朱批刘铭传折栏，即有此片，且栏首署有“报四百里，三月二十八日发”等字样。据此，此奏片之具奏日期当为“光绪十五年三月二十八日”、具奏者为“刘铭传”无疑。兹据校正。

## 三二　请豁阵亡殉难各员短交银两缘由折

光绪十五年五月二十一日（1889 年 6 月 19 日）

太子少保福建台湾巡抚一等男臣刘铭传跪奏，为台湾清厘旧案交代，所有阵亡、殉难各员短交银两，恳恩豁免，恭折仰祈圣鉴事。

窃查闽省前办军务案内阵亡及殉难各员应追、应赔各款，历经奏奉谕旨豁免有案。兹台湾前办军务阵亡、殉难各员历过任所交代应追、应赔各款，饬据台湾府查有前台湾府知府孔昭慈[②]，前署台湾县知县高鸿飞，前署淡水、噶玛兰二厅秋曰觐等三员，共应追赔款银四万三千九百三十九两零。孔昭慈于升任台湾道、高鸿飞于署理台湾县各任内剿匪殉难，秋曰觐于署理淡水厅任内赴彰化剿匪阵亡，均由前督抚臣奏准恩恤。且孔昭慈、高鸿飞二

① 中国第一历史档案馆藏：《军机处随手登记档》，档案编号：03-0258-2-1215-103.

② 孔昭慈（1795—1862），字云鹤，山东曲阜人，孔子七十一代孙。道光十五年（1835），中式进士，改庶吉士。十七年（1837），授广东饶平县知县，闻讣丁忧，服满赴部候选，拣发福建。二十五年（1845），选补古田县知县。二十八年（1848），补授闽县知县，署理邵武同知。同年，升补台湾鹿仔港理番同知。咸丰四年（1854），迁台湾府知府。九年（1859），擢台湾道。十年（1860），加按察使衔，兼督学政，以助饷加二品顶戴。同治元年（1862），督兵赴彰化戡乱，卒于阵，谥刚介。

员内地历过各任款项已奉准豁免，所有台地各任短款事同一律，自应汇同阵亡之秋曰觐，前署淡水、噶玛兰二厅任内交代款项，按员汇造清册办理。由署台湾布政使沈应奎会同台湾道兼按察使衔唐景崧具详请奏豁免，并声明该三员应行追赔银数及殉难阵亡地方、年月日期及奉赐恤各缘由，已于册内分晰登明等情前来。

臣查该故员等死事情形深堪悯恻，国家优恤忠荩无微不至，似未使因此公亏再贻后累，相应照案陈请豁免，以广皇仁。除将清册送部查照外，谨会同闽浙总督臣卞宝第，恭折具陈。伏乞皇上圣鉴，训示。谨奏。光绪十五年五月二十一日。

（朱批）：着照所请，该部知道。[①]

光绪十五年六月初七日，奉朱批：着照所请，该部知道。钦此。[②]

## 三三　奏报本年台湾岁试一律完竣情形折

光绪十五年五月二十一日（1889年6月19日）

太子少保福建台湾巡抚兼管学政一等男臣刘铭传跪奏，为臣由台南回考台北，现在岁试一律完竣，恭折奏报，仰祈圣鉴事。

窃臣兼管台湾学政，本年举行岁试，已将前赴台南启程日期奏报在案。臣于四月初一日乘坐飞捷轮船起程，初二日至澎湖查看炮台工程，初三日驶抵台南府城开考，二十二日考竣，二十三日由台南起程，二十四日回抵台北府城，先将巡抚衙门积压案牍略事清厘，三十日开考台北各属，五月二十一日考竣。臣俱严密

① 中国第一历史档案馆藏：《朱批原件》，档案编号：04-01-35-0832-036.

② 中国第一历史档案馆藏：《军机录副》，档案编号：03-5862-080.

关防，秉公衡校，两棚与试文童并计不下四千人，武童六百余人，均各取进如额。

本年恭遇恩科，除考列等第生员以岁作科外，仍各随棚录取遗才，届时一并起送入闱乡试。臣查各属文风，台南以彰化、安平为上，嘉义、凤山次之；台北以淡水为上，新竹、宜兰次之。武风大略相等。所有场规、士习均甚安静，惟于台北查获枪替一名，即发提调官枷责示惩，并将失察之廪生扣保。又有淡水年逾八十之文童二名，文理平常，笃志不倦，经臣仰体皇仁，赏给顶戴，以为耄年好学者劝。臣于当堂发落，谕令文武新旧各生一体敦品励学，用副圣朝乐育载成之至意！

抑臣尤有请者，台地向分闽、粤二籍考试，士子闽居其八，粤居其二，番籍虽系土著，应考初无多人。自开办招垦抚番，闽、粤垦民招徕踵至，番民涵濡德化，知识亦开。近年以来，文风蒸蒸日盛，原定学额不敷登进。现在府县分治，应俟学额厘定之日，酌量增广，以宏作育而励人才，容臣另行具奏办理。

所有臣由台南回考台北，岁试一律完竣缘由，理合恭折奏报。再，臣往来台南、台北，沿海辖境，并臻安谧，堪以仰慰宸廑。合并附陈。伏乞皇上圣鉴。谨奏。光绪十五年五月二十一日。

（朱批）：知道了。[①]

光绪十五年六月初七日，奉朱批：知道了。钦此。[②]

① 中国第一历史档案馆藏：《朱批原件》，档案编号：04-01-38-0169-011.

② 中国第一历史档案馆藏：《军机录副》，档案编号：03-5250-029.

## 三四　奏报台湾购办大炮全数运到情形片

光绪十五年五月二十一日（1889年6月19日）

再，查台湾办理防务，基隆、沪尾、旗后、澎湖各处建造炮台，购办大炮，臣于光绪十二年三月间具奏，遵旨筹办澎湖防务请拨款项案内陈明，旋与英商怡和洋行议购阿马士庄新式后膛铜炮三十一尊，随配炮弹、驾具等件包运到台，所有装箱上船水脚、保险、行用一切在内，共价规平银六十万两，分作三期付给，由前办军械所委员丁达意、前署淡水县知县李嘉棠订立合同，详经咨呈海军衙门暨请总理各国事务衙门转行出使英国大臣派员查验。嗣准该大臣刘瑞芬先后派验咨复到臣，又经咨呈总理各国事务暨海军衙门各在案。

臣于各该口应安炮位先行酌度形势，分别派定，并因澎湖起炮码头难于筑造，复与该英商议定另造屯船二只，包起上岸，加给规平银五千两，仍由委员丁达意订立合同存案。兹据各口禀报，该英商于光绪十四年六月间至本年二月底止，已将所办炮位陆续运到，一律起岸，由各该处防军验收无误。所有炮价规平银六十万两，业经按期付清。其起炮费银五千两，一并给领清楚。

除将起炮合同分咨查照并各炮起上炮台应俟工竣再行办理报销外，所有台湾购办大炮全数运到，炮价等项一律给清缘由，埋合附片具陈。伏乞圣鉴，饬部立案施行。谨奏。

（朱批）：该衙门知道。[1]

---

① 中国第一历史档案馆藏：《朱批原件》，档案编号：04-01-01-0970-076.

光绪十五年六月初七日，奉朱批：该部知道。钦此。[①]

## 三五　奏报李经方监办购炮得力请旨奖励片

光绪十五年五月二十一日（1889年6月19日）

再，查台湾定购大炮三十一尊，洋商争来承办，议价自八十余万两减至六十四万两，已由美商旗昌洋行议办。英商怡和愿减价银四万两，订价规平银六十万两，包运上岸。香港洋报并日本报各洋商议其价过廉平，必然亏折，将来办到货色恐未能与合同相符，经臣函致出使英国大臣刘瑞芬派委参赞知府李经方随时查验。李经方以事关重大，不时亲赴该炮厂查看，并催熟习炮工妥实洋人驻炮厂监视。迨各炮造成，由刘瑞芬另派随员验试，均与合同相符。

臣查李经方才具明敏，精通西学，素为洋人所推服。此次经理台湾炮位，洋商亏折甚巨，于各炮工料毫未偷减，亦未别生枝节，另开使费。其雇人监视及往返电商报费垫用二千余金，不肯开报。现在炮位全数运到，臣复加勘验，制造精利，体质坚刚，洵为海防利器。李经方不辞劳费，监办得力，臣未敢没其微劳，可否仰恳天恩，酌予奖励之处，出自逾格鸿施。理合附片具陈。伏乞圣鉴，训示。谨奏。

（朱批）：李经方着交部议叙。[②]

光绪十五年六月初七日，奉朱批：李经方着交部议叙。

---

① 中国第一历史档案馆藏：《军机录副》，档案编号：03-9394-034.

② 中国第一历史档案馆藏：《朱批原件》，档案编号：04-01-01-0970-046.

钦此。[1]

## 三六　奏报于澎湖岛凭海筑城缘由片

光绪十五年五月二十一日（1889 年 6 月 19 日）

再，澎湖一岛为闽台咽喉，系海防最要之地，四面莅海，形势散漫，无险可守。光绪十一年法船退后，臣同前督臣杨昌濬会筹防务，到澎相度地势，杨昌濬即有建城之议，该处绅民亦屡次递禀求建城垣，经臣商令澎湖镇总兵吴宏洛详细查勘，定于妈宫地方凭海筑城，联络炮台，以资捍卫，禀请于上年八月兴工。

除饬取周围高厚丈尺，确造估册咨部立案外，理合会同督臣卞宝第，附片具陈。伏乞圣鉴。谨奏。

（朱批）：该部知道。[2]

光绪十五年六月初七日，奉朱批：该部知道。钦此。[3]

## 三七　奏报勒限官员完缴银两缘由片

光绪十五年五月二十一日（1889 年 6 月 19 日）

再，前署嘉义县知县罗建祥交代案内短欠正供谷八千一百七十四石零，屡经严催，延不清解。据该管道府据实揭报，由署台湾布政使沈应奎会同台湾道兼按察使衔唐景崧具详请参前来。

臣查该员罗建祥先于清丈案内有应赔款项，经臣奏参革职追

① 中国第一历史档案馆藏：《军机录副》，档案编号：03-9394-035.
② 中国第一历史档案馆藏：《朱批原件》，档案编号：04-01-01-0969-008.
③ 中国第一历史档案馆藏：《军机录副》，档案编号：03-9394-030.

赔在案。兹又短欠交代供谷，屡催不解，均属玩违，相应请旨将业已另案革职前署嘉义县知县福建试用知府罗建祥欠完供谷，应即并案勒限严追完缴。倘逾限不完，即行从严复参追办，一面饬将交代赶紧造册结报。

除将该管各上司职名报部备核外，谨会同闽浙总督臣卞宝第，附片具陈。伏乞圣鉴，训示。谨奏。

（朱批）：着照所请，该部知道。[①]

光绪十五年六月初七日，奉朱批：着照所请，该部知道。钦此。[②]

## 三八 核销历年采煮官用积存净次硫磺情形片

光绪十五年五月二十一日（1889 年 6 月 19 日）

再，查台湾素产硫磺，前经奏准开禁，采归官用，尚未准商运出口。嗣因筹办抚番，据绅士林维源、林朝栋等议请由官采煮销售，并准商运出口，以畅销路而助经费，经臣附片具奏，奉旨允准，并委候补知府丁达意等分别设厂采煮运售在案。

兹据台湾善后局司道详称：据委员丁达意将历年采煮官用积存净次硫磺四十万四千一百一十五斤，计成本银三千七百八十二两五钱一分六厘四毫；又自光绪十二年十一月开办起至十四年底止，共采煮净次磺八十一万八千三百四十斤，成本银七千六百五十九两六钱六分二厘四毫。计管、收共得磺一百二十二万二千四百五十五斤，内除运往闽省并江宁官用折耗磺九千一百六十七斤

① 中国第一历史档案馆藏：《朱批原件》，档案编号：04-01-35-0832-037.

② 中国第一历史档案馆藏：《军机录副》，档案编号：03-6676-007.

八两，又旧存次磺复行提煮折耗八万二千五百四十六斤外，售出净次硫磺八十八万三百三十二斤八两，计得磺价银一万九千九十九两一钱一分五厘，内除提还成本银九千九十八两三钱五分六毫，又开支局用各款银五千六百五十四两六钱五分二厘七毫外，实盈余银四千三百四十六两一钱一分一厘七毫，汇归台防、善后、抚番案内列收造报。尚存净次硫磺二十五万四百九斤，计成本银二千三百四十三两八钱二分八厘二毫。查核收支各款，尚属相符，应请准予造销。由局造册详请奏咨前来。

臣复核无异，除将清册咨送户部核销外，谨附片具奏。伏乞圣鉴，训示。谨奏。

（朱批）：该部知道。[①]

光绪十五年六月初七日，奉朱批：该部知道。钦此。[②]

## 三九　汇奏各属十四年冬季正法情重人犯片

光绪十五年五月二十一日（1889年6月19日）

再，台湾各属就地正法人犯业经附片奏报至光绪十四年秋季分止在案。兹十四年冬季分，查有台南府属嘉义、彰化等县暨营务处先后报获匪犯郑有幅、颜深、蔡芳、赖阿传、吕登财、刘良等六名，均系迭犯抢劫得赃以及拒捕伤人，情罪重大，未便稽诛，审明后禀经臣核饬就地正法，以昭炯戒在案。兹据台湾道兼按察使衔唐景崧汇详请奏前来。

除将各犯籍贯、罪由开单咨部外，谨会同兼管福建巡抚事闽

① 中国第一历史档案馆藏：《朱批原件》，档案编号：04-01-35-0107-011.

② 中国第一历史档案馆藏：《军机录副》，档案编号：03-9428-013.

浙总督臣卞宝第，附片具陈。伏乞圣鉴。谨奏。

（朱批）：刑部知道。[1]

光绪十五年六月初七日，奉朱批：刑部知道。钦此。[2]

## 四〇　请于澎湖建立城垣缘由片

光绪十五年五月二十一日（1889年6月19日）

再，澎湖一岛为闽台咽喉，系海防最要之地，四面莅海，形势散漫，无险可守。光绪十一年，臣同前督臣杨昌濬会筹防务，相度地势，杨昌濬即有建城之议，该处绅民亦屡次递禀求建城垣。臣商令澎湖镇总兵吴宏洛详细察勘，定于妈宫地方凭海筑城，联络炮台，以资捍卫，禀请于上年八月兴工。

除饬取周围高厚丈尺，确造估册，咨部立案外，理合会同督臣卞宝第，附片具陈。伏乞圣鉴。谨奏。

光绪十五年六月初七日，奉朱批：该部知道。钦此。[3]

【案】此奏片之具奏日期，原件查无下落，录副则以朱批日期为之，未确。据朱批日期"光绪十五年六月初七日"，查《军机处随手登记档》[4]朱批刘铭传折栏，即有此片，且栏首署有"报四百里，五月二十一日发"等字样。据此，此奏片之具奏日期当为"光绪十五年五月二十一日"无疑。兹据校正。

---

① 中国第一历史档案馆藏：《朱批原件》，档案编号：04-01-01-0972-011.

② 中国第一历史档案馆藏：《军机录副》，档案编号：03-7356-032.

③ 中国第一历史档案馆藏：《录副奏片》，档案编号：03-9394-030.

④ 中国第一历史档案馆藏：《军机处随手登记档》，档案编号：03-0258-2-1215-152.

## 四一　请定台湾郡县缺目暨各官养廉缘由折

光绪十五年五月二十六日（1889年6月24日）

头品顶戴闽浙总督臣卞宝第、太子少保福建台湾巡抚一等男臣刘铭传跪奏，为请定缺目暨各官养廉，恭折仰祈圣鉴事。

窃台湾郡县分设添改案内应定缺目与各官养廉、役食，接准部覆，令即酌拟奏咨核定，并将移设台湾府照各省首府之例亦应定为请旨要缺等因到台，并经臣等亦曾将台东直隶州与基隆厅各缺目于拣员请补时随案编定奏咨在案。尚有应支养廉与此外新设各缺目廉银，亟应遵照部覆酌拟一律编定。

查台湾府经部定为要缺，应请编为冲、繁、疲、难四字。又省会首县台湾县，并请编为冲、繁、疲、难兼四要缺。云林县山海交错，应请编为难字简缺。苗栗县扼内山之冲，应请编为冲字简缺。台东直隶州州同分驻埤南，拟作中缺；州判分驻花莲港，拟作简缺。其添设教佐，并请循照台地旧设各缺办理。从前旧设、续设与现改各缺，辖境虽间有划分，但目今益以新辟抚字，催科仍属纷繁，原定缺目自可毋庸更张。各官养廉先经编定并免另议外，其有前经设治未久各缺，自应亦汇入此次，一律编支。

所有台湾府拟年支养廉银二千两，基隆同知拟年支银八百两，埔里社通判拟年支银五百两，台湾县拟年支银一千二百两，云林、苗栗、恒春三县拟各年支银六百两，台东直隶州知州拟年支银一千二百两，州同年支银二百两，州判年支银一百六十两。其添设教佐养廉，亦悉照台地例章支给。尚有役食一项例应编入各县坐支，另行办理。据署台湾布政使沈应奎造册具详前来。

臣等覆加察酌，该署藩司请定缺目与各官养廉尚属允当，应请如所拟编定。除咨部查照并饬司将各县役食另行编定造册详办外，是否有当？谨合词恭折具陈。伏乞皇上圣鉴，饬部核覆施行。谨奏。光绪十五年五月二十六日。

（朱批）：该部议奏。[1]

光绪十五年六月初十日，奉朱批：该部议奏。钦此。[2]

## 四二　请将台省本届计典暂附闽省汇办缘由折

光绪十五年五月二十六日（1889年6月24日）

头品顶戴闽浙总督臣卞宝第、太子少保福建台湾巡抚臣刘铭传跪奏，为台省本届计典拟请暂附闽省汇办，恭折仰祈圣鉴事。

窃台湾改设行省案内接准部议福建台湾巡抚常川驻台，司道以下各官考核大计，闽省由总督主政，台湾由巡抚主政，照旧会衔办理等因在案。本届系应举行大计考核之年，自应遵照分别主政办理。惟现在台湾分省甫定，添改府、厅、州、县教佐各官，事在创始，一时尚多拣员未定，实任人员无多，所有光绪十五年分台省应办大计举劾之案，可否由臣铭传核定贤否，分别加考，咨送臣宝第饬发福建藩司附于闽省大计册后会题。俟台省缺官次第拣补，诸事敉定，下届计典为始，即就台主政分办，循旧会衔，以符定制。据署台湾布政使沈应奎具详前来。

除咨部查照外，是否有当？谨合词恭折具陈。伏乞皇上圣鉴，训示，饬部核覆施行。谨奏。光绪十五年五月二十六日。

① 中国第一历史档案馆藏：《朱批原件》，档案编号：04-01-01-0968-009.

② 中国第一历史档案馆藏：《军机录副》，档案编号：03-5250-057.

（朱批）：着照所请，该部知道。①

光绪十五年六月初十日，奉朱批：着照所请，该部知道。钦此。②

## 四三　奏报光绪十五年春季台湾委署员缺折

光绪十五年五月二十六日（1889 年 6 月 24 日）

头品顶戴闽浙总督臣卞宝第、太子少保福建台湾巡抚一等男臣刘铭传跪奏，为光绪十五年春季分台湾并无委署知县员缺，恭折仰祈圣鉴事。

窃案准部咨：钦奉上谕：各省州县无论奏调、委署、代理，着每届三个月汇奏一次。钦此。奉经将奏调、委署、代理各缺就台办理至光绪十四年冬季止先后奏报在案。兹查光绪十五年春季分，台属并无州县缺出，无从开报署、代。据署台湾布政使沈应奎具详前来。

除咨部外，臣等谨恭折具陈。伏乞皇上圣鉴。谨奏。光绪十五年五月二十六日。

（朱批）：吏部知道。③

光绪十五年六月初十日，奉朱批：吏部知道。钦此。④

---

① 中国第一历史档案馆藏：《朱批原件》，档案编号：04-01-12-0545-073.

② 中国第一历史档案馆藏：《军机录副》，档案编号：03-5250-056.

③ 中国第一历史档案馆藏：《朱批原件》，档案编号：04-01-12-0545-080.

④ 中国第一历史档案馆藏：《军机录副》，档案编号：03-5250-058.

## 四四　请准从宽补署在台差委人员缘由片

光绪十五年五月二十六日（1889年6月24日）

再，臣前准部覆：台湾要缺知县一项，暂准不论资格，一体酌量请补，俟三年期满，仍照定例办理。新设知县各缺，先准酌量补署一次。其变通章程，行令察看，定限奏明等因。查台湾际此行省初设，事事创始，因地择人，藉收指臂之助，实为目前第一要义。诚恐格于成例，弃置人材。此臣所以前有变通之请。

旧设知县要缺既准部议变通补署三年，届时能否仍循定例，应否加展，自当再行察酌。惟新设各缺，兹臣覆加察看，不特当此草创经营，猝难就理，况多地居新辟番界，烟瘴尤重，人地既贵相宜，变通期限似不能不酌量从宽，应请仍照前议，以十年为限，俾资治理。据署台湾布政使沈应奎具详前来。

谨会同闽浙总督臣卞宝第，附片具陈。伏乞圣鉴，训示。再，现在台地各项差事在在需人，一俟变通限满，而此项在台差委效用人员永无补期，似不足以昭平允。所有中简厅县及佐杂各缺，可否仿照一咨一留章程在内地调补一次，就台差委各项班次人员请补一次，以示鼓励。是否有当？并请饬部核覆施行。谨奏。

（朱批）：吏部议奏。[1]

光绪十五年六月初十日，奉朱批：吏部议奏。钦此。[2]

---

① 中国第一历史档案馆藏：《朱批原件》，档案编号：04-01-01-0968-010.

② 中国第一历史档案馆藏：《军机录副》，档案编号：03-5250-054.

# 四五　奏报吴本杰等署理台南府缺缘由片

光绪十五年五月二十六日（1889 年 6 月 24 日）

再，署台南府知府罗大佑在任病故，所遗台南府缺，应即遴员接署，以资表率。查有署台东直隶州知州补用知府吴本杰，勤谨干练，人地相宜，堪以调署台南府篆务。吴本杰未到署任以前，饬令现办台南通商局务候选知府朱和钧就近暂行代理。所遗台东直隶州系后山新改之缺，台地一时查无合例相当人员可委。惟查有现在后山差委之开复福建试用通判王维叙，饬令就近暂行代理。据署台湾布政使沈应奎会同台湾道兼按察使衔唐景崧，详请具奏前来。

除批饬遵照，并令详请咨调闽省合例人员来台酌量请补，暨咨部查照外，臣谨会同兼管福建巡抚事闽浙总督臣卞宝第，附片具陈。伏乞圣鉴。谨奏。

（朱批）：吏部知道。①

光绪十五年六月初十日，奉朱批：吏部知道。钦此。②

【案】此片之具奏日期及具奏者，原件仅署“光绪十五年”，未署具奏者；而录副则以朱批日期为之，具奏者为刘铭传。兹据朱批日期“光绪十五年六月初十日”，查《军机处随手登记档》③ 朱批卞宝第、刘铭传折栏，内即有此片，栏首署有“报四百里，五月二十六日发”及此片上方注有“以下刘单衔”等字样。据此，此奏片之具奏日期当为“光绪十

① 中国第一历史档案馆藏：《朱批原件》，档案编号：04-01-12-0545-049.

② 中国第一历史档案馆藏：《军机录副》，档案编号：03-5250-055.

③ 中国第一历史档案馆藏：《军机处随手登记档》，档案编号：03-0258-2-1215-155.

五年五月二十六日”、具奏者当为“刘铭传”无疑。兹据校正。

## 四六　奏报清丈未竣请将奏销钱粮展限折

光绪十五年六月初十日（1889年7月7日）

太子少保福建台湾巡抚一等男臣刘铭传跪奏，为全台办理清丈给单未竣，拟请酌展奏销限期，恭折仰祈圣鉴事。

窃台省清丈报竣后，改定赋则，接办验契给单，新赋暂难征收。所有光绪十四年上下忙匀征分数，经臣会同前闽浙总督臣杨昌濬奏咨暂免核计。嗣因给单需时，十四年新粮亟须启征，复经通饬各属于是年六月十六日一律先行启征上忙。其单未给清之处，一面给单，一面征粮，亦经会同具奏在案。

兹查台北各属单虽给竣，台湾之云林县由彰化县划拨四堡归管未久，甫经给至三成；嘉义、凤山两县因原丈未能核实，而田园独多，现办覆丈，随时给单，亦至四五成，其余各属约有七成。因上年正在给单之际，适彰化土匪滋事，该处业户不无迁避观望，虽经即时扑灭，给单不无迟缓，且大小租、番租、屯租、隘租、官庄各项名目琐碎异常，或有地段畸零，土壤瘠薄，难以照则行科，必须另行分别办理。又或析产未定，典卖不清，民间自有纠葛，皆须逐一清厘。凡此为难情形，必须稍假时日。据清赋局司道详请奏咨展限等情。

臣查从来清丈，田赋本非易办之举。内地历办清丈，虽仅一州一县，往往数年毫无成效。今举全台各属一律清丈升科，祛除百余年欺隐包揽之积弊，若非台南嘉义、凤山延误，彰化叛绅把持阻抗，两年竟可一律完竣，实为臣始顾所不及。台北给单俱已告竣，新粮亦征收报解八成。惟剩台南之嘉义、凤山两属，查其田园，多至十余万甲或七八万甲不等。自署藩司沈应奎接任以来，办理日有起色，但以后所剩零星尾数多属纠葛不清，办理较前尤难。该司道所详系属实情。

惟光绪十四年钱粮奏销已届，即将现办覆丈之嘉义、凤山二县剔出另办。其余台湾、安平、彰化、云林各县亦尚未悉数给清，粮额不能遽定，万不能按限奏销。臣于上年奏报开征本已压迟一忙，此时各属完粮尤非内地无事州县得以率由旧章按时征解可比。情形既有不同，办理理应稍通变，俾不致草率从事，功弃垂成。合无仰恳天恩，俯准将全台光绪十四年奏销展限六个月，自奉旨之日起扣，庶不致草率从事，亦不致漫无限制，实于公事有裨。

除咨部并檄饬该司道等严督各属将丈单迅速给竣，赶紧征粮报解，暨将粮额核定，造册呈送详咨，接续造报奏销，倘有何县再事泄延，即行严参示惩外，所有全台办理清丈给单未竣，拟请酌展奏销限期缘由，是否有当？谨会同闽浙总督臣卞宝第，恭折具陈。伏乞皇上圣鉴，训示，施行。谨奏。光绪十五年六月初十日。

（朱批）：着照所请，该部知道。①

光绪十五年六月三十日，奉朱批：着照所请，该部知道。钦此。②

## 四七　请准添配机器等项价银汇销缘由片

光绪十五年六月初十日（1889 年 7 月 7 日）

再，前准部咨，各省购买外洋枪炮、军火等项，应将数目、

① 中国第一历史档案馆藏：《朱批原件》，档案编号：04-01-35-0097-030.

② 中国第一历史档案馆藏：《军机录副》，档案编号：03-6230-050.

物件、价银先行奏咨立案，方准造销，自应遵照办理。台北设立机器局，应需制造枪炮子弹及伐木各项机器，业经先后奏咨，奉准由外洋分购在案。惟查外洋制作日新，由大及小，无一不可改用机器。

现当工匠云集之际，酌量添补小件机器，工作自可扩充，当由总办局务道员丁达意分投查访，在上海各洋商已运中国之机器内核其可用之件，按价给值，共用库平银六千三百八十二两零。又在香港添购各种手用器具，共用库平银四千五十九两零。以上二项均系在中国零星添配，与整批赴外洋定购不同，价银不能不随时先行核给。将分次添配物件及用过价银开折，送由台湾善后局司道核详，呈请奏咨，准予汇销等情，前来。

臣覆核无异，合无仰恳天恩，俯赐饬部准予汇销，以符定案。除将清折分送海军衙门并户部核办外，理合附片具奏。伏乞圣鉴，训示。谨奏。

（朱批）：该衙门知道。[①]

光绪十五年六月三十日，奉朱批：该衙门知道。钦此。[②]

【案】此奏片之具奏者，原件目录署“光绪十五年六月初四日”，且存疑。而录副则署“光绪十五年六月三十日”，即朱批日期，亦未确。兹据朱批日期查《军机处随手登记档》[③]朱批刘铭传折栏，则署有“报四百里，六月初十日发”等字样。据此，此片具奏日期当为“光绪十五年六月初十日”无疑。兹据校正。

---

① 中国第一历史档案馆藏：《朱批原件》，档案编号：04-01-01-0970-074.

② 中国第一历史档案馆藏：《军机录副》，档案编号：03-9410-008.

③ 中国第一历史档案馆藏：《军机处随手登记档》，档案编号：03-0258-2-1215-175.

## 四八　请赏林维源本生庶母郑氏扁额缘由片

光绪十五年六月初十日（1889年7月7日）

再，据二品顶戴三品卿衔太常寺少卿林维源遣丁禀称：林维源本生庶母二品命妇郑氏，素性勤俭，递年积存余资，常以赈恤灾荒为念。上年捐助河南、安徽灾赈，历蒙汇解在案。兹闻山东旱灾甚重，先后措捐库平银五千两，禀恳饬收转解，助赈灾区等情。

臣查内外文武官绅命妇捐资助赈，迭经各省奏奖有案。林维源本生庶母郑氏上年捐助皖、豫赈款各一千两，兹复先后措捐五千两振济东灾，洵属乐善好施，深明大义。本年恭逢皇上大婚盛典，推恩内外，二品命妇林郑氏积德好善，年正八旬，可否仰恳天恩赏给扁额一方以示旌奖而资观感之处，出自逾格鸿施！

除将所有捐赈款饬由善后局解交山东赈局查收外，所有命妇捐助东赈缘由，理合会同山东抚臣张曜，附片具奏。伏乞圣鉴，训示。谨奏。

（朱批）：着照所请。[①]

光绪十五年六月三十日，奉朱批：着照所请。钦此。[②]

【案】此奏片之具奏者，原件目录署“光绪十五年六月初十日”，且示存疑。而录副则署“光绪十五年六月三十日”，即朱批日期，亦未确。兹据朱批日期查《军机处随手登记档》[③] 朱批刘铭传折栏，则署有“报

① 中国第一历史档案馆藏：《朱批原件》，档案编号：04-01-0084-084.

② 中国第一历史档案馆藏：《军机录副》，档案编号：03-5551-049.

③ 中国第一历史档案馆藏：《军机处随手登记档》，档案编号：03-0258-2-1215-175.

四百里，六月初十日发”等字样。据此，此片具奏日期当为“光绪十五年六月初十日”无疑。兹据校正。

## 四九　奏令署藩司沈应奎会办清赋缘由片

光绪十五年六月初十日（1889年7月7日）

再，台湾新赋现经臣奏请展限，所有给单征粮正在吃紧之际。自署藩司沈应奎接任以来，切实督催办理，日臻起色。恭阅邸钞：六月初三日奉上谕：福建台湾布政使着蒯德标[①]调补等因。钦此。蒯德标系臣同乡至交，忠谨廉朴，久于度支，仰蒙圣明调任台湾，臣尤得资臂助。惟值此清赋之际，恐于地方情形未能熟悉。一俟该司到任，似应仍令沈应奎会同一手经理，以期迅速报竣。

臣查沈应奎优于综核，实心任事，在台多年，不避劳怨。若能假以事权，稍宽时日，于海疆新设省治裨益实非浅鲜。臣为地方用人起见，谨附片密陈。伏乞圣鉴。谨奏。

（朱批）：知道了。[②]

光绪十五年六月三十日，奉朱批：知道了。钦此。[③]

---

① 蒯德标（1817—1894），字蔗农，安徽合肥人。道光二十四年（1844），中式举人。咸丰三年（1853），大挑二等，选授青阳县教谕，署理滁州学正。十一年（1861），以军功保知县。同治元年（1862），保同知。三年（1864），保知府。同年，晋道员。四年（1865），赏戴花翎。五年（1866），加布政使衔。九年（1870），以道员留湖北尽先补用。十二年（1873），督办湖北新关税务。光绪元年（1875），补授湖北武昌盐法道。六年（1880），署理湖北按察使。七年（1881），实授湖北按察使。九年（1883），擢湖北布政使。十二年（1886），赏给头品顶戴。十五年（1889），补授福建台湾布政使。十六年（1890），调补广东布政使。同年，因病开缺。二十年（1894），在籍病故。

② 中国第一历史档案馆藏：《朱批原件》，档案编号：04-01-12-0545-010.

③ 中国第一历史档案馆藏：《军机录副》，档案编号：03-5250-094.

【案】此奏片之具奏者，原件目录署“光绪十五年六月初十日”，且示存疑。而录副则署“光绪十五年六月三十日”，即朱批日期，亦未确。兹据朱批日期查《军机处随手登记档》① 朱批刘铭传折栏，则署有“报四百里，六月初十日发”等字样。据此，此片具奏日期当为“光绪十五年六月初十日”无疑。兹据校正。

## 五〇　奏报英商范嘉士承办基隆煤矿缘由折

光绪十五年六月二十二日（1889 年 7 月 19 日）

太子少保福建台湾巡抚一等男臣刘铭传跪奏，为基隆煤矿官办难期起色，现有英商承办，订拟合同，请旨饬议，以节靡费而免漏卮，恭折仰祈圣鉴事。

窃台湾基隆煤矿自法人滋事毁坏后，先经商人张学熙禀请承办，旋以本亏乞退，经臣商同南洋大臣曾国荃、船政大臣裴荫森并台湾各凑本银二万两，另集商股银六万两，共成本银十二万两，于光绪十三年正月招商接办。因旧矿产煤不多，工本过少，办理年余，毫无利息，商股乞退，禀请收回，仍归官办。臣因闽洋官、商轮船并船政、制造各局在在需煤应用，欲罢不能。该矿系属已成之局，未便废弃，即于十三年十二月由官收回接办，所有商本及船政官本暂由台湾捐输存余项下筹拨归还，饬派洋人玛体荪仿照商办章程办理，臣先后奏明在案。

该矿在基隆八斗地方，开采年久，因法人之乱，停歇二年，积水过深，机器俱行毁坏。数年以来，添购修复，较之从前用费更多，不料煤源已竭，所产日绌。计自光绪十三年十二月改归官

① 中国第一历史档案馆藏：《军机处随手登记档》，档案编号：03-0258-2-1215-175.

办，迄今年余，综核出入，每月亏折银三四千两不等。据工师察看情形，非添用本银百万另开新矿，力筹恢拓，不能获利。台湾经费支绌，官本无款可筹，商股不能再招。臣在筹划之际，适有英商范嘉士愿集资本银百余万来台承办，由英国驻台北领事官班得瑞引荐到臣。据称已勘产煤之区两处，另开新矿，暂用八斗旧矿先行接办，愿偿八斗煤矿机器官本银十四万，分期清缴，详议章程十一条开送前来。

臣查台湾产煤，系地方自然之利。官办限于资本，不能扩充。且积习太深，用人为难。从前每年漏卮银十万两，自臣经理以来，靡费虽少，每年亦须亏折银四五万两。以台湾弹丸之地，所入不敷所出，此项漏卮无所底止，非设法变通补救，不能免此无穷之累。若由该英商承办，不特官本可以收回，即以二十年计之，可免漏卮百万，关税并车路运价转可得数十万。利源既开，商务更兴，于地方民生尤属有裨。所议章程十一条，由臣再三核议，亦不至有后累，当经派令兼办矿务委员候选知府张士瑜先与该英商草立合同，另缮清单，恭呈御览。事关中外交涉，应请饬下总理各国事务衙门会同户部，速行核议定夺。如蒙俞允，再由臣饬令该英商画押承办。

是否有当？理合恭折具陈。伏乞皇上圣鉴，训示。再，台北新竹县辖牛头山地方旧产煤油，曾经前福建抚臣丁日昌[1]奏明，

① 丁日昌（1823—1882），字禹生、雨生，号雨笙，广东丰顺县人。道光二十二年（1842），取生员。二十三年（1843），补廪生。咸丰四年（1854），在籍办团。六年（1856），选琼州府学训导。九年（1859），补江西万安县知县，加同知衔。十一年（1861），坐吉安不守，罢免。同治元年（1862），复补万安县知县。二年（1863），迁直隶州知州。三年（1864），保知府。四年（1865），升补江苏苏松太道。同年，晋两淮盐运使。六年（1867），升授江苏布政使。同年，擢江苏巡抚。十年（1871），丁母忧，回籍终制。光绪元年（1875），补授福建巡抚兼船政大臣。三年（1877），兼理台湾学政。五年（1879），加总督衔，兼理各国事务大臣。八年（1882），卒于任。著有《抚吴公牍》《百兰山馆诗》《奏稿》《五洲政要通考》《百将图传》《巡沪政书》《丁禹生政书》《百兰山馆古今体诗》，辑有《牧令书辑要》《保甲书辑要》等。

委令道员叶文澜开采，旋以亏本停止，现据该英商范嘉士并请开办，事同煤矿一律，并由该商另订合同。谨附缮清单，随折陈明，并乞一并饬发核议施行。谨奏。光绪十五年六月二十二日。

（朱批）：该衙门议奏，单二件并发。[①]

光绪十五年七月初十日，奉朱批：该衙门议奏，单二件并发。钦此。[②]

## 五一　呈英商范嘉士承办煤矿拟立合同清单

光绪十五年六月二十二日（1889年7月19日）

谨将英商范嘉士承办煤矿拟立合同，缮具清单，恭呈御览。

谨开：

一、由该商延聘勘煤工师来台，履勘产煤之区，选定两处作为开矿基址，禀准开办。该商即先在一处兴工，地方官立限凡离该矿三英里以内之地，不准民人挖煤。倘界限内该商所开煤井未得要领，再易新井。苟无越界，悉听其便。二十年之内，全台非该商不准添用机器挖煤。如年限未满，该商所指第一处煤苗不厚，显有罄尽之势，即准该商迁徙，于第二处基址开挖，其界限仍照前定。倘两处煤俱挖尽，尚未满二十年，亦即停止，此外不得再有迁移。所挖煤山如系官地，不用给租；如系民地，即秉公酌给地租。具租仪按所种禾稻杂粮之值，由官代定，仿照铁路章程，每方丈给自四角至六角为止推算。倘该商煤矿所挖地洞养气不通，必得于地面开小井藉以通气，该井虽逾界限，亦准其开

① 中国第一历史档案馆藏：《朱批原件》，档案编号：04-01-36-0107-014.

② 中国第一历史档案馆藏：《军机录副》，档案编号：03-9428-016.

设。若所开之处系属民地，应由该商给与租值，仍由地方官照前代定设。界限之外民人所挖煤洞有碍，应由地方官代为调停。二十年限满，该商应即撤退所有机器，价值无论多少，与地方官无涉；该商所安机器或就地变价，或拆卸运回，官不过问。

二、基隆八斗煤矿以及机器、煤炭、房屋一切，由地方官即交该商经理，将来此煤矿用否，悉凭该商自酌，应不在于第一款所指两处之内。倘该商兴办八斗煤矿，所有已成之小铁路以及火车一切尽可借用，不取租银。其未成至洋海关口之小铁路，该商应照公平纳租，其租资应即议定，日后准不加增，并由地方官在于洋关旁边拨出官地一段，以为该商修筑马头寄屯煤炭之需，此地准免地租，倘系民地，须按年纳租，该租仍由官定，日后准不加增。

三、新挖煤矿，该商所需用小铁路，由地方官铸成以达至大铁路，该商应纳大、小铁路载费，仿照泰西英、美、法、德各国载价相同。查每吨以三十里路计载，约在一角四仙至五角五仙之谱，应临时察看铁路工本情形，随时酌定。倘该商将煤运载大铁路，所有铁路、马头尽可通用，勿庸纳租。所有选定煤矿基址，先应商请地方官议定限期，筑成小铁路，并定载费若干。此次议定载费之后，将来如非该商情愿，准免加增。

四、地方官每月应收该商所挖煤炭一千吨，其价值照基隆市价八折算还。

五、该商煤炭除拨给地方官一千吨之外，其余每吨出口应纳赋课一角。惟民人所产土煤既无赋课，自可轻价而卖，殊碍该商售路，应准设立民人厘捐，准照赋税一体，庶无偏枯。至该商挖出煤炭，照现时应纳关税之外，所有地方厘金以及别项捐输，概予免纳。

六、该商煤矿应盖伙友、工师、工匠人等房屋，除附近矿地如系官地勿庸纳租外，其余别处或屯煤，或盖屋等用，如有租用民地，地方官应代为转租，照官价算给。该商来台，极欲与官民敦睦，务得情理之平。第相处久远，雇工人等虽保不无高抬价值、包揽把持种种情弊，则地方官必得为之弹压保护。该商若由中国各埠雇工来台，应从其便，除工师、监工、伙友之外，其余均用华民，不准雇用外国工人。如因矿中工匠众多，随时请官派弁并带兵役弹压，地方官应如所请饬派。倘该商请派兵驻防矿中，其薪水多寡，由该商按月筹送。

七、地方官若遣生徒进矿学艺，每矿可拨三人，该商工师应宜优待，所在任其游历，以期学业有臻。

八、煤在军装之列，中外倘有战事，该矿应归中国主政，并由中国保全该商之业，再由地方官派员驻矿，稽查出入。如有接济敌煤，查出照公法议究。如与英国或有战事，该商系英国子民，应即暂退，若年限未满，以后事平，再行接办。所有矿中屋宇、机器等件，应由地方官保护。如因退歇亏累，该商生意无论多少，与中国无涉，不敢丝毫索赔。若该商情愿将此煤矿顶与别国商人接办，应先禀明地方官核准，别国商人承充，亦应照此章程办理。

九、此事一经地方官奏准，该商即缴规平洋银二万两，俟基隆煤矿、机器等物交清、马头屯煤之所指定、洋关一带未成小铁路租资议定，该商即应再缴规平洋银五万两。其余该商应缴七万两，地方官准照第五款按月应拨煤炭价内扣除。

十、由地方官奏准始行兴办，奏准后并由爵抚部院加印，以昭信守。

十一、以上各款，该商遵照来台兴创煤矿，独握二十年，责成重大，非挟巨费难以整理，地方官准其在英国招股设立公司，俾其众力易举。

光绪十五年五月日立合同。候补知府张士瑜、英商范嘉士。

再者，此事原由班署领事官从中商办，并翻译合同知见画押，亦请一并画押，兼盖关防，以昭凭信。惟中国洋商开矿之事从未办过，此次奏准因台湾同该商均有利益，如奉旨不准，此件合同应为废纸，即作罢论。英国驻扎台北办理通商事务署领事官班德瑞。光绪十五年六月日加印，一千八百八十九年七月日加印。

（朱批）：览。[1]

## 五二　呈英商范嘉士承办油矿拟立合同清单

光绪十五年六月二十二日（1889年7月19日）

谨将英商范嘉士承办油矿拟立合同，缮具清单，恭呈御览。

谨开：

一、由该商工师履勘台湾出产煤油之处，先用铜钻探明油苗，无论成否，所用经费均由该商自给，与官无涉。倘能寻得油源，足以开挖油矿，禀官准其先在一处兴工，挖井采油，凡离该井十英里限内，任其取油。倘此处煤油显有罄尽之势，准其再迁一处，其界限仍照前定。如限内该商所挖两处矿油已完，尚未满十五年，亦即停止。该商承办以十五年为限，限内全台非该商不准用机器采取煤油，限满之日，应即撤退。所有机器价值无论多少，与官无涉。该商所安机器或就地变价，或拆卸运回，官不

① 中国第一历史档案馆藏：《清单》，档案编号：03-9428-017.

过问。

二、该商所采煤油应照十取一之例，每百担抽取十担，以为地基租课。此外惟关税并子口半税应照条约完纳，其余地方厘金以及别项捐输，概予免纳。

三、该商勘定油矿地基，除官地不用纳租外，如系民地，即秉公酌给地租。其租仅按所种禾稻杂粮之值，由官代定，仿照铁路章程，每方丈给自四角至六角为止推算。

四、新挖油矿，该商所需小铁路，由该商看定基址，地方官商同筑造，以达官道大铁路。该商应纳大、小铁路载费，仿照泰西英、美、法、德各国载价相同。查每吨以三十里路计载，资约在一角四仙至五角五仙之谱，总须临时察看铁路工本情形，方能定拟。自此次议定载费之后，将来如非该商情愿，准免加增。倘该商将油运载大铁路，所有铁路、马头尽可通用，勿庸纳租。

五、该商油矿应盖伙友、工师、工匠人等房屋以及洗净煤油机器所，除附近矿地，如系官地勿庸纳租外，其余别处或屯油，或盖屋等用，如有租用民地，地方官应代为转租，照官价算给。该商来台立意极欲与官民敦睦，务得情理之平。第相处久远，雇工人等难保不无高抬价值、包揽把持种种情弊，则地方官必得为之弹压保护。该商若由中国各埠雇工来台，应从其便，不准雇用外国工人。除工师、监工、伙友之外，其余均用华民。如因矿中工匠众多，随时禀请官弁，并带兵役弹压，地方官应如所请饬派。倘该商请派弁兵驻防矿中，其薪水多寡，由该商按月筹送。

六、地方官若遣生徒进矿学艺，该油矿可拨三人，该商工师应宜优待，所在任其游历，以期学业有臻。

七、煤油虽非军火之比，倘中外遇有战事，该矿亦可归于中国主政，由官派员驻矿稽查出入。如有济敌情事，查出照公法议究，并由中国保全该商之业。如与英国或有战事，该商系英国子民，应即暂退，若年限未满，以后事平再行接办。所有矿中屋宇、机器等件，应由地方官保护。如因退歇亏累，该商生意无论多少，与中国无涉，不敢丝毫索赔。若该商情愿将此油矿顶与别国商人接办，应先禀明地方官核准，别国商人承充，亦应照此章程办理。

八、由地方官奏准始行兴办，奏准后并由爵抚部院加印，以昭信守。

九、以上各款，该商遵照来台兴创油矿，独握十五年，地方官并准其在英国招股设立公司，俾其众力易举。

光绪十五年五月　日立合同。候补知府张士瑜、英商范嘉士。

再者，此事原由班署领事官从中商办，并翻译合同知见画押，亦请一并画押，兼盖关防，以昭凭信。惟中国洋商开矿之事从未办过，此次奏准因台湾同该商均有利益，如奉旨不准，此件合同应为废纸，即作罢论。英国驻扎台北办理通商事务署领事官班德瑞。光绪十五年六月　日加印，一千八百八十九年七月日加印。

（朱批）：览。[①]

## 五三　奏报各属十五年春季雨水粮价情形折

光绪十五年七月初七日（1889年8月3日）

太子少保福建台湾巡抚一等男臣刘铭传跪奏，为恭报台湾省

① 中国第一历史档案馆藏：《清单》，档案编号：03-9428-018.

各属光绪十五年春季分晴雨、粮价情形，仰祈圣鉴事。

窃台湾各属晴雨、粮价，业经照章按季奏报至光绪十四年冬季分止在案。兹查台南府城光绪十五年正月分得雨一次，二月分得雨三次，三月分得雨五次；台北府城正月分得雨八次，二月分得雨十次，三月分得雨十二次。此外，各厅县禀报晴雨情形大略相同。所有米粮价值，据署台湾藩司沈应奎开册详送，并声明新设台湾府属之台湾、彰化二县晴雨、粮价，据台湾、台南两府会议，请自十五年四月起汇同埔里社厅、云林县，由台湾府汇办。其本年三月以前，仍由台南府汇报等情，前来。

臣覆加查核，台南、台北二府属十五年正、二、三月上、中、下米均与上年十二月分同。臣谨恭折具陈，并缮清单，恭呈御览。伏乞皇上圣鉴。谨奏。光绪十五年七月初七日。

（朱批）：知道了。[①]

光绪十五年八月初三日，奉朱批：知道了。钦此。[②]

## 五四　呈台湾各属十五年春季粮价清单

光绪十五年七月初七日（1889年8月3日）

谨将台湾各属光绪十五年春季分米粮价值，缮具列表，恭呈御览。

谨开：

台南府属：光绪十五年正月分，上米每仓石价银一两六钱至二两七钱，与上年十二月分同；中米每仓石价银一两五钱至二两

① 中国第一历史档案馆藏：《朱批原件》，档案编号：04-01-25-0535-026.

② 中国第一历史档案馆藏：《军机录副》，档案编号：03-6880-001.

五钱，与上年十二月分同；下米每仓石价银一两四钱至二两三钱，与上年十二月分同。

台南府属：光绪十五年二月分，上米每仓石价银一两六钱至二两七钱，与正月分同；中米每仓石价银一两五钱至二两五钱，与正月分同；下米每仓石价银一两四钱至二两三钱，与正月分同。

台南府属：光绪十五年三月分，上米每仓石价银一两六钱至二两七钱，与二月分同；中米每仓石价银一两五钱至二两五钱，与二月分同；下米每仓石价银一两四钱至二两三钱，与二月分同。

台北府属：光绪十五年正月分，上米每仓石价银一两九钱至二两三钱，与上年十二月分同；中米每仓石价银一两八钱至二两二钱，与上年十二月分同；下米每仓石价银一两七钱至二两一钱，与上年十二月分同。

台北府属：光绪十五年二月分，上米每仓石价银一两九钱至二两三钱，与正月分同；中米每仓石价银一两八钱至二两二钱，与正月分同；下米每仓石价银一两七钱至二两一钱，与正月分同。

台北府属：光绪十五年三月分，上米每仓石价银一两九钱至二两三钱，与二月分同；中米每仓石价银一两八钱至二两二钱，与二月分同；下米每仓石价银一两七钱至二两一钱，与二月分同。

（朱批）：览。[①]

---

① 中国第一历史档案馆藏：《清单》，档案编号：03-6880-002.

## 五五　奏销建造衙署庙宇等项工程银两折

光绪十五年七月初七日（1889年8月3日）

太子少保福建台湾巡抚一等男臣刘铭传跪奏，为台北地方建造衙署、庙宇等项工程动用工料、地价银两，据实开单，请旨饬部立案，恭折仰祈圣鉴事。

窃查台北自光绪初年分设郡治，仅将城垣、文庙、试院、府署陆续营建，其余地方工程因民力不逮，多未兴办。臣于光绪十年奉命东渡，即就台北驻扎。其时城内尽属水田，不特屋宇无多，并无舆马可通之路，先经饬令淡水县勘购民田，按折方论丈给价，砌筑横直官道。一面招商盖造铺面，闾阎渐兴。嗣议筹办分省，中路省会一时骤难猝办。抚藩大吏以及各局执事员役不能不先营办公之地。且台北地踞上游海口，形势吃重，将来或须添设道员或巡抚，随时分驻，地方公廨以后亦不能少，爰于城之西北隅勘建巡抚行署，并造亲兵营房，即于附近添造藩司行署、银库、库大使署、各局局所。

至淡水改厅为县，旧治现为新竹厅所驻，淡水县暂住城外民房，先未有署，因于城东勘建，并造监狱及典史官廨。其艋舺营参将有城守之责，旧署隔城，办事不便，一并移驻城中。此外，地方庙祀，如关帝庙、天后宫、大士殿、风神庙、龙神庙，沿海胥资护佑，尤不可阙，并经兴建，次第蒇工。所需料件分批由官输运自福州，较之就地购用，稍为节省。

臣查台地近年整顿一切，货厘、盐、茶等项，涓滴归公，已无外销之款。此等工程款项，平时原可责令绅富捐补。惟现当清丈田亩升科之际，既未便踵前陋习，按田科派，且台北修造城工并法防捐输，借资民力已多，地方亦形竭蹶。再四筹思，惟有将各项工程动用工料、地价银两据实开单，恭呈御览，仰恳天恩饬部立案，准予造册汇案报销，以昭核实。据善后局司道详请奏咨前来。

臣覆核无异，除分咨户、工二部外，理合恭折具奏。伏乞皇上圣鉴，饬部立案施行。谨奏。光绪十五年七月初七日。

（朱批）：该部知道，单并发。[①]

光绪十五年八月初三日，奉朱批：该部知道，单并发。钦此。[②]

## 五六　呈建设衙署等项工程动支银两清单

光绪十五年七月初七日（1889年8月3日）

谨将台北建设衙署、庙宇等项工程动用工料、地价银两，缮具清单，恭呈御览。

谨开：

一、建盖巡抚行署并亲兵营房，工料、地价等项共需银三万四千五百五十二两二钱。

一、建盖藩司行署、银库并库大使衙署暨各局局所工料、地价等项，共需银三万一千九十六两九钱九分。

一、建盖淡水县并典史衙署暨监狱，工料、地价共需银一万三千八百二十两八钱九分。

---

① 中国第一历史档案馆藏：《朱批原件》，档案编号：04-01-37-0132-021.

② 中国第一历史档案馆藏：《军机录副》，档案编号：03-7157-044.

一、建盖艋舺营兼城守参将衙署，工料、地价共需银五千五百二十八两三钱六分。

一、建造关帝庙，工料、地价共需银九千四百八十五两。

一、建造天后宫，工料、地价共需银九千九百八十两。

一、建造大士殿，工料、地价共需银五千四百八十九两。

一、建造龙神庙，工料、地价共需银四千八百九十两。

一、建造风神庙，工料、地价共需银四千八百九十两。

一、购城内民田砌筑横直官道，地价、工费共银四千六百五十四两。

以上统共银一十二万四千三百八十六两四钱四分。

（朱批）：览。①

## 五七　请将短欠知县李嘉棠勒限追缴事

光绪十五年七月初七日（1889年8月3日）

再，前署彰化县知县补用同知候补通判李嘉棠，于彰化土匪围攻城池案内经臣查明功过，会同闽浙总督臣卞宝第奏参革职在案。兹据署台湾布政使沈应奎、台湾道兼按察使衔唐景崧会详，以查得李嘉棠前在彰化任内交代尚有短交光绪十二年兵眷谷二千五百八十七石零，十三年兵眷谷七千八百二十五石零，税契银二千七百七十两零，十二、三、四等年官民捐谷二十五石零。虽台地各属解款划饷纠葛情形曾于新案交代展限及续参前署嘉义县罗建祥应交官庄供谷各案内详请陈奏有案。

该革员李嘉棠到任亦在光绪十二年十月，台地营饷奉文系自

① 中国第一历史档案馆藏：《清单》，档案编号：03-7157-045.

十四年起始改归台藩司给发。其十四年以前仍照旧章，由内地藩司划拨。李嘉棠今之短交情形亦与罗建祥相若，除其任内有奉提、奉划各款可以分别清出归补外，仅短交光绪十二年兵眷谷一百余石，十三年兵眷谷三千七百余石，税契、官民捐谷均无短欠。惟交代限期紧迫，旧案猝难清理。由府禀经该司道等以交代新章不准有存垫名目，今既有短交，仍照例将已革前署彰化县知县补用同知候补通判李嘉棠会详奏参前来。

臣覆查无异，除咨部暨檄饬将旧案交代赶紧严限厘查清出归补，将李嘉棠实欠若干勒限追缴清款，并饬现任即行依限造册结报外，谨会同闽浙总督臣卞宝第，附片具陈。伏乞圣鉴，训示。谨奏。

（朱批）：户部知道。[①]

光绪十五年八月初三日，奉朱批：户部知道。钦此。[②]

【案】此奏片之具奏者，原件目录署“闽浙总督卞宝第”，具奏日期为“光绪十五年七月二十日”，而录副之具奏者则署为“台湾巡抚刘铭传”，具奏日期则署“光绪十五年七月初七日”，二者大相径庭。兹据录副朱批日期“光绪十五年八月初三日”查《军机处随手登记档》[③] 朱批刘铭传折栏，则署有“报四百里，七月初七日台北府发”等字样。据此，录副之具奏者及具奏日期确凿无疑。兹据校正。

## 五八　汇奏各属十五年春季正法情重人犯片

光绪十五年七月初七日（1889 年 8 月 3 日）

再，台湾省各属就地正法人犯业经附片奏报至光绪十四年冬

① 中国第一历史档案馆藏：《朱批原件》，档案编号：04-01-12-0546-043.

② 中国第一历史档案馆藏：《军机录副》，档案编号：03-5252-010.

③ 中国第一历史档案馆藏：《军机处随手登记档》，档案编号：03-0259-1-1215-207.

季分止在案。兹十五年春季分，查有台湾府属云林县报获匪犯陈露水一名，台湾府属安平县报获许砖、蔡麟二名，凤山县报获龚菜擦、丁和、曹潢僨三名，台北府属宜兰县报获陈潢幅、林苌生二名，或系迭犯抢劫得赃，或系光棍结党，索诈行凶，均属情罪重大，未便稽诛，审明后禀经臣核饬就地正法以昭炯戒在案。兹据台湾道兼按察使衔唐景崧汇详请奏前来。

除将各犯籍贯、罪由开单咨部外，谨会同兼管福建巡抚事闽浙总督臣卞宝第，附片具陈。伏乞圣鉴。谨奏。

（朱批）：刑部知道。[①]

光绪十五年八月初三日，奉朱批：刑部知道。钦此。[②]

【案】此奏片之具奏者，原件目录署“光绪十五年七月二十日”，而录副则署“光绪十五年七月初七日”，二者大相径庭。兹据录副朱批日期“光绪十五年八月初三日”查《军机处随手登记档》[③] 朱批刘铭传折栏，则署有“报四百里，七月初七日台北府发”等字样。据此，录副之具奏者及具奏日期确凿无疑。兹据校正。

## 五九　奏报各属本年二麦收成分数情形折

光绪十五年八月初七日（1889 年 9 月 1 日）

太子少保福建台湾巡抚一等男臣刘铭传跪奏，为台湾各属光绪十五年分二麦收成分数，恭折具陈，仰祈圣鉴事。

窃台湾改设行省，各属二麦收成分数已自光绪十四年为始，

① 中国第一历史档案馆藏：《朱批原件》，档案编号：04-01-01-0972-002.

② 中国第一历史档案馆藏：《军机录副》，档案编号：03-7356-044.

③ 中国第一历史档案馆藏：《军机处随手登记档》，档案编号：03-0259-1-1215-207.

由台湾奏报在案。兹查十五年分大小二麦，据各县先后开报分数，由署藩司沈应奎汇核造册详送，并声明澎湖厅、凤山县、恒春县、基隆厅均无栽种二麦等情前来。

臣覆加查核，收成六分有余者，台湾府属之台湾、彰化，台南府属之嘉义，台北府属之淡水、新竹、宜兰等六县。收成六分者，台南府属之安平一县。三府合计，通共收成六分有余。

所有台湾省各属光绪十五年分二麦收成分数，臣谨恭折奏报。伏乞皇上圣鉴。谨奏。光绪十五年八月初七日。

（朱批）：知道了。[①]

光绪十五年八月二十六日，奉朱批：知道了。钦此。[②]

## 六〇　奏报光绪十五年夏季委署员缺情形折

光绪十五年八月初七日（1889年9月1日）

头品顶戴闽浙总督臣卞宝第、太子少保福建台湾巡抚一等男臣刘铭传跪奏，为光绪十五年夏季分台湾委署州县员缺，恭折仰祈圣鉴事。

窃案准部咨：钦奉上谕：各省州县无论奏调、委署、代理，着每届三个月汇奏一次。钦此。奉经将奏调、委署、代理各缺就台办理至光绪十五年春季止，先后奏报在案。

兹查十五年夏季分，出有署台东直隶州知州吴本杰调署台南府，遗缺请以开复福建试用通判王维叙暂行代理；又出署凤山县知县张兆芝撤任，遗缺请以现署恒春县补用知县高晋翰署理；所

① 中国第一历史档案馆藏：《朱批原件》，档案编号：04-01-23-0206-016.

② 中国第一历史档案馆藏：《军机录副》，档案编号：03-6720-047.

遗恒春县缺，请以补用府经历吕兆璜署理，均经批准饬遵在案。据署理台湾布政使沈应奎汇详前来。

除咨部外，臣等谨恭折具陈。伏乞皇上圣鉴。谨奏。光绪十五年八月初七日。

（朱批）：吏部知道。[①]

光绪十五年八月二十六日，奉朱批：吏部知道。钦此。[②]

## 六一　请将鹿港游击周南义革职缘由片

光绪十五年八月初七日（1889年9月1日）

再，据署鹿港游击周南义禀报：光绪十五年六月十九日夜，突有该游击兼带之武毅右军左营中哨什长王全胜等，率领勇丁二十余名，拥入衙署，藉称索饷，抢劫衣物，并抢去游击关防一颗，携带逃逸等情，经臣铭传饬令统领栋字营道员林朝栋、署台湾府知府程起鹗，会同查办。据禀，什长王全胜等本带护勇，驻扎署内，因周南义平日性情严厉、驭下无恩怀忿，抢其关防，四散逃走，希图陷害，并由台湾镇、道查报前来，复经分檄勒限购拿。

旋由周南义获到同时在场滋事勇目方海亭等六名，委经营务处统领健字营建宁镇总兵苏得胜讯据方海亭等供认，听从王全胜纠约抢印泄忿等语不讳。惟究其关防，称由王全胜携逃，不知下落。似此藐法犯上，未便稍事姑宽，当经臣铭传批饬将方海亭等先行正法，以肃军律在案。查周南义管带武毅右军左营，平时无

① 中国第一历史档案馆藏：《朱批原件》，档案编号：04-01-12-0546-078.

② 中国第一历史档案馆藏：《军机录副》，档案编号：03-5252-089.

恩于下，临时又不能拿获首犯，失去游击关防，例应参处，以示儆戒，相应请旨将署鹿港游击闽浙补用参将周南义即行革职，留于地方协缉。

除饬司暂刊木质关防暨由臣等另行委员代理游击并咨部查照，及分饬营汛严拿在逃首犯王全胜等务获外，谨附片具陈。伏乞圣鉴，训示。谨奏。

（朱批）：着照所请，兵部知道。[①]

光绪十五年八月二十六日，奉朱批：着照所请，兵部知道。钦此。[②]

## 六二　奏报二参限满已结各案交代情形折

光绪十五年九月初十日（1889 年 10 月 4 日）

头品顶戴闽浙总督臣卞宝第、太子少保福建台湾巡抚一等男臣刘铭传跪奏，为台省新案交代仿照山东新章，按半年开单，恭折具陈，仰祈圣鉴事。

窃查台湾各属新案交代，业经遵章按半年开单奏报一次，办理至光绪十四年二月止在案。兹光绪十五年正月起至六月止半年期内二参限满已结各案交代，据署台湾布政使沈应奎仿照山东新章造册详奏前来。

臣等覆核无异，除咨部查照外，谨合词恭折具陈，并缮清单。伏乞皇上圣鉴。谨奏。光绪十五年九月初十日。

（朱批）：户部知道，单并发。[③]

---

① 中国第一历史档案馆藏：《朱批原件》，档案编号：04-01-16-0228-065.
② 中国第一历史档案馆藏：《军机录副》，档案编号：03-5250-055.
③ 中国第一历史档案馆藏：《朱批原件》，档案编号：04-01-12-0546-126.

光绪十五年十月初六日，奉朱批：户部知道，单并发。钦此。[①]

## 六三　呈各属二参限满已结新案交代清单

光绪十五年九月初十日（1889 年 10 月 4 日）

谨将台省光绪十五年正月起至六月止各属二参限满已结新案交代，敬缮清单，恭呈御览。

谨开：

二参限内算清结报各案

台湾县现改安平县署知县范克承，于光绪十四年九月十九日到任，应接前署县沈光绥并代理县包容交代，扣至十五年正月十八日二参限满，已于限内算清结报。

嘉义县署知县包容，于光绪十四年九月二十四日到任，应接前署县罗建祥交代，扣至十五年正月二十三日二参限满，已于限内算清结报。

彰化县代理知县朱公纯，于光绪十四年九月二十八日到任，应接前署县李嘉棠交代，扣至十五年正月二十七日二参限满，已于限内算清结报。

凤山县知县张兆芝，于光绪十四年十一月初九日到任，应接前代理县高光斗交代，扣至十五年三月初八日二参限满，已于限内算清结报。

彰化县署知县罗东之，于光绪十五年正月十二日到任，应接前代理县朱公纯交代，扣至十五年五月十一日二参限满，已于限

① 中国第一历史档案馆藏：《军机录副》，档案编号：03-5254-024.

内算清结报。

以上五案，业已造册详咨。

（朱批）：览。[①]

## 六四 奏报台湾汇解山东河工银两片

光绪十五年九月初十日（1889 年 10 月 4 日）

再，准军机大臣字寄：光绪十五年七月初三日，奉上谕：张曜奏，前经部议加培黄河两岸堤埝，指拨各省郑工捐输银两，即着各该省迅解山东，以资工用等因。钦此◆1。钦遵字寄前来。

臣查台湾奉拨银七千九百二十二两六钱，业据善后局司道于五月二十六日照数发交协和信号商汇解，由臣咨明户部暨山东巡抚臣张曜查照兑收在案。理合附片覆陈。伏乞圣鉴。谨奏。

（朱批）：户部知道。[②]

光绪十五年十月初六日，奉朱批：户部知道。钦此。[③]

【案】此处谕旨尚多节略，兹据《光绪朝上谕档》补充如下：

军机大臣字寄：江苏、甘肃新疆、福建台湾、江西、湖北、湖南、四川、广东、广西、云南、贵州各督抚：光绪十五年七月初三日，奉上谕：张曜奏，前经部议加培黄河两岸堤埝，指拨各省郑工捐输银两，现除山西等省陆续解到外，其余指拨江苏、甘肃新疆、福建台湾、江西、湖北、湖南、四川、广东、广西、云南、贵州应解山东银两，迄今尚未起解等语。山东黄河增培堤埝工程，需款孔亟。既经该部指拨各省郑工捐项，均系有着之款，何以尚未报解？即着各该省督抚迅将前项银两如

① 中国第一历史档案馆藏：《清单》，档案编号：03-5254-025.

② 中国第一历史档案馆藏：《朱批原件》，档案编号：04-01-35-0999-045.

③ 中国第一历史档案馆藏：《军机录副》，档案编号：03-7081-047.

数解往山东，以资工用，毋稍延缓。将此由四百里各谕令知之。钦此。遵旨寄信前来。[①]

## 六五　奏为原保外委毕宝印请照原保给奖片

光绪十五年九月初十日（1889 年 10 月 4 日）

再，光绪十四年九月二十六日，奉上谕：刘铭传奏，官军攻克番社，迭次获胜，请将出力人员奖励一折，外委毕宝印等免补千总、把总，以守备尽先补用等因。钦此。经臣将转行遵照在案。兹准兵部咨，以该外委越级保升，核与定章不符，应请改为免补外委，以把总尽先拔补等因，自应转饬遵照。惟查官军攻克吕家望番社之役，先于七月二十二日斫进竹园两道，毕宝印奋勇前驱，嗣于八月初七日击败大庄援匪，又于十四日攻进头卡，击毙悍番二名，各军遂得进踞该社后山，乘势攻克。毕宝印出生入死，迭著战功，夺卡毙番，委非破格优保不足以示鼓励。

合无仰恳天恩，俯念军营战将立功较多，例得给予优奖，饬部遵奉前次谕旨，仍准毕宝印以守备尽先补用之处，出自逾格鸿施！臣为鼓励戎行起见，是否有当？理合附片具陈。伏乞圣鉴，训示。施行。谨奏。

（朱批）：兵部议奏。[②]

光绪十五年十月初六日，奉朱批：兵部议奏。钦此。[③]

---

① 中国第一历史档案馆编：《光绪宣统两朝上谕档》，第 15 册，第 259 页，广西师范大学出版社，1996。

② 中国第一历史档案馆藏：《朱批原件》，档案编号：04-01-16-0228-085.

③ 中国第一历史档案馆藏：《军机录副》，档案编号：03-5864-075.

## 六六　汇奏光绪十五年春夏京控未结案件片

光绪十五年九月初十日（1889 年 10 月 4 日）

再，闽省前准刑部咨，嗣后京控交审案件，无论奏咨，每年将已、未完结数目分两次汇开清单具奏咨部，以凭稽核等因。今台湾分省，亦经照办至光绪十四年十二月底止开单具奏在案。兹据台湾道兼按察使衔唐景崧、署台湾布政使沈应奎详称：台属京控各案截至光绪十五年六月底止，尚有咨交未结之黄连蒲等及林振旺二起，因要证外出，致难审结，委非无故迟延，亦非提解不力等情，开折具详前来。

除批饬勒限严催提解审办，并咨部查照外，谨会同兼管福建巡抚事闽浙总督臣卞宝第，附片具奏，并缮清单，恭呈御览。伏乞圣鉴。谨奏。

（朱批）：刑部知道，单并发。①

光绪十五年十月初六日，奉朱批：刑部知道，单并发②。钦此。③

## 六七　请准徐士恺等以道员候补缘由片

光绪十五年九月初十日（1889 年 10 月 4 日）

再，三品衔知府用浙江候补同知徐士恺、知府衔指分广东补

① 中国第一历史档案馆藏：《朱批原件》，档案编号：04-01-01-0972-030.

② 此单查无下落，待考。

③ 中国第一历史档案馆藏：《军机录副》，档案编号：03-5707-034.

用同知张佩绪，前经臣于剿办番社并案请奖案内保奏，均请免补本班以知府各留原省归候补班补用在案。兹据该员徐世恺等禀称：先因经理出使各国文报出力，蒙南北洋大臣会同奏保免补同知，以知府仍留原省补用，奉旨交部议覆核准。兹复蒙保以知府补用，系属重复，禀请更正改奖前来。

臣查保奖重复之案，例得奏请更正改奖，合无仰恳天恩准将三品衔浙江补用知府徐士恺、广东补用知府张佩绪均俟补缺后以道员在任候补，出自逾格鸿施！

除于现开清单改列外，谨附片具陈。伏乞圣鉴，饬部更正施行。谨奏。

（朱批）：吏部议奏。①

光绪十五年十月初六日，奉朱批：吏部议奏。钦此。②

## 六八　奏报台湾本年早稻收成分数情形折

光绪十五年九月二十四日（1889 年 10 月 18 日）

太子少保福建台湾巡抚一等男臣刘铭传跪奏，为台湾省光绪十五年分早稻收成分数，恭折具陈，仰祈圣鉴事。

窃台湾省光绪十五年分早稻，兹届收成之期，据各县先后开报分数，由署藩司沈应奎查核造册详送，并查明澎湖厅、安平县向无栽种早稻，云林县系属新辟地方，尚无收成可计等情前来。

臣覆加查核，收成七分有余者，台北府属之基隆一厅；收成七分者，台北府属之宜兰一县；收成六分有余者，台湾府属之台

① 中国第一历史档案馆藏：《朱批原件》，档案编号：04-01-12-0546-118.
② 中国第一历史档案馆藏：《军机录副》，档案编号：03-5254-015.

湾、彰化，台南府属之凤山、嘉义，台北府属之淡水、新竹等六县；收成六分者，台南府属之恒春一县。三府合计，通共收成六分有余。

所有台湾省各属光绪十五年分早稻收成分数，臣谨恭折奏报。伏乞皇上圣鉴。谨奏。九月二十四日。

光绪十五年十月二十日，奉朱批：知道了。钦此。[①]

## 六九　奏报上年秋冬百货厘金收支数目折

光绪十五年九月二十四日（1889年10月18日）

太子少保福建台湾巡抚一等男臣刘铭传跪奏，为台湾百货厘金光绪十四年七月起至十二月止下半年收支数目，恭折奏报，仰祈圣鉴事。

窃照台湾停止船货厘金，改抽百货厘金，经臣于光绪十二年奏明办理。嗣准部咨，令将征收数目照章每按半年奏报一次等因，业经遵照将光绪十二年六月开办起至十四年六月止先后开单具奏在案。

兹查自光绪十四年七月起，截至十二月止，共收银二万九千四百一十三两八钱一分九厘。此项银两前经臣以台湾购办水陆电线经费无出，请于厘金项下动拨。所有本届收款，除提交局用外，余银悉数解归电线工程应用。至局用一款，遵奉部复，按照收数一成开支，并无盈溢。据署台湾布政使沈应奎会同全台税厘局司道，核详请奏前来。

臣覆查无异，除将清册分送部、科外，所有台属百货厘金自

① 中国第一历史档案馆藏：《军机录副》，档案编号：03-6720-071.

光绪十四年七月起至十二月止下半年收支数目，谨会同闽浙总督臣卞宝第，恭折奏报，并缮清单，恭呈御览。伏乞皇上圣鉴。谨奏。九月二十四日。

光绪十五年十月二十日，奉朱批：该衙门知道，单并发。钦此。①

## 七〇　呈十四年下半年收支厘金数目清单

光绪十五年九月二十四日（1889年10月18日）

谨将台湾自光绪十四年七月起至十二月止收支厘金数目开单，恭呈御览。

谨开：

收款项下：

一、收百货厘金银二万九千四百一十三两八钱一分九厘。

以上共收银二万九千四百一十三两八钱一分九厘。

支款项下：

一、支给南北各局卡开销局用银二千九百四十一两三钱八分二厘。

一、解水陆电线工程银二万六千四百七十二两四钱三分七厘。

以上共支银二万九千四百一十三两八钱一分九厘。

（朱批）：览。②

① 中国第一历史档案馆藏：《军机录副》，档案编号：03-6500-072.

② 中国第一历史档案馆藏：《清单》，档案编号：03-6500-073.

## 七一　请将副将刘朝带等从优议恤缘由折

光绪十五年九月二十四日（1889 年 10 月 18 日）

太子少保福建台湾巡抚一等男臣刘铭传跪奏，为副将进山开路，中伏阵亡，恳恩优恤，以慰忠魂，恭折仰祈圣鉴事。

窃据统带宜兰防勇副将刘朝带禀称：苏澳、花莲港一路，前经提督罗大春①于光绪初年开辟，由海边节节筑卡前进后，因兵力不足，遂复荒废。现在该处社番抚定，禀请由山内逐渐开修，直通花莲港，以免迂绕。当经臣批饬酌度形势，相机办理。

九月初五日，据该军管带台勇营游击王廷楷禀报：刘朝带于九月初一日督率弁勇五百名，进山开路，行抵距苏澳五十余里之光立岭，将队伍分两处，一在岭东，一在岭西。该处离老狗社尚有二十余里，蔓草荒山，四无人烟。初二日，刘朝带分派队伍两路，合修上岭，另派差员黄德昌，带同通事、化番人等二十余人，往前探路。营官曾友成率领勇夫一百五十名，正在岭西开路，不虞黄德昌甫过山岭草地，忽有伏番无数，枪如雨发。黄德昌登时殒命，其随带二十余人均未逃脱。该凶番乘势围杀曾友成开路勇夫。刘朝带身随弁勇五十余人，由岭头踵至，猝见凶番，开枪接战。奈寡不胜众，同营官曾友成暨所带弁勇一并阵亡，仅逃回勇夫二十余人。驰报岭东营官顾金魁及王廷楷，相离较远，

---

① 罗大春（1832—1891），贵州施秉县人，行伍出身。咸丰三年（1853），充外委。五年（1855），补把总。六年（1856），加守备衔。七年（1857），补贵州安顺城守营守备。八年（1858），升四川川北镇右营都司。九年（1859），迁广西提标后营游击。十一年（1861），授湖南抚标中军参将。同治元年（1862），加冲勇巴图鲁勇号。五年（1866），署福建漳州镇总兵，兼署福建陆路提督。同年，调补福建台湾镇总兵，转补福建福宁镇总兵。六年（1867）加提督衔。十一年（1872），署福建水师提督。十二年（1873），实授斯缺。光绪四年（1878），调湖南提督。五年（1879），以擅添练兵革职。十六年（1890），补福建建宁镇总兵。十七年（1891），卒于任。

得信已迟，救援不及等情前来。

臣查番性嗜杀，每至秋际八九月间，名曰做享，专于杀人。该处相近只有老狗社与加九岸等社毗连。加九岸本有寻仇杀人之案，正在勒缉，凶犯尚未报获。宜兰各社竟敢伏路杀害官弁至二百余人，豺狼之性，怙恶不悛，实属异常悖玩！臣于得报后，另委总兵滕国春接统，严饬该处各营加意防御，以卫垦民，确查出草凶番所系何社，派军严行剿办，以儆凶顽。

伏查副将刘朝带，赋性忠勇，敢于任事，连年入山剿番，夺隘歼渠，战功卓著。自统带该军驻防宜兰，该处向有匪类，分结党羽，一曰西皮，一曰福禄，不时械斗，扰害闾阎。刘朝带到防以后，迭次拿获匪首多名，两党敛迹，深为地方爱戴。兹以督军开路，恃勇深入，中伏阵亡，该县人民同声慨惜！合无仰恳天恩，俯准照总兵阵亡例从优议恤。其余阵亡之副将衔参将黄德昌，都司曾友成、李胜钟、孙得胜，守备滕国顺，守备衔千总陈嗣锦，千总刘如意、曾民立、张云祥，把总任承恩、刘学疆、王维城、许海龙、陈新华、林汉卿、丁元泰、张言诚，外委黄品芳、张德坤、王占魁，勇丁、通事共二百七十三名，并恳饬部分别从优议恤，以慰忠魂，出自逾格鸿慈！

其救援不及之营官副将衔游击王廷楷、副将顾金魁，虽据称得信已迟，究属救应不力，应请旨一并革职，留营效力，以观后效。

所有副将进山开路，中伏阵亡，恳恩议恤各缘由，理合会同闽浙总督臣卞宝第，恭折具陈。伏乞皇上圣鉴，训示。谨奏。九月二十四日。

光绪十五年十月二十日，奉朱批：另有旨◆1。钦此。①

① 中国第一历史档案馆藏：《军机录副》，档案编号：03-5864-103. 又见《刘壮肃公奏议·保台略》。

【案】此折旋于是年十月二十日得旨允行。“廷寄”曰：

军机大臣字寄：福建台湾巡抚刘铭传：光绪十五年十月二十日，奉上谕：刘铭传奏，副将进山开路，中伏阵亡，恳恩优恤一折。据称九月初间，副将刘朝带因番社抚定，进山开路，猝遇凶番，伏路戕害等语。全台生番，前据该抚奏称一律归化，何以宜兰各社辄复逞其凶狡，设伏戕害？当时办抚未能尽善，已可概见。此次戕害官弁至二百余人之多，若不大加惩创，恐受抚各社闻风效尤，后患更不可胜言！着刘铭传督饬现派之员，查明叛番确系何社，严行剿办，以儆凶顽！所有已抚未叛各社，应如何通路镇抚之处，尤应妥慎筹办，切勿轻率从事，是为至要！

副将刘朝带，着照总兵阵亡例从优议恤；参将黄德昌，都司曾友成、李胜钟、孙得胜，守备滕国顺，千总陈嗣锦、刘如意、曾民立、张云祥，把总任承恩、刘学疆、王维城、许海龙、陈新华、林汉卿、丁元泰、张言诚，外委黄品芳、张德坤、王占魁及勇丁、通事等共二百七十三名，均着分别从优议恤。游击王廷楷、副将顾金魁，救应不力，着一并革职留营效力。该部知道。将此由五百里谕令知之。钦此。遵旨寄信前来。[①]

## 七二　请将总兵石成玉等员从优议恤缘由片

光绪十五年九月二十四日（1889年10月18日）

再，台湾自光绪十四年十二月以前所有劳绩病故员弁，经臣随时奏奉恩恤在案。查自光绪十五年正月以后，据各营陆续禀报：已保提督记名总兵石成玉，已保副将补用参将贾加才，参将陈锡常，已保参将湖南补用游击陶金魁，守备高有升，千总吴广发、张吉程，外委杨光鸿、黄步音、刘竣生、邓守和，已保蓝翎

① 中国第一历史档案馆编：《光绪宣统两朝上谕档》，第15册，第346页，广西师范大学出版社，1996。

把总外委赵广成，屯外委陈朝宗，五品军功陈丹桂、汤保、梁清和，已保同知准补龙岩州溪口州同雷维斌，同知衔知县张振翊，已保开复同知衔知县张纪南，附生陈周集，俱系剿抚生番出力年久，感受瘴疠，在营积劳病故。又据藩司详报：县丞王比达办理清丈出力，在差病故，并请汇恤前来。

臣覆核无异，合无仰恳天恩，俯准饬部将石成玉等二十一员名分别从优议恤，出自逾格鸿施！所有汇案请恤缘由，理合附片具奏。伏乞圣鉴，训示。谨奏。

光绪十五年十月二十日，奉朱批：着照所请，该部知道。钦此。[①]

## 七三　请将何湛夫妇照例旌恤缘由片

光绪十五年九月二十四日（1889 年 10 月 18 日）

再，据统带栋字营道员林朝栋禀称：该营文案委员已保从九品何湛，福州府闽县人，随军已久，历在内山，感受瘴疠，于光绪十五年六月二十九日在营病故。其妻林氏，年二十六岁，闻信奔至，痛不欲生，即日服毒殉夫毕命，禀恳奏请分别旌恤等情。

臣查已保从九品何湛在营积劳病故，何林氏夫亡殉节，深堪嘉悯！可否仰恳天恩，俯准饬部将已保从九品何湛从优议恤，并将何林氏照例旌表，以慰幽魂而光泉壤！除饬取何湛履历咨部外，理合附片具陈。伏乞圣鉴，训示，施行。谨奏。

光绪十五年十月二十日，奉朱批：着照所请，该部知道。

① 中国第一历史档案馆藏：《军机录副》，档案编号：03-5864-104.

钦此。[①]

## 七四　奏报台湾改办驿站缘由片

光绪十五年九月二十四日（1889 年 10 月 18 日）

再，台湾旧设驿站五十处，办理废弛，文报往往迟延。臣督饬司道量加整顿，将原设正、腰各站核实裁减，并于旁通暨新设各县分添旁站，仍不过原设站数。所有原用站夫一律撤去，由各营汛分拨兵丁，酌给津贴，责令跑递。各站另雇书识，专司站务；仿照外洋邮政办法，委令道员陈鸣志督办，自光绪十四年二月初十日起，试办已过一年，南北文报毫无稽迟，所在称便。统计一年需用经费约在一万两上下，比较台防旧章全年需用一万五六千两，实可撙节银五六千两。

除饬将详细章程、开支数目详咨立案外，所有台湾改办驿站缘由，理合附片具陈。伏乞圣鉴。谨奏。

光绪十五年十月二十日，奉朱批：该部知道。钦此。[②]

## 七五　奏报十五年夏季就地正法各犯片

光绪十五年九月二十四日（1889 年 10 月 18 日）

再，台湾省各属就地正法人犯，业经附片奏报至光绪十五年春季分止在案。兹十五年夏季分，查有台南府属安平县报获匪犯苏刀即苏葛一名，嘉义县报获逆匪李碰一名，台东直隶州报获番

① 中国第一历史档案馆藏：《军机录副》，档案编号：03-5864-105.

② 中国第一历史档案馆藏：《军机录副》，档案编号：03-7138-031.

匪米吉、米陇二名，或系叠犯抢劫得赃，或系攻城、戕官、滋事，均属情罪重大，未便稽诛，审明后禀经臣核饬就地正法，以昭炯戒在案。兹据台湾道兼按察使衔唐景崧汇详请奏前来。

除将各犯籍贯、罪由开单咨部外，谨会同兼管福建巡抚事闽浙总督臣卞宝第，附片具陈。伏乞圣鉴。谨奏。

光绪十五年十月二十日，奉朱批：刑部知道。钦此。[①]

## 七六　奏销沪尾、打狗二口四结收支洋税银两情形折

光绪十五年十月十五日（1889 年 11 月 7 日）

太子少保福建台湾巡抚兼管海关一等男臣刘铭传跪奏，为台湾沪尾、打狗二口征收各项洋税同另案并征之洋药税厘遵照定章专折奏销，谨将四结期内收支各项银两汇缮清单，恭折奏报，仰祈圣鉴事。

窃照各海关征收洋税，案经总理各国事务衙门会同户部奏定章程，改题为奏，停用亲填等簿，行令各关将收支数目按结奏报一次，扣足四结，专折奏销，以清界划等因。兹查台湾沪尾、打狗二口海关税务改归台湾巡抚就近监督，经臣奏明截清界限，自一百九结起由臣派员接办，所有该二口收支各项洋税数目，截至第一百八结止，经由福州将军臣专折奏销在案。计自第一百九结起至一百十二结止，又已四结届满，仍应照章核办奏销，以符定案。

据沪尾、打狗二口册报：征收洋商货税、吨钞半税、子口税，共银四十六万二千二百八十四两四钱八分一厘；又收另案并

① 中国第一历史档案馆藏：《军机录副》，档案编号：03-7257-035.

征洋药正税银一十四万二千九百二十三两七钱九分一厘，洋药厘金银三十八万一千一百二十四两一钱。统共征收税钞并洋药税厘等银九十八万六千三百三十二两三钱七分二厘，内除吨钞提解总理衙门三成、拨交税务司七成，均系按结清款。又汇解三成吨钞暨解部扣减六两平银两、汇费，暨支给税务司卒俸，员弁、书役薪工、杂费，添设监督衙门书吏经费各款并存票支银，统共开除银八万六千五百一十三两八钱三分三厘一毫外，应存银八十九万九千八百一十八两五钱三分八厘九毫，内税钞银三十八万一千七百七十两六钱四分七厘九毫，洋药税银一十四万二千九百二十三两七钱九分一厘，洋药厘银三十七万五千一百二十四两一钱，已由该二口委员分别正税、洋药厘银，照案解交台湾善后局暨台湾道库兑收，将各项税银尽数归入台防经费拨用，其洋药厘银遵照户部咨行本省留支以外，余银另行统算，报部候拨。

除将历结收支各款数目分晰备造清册咨送户部、科查覆，并照奏案列单咨呈总理各国事务衙门暨分咨户部、通商大臣查照外，谨会同福州将军臣希元、闽浙总督臣卞宝第，遵照定章，恭折奏销，并缮具清单，恭呈御览。伏祈皇上圣鉴，饬部核覆施行。谨奏。光绪十五年十月十五日。

（朱批）：该衙门知道，单并发。[①]

光绪十五年十一月初六日，奉朱批：该衙门知道，单并发。钦此。[②]

---

① 中国第一历史档案馆藏：《朱批原件》，档案编号：04-01-35-0403-026.

② 中国第一历史档案馆藏：《军机录副》，档案编号：03-6370-018.

## 七七　呈沪尾、打狗二口四结收支各项洋税清单

光绪十五年十月十五日（1889年11月7日）

谨将台湾沪尾、打狗二口自一百九结起至一百十二结止历结收支各项洋税同另案并征之洋药税厘数目，逐一汇缮清单，恭呈御览。

谨开：

旧管：无项。

前件查沪尾、打狗二口关税案，经前台湾海防大臣沈葆桢奏准尽数截留，充作台防经费。所有前届奏销第一百五结起至一百八结止余存税银及另案并征洋药税厘银两，业由福州将军臣报明尽数解交全台总粮台、台湾善后局及台湾道库兑收拨用。理合陈明。

新收：自一百九结起至一百十二结期满止，计四结。

一、沪尾口共征各洋商进出口洋税银三十四万六千四百一十七两四分三厘，洋船吨钞银三千五百八十九两六钱，土货复进口半税银三千八百四十二两九钱八分五厘，洋商子口半税银无项，共征税钞银三十五万三千八百四十九两六钱二分八厘。

一、打狗口共征洋商进出口洋税银一十万三千九百五十六两七钱七分三厘，洋船吨钞银三千四百二十八两三钱，土货复进口半税银九百五十九两四钱五厘，洋商子口半税银九十两三钱七分五厘，共征税钞银一十万八千四百三十四两八钱五分三厘。

核计四结期内沪尾、打狗二口统共征收税钞银四十六万二千二百八十四两四钱八分一厘，又收沪尾、打狗二口另案并征洋药

正税银一十四万二千九百二十三两七钱九分一厘，洋药厘银三十八万一千一百二十四两一钱。

以上统共实征税钞银并洋药税厘等银九十八万六千三百三十二两三钱七分二厘。

开除：一、按结清款吨钞银七千一十七两九钱。此项吨钞案准通商大臣曾国藩转准总理各国事务衙门来咨，自三十一结起照旧提出三成银两按结解京外，其余七成吨钞银给交税务司，以为建造塔表、望楼之用，历经福州将军臣遵办在案。本届吨钞均照定章批解给交请款。理合陈明。

一、支给汇解总理各国事务衙门第一百九结起至第一百十二结止三成吨钞及本届奏销汇解部库扣平银两、应需汇费共银一百七十二两九钱八分五厘二毫。前项解京银两均系照案发商汇兑，所需汇费循照成案给发，归于奏销案内开报。理合陈明。

一、支给沪尾、打狗二口税务司辛俸系按外国月建支给，全年原给银四万八千两，续准总理各国事务衙门暨户部咨行，自一百十一结起，每年改发银六万两，由洋税拨给，又在洋药厘金项下添给银一万二千两，计第一百九、十两结六个月给银二万四千两，第一百十一、十二两结六个月给银三万六千两，内洋税项下支银三万两，洋药厘金项下支银六千两。理合陈明。

一、支给沪尾、鸡笼各口员弁、书役薪工、杂费十二个月共银一万一千六百五十一两五分二厘九毫，又支给打狗、安平各口员弁、书役薪工、杂费十二个月零十一日，共银六千八百五十七两三钱二分，共支给员弁、书役薪工、杂费银一万八千五百八两三钱七分二厘九毫。此项员弁、书役薪工、杂费系照中国月建支给。理合陈明。

一、支给添设监督衙门书吏经费及油朱纸张、杂费等款银八百两。此项经费系准户部咨复每年准支银八百两，按照洋税结期提支等因。计四结共支银前数。理合陈明。

一、存票支现银一十四两五钱七分五厘。此款据打狗口册报系一百十结期内支给。理合陈明。

以上各款统共开除银八万六千五百一十三两八钱三分三厘一毫。

实在：存银八十九万九千八百一十八两五钱三分八厘九毫，内税钞银三十八万一千七百七十两六钱四分七厘九毫；洋药税银一十四万二千九百二十三两七钱九分一厘，洋药厘银三十七万五千一百二十四两一钱，已据该二口委员分别正税、洋药厘银，照案解交台湾善后局及台湾道库兑收，将各项税银尽数归入台防经费拨用。其洋药厘银，前准户部咨行，令将划留本省银两分为四结，提支台湾每年划留银二十九万七千一百六十两，自一百九结起至一百十二结止，共征银三十八万一千一百二十四两一钱。

除一百十一、十二两结拨给税务司经费银六千两外，实存银三十七万五千一百二十四两一钱，内应存前届一百九结止一年期满赢余银二千一百三十两二钱二分五厘。其余银两应请俟至一百十三结扣足四结，作为一年期满本省留支以外，统计赢余若干，再行报部候拨。合并陈明。

（朱批）：览。①

## 七八　奏报沪尾、打狗二口一百十三结收支洋税折

光绪十五年十月十五日（1889年11月7日）

太子少保福建台湾巡抚兼管海关一等男臣刘铭传跪奏，为台

① 中国第一历史档案馆藏：《清单》，档案编号：03-6370-019.

湾沪尾、打狗二口征收洋税照章按结奏报，谨将第一百十三结期内收支数目分晰，缮具清单，恭折奏祈圣鉴事。

窃照各海关征收洋税，案经总理各国事务衙门会同户部奏定章程，改题为奏，停用亲填等簿，行令各关将收支数目按结奏报一次，扣足四结，专折奏销，毋庸按关期题销，以清界划等因。查沪尾、打狗二口海关税务，自光绪十三年八月十五日第一百九结起改由臣就近监督，所有收支洋税各数目，业经遵照新章，分别奏咨至第一百十二结止在案。

兹光绪十四年八月二十六日起至十一月二十九日届满第一百十三结期内，该二口收支各项洋税银两，应遵新章按结奏报。其循案支销各项经费，容俟扣足四结时造册奏销，以符定案。

除将本结收支数目循案分咨查照外，谨会同福州将军臣希元、闽浙总督臣卞宝第，恭折具奏，并缮清单，恭呈御览。伏乞皇上圣鉴。谨奏。光绪十五年十月十五日。

(朱批)：该衙门知道，单并发。[①]

光绪十五年十一月初六日，奉朱批：该衙门知道，单并发。钦此。[②]

## 七九　呈沪尾、打狗二口一百十三结并征洋税清单

光绪十五年十月十五日（1889 年 11 月 7 日）

谨将台湾沪尾、打狗二口第一百十三结期内并征洋药税厘所有征过银数，理合缮具清单，恭呈御览。

① 中国第一历史档案馆藏：《朱批原件》，档案编号：04-01-35-0403-027.

② 中国第一历史档案馆藏：《军机录副》，档案编号：03-6370-013.

谨开：

旧管：存前届一年期满洋药、厘金赢余银二千一百三十两二钱二分五厘。

前件查沪尾、打狗二口第一百九结期内征收洋药厘金，遵照部文除补足一百八结以前划留本省不敷银两外，计余前数，另款存储，听候拨用。至第一百十、十一、十二，三结所征前项银两，业已尽数解交台湾善后局并台湾道库兑收。除正税照案留充防费外，其余药厘银两，声明俟一百十三结一年期满，统计赢余若干，造报听候拨用。理合陈明。

新收：光绪十四年八月二十六日起至十一月二十九日届满第一百十三结期内，沪尾口征洋药税银一万五千八十二两三钱五分，又征洋药厘银四万二百一十九两六钱，二共征税厘银五万五千三百一两九钱五分。

打狗口征洋药税银一万三千七百九十一两九钱，又征洋药厘银三万六千七百七十八两四钱，二共征税厘银五万五百七十两三钱。

以上沪尾、打狗二口共征洋药税厘银一十万五千八百七十二两二钱五分。

开除：一、支给沪尾、打狗二口税务司经费三个月共银三千两。此项银两系准总理各国事务衙门暨户部咨行，自一百十一结起由厘金项下拨给。理合陈明。

实在：存本结洋药税厘银一十万二千八百七十二两二钱五分，内洋药税银二万八千八百七十四两二钱五分，洋药厘银七万三千九百九十八两，已由该二口委员分别正税、厘银，就近分交台湾善后局及台湾道库兑收，归入台防经费拨用。至征收洋药厘银，前准户部咨行，令将划留本省银两分为四结提支。台湾每年划留银二十九万七千一百六十两，本结征银七万六千九百九十八两，除支给税务司经费外，实存银七万三千九百九十八两，应提银七万四千二百九十两，尚不敷银二百九十二两。查此项厘银，计一百十结剩银一万九千七十九两二钱五分，一百十一结剩银二万五千五百三十六两，一百十二结剩银二万一千八十三两八钱，一百十三结不敷银二百九十二两，扣足四结作为一年期满，统计赢余银六万五千四百七两五分。所有本届一年期满实存银数，同前届余银二千一百三十两二钱二分五厘，二共银六万七千五百三十七两二钱七分五厘，现经另款存储，听候户部拨用。合并陈明。

（朱批）：览。[①]

## 八〇 奏报沪尾、打狗二口一百十三结征收洋税折

光绪十五年十月十五日（1889 年 11 月 7 日）

太子少保福建台湾巡抚监管海关一等男臣刘铭传跪奏，为台湾洋药税厘归关并征，谨将沪尾、打狗两口第一百十三结期内征收数目缮具清单，恭折奏报，仰祈圣鉴事。

窃查台湾洋药税厘归关并征，自应按照洋税收支章程，分晰正税、厘金两项银数，随同结期，按三个月奏报一次，扣足四结，专折奏销，以符洋税定案。

臣接管台湾关务，所有沪尾、打狗两口征过洋药税厘银数，业经奏报至第一百十二结止在案。兹查光绪十四年八月二十六日起至十一月二十九日止，届满第一百十三结期内，沪尾、打狗两

① 中国第一历史档案馆藏：《清单》，档案编号：03-6370-014.

口征收洋药税厘银两，仍应按结奏报，俾清界划。

除将本结征收数目循案分咨总理各国事务衙门、户部、通商大臣查照外，谨会同福州将军臣希元、闽浙总督臣卞宝第，恭折奏报，并缮具清单，恭呈御览。伏乞皇上圣鉴。谨奏。光绪十五年十月十五日。

（朱批）：该衙门知道，单并发。①

光绪十五年十一月初六日，奉朱批：该衙门知道，单并发。钦此。②

## 八一　呈沪尾、打狗二口一百十三结收支洋税清单

光绪十五年十月十五日（1889年11月7日）

谨将台湾沪尾、打狗二口第一百十三结期内，除洋药税银另行归入并征洋药税厘案内造报外，所有征收各项洋税银两，遵照新章按结奏报，并将收支各数目理合敬缮清单，恭呈御览。

谨开：

旧管：无项。

前件查沪尾、打狗二口关税案，经前台湾海防大臣沈葆桢奏准尽数截留，充作台防经费。所有每结征收税银，业已尽数解交台湾善后局、台湾道库兑收拨用。理合陈明。

新收：光绪十四年八月二十六日起至十一月二十九日届满，第一百十三结期内，沪尾口共征洋税银一十万二千五十四两七钱九分四厘，洋船吨钞银一千二百八十一两六钱，土货复进口半税

① 中国第一历史档案馆藏：《朱批原件》，档案编号：04-01-35-0403-029.

② 中国第一历史档案馆藏：《军机录副》，档案编号：03-6370-016.

银一千三百五两五钱七分六厘，子口半税银无项。

打狗口共征洋税银七千三百三十三两二钱一分六厘，洋船吨钞银六钱，土货复进口半税银二百六十七两四钱八分七厘，子口半税银无项。

以上沪尾、打狗二口共征税钞银一十一万二千二百四十三两二钱七分三厘。

开除：一、提解总理各国事务衙门及拨给税务司吨钞共银一千二百八十二两二钱。此项吨钞内应提解总理各国事务衙门三成银两外，其余七成吨钞银八百九十七两五钱四分，已由该二口照案给交税务司收领，以为建造塔表、望楼之用。理合陈明。

一、支给沪尾、打狗二口税务司辛俸三个月共银一万五千两。此项辛俸每三个月原给银一万二千两，续准总理各国事务衙门暨户部咨行，自一百十一结起改发前数。理合陈明。

以上共开除银一万六千二百八十二两二钱。

实在：存税银九万五千九百六十一两七分三厘，已据该二口禀报内除循案支销经费外，所余银两均已照案解交台湾善后局及台湾道库兑收，充作台防经费。至本结该二口共征洋药正税银二万八千八百七十四两二钱五分，另行归入并征洋药税厘案内造报。合并陈明。

（朱批）：览。[①]

## 八二　奏报沪尾、打狗打二口一百十三结提解船钞片

光绪十五年十月十五日（1889年11月7日）

再，台湾沪尾、打狗二口按结应解总理各国事务衙门三成船

① 中国第一历史档案馆藏：《清单》，档案编号：03-6370-017.

钞银两，向由福州将军臣报解。嗣因该两口税务自光绪十三年八月十五日第一百九结起改归臣监督，所有一百九、十、十一、十二，四结期内应解前项银两，均已按数解收在案。

兹自光绪十四年八月二十六日起至十一月二十九日止第一百十三结期内，沪尾口征收船钞银一千二百八十一两六钱，应解三成银三百八十四两四钱八分；打狗口征收船钞银六钱，应解三成银一钱八分。核计该二口第一百十三结期内共征船钞银一千二百八十二两二钱，共应提解三成银三百八十四两六钱六分。兹将前银按数兑足，填具文批，由台援案发交协和信号商承领汇解，前赴总理各国事务衙门投纳。

除咨明外，理合附片奏报。伏乞圣鉴。谨奏。

（朱批）：该衙门知道。[①]

光绪十五年十一月初六日，奉朱批：该衙门知道。钦此。[②]

## 八三　奏报查明台湾各属本年秋收情形折

光绪十五年十一月二十日（1889年12月12日）

太子少保福建台湾巡抚一等男臣刘铭传跪奏，为查明台湾各属本年秋收中稔，来春毋庸接济，遵旨覆陈，恭折仰祈圣鉴事。

窃臣承准军机大臣字寄：光绪十五年十月初三日，奉上谕：本年山东各属被灾，先经加恩赏拨南漕十万石，复钦奉懿旨发给内帑银十万两，广为抚恤，并因滨河各州县堤埝浸溢，谕令张曜截留该省新漕十万石，豫筹冬赈。嗣经该抚奏到章邱等处被灾情

① 中国第一历史档案馆藏：《朱批原件》，档案编号：04-01-35-0403-028.
② 中国第一历史档案馆藏：《军机录副》，档案编号：03-6370-015.

形，又将本年上忙钱粮分别缓征。来春青黄不接之时，应否接济？此外各省有无被灾地方应行调剂抚恤之处，着该将军、督抚等一并查奏，候旨施恩。将此各谕令知之。等因。钦此。恭录转行钦遵去后。

臣查台湾各属本年秋收中稔，年谷顺成，民情安谧，粮价亦平，来春自可毋庸接济。臣仍随时察看，如有应行调剂之处，即当酌筹妥办，不敢稍存膜视，以期仰副圣主轸念民生至意！据署台湾布政使沈应奎、台湾道兼按察使衔唐景崧会详前来。

除咨部外，谨会同闽浙总督臣卞宝第，合词缮折覆陈。伏乞皇上圣鉴，训示。谨奏。光绪十五年十一月二十日。

（朱批）：知道了。[①]

光绪十五年十二月二十八日，奉朱批：知道了。钦此。[②]

## 八四　奏报各属十五年夏季雨水粮价情形折

光绪十五年十一月二十日（1889 年 12 月 12 日）

太子少保福建台湾巡抚一等男臣刘铭传跪奏，为恭报台湾省各属光绪十五年夏季分晴雨、粮价情形，仰祈圣鉴事。

窃台湾各属晴雨、粮价，业已照章按季奏报至光绪十五年春季分止，并声明新设台湾府属请自十五年四月起由该府汇办，其三月以前仍由台南府汇报在案。兹届夏季分汇办之期，查台湾府城本年四、五两月分各得雨十三次，六月分得雨七次；台南府城四月分得雨十次，五月分得雨九次，六月分得雨四次；台北府城

① 中国第一历史档案馆藏：《朱批原件》，档案编号：04-01-23-0206-009.

② 中国第一历史档案馆藏：《军机录副》，档案编号：03-5596-126.

四月分得雨六次，五月分得雨九次，六月分得雨五次。此外，各厅县禀报晴雨情形大略相同。所有米粮价值，据署藩司沈应奎开册详送前来。

臣覆加查核，台湾府属十五年四月分上、中、下米粮价值，系新设初次查报，请免列比。五月分与四月分同；六月分上下米较五月分稍减，中米与五月分同。台南、台北二府属四、五、六等月分均与三月分相同。

臣谨恭折具陈，并缮清单，恭呈御览。伏乞皇上圣鉴。谨奏。光绪十五年十一月二十日。

（朱批）：知道了。[①]

光绪十五年十二月二十八日，奉朱批：知道了。钦此。[②]

## 八五　呈台湾各属光绪十五年夏季粮价清单

光绪十五年十一月二十日（1889年12月12日）

谨将台湾各属光绪十五年夏季分米粮价值，缮具列表，恭呈御览。

谨开：

台湾府属：光绪十五年四月分，上米每仓石价银一两三钱至一两八钱；中米每仓石价银一两二钱至一两七钱；下米每仓石价银一两全一两七钱。

台湾府属：光绪十五年五月分，上米每仓石价银一两三钱至一两八钱，与四月分同；中米每仓石价银一两二钱至一两七钱，

① 中国第一历史档案馆藏：《朱批原件》，档案编号：04-01-25-0536-025.
② 中国第一历史档案馆藏：《军机录副》，档案编号：03-6884-042.

与四月分同；下米每仓石价银一两至一两七钱，与四月分同。

台湾府属：光绪十五年六月分，上米每仓石价银一两二钱至一两七钱，比五月分减一钱；中米每仓石价银一两一钱至一两七钱，与五月分同；下米每仓石价银一两至一两六钱，比五月分减一钱。

台南府属：光绪十五年四月分，上米每仓石价银一两六钱至二两七钱，与三月分同；中米每仓石价银一两五钱至二两五钱，与三月分同；下米每仓石价银一两四钱至二两三钱，与三月分同。

台南府属：光绪十五年五月分，上米每仓石价银一两六钱至二两七钱，与四月分同；中米每仓石价银一两五钱至二两五钱，与四月分同；下米每仓石价银一两四钱至二两三钱，与四月分同。

台南府属：光绪十五年六月分，上米每仓石价银一两六钱至二两七钱，与五月分同；中米每仓石价银一两五钱至二两五钱，与五月分同；下米每仓石价银一两四钱至二两三钱，与五月分同。

台北府属：光绪十五年四月分，上米每仓石价银二两至二两三钱，与三月分大略相同；中米每仓石价银一两九钱至二两二钱，与三月分大略相同；下米每仓石价银一两八钱至二两一钱，与三月分大略相同。

台北府属：光绪十五年五月分，上米每仓石价银二两至二两三钱，与四月分相同；中米每仓石价银一两九钱至二两二钱，与四月分同；下米每仓石价银一两八钱至二两一钱，与四月分同。

台北府属：光绪十五年六月分，上米每仓石价银二两至二两三钱，与五月分同；中米每仓石价银一两九钱至二两二钱，与五月分同；下米每仓石价银一两八钱至二两一钱，与五月分同。

（朱批）：览。[①]

## 八六　奏报光绪十五年秋季委署员缺情形折

光绪十五年十一月二十日（1889年12月12日）

头品顶戴闽浙总督臣卞宝第、太子少保福建台湾巡抚一等男臣刘铭传跪奏，为光绪十五年秋季分台湾省委署知县员缺，恭折仰祈圣鉴事。

窃案准部咨：钦奉上谕：各省州县无论奏调、委署、代理，着每届三个月汇奏一次。钦此。奉经先后奏报至光绪十五年夏季分止在案。

兹查光绪十五年秋季分，出有淡水县知县汪兴祎升补基隆同知，饬赴新任，所遗淡水县缺，请以调台差遣之补用知县李淦署理；又出署宜兰县知县沈继曾给咨引见，遗缺请以调台差遣之试用通判萧赞廷代理；又新设苗栗县知县员缺，请以咨署台湾府经历补用府经历林桂芬代理，均经批准饬遵在案。据署台湾布政使沈应奎汇详前来。

除咨部外，臣等谨合词恭折具陈。伏乞皇上圣鉴。谨奏。光绪十五年十一月二十日。

（朱批）：吏部知道。[②]

光绪十五年十二月二十八日，奉朱批：吏部知道。钦此。[③]

---

① 中国第一历史档案馆藏：《清单》，档案编号：03-6884-043.

② 中国第一历史档案馆藏：《朱批原件》，档案编号：04-01-12-0546-190.

③ 中国第一历史档案馆藏：《军机录副》，档案编号：03-5256-170.

## 八七　奏为酌量迁移猫罗堡巡检等事缘由片

光绪十五年十一月二十日（1889 年 12 月 12 日）

再，彰化县原设猫罗、燕雾、拣东三堡巡检。今因彰化与新设台湾县分治，其猫罗、拣东二堡已划归台湾县属所有，燕雾一堡则仍隶彰化县，似可毋庸再由该巡检越境管辖，以清界限。即猫罗一堡与现建省会台湾首县所驻蓝兴堡毗连，亦可不必仍由该巡检分管。且该巡检原驻犁头店离省较近，自应相度地方，酌量迁移，以免虚设。

查该巡检旧辖拣东堡内之葫芦墩，逼近内山，离省不下三十里，民番错处，较为吃重，以之移驻该处分防拣东一堡，洵属相宜，并将与拣东毗连之大肚堡为沿海口岸有关稽查之责，亦划归该巡检就近管辖稽查。似此酌量迁移，实于地方有裨。

至新设台湾县地方原设有县丞一员，向驻南投堡，兼管北投堡，请仍其旧，各分防界，内如有参缉处分，照例仍各以分防佐杂为捕官，以专责成。据署台湾布政使沈应奎转据该府县分详，由臣覆核无异，咨经吏部咨覆，具奏核办前来。

除分咨查照外，臣谨会同闽浙总督臣卞宝第，附片具陈。伏乞圣鉴，饬部核覆，颁印换领，施行。谨奏。

（朱批）：该部议奏。[①]

光绪十五年十二月二十八日，奉朱批：该部议奏。钦此。[②]

---

① 中国第一历史档案馆藏：《朱批原件》，档案编号：04-01-01-0968-046.

② 中国第一历史档案馆藏：《军机录副》，档案编号：03-5256-165.

## 八八　奏报候补知县李淦期满甄别片

光绪十五年十一月二十日（1889 年 12 月 12 日）

再，定例捐纳分发各官，必俟到省试用一年后，方准题咨补缺。又准部咨：嗣后无论何项劳绩归候补班人员，以到省之日起，予限一年，详加察看，出具切实考语，分别补用等因。兹查署淡水县知县候补班前补用知县李淦，到省试看一年期满，自应照例甄别。据署台湾布政使沈应奎、台湾道兼按察使衔唐景崧会详前来。

查该员李淦，年富才明，堪以知县留闽按班序补。除将履历咨部外，臣谨会同兼管福建巡抚闽浙总督臣卞宝第，附片具陈。伏乞圣鉴。谨奏。

(朱批)：吏部知道。[①]

光绪十五年十二月二十八日，奉朱批：吏部知道。钦此。[②]

## 八九　奏报官轮朽旧变通添购应用缘由折

光绪十五年十一月二十六日（1889 年 12 月 18 日）

太子少保福建台湾巡抚一等男臣刘铭传跪奏，为官轮朽旧，拟变通添购，以资应用，恭折仰祈圣鉴事。

窃台湾四面皆海，往来非轮船不便。自万年清、威利、威定等船先后沉失，只有飞捷、伏波、海镜三船。飞捷专备修理水

① 中国第一历史档案馆藏：《朱批原件》，档案编号：04-01-12-0546-181.
② 中国第一历史档案馆藏：《军机录副》，档案编号：03-5253-164.

线，全赖伏波、海镜往来各口，差遣运载。查该二船均由船政制造，已逾二十余年，屡修屡坏，除逐年小修外，来年即须大修。现据管驾都司林文和禀称：伏波龙骨软弱，首尾倒垂，现当冬令，风浪较大，不能驶使，且船身朽旧，亦不堪再行修理。由臣饬知，截至本年十一月底止，即行裁撤。海镜虽尚勉强行驶，亦复同形朽旧，俟来年澎湖城工告竣，一并裁撤。仅剩飞捷一船，尚须修理水线，不敷差遣。

查台湾商务局经臣招股购制快船二只，一名驾时，一名斯美，船身各长二百五十英尺，纯系钢质，每点钟能行十五六诺，装兵运货，均极便捷，每船价银十八万两。自知府李彤恩病故后，商务乏人经理，现由臣商同各商，将该两船并为官轮，仍作商船，照旧搭客载货。所收水脚即抵发两船月支经费，官物即可顺便运载，无须另发养船经费。其两船原价银三十六万两，经臣饬令善后局于海防经费项下分起陆续照数筹给，以清商款。

查伏波、海镜两船每月薪粮、公费并修理、煤炭等项，各支银二千五六百两，每年并计两船需费银六万余两，即以此项按年抵还斯美、驾时船价，六年即可归结清楚。如此一转移间，公家毫无所亏，六年之后既得坚快之船，又省养船之费，于台湾海疆不无裨益。

除呈报海军衙门暨咨户部、船政外，所有官轮朽旧，变通添购，以资应用缘由，理合恭折具奏。是否有当？伏乞皇上圣鉴，训示，饬部立案，施行。谨奏。光绪十五年十一月二十六日。

（朱批）：着照所请，该衙门知道。[①]

光绪十六年正月初五日，奉朱批：着照所请，该衙门知道。

---

① 中国第一历史档案馆藏：《朱批原件》，档案编号：04-01-01-0969-102.

钦此。[1]

## 九〇　奏报各属十五年秋季雨水粮价情形折

光绪十五年十二月十五日（1890年1月5日）

太子少保福建台湾巡抚一等男臣刘铭传跪奏，为恭报台湾省各属光绪十五年秋季分晴雨、粮价情形，仰祈圣鉴事。

窃台湾各属晴雨、粮价，业经照章按季奏报至光绪十五年夏季分止在案。兹届秋季分汇办之期，查台湾府城本年七月分得雨十六次，八月分得雨一次，九月分得雨五次；台南府城七月分得雨十三次，八月分得雨五次，九月分得雨三次；台北府城七月分得雨七次，八月分得雨五次，九月分得雨九次。此外，各厅县禀报晴雨情形大略相同。所有米粮价值，据署台湾藩司沈应奎开册详送前来。

臣覆加查核，台湾府属十五年七月分上、下米较六月分稍增，中米与六月分同；八月分上、中、下米与七月分同；九月分中、下米较八月分稍增，上米与八月分同。台南、台北二府属七、八、九等月均与六月分相同。

臣谨恭折具陈，并缮清单，恭呈御览。伏乞皇上圣鉴。谨奏。光绪十五年十二月十五日。

（朱批）：知道了。[2]

光绪十六年二月初十日，奉朱批：知道了。钦此。[3]

---

① 中国第一历史档案馆藏：《军机录副》，档案编号：03-9395-001.

② 中国第一历史档案馆藏：《朱批原件》，档案编号：04-01-25-0536-024.

③ 中国第一历史档案馆藏：《军机录副》，档案编号：03-6886-012.

## 九一　呈台湾各属十五年秋季粮价清单

光绪十五年十二月十五日（1890年1月5日）

谨将台湾各属光绪十五年秋季分米粮价值，缮具列表，恭呈御览。

谨开：

台湾府属：光绪十五年七月分，上米每仓石价银一两二钱八分至一两八钱，比六月分加一钱；中米每仓石价银一两一钱五分至一两七钱，与六月分同；下米每仓石价银一两至一两六钱五分，比六月分加五分。

台湾府属：光绪十五年八月分，上米每仓石价银一两二钱八分至一两八钱，与七月分同；中米每仓石价银一两一钱五分至一两七钱，与七月分同；下米每仓石价银一两至一两六钱五分，与七月分同。

台湾府属：光绪十五年九月分，上米每仓石价银一两二钱八分至一两八钱，与八月分同；中米每仓石价银一两一钱五分至一两八钱，比八月分加一钱；下米每仓石价银一两至一两七钱，比八月分加五分。

台南府属：光绪十五年七月分，上米每仓石价银一两六钱至二两七钱，与六月分同；中米每仓石价银一两五钱至二两五钱，与六月分同；下米每仓石价银一两四钱至二两三钱，与六月分同。

台南府属：光绪十五年八月分，上米每仓石价银一两六钱至二两七钱，与七月分同；中米每仓石价银一两五钱至二两五钱，与七月分同；下米每仓石价银一两四钱至二两三钱，与七月分同。

台南府属：光绪十五年九月分，上米每仓石价银一两六钱至二两七钱，与八月分同；中米每仓石价银一两五钱至二两五钱，与八月分同；下米每仓石价银一两四钱至二两三钱，与八月分同。

台北府属：光绪十五年七月分，上米每仓石价银二两至二两三钱，与六月分同；中米每仓石价银一两九钱至二两二钱，与六月分同；下米每仓石价银一两八钱至二两一钱，与六月分同。

台北府属：光绪十五年八月分，上米每仓石价银二两至二两三钱，与七月分同；中米每仓石价银一两九钱至二两二钱，与七月分同；下米每仓石价银一两八钱至二两一钱，与七月分同。

台北府属：光绪十五年九月分，上米每仓石价银二两至二两三钱，与八月分同；中米每仓石价银一两九钱至二两二钱，与八月分同；下米每仓石价银一两八钱至二两一钱，与八月分同。

（朱批）：览。[①]

## 九二　请准总兵窦如田暂缓赴任缘由折

光绪十五年十二月十五日（1890 年 1 月 5 日）

太子少保福建台湾巡抚一等男臣刘铭传跪奏，为总兵留办海防，恳恩暂缓赴任，恭折仰祈圣鉴事。

窃准闽浙督臣转准兵部咨称：光绪十五年四月十三日，内阁奉上谕：浙江处州镇总兵员缺，着窦如田补授。钦此。钦遵咨会

① 中国第一历史档案馆藏：《清单》，档案编号：03-6886-013.

查照等因。查窦如田先经臣于光绪四年八月间咨调到台，委令统领铭字中军三营，驻防基隆海口。兹荷恩纶补授处州镇总兵，理应入都陛见，叩请圣训，前赴新任。惟查基隆海口为全台第一门户，关系紧要。窦如田练习该处形势，督饬弁勇，讲求操防，尚为得力，现在办理炮台工程未竣，尤未便遽易生手，合无仰恳天恩，俯准窦如田暂缓赴任，仍留台湾办理防营事务，俾臣得收指臂之助，出自逾格鸿慈！

臣为海疆营房起见，谨会同闽浙总督臣卞宝第，恭折具奏。是否有当？伏乞皇上圣鉴，训示。谨奏。光绪十五年十二月十五日。

（朱批）：着照所请，兵部知道。[①]

光绪十六年二月初十日，奉朱批：着照所请，兵部知道。钦此。[②]

## 九三　奏报新海防捐输并郑工截清收捐情形折

光绪十五年十二月十五日（1890年1月5日）

太子少保福建台湾巡抚一等男臣刘铭传跪奏，为郑工事例停止，开办新海防捐输，并将郑工截清收捐总数及未解银两，听候拨用，恭折仰祈圣鉴事。

窃臣于光绪十三年十一月初三日准户部咨：开办郑工捐输，予限一年，各直省以接到部文之日起，扣去封印日期，限满即行停止。又准户部咨：议覆御史唐椿森奏请将郑工捐例展限一年，

① 中国第一历史档案馆藏：《朱批原件》，档案编号：04-01-16-0228-169.

② 中国第一历史档案馆藏：《军机录副》，档案编号：03-6026-012.

钦奉谕旨允准各等因，均经饬行台湾善后总局遵办在案。今于光绪十五年十一月十七日准户部咨：具奏停止郑工捐输，接办新海防事例，仍由部库及各省藩库收捐一折，奉旨：依议。钦此。又于本年十二月初五日准户部咨：议覆直隶总督李鸿章奏请推展海防新捐，照郑工条例量为变通一折，奉旨：依议。钦此。钦遵各等因。先后转行遵照分别办理去后。

兹查台湾办理郑工捐输，计自光绪十四年正月开办起，第一次收捐正项银六千二百三十六两，第二次收捐正项银七千九百二十二两六钱，第三次收捐正项银三千九百四十五两八钱，共收捐银一万八千一百四两四钱内，两次汇解山东银一万四千一百五十八两六钱，实存未解银三千九百四十五两八钱，均经咨部在案。现在停止郑工事例，开办新海防捐输，应将郑工捐输至光绪十五年十二月十五日止，以清界限。所有未解银两，听候拨用。由台湾善后总局详请奏咨前来。

臣复核无异。除咨吏、户二部察照外，谨将停止郑工开办新海防捐输，并将郑工截清收捐总数及未解银两听候拨用缘由，恭折具陈。伏乞皇上圣鉴，训示。谨奏。光绪十五年十二月十五日。

（朱批）：该部知道。[①]

光绪十六年二月初十日，奉朱批：该部知道。钦此。[②]

## 九四　汇奏各属十五年秋季正法情重人犯片

光绪十五年十二月十五日（1890年1月5日）

再，台湾省各属就地正法人犯业经附片奏报至光绪十五年夏

① 中国第一历史档案馆藏：《朱批原件》，档案编号：04-01-35-0698-051.

② 中国第一历史档案馆藏：《军机录副》，档案编号：03-7082-009.

季分止在案。兹十五年秋季分，查有台湾府属彰化县、台南府属凤山县、台北府属基隆厅、新竹县暨中路营务处先后报获匪犯尤益、杨亮、许亚九、张乞食、李大鼓才、许大目、刘远、林昆海、杨全镛、于得元、林得胜、张和尚、邱阿滥、林阿来等十四名，均系抢劫得赃以及拒捕伤人，情罪重大，未便稽诛，审明后禀经臣核饬就地正法以昭炯戒在案。兹据台湾道兼按察使衔唐景崧汇详请奏前来。

除将各犯籍贯、罪由开单咨部外，谨会同兼管福建巡抚事闽浙总督臣卞宝第，附片具奏。伏乞圣鉴。谨奏。

（朱批）：刑部知道。[①]

光绪十六年二月初十日，奉朱批：刑部知道。钦此。[②]

## 九五 请准购买南通、北达、前美小轮补行立案片

光绪十五年十二月十五日（1890 年 1 月 5 日）

再，准兵部咨覆，补报台湾购买南通、北达、前美小轮船三号马力各数目案内，以另案请销之如川轮船马力若干匹，应照章补行奏明立案，以便核销等因，当经行局遵办去后。

兹据善后局司道详称：台湾各口内浅外深，且多风涌，大号轮船不能近岸。光绪十年法防案内曾赴香港，制造南通、北达、前美小轮三号，分拨各口缉匪转运。因不敷遣用，续委候补同知戴嗣源前赴香港轮机厂定造小轮船一号，名曰“如川”，船身长六丈五尺，阔一丈二尺五寸，深七尺，马力二十二匹，于光绪十

① 中国第一历史档案馆藏：《朱批原件》，档案编号：04-01-01-0972-022.

② 中国第一历史档案馆藏：《军机录副》，档案编号：03-7357-003.

一年十二月初一日配齐舵水人等，派弁驾驶出洋，在于南北一带海口遣用。月支薪水、公费等项，均照小机轮船应支之数，核实支给，业经汇案造册送部核销。奉准饬查前因，理合详请补行奏咨立案等情前来。

臣覆核无异，相应附片具陈。伏乞圣鉴，饬部立案，施行。谨奏。

（朱批）：该部知道。[①]

光绪十六年二月初十日，奉朱批：该部知道。钦此。[②]

## 九六　奏委张廷榕署理台湾新竹知县缘由片

光绪十五年十二月十五日（1890 年 1 月 5 日）

再，署新竹县知县方祖荫因病请假遗缺，兹查有由闽咨调来台之本任德化县知县张廷榕，才识干练，任内并无承缉盗案将届四参限满，以及经征钱粮降调处分，堪委署理。据署台湾布政使沈应奎、台湾道兼按察使衔唐景崧会详请奏前来。

除檄饬遵照外，理合会同兼管福建巡抚事闽浙总督臣卞宝第，附片具陈。伏乞圣鉴，训示。谨奏。

（朱批）：吏部知道。[③]

光绪十六年二月初十日，奉朱批：吏部知道。钦此。[④]

① 中国第一历史档案馆藏：《朱批原件》，档案编号：04-01-30-0462-006.

② 中国第一历史档案馆藏：《军机录副》，档案编号：03-9395-007.

③ 中国第一历史档案馆藏：《朱批原件》，档案编号：04-01-12-0546-235.

④ 中国第一历史档案馆藏：《军机录副》，档案编号：03-5261-032.

## 九七 奏报通判萧赞廷期满甄别情形片

光绪十五年十二月十五日（1890 年 1 月 5 日）

再，定例：捐纳分发各官，必俟到省试用一年后，方准题咨补缺。又，准部咨：嗣后无论何项劳绩归入候补班人员，以到省之日起予限一年，详加察看，出具切实考语，分别补用等因。兹查代理宜兰县知县试用通判萧赞廷到省试看一年期满，自应照例甄别。据署台湾布政使沈应奎、台湾道兼按察使衔唐景崧会详前来。

查该员萧赞廷心地明白，堪以通判留闽以通判按班序补。除将该员履历咨部外，臣谨会同兼管福建巡抚事闽浙总督臣卞宝第，附片具陈。伏乞圣鉴。谨奏。

（朱批）：吏部知道。[①]

光绪十六年二月初十日，奉朱批：吏部知道。钦此。[②]

## 九八 密陈司道知府各官年终考语情形折

光绪十五年十二月十九日（1890 年 1 月 9 日）

太子少保福建台湾巡抚一等男臣刘铭传跪奏，为敬陈台湾省司、道、知府各官年终考语，密缮清单，仰祈圣鉴事。

窃照司、道、知府等官每届年终，例应出具切实考语，密行陈奏。臣仰荷圣恩，忝膺疆寄。矧台湾自分省以来，经营创初，力求整顿，虽已规模渐具，而于所属各员人材、政治臧否，臣每

① 中国第一历史档案馆藏：《朱批原件》，档案编号：04-01-12-0546-236.

② 中国第一历史档案馆藏：《军机录副》，档案编号：03-5261-031.

于接晤并于禀牍中随时考察议论、施为，默为辨别，均得梗概。

兹值年终陈奏之期，臣复加密访暗查，细心察看。除现署台南府知府吴本杰系属委署人员无庸出考外，谨就现任各员分别出具切实考语，密缮清单，恭呈御览。伏乞皇上圣鉴。谨奏。光绪十五年十二月十九日。

（朱批）：知道了。单留中。[①]

光绪十六年二月初十日，奉朱批：知道了，单留中[②]。钦此。[③]

## 九九　奏陈核定全台田粮年额征数情形折

光绪十五年十二月十九日（1890 年 1 月 9 日）

太子少保福建台湾巡抚一等男臣刘铭传跪奏，为全台清丈给单完竣，核定田粮年额征数，恭折仰祈圣鉴事。

窃臣于光绪十二年四月十八日奏明，将全台田亩概行清丈，于是年七、八月先后开办。十三年九月，酌议上、中、下田园赋则，并随时征补水、平余各数目，奏奉部核照准，并行令将各州县计有某则田园若干，应征粮、银若干，造具清册一分，送部备案。嗣以所丈田园盈溢甚多，新旧莫辨，于清丈后按户填给丈单，俾官便升科，民资执业。其埔里社厅、恒春县均属后山新辟之地，奉准减等升科，台东州能否援照减则另行核办？续因奏限迫届，而台地民番租业琐碎纠葛，及原丈地段内有土壤瘠薄，难以照则升科，必须另行分别办理，以免民累，于请展奏期案内陈明，奉旨允准各在案。

① 中国第一历史档案馆藏：《朱批原件》，档案编号：04-01-12-0546-228.

② 此清单查无下落，待考。

③ 中国第一历史档案馆藏：《军机录副》，档案编号：03-5261-030.

兹催据各属遵限将丈单一律给竣，计基隆、安平、凤山、嘉义、彰化、淡水、新竹、宜兰一厅七县，除官庄田园租额另行由司详请奏咨外，共民业田园四十二万五千二百四十一甲零，年征银五十万九千四百九十两有零，以光绪十四年启征。又，埔里社厅田园二千四百九十八甲零，年征银一千三百五十一两零；恒春县田园四千二百六十九甲零，年征银二千一百二十七两零，以光绪十五年启征，并据造送图册各前来。

伏查全台旧额人丁饷税银八千九百三两零，供粟一十九万七千一百三十四石零，耗谷九百二十三石零，照台章折价银一十一万八千八百二十四两零，余租折价银一万三千四百四十一两零，官庄银二万八千五百二十七两零，耗羡银一万三千六百六十一两零。统共年征银一十八万三千三百六十六两零。自道光以来，垦不报升，坍不请豁，年征银数逐渐短绌。光绪二年，台北设郡，举办淡水、噶玛兰两属清赋，地止一隅，时阅十载，办理迄鲜成效。此次全台一律清丈，并核给丈单，五、六月间，本可竣事，依限奏销。

乃以嘉义等属原办草率，不得不添派委员，分投复丈，抽查清厘，期归至当。又因有土壤瘠薄，难以照则升科之沙田、沙园，大率在沿山、沿海、沿溪一带各属皆有，饬由给单员绅调查契价、租息，另行酌定等差科征。台北民业向有以一、二、三分等者，亦即编为一、二、三等。凡一等沙田，每甲征银一两六分五厘零；二等征银七钱四分六厘；三等征银五钱三分三厘。一、二等沙园视二、三等沙田，三等沙园每甲征银三钱二分。彰化以南沙田分平、次、下三等，每甲征银自七钱七分至五钱五分。沙园亦分三等，自四钱四分至二钱二分，比较同安下等轻则，有赢无绌。似此稍舒民力，既免逃粮弃地之虞，并广续垦招徕之路。

其垦荒未熟田园，仍照原奏剔除，从缓升科。

自十二年秋间开办清丈起，接续办理给单，至现在一律报竣止，时仅三载，通台得竟全功，年征银五十一万二千九百六十九两零，随征补水、平余银一十二万八千二百四十二两零，加以官庄租额银二万八千余两，全年共银六十七万余两，核与初奏约计之数不相上下。比较旧额，溢出银四十八万八千余两。除补水、平余银一十二万八千二百四十二两零外，实计正额溢出银三十六万余两。十四年分征收已有成数，应即奏咨作为定额。至新设之台湾、云林、苗栗三县，系就彰化、嘉义、新竹三县辖地划分，十五年设立已齐，各归各界征解。所划堡分、田甲、征额，另再由司开折详咨立案。

台地内山细流冲激，沿海风沙卷压，田园时有坍涨，已饬各厅县随时稽查。遇有坍涨，分别升除，并将未垦者招垦，垦熟者续升，随时清办，不得仍蹈故辙。总期地无隐匿之粮，民无虚完之累，俾善其后，以垂经久。

除丈量给单先后两次需用经费及在事出力员绅另行分别造销、请奖外，据署台湾布政使沈应奎会同办理清赋总局前署台湾道陈鸣志详送图册，呈请奏咨，声明澎湖一厅系孤悬荒岛，地皆斥卤，只能栽种杂粮，年征地粮等银一百三两零，仍循其旧，免予更张等情，前来。

臣覆核无异，除将送到图册咨送户部查照办理外，所有全台清赋完竣及年征额数各缘由，谨会同闽浙总督臣卞宝第，恭折具陈。伏乞皇上圣鉴，训示。谨奏。光绪十五年十二月十九日。

（朱批）：户部知道。[①]

① 中国第一历史档案馆藏：《朱批原件》，档案编号：04-01-35-0099-002.

光绪十六年闰二月二十六日，奉朱批：户部知道。钦此。[1]

## 一〇〇　奏报厘定全台官庄田园租额情形折

光绪十五年十二月十九日（1890年1月9日）

太子少保台湾福建巡抚一等男臣刘铭传跪奏，为厘定全台官庄田园租额，恭折仰祈圣鉴事。

窃查康熙年间台地，各属养佃垦成官庄田园九千七百六十五甲零，或征租粟每石折银四钱，或征青白糖芝荞塭饷，各项折价不等，又给资建置糖廍款库平银七百八十一张，每张折征银五两六钱，共年额征银二万八千五百二十七两零。此系官租，不在民业之列，历年专款造册奏销。自嘉庆以后，垦不升报，坍不请豁，以致征数逐渐短绌。此次全台普律清丈，先将民田丈竣升科，接续清厘。官庄历年久远，原设糖廍、蔗车、牛磨均已倒塌多年，鱼塭早经冲没。惟田园现丈共计一万五千三百五十二甲三分四厘六毫四丝八忽五微二纤，较旧额有赢，系各佃就官庄界内自行续垦。经此番查丈以后，冲塌者应行扣除，续垦者核实科租。

查从前租则，征收租粟、青白糖等项，每甲折银一二钱起至十两不等，轻重悬殊，究系如何分配，年久档案无存。而佃民本形苦累，且续增田园皆由各佃自垦，非曩时由官供养给种可比。新垦、旧垦界址混一，莫从指辨，自应将租额重为厘定，删除各项名目，一律征谷，以杜胥役上下其手。现议上则田每甲征租谷五石，中田四石五斗，下田四石，下下田三石五斗。上园视中

---

① 中国第一历史档案馆藏：《军机录副》，档案编号：03-6234-044.

田，中下园各递减五斗，下下园征谷三石。统计台湾、彰化、安平、凤山、嘉义五县，年共征谷五万六千零九十五石二斗一升五合七勺四杪二撮。每石按照台章折银六钱，计年额共银三万三千六百五十七两一钱三分，免征平耗。自十五年起照新章办理，较之旧额多征银五千余两。其十四年清厘尚未竣事，各属间有按照旧章，征完银两尽数另册入奏造报。据署台湾布政使沈应奎造册详请奏咨前来。

臣覆核无异，除册咨送户部查照外，谨将厘定全台官庄田园租额缘由，会同闽浙总督臣卞宝第，恭折具奏。伏乞皇上圣鉴。谨奏。光绪十五年十二月十九日。

（朱批）：户部知道。[①]

光绪十六年闰二月二十六日，奉朱批：户部知道。钦此。[②]

## 一〇一　奏陈沈应奎、程起鹗二员办事实心片

光绪十五年十二月十九日（1890年1月9日）

再，台湾民情强悍，土豪把持清丈升科。事事草创，较之内地尤为难办。臣自光绪十二年四月奏请开办以来，其中虽有彰化之变、嘉义之误，卒能三年竣事，非臣之力，实署藩司沈应奎、在任候补道调署台湾府知府程起鹗二人之功。查该二员才识明练，持躬廉正，办事实心，任劳任怨，为近时司道中不可多得之员。

我皇上亲政之始，访求人才，臣不敢壅于上闻，谨附片具

① 中国第一历史档案馆藏：《朱批原件》，档案编号：04-01-35-0611-010.

② 中国第一历史档案馆藏：《军机录副》，档案编号：03-6521-013.

陈。伏乞圣鉴，训示。谨奏。

（朱批）：知道了。[1]

光绪十六年闰二月二十六日，奉朱批：知道了。钦此。[2]

① 中国第一历史档案馆藏：《朱批原件》，档案编号：04-01-12-0546-213.

② 中国第一历史档案馆藏：《军机录副》，档案编号：03-5262-123.

# 光绪十六年（1890）

## 一　奏为恩赏福字等件谢恩折

光绪十六年正月二十二日（1890 年 2 月 11 日）

太子少保福建台湾巡抚一等男臣刘铭传跪奏，为恭谢天恩，仰祈圣鉴事。

窃臣承准军机大臣咨行：递到钦赏御书“福”字一方，并荷包、银钱、银锞、食物等件。谨即恭设香案，望阙叩头谢恩祗领。伏惟皇上锡福叙畴，介福懋治，龙章启瑞，鱼袋颁荣。瞻内府之宝藏，分御府之珍品。自天申锡，伏地悚惶！

臣忝任海疆，叠承宠赍，未效涓埃之报，益深感戴之诚！惟有矢慎矢勤，任劳任怨，冀竭悃忱于驽钝，仰荷高厚之鸿慈！

所有微臣感激下忱，理合恭折叩谢天恩。伏乞皇上圣鉴。谨奏。光绪十六年正月二十二日。

（朱批）：知道了。[1]

光绪十六年二月二十二日，奉朱批：知道了。钦此。[2]

---

① 中国第一历史档案馆藏：《朱批原件》，档案编号：04-01-12-0547-027.

② 中国第一历史档案馆藏：《军机录副》，档案编号：03-5261-108.

## 二　奏报沪尾、打狗二口一百十四结收支洋税情形折

光绪十六年正月二十二日（1890 年 2 月 11 日）

太子少保福建台湾巡抚兼管海关一等男臣刘铭传跪奏，为台湾沪尾、打狗二口征收洋税，照章按结奏报，谨将第一百十四结关内收支数目分晰缮具清单，恭折奏祈圣鉴事。

窃照各海关征收洋税，案经总理各国事务衙门会同户部奏定章程，改题为奏，停用亲填等簿，行令各关将收支数目按结奏报一次，扣足四结，专折奏销，毋庸按照关期题销，以清界划等因。查沪尾、打狗二口海关税务，自光绪十三年八月十五日第一百九结起改由臣就近监督，所有收支洋税各数目，业经遵照新章，分别奏咨至第一百十三结止在案。

兹自光绪十四年十一月三十日起至十五年三月初一日届满第一百十四结期内，该二口收支各项洋税银两，应遵新章按结奏报。其循案支销各项经费，容俟扣足四结时造册奏销，以符定案。

除将本结收支数目循案分咨查照外，谨会同福州将军臣希元[①]、闽浙总督臣卞宝第，恭折具奏，并缮清单，恭呈御览。伏乞皇上圣鉴。谨奏。光绪十六年正月二十二日。

---

① 希元（1843—1894），字赞臣，伍弥特氏，蒙古正黄旗人。咸丰元年（1851），袭一品荫生。二年（1852），承袭一等继勇侯爵。十年（1860），委散秩大臣。同治五年（1866），充册封朝鲜国王妃副使。同年，补正红旗汉军副都统。七年（1868），署镶蓝旗汉军副都统。八年（1869），署右翼前锋统领。九年（1870），署正白旗满州副都统、正红旗蒙古副都统。同年，补授荆州左翼副都统。十三年（1874），擢杭州将军。光绪元年（1875），署杭州副都统。光绪二年（1876），调补荆州将军。五年（1879），补授黑龙江将军。六年（1880），调江宁将军，兼署江宁副都统。九年（1883），补授吉林将军。同年，兼署吉林副都统。十四年（1888），调补福州将军。十七年（1891），兼署闽浙总督兼盐船大臣。二十年（1894），卒于任。

（朱批）：该衙门知道，单、片并发。[①]

光绪十六年二月二十二日，奉朱批：该衙门知道，单、片并发。钦此。[②]

## 三 呈沪尾、打狗二口一百十四结洋税征收清单

光绪十六年正月二十二日（1890年2月11日）

谨将台湾沪尾、打狗二口第一百十四结期内并征洋药税厘所有征过银数，理合缮具清单，恭呈御览。

谨开：

旧管：存前两届一年期满洋药厘金赢余银六万七千五百三十七两二钱七分五厘。

前件查沪尾、打狗二口第一百九结期内征收洋药厘金，遵照部文除补足一百八结以前划留本省不敷银两外，计余银二千一百三十两二钱二分五厘，又前届第一百十结起至第一百十三结止，扣足四结一年期满赢余银六万五千四百七两五分，二共银六万七千五百三十七两二钱七分五厘，另款存储，听候拨用。至第一百十四结所征前项银两，除照案留充防费外，请俟一百十七结一年期满，统计赢余若干，造报候拨。理合陈明。

新收：光绪十四年十一月三十日起至十五年三月初一日止，届满第一百十四结期内，沪尾口征洋药税银一万五千四百七十两三钱二分五厘，又征洋药厘银四万一千二百五十四两二钱，二共征税厘银五万六千七百二十四两五钱二分五厘。

---

① 中国第一历史档案馆藏：《朱批原件》，档案编号：04-01-35-0403-060.

② 中国第一历史档案馆藏：《军机录副》，档案编号：03-6371-018.

打狗口征洋药税银二万三千七十八两四钱，又征洋药厘银六万一千五百四十二两四钱，二共征税厘银八万四千六百二十两八钱。

以上沪尾、打狗二口共征洋药税厘银一十四万一千三百四十五两三钱二分五厘。

开除：一、支给沪尾、打狗二口税务司经费三个月共银三千两。此项银两系准总理各国事务衙门暨户部咨行，自一百十一结起由厘金项下拨给。理合登明。

实在：存本结洋药税厘银一十三万八千三百四十五两三钱二分五厘，内洋药税厘银三万八千五百四十八两七钱二分五厘，洋药厘银九万九千七百九十六两六钱，已由该二口委员分别正税、厘银，就近分交台湾善后局及台湾道库兑收，归入台防经费拨用。至征收洋药厘银，前准户部咨行，令将划留本省银两分为四结，提支台湾每年划留银二十九万七千一百六十两，本结征银一十万二千七百九十六两六钱。除支给税务司经费外，实存银九万九千七百九十六两六钱，应提银七万四千二百九十两，尚剩银二万五千五百六两六钱，应请俟至一百十七结扣足四结，作为一年期满，统计赢余若干，再行报部候拨。

所有本结税厘除税银尽数留充防费厘银留支以外，余银另行统算报拨外，计仍实存前两届一年期满洋药厘金赢余银六万七千五百三十七两二钱七分五厘，现经另款存储，听候拨用。理合陈明。

（朱批）：览。

## 四　奏报沪尾、打狗二口一百十四结征收数目折

光绪十六年正月二十二日（1890年2月11日）

太子少保福建台湾巡抚兼管海关一等男臣刘铭传跪奏，为台

湾洋药税厘归关并征，谨将沪尾、打狗两口第一百十四结期内征收数目缮具清单，恭折奏报，仰祈圣鉴事。

窃查台湾洋药税厘归关并征，自应按照洋税收支章程，分晰正税、厘金两项银数，随同结期，按三个月奏报一次，扣足四结，专折奏销，以符洋税定案。

臣接管台湾关务，所有沪尾、打狗两口征过洋药税厘银数，业经奏报至第一百十三结止在案。兹查光绪十四年十一月二十日起至十五年三月初一日止届满第一百十四结期内，沪尾、打狗两口征收洋药税厘银两，仍应按结奏报，俾清界划。

除将本结征收数目循案分咨总理各国事务衙门、户部、通商大臣查照外，谨会同福州将军臣希元、闽浙总督臣卞宝第，恭折奏报，并缮具清单，恭呈御览。伏乞皇上圣鉴。谨奏。正月二十二日。

光绪十六年二月二十二日，奉朱批：该衙门知道，单并发。钦此。①

## 五　呈沪尾、打狗二口一百十四结收支洋税清单

光绪十六年正月二十二日（1890 年 2 月 11 日）

谨将台湾沪尾、打狗二口第一百十四结期内除洋药税银另行归入并征洋药税厘案内造报外，所有征收各项洋税银两遵照新章按结奏报，并将收支各数目理合敬缮清单，恭呈御览。

谨开：

旧管：无项。

① 中国第一历史档案馆藏：《军机录副》，档案编号：03-6371-021.

前件查沪尾、打狗二口关税案，经前台湾海防大臣沈葆桢奏准尽数截留，充作台防经费。所有每结征收税银业已尽数解交台湾善后局、台湾道库兑收拨用。理合陈明。

新收：光绪十四年十一月三十日起至十五年三月初一日届满，第一百十四结期内，沪尾口共征洋税银一万六百三十一两九钱四分八厘，洋船吨钞银八百三十九两六钱，土货复进口半税银五百二十四两九分二厘，子口半税银无项。

打狗口共征洋税银三万三千三百六十九两九钱九分九厘，洋船吨钞银九百九十八两五钱，土货复进口半税银二百三两一钱三厘，子口半税银二十两六钱二分五厘。

以上沪尾、打狗二口共征税钞银四万六千五百八十七两八钱六分七厘。

开除：一、提解总理各国事务衙门及拨给税务司吨钞共银一千八百三十八两一钱。此项吨钞内应提解总理各国事务衙门三成银两外，其余七成吨钞银一千二百八十六两六钱七分，已由该二口照案给交税务司收领，以为建造塔表、望楼之用。理合陈明。

一、支给沪尾、打狗二口税务司辛俸三个月共银一万五千两。此项辛俸每三个月原给银一万二千两，续准总理各国事务衙门暨户部咨行，自一百十一结起改发前数。理合陈明。

以上共开除银一万六千八百三十八两一钱。

实在：存税银二万九千七百四十九两七钱六分七厘，已据该二口禀报内除循案支销经费外，所余银两均已照案移解台湾善后局及台湾道库兑收，充作台防经费。至本结该二口共征洋药正税银三万八千五百四十八两七钱二分五厘，另行归入并征洋药税厘案内造报。合并陈明。

（朱批）：览。①

## 六　请将游击郑有勤等革职正法缘由片

光绪十六年正月二十二日（1890年2月11日）

再，统带台北隘勇营游击郑有勤，初尚勤奋。自上年全台生番归化后，该游击侈功懒惰，营伍废弛。查有办理该军营务处保留江苏补用知县徐石麒、已革县丞凌云、营官守备张安珍等，怂恿为奸，同恶相济。上年八月间，竹头角等社番丁偷出杀人，经抚垦局查明，勒令各该社番目交出凶手，郑有勤胆敢私行释放，概不究办。九月间，隘勇被杀至四十余人。张安珍疏防失卡，亦不禀请查究。及至大兵进剿时，该军迁延不进，经臣撤差查办，委员点验所部隘勇，竟敢以垦民三百人冒充勇数，侵吞口粮，实属目无法纪！

除已革县丞凌云拿获到案再行讯办外，游击郑有勤、守备张安珍侵冒饷银，故违军令，均应请旨革职，即行正法；保留江苏补用知县徐石麒，并请革职，永不叙用，以肃军政而明赏罚。谨附片具陈。伏乞圣鉴，施行。谨奏。

光绪十六年二月二十二日，奉朱批：另有旨◆1。钦此。②

【案】此奏旋于光绪十六年二月二十二日得旨允行。“廷寄”曰：

军机大臣字寄：福建台湾巡抚刘铭传：光绪十六年二月二十二日，奉上谕：刘铭传奏，剿办台北内山番社情形一折。上年九月间，宜兰凶

① 中国第一历史档案馆藏：《清单》，档案编号：03-6371-019.

② 中国第一历史档案馆藏：《军机录副》，档案编号：03-5867-114. 又见《刘壮肃公奏议·惩暴略》。

番戕害官弁，经刘铭传派总兵吴宏洛等督队进剿，于十二月间叠毁白阿歪等社，各番恐怖，将为首凶番有敏阿歪等捆送求抚，讯明正法。所有加九岸叛番，据称此次剿办暂知敛迹。该抚仍当妥为镇抚，毋稍大意。其南澳各凶社，现经该抚亲往督剿，即着严饬各将领详审地势、番情，大加惩创，以儆凶顽，仍将剿办情形，随时奏闻。

另片奏，带兵官侵冒饷银，故违军令，并营务处委员怂恿为奸等语。游击郑有勤、守备张安珍，均着革职，即行正法。江苏补用知县徐石麒，着革职永不叙用。已革县丞凌云，俟拿获到案，讯明惩办。该部知道。将此由四百里谕令知之。钦此。遵旨寄信前来。[①]

## 七　奏报沪尾、打狗二口一百十四结提解船钞片

光绪十六年正月二十二日（1890 年 2 月 11 日）

再，台湾沪尾、打狗二口按结应解总理各国事务衙门三成船钞银两，截至一百十三结止，均已按数解收在案。兹自光绪十四年十一月三十日起至十五年三月初一日止第一百十四结期内沪尾口征收船钞银八百三十九两六钱，应解三成银二百五十一两八钱八分；打狗口征收船钞银九百九十八两五钱，应解三成银二百九十九两五钱五分。核计该二口第一百十四结期内共征船钞银一千八百三十八两一钱，共应提解三成银五百五十一两四钱三分。

兹将前银按数兑足，填具文批，由台援案发交协和信号商承领汇解，前赴总理各国事务衙门投纳。除咨明外，理合附片奏报。伏乞圣鉴。谨奏。

（朱批）：览。[②]

---

① 中国第一历史档案馆编：《光绪宣统两朝上谕档》，第 16 册，第 49—50 页，广西师范大学出版社，1996。

② 中国第一历史档案馆藏：《朱批原件》，档案编号：04-01-35-0403-061.

光绪十六年二月二十二日，奉朱批：览。钦此。[1]

## 八　请将总兵吴光亮送部引见缘由片

光绪十六年正月二十五日（1890年2月14日）

再，臣恭读光绪十五年三月十六日恩诏，自同治元年以来，曾经任用现已革职官员，果有才力堪用者，督抚查明请旨等因。仰见圣恩浩荡，不弃菲瑕，莫名钦感！兹查有降调前福建台湾镇总兵吴光亮，因向署恒春营游击刘全借银被控不知检束，经臣饬据台湾道唐景崧查明，详由臣会同前闽浙督臣杨昌濬奏参，经兵部照例议处，于光绪十四年三月二十二日奏奉上谕：吴光亮着照议降三级调用等因。钦此。钦遵在案。今据该员吴光亮以恭逢覃恩恳请具奏前来。

臣查吴光亮因向属员借银被议，固属事非冤枉。惟其从前转战数省，打仗奋勇，颇著劳绩；开辟台湾后山，历剿番社，尤为出力；虽经臣因其不知检束照例会参于前，兹查其功过似尚足以相抵，可否仰恳天恩，准将降调前福建台湾镇总兵吴光亮由臣给咨送部引见，恭候恩施之处，出自逾格鸿慈！

臣谨会同闽浙总督臣卞宝第，附片具陈。伏乞圣鉴，训示。谨奏。

（朱批）：吴光亮着交兵部带领引见。[2]

光绪十六年二月二十二日，奉朱批：吴光亮着交兵部带领引

---

① 中国第一历史档案馆藏：《军机录副》，档案编号：03-6371-020.

② 中国第一历史档案馆藏：《朱批原件》，档案编号：04-01-12-0547-029.

见。钦此。[①]

## 九 请将副将林福喜等分别降革缘由片

光绪十六年正月二十五日（1890年2月14日）

再，查记名总兵台湾北路协副将林福喜，办理埔里社抚番，任听司事冒销经费；代理噶玛兰营都司留闽补用游击汤仁贵，办理宜兰抚番，亦有冒支经费情事，经臣咨会督臣先后撤任查办在案。

查记名总兵台湾北路协副将林福喜，才识平庸，难胜重任，应请旨以游击降补；留闽补用游击汤仁贵习气贪滑，办事不实，应请即行革职，以示惩儆。谨会同闽浙总督臣卞宝第，附片具陈。伏乞圣鉴，训示。谨奏。

（朱批）：着照所请，兵部知道。[②]

光绪十六年二月二十二日，奉朱批：着照所请，兵部知道。钦此。[③]

## 一〇 请将剿办土匪出力员弁仍照原保给奖折

光绪十六年二月初六日（1890年2月24日）

太子少保福建台湾巡抚一等男臣刘铭传跪奏，为台湾历剿叛番并彰化土匪，并案请保武职出力内外奖员弁，委属军营异常劳

---

① 中国第一历史档案馆藏：《军机录副》，档案编号：03-5867-115.

② 中国第一历史档案馆藏：《朱批原件》，档案编号：04-01-01-0976-060.

③ 中国第一历史档案馆藏：《军机录副》，档案编号：03-5867-116.

绩，分晰另缮清单，吁恳天恩，准照原保给奖，以昭平允而免向隅，恭折仰祈圣鉴事。

窃准兵部咨行：遵旨议奏一折内称，内阁抄出福建台湾巡抚刘铭传等奏，汇保剿办埤南叛番、彰化土匪并历年剿抚肃清各路番社尤为出力员弁、官绅，并案开单请奖一折。光绪十五年六月十八日，奉朱批：该部议奏，单二件并发。钦此。钦遵到部。除文职应由吏部办理外，按定章悉心核议，分别准驳，缮单恭呈御览等因，于光绪十五年九月初三日具奏，奉旨：依议。钦此。钦遵抄录原奏、清单，并将千总以下另行抄单，先后咨行到臣。

伏查台湾自光绪十一年办理番务，剿抚兼施，屡服屡叛，各军节次分路剿办，大小不下百余战，如苏鲁、马那邦、大坝、白峁、吕家望、京孩儿各役，战功尤为昭著。历次擒拿番目、匪首，攻夺垒卡，不可胜计。如埤南被围十五日，彰化被围七日，则皆叛番、土匪交结构乱，其势震动全台。一切接仗获胜、守城解围各情形，经臣节次详晰奏报在案。

国家奖励战士，优定章程：克复城池，擒斩要逆，首先出力人员，准保越级。其次及攻坚夺垒，歼擒逆匪，准保免补、免选及尽先遇缺即补等项班次。又，军营战功卓著，准保提督、总兵及提督衔、头品顶戴。又，奋勇杀贼，战功卓著者，准保翎枝。诚以军功劳绩迥异寻常，奖赏优异，疆场之士感激思奋，胥在乎此。

台湾剿办生番前后五年之久，大小百余战，各军所向克捷，不得谓非战功卓著；枪林炮雨之中攻夺卡隘，不得谓非奋勇；擒获匪首、番目，不得谓非擒斩要逆；番巢深险，石垒坚固，精锐伤亡，历奏有案，不得谓非攻坚夺垒。埤南厅治、彰化县城守御解围，同属存城之绩，尤不得谓非克复可比。况鸟道蚕丛之境，烟瘴荆棘之乡，营帐难施，资粮不继，士卒暴露，冻饿疾病，死亡数千。其战胜攻取之难，较诸内地接仗，情形不啻天壤。

臣于各军出力将领，业经历次随折奏蒙恩奖。其余在事员弁，时逾五年，汇案六次，人数较多，先将出力稍次各员一律删汰，择其战功最著、效力最久者，开单列保，实属军营异常劳绩，核与章程相符，委无冒滥。若如部议，各案随折所保员弁，按照异常劳绩核奖，其汇保员弁不得援照优奖办理。是功同赏异，未足以示公允。现准吏部咨查，文职请奖各员已照异常劳绩核准在案。武职出力员弁系属一案，未便两歧。除卢开玉、杨兴隆、孙得胜三员业经兵部核准无庸重列外，合将总兵苏得胜等三百三十五员，分晰劳绩，缮具清单，吁恳天恩，俯准饬部仍照原保官阶分别给奖，以昭公允而免向隅。

至千总以下各弁履历，先已随案造送。兹并分晰劳绩，另单咨明，并请饬部一律查照原保给奖，迅速核覆，俾资鼓励。

所有历年剿办番社并案请奖武职出力员弁并属军营异常劳绩，恳恩准照原保给奖缘由，谨会同闽浙总督臣卞宝第、帮办全台抚垦事务臣林维源，恭折具奏。伏乞皇上圣鉴，训示，施行。再，游击汤仁贵、千总张安珍，另案参办，已于单内扣除。合并陈明。谨奏。光绪十六年二月初六日。

（朱批）：兵部议奏，单并发。[①]

光绪十六年闰二月二十五日，奉朱批：兵部议奏，单并发。钦此。[②]

---

① 中国第一历史档案馆藏：《朱批原件》，档案编号：04-01-16-0230-045.

② 此奉旨日期与内容，据《军机处随手登记档》（档案编号：03-0264-1-1216-081）校补。

## 一一　呈剿办叛番、土匪出力武职各员清单

光绪十六年二月初六日（1890年2月24日）

谨将台湾剿办埤南叛番、彰化土匪并历年剿抚各路番社并案请奖尤为出力武职各员弁，分晰劳绩，开具清单，恭呈御览。

谨开：

记名提督福建建宁镇总兵西林巴图鲁苏得胜，拟请赏加头品顶戴。

浙江处州镇总兵强勇巴图鲁窦如田，拟请赏加提督衔。

以上二员督饬营哨各路剿办，所向克捷，卓著战功，应请照章奖叙。

提督衔记名简放总兵壮勇巴图鲁曾喜照，记名遇缺简放总兵直勇巴图鲁石成玉，均拟请以提督记名请旨简放。

总兵衔补用副将李胜才，拟请以总兵记名请旨简放。

署台湾城守营参将总兵衔留闽补用副将胡德兴，花翎湖南补用副将余保元，均拟请免补副将，以总兵留闽遇缺请旨简放。

花翎留甘补用副将江云山，拟请俟补缺后，以总兵用。

花翎补用副将田丰年，拟请仍以副将留闽尽先补用，并赏加总兵衔。

已革两江督标尽先补用副将徐得荣，拟请开复原官。

总兵衔补用副将顾金魁，拟请仍以副将留闽补用，并赏给正二品封典。

花翎总兵衔副将用留闽补用参将陈兆翱，花翎副将衔陕甘补用参将石洪祺，花翎闽浙补用参将周南义，蓝翎副将衔两江补用

参将赵宗连，副将衔两江督标补用参将昭勇巴图鲁程映山。以上五名均拟请免补参将，以副将各归原省原标尽先补用，赵宗连并赏换花翎，程映山并赏加总兵衔。

花翎副将衔补用参将严勇巴图鲁刘建元，花翎副将衔补用参将署北路中营都司叶永辉，花翎补用参将王向贵、贾加才。以上四名均拟请免补参将，以副将留闽尽先补用。

花翎副将衔补用参将方全胜、后元福，花翎补用参将李泰元，蓝翎补用参将龚凤章、王德泰，尽先参将孙占彪、刘秀颜。以上七名均拟请免补参将，以副将尽先补用，龚凤章、王德泰并赏换花翎。

副将衔留闽补用参将周起凤，拟请俟补缺后，以副将在任尽先补用，并赏加总兵衔。

升用副将留闽补用参将陈尚志，拟请赏给二品封典。

福建水师提标左营游击署嘉义营参将陈宗凯，拟请以参将留闽尽先补用，并赏加副将衔。

参将衔湖广督标补用游击高森富，花翎湖南补用游击陶金魁，代理恒春营游击留闽补用游击谈炳南。以上三名均拟请免补游击，以参将各归原省原标尽先补用。

花翎尽先游击长江候补守备周明标，拟请免补游击，以参将仍归长江尽先补用。

花翎参将衔补用游击纪步高，参将衔补用游击孙大文，花翎补用游击高霞明、张占魁、孔宪盈，蓝翎补用游击刘禹卿。以上六名均拟请免补游击，以参将尽先补用，并赏加副将衔。

花翎补用游击萧贵龄，补用游击蒋寿春，均拟请免补游击，以参将留闽尽先补用，并赏加副将衔。

参将衔补用游击丁功烈，花翎补用游击杨林春、何兴余，补用游击王添仁、徐贤仁、苏忠恕。以上六名均拟请免补游击，以参将尽先补用。

花翎副将衔闽浙补用游击林文光，花翎补用游击张访贤，均拟请赏给二品封典。

花翎游击衔湖南补用都司李秀春，游击用两江补用都司孙绍钧，游击衔两江督标补用都司郭开忠，花翎留闽补用都司曾友成。以上四名均拟请免补都司，以游击各归原省原标尽先补用，并赏加参将衔。

参将衔留闽补用都司萨镇冰，游击衔留闽补用都司李晴峰，花翎留闽补用都司马松林，蓝翎留闽补用都司张正玉、吴玉田，留闽补用都司世袭骑都尉刘维冈。以上六名均拟请免补都司，以游击仍留闽省尽先补用。

闽浙督标水师补用都司许廷瑞，拟请免补都司，以游击仍留原标尽先补用。

花翎游击衔安徽补用都司王全扬，拟请免补都司，以游击改留福建水师提标补用。

花翎补用都司张金钰，蓝翎游击衔尽先都司邱湘潮，均拟请免补都司，以游击留闽尽先补用。

花翎游击衔补用都司萧守城、夏元龄，蓝翎游击衔补用都司赵有才，花翎都司恽竹斌、李定雄、沈祺山，蓝翎都司谭华忠，游击用补用都司刘盛增。以上八名均拟请免补都司，以游击尽先补用，并赏加参将衔。

花翎游击衔补用都司郑运泰，游击衔补用都司郭长青，花翎都司陈登科、胡金全、郑得元、叶苹秋，蓝翎都司贺福来、段安邦、王维山，尽先都司孔庆香、马秉春、王起胜、马自福、方生尧。以上十四名均拟请免补都司，以游击尽先补用，贺福来、段安邦并赏换花翎。

游击衔补用都司杨福同，拟请赏戴花翎。

开复原衔议叙加一级前龙泉闽都司关永华，拟请开复原官。

都司用安徽抚标补用守备张勇盛，都司衔两江补用守备刘学胜、赵得胜，花翎留闽补用守备林如桢，蓝翎留闽补用守备蔡国梁，两江补用守备强应南。以上六名均拟请免补守备，以都司各留原省原标尽先补用，并赏加游击衔。

都司衔两江补用守备方良元，两江督标中营升用都司尽先守备梁廷超，都司用徐州镇标补用守备彭得云，蓝翎留闽补用守备黎培莪，两江补用守备潘得元。以上五名均拟请免补守备，以都司各留原省原标尽先补用，方良元并赏戴花翎。

花翎尽先守备林朝昌，拟请免补守备，以都司留闽尽先补用，并请赏加游击衔。

都司衔尽先守备张洪宽，尽先守备方端、庄贵扬。以上三名均拟请免补守备，以都司留闽尽先补用，并赏戴蓝翎。

花翎都司衔尽先守备陈有文，蓝翎都司用尽先守备李宗成，蓝翎都司衔尽先守备朱云开，都司用尽先守备马长安，都司用尽先卫守备王德芳，花翎守备陈连升、符海彬、梁崇江、陈永龙，尽先守备万福全。以上十名均拟请免补守备，以都司尽先补用，并赏加游击衔。

蓝翎都司衔尽先守备徐洪胜，蓝翎守备申维泰、李胜钟。以上三名均拟请免补守备，以都司尽先补用，并赏换花翎。

尽先守备刘忠梁、邓正邦，均拟请免补守备，以都司尽先补用，并赏戴花翎。

花翎都司衔尽先守备姜鸿善，蓝翎都司衔尽先守备王士林，都司衔尽先守备王得义、张李成，花翎守备王显能、丁达元、卓光锐、解茂松、张振声、滕国凤、沈呈璋，蓝翎守备温平兰、朱德宏、陈得胜、赖进武、罗青云、陈同寅，尽先守备郭朝旭、窦以宏、朱宗德、朱泰成、刘敦惠、王同德、万长发。以上二十四名均拟请免补守备，以都司尽先补用。

福建候补守备黄庆荣，拟请俟补缺后，以都司尽先补用。

候选卫守备王仙璋，拟请以本班遇缺即选，并赏戴蓝翎。

世袭云骑尉蒯先甲、袁炽昌，均拟请以守备尽先补用，并赏加都司衔。

世袭云骑尉宇其昌，拟请以守备归安徽抚标尽先补用，并赏戴蓝翎。

六品荫生胡恩荣，拟请以守备尽先补用。

已革广东潮州镇标左营右哨千总四品顶戴尽先守备林铭光，拟请开复原官衔。

已革云骑尉世职洪磐安，拟请开复云骑尉世职，并赏戴蓝翎，加都司衔。

蓝翎留闽补用千总黄宗河，留闽补用千总万镇邦，安徽抚标候补千总张秉权，守备用安徽寿春镇标补用千总刘长庆，守备用留闽补用千总吴永宗、陈炳章，安徽抚标左营候补千总刘廷玉，两江督标补用千总石加宾、凌义廷、王殿鳌，福建水师补用千总庐捷祥，分发两江督标千、把总用武举何良材。以上十二名均拟请免补千总，以守备各留原省原标尽先补用，黄宗河、万镇邦并赏加都司衔，张秉权并赏戴蓝翎。

守备衔尽先千总刘嘉辉，蓝翎千总秦大成、蒋春滋、邹连升、陈瑛、朱登高。以上六名均拟请免补千总，以守备留闽尽先补用，刘嘉辉并赏戴蓝翎。

蓝翎守备用千总庐洪富，守备用千总毕松林，蓝翎守备衔千总官得荣，守备衔千总李大元、周连登，蓝翎守御所千总谢仲篪，五品花翎千总唐坤朋，蓝翎千总陈秉忠、张鸣九、林锡时、李桂林、成嘉澄、林鉴、王得功、刘春华，尽先千总朱乃昌、万喜勋、周家桂、周廷泽、叶文东、姜福成。以上二十一名均拟请免补千总，以守备尽先补用，并赏加都司衔。

蓝翎都司衔守备用尽先千总郑溥泉，蓝翎都司衔尽先千总林如年、林捷辉，蓝翎守备用尽先千总张家德、张名扬，蓝翎守备衔尽先千总李从心，五品蓝翎千总杨宏贵、刘金东，蓝翎千总杨克昌、蒋锡椿、杜淦炘。以上十一名均拟请免补千总，以守备尽先补用，并赏换花翎。

尽先千总李士炳、刘得胜、盛学科、章顺祥、石忠汉、徐继胜、王少卿。以上七名均拟请免补千总，以守备尽先补用，并赏戴蓝翎。

蓝翎守备衔千总赖庆云，五品蓝翎千总陈振泰，蓝翎千总陈全揆、薛振声、刘毓雄、林得喜、李贵堂、刘顺昌、李香权、胡国玉、李德成、曾广泽、刘焕兴、马长青、黄东海、单锦春，尽先千总祁凤仪、杨骏发、洪桐书、万清选、卫守忠、夏胜全、戴如兴、余步青、方镇、陈学才、许焕章、林长。以上二十八名均拟请免补千总，以守备尽先补用。

福建澎湖镇标左营千总高其华，台湾道标千总石国珍，均拟请以守备在任尽先补用。

已革蓝翎都司衔升用守备留闽补用千总林高辉，拟请开复原官升阶衔翎。

蓝翎漕标苇河营千总郑国泰，拟请免补千总，以卫守备归部不论双单月选用，并赏换花翎。

武举马双魁、宋佩鸣、周俊英、黄令成。以上四名均拟请以守备尽先补用。

蓝翎把总刘成玉、何香龄、倪寿政、杨梁材、邹孝贤、庐贵廷，把总王纯珍、倪树勋、许竹斋、陈攀云、徐文治、吴绍南、陈壬长、陈嗣锦、高鸣鹤、王寿培、刘得云、彭桂林、臧国治、许贵生。以上二十名均拟请免补把总，以千总尽先拔补，并赏加守备衔。

五品蓝翎陈景崧，拟请赏给四品顶戴。

俊秀赵广祥，拟请赏给五品顶翎。

以上二百六十三员名，均各奋勇杀贼，迭著战功，攻坚夺垒，擒斩首要匪犯出力，应请照章奖叙。

花翎补用游击刘朝焯，拟请免补参、游，以副将尽先补用，并赏加总兵衔。

花翎游击衔补用都司尽先守备童修品，拟请免补都司，以游击尽先补用。

升用都司两江督标补用守备世袭云骑尉刘朝泰，两江督标花翎守备张长胜，闽浙督标补用守备世袭云骑尉萨胪芳。以上三名均拟请免补都、守，以游击仍留原标尽先补用。

都司衔两江抚标尽先守备马忠贵，拟请免补都、守，以游击改留福建水师尽先补用。

蓝翎都司用守备衔尽先千总任之潜，拟请免补千总、守备，以都司尽先补用。

蓝翎都司衔留闽补用千总林机会、苏益元、林德溪、俞天寿、王炳发、郑秉堃。以上六名均拟请免补千总、守备，以都司留闽尽先补用。

千总用尽先把总刘志高，拟请免补千、把，以守备尽先补用，并赏加都司衔。

千总用漕标把总唐树椿，拟请免补千、把，以卫守备归部不论双单月选用。

蓝翎千总用尽先把总刘荣华、喻汉森、陈茂贵、卞友胜，千总用尽先把总毛汉卿、温岳龄、蒲克勤，千总衔把总周广志，五品蓝翎把总许长富、刘忠仁，蓝翎把总傅美喜、邓成礼、邱炳章、胡凤岐、梁冠元、翁元亨、黄锡奎、曾洪森、万国棠、夏守业、申维田、刘朝爱、李春发、贾荣升、苏绪昌、王锦兰、马良栋、郑魁周、高祥庆、陈有文，尽先把总张春生、曾瑞兴、陈长春、李咏山、杨光禄、陶桂馨、张来贵、易云林、熊绍莲、刘书麟、张美玉、张文藻、范朝珍、胡民杰、陈绍光、李秀春、江济宽。以上四十七名均拟请免补千、把，以守备尽先补用。

福州城守营蓝翎把总江泗，寿春镇标把总吴同泰，均拟请免补千、把，以守备仍留原省原标尽先补用。

蓝翎千、把用尽先外委戴廷栋，蓝翎把总用尽先外委蒋正元，把总用外委谢昌年，蓝翎外委陶文升。以上四名均拟请免补把总，以千总尽先拔补，并赏加守备衔。

以上六十八员名，或保守城池，或力解重围，并于各路攻坚夺垒，擒斩首要匪犯首先出力，应请照章奖叙。

（朱批）：览。[①]

## 一二　奏为剿办番务仍照异常劳绩核奖片

光绪十六年二月初六日（1890年2月24日）

再，准吏部咨：议复台湾保奖历年剿抚番社出力人员案内，

① 中国第一历史档案馆藏：《清单》，档案编号：03-5875-005.

声明以后民番再有构衅，派兵剿办，应照寻常劳绩核奖等因。臣查台湾生番绵亘南北，数年来剿抚兼施，虽然次第归化，其凶暴、野性、杀人积习已二百余年，岂一时所能变化？以后虽难保无滋事之处，即不能无派兵剿办之举。臣于奏报南北生番归化后，仍令各军加意严防，诚知其凶性反覆，蠢然无知，非恩可结，非理可喻，不过暂时羁縻，逐渐诱导，非一抚之后竟能永远无事。

查生番深居内山，专以杀人为事，习于战斗，枪法极准，地险无路，草木丛杂，攻坚最难，仰攻尤难，叠次用兵伤折将士并艰难情形，经臣奏报有案。查自前大学士臣福康安、前两江督臣沈葆桢等剿办番社以来，或斩番数首，或剿平一社，在事员弁无不按照异常劳绩奏准给奖。原因海外瘴疠之地，将士冒险履危，其艰苦之状，非身历其境，不知其难，决非内地土匪与滇粤苗猺可比。以后台湾剿办番务，拟恳天恩仍照异常劳绩核奖，以明赏罚。俟沿山撤防后，再行遵照部例办理。

臣为海疆新辟地方鼓励将士起见，谨附片具陈。伏乞圣鉴，饬部查照施行。谨奏。

（朱批）：该部议奏。[①]

光绪十六年闰二月二十五日，奉朱批：该部议奏。钦此。[②]

## 一三　汇奏京控各案上年秋冬未结数目片

光绪十六年二月初六日（1890年2月24日）

再，闽省前准刑部咨：嗣后京控交审案件无论奏咨，每年将

---

① 中国第一历史档案馆藏：《朱批原件》，档案编号：04-01-16-0230-046.

② 此奉旨日期与内容，据《军机处随手登记档》（档案编号：03-0264-1-1216-081）校补。

已、未完结数目，分两次汇开清单具奏，咨部以凭稽核等因。台湾分省，亦照办至光绪十五年六月底止，开单具奏在案。兹据台湾道兼按察使衔唐景崧、署台湾布政使沈应奎详称：台属京控各案，截至光绪十五年十二月底止，尚有咨交未结之黄连蒲等及林振旺二起，因要证外出，致难审结，委非无故迟延，亦非提解不力等情，开折具详前来。

除批饬勒限严催提解审办，并咨部查照外，谨会同兼管福建巡抚事闽浙总督臣卞宝第，附片具奏，并缮清单，恭呈御览。伏乞圣鉴。谨奏。

（朱批）：该部知道，单并发。[①]

光绪十六年闰二月二十五日，奉朱批：该部知道，单并发。钦此。[②]

【案】此奏片之具奏日期，原件、录副目录均署“光绪十六年二月十二日”，而据朱批日期“光绪十六年闰二月二十五日”查《军机处随手登记档》[③]朱批刘铭传折栏，则署有“报四百里，二月初六日发”等字样。据此，此奏片之具奏日期当为“光绪十六年二月初六日”无疑。兹据校正。

## 一四　呈上年秋冬京控各案未结数目清单

光绪十六年二月初六日（1890年2月24日）

谨将台属咨交京控各案截至光绪十五年十二月底止未结数

---

① 中国第一历史档案馆藏：《朱批原件》，档案编号：04-01-01-0976-001.

② 中国第一历史档案馆藏：《军机录副》，档案编号：03-7258-005.

③ 中国第一历史档案馆藏：《军机处随手登记档》，档案编号：03-0264-1-1216-081.

目，汇开清单，恭呈御览。

谨开：

一、彰化县现划归新设台湾县民黄连蒲、林应时、洪壬厚各京控林文明焚杀、霸占等情一案，均于光绪二年十一月二十四日准咨，合作一起。

一、彰化县现划归新设台湾县民林振旺京控林文明奸杀霸占等情一案，于光绪九年十一月二十九日准咨。

以上未结咨交京控案二起。

（朱批）：览。[①]

【案】此清单之具呈日期，原件署“光绪十六年二月十二日”，而据朱批日期“光绪十六年闰二月二十五日”查《军机处随手登记档》[②] 朱批刘铭传折栏，则署有“报四百里，二月初六日发”等字样。据此，此清单之具呈时间当为“光绪十六年二月初六日”无疑。兹据校正。

## 一五　奏报十五年台湾委署州县员缺情形折

光绪十六年二月十二日（1890 年 3 月 2 日）

头品顶戴闽浙总督臣卞宝第、太子少保福建台湾巡抚一等男臣刘铭传跪奏，为光绪十五年冬季分台湾省委署州县员缺，恭折仰祈圣鉴事。

窃准部咨：钦奉上谕：各省州县无论奏调、委署、代理，着每届三个月汇奏一次。钦此。奉经先后奏报至光绪十五年秋季分止在案。兹查十五年冬季分，出有代理台东直隶州知州王维叙患

① 中国第一历史档案馆藏：《清单》，档案编号：03-7258-006.

② 中国第一历史档案馆藏：《军机处随手登记档》，档案编号：03-0264-1-1216-081.

病沉重，遗缺台地一时查无相当堪委之员，饬令办理水尾抚垦局委员甘肃试用同知高垚，就近暂行代理；又出基隆同知汪兴祎因病请假，遗缺请以调台差遣之试用同知温培华代理；又出署云林县知县陈世烈撤回台南府经历本任，遗缺请以试用府经历李联珪代理；又出署安平县知县范克承撤省，遗缺请以调台差委之候补通判陈步梯署理；又出署新竹县知县方祖荫因病请假，遗缺请以调台之本任德化县知县张廷榦署理，均经批准饬遵在案。据署台湾布政使沈应奎汇详前来。

除咨部外，臣等谨恭折具陈。伏乞皇上圣鉴。谨奏。光绪十六年二月十二日。

（朱批）：吏部知道。[①]

光绪十六年闰二月二十五日，奉朱批：吏部知道。钦此。[②]

## 一六　奏报十五年春夏百货厘金收支数目折

光绪十六年二月十二日（1890 年 3 月 2 日）

太子少保福建台湾巡抚一等男臣刘铭传跪奏，为台湾百货厘金光绪十五年正月起至六月止上半年收支数目，恭折奏报，仰祈圣鉴事。

窃照台湾停止船货厘金，改抽百货厘金，经臣于光绪十二年奏明办理。嗣准部咨，令将征收数目照章每按半年奏报一次等因，业经遵照将光绪十二年六月开办起至十四年十二月止先后开单具奏在案。兹查自光绪十五年正月起，截至六月止，共收银五

① 中国第一历史档案馆藏：《朱批原件》，档案编号：04-01-12-0547-053.

② 中国第一历史档案馆藏：《军机录副》，档案编号：03-5262-113.

万二千八百一十八两七钱三分八厘五毫。此项银两前经臣以台湾购办水陆电线经费无出，请于厘金项下动拨。所有本届收款，除提支局用外，余银悉数解归电线工程应用。至局用一款，遵奉部复，按照收数一成开支，并无盈溢。据署台湾布政使沈应奎会同全台税厘局司道核详请奏前来。

臣覆查无异，除将清册分送部、科外，所有台属百货厘金自光绪十五年正月起至六月止上半年收支数目，谨会同闽浙总督臣卞宝第，恭折奏报，并缮清单，恭呈御览。伏乞皇上圣鉴。谨奏。光绪十六年二月十二日。

（朱批）：户部知道，单并发。[1]

光绪十六年闰二月二十五日，奉朱批：户部知道，单并发。钦此。[2]

## 一七　呈光绪十五年上半年厘金收支清单

光绪十六年二月十二日（1890年3月2日）

谨将台湾自光绪十五年正月起至六月止收支厘金数目开单，恭呈御览。

谨开：

收款项下：

一、收百货厘金银五万二千八百一十八两七钱三分八厘五毫。

以上共收银五万二千八百一十八两七钱三分八厘五毫。

① 中国第一历史档案馆藏：《朱批原件》，档案编号：04-01-35-0566-066.

② 中国第一历史档案馆藏：《军机录副》，档案编号：03-6501-018.

支款项下：

一、支给南北各局卡开销局用银五千二百八十一两八钱七分四厘。

一、解水陆电线工程银四万七千五百三十六两八钱六分四厘五毫。

以上共支银五万二千八百一十八两七钱三分八厘五毫。

（朱批）：览。[①]

## 一八　奏报上年秋冬已结各案交代情形折

光绪十六年二月十二日（1890 年 3 月 2 日）

头品顶戴闽浙总督臣卞宝第、太子少保福建台湾巡抚一等男臣刘铭传跪奏，为台省新案交代仿照山东新章，按半年开单，恭折具陈，仰祈圣鉴事。

窃查台湾各属新案交代，业经遵章按半年开单奏报一次，办理至光绪十五年六月止在案。兹自光绪十五年七月起至十二月止半年期内二参限满已结交代，据署台湾布政使沈应奎仿照山东新章，造册请奏前来。

臣等覆核无异，除咨部查照外，谨合词恭折具奏，并缮清单，恭呈御览。伏乞皇上圣鉴。谨奏。二月十二日。

光绪十六年闰二月二十五日，奉朱批：户部知道，单并发。钦此。[②]

---

① 中国第一历史档案馆藏：《清单》，档案编号：03-6501-019.

② 中国第一历史档案馆藏：《军机录副》，档案编号：03-5262-114.

## 一九　呈光绪十五年秋冬已结新案交代清单

光绪十六年二月十二日（1890年3月2日）

谨将台省光绪十五年七月起至十二月止各属二参限满已结新案交代，敬缮清单，恭呈御览。

二参限内算清结报一案：

署凤山县知县高晋翰，于光绪十五年五月二十六日到任，应接前署县张兆芝交代，扣至十五年九月二十五日二参限满，已于限内算清结报。

（朱批）：览。[①]

## 二〇　奏请再拨厘金购办水陆电线缘由片

光绪十六年二月十二日（1890年3月2日）

再，台湾购办水陆电线所需经费，经臣于光绪十二年八月间奏明在于百货厘金项下分作三年拨用，如三年内厘金收数不敷电价，由茶商捐助等因在案。查全台水陆电线一切材料、机器等项，共需经费银二十八万七千余两，除截至光绪十五年六月止，计历次奏报拨收百货厘金银二十二万零九百五十六两五钱三分三厘五毫外，尚不敷线价等项银六万七千余两。

三年已满，本拟饬由茶商捐助。惟自十三年四月起每年已议加茶厘洋四万元收入海防经费，而茶商所需电信，一律照章收

① 中国第一历史档案馆藏：《清单》，档案编号：03-5262-115.

资，并无减价。现在所短前银为数甚巨，难以再令该商捐助。台地百货厘金本属留支之款，水陆电线全功早竣，所有不敷银数，相应仰恳天恩，俯准再行展拨厘金一年，截至十六年上半年为止，以资归补。除将所用电线工料及设局经费另行分别造销外，据全台税厘、善后两局司道会详请奏前来。

臣覆查无异，除咨部外，理合附片具陈。伏乞圣鉴，训示。谨奏。

（朱批）：着照所请，该衙门知道。[①]

光绪十六年闰二月二十五日，奉朱批：着照所请，该衙门知道。钦此。[②]

## 二一　汇奏十五年秋冬咨交未结各案情形片

光绪十六年二月十二日（1890 年 3 月 2 日）

再，闽省前准刑部咨：嗣后京控交审案件，无论奏咨，每年将已、未完结数目分两次汇开清单，具奏、咨部，以凭稽核等因。台湾分省，亦照办至光绪十五年六月底止，开单具奏在案。兹据台湾道兼按察使衔唐景崧、署台湾布政使沈应奎详称：台属京控各案截至光绪十五年十二月底止，尚有咨交未结之黄连蒲等及林振旺二，因要证外出，致难审结，委非无故迟延，亦非提解不力等情，开折具详前来。

除批饬勒限严催提解审办并咨部查照外，谨会同兼管福建巡抚事闽浙总督臣卞宝第，附片具奏，并缮清单，恭呈御览。伏乞

① 中国第一历史档案馆藏：《朱批原件》，档案编号：04-01-35-1001-010.

② 中国第一历史档案馆藏：《军机录副》，档案编号：03-9437-040.

圣鉴。谨奏。

光绪十六年闰二月二十五日，奉朱批：该部知道，单并发。钦此。[1]

## 二二　请定府、县文武学额分别循旧增改缘由折

光绪十六年闰二月初七日（1890年3月27日）

太子少保福建台湾巡抚兼管学政一等男臣刘铭传跪奏，为添设台湾府、县请定文武学额，并台南、台北各府、厅、县学额，分别循旧增改，恭折仰祈圣鉴事。

窃查光绪四年台北新设府治，文武学额，接准部议，台湾府现改台南府，学额定取进文童闽籍十八名、澎湖二名，又加广九名；粤籍五名，又加广一名；安平、凤山、嘉义三县学各取进一十七名；彰化县学取进一十八名。台北府学额定取进文童闽籍一十三名、粤籍五名，又加广一名；淡水、新竹、宜兰三县学各取进六名。武学台南府定额取进武童闽籍一十六名，加广九名；粤籍二名，加广一名；安平、凤山、嘉义三县各取进十四名；彰化县取进十一名。台北府额定取进七名、粤籍二名，加广一名；淡水、新竹、宜兰三县各取进四名。遵办在案。

兹台湾改设行省，在彰化桥孜图地方建立省会，添设台湾府为首府，台湾县为首县，就嘉义、彰化划界，添设云林县；就新竹划界，添设苗栗县，与埔里社厅均隶台湾府属。所有新设府县文武学额，自应分别议定，并据澎湖厅及台北府属各生童禀请广额，饬据各该府分案议详。臣查台湾自隶版图，涵濡圣泽二百余

① 中国第一历史档案馆藏：《军机录副》，档案编号：03-7258-005.

年，土地日辟，人文日盛，各属应试文童多至千余人，少亦数百人。三府属粤童数亦加增，不亚于内地大学、中学。从前台南府属所定学额尚不悬殊，台北府属原额本觉过少，台中人文蔚起，冠于南北，且台湾府县为省会首学，尤与外府县学不同。彰化、嘉义、新竹三县辖地虽分，幅员犹广，自清丈后，赋额较前加增，统计全台溢出数倍。

现当分省伊始，供赋既清，学校为鼓励人才，不能不亟为筹议。澎湖厅近年应试人数倍增。恒春县系后山新辟，文童现尚无多，仍附凤山县考试，请将台南府学应拨彰化县文童三名，改为增拨澎湖厅二名、恒春县一名，彰化县另归台湾府学拨取。台南府学广额九名，内除四名拨归台湾府学外，其余正、广额数及安平、凤山、嘉义三县学额数悉仍其旧。淡水为附府之县学，基隆厅附淡水县考试，应请改为大学。新竹、宜兰两县作为中学。台北府学各属进额既加，府学拟请加额三名。埔里社厅附于新设台湾县考试，台湾、彰化两县均作为大学，云林县作为中学。苗栗县闽籍、粤籍各居其半，粤籍归府学取进。闽童较少，定为小学。台湾府照内地府学之例，取进二十名，并照旧设台湾府原定成案，另设粤籍九名。凡各县学文童取进名数，酌照大、中、小学，分别核定。其应试武童，台南人数较多。台北府属仍照旧额取进，无庸议增。台湾府学除由台南府分广闽籍三名外，请定十二名，粤籍四名。所属各县学分别酌定名额，均自本届科试起，照额办理。

至选拔贡额，府学向定二名，州、县学各一名。前奉部行，学校人数如逾百名，前期一二年请设拔额。现距丁酉拔科尚远，届时何学人数足额，再行奏请选拔。又优贡一项，现在分省已定，拟请定额二名，自辛卯科起举行，以期仰副朝廷作育人才至意。据署台湾布政使沈应奎开单详请奏咨前来。

臣覆核无异，除咨部查照外，所有添设台湾府县请定文武学额，并台南、台北各府、厅、县学额分别循旧增改各缘由，谨会同闽浙总督臣卞宝第，合词恭折具奏，并将拟定各学文武生童及廪、增名额、出贡年限，敬缮清单，恭呈御览。伏乞皇上圣鉴，敕部核覆施行。再，台湾学政系臣兼管，毋庸会衔，合并陈明。谨奏。光绪十六年闰二月初七日。

（朱批）：礼部议奏，单并发。①

光绪十六年三月十七日，奉朱批：礼部议奏，单并发。钦此。②

## 二三　呈添设增改文、武生童等项名额清单

光绪十六年闰二月初七日（1890年3月27日）

谨将台湾省各府、县学添设、增改文、武生童及廪、增名额，出贡年限，缮具清单，恭呈御览。

谨开：

台湾府学请定闽籍文童进额二十名，又台南府学拨归加广四名，粤籍进额九名。闽籍廪生三十名，增生三十名，一年一贡。粤籍廪生四名，增生四名，四年一贡。武学请定闽籍武童进额十二名，又由台南府学拨归加广三名，粤籍四名。

台湾县学请定文童进额十五名，又由彰化县学拨归加广二名。廪生十五名，增生十五名，二年一贡。武学请定武童进额

① 中国第一历史档案馆藏：《朱批原件》，档案编号：04-01-38-0170-003.

② 中国第一历史档案馆藏：《军机录副》，档案编号：03-7195-021.

十名。

彰化县学原定文童进额十五名，又加广除拨归台湾县外，尚留进额一名。廪生十五名，增生十五名，二年一贡。武学除拨归苗栗县二名外，尚留进额九名。

云林县学请定文童进额十二名，廪生十名，增生十名，三年一贡。武学请定进额四名。

苗栗县学请定文童进额四名，廪生五名，增生五名，四年一贡。武学请定进额二名。

台南府学原定闽籍文童进额十五名，又加广除拨归台湾府学外，尚剩四名，澎湖四名，恒春一名，粤籍六名。闽籍廪生三十名，增生三十名，一年一贡。粤籍廪生四名，增生四名，四年一贡。武学原定进额十六名，又加广拨归台湾府学外，尚剩六名，粤籍进额二名，加广一名。

安平县学原定文童进额十七名，廪生十五名，增生十五名，二年一贡。武学原定武童进额十四名。

凤山县学原定文童进额十七名，廪生十五名，增生十五名，二年一贡。武学原定武童进额十四名。

嘉义县学原定文童进额十七名，廪生十五名，增生十五名，二年一贡。武学原定武童进额十四名。

台北府学原定闽籍文童进额十三名，请增三名；粤籍原定六名。闽籍廪生二十名，增生二十名，三年二贡。粤籍廪生四名，增生四名，四年一贡。武学原定闽籍进额七名，粤籍三名。

淡水县学原定文童进额六名，请增九名。廪生十五名，增生十五名，二年一贡。武学原定进额四名。

新竹县学原定文童进额六名，请增六名。廪生十名，增生十名，三年一贡。武学原定进额四名。

宜兰县学原定文童进额六名，请增六名。廪生十名，增生十名，三年一贡。武学原定进额四名。

（朱批）：览。[①]

## 二四　奏报移设凤山等府县训导缘由片

光绪十六年闰二月初七日（1890年3月27日）

再，台省添改教、佐各官奏咨案内声明云林、苗栗二县考试，或附或分，由道府察看，议详核办等因，即经转行遵照在案。兹查云林县系由嘉义、彰化二县辖地划出，苗栗县系由新竹县辖地划出，非若恒春县全系后山新辟之地。况台中人文之盛甲于台南、台北，今新分云林、苗栗二县界内闽、粤二籍士子本属不少，且隔府划分，无可附考。现在全台文、武学额业经定议另案奏咨，所有该二县学教官应即添设，以资训迪。

查台地各县除附省首县外，均设教职一员，独凤山县分设教谕、训导各一员，应请分该县训导一员，移设为云林县学训导。台南府自分治后，学务较简，并请将该府训导移设为苗栗县学训导。如此一转移间，俾台湾南北各府县学教职胥归一律，并即以原有廉俸编支，毋须另议。据署台湾布政使沈应奎核详请奏前来。

臣覆核无异，除咨部查照外，谨会同闽浙总督臣卞宝第，附片具陈。伏乞圣鉴，敕部核覆施行。再，台湾学政系臣兼管，毋庸会衔，合并陈明。谨奏。

---

① 中国第一历史档案馆藏：《清单》，档案编号：03-7195-022.

（朱批）：该部议奏。[1]

光绪十六年三月十七日，奉朱批：该部议奏。钦此。[2]

【案】此奏片之具奏日期，原件目录署“光绪十六年闰二月初七日”，且存疑。而录副则署“光绪十六年三月十七日”，即朱批日期，亦未确。兹据朱批日期“光绪十六年三月十七日”查《军机处随手登记档》[3]朱批刘铭传折栏，则署有“报四百里，闰二月初七日发”等字样。据此，此片具奏日期当为“光绪十六年闰二月初七日”无疑。兹据校正。

## 二五　请准于宜兰合建刘朝带等专祠缘由片

光绪十六年闰二月初七日（1890 年 3 月 27 日）

再，查宜兰防军统带副将刘朝带，上年进山开路，中伏阵亡，当派傅德柯接统该军。此次会同各军剿办南澳番社，又复力战阵亡。业将该副将等死事情形经臣先后具奏，请照总兵例从优议恤在案。

兹据宜兰县绅民、前甘肃河州知州李望洋等禀称：刘朝带督军开路，傅德柯带队剿番，并属忠勇性成，不避艰险，为民捍患，有功地方。该绅民等感戴遗烈，恳请奏建专祠，用伸报享等情，禀由宜兰县详请具奏前来。

合无仰恳天恩，俯念副将刘朝带、傅德柯先后阵亡，并员弁勇丁不下三百名，情形惨烈，准在宜兰县死事地方合建专祠，由

① 中国第一历史档案馆藏：《朱批原件》，档案编号：04-01-38-0170-004.

② 中国第一历史档案馆藏：《军机录副》，档案编号：03-7195-023.

③ 中国第一历史档案馆藏：《军机处随手登记档》，档案编号：03-0264-1-1216-102.

官春秋致祭，以彰忠烈而顺舆情。理合附片具陈。伏乞圣鉴，训示，施行。谨奏。

（朱批）：着照所请，礼部知道。[①]

光绪十六年三月十七日，奉朱批：着照所请，礼部知道。钦此。[②]

【案】此奏片之具奏日期，原件目录署“光绪十六年闰二月初七日”，且存疑。而录副则署“光绪十六年三月十七日”，即朱批日期，亦未确。兹据朱批日期“光绪十六年三月十七日”查《军机处随手登记档》[③]朱批刘铭传折栏，则署有“报四百里，闰二月初七日发”等字样。据此，此片具奏日期当为“光绪十六年闰二月初七日”无疑。兹据校正。

## 二六　请将海关洋厘提部解拨铁路经费缘由片

光绪十六年闰二月初七日（1890年3月27日）

再，准户部咨行筹拨铁路经费一折，内称自光绪十六年起，台湾省按年筹银五万两，于光绪十五年十二月二十五日具奏。奉旨：依议。钦此。恭录咨行遵办，并将应解银两在于何款项下筹解，查明咨覆等因，即经转行去后。

兹据善后局司道沈应奎等详称：台湾按年出入各款，前经开单奏报，本属入不敷出，关税、厘金仅敷军饷。闽省岁协银四十四万两，原为建省分治之需。嗣以台湾铁路改归官办，自光绪十

① 中国第一历史档案馆藏：《朱批原件》，档案编号：04-01-16-0230-062.
② 中国第一历史档案馆藏：《军机录副》，档案编号：03-5868-089.
③ 中国第一历史档案馆藏：《军机处随手登记档》，档案编号：03-0264-1-1216-102.

五年秋季以后先行挪用。至清丈后征收新赋，虽照旧额有增，现计十四、五两年开支绿营俸饷及拨给清丈给单经费，毫无赢余，实无别款可以腾挪之处。惟查海关洋药厘金，奉准部咨，本省用款之外尚有赢余，储候部拨。可否即就此款筹解，详请核示前来。

臣查台湾办理海防，分治建城，并剿抚番社，添购轮船并各项机器，需费甚巨，历年入不敷出，库局如洗。近以铁路奏归官办，将闽省协饷指拨动用，一切经费倍形竭蹶。现虽钱粮增于旧额，而俸饷、米折、额支之外，尚须抵除清丈经费。海疆新设省分，其应用者，万难撙节，无可筹挪，委属实在情形。查海关洋药厘金，前准部咨划留本省银二十九万七千余两，如有赢余，另储报拨，业将十三、十四两年赢余数目报明在案。

现在铁路要工奉拨之款，势难缺误，相应仰恳天恩，俯念海疆新设省分正在开创之际，筹款为难，准将海关洋药厘金赢余一款仍留台湾，自光绪十六年起专为提解部拨铁路经费之用。倘本年所余不足五万两，由臣补解足数。如有余剩，仍截存另储，听候部拨。

是否有当？谨将附片具陈。伏乞圣鉴，敕部查照，施行。谨奏。

（朱批）：户部议奏。①

光绪十六年三月十七日，奉朱批：户部议奏。钦此。②

【案】此奏片之具奏日期，原件目录署“光绪十六年闰二月初七日”，且存疑。而录副则署“光绪十六年三月十七日”，即朱批日期，亦

① 中国第一历史档案馆藏：《朱批原件》，档案编号：04-01-01-0975-022.

② 中国第一历史档案馆藏：《军机录副》，档案编号：03-9441-002.

未确。兹据朱批日期“光绪十六年三月十七日”查《军机处随手登记档》[1]朱批刘铭传折栏，则署有“报四百里，闰二月初七日发”等字样。据此，此片具奏日期当为“光绪十六年闰二月初七日”无疑。兹据校正。

## 二七　奏报委任林元荣署理台湾基隆同知片

光绪十六年闰二月初七日（1890年3月27日）

再，现代理基隆同知补用同知温培华委署台东直隶州篆务。所遗基隆同知缺，查有咨调来台之同知衔本任南靖县知县林元荣，练干勤明，任内并无承缉盗案将届四参限满以及经征钱粮降调处分，堪委署理。据署台湾布政使沈应奎、台湾道兼按察使衔唐景崧会详请奏前来。

除檄饬遵照外，理合会同兼管福建巡抚事闽浙总督臣卞宝第，附片具陈。伏乞圣鉴，训示。谨奏。

（朱批）：吏部知道。[2]

光绪十六年三月十七日，奉朱批：吏部知道。钦此。[3]

【案】此奏片之具奏日期，原件目录署“光绪十六年闰二月初七日”，且存疑。而录副则署“光绪十六年三月十七日”，即朱批日期，亦未确。兹据朱批日期“光绪十六年三月十七日”查《军机处随手登记档》[4]朱批刘铭传折栏，则署有“报四百里，闰二月初七日发”等字样。据此，此片具奏日期当为“光绪十六年闰二月初七日”无疑。兹据校正。

---

① 中国第一历史档案馆藏：《军机处随手登记档》，档案编号：03-0264-1-1216-102.

② 中国第一历史档案馆藏：《朱批原件》，档案编号：04-01-12-0547-076.

③ 中国第一历史档案馆藏：《军机录副》，档案编号：03-5263-063.

④ 中国第一历史档案馆藏：《军机处随手登记档》，档案编号：03-0264-1-1216-102.

## 二八　奏报委任方祖荫代理台南府牧缘由片

光绪十六年闰二月初七日（1890年3月27日）

再，署台南府知府吴本杰过班知府，应行请咨引见。所遗台南府缺，应即遴员接代，以资表率。查有在任候补同知直隶州本任埔里社通判方祖荫，明练有为，堪委代理台南府篆务。据署台湾布政使沈应奎会同台湾道兼按察使衔唐景崧详请具奏前来。

除批饬遵照并咨部外，臣谨会同兼管福建巡抚事闽浙总督臣卞宝第，附片具陈。伏乞圣鉴。谨奏。

（朱批）：吏部知道。[1]

光绪十六年三月十七日，奉朱批：吏部知道。钦此。[2]

【案】此奏片之具奏日期，原件目录署“光绪十六年闰二月初七日”，且存疑。而录副则署“光绪十六年三月十七日”，即朱批日期，亦未确。兹据朱批日期“光绪十六年三月十七日”查《军机处随手登记档》[3] 朱批刘铭传折栏，则署有“报四百里，闰二月初七日发”等字样。据此，此片具奏日期当为“光绪十六年闰二月初七日”无疑。兹据校正。

## 二九　奏报拨款兴办新设郡县城垣等工情形折

光绪十六年闰二月二十六日（1890年4月15日）

太子少保福建台湾巡抚一等男臣刘铭传跪奏，为台湾新设郡

① 中国第一历史档案馆藏：《朱批原件》，档案编号：04-01-12-0547-077.

② 中国第一历史档案馆藏：《军机录副》，档案编号：03-5263-064.

③ 中国第一历史档案馆藏：《军机处随手登记档》，档案编号：03-0264-1-1216-102.

县筹拨款项，陆续兴办城垣、衙署工程，请旨饬部立案，恭折仰祈圣鉴事。

窃据署台湾布政使沈应奎、台湾道唐景崧等详称：台湾分省，以中路之桥孜图地方为省会，添设首府曰台湾府，首县曰台湾县。割嘉义、彰化辖地，就林圮埔设云林县；分新竹辖地，就苗栗街设苗栗县；改埔里社为抚民通判。分征钱粮，均经划清地界，遴员署理，并将缺目繁简及存留坐支等项先后汇详奏咨议准各在案。

台地历年筹办海防，购炮筑台，剿抚番社，清丈田亩，兴办铁路，购买轮船，库储早已罄竭。所有全台岁入各款及闽省关年拨协饷，均有支款抵用。分治建城，应办一切事宜，目前本无力同时举办。惟郡县既设，各工可缓，而城垣保障攸关，衙署、监狱为办公羁禁之所，实不可缓。除澎湖城垣、衙署已经兴修奏咨有案，后山台东地方人民稀少，尚难兴办外，其台湾省城并云林、苗栗两县城，似宜陆续修建。

查台湾山涧只产卵石，所需方石、条石、杉木等料，皆须内地采办。中路港汊不通轮船，且风浪凶猛，即商船亦惟夏秋往来，不能长年运载。前经勘定建省基址，周围一十一里有奇，若遽起造砖石城，经费浩繁，一时无从筹集。曾由道员林朝栋会同代理台湾县知县黄承乙筹议，就地搬运卵石，掘地填基，先筑土城。一面开掘城壕，墙外遍栽刺竹；八方四隅应建城楼、炮台、水关、闸坝一并陆续估造。云林、苗栗两县工程较小，亦可仿办，以资捍卫。从前台南府城旧治即系如此办法，续于乾隆年间始行建城。至各县衙署、监狱，并令先行起盖。其知府、武营及院司各衙署，俟经费有着，再行接续分年起建。此外，祠庙、试院饬由府县邀集绅富，先尽民捐民办，如果力有未逮，不能全造，届时察看情形，再行筹助办理。似此因陋就简，草创开基，纵使撙节万分，而经费不能无备。

查台湾清赋之后，钱粮较旧额现有盈余。拟请自光绪十六年起，即在钱粮项下分年提拨应用，以台湾自有之财办台湾之事，核与户部奏案亦属符合，应请奏咨准予兴办。至前奉部行，以修建工程应先专案估报，定限造销，系为核实起见，原应遵办。惟台湾中路不通水道，非俟料件运到，核算价值，无从预定。当此经费支绌，惟有力戒绅士、委员核实撙节，断不敢稍任虚糜冒滥。若循例先行估工咨报，查从前修建恒春县城，需费不下二十万，现在倒塌不堪，监工委绅必执为成案，似非核实之道，并请奏宽例章，准归汇案咨报造销，必较恒春城工有减无增，以杜虚冒等情，详请奏咨立案前来。

臣查台湾建立省城，添设郡县，一应城垣、衙署，工程重大，需费浩繁。前于铁路改归官办案内，曾请俟铁路工竣，再行办理省城工程。现经该处官绅筹议，先筑土城，就地运用卵石为基，外栽刺竹，仅用砖石建筑城门、炮台、水关、闸坝，较之全城纯用砖石，工费极省，自应及时兴办，以重地方。该司等请就钱粮项下，自光绪十六年起，分年提拨经费，将省会及云林、苗栗两县城垣、衙署次第建造，以台湾自有之财办台湾之事，亦与分治原议相符。应恳天恩准照饬部立案，并准暂宽例章，汇案造报，以归简易而昭核实。

所有筹拨款项陆续兴办城垣、衙署工程缘由，谨会同闽浙总督臣卞宝第，恭折具陈。伏乞皇上圣鉴，敕部立案，施行。谨奏。光绪十六年闰二月二十六日。

（朱批）：着照所请，该部知道。[①]

---

① 中国第一历史档案馆藏：《朱批原件》，档案编号：04-01-37-0133-003.

光绪十六年三月二十七日，奉朱批：着照所请，该部知道。钦此。[①]

## 三〇　请准知府随缺移补并查明添改各缺情形折

光绪十六年闰二月二十六日（1890年4月15日）

太子少保福建台湾巡抚一等男臣刘铭传跪奏，为知府随缺移补堪以胜任，并查明添改各员缺情形，恭折仰祈圣鉴事。

窃准吏部咨称：台湾建省，移设台湾府知府作为冲、烦、疲、难请旨要缺，应令查明现任知府程起鹗，如能胜任，其改设台南府知府，另行照例办理。又准咨称：原设台湾府知府、教授、训导、经历，今改为台南府知府、教授、训导、经历；原设台湾县知县、教谕、典史，今改为安平县知县、教谕、典史各缺。现任人员能否胜任？添改各缺现委何员署理？均令详细奏明办理各等因。

查台湾建立省城，奉准移设台湾府知府为省会首府，经臣奏明饬调现任知府程起鹗前往署理，据报于光绪十五年二月二十五日到任。该员廉明勤谨，办事实心，经理分治一切事宜，措置裕如，于移设台湾府知府一缺实堪胜任，应请准其随缺移补，无庸查造履历。其改设台南府遗缺，现委埔里社通判在任候补同知直隶州方祖荫代理，自应遵照部咨，另行照例办理。

至台南府现任教授、训导、经历，安平县现任知县、教谕、典史，除升、调、开缺循例办理外，此外留任各员缺人地并无更移，均堪胜任。若移设之台湾县知县已委通判黄承乙代理，添设

① 中国第一历史档案馆藏：《军机录副》，档案编号：03-7158-014.

之云林县知县已委府经历李联珪代理，苗栗县知县已委准补台湾府经历林桂芬代理，并经先后奏明在案。其余添改教、佐各缺，按季造册汇咨，另行照例办理。据署台湾布政使沈应奎、台湾道兼按察使衔唐景崧详请奏咨前来。

臣覆核无异，除饬迅将添改各缺查照例章分别拣员调补外，所有知府随缺移补堪以胜任，并查明添改员缺各缘由，谨会同闽浙总督臣卞宝第，恭折具陈。伏乞皇上圣鉴，敕部施行。谨奏。光绪十六年闰二月二十六日。

（朱批）：吏部知道。[①]

光绪十六年三月二十七日，奉朱批：吏部知道。钦此。[②]

## 三一　奏报审拟盗犯李大鼓才按律定拟缘由折

光绪十六年闰二月二十六日（1890 年 4 月 15 日）

太子少保福建台湾巡抚一等男臣刘铭传跪奏，为拿获强劫拒捕首、从盗犯，分别拟办，恭折仰祈圣鉴事。

窃案据前代理凤山县知县高光斗详报：光绪十四年十月初三日，据该县城内大庙前开张专妙号烟店事主洪朝阳禀称：伊店于本月初二日夜四更时分，被贼十余人撬门进内行窃。伊警觉喊捕，该贼用刀吓禁搜劫，复由伊店无墙隔断之后天井转过间壁王元记开设之和美号烟店，劫夺银物，拒伤其店伙苏芝财，携赃仍由伊店逃逸。开单请勘验缉究等情。暨据王元记禀同前由，并经该县先行访闻，督带役勇追捕无踪，会营亲诣失事处所，勘明被

① 中国第一历史档案馆藏：《朱批原件》，档案编号：04-01-12-0547-093.

② 中国第一历史档案馆藏：《军机录副》，档案编号：03-5263-114.

劫情形，并验明苏芝财伤痕填单。讯据洪朝阳、王元记各供，与禀词同。查讯苏芝财，供亦无异。传牙估得专妙号被劫银物共值银一百八十两零、和美号被劫银物共值银三百六十三两零，造册绘图，报经臣查县城重地，一夜连劫两家，较诸疏防、村庄，一夜连劫者更甚。当将该代理县高光斗行司撤任，勒限两个月留于地方协缉赃贼，会折奏参。钦奉朱批：高光斗着即行革职，余依议。该部知道。钦此。恭录转行钦遵去后。

嗣据接署凤山县知县张兆芝会同高光斗各派丁役，于光绪十四年十二月十二日暨十五年正月十五日，先后拿获贼犯许发、许大目二名到案。讯供录报，批行缉审。旋经该署县张兆芝访闻，本案贼犯郑青等踪迹在西山脚庄被民围住，由县禀道，函商台湾镇即于十五年四月二十三日派拨管带左翼练营总兵曾喜照督带练兵，协同高光斗驰往兜拿。讵各匪开枪拒捕，当被官兵格毙郑青、陈戇矸二名，割取首级。有被误击之李连指认可证，解验讯明禀报，将各首级发交犯事地方示众。

续于十五年五月初九日由县会同高光斗协获伙犯谢龟润一名。该署县张兆芝未及讯办卸事，接署县高晋翰会同高光斗勒比兵役，于是年五月二十八日又缉获首犯李大鼓才一名。提同谢龟润等，隔别研讯，据各供认无异。录供通禀，经臣批饬将李大鼓才、许大目二犯就地正法，传首示众。据报许发在监患病，报明医痊，由署凤山县知县高晋翰提犯覆审，议拟招解，由府勘转到道。兹据台湾道兼按察使衔唐景崧提犯覆鞫议拟，具详前来。

臣覆加查核，缘李大鼓才、许大目、许发、谢龟润均籍隶凤山县，游荡度日，先未为匪犯案。光绪十四年九月间，李大鼓才途遇郑青，各道贫难。李大鼓才起意纠窃，与郑青商允。李大鼓才复添邀获案之许大目、许发、谢龟润，格毙之陈戆砒，在逃之洪仔彪、朱加再入伙，一共八人，约定十月初二夜在城外僻处会齐，届期陆续走至。李大鼓才、郑青、许大目、洪仔彪分携铁凿、短刀、木棍、口袋，余俱徒手，由西门倒坏城墙处，进至专妙号门首。李大鼓才留许发、谢龟润、朱加再在街外把风，自与郑青、许大目、陈戆砒、洪仔彪撬门进内行窃。事主洪朝阳惊觉喊捕，李大鼓才起意行强，喝令郑青用刀吓禁声张，劈开木柜，搜劫银物。时毗邻和美店伙苏芝财闻喊出捕，郑青、许大目各用刀、棍，拒伤苏芝财右额角并右胳肘，苏芝财畏惧，与洪朝阳等均各躲避。李大鼓才复邀郑青等由后天井转过和美号搜劫银钱、土膏，分装口袋，携赃仍由专妙号大门逃出，同许发等跑至僻处，告知行强拒捕情由，查点赃物，作十股俵分各散。经该前代理县高光斗访闻差拿，并据事主洪朝阳呈报，会营勘验讯估，报经臣会折奏参，将高光斗革职留缉，接署县张兆芝抵任，会同高光斗各派丁役，先后拿获案犯许发、许大目二名，讯供录报，批行缉审。经张兆芝访闻贼犯郑青等踪迹，禀道函商台湾镇派营管带左翼练营总兵曾喜照督带练兵，协同高光斗驰往兜拿。各匪开枪拒捕，当被官兵格毙郑青、陈戆砒二名，割取首级，解验禀报，将各首级发交犯事地方示众。续获伙犯谢龟润一名，张兆芝未及讯办卸事，接署县高晋翰抵任，会同高光斗勒比丁役，续获首犯李大鼓才，提同谢龟润等隔别研讯，据各供认无异，录供禀经臣批饬将李大鼓才、许大目二犯就地正法，传首示众。旋报许发在监患病，报明医痊，将该犯许发、谢龟润二名覆审，议拟招解，由府勘转解道。兹据台湾道唐景崧覆鞫，据各供认前情不讳，究诘不移，案无遁饰，应即拟结。

查律载：强盗已行，但得财者，不分首从，皆斩。又，共谋为窃，临时行强者为强盗；其不行之人系余人，俱为窃盗役。又，窃盗赃一百二十两以上，绞；为从，减一等各等语。

此案李大鼓才纠窃专妙等号烟店，临时起意行强，许大目同场拒捕，实属共为强盗，虽赃未起获，据供强劫月日、赃数，悉与事主报案相符。犯系先后拿获，供出一辙，正贼无疑，自应按律问拟。李大鼓才、许大目应如该道所拟，均合依“强盗已行，但得财者，不分首从，皆斩”律，拟斩立决。业已就地正法，应毋庸议。

许发、谢龟润听从纠窃，在街外把风，按“知强盗后而分所盗之赃，罪止满徒”，自应仍按窃盗从本律问拟。许发、谢龟润亦应如所拟，均合依“窃盗赃一百二十两以上，绞；为从，减一等”律，拟杖一百，流三千里，俱照例刺字。许发事犯到官在光绪十五年三月十六日恭逢恩诏以前，核其情罪，在部议条款不准援免之列，应不准其援免。

伙犯郑青、陈戆砱均属“同场行强，共为强盗”律，应斩决，业于缉拿时已被官兵格毙，应毋庸议。

各犯讯无父兄。失察之牌保，事在赦前，免其拘责。店伙苏芝财伤已平复，概毋庸议。失赃照估追赔，逸贼洪仔彪等饬缉，获日另结。

此案首伙八人，该已革知县高光斗于奉臣撤任限缉后业已协同获犯过半，兼获首盗，虽尚知愧忿，惟已逾原参两个月勒限，所有前代理凤山县知县高光斗革职留缉处分，可否仰恳天恩准予“注销留缉”字样，出自鸿施！

除咨吏部查照并备录全案供招咨送刑部外，所有获犯拟办缘由，谨会同兼管福建巡抚事闽浙总督臣卞宝第，合词恭折具奏。伏乞皇上圣鉴，训示，敕部核覆施行。谨奏。光绪十六年闰二月二十六日。

（朱批）：该部议奏。①

光绪十六年三月二十七日，奉朱批：该部议奏。钦此。②

## 三二　奏报上年冬季就地正法人犯数目片

光绪十六年闰二月二十六日（1890年4月15日）

再，台湾省各属就地正法人犯，业经附片奏报至光绪十五年秋季分止在案。兹十五年冬季分，查有台湾府属彰化县，台南府属安平、凤山二县，台北府属基隆厅与淡水、宜兰二县，先后报获匪犯柯妈超、苏力、黄成、林知高、林丁兰、连登科、林兴简、牛筋八名，均系抢劫得赃，以及游勇偷窃军装，情罪重大，未便稽诛，审明后禀经臣核饬就地正法，以昭炯戒在案。兹据台湾道兼按察使衔唐景崧汇详请奏前来。

除将各犯籍贯、罪由开单咨部外，谨会同兼管福建巡抚事闽浙总督臣卞宝第，附片具陈。伏乞圣鉴。谨奏。

（朱批）：刑部知道。③

光绪十六年三月二十七日，奉朱批：刑部知道。钦此。④

## 三三　都司李培林冒险出海救人请予奖励片

光绪十六年闰二月二十六日（1890年4月15日）

再，臣前于奏报威定轮船在洋失事案内，以署澎湖右营都司

① 中国第一历史档案馆藏：《朱批原件》，档案编号：04-01-01-0976-004.

② 中国第一历史档案馆藏：《军机录副》，档案编号：03-7357-035.

③ 中国第一历史档案馆藏：《朱批原件》，档案编号：04-01-01-0976-005.

④ 中国第一历史档案馆藏：《军机录副》，档案编号：03-7357-036.

李培林急公冒险，漏夜出入海洋，救人至五十余名，声请查取履历，送部核给奖叙。光绪十四年十一月初四日，奉朱批：着照所请，该衙门知道。钦此。遵经取具李培林履历咨准兵部咨复，准其保奖，行令酌拟奖叙，奏明办理等因，经即转行去后。查署澎湖镇标右营都司福建水师尽先补用都司李培林，出入海洋，救护五十余人，既经奉准保奖，拟请俟补缺后，以游击尽先补用。由澎湖镇总兵吴宏洛呈请前来。

臣覆核无异，相应仰恳天恩饬部核准注册，以示鼓励。理合会同闽浙总督臣卞宝第，附片具陈。伏乞圣鉴，施行。谨奏。

（朱批）：兵部议奏。①

光绪十六年三月二十七日，奉朱批：兵部议奏。钦此。②

## 三四　查明所属并无擅拆折件夹板情形片

光绪十六年闰二月二十六日（1890 年 4 月 15 日）

再，臣承准军机大臣字寄：光绪十六年正月初八日，奉上谕：兵部奏，驿站擅拆夹板，请旨饬查究办一折◆1。着刘铭传饬属认真挨站严查，究系何处私拆更换，限四个月覆奏等因。钦此。钦遵转饬查复去后。

查台湾折件，经臣奏准由文报局赍递。据台北文报局委员复称：台北递京折件系交轮船递送厦门文报局转递。其来台夹板要件，由厦门文报局交轮船递交该局随时查明投递，并无拆动情形等情，由署布政使沈应奎会同台湾道兼按察使衔唐景崧详请覆奏

① 中国第一历史档案馆藏：《朱批原件》，档案编号：04-01-16-0230-061.

② 中国第一历史档案馆藏：《军机录副》，档案编号：03-5263-115.

前来。

臣覆查无异，理合附片具陈。伏乞圣鉴。谨奏。

（朱批）：兵部知道。①

光绪十六年三月二十七日，奉朱批：兵部知道。钦此。②

【案】光绪十六年正月初五日，礼亲王世铎等具奏曰：

据福建台湾巡抚刘铭传咨称：准兵部火票递到光绪十五年十月二十日军机处交发夹板一副，当即拆封，夹板内系大婚恩诏满、汉文各一纸，并无批折，是否封发错误，合行咨查等因前来。查该抚上年十月二十日奏到折、片、单八件，均经奉有朱批，内奏报剿办番社情形折，钦奉寄信谕旨一道，当经该班章京逐件点清，于包封上黏贴印花，将原夹板交兵部由五百里递发，并无错误。兹据该抚咨称各节，其中显有私拆更换情弊，相应请旨饬下兵部按站详查，并令该抚将此件发回折报究系何处私拆更换，确切查明，从严惩办。至该抚各折件所奉朱批暨寄信谕旨一道，拟请一并抄录知照该抚钦遵，恭候命下，分别行知办理。谨奏。

光绪十六年正月初五日，奉旨：依议。钦此。③

## 三五　奏报各属光绪十五年晚稻收成分数情形折

光绪十六年三月二十五日（1890年5月13日）

太子少保福建台湾巡抚一等男臣刘铭传跪奏，为台湾各属光绪十五年分晚稻收成分数，恭折具陈，仰祈圣鉴事。

窃台湾省光绪十五年分各属晚稻已届收成之期，兹据各厅县先后开报分数，由署藩司沈应奎汇核造册详送，并声明澎湖厅、

---

① 中国第一历史档案馆藏：《朱批原件》，档案编号：04-01-01-0975-021.

② 中国第一历史档案馆藏：《军机录副》，档案编号：03-7414-009.

③ 中国第一历史档案馆藏：《军机录副》，档案编号：03-5709-002.

恒春县均无栽种晚稻，苗栗县系属新设，十五年十月间甫经委员署理，应自十六年起饬令一律造报等情，前来。

臣覆加查核，收成七分有余者，台湾府属之台湾一县。收成六分有余者，台湾府属之彰化一县，台南府属之安平、凤山、嘉义三县，台北府属之宜兰一县。收成六分者，台湾府属之埔里社厅并云林一县。收成五分有余者，台北府属之基隆厅并淡水、新竹二县。三府合计，通共收成六分有余。

所有台湾省各属光绪十五年分晚稻收成分数，臣谨恭折奏报。伏乞皇上圣鉴。谨奏。光绪十六年三月二十五日。

（朱批）：知道了。[①]

光绪十六年四月二十一日，奉朱批：知道了。钦此。[②]

## 三六　奏销筹办海防善后招抚事务收支银数折

光绪十六年三月二十五日（1890 年 5 月 13 日）

太子少保福建台湾巡抚一等男臣刘铭传跪奏，为造销台湾光绪十三年正月起至十四年十二月底止筹办海防、善后并招抚等务收支银数，胪列清单，恭折仰祈圣鉴事。

窃照同治三年七月间，钦奉上谕：本年七月起，一应军需，凡有例可循者，务当遵例支发，力求撙节。其例所不及，有应酌量变通者，亦须先行奏咨备案等因。钦此。嗣准户部咨行：本部议奏军需善后报销内外办法一折内开：光绪九年正月以后，各省军需善后，无论何省何处，概令一律造册报销，不准再开单等

① 中国第一历史档案馆藏：《朱批原件》，档案编号：04-01-23-0207-013.

② 中国第一历史档案馆藏：《军机录副》，档案编号：03-6721-005.

语。于光绪八年十月十五日具奏，本日奉旨：依议。钦此。通行遵照办理。

所有台湾自光绪十年六月起至十二月止用款，业经由台汇案造册报销，分别奏咨。惟台湾孤悬海岛，为南洋门户，分省伊始，外筹海防，内办抚垦，藉资兵力，择要布扎，训练防守，以重海疆。全台勇营原留三十五营，嗣因后山吕家望社叛番及彰化土匪滋事，经奏明添募七营十二哨，除陆续裁减外，截至十四年底止，尚存四十营零七哨。已将官弁兵勇名数、饷数及驻扎处所，按季造册，咨部查核。其修建各项工程、添购外洋船械并招抚各路社番、收回煤矿仍归官办以及一切筹办情形，均经随时奏咨各在案。

兹据台湾善后局司道详称：台湾筹办海防、善后并招抚事务，自光绪十三年正月起至十四年十二月底止收支银数，督同委员、书吏详细钩稽，核与例章相符并奉部准销及奏咨有案者，分别核准；其不符者，均已核实删除；有可节减者，亦复厘剔，追扣还款。计旧管、接收光绪十二年十二月底流存银六万八千二百两三钱一分六厘七毫三忽，新收闽省并各省协饷及台湾关税、盐课税厘、捐输、平余等款银四百六十七万三千八百四十两九钱一分七厘四毫六微七杪，管、收共银四百七十四万二千四十一两二钱三分四厘一毫三忽六微七杪。开除支给淮军官弁勇夫办公经费、薪粮、柴草、工食，炮勇、轮船弁勇、屯丁盐粮，水陆练兵薪粮、公费，随营文武员弁及台局员役盐菜、夫折，购买外洋军火、轮船价值，正、腰站书夫工食，修建兵房、营房、衙署、庙宇各工，制造旗械、军火工料及一应杂支各款，共银四百六十八万七千一百三十三两七钱一分一厘一毫二丝三忽，或循照例章，或接续支给，或购自外洋，恪遵定章，先已奏咨立案，均系实用实销，委无丝毫浮冒，应请全数准销除外，实存银五万四千九百七两五钱二分二厘九毫八丝六微七杪，容俟另行归入光绪十五年善后案内列收造报等情，前来。

臣覆核无异，合无仰恳天恩敕部全数准销，以清款项。除将总、细清册另行咨送户、兵、工三部核销外，谨恭折具奏，并缮四柱简明清单，恭呈御览。伏乞皇上圣鉴，敕部查照办理。谨奏。光绪十六年三月二十五日。

（朱批）：该部议奏，单并发。[①]

光绪十六年四月二十一日，奉朱批：该部议奏，单并发。钦此。[②]

## 三七　呈台湾筹办海防善后收支银数清单

光绪十六年三月二十五日（1890年5月13日）

谨将台湾光绪十三年正月起至十四年十二月底止筹办海防善后并招抚等务收支银数，开具四柱清单，恭呈御览。

谨开：

旧管：光绪十二年十二月底止，流存银六万八千二百两三钱一分六厘七毫三忽。

新收：一、收闽海协解光绪十三年春季起至十四年夏季止四成洋税拨充台防经费银三十万两。

一、收福建善后局光绪十三年正月起至十四年六月止闽省税厘协解台湾军饷银三十六万两。

① 中国第一历史档案馆藏：《朱批原件》，档案编号：04-01-35-1001-052.

② 中国第一历史档案馆藏：《军机录副》，档案编号：03-6118-090.

一、收旗后、沪尾两口征收关税银一百一十二万四千五百两五钱四分五厘六毫六丝。

一、收台湾沪尾、打狗二口洋药厘金银五十九万四千三百二十两。

一、收台北光绪十三、十四两年茶叶厘金银二十五万一千六百两。

一、收台地未归关征之前洋药税厘并茶脑厘金银二十五万两。

一、收台属额征盐课及赢余盐价银二十一万两。

一、收台湾海防捐输银五十六万二千九百四十一两一钱。

一、收各省关协解台湾军饷银七十五万两。

一、收广东省找解协台军饷银五百四十五两八钱九分八厘。

一、收闽省善后局解还擢胜、霆庆两军炮械价值银五万二千九百三十七两八钱二分八厘。

一、收彰化县绅士吴朝阳续缴奉追前带台防信营弁勇薪粮银三千六百三十一两一钱。

一、收前办基隆煤务福建候补知县杨荣铨赔缴基隆煤务抢失银六千三百五两九钱七分。

一、收台北煤务局发售煤炭价值银三万五千九百五十四两八钱一分九厘。

一、收樟脑赢余价值银四千六百四十两七钱五分九厘。

一、收磺价赢余银四千三百四十六两六钱五分二厘七毫。

一、收裁兵余谷变价银三万九百三十两四钱三分六厘四毫六丝四忽六微七秒。

一、收戍兵眷谷变价银二万八千三百四十一两二钱四分一厘一毫三丝四忽。

一、收官输船搭客载资银二千七百五十四两三钱九分六厘八毫。

一、收台湾光绪十年六月起至十一年六月止筹办法防案内造销各款奉部删减追回银四千九百一十三两九钱三分二厘九毫五丝二忽。

一、收本案支给淮军弁勇薪粮、公费及长夫工食湘平申出余平银七万二千一百五十九两三钱四分九厘六毫九丝。

一、收本案支给各款核扣六分新平银二万三千一十六两八钱八分八厘。

以上共收银四百六十七万三千八百四十两九钱一分七厘四毫六微七秒。

连管、收统共银四百七十四万二千四十一两二钱三分四厘一毫三忽六微七秒。

开除：一、除支给各军统领办公经费银一万二千一十三两三钱九分三厘五毫。

一、除补支淮军光绪十一年六月以前弁勇薪粮银八千八百三十九两一钱一分六厘。

一、除支给淮军弁勇、长夫薪粮、公费、工食银二百一十七万八千三百三十四两七钱七分一厘九毫四丝。

一、除支给淮军柴草银六万八千二百二十三两三钱七分三厘二毫。

一、除支给各炮台弁勇薪粮银八万三千六百九十八两五钱。

一、除支给管带屯丁官弁盐菜银一百九十五两三钱五分六厘。

一、除支给屯丁口粮银三万九千一百八十九两九钱七分四厘。

一、除支给水陆练营官弁、练兵、伙夫薪粮、公费银四万六千六百六十三两四钱四分四厘九毫九丝。

一、除支给招募淮勇未成军以前小口粮银一万二千二百九十二两八钱八分。

一、除支给裁撤外省勇丁回籍行粮银六千四十八两。

一、除支给随营各项差遣、文武员弁跟役盐菜银七千六百二十三两六钱五分一厘五毫。

一、除支给派办粮台局务各员及跟役盐菜口粮银二千二百三十二两三钱六分三厘二毫五丝。

一、除支给盘查员弁及跟役盐菜口粮银三千五百九十六两四钱五分五厘四毫四丝。

一、除支给办理军装、军火库局委员、文武员弁跟役盐菜、口粮银三千一百二十六两二钱一分九厘。

一、除支给通商局经费银一万一千三百一十七两三钱五分一厘。

一、除支给文报局经费银三千一百六十九两六钱。

一、除支给西学堂经费银一万二千七百四十二两六钱七分二厘八毫八丝。

一、除支给雇募外国洋教习薪水银七千五百七十八两。

一、除支给各营洋枪、炮并水雷教习薪水银一万二千八百三十一两九钱九分七厘。

一、除支给各营雇募洋枪、炮匠工食、口粮银三万六千七百五十四两九钱七分二厘五毫。

一、除给还各商并船政衙门开办煤务股本银八万两。

一、除支给台北开采煤炭雇募煤师薪水银六千三百八十一两三钱七分六厘。

一、除支给台北开采煤炭工匠薪工银四万五千二百四十二两八分一厘。

一、除支给台南、北官医局及各营医生、药匠工食银三千一百九两六钱二分六厘六丝。

一、除支给解运军装、军火官役盘费银二百一十七两四钱八分四厘。

一、除支给建盖衙署、庙宇、兵房等项购买民田地价银二千五百六十一两五钱六分八厘。

一、除支给电报局学生薪水银五百四十九两七钱三分一厘。

一、除支给电报局学生及书役、工匠伙食、杂费银一千一百三十一两七钱三分九厘。

一、除支给招抚番社通事口粮银一万八千八十一两。

一、除支给招抚番社雇募番丁口粮银二万三千五百四十二两二钱。

一、除支给后山各社义学塾师薪水、跟役工食银五千九百三十四两。

一、除支给后山各社义学书籍、笔、墨、纸、砚银二千九百六十七两。

一、除支给购买药料及配制药、茶散价值银八千六百一十九两三钱三分三厘三毫。

一、除支给制办招抚后山各社生番归化备赏衣裤等件工料价值银四万九千九十两八钱二分八厘四毫五丝。

以上各款共银二百八十万三千九百两五分九厘一丝，核与例案及历次准销成案均属相符，应由户部照数核销。理合登明。

一、除支给随营军火长夫工食银六万五百三十一两八钱。

一、除支给各轮船管驾、舵水人等薪粮、公费银一十三万一千九百四十八两九钱四分六厘九毫八丝。

一、除支给管带屯丁官弁驮马、夫折银四百六十八两九钱。

一、除支给随营各项差遣文武员弁驮马、夫折银一万五千六十八两二钱。

一、除支给海口渡载船筏舵工、水手赡家工食、口粮银二千八百七十一两二钱六分四厘。

一、除支给邮政局经费银一千六百三十七两一钱。

一、除支给机器局雇募闽、粤工匠来台盘川银一千一百九十一两六钱。

一、除支给各军弁勇打仗阵亡恤赏及受伤养伤银一万五千八百一十两。

一、除支给采购外洋军火、枪炮保险行用银七千六十四两九钱二分四厘八毫八丝。

一、除支给采购外洋军火、枪炮商轮载脚银一万六千八百二十七两七钱四毫。

一、除支给解运军装、军火夫价口粮银一万四千二百二十二两三钱三分二厘。

一、除支给开采煤炭、解运煤斤夫价银二万五千四百一十四两四钱八分。

一、除支给正、腰站书盐菜、工食银一万五千八百五十四两二钱七分二厘六毫。

一、除支给正、腰站房租银三百六十二两一钱。

以上各款共银三十万九千二百七十三两六钱二分八毫六丝，核与例案及历次准销成案均属相符，应由兵部照数核销。理合登明。

一、除支给各轮船煤炭价值银三万九千八百九十三两四钱。

一、除支给购买轮船价值银二万六千八百八十三两。

一、除支给修理轮船并添制器具价值银一万九千一百八两一分七厘八毫。

一、除支给解运军火、军装需用杠索银六百九十九两五钱八厘。

一、除支给正、腰站旗铃、包袱等项银六千九百三十三两七分三厘三毫。

一、除支给修建兵房、营房、草屋工料银三万八千五百七十一两七钱四分八厘。

一、除支给建盖衙、署、库、局工料银八万四千七十八两五钱三毫。

一、除支给建盖各项庙宇工料银三万四千三百一十五两八钱二分七厘七毫。

一、除支给修建桥梁、道路工料银四千三两四钱三分九厘三毫。

一、除支给建造洋式大炮子厂汽炉、烘弹房并伐木机器厂屋工料银三万二百一十八两五钱七分二厘四毫。

一、除支给制造洋驳船工料银一千二百一十六两七钱四分六厘。

一、除支给购买外洋军火、枪炮价值银一百一十万五千二百二十三两六钱二分一厘三毫九丝。

一、除支给购买外洋挖煤机器价值银四万三千七百一十一两五钱二分二厘。

一、除支给制造加工火药并木桶工料银三万一千九百三十一两三钱八分一厘。

一、除支给制造铅子、火绳并木桶工料银一万二千七百五十五两五钱七分。

一、除支给各军弁勇配用衣旗、账房、器械工料银八万二百一十两七钱五分七厘。

一、除支给制配轮船水手、炮勇、衣旗工料银四百七十三两八钱八分七厘六丝三忽。

一、除支给后山各社义学房租银四百九十四两五钱。

一、除支给海口渡儎船筏租价银三百一十三两七钱六分。

一、除支给制造犒赏兵勇、生番银牌工料银一万二千九百二十三两二钱。

以上各款共银一百五十七万三千九百六十两三分一厘二毫五丝三忽，核与例案及历准销成案均属相符，应由工部照数核销。理合登明。

以上统共除银四百六十八万七千一百三十三两七钱一分一厘一毫二丝三忽。前件各款银两或系循照例案，或系接续支给，或购自外洋，恪遵定章先已奏咨立案，均系实用实销，毫无浮冒，应请照准作正开销。理合登明。

实在：存银五万四千九百七两五钱二分二厘九毫八丝六微七杪。前件银两另归光绪十五年正月起善后案内列收造报。理合登明。

扣收平余项下：一、本案台防善后用款核扣一分平余银三千八百三十六两一钱四分七厘。前件银两例得开支。各局书识工食、油蜡、纸张等费，容俟另行造册报销。理合登明。

（朱批）：览。[①]

① 中国第一历史档案馆藏：《清单》，档案编号：03-6118-092.

## 三八　请将书识工食等项准予开销缘由片

光绪十六年三月二十五日（1890年5月13日）

再，据台湾善后局司道详称：窃照台湾光绪十三年正月起至十四年十二月底止海防善后案内留防各军弁勇并开山抚番等项，用巨事繁。南北各路设立善后、支应、军装、军械、机器局所，选派书识，核算缮写。应需工食、油蜡、纸张等项，悉遵军需例载，在扣收一分平余项下支给。

查此次海防善后支给各款，核扣一分平余银三千八百三十六两一钱四分七厘，内除拨补前案不敷银二百七十二两三钱一分六厘五毫外，尚余银三千五百六十三两八钱三分五毫，内本案动支书识工食、油蜡、纸张、笔墨等项银六千四百二十一两一钱三厘，委系核实撙节，毫无浮冒，应请准就平余款内开销。尚不敷银二千八百五十七两二钱七分二厘五毫，系暂挪款支应，另行汇归后案续收拨补造报等情，前来。

臣覆核无异，除将清册咨送户部核销外，谨附片具奏。伏乞圣鉴。谨奏。

（朱批）：户部知道。[①]

光绪十六年四月二十一日，奉朱批：户部知道。钦此。[②]

## 三九　建盖衙署、庙宇等项工料银两请敕核销片

光绪十六年三月二十五日（1890年5月13日）

再，台北建盖衙署、庙宇等项工程动用银两，经臣开单奏请

① 中国第一历史档案馆藏：《朱批原件》，档案编号：04-01-01-0976-068.

② 中国第一历史档案馆藏：《军机录副》，档案编号：03-6118-091.

敕部立案，准予造册汇案报销一折，光绪十五年八月初三日，奉朱批：该部知道，单并发。钦此。旋准工部咨，令将衙署等项工程各归各起，先造估册、勘结，分别奏咨核办，工竣依限造具册结报部，不得汇销，致滋牵混等因，转行遵照去后。

兹据台湾善后局司道详称：查前项工程，或为办公栖止，或关地方庙祀，均属不能延缓，早经陆续兴建，次第蒇工。原奏业已声明所需工料银数，单内亦经核实分列，现已遵章各归各起，分造细册，并案汇送，并无牵混，应请奏恳天恩敕部准予核销，并免补造估册，以省繁牍等情，前来。

臣覆核无异，除咨工部查照外，谨附片具陈。伏乞圣鉴，训示。谨奏。

（朱批）：着照所请，工部知道。[①]

光绪十六年四月二十一日，奉朱批：着照所请，工部知道。钦此。[②]

## 四〇　巡检杨乘骅底衔缮写错误请饬更正片

光绪十六年三月二十五日（1890 年 5 月 13 日）

再，台湾历年剿抚番社并案请奖案内候选巡检杨乘骅请以本班分省归候补班前先补用，接准部复，核与定章不符，应令另核奏明请奖等因。兹据杨乘骅禀称：杨乘骅现年二十三岁，浙江慈溪县附监生。光绪十五年正月，遵郑工例在安徽报捐从九品不论双单月选用，前蒙汇保，底衔误作“巡检”，应请更正，并声明

① 中国第一历史档案馆藏：《朱批原件》，档案编号：04-01-37-0133-006.

② 中国第一历史档案馆藏：《军机录副》，档案编号：03-7158-017.

续于十六年二月遵新海防例在直隶加捐分发指省安徽，禀请声明核改请奖前来。

臣查从九品杨乘骅原案底衔书作“巡检”系属错误，既据续捐分发指省，拟请仍以从九品留于原省遇缺即补。应恳天恩饬部更正，核准注册，以示鼓励。谨附片具陈。伏乞圣鉴，施行。谨奏。

（朱批）：吏部知道。[①]

光绪十六年四月二十一日，奉朱批：吏部知道。钦此。[②]

## 四一　奏报各属十五年冬季雨水粮价情形折

光绪十六年四月初二日（1890年5月20日）

太子少保福建台湾巡抚一等男臣刘铭传跪奏，为恭报台湾省各属光绪十五年冬季分晴雨、粮价情形，仰祈圣鉴事。

窃台湾各属晴雨、粮价，业经照章按季奏报至光绪十五年秋季分止在案。兹届冬季分汇办之期，查台湾府城十五年十月分得雨四次，十一月分得雨五次，十二月分得雨四次。台南府城十、十一两月分均晴，十二月分得雨二次。台北府城十月分得雨十一次，十一月分得雨四次，十二月分得雨七次。此外各厅县禀报晴雨情形，大略相同。所有米粮价值，据署台湾藩司沈应奎开册详送，并声明苗栗县系属新设，十五年十月间甫经委员署理，应自十六年起饬令一律造报等情，前来。

臣覆加查核，台湾府属十五年十月分上米与九月分大略相

① 中国第一历史档案馆藏：《朱批原件》，档案编号：04-01-12-0547-125.
② 中国第一历史档案馆藏：《军机录副》，档案编号：03-5264-065.

同，其中下米较九月分稍减，十一、十二两月分上、中、下米均与十月分相同。台南府属十、十一、十二等月分上、中、下米，俱与九月分相同。台北府属十月分上、中、下米与九月分大略相同；十一月分上米稍增，其中下米与十月分同；十二月分上、中、下米均与十一月分同。

臣谨恭折具陈，并缮清单。伏乞皇上圣鉴。谨奏。光绪十六年四月初二日。

（朱批）：知道了。[①]

光绪十六年五月初一日，奉朱批：知道了。钦此。[②]

## 四二　呈台湾各属光绪十五年冬季粮价清单

光绪十六年四月初二日（1890年5月20日）

谨将台湾各属光绪十五年冬季分米粮价值，缮具列表，恭呈御览。

谨开：

台湾府属：光绪十五年十月分，上米每仓石价银一两二钱至一两八钱，与九月分大略相同；中米每仓石价银一两一钱至一两七钱五分，比九月分减五分；下米每仓石价银一两至一两六钱五分，比九月分减五分。

光绪十五年十一月分，上米每仓石价银一两二钱至一两八钱，与十月分同；中米每仓石价银一两一钱至一两七钱五分，与十月分同；下米每仓石价银一两至一两六钱五分，与十月分同。

---

① 中国第一历史档案馆藏：《朱批原件》，档案编号：04-01-25-0537-023.

② 中国第一历史档案馆藏：《军机录副》，档案编号：03-6891-001.

光绪十五年十二月分，上米每仓石价银一两二钱至一两八钱，与十一月分同；中米每仓石价银一两一钱至一两七钱五分，与十一月分同；下米每仓石价银一两至一两六钱五分，与十一月分同。

台南府属：光绪十五年十月分，上米每仓石价银一两六钱至二两七钱，与九月分同；中米每仓石价银一两五钱至二两五钱，与九月分同；下米每仓石价银一两四钱至二两三钱，与九月分同。

光绪十五年十一月分，上米每仓石价银一两六钱至二两七钱，与十月分同；中米每仓石价银一两五钱至二两五钱，与十月分同；下米每仓石价银一两四钱至二两三钱，与十月分同。

光绪十五年十二月分，上米每仓石价银一两六钱至二两七钱，与十一月分同；中米每仓石价银一两五钱至二两五钱，与十一月分同；下米每仓石价银一两四钱至二两三钱，与十一月分同。

台北府属：光绪十五年十月分，上米每仓石价银二两一钱五分至二两三钱，与九月分大略相同；中米每仓石价银二两至二两二钱，与九月分大略相同；下米每仓石价银一两九钱至二两一钱，与九月分大略相同。

光绪十五年十一月分。上米每仓石价银二两一钱五分至二两四钱，比十月分加一钱；中米每仓石价银二两至二两二钱，与十月分同；下米每仓石价银一两九钱至二两一钱，与十月分同。

光绪十五年十二月分，上米每仓石价银二两一钱五分至二两四钱，与十一月分同；中米每仓石价银二两至二两二钱，与十一月分同；下米每仓石价银一两九钱至二两一钱，与十一月分同。

（朱批）：览。①

① 中国第一历史档案馆藏：《清单》，档案编号：03-6891-002.

## 四三　请以范克承等补授知县等缺缘由折

光绪十六年四月初二日（1890年5月20日）

头品顶戴闽浙总督臣卞宝第、太子少保福建台湾巡抚一等男臣刘铭传跪奏，为拣员请补海疆各要缺知县，恭折仰祈圣鉴事。

窃准吏部咨：题调三项要缺福建台湾知县沈受谦，开缺以同知直牧用，光绪十四年十一月初四日奉旨等因，照例奉旨后第五日行文，按闽省照限减半计算，扣至十四年十二月十九日，作为出缺日期，归十五年正月分截缺。又，恒春县知县李时英于光绪十三年闰四月二十日在任病故，业经前闽浙督臣杨昌濬具题开缺，照例以病故本日作为出缺日期，归十三年五月分截缺，因一时拣员未定，已由闽省咨部展限。又，宜兰县知县罗金诰于光绪十四年二月二十三日在任病故，经臣铭传具题开缺，照例以病故本日作为出缺日期，归十四年二月分截缺；所遗原设台湾县现改安平县，系冲、繁、难题调要缺。恒春、宜兰二县亦俱系疲、难调要缺，非选精明干练、熟悉海疆风土情形之员，不足以资治理。

臣等督同台湾司道查得闽省现任知县各员，非现居要缺，即人地未宜，一时实乏堪调之员。复于候补知县班内逐加遴选，查有即用知县范克承，年三十四岁，云南太和县增生。同治癸酉并补行辛酉科本省乡试，中式举人。光绪丙戌科会试，中式进士，朝考二等引见，奉旨以知县即用，签掣福建。光绪十二年八月二十五日，领照到省，加捐同知衔，咨调来台差遣，署理安平县卸事。

又，查有补用知县高晋翰，年五十五岁，山东海阳县监生，遵筹饷例捐从九品，分发广东试用，同治九年十二月到省。十一年，闻讣丁父忧，回籍守制，服阕加捐知县，改指福建试用，并加同知衔，赴京引见。光绪七年四月二十八日，领照到省，考列二等，试用期满，甄别留闽补用，委署建阳县，调台差委，历署恒春、凤山等县篆务。

又，查有候补班前补用知县沈继曾，年五十五岁，浙江钱塘县人，由俊秀报捐从九品。同治元年，投效军营。二年，肃清浙东各郡县出力案内保举从九品遇缺即选；克复杭州各城汇保俟选缺后，以县丞升用；全浙肃清案内保加六品衔，遵例捐免选本班，以县丞指分福建，归候补班补用，赴部验看，领照出京，十年二月十八日到省。光绪三年，丁祖母忧回籍，服满起服，回闽措资来台，就台考列二等，遵海防例捐戴蓝翎。十二年，准补龙溪县华崶县丞，嗣于基沪获胜案内保请免补本班，以知县仍留原省前先补用。十二年七月二十六日奉旨：依议。钦此。遵茶捐例加捐同知衔，委代宜兰县，请咨引见，领照回闽，十五年十二月二十五日抵台，禀到缴照，以抵台缴照之日作为到省日期，遵海防例捐换花翎，委署宜兰县知县，于十六年正月十三日任事。

臣等会查得该员范克承才识优长，任事安详；高晋翰朴诚明干，稳练老成；沈继曾勤能稳慎，干练有为。且范克承曾署安平县，高晋翰曾署恒春县，沈继曾曾署宜兰县，均能措置裕如，于各该处风土民情极为熟悉，以之分别补授、试署各原县，人地实为相宜，亦与定例暨变通补署章程核各相符。合无仰恳天恩，俯念海疆员缺紧要，准以即用知县范克承补授原设台湾县改安平县知县，补用知县高晋翰试署恒春县知县，候补班前补用知县沈继曾补授宜兰县知县，俾各要缺得人而理，均于地方有裨。

如蒙俞允，该员范克承系即用知县，高晋翰系补用知县，沈继曾系候补班前补用知县，请补知县，衔缺相当，毋庸送部引见。至高晋翰系捐纳试用人员，仍俟试署期满，另请实授，并免核计参罚。据台湾司道会详前来。

臣谨合词具奏。伏乞皇上圣鉴，敕部核覆，施行。谨奏。光绪十六年四月初二日。

（朱批）：吏部议奏。[1]

光绪十六年五月初一日，奉朱批：吏部议奏。钦此。[2]

## 四四　请以方祖荫补授基隆同知缘由折

光绪十六年四月初二日（1890年5月20日）

头品顶戴闽浙总督臣卞宝第、太子少保福建台湾巡抚一等男臣刘铭传跪奏，为拣员请补海疆要缺同知，恭折仰祈圣鉴事。

窃查台湾正任基隆同知汪兴祎因公晋郡，于光绪十五年十月二十四日在寓病故，经臣铭传具题开缺，照例以病故本日作为出缺日期，归十五年十月分截缺。所遗基隆抚民理番同知员缺，亟应遴员调补。如无合例堪调之员，照例准以候补人员拣补。该处系通商口岸，且东界番社，巡缉抚绥，在在均关紧要，必须遴选精明干练、熟悉风土情形之员，方克胜任。

臣等督同台湾司道遵于内地实任及候补同知内逐加遴选，非现居要缺，即人地未宜，一时堪调乏员。惟查有现代台南府篆候补同知直隶州本任埔里社通判方祖荫，年四十七岁，安徽桐城县

① 中国第一历史档案馆藏：《朱批原件》，档案编号：04-01-12-0548-087.

② 中国第一历史档案馆藏：《军机录副》，档案编号：03-5265-002.

监生，遵筹饷例捐布经历，指分福建补用，并捐免验看，同治七年六月禀到。台湾剿服番社并开山在事出力，保俟补缺后以通判补用，遵例捐免补本班，以通判留闽归候补班补用，暨捐免保举。复以剿抚番社出力，保加五品衔，请咨引见。光绪七年十月十八日，领照到省，考试取列三等，试看期满，甄别留闽补用，准补埔里社通判，委署新竹县知县。光绪十三年，恭逢恩诏加一级，遵郑工例捐戴蓝翎。清赋出力请奖，光绪十四年七月初八日奉旨：着以同知直隶州知州在任候补。山东捐赈，捐换花翎。十五年，恭逢二次恩诏，赏加二级，委代台南府知府，光绪十六年闰二月初一日任事。

臣等会查得该员方祖荫，才长守洁，明干有为，在台年久，熟悉海疆风土情形，以之请补基隆抚民理番同知，人地实为相宜。合无仰恳天恩，俯念海疆要缺需员，准以现代台南府篆候补同知直隶州本任埔里社通判方祖荫补授基隆同知，俾要缺治理得人。如蒙俞允，该员系现任通判在任候补同知直隶州请补同知，应俟奉准，照例给咨送部引见，并免核计参罚。据台湾司道会详前来。

臣谨合词具奏。伏乞皇上圣鉴，敕部核覆，施行。至所遗埔里社通判系调缺，俟准部覆，再行拣员调补。合并陈明。谨奏。光绪十六年四月初二日。

（朱批）：吏部议奏。[①]

光绪十六年五月初一日，奉朱批：吏部议奏。钦此。[②]

---

① 中国第一历史档案馆藏：《朱批原件》，档案编号：04-01-12-0548-088.

② 中国第一历史档案馆藏：《军机录副》，档案编号：03-5265-001.

## 四五　奏为赏加兵部尚书衔谢恩折

光绪十六年四月初六日（1890 年 5 月 24 日）

太子少保兵部尚书福建台湾巡抚一等男臣刘铭传跪奏，为叩谢天恩，恭折仰祈圣鉴事。

窃臣恭阅邸抄，光绪十六年正月二十六日，奉上谕：本年朕二旬庆典，福建台湾巡抚刘铭传着赏加兵部尚书衔等因。钦此。当即恭设香案，望阙叩头谢恩讫。钦惟我皇上泰运凝厘，乾覆核撰，二旬肇庆，祥晖开日月之华；万寿无疆，海宇广帡幪之大。仰天献颂，无任瞻依！乃荷殊恩下逮，渥泽旁敷，闻命之下，悚惶莫名！伏念臣一介庸愚，忝领疆寄，深愧未报涓埃。兹复仰邀旷典，自顾何人，滥叨非分！惟有倍加策励，永矢慎勤，竭抒驽钝之悃忱，冀答鸿慈于万一！

所有微臣感激下忱，理合恭折叩谢天恩。伏乞皇上圣鉴。谨奏。光绪十六年四月初六日。

（朱批）：知道了。①

光绪十六年五月初五日，奉朱批：知道了。钦此。②

## 四六　请以李淦等补授知县员缺缘由折

光绪十六年四月初十日（1890 年 5 月 28 日）

头品顶戴闽浙总督臣卞宝第、太子少保兵部尚书福建台湾巡

① 中国第一历史档案馆藏：《朱批原件》，档案编号：04-01-16-0229-008.

② 中国第一历史档案馆藏：《军机录副》，档案编号：03-5869-072.

抚一等男臣刘铭传跪奏，为拣员请补海疆各要缺知县，恭折仰祈圣鉴事。

窃准吏部咨：淡水县知县候补同知汪兴祎补授台湾基隆抚民理番同知，于光绪十四年十二月十四日具奏，奉旨：依议。钦此。坐十二月二十九日行文等因，按闽省照限八十日减半计算，扣至十五年二月初九日作为出缺日期，归十五年二月分截缺。又准吏部咨：调缺福建台湾苗栗县知县添设，光绪十五年十月初七日奉旨等因，应以奉旨后第五日行文起，扣至十一月二十二日作为开缺日期，应归十一月分截缺。所遗淡水县系冲、繁、难调要缺，苗栗县系新设调缺，非选精明干练、熟悉海疆风土情形之员，不足以资治理。

臣等督同台湾司道查得闽省现任知县各员，非现居要缺，即人地未宜，一时堪调乏员。复于各项候补知县及应升班内逐加遴选，查有署淡水县候补班前补用知县李淦，年四十岁，系安徽黟县人，由附生于光绪六年赴闽投效，奉委帮办海关文案，筹解甘肃新疆协饷解足十成案内，经陕甘、新疆督抚臣保奏，请以从九品归部不论双单月选用；于长门等处拒击法逆打仗出力，经前福州将军臣穆图善保奏。十年十一月十七日，内阁奉上谕：着免选从九品，以县丞留于福建补用，并赏加盐提举衔。钦此。复于台北、沪尾等处打仗获胜出力，经臣铭传会同福建陆路提督臣孙开华保奏，请免补本班，以知县仍留原省归候补班前补用，并戴蓝翎。十二年七月二十六日奉旨：依议。钦此。先于十二年正月经前福州将军臣穆图善奏调随营差遣，委办行营文案兼营务提调。十四年二月，禀准离营赴部引见，十四年四月二十日领照出京，于九月初十日到省，调台差遣，委署淡水县知县。十五年八月十三日任事，试看期满，由台甄别奏咨留闽补用。

又查有台俸期满留任候升知县台北府经历沈茂荫，年六十岁，浙江萧山县监生，遵筹饷例，在京铜局报捐典史指分福建，于咸丰七年六月初九日领照到省。嗣遵例捐升县丞，仍指福建补用，奉委延平大营支应局出力保举。九年二月初十日奉上谕：试用县丞沈茂荫着免补本班，以知县留于福建补用。钦此。遵例捐同知衔。九月解饷晋京，顺差请咨引见，领照回闽，委署永安县，兼理永安教谕；复署光泽县知县，补授宁德县知县，因短解永安县任内粮米开缺。嗣于永安任内剿办会匪出力保举。同治三年七月十八日奉旨：候补知县沈茂荫前因欠解丁耗粮米，摘去顶戴，暂行革职，着粮米完清开复之日，以知县不论繁简，遇缺即补。钦此。四年，完清粮米开复。五年，奉文甄别，以府经历县丞留闽降补，捐戴蓝翎，咨补汀州府经历。十年，丁父忧回籍，捐足府经，仍指福建。十三年，服满来闽，呈请验看，留闽差委补用。光绪二年，丁母忧，回籍守制，服满于五年回省，考列二等。八年，留台差遣，委办城工各项事务，准补台北府经历。九年六月十一日到任。十年，台北法人滋事，奉委管解军装，保护洋行，带勇守城，并办团防局各项事务，历委代理宜兰、基隆等厅县卸事，于十三年三月初一日回任，台俸五年报满，由司验看出考，详咨照例留任候升。

臣等查得该员李淦年富才明，勤求治理；沈茂荫历练老成，举止安详。且该员等于各该处风土民情亦俱熟悉，以之分别补授、升补，人地均为相宜，核与变通补署章程暨定例均各相符。合无仰恳天恩，俯念海疆员缺紧要，准以候补班前补用知县李淦补授淡水县知县，台北府经历沈茂荫升补苗栗县知县，俾各要缺得人而理，均于地方有裨。如蒙俞允，该员李淦由候补知县请补知县，衔缺相当，毋庸送部引见。惟系初任人员，仍俟试署期满，另请实授。该员沈茂荫由现任府经历台俸报满升补知县，应俟奉准，照例给咨送部引见，并免核计参罚。据台湾司道会详前来。

臣谨合词具奏。伏乞皇上圣鉴，敕部核覆施行。谨奏。光绪十六年四月初十日。

（朱批）：吏部议奏。[1]

光绪十六年五月十三日，奉朱批：吏部议奏。钦此。[2]

## 四七　请以温培华借署台东直隶州知州缘由折

光绪十六年四月初十日（1890年5月28日）

头品顶戴闽浙总督臣卞宝第、太子少保兵部尚书福建台湾巡抚一等男臣刘铭传跪奏，为拣员借署台湾后山新设要缺直隶州知州，恭折仰祈圣鉴事。

窃查台湾后山新设台东直隶州知州系冲、繁、难调要缺，民番错处，抚垦不易，且非能耐该处烟瘴、熟悉情形之员，不克胜任。先因升调乏员，经臣等请以候补知府吴本杰借补，经部议驳在案。兹臣等复督同台湾司道，遵于闽省现任、候补直隶州及应升班内逐加遴选，一时实乏堪调、堪升与该缺人地相宜之员。

复于各项候补同知班内拣选，查有现署台东直隶州知州补用同知温培华，年三十八岁，广东嘉应州附贡生。光绪五年，在直隶赈捐案内报捐同知，指分福建，并捐免保举，赴部引见，领照来闽。九年十一月十九日到省，试用期满，甄别留闽补用。十五

---

① 中国第一历史档案馆藏：《朱批原件》，档案编号：04-01-16-0229-010.

② 中国第一历史档案馆藏：《朱批原件》，档案编号：03-5265-054.

年十月，调台差遣，委代基隆同知，复调署台东直隶州知州，于十六年三月初八日到任。

臣等会查得该员温培华，才裕年强，能耐烟瘴，情形并已熟悉，以之借署台东直隶州知州，人地实为相宜，核与变通补署章程，亦属相符。合无仰恳天恩，俯念台湾后山新设员缺紧要，准以现署斯缺之补用同知温培华借署台东直隶州知州，俾要缺治理得人。如蒙俞允，该员由试用同知借署直隶州知州，毋庸送部引见。惟系捐纳出身人员，应令试署期满，另请实授。据台湾司道会详前来。

臣谨合词具奏。伏乞皇上圣鉴，敕部核覆，施行。谨奏。光绪十六年四月初十日。

（朱批）：吏部议奏。[1]

光绪十六年五月十三日，奉朱批：吏部议奏。钦此。[2]

## 四八　奏报百货厘金十五年下半年收支数目折

光绪十六年四月初十日（1890年5月28日）

太子少保兵部尚书福建台湾巡抚一等男臣刘铭传跪奏，为台湾百货厘金光绪十五年七月起至十二月止下半年收支数目，恭折奏报，仰祈圣鉴事。

窃照台湾停止船货厘金，改抽百货厘金，经臣于光绪十二年奏明办理。嗣准部咨，令将征收数目照章每按半年奏报一次等因，业经遵照将光绪十二年六月开办起至十五年六月止先后开单

① 中国第一历史档案馆藏：《朱批原件》，档案编号：04-01-12-0548-092.

② 中国第一历史档案馆藏：《军机录副》，档案编号：03-5265-053.

具奏在案。

兹查自光绪十五年七月起，截至十二月止，共收银二万九千六百八十八两一钱四分九厘。此项银两前经臣以台湾购办水陆电线经费无出，请于厘金项下动拨。所有本届收款，除提支局用外，余银悉数解归电线工程应用。至局用一款，遵奉部覆，按照收数一成开支，并无盈溢。据署台湾布政使沈应奎会同全台税厘局司道核详请奏前来。

臣覆核无异，除将清册分送部、科外，所有台属百货厘金自光绪十五年七月起至十二月止下半年收支数目，谨会同闽浙总督臣卞宝第，恭折奏报，并缮清单，恭呈御览。伏乞皇上圣鉴。谨奏。光绪十六年四月初十日。

（朱批）：户部知道，单并发。[1]

光绪十六年五月十三日，奉朱批：户部知道，单并发。钦此。[2]

## 四九　呈光绪十五年下半年厘金收支清单

光绪十六年四月初十日（1890年5月28日）

谨将台湾自光绪十五年七月起至十二月止收支厘金数目开单，恭呈御览。

谨廾：

收款项下：

一、收百货厘金银二万九千六百八十八两一钱四分九厘。

① 中国第一历史档案馆藏：《朱批原件》，档案编号：04-01-35-0567-004.

② 中国第一历史档案馆藏：《军机录副》，档案编号：03-6501-032.

以上共收银二万九千六百八十八两一钱四分九厘。

支款项下：

一、支给南北各局卡开销局用银二千九百六十八两八钱一分五厘。

一、解水陆电线工程银二万六千七百一十九两三钱三分四厘。

以上共支银二万九千六百八十八两一钱四分九厘。

（朱批）：览。[①]

## 五〇　奏为帮办海军事务谢恩折

光绪十六年四月十六日（1890年6月3日）

督办海军事务福建台湾巡抚一等男臣刘铭传跪奏，为恭谢天恩，仰祈圣鉴事。

窃臣于本年四月十四日承准海军衙门暨吏部咨：光绪十六年三月初二日，奉上谕：朕钦奉慈禧端佑康颐昭豫庄诚寿恭钦献皇太后懿旨，着台湾巡抚刘铭传帮办海军事务。钦此。跪聆之下，当即恭设香案，望阙叩头谢恩讫。伏念臣猥以辁材，忝膺疆寄，抚衷循省，深惧弗胜。兹复仰承恩命，兼佐海军，感愧交集，惶悚莫名！臣维海军事务，控制洋面，讲求操防，振无远弗届之威，为有备无患之计。惟有勉殚蠡测，倍竭驽庸，以仰副高厚鸿慈于万一！所有微臣感怀下忱，理合恭折叩谢天恩。伏乞皇上圣鉴。谨奏。光绪十六年四月十六日。

① 中国第一历史档案馆藏：《清单》，档案编号：03-6501-033.

（朱批）：知道了。[1]

光绪十六年五月初九日，奉朱批：知道了。钦此。[2]

## 五一　奏为恳恩赏假调理缘由折

光绪十六年四月二十日（1890年6月7日）

太子少保兵部尚书福建台湾巡抚一等男臣刘铭传跪奏，为微臣手足麻木，耳目俱病，恳恩赏假调理，恭折仰祈圣鉴事。

窃臣素有目疾，从前迭经奏请赏假调理。自到台湾以来，时发时愈，多方医治，仅将右目右耳保全，左目左耳久已成废。不料上年八月间，右耳流水闭气，一月数发，犹以为湿气上升，不以为意。今春三月，因在宜兰后山感受瘴湿，病痢十余日，愈后手足麻木酸痛，右耳闭气愈甚。正在医诊之际，右目又复红肿，下生云翳，上侵黑睛。阅看公文，昏花流泪。据医诊视，称系病后原气未复，心经过亏，风湿随心火上升，若非静心医治，猝难见效。仰恳天恩赏假一个月，俾资调理。所有地方例行公事，檄令署藩司沈应奎[3]代拆代行，遇有紧要公事，臣仍力疾办理，不敢稍涉贻误。

---

① 中国第一历史档案馆藏：《朱批原件》，档案编号：04-01-01-0976-067. 又见《刘壮肃公奏议·出处略》。

② 中国第一历史档案馆藏：《军机录副》，档案编号：03-6187-092.

③ 沈应奎（1821—1891），字小筠，号古田，附贡生，初遵例捐纳归安训导，后升温州府泰顺教谕。咸丰间，选为云南恩安待铨知县。同治五年（1866），保同知，加知府衔。同年，代理泉州府知府。八年（1869），改留陕西。十年（1871），保道员，办理陕西军需局事务。十三年（1874），署陕安道。光绪元年（1875），署陕西盐法道。五年（1879），办理粮台驻陕局事务。六年（1880），升陕西按察使。七年（1881），迁贵州布政使。十年（1884），被参革职。十三年（1887），赴台湾办理军需事务。同年，经刘铭传奏请开复原官。旋署台湾藩司。十五年（1889），署理台湾藩司。十七年（1891），补授台湾布政使，护理台湾巡抚。同年，进京陛见，卒于途。

谨将微臣手足麻木，耳目俱病，恳恩赏假调理缘由，恭折具陈。伏乞皇上圣鉴，训示。谨奏。光绪十六年四月二十日。

（朱批）：着赏假一个月。①

光绪十六年五月十三日，奉朱批：着赏假一个月。钦此。②

## 五二　奏报沪尾、打狗二口一百十五结征收洋税情形折

光绪十六年四月二十六日（1890年6月13日）

太子少保兵部尚书福建台湾巡抚兼管海关一等男臣刘铭传跪奏，为台湾洋药税厘归关并征，谨将沪尾、打狗两口第一百十五结期内征收数目缮具清单，恭折奏报，仰祈圣鉴事。

窃查台湾洋药税厘归关并征，自应按照洋税收支章程，分晰正税、厘金两项银数，随同结期，按三个月奏报一次，扣足四结，专折奏销，以符洋税定案。

臣接管台湾关务，所有沪尾、打狗两口征过洋药税厘银数，业经奏报至第一百十四结止在案。兹查光绪十五年三月初二日起至六月初三日止届满第一百十五结期内，沪尾、打狗两口征收洋药税厘银两，仍应按结奏报，俾清界划。

除将本结征收数目循案分咨总理各国事务衙门、户部、通商大臣查照外，谨会同福州将军臣希元、闽浙总督臣卞宝第，恭折奏报，并缮具清单，恭呈御览。伏乞皇上圣鉴。谨奏。光绪十六年四月二十六日。

---

① 中国第一历史档案馆藏：《朱批原件》，档案编号：04-01-16-0229-019. 又见《刘壮肃公奏议·出处略》。

② 中国第一历史档案馆藏：《军机录副》，档案编号：03-5265-055.

（朱批）：该衙门知道，单并发。[1]

光绪十六年五月二十六日，奉朱批：该衙门知道，单并发。钦此。[2]

## 五三　呈沪尾、打狗二口一百十五结洋税征收银数清单

光绪十六年四月二十六日（1890年6月13日）

谨将台湾沪尾、打狗二口第一百十五结期内并征洋药税厘所有征过银数，理合缮具清单，恭呈御览。

谨开：

旧管：存前两届一年期满洋药厘金赢余银六万七千五百三十七两二钱七分五厘。

前件查沪尾、打狗二口第一百九结期内征收洋药厘金，遵照部文除补足一百八结以前划留本省不敷银两外，计余银二千一百三十两二钱二分五厘；又前届第一百十结起至第一百十三结止，扣足四结一年期满赢余银六万五千四百七两五分，二共银六万七千五百三十七两二钱七分五厘，另款存储，听候拨用。至第一百十四结所征前项银两，除照案留充防费外，请俟一百十七结一年期满，统计赢余若干，造报候拨。理合陈明。

新收：光绪十五年三月初二日起至六月初三日止，届满第一百十五结期内，沪尾口征洋药税银一万三千六百一十六两一钱七分五厘，又征洋药厘银三万六千三百九两八钱，二共征税厘银四万九千九百二十五两九钱七分五厘。

---

① 中国第一历史档案馆藏：《朱批原件》，档案编号：04-01-35-0567-008.

② 中国第一历史档案馆藏：《军机录副》，档案编号：03-6372-048.

打狗口征洋药税银一万九千六百七十九两五钱五分，又征洋药厘银五万二千四百七十八两八钱，二共征税厘银七万二千一百五十八两三钱五分。

以上沪尾、打狗二口共征洋药税厘银一十二万二千八十四两三钱二分五厘。

开除：一、支给沪尾、打狗二口税务司经费三个月共银三千两。此项银两系准总理各国事务衙门暨户部咨行，自一百十一结起由厘金项下拨给。理合陈明。

实在：存本结洋药、税厘银一十一万九千八十四两三钱二分五厘，内洋药税厘银三万三千二百九十五两七钱二分五厘，洋药厘银八万五千七百八十八两六钱，已由该二口委员分别正税、厘银，就近分交台湾善后局及台湾道库兑收，归入台防经费拨用。至征收洋药厘银，前准户部咨行，令将划留本省银两分为四结，提支台湾每年划留银二十九万七千一百六十两，本结征银八万八千七百八十八两六钱。除支给税务司经费外，实存银八万五千七百八十八两六钱，应提银七万四千二百九十两，尚剩银一万一千四百九十八两六钱，应请俟至一百十七结扣足四结，作为一年期满，统计赢余若干，再行报部候拨。

所有本结税厘除税银尽数留充防费，厘银留支以外余银另行统算报拨外，计仍实存前两届一年期满洋药厘金赢余银六万七千五百三十七两二钱七分五厘，另储候拨。理合陈明。

（朱批）：览。[①]

---

① 中国第一历史档案馆藏：《清单》，档案编号：03-6372-052.

## 五四　奏报沪尾、打狗二口一百十五结收支洋税银数折

光绪十六年四月二十六日（1890 年 6 月 13 日）

太子少保兵部尚书福建台湾巡抚兼管海关一等男臣刘铭传跪奏，为台湾沪尾、打狗二口征收洋税，照章按结奏报，谨将第一百十五结期内收支数目分晰缮具清单，恭折奏祈圣鉴事。

窃照各海关征收洋税，案经总理各国事务衙门会同户部奏定章程，改题为奏，停用亲填等簿，行令各关将收支数目按结奏报一次，扣足四结，专折奏销，毋庸按照关期题销，以清界划等因。查沪尾、打狗二口海关税务，自光绪十三年八月十五日第一百九结起改由臣就近监督，所有收支洋税各数目，业经遵照新章分别奏咨至第一百十四结止在案。

兹自光绪十五年三月初二日起至六月初三日届满第一百十五结期内，该二口收支各项洋税银两，应遵新章按结奏报。其循案支销各项经费，容俟扣足四结时，造册奏销，以符定案。

除将本结收支数目循案分咨查照外，谨会同福州将军臣希元、闽浙总督臣卞宝第，恭折具奏，并缮清单，恭呈御览。伏乞皇上圣鉴。谨奏。光绪十六年四月二十六日。

（朱批）：该衙门知道，单并发。[①]

光绪十六年五月二十六日，奉朱批：该衙门知道，单并发。钦此。[②]

---

① 中国第一历史档案馆藏：《朱批原件》，档案编号：04-01-35-0567-010.

② 中国第一历史档案馆藏：《军机录副》，档案编号：03-6372-051.

## 五五　呈沪尾、打狗二口一百十五结收支税银数目清单

光绪十六年四月二十六日（1890 年 6 月 13 日）

谨将台湾沪尾、打狗二口第一百十五结期内，除洋药税银另行归入并征洋药税厘案内造报外，所有征收各项洋税银两，遵照新章按结奏报，并将收支各数目理合敬缮清单，恭呈御览。

谨开：

旧管：无项。

前件查沪尾、打狗二口关税案，经前台湾海防大臣沈葆桢奏准尽数截留，充作台防经费。所有每结征收税银业已尽数解交台湾善后局、台湾道库兑收拨用。理合陈明。

新收：光绪十五年三月初二日起至六月初三日届满第一百十五期内，沪尾口共征洋税银一十三万七千四百三十八两三钱四分五厘，洋船吨钞银一千九百二十四两四钱，土货复进口半税银一千一百九十五两五分九厘，子口半税银无项。

打狗口共征洋税银四万五千三百八十三两二钱四分六厘，洋船吨钞银一千一百二十三两三钱，土货复进口半税银二百八十一两八钱四分一厘，子口半税银四十两一钱二分五厘。

以上沪尾、打狗二口共征税钞银一十八万七千三百八十六两三钱一分六厘。

开除：一、提解总理各国事务衙门及拨给税务司吨钞共银三千四十七两七钱。此项吨钞内应提解总理各国事务衙门三成银两外，其余七成吨钞银二千一百三十三两三钱九分，已由该二口照案给交税务司收领，以为建造塔表、望楼之用。理合陈明。

一、支给沪尾、打狗二口税务司辛俸三个月共银一万五千两。此项辛俸每三个月原给银一万二千两，续准总理各国事务衙门暨户部咨行，自一百十一结起改发前数。理合陈明。

以上共开除银一万八千四十七两七钱。

实在：存税银一十六万九千三百三十八两六钱一分六厘，已据该二口禀报内除循案支销经费外，所余银两均已照案移解台湾善后局及台湾道库兑收，充作台防经费。至本结该二口共征洋药正税银三万三千二百九十五两七钱二分五厘，另行归入并征洋药税厘案内造报。合并陈明。

（朱批）：览。[①]

## 五六　奏报新海防捐输第一次收捐核奖折

光绪十六年四月二十六日（1890 年 6 月 13 日）

太子少保兵部尚书福建台湾巡抚一等男臣刘铭传跪奏，为台湾办理新海防捐输第一次收捐银数，恳恩敕部核奖，以昭激劝，恭折仰祈圣鉴事。

窃准户部咨：议奏海军衙门具奏停止郑工捐输，开办新海防事例，仍由部库暨各直省收捐一折，奉旨：依议。钦此。又准户部咨：议覆直隶总督李鸿章奏请推展海防新捐，照郑工条例量为变通一折，奉旨：依议。钦此。先后刊录原奏，咨行到台，遵经转饬开办，业经停止郑工捐输、开办新海防事例情形、日期经臣具奏在案。

兹查自光绪十五年十二月十六日开办起至十六年四月初五日

① 中国第一历史档案馆藏：《清单》，档案编号：03-6372-049.

止，据捐员吕兆奎等报捐实职、贡监生等项，共收正项实银三千八百九十八两四钱，先填司印实收发领。所收捐输正项，现已另款存储，听候提解。据台湾善后局司道作为新海防第一次造册，详请奏咨前来。合无仰恳天恩，俯准敕部分别核奖，缮颁执照，发台换给，以昭激劝。

除将请奖清册同截存副实收分送部、监核办，并咨呈海军衙门察照外，臣谨恭折具陈。伏乞皇上圣鉴，训示。谨奏。光绪十六年四月二十六日。

（朱批）：户部议奏。[1]

光绪十六年五月二十六日，奉朱批：户部议奏。钦此。[2]

## 五七　奏报沪尾、打狗二口汇解船钞银两数目片

光绪十六年四月二十六日（1890 年 6 月 13 日）

再，台湾沪尾、打狗二口按结应解总理各国事务衙门三成船钞银两，截至一百十四结止，均已按数解收在案。兹自光绪十五年三月初二日起至六月初三日止第一百十五结期内，沪尾口征收船钞银一千九百二十四两四钱，应解三成银五百七十七两三钱二分；打狗口征收船钞银一千一百二十三两三钱，应解三成银三百三十六两九钱九分。核计该二口第一百十五结期内共征船钞银三千四十七两七钱，共应提解三成银九百一十四两三钱一分。兹将前银按数兑足，填具文批，由台援案拨交协和信号商承领汇解，前赴总理各国事务衙门投纳。

① 中国第一历史档案馆藏：《朱批原件》，档案编号：04-01-35-0698-062.
② 中国第一历史档案馆藏：《军机录副》，档案编号：03-6118-114.

除咨明外，理合附片奏报。伏乞圣鉴。谨奏。

（朱批）：该衙门知道。[①]

光绪十六年五月二十六日，奉朱批：该衙门知道。钦此。[②]

## 五八　奏报龙景惇借署澎湖通判缘由折

光绪十六年五月初十日（1890年6月26日）

头品顶戴闽浙总督臣卞宝第、太子少保兵部尚书福建台湾巡抚一等男臣刘铭传跪奏，为拣员借署海疆同知，恭折仰祈圣鉴事。

窃查光绪十三年闰四月初三日，据澎湖通判戎陈猷申报：于光绪十三年二月二十日在任闻讣丁本生母忧等情，业经闽省具题开缺，照例以闻讣丁忧本日作为出缺日期，勒归二月分截缺，入于四月分截缺案内补报详咨，并因闽、台分省，拣员未定，复由闽省咨部展限。所遗台南府澎湖通判系海疆题调繁、难中缺，孤悬海中，非选平日讲求防务、留心抚绥、人地相宜之员，不足以资治理。

臣等督同台湾司道于闽省现任通判中逐加遴选，非现居要缺，即人地未宜，实乏堪调。又，应升班内及候补各员中一时亦鲜堪升、堪补之员。惟查有现代澎湖通判补用同知龙景惇，年五十一岁，广东顺德县附贡生，遵例捐员外郎职衔，复捐花翎。光绪五年，在广西报捐同知，指分福建试用，赴部验放，领照来闽，六年四月十九日到省，试用期满，甄别留闽补用。十二年，

① 中国第一历史档案馆藏：《朱批原件》，档案编号：04-01-35-0567-009.

② 中国第一历史档案馆藏：《军机录副》，档案编号：03-6372-050.

调台差遣，委代中路同知，复委代理澎湖通判，十四年八月十六日任事。

臣等会查得该员龙景惇，才练识达，明干有为，且现代斯缺，平日留心防务，勤慎抚绥，一切措置裕如，实为海防不可多得之员，以之借署，洵堪胜任。虽同知借补通判，定例须俟本项候补无人，兹通判本项候补有人，请以同知借署，与例稍有未符。惟人地实在相需，且台湾分省伊始，各项员缺奉准变通补署，原为因地择人起见，合无仰恳天恩，俯念海疆员缺紧要，稍宽成例，准以现代斯缺之补用同知龙景惇借署澎湖通判，俾资治理。如蒙俞允，该员由试用同知借署通判，毋庸送部引见。惟系捐纳出身人员，应令试署期满，另请实授，并免核计参罚。据台湾司道会详前来。

臣谨合词具奏。伏乞皇上圣鉴，敕部核覆，施行。谨奏。光绪十六年五月初十日。

（朱批）：吏部议奏。[1]

光绪十六年六月初七日，奉朱批：吏部议奏。钦此。[2]

## 五九　请奖台湾清赋出力官绅员弁缘由折

光绪十六年五月初十日（1890年6月26日）

太子少保兵部尚书福建台湾巡抚一等男臣刘铭传跪奏，为台湾清赋全功告竣，谨将在事尤为出力官绅员弁汇案开单，遵旨请奖，以昭信赏，恭折仰祈圣鉴事。

① 中国第一历史档案馆藏：《朱批原件》，档案编号：04-01-12-0548-058.

② 中国第一历史档案馆藏：《军机录副》，档案编号：03-5266-004.

窃台湾于光绪十二年间办理清赋，经臣具奏，钦奉谕旨：即着督饬派出各员绅认真办理，出力人员准照异常劳绩奏奖，该部知道等因。钦此。自十四年六月启征新粮，由臣将尤为出力人员先行奏请奖励；其余在事官绅员弁，声明俟给单竣事，续行请奖。钦奉上谕：着照所议办理等因。钦此。并准吏部议奏，饬令妥速丈清地亩，俟给单事竣，即将征收确数详细奏咨报部，再行汇奖等因。十五年十二月，全台给单一律完竣，当经核定田粮年额征数，造具图册，分别奏咨在案。

查内地办理清丈，一州一邑，旧有图册可循，往往年久，尚难获睹成效。台湾此次自十二年秋季开办清丈，接续核给丈单。其嘉义、凤山各属初丈不实，另委复丈，一体按户给单，隐匿者揭报，开垦者升科，至十五年十二月，一律造具图册，奏咨报竣。计旧额人丁、税饷、供粟、余租、官庄、耗羡，年共征银一十八万三千三百六十六两有奇。现定粮额年征银五十一万二千九百六十九两，随征补水平余银一十二万八千二百四十二两，加以官庄租额银三万三千六百五十七两，共银六十七万四千四百六十八两有奇。比较旧额溢出银四十九万一千五百二两，除补水平余银两外，实计正额溢出银三十六万三千三百四十两。

光绪十四年征收数目，业经遵照展限奏销。其任事不力者，均经臣随时奏参。所有始终在事出力员绅，不无微劳足录，饬据台湾、台南、台北三府取具各员绅履历，开列清册，由署布政使沈应奎、台湾道兼按察使衔唐景崧核明，详请奏奖前来。

臣查台湾海疆重地，自奉旨改立行省，岁需经费较前更巨。一岛孤悬，缓急莫恃，非地方自有之财，无以应变而处常。综计全台一州二厅十一县，广袤千余里，各属乡堡田甲粮额，按户查核，琐屑繁重，时仅三载，获竟全功。岁增巨款，裕国家经久之用，定海疆长治之规，固由圣德湛深，民情踊跃，而在事官绅员弁实心实力，办理妥速，俱皆著有微劳。仰蒙恩旨，准照异常劳绩给奖，自应及时甄叙，以昭激劝。

除将出力稍次各员核实删减由臣酌给外奖顶戴外，所有分派各属清丈田亩、科算钱粮、核给丈单、绘造图册，尤为出力之同知潘成清、参将陈同泰等一百九十七名，遵旨按照异常劳绩请奖。其办理丈田给单、稽核案册出力之道员林汝梅、世职沈文熊等一百九十七名，仍照寻常开列，不敢稍涉冒滥，分别出具切实考语，敬缮清单，恭呈御览。仰恳天恩，准照所请饬部分别给奖，以彰信赏而示鼓励。

除将各员绅职名、履历分别咨送户部暨吏、兵二部外，所有台湾清赋全功告竣，请将在事出力员绅遵旨汇奖缘由，谨会同闽浙总督臣卞宝第，恭折具陈。伏乞皇上圣鉴，训示。谨奏。光绪十六年五月初十日。

（朱批）：该部议奏，单二件并发。[①]

光绪十六年六月初七日，奉朱批：该部议奏，单二件并发。钦此。[②]

## 六〇　呈台湾清赋告竣请奖出力文职清单

光绪十六年五月初十日（1890 年 6 月 26 日）

谨将台湾清赋全功告竣，遵旨汇案请奖在事尤为出力员绅，分别劳绩，出具切实考语，敬缮清单，恭呈御览。

① 中国第一历史档案馆藏：《朱批原件》，档案编号：04-01-35-0099-028.

② 中国第一历史档案馆藏：《军机录副》，档案编号：03-5266-006.

谨开：

指分浙江试用同知潘成清，知府衔指分江苏试用同知舒体元，均拟请免补本班，以知府各留原省，归候补班前补用。

补用知府选用同知沈翊清，拟请免选本班，以知府不论双单月遇缺尽先前选用。

补用知府江苏试用同知翁秉钧，拟请仍以同知留原省，归候补班尽先补用。

已革知府用江苏候补同知直隶州知州蒋瑛，降选州同前广东补用知府罗定，直隶州知州范麓轩，均拟请开复原官升阶。

选用主事吴鸿藻，拟请免选主事，以直隶州知州选用。

选用知州张云锦，拟请免选本班，以同知直隶州不论双单月尽先前选用。

直隶补用知州窦以筠，拟请免补本班，以同知直隶州仍留原省前先补用。

四品衔福建候补班前先补用通判黄承乙，拟请免补本班，以直隶州知州仍留原省补用。

同知衔福建补用通判管元善，拟请免补本班，以同知仍留原省补用。

提举衔补用运判祝传望，拟请仍以运判归候补班尽先前补用。

已革花翎四品衔顺天府管粮通判周之辰，拟请开复衔翎。

已革江苏前先补用知州尽先前补用通判刘度，降选府经历县丞前陕西补用知州候补通判吴世泽，均拟请开复原官升阶。

本任福建永春直隶州州同孙传兖，拟请开缺以同知留原省，归候补班前补用。

选用中书科中书陈绶藻，拟请免选本班，以同知不论双单月尽先选用。

选用知县孙渥，六品衔选用知县陈长赓，均拟请免选本班，以直隶州知州不论双单月遇缺前先补用。

选用知县疏凿，拟请免选本班，以同知不论双单月遇缺尽先前即选。

分省试用知县党凤冈，拟请免补本班，以直隶州知州分省，归候补班补用。

五品衔河南补用知县刘朝宗，拟请免补本班，以同知直隶州仍留原省，归候补班前补用。

已革四川即用知县江昶荣，降选府经历县丞前四川候补知县陈家浚，均拟请开复原官。

已革蓝翎同知衔广东徐闻县知县嵩寿，拟请开复原官衔翎。

已革同知衔广东会同县知县王琳官，拟请开复原官原衔。

江苏候补按经历安炳耀，拟请免补本班，以知县仍留原省补用。

选用府经历县丞汤绍斌，选用县丞陈镇勋，五品顶戴选用县丞吴承泽。以上三名，均拟请免选本班，以知县不论双单月尽先前选用。

福建海防先用府经历杨锡霖，福建试用府经历史鉴清、毛赓治，提举衔知县用福建补用府经历吕兆璜，补用知县福建试用县丞陈璠，五品顶戴候补班前县丞张霨，理问衔福建补用县丞范启元，福建补用县丞龚子廉、林清漪，江苏分缺先县丞蒋咏棠，安徽试用县丞龚煌，广东试用县丞谢谦。以上十二名，均拟请免补本班，以知县各留原省，归候补班前先补用。

福建试用府经历林锡圭，补用知县福建补用府经历张世缃，湖北补用府经历王秉寿，补用知县福建补用县丞倪源寿、张正清，福建试用县丞胡守正，江苏试用县丞张国垣，江西试用县丞程志清。以上八名，均拟请免补本班，以知县各留原省补用。

议叙分省试用县丞法德佩，拟请仍以县丞分省，归候补班补用。

江西试用县丞王作霖，拟请仍以县丞留原省，归候补班前先补用，俟补缺后，以知县补用。

理问衔福建试用县丞雷维熙，福建候补县丞汪圻，江苏试用县丞汤东晖。以上三名均，拟请仍以县丞各留原省，归候补班前先补用。

福建试用府经历钮承藩，拟请仍以府经历留原省，归候补班补用。

革职福建补用县丞汪守桢，拟请开复到省逾限革职处分，仍以县丞归福建补用。

补用知县两淮候补盐大使翁庆麟，拟请免补本班，以知县仍留原省，归候补班前补用。

指分广东盐引批验所大使吕兆奎，拟请俟到省后，归候补班前先补用。

候选教谕陈际唐，拟请免选本班，以知县不论双单月选用。

优贡本班先教职丁仁炜，训导黄炳麟，均拟请免选本班，以教谕不论双单月尽先选用。

五品顶戴福建补用县主簿吴炳勋，拟请免补本班，以府经历仍留原省补用。

荫生主簿林天枢，拟请俟入监读书期满后，免选主簿，以县丞不论双单月选用。

贵州试用主簿雷锡庚，拟请免补本班，以县丞仍留原省补用。

选用巡检黎培泽，拟请免选本班，以府经历县丞不论双单月选用。

选用从九品王河屏、吕鸣源、汤蓝生。以上三名，均拟请免选本班，以府经历不论双单月尽先选用。

选用巡检梁瑞、黄华、刘殿英、黄凤翥、王运新，选用从九品曹昭榜、娄之骏、梁鹏翊、王棣、马常龄、李树荣、吴以庄、何凤琪、李锡年、黎凤鸣、张庆云、方熊、刘朝然，七名顶戴选用从九品汪金波。以上十九名，均拟请免选本班，以县丞不论双单月尽先选用。

福建试用巡检姚榕，福建试用从九品李受禄，均拟请免补本班，以府经历县丞仍留原省补用。

福建试用从九品范嘉安、吴光源，均拟请免补本班，以府经历仍留原省尽先前补用。

六品顶戴福建补用巡检陈庆清，补用县丞福建候补巡检何廷桢、吴炳辉，福建补用巡检胡广思、蒋朝珽，湖北试用巡检王镇、彭守荣，山东试用巡检章懋祥，福建试用从九品曹祖荫、程扬烈、吴继良、谭元章，六品顶戴福建试用从九品涂步云，五品衔江苏补用从九品戴天恩。以上十四名，均拟请免补本班，以县丞各留原省，归候补班前补用。

分省补用巡检王保临，拟请免补本班，以县丞分省补用。

江苏试用从九品雷星樵、张楷，均拟请免补本班，以县主簿仍留原省补用。

安徽补用按司狱包惠畴，拟请俟补缺后，以府经历补用。

福建试用府司狱邢旭华，六品衔福建补用府照磨朱文蔚，六品顶戴福建海防先用巡检俞鹏，福建海防新班巡检白驹良、胡信湘，福建候补巡检咨署拣东巡检罗树勋，福建试用巡检徐铭森、王增华，福建候补从九品潘履亨、姚清瑞、余宠、沃晋，六品顶戴福建试用从九品徐堃。以上十三名，均拟请俟补缺后，以县丞补用。

选用巡检刘朝标，拟请俟选缺后，以县丞在任前先补用。

选用从九品林承宗、黄作霖，均拟请俟选缺后，以县丞用。

本任福建武平县永平巡检任德浔，拟请以县丞在任归候补班前先补用。

六品衔调署大甲溪巡检本任淡水县典史朱岱源，拟请以府经历县丞在任候补。

浙江前安溪税务课大使安炳文，拟请以县丞仍留原省补用。

福建试用按照磨方祖彝，广东候补府司狱王松龄，福建试用从九品李忠文、叶范。以上四名，均拟请各以本班仍留原省，归候补班前补用。

福建试用从九品吴文灿、杨懋修、陈膺森，兼袭云骑尉安徽试用从九品冯葆真。以上四名，均拟请以巡检各留原省，归候补班前补用。

分发补用从九品张承泽，拟请以巡检分省，归候补班前先补用。

补用兵马司吏目彭昌治，拟请免补本班，以县主簿不论双单月选用。

六品顶戴分省补用典史马甫臣，拟请免补本班，以县主簿分省补用。

福建试用典史邓鸿熙、张彬煌、蔡昌言、方刚，福建候补未入流杨锡爵。以上五名，均拟请各以本班仍留原省，归候补班前先补用。

已革福建候补典史邓秉锝，拟请开复原官。

以上一百四十六名，分派各属清丈田亩，科算钱粮，核给丈单，绘造图册，尤为出力，遵旨请照异常劳绩核奖。

选用道林汝梅，广东补用道陈霞林，分省补用道张士瑜。以上三名，均拟请赏加三品衔。

兵部郎中林文钦，拟请赏加道衔。

二品顶戴选用道林朝栋，道衔分部郎中蔡占鳌，五品衔工部主事林启东、徐德钦。以上四名，均拟请交部从优议叙。

选用知府陈同书，拟请俟得缺后，以道员用。

福建候补同知龙景惇，拟请赏加知府衔。

福建补用同知本任泰宁县知县罗东之，拟请俟补同知后，以知府补用。

知府衔知府广东试用同知吴朝阳，拟请俟补缺后，以知府升用。

福建候补直隶州知州周传辉，拟请俟补缺后，以知府补用，先换顶戴。

前甘肃河州知州李望洋，拟请赏加四品衔。

江西候补通判胡先翥，拟请俟补缺后，以同知直隶州补用，先换顶戴。

内阁中书陈日翔，拟请赏加五品衔。

五品翎顶遇缺前先选用知县龙赞纲，选用知县沈锡藩，均拟请俟得缺后，以同知直隶州升用。

福建候补知县李联珪，拟请俟得缺后，以同知在任前先补用，先换顶戴。

福建候补知县沈继曾，五品衔福建候补知县姚近范，同知衔浙江即用知县杨士芳。以上三名，均拟请俟补缺后，以同知前先补用。

福建候补知县刘威，拟请俟补缺后，以直隶州知州前先补用，先换顶戴。

五品衔候补班前知县福建台南府经历陈世烈，拟请俟补知县后，以应升之缺升用。

安徽试用知县许崇贵，拟请俟补缺后，以知州用。

福建候补知县李泾，拟请交部从优议叙。

拔贡就职直隶州州判杨振烈，拟请赏加五品衔。

议叙先用府经历罗运泰，拟请俟得缺后，以道判补用。

五品衔候选府经历周□[1]增，拟请俟选缺后，以知县用。

福建台湾府经历林桂芬，拟请以知县在任候补。

五品顶戴府经历陈其德，拟请赏加五品衔。

尽先选用县丞向士瀛，拟请仍以县丞归劳绩班前先选用。

候选县丞李玉树、施家贞、张凤文、郑如汉、叶大镛、邹逢权，双月选用县丞陈煦湘。以上七名，均拟请俟得缺后，以知县补用。

福建候补县丞本任安平县典史邢植东，福建试用县丞谭应岳、范祖洛，五品顶戴甘肃候补班前县丞官炳培，升用知县甘肃遇缺先县丞陶忠祎，东河分缺先用县丞潘钟麟。以上六名，均拟请俟补缺后，以知县补用。

开复理问衔前广东顺德县县丞王焱，拟请俟得缺后，以知县用。

选用县丞魏邦勋，拟请赏加六品顶戴。

选用县丞沈鸿仵，指分河南试用县丞刘士元，均拟请赏加五品顶戴。

议叙二班后补用盐大使罗光鼎，拟请以本项应得之缺归入劳绩班遇缺即补。

---

① 此字脱落。

大挑教谕黄楙和，举人就职教谕卢宗烈，拔贡就职教谕郭慎行，优贡考取教职曾宗亮。以上四名，均拟请各以本班不论双单月尽先选用。

选用教谕王金寿，大挑教谕张忠侯、孙阀禧。以上三名，均拟请俟得缺后，以知县不论双单月在任候选。

选用教谕陈儒林，拟请赏加内阁中书衔。

候选训导刘凤翔、郑景奇、吴鸿宾、邹国琛，双月候选训导杨宗浚。以上五名，均拟请仍以本班不论双单月尽先选用。

署正衔台湾新竹县训导施天钧，拟请以府经历县丞不论双单月在任候选。

前先选用训导庄鸿泽，拟请以训导归入劳绩班前先选用。

福建试用巡检梁衮夫，拟请俟补缺后，以县主簿用。

候选从九品曾传赞，拟请以巡检不论双单月尽先选用。

留陕补用从九品叶国钧，拟请以道仓大使仍留原省补用。

候选从九品唐明诰，拟请赏加六品顶戴。

福建试用未入流李兆镛，拟请俟补缺后，以巡检在任候补。

选用未入流韩宝垣，拟请仍以本班尽先前选用。

前先补用县丞福建试用未入流方世杰，拟请赏加六品顶戴。

同知衔杨鹤年，拟请以布经历选用。

同知衔布经历职衔杨际泰，拟请布经历不论双单月选用，仍留同知衔。

理问衔监生余扬名，五品顶戴县丞衔徐敬修，六品军功县丞衔吕启源，县丞衔瞿光焯、王弼、管毓德、吴宗濂。以上七名，均拟请以县丞不论双单月尽先选用。

举人卢尔德祥、余绍赓，均拟请以知县不论双单月遇缺尽先选用。

举人郑虞，拟请以教谕不论双单月前先选用。

举人陈浚芝，拟请赏加五品衔。

拔贡生傅藻文，廪贡生张景录、闻澧，廪生赖万清、林维宜、林家声、洪文光、陈朝龙、潘元杰，六品顶戴廪生郑以典，增生陈锡瓒，从九品衔增生陈上治。以上十二名，均拟请以训导不论双单月尽先前选用。

增生梁朝东、陈绍年、邱龙章。以上三名，均拟请赏加训导衔。

中书科中书衔附贡生胡保联，拟请以府经历县丞不论双单月选用。

附贡生沈锡绶，增生潘镇，附生雷其杰、陈一昌、蔡庆阶、周青藜、吴光祖、雷维澄、陈维青、王邦彦、吴兆栋、邱为舟，五品军功附生陈嘉猷，世袭云骑尉附生胡汝霖，六品顶戴附生陈受益，五品顶戴贡生陈炳奎。以上十六名，均拟请以县丞不论双单月尽先前选用。

附生汪兴锡，拟请以县主簿不论双单月尽先前选用。

国子监典籍衔附生苏朝辅，拟请以国子监典籍选用。

附生方象堃、张纲、万祖荫，贡生高保津，五品顶戴贡生张济川，监生罗绮、吴端、李捷元、赵志立、陈炳升、林佑，俊秀赵广祥，文童沈仁濂、陈仁泰、潘枚、程瞻玉、黄光第、富隆、黄源清、宋廷燮，五品顶戴文童林书钦、汪福昌、高安义、陈国馨、张龙兰、雷毓桓，六品军功文童吴永成、陈琦，从九衔罗赞勋、鲁遂良，五品军功从九衔黄应麟。以上三十一名，均拟请以巡检不论双单月尽先前选用。

监生胥鸣岐、涂步墀、雷德懋、陈义朗，五品顶戴监生钟厚重、胡必达、文童彭守禄、朱曾礼、曾宗洴、汪谦、汪瀚、田福祺、侯国泰、蒋璋、吕昆，五品顶戴文童李联玠、何复胜、邓来仪、陈鸿英，六品军功文童陈经诒、张堃、吕骥、林培煃、雷其藻、黄亮功、聂盛鼎、何容、夏宝鋆，六品顶戴从九衔敖鸿沂，从九衔刘青照、袁继铣、周康寿。以上三十二名，均拟请以从九品不论双单月尽先前选用。

文童杨英麟、陈畴，均拟请以典史不论双单月尽先前选用。

员外郎职衔杨廷翰，同知衔林右藻，均拟请赏加四品顶戴。

五品顶戴监生庄温，拟请赏加同知衔。

理问衔监生吕兆琪，州同衔吕锡荣、刘缉光、高廷琛，中书衔监生周家麟。以上五名，均拟请赏加五品顶戴。

以上一百九十二名，办理各属丈田给单、稽核册案出力，请照寻常劳绩核奖。

（朱批）：览。[①]

## 六一　呈台湾清赋告竣请奖出力武职清单

光绪十六年五月初十日（1890年6月26日）

谨将台湾清赋全功告竣遵旨汇案请奖在事尤为出力员绅，分别劳绩，出具切实考语，敬缮清单，恭呈御览。

谨开：

副将衔留甘尽先补用参将陈同泰，副将衔补用参将萧大纶，均拟请免补参将，以副将留闽尽先补用。

参将衔已革花翎补用副将直隶督标尽先参将武青龙，拟请开复原官、原衔、翎枝。

① 中国第一历史档案馆藏：《清单》，档案编号：03-5266-007.

尽先补用游击刘绍华、杨泗洪，均拟请免补游击，以参将留闽浙尽先补用。

参将衔安徽抚标补用游击李运昌，拟请免补本班，以参将仍留原省原标尽先补用。

已革花翎副将衔两江尽先游击皖南镇标右营都司吴天才，拟请开复原官、原衔、翎枝。

蓝翎守备已保尽先补用都司朱德宏、申维泰，均拟请免补都司，以游击尽先补用。

尽先补用守备徐福轩、郑超英、王廷理、刘朝举、李甫臣，守备靳理香，尽先千总已保尽先补用守备卞友胜，守备用尽先千总已保免补千总尽先补用守备张家德，留闽补用千总已保尽先补用守备吴永宗。以上九名，均拟请免补守备，以都司尽先补用，刘朝举并赏加游击衔。

升用守备福建台协水师营尽先千总毕松林，闽浙尽先补用守备世袭云骑尉萨胪芳，均拟请免补守备，以都司仍留原省原标尽先补用。

已革都司衔蓝翎尽先守备周在位，拟请开复原官、原衔、翎枝。

尽先千总高飞鸿，尽先外委已保尽先补用千总李大元、张春发。以上三名，均拟请免补千总，以守备留闽浙尽先补用。

守备衔留闽尽先补用千总刘嘉辉，拟请免补千总，以守备仍留原省尽先补用。

升用把总已保尽先千总杨国安，五品蓝翎把总已保尽先千总陈坤，均拟请免补千总，以守备尽先补用。

山东尽先千总补缺后以守备用沈百贤，拟请免补千总，以守备尽先补用，并加都司衔。

武举许肇清，拟请以守备用。

尽先把总刘兴隆、汪赓飏、蒋福胜，尽先外委已保尽先补用把总刘广凤、晁燕明，六品军功外委已保蓝翎把总汪人炬。以上六名，均拟请免补把总，以千总尽先补用，汪人炬并赏加守备衔。

福州城守营右军把总江泗，拟请免补把总，以千总仍留原省原标尽先补用。

留闽补用外委已保蓝翎尽先拔补把总黄以潼，拟请免补把总，以千总留闽尽先补用。

台湾道标营右哨二司外委署本营把总周蒋英，台湾下淡水营左哨把总李任馨，均拟请以千总尽先补用。

四品衔五品军功陈景崧，拟请以千总尽先补用。

尽先外委温思恭、张宝林、赵衍广，五品军功尽先外委詹庆祥，五品军功林雯、潘玉昆，五品军功外委黄金魁，六品军功杨芝兰、方本光、桂周如、盛广思。以上十一名，均拟请免补外委，以把总尽先补用。

以上五十一名，分派各属清丈田亩，科算钱粮，核给丈单，绘造图册，尤为出力，遵旨请照异常劳绩核奖。

世袭云骑尉沈文雄，拟请赏加四品衔。

福建台湾嘉义营千总欧阳升，拟请以守备尽先即补。

武生陈上达，拟请以把总尽先补用。

六品军功刘希敏，武童任桂清，均拟请以外委尽先拔补。

以上五名，办理各属丈田给单稽核册案出力，请照寻常劳绩核奖。

（朱批）：览。[1]

---

① 中国第一历史档案馆藏：《清单》，档案编号：03-5870-007.

## 六二　请以黄承乙借补台湾知县缘由折

光绪十六年五月初十日（1890年6月26日）

头品顶戴闽浙总督臣卞宝第、太子少保兵部尚书福建台湾巡抚一等男臣刘铭传跪奏，为拣员借补海外新设首县要缺知县，恭折仰祈圣鉴事。

窃准吏部咨调四项要缺，福建台湾县知县添设，光绪十五年十月初七日奉旨等因。应以奉旨后第五日行文起，扣至十一月二十二日，作为开缺日期，应归十一月分截缺，业于十二月分截缺案内补报咨部在案。所有台湾县知县系新设省会首邑冲、繁、疲、难兼四调要缺，现当建省之初，规画经营，百凡草创伊始，厥赖得人而理。臣等督同司道于闽省现任候补知县及应升班内逐加遴选，非现居要缺，即人地未宜，一时实乏堪调、堪升之员，要缺未便久悬，计惟于别项班内暂行拣员借补。

查有现代台湾县事留闽候补班前先补用通判黄承乙，年四十四岁，浙江余姚县廪贡生，遵筹饷例捐通判，指分江苏试用，并捐免保举，续加捐知府衔，由京领照，于光绪五年九月二十九日到省，试用期满，甄别留省补用。十年，委办营务处，转运台湾饷械在事出力保奏，请归候补班前先补用。十一年正月二十日奉旨：着照所请奖励，该部知道。钦此。委署松江府川沙厅同知，办理上海洋务出力，保俟补缺后，以直隶州仍留原省前先补用，经部议驳。十四年，饬调来台，奏留差遣，委代台湾县知县，十四年十二月十九日任事。旋经奏留福建台湾仍归原班照例补用。十五年四月十七日奉朱批：着照所请，吏部知道。钦此。遵章补缴离省、指省银两。十五年七月二十日，经部给照发领，并由吏部于十五年九月二十日行文知照，饬司注册序补详咨在案。

臣等会查得该员黄承乙，才具开展，办事勤敏，委代斯缺年余以来，励精图治，于建省诸大端事宜经营展布，业已大有规模。若以台湾县系省会首邑，例非正途知县本班不补，致使得力之员不克尽其未竟之才，实不免为地方可惜。即台湾省新设知县虽经臣等前有奏准变通补署章程，该员黄承乙以通判借补知县，核与新章亦有不符。惟该员才识优长，成效已睹，况台湾县系新设初补人员，既人地实在相需，合无奏恳圣慈俯念新设员缺紧要，准以补用通判黄承乙借补台湾县知县，俾资得力，出自特恩！臣等系为地择人起见，如蒙俞允，该员系由候补通判借补知县，并请毋庸送部引见。惟系初任人员，应令试署期满，另请实授，并免核计参罚。据台湾司道会详前来。

臣谨合词具奏。伏乞皇上圣鉴，训示，敕部施行。谨奏。光绪十六年五月初十日。

（朱批）：着照所请，吏部知道。①

光绪十六年六月初七日，奉朱批：着照所请，吏部知道。钦此。②

## 六三　请将参将萧文高等员分别议恤缘由片

光绪十六年五月初十日（1890年6月26日）

再，查清赋积劳在事病故人员，经臣先后奏蒙恩恤在案。兹

① 中国第一历史档案馆藏：《朱批原件》，档案编号：04-01-12-0548-059.
② 中国第一历史档案馆藏：《军机录副》，档案编号：03-5266-005.

查副将衔参将萧文高，参将衔游击柳正瑢，选用道庄祖基，福建补用知府前署台南府知府罗大佑，盐运使衔补用知府本任基隆同知汪兴祎，同知衔留黔补用知县黄显开，福建候补县丞蒋联珠，选用县丞阮炳忠、王道佩，福建试用巡检姜锡庸、方熯，福建试用从九品史悠荣、文盛英，选用从九品沈增熙，两淮试用盐知事沈赓韶，从九品职衔王远昌、许鸿道，廪生李应元，蓝翎千总谭占魁，五品军功高干枝、蔡有璘，六品军功翁廷铨，办理各属丈田给单，先后在事积劳病故。据署台湾布政使沈应奎、台湾道兼按察使衔唐景崧查明详请奏恤前来。

臣覆查无异，合无仰恳天恩，俯准饬部将萧文高等二十二员名分别从优议恤，出自逾格鸿施！谨会同闽浙总督臣卞宝第，附片具奏。伏乞圣鉴，训示。谨奏。

（朱批）：着照所请，该部知道。[①]

光绪十六年六月初七日，奉朱批：着照所请，该部知道。钦此。[②]

## 六四　请将知县吴元韬开复革职处分缘由片

光绪十六年五月初十日（1890 年 6 月 26 日）

再，查前代理凤山县知县提举衔候补通判吴元韬，承办清丈，未能着实，经臣奏参，奉上谕：吴元韬着暂行革职，仍责令随同勘丈，以观后效。该员虚縻经费，勒令赔缴，毋任延欠。该部知道等因。钦此。遵经转行遵照在案。

① 中国第一历史档案馆藏：《朱批原件》，档案编号：04-01-12-0548-061.

② 中国第一历史档案馆藏：《军机录副》，档案编号：03-5870-006.

查凤山县复丈给单，吴元韬随同印委各员亲历各乡，实力办理，业已一律完竣。所有该员前在凤山县任内动用清丈经费银二万三千九百一十五两五钱五分，经臣奏准勒缴一半银一万一千九百五十七两七钱七分五厘，除支抵外，已据陆续措缴银六千九百五十二两七钱二分三厘，由司分别核收清楚，洵属愧奋出力。兹当全台清赋报竣，据署藩司沈应奎、台湾道兼按察使衔唐景崧随案详请开复该员吴元韬原参暂行革职处分，仍准按班序补等情，前来。

臣覆核无异，相应仰恳天恩，俯准将前代理凤山县知县提举衔候补通判吴元韬原参暂行革职处分饬部开复，以示鼓励。谨会同闽浙总督臣卞宝第，恭折具陈。伏乞圣鉴，训示。再，该员吴元韬系本案开复，无庸呈缴捐复银两，合并陈明。谨奏。

（朱批）：着照所请，吏部知道。[①]

光绪十六年六月初七日，奉朱批：着照所请，吏部知道。钦此。[②]

## 六五　奏销全台清丈地亩给单历用经费折

光绪十六年六月初一日（1890 年 7 月 17 日）

太子少保兵部尚书福建台湾巡抚一等男臣刘铭传跪奏，为全台清丈给单历用经费，核实造销，恭折仰祈圣鉴事。

窃臣于光绪十二年奏准全台举办清丈，所有官绅、书役人等薪水、夫马等项悉系垫给，不准索取民间。时阅年余，支销经费

① 中国第一历史档案馆藏：《朱批原件》，档案编号：04-01-35-0099-029.
② 中国第一历史档案馆藏：《军机录副》，档案编号：03-5266-009.

已不下二十万，无款支发。于十三年奏明仿照江苏等省办法，就田酌收丈费。续因十四年各属收成减色，察看粮费并征，民力未逮，复经臣奏请缓收丈费。其已收者，准抵新粮。所需经费并即在于新粮征数内划拨抵用，并声明埔里社、恒春两属丈费业已收竣，未便再作扣抵，应自光绪十五年起接办升科。均经先后奉旨允准钦遵在案。

计自光绪十二年七月间开办起，至十五年十二月底止，各属先办丈量，继办给单，并由总局选派委员，随带书役，分投抽丈，覆核丈单，竣事绘造图册，以为征粮之据。所需经费，虽无成案可循，然皆撙节支用。兹据各厅县造册报销，经臣督同藩司逐一勾稽，复加厘删。计全案共用银三十五万一千二百四十两零，内除埔里社、恒春两属单费银六千九百三两零外，实支用库平银三十四万四千三百三十七两零。委俱实用实销，并无丝毫冒滥。据署台湾布政使沈应奎造册详送前来。

臣覆核无异，相应仰恳天恩，俯准敕部在于光绪十四、十五两年钱粮项下照销，以清款目。除将清册送部查核外，谨会同闽浙总督臣卞宝第，恭折具奏。伏乞皇上圣鉴，敕部核销，施行。再，此案用款均系实用实销，并无核扣减平平余。合并陈明。谨奏。光绪十六年六月初一日。

（朱批）：户部议奏。[①]

光绪十六年七月初五日，奉朱批：户部议奏。钦此。[②]

---

① 中国第一历史档案馆藏：《朱批原件》，档案编号：04-01-35-1002-039.

② 中国第一历史档案馆藏：《军机录副》，档案编号：03-6626-036.

## 六六　奏报十六年春季委署州县各缺情形折

光绪十六年六月初一日（1890 年 7 月 17 日）

头品顶戴闽浙总督臣卞宝第、太子少保兵部尚书福建台湾巡抚一等男臣刘铭传跪奏，为光绪十六年春季分台湾省委署州县员缺，恭折仰祈圣鉴事。

窃案准部咨：钦奉上谕：各省州县无论奏调、委署、代理，着每届三个月汇奏一次。钦此。奉经先后奏报至十五年冬季分止在案。兹查十六年春季分，出有代理台东直隶州知州王维叙患病，一时堪委乏员，先经委令甘肃试用同知高垚暂行代理，遗缺现以补用同知温培华调署；又出署彰化县本任泰宁县知县罗东之俸满奉文调取引见，遗缺请以试用通判张寿基署理；又出署凤山县知县高晋翰调省，遗缺请以试用通判李麟圆署理。又出署恒春县知县吕兆璜撤任，遗缺请以试用通判宋维钊署理；又，前署宜兰县知县沈继曾请咨引见，领照回台，仍委署理宜兰县篆务，均经批准饬遵在案。据署台湾布政使沈应奎汇详前来。

除咨部外，臣等谨恭折具陈。伏乞皇上圣鉴。谨奏。光绪十六年六月初一日。

（朱批）：吏部知道。[①]

光绪十六年七月初五日，奉朱批：吏部知道。钦此。[②]

---

① 中国第一历史档案馆藏：《朱批原件》，档案编号：04-01-12-0548-126.

② 中国第一历史档案馆藏：《军机录副》，档案编号：03-5267-017.

## 六七　奏报十五年台湾官办樟脑收支数目片

光绪十六年六月初一日（1890 年 7 月 17 日）

再，台湾素产樟脑，前因筹办抚番，议请收归官办，以助经费，经臣附片具奏，奉旨允准，并将光绪十二年十一月开办起至十四年十二月止官办樟脑收支数目奏报在案。

兹据台湾善后局司道详：据承办樟脑委员舒体元造报，计自光绪十五年正月起至十二月止，共采熬樟脑九十五万三百三十七斤十二两，售得脑价银八万五千五百三十两三钱九分七厘五毫。除收回垫发成本银七万一千八百四十五两五钱三分三厘九毫，又开支局用各款银四千七十两三钱七分九厘二毫，实盈余银九千六百一十四两四钱八分四厘四毫。查核采熬脑数，上届有赢，一切收支各数亦均符合，应请准予造销，并将盈余银两，汇归台防、善后、抚番案内列收造报，俾昭核实，由局造册详请奏咨前来。

臣覆核无异，除将清册咨送户、工二部核销外，谨附片具奏。伏乞圣鉴，训示。谨奏。

（朱批）：该部议奏。①

光绪十六年七月初五日，奉朱批：该部议奏。钦此。②

## 六八　请将增生陈以鑫等饬部改奖缘由片

光绪十六年六月初一日（1890 年 7 月 17 日）

再，台湾历年剿抚番社并案请奖案内增生陈以鑫、内阁中书

① 中国第一历史档案馆藏：《朱批原件》，档案编号：04-01-36-0121-005.

② 中国第一历史档案馆藏：《军机录副》，档案编号：03-6626-037.

衔增贡生汪凤鸣均请以训导选用，接准部覆，以增生无论何项劳绩，只准保举佐杂，不准保举教职，所请核与定章不符，应令另核奏明请奖等因，即经转行去后。兹据陈以鑫等禀请核改前来。

臣查本案请奖之增生张维翰、滕炳昆二名，经部核准以县丞不论双单月遇缺尽先选用。兹陈以鑫、汪凤鸣并系增生出身，同属抚番出力，拟请均以县丞不论双单月遇缺尽先选用，相应仰恳天恩，俯准饬部核准注册，以示鼓励。谨附片具陈。伏乞圣鉴，训示，施行。谨奏。

（朱批）：吏部议奏。[①]

光绪十六年七月初五日，奉朱批：吏部议奏。钦此。[②]

## 六九　请将知县林凤章开复革职处分缘由片

光绪十六年六月初一日（1890 年 7 月 17 日）

再，查前署宜兰县知县林凤章，先因短欠交代款银七千六百四十二两零，屡催不解。经臣汇案会片奏参，奉到朱批：林凤章着摘去顶戴，勒限追缴等因。钦此。嗣因该员参后延不完缴，复经臣附片会奏，请旨将林凤章革职勒追，钦奉朱批：着照所请，该部知道。钦此。遵经转行钦遵查照，勒限严追完缴去后。

兹据林凤章将参追应行归补县库交款银五千五百三十三两零解完台南府库，又批解司库银二千一百八两零，共解完银七千六百四十二两零，已照数完清，尚知愧忿。据台湾布政使沈应奎会同台湾道兼按察使衔唐景崧详请开复林凤章原参摘顶革职处分

① 中国第一历史档案馆藏：《朱批原件》，档案编号：04-01-12-0548-125.

② 中国第一历史档案馆藏：《军机录副》，档案编号：03-5267-019.

前来。

臣覆核无异，相应仰恳天恩俯准将前署宜兰县事升用同知候补知县林凤章原参摘顶革职处分饬部开复，以资观感。除咨部查照并饬司将续完银两分别照例办理外，谨会同闽浙总督臣卞宝第，附片具陈。伏乞圣鉴，训示。谨奏。

（朱批）：着照所请，吏部知道。[①]

光绪十六年七月初五日，奉朱批：着照所请，吏部知道。钦此。[②]

## 七〇　奏为恳恩开缺调理缘由折

光绪十六年六月初五日（1890年7月21日）

太子少保兵部尚书福建台湾巡抚一等男臣刘铭传跪奏，为微臣假期届满，病势益重，吁恳天恩，俯准开缺调理，以免贻误，恭折仰祈圣鉴事。

窃臣前因手足麻木、耳目俱病，于本年四月二十日奏恳天恩赏假调理。钦奉朱批：着赏假一个月。钦此。钦遵之下，悉心调理，原冀稍为痊愈，即可奏明销假。不料多方医治，手足麻木如故，耳闭日重，右目障翳不退。端节以后，又增咯血之证，衷气喘促，行动为难。医谓瘴湿内侵，关窍阻塞不通，原气亏损，断非一时医治所能奏效。

伏念臣受恩深重，未报涓埃。及今年力未衰，正思殚竭血诚，仰酬高厚。苟能勉力支持，纵不能效古人尽瘁之义，又何敢

① 中国第一历史档案馆藏：《朱批原件》，档案编号：04-01-12-0548-128.

② 中国第一历史档案馆藏：《军机录副》，档案编号：03-5267-018.

存引身乞退之心！无奈积疾已久，心神疲惫，耳既重听，目又不明，辗转筹思，不得不沥陈于君父之前。

微臣到台七年，先后随来旧部文武员弁不下二百人，相继死亡，十不存一。兵勇死者不可胜计，固由地方水土恶劣，亦因海外一隅，医药不便，且臣系由风湿瘴气致病，尤非在任所能调理。自乞假至今，署中公事委令署藩司沈应奎代拆代行。现在新授藩司于荫霖[①]不日到任，沈应奎急须办理交代，无暇代办臣衙门公事。若再恋栈迁延，必致贻误多端，合无仰恳天恩，俯准开去台湾巡抚实缺并帮办海军差使，赏假三个月，内渡就医。微臣年未六十，报效之日方长。如能医治稍痊，耳目不致成废，咯血诸证减退，即行销假，出效驰驱，决不敢希图安逸，自外生成。

所有微臣假期届满，病势益重，恳恩开缺，并开去帮办海军差使，续假内渡就医缘由，谨缮折具陈。伏乞皇上圣鉴，训示。谨奏。光绪十六年六月初五日。

(朱批)：着赏假三个月，毋庸开缺。[②]

光绪十六年六月二十日，奉朱批：着赏假三个月，毋庸开缺。钦此。[③]

---

① 于荫霖（1838—1904），字次棠，吉林伯都讷厅人。咸丰八年（1858），取乡试举人。九年（1859），中式进士，改庶吉士。同治元年（1862），选武英殿协修，同年，授编修。六年（1867），补国史馆协修。九年（1870），升武英殿纂修。十年（1871），充会试同考官。十三年（1874），授国史馆纂修。光绪元年（1875），迁武英殿总纂、实录馆纂修。二年（1876），充武英殿提调、文渊阁校理。六年（1880），补右赞善、左中允。八年（1882），放湖北荆宜施道。十一年（1885），升广东按察使。十二年（1886），迁云南布政使。同年，丁母忧，回籍终制。十六年（1890），补福建台湾布政使。二十一年（1895），调署安徽布政使。二十四年（1898），调补云南布政使。是年，擢湖北巡抚。二十七年（1901），调河南巡抚。二十八年（1902），转湖北巡抚，旋调广西巡抚。同年开缺。三十年（1904），卒。著有《悚斋文集》《悚斋日记》等行世。

② 中国第一历史档案馆藏：《朱批原件》，档案编号：04-01-16-0229-066. 又见《刘壮肃公奏议・出处略》。

③ 中国第一历史档案馆藏：《军机录副》，档案编号：03-5266-082.

## 七一　奏报基隆煤矿归商承办缘由片

光绪十六年六月初五日（1890 年 7 月 21 日）

再，臣承准军机大臣字寄：光绪十五年八月初七日，奉上谕：本日，总理各国事务衙门、户部会奏，议驳刘铭传奏基隆煤矿拟令英商承办一折，已依议行矣。即着按照该衙门所奏，慎选贤员，破除积习，将煤矿各事宜认真核实，妥为经理，总在用人得宜，自可渐收成效。如产煤日绌，亏折太多，亦应酌量情形，另筹办法等因。钦此。跪聆之下，仰见圣谟固密，筹虑精详，莫名钦悚！

臣查基隆煤矿创自官办，积习太深，用委员稍有不当，即捏报支销，用洋人较为着实，又浪开使费。船政并台湾制造局以及各轮船月需煤数千吨，又不能停歇不办。上年十月，将洋人撤退，委派候选知县党凤冈办理，一面仍招商接办。党凤冈破除情面，极力整顿，自本年正月以后渐有起色。商人闻风向慕，先后禀请承办者数起，其意皆重在挪借官本。臣概置不答，现经帮办全台抚垦事务通政司副使臣林维源访招富商候选知府蔡应维、云南候补道冯城勋、职员林元胜等，情愿鸠资三十万元，同官合办，以二十年为限，官一商二，仍缴原矿本银一十二万两，承受矿存新旧械器、物件，以十万元作为官本，其余按月缴煤扣除。矿务一切事宜，由商经理，官不过问，将来无论赢亏，按照成本分三股匀算。据蔡应维等禀立章程前来。

臣详加查核，尚为妥协，当经批准定于七月初一日归商接办。除将所禀章程咨部外，所有基隆煤矿归商承办缘由，理合附片具陈。伏乞圣鉴。谨奏。

（朱批）：户部议奏。[1]

光绪十六年六月二十日，奉朱批：户部议奏。钦此。[2]

## 七二　呈官商合办台湾煤矿议立章程清单

光绪十六年六月初五日（1890年7月21日）

谨将官商合办台湾煤矿议立章程，抄送察鉴。

计开：

一、官商合办台湾煤务，请以二十年为限。目下创办之始，官出公款十万元，商出成本二十万元，共计三十万元，择一公妥之人掌管。以十六万六千六百六十六元合承十二万两，承买从前官办之新旧机器、车路、房屋以及煤务应需一切大小零星物件；其余十三万三千三百三十三元，作为新开暖暖地方官井并添置机器、房屋及雇倩人工各项费用。自开办以至限满，凡有煤务中用人、理财以及一切大小事宜，统由包商一手经理，官中免予过问，俾得事权归一，是为第一要务。

一、官出公款十万元，应由包商呈具收领股票一张，缴官存案。以后每月应将出入总数立报单四张，一张缴官，三张分交三大股东；每至一年，应将煤务出入总数造具四柱简明清册，一本呈官存查，另三本缴三大股东查核。或赢或绌，均以官一商二匀摊。

一、商缴承买从前机器以及煤务所用一切物件共银十二万

① 中国第一历史档案馆藏：《朱批原件》，档案编号：04-01-36-0107-030.

② 中国第一历史档案馆藏：《军机录副》，档案编号：03-9428-061.

两，收讫之后，应请由官给予收条一纸，以昭凭信。

一、北斗新旧煤井出煤甚少，不久且将告竭。包办以后，先就暖暖一处拟开新井；如出煤不敷售卖，应准再开别处。若所开煤井系属民地，请官秉公酌定地租，不使居奇，以顾大局。

一、现在拟开暖暖煤井，请于附近之处准予择地建设煤栈；如有需及民地，应请由官酌断地租，无任居奇，俾免掣肘。倘有再开别井，亦应仿照此条办理。

一、拟于基隆一带港岸择地开建码头，约水深二十尺，使数万石洋轮可以傍岸接运，以免盘驳。此项工程量估应需经费若干，煤务应出一半，铁路总局应出一半；建完后，公同合用。

一、拟开暖暖煤井，如有应需运煤小铁车路接入大车路，经维等请官饬办者，随时再行议贴路价。

一、拟包办以后所出煤炭，概不过筛发售，止总煤一装；官中每月应需一千顿，每顿按定中价三元，永远不得加减。按月煤交价发，准免积欠。

一、请给发“台湾煤矿总局”木质关防一颗，以昭信守而杜弊混。

一、开掘煤井，工程浩大，倘遇开出五金及煤油等项别矿，应由包商报明勘验，仍由原包商设法开办。如需本银，仍照官一商二章程，或赢或绌，亦均照算。此乃意外之事，万一有之，应请免提归官，并免招别商承办，以全体面而顾资本。

一、凡台湾产煤之地，在维等包限二十年之内，应请不准别商另行包开，以免两败。

一、民洞私开，除附近有碍新旧煤井者请官禁止外，其余悉照现在官办章程办理。如官井出煤不敷急用，或向民洞采买，其价即照从前官办所给民煤数目发给。

一、商人承办官事，身家所系，各具天良；且任事耳目众多，决无丝毫苟且。况成本官一商二，得失非轻，自无不竭力尽心，以图长久。倘有忌妒挟嫌，造谣谤惑，官中免予轻听，庶使实心办事之人不避嫌怨。设或必难邀信，准将现年账簿核算，官本应存若干提还官款，其煤务仍准原商另行添本，办至限满，以顾商本。

一、包办此项煤矿，虽不敢料定得利，亦愿免致亏折。但事难逆料，万一始终赔累，势难久长，不论办至何年，均准退办。所有机器各件，如能卖与华人更好，否则，官商各按股本匀摊。

兹将承办煤务总局章程送览。

一、拟承办煤务合约，准以二十年为满；如到限期，再行酌议。

一、拟股本银计三十万元，分作三千股，每份派股本银一百元，七二平兑足。

一、股本三十万元，除缴还承买机器等项官款外，尚余之款，酌留若干，交与管理银钱之人，以应局中日费。余则寄存在地银行，如遇要需，即由总、会办给发银单，随时支取，交与管理银钱之人收存使用。以后局中收回煤价数满万元，亦应照此办理。

一、拟股内人选举综理煤务总办一位、会办一位。

一、拟雇用洋人总管矿务工程一位、矿师一位、管车两名。

一、所请木质关防一颗，专交总办掌存；总办公出，即交会办掌存。凡遇有公事启用，方准盖行，以昭慎重。

一、拟局内遇有公文事件以及支银各票等项，必经总、会办亲笔签名，方能准行，以期专责。

一、拟局内所有司事人等，如有废误公事，立行革退，不得循情。

一、拟股内各股东皆系华人，如属洋人，不能滥搀入股。其股票须载明姓氏，以凭给发股分字据，并将条款声明字内，以杜混杂。

一、拟局内以每年清结数目一次，计应得利银元若干，造册周行报知。

一、拟所有得利银两，分作三千三百股均派。余三百股之额，乃系拨归始创及办事人等作为酬劳。总视出力劳绩重轻，按分均派，以昭激励。

一、拟局内凡有要紧公事，必须通知就地股东齐集商议，方得举行。

一、拟官利按至第三年开派，以一、二、三年利息每月一分照算。其余嗣后每年开派利息一次，均派之日，必须预早一月行字周知，以便携折到支。

一、拟至第五、六年办有成效，派回股本；俟股本交完而后，每年官利仍按十分均派。

一、拟各股票份倘有不合意欲行转卖他人者，必须报局挂号换名，以免枝梧临时不符。

兹将现下八斗煤井计用司事按月薪金，开列送览。

一、拟总办每月薪水一百元，津贴公费每年一千元。

一、拟会办每月薪水一百元。

一、拟洋总管工程一人，每月薪水二百五十元。

一、拟正办矿师洋人一名，一百八十两。

一、拟副办矿师华人一名，八十元。

一、拟提调兼招商事宜一名，每月薪水八十元。

一、拟文案一名，三十两。

一、拟正副书启二名，二十五两。

一、拟管银管数二名，三十五两。

一、拟管外帐二名，二十五两（另每名伙食三两）。

一、拟巡查井面二名，二十五两（另每名伙食三两）。

一、拟管收发料件二名，二十五两（另每名伙食三两）。

一、拟八斗收发煤斤二名，二十二两（另每名伙食三两）。

一、拟基隆收发四名，五十两（另每名伙食三两）。

一、拟矿面巡工收签日夜六名，四十八两（另每名伙食三两）。

一、拟洋磅手一名，一十两。

一、拟矿内巡工二井日夜六名，四十五两。

一、拟机器大二车二名，九十两。

一、拟司机器日夜九名，八十五两。

一、拟升火日夜六名，三十六两。

一、拟铁匠三名，七十两。

一、拟木匠月工二名，四十三两（另有工程用散工不在内，散工每日每工三角三占）。

一、拟更夫、局丁、杂差二十二名，九十五两。[1]

---

① 中国第一历史档案馆藏：《清单》，档案编号：03-9428-068. 又见《清季台湾洋务史料》。

# 刘铭传文献汇笺

下

杜宏春　辑笺

黄山书社

国家出版基金项目
NATIONAL PUBLICATION FOUNDATION

国家出版基金项目

2011—2020年国家古籍整理出版规划项目

国家社科基金项目『刘铭传文献汇集、整理与研究』之研究成果

## 七三　奏报沪尾、打狗二口一百十六结收支洋税折

光绪十六年七月十二日（1890 年 8 月 26 日）

太子少保兵部尚书福建台湾巡抚兼管海关一等男臣刘铭传跪奏，为台湾沪尾、打狗二口征收洋税，照章按结奏报，谨将第一百十六结期内收支数目分晰缮具清单，恭折奏祈圣鉴事。

窃照各海关征收洋税，案经总理各国事务衙门会同户部奏定章程，改题为奏，停用亲填等簿，行令各关将收支数目按结奏报一次，扣足四结，专折奏销，毋庸按照关期题销，以清界划等因。查沪尾、打狗二口海关税务自光绪十三年八月十五日第一百九结起改由臣就近监督，所有收支洋税各数目，业经遵照新章分别奏咨至第一百十五结止在案。

兹自光绪十五年六月初四日起至九月初六日届满第一百十六结期内，该二口收支各项洋税银两，应遵新章按结奏报。其循案支销各项经费，计自第一百十三结起，扣至本结，业已四结届满，容另造册奏销，以符定案。

除将本结收支数目循案分咨查照外，谨会同福州将军臣希元、闽浙总督臣卞宝第，恭折具奏，并缮清单，恭呈御览。伏乞皇上圣鉴。谨奏。光绪十六年七月十二日。

（朱批）：该衙门知道，单并发。[1]

光绪十六年八月十四日，奉朱批：该衙门知道，单并发。钦此。[2]

---

① 中国第一历史档案馆藏：《朱批原件》，档案编号：04-01-35-0404-033.

② 中国第一历史档案馆藏：《军机录副》，档案编号：03-6373-067.

## 七四　呈沪尾、打狗二口一百十六结洋税收支清单

光绪十六年七月十二日（1890 年 8 月 26 日）

谨将台湾沪尾、打狗二口第一百十六结期内，除洋药税银另行归入并征洋药税厘案内造报外，所有征收各项洋税银两遵照新章按结奏报，并将收支各数目理合敬缮清单，恭呈御览。

谨开：

旧管：无项。

前件查沪尾、打狗二口关税案，经前台湾海防大臣沈葆桢奏准尽数截留，充作台防经费。所有每结征收税银业已尽数解交台湾善后局、台湾道库兑收拨用。理合陈明。

新收：光绪十五年六月初四日起至九月初六日届满，第一百十六结期内，沪尾口共征洋税银一十四万一千四百九十五两六钱六分二厘，洋船吨钞银一百四十六两，土货复进口半税银八百八十二两四钱九分七厘，子口半税银无项。

打狗口共征洋税银九千四百七十六两四钱六分八厘，洋船吨钞银四百九十两五钱，土货复进口半税银一百五十一两八钱九分九厘，子口半税银一十八两。

以上沪尾、打狗二口共征税钞银一十五万二千六百六十一两二分六厘。

开除：一、提解总理各国事务衙门及拨给税务司吨钞共银六百三十六两五钱。此项吨钞内应提解总理各国事务衙门三成银两外，其余七成吨钞银四百四十五两五钱五分，已由该二口照案给交税务司收领，以为建造塔表、望楼之用。理合陈明。

一、支给沪尾、打狗二口税务司辛俸三个月共银一万五千两。此项辛俸每三个月原给银一万二千两，续准总理各国事务衙门暨户部咨行，自一百十一结起改发前数。理合陈明。

以上共开除银一万五千六百三十六两五钱。

实在：存税银一十三万七千二十四两五钱二分六厘，已据该二口禀报内除循案支销经费外，所余银两均已照案移解台湾善后局及台湾道库兑收，充作台防经费。至本结该二口共征洋药正税银三万五千二百七十六两二分六厘，另行归入并征洋药税厘案内造报。合并陈明。

（朱批）：览。[1]

## 七五　奏报沪尾、打狗二口一百十六结征收洋税折

光绪十六年七月十二日（1890 年 8 月 26 日）

太子少保兵部尚书福建台湾巡抚兼管海关一等男臣刘铭传跪奏，为台湾洋药税厘归关并征，谨将沪尾、打狗两口第一百十六结期内征收数目，缮具清单，恭折奏报，仰祈圣鉴事。

窃查台湾洋药税厘归关并征，自应按照洋税收支章程，分晰正税、厘金两项银数，随同结期，按三个月奏报一次，扣足四结，专折奏销，以符洋税定案。臣接管台湾关务，所有沪尾、打狗两口征过洋药税厘银数，业经奏报至第一百十五结止在案。

兹查光绪十五年六月初四日起至九月初六日止届满第一百十六结期内，沪尾、打狗两口征收洋药税厘银两，仍应按结奏报，俾清界划。

① 中国第一历史档案馆藏：《清单》，档案编号：03-6373-068.

除将本结征收数目循案分咨总理各国事务衙门、户部、通商大臣查照外，谨会同福州将军臣希元、闽浙总督臣卞宝第，恭折奏报，并缮具清单，恭呈御览。伏乞皇上圣鉴。谨奏。光绪十六年七月十二日。

（朱批）：该衙门知道，单并发。[1]

光绪十六年八月十四日，奉朱批：该衙门知道，单并发。钦此。[2]

## 七六　呈沪尾、打狗二口一百十六结洋税征收银数清单

光绪十六年七月十二日（1890 年 8 月 26 日）

谨将台湾沪尾、打狗二口第一百十六结期内并征洋药税厘所有征过银数，理合缮具清单，恭呈御览。

谨开：

旧管：存前两届一年期满洋药厘金赢余银六万七千五百三十七两二钱七分五厘。

前件查沪尾、打狗二口第一百九结期内征收洋药厘金，遵照部文除补足一百八结以前划留本省不敷银两外，计余银二千一百三十两二钱二分五厘，又前届第一百十结起至第一百十三结止，扣足四结一年期满赢余银六万五千四百七两五分，二共银六万七千五百三十七两二钱七分五厘，另款存储，听候拨用。续因闽海关应还闽省洋款第十期本银，经户部奏准在于沪、打二口征存药厘项下凑拨，业经尽数划拨咨明户部在案。至第一百十四结起所

① 中国第一历史档案馆藏：《朱批原件》，档案编号：04-01-35-0404-035.

② 中国第一历史档案馆藏：《军机录副》，档案编号：03-6373-064.

征前项银两，除照案留充防费外，请俟一百十七结一年期满，统计赢余若干，造报候拨。理合陈明。

新收：光绪十五年六月初四日起至九月初六日止，届满第一百十六结期内，沪尾口征洋药税银一万五千一百二十二两二分六厘，又征洋药厘银四万三百二十五两四钱，二共征税厘银五万五千四百四十七两四钱二分六厘。

打狗口征洋药税银二万一百五十四两，又征洋药厘银五万三千七百四十四两，二共征税厘银七万三千八百九十八两。

以上沪尾、打狗二口共征洋药税厘银一十二万九千三百四十五两四钱二分六厘。

开除：一、支给沪尾、打狗二口税务司经费三个月共银三千两。此项银两系准总理各国事务衙门暨户部咨行，自一百十一结起由厘金项下拨给。理合陈明。

实在：存本结洋药税厘银一十二万六千三百四十五两四钱二分六厘，内洋药税厘银三万五千二百七十六两二分六厘，洋药厘银九万一千六十九两四钱，已由该二口委员分别正税、厘银，就近分交台湾善后局及台湾道库兑收，归入台防经费拨用。至征收洋药厘银，前准户部咨行，令将划留本省银两分为四结，提支台湾每年划留银二十九万七千一百六十两，本结征银九万四千六十九两四钱。除支给税务司经费外，实存银九万一千六十九两四钱，应提银七万四千二百九十两，尚剩银一万六千七百七十九两四钱，应请俟至一百十七结扣足四结，作为一年期满，统计赢余若干，再行报部候拨。所有本结税厘除税银尽数留充防费厘银留支以外，余银另行统算报拨。理合陈明。

（朱批）：览。[①]

## 七七 奏报沪尾、打狗二口一百十六结提解船钞片

光绪十六年七月十二日（1890年8月26日）

再，台湾沪尾、打狗二口按结应解总理各国事务衙门三成船钞银两，截至一百十五结止，均已按数解收在案。兹自光绪十五年六月初四日起至九月初六日止第一百十六结期内，沪尾口征收船钞银一百四十六两，应解三成银四十三两八钱；打狗口征收船钞银四百九十两五钱，应解三成银一百四十七两一钱五分。核计该二口第一百十六结期内共征船钞银六百三十六两五钱，共应提解三成银一百九十两九钱五分。兹将前银按数兑足，填具文批，由台援案发交协和信号商承领汇解，前赴总理各国事务衙门投纳。

除咨明外，理合附片奏报。伏乞圣鉴。谨奏。

（朱批）：该衙门知道。[②]

光绪十六年八月十四日，奉朱批：该衙门知道。钦此。[③]

## 七八 奏销上年采煮运售硫磺及局用各款片

光绪十六年七月十二日（1890年8月26日）

再，台湾素产硫磺，先据绅士林维源、林朝栋等议请由官采

① 中国第一历史档案馆藏：《清单》，档案编号：03-6373-065.
② 中国第一历史档案馆藏：《朱批原件》，档案编号：04-01-35-0404-034.
③ 中国第一历史档案馆藏：《军机录副》，档案编号：03-6373-066.

煮销售，并准商运出口，以畅销路。经臣附片具奏，奉旨允准，并委员分别设厂，采煮运售。业将光绪十二年十一月开办起至十四年底止采煮销售及局用各款由局造册详送，经臣奏咨在案。

兹据台湾善后局司道详称：据委员舒体元将前册流存净次硫磺二十五万零四百零九斤，计成本银二千三百四十三两八钱二分二厘二毫；又光绪十五年正月起至十二月底止，共采煮净次磺四十一万五千六百斤，成本银三千八百九十两一分六厘。计管、收共得磺六十六万六千零九斤，内除运往江宁官用折耗磺四千九百三十三斤十二两外，售出净次硫磺四十万七千六十六斤四两，计得磺价银八千八百三十两六钱五分七厘五毫，内除拨运成本银三千八百五十六两三钱二分，又开支局用各款银一千七百五两六钱四分一厘外，实盈余银三千二百六十八两六钱九分六厘五毫，汇解台防、善后、抚番案内列收造报。尚存净次硫磺二十五万四千零九斤，计成本银二千三百七十七两五钱二分四厘二毫。查核收支各款，尚属相符，应请准予造销。由局造册，详请奏咨前来。

臣覆核无异，除将清册分送户、工二部核销外，谨附片具陈。伏乞圣鉴，训示。谨奏。

（朱批）：该部议奏。[①]

光绪十六年八月十四日，奉朱批：该部议奏。钦此。[②]

## 七九　奏报光绪十六年夏季委署员缺情形折

光绪十六年七月十八日（1890年9月1日）

头品顶戴闽浙总督臣卞宝第、太子少保兵部尚书福建台湾巡

① 中国第一历史档案馆藏：《朱批原件》，档案编号：04-01-35-1003-006.

② 中国第一历史档案馆藏：《军机录副》，档案编号：03-9428-069.

抚一等男臣刘铭传跪奏，为光绪十六年夏季分台湾省委署知县员缺，恭折仰祈圣鉴事。

窃案准部咨：钦奉上谕：各省州县无论奏调、委署、代理，着每届三个月汇奏一次。钦此。奉经先后奏报至十六年春季分止在案。兹查十六年夏季分，出有署新竹县知县张廷榦病故，遗缺由司请以台北府经历沈茂荫代理，业经批准饬遵在案。据署台湾布政使沈应奎具详前来。

除咨部外，臣等谨恭折具陈。伏乞皇上圣鉴。谨奏。光绪十六年七月十八日。

（朱批）：吏部知道。[1]

光绪十六年八月十四日，奉朱批：吏部知道。钦此。[2]

## 八〇　奏报各属光绪十六年二麦收成分数折

光绪十六年七月十八日（1890 年 9 月 1 日）

太子少保兵部尚书福建台湾巡抚一等男臣刘铭传跪奏，为台湾各属光绪十六年分二麦收成分数，恭折具陈，仰祈圣鉴事。

窃台湾省各属二麦收成分数，已报至光绪十五年在案。兹查十六年分大、小二麦，据各县先后开报分数，由藩司沈应奎汇核造册详送，并声明埔里社厅、苗栗县、澎湖厅、凤山县、恒春县、基隆厅均无栽种二麦等情，前来。

臣覆加查核，收成七分有余者，台北府属之新竹一县。收成六分有余者，台湾府属之台湾、彰化、云林，台南府属之嘉义，

① 中国第一历史档案馆藏：《朱批原件》，档案编号：04-01-12-0548-018.

② 中国第一历史档案馆藏：《军机录副》，档案编号：03-5268-029.

台北府属之淡水等五县。收成六分者，台南府属之安平、台北府属之宜兰等二县。三府合计，通共收成六分有余。

所有台湾省各属光绪十六年分二麦收成分数，臣谨恭折奏报。伏乞皇上圣鉴。谨奏。光绪十六年七月十八日。

（朱批）：知道了。[①]

光绪十六年八月十四日，奉朱批：知道了。钦此。[②]

## 八一　奏报驻防兵勇薪粮等项照章支领片

光绪十六年七月十八日（1890年9月1日）

再，据善后总局署台湾布政使沈应奎详称：窃查恒春县前滨大海，后界内山，先经署恒春营游击谭炳南禀准在存营额兵内挑选一百一十名，分为什长亲护正兵，另募伙夫十名，并派正副哨弁二员，计一百二十三员名，合为一哨，于光绪十四年四月初一日成军训练。嗣因埤南吕家望社番滋事，该邑壤地相接，兵力单薄，复经添练一哨，于七月初四日续挑成军，分编左右两哨，共计官弁兵夫二百四十五员名，驻防恒春一带地方。应支薪粮、公费等项，悉照各营练兵章程，核实支给。

又，原募楚军镇海前军左营弁勇在台年久，疲弱不堪，裁撤遣散，奉派候选同知李显谋于光绪十四年正月二十一日在淮北开募，至二月十一日募齐勇丁四百九十六名、长夫一百名，另选正副哨弁八员，即日管带起程，乘轮由台北、沪尾登岸，于三月初九日点验成军，编为淮军炮队营，驻扎淡水、昆仑岭一带地方巡

① 中国第一历史档案馆藏：《朱批原件》，档案编号：04-01-23-0207-018.

② 中国第一历史档案馆藏：《军机录副》，档案编号：03-6721-029.

防。应支薪粮、公费等项，悉照淮军章程支领。业经按季汇册造报，并专案造册，详请咨部立案，各在案。兹复奉准户部咨覆，应照章补行奏明等因，理合详请奏明立案前来。

臣覆查无异，除咨部外，谨附片具陈。伏乞圣鉴。谨奏。

（朱批）：该部知道。[①]

光绪十六八月十四日，奉朱批：该部知道。钦此。[②]

【案】此奏片之具奏日期，原件目录署“光绪十六年七月十二日”，查录副下落不明。查《军机处随手登记档》[③]朱批卞宝第、刘铭传折栏，即含此片，且署有“报四百里，七月十八日发”等字样。据此，此奏片之具奏日期当为“光绪十六年七月十八日”无疑。兹据校正。

## 八二　具陈十六年春季各属就地正法人犯片

光绪十六年七月十八日（1890年9月1日）

再，台湾省各属就地正法人犯，业经附片奏报至光绪十五年冬季分止在案。兹十六年春季分查有台湾府属彰化县、台南府属凤山、嘉义二县并防营先后报获匪犯薛欲、黄运郎、洪威生、黄水、陈知高、陈金能、张登传七名，均系抢劫得赃以及私贩洋枪被获挟恨、杀毙勇丁、情罪重大之犯，未便稽诛，审明后禀经臣核饬就地正法，以昭炯戒在案。兹据台湾道兼按察使衔唐景崧汇详请奏前来。

除将各犯籍贯、罪由开单咨部外，谨会同兼管福建巡抚

① 中国第一历史档案馆藏：《朱批原件》，档案编号：04-01-16-0229-132.

② 此奉旨日期与内容，据《军机处随手登记档》（档案编号：03-1265-2-1216-241）校补。

③ 中国第一历史档案馆藏：《军机处随手登记档》，档案编号：03-0265-2-1216-241.

事闽浙总督臣卞宝第，附片具陈。伏乞圣鉴。谨奏。

（朱批）：刑部知道。[①]

光绪十六年八月十四日，奉朱批：刑部知道。钦此。[②]

【案】此奏片之具奏日期，原件目录仅署“光绪十六年”，而录副则署“八月初九日”，似均未确。据朱批日期“光绪十六年八月十四日”，查《军机处随手登记档》[③] 朱批卞宝第、刘铭传折栏，则署有“报四百里，七月十八日发”等字样。据此，此奏片之具奏日期当为“光绪十六年七月十八日”无疑。兹据校正。

## 八三　请将补用知县王庭珠等另核改奖片

光绪十六年七月十八日（1890 年 9 月 1 日）

再，台湾基、沪获胜转运饷械出力案内附生王庭珠、县丞衔李宗琎，均请以县丞分省补用。准部议覆，以该员等所请分省核与定章不符，应将王庭珠、李宗琎均以县丞归部选用。光绪十一年十二月二十五日，奉旨：依议。钦此。遵经转行去后。

兹据该员王庭珠、李宗琎禀称，该员等先于创办沿江沿海各省电线出力案内，经北洋大臣李鸿章奏保，以县丞不论双单月选用。光绪十一年八月二十七日，奉旨：着照所请。钦此。并经吏部核准。兹蒙行知以县丞归部选用，系属重复，并声明王庭珠续于光绪十五年四月在天津遵郑工例报捐分发江西，李宗琎续于光绪十二年十二月遵例在广东海防捐局报捐分发江苏，并于朝鲜通

① 中国第一历史档案馆藏：《朱批原件》，档案编号：04-01-01-0961-017.

② 中国第一历史档案馆藏：《军机录副》，档案编号：03-7358-012.

③ 中国第一历史档案馆藏：《军机处随手登记档》，档案编号：03-0265-2-1216-241.

商出力案内经北洋大臣李鸿章奏保，均以知县仍留原省，归候补班补用。奉部核准，于光绪十六年三月十一日奉旨：依议。钦此。钦遵行知在案。禀请声明改奖前来。

臣查保案重复，例得奏请改奖。王庭珠等于光绪十年台湾军务紧急之时，转运接济，不无微劳足录，未便以重复舛错致令向隅，合无仰恳天恩，准将江西补用知县王庭珠、江苏补用知县李宗琎，均俟补缺后，以直隶州知州补用，以示激励，出自逾格鸿施！

除将该二员履历咨部外，谨附片具陈。伏乞圣鉴，训示。谨奏。

光绪十六年八月十四日，奉朱批：吏部议奏。钦此。[1]

【案】此奏片之具奏日期，原件查无下落，录副以朱批日期为之，未确。兹据朱批日期“光绪十六年八月十四日”，查《军机处随手登记档》[2]朱批下宝第、刘铭传折栏，则署有“报四百里，七月十八日发”等字样。据此，此奏片之具奏日期当为“光绪十六年七月十八日”无疑。兹据校正。

## 八四　奏报各属十六年春季雨水粮价情形折

光绪十六年八月初一日（1890年9月14日）

太子少保兵部尚书福建台湾巡抚一等男臣刘铭传跪奏，为恭报台湾省各属光绪十六年春季分晴雨、粮价情形，仰祈圣鉴事。

窃台湾各属晴雨、粮价，业经照章按季奏报至光绪十五年冬

① 中国第一历史档案馆藏：《军机录副》，档案编号：03-5268-030.

② 中国第一历史档案馆藏：《军机处随手登记档》，档案编号：03-0265-2-1216-241.

季分止在案。兹届十六年春季分汇办之期，查台湾府城十六年正月分得雨八次，二月分得雨九次，闰二月分得雨八次，三月分得雨七次。台南府城正、二、闰二等月分均得雨二次，三月分得雨五次。台北府城正月分得雨四次，二月分得雨八次，闰二月分得雨七次，三月分得雨六次。此外，各厅县禀报晴雨情形大略相同。所有米粮价值，据台湾藩司沈应奎开册详送前来。

臣覆加查核，台湾府属十六年正月上、中、下米较上年十二月分有增，二月、闰二月上、中、下米均与正月分同，三月上、中、下米较闰二月略增。台南府属正、二、闰二、三等月上、中、下米均与十二月分同。台北府属正月上、中、下米较十二月分稍增，二月上、中、下米与正月分同，闰二月中、下米较二月分略增，其上米与二月分同；三月上、中、下米较闰二月分有增。

臣谨恭折具陈，并缮清单，恭呈御览。伏乞皇上圣鉴。谨奏。光绪十六年八月初一日。

（朱批）：知道了。[①]

光绪十六年八月二十九日，奉朱批：知道了。钦此。[②]

## 八五　呈台湾各属本年春季分粮价清单

光绪十六年八月初一日（1890年9月14日）

谨将台湾省各属光绪十六年春季分米粮价值，缮具列表，恭呈御览。

---

① 中国第一历史档案馆藏：《朱批原件》，档案编号：04-01-25-038-1762.

② 中国第一历史档案馆藏：《军机录副》，档案编号：03-6894-045.

谨开：

台湾府属：光绪十六年正月分，上米每仓石价银一两二钱至二两四钱，比十二月分增六钱；中米每仓石价银一两一钱至二两三钱，比十二月分增五钱五分；下米每仓石价银一两至二两二钱，比十二月分增五钱五分。

光绪十六年二月分，上米每仓石价银一两二钱至二两四钱，与正月分同；中米每仓石价银一两一钱至二两二钱，与正月分同；下米每仓石价银一两至二两二钱，与正月分同。

光绪十六年闰二月分，上米每仓石价银一两二钱至二两四钱，与二月分同；中米每仓石价银一两一钱至二两二钱，与二月分同；下米每仓石价银一两至二两二钱，与二月分同。

光绪十六年三月分，上米每仓石价银一两二钱至二两四钱五分，比闰二月分增五分；中米每仓石价银一两一钱至二两三钱五分，比闰二月分增五分；下米每仓石价银一两至二两二钱五分，比闰二月分增五分。

台南府属：光绪十六年正月分，上米每仓石价银一两五钱至二两七钱，与十二月分同；中米每仓石价银一两四钱至二两五钱，与十二月分同；下米每仓石价银一两三钱至二两三钱，与十二月分同。

光绪十六年二月分，上米每仓石价银一两六钱至二两七钱，与正月分同；中米每仓石价银一两五钱至二两五钱，与正月分同；下米每仓石价银一两四钱至二两三钱，与正月分同。

光绪十六年闰二月分，上米每仓石价银一两七钱至二两七钱，与二月分同；中米每仓石价银一两六钱至二两五钱，与二月分同；下米每仓石价银一两五钱至二两三钱，与二月分同。

光绪十六年三月分，上米每仓石价银一两七钱至二两七钱，与闰二月分同；中米每仓石价银一两六钱至二两五钱，与闰二月分同；下米每仓石价银一两五钱至二两三钱，与闰二月分同。

台北府属：光绪十六年正月分，上米每仓石价银二两一钱至二两五钱，比十二月分增一钱；中米每仓石价银二两至二两三钱，比十二月分增一钱；下米每仓石价银一两九钱至二两二钱，比十二月分增一钱。

光绪十六年二月分，上米每仓石价银二两一钱至二两五钱，与正月分同；中米每仓石价银二两至二两三钱，与正月分同；下米每仓石价银一两九钱至二两二钱，与正月分同。

光绪十六年闰二月分，上米每仓石价银二两三钱至二两五钱，与二月分同；中米每仓石价银二两二钱至二两四钱，比二月分增一钱；下米每仓石价银二两一钱至二两三钱，比二月分增一钱。

光绪十六年三月分，上米每仓石价银二两三钱至三两一钱，比闰二月分增六钱；中米每仓石价银二两二钱至三两，比闰二月分增六钱；下米每仓石价银二两一钱至二两九钱，比闰二月分增六钱。

（朱批）：览。[①]

## 八六 奏报本年台湾各属遭风被水情形折

光绪十六年八月初一日（1890 年 9 月 14 日）

太子少保兵部尚书福建台湾巡抚一等男臣刘铭传跪奏，为台

① 中国第一历史档案馆藏：《清单》，档案编号：03-6894-046.

湾各属遭风被水情形，恭折驰陈，仰祈圣鉴事。

窃台北府城本年六月初一日辰刻，骤遭台风大雨，势甚狂猛，直致本日亥刻，始渐止息，城内衙署、民房均有损坏、倒塌。此外所属之基隆、淡水、新竹各厅县并划分台湾府属之苗栗县均于初一日同时遭风被雨，台湾府属之台湾、彰化、云林各县于初六日同时遭风，台南府属之安平、凤山、嘉义、恒春各县直达台东州于初五日同时遭风。此次台风遍起，兼以大雨倾盆，有至五六日始息者，以致内山山水陡发，奔流横溢，近山各县低洼处所骤高至丈余，沙石随水滚流，积压田园甚多，间有村舍被冲成溪，伤失人口。所幸早稻业已登场，晚禾尚未下种，积水旋即消退，不致成灾。饬据各属查禀，经臣批令将遭风雨倒塌民房与被冲村舍、淹毙人民分别妥为抚恤，并将情形最重之台湾、恒春二县分别筹款赈抚，毋任失所，各在案。据台湾布政使沈应奎、台湾道兼按察使衔唐景崧会详请奏前来。

除仍批饬各属将水冲沙压田园督率农佃赶紧设法挑复，其有实难垦复者确查禀候委员会勘办理外，所有台湾各属遭风被水情形，谨会同闽浙总督臣卞宝第，恭折驰奏。伏乞皇上圣鉴。谨奏。光绪十六年八月初一日。

（朱批）：着即查勘赈抚，毋任灾黎失所。[①]

光绪十六年八月二十九日，奉朱批：着即查勘赈抚，毋任灾黎失所。钦此。[②]

---

① 中国第一历史档案馆藏：《朱批原件》，档案编号：04-01-05-0296-022.

② 中国第一历史档案馆藏：《军机录副》，档案编号：03-7104-028.

## 八七　奏请新授藩司沈应奎暂缓陛见缘由片

光绪十六年八月初一日（1890 年 9 月 14 日）

再，准吏部咨：光绪十六年六月二十日奉上谕：福建台湾布政使着沈应奎补授。钦此。臣查沈应奎先经臣奏委署理台湾布政使，兹蒙恩旨补授斯缺，理应入都陛见。惟臣因病请假，前经奏明将臣衙门日行公事委令沈应奎代拆代行在案。现臣病尚未痊，沈应奎代办臣衙门事件，资深臂助，未便遽易生手。合无仰恳天恩俯准沈应奎暂缓陛见，俟臣病痊销假，再行请旨北上，出自逾格鸿施！谨附片具陈。伏乞圣鉴，训示。谨奏。

（朱批）：着照所请。①

光绪十六年八月二十九日，奉朱批：着照所请。钦此。②

【案】此奏片之具奏日期，原件、录副目录均署为“光绪十六年八月二十九日”，即朱批日期，似未确。据朱批日期查《军机处随手登记档》③朱批刘铭传折栏，则署有“报四百里，八月初一日发”等字样。据此，此片具奏日期当为“光绪十六年八月初一日”无疑。兹据校正。

## 八八　请将参将王化祥等员从优议恤片

光绪十六年八月初一日（1890 年 9 月 14 日）

再，台湾自光绪十五年八月以前所有积劳病故员弁，经臣随

① 中国第一历史档案馆藏：《朱批原件》，档案编号：04-01-12-0548-034.

② 中国第一历史档案馆藏：《军机录副》，档案编号：03-5268-092.

③ 中国第一历史档案馆藏：《军机处随手登记档》，档案编号：03-0265-2-1216-256.

时奏奉恩恤在案。查自十五年九月以后，据各营陆续禀报：参将王化祥，已保副将衔参将刘禹卿，参将衔游击卢开玉，游击吴乃成，已保游击贺福来，游击衔都司张振荣，已保游击衔都司强应南，守备刘东山、卞文华、陈永龙，都司衔守备常建寅，保升都司守备王同德，已保守备刘志高、毛汉卿，卫守备王仙璋，守备衔千总向大发，已保千总李尚、郑磔、谢文焕、刘天祥、余嘉宽，把总陈攀云，已保把总张炎森、彭绍斌、余师、陈殿修，五品军功外委赖继曾，外委徐文举，已保直隶州知州孙渥，同知衔知县赵豫培，六品衔知县刘怀殷，县丞叶森、程树芬、蔡炳昆、徐士铭，升用府经县丞从九品林森，从九品郭贯纶、花梦龄，五品顶戴巡检许世源，巡检谢宗福、胡式湘、江英华，州吏目蒋登瀛，典史陈懋祖，均系剿抚生番出力年久，感受瘴疠，在营积劳病故。先后禀请汇恤前来。

臣覆核无异，合无仰恳天恩俯准敕部将王化祥等四十四员名，分别从优议恤，出自逾格鸿施！除饬取各故员履历咨部外，所有汇案请恤缘由，理合附片具陈。伏乞圣鉴，训示。谨奏。

（朱批）：着照所请，该部知道。[①]

光绪十六年八月二十九日，奉朱批：着照所请，该部知道。钦此。[②]

【案】此奏片之具奏日期，原件、录副目录均署为“光绪十六年八月二十九日”，即朱批日期，似未确。据朱批日期查《军机处随手登记档》[③]朱批刘铭传折栏，则署有“报四百里，八月初一日发”等字样。据此，此片具奏日期当为“光绪十六年八月初一日”无疑。兹据校正。

① 中国第一历史档案馆藏：《朱批原件》，档案编号：04-01-16-0231-056.
② 中国第一历史档案馆藏：《军机录副》，档案编号：03-6373-084.
③ 中国第一历史档案馆藏：《军机处随手登记档》，档案编号：03-0265-2-1216-256.

## 八九　奏报十六年春夏台湾新案交代情形折

光绪十六年八月二十九日（1890 年 10 月 12 日）

头品顶戴闽浙总督臣卞宝第、太子少保兵部尚书福建台湾巡抚一等男臣刘铭传跪奏，为台省新案交代仿照山东新章，按半年开单，恭折具陈，仰祈圣鉴事。

窃查台湾省各属新案交代，业经遵章按半年开单，奏报之光绪十五年十二月止在案。兹光绪十六年正月起至六月止半年期内二参限满已结交代，据台湾布政使沈应奎仿照山东新章，造册请奏前来。

臣等覆核无异，除咨部查照外，谨合词恭折具奏，并缮清单，恭呈御览。伏乞皇上圣鉴。谨奏。八月二十九日。

光绪十六年十月初一日，奉朱批：户部知道。钦此。[1]

## 九〇　呈光绪十六年春夏二参限满交代清单

光绪十六年八月二十九日（1890 年 10 月 12 日）

谨将台省光绪十六年正月起至六月止各属二参限满已结新案交代，敬缮清单，恭呈御览。

二参限内算清结报各案：

宜兰县代理知县萧赞廷，于光绪十五年八月十七日到任，应接前署县沈继曾交代，扣至十五年十二月十六日二参限满，已于

① 中国第一历史档案馆藏：《军机录副》，档案编号：03-5270-002.

限内算清结报。

淡水县署知县李淦，于光绪十五年八月十三日到任，应接前县汪兴祎交代，扣至十五年十二月十二日二参限满，已于限内算清结报。

基隆厅署同知温培华，于光绪十五年十一月初一日到任，应接前代理厅林桂芬并前故厅汪兴祎交代，扣至十六年二月三十日二参限内算清结报。

新竹县署知县张廷榉，于光绪十五年十一月初七日到任，应接前署县方祖荫交代，扣至十六年闰二月初六日二参限满，已于限内算清结报。

云林县代理知县李联珪，于光绪十五年十一月十二日到任，应接前署县陈世烈交代，扣至十六年闰二月十一日二参限满，已于限内算清结报。

安平县署知县陈步梯，于光绪十五年十一月十二日到任，应接前署县范克承交代，扣至十六年闰二月十一日二参限满，已于限内算清结报。

基隆厅署同知林元荣，于光绪十六年闰二月十三日到任，应接前署厅温培华交代，扣至十六年六月十二日二参限满，已于限内算清结报。

宜兰县署知县沈继曾，于光绪十六年正月十三日到任，应接前代理县萧赞廷交代，连闰扣至十六年四月十二日二参限满，已于限内算清结报。

以上八案，业已造册详咨。

（朱批）：览。①

① 中国第一历史档案馆藏：《清单》，档案编号：03-5270-003.

## 九一　奏请准于台湾建立林文察专祠缘由折

光绪十六年八月二十九日（1890年10月12日）

太子少保兵部尚书福建台湾巡抚一等男臣刘铭传跪奏，为已故提督功在桑梓，请于本籍捐建专祠，据情恭折具陈，仰祈圣鉴事。

窃据台湾各属绅士中书施士浩、主事蔡寿星、道员林维濂及举人、贡生等七十五名呈称：故署提督林文察，由军功于咸丰年间转战浙、闽两省，功绩卓著，洊任福建福宁镇总兵。同治二年，署理福建陆路提督，办理台湾军务，事平内渡。三年十一月，于漳州剿贼阵亡，奉旨照提督例从优议恤，给与祭葬银两，加赠太子少保衔，予谥刚愍，并给骑都尉兼一等云骑尉世职，交翰林院立传，入祀京师、本籍及阵亡地方昭忠祠。光绪四年，奏准于漳州府城捐建专祠。十五年，恭逢归政盛典，蒙恩赐祭一坛。仰见朝廷录节报功，有加无已之至意。伏查林文察原籍彰化，台湾分省，改隶台湾县治。方同治二年台湾之告警也，逆匪戴万生乘内地发贼之乱，陷踞彰化县城；巨股林戆成等各据要隘，鸱张蔓延三百余里，南北间阻不通。林文察督率劲旅渡台，克复彰化城池，擒获各逆正法，肃清台境，地方得以安全。设非当时迅奏肤功，全台不堪设想！绅士等追怀旧德，历久弥新。兹当台湾分省之初，佥愿鸠资即于省城捐建专祠，恳请奏准编入祀典，春秋由官致祭等情，前来。

臣查林文察懋著勋劳，见危授命，仰邀赠恤，备极优隆。上年恭逢归政盛典，复蒙赐祭，具见圣恩眷注，迥越寻常。当其督兵渡台，剿除逆乱，全台弭定，功绩昭彰。该绅士人等追感旧恩，情词恳挚。合无仰恳天恩，俯念林文察功在桑梓，准于本籍台湾省城建立专祠，由官春秋致祭，以彰忠荩而顺舆情！

理合据情恭折具陈。伏乞皇上圣鉴，训示，施行。谨奏。八月二十九日。

光绪十六年十月初一日，奉朱批：着照所请，该衙门知道。钦此。①

## 九二　请将总兵苏得胜照例从优议恤等情折

光绪十六年八月二十九日（1890 年 10 月 12 日）

太子少保兵部尚书福建台湾巡抚一等男臣刘铭传跪奏，为总兵在营积劳病故出缺，请旨简放，并请交部从优议恤，恭折仰祈圣鉴事。

窃据管带健字右营都司苏绪谟禀报：统领健字全军记名提督福建建宁镇总兵苏得胜，屡以从征内山，感受瘴疠，积劳成疾，于八月十一日请假在营调理，旋于十九日出缺等情，前来。

臣查苏得胜籍隶安徽合肥县，自咸丰六年投效臣军，由哨长擢至营官，随同转战江苏、浙江、山东、湖北等省，历受重伤。克复十余城，平定发、捻各匪，荐保提督，调防直隶、陕西、甘肃等省，修筑江苏吴淞口炮台。光绪十年，经臣饬调台湾，委带健字等营，叠与法人接仗，夺回基隆炮台；防剿经年，恶战苦守。及至停战之后，亲赴法船，与法国提督李士卑斯西交俘虏。

① 中国第一历史档案馆藏：《军机录副》，档案编号：03-5873-003. 又见《刘壮肃公奏议·建省略》。

台北解严，奉旨补授福建建宁镇总兵，仍留台湾军营，迭次入山剿办生番，驻防沪尾、海口。该总兵忠勇素著，特躬廉谨，勤朴耐劳，毫无嗜好，感荷圣恩，誓以死报。近年统领偏师，讲求训练，海疆防务，深资得力，方期独当一面，为国家干城之选，不料感受瘴气，积劳致病，遽以不起，深堪悼惜！

合无仰恳天恩，准将记名提督福建建宁镇总兵苏得胜照提督军营积劳病故例从优议恤，以彰忠荩。至该总兵卓著战绩，以死勤事；法人之役，功在海疆，台北人民至今感慕，可否准于台北府城建立专祠，暨入祀原籍及立功地方昭忠祠，并将生平战绩宣付国史馆立传之处，出自逾格恩施，非微臣所敢擅请。所遗福建建宁镇总兵员缺，请旨即行简放，以重职守。

所有总兵在营积劳病故出缺请恤缘由，理合会同闽浙总督臣卞宝第，恭折具奏。再，查苏得胜继妻徐氏，年二十五岁，痛夫情切，绝食殉节，距其夫亡五日，洵属忠节萃于一门，合并附请旌表，以光泉壤而慰幽魂。伏乞皇上圣鉴，饬部施行。谨奏。光绪十六年八月二十九日。

（朱批）：另有旨。①

光绪十六年十月初一日，奉朱批：另有旨◆1。钦此。②

【案】此奏即于是年十月初一日得旨允行，《光绪宣统两朝上谕档》载曰：

光绪十六年十月初一日，内阁奉上谕：刘铭传奏，总兵在营积劳病故，恳恩优恤一折。福建建宁镇总兵苏得胜，于咸丰年间投效军营，转战江苏、浙江、山东、湖北等省，迭著战功，洊保记名提督。旋经刘铭

① 中国第一历史档案馆藏：《朱批原件》，档案编号：04-01-30-0186-008.

② 中国第一历史档案馆藏：《军机录副》，档案编号：03-5873-001.

传调赴台湾，剿办生番，深资得力，遽以感受瘴气，在营病故。苏得胜着加恩照提督军营积劳病故例从优议恤，准其于台北府城建立专祠，入祀原籍及立功地方昭忠祠；生平战绩宣付国史馆立传，以彰劳勋。伊妻徐氏绝食殉节，着准其旌表。该衙门知道。钦此。①

## 九三　请准新造驳船薪粮等项核实支给片

光绪十六年八月二十九日（1890年10月12日）

再，据善后总局台湾布政使沈应奎详称：窃查台湾滨海，港汊纷歧，原购小机轮船不敷遣用，经奉饬由机器局觅雇善造洋船之工匠，派员监造洋式驳船一号。该船自首至尾，计长七十尺，阔十七尺五寸，可载七百六十余担，装重六十吨，行驶灵便，可抵澎湖、厦门等处，以之驳载炮械，安置水雷，洵为稳便，于光绪十四年七月初六日配齐驾弁、舵水人等共七员名，出洋驾驶。应需薪粮、公费等项，悉照小机轮船酌减，核实支给，业经按季汇册造报在案。兹奉准户部咨覆，应照章补行奏明立案等因，理合详请补行奏明立案前来。

臣覆核无异，除咨部外，理合附片具陈。伏乞圣鉴。谨奏。

（朱批）：该衙门知道。②

光绪十六年十月初一日，奉朱批：该衙门知道。钦此。③

---

① 中国第一历史档案馆编：《光绪宣统两朝上谕档》，第16册，第277页，广西师范大学出版社，1996。

② 中国第一历史档案馆藏：《朱批原件》，档案编号：04-01-01-0976-066.

③ 中国第一历史档案馆藏：《军机录副》，档案编号：03-9395-062.

## 九四　汇奏十六年六月底咨交未结各案情形片

光绪十六年八月二十九日（1890 年 10 月 12 日）

再，闽省前准刑部咨：嗣后京控交审案件，无论奏咨，每年将已、未结数目分两次汇开清单具奏，咨部以凭稽核等因。台湾省亦照办至光绪十五年十二月底止，开单具奏在案。兹据台湾道兼按察使衔唐景崧、台湾布政使沈应奎详称：台属京控各案截至光绪十六年六月底止，除台湾县民黄连蒲等一起，现据代理台湾县黄承乙讯拟具详另行核办外，尚有咨交未结之林振旺一起，因要证外出，致难审结，委非无故迟延，亦非提解不力等情，开折具详前来。

除批饬勒限严催提解审办并咨部查照外，谨会同兼管福建巡抚事闽浙总督臣卞宝第，附片具奏，并缮清单，恭呈御览。伏乞圣鉴。谨奏。

（朱批）：刑部知道，单并发。[①]

光绪十六年十月初一日，奉朱批：刑部知道，单并发。钦此。[②]

## 九五　呈光绪十六年前未结京控案件数目清单

光绪十六年八月二十九日（1890 年 10 月 12 日）

谨将台属咨交京控各案截至光绪十六年六月底止已、未结数

① 中国第一历史档案馆藏：《朱批原件》，档案编号：04-01-01-0976-002.

② 中国第一历史档案馆藏：《军机录副》，档案编号：03-7258-050.

目，汇开清单，恭呈御览。

谨开：

一、台湾县民黄连蒲、林应时、洪壬厚各京控林文明焚杀霸占等情一案，均于光绪二年十一月二十四日准咨合作一起。

以上咨交京控案一起，现经台湾县讯拟具详，另行核办。

一、台湾县民林振旺京控林文明奸杀霸占等情一案，于光绪九年十一月二十九日准咨。

以上咨交未结京控案一起。

（朱批）：览。[①]

## 九六　奏报本年夏季就地正法人犯数目片

光绪十六年八月二十九日（1890 年 10 月 12 日）

再，台湾省各属就地正法人犯，业经附片奏报至光绪十六年春季分止在案。兹十六年夏季分，查有台湾府属台湾、云林二县，台南府属嘉义县并防营，先后报获匪犯蔡为成、曾潭、刘维顺、番匪加早百益四名，均系叠犯抢劫、铳毙人命情罪重大之犯，未便稽诛，审明后禀经臣核饬就地正法以昭炯戒在案。据台湾道兼按察使衔唐景崧汇详请奏前来。

除将各犯籍贯、罪由开单咨部外，谨会同兼管福建巡抚事闽浙总督臣卞宝第，附片具陈。伏乞圣鉴。谨奏。

（朱批）：刑部知道。[②]

光绪十六年十月初一日，奉朱批：刑部知道。钦此。[③]

① 中国第一历史档案馆藏：《清单》，档案编号：03-7258-051.

② 中国第一历史档案馆藏：《朱批原件》，档案编号：04-01-01-0976-003.

③ 中国第一历史档案馆藏：《军机录副》，档案编号：03-7258-050.

【案】此奏片之具奏日期，原件目录仅署“光绪十六年”，而录副署“光绪十六年八月二十九日”。据朱批日期“光绪十六年十月初一日”，查《军机处随手登记档》[1] 朱批刘铭传折栏，则署有“报四百里，八月二十九日发”等字样。据此，此奏片之具奏日期当为“光绪十六年八月二十九日”，录副确。兹据校正。

## 九七　请于货厘项下筹拨铁路经费缘由片

光绪十六年八月二十九日（1890 年 10 月 12 日）

再，前准户部咨：饬台湾筹拨铁路经费五万两，经查台湾经费竭蹶，无可筹挪，奏请动拨海关洋药厘金赢余一款，按数提解。接准部复，以药厘赢余应解部库，饬令另筹等因，即经转行去后。

兹据台湾布政使沈应奎会同善后、税厘两局详称：台湾分治伊始，百事兴举，经费为难，兹于无可如何之中，查有百货厘金一项，先系拨归电线工程应用，嗣因三年届满，尚欠电线工价六万七千余两，复经奏准展限一年在案。现计展限已满，应请即将此项自本年七月起按年拨解银五万两，以应铁路要需。所有本年应拨银两，一俟征收足数，即行详请汇解等情，会详奏咨前来。

臣查此案先准户部电询，当将所筹款项电经复准，并饬径解海军衙门等因。除饬遵办外，理合附片陈明。伏乞圣鉴。谨奏。

（朱批）：该衙门知道。[2]

---

① 中国第一历史档案馆藏：《军机处随手登记档》，档案编号：03-0265-1-1216-285.

② 中国第一历史档案馆藏：《朱批原件》，档案编号：04-01-01-0975-020.

光绪十六年十月初一日，奉朱批：该衙门知道。钦此。[①]

## 九八 请准张建三等在籍自行建坊缘由片

光绪十六年八月二十九日（1890 年 10 月 12 日）

再，据善后局司道详称：台湾办理抚番、分治各事宜，先据台南府已故二品封典恩贡生张建三认捐银三万两。嗣据其子主事张绍芬、知州张绍元呈缴库平银一万七千二百两，拨充抚番经费动用；又缴公置田契，估计约值价银一万三千余两，封存府库，归官管业收租，以充省会新设书院膏火等项之需。

查张建三生前历办团防，不辞劳瘁，于地方经费支绌之际，倡捐巨款，洵属急公好义，足为海峤矜式。其子张绍芬、张绍元克承先志，所缴现银、田业，计与原捐数目有赢无绌，似应核给奖励，以昭激劝。由局查取履历，详恳奏请分别旌奖前来。

臣覆查无异，合无仰恳天恩，俯准给予二品封典恩贡生张建三“急公好义”字样，在籍自行建坊，并准花翎五品衔分部主事张绍芬以知府分发江苏补用，蓝翎运同衔广东试用知州张绍元赏换花翎，以直隶州知州仍发广东补用，以示旌奖之处，出自鸿慈！

除将履历咨部查核外，谨附片具陈。伏乞圣鉴，训示，施行。谨奏。

（朱批）：该部议奏。[②]

---

① 中国第一历史档案馆藏：《军机录副》，档案编号：03-9441-008.

② 中国第一历史档案馆藏：《朱批原件》，档案编号：04-01-14-0084-045.

光绪十六年十月初一日，奉朱批：该部议奏。钦此。[①]

## 九九　奏为补报应用挖泥船只事宜片

光绪十六年八月二十九日（1890年10月12日）

再，据善后总局台湾布政使沈应奎详称：窃查台湾修理各海口，疏通水道，需用挖泥机器船，经前办军械所委员东河候补知府丁达意于光绪十二年六月间向外洋订购挖泥机器船一号，业蒙汇同定购外洋机器奏报立案，并开单分咨户、工二部暨海军衙门查照，已奉核覆准买。该船于光绪十四年七月初八日配齐管驾官弁、舵水人等共一十二员名，出洋驾驶，应需薪粮、公费等项，悉照小机轮船，核实支给，按季汇册造报在案。兹奉准户部咨覆，应照章补行奏报等因，理合详请补行奏明立案前来。

臣覆查无异，除咨部暨海军衙门查照外，谨附片具陈。伏乞圣鉴。谨奏。

（朱批）：该衙门知道。[②]

光绪十六年十月初一日，奉朱批：该衙门知道。钦此。[③]

## 一〇〇　奏为张兆连晓畅戎机请予简擢缘由片

光绪十六年八月二十九日（1890年10月12日）

再，查臣渡台以来，随带记名提镇二十余员，先后死亡已

① 中国第一历史档案馆藏：《军机录副》，档案编号：03-5270-001.

② 中国第一历史档案馆藏：《朱批原件》，档案编号：04-01-01-0975-017.

③ 中国第一历史档案馆藏：《军机录副》，档案编号：03-9395-063.

尽。现在将才颇难其选，惟查有记名提督张兆连，先经带兵驻防福建，嗣调台湾剿办番社，叠著战功。现在督带后山防营，抚番开垦，实力抚防，功效甚著。该提督久驻后山烟瘴之地，始终勤慎，办事实心，晓畅戎机，讲求训练，为提镇中不可多得之员。倘蒙圣恩简擢予以事权，于地方军政不无裨益。

臣为人才起见，谨附片具陈。是否有当？伏乞圣鉴，训示。谨奏。

光绪十六年十月初一日，奉朱批：张兆连着交军机处存记。钦此。[①]

## 一〇一　奏请开缺赏假回籍调理缘由折

光绪十六年九月初九日（1890 年 10 月 22 日）

太子少保兵部尚书福建台湾巡抚一等男臣刘铭传跪奏，为微臣假期又满，病仍增剧，再恳天恩俯准开缺调理，以免贻误，恭折仰祈圣鉴事。

窃臣前因患病，奏蒙赏假，嗣以病势增重，复于六月初五日吁请开缺，钦奉朱批：着赏假三个月，毋庸开缺。钦此。跪聆之下，仰见圣恩优渥，眷畀逾恒。感荷鸿慈，悉心调理。方冀如期销假，图效涓埃，讵痼疾已深，咯血日久不止，手足麻木，耳目蔽障，有甚无瘳。七月中旬，重以寒热吐泻，内亏外感，一时并剧，饮食少进，肌肉锐减，支离床褥，浑身疼痛。屈计假期又满，病势益增。臣自分年力未衰，苟可勉强支持，何敢为再三之渎！无如百病丛生，精力颓靡，公牍不能阅看，见客倦于语言，

① 中国第一历史档案馆藏：《军机录副》，档案编号：03-5873-002.

偶一用心，辄即咯血头晕，不能自主。似此心神疲惫，元气亏损，断非一时所能骤痊。

伏念台湾海疆要区，防务洋务，尤为关重，稍不留心筹度，即有丛脞之虞。臣自五月至今，非极紧要事件，皆由藩司沈应奎代拆代行。徒拥虚名，毫无补于地方。若以恋栈贻误，臣身不足惜，臣心何以自安！用敢沥情吁陈，伏望圣慈俯准开缺，并开去帮办海军差使，赏假回籍调理。一俟病体痊可，即当出图报效，决不敢稍耽安逸，自外生成！

所有微臣假期又满，病仍增剧，吁请开缺调理缘由，谨恭折具奏。伏乞皇上圣鉴，训示，施行。谨奏。光绪十六年九月初九日。

(朱批)：另有旨。①

光绪十六年九月二十八日，奉朱批：另有旨◆1。钦此。②

【案】此折旋于是月二十八日未获允行，《光绪朝上谕档》载曰：

光绪十六年九月二十八日，内阁奉上谕：刘铭传奏，假期届满，病势增剧，请开缺调理。复称如不得请，恳赏假内渡就医各折片。率意渎陈，殊属非是！刘铭传着传旨申饬，仍着赏假三月，在任调理，毋庸开缺。钦此。③

## 一〇二　奏为剿番请奖武职员弁饬部核准缘由折

光绪十六年九月初九日（1890年10月22日）

太子少保兵部尚书福建台湾巡抚一等男臣刘铭传跪奏，为台

① 中国第一历史档案馆藏：《朱批原件》，档案编号：04-01-16-0231-007.

② 中国第一历史档案馆藏：《军机录副》，档案编号：03-5269-107.

③ 中国第一历史档案馆编：《光绪宣统两朝上谕档》，第16册，第275页，广西师范大学出版社，1996；又，中华书局影印：《清实录·德宗景皇帝实录（四）》，卷之二百八十九，光绪十六年九月，第854—855页，中华书局，1987。

湾剿番汇案请奖武职出力员弁，遵照部议分别异常、寻常劳绩，开具清单，恳恩饬部核准，以昭激劝，恭折仰祈圣鉴事。

窃准兵部咨行：遵旨议奏一折，内开内阁抄出台湾巡抚刘铭传奏，台湾历剿叛番、土匪，并案请保武职出力内外奖员弁，委属军营异常劳绩，续恳照原保给奖一折，光绪十六年闰二月二十五日，奉朱批：兵部议奏，单并发。钦此。钦遵到部，请旨饬将此案所保武职各员，按照所保文职，分别异常、寻常劳绩，并将所请越级之刘朝焯等六十八员另行核奖，俟具奏到日，再行核议。此案咨保员弁与奏奖人员一律办理等因，于光绪十六年五月二十五日具奏，奉旨：依议。钦此。钦遵抄录原奏咨行到臣。

伏查军营劳绩武职，与文职情形微有不同。文职人员不必皆身先士卒，其随营办理文案等项，自不得与首先出力者同列论功。武职无不身亲前敌，冒死争先，苟非攻坚夺垒，斩馘擒渠，不容滥邀奖励。台湾办理剿抚，大小百余战，员弁兵勇不下两万人，时逾五年，汇案六次，奏请内奖武职只此三百三十余员，委属一体异常出力。惟兵部既比照文职，令臣分别异常、寻常劳绩，自应于无可区别之中量为分别，以符部章。谨将前保各员弁按照劳绩，酌拟奖叙。其刘朝焯等六十八员，并遵照部文，另行核奖，一并缮具清单，恭呈御览，仰恳天恩饬部分别核准注册，以昭激劝！

除咨保员弁另开清单，将越级各员核改送部办理外，所有台湾剿番请奖武职出力员弁，遵照部议分别异常、寻常劳绩缘由，谨会同闽浙总督臣卞宝第、帮办全台抚垦事务臣林维源，恭折具陈。伏乞皇上圣鉴，训示，饬部施行。谨奏。光绪十六年九月初九日。

（朱批）：兵部议奏，单并发。[①]

光绪十六年九月二十八日，奉朱批：兵部议奏，单并发。钦此。[②]

## 一〇三　呈剿办叛番请奖武职员弁分晰劳绩清单

光绪十六年九月初九日（1890 年 10 月 22 日）

谨将台湾剿办叛番、土匪并历年剿抚各路番社并案请奖武职出力员弁，遵照部议分晰异常、寻常劳绩，开具清单，恭呈御览。

谨开：

记名提督福建建宁镇总兵西林巴图鲁苏得胜，拟请赏加头品顶戴。

浙江处州镇总兵强勇巴图鲁窦如田，拟请赏加提督衔。

以上二员督饬营哨各路剿办，所向克捷，卓著战功，洵为异常出力，请照奖叙。

提督衔记名简放总兵壮勇巴图鲁曾喜照，记名遇缺简放总兵直勇巴图鲁石成玉，均拟请以提督记名请旨简放。

总兵衔补用副将李胜才，拟请以总兵记名请旨简放。

署台湾城守营参将总兵衔留闽补用副将胡德兴，花翎湖南补用副将余保元，均拟请免补副将，以总兵留闽，遇缺请旨简放。

花翎补用副将田丰年，拟请仍以副将留闽尽先补用，并赏加总兵衔。

---

① 中国第一历史档案馆藏：《朱批原件》，档案编号：04-01-16-0231-014.

② 此奉旨日期与内容，据《军机处随手登记档》（档案编号：03-0265-2-1216-283）校补。

已革两江督标尽先补用副将徐得荣，拟请开复原官。

花翎总兵衔副将用留闽补用参将陈兆翱，花翎副将衔陕甘补用参将石洪祺，花翎闽浙补用参将周南义，蓝翎副将衔两江补用参将赵宗连，副将衔两江督标补用参将昭勇巴图鲁程映山。以上五名均拟请免补参将，以副将各归原省、原标尽先补用，赵宗连并赏换花翎，程映山并赏加总兵衔。

花翎副将衔补用参将严勇巴图鲁刘连元，花翎副将衔补用参将署北路中营都司叶永辉，花翎补用参将王向贵、贾加才。以上四名均拟请免补参将，以副将留闽尽先补用。

花翎副将衔补用参将方全胜、后元福，花翎补用参将李泰元，蓝翎补用参将龚凤章、王德泰，尽先参将孙占彪、刘秀颜。以上七名均拟请免补参将，以副将尽先补用，龚凤章、王德泰并赏换花翎。

副将衔留闽补用参将周起凤，拟请俟补缺后，以副将在任尽先补用，并赏加总兵衔。

福建水师提标左营游击署嘉义营参将陈宗凯，拟请以参将留闽尽先补用，并赏加副将衔。

参将衔湖广督标补用游击高森福，花翎湖南补用游击陶金魁，代理恒春营游击留闽补用游击谈炳南。以上三名拟请免补游击，以参将各归原省、原标尽先补用。

花翎尽先游击长江候补守备周明标，拟请免补游击，以参将仍归长江尽先补用。

花翎参将衔补用游击纪步高，参将衔补用游击孙大文，花翎补用游击高霞明、张占魁、孔宪盈，蓝翎补用游击刘禹卿。以上六名均拟请免补游击，以参将尽先补用，并赏加副将衔。

花翎补用游击萧贵龄，补用游击蒋寿春，均拟请免补游击，以参将留闽尽先补用，并赏加副将衔。

参将衔补用游击丁功烈，花翎补用游击杨林春、何兴余，补用游击王添仁、徐贤仁、苏忠恕。以上六名均拟请免补游击，以参将尽先补用。

花翎游击衔湖南补用都司李秀春，游击用两江补用都司孙绍钧，游击衔两江督标补用都司郭开忠，花翎留闽补用都司曾友成。以上四名均拟请免补都司，以游击各归原省原标尽先补用，并赏加参将衔。

参将衔留闽补用都司萨镇冰，游击衔留闽补用都司李晴峰，花翎留闽补用都司马松林，蓝翎留闽补用都司张正玉、吴玉田，留闽补用都司世袭骑都尉刘维冈。以上六名均拟请免补都司，以游击仍留闽省尽先补用。

闽浙督标水师补用都司许廷瑞，拟请免补都司，以游击仍留原标尽先补用。

花翎游击衔安徽补用都司王金扬，拟请免补都司，以游击改留福建水师提标补用。

花翎补用都司张全钰，蓝翎游击衔尽先都司邱湘湖，均拟请免补都司，以游击留闽尽先补用。

花翎游击衔补用都司萧守城、夏元龄，蓝翎游击衔补用都司赵有才，花翎都司恽竹斌、李定雄、沈祺山，蓝翎都司谭华忠，游击补用都司刘盛增。以上八名均拟请免补都司，以游击尽先补用，并赏加参将衔。

花翎游击衔补用都司郑运泰，游击衔补用都司郭长青，花翎都司陈登科、胡金全、郑得元、叶苹秋，蓝翎都司贺福来、段安邦、王维山，尽先都司孔庆香、马秉春、王起胜、马自福、方生尧。以上十四名均拟请免补都司，以游击尽先补用，贺福来、段安邦并赏换花翎。

游击衔补用都司杨福同，拟请赏戴花翎。

开复原衔议叙加一级前龙泉关都司阚永华，拟请开复原官。

都司用安徽抚标补用守备张勇盛，都司衔两江补用守备刘学胜、赵得胜，花翎留闽补用守备林如桢，蓝翎留闽补用守备蔡国梁，两江补用守备强应南。以上六名均拟请免补守备，以都司各留原省原标尽先补用，并赏加游击衔。

都司衔两江补用守备方良元，两江督标中营升用都司尽先守备梁廷超，都司用徐州镇标补用守备彭得云，蓝翎留闽补用守备黎培莪，两江补用守备潘得元。以上五名均拟请免补守备，以都司各留原省原标尽先补用，方良元并赏戴花翎。

花翎尽先守备林朝昌，拟请免补守备，以都司留闽尽先补用，并赏加游击衔。

都司衔尽先守备张洪宽，尽先守备方端、庄贵阳。以上三名均拟请免补守备，以都司留闽尽先补用，并赏戴花翎。

花翎都司衔尽先守备陈有文，蓝翎都司用尽先守备李宗成，蓝翎都司衔尽先守备朱云开，都司用尽先守备马长安，都司用尽先卫守备王德芳，花翎守备陈连升、符海彬、梁崇江、陈永龙，尽先守备万福全。以上十名均拟请免补守备，以都司尽先补用，并赏加游击衔。

蓝翎都司衔尽先守备徐洪胜，蓝翎守备申维泰、李胜钟。以上三名均拟请免补守备，以都司尽先补用，并赏换花翎。

尽先守备刘忠梁、邓正邦，均拟请免补守备，以都司尽先补用，并赏戴花翎。

花翎都司衔尽先守备姜鸿善，蓝翎都司衔尽先守备王士林，都司衔尽先守备王得义、张季成，花翎守备王显龙、丁达元、卓光锐、解茂松、张振声、滕国凤、沈呈璋，蓝翎守备温平兰、朱德宏、陈得胜、赖进武、罗青云、陈同寅，尽先守备郭朝旭、窦以宏、朱宗德、朱泰成、刘敦惠、王同德、万长发。以上二十四名均拟请免补守备，以都司尽先补用。

候选卫守备王仙璋，拟请以本班遇缺即选，并赏戴蓝翎。

世袭云骑尉蒯先甲、袁炽昌，均拟请以守备尽先补用，并赏加都司衔。

世袭云骑尉宇其昌，拟请以守备归安徽抚标尽先补用，并赏戴蓝翎。

六品荫生胡恩荣，拟请以守备尽先补用。

已革广东潮州镇标左营右哨千总四品顶戴尽先守备林铭光，拟请开复原官原衔。

已革云骑尉世职洪磐安，拟请开复云骑尉世职，并赏戴蓝翎，加都司衔。

蓝翎留闽补用千总黄宗河，留闽补用千总万镇邦，安徽抚标候补千总张秉权，守备用安徽寿春镇标补用千总刘长庆，守备用留闽补用千总吴永宗、陈炳章，安徽抚标左营候补千总刘廷玉，两江督标补用千总石加宾、凌义廷、王殿鳌，福建水师补用千总庐捷祥，分发两江督标千把总用武举何良材。以上十二名均拟请免补千总，以守备各留原省原标尽先补用，黄宗河、万镇邦并赏加都司衔，张秉权并赏戴蓝翎。

守备衔尽先千总刘嘉辉，蓝翎千总秦大成、蒋春滋、邹连升、陈瑛、朱登高。以上六名均拟请免补千总，以守备留闽尽先补用，刘嘉辉并赏戴蓝翎。

蓝翎守备用千总庐洪富，守备用千总毕松林，蓝翎守备衔千总官得荣，守备衔千总李大元、周连登，蓝翎守御所千总谢仲篪，五品花翎千总唐坤朋，蓝翎千总陈炳忠、张鸣九、林锡时、李桂林、成嘉澄、林鉴、王得功、刘春华，尽先千总朱乃昌、万喜勋、周家桂、周廷泽、叶文东、姜福成。以上二十一名均拟请免补千总，以守备尽先补用，并赏加都司衔。

蓝翎都司衔守备用尽先千总郑溥泉，蓝翎都司衔尽先千总林如年、林捷辉，蓝翎守备用尽先千总张家德、张名扬，蓝翎守备衔尽先千总李从心，五品蓝翎千总杨宏贵、刘金东，蓝翎千总杨克昌、蒋锡椿、杜淦新。以上十一名均拟请免补千总，以守备尽先补用，并赏换花翎。

尽先千总李士炳、刘得胜、盛学科、章顺祥、石忠杰、徐继胜、王少卿。以上七名均拟请免补千总，以守备尽先补用，并赏戴蓝翎。

蓝翎守备衔千总赖庆云，五品蓝翎千总陈振泰，蓝翎千总陈金揆、薛振声、刘冠雄、林得喜、李贵堂、刘顺昌、李香权、胡国玉、李德成、曾广泽、刘焕与、马长青、黄东海、单锦春，尽先千总祁凤仪、杨骏发、洪桐书、万清选、卫守忠、夏胜全、戴如兴、余步青、方镇、陈学才、许焕章、林长。以上二十八名均拟请免补千总，以守备尽先补用。

已革蓝翎都司衔升用守备留闽补用千总林高辉，拟请开复原官、升阶衔翎。

蓝翎漕标苇河营千总郑国恭，拟请免补千总，以卫守备归部不论双单月选用，并赏换花翎。

武举马双魁、宋佩鸣、周俊英、黄令成。以上四名均拟请以守备尽先补用。

蓝翎把总刘成玉、何香龄、倪寿政、杨梁材、邹孝贤、卢贵廷，把总王纯珍、倪树勋、许竹斋、陈攀云、徐文治、吴绍南、陈壬长、陈嗣锦、高鸣鹤、王寿培、刘得云、彭桂林、臧国治、许贵生。以上二十名均拟请免补把总，以千总尽先拔补，并赏加守备衔。

俊秀赵广祥，拟请赏给五品顶翎。

以上二百五十四名，均各奋勇杀贼，迭著战功，攻坚夺垒，拴斩首要匪犯出力，请照异常劳绩奖叙。

花翎补用游击刘朝焯，拟请免补游击，以参将尽先补用，并赏加副将衔。

花翎游击衔补用都司尽先守备童修品，拟请免补守备，以都司尽先补用，俟补都司后，以游击补用。

升用都司两江督标补用守备世袭云骑尉刘朝泰，两江督标花翎守备张长胜，闽浙督标补用守备世袭云骑尉萨胪芳。以上三名均拟请免补守备，以都司仍留原标尽先补用，并赏加游击衔。

都司衔两江督标尽先守备马忠贵，拟请免补守备，以都司改留福建水师尽先补用，并赏加游击衔。

蓝翎都司用守备衔尽先千总任之潜，拟请免补本班，以都司尽先补用。

蓝翎都司衔留闽补用千总林机会、苏益元、林德溪。以上三名均拟请免补千总，以守备留闽尽先补用，俟补守备后以都司补用。

蓝翎千总俞天寿、王炳发、郑秉堃。以上三名均拟请免补千总，以守备留闽尽先补用，并赏加都司衔。

千总用尽先把总刘志高，拟请补缺后，免补千总，以守备尽先补用，并赏加都司衔。

千总用漕标把总唐树椿，拟请免补把总，以卫千总归部不论双单月选用，并赏加守备衔。

蓝翎千总用尽先把总刘崇华、喻汉森、陈茂贵、卞友胜、戴廷栋，千总用尽先把总毛汉卿、温徽龄、潘克勤，千总衔把总周广志，五品蓝翎把总许长富、刘忠仁，蓝翎把总傅美喜、邓成礼、邱炳章、夏守业、申维田、刘朝爰、李春发、贾荣升、苏绪昌、王锦兰、马良栋、郑魁周、高祥庆、陈有文，尽先把总张春生、曾瑞兴、陈长春、李永山、杨光禄、陶桂馨、张来贵、易云林、熊绍运、刘书麟、张美玉、张文藻、范朝珍、胡民杰、陈绍光、李秀春、江济宽。以上四十八名，均拟请免补把总，以千总尽先补用，并赏加守备衔。查戴廷栋系属把总补缺后以营千总尽先补用，前单底衔错误，兹已更正改列。合并陈明。

福州城守营蓝翎把总江泗，寿春镇标把总吴同泰，均拟请免补把总，以千总仍留原省原标尽先补用，并赏加守备衔。

蓝翎把总用尽先外委蒋正元，把总用外委谢昌年，蓝翎外委陶文升。以上三名均拟请免补外委，以把总尽先拔补，并赏加千总衔。

以上六十八名，或保守城池，或力解重围，并于各路攻坚夺垒，拴斩首要匪犯出力，遵照部文另核，请照异常劳绩奖叙。

花翎留甘补用副将江云山，拟请俟补缺后，以总兵用。

总兵衔补用副将顾金魁，拟请仍以副将留闽补用，并赏给正二品封典。

升用副将留闽补用参将陈尚志，拟请赏给二品封典。

花翎副将衔闽浙补用游击林文光，花翎补用游击张访贤，均拟请赏给二品封典。

福建候补守备黄庆荣，拟请俟补缺后，以都司尽先补用。

福建澎湖镇标左营千总高其华，台湾道标千总石国珍，均拟请以守备在任尽先补用。

五品蓝翎陈景崧，拟请赏给四品顶戴。

以上九名，随同打仗获胜出力，请照寻常劳绩奖叙。

（朱批）：览。[①]

## 一〇四　奏报光绪十六年早稻收成分数情形折

光绪十六年九月初九日（1890 年 10 月 22 日）

太子少保兵部尚书福建台湾巡抚一等男臣刘铭传跪奏，为台湾省光绪十六年分早稻收成分数，恭折具陈，仰祈圣鉴事。

窃台湾省光绪十六年分早稻已届收成之期，兹据各厅县先后开报分数，由藩司沈应奎汇核造册详送，并声明澎湖厅、安平县向无栽种早稻等情，前来。

臣覆加查核，收成八分有余者，台北府属之新竹一县。收成七分有余者，台北府属之基隆一厅。收成六分有余者，台湾府属之台湾、彰化、苗栗，台南府属之凤山、嘉义、恒春，台北府属之淡水、宜兰等八县。收成六分者，台湾府属之埔里社一厅暨云林一县。三府合计，通共收成六分有余。

所有台湾省各属光绪十六年分早稻收成分数，臣谨恭折奏报。伏乞皇上圣鉴。谨奏。光绪十六年九月初九日。

（朱批）：知道了。[②]

光绪十六年九月二十八日，奉朱批：知道了。钦此。[③]

---

① 中国第一历史档案馆藏：《清单》，档案编号：03-5872-057.

② 中国第一历史档案馆藏：《朱批原件》，档案编号：04-01-23-0207-017.

③ 中国第一历史档案馆藏：《军机录副》，档案编号：03-6721-044.

## 一〇五　请将副将刘仁柏等员分别从优议恤片

光绪十六年九月初九日（1890 年 10 月 22 日）

再，台湾自光绪十六年七月以前所有积劳病故员弁，经臣随时奏蒙恩恤在案。查自十六年八月以后，据各营陆续禀报：副将刘仁柏、张慎德，已保都司衔尽先守备刘朝举，已保守备世职胡恩荣，守备吴同泰，千总常有泰，已保千总许德云，五品顶戴选用知县候选县丞沈乃谦，福建试用县丞陈其光，福建候补从九品张传桢，候选从九品吴以庄，均系剿抚生番出力年久，感受瘴疠，在营积劳病故；又据藩司补报：福建试用从九品姚清瑞，办理清丈，积劳在差病故，先后禀请汇恤前来。

臣覆核无异，合无仰恳天恩，俯准饬部将刘仁柏等十二员名分别从优议恤，出自逾格鸿施！除饬取各故员履历咨部外，所有汇案请恤缘由，谨附片具陈。伏乞圣鉴，训示。谨奏。

（朱批）：着照所请，该部知道。[①]

光绪十六年九月二十八日，奉朱批：着照所请，该部知道。钦此。[②]

## 一〇六　奏请内渡就医缘由片

光绪十六年九月初九日（1890 年 10 月 22 日）

再，臣自四月抱病请假以后，委令藩司沈应奎代拆代行。七

① 中国第一历史档案馆藏：《朱批原件》，档案编号：04-01-16-0231-006.
② 中国第一历史档案馆藏：《军机录副》，档案编号：03-5872-055.

月中旬，病势危笃，至今不能起坐，地方公事悉令沈应奎主持办理，措置裕如。台湾虽设省分，究止三府之地，所有经臣奏请兴办，诸大端皆已逐渐就绪，以后公事较为清简。

臣久抱沉疴，呻吟待毙，海外无医无药，断非在任所能疗治。倘蒙圣主矜怜，即行俯准开缺，不独微臣有再生之望，亦免旷日贻误。否则，拟恳天恩赏假三个月，内渡就医。台湾巡抚印，务请旨派令沈应奎暂行兼护。

如臣调理稍痊，假满即行回任，决不敢因地方水土恶劣，迁延畏避，自外生成。谨附片具陈。是否有当？伏乞圣鉴，训示。谨奏。[①]

光绪十六年九月二十八日，奉旨：原片归箍。[②]

## 一〇七　奏报沪尾、打狗二口一百十七结收支洋税情形折

光绪十六年九月二十五日（1890 年 11 月 7 日）

太子少保兵部尚书福建台湾巡抚兼管海关一等男臣刘铭传跪奏，为台湾沪尾、打狗二口征收洋税，照章按结奏报，谨将第一百十七结期内收支数目分晰缮具清单，恭折奏祈圣鉴事。

窃照各海关征收洋税，案经总理各国事务衙门会同户部奏定章程，改题为奏，停用亲填等簿，行令各关将收支数目按结奏报一次，扣足四结，专折奏销，毋庸按照关期题销，以清界划等因。查沪尾、打狗二口海关税务，自光绪十三年八月十五日第一百九结起改由臣就近监督，所有收支洋税各数目，业经遵照新章

① 中国第一历史档案馆藏：《军机录副》，档案编号：03-5269-108.

② 此奉旨日期与内容，据原件及《军机处随手登记档》（档案编号：03-0265-2-1216-283）校补。

分别奏咨至第一百十六结止在案。

兹自光绪十五年九月初七日起至十二月初十日届满第一百十七结期内，该二口收支各项洋税银两，应遵新章按结奏报。其循案支销各项经费，容俟扣足四结时造册奏销，以符定案。

除将本结收支数目循案分咨查照外，谨会同福州将军臣希元、闽浙总督臣卞宝第，恭折具奏，并缮清单，恭呈御览。伏乞皇上圣鉴。谨奏。光绪十六年九月二十五日。

（朱批）：该衙门知道，单并发。[①]

光绪十六年十一月初三日，奉朱批：该衙门知道，单并发。钦此。[②]

## 一〇八　呈沪尾、打狗二口一百十七结征税数目清单

光绪十六年九月二十五日（1890年11月7日）

谨将台湾沪尾、打狗二口第一百十七结期内，除洋药税银另行归入并征洋药税厘案内造报外，所有征收各项洋税银两遵照新章按结奏报，并将收支各数目理合敬缮清单，恭呈御览。

谨开：

旧管：无项。

前件查沪尾、打狗二口关税案，经前台湾海防大臣沈葆桢奏准尽数截留，充作台防经费。所有每结征收税银业已尽数解交台湾善后局、台湾道库兑收拨用。理合陈明。

新收：光绪十五年九月初七日起至十二月初十日届满，第一

① 中国第一历史档案馆藏：《朱批原件》，档案编号：04-01-35-0404-058.

② 中国第一历史档案馆藏：《军机录副》，档案编号：03-6374-024.

百十七结期内，沪尾口共征洋税银七万六千一百二十四两八分，洋船吨钞银二百八十二两，土货复进口半税银一千九十七两九钱九分一厘，子口半税银无项。

打狗口共征洋税银四千七百七十八两七钱八分六厘，洋船吨钞银一百一十二两，土货复进口半税银三百七十两七钱三分四厘，子口半税银一十五两七钱五分八厘。

以上沪尾、打狗二口共征税钞银八万二千七百八十一两三钱四分九厘。

开除：一、提解总理各国事务衙门及拨给税务司吨钞共银三百九十四两。此项吨钞内应提解总理各国事务衙门三成银两外，其余七成吨钞银二百七十五两八钱，已由该二口照案给交税务司收领，以为建造塔表、望楼之用。理合陈明。

一、支给沪尾、打狗二口税务司辛俸三个月共银一万五千两。此项辛俸每三个月原给银一万二千两，续准总理各国事务衙门暨户部咨行，自一百十一结起改发前数。理合陈明。

以上共开除银一万五千三百九十四两。

实在：存税银六万七千三百八十七两三钱四分九厘，已据该二口禀报内除循案支销经费外，所余银两均已照案解交台湾善后局及台湾道库兑收，充作台防经费。至本结该二口共征洋药正税银三万四千八百六十四两六钱五分，另行归入并征洋药税厘案内造报。合并陈明。

（朱批）：览。①

① 中国第一历史档案馆藏：《清单》，档案编号：03-6374-021.

## 一〇九 奏报沪尾、打狗二口一百十七结征收洋税数目折

光绪十六年九月二十五日（1890 年 11 月 7 日）

太子少保兵部尚书福建台湾巡抚兼管海关一等男臣刘铭传跪奏，为台湾洋药税厘归关并征，谨将沪尾、打狗两口第一百十七结期内征收数目，缮具清单，恭折奏报，仰祈圣鉴事。

窃查台湾洋药税厘归关并征，自应按照洋税收支章程，分晰正税、厘金两项银数，随同结期，按三个月奏报一次，扣足四结，专折奏销，以符洋税定案。臣接管台湾关务，所有沪尾、打狗两口征过洋药税厘银数，业经奏报至第一百十六结止在案。

兹查光绪十五年九月初七日起至十二月初十日止届满第一百十七结期内，沪尾、打狗两口征收洋药税厘银两，仍应按结奏报，俾清界划。

除将本结征收数目循案分咨总理各国事务衙门、户部、通商大臣查照外，谨会同福州将军臣希元、闽浙总督臣卞宝第，恭折奏报，并缮具清单，恭呈御览。伏乞皇上圣鉴。谨奏。光绪十六年九月二十五日。

（朱批）：该衙门知道，单并发。[①]

光绪十六年十一月初三日，奉朱批：该衙门知道，单并发。钦此。[②]

① 中国第一历史档案馆藏：《朱批原件》，档案编号：04-01-35-0404-060.

② 中国第一历史档案馆藏：《军机录副》，档案编号：03-6374-020.

## 一一〇　呈沪尾、打狗二口一百十七结洋税征收银数清单

光绪十六年九月二十五日（1890 年 11 月 7 日）

谨将台湾沪尾、打狗二口第一百十七结期内并征洋药税厘所有征过银数，理合缮具清单，恭呈御览。

谨开：

旧管：无项。

前件查前两届一年期满洋药厘金赢余银六万七千五百三十七两二钱七分五厘，因闽海关应还闽省洋款第十期本银，经户部奏准在于沪、打二口征存药厘项下凑拨，业经尽数划拨咨明户部在案。至第一百十四结起所征前项银两，除照案留充防费外，声明俟一百十七结一年期满，统计赢余若干，造报拨用。理合陈明。

新收：光绪十五年九月初七日起至十二月初十日届满第一百十七结期内，沪尾口征洋药税银一万五千三百四十五两，内除英商和记行不合销售小洋药一箱，将原物复出口，照章应除税银三十二两四钱外，实征收银一万五千三百一十二两六钱。又征洋药厘银四万九百二十两，内除英商和记行不合销售小洋药一箱，将原物复出口，照章应除厘银八十六两四钱外，实征收银四万八百三十三两六钱。二共征税厘银五万六千一百四十六两二钱。

打狗口征洋药税银一万九千五百五十二两五分，又征洋约厘银五万二千一百三十八两八钱，二共征税厘银七万一千六百九十两八钱五分。

以上沪尾、打狗二口共征洋药税厘银一十二万七千八百三十七两五分。

开除：一、支给沪尾、打狗二口税务司经费三个月共银三千两。此项银两系准总理各国事务衙门暨户部咨行，自一百十一结起由厘金项下拨给。理合陈明。

实在：存本结洋药税厘银一十二万四千八百三十七两五分，内洋药税银三万四千八百六十四两六钱五分，洋药厘银八万九千九百七十二两四钱，已由该二口委员分别正税、厘银，就近分交台湾善后局及台湾道库兑收，归入台防经费拨用。至征收洋药厘银，前准户部咨行，令将划留本省银两分为四结，提支台湾每年划留银二十九万七千一百六十两，本结征银九万二千九百七十二两四钱。除支给税务司经费外，实存银八万九千九百七十二两四钱，应提银七万四千二百九十两，尚剩银一万五千六百八十二两四钱。

此项厘银计一百十四结，剩银二万五千五百六两六钱，一百十五结剩银一万一千四百九十八两六钱，一百十六结剩银一万六千七百七十九两四钱，一百十七结剩银一万五千六百八十二两四钱，扣足四结，作为一年期满，统计赢余银六万九千四百六十七两。除闽海关应还闽省洋款第十期本银，经户部奏准在于沪、打二口第一百十四结起征存药厘项下动拨银一万九千三百八十三两一钱五分七厘三毫外，尚存银五万八十三两八钱四分二厘七毫，现经遵照部行，另款存储，以备闽海关归还第十二期洋款本银不敷之用。合并陈明。

（朱批）：览。[1]

---

① 中国第一历史档案馆藏：《清单》，档案编号：03-6374-025.

## 一一一　奏销沪尾、打狗二口四结收支洋税银两折

光绪十六年九月二十五日（1890 年 11 月 7 日）

太子少保兵部尚书福建台湾巡抚兼管海关一等男臣刘铭传跪奏，为台湾沪尾、打狗二口征收各项洋税同另案并征洋药税厘，遵照定章，专折奏销，谨将四结期内收支各项银两汇缮清单，恭折奏报，仰祈圣鉴事。

窃照各海关征收洋税，案经总理各国事务衙门会同户部奏定章程，改题为奏，停用亲填等簿，行令各关将收支数目按结奏报一次，扣足四结，专折奏销，以清界划等因。兹查台湾沪尾、打狗二口海关税务改归台湾巡抚就近监督，经臣奏明截清界限，自一百九结起由臣派员接办，所有该二口收支各项洋税数目，截至第一百十二结止专折奏销在案。

计自第一百十三结起至一百十六结止，又已四结届满，仍应照章核办奏销，以符定案。据沪尾、打狗二口册报：征收洋商货税、吨钞、半税、子口税，共银四十九万八千八百七十八两四钱八分二厘，又收另案并征洋药正税银一十三万五千九百九十四两七钱二分六厘，洋药厘金银三十六万二千六百五十二两六钱，统共征收税钞并洋药税厘等银九十九万七千五百二十五两八钱八厘，内除吨钞提解总理衙门三成，拨交税务司七成，均系按结清款；又汇解三成吨钞及解部扣减六两平银两汇费暨支给税务司卒俸，员弁、书役薪工，杂费，添设监督衙门书吏经费各款并存票支银，统共开除银九万八千八百三十五两七钱一分二厘二丝外，应存银八十九万八千六百九十两九分五厘九毫八丝，内税钞银四

十一万二千四十二两七钱六分九厘九毫八丝，洋药税银一十三万五千九百九十四两七钱二分六厘，洋药厘银三十五万六百五十二两六钱，已由该二口委员分别正税、洋药厘银，照案解交台湾善后局及台湾道库兑收，将各项税银尽数归入台防经费拨用。其洋药厘银遵照户部咨行本省留支以外，余银另行统算，报部候拨。

除将历结收支各款数目分晰备造清册咨送户部科查核，并照奏案列单咨呈总理各国事务衙门及分咨户部、通商大臣查照外，谨会同福州将军臣希元、闽浙总督臣卞宝第，遵照定章，恭折奏销，并缮具清单，恭呈御览。伏乞皇上圣鉴，敕部核复施行。谨奏。光绪十六年九月二十五日。

（朱批）：该衙门议奏，单并发。[①]

光绪十六年十一月初三日，奉朱批：该衙门议奏，单并发。钦此。[②]

## 一一二　呈沪尾、打狗二口四结收支洋税数目清单

光绪十六年九月二十五日（1890 年 11 月 7 日）

谨将台湾沪尾、打狗二口自一百十三结起至一百十六结止历结收支各项洋税同另案并征洋药税厘数目，逐一汇缮清单，恭呈御览。

谨开：

旧管：无项。

前件查沪尾、打狗二口关税案，经前台湾海防大臣沈葆桢奏

① 中国第一历史档案馆藏：《朱批原件》，档案编号：04-01-35-0404-061.

② 中国第一历史档案馆藏：《军机录副》，档案编号：03-6374-022.

准尽数截留，充作台防经费。所有前届奏销第一百九结起至一百十二结止余存税银及另案并征洋药税厘银两，业经照案解交台湾善后局及台湾道库兑收，将各项税银尽数归入台防经费拨用。其洋药厘银遵照户部咨行，本省留支以外，余银另行统算，报部候拨。理合陈明。

新收：自一百十三结起至一百十六结期满止，计四结。

一、沪尾口共征各洋商进出口洋税银三十九万一千六百二十两七钱四分九厘，洋船吨钞银四千一百九十一两六钱，土货复进口半税银三千九百七两二钱二分四厘，洋商子口半税银无项。共征税钞银三十九万九千七百一十九两五钱七分三厘。

一、打狗口共征洋商进出口洋税银九万五千五百六十二两九钱二分九厘，洋船吨钞银二千六百一十二两九钱，土货复进口半税银九百四两三钱三分，洋商子口半税银七十八两七钱五分。共征税钞银九万九千一百五十八两九钱九厘。

核计四结期内沪尾、打狗二口统共征收税钞银四十九万八千八百七十八两四钱八分二厘，又收沪尾、打狗二口另案并征洋药正税银一十三万五千九百九十四两七钱二分六厘，洋药厘银三十六万二千六百五十二两六钱。

以上统共实征税钞并洋药税厘等银九十九万七千五百二十五两八钱八厘。

开除：一、按结清款吨钞银六千八百四两五钱。此项吨钞案准通商大臣曾国藩转准总理各国事务衙门来咨，自三十一结起照旧提出三成银两按结解京外，其余七成吨钞银给交税务司，以为建造塔表、望楼之用，历经遵办在案。本届吨钞均照定章批解给交清款。理合陈明。

一、支给汇解总理各国事务衙门第一百十三结起至第一百十六结止三成吨钞及本届奏销汇解部库扣平银两、应需汇费共银一百七十一两二钱一分八厘六毫五丝。前项解京银两均系照案发商汇兑，所需汇费循照成案给发，归于奏销案内开报。理合陈明。

一、支给沪尾、打狗二口税务司辛俸十二个月，共银七万二千两。此项辛俸系按外国月建支给，全年原给银四万八千两，续准总理各国事务衙门暨户部咨行，自一百十一结起，每年改发银六万两，由洋税拨给；又在洋药厘金项下添给银一万二千两。自一百十三结起至一百十六结止共给银前数，理合陈明。

一、支给沪尾、基隆各口员弁、书役薪工、杂费十二个月共银一万二千三百五十二两八分三厘三毫七丝，又支给打狗、安平各口员弁、书役薪工、杂费十二个月零十一日，共银六千六百六十七两九钱一分，共支给员弁、书役薪工、杂费银一万九千一十九两九钱九分三厘三毫七丝。此项员弁、书役薪工、杂费系照中国月建支给。理合陈明。

一、支给添设监督衙门书吏经费及油朱纸张、杂费等款银八百两。此项经费系准户部咨复每年准支银八百两，按照洋税结期提支等因，计四结共支银前数。理合陈明。

一、存票支现银四十两。此款据打狗口册报系一百十五结期内支给。理合陈明。

以上各款统共开除银九万八千八百三十五两七钱一分二厘二丝。

实在：存银八十九万八千六百九十两九分五厘九毫八丝，内税钞银四十一万二千四十二两七钱六分九厘九毫八丝，洋药税银一十三万五千九百九十四两七钱二分六厘，洋药厘银三十五万六百五十二两六钱，已由该二口委员分别正税、洋药厘银，照案解交台湾善后局及台湾道库兑收，将各项税银尽数归入台防经费拨用。

其洋药厘银，前准户部咨行，令将划留本省银两分为四结，提支台湾每年划留银二十九万七千一百六十两，倘有剩余，毋得擅行动用。嗣届第一百十三结扣足四结，一年期满，所有赢余银两另款存储，听候拨用。续因闽海关应还闽省洋款第十期本银，经户部奏准在于沪、打二口征存药厘项下拨还，业经尽数划拨；又在第一百十四结起余银内凑拨银一万九千三百八十三两一钱五分七厘三毫。今请俟至一百十七结扣足四结，作为一年期满本省留支以外，统计赢余若干，仍行存储，以备拨用。合并陈明。

（朱批）：览。[①]

## 一一三　奏报沪尾、打狗二口一百十七结提解船钞片

光绪十六年九月二十五日（1890 年 11 月 7 日）

再，台湾沪尾、打狗二口按结应解总理各国事务衙门三成船钞银两，截至一百十六结止，均已按数解收在案。兹自光绪十五年九月初七日起至十二月初十日止第一百十七结期内，沪尾口征收船钞银二百八十二两，应解三成银八十四两六钱；打狗口征收船钞银一百一十二两，应解三成银三十三两六钱。核计该二口第一百十七结期内共征船钞银三百九十四两，共应提解三成银一百一十八两二钱。兹将前银按数兑足，填具文批，由台援案发交协和信号商承领汇解，前赴总理各国事务衙门投纳。

除咨明外，理合附片奏报。伏乞圣鉴。谨奏。

---

① 中国第一历史档案馆藏：《清单》，档案编号：03-6374-023.

（朱批）：该衙门知道。[1]

光绪十六年十一月初三日，奉朱批：该衙门知道。钦此。[2]

## 一一四　奏报百货厘金十六年春夏收支数目折

光绪十六年十月初六日（1890年11月17日）

太子少保兵部尚书福建台湾巡抚一等男臣刘铭传跪奏，为台湾百货厘金光绪十六年正月起至六月止上半年收支数目，恭折奏报，仰祈圣鉴事。

窃照台湾停止船货厘金，改抽百货厘金，经臣于光绪十二年奏明办理。嗣准部咨，令将征收数目照章每按半年奏报一次等因，业经遵照将光绪十二年六月开办起至十五年十二月止先后开单具奏在案。

兹查自光绪十六年正月起，截至六月止，共收银六万三千六百四十五两九钱六分一厘。此项银两前经臣以台湾购办水陆电线经费无出，请于厘金项下动拨，嗣因三年限满，电线经费不敷，复经奏准展拨厘金一年，截至十六年上半年为止，以资归补。所有本届收款除提支局用一成外，尚余银五万七千二百八十一两三钱六分五厘，应即遵照奏案拨还电线工程短款，如有盈余，由善后局另款提存动用。至局用一款，遵奉部复，按照收数一成开支，并无盈溢。据台湾布政使沈应奎会同全台税厘局司道核详请奏前来。

臣覆查无异，除将清册分送部、科外，所有台属百货厘金自

① 中国第一历史档案馆藏：《朱批原件》，档案编号：04-01-35-0404-059.

② 中国第一历史档案馆藏：《军机录副》，档案编号：03-6374-026.

光绪十六年正月起至六月止上半年收支数目，谨会同闽浙总督臣卞宝第，恭折奏报，并缮清单，恭呈御览。伏乞皇上圣鉴。谨奏。光绪十六年十月初六日。

（朱批）：户部知道，单并发。[①]

光绪十六年十一月二十四日，奉朱批：户部知道，单并发。钦此。[②]

## 一一五　呈光绪十六年上半年厘金收支清单

光绪十六年十月初六日（1890 年 11 月 17 日）

谨将台湾自光绪十六年正月起至六月止收支厘金数目开单，恭呈御览。

谨开：

收款项下：

一、收百货厘金银六万三千六百四十五两九钱六分一厘。

以上共收银六万三千六百四十五两九钱六分一厘。

支款项下：

一、支给南北各局卡开销局用银六千三百六十四两五钱九分六厘。

一、解水陆电线工程银五万七千二百八十一两三钱六分五厘。

以上共支银六万三千六百四十五两九钱六分一厘。

（朱批）：览。[③]

① 中国第一历史档案馆藏：《朱批原件》，档案编号：04-01-35-0567-045.

② 中国第一历史档案馆藏：《军机录副》，档案编号：03-6502-061.

③ 中国第一历史档案馆藏：《清单》，档案编号：03-6502-063.

# 一一六　奏报十五年钱粮未完一分以上职名折

光绪十六年十月初六日（1890 年 11 月 17 日）

太子少保兵部尚书福建台湾巡抚一等男臣刘铭传跪奏，为台湾省光绪十五年分钱粮奏销各属未完一分以上职名开单，恭折仰祈圣鉴事。

窃查闽省抄案内开：奉准部咨，令将经征钱粮未完一分以上各员，于每年奏销例限以前，先行开单奏报等因。兹届光绪十五年分奏销，据台湾布政使沈应奎将各属该年存留起运钱粮经、接征未完一分以上各员额征完欠各数，开单造册，详请奏报，并声明台湾光绪十四年奏销，因分省方始，举办清丈，业已展至十五年底始行造办。今十六年接续跟办，自十五年奏销，又值添设郡县、划界分征诸务纠纷之时，上下催趱赶办，现副造报，实已不遗余力等情，前来。

臣覆核无异，除册送部外，谨会同闽浙总督臣卞宝第，恭折具奏，并缮清单，敬呈御览。伏乞皇上圣鉴，饬部核覆施行。谨奏。光绪十六年十月初六日。

（朱批）：户部议奏，单并发。①

光绪十六年十一月二十四日，奉朱批：户部议奏，单并发。钦此。②

---

① 中国第一历史档案馆藏：《朱批原件》，档案编号：04-01-35-0100-002.

② 中国第一历史档案馆藏：《军机录副》，档案编号：03-6237-050.

## 一一七　呈各属上年未完一分以上职名清单

光绪十六年十月初六日（1890 年 11 月 17 日）

谨将台湾省光绪十五年分钱粮奏销未完一分以上各职名开单，恭呈御览。

谨开：

钱粮项下：

未完一分以上：

卸事：经征署印官署安平县事即用知县范克承；

经征署印官署凤山县事本任宁德县知县张兆芝；

接征署印官署凤山县事补用知县高晋翰。

未完二分以上：

代理：经征代理官代理嘉义县事补用同知包容。

（朱批）：览。[①]

## 一一八　请以李联珪补授云林知县缘由折

光绪十六年十月初六日（1890 年 11 月 17 日）

头品顶戴闽浙总督臣卞宝第、太子少保兵部尚书福建台湾巡抚一等男臣刘铭传跪奏，为拣员请补海疆新设知县员缺，恭折仰祈圣鉴事。

窃准吏部咨：调缺福建台湾云林县知县添设，光绪十五年十

① 中国第一历史档案馆藏：《清单》，档案编号：03-6237-051.

月初七日奉旨等因，应以奉旨后第五日行文起，扣至十一月二十二日，作为出缺日期，应归十一月分截缺，业于十二月分截缺案内补报咨部在案。所有云林县系台湾新设调缺，逼近内山，烟瘴较重，必须遴选能耐烟瘴、精明干练、熟悉该处民番风土情形之员，方可胜任。

臣等督同台湾司道查得闽省现任知县各员，非现居要缺，即人地未宜，一时堪调乏员。复于各项候补知县班内逐加遴选，查有现代云林县候补班前补用知县李联珪，年四十一岁，江西临川县监生，遵筹饷例，捐未入流分发江苏，赴部验看，光绪二年十月十七日领照到省。十二年，饬调来台差遣。十四年，在台北遵郑工例报捐府经历指分福建试用，在台剿办番社出力，保请免补本班，以知县留原省归候补班前补用。十六年正月二十三日，接奉部覆：十五年十二月二十日奉旨：依议。钦此。旋委代云林县知县，兼办该处抚垦事宜。臣等会查得该员李联珪，办事干练，能耐烟瘴，现代斯缺，于该处建城、划界、抚绥、招垦事宜均资得力，民番、风土情形亦均熟悉，以之请补云林县知县，洵堪胜任。

惟由指分福建试用府经历保举知县，尚未赴部引见，于例稍有未符。第人地实在相需，合无仰恳天恩，俯念海疆新设员缺紧要，准以候补班前补用知县李联珪补授云林县知县，实于地方有裨。如蒙俞允，该员系候补班前补用知县尚未请咨引见请补知县，应俟奉准，再行给咨送部引见。该员系初任人员，仍令试署期满，另请实授，并免核计参罚。据台湾司道会详前来。

臣谨合词恭折具奏。伏乞皇上圣鉴，敕部核覆，施行。谨奏。光绪十六年十月初六日。

（朱批）：吏部议奏。[1]

光绪十六年十一月二十四日，奉朱批：吏部议奏。钦此。[2]

## 一一九　请将守备卓光锐革职审办缘由片

光绪十六年十月初六日（1890年11月17日）

再，据淡水县知县李淦详称：千总颜鸿斌呈报：寓所于光绪十六年六月十三日被窃案内，获犯何生财、卓光锐二名，起赃给主认领，并究出卓光锐，称系由武童历保至花翎补用守备。诘其如何伙窃，供犹含糊，显系恃符狡展。追缴原保奖札，由台湾道兼按察使衔唐景崧详请奏革审办等情，前来。

臣覆查无异，实属不守官箴。相应先行请旨将花翎补用守备卓光锐即行革职审办，以肃官方。除咨部外，谨附片具陈。伏乞圣鉴，训示。谨奏。

（朱批）：着照所请，该部知道。[3]

光绪十六年十一月二十四日，奉朱批：着照所请，该部知道。钦此。[4]

【案】此奏片之具奏日期及具奏者，原件仅署“光绪十六年”，未署具奏者；而录副则“光绪十六年十月初六日”，具奏者为刘铭传。兹据朱批日期“光绪十六年十一月二十四日”查《军机处随手登记档》[5] 朱批卞宝第、刘铭传折栏，内即有此片，栏首署有“报四百里，十月初六

① 中国第一历史档案馆藏：《朱批原件》，档案编号：04-01-12-0549-032.

② 中国第一历史档案馆藏：《军机录副》，档案编号：03-5271-082.

③ 中国第一历史档案馆藏：《朱批原件》，档案编号：04-01-12-0549-033.

④ 中国第一历史档案馆藏：《军机录副》，档案编号：03-5873-097.

⑤ 中国第一历史档案馆藏：《军机处随手登记档》，档案编号：03-0265-1-1216-334.

日发”等字样。据此，此奏片之具奏日期当为“光绪十六年十月初六日”，具奏者当为卞宝第、刘铭传无疑。兹据校正。

## 一二〇　奏委李淦等署理知县员缺缘由片

光绪十六年十月初六日（1890年11月17日）

再，署凤山县知县李麟图调省另候差委。所遗凤山县缺，兹查有淡水县知县李淦，勤求治理，任内并无承缉盗案将届四参限满以及经征钱粮降调处分，堪以调署。递遗淡水县缺，查有开复候补通判吴元韬，堪委署理。据台湾布政使沈应奎、台湾道兼按察使衔唐景崧会详请奏前来。

除檄饬遵照外，理合会同兼管福建巡抚事闽浙总督臣卞宝第，附片具陈。伏乞圣鉴，训示。谨奏。

（朱批）：吏部知道。[①]

光绪十六年十一月二十四日，奉朱批：吏部知道。钦此。[②]

【案】此奏片之具奏日期及具奏者，原件仅署“光绪十六年”，未署具奏者；而录副则“光绪十六年十月初六日”，具奏者为刘铭传。兹据朱批日期“光绪十六年十一月二十四日”查《军机处随手登记档》[③]朱批卞宝第、刘铭传折栏，内即有此片，栏首署有“报四百里，十月初六日发”等字样。据此，此奏片之具奏日期当为“光绪十六年十月初六日”，具奏者当为卞宝第、刘铭传无疑。兹据校正。

① 中国第一历史档案馆藏：《朱批原件》，档案编号：04-01-12-0549-034.

② 中国第一历史档案馆藏：《军机录副》，档案编号：03-5873-098.

③ 中国第一历史档案馆藏：《军机处随手登记档》，档案编号：03-0265-1-1216-334.

## 一二一　查明在台阵亡副将刘朝带官阶缘由片

光绪十六年十月初六日（1890 年 11 月 17 日）

再，查副将刘朝带进山开路中伏阵亡一案，光绪十五年十月二十日，奉上谕：副将刘朝带着照总兵阵亡例，从优议恤等因。钦此。嗣准部复，以全台生番一律归化保奖案内花翎游击衔都司刘朝带，请免补参将、游击，以副将尽先补用，经部改为免补都司，以游击尽先补用在案。今仍声叙副将，核与该员保奖官阶不符，是否另案续保副将官阶，应令查明报部，再行核议等因。

伏查刘朝带由花翎游击衔都司于光绪十五年二月间全台生番一律归化请奖案内，经臣奏奉谕旨着免补参将、游击，以副将尽先补用。十五年九月，该员带兵进山开路，中伏阵亡，又经奏请议恤。十五年十月，接准闽浙督臣转准兵部咨：刘朝带请免补参将、游击，以副将尽先补用，改为免补都司，以游击尽先补用等因。该员阵亡在前，奉准部复核改在后，当时奏报阵亡，系照先奉谕旨官阶声叙，并无另案续保副将。

除咨复兵部外，理合附片具陈。伏乞圣鉴，饬部核议施行。谨奏。

（朱批）：兵部议奏。[①]

光绪十六年十一月二十四日，奉朱批：兵部议奏。钦此。[②]

【案】此奏片之具奏日期及具奏者，原件署“光绪十六年十月十六日”，未署具奏者；而录副则“光绪十六年十月初六日”，具奏者为刘铭

---

① 中国第一历史档案馆藏：《朱批原件》，档案编号：04-01-16-0231-050.

② 中国第一历史档案馆藏：《军机录副》，档案编号：03-5873-099.

传。兹据朱批日期“光绪十六年十一月二十四日”查《军机处随手登记档》① 朱批卞宝第、刘铭传折栏，内即有此片，且栏首署有“报四百里，十月初六日发”及此片右上方注有“以下刘单衔”等字样。据此，此奏片之具奏日期当为“光绪十六年十月初六日”，具奏者当为刘铭传无疑。兹据校正。

## 一二二　奏报新海防捐输第二次收捐请奖缘由折

光绪十六年十月二十三日（1890 年 12 月 4 日）

太子少保兵部尚书福建台湾巡抚一等男臣刘铭传跪奏，为台湾办理新海防捐输第二次收捐银数，恳恩饬部核奖，以昭激劝，恭折仰祈圣鉴事。

窃准户部咨：议奏海军衙门具奏停止郑工捐输，开办新海防事例，仍由部库及各直省收捐一折，奉旨：依议。钦此。等因。咨行到台，遵经转饬开办，业将第一次收捐正项银数造册奏咨请奖在案。旋又准户部咨：议奏御史何福堃奏顺、直灾重，请将新海防捐输拨归赈务，以备春抚应用一折，奉旨：依议。钦此。相应刊录原奏，飞咨查照。所有外省开办之新海防捐输，自开例起，截至本年七月底止，统共收银若干，先将确数报部查核。其自八月初一日起至十月底止，既经奏准拨归赈务，此三个月内所收捐款，将来亦须截清数目，专案报部。至十一月以后收捐银两，仍应照旧办理等因。转行遵办去后。

兹查新海防捐输自本年四月初六日接办起，截至七月底止，复据捐员陈璠等报捐实职、贡监生等项，共收正项实银二千九百

① 中国第一历史档案馆藏：《军机处随手登记档》，档案编号：03-0265-1-1216-334.

一十七两二钱，先填司印实收发领，应即遵照部行截数造报。所收捐输正项，现已另款存储，听候提解。据台湾善后局司道作为新海防第二次造册，详请奏咨前来。

合无仰恳天恩，俯准敕部分别核奖，缮颁执照，发台换给，以昭激劝。除将请奖清册同截存副实收分送部、监核办并咨呈海军衙门查照外，臣谨恭折具陈。伏乞皇上圣鉴，训示。谨奏。光绪十六年十月二十三日。

（朱批）：户部议奏。[①]

光绪十六年十一月十七日，奉朱批：户部议奏。钦此。[②]

## 一二三　请奖办理台湾清赋出力员绅缘由折

光绪十六年十月二十三日（1890 年 12 月 4 日）

太子少保兵部尚书福建台湾巡抚一等男臣刘铭传跪奏，为台湾清赋全功告竣，请奖在事尤为出力员绅委系核实，谨再详细开单，恳恩准照原保给奖，以示鼓励而免向隅，恭折仰祈圣鉴事。

窃准吏部咨：文选司案呈：所有台湾清赋全功告竣出力各员请奖，应令核实删汰，遵旨覆奏一折，光绪十六年八月十四日具奏，奉旨：依议。钦此。粘连原奏，知照到台。伏查清丈一事，内地一州一邑，往往举办多年不睹成效，台湾广袤千余里，自入版图，未经查丈。旧征粮额一十八万三千两，不足供地方之用。自奉旨改立行省，海疆关重，经费尤繁，臣始于光绪十二年间奏请清丈，为经久自立之计。台地旧无图册可考，民间各管各业，

① 中国第一历史档案馆藏：《朱批原件》，档案编号：04-01-01-0976-063.

② 中国第一历史档案馆藏：《军机录副》，档案编号：03-6119-110.

琐屑纠葛，棼如乱丝，今于三年之间丈田给单，绘图造册，一律完竣。本年奏销十五年新粮，各属征收均至七八成以上，从此粮额大定，正供有盈，筹抚筹防，缓急可恃。此实仰蒙恩谕准其奖叙，得使人材鼓舞，群策群力，聚精会神，方克臻此。

先以全功告竣，开列出力各员，分别劳绩，奏请奖叙。兹准吏部议复，饬令核实删汰，不得逾前奏内地三十余人、每县绅士数人之数等因。在部臣自为慎重名器起见，而臣身膺疆寄，亦何敢以国家逾格之荣市恩僚属？

查臣前奏各县选派绅士数人，核计现保单内绅士不过七八十人，并无逾溢。至内地三十余人，系指调取而言。台湾原有就地委用及投效人员，类皆熟悉地方情形，正宜趋事赴功，岂可转予弃置？且原奏所称先行编查保甲，就户问粮，一俟田亩查明，再行逐户清丈等语，尚系举办之始，先行编查情形。若至逐户清丈之时，原奏业经声明设立清赋总局，督率办理。全台一州二厅十一县清丈之后，继以抽查复丈、科算粮额、核给丈单、绘图造册等事，是岂数十人所能竟此全功？

臣督率司道详加查核，所保在事出力之同知潘成清等一十二员，系属派办总局兼令随时分赴各属抽查复丈等项事件。主事吴鸿藻、参将陈同泰等四十八员，派办台湾府属清赋事件。知州窦以筠、游击杨泗洪等七十二员，派办台南府属及台东州清赋事件。县丞汤绍斌、游击萧大纶等六十员，派办台北府属清赋事件。以上文武共一百九十二员，均系尽心竭力，手胼足胝，昼夜辛勤，始终在事。他如道员林汝梅、世职沈文熊等一百九十四员，分派总局及各局随同办理，所著劳绩亦皆切实不虚，委无冒滥。既有劳绩足录，即应奖叙不遗。若使甄别稍偏，不足以昭激劝。至其任事之优次，先已分别等差，不敢概邀异常。其余出力稍次员弁，已经核实删汰，酌给外奖。据台湾布政使沈应奎、台湾道兼按察使衔唐景崧将前保各员派办地方事件详细开单具详前来。

相应仰恳天恩，俯念海外清赋成功迅速，正供盈溢，裨益实多，准将在事出力各员仍照原保给奖，以示鼓励而免向隅。谨会同闽浙总督臣卞宝第，恭折具陈，并缮清单，恭呈御览。伏乞皇上圣鉴，训示。

再，此案各员衔名、履历先经咨部在案。其知县孙渥、守备刘朝举等八员业经病故，已于单内扣除，合并陈明。谨奏。光绪十六年十月二十三日。

（朱批）：该部议奏，单二件并发。[①]

光绪十六年十一月十七日，奉朱批：该部议奏，单二件并发。钦此。[②]

## 一二四　呈台湾清赋出力武职各员请奖清单

光绪十六年十月二十三日（1890 年 12 月 4 日）

谨将台湾清赋全功告竣，遵旨汇案请奖在事尤为出力员绅，派办地方事件，详细开单，恭呈御览。

谨开：

派办台湾府属清赋异常出力各员：

副将衔留甘尽先补用参将陈同泰，拟请免补参将，以副将留闽尽先补用。

① 中国第一历史档案馆藏：《朱批原件》，档案编号：04-01-35-0100-010.

② 中国第一历史档案馆藏：《军机录副》，档案编号：03-5271-051.

尽先补用游击刘绍华，拟请免补游击，以参将留闽尽先补用。

守备靳理香，尽先千总已保尽先补用守备卞友胜，均拟请免补守备，以都司尽先补用。

武举许肇清，拟请以守备用。

尽先外委温思恭，五品军功尽先外委詹庆祥，五品军功林雯，六品军功杨芝兰、方本光。以上五名，均拟请免补外委，以把总尽先补用。

已革都司衔蓝翎尽先守备周在位，拟请开复原官原衔翎枝。

派办台南府属清赋异常出力各员：

尽先补用游击杨泗洪，拟请免补游击，以参将留闽浙尽先补用。

参将衔安徽抚标补用游击李运昌，拟请免补本班，以参将仍留原省原标尽先补用。

蓝翎守备已保尽先补用都司朱德宏、申维泰，均拟请免补都司，以游击尽先补用。

尽先补用守备郑超英、李甫臣，守备用尽先千总已保免补千总尽先补用守备张家德，留闽补用千总已保尽先补用守备吴永宗。以上四名，均拟请免补守备，以都司尽先补用。

升用守备福建台协水师营尽先千总毕松林，拟请免补守备，以都司仍留原省原标尽先补用。

尽先千总高鸿飞，尽先外委已保尽先补用千总李大元、张春发。以上三名，均拟请免补千总，以守备留闽浙尽先补用。

升用把总已保尽先千总杨国安，五品蓝翎把总已保尽先千总陈坤，均拟请免补千总，以守备尽先补用。

山东尽先千总补缺后以守备用沈百贤，拟请免补千总，以守备尽先补用，并赏加都司衔。

尽先把总刘兴隆、汪赓扬，尽先外委已保尽先补用把总刘广凤、晁燕明，六品军功外委已保蓝翎把总汪人炬。以上五名，均拟请免补把总，以千总尽先补用，汪人炬并赏加守备衔。

留闽补用外委已保蓝翎尽先拔补把总黄以潼，拟请免补把总，以千总留闽尽先补用。

台湾道标营右哨二司外委署本营把总周蒋英，台湾下淡水营左哨把总李任馨，均拟请以千总尽先补用。

尽先外委赵衍广，六品军功桂周如、盛广恩。以上三名，均拟请免补外委，以把总尽先补用。

参将衔已革花翎补用副将直隶督标尽先参将武青龙，已革花翎副将衔两江尽先游击皖南镇标右营都司吴天才，均拟请开复原官原衔翎枝。

派办台北府属清赋异常出力各员：

副将衔补用参将萧大纶，拟请免补参将，以副将留闽尽先补用。

尽先补用守备徐福轩、王廷理，均拟请免补守备，以都司尽先补用。

闽浙尽先补用守备世袭云骑尉萨胪芳，拟请免补守备，以都司仍留原省原标尽先补用。

守备衔留闽补用千总刘嘉辉，拟请免补千总，以守备仍留原省尽先补用。

尽先把总蒋福胜，拟请免补把总，以千总尽先补用。

福州城守营右军把总江泗，拟请免补把总，以千总仍留原省原标尽先补用。

四品衔五品军功陈景崧，拟请以千总尽先补用。

尽先外委张宝林，五品军功潘玉昆，五品军功外委黄金魁。以上三名，均拟请免补外委，以把总尽先补用。

以上五十名，分派清丈田亩，科算钱粮，核给丈单，绘造图册，尤为出力，遵旨请照异常劳绩核奖。

派办台湾府属清赋出力各员：

世袭云骑尉沈文熊，拟请赏加四品衔。

武生陈上达，拟请以把总尽先补用。

派办台南府属清赋出力各员：

福建台湾嘉义营千总欧阳升，拟请以守备尽先即补。

六品军功刘希敏，武童任桂清，均拟请以外委尽先拔补。

以上五名，办理丈田给单稽核册案出力，请照寻常劳绩核奖。

（朱批）：览。[①]

## 一二五　呈台湾清赋出力文职各员请奖清单

光绪十六年十月二十三日（1890年12月4日）

谨将台湾清赋全功告竣，遵旨汇案请奖在事尤为出力员绅，派办地方事件，详细开单，恭呈御览。

谨开：

派办清赋总局兼随时分赴各属抽查复丈异常出力各员：

指分浙江试用同知潘成清，知府衔指分江苏试用同知舒体元，均拟请免补本班，以知府各留原省，归候补班前补用。

补用知府选用同知沈翊清，拟请免选本班，以知府不论双单

① 中国第一历史档案馆藏：《清单》，档案编号：03-5271-052.

月遇缺尽先前选用。

选用知县疏銮，拟请免选本班，以同知不论双单月遇缺尽先前即选。

提举衔知县用福建补用府经历吕兆璜，福建补用县丞龚子廉，均拟请免补本班，以知县留原省，归候补班前先补用。

补用知县福建补用府经历张世缃，补用知县福建补用县丞倪源寿，均拟请免补本班，以知县留原省补用。

分省补用巡检王保临，拟请免补本班，以县丞分省补用。

选用巡检黄华，拟请免选本班，以县丞不论双单月尽先选用。

已革知府用江苏候补同知直隶州知州蒋瑛，拟请开复原官升阶。

已革蓝翎同知衔广东徐闻县知县嵩寿，拟请开复原官衔翎。

派办台湾府属清赋异常出力各员：

选用主事吴鸿藻，拟请免选主事，以直隶州知州选用。

选用中书科中书陈绶藻，拟请免选本班，以同知不论双单月尽先选用。

补用知府江苏试用同知翁秉钧，拟请仍以同知留原省，归候补班尽先补用。

选用知州张云锦，拟请免选本班，以同知直隶州不论双单月尽先前选用。

四品衔福建候补班前先补用通判黄承乙，拟请免补本班，以直隶州知州仍留原省补用。

提举衔补用运判祝传望，拟请仍以运判归候补班尽先前补用。

六品衔选用知县陈长庆，拟请免选本班，以直隶州知州不论双单月遇缺前先选用。

江苏候补按经历安炳耀，拟请免补本班，以知县仍留原省补用。

五品顶戴选用县丞吴承泽，拟请免选本班，以知县不论双单月尽先前选用。

福建海防先用府经历杨锡霖，福建补用县丞林清漪，江苏分缺先县丞蒋咏棠，安徽试用县丞龚煌。以上四名，均拟请免补本班，以知县各留原省，归候补班前先补用。

福建试用府经历林锡圭，江西试用县丞程志清，均拟请免补本班，以知县各留原省补用。

江西试用县丞王作霖，拟请仍以县丞留原省，归候补班前先补用，俟补缺后以知县补用。

补用知县两淮候补盐大使翁庆麟，拟请免补本班，以知县仍留原省，归候补班前补用。

优贡本班先教职丁仁炜，训导黄炳麟，均拟请免选本班，以教谕不论双单月尽先选用。

选用巡检梁端、王运新，选用从九品曹昭榜、娄之骏。以上四名，均拟请免选本班，以县丞不论双单月尽先选用。

补用县丞福建候补巡检何廷桢，山东试用巡检章懋祥，福建试用从九品曹祖荫。以上三名，均拟请免补本班，以县丞各留原省，归候补班前补用。

福建试用府司狱刑旭华，福建候补巡检咨署拣东巡检罗树勋，均拟请俟补缺后，以县丞补用。

选用从九品林承宗，拟请俟选缺后，以县丞用。

福建试用典史邓鸿熙，拟请以本班仍留原省，归候补班前先补用。

已革花翎四品衔顺天府管粮通判周之辰，拟请开复衔翎。

降选州同前广东补用知府罗定直隶州知州范麓轩，已革江苏前先补用知州尽先补用通判刘度，降选府经历县丞前陕西补用知州候补通判吴世泽。以上三名，均拟请开复原官升阶。

降选府经历县丞前四川候补知县陈家浚，拟请开复原官。

已革同知衔广东会同县知县王楙官，拟请开复原官原衔。

革职福建补用县丞汪守桢，拟请开复到省逾限革职处分，仍以县丞归福建用。

派办台南府属清赋异常出力各员：

直隶补用知州窦以筠，拟请免补本班，以同知直隶州仍留原省前先补用。

本任福建永春直隶州州同孙传兖，拟请开缺，以同知留原省，归候补班前补用。

同知衔福建补用通判管元善，拟请免补本班，以同知仍留原省补用。

分省试用知县党凤冈，拟请免补本班，以直隶州知州分省，归候补班补用。

五品衔河南补用知县刘朝宗，拟请免补本班，以同知直隶州仍留原省，归候补班前补用。

福建试用府经历毛赓治，补用知县福建试用县丞陈璠，均拟请免补本班，以知县各留原省，归候补班前先补用。

江苏试用县丞张国垣，拟请免补本班，以知县留原省补用。

议叙分省试用县丞法德佩，拟请仍以县丞分省，归候补班补用。

福建候补县丞汪圻，江苏试用县丞汤东晖，均拟请仍以县丞各留原省，归候补班前先补用。

五品顶戴福建补用县主簿吴炳勋，拟请免补本班，以府经历仍留原省补用。

选用从九品王河屏、汤蓝生，均拟请免选本班，以府经历不论双单月尽先选用。

选用巡检刘殿英，选用从九品梁鹏翊、王棣、马常龄、李树荣。以上五名，均拟请免选本班，以县丞不论双单月尽先选用。

福建试用巡检姚榕，拟请免补本班，以府经历县丞仍留原省补用。

福建试用从九品范嘉安、吴光源，均拟请免补本班，以府经历仍留原省尽先前补用。

六品顶戴福建补用巡检陈庆清，福建候补巡检吴炳辉，福建试用从九品程扬烈、吴继良、谭元章，五品衔江苏补用从九品戴天恩。以上六名，均拟请免补本班，以县丞各留原省，归候补班前补用。

安徽补用按司狱包惠畴，拟请俟补缺后，以府经历补用。

六品衔福建补用府照磨朱文蔚，六品顶戴福建海防先用巡检俞鹏，福建海防新班巡检白驹良、胡信湘，福建候补从九品潘履亨、余宠，六品顶戴福建试用从九品徐堃。以上七名，均拟请俟补缺后，以县丞补用。

浙江前安溪务税课大使安炳文，拟请以县丞仍留原省补用。

福建试用从九品吴文灿、杨懋修，兼袭云骑尉安徽试用从九品冯葆真。以上三名，均拟请以巡检各留原省，归候补班前补用。

补用兵马司吏目彭昌治，拟请免补本班，以县主簿不论双单月选用。

福建试用典史张彬煌、蔡昌言，均拟请以本班仍留原省，归候补班补用。

已革四川即用知县江昶荣，拟请开复原官。

派办台北府属清赋异常出力各员：

选用府经历县丞汤绍斌，选用县丞陈镇勋，均拟请免选本班，以知县不论双单月尽先前选用。

福建试用府经历史鉴清，五品顶戴福建候补班前县丞张霨，理问衔福建补用县丞范启元，广东试用县丞谢谦。以上四名，均拟请免补本班，以知县各留原省，归候补班前先补用。

湖北补用府经历王秉寿，补用知县福建补用县丞张正清，福建试用县丞胡守正。以上三名，均拟请免补本班，以知县各留原省补用。

理问衔福建试用县丞雷维熙，拟请仍以县丞留原省，归候补班前先补用。

福建试用府经历钮承藩，拟请仍以府经历留原省，归候补班补用。

指分广东盐引批验所大使吕兆奎，拟请俟到省后，归候补班前先补用。

候选教谕陈际唐，拟请免选本班，以知县不论双单月选用。

荫生主簿林天枢，拟请俟入监读书期满后，免选主簿，以县丞不论双单月选用。

贵州试用主簿雷锡庚，拟请免补本班，以县丞仍留原省补用。

选用巡检黎培泽，拟请免选本班，以府经历县丞不论双单月选用。

选用从九品吕鸣源，拟请免选本班，以府经历不论双单月尽先选用。

选用巡检黄翥、何凤琪、李锡年、黎凤鸣、张庆云、方熊，七品顶戴选用从九品汪金波。以上七名，均拟请免选本班，以县丞不论双单月尽先选用。

福建试用从九品李受禄，拟请免补本班，以府经历县丞仍留原省补用。

福建补用巡检胡广思、蒋朝珽，湖北巡检王镇、彭守荣，六品顶戴福建试用从九品涂步云。以上五名，均拟请免补本班，以县丞各留原省，归候补班前补用。

江苏试用从九品雷星樵、张楷，均拟请免补本班，以县主簿仍留原省补用。

福建试用巡检徐铭森、王增华，福建候补从九品沃晋。以上三名，均拟请俟补缺后，以县丞补用。

选用巡检刘朝标，拟请俟选缺后，以县丞在任前先补用。

选用从九品黄作霖，拟请俟选缺后，以县丞用。

本任福建武平县永平巡检任德溥，拟请以县丞在任归候补班前先补用。

六品衔调署大甲溪巡检本任淡水县典史朱岱源，拟请以府经历县丞在任候补。

福建试用按照磨方祖彝，广东候补府司狱王崧龄，福建试用从九品李忠文、叶范。以上四名，均拟请以本班各留原省，归候补班前补用。

福建试用从九品陈膺森，拟请以巡检仍留原省，归候补班前补用。

分发补用从九品张承泽，拟请以巡检分省，归候补班前先补用。

六品顶戴分省补用典史马甫臣，拟请免补本班，以县主簿分省补用。

福建试用典史方刚，福建候补未入流杨锡爵，均拟请以本班仍留原省，归候补班前先补用。

已革福建试用巡检邓秉镎，拟请开复原官。查该员邓秉镎，前单底衔开列福建候补典史系属错误，兹经更正。理合陈明。

以上一百四十二名，清丈田亩，科算钱粮，核给丈单，绘造图册，尤为出力，遵旨请照异常劳绩核奖。

派办清赋总局兼随时分赴各属抽查复丈出力各员：

选用道林汝梅，广东补用道陈霞林，分省补用道张士瑜。以上三名，均拟请赏加三品衔。

福建候补直隶州知州周传辉，拟请俟补缺后，以知府补用，先换顶戴。

福建候补知县姚近范，拟请俟补缺后，以同知前先补用。

福建候补知县刘威，拟请俟补缺后，以直隶州知州前先补用，先换顶戴。

大挑教谕孙阀禧，拟请俟得缺后，以知县不论双单月在任候选。

候选训导邹国琛，拟请仍以本班不论双单月尽先选用。

理问衔监生余扬名，县丞衔瞿光焯，均拟请以县丞不论双单月尽先选用。

廪贡生闻澧，廪生洪文光，均拟请以训导不论双单月尽先选用。

监生吴端、林佑，文童黄源清、宋廷燮，五品顶戴文童林书钦。以上五名，均拟请以巡检不论双单月尽先前选用。

监生胥鸣岐、陈羲朗，文童汪谦、汪翰、侯国泰、蒋璋、吕昆，六品军功文童何容。以上八名，均拟请以从九品不论双单月尽先前选用。

派办台湾府属清赋出力各员：

兵部郎中林文录，拟请赏加道衔。

道衔分部郎中蔡占鳌，二品顶戴选用道林朝栋，均拟请交部从优议叙。

选用知府陈同书，拟请俟得缺后，以道员用。

福建补用同知本任泰宁县知县罗东之，拟请俟补同知后，以知府补用。

知府衔指分广东试用同知吴朝阳，拟请俟补缺后，以知府升用。

江西候补通判胡先翥，拟请俟补缺后，以同知直隶州补用，先换顶戴。

五品翎顶遇缺前先选用知县龙赞纲，选用知县沈锡藩，均拟请俟得缺后，以同知直隶州升用。

五品衔候补班前知县福建台南府经历陈世烈，拟请俟补知县后，以应升之缺升用。

议叙先用府经历罗运泰，拟请俟得缺后，以通判补用。

尽先选用县丞向士瀛，拟请仍以县丞归劳绩班前先选用。

候选县丞叶大镛、邹逢权，均拟请俟得缺后，以知县补用。

福建候补县丞本任安平县典史邢植东，福建试用县丞谭应岳、范祖洛，五品顶戴甘肃候补班前县丞官炳培，升用知县甘肃遇缺先县丞陶忠祎。以上五名，均拟请俟补缺后，以知县补用。

选用县丞沈鸿年，指分河南试用县丞刘士元，均拟请赏加五品顶戴。

优贡考取教职曾宗亮，拟请以本班不论双单月尽先选用。

选用教谕王金寿，拟请俟得缺后，以知县不论双单月在任候选。

候选训导刘凤翔、郑景奇、吴鸿宾。以上三名，均拟请仍以本班不论双单月尽先选用。

候选从九品曾传赞，拟请以巡检不论双单月尽先选用。

选用未入流韩宝垣，拟请仍以本班尽先前选用。

同知衔杨鹤年，拟请以布经历选用。

廪生赖万清、潘元杰，从九衔增生陈上治。以上三名，均拟请以训导不论双单月尽先前选用。

增生梁朝东、陈绍年、邱龙章。以上三名，均拟请赏加训导衔。

附贡生沈锡绶，附生雷其杰、陈一昌、吴兆栋、邱为舟。以上五名，均拟请以县丞不论双单月尽先前选用。

附生方象堃、张纲、万祖荫，监生罗琦、赵志立，文童沈仁濂、陈仁泰、潘枚，五品顶戴文童汪福昌，从九衔罗赞勋。以上十名，均拟请以巡检不论双单月尽先前选用。

文童曾宗浻，五品顶戴文童陈鸿英，均拟请以从九品不论双单月尽先前选用。

派办台南府属清赋出力各员：

内阁中书陈日翔，拟请赏加五品衔。

五品衔工部主事徐德钦，拟请交部从优议叙。

福建候补同知龙景惇，拟请赏加知府衔。

福建候补知县李联珪，拟请俟得缺后，以同知在任前先补用，先换顶戴。

安徽试用知县许崇贵，拟请俟补缺后，以知州用。

拔贡就职直隶州州判杨振烈，拟请赏加五品衔。

候选县丞李玉树、施家贞、张凤文。以上三名，均拟请俟得缺后，以知县补用。

议叙二班后补用盐大使罗光蕭，拟请以本项应得之缺归入劳绩班遇缺即补。

大挑教谕黄懋和，举人就职教谕卢宗烈，拔贡就职教谕郭慎行。以上三名，均拟请各以本班不论双单月尽先选用。

五品顶戴县丞衔徐敬修，六品军功县丞衔吕启源，县丞衔吴宗濂。以上三名，均拟请以县丞不论双单月尽先选用。

举人卢尔德祥，拟请以知县不论双单月尽先选用。

拔贡生傅藻文，廪贡生张景录，廪生林维宜，增生陈锡瓒。以上四名，均拟请以训导不论双单月尽先前选用。

中书科中书衔附贡生胡保联，拟请以府经历县丞不论双单月选用。

附生蔡庆阶、周青藜、吴光祖、雷维澄，世袭云骑尉附生胡汝霖。以上五名，均拟请以县丞不论双单月尽先前选用。

贡生高保津，文童程瞻玉，五品顶戴文童高安义、陈国馨、张龙兰，六品军功文童吴永成。以上六名，均拟请以巡检不论双单月尽先前选用。

监生涂步墀，五品顶戴监生钟厚重、胡必达，文童彭守禄、朱曾礼，五品顶戴文童李联玠、何复胜、邓来仪，六品军功文童陈经诒、张堃、林培烇、雷其藻、黄亮功、聂盛鼎，六品顶戴从九衔敖鸿沂，从九衔刘青照、袁继铣、周康寿。以上十八名，均拟请以从九品不论双单月尽先前选用。

五品顶戴监生庄温，拟请赏加同知衔。

理问衔监生吕兆琪，拟请赏加五品顶戴。

派办台北府属清赋出力各员：

前甘肃河州知州李望洋，拟请赏加四品衔。

福建候补知县沈继曾，同知衔浙江即用知县杨士芳，均拟请俟补缺后，以同知前先补用。

福建候补知县李淦，拟请交部从优议叙。

五品衔候选府经历周桂增，拟请俟选缺后，以知县用。

福建台湾府经历林桂芬，拟请以知县在任候补。

五品顶戴府经历陈其德，拟请赏加五品衔。

候选县丞郑如汉，双月选用县丞陈煦湘，均拟请俟得缺后，以知县补用。

东河分缺先用县丞潘钟麟，拟请俟补缺后，以知县补用。

开复理问衔前广东顺德县丞王猋，拟请俟得缺后，以知县用。

选用县丞魏邦勋，拟请赏加六品顶戴。

大挑教谕张忠侯，拟请俟得缺后，以知县不论双单月在任候选。

选用教谕陈儒林，拟请赏加内阁中书衔。

双月候选训导杨宗浚，拟请仍以本班不论双单月尽先选用。

署正衔台湾新竹县训导施天钧，拟请以府经历县丞不论双单月在任候选。

前先选用训导庄鸿泽，拟请以训导归入劳绩班前先选用。

福建试用巡检梁衮夫，拟请俟补缺后，以县主簿用。

留陕补用从九品叶国钧，拟请以道仓大使仍留原省补用。

候选从九品唐明诰，拟请赏加六品顶戴。

福建试用未入流李兆镛，拟请俟补缺后，以巡检在任候补。

前先补用县丞福建试用未入流方世杰，拟请赏加六品顶戴。

同知衔布经历职衔杨际泰，拟请以布经历不论双单月选用，仍留同知衔。

县丞衔王弼、管毓德，拟请以县丞不论双单月尽先选用。

举人余绍赓，拟请以知县不论双单月遇缺尽先选用。

举人郑虞，拟请以教谕不论双单月前先选用。

举人陈浚芝，拟请赏加五品衔。

廪生林家声、陈朝龙，六品顶戴廪生郑以典。以上三名，均拟请以训导不论双单月尽先前选用。

增生潘镇，附生陈维青、王邦彦，五品军功附生陈嘉猷，六品顶戴附生陈受益，五品顶戴贡生陈炳奎。以上六名，均拟请以县丞不论双单月尽先前选用。

附生汪兴锡，拟请以县主簿不论双单月尽先前选用。

国子监典籍衔附生苏朝辅，拟请以国子监典籍用。

五品顶戴贡生张济川，监生李捷元，文童黄光第、富隆，五品顶戴文童雷毓桓，六品军功文童陈琦，从九衔鲁遂良，五品军功从九衔黄应麟。以上八名均，拟请以巡检不论双单月尽先前选用。

监生雷懋德，文童田福祺，六品军功文童吕骥、夏宝鋆。以上四名，均拟请以从九品不论双单月尽先前选用。

文童杨英麟、陈畴，均拟请以典史不论双单月尽先前选用。

员外郎职衔杨廷翰，同知衔林右藻，均拟请赏加四品顶戴。

州同衔吕锡荣、刘缉光、高廷琛，中书衔监生周家麟。以上四名，均拟请赏加五品顶戴。

以上一百八十九名，办理丈田给单、稽核册案出力，请照寻常劳绩核奖。

（朱批）：览。[①]

---

① 中国第一历史档案馆藏：《清单》，档案编号：03-5271-053.

## 一二六　奏报基隆煤矿饬商退办并筹议情形折

光绪十六年十月二十三日（1890 年 12 月 4 日）

太子少保兵部尚书福建台湾巡抚一等男臣刘铭传跪奏，为基隆煤矿遵旨饬商退办，并将筹议情形恭折复陈，仰祈圣鉴事。

窃臣于本年九月十三日承准军机大臣字寄：光绪十六年八月十五日，奉上谕：户部、总理各国事务衙门会奏，台湾煤矿招商承办章程种种纰缪，请饬停办一折。前以基隆煤矿刘铭传与英商订拟合同，办理粗率，当经降旨申饬，并谕令慎选贤员，另筹办法。该抚宜如何认真核实，妥为经理，乃此次所奏，仅称访招富商同官合办。迨章程送部后，经该衙门会同查核。其办法种种纰缪，所称可疑者三，必不可行者五，实属抉摘隐微，确中情弊。此事既经官商合办，自应官为主持，何以一切事宜悉授权于商人，官竟不能过问？且章程内既称各股皆系华人，何以总管矿务转用洋人？显有冒充影射情事。其开挖河道、自撤藩篱一节，更于海防大有关系。况以特旨饬令另议之件，该抚并不奏明请旨，辄即议立章程，擅行开办，尤非寻常轻率可比！刘铭传着交部议处。该抚接奉此旨，即将现办之局赶紧停止，不准迁延回护！从来创办重大事件，必应虑及久远，慎之于始，不可胶执己见，亦不可轻信人言。基隆煤矿久无成效，该抚务当熟思审虑，筹一妥善办法，明晰具奏，候旨定夺，勿再率意径行，致干重咎！户部会奏折，着抄给阅看。将此由四百里谕令知之。钦此。仰见圣恩宽厚，筹虑周详，跪聆之下，钦悚莫名！遵即饬令该商蔡应维等于九月二十日退办，一面委员接办。臣因久在病中，精神委顿，筹虑恐有未周，当饬司道会议办理情形去后。

兹据藩司沈应奎、台湾道唐景崧详称：查基隆出产煤炭，原地方自有之利，无奈人工过贵，民洞本属无多，农忙时半皆停歇，闲时始行开采。每值夏秋，民煤即少。前两江督臣沈葆桢因恐民煤不敷船政应用，故奏请于八斗地方由官开矿。惟官办从前每年亏折银十万两，近年竭力整顿，每年亦须亏折四五万两。委员党凤冈办理数月，适值春夏久晴，井中积水车干，出煤稍旺，每月亏折较少千余两。现查八斗老井煤炭已于本年六月告竭，仅存一井，出煤无几。商人蔡应维等禀请集资，同官合办，估用洋三十万元，另由暖暖地方开挖新井。煤矿利息本微，新井必须三年后始能见煤，十年后始能获利。

今商人退办，官若另开新矿，不独巨款难筹，以后逐年亏折之费亦难为继。倘停歇不办，不独船政乏煤应用，即台湾机器局、车路、轮船仅恃民煤，亦恐不能应手。中外商轮往来上海、香港，半由台湾添购烧煤，商务、关税因而起色。福泉沿海船户运盐来台，装煤回闽，盐价因而便宜。煤矿停歇，商船不过台湾，关税必减；盐船无货回载，盐价必贵。且一经停歇，煤矿工匠千余人未免遽失生计，历年购办机器矿本银十余万两，亦即全行弃置。

该司道等悉心筹画，刻下惟有暂仍其旧，督令委员格外撙节，认真经理，以济船政及官轮之需，仍随时察看，如果出产日绌，亏折日多，亦惟有遵照总理各国事务衙门前议，停止开采，俟筹有巨款，再于产煤丰旺之区另开新矿，以济利源而收成效等情，会详前来。

臣覆核无异，是否准照该司道筹议办理之处，伏候圣裁。除俟奉到部议再行恭折叩谢天恩外，所有基隆煤矿遵旨饬商退办并筹议情形，理合恭折复陈。伏乞皇上圣鉴，训示。谨奏。光绪十六年十月二十三日。

（朱批）：该衙门议奏。[1]

光绪十六年十一月十七日，奉朱批：该衙门议奏。钦此。[2]

## 一二七　奏报各属光绪十六年夏季雨水粮价情形折

光绪十六年十一月十八日（1890年12月29日）

太子少保兵部尚书福建台湾巡抚一等男臣刘铭传跪奏，为恭报台湾省各属光绪十六年夏季分晴雨、粮价情形，仰祈圣鉴事。

窃台湾各属晴雨、粮价，业经照章按季奏报至光绪十六年春季分止在案。兹届十六年夏季分汇办之期，查台湾府城十六年四月分得雨十次，五、六两月分均得雨十七次。台南府城四月分得雨九次，五月分得雨十三次，六月分得雨十九次。台北府城四月分得雨十一次，五月分得雨七次，六月分得雨十二次。此外，各厅县禀报晴雨情形大略相同。

内惟六月初一日台北府城及所属之基隆、淡水、新竹各厅县并划分台湾府属之苗栗县，与六月初六日台湾府属之台湾、彰化、云林各县，暨初五日台南府属之安平、凤山、嘉义、恒春各县，直达台东州，先后台风遍起，大雨倾盆，内山山水陡发，近山各县间有村舍被冲，伤失人口，沙石随水滚流，积压田园，情形甚重。幸早稻登场，晚禾未种，积水旋即消退，当经分别赈抚饬属督率农佃，设法挑复、勘办，一面将遭风被水情形恭折奏报在案。其米粮价值，并据台湾藩司沈应奎开册详送前来。

① 中国第一历史档案馆藏：《朱批原件》，档案编号：04-01-36-0107-037.

② 中国第一历史档案馆藏：《军机录副》，档案编号：03-9428-086.

臣覆加查核，台湾府属十六年四月分上、中、下米较三月分略增，五月分上、中、下米与四月分同，六月分上、中、下米较五月分稍减。台南府属四、五、六等月分上、中、下米均与三月分同。台北府属四月分上、中、下米较三月与五月较四月暨六月较五月，均各递减。

臣谨恭折具陈，并缮清单，恭呈御览。伏乞皇上圣鉴。谨奏。光绪十六年十一月十八日。

（朱批）：知道了。[①]

光绪十六年十二月二十八日，奉朱批：知道了。钦此。[②]

## 一二八　呈台湾各属光绪十六年夏季粮价清单

光绪十六年十一月十八日（1890年12月29日）

谨将台湾省各属光绪十六年夏季分米粮价值，缮具列表，恭呈御览。

谨开：

台湾府属：光绪十六年四月分，上米每仓石价银一两二钱至二两五钱，比三月分增五分；中米每仓石价银一两一钱至二两四钱，比三月分增五分；下米每仓石价银一两至二两三钱，比三月分增五分。

光绪十六年五月分，上米每仓石价银一两二钱至二两五钱，与四月分同；中米每仓石价银一两一钱至二两四钱，与四月分同；下米每仓石价银一两至二两三钱，与四月分同。

---

① 中国第一历史档案馆藏：《朱批原件》，档案编号：04-01-25-0539-024.
② 中国第一历史档案馆藏：《军机录副》，档案编号：03-6899-029.

光绪十六年六月分，上米每仓石价银一两二钱至二两三钱，比五月分减二钱；中米每仓石价银一两一钱至二两二钱，比五月分减二钱；下米每仓石价银一两至二两一钱，比五月分减二钱。

台南府属：光绪十六年四月分，上米每仓石价银一两七钱至二两七钱，与三月分同；中米每仓石价银一两六钱至二两五钱，与三月分同；下米每仓石价银一两五钱至二两三钱，与三月分同。

光绪十六年五月分，上米每仓石价银一两七钱至二两七钱，与四月分同；中米每仓石价银一两六钱至二两五钱，与四月分同；下米每仓石价银一两五钱至二两三钱，与四月分同。

光绪十六年六月分，上米每仓石价银一两七钱至二两七钱，与五月分同；中米每仓石价银一两六钱至二两五钱，与五月分同；下米每仓石价银一两五钱至二两三钱，与五月分同。

台北府属：光绪十六年四月分，上米每仓石价银二两三钱至二两八钱，比三月分减三钱；中米每仓石价银二两三钱至二两六钱，比三月分减四钱；下米每仓石价银二两一钱至二两五钱，比三月分减四钱。

光绪十六年五月分，上米每仓石价银二两三钱至二两六钱，比四月分减二钱；中米每仓石价银二两二钱至二两四钱，比四月分减二钱；下米每仓石价银二两一钱至二两三钱，比四月分减二钱。

光绪十六年六月分，上米每仓石价银二两一钱六分至二两五钱，比五月分减一钱；中米每仓石价银二两零六分至二两三钱，比五月分减一钱；下米每仓石价银一两九钱六分至二两二钱，比五月分减一钱。

（朱批）：览。[①]

① 中国第一历史档案馆藏：《清单》，档案编号：03-6899-030.

## 一二九　奏明各属本年被风被水秋收歉薄情形折

光绪十六年十一月十八日（1890 年 12 月 29 日）

太子少保兵部尚书福建台湾巡抚一等男臣刘铭传跪奏，为查明台湾各属本年被风、被水，秋收歉薄，来春民食恐有缺乏，当随时察看，筹款采买接济，遵旨覆陈，恭折仰祈圣鉴事。

窃臣承准军机大臣字寄：光绪十六年十月初三日，奉上谕：本年顺天、直隶各属被水成灾，钦奉懿旨发给内帑银五万两，以拯灾黎，并降旨发给仓米、部库银钱，添设粥厂；复准李鸿章所请提拨直隶藩库等银，截拨奉天粟米、江北漕米，广为散放，并因山东濮州等处被水，谕令张曜截留新漕，提拨粮道库银两，借资赈济。吉林、安徽被水、被火，江西被水，福建被水、被风，台湾、台北等府属被风、被水，均经该将军、督抚等查勘抚恤，小民谅可不致失所。惟念来春青黄不接之时，民力未免拮据，着传谕该将军、督抚等体察情形，如有应行接济之处，即着查明，据实覆奏，候朕于新正降旨加恩。将此各谕令知之等因。钦此。遵旨寄信前来。

臣查台湾各属本年被风、被水，据各属册报：水冲、沙压田园，现经由司委员查勘，应俟复齐，另行核办。惟各属秋收歉薄，来春青黄不接，民食恐有缺乏。臣当随时察看，筹款招商，分赴采买，不敢稍存膜视，以期仰副圣主轸念民生至意！行据台湾布政使沈应奎、台湾道兼按察使衔唐景崧会详前来。

除咨部外，谨会同闽浙总督臣卞宝第，合词缮折覆陈。伏乞皇上圣鉴，训示。谨奏。光绪十六年十一月十八日。

（朱批）：知道了。[1]

光绪十六年十二月二十八日，奉朱批：知道了。钦此。[2]

## 一三〇　奏报十六年秋季委署州县员缺情形折

光绪十六年十一月十八日（1890年12月29日）

头品顶戴闽浙总督臣卞宝第、太子少保兵部尚书福建台湾巡抚一等男臣刘铭传跪奏，为光绪十六年秋季分台湾省委署州县员缺，恭折仰祈圣鉴事。

窃案准部咨，钦奉上谕：各省州县无论奏调、委署、代理，着每届三个月汇奏一次。钦此。奉经先后奏报至十六年夏季分止在案。兹查十六年秋季分，出有署台东直隶州知州温培华丁忧，遗缺由司请以补用通判宋维钊署理；又出署凤山县知县李麟图调省，遗缺请以淡水县知县李淦调署；递遗淡水县缺，请以开复候补通判吴元韬署理，均经先后批准饬遵在案。据台湾布政使沈应奎具详前来。

除咨部外，臣等谨恭折具陈。伏乞皇上圣鉴。谨奏。光绪十六年十一月十八日。

（朱批）：吏部知道。[3]

光绪十六年十二月二十八日，奉朱批：吏部知道。钦此。[4]

---

① 中国第一历史档案馆藏：《朱批原件》，档案编号：04-01-01-0973-017.
② 中国第一历史档案馆藏：《军机录副》，档案编号：03-9472-042.
③ 中国第一历史档案馆藏：《朱批原件》，档案编号：04-01-12-0549-014.
④ 中国第一历史档案馆藏：《军机录副》，档案编号：03-5272-163.

## 一三一 奏为假满病剧恳请开缺缘由折

光绪十六年十一月二十七日（1891年1月7日）

太子少保兵部尚书福建台湾巡抚一等男臣刘铭传跪奏，为微臣假期届满，病仍未痊，吁恳天恩，俯准开缺调理，恭折仰祈圣鉴事。

窃臣前因假满病剧，续于九月初九日奏请开缺。钦奉九月二十八日朱批：另有旨。钦此。同日，奉上谕：刘铭传奏，假期届满，病势增剧，请开缺调理。复称如不得请，恳赏假内渡就医各折、片。率意渎陈，殊属非是，着传旨申饬！仍着赏假三个月，在任调理，勿庸开缺。钦此。臣病久神昏，陈奏率渎，仰蒙圣恩宽大，传旨申饬，不予斥罢，仍复优容，留任调理。自分何人，膺斯高厚！跪聆之下，感愧莫名！遵即悉心调理，冀得稍痊，即行奏请销假。无如锢疾已深，服药无效，内受亏损，咯血头晕。午后即发潮热，外感烟瘴，左半耳目昏闭，手足麻木酸疼。据医云纵能苟延残喘，亦恐半身痿废。

伏念臣到台七载，竭蹶艰难，惨淡经营，今春始将诸务办理就绪，尚有省城并铁路工程未竟。若非病势沉重、万难支持，纵不恋禄位之荣，安忍弃垂成之功！奈自夏秋大病之后，精神更觉萎顿，既不能接见僚属，又不能阅视公牍，呻吟床褥，忧惧不安！辗转筹思，万不敢贪荣恋栈，徒滋咎愆。且臣兼管学政印务，现届科试之期，亟须按临各郡。似此沉疴，断非一时所能痊愈，惟有吁恳天恩，俯准开缺，并开去帮办海军差使，赏假回籍调理，以免贻误而重职守。无任盼切待命之至。

所有微臣假期届满，病仍未痊，吁恳开缺调理缘由，恭折具陈。伏乞皇上圣鉴，训示，施行。谨奏。光绪十六年十一月二十七日。

（朱批）：另有旨。①

光绪十六年十二月二十三日，奉朱批：另有旨◆1。钦此。②

【案】此奏未获清廷允行，《光绪朝上谕档》载曰：

光绪十六年十二月二十三日，内阁奉上谕：刘铭传奏，假期届满，病仍未痊，吁恳开缺一折。着再赏假三个月，毋庸开缺。所有台湾科试事宜，着派唐景崧暂行代办。钦此。③

## 一三二　奏为奉旨革职留任谢恩折

光绪十六年十二月初一日（1891年1月10日）

太子少保兵部尚书革职留任福建台湾巡抚一等男臣刘铭传跪奏，为恭折叩谢天恩，仰祈圣鉴事。

窃臣接准吏部咨：遵议户部、总理各国事务衙门会奏台湾煤矿招商承办章程请停办一折◆1，钦奉上谕：户部、总理各国事务衙门会奏，台湾煤矿招商承办章程，种种纰缪，请饬停办一折。刘铭传以特旨敕令另议之件，并不奏明请旨，辄即议立章程，擅行开办，尤非寻常轻率可比！刘铭传着交部议处。钦此。钦遵到

① 中国第一历史档案馆藏：《朱批原件》，档案编号：04-01-12-0549-019. 又见《刘壮肃公奏议·出处略》。

② 中国第一历史档案馆藏：《军机录副》，档案编号：03-5272-086.

③ 中国第一历史档案馆编：《光绪宣统两朝上谕档》，第16册，第396页，广西师范大学出版社，1996。又，中华书局影印：《清实录·德宗景皇帝实录（四）》，卷之二百八十九，光绪十六年九月，第891—892页，中华书局，1987。

部。福建台湾巡抚刘铭传应照违制律私罪革职，议以革职等因。光绪十六年八月二十二日具奏，奉上谕：吏部奏，遵议处分一折◆2。福建台湾巡抚刘铭传应得革职处分，着加恩改为革职留任。钦此。钦遵知照前来。臣跪聆之下，悚感莫名！

伏查基隆煤矿，臣屡次办理不善，咎无可辞，仰蒙圣主格外恩施，曲加原宥，仅予革职，仍复留任。闻命自天，抱惭无地！臣惟有倍加谨慎，勉竭愚忱，力图自效，稍赎新愆，以冀答高厚鸿慈于万一！

所有微臣感激下忱，理合恭折具陈，叩谢天恩。伏乞皇上圣鉴。谨奏。光绪十六年十二月初一日。

（朱批）：知道了。①

光绪十六年十二月二十四日，奉朱批：知道了。钦此。②

【案】光绪十六年八月十五日，户部与总理衙门具折会奏曰：

多罗庆郡王臣奕劻等谨奏，为台湾煤矿招商承办所定章程种种纰谬，请旨即饬停办，以杜流弊，恭折会陈，仰祈圣鉴事。

军机处交出台湾巡抚刘铭传奏官商合办基隆矿务附片一件，光绪十六年六月二十日，奉朱批：户部议奏。钦此。查原片内称：基隆煤矿上年十月将洋人撤退，委派候选知县党凤冈极力整顿，渐有起色，现经帮办全台垦务通政司副使林维源访招富商候选知府蔡应维等鸠资三十万元，同官合办，官一商二，仍缴银十二万两，承受矿存新旧机器，以十万元作为官本，其余按月缴煤扣除。将来无论赢亏，照本分三股匀算。据蔡应维等禀立章程前来。臣详加查核，尚为妥协，批准于七月一日归商接办。除章程咨部外，理合附片具陈等语。当经臣部咨行该抚速将章

① 中国第一历史档案馆藏：《朱批原件》，档案编号：04-01-12-0549-095. 又见《刘壮肃公奏议·出处略》。

② 中国第一历史档案馆藏：《军机录副》，档案编号：03-9643-008.

程送部，以凭议覆。兹于七月十九日准该抚咨送前来。

臣等伏查基隆煤矿，自该抚抵任后，官办商办，迄无定局。上年七月，闻有英商范嘉士情愿承办，该抚代为奏请，奉旨交议，经臣等会同奏驳，奉朱批：依议。钦此。同日，又奉上谕：本日，总理各国事务衙门、户部会奏，议驳刘铭传奏基隆煤矿及新竹煤油拟令英商承办一折，已依议行矣。该衙门所奏台湾煤矿如合同内所载立定年限、指定界限、不准华民开挖、加征土煤厘捐各节，有妨本地民生，及洋商承办后种种流弊。立论极为切当！此事开办十余年，未着成效，实由承办之人经理不善。该抚思欲补救，不于所用官商实力讲求，辄与英商订拟合同，虽可作为罢论，究属多此一举，办事殊属粗率！着传旨申饬。该抚接奉此旨后，即着按照该衙门所奏，慎选贤员，破除积习，认真核实，妥为经理，总在用人得宜，自可渐收成效。如产煤日绌、亏折太多，亦应酌量情形，另筹办法，毋再草率从事，致滋后患。慎之！钦此。

圣谕煌煌，该抚宜如何恪遵办理，乃派员整顿甫有起色，又忽变为官商合办之局。臣等查核原片，已窃讶其词意支离，诚以上年包办之洋商虽已作为罢论，尚恐其别有映射、冒充之弊。现在章程送到，臣等详加考核，实见其有可疑者三，有必不可行者五。请为我皇上缕陈之。

上次洋商办矿，首请以二十年为限，此次华商办矿，亦首请以二十年为限；上次洋商请立码头，此次华商亦请立码头，前后所请，何以如出一辙？其可疑者一。

然此犹属商人之要求也。准与不准，权在于官。乃所请定立年限、修筑码头，以及禁止附近挖煤等事，皆经臣等以有碍民生，于上案逐层指驳，该抚何以又复批准？一若有所不得已而迁就者然。其可疑二。

臣等前奏禁用洋人，朝廷前旨亦禁用洋人。此次章程内丌所集股分皆系华人，不准洋人搀入。乃局章内又载明雇用总管矿务洋人一名、矿师一名、管车二名，夫用洋人作矿师可也，作管车可也。至矿务事宜，既有总办、会办、提调各名目，何以又用洋人总管工程？股分不准洋人入资，而矿务则归洋人总管，自相矛盾，欲盖弥彰。其可疑三。

至其所禀章程，尤有种种纰谬必不可行者。如所请官商合办煤务以二十年为限，自开办以至限满，一切煤务事宜，统归包商经理，官中免予过问。又，二十年之内，不准别商包开。至该商等则不论办至何年，均准辞退等语。夫商人承办官矿，进退之柄理当操之于官。今仍豫请以二十年为期，已属任意垄断。

至于既立期限，自应彼此遵守，乃此二十年内，官不得另行招商，商转可随时辞退，且以官商合办之事禁官不得与闻，商有权而官无权，太阿倒持，一至于此。次必不可行者一也。

台湾为闽省屏藩，基隆为台湾门户，设险以守之，尚虞不固，今乃开挖河道，修筑码头，使数万石之商轮可以直入内地停泊。夫商轮可以入；则兵轮亦可以入。商轮可泊。则兵轮亦可泊，万一海疆有警，恐敌军巨舰皆可长驱直进，藩篱自撤，后将噬脐。此必不可行者二也。

从前洋商所订合同，有"不准就近开挖、加征土煤厘捐"两条，盖为图利计也。此次章程所载附近民洞仍系请官禁止，并谓"如官井出煤不敷，或向民洞采买，其价即照从前官办民煤"。其价值作何发给，从未报部，臣等无可考查。惟该商采买民煤不按市价，而按官价，必官价之减于市价。可知此议一行，将来该商等必借口于官煤不敷，抑勒采买，民洞不堪赔累，起开挖将不禁而自停，该商等乃得独擅其利。是不必加土煤之厘，而其谋实较加厘为尤毒，小民生计何堪如此剥削？此必不可者三也。

章程中又谓"倘有挟嫌造谤官中，免予轻听。设或必难遽信，准将官本提还，其煤务仍准原商办至限满"等语。夫商人承办官物，至于官不见信，其劣迹昭著可知，自应澈底清查，治以应得之罪。乃该商等竟敢豫先要挟，只准提回官本，不准斥退原商。是将来该商等无论如何妄为，官中借不能查办。天下有是政体乎？此必不可行者四也。

光绪十一年，有候选通判丁枞承办闽省石竹山铅矿，该督奏请给发关防，经臣部议驳有案。此次该商所请，不独给发关防，且设立总办、会办、提调、文案，各项名目俨然局员矣。此辈大约皆系本地富豪，捐保有职，一旦假以事权，必致抗衡府县，鱼肉乡愚，甚且私设公堂，滥用刑杖。小民何辜，遭其荼毒？朝廷未获开矿之利，百姓先受矿商之害。

此必不可行者五也。

以上各节，臣等以事关大局，往返熟商，实见其利少害多，万难核准。且此系奉旨饬办之件，该抚既经另拟办法，何以不候谕旨，遽于七月一日批准开办，尤属不合！相应请旨严饬该抚无论此局曾否开办，迅即停止，仍凛遵前次谕旨，将矿物各事宜慎选贤员，认真经理。即使产煤日绌，亏折太多，必须另筹办法，亦当豫先奏明，请旨定夺。

除将所送章程钞录一分咨呈军机处备核外，臣等为慎重岩疆起见，理合恭折会陈。再，此折系户部主稿，会同总理各国事务衙门办理。合并声明。伏乞皇上圣鉴。谨奏请旨。光绪十六年八月十五日。

多罗庆郡王臣奕劻，协办大学士户部尚书臣宗室福锟，军机大臣兵部尚书臣许庚身，军机大臣刑部尚书臣孙毓汶，户部左侍郎署吏部右侍郎臣续昌，户部右侍郎署刑部右侍郎臣徐用仪，礼部右侍郎署兵部右侍郎臣廖寿恒，太仆寺卿臣张荫桓，经筵讲官大学士管理户部事务臣张之万，户部尚书臣翁同龢，户部左侍郎臣孙诒经，头品顶戴户部右侍郎臣崇礼。①

又【案】光绪十六年八月二十二日，吏部尚书宗室麟书等具折曰：

吏部尚书臣宗室麟书等谨奏，为遵旨议处具奏事。

军机处交出光绪十六年八月十五日奉上谕：户部、总理各国事务衙门会奏，台湾煤矿招商承办章程种种纰缪、请饬停办一折。刘铭传以特旨敕令另议之件，并不奏明请旨，辄即议立章程，擅行开办，尤非寻常轻率可比！刘铭传着交部议处。钦此。钦遵到部。

查律载：制书有违，杖一百。凡官员违制者，系私罪革职等语。此案福建台湾巡抚刘铭传于特旨饬令另议之件，并不奏明请旨，辄即议立章程，擅行开办，钦奉谕旨交部议处，应请将福建台湾巡抚刘铭传照违制律私罪革职例，议以革职。

所有臣等遵旨议处缘由，理合恭折具奏。伏乞皇上圣鉴，训示。遵行。谨奏。光绪十六年八月二十二日。

① 中国第一历史档案馆藏：《军机录副》，档案编号：03-9428-070.

吏部尚书臣宗室麟书，协办大学士兼署吏部尚书户部尚书臣宗室福锟，协办大学士吏部尚书臣徐桐，吏部左侍郎臣松溎，吏部左侍郎臣许应骙，吏部右侍郎臣宗室敬信（差），兼署吏部右侍郎户部左侍郎臣续昌，吏部右侍郎臣孙家鼐。①

## 一三三　奏报各属十六年秋季雨水粮价情形折

光绪十六年十二月十四日（1891 年 1 月 23 日）

太子少保兵部尚书革职留任福建台湾巡抚一等男臣刘铭传跪奏，为恭报台湾省各属光绪十六年秋季分晴雨、粮价情形，仰祈圣鉴事。

窃台湾各属晴雨、粮价，业经照章按季奏报至光绪十六年夏季分止在案。兹届十六年秋季分汇办之期，查台湾府城十六年七月分得雨八次，八、九两月分俱晴。台南府城七月分得雨一次，八、九两月分俱晴。台北府城七月分得雨八次，八月的得雨十一次，九月分得雨似此。此外，各厅县禀报晴雨情形大略相同。所有米粮价值，并据台湾藩司沈应奎开册详送前来。

臣覆加查核，台湾府属十六年七月分上、中、下米较六月分稍减；八月分上、中米与七月分同，下米较七月分略减；九月分上、中、下米与八月分同。台南府属七月分上、中、下米与六月分同，八月分上、中、下米与七月分大略相同，九月分上、中、下米与八月分同。台北府属七月分上、中、下米与六月分大略相同，八、九两月分上、中、下米均与七月分同。

臣谨恭折具陈，并缮清单，恭呈御览。伏乞皇上圣鉴。谨

① 中国第一历史档案馆藏：《军机录副》，档案编号：03-9728-074.

奏。光绪十六年十二月十四日。

（朱批）：知道了。[1]

光绪十七年正月二十二日，奉朱批：知道了。钦此。[2]

## 一三四　呈台湾各属十六年秋季粮价清单

光绪十六年十二月十四日（1891年1月23日）

谨将台湾省各属光绪十六年秋季分米粮价值，缮具列表，恭呈御览。

谨开：

台湾府属：光绪十六年七月分，上米每仓石价银一两二钱至二两二钱，比六月分减一钱；中米每仓石价银一两一钱至二两一钱，比六月分减一钱；下米每仓石价银一两至二两零五分，比六月分减五分。

光绪十六年八月分，上米每仓石价银一两二钱至二两二钱，与七月分同；中米每仓石价银一两一钱至二两一钱，与七月分同；下米每仓石价银一两至二两，比七月分减五分。

光绪十六年九月分，上米每仓石价银一两二钱至二两二钱，与八月分同；中米每仓石价银一两一钱至二两一钱，与八月分同；下米每仓石价银一两至二两，与八月分同。

台南府属：光绪十六年七月分，上米每仓石价银一两七钱至二两七钱，与六月分同；中米每仓石价银一两六钱至二两五钱，与六月分同；下米每仓石价银一两五钱至二两三钱，与六月

① 中国第一历史档案馆藏：《朱批原件》，档案编号：04-01-25-0539-025.

② 中国第一历史档案馆藏：《军机录副》，档案编号：03-6900-022.

分同。

光绪十六年八月分，上米每仓石价银一两六钱至二两七钱，与七月分大略相同；中米每仓石价银一两五钱至二两五钱，与七月分大略相同；下米每仓石价银一两四钱至二两三钱，与七月分大略相同。

光绪十六年九月分，上米每仓石价银一两六钱至二两七钱，与八月分同；中米每仓石价银一两五钱至二两五钱，与八月分；下米每仓石价银一两四钱至二两三钱，与八月分同。

台北府属：光绪十六年七月分，上米每仓石价银二两一钱五分至二两五钱，与六月分大略相同；中米每仓石价银二两零五分至二两三钱，与六月分大略相同；下米每仓石价银一两九钱五分至二两二钱，与六月分大略相同。

光绪十六年八月分，上米每仓石价银二两一钱五分至二两五钱，与七月分同；中米每仓石价银二两零五分至二两三钱，与七月分同；下米每仓石价银一两九钱五分至二两二钱，与七月分同。

光绪十六年九月分，上米每仓石价银二两一钱五分至二两五钱，与八月分同；中米每仓石价银二两零五分至二两三钱，与八月分同；下米每仓石价银一两九钱五分至二两二钱，与八月分同。

（朱批）：览。[①]

## 一三五　奏报沪尾、打狗二口一百十八结收支洋税数目折

光绪十六年十二月十四日（1891 年 1 月 23 日）

太子少保兵部尚书革职留任福建台湾巡抚兼管海关一等男臣

① 中国第一历史档案馆藏：《清单》，档案编号：03-6900-023.

刘铭传跪奏，为台湾沪尾、打狗二口征收洋税，照章按结奏报，谨将第一百十八结期内收支数目分晰缮具清单，恭折奏祈圣鉴事。

窃照各海关征收洋税，案经总理各国事务衙门会同户部奏定章程，改题为奏，停用亲填等簿，行令各关将收支数目按结奏报一次，扣足四结，专折奏销，毋庸按照关期题销，以清界划等因。查沪尾、打狗二口海关税务，自光绪十三年八月十五日第一百九结起改由臣就近监督，所有收支洋税各数目，业经遵照新章分别奏咨至第一百十七结止在案。

兹自光绪十五年十二月十一日起至十六年闰二月十一日届满第一百十八结期内，该二口收支各项洋税银两，遵照新章按结奏报。其循案支销各项经费，容俟扣足四结，造册奏销，以符定案。

除将本结收支数目循案分咨查照外，谨会同福州将军臣希元、闽浙总督臣卞宝第，恭折具奏，并缮清单，恭呈御览。伏乞皇上圣鉴。谨奏。光绪十六年十二月十四日。

（朱批）：该衙门知道，单并发。[①]

光绪十七年正月二十二日，奉朱批：该衙门知道，单并发。钦此。[②]

## 一三六　呈沪尾、打狗二口一百十八结洋税征收数目清单

光绪十六年十二月十四日（1891 年 1 月 23 日）

谨将台湾沪尾、打狗二口第一百十八结期内并征洋药税厘所

① 中国第一历史档案馆藏：《朱批原件》，档案编号：04-01-35-0404-073.

② 中国第一历史档案馆藏：《军机录副》，档案编号：03-6375-010.

有征过银数，理合缮具清单，恭呈御览。

谨开：

旧管：存上届一年期满洋药厘金赢余银五万八十三两八钱四分二厘七毫。

前件查沪尾、打狗二口第一百十四结起至第一百十七结止，扣足四结，作为一年期满，洋药厘金赢余银六万九千四百六十七两。内除闽海关应还闽省洋款第十期本银，经户部奏准在于沪、打二口第一百十四结起征存药厘项下动拨银一万九千三百八十三两一钱五分七厘三毫外，实存银五万八十三两八钱四分二厘七毫。现经遵照部行另款存储，以备闽海关归还第十二期洋款本银不敷之用。至第一百十八结起所征前项银两，除照案留充防费外，请俟一百二十一结一年期满，统计赢余若干，再行造报候拨。理合陈明。

新收：光绪十五年十二月十一日起至十六年闰二月十一日届满第一百十八结期内，沪尾口征洋药税银一万四千五百六十五两二钱二分五厘，又征洋药厘银三万八千八百四十两六钱，二共征税厘银五万三千四百五两八钱二分五厘。

打狗口征洋药税银二万三千六百七十两三钱，又征洋药厘银六万三千一百二十两八钱，二共征税厘银八万六千七百九十一两一钱。

以上沪尾、打狗二口共征洋药税厘银一十四万一百九十六两九钱二分五厘。

开除：一、支给沪尾、打狗二口税务司经费三个月共银三千两。此项银两系准总理各国事务衙门暨户部咨行，自一百十一结起由厘金项下拨给。理合陈明。

实在：存本结洋药税厘银一十三万七千一百九十六两九钱二

分五厘，内洋药税银三万八千二百三十五两五钱二分五厘，洋药厘银九万八千九百六十一两四钱，已由该二口委员分别正税、厘银，就近分交台湾善后局及台湾道库兑收，归入台防经费拨用。至征收洋药厘银，前准户部咨行，令将划留本省银两分为四结，提支台湾每年划留银二十九万七千一百六十两，本结征银一十万一千九百六十一两四钱，除支给税务司经费外，实存银九万八千九百六十一两四钱，应提银七万四千二百九十两，尚剩银二万四千六百七十一两四钱，应请俟至一百二十一结扣足四结，作为一年期满，统计赢余若干，再行报部拨用。

所有本结税厘除税银尽数留充防费厘银留支以外，余银另行统算报拨。计仍实存上届一年期满洋药厘金赢余银五万八十三两八钱四分二厘七毫，遵照部行另款存储，以备闽海关归还第十二期洋款本银不敷之用。合并陈明。

（朱批）：览。[①]

## 一三七　奏报沪尾、打狗二口一百十八结征收洋税情形折

光绪十六年十二月十四日（1891 年 1 月 23 日）

太子少保兵部尚书革职留任福建台湾巡抚兼管海关一等男臣刘铭传跪奏，为台湾洋药税厘归关并征，谨将沪尾、打狗两口第一百十八结期内征收数目缮具清单，恭折奏报，仰祈圣鉴事。

窃查台湾洋药税厘归关并征，自应按照洋税收支章程，分晰正税、厘金两项银数，随同结期按三个月奏报一次，扣足四结，

① 中国第一历史档案馆藏：《清单》，档案编号：03-6375-014.

专折奏销，以符洋税定案。臣接管关务，所有沪尾、打狗两口征过洋药税厘银数，业经奏报至第一百十七结止在案。

兹查光绪十五年十二月十一日起至十六年闰二月十一日止届满第一百十八结期内，沪尾、打狗两口征收洋药税厘银两，仍应按结奏报，俾清界划。

除将本结征收数目循案分咨总理各国事务衙门、户部、通商大臣查照外，谨会同福州将军臣希元、闽浙总督臣卞宝第，恭折奏报，并缮具清单，恭呈御览。伏乞皇上圣鉴。谨奏。光绪十六年十二月十四日。

（朱批）：该衙门知道，单并发。[①]

光绪十七年正月二十二日，奉朱批：该衙门知道，单并发。钦此。[②]

## 一三八　呈沪尾、打狗二口一百十八结收支洋税数目清单

光绪十六年十二月十四日（1891 年 1 月 23 日）

谨将台湾沪尾、打狗二口第一百十八结期内，除洋药税银另行归入并征洋药税厘案内造报外，所有征收各项洋税银两，遵照新章按结奏报，并将收支各数目理合敬缮清单，恭呈御览。

谨开：

旧管：无项。

前件查沪尾、打狗二口关税案，经前台湾海防大臣沈葆桢奏

① 中国第一历史档案馆藏：《朱批原件》，档案编号：04-01-35-0567-055.

② 中国第一历史档案馆藏：《军机录副》，档案编号：03-6375-013.

准尽数截留，充作台防经费，所有每结征收税银业已尽数解交台湾善后局、台湾道库兑收拨用。理合陈明。

新收：光绪十五年十二月十一日起至十六年闰二月十一日届满第一百十八结期内，沪尾口共征洋税银九千四百一十二两六钱六分四厘，洋船吨钞银二百八十一两二钱，土货复进口半税银五百九十八两五钱五厘，子口半税银无项。

打狗口共征洋税银四万三千五百七十八两六钱二分四厘，洋船吨钞银二千五百五两七钱，土货复进口半税银四百三十六两八分六厘，子口半税银一十四两六钱二分五厘。

以上沪尾、打狗二口共征税钞银五万六千八百二十七两四钱四厘。

开除：一、提解总理各国事务衙门及拨给税务司吨钞共银二千七百八十六两九钱。此项吨钞内应提解总理各国事务衙门三成银两外，其余七成吨钞银一千九百五十两八钱三分，已由该二口照案给交税务司收领，以为建造塔表、望楼之用。理合陈明。

一、支给沪尾、打狗二口税务司辛俸三个月共银一万五千两。此项辛俸每三个月原给银一万二千两，续准总理各国事务衙门暨户部咨行，自一百十一结起改发前数。理合陈明。

以上共开除银一万七千七百八十六两九钱。

实在：存税银三万九千四十两五钱四厘，已据该二口禀报内除循案支销经费外，所余银两均已照案解交台湾善后局及台湾道库兑收，充作台防经费。至本结该二口共征洋药正税银三万八千二百三十五两五钱二分五厘，另行归入并征洋药税厘案内造报。合并陈明。

（朱批）：览。①

---

①　中国第一历史档案馆藏：《清单》，档案编号：03-6375-011.

## 一三九　奏报沪尾、打狗二口提解三成船钞情形片

光绪十六年十二月十四日（1891 年 1 月 23 日）

再，台湾沪尾、打狗二口按结应解总理各国事务衙门三成船钞银两，截至一百十七结止，均已按数解收在案。兹自光绪十五年十二月十一日起至十六年闰二月十一日止第一百十八结期内，沪尾口征收船钞银二百八十一两二钱，应解三成银八千四两三钱六分；打狗口征收船钞银二千五百五两七钱，应解三成银七百五十一两七钱一分。核计该二口第一百十八结期内共征船钞银二千七百八十六两九钱，共应提解三成银八百三十六两七分。兹将前银按数兑足，填具文批，由台援案发交协和信号商承领汇解，前赴总理各国事务衙门投纳。

除咨明外，理合附片奏报。伏乞圣鉴。谨奏。

（朱批）：该衙门知道。[1]

光绪十七年正月二十二日，奉朱批：该衙门知道。钦此。[2]

## 一四〇　奏报汇解本年铁路经费银两片

光绪十六年十二月十四日（1891 年 1 月 23 日）

再，准户部咨，海军衙门奏准开办铁路，饬由台湾按年筹解经费银五万两，经臣奏明请由厘金项下自本年七月起按年拨解在案。现准海军衙门电催赶解，并准户部咨，令本年扫数解清各

① 中国第一历史档案馆藏：《朱批原件》，档案编号：04-01-35-0404-074.
② 中国第一历史档案馆藏：《军机录副》，档案编号：03-6375-012.

等因。

臣查厘金自七月至今，未及半年，征收不足前数，海军衙门待用既亟，饬局竭力设法挪凑。兹将光绪十六年应解铁路经费银五万两，按数兑足，填具文批，发交协和信号商汇解，前赴海军衙门投纳。惟台湾厘金向征番银，并无随收补水，前项兑解银两，照案每百两补水十两，另支汇费银五两三钱，应请一并作正开支，归案造报。据善后、税厘两局司道会详前来。

除咨海军衙门、户部查照外，理合附片具陈。伏乞圣鉴，施行。谨奏。

（朱批）：该衙门知道。[1]

光绪十七年正月二十二日，奉朱批：该衙门知道。钦此。[2]

【案】此奏片之具奏日期，原件目录署“光绪十六年十二月十四日”，且未确，而录副则以朱批日期为之，亦未确。据朱批日期“光绪十七年正月二十二日”，查《军机处随手登记档》[3] 朱批刘铭传折栏，则署有“报四百里，十六年十二月十四日发”等字样。据此，此奏片之具奏日期当为“光绪十六年十二月十四日”无疑。兹据校正。

## 一四一　请准茶收银两拨充抚垦经费缘由片

光绪十六年十二月十四日（1891 年 1 月 23 日）

再，查台湾办理抚垦，辟地日广，经费日繁，不得不厘剔饷源，藉资接济。前当清赋之时，内山新辟田园，随时报垦升科。

① 中国第一历史档案馆藏：《朱批原件》，档案编号：04-01-35-1005-009.

② 中国第一历史档案馆藏：《军机录副》，档案编号：03-9441-011.

③ 中国第一历史档案馆藏：《军机处随手登记档》，档案编号：03-0268-1-1217-021.

其高山巨岭，地利宜茶，第土薄力微，民人种辍无定，因就茶收丰歉，量抽抚垦经费，包商缴收。光绪十三年试办之初，收数未畅。十五、六两年，每年约可收银六七万两，均随时拨充办理抚垦之需。除按年截清数目汇入善后案内列收造报外，据善后、税厘两局司道详请奏咨前来。

除咨部外，理合附片具陈。伏乞圣鉴。谨奏。

（朱批）：户部知道。[1]

光绪十七年正月二十二日，奉朱批：户部知道。钦此。[2]

【案】此奏片之具奏日期，原件目录署“光绪十六年十二月十四日”，且未确，而录副则以朱批日期为之，亦未确。据朱批日期“光绪十七年正月二十二日”，查《军机处随手登记档》[3] 朱批刘铭传折栏，则署有“报四百里，十六年十二月十四日发”等字样。据此，此奏片之具奏日期当为“光绪十六年十二月十四日”无疑。兹据校正。

## 一四二　汇奏十六年秋季正法匪犯名数罪由片

光绪十六年十二月十四日（1891 年 1 月 23 日）

再，台湾省各属就地正法人犯，业经附片奏报至光绪十六年夏季分止在案。兹十六年秋季分，查有台湾府属彰化、云林二县，台南府属安平、凤山、嘉义三县，台北府属基隆厅、淡水县，先后报获匪犯叶云、姚睹、曾汶和、魏菖、林迈即苏木、林金即林亚、黄旺即何旺、吴三河即吴水、张蒂、黄幅成、杨鲁即

① 中国第一历史档案馆藏：《朱批原件》，档案编号：04-01-22-0064-072.

② 中国第一历史档案馆藏：《军机录副》，档案编号：03-6722-008.

③ 中国第一历史档案馆藏：《军机处随手登记档》，档案编号：03-0268-1-1217-021.

杨耀、林沥生、王妈葵、张沥霖、张有声即吴添丁、黄发即黄阿狗、张财即张水柳、张青山、胡幅畴即陈幅生、周紫萌二十名，或叠犯纠劫，拒捕伤人；或系游勇抢劫，杀毙人命，均属情罪重大之犯，未便稽诛，审明后禀经臣核饬就地正法，以昭炯戒，各在案。兹据台湾道兼按察使衔唐景崧汇详请奏前来。

除将各犯籍贯、罪由开单咨部外，谨会同兼管福建巡抚事闽浙总督臣卞宝第，附片具陈。伏乞圣鉴。谨奏。

（朱批）：刑部知道。[①]

光绪十七年正月二十二日，奉朱批：刑部知道。钦此。[②]

【案】此奏片之具奏日期，原件目录仅署“光绪十六年”，而录副则以朱批日期为之，均未确。据朱批日期“光绪十七年正月二十二日”，查《军机处随手登记档》[③]朱批刘铭传折栏，则署有“报四百里，十六年十二月十四日发”等字样。据此，此奏片之具奏日期当为“光绪十六年十二月十四日”无疑。兹据校正。

## 一四三　奏销上年筹办海防善后等项收支银数折

光绪十六年十二月十六日（1891年1月25日）

太子少保兵部尚书革职留任福建台湾巡抚一等男臣刘铭传跪奏，为造销台湾光绪十五年正月起至十二月底止筹办海防、善后并招抚等务收支银数，胪列清单，恭折仰祈圣鉴事。

窃照同治三年七月间钦奉上谕：本年七月起，一应军需，凡

① 中国第一历史档案馆藏：《朱批原件》，档案编号：04-01-01-0967-024.
② 中国第一历史档案馆藏：《军机录副》，档案编号：03-7314-003.
③ 中国第一历史档案馆藏：《军机处随手登记档》，档案编号：03-0268-1-1217-021.

有例可循者，务当遵例支发，力求撙节；其例所不及有应酌量变通者，亦须先行奏咨备案等因。钦此。嗣准户部咨行：本部议奏军需善后报销内外办法一折内开：光绪九年正月以后，各省军需善后无论何省何处，概令一律造册报销，不准再有开单等语，于光绪八年十月十五日具奏，本日奉旨：依议。钦此。通行遵照办理。

所有台湾光绪十四年十二月以前用款，业经由台汇案造册报销，分别奏咨。惟台湾分省伊始，外筹海防，内办抚垦，择要布扎重兵，训练防守。全台勇营截至光绪十五年底止，除截减外，尚存淮军三十六营零九哨，屯军五哨，炮勇五哨，练军三营零六哨，业将官弁兵勇名数、饷数及驻扎处所，按季造册，咨部查核。其修建各口炮台、衙署、库局等项工程，添购外洋器械，并招抚各路社番，以及一切筹办情形，均经随时奏咨各在案。

兹据台湾善后局司道详称：台湾筹办海防善后并招抚事务，自光绪十五年正月起至十二月底止收支银数，督同委员、书吏详细句稽，核与例章相符，并奉部准销及奏咨有案者，分别核准；其不符者，均已核实删除；有可节减者，亦复厘剔，追扣还款。计旧管、接收光绪十四年十二月底流存银五万四千九百七两五钱二分二厘九毫八丝六微七杪，新收台湾关税、盐课、税厘、平余等款银二百一十二万四千五百六十六两三钱三分三厘九毫四丝一忽五微，管、收共银二百一十七万九千四百七十三两八钱五分六厘九毫二丝二忽一微七杪。开除支给淮军官弁勇夫办公经费、薪粮、柴草、工食，炮勇、轮船弁勇、屯丁盐粮，水陆练兵薪粮、公费，随营文武员弁及各局员役盐菜、夫折，购买外洋军火、器械价值，正、腰站书兵工食，修建洋式炮台、兵勇营房、衙署各工，制造旗械、军火工料及一切杂支各款，共银二百一十万七千五百一十四两五钱七分九厘九毫七丝九忽二微三秒，或循照例章，或接续支给，或购自外洋，恪遵定章，先已奏咨立案，均系实用实销，委无丝毫浮冒，应请全数准销除外，实存银七万一千九百五十九两二钱七分六厘九毫四丝二忽九微四秒，容俟另行归入后届善后案内列收造报等情，前来。

臣覆核无异，合无仰恳天恩敕部全数准销，以清款项。除将总、细清册另行咨送户、兵、工三部核销外，谨恭折具奏，并缮四柱简明清单，恭呈御览。伏乞皇上圣鉴，敕部查照办理。谨奏。光绪十六年十二月十六日。

（朱批）：该部议奏，单并发。①

光绪十七年二月二十日，奉朱批：该部议奏，单并发。钦此。②

## 一四四　呈台湾十五年筹办海防等项收支清单

光绪十六年十二月十六日（1891 年 1 月 25 日）

谨将台湾光绪十五年正月起至十二月底止筹办海防善后并招抚等务收支银数，开具四柱清单，恭呈御览。

计开：

旧管：光绪十四年十二月底止，流存银五万四千九百七两五钱二分二厘九毫八丝六微七秒。

新收：一、收旗后、沪尾两口征收关税银五十五万五千一百六十一两三钱九毫七丝八忽。

① 中国第一历史档案馆藏：《朱批原件》，档案编号：04-01-35-1005-010.

② 中国第一历史档案馆藏：《军机录副》，档案编号：03-6121-041.

一、收旗后、沪尾两口洋药厘金银二十九万七千一百六十两。

一、收台北茶叶厘金银一十三万六千两。

一、收台地旧存茶脑、船货、洋药各项税厘银二十万两。

一、收台属盐课及赢余盐价银一十三万一千三百四十二两四钱四分。

一、收彰化县绅士吴朝阳续缴奉追前带台防信营弁勇薪粮银二百六十八两九钱。

一、收抚垦经费银一十四万八千一百一十一两五钱。

一、收分部主事张绍芬等捐缴抚番经费银一万七千二百两。

一、收台北煤务局发售煤炭价值银二万四千六百三十四两一钱一分七厘四毫。

一、收售卖樟脑赢余银九千六百一十四两四钱八分四厘四毫。

一、收磺价赢余银三千二百六十八两六钱九分六厘五毫。

一、收轮船搭客载货银五百四十一两七钱六分。

一、收裁兵余谷变价银一十一万一千四百六十六两六钱四分九厘六毫一丝九忽二微。

一、收戍兵春谷变价银三万二百七两八钱一分五厘八毫六丝五忽。

一、收裁兵余剩加饷银三万一千五百两。

一、收南洋前拨煤磺官本银三千五百两。

一、收海防经费内拨充台地铁路经费银三十六万两。

一、收台湾同治十三年四月起至光绪七年十二月底止筹办海防报销、查照户部删减追回银一万九千四百二十六两七钱四分八厘四毫一丝二忽三微。

一、收台湾光绪八年正月起至十年闰五月底止筹办海防报销、查照户部删减追回银七千九十二两六钱六分九厘三毫二丝五忽。

一、收本案支给淮军弁勇薪粮、公费及长夫工食湘平伸出余平银二万九千二百六两二钱三分五厘四毫四丝二忽。

一、收本案支给各款核扣六分新平银八千八百六十三两一分六厘。

以上共收银二百一十二万四千五百六十六两三钱三分三厘九毫四丝一忽五微。连管收统共银二百一十七万九千四百七十三两八钱五分六厘九毫二丝二忽一微七杪。

开除：一、除支给各军统领办公经费银七千七百七十五两。

一、除支给淮军弁勇、长夫薪粮、公费、工食银一百一十九万七千两二钱九分三厘四毫九丝五忽。

一、除支给淮军柴草银三万七千五百一十五两六钱一分四厘四毫。

一、除支给各炮台弁勇薪粮银四万二百五十三两七钱五分。

一、除支给管带屯丁官弁盐菜银一百二十两七钱八分六厘八毫。

一、除支给屯丁口粮银一万九千二两九钱九分一毫六丝。

一、除支给水陆练营官弁、练兵、火夫薪粮、公费银二万三千九百九十三两七钱九分六厘六毫九丝。

一、除支给随营各项差遣文武员弁、跟役盐菜银二千六百五十四两九钱三厘一毫。

一、除支给派办局务各员及跟役盐菜、口粮银九百一十八两八钱六分四毫。

一、除支给盘查员弁及跟役盐菜、口粮银一千七百五十二两一钱九分一厘八毫四丝。

一、除支给办理军装、军火库局文武员弁、跟役盐菜、口粮银一千一百三十三两九钱八分八厘。

一、除支给通商局经费银五千二百四十四两二钱五分五厘三毫三丝三忽。

一、除支给文报局经费银一千五百一十二两。

一、除支给西学堂经费银五千七百一十两六钱四分三厘二毫。

一、除支给雇募外国洋教习薪水银二千七百三十两二钱四分。

一、除支给台南北军械所、机器局及各营雇募洋枪炮匠工食、口粮银二万六千一百四十二两九钱三分。

一、除支给各营洋枪炮并水雷教习薪水银四千六百三十六两九钱三分二厘。

一、除支给台北开采煤炭雇募煤师薪水、杂费银六千一百二十两二钱八分五厘。

一、除支给台北开采煤炭工匠辛工银四万一千八百二十五两三钱六分二厘。

一、除支给南北官医局及各营医生、药匠工食银一千七百六十四两二钱九分八厘一毫。

一、除支给解运军饷员役骡脚银二十八两八钱九分二厘。

一、除支给解运军饷、军火官役盐费银二百七十九两三钱九分九厘八毫。

一、除支给建筑澎湖海口洋式炮台购买民田地价银二百七十七两二钱九分三厘六毫。

一、除支给招抚番社通事口粮银八千六百九十八两五钱。

一、除支给招抚番社雇募番丁口粮银一万一千三百二十四两五钱。

一、除支给后山各社义学塾师薪水、跟役工食银二千八百三十八两。

一、除支给后山各社义学书籍、笔、墨、纸、砚银一千四百一十九两。

一、除支给裁缺员弁俸廉饷米银四百两三钱九分一厘六毫。

一、除支给购买药料及配制药茶散价值银四千三百四十九两八钱四分七厘五毫。

以上各款共银一百四十五万七千四百二十四两九钱四分五厘一丝八忽，核与例案及历次准销成案均属相符，应由户部照数核销。理合登明。

一、除支给随营军火长夫工食银三万三千二百八十五两。

一、除支给轮船管驾、舵水人等薪粮、公费银五万三千五百五十两二钱一分二毫。

一、除支给管带屯丁官弁驮马折夫银二百七十二两二钱。

一、除支给随营差遣各项文武员弁驮马折夫银五千六百一十三两六钱三分。

一、除支给邮政局经费银一千八百三十六两。

一、除支给各军弁打仗阵亡恤赏银八千七十两。

一、除支给购买外洋机器、军火应需行用银三千一百六十八两三分七厘。

一、除支给购买外洋机器、军火商轮载脚银一万七十二两七钱七分一厘三毫。

一、除支给购买外洋机器、军火应需保险银二千二十五两七钱四分八厘五毫。

一、除支给解运军饷夫价口粮银二千五百六十七两二钱七分五厘。

一、除支给采购煤炭、解运煤斤夫价银一万九千一百八十一两一钱二分。

一、除支给正、腰站书兵盐菜、工食、口粮银四千七百二十七两八钱八分九厘七毫六丝。

一、除支给正、腰站房租银一百七十七两五钱。

以上各款共银一十四万四千五百四十七两三钱八分一厘七毫六丝，核与例案及历次准销成案均属相符，应由兵部照数核销。理合登明。

一、除支给各轮船煤炭价值银一万五千九百九十八两一钱五分。

一、除支给修理轮船并添置器具价值银二万四千七百二十四两七钱二厘五毫五丝。

一、除支给解运军火需用杠索银四百五十一两六钱三分三厘。

一、除支给正、腰站旗铃包袱等项银三千五百三十二两二钱二分八厘一丝。

一、除支给修建兵勇营房、草屋工料银一万七千一百五十九两一钱二分八厘二毫。

一、除支给建盖衙署工料银二万八百三十一两二分三厘一毫。

一、除支给北路开采煤炭、建造木桥工料银一千七百九十两五钱二分七厘六毫。

一、除支给建盖火药局厂工料银八千三十两五钱八分五厘九毫六丝一忽二微三杪。

一、除支给机器局安设小机器厂汽炉、车床等项工料银一千七十六两六钱三分九厘五毫。

一、除支给修建澎湖、安平各口洋式炮台工料银二十五万三千一百四十二两三钱三分五厘八毫。

一、除支给购买外洋机器、军火、料件价值银七万二千八百二两九钱七分五厘四毫八丝。

一、除支给采办煤炭、购买杉木等项银三千七百七十九两一钱四分九厘。

一、除支给制造加工火药并木桶工料银二万六千六百九两四钱八分四厘。

一、除支给制造洋火药并木桶工料银七千八百四十八两七钱五分二厘。

一、除支给制造火绳、铅子并木桶、药袋工料银五千二百五十一两三钱二分五厘。

一、除支给各军弁勇配用衣旗、器械工料银四万二千二百五两一钱一分四厘。

一、除支给后山各社义学房租银二百三十六两五钱。

一、除支给稽查南北通商口岸巡船租价银七十二两。

以上各款共银五十万五千五百四十二两二钱五分三厘二毫一忽二微三秒，核与例案及历次准销成案均属相符，应由工部照数核销。理合登明。

以上统共除银二百一十万七千五百一十四两五钱七分九厘九毫七丝九忽二微三秒。

前件各款银两或系循照例案，或系接续支给，或购自外洋，恪遵定章，先已奏咨立案，均系实用实销，毫无浮冒，应请照准作正开销。理合登明。

实在：存银七万一千九百五十九两二钱七分六厘九毫四丝二忽九微四杪。前件银两另归后届善后案内列收造报。理合登明。

扣收平余项下：一、本案台防善后用款核扣一分平余银一千四百七十三两一钱六分三厘。前件银两例得开支。各局书识工食、油蜡、纸张等费，容俟另行造册报销。理合登明。

（朱批）：览。[1]

## 一四五　造销台湾设立水陆电线经费缘由折

光绪十六年十二月十六日（1891 年 1 月 25 日）

太子少保兵部尚书革职留任福建台湾巡抚一等男臣刘铭传跪奏，为造销台湾设立水陆电线经费，胪列清单，恭折仰祈圣鉴事。

窃台湾孤悬海外，文报阻滞，先于光绪十二年八月间经臣奏明提用百货厘金，购办水陆电线，以速邮政，奉旨允准，嗣于十四年五月间又将工竣情形奏报，各在案。兹据台湾善后局司道详称：查委员浙江候补知府李彤恩与怡和洋行原立合同，水线由安平至澎湖转达厦门，并自购修理电线轮船一号，平时可以载货、装兵、巡洋，连机器各项共需规平银二十二万两。续因海线改由台北、沪尾接连福州之川石，海程较取道厦门多有五六十里，加购水线价银五千两；陆线由基隆、沪尾合至淡水，由淡水至台南府城，共价银三万两。又于沪尾、澎湖、安平及福州之川石等处设立水线房四所；陆路报局除台南、安平、旗后旧设不计外，新设澎湖、彰化、台北、沪尾、基隆、新竹、嘉义等七处，连同安

① 中国第一历史档案馆藏：《清单》，档案编号：03-6121-042.

设杂项及常年各报局应需委员、学生薪水等经费，一律截至十五年十二月底止分晰造销。其自十六年起常年一切收支各项，并归善后案内汇报，以清眉目。

计此案旧管无项，新收百货厘金、电资平余等款银二十六万八千一百三十五两七钱七分三厘五毫，开除支给办理局务及采办电杆委员薪水，各报局学生薪水并兵丁、书役、工匠辛工、伙食、杂费，洋师薪水，弁勇津贴，购买电杆船价，解运夫价，购买外洋电线、机器、船只，建造报局、线房，购用煤炭等款，共银三十二万一千一百六两八钱六分九厘七丝四忽九微。事属创始，无例可循，或经奏明，或系比照台地准销成案，或援广西办理梧龙电报案内核给，实用实报，并无丝毫浮冒，应请全数准销除外，计不敷银五万二千九百七十一两九分五厘五毫七丝四忽九微，先在海防经费款内垫给，遵照奏案，应归续收光绪十六年正月起至六月止百货厘金项下拨还归款等情，前来。

臣覆核无异，合无仰恳天恩敕部全数准销，以清款项。除将总、细清册另行咨送户、兵、工三部核销外，谨恭折具奏，并缮四柱简明清单，恭呈御览。伏乞皇上圣鉴，敕部查照办理。谨奏。光绪十六年十二月十六日。

（朱批）：该部议奏，单并发。①

光绪十七年二月二十日，奉朱批：该部议奏，单并发。钦此。②

① 中国第一历史档案馆藏：《朱批原件》，档案编号：04-01-01-0975-018.

② 中国第一历史档案馆藏：《军机录副》，档案编号：03-9437-049.

## 一四六 呈设立水陆电线至上年底收支银数清单

光绪十六年十二月十六日（1891 年 1 月 25 日）

谨将台湾设立水、陆电线截至光绪十五年十二月底止收支银数，开具四柱清单，恭呈御览。

谨开：

旧管：无项。

新收：一、收台湾税厘局解光绪十二年六月起至十五年底止百货厘金银二十四万七千六百七十五两八钱六分七厘五毫。

一、收电报总局解光绪十三年起至十五年底止各报局电资银一万九千九百一十一两二钱六分五厘。

一、收本案支给各款核扣六分新平银五百四十八两六钱四分一厘。

以上共收银二十六万八千一百三十五两七钱七分三厘五毫。

开除：一、除支给办理局务及采办电杆各委员薪水银四千九百二十九两二钱六分一厘六毫。

一、除支给各报局学生薪水银一万九千九百六十二两五钱二分七厘。

一、除支给各报局学生、书役、工匠伙食、杂费银一万六千三百三十三两八钱七分一厘一毫。

一、除支给办理电线派拨兵役、工匠辛工、伙食、杂费银二千三百一十五两三钱一分四厘。

一、除支给外国洋师薪水银六千七百四两。

一、除支给安设电线派拨各营弁勇津贴银二千六百一十五两四钱六分六厘七毫。

以上各款共银五万二千八百六十两四钱四分四毫，系援照广西梧龙各案实用实报，应由户部照数核销。理合登明。

一、除支给购买电杆驳船运费银一千二百一十一两五钱一分六厘四毫七丝。

一、除支给解运电杆、电线夫价、船脚银九千四百四两六钱九分四厘二毫。

以上各款共银一万六百一十六两二钱一分六毫七丝，系援照广西梧龙各案实用实报，应由兵部照数核销。理合登明。

一、除支给购买外洋电线及修理机器、船只价值银二十四万六千二百九十三两一钱九分九厘九毫。

一、除支给建造电局及海线房工料银九千一百四十四两一分八厘一毫四忽九微。

一、除支给飞捷轮船安放水线购用煤炭价银二千一百九十三两。

以上各款共银二十五万七千六百三十两二钱一分八厘四忽九微，核与准销成案相符，应由工部照数核销。理合登明。

以上统共除银三十二万一千一百六两八钱六分九厘七丝四忽九微。

实在：不敷支银五万二千九百七十一两九分五厘五毫七丝四忽九微。前件不敷银两在于海防款内先行垫给，查照奏案，俟续收光绪十六年正月起至六月止百货厘金项下拨还归款。理合登明。

扣除平余项下：一、本案电线用款核扣一分平余银九十一两四钱四分。前件银两例得开支。各局书识工食、油蜡、纸张等费，容俟另行造册报销。理合登明。

（朱批）：览。①

① 中国第一历史档案馆藏：《清单》，档案编号：03-9437-050.

## 一四七　奏销台湾善后发给书职工食等项银两片

光绪十六年十二月十六日（1891 年 1 月 25 日）

再，据台湾善后局司道详称：窃照台湾光绪十五年正月起至十二月底止，海防善后案内，核办留防各军弁勇并抚垦等项饷款，南北各路设立善后、支应、军装、军械、机器局所，选派书识、核算、缮写，应需工食、油蜡、纸张等项，悉遵军需例载，在扣收一分平余项下支给。查此次支给书识工食、油蜡、纸张、笔墨等项银三千八十八两四钱八分二厘四毫，均系核实撙节，毫无浮冒，应请照数准销。除本案扣收一分平余银一千四百七十三两一钱六分三厘外，尚不敷银一千六百一十五两三钱一分九厘四毫，计工核给，势难悬欠，业经在于支发湘平各款核扣余平项下拨补造报，并声明前届开支不敷银二千八百五十七两二钱七分二厘五毫，亦在前项余平项下拨补等情，前来。

臣覆核无异，除将清册咨送户部核销外，谨附片具陈。伏乞圣鉴。谨奏。

（朱批）：户部议奏。①

光绪十七年二月二十日，奉朱批：户部议奏。钦此。②

## 一四八　密陈台湾司道府各官年终考语情形折

光绪十六年十二月十八日（1891 年 1 月 27 日）

太子少保兵部尚书革职留任福建台湾巡抚一等男臣刘铭传跪

① 中国第一历史档案馆藏：《朱批原件》，档案编号：04-01-35-1005-011.

② 中国第一历史档案馆藏：《军机录副》，档案编号：03-6121-044.

奏，为敬陈台湾省司、道、知府各官年终考语，密缮清单，仰祈圣鉴事。

窃照司、道、知府等官每届年终，例应出具切实考语，密行陈奏。臣仰荷圣恩，忝膺疆寄，数载于兹，默察属吏器识、材具，除台南府知府方祖荫系委代人员无庸出考外，此外现任司、道、知府等官，自上届年终查考奏报后，均无更调。兹又值年终陈奏之期，用人行政，上系宸廑。辨别臧否，不厌详慎。遵复密加察访，分别出具切考，谨密缮清单，恭呈御览。伏乞皇上圣鉴。谨奏。光绪十六年十二月十八日。

（朱批）：知道了，单留中。[①]

光绪十七年二月二十日，奉朱批：知道了，单留中。钦此。[②]

## 一四九　奏报新海防捐银拨归顺直赈务缘由折

光绪十六年十二月十八日（1891 年 1 月 27 日）

太子少保兵部尚书革职留任福建台湾巡抚一等男臣刘铭传跪奏，为台湾办理新海防捐输，遵照部行将本年八月起至十月底止收捐银两拨归顺、直赈务，恳恩饬部核奖，以昭激劝，恭折仰祈圣鉴事。

窃准户部咨：议覆御史何福堃奏顺、直灾重，请将新海防捐输拨归赈务，以备春抚应用一折，奉旨：依议。钦此。相应刊录原奏，飞咨查照。所有外省开办之新海防捐，自开例起截至本年七月底止，统共收银若干，先将确数报部查核。其自八月初一日

① 中国第一历史档案馆藏：《朱批原件》，档案编号：04-01-12-0549-134.

② 中国第一历史档案馆藏：《军机录副》，档案编号：03-5276-074.

起至十月底止，既经奏准拨归赈务，此三个月内所收捐款，将来亦须截清数目，专案报部。至十一月以后收捐银两，仍应照旧办理等因。又准部咨：议覆御史余联沅奏请变通赈捐章程一折。其各省新海防所收封、衔、贡、监，应于接到部文之日停收，归入顺、直赈捐案内收捐等因。均经转行遵办，并将本年七月以前收捐各员名截清造册，作为台湾新海防捐输第二次奏咨请奖在案。

兹查新海防捐输，自本年八月初一日起至十月底止，复据捐员高爵等报捐实职并奉文以前报捐贡、监生等项，共收正项实银四千五十三两六钱，先填司印实收发领。所收捐款，遵照部行截数造报，拨归顺、直赈款，另款存储，听候提解。其自本年十一月起收捐银两，仍旧作为新海防捐输办理，以清界限。所有虚衔、封典、贡监，遵于九月二十日停止。据台湾善后局司道造册详请奏咨前来。

合无仰恳天恩，俯准饬部分别核奖，缮颁执照，发台换给，以昭激劝。除将请奖清册同截存副实收分送部、监核办，并咨呈海军衙门查照外，臣谨恭折具陈。伏乞皇上圣鉴，训示。谨奏。光绪十六年十二月十八日。

（朱批）：该部议奏。①

光绪十七年二月二十日，奉朱批：该部议奏。钦此。②

## 一五〇　请将千总欧阳升原保底案更正片

光绪十六年十二月十八日（1891 年 1 月 27 日）

再，台湾清赋全功告竣请奖出力员绅案内，福建台湾嘉义营

① 中国第一历史档案馆藏：《朱批原件》，档案编号：04-01-01-0973-018.

② 中国第一历史档案馆藏：《军机录副》，档案编号：03-6121-043.

千总欧阳升，拟请以守备尽先即补。兹查欧阳升先于光绪十年千总俸满，经前闽浙督臣何璟题咨预保，以陆路守备掣补，由部覆准行知。十二年，请咨赴部引见。四月十五日，奉钦派王大臣验放，照例准其预保守备在任候升，于十六日复奏，奉旨：依议。钦此。现复保以守备尽先即补，系属重复。据该员欧阳升造具履历，禀由藩司沈应奎详请更正前来。

臣覆加查核，所有福建台湾嘉义营千总预保守备欧阳升，拟请改归守备班前遇缺即补，俟补缺后以都司尽先补用，仰恳天恩，饬部核准注册，以示鼓励。除将履历咨部外，理合附片具陈。伏乞圣鉴，训示，施行。谨奏。

（朱批）：兵部议奏。[1]

光绪十七年二月二十日，奉朱批：兵部议奏。钦此。[2]

① 中国第一历史档案馆藏：《朱批原件》，档案编号：04-01-16-0231-142.

② 中国第一历史档案馆藏：《军机录副》，档案编号：03-5876-082.

# 光绪十七年（1891）

## 一　奏为恩赏福字等物谢恩折

光绪十七年正月二十七日（1891年3月7日）

太子少保兵部尚书革职留任福建台湾巡抚一等男臣刘铭传跪奏，为恭谢天恩，仰祈圣鉴事。

窃臣承准军机大臣咨行，递到颁赏御书“福”字一方并荷包、银锞、南枣、莲子、藕粉等件，当即恭设香案，望阙叩头谢恩祗领。伏惟皇上五福受治，万福来朝，龙章焕璀璨之光，天开羲画；鱼袋耀丝纶之宠，颂协裳华。赍国宝以珍藏，锡厨羞而餍饫，拜恩施之稠叠，实感悚之交并！臣谬绾疆符，远蒙帱庇，涓埃未报，赏赐频承，惟有竭愚忱之驽钝，冀酬高厚之鸿慈！

所有微臣感激下忱，谨恭折叩谢天恩。伏乞皇上圣鉴。谨奏。光绪十七年正月二十七日。

（朱批）：知道了。[①]

光绪十七年二月三十日，奉朱批：知道了。钦此。[②]

---

① 中国第一历史档案馆藏：《朱批原件》，档案编号：04-01-14-0087-072.

② 中国第一历史档案馆藏：《军机录副》，档案编号：03-5276-106.

## 二　奏报各属光绪十六年晚稻收成分数折

光绪十七年二月十三日（1891 年 3 月 22 日）

太子少保兵部尚书福建台湾巡抚一等男臣刘铭传跪奏，为台湾各属光绪十六年分晚稻收成分数，恭折具陈，仰祈圣鉴事。

窃台湾省光绪十六年分各属晚稻已届收成之期，兹据各厅县先后开报分数，由藩司沈应奎汇核造册详送，并声明澎湖厅、恒春县均无栽种晚稻等情，前来。

臣覆加查核，收成七分者，台湾府属之埔里社一厅。收成六分有余者，台湾府属之云林、苗栗二县，台南府属之凤山一县，台北府属之基隆厅并新竹、宜兰二县。收成六分者，台南府属之嘉义一县。收成五分有余者，台湾府属之台湾、彰化二县，台南府属之安平一县，台北府属之淡水一县。三府合计通共收成均有六分。

所有台湾省各属光绪十六年分晚稻收成分数，臣谨恭折奏报。伏乞皇上圣鉴。谨奏。光绪十七年二月十三日。

（朱批）：知道了。①

光绪十七年四月初三日，奉朱批：知道了。钦此。②

## 三　奏报防营驻所及官弁勇夫情形折

光绪十七年二月十三日（1891 年 3 月 22 日）

太子少保兵部尚书革职留任福建台湾巡抚一等男臣刘铭传跪

① 中国第一历史档案馆藏：《朱批原件》，档案编号：04-01-23-0208-010.

② 中国第一历史档案馆藏：《军机录副》，档案编号：03-6722-018.

奏，为台湾留防勇、练各营驻扎处所及统领、管带衔名、兵勇数目，遵旨开单，恭折仰祈圣鉴事。

窃准户部咨：光绪十五年十月二十八日，奉上谕：军务平定以来，各直省设立防营，朝廷岁糜巨帑等因。钦此◆。钦遵咨行到台，当经转行遵办去后。

兹据台湾善后局藩司沈应奎详称：窃维训练勤惰，责在将领；勇额旷悬，全凭查点。台湾留防勇、练各营，分布前后山、澎湖等处巡防，所有统领、管带各官弁勇夫数目及驻扎处所、应支薪粮各数，均经遵奉部行按季造册，详请咨送至光绪十五年冬季止在案。此次奉文之日，正在剿办宜兰老狗社，继又剿办恒春牡丹社。各营抽调赴敌，驻扎处所不能一律。嗣凯撤回防，当经密派委员分头查点去后，兹据陆续造册禀送前来。覆核裁改、添募各案，尚属相符。除移行各统领暨各营官认真操防外，合将光绪十六年分全台留防勇、练各营官弁勇夫数目同驻扎处所及更换统领、营官、卸带、接带，暨兵勇裁减、募补各日期，分晰开具简明清折，详请奏咨等情，前来。

臣覆查无异，除分咨户、兵二部查照外，臣谨恭折具陈，并缮清单，恭呈御览。伏乞皇上圣鉴，训示。谨奏。二月十三日。

光绪十七年四月初三日，奉朱批：该部知道，单并发。钦此。①

【案】此处文字节略较多，兹补录如下：

光绪十五年十月二十八日，内阁奉上谕：军务平定以来，各直省设立防营，朝廷岁糜巨帑，不知凡几。各营勇额、粮饷，必应事事核实，方足以鼓励军心。近闻营中恶习，往往虚冒额数，克扣饷项。统领、营

① 中国第一历史档案馆藏：《军机录副》，档案编号：03-6027-027.

官养尊处优，并不时时操练，一切废弛情形，几与从前绿营积弊相等，殊堪痛恨！着各将军、督抚将该省现有各营随时严查，如有前项情弊，即行严参治罪。至各营驻扎处所及管带衔名、兵勇数目，迭经该部奏准，通饬一一咨报，各该省视为具文，总未能据实开报。着自奉此旨后，限于两月内，一律开单详晰具奏，以备稽核。如有更换管带员弁，或移扎他处，并着随时奏闻。将此通谕知之。钦此。①

## 四　呈留防各营驻扎处所及官兵数目等清单

光绪十七年二月十三日（1891 年 3 月 22 日）

谨将全台留防各营官弁、勇夫数目，同驻扎处所及更换统领营官、卸带、接带暨裁减、募补成军各日期，缮具清单，恭呈御览。

谨开：

一、镇海中军正营驻扎台南府城一带地方操练巡防候遣，内统带官台湾镇总兵万国本、正副哨弁八员、勇丁四百九十六名、长夫一百名。

一、镇海中军副营驻扎台南府城西门外一带地方操练巡防候遣，内管带官副将衔尽先补用游击刘思盛、正副哨弁八员、勇丁四百九十六名、长夫一百名。

一、武毅右军右营驻扎嘉义、云林一带地方操练巡防候遣，内管带尽先补用参将邓裕香、正副哨弁八员、勇丁四百九十六名、长夫一百名。

① 中国第一历史档案馆编：《光绪宣统两朝上谕档》，第 15 册，第 356 页，广西师范大学出版社，1996。又，中华书局影印：《清实录 · 德宗景皇帝实录（四）》，卷之二百七十五，光绪十五年十月，第 681—682 页，中华书局，1987。

一、安平炮勇三哨驻扎三鲲身洋式炮台操练巡防，内管带官副将衔两江补用参将王化祥光绪十六年三月二十九日病故；接带官参将衔尽先补用游击王宝华光绪十六年三月二十九日接带，六月十七日病故；接带官尽先守备柯王贵光绪十六年六月十七日接带，教习一名、炮勇三百零八名、水火夫三十四名。

以上各营归台湾镇总兵万国本统领调遣，理合陈明。

一、镇海后军中营原驻后山璞石阁等处，调扎台东埤南并马兰坳一带地方操练巡防候遣，内统带官记名简放提督张兆连、正副哨弁八员、勇丁四百九十六名、长夫一百名。

一、后山海防屯兵营原驻台东埤南、新开园、璞石阁、鹿寮等处，调扎台东州拔仔庄一带地方操练巡防候遣，内管带官补用守备毕宝印光绪十六年四月二十日卸带，接带官都司衔补用守备周拔山光绪十六年四月二十日接带，正副哨弁八员、勇丁四百九十六名、长夫一百名。查该营原名镇海后军右营，于光绪十六年二月初一日改名后山海防屯兵营，并于是日裁去正副哨弁四员、勇丁二百九十二名、长夫六十名外，尚存两哨弁勇二百九员名、长夫四十名，理合陈明。

一、镇海后军左营驻扎后山花莲港并吴全城一带地方操练巡防候遣，内管带官副将衔尽先补用游击李得胜光绪十六年十月初一日卸带，接带官尽先补用都司张升桂光绪十六年十月初一日接带，正副哨弁八员、勇丁四百九十六名、长夫一百名。

一、镇海后军前营驻扎台东新开园、璞石阁等处地方操练巡防候遣，内管带官尽先补用副将张振裕光绪十六年二月初一日卸带，接管官尽先补用副将后元福光绪十六年二月初一日接带，正副哨弁八员、勇丁四百九十六名、长夫一百名。

一、南路屯军两哨驻扎三条仑一带地方操练巡防候遣，内管带官尽先补用副将江云山光绪十六年八月十六日卸带，接带官副将衔尽先补用游击蓝凤春光绪十六年八月十六日接带，屯兵二百名。

一、南番屯军两哨驻扎南路东港一带地方操练巡防候遣，内管带官署恒春营游击谈炳南、屯兵二百名。

一、埤南屯军一哨驻扎埤南、虾仔仑、大麻里、大得吉、筒子笼、知本、社口、巴望卫等处地方操练巡防，内管带官补用游击叶国廷、屯丁一百名。

以上各营均归简放提督张兆连统领调遣，理合陈明。

一、栋字正营原驻水长流、北港、龟仔头等处，调扎东大墩省城一带地方操练巡防候遣，内统带官二品顶戴选用道林朝栋、正副哨弁八员、勇丁四百九十六名、长夫一百名。

一、栋字副营驻扎台中桥仔头、南北投、葫芦墩一带地方操练巡防候遣，内管带官补用副将余保元、正副哨弁八员、勇丁四百九十六名、长夫一百名。查该营于光绪十六年四月初一日裁去弁勇一百八十员名、长夫四十名外，实存正、左、右三哨弁勇三百二十五员名、长夫六十名，理合陈明。

一、栋字前营驻扎彰化平和厝一带地方操练巡防候遣，内管带官候选从九品林福濬、正副哨弁八员、勇丁四百九十六名、长夫一百名。查该营弁勇疲弱者多，于光绪十六年闰二月初八日全数裁撤遣散，委令总兵陈罗预往皖省招募淮勇来台接防，已于另干开报，理合陈明。

一、栋字隘勇副营驻扎彰化一带地方操练巡防候遣，内管带官候选县丞林文荣光绪十六年二月初一日卸带，接带官拟保千总傅德生光绪十六年二月初一日接带，正副哨弁八员、勇丁四百九十六名、长夫一百名。查该营原名栋字后营，于光绪十六年正月初六日改名栋字隘勇副营，理合陈明。

一、栋字卫队营驻扎台中东大墩一带地方操练巡防候遣，内管带官尽先千总林青云、正副哨弁八员、勇丁四百九十六名、长夫一百名。查该营弁勇、长夫六百零五员名，于光绪十六年二月初一日裁去哨弁四员、勇丁二百九十二名、长夫六十名外，尚存左、右两哨官弁、勇丁二百九员名、长夫四十名，理合陈明。

一、栋字隘勇营驻扎中路大湖一带地方操练巡防候遣，内管带官尽先千总郑以金、正副哨弁八员、勇丁四百九十六名、长夫一百名。查该营弁勇、长夫六百零五员名，于光绪十六年二月初一日裁去哨弁二员、勇丁一百七十八名、长夫四十名外，尚存中、左、右三哨弁勇三百二十五员名、长夫六十名。至该营原扎内山老鹰嘴、山岗、溪底等处，迨奉裁后，专防大湖一带，理合陈明。

一、定海后营驻扎彰化一带地方操练巡防候遣，内管带官尽先补用副将邢长春、正副哨弁八员、勇丁四百九十六名、长夫一百名。查该营原名健字后营，于光绪十六年十月初一日改名定海后营，理合陈明。

一、屯军正营驻扎埔里社永长流一带地方操练巡防候遣，内管带官补用千总林胜标、正副哨弁八员、勇丁四百九十六名、长夫一百名。

以上各营均归二品顶戴选用道林朝栋统领调遣，理合陈明。

一、铭字中军副营驻扎台北、基隆一带地方操练巡防候遣，内统带官准补浙江处州镇总兵窦如田、正副哨弁八员、勇丁四百九十六名、长夫一百名。

一、铭字中军左营驻扎台北狮球岭，调扎基隆社寮一带地方操练巡防候遣，内管带官尽先补用参将刘朝焯、正副哨弁八员、勇丁四百九十六名、长夫一百名。

一、铭字中军右营驻扎台北、基隆一带地方操练巡防候遣，内管带官两江补用参将赵宗连光绪十六年十月二十六日请假，接带官尽先补用游击高霞明光绪十六年十月二十六日接带，正副哨弁八员、勇丁四百九十六名、长夫一百名。

一、台湾巡抚行营亲兵两哨驻扎台北府城操练巡防候遣，内管带官副将衔留闽补用参将周起凤、正副哨弁四员、勇丁一百九十九名、长夫四十名。

以上各营均归准补浙江处州镇总兵窦如田统领调遣，理合陈明。

一、淮军隘勇中营驻扎台北内山新孩儿一带地方操练巡防候遣，内统带官补用总兵陈罗、正副哨弁八员、勇丁四百九十六名、长夫一百名。

一、淮军隘勇前营驻扎台北内山加辉一带地方操练巡防候遣，内管带官总兵衔已革副将顾金魁、正副哨弁八员、勇丁四百九十六名、长夫一百名。

一、淮军隘勇左营驻扎台北五指山一带地方操练巡防候遣，内管带官五品衔蓝翎尽先千总杨国安、正副哨弁八员、勇丁四百九十六名、长夫一百名。

一、淮军隘勇右营驻扎台北内山合吻坪一带地方操练巡防候遣，内管带官留闽补用守备陈玖英光绪十六年十一月初七日病故，接带官补用守备陈得胜光绪十六年十一月二十四日接带，正副哨弁八员、勇丁四百九十六名、长夫一百名。

查以上各营因台防卫队南字、定字、右栋字前等营在台年久，疲弱者多，裁撤回籍遣散，饬委总兵陈罗等预往淮北一带招募勇丁二千名、长夫四百名来台接防，于光绪十六年闰二月初八日配齐管带、正副哨弁，点验成军，编为隘勇中、前、左、右等营，均归该总兵陈罗统领调遣，理合陈明。

一、定海中营驻扎台北、淡水、昆仑岭一带地方操练巡防候遣，内统带官本任建宁镇总兵苏得胜光绪十六年八月十九日病故，兼带官尽先补用都司苏绪谟光绪十六年八月十九日兼带，九月二十八日卸带；兼带官记名提督万本华光绪十六年九月二十八日兼带，十二月初十日卸带；接带官尽先游击杨春海光绪十六年十二月初十日接带，正副哨弁八员、勇丁四百九十六名、长夫一百名。查该营原名健字正营，于光绪十六年十月初一日改名定海中营，理合陈明。

一、定海前营原驻台北府城一带，调扎宜兰、苏澳、复调沪尾等处地方操练巡防候遣，内管带两江补用游击李泰光绪十六年正月二十二日卸带，接带官尽先补用守备刘朝举光绪十六年正月二十二日接带，五月十五日病故；接带官尽先副将张慎德光绪十六年五月十五日接带，七月初七日病故；接带官尽先千总常有泰光绪十六年七月初七日接带，十九日病故；接带官记名总兵陈永隆光绪十六年七月十九日接带，九月二十八日卸带；接带官记名提督万本华光绪十六年九月二十八日接带，正副哨弁八员、勇丁四百九十六名、长夫一百名。查该营原名健字前营，于光绪十六年十月初一日改名定海前营，理合陈明。

一、定海左营原驻台北府城一带，调扎大龙峒，复调沪尾，续调宜兰、苏澳等处地方操练巡防候遣，内管带官尽先都司郑运泰、正副哨弁八员、勇丁四百九十六名、长夫一百名。查该营原名健字左营，于光绪十六年十月初一日改名定海左营，理合陈明。

一、定海右营原驻台北府城，调扎沪尾，续调彰化一带地方操练巡防候遣，内管带官世袭云骑尉胡恩荣光绪十六年六月十八日病故，接带官尽先补用都司苏绪谟光绪十六年六月十八日接带，正副哨弁八员、勇丁四百九十六名、长夫一百名。查该营原名健字右营，于光绪十六年十月初一日改名定海右营，理合陈明。

一、台防卫队营驻扎台北三角涌一带地方操练巡防候遣，内管带官尽先补用参将何胜云、正副哨弁八员、勇丁四百九十六名、长夫一百名。查该营弁勇在台年久，疲弱者多，于光绪十六年闰二月初八日裁撤回籍遣散，饬委总兵陈罗招募淮勇来台接防，已于另干开报，理合陈明。

以上各营原归本任建宁镇总兵苏得胜统领，嗣该镇病故，于光绪十六年九月二十八日拨归记名提督万本华接统，理合陈明。

一、抚标定海正营原驻台北沪尾，调扎台北府东门外一带地方操练巡防候遣，内统带官记名提督李定明光绪十六年闰二月初八日卸带；接带官记名总兵汪东升光绪十六年闰二月初八日接带，十二月初十日卸带；接带官两湖尽先守备刘起云光绪十六年十二月初十日接带，正副哨弁八员、勇丁四百九十六名、长夫一百名。查该营原名抚标定字中营，于光绪十六年闰二月初八日改名抚标定海正营，理合陈明。

一、抚标定海副营驻扎台北沪尾一带地方操练巡防候遣，内管带官参将衔尽先游击赵有才光绪十六年九月初二日卸带；接带官已革提督高登玉光绪十六年九月初二日接带，十二月二十日卸带；接带官尽先补用副将李桂成光绪十六年十二月二十日接带，正副哨弁八员、勇丁四百九十六名、长夫一百名。查该营原名抚标定字左营，于光绪十六年闰二月初八日改名抚标定海副营，理合陈明。

一、抚标定字右营驻扎台北沪尾一带地方操练巡防候遣，内管带官尽先参将兰斌概、正副哨弁八员、勇丁四百九十六名、长夫一百名。查该营在台年久，疲弱者多，于光绪十六年闰二月初八日裁撤回籍遣散，饬委总兵陈罗预往皖省招募淮勇来台接防，已于另干开报，理合陈明。

一、淮军镇海炮队营驻扎台北沪尾一带地方操练巡防候遣，内管带官补用守备周家桂、正副哨弁八员、勇丁四百九十六名、长夫一百名。查该营弁勇于光绪十六年九月二十八日裁去弁勇一百八十员名、长夫四十名外，实存正、左、右三哨弁勇三百二十五员名、长夫六十名，并于是日拨归记名简放提督万本华统领调遣，理合陈明。

一、宏字正营驻扎澎湖一带海口操练巡防候遣，内统带官澎湖镇总兵吴宏洛、正副哨弁八员、勇丁四百九十六名、长夫一百名。

一、宏字副营驻扎澎湖一带海口操练巡防候遣，内管带官尽先拔补千总许恩铭光绪十六年五月二十六日卸带，接带官尽先补用守备郭朝旭光绪十六年五月二十六日接带，正副哨弁八员、勇丁四百九十六名、长夫一百名。

一、宏字左营驻扎澎湖一带海口操练巡防候遣，内管带官尽先补用都司马长安、正副哨弁八员、勇丁四百九十六名、长夫一百名。

一、宏字前营驻扎澎湖一带海口操练巡防候遣，内管带官尽先补用游击刘忠梁、正副哨弁八员、勇丁四百九十六名、长夫一百名。

一、宏字左、右翼卫队亲兵三哨驻扎澎湖一带海口操练巡防候遣，内管带官补用都司韩春元、正副哨弁六员、勇丁三百一十八名、长夫六十名。查前项弁勇、长夫三百八十五员名，于光绪十六年二月十一日全数裁撤，回籍遣散，理合陈明。

以上各营均归澎湖镇总兵吴宏洛统领调遣，理合陈明。

一、淮军台南防军营原驻南路大坪顶一带，调扎凤属隘寮等处地方操练巡防候遣，内管带官总兵衔尽先补用副将李胜才、正副哨弁八员、勇丁四百九十六名、长夫一百名。

一、台南防军卫队副左、副右两哨驻扎台南凤属一带地方操练巡防候遣，内管带官总兵衔尽先补用副将李胜才、正副哨弁四员、勇丁二百一十二名、长夫四十名。

一、淮军镇海前军右营驻扎南路东港一带地方操练巡防候遣，内管带官副将衔尽先补用游击万国标、正副哨弁八员、勇丁四百九十六名、长夫一百名。

一、旗后炮台炮勇两哨驻扎旗后地方操练巡防，内管带官副将衔尽先补用游击万国标、教习一名、勇丁一百八十八名、水火夫二十名。

一、台东安抚军驻扎台东一带地方操练巡防候遣，内管带官署台东直隶州知州高垚，光绪十六年三月初八日卸带；接带官署台东直隶州知州温培华，光绪十六年三月初八日接带，十月二十九日卸带；接带官署台东直隶州知州宋稚钊，光绪十六年十月二十九日接带，正副哨弁八员、勇丁四百九十六名、长夫一百名。

一、淮军镇海中军前营原驻台北三角涌一带，调扎宜兰等处地方操练巡防候遣，内管带官尽先副将傅德柯光绪十六年二月十三日阵亡，接带官尽先副将刘仁柏光绪十六年二月十三日接带，五月二十日病故；接带官尽先副将陈尚志光绪十六年五月二十日接带，正副哨弁八员、勇丁四百九十六名、长夫一百名。

一、淮军南字营驻扎宜兰一带地方操练巡防候遣，内管带官尽先参将蓝明祥、正副哨弁八员、勇丁四百九十六名、长夫一百名。查该营弁勇在台年久，疲弱者多，全数裁撤，回籍遣散，饬委总兵陈罗预往皖省招募淮勇来台接防，已于另干开报，理合陈明。

一、淮军台勇营驻扎台北、宜兰一带地方操练巡防候遣，内管带官尽先守备陈军翔、正副哨弁八员、勇丁四百九十六名、长夫一百名。查该营弁勇于光绪十六年四月初一日全数裁撤遣散，理合陈明。

一、义抚军一哨驻扎嘉、彰一带地方操练巡防候遣，内管带官花翎补用都司钟定国、正副哨弁二员、勇丁一百零六名、长夫二十名。查前项弁勇、长夫于光绪十六年闰二月初一日全数裁撤遣散，理合陈明。

一、义抚军卫队一哨驻扎嘉、彰一带地方操练巡防候遣，内管带官署嘉义营参将陈宗凯、正副哨弁二员、勇丁一百零六名、长夫二十名。查前项弁勇于光绪十六年四月二十一日全数裁撤遣散，理合陈明。

一、台湾善后局亲兵两棚驻扎台北府城遣用，内哨弁一员、勇丁二十四名、长夫二名。

一、招募士勇三哨，查照淮军章程，编为前锋卫队，随同各军剿办南澳等社叛番，内管带官尽先补用游击陈辉煌、正副哨弁六名、勇丁三百名、长夫六十名。查前项弁勇系因宜兰、南澳一带叛番负隅抗拒，经臣饬令该游击陈辉煌就地招募熟悉路径土勇三百名，编为前锋卫队，随同各军剿办，于光绪十六年二月初一日点验成军；嗣剿抚稍平，即于四月十六日全数裁撤遣散，理合陈明。

一、台湾左翼练兵驻扎南路楠仔坑、湾里街、新市及旗后一带地方操练巡防候遣，内管带官记名简放总兵曾喜照、正副哨弁六员、兵丁三百三十名、火夫三十二名。查前项练兵于光绪十六年二月初一日添练一哨，合成一营，计官弁九员、兵丁四百四十名、火夫四十二名。至该营因右翼暨嘉义及北路等营练兵均奉撤回原营差操，是以添练一哨，理合陈明。

一、台湾右翼练兵驻扎嘉义、埔里社内山一带地方操练巡防候遣，内管带官简放总兵何玉隆、正副哨弁八员、兵丁四百四十名、火夫四十二名。查前项练兵于光绪十六年二月初一日撤回原籍差操，理合陈明。

一、大甲左翼练兵一哨驻扎苗、彰交界之大甲一带地方操练巡防候遣，内管带官补用守备杨连珍、正副哨弁二员、兵丁一百一十名、火夫一十名。

一、安平左、右翼练兵驻扎安平一带地方操练巡防，内管带官安平协副将李思经、正副哨弁四员、兵丁一百七十八名、火夫一十八名。

一、北路中营练兵一哨驻扎埔里社一带地方操练巡防候遣，内管带官代理北路协副将滕国春、正副哨弁二员、兵丁一百零一名、火夫一十名。查前项练兵于光绪十六年二月初一日撤回原营差操，理合陈明。

一、嘉义营练兵一哨驻扎嘉义内山一带地方操练巡防候遣，内管带官署嘉义营参将陈宗凯、正副哨弁二员、兵丁一百二十五名、火夫一十二名。查前项练兵于光绪十六年二月初一日撤回原营差操，理合陈明。

一、恒春营练兵两哨驻扎恒春南路一带地方操练巡防候遣，内管带官署恒春营游击谈炳南、正副哨弁四员、兵丁二百二十名、火夫二十名。

一、果毅军练兵驻扎澎湖地方操练巡防候遣，内管带官澎湖镇总兵吴宏洛、正副哨弁八员、兵丁四百五十四名、火夫四十二名。

以上全台留防各军截至光绪十六年十二月底止，除裁减外，实存淮军弁勇三十一营十七哨二棚、屯军五哨、炮勇五哨、练军二营零五哨，理合陈明。

（朱批）：览。钦此。[1]

## 五　复奏台湾现存各局骤难裁并缘由折

光绪十七年二月十三日（1891年3月22日）

太子少保兵部尚书革职留任福建台湾巡抚一等男臣刘铭传跪奏，为台湾分省伊始，现存各局骤难裁并，遵旨覆陈，恭折仰祈圣鉴事。

窃准户部咨：光绪十五年十一月十五日，内阁奉上谕：国家综核度支，必先严除冗滥。从前各省办理军务，创立支应、采办、转运等局，本属一时权宜，不能视为常例。迨军务敉定，又以善后为名，凡事之应隶藩司者，分设各局，名目众多；盐务则督销、分销，局卡林立，大率以候补道员为总办，而会办、随办各员，其数不可胜计。所有专管之藩、运两司，转以循例画诺为了事。又如清讼、保甲、捕盗等事，本系臬司专责，亦皆另设一局，授权委员，论公事则推诿转多，论库款则虚糜甚巨。

至船政、机器各局，原为当务之急，而局用开支尤属弊窦丛

① 台湾史料集成编辑委员会编：《明清台湾档案汇编》，第5辑，第98册，第217—229页，台北远流出版事业股份有限公司，2009。又，中国第一历史档案馆藏：《清单》，档案编号：03-5884-001.

生，漫无稽考，若不一律认真整顿，何以昭核实而塞漏卮？前于光绪十一年八月二十二日钦奉懿旨：各省设立各局，种种名目，滥支滥应，无非瞻循情面，为位置闲员地步，饬令大加裁汰，定议复奏。仰见圣慈诰诫严明，各该省虽经遵议奏明，量为裁减，总未能将烦费认真革除。近年以来，冗员愈多，浮费愈甚，着各直省将军、督抚破除情面，将所有各局通行查核，或删减，或归并。其有必不能裁者，即将按月经费限定数目，不准任意增添。自接奉此旨后，勒限三个月，将议定限留各局开单奏报，并将各局经费每月若干，咨报户部存案，该部于每年报销册内逐一查对，毋任稍有含混。理财与用人相辅而行，实为图治之大端，各将军、督抚身膺重寄，务当振刷精神，切实经理，不得狃于积习，敷衍塞责，将此通谕知之。钦此。咨行到臣。当经钦遵转行将各局切实裁减。其实不能裁各局，月需经费若干，开报核办去后。

兹据台湾布政使沈应奎会同台湾道兼按察使衔唐景崧详称：查台湾海外孤悬，自建行省，办理抚垦，百废待兴。分设各局，有堪裁并者，均已随时裁汰，本已不多。现存之善后、税厘、机器、军装、文报、通商、官医、邮政、电报以及各路抚垦各局，察看情形，均属骤难裁并。台湾初设行省，事事草创，本与他省情形不同，动用经费，按月尚难限定，惟有核实支销，随时察看，有可裁并之局，即当裁并，以节縻费，具详前来。

臣查台湾甫经建立省城，尚未竣工，事事草创，用款浩繁。部臣前议以台湾本地之财供本地之用，当此库藏奇绌，臣方仰屋兴嗟，尚何敢徇情位置闲员，增添繁费？此在圣明洞鉴之中，该司道等所详系属实在情形。分省之始，各局每月支用经费，随时节省，殊难限定。臣惟有恪遵谕旨，督同司道切实经理，如有可裁之局，并即破除情面，随时裁撤，断不敢稍涉敷衍，以期仰副圣主节慎帑藏至意！

除咨部外，谨恭折覆陈。伏乞皇上圣鉴，训示。谨奏。光绪十七年二月十三日。

（朱批）：户部知道。[①]

光绪十七年四月初三日，奉朱批：户部知道。钦此。[②]

## 六　奏报上年秋冬已结各案交代情形折

光绪十七年二月二十五日（1891 年 4 月 3 日）

头品顶戴闽浙总督臣卞宝第、太子少保兵部尚书革职留任福建台湾巡抚一等男臣刘铭传跪奏，为台省新案交代仿照山东新章，按半年开单，恭折具陈，仰祈圣鉴事。

窃查台湾各属新案交代，业经遵章按半年开单奏报至光绪十六年六月止在案。兹光绪十六年七月起至十二月止半年期内二参限满已结交代，据台湾布政使沈应奎仿照山东新章，造册请奏前来。

臣等覆核无异，除咨部查照外，谨合词恭折具奏，并缮清单，恭呈御览。伏乞皇上圣鉴谨奏。二月二十五日。

光绪十七年四月初三日，奉朱批：户部知道，单并发。钦此。[③]

---

① 中国第一历史档案馆藏：《朱批原件》，档案编号：04-01-30-0426-001.

② 此朱批日期与内容，据《军机处随手登记档》（档案编号：03-0268-2-1217-089）校补。

③ 中国第一历史档案馆藏：《军机录副》，档案编号：03-7259-019.

## 七　呈光绪十六年下半年已结新案清单

光绪十七年二月二十五日（1891年4月3日）

谨将台湾省光绪十六年七月起至十二月止各属二参限满已结新案交代，敬缮清单，恭呈御览。

二参限内算清结报各案：

恒春县署知县宋维钊，于光绪十六年三月十三日到任，应接前署县吕兆璜交代，扣至十六年七月十二日二参限满，已于限内算清结报。

新竹县代理知县沈茂荫，于光绪十六年四月初六日到任，应接前署县张廷榗交代，扣至十六年八月初五日二参限满，已于限内算清结报。

凤山县署知县李麟图，于光绪十六年闰二月十三日到任，应接前署县高晋翰交代，扣至十六年六月二十七日二参正、展限满，已于限内算清结报。

彰化县署知县张寿基，于光绪十六年三月初七日到任，应接前署县罗东之交代，扣至十六年八月初六日二参正、展限满，已于限内算清结报。

以上四案，业已造册详咨。

（朱批）：览。①

① 中国第一历史档案馆藏：《清单》，档案编号：03-7259-020.

## 八 奏陈台湾各属尚无出产土药缘由折

光绪十七年二月二十五日（1891年4月3日）

太子少保兵部尚书革职留任福建台湾巡抚一等男臣刘铭传跪奏，为台湾省并无出产土药，遵旨覆陈，恭折仰祈圣鉴事。

窃准军机大臣字寄：光绪十六年四月十五日，奉上谕：总理各国事务衙门、户部奏，整顿土药税厘，请饬详查妥办一折。着各直省督抚详察各该省地方情形，或于出产之处就地征收，或于贩运过境严查走漏，或即就现在私收之项和盘托出，悉数归公，均由该将军、督抚等秉公严查，详细筹议声覆，按季专款开报，不得于百货厘金内笼统声叙，以免牵混，限三个月，各将原定、新定各办法迅速覆奏等因。钦此。并准总理各国事务衙门暨户部咨行到臣。当经转行钦遵去后。

兹据台湾布政使沈应奎会同全台税厘局司道详称：查台湾本地向不栽种罂粟，并无出产土药，据各属陆续查覆，详请奏咨前来。

臣覆查无异，除仍饬令各属严查，如有土药贩运过境，随时整顿办理，以杜走漏，并分咨总理各国事务衙门暨户部查照外，谨恭折覆陈。伏乞皇上圣鉴，训示。谨奏。光绪十七年二月二十五日。

（朱批）：该衙门知道。[1]

光绪十七年四月初三日，奉朱批：该衙门知道。钦此。[2]

① 中国第一历史档案馆藏：《朱批原件》，档案编号：04-01-35-0568-021.

② 中国第一历史档案馆藏：《军机录副》，档案编号：03-6503-025.

## 九　奏报十六年冬季委署州县员缺情形折

光绪十七年二月二十五日（1891 年 4 月 3 日）

头品顶戴闽浙总督臣卞宝第、太子少保兵部尚书革职留任福建台湾巡抚一等男臣刘铭传跪奏，为光绪十六年冬季分台湾省并无委署州县员缺，恭折仰祈圣鉴事。

窃案准部咨：钦奉上谕：各省州县无论奏调、委署、代理，着每届三个月汇奏一次。钦此。奉经先后奏报至光绪十六年秋季分止在案。兹查十六年冬季分台属并无委员署、代州县员缺，无从开报。据台湾布政使沈应奎具详前来。

除咨部外，臣等谨恭折具陈。伏乞皇上圣鉴。谨奏。光绪十七年二月二十五日。

（朱批）：吏部知道。①

光绪十七年四月初三日，奉朱批：吏部知道。钦此。②

## 一〇　奏报沪尾、打狗二口一百十九结收支洋税折

光绪十七年二月二十九日（1891 年 4 月 7 日）

太子少保兵部尚书革职留任福建台湾巡抚兼管海关一等男臣刘铭传跪奏，为台湾沪尾、打狗两口征收洋税，照章按结奏报，谨将第一百十九结期内收支数目，分晰缮具清单，恭折仰祈圣鉴事。

---

① 中国第一历史档案馆藏：《朱批原件》，档案编号：04-01-12-0550-126.

② 中国第一历史档案馆藏：《军机录副》，档案编号：03-5278-015.

窃照各海关征收洋税，案经总理各国事务衙门会同户部奏定章程，改题为奏，停用亲填等簿，行令各关将收支数目按结奏报一次，扣足四结，专折奏销，毋庸按照关期题销，以清界划等因。查沪尾、打狗两口海关税务，自光绪十三年八月十五日第一百九结起改由臣就近监督，所有收支洋税各数目业经遵照新章分别奏咨至第一百十八结止在案。

兹自光绪十六年闰二月十二日起至五月十四日届满第一百十九结期内，该两口收支各项洋税银两，遵照新章，按结奏报。其循案支销各项经费，容俟扣足四结，造册奏销，以符定案。

除将本结收支数目循案分咨查照外，谨会同福州将军臣希元、闽浙总督臣卞宝第，恭折具奏，并缮清单，恭呈御览。伏乞皇上圣鉴。谨奏。光绪十七年二月二十九日。

（朱批）：该衙门知道，单并发。①

光绪十七年四月初三日，奉朱批：该衙门知道，单并发。钦此。②

## 一一 呈沪尾、打狗二口一百十九结洋税征收清单

光绪十七年二月二十九日（1891年4月7日）

谨将台湾沪尾、打狗两口第一百十九结期内并征洋药税厘所有征过银数，理合缮具清单，恭呈御览。

谨开：

旧管：存上届一年期满洋药厘金赢余银五万八十三两八钱四

① 中国第一历史档案馆藏：《朱批原件》，档案编号：04-01-35-0405-018.

② 中国第一历史档案馆藏：《军机录副》，档案编号：03-6376-013.

分二厘七毫。

前件查沪尾、打狗两口第一百十四结起至第一百十七结止，扣足四结，作为一年期满，洋药厘金赢余银六万九千四百六十七两，内除闽海关应还闽省洋款第十期本银经户部奏准在于沪、打二口第一百十四结起征存药厘项下动拨银一万九千三百八十三两一钱五分七厘三毫外，实存银五万八十三两八钱四分二厘七毫，现经遵照部行另款存储，以备闽海关归还第十二期洋款本银不敷之用。至第一百十八结以后所征前项银两，除照案留充防费外，请俟一百二十一结一年期满，统计赢余若干，再行造报候拨。理合陈明。

新收：光绪十六年闰二月十二日起至五月十四日届满第一百十九结期内，沪尾口征洋药税银一万二千四百二十七两五分，又征洋药厘银三万三千一百三十八两八钱，二共征税厘银四万五千五百六十五两八钱五分。

打狗口征洋药税银二万五千三百六十六两五分，又征洋药厘银六万七千六百四十二两八钱，二共征税厘银九万三千八两八钱五分。

以上沪尾、打狗两口共征洋药税厘银一十三万八千五百七十四两七钱。

开除：一、支给沪尾、打狗两口税务司经费三个月共银三千两。此项银两系准总理各国事务衙门暨户部咨行，自一百十一结起由厘金项下拨给。理合陈明。

实在：存本结洋药税厘银一十三万五千五百七十四两七钱，内洋药税银三万七千七百九十三两一钱，洋药厘银九万七千七百八十一两六钱，已由该两口委员分别正税、厘银，就近分交台湾善后局及台湾道库兑收，归入台防经费拨用。至征收洋药厘银，前准户部咨行，令将划留本省银两分为四结提支。台湾每年划留银二十九万七千一百六十两，本结征银一十万七百八十一两六钱，除支给税务司经费外，实存银九万七千七百八十一两六钱，应提银七万四千二百九十两，尚剩银二万三千四百九十一两六钱，应请俟至一百二十一结扣足四结，作为一年期满，统计赢余若干，再行报部拨用。

所有本结税厘除税银尽数留充防费，厘银留支以外，余银另行统算报拨。计仍实存上届一年期满洋药厘金赢余银五万八十三两八钱四分二厘七毫，遵照部行另款存储，以备闽海关归还第十二期洋款本银不敷之用。合并陈明。

（朱批）：览。[①]

## 一二　奏报沪尾、打狗二口一百十九结征收洋税数目折

光绪十七年二月二十九日（1891 年 4 月 7 日）

太子少保兵部尚书革职留任福建台湾巡抚兼管海关一等男臣刘铭传跪奏，为台湾洋药税厘归关并征，谨将沪尾、打狗两口第一百十九结期内征收数目，缮具清单，恭折奏报，仰祈圣鉴事。

窃查台湾洋药税厘归关并征，自应按照洋税收支章程，分晰正税、厘金两项银数，随同结期，按三个月奏报一次，扣足四结，专折奏销，以符洋税定案。臣接管台湾关务，所有沪尾、打狗两口征过洋药税厘银数，业经奏报至第一百十八结止在案。

兹查光绪十六年闰二月十二日起至五月十四日届满第一百十九结期内，沪尾、打狗两口征收洋药税厘银两，仍应案结奏报，

① 中国第一历史档案馆藏：《清单》，档案编号：03-6376-014.

俾清界划。

除将本结征收数目循案分咨总理各国事务衙门、户部、通商大臣查照外，谨会同福州将军臣希元、闽浙总督臣卞宝第，恭折奏报，并缮清单，恭呈御览。伏乞皇上圣鉴，谨奏。光绪十七年二月二十九日。

（朱批）：该衙门知道，单并发。[①]

光绪十七年四月初三日，奉朱批：该衙门知道，单并发。钦此。[②]

## 一三　呈沪尾、打狗二口一百十九结收支数目清单

光绪十七年二月二十九日（1891 年 4 月 7 日）

谨将台湾沪尾、打狗两口第一百十九结期内，除洋药税银另行归入并征洋药税厘案内造报外，所有征收各项洋税银两遵照新章按结奏报，并将收支各数目理合敬缮清单，恭呈御览。

谨开：

旧管：无项。

前件查沪尾、打狗两口关税案，经前台湾海防大臣沈葆桢奏准尽数截留，充作台防经费。所有每结征收税银业已尽数解交台湾善后局、台湾道库兑收拨用。理合陈明。

新收：光绪十六年闰二月十二日起至五月十四日届满，第一百十九结期内，沪尾口共征洋税银一十三万一千九百一十六两二分六厘，洋船吨钞银二百八十一两二钱，土货复进口半税银一千

① 中国第一历史档案馆藏：《朱批原件》，档案编号：04-01-35-0405-020.

② 中国第一历史档案馆藏：《军机录副》，档案编号：03-6376-010.

一百九十一两五钱五厘，子口半税银七十六两五分。

打狗口共征洋税银五万三千五百二十三两六钱八分六厘，洋船吨钞银五百六十四两一钱，土货复进口半税银三百五十八两七钱四分一厘，子口半税银二十六两三钱二分五厘。

以上沪尾、打狗两口共征税钞银一十八万七千九百三十七两六钱三分三厘。

开除：一、提解总理各国事务衙门及拨给税务司吨钞共银八百四十五两三钱。此项吨钞内应提解总理各国事务衙门三成银两外，其余七成吨钞银五百九十一两七钱一分，已由该二口照案给交税务司收领，以为建造塔表、望楼之用。理合陈明。

一、支给沪尾、打狗两口税务司辛俸三个月共银一万五千两。此项辛俸每三个月原给银一万二千两，续准总理各国事务衙门暨户部咨行，自一百十一结起改发前数。理合陈明。

以上共开除银一万五千八百四十五两三钱。

实在：存税银一十七万二千九十二两三钱三分三厘，已据该两口禀报内除循案支销经费外，所余银两均已照案解交台湾善后局及台湾道库兑收，充作台防经费。至本结该两口共征洋药正、税银三万七千七百九十三两一钱，另行归入并征洋药税厘案内造报。合并陈明。

（朱批）：览。[①]

## 一四　奏报提解光绪十六年上忙钱粮银数折

光绪十七年二月二十九日（1891 年 4 月 7 日）

太子少保兵部尚书革职留任福建台湾巡抚一等男臣刘铭传跪

① 中国第一历史档案馆藏：《清单》，档案编号：03-6376-011.

奏，为提解光绪十六年上忙钱粮银数，恭折仰祈圣鉴事。

窃照户部奏准通行：州县征收钱粮，每年上、下忙除例准留支及实欠在民外，所有征存银两尽数提解司库，专折具奏，闽省历经遵办在案。兹台湾分省伊始，自应次第遵循例章办理，所有上、下忙征完钱粮，请自十六年起循章造报。

据台湾布政使沈应奎详称：查台湾省台湾、台南、台北三府属，光绪十六年分额征钱粮银五十一万三千八十五两零，上忙已完银一十七万四千二百八十五两零，内除存留银七千五百五十七两零，均归奏销案内分款开报外，实完钱粮银一十六万六千七百二十八两零，已入光绪十六年秋拨册内报完银二万二千两，余银一十四万四千七百二十八两零，亦提解司库，应俟汇入光绪十六年奏销册内造报。又额征官庄银三万三千六百五十七两零，上忙已完银六千八百两；又额征当税银三百五十五两，上忙未据完解。又年无定额民屯田税契银两，上忙已完银一万一千一百八十五两零；又额征铁炉课银一十两，上忙未据完解；又十四、十五两年各属钱粮，光绪十五年奏销册报，共未完银一十九万五千二百九十两零，今截至十六年上忙共续完银五千四百八十八两零；又十四、十五两年各属官庄光绪十五年奏销册报，共未完银二万六千二十五两零，今截至十六年上忙续完银三千两。所有光绪十六年上忙期内各属解完现节年正、杂各款，统应汇入十六年奏销各册内造报，理合按款备造清册，详请奏咨等情，前来。

臣覆核无异，除将各册咨部查照外，谨会同闽浙总督臣卞宝第，恭折具奏。伏乞皇上圣鉴。谨奏。光绪十七年二月二十九日。

（朱批）：户部知道。[①]

---

① 中国第一历史档案馆藏：《朱批原件》，档案编号：04-01-35-0834-002.

光绪十七年四月初三日，奉朱批：户部知道。钦此。①

## 一五　奏报沪尾、打狗二口一百十九结提解船钞片

光绪十七年二月二十九日（1891 年 4 月 7 日）

再，台湾沪尾、打狗两口按结应解总理各国事务衙门三成船钞银两，截至一百十八结止，均已按数解收在案。兹自光绪十六年闰二月十二日起至五月十四日止第一百十九结期内，沪尾口征收船钞银二百八十一两二钱，应解三成银八十四两三钱六分；打狗口征收船钞银五百六十四两一钱，应解三成银一百六十九两二钱三分。核计该两口第一百十九结期内共征船钞银八百四十五两三钱，共应提解三成银二百五十三两五钱九分。

兹将前银按数兑足，填具文批，由台援案发交协和信号商承领汇解，前赴总理各国事务衙门投纳。除咨明外，理合附片奏报。伏乞圣鉴。谨奏。

（朱批）：该衙门知道。②

光绪十七年四月初三日，奉朱批：该衙门知道。钦此。③

## 一六　奏为恳恩开缺回籍缘由折

光绪十七年三月初四日（1891 年 4 月 12 日）

太子少保兵部尚书革职留任福建台湾巡抚一等男臣刘铭传跪

① 中国第一历史档案馆藏：《军机录副》，档案编号：03-6240-037.
② 中国第一历史档案馆藏：《朱批原件》，档案编号：04-01-35-0405-019.
③ 中国第一历史档案馆藏：《军机录副》，档案编号：03-6376-012.

奏，为微臣假期又满，病仍未痊，吁恳天恩，俯准开缺回籍就医，恭折仰祈圣鉴事。

窃臣前以假期届满，病仍未痊，续于光绪十六年十一月二十七日奏请开缺，奉朱批：另有旨。钦此。旋准部咨：光绪十六年十二月二十三日，奉上谕：刘铭传奏，假期届满，病仍未痊，吁恳开缺一折。刘铭传着再赏假三个月，毋庸开缺。所有台湾科试事宜，着派唐景崧暂行代办。钦此。仰见天恩高厚，格外矜全，莫名钦感！

臣钦遵之下，多方调治，原冀病情稍为轻减，即行力疾销假，以免再三之渎。无如痼疾已深，医药无效，咯血日见其多，饮食日见其少。筋骨疼痛，坐卧不安。左目已废，右目又生云翳，交春举发，红肿昏暗，咫尺不识人面，皆由久受瘴湿，沮塞关窍，气血不能流通，内亏外感，补泻两难，医皆束手。佥以病情过杂，元气过亏，必须静心调理，非医药一时可以奏效。

伏念臣年力未衰，疽抱痼疾，一息暂存，不无望生之念。我皇上如不以臣为不肖，恩准给假调理，倘能稍宽时日，医治就痊，耳目手足不致成废，将来遇有遣策之处，或可出效驰驱，聊报高厚于万一。似此迁延尸位，既难销假视事，又无良药诊治，在任一日，即多贻误一日，于朝廷何取焉！且台湾新设省分，一切规模制度俱皆草创，非若内地循章守法。即使臣强健无病，聚精会神，尚恐力有未逮，断非经年累月呻吟床褥所能卧治。与其贻误获咎，何若披沥陈情！惟有吁恳天恩，俯准开缺，并开去帮办海军差使，赏假回籍就医，迅赐简放贤员，以重职守，免臣再渎。地方幸甚！微臣幸甚！

除将台湾科试事宜遵旨派交唐景崧暂行代办另折奏报外，所有微臣假期又满，病仍未痊，吁请开缺缘由，谨恭折具陈。伏乞皇上圣鉴训示。谨奏。光绪十七年三月初四日。

（朱批）：另有旨。①

光绪十七年三月二十七日，奉朱批：另有旨◆1。钦此。②

【案】此奏旋于是年三月十七日得旨允行，《光绪朝上谕档》载曰：

光绪十七年三月二十七日，内阁奉上谕：刘铭传奏，病仍未痊，恳请开缺一折。福建台湾巡抚刘铭传，着准其开缺，并开去帮办海军事务差使。钦此。③

## 一七　奏报十六年底止京控未结案件数目折

光绪十七年三月初四日（1891年4月12日）

再，闽省前准刑部咨：嗣后京控交审案件，无论奏咨，每年将已、未结数目分两次汇开清单，具奏咨部，以凭稽核等因。台湾省亦照办至光绪十六年六月底止开单具奏在案。

兹据台湾道兼按察使衔唐景崧、台湾布政使沈应奎详称：台属京控各案截至光绪十六年十二月底止，尚有咨交未结之林振旺一起，因要证外出，致难审结，委非无故迟延，亦非提解不力等情，开折具详前来。

除批饬勒限严催提解审办，并咨部查照外，谨会同兼管福建巡抚事闽浙总督臣卞宝第，附片具奏，并缮清单，恭呈御览。伏

① 中国第一历史档案馆藏：《朱批原件》，档案编号：04-01-12-0550-086. 又见《刘壮肃公奏议·出处略》。

② 中国第一历史档案馆藏：《军机录副》，档案编号：03-5277-106.

③ 中国第一历史档案馆编：《光绪宣统两朝上谕档》，第17册，第71页，广西师范大学出版社，1996。又，中华书局影印：《清实录·德宗景皇帝实录（四）》，卷之二百九十五，光绪十七年三月，第926页，中华书局，1987。

乞圣鉴。谨奏。

(朱批)：刑部知道，单并发。[①]

光绪十七年四月初三日，奉朱批：刑部知道，单并发。钦此。[②]

## 一八　呈台湾十六年底京控未结案件清单

光绪十七年三月初四日（1891年4月12日）

谨将台湾咨交京控各案截至光绪十六年底止未结数目，缮具清单，恭呈御览。

谨开：

一、台湾县民林振旺京控林文明奸杀霸占等情一案，于光绪九年十一月二十九日准咨。

以上咨交未结京控案一起。

(朱批)：览。[③]

## 一九　奏报送交台湾学政关防日期情形折

光绪十七年三月二十三日（1891年5月1日）

太子少保兵部尚书革职留任福建台湾巡抚兼管学政一等男臣刘铭传跪奏，为代办科试，送交学政关防日期，恭折奏祈圣鉴事。

---

① 中国第一历史档案馆藏：《朱批原件》，档案编号：04-01-01-0982-053.

② 中国第一历史档案馆藏：《军机录副》，档案编号：03-7259-021.

③ 中国第一历史档案馆藏：《清单》，档案编号：03-7260-009.

窃准部咨：光绪十六年十二月二十三日，奉上谕：刘铭传奏恳开缺一折，着再赏假三个月，毋庸开缺。所有台湾科试事宜，着派唐景崧暂行代办等因。钦此。当经转行钦遵。兹查台湾道唐景崧，现来台北会勘本年秋审事竣，科试未便再缓，臣谨将道字一千二百一号台湾学政关防连同文卷，于本年三月二十二日派委台北府属教授黄焕奎送交钦遵代办。

除考试一切事宜由该道严密关防，遵旨敬谨代为办理外，所有送交学政关防日期，臣谨恭折奏报。伏乞皇上圣鉴。谨奏。光绪十七年三月二十三日。

（朱批）：知道了。[1]

光绪十七年四月二十一日，奉朱批：知道了。钦此。[2]

## 二〇　代奏唐景崧代办台湾科试事宜谢恩折

光绪十七年三月二十三日（1891年5月1日）

再，据台湾道唐景崧呈称，接臣文开：钦奉上谕：台湾科试事宜，着派唐景崧暂行代办等因。钦此。于本年三月二十二日派委送交道字一千二百一号台湾学政关防连同文卷到道，谨即于是日恭设香案，望阙叩头谢恩祗领。定期于三月二十四日开考台北，一俟试竣，接试台南，呈请据情转奏，恭谢天恩等情，前来。

臣谨附片代奏，恭谢天恩。伏祈圣鉴。谨奏。

（朱批）：知道了。[3]

① 中国第一历史档案馆藏：《朱批原件》，档案编号：04-01-38-0170-026.
② 中国第一历史档案馆藏：《军机录副》，档案编号：03-5712-094.
③ 中国第一历史档案馆藏：《朱批原件》，档案编号：04-01-38-0170-027.

光绪十七年四月二十一日，奉朱批：知道了。钦此。①

## 二一　奏报台北府知府吉昌即赴新任片

光绪十七年三月二十三日（1891年5月1日）

再，台湾台北府知府雷其达与台湾藩司沈应奎系属儿女姻亲，例应回避，当经会奏请旨简调。光绪十七年二月初五日，接准吏部咨：十六年十二月二十四日，奉上谕：卞宝第奏，知府与藩司姻亲，例应回避，开单请旨简员对调一折◆1。福建台湾台北府知府着吉昌调补，雷其达着调补福建漳州府知府。钦此。钦遵转行遵照在案。兹查该员吉昌业已抵台，应即饬赴台北府调任供职。据台湾布政使沈应奎会同台湾道兼按察使衔唐景崧具详请奏前来。

除咨部外，谨会同兼管福建巡抚事闽浙总督臣卞宝第，附片陈明。伏乞圣鉴。谨奏。

（朱批）：吏部知道。②

光绪十七年四月二十一日，奉朱批：吏部知道。钦此。③

【案】此奏片之具奏日期，原件目录署“光绪十七年三月二十六日”，并示存疑。而录副则以朱批日期为之，均未确。兹据朱批日期查光绪十七年四月二十一日《军机处随手登记档》④朱批刘铭传折栏，则署有“报四百里，三月二十三日发”等字样。据此，此奏片之具奏时间

① 中国第一历史档案馆藏：《军机录副》，档案编号：03-5278-094.

② 中国第一历史档案馆藏：《朱批原件》，档案编号：04-01-12-0550-069.

③ 中国第一历史档案馆藏：《军机录副》，档案编号：03-5278-092.

④ 中国第一历史档案馆藏：《军机处随手登记档》，档案编号：03-0268-2-1217-106.

当为“光绪十七年三月二十三日”无疑。兹据校正。

又【案】光绪十六年十二月二十四日，闽浙总督卞宝第以现任台北府知府雷其达与藩司姻亲，例应回避，具折请旨简员对调，曰：

头品顶戴闽浙总督臣卞宝第跪奏，为台湾现任知府循例回避，请旨简调，恭折仰祈圣鉴事。

窃准台湾抚臣刘铭传咨：据台湾藩司沈应奎详：台北府知府雷其达于光绪十二年七月二十三日奉旨准补斯缺，该司于十三年四月在台湾办理粮台，事竣请假回籍，于十四年六月在籍将长子与雷其达次女缔姻。该司嗣后奉调来台，奏委暂署藩篆，即据雷其达禀奉抚臣批饬暂行毋庸回避在案。兹于光绪十六年二十日奉上谕：福建台湾布政使着沈应奎补授。钦此。自应遵例官小者回避，以总督兼辖省分相当员缺互相对调。

查台北府系海疆冲、繁、难三字题调要缺，咨臣查明，于兼辖福建、浙江两省现任知府内拣员，奏请对调等因，当经饬据福建藩司刘树堂具详，闽省知府除福州府系省会首郡，汀州府胡胜尚有老亲远隔重洋，例应声请免调外，惟查省漳州、泉州两府均系冲、繁、疲、难四字要缺，核与台北府三字要缺字样稍有不同，可否互相对调，例无明文，亦无办过成案，声覆前来。

臣查台湾新设行省，政务殷繁，自应遴拣要缺人员请调。漳州府知府吉昌精明练达，泉州府知府李耀奎办事认真，于台北府要缺均堪胜任。惟四字要缺请调三字要缺，无成案可循，谨将闽省要缺及浙江省三字要缺人员缮具清单，恭呈御览，请旨简调，以重职守。

所有现任知府应请互调缘由，谨会同台湾抚臣刘铭传，恭折具陈。伏乞皇上圣鉴，训示。谨奏。光绪十六年十二月二十四日。①

① 中国第一历史档案馆藏：《朱批原件》，档案编号：04-01-12-0549-018.

## 二二　奏报上年冬季就地正法各犯名数片

光绪十七年三月二十三日（1891年5月1日）

再，台湾省各属就地正法人犯，业经附片奏报至光绪十六年秋季分止在案。兹十六年冬季分，查有台湾府属云林、彰化、苗栗三县，台南府属凤山、嘉义二县，台北府属淡水一县，先后报获匪犯李盘、王歹、蔡辛、张知高、卓椿分、刘艆脚枝、范阿苟、李马、王汶和、李棕、陈大箍芹、洪水、黄鹊、李伋、陈受、阮老、李脱、李南东、余老人、李其富、朱加再、洪仔彪、陈鸭形、宋阿彝、潘椿桂、潘沥力、张恭、林信、李孝拙、辜僖、黄鸡羔、王番薯、李谷、王九流、王青泷、吴韭菜、邱俊三十七名，或系逆匪，或纠劫得赃，并杀毙人命，均属情罪重大之犯，未便稽诛，审明后禀经臣核饬就地正法在案。兹据台湾道兼按察使衔唐景崧汇详请奏前来。

除将各犯籍贯、罪由开单咨部外，谨会同兼管福建巡抚事闽浙总督臣卞宝第，附片具陈。伏乞圣鉴。谨奏。

（朱批）：刑部知道。①

光绪十七年四月二十一日，奉朱批：刑部知道。钦此。②

【案】此奏片之具奏日期，原件目录署“光绪十七年三月二十六日”，并示存疑。而录副则以朱批日期为之，均未确。兹据朱批日期查光绪十七年四月二十一日《军机处随手登记档》③ 朱批刘铭传折栏，则

① 中国第一历史档案馆藏：《朱批原件》，档案编号：04-01-01-0982-052.

② 中国第一历史档案馆藏：《军机录副》，档案编号：03-7359-050.

③ 中国第一历史档案馆藏：《军机处随手登记档》，档案编号：03-0268-2-1217-106.

署有“报四百里，三月二十三日发”等字样。据此，此奏片之具奏日期当为“光绪十七年三月二十三日”无疑。兹据校正。

## 二三　奏报候补道雷其达期满甄别情形片

光绪十七年三月二十三日（1891年5月1日）

再，查例载：台湾道府自到任日起，扣至五年届满，该督抚详加甄别，果系才守兼优、实心办事者，给咨送部引见，候旨升用等语。兹查盐运使衔在任候补道台北府知府雷其达，于光绪十二年三月十九日到任，因与台湾藩司姻亲回避，调补福建漳州府，现于光绪十七年三月二十四日卸台北府事，扣计在任已满五年，督饬各属办理清丈，催科抚字，清理庶狱及委办提调西学堂、善后、通商各局事务，均无贻误，核与台湾道府在任五年给咨送部之例相符，自应照例甄别。台湾藩司沈应奎未便注考，由台湾道兼按察使衔唐景崧详加甄别，会详前来。

查该员雷其达朴实勤能，操守廉正，堪以给咨送部引见。除将该员履历咨部外，臣谨会同兼管福建巡抚事闽浙总督臣卞宝第，附片具奏。伏乞圣鉴。谨奏。

（朱批）：吏部知道。①

光绪十七年四月二十一日，奉朱批：吏部知道。钦此。②

【案】此奏片之具奏日期，原件目录署“光绪十七年三月二十六日”，并示存疑。而录副则以朱批日期为之，均未确。兹据朱批日期查

① 中国第一历史档案馆藏：《朱批原件》，档案编号：04-01-12-0550-071.

② 中国第一历史档案馆藏：《军机录副》，档案编号：03-5278-093.

光绪十七年四月二十一日《军机处随手登记档》① 朱批刘铭传折栏，则署有“报四百里，三月二十三日发”等字样。据此，此奏片之具奏日期当为“光绪十七年三月二十三日”无疑。兹据校正。

## 二四　奏报沪尾、打狗二口一百二十结收支洋税情形折

光绪十七年三月二十六日（1891 年 5 月 4 日）

太子少保兵部尚书革职留任福建台湾巡抚兼管海关一等男臣刘铭传跪奏，为台湾沪尾、打狗两口征收洋税，照章按结奏报，谨将第一百二十结期内收支数目，分晰缮具清单，恭折奏祈圣鉴事。

窃照各海关征收洋税，案经总理各国事务衙门会同户部奏定章程，改题为奏，停用亲填等簿，行令各关将收支数目按结奏报一次，扣足四结，专折奏销，毋庸按照关期题销，以清界划等因。查台湾沪尾、打狗两口海关税务，自光绪十三年八月十五日第一百九结起改由臣就近监督，所有收支洋税各数目业经遵照新章分别奏咨至第一百十九结止在案。

兹自光绪十六年五月十五日起至八月十七日届满第一百二十结期内，该两口收支各项洋税银两，遵照新章，按结奏报。其循案支销各项经费，计自第一百十七结起扣至本结，业已四结届满，容另造册奏销，以符定案。

除将本结收支数目循案分咨查照外，谨会同福州将军臣希元、闽浙总督臣卞宝第，恭折具奏，并缮清单，恭呈御览。伏乞皇上圣鉴。谨奏。光绪十七年三月二十六日。

---

① 中国第一历史档案馆藏：《军机处随手登记档》，档案编号：03-0268-2-1217-106.

（朱批）：该衙门知道，单并发。[1]

光绪十七年四月二十一日，奉朱批：该衙门知道，单并发。钦此。[2]

## 二五 呈沪尾、打狗二口一百二十结洋税收支清单

光绪十七年三月二十六日（1891 年 5 月 4 日）

谨将台湾沪尾、打狗两口第一百二十结期内，除洋药税银另行归入并征洋药税厘案内造报外，所有征收各项洋税银两遵照新章按结奏报，并将收支各数目理合敬缮清单，恭呈御览。

谨开：

旧管：无项。

前件查沪尾、打狗两口关税案，经前台湾海防大臣沈葆桢奏准尽数截留，充作台防经费。所有每结征收税银业已尽数解交台湾善后局、台湾道库兑收拨用。理合陈明。

新收：光绪十六年五月十五日起至八月十七日届满第一百二十结期内，沪尾口共征洋税银一十四万九千三百二两六钱七分七厘，洋船吨钞银四百三十六两，土货复进口半税银七百八十六两五钱三分六厘，子口半税银八十七两四钱一分八厘。

打狗口共征洋税银一万五十四两八钱一分，洋船吨钞银九百八十五两，土货复进口半税银一百五十二两八分八厘，子口半税银七十八两三钱七分五厘。

以上沪尾、打狗两口共征税钞银一十六万一千八百八十二两

① 中国第一历史档案馆藏：《朱批原件》，档案编号：04-01-35-0405-028.

② 中国第一历史档案馆藏：《军机录副》，档案编号：03-6376-032.

九钱四厘。

开除：一、提解总理各国事务衙门及拨给税务司吨钞共银一千四百二十一两。此项吨钞内应提解总理各国事务衙门三成银两外，其余七成吨钞银九百九十四两七钱，已由该两口照案给交税务司收领，以为建造塔表、望楼之用。理合陈明。

一、支给沪尾、打狗两口税务司辛俸三个月共银一万五千两。此项辛俸每三个月原给银一万二千两，续准总理各国事务衙门暨户部咨行，自一百十一结起改发前数。理合陈明。

以上共开除银一万六千四百二十一两。

实在：存税银一十四万五千四百六十一两九钱四厘，已据该两口禀报内除循案支销经费外，所余银两均已照案解交台湾善后局及台湾道库兑收，充作台防经费。至本结该两口共征洋药正税银三万六千五十四两五钱二分五厘，另行归入并征洋药税厘案内造报。合并陈明。

（朱批）：览。[①]

## 二六　奏报沪尾、打狗二口一百二十结并征税厘情形折

光绪十七年三月二十六日（1891年5月4日）

太子少保兵部尚书革职留任福建台湾巡抚兼管海关一等男臣刘铭传跪奏，为台湾洋药税厘归关并征，谨将沪尾、打狗两口第一百二十结期内征收数目，缮具清单，恭折奏报，仰祈圣鉴事。

窃查台湾洋药税厘归关并征，自应按照洋税收支章程，分晰正税、厘金两项银数，随同结期，按三个月奏报一次，扣足四

① 中国第一历史档案馆藏：《清单》，档案编号：03-6376-033.

结，专折奏销，以符洋税定案。臣接管台湾关务，所有沪尾、打狗两口征过洋药税厘银数，业经奏报至第一百十九结止在案。

兹查光绪十六年五月十五日起至八月十七日届满第一百二十结期内，沪尾、打狗两口征收洋药税厘银两，仍应按结奏报，俾清界划。

除将本结征收数目循案分咨总理各国事务衙门、户部、通商大臣查照外，谨会同福州将军臣希元、闽浙总督臣卞宝第，恭折奏报，并缮具清单，恭呈御览。伏乞皇上圣鉴。谨奏。光绪十七年三月二十六日。

（朱批）：该衙门知道，单并发。[①]

光绪十七年四月二十一日，奉朱批：该衙门知道，单并发。钦此。[②]

## 二七　呈沪尾、打狗二口一百二十结洋税并征清单

光绪十七年三月二十六日（1891 年 5 月 4 日）

谨将台湾沪尾、打狗两口第一百二十结期内并征洋药税厘所有征过银数，理合缮具清单，恭呈御览。

谨开：

旧管：存上届一年期满洋药厘金赢余银五万八十三两八钱四分二厘七毫。

前件查沪尾、打狗两口第一百十四结起至第一百十七结止，扣足四结作为一年期满，洋药厘金赢余银六万九千四百六十七

---

① 中国第一历史档案馆藏：《朱批原件》，档案编号：04-01-35-032-1465.

② 中国第一历史档案馆藏：《军机录副》，档案编号：03-6376-030.

两，内除闽海关应还闽省洋款第十期本银经户部奏准在于沪、打二口第一百十四结起征存药厘项下动拨银一万九千三百八十三两一钱五分七厘三毫外，实存银五万八十三两八钱四分二厘七毫。续因闽海关应还闽省洋款第十二期本银经将军臣希元遵照部行尽数拨用。至第一百十八结以后所征前项银两，除照案留充防费外，请俟一百二十一结一年期满，统计赢余若干，再行造报。理合陈明。

新收：光绪十六年五月十五日起至八月十七日届满第一百二十结期内，沪尾口征洋药税银一万六千四百九十四两二钱二分五厘，又征洋药厘银四万三千九百八十四两六钱，二共征税厘银六万四百七十八两八钱二分五厘。

打狗口征洋药税银一万九千五百六十两三钱，又征洋药厘银五万二千一百六十两八钱，二共征税厘银七万一千七百二十一两一钱。

以上沪尾、打狗两口共征洋药税厘银一十三万二千一百九十九两九钱二分五厘。

开除：一、支给沪尾、打狗两口税务司经费三个月共银三千两。此项银两系准总理各国事务衙门暨户部咨行，自一百十一结起由厘金项下拨给。理合陈明。

实在：存本结洋药税厘银一十二万九千一百九十九两九钱二分五厘，内洋药税厘银三万六千五十四两五钱二分五厘，洋药厘银九万三千一百四十五两四钱，已由该两口委员分别正税、厘银，就近分交台湾善后局及台湾道库兑收，归入台防经费拨用。至征收洋药厘银，前准户部咨行，令将划留本省银两分为四结提支。台湾每年划留银二十九万七千一百六十两，本结征银九万六千一百四十五两四钱，除支给税务司经费外，实存银九万三千一百四十五两四钱，应提银七万四千二百九十两，尚剩银一万八千八百五十五两四钱，应请俟至一百二十一结扣足四结，作为一年期满，统计赢余若干，再行造报拨用。

所有本结税厘除税银尽数留充防费厘银留支以外，余银另行统算报拨。理合陈明。

（朱批）：览。[①]

## 二八　奏报沪尾、打狗二口汇解总署船钞银两片

光绪十七年三月二十六日（1891 年 5 月 4 日）

再，台湾沪尾、打狗两口按结应解总理各国事务衙门三成船钞银两，截至一百十九结止，均已按数解收在案。兹自光绪十六年五月十五日起至八月十七日止第一百二十结期内，沪尾口征收船钞银四百三十六两，应解三成银一百三十两八钱；打狗口征收船钞银九百八十五两，应解三成银二百九十五两五钱。核计该两口第一百二十结期内，共征船钞银一千四百二十一两，共应提解三成银四百二十六两三钱。

兹将前银按数兑足，填具文批，由台援案发交协和信号商承领汇解，前赴总理各国事务衙门投纳。除咨明外，理合附片奏报。伏乞圣鉴。谨奏。

（朱批）：该衙门知道。[②]

光绪十七年四月二十一日，奉朱批：该衙门知道。钦此。[③]

① 中国第一历史档案馆藏：《清单》，档案编号：03-6376-031.

② 中国第一历史档案馆藏：《朱批原件》，档案编号：04-01-35-0568-026.

③ 中国第一历史档案馆藏：《军机录副》，档案编号：03-6376-034.

## 二九　奏报各属十六年冬季雨水粮价情形折

光绪十七年四月初七日（1891 年 5 月 14 日）

太子少保兵部尚书革职留任福建台湾巡抚一等男臣刘铭传跪奏，为恭报台湾省各属光绪十六年冬季分晴雨、粮价情形，仰祈圣鉴事。

窃台湾各属晴雨、粮价，业经照章按季奏报至光绪十六年秋季分止在案。兹届十六年冬季分汇办之期，查台湾府城十六年十月分得雨二次，十一、二两月均得雨一次。台南府城十、十一、十二等月俱晴。台北府城十月分得雨八次，十一月分得雨五次，十二月分得雨二次。此外各厅、县禀报晴雨情形，大略相同。所有米粮价值并据台湾藩司沈应奎开册详送前来。

臣覆加查核，台湾府属十六年十月分上、中、下米与九月分同，十一月分上、中米较十月分稍减，下米与十月分同；十二月分上、中、下米亦与十一月分同。台南府属十月分上、中、下米与九月分同，十一、十二两月分上、中、下米均与十月分大略相同。台北府属十月分上、中、下与九月分大略相同，十一、十二两月分上、中、下米均与十月分同。

臣谨恭折具陈，并缮清单，恭呈御览。伏乞皇上圣鉴。谨奏。光绪十七年四月初七日。

（朱批）：知道了。[①]

光绪十七年五月初二日，奉朱批：知道了。钦此。[②]

---

① 中国第一历史档案馆藏：《朱批原件》，档案编号：04-01-25-0540-026.

② 中国第一历史档案馆藏：《军机录副》，档案编号：03-6904-004.

## 三〇　呈台湾光绪十六年冬季粮价清单

光绪十七年四月初七日（1891年5月14日）

谨将台湾省各属光绪十六年冬季分米粮价值，缮具清单，恭呈御览。

谨开：

台湾府属：

光绪十六年十月分：上米每仓石价银一两二钱至二两二钱，与九月分同；中米每仓石价银一两一钱至二两一钱，与九月分同；下米每仓石价银一两至二两，与九月分同。

光绪十六年十一月分：上米每仓石价银一两二钱至二两一钱，比十月分减一钱；中米每仓石价银一两一钱至二两零五分，比十月分减五分；下米每仓石价银一两至二两，与十月分同。

光绪十六年十二月分：上米每仓石价银一两二钱至二两一钱，与十一月分同；中米每仓石价银一两一钱至二两零五分，与十一月同；下米每仓石价银一两至二两，与十一月同。

台南府属：

光绪十六年十月分，上米每仓石价银一两六钱至二两七钱，与九月分同；中米每仓石价银一两五钱至二两五钱，与九月分同；下米每仓石价银一两四钱至二两三钱，与九月分同。

光绪十六年十一月分：上米每仓石价银一两七钱至二两七钱，与十月分大略相同；中米每仓石价银一两六钱至二两五钱，与十月分大略相同；下米每仓石价银一两五钱至二两三钱，与十月分大略相同。

光绪十六年十二月分：上米每仓石价银一两七钱至二两七钱，与十一月分同；中米每仓石价银一两六钱至二两五钱，与十一月分同；下米每仓石价银一两五钱至二两三钱，与十一月分同。

台北府属：

光绪十六年十月分：上米每仓石价银二两一钱至二两五钱，与九月分大略相同；中米每仓石价银二两至二两三钱，与九月分大略相同；下米每仓石价银一两九钱至二两二钱，与九月分大略相同。

光绪十六年十一月分：上米每仓石价银二两一钱至二两五钱，与十月分同；中米每仓石价银二两至二两三钱，与十月分同；下米每仓石价银一两九钱至二两二钱，与十月分同。

光绪十六年十二月分：上米每仓石价银二两一钱至二两五钱，与十一月分同；中米每仓石价银二两至二两三钱，与十一月分同；下米每仓石价银一两九钱至二两二钱，与十一月分同。

（朱批）：览。[1]

## 三一　奏请藩库察盘册案照章办理缘由折

光绪十七年四月初七日（1891 年 5 月 14 日）

太子少保兵部尚书革职留任福建台湾巡抚一等男臣刘铭传跪奏，为台湾省藩库应办各项察盘册案，请自光绪十六年起，循照向章，分别办理，恭折仰祈圣鉴事。

窃查定例：司库钱粮，每值奏销交代，均责成巡抚及同城之

① 中国第一历史档案馆藏：《清单》，档案编号：03-6904-005.

总督亲赴盘查，具结保题等因。又，嘉庆十二年正月三十日，奉准户部咨：内阁奉上谕：嗣后督抚于到任及奏销时，盘查司库，均当实力清查，并着于每年封印后亲赴藩库，将本年收支正、杂款项逐一详查，取结送部等因。钦此。闽省历经遵办在案。

兹台湾自光绪十四年起改设行省，举办清赋，改定赋则，至十五年底始克竣事。十四年奏销并系免计分数，展至十五年底办理。虽十四年底亦经循例盘查，除收款外，不敷甚巨，均系借款拨给。即十五年收款除拨还十四年挪款外，余亦归于十六年秋拨案内报拨在案。所有应造察盘各册，应请俟十六年起分别奏销年终办理。据台湾布政使沈应奎将十四、十五两年收支实数及拨还各款，开折详请奏咨等情，前来。

臣覆核无异，除将清折咨部备查外，谨会同闽浙总督臣卞宝第，恭折具奏。伏乞皇上圣鉴。谨奏。光绪十七年四月初七日。

（朱批）：户部知道。[①]

光绪十七年五月初二日，奉朱批：户部知道。钦此。[②]

## 三二　奏报彰化等县续增粮额启征钱粮缘由折

光绪十七年四月初七日（1891 年 5 月 14 日）

太子少保兵部尚书革职留任福建台湾巡抚一等男臣刘铭传跪奏，为台湾府属之彰化、云林二县续清粮额启征钱粮缘由，恭折仰祈圣鉴事。

窃照全台办理清丈，改定赋则，先经绘造总括图册，经臣奏

---

① 中国第一历史档案馆藏：《朱批原件》，档案编号：04-01-35-0834-010.

② 中国第一历史档案馆藏：《军机录副》，档案编号：03-6566-039.

咨，嗣因办理分治，划分界址，应征田粮自光绪十五年起，各归各县管征，又经造具新旧各县划界、分管田园甲数、等则粮额清册咨部在案。

兹查彰化附近沿海一带各堡田园，前因土匪施九段窃发，民人畏避内地，田园抛荒，事平无人领单，经印委各员先将田园按段插标存记，续经分投清查，示谕业主呈报逞则，由官召佃。旋据归来业户纷纷报名补丈，现已一律丈竣，给单清楚。计彰化县于划界案内册报额征钱粮银四万六千三百八十八两零。此次清出续计田七百二十九甲零、园一千三百八十三甲零，计新增粮银一千三十一两零，统共应征银四万七千四百二十七两零。

云林县由彰化划出各堡额征钱粮银一万五千一百七十三两零，又由嘉义划出各堡额征钱粮银一万八千八百一十三两零。此次清出续升田三十一甲零、园一百八十八甲零，计新增粮银一百五十七两零，统共应征银三万四千一百四十四两零。

该二县清出续升钱粮银两，均请以光绪十六年起启征造报。据台湾布政使沈应奎转据该府县查造续增粮额清册，详请奏咨前来。

臣覆核无异，除册咨部查照外，谨会同闽浙总督臣卞宝第，合词恭折具奏。伏乞皇上圣鉴，饬部查照施行。谨奏。光绪十七年四月初七日。

（朱批）：户部知道。[①]

光绪十七年五月初二日，奉朱批：户部知道。钦此。[②]

① 中国第一历史档案馆藏：《朱批原件》，档案编号：04-01-35-0100-049.

② 中国第一历史档案馆藏：《军机录副》，档案编号：03-6240-052.

## 三三　查明笔帖式李祐仍照原保给奖缘由片

光绪十七年四月初七日（1891 年 5 月 14 日）

再，台湾基、沪获胜并转运饷械出力案内笔帖式李祐，原请免补本班，以通判不论双单月分省前先补用，准部议复，以该员捐案据户部复称，并未声明在何省何项捐输案内报捐，应令详细查复，再行核办等因，当经转行遵照。嗣据该员李祐禀称，系正白旗内务府汉军恒宽管下人，由旗学附生在湖南协黔局报捐八品笔帖式，光绪二年七月二十日领照等情，经臣咨部核办去后。兹准吏部复称：查此件系奏明行查之案，未便据咨办理，应由该抚具奏到部，再行核办等因前来。

相应仰恳天恩，敕部将笔帖式李祐仍照原保给奖，以示鼓励。除咨部外，谨附片具陈。伏乞圣鉴，训示。谨奏。

（朱批）：吏部知道。[①]

光绪十七年五月初二日，奉朱批：吏部知道。钦此。[②]

## 三四　奏报委任陶济福代理台南知府片

光绪十七年四月初七日（1891 年 5 月 14 日）

再，代理台南府知府方祖荫因病请假，所遗台南府缺，应即遴员接代，以资表率。查有知府用截取同知陶济福，勤明练达，堪委代理台南府篆务。据台湾布政使沈应奎会同台湾道兼按察使

① 中国第一历史档案馆藏：《朱批原件》，档案编号：04-01-12-0550-014.

② 中国第一历史档案馆藏：《军机录副》，档案编号：03-5279-010.

衔唐景崧详请具奏前来。

除批饬遵照并咨部外，谨会同兼管福建巡抚事闽浙总督臣卞宝第，附片具陈。伏乞圣鉴。谨奏。

（朱批）：吏部知道。[①]

光绪十七年五月初二日，奉朱批：吏部知道。钦此。[②]

## 三五　奏为恩准开缺回籍谢恩折

光绪十七年四月二十五日（1891年6月1日）

太子少保兵部尚书革职留任福建台湾巡抚一等男臣刘铭传跪奏，为微臣叩谢天恩，恭折仰祈圣鉴事。

窃臣前因假期届满，病仍未痊，续于光绪十七年三月初四日具折奏恳天恩开缺回籍就医。兹于光绪十七年差弁赍回原折，后开奉朱批：另有旨。钦此。同日，奉上谕：福建台湾巡抚刘铭传，着准其开缺，并开去帮办海军事务差使。钦此。当即恭设香案，望阙叩头谢恩讫。

伏念臣庸才陋质，忝领封疆，在任八年，毫无建白。方冀竭诚尽职、聊报涓埃，不料屡入内山，染受烟瘴。福薄灾生，遽成痼疾。仰蒙皇上俯鉴愚衷，矜臣久病，恩准开缺，并赏开帮办海军事务差使。沐逾格之成全，糜顶踵以莫报！从此微臣有生之日，皆皇上再造之年！闻命之下，感激莫名！

除将任内经手未完事件料理清楚，即行交卸回籍，另折奏报外，谨缮折恭谢天恩。伏乞皇上圣鉴。谨奏。光绪十七年四月二

① 中国第一历史档案馆藏：《朱批原件》，档案编号：04-01-12-0550-015.

② 中国第一历史档案馆藏：《军机录副》，档案编号：03-5279-011.

十五日。

（朱批）：知道了。①

光绪十七年五月十九日，奉朱批：知道了。钦此。②

## 三六　奏报交卸巡抚篆务日期缘由折

光绪十七年四月二十八日（1891 年 6 月 4 日）

太子少保兵部尚书革职留任福建台湾巡抚一等男臣刘铭传跪奏，为恭报微臣交卸抚篆日期，仰祈圣鉴事。

窃臣前因假期届满，病仍未痊，奏蒙谕旨恩准开缺，当经具折叩谢天恩。兹恭阅邸抄，光绪十七年四月初二日，内阁奉上谕：福建台湾巡抚着邵友濂补授，未到任以前，着沈应奎护理。钦此。臣谨将任内经手事件力疾理料清楚，于四月二十八日将福建台湾巡抚关防一颗暨文卷等件，饬委台北府知府吉昌、代理艋舺营参将周起凤赍送护抚臣沈应奎接收，臣即于是日交卸。至臣尚有兼管台湾学政关防，前经遵旨送交台湾道唐景崧代办科试，应由唐景崧试竣，送交护抚臣兼管奏报，此外并无经手未完事件。

所有微臣交卸抚篆日期，谨恭折具陈。伏乞皇上圣鉴。谨奏。光绪十七年四月二十八日。

（朱批）：知道了。③

光绪十七年五月二十二日，奉朱批：知道了。钦此。④

---

① 中国第一历史档案馆藏：《朱批原件》，档案编号：04-01-12-0550-047. 又见《刘壮肃公奏议 · 出处略》。

② 中国第一历史档案馆藏：《军机录副》，档案编号：03-5279-059.

③ 中国第一历史档案馆藏：《朱批原件》，档案编号：04-01-12-0550-029.

④ 中国第一历史档案馆藏：《军机录副》，档案编号：03-5279-070.

## 三七　委任唐景崧等署理藩司道员篆务片

光绪十七年四月二十八日（1891 年 6 月 4 日）

再，台湾布政使沈应奎钦奉上谕护理福建台湾巡抚，所遗藩篆查有台湾道兼按察使衔唐景崧，持躬谨练，驭下宽和，堪以署理。递遗台湾道兼按察使衔篆务，查有台湾府知府程起鹗，廉明干练，办事实心，堪以护理。

除分檄饬遵外，谨会同闽浙总督臣卞宝第，附片具陈。伏乞圣鉴。谨奏。

（朱批）：吏部知道。[①]

光绪十七年五月二十二日，奉朱批：吏部知道。钦此。[②]

【案】此奏片之具奏日期，原件目录署“光绪十七年四月初七日”，并示存疑，而录副则以朱批日期为之，均未确。据主折“交卸抚篆日期由”之朱批日期，查光绪十七年五月二十二日《军机处随手登记档》[③]朱批刘铭传折栏，确认此奏片之具奏日期当为“光绪十七年四月二十八日”无疑。兹据校正。

① 中国第一历史档案馆藏：《朱批原件》，档案编号：04-01-12-0550-013.

② 中国第一历史档案馆藏：《军机录副》，档案编号：03-5279-079.

③ 中国第一历史档案馆藏：《军机处随手登记档》，档案编号：03-0258-2-1217-136.

# 光绪二十年（1894）

## 一　代奏刘铭传开复革职留任处分谢恩折

光绪二十年二月二十四日（1894年3月30日）

头品顶戴安徽巡抚臣沈秉成[①]跪奏，为据情代奏恭谢天恩，仰祈圣鉴事。

窃准前福建台湾巡抚臣刘铭传文开：铭传恭阅邸抄，光绪二十年正月初一日，奉上谕：朕钦奉慈禧端佑康颐昭豫庄诚寿恭钦献皇太后懿旨：本年予六旬庆辰，在廷臣工业经降旨加恩，因念各省文武大臣有久膺重寄、卓著勋劳者，允宜同膺懋赏，前福建台湾巡抚刘铭传，着开复革职留任处分等因。钦此。当即恭设香案，望阙叩头恭谢天恩。

伏念铭传材同樗陋，效乏薪劳。前备位于岩疆，玷崇班而生

① 沈秉成（1823—1894），字仲复，号玉汝、耦园，浙江湖州人。道光二十九年（1849），中举。咸丰二年（1852），选实录馆汉誊录。六年（1856），中式进士，改庶吉士，散馆授翰林院编修，补实录馆协修。同年，加五品衔。十年（1860），充会试同考官。十一年（1861），简山西乡试副考官。同治元年（1862），选翰林院侍讲、侍读。同年，署日讲起居注官，历国史馆协修、功臣馆纂修。二年（1863），授日讲起居注官。同年，迁咸安宫总裁、武英殿总纂、文渊阁校理。三年（1864），放云南迤东道。八年（1869），补授江苏常镇通海道。十年（1871），调苏松太道，加按察使衔。十三年（1874），升河南按察使。光绪元年（1875），调补四川按察使。同年，以病乞休。十一年（1885），补顺天府府尹。十二年（1886），授内阁学士兼礼部侍郎衔。十三年（1887），署刑部左侍郎。同年，补授广西巡抚。十五年（1889），调补安徽巡抚。十七年（1891），署两江总督。二十年（1894），开缺进京陛见，于七月十八日病卒于苏州。著有《蚕桑辑要》等行世。

尤悔；近养疴于里舍，离重任而荷矜全。恭逢皇太后寿寓长康，慈晖普照，肇举隆仪于周甲，先推懋赏于元辰。皇上尊养极隆，恪承懿德，诏书行庆，特沛湛恩，施已遍而无遗，咎更宽其既往。俾头衔之复旧，鳌戴加虔；省身过而自新，驽庸知奋。惟有心殷葵向，矢江湖依恋之私；更思影戢枌乡，皆雨露生成之德！所有铭传感激下忱，呈请代奏恭谢天恩等因前来。

臣谨据情恭折代陈。伏乞皇上圣鉴。谨奏。光绪二十年二月二十四日。

（朱批）：知道了。[①]

光绪二十年三月二十一日，奉朱批：知道了。钦此。[②]

① 中国第一历史档案馆藏：《朱批原件》，档案编号：04-01-14-0088-023.

② 台北故宫博物院藏：《军机及宫中档》，文献编号：131402.

# 光绪二十一年（1895）

## 一　奏为天恩未报病重垂危情形折

光绪二十一年十一月二十八日（1896年1月12日）

太子少保兵部尚书衔前福建台湾巡抚一等男臣刘铭传跪奏，为天恩未报，臣病垂危，伏枕哀鸣，仰祈圣鉴事。

窃臣一介武夫，咸丰年间在庐州本籍办理团练。同治元年，率所部铭军随李鸿章驻扎上海，连克南汇、川沙、奉贤、金山卫各厅县，剿平浦东，进规苏城，四江口之捷，裹创血战，歼悍贼数万，解常熟之围，平江阴之垒，拔无锡，破常州，江苏肃清，迭拜花翎、巴图鲁、头品顶戴、记名提督之命，奏署江苏狼山镇总兵，赏穿黄马褂。

三年六月，越境收复湖州、广德、泗安等城，仰荷皇太后、穆宗皇帝特达之知，授臣直隶提督，随曾国藩、李鸿章进剿捻匪，以击毙捻首任柱，颁赏珍物；东捻荡平，给三等轻车都尉世职。

七年六月，张总愚全股戡定，畿辅、山东肃清，蒙恩晋臣为一等男爵。七年之中，转战江、浙、皖、鄂、直、东、豫七省，铭军辄为选锋，臣时年力正壮，能耐劳苦，奋不顾身，巨憝方平而病根已伏，旋因伤疾举发，解任回里。

同治九年，蒙简派督办陕甘军务。

光绪六年，复蒙召用。

十年闰月，特命臣以巡抚衔督办台湾军务，旋补台湾巡抚，御法剿番，惭无寸效，屡蒙特恩赏加太子少保、兵部尚书衔，帮办海军事务，京察甄叙，知遇之隆，至优极渥！忧深责重，福薄灾生。

十七年四月，以目医咯血，久病未痊，恩准开缺回籍调理。医者佥云：从前头受炮弹之伤，出血过多，兼积受山岚海瘴，心肝两经伏疾已深，猝难就痊。

上年九月十三日，北洋传电，奉旨：前台湾巡抚刘铭传驭军有法，卓著勋劳，六月间因倭人肇衅，特旨起用，旋据电复因病未能赴召。现在军事日棘，统帅乏人，该前抚受国厚恩，当此边防危急之时，岂得置身事外？着李鸿章再行传谕刘铭传，于接奉此旨后，即行来京陛见。该前抚忠勇素著，谅不至藉词推诿等因。钦此。当以食毛践土，尚思报效，臣受厚恩，何忍膜视国事！无奈耳聋目暗，手足麻木，难以行动，不能陛见。庚午、庚辰、甲申，皆奉诏即行，如稍可撑持，公谊私情，断不敢藉词推诿，乞恩赏假调理，由李鸿章代奏，谅蒙圣明垂察。

臣故庐被焚，长子先陨，寄居六安山中，所需药物，时苦缺乏。自电奏请假后，即遣人四出求医，百方砭治，自念耳目久成痼疾，年已六十，气血衰竭，难于速瘳，但使手足稍能有力，即当一面销假，一面舆疾入军，马革裹尸，藉偿夙志。无如愤懑内结，温凉杂投，转更增剧。冬春之交，又得胸胁胀痛、彻夜不寐之证。

时事日艰，竟不获以锋镝，瘴疠余生，少图报称，徒存此不聪不明、风痹不仁之躯干；淹缠时日，转类于退避怯处者之所为！展转五中，蹋天踏地，既不能效陈汤之罢癃诣阙，复不能如宗泽之怆呼渡河。视息偷生，益增疚责。四月后，决意屏绝医药，听其速尽。延至本月二十七日，肝阳上越，气壅汗喘，大期已迫，魂气将离，自分此生长辞圣世。弥留之际，敢竭愚忱。

方今外侮日深，人才益乏，伏愿皇上仰承懿训，俯恤民艰，补救绸缪，预防后患。臣身经大小数百战，军事稍有阅历。边海各防，练兵利械，非尽学泰西之所长，不足以资战守。铁路、海军诸大政，尤宜迅速推行，得人而理，始能渐致富强，于以造就将才，培养士气，卧薪尝胆，坚忍图成，上下同心，国威可振！如蒙圣慈采纳，臣九京赍结，虽死犹生！

谨口授遗疏，命臣嫡长孙朝仰暨诸子候选郎中副贡生盛芸、候选同知附贡生盛芾、候选知府举人盛芥，缮呈安徽抚臣代递。垂死哀鸣，言辞失次，曷胜感激依恋之至！伏乞皇上圣鉴。谨奏。光绪二十一年十一月二十八日。

# 中篇　外交函牍

## 一　求转上醇亲王禀

光绪十年九月十五日（1884 年 11 月 2 日）

九月十五日，督办台湾事务刘铭传函称：窃查台北本月十三日战状，历经电陈，并具疏驰奏，谅邀鉴察。兹有上醇王爷要禀一件，谨附驿递呈钧署，伏求代为转呈，是所叩企。专肃。敬请钧安。[1]

## 二　法提督函请保护通事书启

光绪十一年五月二十七日（1885 年 7 月 9 日）

五月二十七日，福建巡抚刘铭传文称：窃照本年五月初八日准法提督李士卑斯来函，以中法和款告竣，此次募请华民充当通事、书启。当初天津有事，曾订合约之中，以作通达语言、文牍，日后调停地步。嗣后仍宜保护，以免生竣而全邦谊等由，到本爵部院。

准此，查两国休兵，永敦和好。法国所募通事、书启之人，既有订约，自应一体保护，以笃邦交。除函复并分别咨行查照外，相应钞录李士卑斯函稿咨呈。为此咨呈贵总理衙门，谨请查照施行。[2]

① 台北“中央研究院”近代史研究所藏：《外交档案》，馆藏号：01-24-014-01-046.
② 台北“中央研究院”近代史研究所藏：《外交档案》，馆藏号：01-24-016-02-052.

## 三 美国欧卫理为厦门领事由

光绪十一年七月初一日（1885 年 8 月 10 日）

七月初一日，行福建巡抚刘铭传文称：光绪十一年六月二十七日，准美国石署大臣照称：本国现派欧卫理为厦门领事官，希即咨饬该处地方官知照等因，相应咨行贵抚，转饬该处地方官查照向章办理可也。[①]

## 四 请奖法船犯台期间沪尾基隆两关出力洋员由

光绪十一年十月二十六日（1885 年 12 月 2 日）

十月二十六日，军机处交出刘铭传抄片称：再，上年法船窥犯沪尾，李彤恩始议填塞海口，各洋商以秋茶上市，恫喝阻挠。经淡水关税务司法来格谕以利害，多方开导，始得沉船封塞，并羁縻引港洋人，弗为法人钩引。八月十四日，法船开炮攻击炮台，法来格帮同防御，即炮弹所及，不可畏避。本年春间，复筹商轰击法国铁甲兵船。虽因攻具未齐，难以下手，其急公助顺之忱实堪嘉尚。又，基隆海关帮办洋人鲍郎乐于上年六月法船初犯基隆，经总兵曹志忠邀请与法提督李士卑士辩论数四，见势不能下，密告曹志忠预备战事。嗣后基隆退守，洋关门前堆积煤炭十余万担，鲍郎乐设法保护，丝毫未失。嗣回沪尾，复同法来格赞助防务，相度地势，安设炮位，均属异常出力，不无微劳足录。

① 台北“中央研究院”近代史研究所藏：《外交档案》，馆藏号：01-15-006-03-023.

据台北通商委员兼管沪尾关税务协领兜钦等禀请奏奖前来。

臣覆查无异，合无仰恳天恩，将法来格赏给三等宝星，鲍郎乐传旨饬知总理衙门，转饬总税务司嘉奖，以昭激劝而示鼓励，出自高厚鸿慈！

谨附片具陈。伏乞圣鉴训示。再，臣因洋员奖叙，台湾查无办过成案，先咨总理各国事务衙门，往返商议，是以具奏稍迟。合并陈明。谨奏。

光绪十一年十月二十五日，军机大臣奉旨：着照所请，该衙门知道。钦此。[①]

## 五　请奖战事出力练董陈云林等情由

光绪十一年十月二十六日（1885年12月2日）

十月二十六日，军机处交出刘铭传抄片称：再，上年九、十月间，法兵屡次攻犯基隆西路之三角岭要隘，均经深澳坑练董拣选教谕陈云林、廪生陈植祺等备资募勇，会同大武仑、练董刘清河带勇击退，毙寇多名。今春大水窟一带营隘退守，三角岭依旧固守，屹然未动，屡著战功。前单请奖各乡在事出力练董，因陈云林等衔名开报来迟，未及列保，核其劳绩，实系屡次接仗获胜立功。

除刘清河已经列单保奖外，合无仰恳天恩，俯准将陈云林以知县归部选用，陈植祺以训导归部即选，以昭激劝，出自鸿慈！谨附片具陈。伏乞圣鉴。谨奏。

光绪十一年十月二十五日，军机大臣奉旨：着照所请，该部

① 台北“中央研究院”近代史研究所藏：《外交档案》，馆藏号：01-24-018-02-015.

知道。钦此。[1]

## 六　奖励洋员宝星请颁式样制造由

光绪十一年十一月初一日（1885年12月6日）

十一月初一日，福建巡抚刘铭传文称：光绪十一年十月初六日，在台北行营附片具奏沪尾关税务司法来格、洋关帮办鲍郎乐襄办防务，始终出力，请旨奖励一片，将来如蒙俞允，应请贵衙门查照成案，填给宝星执照，并将等第式样开明颁示，以便依式制造给领，相应抄稿咨呈。为此咨呈贵衙门，谨请查照施行。[2]

## 七　请奖洋员法来格等已奏明免议由

光绪十一年十一月十二日（1885年12月17日）

十一月十二日，行台湾巡抚刘铭传文称：准军机处抄交贵抚奏请恩赏洋人法来格三等宝星并嘉奖鲍郎乐一折，光绪十一年十月二十五日奉旨：着照所请，该衙门知道。钦此。查法来格等先经南、北洋大臣请奖在案，本衙门已于十一月初十日奏明，奉旨：知道了。钦此。相应恭录谕旨，照抄原奏，咨行贵抚钦遵查照可也。[3]

---

① 台北“中央研究院”近代史研究所藏：《外交档案》，馆藏号：01-24-018-02-016.
② 台北“中央研究院”近代史研究所藏：《外交档案》，馆藏号：01-24-018-03-001.
③ 台北“中央研究院”近代史研究所藏：《外交档案》，馆藏号：01-24-019-01-065.

## 八　陈明沪尾关税务司请奖由

光绪十一年十二月初六日（1886 年 1 月 10 日）

十二月初六日，台湾巡抚刘铭传函称：昨奉赐函，以沪尾关税务司法来格等助防出力请奖一事，仰承教诲，钦感莫名！现已遵示附片具奏，咨呈钧鉴。铭传忝领台疆，材轻任重，事多兴创，如理棼丝。愧树建之无方，虚抛驹隙；际桃符之再换，遥颂鸿厘！肃修丹柬，恭贺年禧，虔请钧安，伏惟霁鉴。[1]

## 九　台北府淡水县属英教堂被匪抢毁查明偿结由

光绪十二年正月二十六日（1886 年 3 月 1 日）

正月二十六日，台湾巡抚刘铭传文称：窃照上年，民心义忿成仇。台北为通商口岸，各国洋商杂处，居民不暇分辨为何国之人，地方官保护亦难周妥，随于八月十七日，据英国驻扎台北领事费里德来函内称：八月十六夜，景尾、新店礼拜堂被民抢拆。又于十八日，接据该领事照会，以据偕教士报称：艋舺、锡口、水返脚、大龙峒、和尚洲等处礼拜堂均被土匪拆毁。又于二十九日，续据照报：三角涌教堂被匪搬抢，各等情。前来。

本爵部院当以前敌军情正在万紧之际，民心惶惶，若操之过急，深恐另酿事端，转多窒碍，一面檄饬台北府督同淡水县严密查拿究办，一面照复费领事，劝慰偕教士，允之事后赔偿。费领

① 台北"中央研究院"近代史研究所藏：《外交档案》，馆藏号：01-24-018-04-005.

事深明大义，遇事和衷，允从宽缓追究。至本年五月间，台防解严，迭据费领事照送估计起盖各教堂及失物价值列表七纸，共银一万二千余元，请赔前来。本爵部院当委通商委员李彤恩会同台北府知府刘勋、绅士陈霞林等，带同工匠，驰往被拆各教堂处所查勘估计去后。

旋据李彤恩等禀复：遵札前往艋舺、锡口、三角涌、新店、和尚洲、大龙峒、水返脚等七处教堂周历履勘。查水返脚、三角涌两处教堂不过略有损坏，修理需费尚少；艋舺等五处均已拆毁，仅存颓墙基址，饬令工匠密估需洋九千余元。至各教堂所失物件是否尽实，无从查考。若照领事开送数目，为数颇巨，应稍核减，以昭公允。当经李彤恩邀同费领事、偕教士，喻以情理，再三议减，辩驳数次，始允一万元正数赔偿了结，请示遵办等情。

查此案因上年地方军务紧急，民心怀疑，变起仓猝，尚非乱民无故滋事。其开送所失物件虽无从查考，而七所教堂拆毁情形履勘属实，估修实需洋银九千余元。既经费领事、偕教士允减二千余元，自应由官筹款给偿，以了此案，已由沪尾关税拨解台饷项下提银一万元给领完案，以睦邦交，业经取具偕教士亲笔收据附卷并照会费领事销案，一面仍饬府县各官查明起意拆毁之人，择尤惩办，以儆将来。除此项赔款汇入军需，饬由粮台注明列款报部核销外，相应抄录原案，备文咨送。为此咨呈贵衙门，谨请查照备案施行。

照录清折

照抄英领事费来函

谨飞肃者：顷据本国偕姓教士面称：现有教民高铨来沪驰报：昨夜景尾、新店礼拜堂被在地王、张、林、刘各姓民人拆成平地。传道陈伙并教民高福、周木等物件亦被洗抢一空，恳即移办等情，前来。据此，据禀前情，合亟飞函，敬请钦差爵抚军门察鉴，望即迅速出示，遍禁各地方毋得蹂躏教堂。其新店教堂既经拆毁，应请严行究办，并希查明示复为感。肃此。敬荷勋安。唯照不一。光绪十年八月十六日。

照抄英领事费来文

为照会事。照得本月十六日，据本国偕教士驰报景尾、新店礼拜堂被民人拆毁等情，当即立时飞函贵大臣，请为严办在案。本日又据该教士报称：艋舺八甲礼拜堂、水返脚礼拜堂、锡口礼拜堂、大龙峒礼拜堂、和尚洲礼拜堂昨日均被在地土匪拆毁，各处教民均遭抢劫，亟应禀恳查办等情。据此，据禀前情，合亟飞行照会。为此照会贵大臣，请烦查照，就希一律妥办见覆可也。须至照会者。计照送英文原照会一纸。光绪十年八月十八日照会。

照抄照覆英领事原文

为照覆事。准贵领事照会：本月十六日，据本国偕教士驰报景尾、新店礼拜堂被民人拆毁等情，当即立时飞函贵大臣，请为严办在案。本日又据该教士报称：艋舺八甲礼拜堂、水返脚礼拜堂、锡口礼拜堂、大龙峒礼拜堂、和尚洲礼拜堂昨日均被在地土匪拆毁，各处教民均遭抢劫，亟应禀恳查办等情。据此，据禀前情，合亟飞行照会。为此照会，请烦查照，就希一律妥办见覆等情，到本爵军门。准此，查昨准贵领事函开，以景尾、新店礼拜堂被抢，业经严饬淡水县迅速查拿究办在案。兹准照会前因，除再严饬该县将被抢各教堂逐一查明妥办，并将滋事之土匪查拿究惩外，合行照覆。为此照会贵领事，请烦查照施行。须至照会者。光绪十年八月十九日照覆。

照抄英领事费来文

为照复事。本月二十日，承准贵大臣照覆内开：景尾、新店、艋胛、八甲等处礼拜堂各被土匪毁拆，教民均遭抢劫一案，业经严饬淡水县迅速查拿，逐一妥办等因。

承准此，乃本月二十五日，接准淡水县周大令照会，提及此案，竟谓应俟事平后再行查办，等由。本领事随于二十六日备文切劝，请其遵照贵大臣前札，逐一赶办，毋事推迟去后。理合并将原稿并各教堂传道口供抄录送览，就祈贵大臣察核严饬施行。是所至望！再，闻报三角涌教堂物件已被土匪搬抢，教民并遭欺凌。竹堑、中港、后垄三处据报土匪又将毁拆教堂，势甚岌岌。似此闻风效尤，苟不严行治罪，其祸更恐蔓延。除已飞函台北府淡水县查明妥办外，合并声明。为此照覆。须至照覆者。计照送粘单一纸。英文原照会一纸，另日送上。光绪十年八月二十八日照会。

照抄粘单

英领事照会淡水县文稿

衔，为照会事。照得前据本国偕教士先后驰报，景尾、新店、八甲、水返脚、锡口、大龙峒、和尚洲各处教堂被在地土匪拆毁，各处教民均遭抢劫一案，先后迭经本署文函照请钦差爵抚军门刘查照严办在案。本月二十日，承准照覆，以此案业经严饬贵县逐一查拿，迅速妥办等因，到署。本月二十五日，又准贵县照会，云及艋舺、八甲等处教堂被毁，祸实起于仓猝，应俟事平，再行查办等由。本领事查此等重案，似断不宜大意纵延。若待事平，势恐该犯远扬，悔之何及？合亟备文切劝，并附阅各教堂传道口供一纸。为此照会贵县，请烦查照，务希遵照刘大臣前札，将此案迅速逐一查明，妥为严办，以儆凶顽。是所至要！须至照会者。再，新店教民刘贵夫妇据供闻被沉死水中，力乞查明。

照录各处教堂传道口供

据水返脚传道教民蔡升供称：十七早八点半钟时候，湖南勇暨民人围聚教堂，随将教堂拆毁，物件亦即抢掳一空，升之妻子亦被掳。在苏妙家中，宜兰县传道曾温适回水返脚，同时被掳，闻现在押于淡水县。此时教民家中均遭抢劫，咸皆避祸山中。所供是实。

据大龙峒教堂传道李恭供称：八月十七夜六点零钟时候，土民率众围绕教堂，随将教堂毁拆平地，物件亦被抢去。恭觉势不善，赶紧脱逃。当时声言要捉传道并教民等，而教民等均已走避。所供是实。

据艋舺、八甲教堂传道陈云腾供称：八月十七晚四点钟时候，先有淡水县壮勇二名率带十余人，来至教堂二进厅上坐下，随后百姓围着教堂，先将前后进物件抢去，次将教堂门窗、户扇一切拆下。民人声言要杀传道、教民，前往祭旗。腾近因抱病，胞兄陈微适来省视，见此情状，当将腾及眷属由后门逃走。微并走报军装局委员，求其就近弹压，委员答谓不干伊事。路遇艋舺营中军，亦求弹压。中军亦谓不干伊事。微随即进城，直赴县衙击鼓喊救，门头二爷只派现日一名随往弹压。迨至该处，业已无及，教堂已被百姓拆成平地。所供是实。

据艋舺、新店街教堂传道陈荣辉供称：八月十五晚二更时候，内山会党、民人聚集，先抢教民住屋物件。及四更时候，来拆教堂，共集一百余人，将教堂门窗、户扇以及外墙一切全行毁拆。辉见势不佳，当即逃避。十六、七两日，又将教民各家尽行抢劫，该会党始返内山。闻教民刘贵夫妇被抢之后，竟将其夫妇沉死水中。所供是实。

据锡口教堂传道郭炳忠供称：八月十七早八点钟时候，先有地保等八人闯进拜堂，声言要拿要杀传道、教民，将门窗一切乱打。炳等见势不佳，方始携眷脱逃。嗣后人众愈集愈多，竟将教堂拆毁平地，教民住屋亦遭搜抢。所供是实。

据和尚洲教堂传道曾俊供称：八月十七晚九点钟时候，总理李明章，保长李乞、李藏益聚众百姓来围教堂，声言要杀传道、教民。伊等见势不佳，随即躲闪。嗣后教堂被其拆毁平地，所有教民对象尽被抢夺。所供是实。

照抄照覆英领事原文

为照复事。案准贵领事照开：本月二十日，承准贵大臣照覆内开：景尾、新店、艋舺、八甲等处拜堂各被土匪毁拆，教民均遭抢劫一案，业经严饬淡水县迅速查拿，逐一妥办等因。承准此，乃本月二十五日，接准淡水县周大令照会，提及此案，竟谓应俟事平后再行查办，等由。本领事随于二十六日备文切劝，请其遵照贵大臣前札逐一赶办，毋事推迟去后。理合并将原稿并各教堂传道口供抄录送览，就祈贵大臣察核严饬施行。是所至望。再，闻报三角涌教堂物件已被土匪搬抢，教民并遭欺凌。竹堑中港、后垄二处据报土匪又将毁拆教堂，势甚岌岌。似此闻风效尤，苟不严行治罪，其祸更恐蔓延。除已飞函台北府淡水县查明妥办外，合并声明，等由。准此，查此案前准贵领事先后两次文函，当经本爵军门出示谕禁，并饬淡水县将倡众滋事之匪徒严拿究追各在案。兹准前因，查淡水周令现已卸事，新任刘令业经到任。除再严札饬催该县速即查拿究追核办，其竹堑中港、后垄各处教堂并饬新竹县派役妥为保护，不准滋扰，一面贵领事请烦查照施行。须至照会者。光绪十年八月三十日照覆。

照抄英领事费来文

为照会事。照得淡属各处教堂被匪毁抢一案，本月初十日适有本国兵船抵口，本领事先将此案现办情形备文托交驻厦门领事官代电详报驻京本国钦差大臣巴察夺。但此案应行续缉各犯，仍望贵部院大臣就近督饬地方官严办，勿任稽延。又，前所拆毁各处教堂，委应作何赔修，并希明白照覆，以凭续报。为此照会贵部院大臣，请烦查照施行。须至照会者。计照送英文原照会一纸。光绪十年十二月十二日照会。

照抄照覆英领事原文

为照覆事。案准贵领事文开：照得淡属各处教堂被匪毁抢一案，本月初十日适有本国兵船抵口，本领事先将此案现办情形备文托交驻厦门领事官代电详报驻京本国钦差大臣巴察夺。但此案应行续缉各犯，仍望贵部院大臣就近督饬地方官严办，勿任稽延。又，前所拆毁各处教堂，委应作何赔修，并希明白照覆，以凭续报。为此照会，请烦查照施行等因，到本爵部院。准此，除饬台北府淡水县勒差赶紧查缉余犯，务获讯办，并查明所拆各处教堂应如何赔修，迅速禀复，以凭照覆外，相应先行照覆。为此照会贵领事，请烦查照施行。须至照会者。光绪十年十二月十四日照覆。

照抄英领事费来文

为照会事。窃查淡属各处教堂被匪毁抢一案，本领事当将已办情形随时禀详本国驻京钦差大臣察夺。本年三月杪，接奉驻京现署钦差大臣札开：披阅该领事迭次申详，是此案刘大臣以及地方官等既允实力办理，且该领事会晤刘大臣，并经面许日后赔偿拆、抢各教堂价值等语。斯时地方正在非常多事，地方官诚恐民情痛忿，急变堪虞，以故稍缓拿办。本大臣体念时艰，雅不欲照请总理衙门查办。第此中法两国和议停战，该领事官可趁于此时知会地方官赶办了结此案。当俟该领事竭力与地方官商办，如果仍难妥贴，始由本大臣与总署核办。惟查该领事与在台中国官员共事素称和协，此案谅能妥办，似可免本大臣与总理衙门会商也等因。奉此，本领事当饬偕教士开具确实失单，并估计教堂屋价去后。旋据面禀，必须亲诣履勘，方能估值，迩日始据开具清单前来。本署当经详细查考，取阅教会历年总账核对。并据偕教士来堂发誓供称，各处教堂所置器具对象本有数单可凭，只缘各教堂被抢，此等原单亦失在内。现开失单数目确系的实，毫无虚伪。即所开器物亦尽系教会公司与该教士自己所置，并无教民之物牵涉在内。惟和尚洲教堂屋价系照现时估计，较前略多，盖因此时物料比昔昂贵等语。本领事查各处教堂遭抢对象，失单内均已一一定价，地方官若能追物，即可照件扣除。如能尽数追获，更省赔款。堂中数单倘能追出，尤便核对。奉札前因，并据偕教士呈来华、英文字估价清单各一份，理合照送察阅。为此照会贵部院大臣，请烦查照施行。至偕教士所呈失单如欲彻底查考，应请遴委干员出沪，能通英文、土语者更妙。总之，此案委应作何办理方臻妥善之处，出自卓裁可也。须至照会者。计附送偕教士所呈华、英同文原清单各一份。英文原照会另日奉上。光绪十一年五月二十二日照会。

照抄各处教堂被抢清单

计开：

新店教堂一座，计共英银二千八百四十五元。

堂内物件开列于左：台顶桌一块，价银八元。椅条六十条，价银四十八元。书桌二十块，价银四十元。大八角挂号头时钟一个，价银八元。一号万人球一粒，价银二元。大鼓一个，价银二元五角。吊钟一个，价银二元五角。大玻璃灯连坠二枝，价银十五元。小玻璃灯十二枝，价银三元。大镜十二个，价银二十四元。柴椅头二十块，价银八元。天文图一幅，价银二元五角。地理图二幅，价银五元。首号桌头灯二付，价银六元。牧师房外国眠床一张，价银二十五元。洋圆桌一块，价银六元。外国柴交椅四块，价银三十元。入像吊镜大小共十六个，价银三十二元。大照身镜一个，价银五元。线罗蚊帐一领，价银五元。桌巾一条，价银三元。棉被连皮一领，价银三元。毯仔二领，价银六元。玻璃坠吊灯一枝，价银四元二角。写字灯一对，价银三元。玻璃杯二付，价银一元。竖时钟一个，价银七元。牧师厅入像吊镜大小共十个，价银五元。八仙桌一块，价银三元五角。禅床连毡一张，价银八元。桌巾一条，价银二元。蚊帐一领，价银四元。棉被连皮一领，价银三元。茄纹席一领，价银四元。红毡仔一领，价银三元。内路吊灯一枝，价银四元二角。写字灯一枝，价银一元五角。药厨上下共二座，价银八元。药件大小研共百余件，价银三百元。《圣经福音传》一箱共一千本，价银五元。交椅四块、几桌二块，价银共一元二角。唐人七朵八脚眠床一张，价银十三元。字画共六幅，价银三元。小厅内员桌一块，价银三元五角。柴交椅四块，价银八元。藤交椅二块，价银三元。入像吊灯十八个，价银九元。桌巾一条，价银二元。内路玻璃吊灯连坠一枝，价银五元五角。小玻璃灯一对，价银五元。书厨入玻璃面上下共一座，价银八元。圣书大小付共百部，价银二百五十元。山水字画共九幅，价银四元五角。人客房四脚眠床一张，价银四元五角。蚊帐一领，价银三元五角。棉被连皮一领，价银三元。毡仔一领，价银三元五角。书桌一块，价银三元二角。又，书桌内有公银二百元、捐题南风滇缘银一百元。写字灯一枝，价银一元五角。煤油二担，价银六元。交椅四块，价银四元。小房内八脚七朵眠床一张，价银十二元。四脚眠床一张，价银四元五角。蚊帐被一付，价银九元。红、绿毛毡共二领，价银六元。小药箱一个，价银十二元。挽齿家器一付，价银十三元。小刀包一包，价银十五元。洋药秤一枝，价银三元。问症筒一枝，价银一元。见症寒暑计一枝，价银三元。凸镜一个、外国像百余幅，价银共十四元。百花镜一个，价银八元。五节千里镜一个，价银十六元。显微镜一个，价银十二元。小凸镜一个，价银四元。玻璃水渍十二枝，价银五元。照身镜一个，价银五元。时钟一个，价银七元。入像吊镜六个，价银七元二角。小尺四方玻璃半箱，价银六元。碗厨一座，价银三元。洋面桶一个，价银二元。合共银四千二百九十四元零七角。

计开：

艋舺教堂一座，计共英银二千一百元。

堂内物件开列于左：大椅条二十四条，价银二十四元。上落三炼大洋灯三枝，价银十八元。药厨一座，价银六元。厨内药三十矸，价银一百二十元。大鼓一个，价银三元。刀包一副，价银二十元。天文、地理图二副，价银五元。台顶桌一块，价银六元。幼员桌一块，价银十二元。幼书桌二块，价银十二元。面桶桌、洋面桶共二副，价银十三元。八仙桌一块，价银七元。桌柜一个，价银八元。碗厨一块，价银四元。柴交椅六块，价银二十元。藤交椅四块，价银四元。竹交椅二副，价银二元四角。交椅帖三副，价银十二元。桌头灯四枝，价银六元。扇叶灯四枝，价银一元。柴禅床二块，价银十四元。幼眠床二顶，价银四十八元。蚊帐二领，价银十元。棉被二领，价银十元。毯子四领，价银十二元。大甲席二领，价银八元。时钟三个，价银二十一元。

大镜二十个，价银十四元。照身镜三个，价银十二元。教会公银一百元。丹清六对，价银八元。合共银二千六百六十元零四角。

计开：

三角涌教堂内物件开列于左：台顶桌一块，价银五元。书桌二块，价银六元。交椅四块，价银一元。椅条十二条，价银六元。八脚眠床二张，价银十二元。大鼓一个，价银三元。书架一个，价银五元。药架一个，价银四元。天文、地理图二副，价银五元。时钟一个，价银七元。写字灯一对，价银四元。吊灯一枝，价银五元。合共银六十三元。

计开：

和尚洲教堂一座，共计英银一千四百七十四元。

堂内物件开列于左：书桌四块，价银八元。员桌二块，价银六元。椅条四十条，价银二十元。大鼓一个，价银四元。藤交椅十块，价银十五元。大灯三枝，价银二十一元。小灯十二枝，价银三元六角。时钟三个，价银二十元。水油一担，价银三元二角。七朵眠床三张，价银三十六元。蚊帐三领，价银七元五角。棉被三领，价银九元。茄纹席三领，价银五元。天文图一副，价银二元五角。地理图一副，价银二元五角。西洋药数十矸，价银一百一十元。圣书一百余本，价银五十元。教堂公银六十元。合共银一千九百五十七元零三角。

计开：

水返脚教堂门窗、户扇被拆抢，价银一百二十元。

堂内物件开列于左：三炼上落灯二枝，价银十二元。写字灯一对，价银三元。竹椅头三块，价银一元。桌四块，价银十元。入像镜十二个，价银八元。椅条十八条，价银十一元。交椅八块，价银三元。照身镜一个，价银六元。万人球一粒，价银一元。大甲席二领，价银四元。蔑席二领，价银二元。书，价银五十元。药连研，价银四十元。书、药厨二座，价银十二元。时钟二个，价银十一元。挽齿器具一付，价银十六元。刀包一付，价银十六元。蚊帐二领，价银七元。棉被二领，价银六元。眠床二张，价银十四元。合共银三百四十三元。

计开：

锡口教堂一座，计共英银八百四十五元。

堂内物件开列于左：公银四十元。八脚眠床二张，价银十五元。蚊帐二领，价银十元。棉被二领，价银七元五角。书桌二块，价银八元五角。员桌二块，价银十元。交椅十块，价银十元。椅条二十条，价银十元。大洋灯二条，价银六元。桌头灯一对，价银三元五角。小灯六枝，价银一元五角。大镜十二个，价银十五元。时钟二个，价银十一元。西洋药四十研，价银一百三十元。合共银一千一百二十三元。

计开：

大龙峒教堂一座，计共英银一千六百五十元。

堂内物件开列于左：台顶桌一块，价银六元。长椅条三十条，价银十八元。交椅十二块，价银三元六角。书桌二块，价银四元。大鼓一个，价银三元。天文、地理图共五幅，价银五元。外国书十五本，西药书一箱，共价银五十五元。七朵幼花眠床一张，价银六十元。员桌一块，价银四元五角。八脚眠床一张，价银六元四角。蚊帐一付，价银四元。桌柜一个，价银三元，桌柜内有拜堂公银八十五元。煤油一桶，价银一元五角。写字灯一对，价银四元。大八角时钟一个，价银七元。合共银一千九百二十元。

照抄照复英领事原文

为照复事。准贵领事照会：窃查淡属各处教堂被匪毁抢一案，除原文有案不录外，查偕教士人甚厚道，既经发誓，所开失单谅无虚假。惟此案应照贵领事照会，委员出沪澈底查考。除札委通商委员李彤恩会同台北府刘代守勋、团防局陈绅霞林前往所拆教堂之处，详细查明，禀候办理，以臻妥善外，合先照覆。为此照会贵领事，请烦查照施行。须至照会者。光绪十一年五月二十四日照覆。

照抄台北府知府刘勋、通商委员李彤恩详文

为遵札议覆事。窃光绪十一年五月二十六日，接奉宪台札开：据英国费领事文称：窃查淡属各处教堂被匪毁抢一案，本领事当将已办情形随时禀详本国驻京钦差大臣察夺。本年三月杪，接奉驻京现署钦差大臣札开：披阅该领事迭次申详，是此案刘大臣以及地方官等既允实力办理，且该领事会晤刘大臣，并经面许日后赔偿拆抢各教堂价值等语。斯时地方正在非常多事，地方官诚恐民情痛忿，急变堪虞，以故稍缓拿办。本大臣体念时艰，雅不欲照请总理衙门查办。第此刻中法两国议和停战，该领事官可趁于此时知会地方官赶办，了结此案。当俟该领事竭力与地方官商办，如果仍难妥贴，始由本大臣与总署核办。惟查该领事与在台中国官员共事素称和协，此案谅能妥办，似可免本大臣与总理衙门会商也等因。奉此，本领事当饬偕教士开具确实失单并估计教堂屋价去后。旋据面禀，必须亲诣履勘，方能估值，迩日始据开具清单前来。本署当经详细查考，取阅教会历年总数核对，并据偕教士来堂发誓，供称各处教堂所置器具对象本有数单可凭，只缘各教堂被抢，此等原单亦失在内，现开失单数目确系的实，毫无虚伪。即所开器物亦尽系教会公司与该教士自己所置，并无教民之物牵涉在内。惟和尚洲教堂屋价系照现时估价，较前略多，盖因此时物料比昔昂贵等语。本领事查各处教堂遭抢对象，失单内均已一一定价，地方官若能追物，即可照件扣除；如能尽数追获，更省赔款；堂中数单倘能追出，尤便核对。奉札前因，并据偕教士呈来华、英文字估价清单各一份，理合照送察阅。为此照会贵部院大臣，请烦查照施行。至偕教士所呈失单如欲澈底查考，应请遴委干员出沪，能通英文、土语者更妙。总之，此案委应作何办理方臻妥善之处，出自卓裁等情，并送偕教士所呈华、英同文原清单各一分到本爵部院。据此，查上年所拆各处教堂，亟应委员前往查明如何毁坏，所开失单是否尽实，以凭核办。查有通商委员李彤恩堪以委派，会同该府及绅士陈霞林等克日出沪，澈底查考。除照覆费领事查照外，合行札饬。札到，该府即便遵照会同出沪，详细查办，并即妥议具覆，以凭核夺，据送清单一并抄发毋违。此札。计发抄单七纸等因。

卑府彤恩并蒙札饬前因，各奉此，卑府等当即会同陈绅霞林，带同工匠，先订偕教士前往艋舺、锡口、三角涌、新店、和尚洲、大龙峒、水返脚等七处教堂履勘。查水返脚、三角涌两处教堂不过略有损坏，修理需费二百余元，核与英领事开送来单数目不相上下。至艋舺等五处教堂，均已拆毁，仅存颓墙基址。旋令工匠密为估价，按照现时工价，实需洋银九千余元。至于各教堂内所失物件是否尽实，无从查考。若照英领事开送数目，起盖教堂并失物，共计洋银一万二千余元，为数颇巨，似宜量予核减，方足以昭公允。

卑府等于七月初八日邀同费领事、偕教士，同到捐输局面商。据偕教士面称：所开屋价仅照木泥匠所估而算，其油漆等项尚未计及。至所失物件，其零星琐碎亦多忘记。伊既经发誓断不浮开，若荷赔偿，须沾实惠，未便从减等语。卑府等告以伊国公使尚知斯时地方正在非常多事，地方官诚恐民情忿变，所请稍缓拿办，理应允从等语。是公使亦知因法国启衅扰我疆土，民心义忿，遂致玉石不分，与平常挟嫌拆毁情形不同。兹中国既允由官赔偿，实属仰体两国和好起见，断不能悉照所开数目毫厘不让之理。反复辩论，几至唇舌俱焦。幸费领事颇知大体，力劝偕教士让减一千元。讵教士拘执前议，牢不可破，彼此相持。至七月念九日，复出沪尾，再行定期会晤费领事、偕教士，喻以情理，动以祸福，坚请面决，并许其一经议定，即交现银，伊可即日兴工，亦免迁延时日。往返辩驳数次，偕教士方许再减一千余元，请以一万元之数赔偿。费领事并请尽两礼拜即将此项检出足重时用英银，由官面交偕教士查收，取其收据照复费领事销案，以免送由领事转交，致多辗转驳换之繁等语。

卑府等伏思此案因地方危急，民心怀疑，致群起而毁之，尚非教民倚势生端，意图要挟。据其开送堂中所失物件虽属无从查考，然七所教堂拆毁情形业经履勘估计，实在需银九千余元。兹费领事与偕教士既敦睦谊，愿减二千余元，应否给予一万元完案之处，理合具文详请宪台察核示遵，实为公便。为此备由具申，伏乞照详施行。须至详者。

批：据详已悉。查此次教堂被毁七所之多，既经偕教士发誓毫不浮开，而该员等复能婉词理劝，得与费领事克敦邦交，议减二千余元，俱见顾全中外大局，深堪嘉尚。应即如详照准，仰由海关提拨洋银一万元，由该员等径交偕教士承领，取其收据，禀候照覆费领事销案。仍候咨明将军、督部堂，并行省会通商局知照。缴。光绪十一年八月初八日详。

照抄台北府知府刘勋详文

为呈缴事。本年八月初十日，奉宪台批，卑署府等会详议赔教堂暨所失物件，偕教士愿让二千元，实给一万元缘由。奉批：据详已悉。查此次教堂被毁七所之多，既经偕教士发誓毫不浮开，而该员等复能婉词理劝，与费领事克敦邦交，议减二千余元，具见顾全中外大局，深堪嘉尚。应即如详照准，仰由海关提拨洋银一万元，由该员等径交偕教士承领，取其收据，禀候照覆费领事销案；仍候咨明将军、督部堂并行省会通商局知照。此缴等因。奉此，卑署府遵即移请沪尾海关兜协领提拨现银，并移会办台北通商委员李守彤恩遵照去后。旋准兜协领移复：于海关征收洋税项下照数提出洋银一万元，径交李委员查收，转交偕教士收领，取其亲笔收据一纸，备文移府转缴销案等由。前来。卑署府覆查无异，合将偕教士收据一纸备文呈缴宪台察收，俯赐照会销案，实为公便。为此备由申乞照文施行。须至详者。计申缴偕教士亲笔收据一纸，再足重洋银一万元。

批：据详已悉。仰候照会英领事销案，再咨将军、督部堂并总理衙门立案，暨行省会通商局查照。偕教士收据一纸存。此缴。光绪十一年八月二十四日详。

照抄照会英领事原文

为照会事。本年八月二十四日，据署台北府知府刘勋详称：本年八月初十日，奉批卑署府等会详议赔教堂暨所失物件，偕教士愿让二千元，实给一万元缘由。奉批：据详已悉。查此次教堂被毁七所之多，既经偕教士发誓毫不浮开，而该员等复能婉词理劝，与费领事克敦邦交，议减二千余元。具见顾全中外大局，深堪嘉尚。应即如详照准，仰由海关提拨洋银一万元，由该员等径交偕教士承领，取其收据，禀候照覆费领事销案；仍候咨明将军、督部堂并行省会通商局知照。此缴等因。奉此，卑署府遵即移请沪尾海关兜协领提拨现银，并移会办台北通商委员李守彤恩遵照去后。旋准兜协领移复：于海关征收洋税项下，照数提出洋银一万元，径交李委员查收，转交偕教士收领，取其亲笔收据一纸，备文移府转缴销案等由。前来。卑署府覆查无异，合将偕教士收据一纸备文呈缴宪台察收，俯赐照会销案，实为公便等情，并缴偕教士亲笔收据一纸，到本爵部院。据此，除批示外，相应照会。为此照会贵领事，请烦查照销案，见覆施行。须至照会者。

照抄英领事费来文

为照覆事。本年八月二十九日，接准贵爵大臣照会内开：本年八月二十四日，据署台北府知府刘勋详称：本年八月初十日，奉批卑署府等会详议赔教堂暨所失物件，偕教士愿让二千元，实给一万元缘由。奉批：据详已悉。查此次教堂被毁七所之多，既经偕教士发誓毫不浮开，而该员等复能婉词理劝，与费领事克敦邦交，议减二千余元。具见顾全中外大局，深堪嘉尚。应即如详照准，仰由海关提拨洋银一万元，由该员等径交偕教士承领，取其收据，禀候照覆费领事销案；仍候咨明将军、督部堂，并行省会通商局知照。此缴等因。奉此，卑署府遵即移请沪尾海关兜协领提拨现银，并移会办台北通商委员李守彤恩遵照去后。旋准兜协领移复，于海关征收洋税项下，照数提出一万元，径交李委员查收，转交偕教士收领，取其亲笔收据一纸，备文移府转缴销案等由，前来。卑署府覆查无异，合将偕教士收据一纸备文呈缴宪台察收，俯赐照会销案，实为公便等情，并缴偕教士亲笔收据一纸，到本爵部院。据此，除批示外，相应照会。为此照会，请烦查照销案，见复施行等由过署。

准此，查此案偕教士所开数目一万二千三百余元，既经发誓委系真实，殊难减让。本领事前此拟欲劝令减让一千元，偕教士尚未允愿。乃八月初二日突据来禀，以前请赔偿拆毁各教堂一案，偕所开赔款，爵抚部院刘倍其诚实，始终不疑，偕既深感佩，复因通商李委员彤恩在淡十二年，平日办理交涉事件极为持平公正。此案经其婉商，挚情感动，故偕于本日允以一万元赔偿了事。至偕前开数目，委属真实，毫无乖谬。此心唯天可表！可否据情转达刘爵抚部院知照，出自宪裁等情。据此，理应据情转达贵爵大臣查照。至销案之文，领事缘前禀有案，此时未敢擅办，尚容禀详本国驻京钦差大宪察夺。一俟奉到批示，另行照复。

第此案虽经办了，而旧年教民被抢数十家亦系无辜，显因奉教所累。本领事访闻地方官从未办有头绪，理应照请贵爵大臣，严札饬县逐一审理，实称公便。为此照覆贵爵大臣，请烦查照施行。[①]

## 一〇　威利官轮搭客各节拟照成案办理等情请札行赫总税务司转饬遵照由

光绪十二年二月十八日（1886 年 3 月 23 日）

二月十八日，福建巡抚刘铭传文称：本年正月初七日，据会办通商委员已革浙江补用知府李彤恩详称：案奉宪批：威利轮船现已由官购定往来各口运载军装，仍准附搭客商，照收脚价，饬由卑局发给船票，以专责成等因。

奉此，伏查官轮船附搭客商，照收水脚，似宜援案通知洋关税务司知照，方为正办，当即录批函致沪尾关税司法来格知照去

① 台北“中央研究院”近代史研究所藏：《外交档案》，馆藏号：01-24-021-01-011.

后。旋准函复：官轮既收客商载脚及棺柩运费，即系贸易之船，照章自应由关节制，按例完纳船钞。况商人只知图利，其行李多有藏匿私货，虽委员稽查周密，而本关分当遵章派拨扦子手查验，未便稍事因循等由，复经卑局以该船仅收客商载脚，并无奉准装运货物，未便作为贸易之船，仍遵宪定章程，援照永保等船成案办理函复去后。讵法税司拘于成例，坚请如前。

伏查光绪七年间前抚宪岑任内议将船政之永保、琛航两号轮船专在台北、福州按五天往返连环开行，所有官民商货均准搭船，照招商局章程酌收水脚，由税厘委员监收，另款存储，即以开支两船薪水等项，既可常通文报，又可节省经费，行令省会通商、税厘两局司道详奉前军宪行知沪尾海关，经前税司贺璧理来函，援引同治十二年总理衙门章程，以两船即无载货，虽止搭客行李，核与商船无异，亦应由关查验，以昭画一等情，经由海关委员禀奉前军宪穆批：前准总署咨：中国官轮、兵轮往来，无庸经新关洋人之手稽查，饬由各关自行派员认真查验等因。今贺税司函请前情，自未便俯如所请。现在此案尚未奏咨，业经照行善后、通商、税厘各局司道确核通详，官轮船附搭商贩货物，应收官税银两，仍循旧章，由海关查照常税征办。此次贺税司请照商轮进出口章程，归该税司查验，核与总署前咨未符，所请毋庸置议，详请行知遵办等因，行知到关，经兜委员照会税务司知照在案。此次威利轮船仅准附搭客商、柩棺，照收脚费，以之津贴船中月费，实为节省经费、慎重税务起见，核与永保、琛航两船并准载货照收官税情形更有区别，自宜援照成案，毋庸洋关查验。第既准法税司两次函复，坚请如前，未便徒由卑局与其争论，相应据情详请宪台察夺，可否援照永保、琛航两船成案，咨明总理衙门转行赫总税司知照，并咨督、军宪转行各关局一体遵行，以昭妥协。一面由卑局将该船搭客收载缘由分移台北各衙门，并随时发给招帖，先行试办，以广招徕。并据另禀：查威利轮船准搭客商、照收载脚一案，两准法税司来函，坚请照章由关查验等语。兹将原信恭呈宪鉴。至永保、琛航两船前年议载货物、照收水脚一案，兹将原案要键试件检出，一并呈请钧察。伏查永保等船原议准载货物，作为商船，尚归海关常税征收，不归洋税项下造报。兹威利轮船仅准搭载客商、棺柩，收些载脚，并无揽载货物，应完关税，核与永保等船情形又有不同，更无庸由洋关税务司派丁查验。但官轮搭客收载，似宜咨明总署札行总税司转饬各口税务司遵照，以免借口，并咨军、督宪转行各局司道一体知照，方为正办，各等情。计呈送札十件、信二件，到本爵部院。

据此，除批据详另单均悉，查威利轮船往来上海、台北等处，仅准附搭客商，带运棺柩，酌收载脚，津贴船中月费，与从前永保、琛航二传准载商货情形相同，自应援照成案，毋庸由洋关税务司派人查验。如恐搭客行李，防有夹带私货情弊，当由海关委员认真查验，俟咨明总理衙门暨将军、督部堂转行各关局一体遵照，一面即由该委员于威利轮船进出口时，将搭客行李逐名查验，如有夹带货物，希图漏税，无论官弁、商民、兵勇，立即禀明照章罚办，毋稍瞻徇，切切。原信二件、札十件发还备查，此缴即发暨咨行外，相应咨呈，为此咨呈贵衙门，请烦查照转行赫总税司援照永保、琛航两船成案办理，望切施行。[1]

---

① 台北“中央研究院”近代史研究所藏：《外交档案》，馆藏号：01-05-003-04-003.

## 一一　咨覆威利轮船搭客收费仍查定章办理由

光绪十二年二月二十四日（1886年3月29日）

二月二十四日，行福建巡抚刘铭传文称：光绪十二年二月十八日，接准咨开：据通商委员李彤恩详称：威利轮船往来各口运载军装，拟附搭客商，照付水脚，当经知照洋关税务司去后。迭经函复：官轮既收客商水脚及棺柩运费，即系贸易之船，照章由关查验纳税等语。伏查光绪七年前抚宪岑议将永保、琛航两轮搭运客货，奉准总理衙门咨：中国官轮、兵轮往来各省，毋庸经新关洋人之手稽查，饬由各官自行派员稽查等因在案。此次威利轮船附搭客商、棺柩，照收脚费，以之津贴船中月费，拟援照永保、琛航两船成案，无庸洋关查验，咨明总署转饬总税司通行遵照等因前来。本衙门查各省官轮、兵轮开行各处，不由洋人经理，历经办理有案。

光绪七年，穆图善片奏琛航、永保两轮渡送官兵、文报，顺搭商民、货物，毋庸经新关洋人之手经理，别号轮船不得援以为例等语。嗣经本衙门复奏，以此项官轮如专渡送官兵、文报，自毋庸由新关查验。倘须搭装客货，应于进出口时饬赴新关照章完纳税钞，听候稽查，以昭画一。奉旨：依议。钦此。通行在案。

再，查九年北洋大臣咨称：海镜轮船往来烟台，附搭客商，亦援永保、琛航成案，照章稽查完税亦在案。是官轮开行，新关洋人不得干预，而既搭载客商，即须由关查验，定章具在，办理未便两歧，本衙门碍难札饬总税司遵办，致涉纷更，相应咨覆贵抚转饬该局员仍照成案办理，以符定章可也。[①]

## 一二　咨报委员会同德商李德到台商订安设陆线开具清折请查照由

光绪十二年六月十七日（1886年7月18日）

六月十七日，福建巡抚刘铭传文称：据会办台北通商委员李彤恩禀称：窃彤恩面奉宪谕：台北地孤悬海外，而南北袤长千余里，倘无轮船之便，信息经旬莫通，水陆电线亟应克日举办。适有上海德国泰来洋行李德到台，面呈陆路电线所需机器料件价银清折，愿代承办，饬与该洋人妥商议定，先将陆线赶办，以达邮政等因。奉此，彤恩即邀该洋人李德到局，将其所呈清折逐一查考。适台南电报局委员船政学生候选县丞苏汝灼请假来此，并邀会同估计。细核折内所开台地由北至南一千五百里，需银三万二千八百两，每里合银三十七两五钱一节，数目多有不符。诘据李德声称：折内仅开机器价银数目，其运脚、保险一切不在其内。彤恩复诘设电事宜，尚有应需各项机器对象，折内漏开甚多，自应逐一开明添入，令其补办，以免缺乏。又，打电局所拟设五处，每局需机器一切，亦应详细开列，一并办齐，以备足用。该洋人深以为是。

伏查此次设立陆路电线，应以基隆港、沪尾两海口起，互通至台北府城，由府城直达台湾府安平口止，约计共长七百余里。所办线条各项有八百里，足可敷用。至沿途溪河，倘难安插木

① 台北“中央研究院”近代史研究所藏：《外交档案》，馆藏号：01-05-003-04-004.

杆，应令预备水线，以免临时周章。惟所开价银三万二千八百两，系照一千五百里而算，兹仅用八百里，则价银自应核减。第折内所开应用机器等项，有不能短少者，自宜照数购备。惟七号电线一项，按里而计，应可减少。查该洋人所开电线需银一万三千零九两，计除七百里，应除银六千一百一十二两。若照原开总数三万二千八百两，除银六千一百一十二两外，仅应给银二万六千六百八十八两。此外，加给苏汝灼所开添补各器共需银一千六百五十两，核计仅应给银二万八千三百三十八两，彤恩拟照此数发给承办。据该洋人声称：此次代办电器，原属急公效劳，非敢希图中饱，坚以运费、保险一切尚须数千元，万难赔垫，固执至再至三，未能定议。彤恩兹拟增给运费、保险一切一千六百余两，合共给其规平洋银三万两，以八百里算，每里适合三十七两五钱，与该洋人原议亦属相符，该洋人始肯应允，请定合同之日，在于福州给交银一万两，余俟六个月电线机器运到之日，再行找给二万两。所有事宜均列合同之内。是否有当？理合开折呈请察夺。如蒙俞允，俟奉批示，再与该洋人画押定议，至应用木料工作一切需费若干，俯容再行核估，请示办理等情，到本爵部院。

据此，除批据禀已悉，陆路设电需用物件既经该委员与洋商李德分款议定价目，应即画押立据，仰候分别咨行查照此缴印发并分别咨行外，相应咨呈。为此咨呈贵衙门，谨请查照施行。

照录粘抄合同

立合同：台北通商委员前浙江补用府李彤恩、德国上海泰来洋行李德

同奉钦差福建台湾爵抚宪刘谕，将台北由沪尾、基隆两处海口起至台北府城，又由府城至台湾府安平止，设立陆路电线，以

通信息。兹李德愿出承办电线、机器一切，计由沪尾、基隆两海口至安平，以华里八百里为率，中设电局五处，共需价银规平三万两，立约之日先交给一万两，电线到齐，找还银二万两。所有应办对象细数，另列清单之内。惟电杆所用木料及安电工作，一切概由中国自办。自立合同之日起，限六个月将电线、物件包运到沪尾口交卸。所有运费、保险一切，均由李德发给。若机器对象照约依期运到中国，不得退还异说。倘李德不照合同，有迟悮短少，致中国难以应期兴工，李德愿罚银二千两。彼此当立汉、洋合同各一纸，各执为据。

一、约明用双条七号电线，以华里八百八十里为率，中设电局五处，所有沿途电线及局中应用机器对象，另列列表之内。以上共需价银规平三万两，物件到齐，应将外国所买发票原单呈请查核。

一、约明应需木料并工作一切不在合同之内，由中国自理。倘将来兴工要用洋匠帮同工作，李德当选派精熟电务洋匠一名到台，每月另给薪水、伙食银二百两，轿价在外。

一、约明自立合同之日起，限六个月内将电线、机器一切全数包运到沪尾口交卸，船到沪时，除风雨不计外，限二十四点钟躭搁起卸物件。倘过二十四点钟外，每天应贴船价银二百元。

一、约明所有价银共计规平银三万两，立约之日议由福州先交三分之一，应规平银一万两。尚余规平银二万两，约俟电线、机器到齐之日，仍由福州再行找清，不得迟延。

一、约明所办电线、机器物具一切自到台安设之日起，保固一年为限。如限内原有损坏，李德愿赔修。倘所办物件有不合适用，应准中国剔换退还，李德当另行补齐应用，不敢异议。

一、电线机器到日，倘有以李德所办之物不合于用，彼此议论不一，应请中国电报局选派熟悉之人秉公议估，不可刁难受累。至机器到台，所有应完关税暨驳船价银，均由中国自理。

一、由沪尾、基隆至安平所用电线，中有隔溪，应用水线若干里，此时殊难悬揣，应由李德预备若干，购运到台，以便足敷安设。

一、此次议设陆路电线，为国家有益起见，所有议价一切，均由钦差爵抚宪与李德当面议定，所有局中翻绎、通事、丁胥人等，不敢勒索花红规例。

一、李德此次承办台湾陆路电线，原为效劳出力起见，约明价银三万两，倘在英国采办价值勿需三万两，李德愿按照外国发价原单数目缴还中国，以表报效之忱。

一、约明电线、机器一到香港，十天以前即须通知台北电报总局，以便预备驳船，听候盘运，庶免临时周章。

光绪十二年五月二十五日，英一千八百八十六年六月二十六号。立合同：李彤恩、李德。

谨将沿途电线应需各物开列于左

计开：

巴明行第七号双条电线，华里八百八十里长。巴明行第十六号电线三墩。达挪依单钩碗钩一万五千副。双钩碗钩五千副。铁挺钩五百磅。盐强水三百四十磅。接桌螺丝十五打。接七号线螺丝十五打。粗树胶线二千码。细树胶线二千码。碗钻八打。小木绞关十根。铁练八条。大摇车六付。修水线器具二付。理线钳十付。小轮车缆十四付。手锯十把。螺丝朗头八个。大拑三打。小拑三打。蟹剪八把。途用机器三付。角挫二打。大角挫三打。以上系泰来洋行原开数目物件。

加大摇线一付二十四元。指南针二架，每架四元。净铅一百磅。白铅一百磅。净锡三百磅。铜号头十个。寒暑表三枝。布带尺二匣。开地钻一十二把，每把十八元。焊筋十个。风炉五架。测远机一架。测高机一架。铁连尺一条，计二十英尺。白漆三百磅。红漆三百磅。各色鑢六打，每打四元。石油三百磅，每磅一角二尖。黄铜焊三百磅，每磅二角五尖。以上系中国添办物件，核计需银一千六百余两。

谨将五所电局应需各物开列于左

计开：

西门机器十二付。穆尔斯纸条一万盘。四线档电机五付。二线档电机二付。爱庚冷电池八百全付。汤生验电表三付。切线表六只。四线分电匙六付。六线分电匙六付。八线分电匙六付。五线转电板六付。马掌吸铁石五块。蓝油纸一千张。机器墨水一千小瓶。机器油二千瓶。顶好电报钟十二付，每付二十元。脑沙（上等）一千三百磅，每磅一角四尖。小电表六只。以上系泰来洋行原开数目物件。

精煤五百磅，每磅五尖。卑好乐西门加呢五百磅，每磅一角一尖。水银六十磅，每磅一元一角。大铜板六块，长口，阔口，厚口，系英尺。紫铜线五十磅，每磅七角。黄铜线一百磅。天王钟五架，每架二十元。以上系中国添办数目物件。[①]

## 一三　出示晓谕民教相安一节已饬属经办由

光绪十二年九月十三日（1886年10月10日）

九月十三日，福建巡抚刘铭传文称：光绪十二年八月二十五

① 台北“中央研究院”近代史研究所藏：《外交档案》，馆藏号：01-09-010-04-009.

日，承准贵衙门咨：前因戈使照请通行各省出示晓谕，以安民教，经本衙门于本年二月间咨行各省饬属明白出示在案。迄今数月，各省已否办理，未据咨覆，无从周知。七月初一日，据法国恺署使照称：前准一律出示，现据各省主教禀称，未见如此告示张贴，各处教士教民均被扰害，地方官并不加意保护。初四日，又准法使函称：四川、江西两省新出教案，倘此示早出，不致有今日之事。若不严行出示，恐此风遍传，教堂均岌岌可危，请速筹办法等语。查本衙门前次咨行各省饬属出示，原期民教相安起见。倘州县视为具文，延搁不行，诚恐教案叠出，更难了结。现在本衙门照复该使，告以新出教案，已饬赶紧办理。并与彼约：凡奉教人遇有词讼，悉听地方官审断，教士不得干预。教士中有奉行不善、越分妄为者，即行撤换。至出示一节，已再行通行催办等语，相应咨行贵抚，迅饬所属，凡有教堂之处，即行查照本衙门二月间咨文，出示晓谕，以杜后患，并声覆本衙门备查可也等因，到本爵部院。

承准此，查台湾尚无法国天主教堂。兹承准前因，除饬属遵办外，相应呈复。为此咨呈贵衙门，谨请察照施行。[①]

## 一四　台湾购办水陆电线一案抄稿咨呈由

光绪十二年九月十八日（1886年10月15日）

九月十八日，福建巡抚刘铭传文称：窃照本爵部院于光绪十二年八月二十八日，在台北行营恭折具奏台湾购办水陆电线以速邮政一案，相应抄录折稿并将船图、合同呈送。为此咨呈贵衙

① 台北“中央研究院”近代史研究所藏：《外交档案》，馆藏号：01-12-003-10-020.

门，谨请察照施行。

照录合同

立合同

会办台北通商税务委员前浙江补用知府李彤恩、上海怡和洋行英商施本思同奉钦差福建台湾巡抚部院一等男刘谕办台湾达于厦门水路电线，分别每英里十吨重三十英里，每英里二吨重一百二十英里，以达邮传；又置造四铁叶暗轮钢壳一只，由英运载水线到台安放之后，由中国改作巡船，常时既可巡查各口，水线设断，亦可镶配机器捞收修理，一举而数善备。现蒙爵抚宪面许怡和洋行承办，议定以上两项共给价银规平二十二万两，立约之日先交四万两，余俟轮船水线到台安放沈妥，再交六万两。尚有十二万两，自水线安妥之日起，分作两年匀还，不贴利息。兹将议定条款饬彤恩、本思会立汉、英文字合同各三纸，送请沪尾口英国领事官翟盖印，各执为据。彼此倘不照约，应照后列章程办理。

一、怡和行约明在英国定造四叶暗轮钢身火轮船一只，其船身大小、吨位、式样、做法，另列清单，粘附于后。

二、约明立约之日起，限十个月包运至台湾，水线放妥，交付中国管理。所有十个月内保险并雇佣船主、大副、二副、三副、管轮及水手等，由怡和行雇用，自行发给薪水等项。

三、约明海线一到台湾，立即安放妥贴。放线时，船中薪费一切，由怡和行发给，惟煤炭请爵抚宪拨用。电线一经安放沈妥，以后交船之日，所有船中费用，应由中国自备。倘要留船主人等，均听中国钧便，如不留用，仍由怡和行资送回国。

四、由安平至澎湖转达厦门，计共英海里一百五十里，内安平近岸海道计七英海里上下，应用粗线，每英里重十吨。至澎湖近岸海道计十英里上下，厦门近岸海道计十三英里上下，每英里亦俱用十吨重之粗线。其余深海应用细线，每英里重二吨。以上共享十吨重粗线三十英里，二吨重细线一百二十英里。如须改用五吨重水线为之连接，由工师酌量添办，不另给价。

五、此项水线安放海底，不能用劲牵直，应须曲折安排，方期稳固。倘所需不止一百五十英里，应由怡和行多备十余里或二十余里之水线，以免临时缺需贻误。此项不另给价。

六、约明承办英国上等海线，其线心用七条紫铜斤，每英里重一百三十磅。外用三重吉潘印度胶包固，每英里应用重一百三十磅。再合麻及最结实之小带扎紧，再扎以极坚固之铁线，又扎以麻加巴麻油漆成。共计包固五层，俱用新料新造，不得以旧料坏物抵塞。

七、此项水线现蒙爵抚宪发出线样一条为式，怡和行自当遵照原式制造，限四个月内，怡和行当将新造线式寄来呈请查验。倘将来水线运到验与所送原样不符，怡和行情愿认罚。

八、在安平、澎湖、厦门三处应设电报局三所，其局所应由中国自行建造，即局中应需床铺、椅桌、家伙一切亦由爵抚宪自备。惟所需打电电具、电池要双付及各等机器由怡和行代办，足备足用，共需若干件，要与厦门大北电报公司所用对象一律，不得短少。

九、另备测量机器一付，以备将来海线损断，庶学生可以测量远近，易于捞收修理。

十、安平、澎湖、厦门三处线端应由何处起岸，应否添用陆路旱线，或暗埋地窖，须俟将来外国工师到台，会同委员勘明应用若干，再行议价。此项怡和行自当公道代办。

十一、将来电线、机器到华，由怡和行雇用司理放线工师三二人到华，包放水线，每月应给薪水及工竣资送回国，统由怡和行给发。惟应留工师一人到台三年，令其教习学生修线之事，每月薪水如何议给，怡和行愿为居中说合，必可从廉订定。

十二、约明代办将来海线损断应行捞收修理接线之机器一付，并预备十吨、二吨海线若干，及随时留备之线一切铜线、硬印度胶、麻绳、巴麻油、铁线等项，以备随时足用。

十三、约明验看海线一事，如在英国察验，即由中国驻扎英京大臣派员查验；如在中国察验，或由爵抚宪派员，或由各省电报局派员考验，亦无不可。

十四、约明以上轮船并各项海线、机器对象等，统共上海规平银二十二万两正，不折不扣，立约之日先付银四万两，轮船、海线到华放妥，再付银六万两。尚有十二万两，自轮船海线放妥之日起算，分作两年交还。所有两年之中利息，毋庸算给。

十五、约明头批银四万两，二批银六万两，并以后分交之十二万两，或在福州付给，或在上海交付，均候钧便。如兑付库平银核对上海规平银平色如何申法，查照交易向章办理。

十六、此次议买轮船、海线，原由怡和行与爵抚宪当面议定价银，无折无扣，中国局员、丁胥人等如有勒索受贿，查出与受均应科罚。

再，将承办运载海线轮船一只大小、式样、吨位、尺寸、做法开列于后。

一、四叶暗轮钢身火轮船一只，船身均是铜片做成，自水线以下应用七分半厚，其余自五分厚起至七分半止。约明一切俱用新物新做，不用旧料，要头号保险。倘不照约，立将原船退还。

二、船身长二百二十英尺、宽三十二英尺、高二十英尺，吨位一千吨，吃水深十尺。

三、桅两枝，均是钢片做成，横侧木杆用金山松木。

四、单烟筒锅炉二座。

五、省煤快力机器用新式三只汽缸，其马力名一百五十匹，实八百匹。此机器用煤极省，现在外洋兵船所用者一式。

六、每点钟行走十二诺，合华里四十三里；二十四点钟用煤十五吨。

七、舵盘机器前后二付，起锚汽机在前一付，起重汽机在后一付。

八、此船本意为安放修理海线之用，惟无事之时，兼可巡查各口，应于船头、船尾各置六寸口径阿姆斯脱郎后膛炮各一尊。该两处船身须与兵船一式坚固，两旁亦应开有炮门，阔六十度，以备中国将来随时安置小炮，炮由台湾自备。

九、船后舱面应设客座一间，家伙俱照半洋半华式，外有卧房一间，留有床榻地位，舱下有客厅一大间，两旁各有客房数间，均照图式，不得参差。

十、舱底有铁桶二三只，以备放海线所用，或系活动可移，或系不能移动，或一二个活动而有一个不活动者，均由海线工师看定再配。

十一、船上应用应备大小吕宋绳索、上等帆篷，一切俱全。

十二、船上行船应用应备大小机器、料件、家伙，并船表、量天尺、量水程地图，一概俱全。

十三、船中饷配铜铁物件，并官舱、客舱各舱床榻、椅桌、钟表，应配坐褥橱柜，一概齐全。

十四、船中官舱、客舱各舱门帘、地毯并厨房烟灶、盘杯、刀叉等件，粗细家伙，一概俱全。

十五、所有铁练铁碇大小几个，应照英国海部章程预备，杉板用楢木八掌一只、十掌一只、六掌二只，船上家伙一切俱全。

十六、以上各项数目应须分款约明，轮船并水线约银一十九万两，修理水线机器一万两，三局机器并测量机器及保险、水脚共二万两。

附船图式一纸、水线图式一纸。

大清光绪十二年八月廿三日，立合同台北通商委员李恩彤。

大英一千八百八十六年九月二十日，立合同上海怡和英商施本思。[1]

## 一五　具奏万年清轮船被碰沉没请饬总督照会英公使照章断赔由

光绪十三年二月十五日（1887年3月9日）

二月十五日，军机处交出刘铭传钞折称：为万年清轮船因公赴沪，行至铜沙洋面被碰沉没，请旨敕下总理各国事务衙门照会英公使，速饬领事、刑司照章断赔，以昭公允，恭折仰祈圣鉴事。

窃台湾万年清轮船于上年十二月二十一日因公赴沪，于二十九日接在船商务委员已革道员张鸿禄电报：万年清轮船于十二月二十一日由基隆黎明展轮，途中因风雾迟滞。二十六日晚，至铜沙灯海面停泊。二十七日早六点钟十分，正在起锚，实被英来申公司你泊而轮船直向万年清轮船右边前半截猛撞，当即闻声出视。据洋管驾谭文生称：损伤甚重，势必沉塌。急令呼众登高，设法救渡。约一刻时，船身渐沉。随即赶急缘上桅顶，督同洋管

① 台北“中央研究院”近代史研究所藏：《外交档案》，馆藏号：01-09-010-05-008.

驾等放艇救人，渡登英公司船。其时船面已经入水尺许，查点人数，实共救护一百八十一人，洋人六名，尸身六具，溺毙委员、折弁并奉差请假员弁、兵役七十三名。所有奏折、公牍、饷银概行沉没等语，当即饬令该道迅即会同上海道龚照瑗查明详细情形，一面将尸、饷设法打捞，一面照会英领事将英公司你泊而轮船先行扣留，查照行船章程，秉公断令赔偿，并咨明南、北洋大臣查照办理。

臣伏查向来海面行船章程，遇有下雾之时，轮船一体均应缓行，载在约章。如果两船同行，彼此是非尚有辩论。此次万年清轮船在铜沙洋面停泊，正在起锚。英来申公司你泊而轮船于海洋下雾时并不照章缓行，突向万年清轮船右边前半截猛撞，致令登时全船沉没，并溺毙文武员弁七十余名之多。其错在彼，无可辩论。应即按照约章，责令赔偿，相应请旨敕下总理衙门照会英公使，速饬领事、刑司会同上海道迅将此案秉公会讯，按照条约断令该公司照数赔偿，以昭公允。

除将在船因公死一事人员另片请恤外，所有万年清被碰沉没缘由，谨会同署福州将军臣古尼音布、闽浙总督臣杨昌濬、署船政大臣臣裴荫森，合词恭折，由驿具陈。伏乞皇太后、皇上圣鉴训示。谨奏。

光绪十三年二月十四日，奉朱批：该衙门知道。钦此。[①]

① 台北“中央研究院”近代史研究所藏：《外交档案》，馆藏号：01-13-017-02-002.

## 一六　咨报办理万年清船赔偿一案过于亟迫并此应由台湾主持等情由

光绪十三年四月初九日（1887年5月1日）

四月初九日，福建巡抚刘铭传文称：案准署船政大臣裴咨开：准上海道来电：山打不肯干与船案，惟即须议定该船现值实价索赔，乞饬委员照折旧实值估计速示等因，当以万年清船原制价银二十四万、续修拾次用工料银八万两零，共应三十二万两。只按原价折半估赔十二万两，复经办公所洋员英人邓罗后、学堂监督刘牧宗骏、工程处员绅吴德章等会议确估，再让减三万两，应饬该公司船实赔库平纹银九万两，以示体恤。邓、刘二员并愿赴沪作证，电复去后。查万年清虽行驶多年，且经陆续修理，现在仅就原价折半之外再减三万两，令其赔缴库平纹银九万两，实属格外体恤。缴到之银应即解交船政衙门，以便集款续造。除照会上海龚道查照办理并分咨外，咨明查照等因，到本爵部院。

准此，查万年清船系留台差遣之船，此次撞沉后，经本爵部院派员延请担文状师控告，英刑司断令全赔，未费船政之力。前经咨请船政大臣饬抄万年清船原造价值及历年修理银两案卷寄沪，应俟担文照章与英刑司秉公计实估值，未便自行减价。兹准船政大臣来咨，已据龚道来电，饬委员等估计仅须索赔半价，并又再减三万两，只索九万两等因，在船政大臣急于提解此项赔款，不问撞沉淹没官弁并涉讼情形，以为款少则被告乐从，估价自减，格外体恤，殊不知你泊而船尚在不服上控结讼之际，设使该洋人闻知，不明船政大臣格外体恤之意，以为彼亦有理，是开其狡辩之路。

且查万年清系奏留台湾差遣之船，撞沉讼案由台湾主持。即使船价赔偿能剩若干，或由台另行购船，或仍解闽厂续造，尚须候款有实在着落，再行奏明办理。现在控案未结，船政大臣先要收回船价，未免过于亟迫。将来无论赔多赔少，除去讼费并在船干证用费外，其余应暂存道署，听候本爵部院奏明办理。除照会上海龚道并商务局张道鸿禄遵照札指办理外，相应咨呈。为此咨呈贵衙门，谨请察照施行。①

## 一七　具奏台湾议修铁路等折片奉到谕旨抄呈由

光绪十三年五月十八日（1887 年 7 月 8 日）

五月十八日，台湾巡抚刘铭传文称：窃照本爵部院于光绪十三年三月二十日，在台北府城恭折由驿具奏台湾拟修铁路，创办商务，以兴地方而固海防，请旨遵行一折；又附奏台湾修造车路，恳恩饬令内阁侍读学士林维源督办铁路商务一片，于光绪十三年闰四月初六日准兵部火票递到，四月初十日军机大臣字寄：本日，贵抚具奏折、片、单各一件，奉旨：留中。钦此。为此知会等因。承准此，又于光绪十三年闰四月二十日准钦差北洋大臣直隶阁爵督部堂李咨：据海军衙门文案抄呈：海军衙门于四月二十八日议覆台湾拟修铁路、创办商务事宜一折，钦奉懿旨：依议。钦此。除分行外，相应抄粘咨会查照等因，到本爵部院。准此，除分别行知外，相应恭录并粘抄原折、片暨抄粘咨呈。为此咨呈贵衙门，谨请察照钦遵施行。

① 台北“中央研究院”近代史研究所藏：《外交档案》，馆藏号：01-13-017-02-009.

照录清折：

奏为台湾拟修铁路，创办商务，以兴地方而固海防，请旨遵行，恭折仰祈圣鉴事。

窃臣据商务委员已革道员张鸿禄、候补知府李彤恩等禀称：上年奉委招致南洋各岛贸易闽人来台合办商务，以兴地方，当即专函往招。现有南洋新嘉坡、西贡等岛闽商陈新泰、王广余等覆信，佥称俱愿回籍在台湾合办商务，革道等现已集股订购轮船二只，先行开办。惟台湾一岛孤悬海外，当此分省伊始，亟宜讲求生聚，以广招徕。现在贸易未开，内山货物难以出运，非造铁路，不足以繁兴商务。查安平、旗后两口，限于海涌，自春至秋，不便泊船。沪尾一口，日渐淤浅，轮船来往，候潮耽搁时日。只基隆一口无须候潮，便于泊船。因距淡水旱路六十里，不便运货，所有各商不得已于沪尾迁就往来，若能就基隆开修车路以达台南，不独全台商务繁兴，且与海防有裨甚大。现在公款支绌，革道等议集商股承修，约需工本银一百万两，将来即取偿于铁路，无庸动用公款。拟具章程数条，陈请酌核办理等情，前来。

臣查台湾一岛，孤立海外，现在设立省会，为南洋之屏蔽，必须开浚利源，经费堪以自给，南北防勇征调可以灵通，方能永保严疆，自成一省。现在办防清赋以及安设水路电报，本年内外均可次第竣事。惟于铁路一事，臣知其利，因经费无出，踌躇未敢猝议举办。现据该委员等禀请由商人承修，于公款无关出入，将来坐收厚利，实于台湾大局有裨。所有铁路利益，除便于驿务、垦务、商务不计外，目前之大利有三，请为我皇太后、皇上陈之。

台湾四面皆海，除后山无须办防外，其余防不胜防。基、沪、安、旗四口现已购炮筑台，可资守御。其余新竹、彰化一带海口纷歧，万无此兵力处处设守，臣已于奏办台湾善后折内陈明在案。如遇海疆有事，敌船以旱队猝然登岸，隔绝南北声气，内外夹攻，立见危迫。若修铁路，调兵灵便，何处有警，瞬息即至，无虞敌兵由中路登岸。此有裨于海防者一也。

台湾既经分省，须由中路建设省城，以便控制南北。查彰化桥孜图地方曾经前任抚臣岑毓英察看地形，可以建省。臣于上年九月复亲往察看，该处地势平衍，气局开展，襟山带海，控制全台，实堪建立省城。惟地近内山，不通水道，不独建造衙署、庙宇运料艰难，且恐建省之后商贾寥寥，虽有城垣，空无人居。若修车路，商务立见繁盛，于建造各项工程转运之费节省尤多。此有裨于建立省城者二也。

台北至台南六百里，中隔大溪三道。春夏之处，山水涨漫，行人隔绝。大甲、房里两溪每年必淹毙数十人，急须造桥，以便行旅。查大甲、房里、曾文三溪，或宽十里、八里。其次小溪二十余道，或宽百余丈、数十丈不等。大甲溪经前任抚臣岑毓英督修石坝，以阻漫流，并未修桥，已费洋三十余万元，数月之后，为水冲刷净尽。臣现由上游窄处议修，统计大小溪桥工，必需银三十余万两。今该商等承办车路，此项桥工二十余处，一律兴修，暂勿论车路之利，公家先省桥工银数十万两。此有裨于台湾工程者三也。

臣于光绪六年曾经条陈具奏铁路之利，其时风气未开，不无异议。现在开平业经办有榜样，可释群疑。且台湾与内地情形不同，兴修铁路，商民固多乐从，绅士亦无异议。如蒙天恩俯准开办，有裨于台湾大局实非浅鲜。臣无任惶悚待命之至。

除将商人议立章程另行开单恭呈御览外，谨将台湾拟修车路，创办商务，请旨遵行各缘由，恭折由驿具陈。伏乞皇太后、皇上圣鉴训示。谨奏。

谨将商办台湾铁路章程各条，恭呈御览。

计开：

一、基隆至台湾府城，拟修车路六百余里。所有钢质铁路并火车客车、货车以及一路桥梁，统归商人承办。议定工本价银一百万两，分七年归还，利息按照周年六厘，每年归还数目，俟办成后核量铁路脚价进款数目，再行定议。

一、台北至台南沿途所过地方，土沃民富，应用铁路地基，若由商买，民间势必居奇。所有地价，请由官发。其修筑工价，由商自给。

一、基隆至淡水，猫里街至大甲，中隔山岭数重，台湾人工过贵，必须由官派勇帮同工作，以期迅速。

一、车路所用枕木，为数过多，现在商船订购未到，须请先派官轮代运，免算水脚。

一、车路造成之后，由官督办，由商经理。铁路、火车一切用度皆归商人自行开支，所收脚价，官收九成，偿还铁路本利；商得一成，并于搭客另收票费一成，以作铁路用度。除火车应用收票、司事人等由官发给薪水外，其余不能支销公费。

一、铁路经过城池、街镇，如须停车之处，由官修造车房。所有站房、码头，均由商自行修造。

一、此项铁路现虽商人承办，将来即系官物。所有钢质铁条每码须三十六磅，沿途桥梁必须工坚料实，由官派员督同修造。

一、此项铁路计需工本银一百万两，内有钢条、火车、铁桥等项，约需银六十余万两。商人或在德厂，或在英厂订购，其价亦须分年归还。如奉旨准办，再与该厂议立合同，由官验明盖印，以后由商自行归还，官不过问。如商人另做别项生意，不能以铁路作抵另借洋款。

再，臣查铁路之利，不独目前有裨于海防、建省、桥工三事，将来亦可添一大宗入款，以充海防经费。台湾地面窄小，万不能如内地利息之厚。该商人等请以七年归还本利，似可有盈无绌。惟经理必须得人，若无廉实大员查察会计，将来商人以多报少，任意吞匿，不独无利可余，且恐七年之内铁路工本尚难清偿。查台北府城市面日兴，内山番地土旷人稀，闽广穷民多有愿来开垦，因轮船水脚过贵，无力渡台。若商务办理起色，即就商局轮船往来香港、厦门之便，运载垦民渡台，由官薄给船资，十余年后，全台均成沃壤，永无番患。惟近年内地招商集股，历被欺骗，亏折太多。现在商人搭股，不无疑虑。查内阁侍读学士臣林维源端谨忠实，为商人所钦信，自奉旨回籍帮办台北抚垦以来，不独抚垦得力，如清赋、抽厘等事，均资臂助。其于理财一道，尤为精实。如蒙朝廷主持要政，俯准台湾修造车路，可否仰恳天恩饬令学士臣林维源督办台湾铁路商务，仍兼办台北抚垦事务，凡遇铁路商务，准由该学士专折奏事，以收实济而专责成之处，出自逾格鸿慈。

臣为慎重经费、兴盛地方起见，是否有当？谨附片具陈。伏乞圣鉴训示。谨奏。

奏为议复台湾拟修铁路，创办商务事宜，仰祈慈鉴事。

光绪十三年四月初十日，钦奉慈禧端佑康颐昭豫庄诚皇太后懿旨：刘奏台湾拟修铁路，创办商务，暨恳饬林维源督办各折、片，着总理海军事务衙门议奏，单并发。钦此。伏查台湾孤悬海外，物产蕃盛，非兴商务不足以开利源，非造铁路不足以兴商务。该岛南北相距千里，海口纷歧，兵力、饷力断难处处设守，若修成铁路，调兵灵捷，无虞敌人窥犯，尤属海防万世之利，是以前福建抚臣丁日昌规画台防折内曾建议须修铁路，因经费无措，迄未果行。今刘招致新嘉坡、西贡各岛闽商回籍合办商务，又劝令由商承修铁路，所需工本银一百万两，将来即于铁路取偿，于公款无关出入，洵为裕国便民起见。折内所陈三大利，均系实在情形。既称该处商民乐从，绅士亦无异议，应请旨准其开办，以裨台防大局。

臣等细核单开章程，如台南北应用铁路地价由官筹拨，并由官派勇帮同工作；官轮代运木料，免算水脚；经过城池、街镇，停车之处由官修造车房；火车应用收票、司事人等，官给薪水，统计商人省费已属不少，与津沽现办铁路全由公司承办者稍有不同。至其工本银一百万两，分七年归还，周年六厘利息，内有钢条、火车、铁桥等项约需六十余万两，由商在洋厂订购，其价亦分年归还，与该厂议立合同，由官盖印，由商于铁路造成后提脚价九成，偿还本利，另有一成并搭客票费一成，作为铁路用度，各等语。该抚自必与中外商人妥议办法。

另片又虑该商以多报少，任意吞匿，恐七年内尚难清偿工本。并以内山番地招民开垦均须得人经理，请令内阁侍读学士林维源督办台湾铁路、商务，仍兼办抚垦事宜，以收实济而专责成。查林维源籍隶台北，乡望素孚，拟请旨准如该抚所奏，令该学士查照现议规条，督饬承办商人、委员认真照办，不准稍有滋弊失信之处。凡遇铁路、商务应奏事件，应仍由台湾巡抚领衔，会同林维源具奏，庶收和衷共济之效。

所有遵旨议复缘由，是否有当？谨恭折具陈。伏乞皇太后慈鉴，谨奏。

为咨行事。本衙门于光绪十三年四月二十八日具奏议覆台湾拟修铁路，创办商务事宜一折，本日钦奉慈禧端佑康颐昭豫庄诚皇太后懿旨：依议。钦此。相应恭录并抄原奏，咨行台湾巡抚、闽浙总督、总理衙门、户部，钦遵查照可也。[1]

## 一八　具奏台北垦务等由一片抄稿呈阅由

光绪十三年五月十八日（1887年7月8日）

五月十八日，台湾巡抚刘铭传文称：窃照本爵部院于光绪十三年闰四月二十一日在台北府城附片由驿具奏台北垦务亟须清丈分界，请旨开去林维源铁路、商务差使，俾其一意帮办抚垦，并派道员杨宗瀚总办铁路、商务一片，除俟奉到朱批另行恭录咨呈，并分别行知外，相应抄片咨呈贵衙门，谨请查照施行。

照录片稿

再，台湾拟修铁路，创办商务，曾经臣附片奏请内阁侍读学士臣林维源督办。因该学士取与不苟，将来车路脚价期于涓滴归公，不虞中饱。连日据林维源面称，所办台北沿山垦务、新开田园，俱定于本年秋冬清丈，逐段分界，以便将来陆续升科。宜兰现又有新垦、旧垦争产械斗情事，即宜前往督同官绅清丈地方宽阔，一时不能竣事，商务、垦务彼此不能兼顾，商请奏销铁路、商务差使，以免遗误等情。臣查林维源所办台北垦务亟须清丈，宜兰八里沙地方本年三月经林维源督同官绅议开河道，该处可垦田园数万亩，全系平阳膏腴之地。新垦、旧垦，争占地界，不时械斗，亟须林维源前往督同官绅清丈分界，以免滋事。所称两据不能兼顾，亦系实在情形。铁路、商务现经海军衙门议准，奉懿

① 台北“中央研究院”近代史研究所藏：《外交档案》，馆藏号：01-10-001-03-003.

旨：依议。钦此。咨行钦尊前来。

据商务委员已革道员张鸿禄、浙江候补知府李彤恩等禀称：现由英、德两厂先行订购铁路钢条三百三十里、铁桥二道、火车客车七十具，定于年内到齐。股份银两陆续招集，所欠无几。先由基隆造至彰化，再行接续前进。工程浩大，必须二三年后方能完工，并请派道员杨宗瀚总办铁路、商务，以便商情等因。臣查盐运使衔新班先选用道杨宗瀚，以知县于同治元年投效大学士李鸿章军营，办理文案，随营历保道员，留于河南补用，于光绪十一年报捐海防先选用。其器局开展，办事精实，志趣远大。平时家居，每以中国之大不能富强为恨。经臣函招来台总办商务，实称其选。惟据杨宗瀚禀称：现届轮选到班，理应赴部投供。合无仰恳天恩，俯念台湾分省伊始，事事兴创，需才佐理，饬部注册，准将盐运使衔新班先选用道杨宗瀚留于台湾差遣，差次遇缺即选，俟选缺后再行送部引见。

至铁路抽收脚价，为期尚早。现由外洋开来铁路脚价章程，简当详明，丝毫不能舞弊，届时再由臣妥筹办理。相应请旨开去林维源铁路、商务差使，俾其一意帮办抚垦，以专责成而收实效。是否有当？出自逾格鸿慈！谨附片具陈。伏乞圣鉴训示。谨奏。[①]

## 一九　函启教士阿铎德来台传教函令迅速出境禁止来台由

光绪十三年五月二十八日（1887年7月18日）

光绪十三年五月二十八日，台湾巡抚刘铭传函称：台北自通

① 台北“中央研究院”近代史研究所藏：《外交档案》，馆藏号：01-10-001-03-004.

商以来即有耶稣教堂，初亦相安无事。自上年法人肆扰之后，民教龃龉，连毁教堂七处，旋于法事平后议赔洋一万元，幸无天主教堂。本年闰四月，据绅民等禀称：大稻埕地方创设天主教堂，民情惶惑，汹汹思逞，恳求饬县驱逐，以消患萌等情。当经批饬查办去后。旋据驻台英领事翟理斯以日国教士何铎德来此传教并无违约、被地方官阻止等词，专函诘问，经将台地民教万难相安情形并钞粘禀案函覆，促令迅速出境。

查天主教士法人甚多，民间亦但知为法人之教。台民与法积忿已久，岂有隐忍不发之理！一经聚众，法令不能禁止。该教淫乱诸弊虽无确据，而民间传说深信不疑，近年各省教堂之案往往因此而起。且天主与耶稣势不两立，台北耶稣教民已多，将来不独民教不能相安，即两教亦不相安。台湾民情嚣悍，动辄聚众滋事。况与法人有难解之公愤，与其日后酿成事端，何如目前早为杜绝？

此次该教士忽来传教，并未先将护照呈验，亦未禀由领事先行照会地方官，租地建屋，一切自擅。绅民骇诧，幸未决裂，以后势必砌词投诉。该国领事转达驻京公使咨请贵署查办，务求查照前情，禁止来台，以免唇舌而省案牍，地方幸甚。除另备咨呈将全案函件钞送鉴核外，谨肃布陈。①

## 二〇　函启教士阿铎德来台传已函令迅速出境等情由

光绪十三年五月二十八日（1887 年 7 月 18 日）

五月二十八日，台湾巡抚刘铭传文称：据淡水县知县汪兴祎

① 台北“中央研究院”近代史研究所藏：《外交档案》，馆藏号：01-12-154-01-001.

禀称：窃照本年闰四月二十七日，据大稻埕街绅士杜逢春、周侍濂、陈德铨、林梦严、林右藻、林仰荣，暨郊商铺户人等佥禀称：窃照大稻埕土地庙边有新盖厝屋一座，初不知何人建造，突于十余日前竖立天主堂匾额，乡民聚观，莫不骇诧。查天主一教素为法国所尊崇，教士向在中国均由法人保护。自前岁中法构衅之时，蹂躏人民，焚毁庐舍，掳掠商旅，残杀无辜，台民至今切齿。若听其设堂传教，商人不忘法人之恨，必致酿成事端。从前天津、江西及去岁四川之案，皆以民教不和骤兴大狱。然彼尚出于意外，此则竟在意中。绅等有董率之责，目睹民情如此，教情如此，若不预为杜绝，将来一动公愤，实非官绅所能劝禁。即该教士亦噬脐无及。为此，除禀爵抚宪暨本府外，理合沥情环禀，伏乞俯鉴舆情，恩迅饬差速行驱逐出境，永远禁止，庶商民相安，不致妄生疑虑，感戴恩德，实无涯涘，切禀！等情，到县。据此，查此案先准西班牙国教士何铎德移称：有教士周炳达自彰化县起程，现到台北府传教，芦洲界内有设一天主堂，并设大稻埕一所，经成移请查照，如有奸民生端滋事，幸勿无闻等由，前来。卑职以该教士开设天主教堂，其屋是租是买，并未将租约送由领事官移县查明盖印，辄行自用文移，语多含混，实属无此办法，当经饬传大稻埕地保郑如林、芦洲即和尚洲地保李正安到案查讯。据郑如林供：教士何铎德派传道张历山向六馆口街李锦江租屋，开设天主教堂，每年租银一百元。李正安供：何铎德来芦洲向李头租屋一所，设立天主教堂，每月租银八元，周炳达已往厦门等语。

正在禀请示遵间，据绅民佥禀前情，经卑职回奉宪台面谕迅往谕止等因，卑职遵即驰往大稻埕街，接见绅士林右藻等，面称情形与禀词相同。查勘教堂，已经开设，教士何铎德不在堂内，随传传道张历山面询，据称何铎德带有执照来此传教，令其缴验，仅据缴到游历执照一纸。卑职诘其既系游历，并无传教字样，现在民心不服，不若赶紧停止，两有裨益。晓以利害，喻以情理，张历山亦无词可对，自将门上天主堂匾额卸下，据称暂停开讲。至和尚洲一处，亦称通知暂停。乃日昨何铎德亲自来县，卑职接晤，反复劝导，何铎德总称设教系条约准行，伊当禀由领事官照会办理，悻悻而去。卑职伏查天主教系法人尊崇，前次法人侵扰台北，民间受祸甚惨，是以疾首痛心，恨之不已，系属实在情形。今教士何铎德在卑辖大稻埕、和尚洲开设天主教堂，诚恐酿成事端，非官绅所能劝禁。惟案关中外交涉，究应如何办理之处，卑职未敢擅便，理合驰禀察核，批示祇遵等情，到本爵部院。

据此，查此案昨据该绅士杜逢春等暨郊商铺户人等以前情佥禀到院，即经饬县速查谕止禀覆。据禀前情，除批示外，查台北向无天主教堂，内地天主教堂向归法人保护，教师法人亦多。台北自经法人滋扰之后，民情切齿，若听其开设，诚如该绅等所禀，必致酿成事端。除饬令淡水县即行禁止，并劝令该教士走避以免取祸，并将英领事往复函件抄录一并咨呈。为此呈请贵衙门，谨烦查照办理，施行。

照录原折

照抄英领事翟理斯来函

敬启者，敝署前准日国驻厦总领事官官文，托代办其国通商交涉事件，特于本年正月十六日专函布陈台端，并声明俟奉本国驻京大臣明文另行照会，各在案。嗣因未奉明文，故无照会。兹据日国阿教士禀称：伊到台后，就在和尚洲、大稻埕设堂传教，原照合约而行，不料淡水县突遣差人传讯，伊先派其学徒往谒，并呈验护照，县官即将护照扣留，谕令拆去所悬天主教牌匾。阿曾出沪面谕承嘱地方官传见，于礼可以趋谒，亦经遵谕去过。县官初以所设天主教堂乃系法国之教，刘爵帅以及百姓均不愿意，劝阿速离此地他往为要。继复谓阿到地不先禀由领事官照会通知，有背和约之旨，未谓护照俟阿起程派勇送往交辖之处再还等语。伏思阿来此传教，正遵合约，毫无违背。地方官阻止，谓系上宪之意，究竟是否，恳请函询示悉等情。据此，据禀前情，相应函达尊鉴。如何之处，务希赐示，以便饬知为荷。敬请勋安，唯照不一！名正肃，五月初五日。

照钞覆英领事函

敬覆者，顷准来函，备悉一切，查日国阿教士来此传教，并未禀由领事先行知会地方官，亦不先将护照呈验声明租地何处，已于条约不合。且天主一教，民间素知为法国保护，各处通商口岸以及内地教士亦系法人居多。此次即告以系日国人，有谁肯信？台湾自被法人荼毒之后，人民切齿，万一群动公愤，势难禁止。昨据绅民等环禀前情，当饬淡水县谕令该教士迅速出境，俾免噬脐。本爵部院遇事持平，既无厚民薄教之心，亦岂有强民从教之理！且难保无民教戕杀之事。上年，贵国耶稣教堂连毁七处，有案可稽，是其明证。耶稣教民最称安分，尚且如此，天主教向来多事，断不相安。查条约，凡事均期彼此利益。台北传教无益有损，该教士不知情形，贵领事当深知之，希即转饬遵照，并钞录此次绅民禀件，即请转致日国驻厦总领事，谕令该教士毋庸再行前来，以免凶祸。是即本爵部院遵照条约保护该教士之微意也。泐复，即请勋安不一！名另肃。[1]

① 台北“中央研究院”近代史研究所藏：《外交档案》，馆藏号：01-12-154-01-002.

## 二一　教士何铎德开设天主堂已饬禁止抄录与英领事往来函件呈阅由

光绪十三年七月初二日（1887 年 8 月 20 日）

七月初二日，台湾巡抚刘铭传文称：案据淡水县知县汪兴祎禀：教士何铎德在卑辖大稻埕、和尚洲开设天主教堂，诚恐酿成事端，究应如何办理，禀请示尊等情。当查台北向无天主教堂，内地天主教堂向归法人保护，教师法人亦多。台北自经法人滋扰之后，民情切齿，若听其开设，诚如所禀，必致酿成事端。经饬淡水县即行禁止，并劝令该教士走避，以免取祸，分别咨行，暨将英领事往复函件抄录，咨呈贵衙门查照办理在案。兹于本年五月二十二日，准日斯巴尼亚国驻厦胡领事申陈前情，又经据情照复。所有胡领事申陈并本爵部院照复暨来往函件，相应抄录咨呈。为此咨呈贵衙门，谨请察照办理、施行。

照录清折

巴亚国驻厦胡领事申陈：为申陈事。

中国本年五月初十日，准英国驻台代办敝国领事翟移送函致文稿，暨贵爵部院函覆并连签禀计三件，同日并据赴台传教之阿教士函禀二件各到，敝总领事阅悉一切。准据此，查敝国天主一教自赴中华至今，传教经近二百年之久，原系为善之道。其所以能久在各处传教者，皆由教士克己待人，以故到处官长、乡人方肯优为保护。此次阿教士实系敝国教士，由敝国赴台传教七年，并非突如其来者。贵爵部院既称毋庸再行在台传教，似属有乖合约，未谂所干之咎，伊谁担理，殊所不解。若以阿教士为法国教士，即使法国教士亦应一体保护，况非法人而欲指为法人，尤属支吾。若此则日、法二国受侮匪轻。惟敝国与贵国久年敦好，即凡有交涉事件，亦无不以礼相敬。该耶稣与天主二教其间道虽稍别，其行善之理则一。在福建一省，二教并行，因何台地独耶稣可以行传，而天主一教则欲行屏逐，无乃厚彼薄此，诚恐于理未顺。总之，彼此办事各宜遵照和约而行。查和约内载明：天主教原系为善之道，地方官毫不得禁阻刻待等因，应请贵爵部院遵约，认真办理，出示晓谕台地人民知悉，该阿教士果系日国教士，以释疑猜。再请饬令淡水县，务将前次所建教堂再行设立。又，该阿教士在台湾传教七年，台地人民无不周知。此次该绅民胆敢混耸官长，递禀生衅，尤加狡诈，应请提惩，以循和约。第该教士之师长为敝国圣教王，且案系违约逐教，关系非轻，敝总领事专待赐覆到者，如果不能循约，拟即申请敝国驻京公使大臣察核办理。为此申陈贵爵部院，请烦察照，并祈赐覆为荷。顺颂勋祉。须至申陈者。右申陈：大清钦差大臣督办全台军务福建巡抚部院一等男爵刘。

照录复胡领事照会稿

为照复事。案于本年五月二十二日准贵领事申陈云云。为此申陈贵爵部院察照，并祈赐覆等因，到本爵部院。准此。查此案先据绅商、铺户人等禀称：窃照大稻埕土地庙边有新盖厝屋一座，初不知何人建造，突于十余日前竖立天王堂匾额，乡民聚观，莫不骇诧。查天主一教素为法国所尊崇，教士向在中国均由法人保护。自前岁中法构衅之时，蹂躏人民，焚毁庐舍，掳掠商旅，残杀无辜，台民至今切齿。若听其设堂传教，商民不忘法人之恨，必致酿成事端。从前天津、江西及去岁四川之案，皆以民教不和骤兴大狱。然彼尚出于意外，此则竟在意中。绅等有董率之责，目睹民情如此，教情如此，若不豫为杜绝，将来一动公愤，实非官绅所能劝禁。即该教士亦噬脐无及。理合沥情环禀，速行禁止，庶商民相安，不致妄生疑虑，两具有益等情。当经饬县查明办理。旋据淡水县知县汪兴祎禀称：此案先准西班牙国教士阿铎德称：有教士周炳达自彰化县起程，现到台北府传教。芦洲界内有设一天主堂，并设大稻埕一所，经成移请查照，如有奸民生端滋事，幸勿无闻等情，前来。

卑职当以该教士开设天主教堂，其屋是租是买，并未将租约送由领事官移县查明盖印，辄行自用文移，语多含混，实为无此办法，当经饬传大稻埕地保郑如林、芦洲即和尚洲地保李正安到案查讯。据郑如林供：教士何铎德派传道张历山向六管口街李锦江租屋，开设天主教堂，每年租银一百元。李正安供：何铎德来芦洲向李头租屋一所，设立天主教堂，每月租银八元，周炳达已往厦门等语。正在禀请示遵间，据绅民佥禀前情，遵即驰往大稻埕街，接见绅士等面称情形，与禀词相同。查勘教堂已经开设，教士何铎德不在堂内，随传传道张历山面询，据称何铎德带有执照来此传教。令其缴验，仅据缴到游历执照一纸。诘其既系游历，并无传教字样，现在民心不服，不若赶紧停止，两有裨益。晓以利害，喻以情理，张历山亦无词可对，自将门上天主匾额卸下，据称暂停开讲。至和尚洲一处亦称通知暂停。乃日昨何铎德亲自来县，反复劝导，何铎德总称设教系条约准行，伊当禀由领事官照会办理，悻悻而去。

伏查教士何铎德在卑辖大稻埕、和尚洲开设天主教堂，并不遵照约章先由领事官移验执照，亦未将租约呈县查看有无妨碍民居方向，又不遵用禀呈赴诉，辄用文移照会，已属违背约章，且与舆情不洽，即恐滋生事端。查天主教系法人尊崇，前次法人侵扰台北，民间受祸甚惨，百姓疾首痛心，恨之不已，尤属实在情形。若该教士冒昧设立教堂，商民不辨何国教士，将来酿成事端，非官绅所能劝禁，转不若谕令该教士暂行停退，以免违众取祸而示格外保护之意等情，前来。当经本爵部院函复沪尾翟领事查照在案。兹准贵领事申称前因，是贵领事尚未尽悉该教士何铎德不遵约章之原委，亦未能体会本爵部院格外保护之至意，爰再详细照覆于后。

一、来文谓有乖合约一节。查合约虽准传教，而教士必须遵照定章，凡游历、传教人等须由中国总理衙门发给传教谕单，或领事发给执照。欲往何处，先由何处地方官查验盖印，方准设堂传教。此次教士何铎德来台北传教，并不照章呈验传教谕单，亦无贵领事照会，辄自租屋设堂。迨淡水县因地方禀请查办，向之诘问有无执照，又仅据缴出游历执照，并无传教谕单。是该教士不尊约章者一。又查定章：教士租赁民房开设教堂，所租何处，应先将租约送由领事官移送地方官盖印，查所租之处与民居方向无碍，方准给租。此次何铎德并未先行呈验租约，竟于有疑民居大街擅设教堂。是该教士不遵约章者二。又查定章：教士赴诉中国地方官衙门，应用禀呈，如果擅用移文，即应发还改正。此次何铎德不依约章，辄用文移，以致县中未能先行晓谕地方，遂启商民疑恨。是该教士任意率行、不尊约章者三。以上三条，贵领事公平持论，咎将谁归？

一、来文谓天主、耶稣二教并行，何以准行耶稣，欲逐天主教，厚彼薄此一节。查中国优待邻邦，数十年一视同仁，本爵部院更无厚薄两教之分。惟台湾自遭法事之后，百姓深受荼毒，无不切齿。上年英国耶稣教堂尚且迁怒焚毁七处，抢掠教民数十家，贵领事必有所闻。天主教向为法人保护，商民侧目，势不相安。台北民情强悍，动辄聚众滋事，实非告示法令所能禁止。查从前各省殴毁教堂之案，争讼赔偿，屡兴大狱，事后两俱亏损。本爵部院为该教士思患豫防，免生不测之祸，饬县谕令该教士暂行停退，无庸再来，是保全之意甚厚。不料贵领事转以为违约逐教，是何言欤？

一、来文谓何教士在台七年，民人周知，请为设法保护一节。何铎德在台传教既经七年，其在何县设堂传教，想尚相安无事，何以从前不来台北传教，乃于法人困台之后、民情怨恨之际忽来传教？并不由贵领事先行移会地方官晓谕居民，贸然租屋于大街通衢之处？众心不愿，情势汹汹，难免事端。本爵部院若非为保护起见，何必限期劝令该教士停退？总之，本爵部院不能禁止该教士不来传教，亦不能强令百姓从教。且地方有法人之憾，尤不能保其不滋事端。

一、来文请将佥禀绅民提惩，并令淡水县将教堂再行设立一节。查何教士私租民房，并不由地方官勘明盖印，绅民之安分者恐滋事端，禀请教堂停止，亦是保护教士之意，并未折毁教堂，侮辱教士，何得提惩？至来文谓违约逐教，查中国十八省俱准传教，何独台湾违约逐教？何教士既在台南七年，亦未禁止传教，岂该处非本爵部院属地耶？何独台北违约逐教？本爵部院不问何教，只要与地方相安，胸中毫无成见。且与贵国久敦和好，办理交涉事件更无偏袒。此案情形，所以保护该教士之处，实已开诚布公，仁至义尽。贵领事请将以上具覆各节察夺办理，不得以该教士一面之词有失邦交。除另函达外，为此照覆贵领事，请烦察照施行。须至照会者。右照会大日斯巴尼亚国钦命驻厦管理通商事务总领事官胡。

刘爵帅钧鉴：淡水英国领事来信并天主堂传教人鸦兰嘘连来

两信，说及淡水地方奉爵帅谕禁传教，并不准设立教堂等因。查该传教人并非法人，系吕宋人，归罗马教所管。此教在中国已有五十余年，今来传教，于例并无不合。况福建省官员均格外保护，均准各国设堂，且各国在淡水亦有教堂，凡属官民亦无不妥为保护。该传教人在台湾已经七年，谈经说道，百姓皆知欢悦。即在台北百姓亦皆知其善，乃爵帅竟不许传教，且不许其在台北。窃思各国与吕宋何异？台北与台南何异？吕宋现在与中国两皆和气莫逆，自宜请爵帅出示妥为保护，方不失两国利益。今有两条，开列于左。一、请出示告知百姓，说明系吕宋人，所教皆是正道，并非法人。二、请饬知淡水县妥为保护，勿与我国激成事端。以上均求覆示。厦门吕宋总领事胡敦若。

照录覆函

径复者，顷准贵总领事函称，转据教士阿铎德禀陈各节，并照会公文一件，嘱办两条，捧诵之下，不胜诧异。查各国传教，久经中国总理衙门一准通行在案。各省俱有传教，岂有台湾不准传教之理？该教士既在台南七年，本爵部院并未禁止，岂有台北忽然不准传教之理？查此案原委实由该教士未遵约章禀贵领事知照地方官先期晓谕，以致民情惶惑，指为法国教士，激动公愤，几至决裂。本爵部院为保护该教士起见，暂令停退，既免祸端，又全体面。譬如海船行近沙礁，岸上之人劝其停驶，乃护持善心，并非恶意。该教士不加体察，指为禁阻。然则任听民教不和，酿成事端，本爵部院不闻不问，乃为保护耶？现在事隔多日，商民具禀者仍络绎不绝，该教士必有所闻。民情不顾，官已不能强也。该国遇有商民违碍之事，亦不能固执一理。若必勉强挟制，贸然再来，万一变生意外，谁执其咎？总之，该教士既为师长，必能明晓利害，通达人情，以台湾之大，何处不可行教？

何必专往台北？该教士既已久在台南，何时不可再来传教？何必急于目前？

本爵部院为睦邦交，谨防事变，期于地方相安，两有裨益，祈将照会具覆各节转谕该教士详细审察，暂行停退，先向他处行教。将来传习既广，众望咸孚，地方无疑虑之处，再行设堂传教，则彼此浃洽，固该教士之体面，亦贵国之体面也。并请饬谕该教士，以后传教，无论台湾何县地方，均须遵照约章，先行禀由贵总领事照会地方官，所租何处地基房屋有无违碍条约办理，不得任意率行，致令地方借口滋事，是所切嘱。专泐。复请台安，不一。[1]

## 二二　咨报淡水开设教堂一案抄录胡领事申呈并照来往函稿呈阅由

光绪十三年七月二十二日（1887年9月9日）

七月二十二日，台湾巡抚刘铭传文称：案查教士阿铎德在淡水县辖大稻埕、和尚洲开设天主教堂，民情不服一案，于本年六月十四日准日斯巴尼亚国驻厦胡领事一再申陈，指称实系该教士过失，并称该教士并非法人，所传之教亦与法人不同，亦不归法人保护，请从宽恕等因。当经本爵部院体两国敦睦之谊，念胡领事再三商托之情，饬县劝谕绅民，告以阿铎德确非法国教士，所有前次不遵约章之咎既经胡领事申请免究，该绅民等须按照各国条约，不得妄启猜疑，一唱百和，坚执阻禁，遍行劝谕；并先照复胡领事查照，申明俟淡水县禀覆绅商、铺户人等有无异议，再

① 台北“中央研究院”近代史研究所藏：《外交档案》，馆藏号：01-12-153-02-001.

行照会在案。

兹据淡水县汪令禀称：卑职奉札后，遵即传集绅耆，反复劝谕，并饬遍行开导商民，即行禀覆去后。现据城乡绅士禀称，以教士何铎德前在大稻埕、和尚洲两处各设天主教堂，商民人等以天主一教素为法国所尊崇，教士均由法国保护。因前岁法人侵扰台北，民间受祸甚惨，恨恨不已，是以此次开堂设教，未准领事照会，以为何铎德系法国教士，众心不愿，情势汹汹。现在既经胡领事一再函称何铎德并非法国教士，所传之教亦与法人不同，且非法人所保护，该绅等再三开导，群疑稍释。惟据商民人等佥称尚有数端必须约明，日后方能民教相安。一、何铎德开堂设教，必须照约择僻静之所，不得在大街通衢有碍民居地方。一、所传之教务须同耶稣一样，劝人为善。教士须立品待人，堂内不得收养妇女及包庇匪类，恃教不受尊长约束。一、凡遇教民家中婚丧之事，教士不得前往干预，以避嫌疑，俾彼此辑睦而免滋事。佥恳据情禀覆前来。

伏查此案现经卑职遵照宪札遍行劝谕，绅民稍释疑怨。该教士若照绅商等所议三条办理，不违众情，将来或无异议。惟据禀商民人等所虑各节佥请先事约明，亦为敦睦、杜衅起见，应恳俯如所请，以顺舆情而免将来滋生事端。至何铎德前在大稻埕、和尚洲向李锦江、李头所租房租，系在人烟稠密之处，有碍民居。嗣后开设教堂，务须另租房屋，且不论是否暂租及永远租赁，均须照章将租约送由领事移县查明盖印，以免地方借口滋事。理合禀覆察核，俯赐据情照会办理等情，到本爵部院。

据此，除批据禀已悉，所有绅民等请约三条，均须预防滋事起见，自应准如所请，以顺舆情。仰候照复胡领事查照，转饬该教士照约遵行，以后如有违背绅民原约，滋生事端，官不任咎，切切！此缴，印发，并照复胡领事，暨分别咨行外，相应咨呈。为此咨呈贵衙门，谨请察照施行。

照录胡领事申陈

日斯巴尼亚国钦命驻厦管理通商事务总领事官胡，为申复事。中国本年六月初一日，即公历七月二十一日，承准贵爵部院照复阿教一案，嘱即转饬该教士暂行停退。至来文各节，核与前函大略相似，无庸赘述等因，到敝总领事。谨查阿教士原禀称：去年公历九月间，伊在台南传教，有淡水百姓函邀该教士，请其前往该处传授。当即遣一传教之人先往，至本年公历三月间，始行亲赴淡水传授等情，又经敝总领事将该教士原禀核与翟领事来函相同，足见此系实在情形。是该教士并非无因而至台北耶。至于传教之道，亦系善言劝化，均无异议。乃风波顿起，忽有该处绅民佥禀，以阿教士谓系法国教士，又以天主教为法国所尊崇，禀请禁逐等情。是该地人民胡为乎先恭而后倨，始则函邀，继竟禁逐。其间定有奸宄之徒唆使百姓，以致有此衅端，殊堪痛恨。又查该教士并非法国之人，委系敝国教士。既非法人，则亦不望法国保护。况其传教事理又与法教大相悬殊，即此推审，便觉判然。即使该地百姓愚昧不知，误指为法人，禀请禁逐，然官斯土者，应行出示分别晓谕，以释猜疑，为何未闻该处地方官一纸示谕？假使将来酿成事端，咎将谁归？殊所不解。兹来文内称该处民人非官绅所能劝禁一节，敝总领事自赴中华，历任通商各口领事，约今有二十年之久，但闻官示民遵，未闻予民胆敢抗拒官长禁令，尤更难解。又，来文“据该地绅民佥谓天主教为法国所尊崇，又因法兵扰台，百姓挟愤，以故欲行禁逐该教士”一节，敝总领事亦悉台地百姓切愤法人之情形。但该地百姓不能分别何国教士，地方官长应行出示晓谕。即贵爵部院秉节闽疆，督师防台，应当亲加详察，饬令地方官出示，分别晓谕百姓，以阿教士实系日国教士，并非法人，所传教道亦与法国不同，且亦非法人保护，则百姓便能释疑凛遵，方为保护教士之至意。乃据绅民之禀，并无饬令出示，窃恐民教酿成事端，将来谁任其咎？又，来文称“该教士未遵约章，并无领事官执照”一节，查阿教士曾赴驻台代办敝国领事署禀请给发执照，业经赴淡水县呈验。兹该县以所给之执照系属游历，并非传教，又所租教堂并无禀请照知，惟此均属小过，第贵爵部院既称与敝国久睦邦交，敝总领事曷胜钦佩，应请从宽姑恕为是。则如贵国人民赴敝附庸小吕宋经商者，不下十万人之众。其间富者居多，遇有过犯，敝处地方官靡不从宽优待。若必有过者，尽皆痛绳以法，则中国之民岂能久在小吕宋经商者耶？又查该教士所租二处教堂之房东拘禁淡水县署，并闻该县勒着该房东退还租银赶搬各情，若此办法，未免过于刻待，殊属为厉之阶，皆由任听绅民混禀，辄行禁阻，几乎酿成巨案，贵爵部院岂尚不得而知也？

以上具申各节，还请贵爵部院按照约章，持平办理，抑或咨请贵总理衙门核办，务祈赐覆。第思此案若果早行申请，贵总理衙门谅不致生此枝节矣。为此申陈贵爵部院，请烦察照施行。顺颂勋祉。须至申陈者。右申陈大清头品顶戴督办台湾防务福建巡抚部院一等男刘。一千八百八十七年七月，光绪十三年六月。

抄录照复胡领事稿

为照复事。案于本年六月十四日，准贵总领事申陈：中国本年六月初一日，即公历七月二十一日，承准本爵部院照复阿教士一案，云云全叙，为此申陈察照，并另函一件等因，到本爵部院。

准此，查此案原误于阿教士不遵约章先请执照，又不呈验租屋契据，突于大稻埕、和尚洲等处设立天主教堂，致令台北绅民惊骇，指为法国教士，禀恳禁止设堂，本属咎由自取。至来文称该教士系淡水百姓邀来等语，该教士既系百姓邀来，当绅民禀阻之时，何不指出姓名，以便与绅民等自相执证？且该教士如果先行向地方官呈明并非法人，由官出示，何至突犯众怒？现在事后悔悟，势已不及。但既准贵总领事一再申陈，指称实系该教士过失，并称该教士并非法人，所传之教亦与法人不同，亦不归法人保护，请从宽恕等因。本爵部院自应体两国敦睦之谊，念贵总领事再三商托之情，饬县劝谕绅民，告以阿铎德确非法国教士，所有前次不遵约章之咎，既经贵总领事申请免究，该绅民等须按照各国条约，不得妄启猜疑，一唱百和，坚执阻禁，饬县遍行劝谕。除俟淡水县禀覆绅商、铺户人等有无异议，再行照会，先此照复。为此照复贵总领事，请烦查照。须至照复者。一照复胡总领事。

照录厦门吕宋领事来信

中国钦差台湾抚台刘爵帅钧鉴：本月十八日，接奉宪札内开：法持阿兰司之事，一切与第一次之文无异。该教习是法人，并教法国天主教。前次中法失和，台民深恨法人等语，当第一次禀覆在案，今再将该教习出身、设教情形为我爵帅陈之。

查该教习并非法人，所传之教亦非天主，亦不是法国保护。此次因无基地租屋设教，致被百姓吵闹驱逐。然苟蒙爵帅出示晓谕，百姓自无不从。况爵帅在台威严甚重，多谋足智，中外共闻，如有告示，断无吵闹之事也。百姓等既以误会竟敢任意吵闹阻挠，设有不测，其将谁罪？此皆爵帅不出示故也。今承示云优待，敝领事闻之不胜欣感，以后必能出示矣。至该教习未领执照，不能取信于民，以及屋契并未送官盖印，且至淡水县处亦有语言不善等情，但此亦些少之过，即如贵国人民在敝国附庸之非立派岛者，约有十余万人，贫富不一，均是敝国官员保护。若因小错而起大衅，则各该商民无孑遗矣。法持阿兰司告敝领事云，前一切已由英国领事劝定，但闻屋主已监禁，欲令将屋契销毁。此甚是紧要，且多蒙蔽爵帅，未知果不毁否？去年九月，因有许多人民请该教习教道一切，是以来台教道，至今年五月间均各太平。今忽与为难，现在姑勿深究，但求爵帅早日将此事定妥，抑待北京来文，想法持阿兰司无为难之处。肃此，谨禀。厦门吕宋领事谨禀。西七月二十五日。

照录复胡总领事函稿

径复者，顷准贵总领事来文并另函，具悉种切。查阿教一案实由该教士不遵约章先期知照，以致民情惶惑，几成衅端。本爵部院杜渐防微，饬令暂缓传教，乃保护大局，非苛责小过也。函谓先须出示晓谕，试问该教士未呈执照，地方官从何知悉？及至已动公愤之后，虽出告示，有无益处？从来官可治民，不能逼民，民所不服，官不能强。此乃中外相同之理。贵总领事服官数十年，岂尚不知官民一体耶？若谓中国人民在小吕宋经商，诸承贵国优待，犹之贵国商人远来中国，亦无不格外保护。诚以商民素相和洽，不启争端，非比各省民教时时滋事故也。现准贵总领事迭次申陈，并声明前次民教不和实系该教士之过，请为宽恕等因。本爵部院为睦邦交，又念贵总领事谆谆相托，已饬县会同绅士妥为劝谕。将来绅民能否曲从之处，统俟该县禀覆到时，再行知照办理。至该教士前次所租大街口之屋，实与民居有碍，照章不准设堂，应由该屋主名下追缴租洋一百元偿还，该教士早已取保释放矣。并以附告，顺颂时安！名另具，六月二十三日缮，即发。

## 二三　具奏万年清船案翻控请饬总署照会英使遵断赔偿抄稿咨呈由

光绪十三年七月二十七日（1887年9月14日）

七月二十七日，福建巡抚刘铭传文称：窃照本爵部院于光绪十三年七月十三日会列闽浙督部堂杨、署福州将军古、署船政大臣裴后衔，恭折由驿具奏万年清船案，已经英刑司断赔，复行翻控，请旨敕下总理各国事务衙门，照会驻京英使速饬英公司遵断赔偿，以免延累一折，相应抄录折稿，并将英刑司审断万年清船全案洋文翻译汉文呈送。为此咨呈贵衙门，谨请察照施行。

照录折稿

奏为万年清船案已经英刑司断赔，复行翻控，请旨敕下总理各国事务衙门照会驻京英使速饬英公司遵断赔偿，以免延累，恭折仰祈圣鉴事。

窃查台湾万年清轮船被撞沉没一案，当将控理情形于正月二十七日经臣等会奏陈明，恭奉朱批：该衙门知道。钦此。嗣于二月初一日经英司断令你泊而船全赔，又经臣电由大学士直隶督臣李鸿章转电总理衙门在案。兹据上海道龚照瑗禀称：此案万年清于上年十二月二十七日在铜沙洋面因雾停泊，突被经过之英公你泊而轮船撞沉，船物漂没无存，淹毙官弁兵民共一百十余人之多。若照中国办法，行船碰沉停船，应由行船赔偿，不难立断。你泊而系英公司轮船，是以会同已革道员张鸿禄延请英律师担文赴驻沪之英刑司处控理。嗣由英刑司集讯多次，咎在你泊而轮船，断令全赔。足见事有公论，中外一理。乃被告律师于英刑司断定之后，希图翻案，声称前往英京内阁具控等语，至今未曾缴赔。现由担文将原卷寄至英京，另延律师在英辩论。而究竟英国如何定案，无从查悉。伏思中外交涉事件，彼此均应一秉至公。此案既经英刑司断赔，足见明直无私，被告律师即应遵断照偿，何得又赴英京翻控，以为延宕之计？殊出情理之外！且在船水手人证及溺毙官弁家属守候上海，拖累甚多。相应禀请奏咨照会办理等语，前来。

臣查你泊而船于海洋下雾之时并不照章缓行，致将万年清船撞沉，全船货物沉没，并溺毙多人，本属咎无可辞。既经英刑司集讯，秉公断令全赔，即应迅速赔缴。乃被告律师又复藉词上控，希图延宕，致令全船人证、难属守候拖累，实属狡玩！相应请旨敕下总理各国事务衙门照会英国驻京公使，转饬英公司轮船速遵英刑司所断，照数赔偿，并知照出使英国大臣照会英国外部大臣照断饬赔，俾早结案，勿任被告律师无理妄讼，任意延宕，以昭公允而全邦谊。

除将英刑司审断万年清全案洋文翻译汉文咨送总理衙门外，谨会同福州将军臣古、闽浙督臣杨、船政大臣臣裴，合词恭折由驿具陈。伏乞皇太后、皇上圣鉴训示。谨奏。[①]

## 二四　咨报教士在淡水县设堂传教饬与教士约定办法以期民教相安由

光绪十三年九月初一日（1887年10月17日）

九月初一日，台湾巡抚刘铭传文称：光绪十三年八月初一

① 台北“中央研究院”近代史研究所藏：《外交档案》，馆藏号：01-13-017-02-013.

日，准日斯巴尼亚国胡领事申陈：本年七月十一日，承准本爵部院照复，以教士何铎德在大稻埕设堂传教，被该处绅民误指为法国教士一案，接准敝总领事申指各情，饬县遍行开导，群疑稍释。并据绅商人等佥禀，尚有数端必须约明，日后方能民教相安。一、何铎德开堂设教，必须择僻静之所，不得在大街通衢有碍民居地方。所传之教务须同耶稣一样，劝人为善。教士须立品待人，堂内不得收养妇女及包庇匪类、不受尊长约束。一、凡遇教民家中婚丧之事，教士不得前往干预，以避嫌疑，彼此辑睦而免滋事。佥恳据情禀覆前来。照覆查照转饬该教士遵办等因，到敝总领事。准此，查所约三事，应即准行，转饬何教士一体遵照，还请贵爵外部院通饬文武各属一体遵照。嗣后凡事务宜按约秉公办理，俾睦夙好。除该教士遵照外，申覆察照等因，到本爵部院。准此，除饬淡水县遵照出示晓谕，务使民教相安，并照复胡领事查照外，相应咨呈。为此咨呈贵衙门，谨请查照施行。

照录抄呈

照抄胡领事函稿

驻厦门吕宋国众领事馆恭请大帅钧安：

敬启者，接得七月二十二日宪谕开：据神佛阿伦士要驻此地，必须约法三章。第一件，由神佛阿伦士开一礼拜堂须在背街之上，不能在大街闹热地方。第二件，要传耶稣道理，凡劝人为善，共敦五伦，不准开那尼姑庵并护庇匪类以抗官长。第三件，遇婚姻葬事，该神佛不准擅入民房，以煽惑人心。此三件事，敝领事与神佛均能遵命，但求大帅于此三事公道办理，以免滋事。伏求上帝默佑大帅万福。

复胡领事函稿

径复者，屡接来文并另函，具悉种切。教士何铎德传教一案，既经贵总领事将所约三条转谕遵照办理，该教士果能永远遵守，民教相安，本爵部院自当推情关照。现已将来文钞发，饬令地方官出示晓谕，以副台嘱。即希转饬该教士，以后传教务须恪守此约，勿令地方官借口滋事。是所至嘱。除另行照复外，专此具覆。顺颂日祉，不二。名另具。①

## 二五　附奏新竹县林细九藉教拒捕当场格毙一案抄录片稿咨呈由

光绪十四年二月二十三日（1888 年 4 月 4 日）

二月二十三日，台湾巡抚刘铭传文称：窃照本爵部院于光绪十四年正月二十五日附片具奏新竹县匪徒林细九抗官行凶，藉教拒捕，当场格毙一案，相应抄录片奏稿咨呈。为此咨呈贵衙门，谨请查照施行。

照录奏片稿

再，据署新竹县知县方祖荫禀报，该县办理清丈有口墙围地方，匪徒林细九恃强抗丈，殴伤邻佃，不服差拘，并敢于犯罪后逃入西国教堂，门竖教旗，纠众横行无忌，请调营拿办等情，前来。臣一面照会英国领事，转谕教堂不得容留匪类，并饬通商委员传询教士偕献理。据称林细九并未收为教徒，亦无给予旗号，请照本案办理。当经臣饬县会商管带土勇都司郑有勤派弁带勇，会同该县严密缉拿去后。

兹据新竹县知县方祖荫并都司郑有勤禀称：光绪十三年十二月初十夜前往口墙围地方，会同捕拿。该匪胆敢放枪拒捕，并拔

① 台北“中央研究院”近代史研究所藏：《外交档案》，馆藏号：01-12-154-01-003.

刀连伤勇丁林阿义、林阿月、王福生三名。经哨弁曾祥先、徐耀基等向前擒拿，仍敢力拒，异常凶悍。该文武饬将林细九当场格毙，各庄民同声称快等情，具报前来。臣查该犯林细九本系著名匪棍，抗官行凶，藉教拒捕，实属地方巨憝。该文武督饬勇丁当场格毙，洵足以申国法而儆凶顽。

除饬将受伤勇丁给资医治，并查该犯有无余党滋事，随时拿办外，所有匪徒抗官行凶，藉教拒捕，当场格毙缘由，理合附片具陈。伏乞圣鉴。谨奏。①

## 二六　咨送具奏开设西学堂等事动支经费恳恩立案抄录折稿咨呈由

光绪十四年六月十八日（1888年7月26日）

六月十八日，福建巡抚刘铭传文称：窃照本爵部院于光绪十四年六月初四日在台北府城恭折具奏台湾开设西学堂，选取学生，延订洋师教习，以育人才而资器使，所有动销经费恳恩准饬先行立案一折，相应钞录折稿呈送。为此咨呈贵衙门，谨请察照施行。②

## 二七　具奏台湾铁路改由官办一折抄稿咨呈由

光绪十四年十一月初四日（1888年12月6日）

十一月初四日，台湾巡抚刘铭传文称：光绪十四年十月十六

① 台北“中央研究院”近代史研究所藏：《外交档案》，馆藏号：01-12-163-05-001.

② 台北“中央研究院”近代史研究所藏：《外交档案》，馆藏号：01-06-001-01-001.

日，在台北府城恭折具奏台湾铁路改归官办，以恤商情而免中止一案，相应钞录折稿呈送。为此咨呈贵衙门，谨请察照施行。[①]

## 二八　咨报驻英国参赞李经方回华与怡和、旗昌洋行校对船炮账目由

光绪十五年二月二十八日（1889年3月29日）

二月二十八日，福建台湾巡抚刘铭传文称：据驻英二等参赞官分省补用知府李经方禀称：窃卑府于光绪十四年九月二十八日奉出使大臣刘札开：准台湾巡抚爵抚部院刘咨：怡和、旗昌两洋行承办台湾大炮快船，现据该两行呈到账目多有未符，据称系驻英参赞李守经方经办等情，应请贵大臣饬令该员暂行回华，与该两行当面校对，俾易清结。一俟事竣，仍令赴英供差，咨请转饬遵办等因，札饬将经手事件料理清楚，即行束装起程，早日回署销差，仍将起程日期报查等因。奉此，卑府遵将驻英使署经手事件逐一清厘，兹于十月二十日自英起程，附搭轮船前赴台湾。除将抵台日期另行禀报外，理合具禀。伏乞鉴核，咨呈总理各国事务衙门查考等情，到本爵部院。据此，除禀批示外，相应咨呈。为此咨呈总理各国事务衙门，谨请查照施行。[②]

---

① 台北“中央研究院”近代史研究所藏：《外交档案》，馆藏号：01-10-001-04-003.

② 台北“中央研究院”近代史研究所藏：《外交档案》，馆藏号：01-05-008-01-022.

## 二九　咨报算清账目无讹由

光绪十五年二月二十八日（1889年3月29日）

二月二十八日，福建台湾巡抚刘铭传文称：据驻英二等参赞官分省补用知府李经方禀称：窃卑府前奉出使大臣刘札饬赴台湾，听候与怡和、旗昌两洋行结算前购船炮账目等因，当经将驻英使署经手事件逐一清厘，于光绪十四年十二月二十日自英起程，十五年二月初一日驰抵台湾，遵奉示谕与该两行校对船炮账目。现在该两行账目均已结算无讹，理应即回英国使署供差。惟卑府系安徽省庐州府合肥县人，于光绪八年壬午科应江南乡试，中式第三十八名举人。现值会试之年，考试在即，刻下既因公奉差到台，拟请赏假两个月，俾得入都应试。一俟会试事毕，谨即束装起程，回英销差。理合具禀，伏乞鉴核，赏给咨文，以便于二月二十一日自台湾起程，航海入都，亲赍至礼部呈验应试，并祈咨呈总理衙门查考等情，到本爵部院。据此，查与怡和、旗昌两行船炮账目，既据该员结算清楚，应准给假咨送会试。除禀批示并给咨会试暨分咨外，相应咨呈。为此咨呈总理衙门，谨请查照施行。①

## 三〇　咨报比国驻华总领事古贝尔进出口各日期由

光绪十五年四月初三日（1889年5月2日）

四月初三日，台湾巡抚刘铭传文称：案准贵衙门咨：比国驻

① 台北“中央研究院”近代史研究所藏：《外交档案》，馆藏号：01-05-008-01-023.

华总领事古贝尔前赴广州、福州、台湾、江宁、天津、河南各口岸等处游历，咨行转饬地方官保护，并将到境日期声覆本衙门备查等因，并准北洋大臣咨同前因，当经转饬遵照办理去后。

兹据署台湾布政使沈应奎呈：据台北通商委员申称：遵查比国驻华总领事古贝尔入华游历，曾于本年二月十六日附搭英国福建商船进沪尾口，未登岸，随即直抵台北府城。十九日，前往基隆各口游历。二十三日，复回台北。二十九日，旋沪尾。三月初一日，附搭英国科么沙商轮船出口，前往厦门。除照章保护外，合将比国总领事古贝尔进出口各日期申报察鉴等由，到司。据此，理合呈请咨覆总理衙门及北洋大臣查照等情，到本爵部院。据此，相应呈复。为此咨呈贵衙门，谨请察照施行。[1]

## 三一　请示革职手员戴叶生图领薪水等款情形由

光绪十五年四月初八日（1889 年 5 月 7 日）

四月初八日，台湾巡抚刘铭传函称：顷奉二月十九日台字第七号密示，以美国田使转据瑞典、挪威国驻上海总领事函送该国人谭以森洋禀，饬查禀内各节声复等因，并附钞禀一纸，谨以阅悉。查该洋人谭以森原译戴叶生，于光绪十一年十一月间充当威利轮船管驾，旋因屡在上海逗留，管驾不力，于十二年八月间撤委。已阅两年，忽具禀尚有薪粮未领。十四年六月，又据开单禀由瑞国上海总领事柏固申请具领，当经饬据善后局查明戴叶生应领薪粮，均由前粮台按月给领清款。其代购物件亦系项目奉拨清还，并无未清款目，详细照复柏总领事查照。嗣复接柏总领事两

---

① 台北“中央研究院”近代史研究所藏：《外交档案》，馆藏号：01-15-045-10-001.

次申呈，戴叶生始请给资来台算账，又请给一轮船管驾之任，迭经铭传驳复在案。伏查法船封港之日，戴叶生既充管驾，应受指使，虽冒险著有微劳，业经上海道禀请奏给宝星，以示酬奖。嗣因管驾轮船逗留不力撤差，系属咎有应得。乃敢妄开款项，任意撞骗。迨经查明驳斥，复敢捏称赏项未领，擅向钧处干求。若以曾经效力便可借口要挟，中国所用洋人在在多有，此风何可渐长？柏总领事已得台湾照复一切情形，并经上海道饬派翻译诘询，辄据一面之词，禀由公使冒陈贵署，未免欠于斟酌。可否请由田使转行申饬以杜效尤之处，出自钧裁。缘准前因，理合查明全案缘由，并将柏总领事来往照会，暨上海道翻译诘询柏总领事节略，录呈鉴察，以备答复。专肃。敬请钧安。

照录清折

谨将瑞国柏总领事来往照会抄呈察鉴。

计开：

光绪十四年六月初五日，接柏领事照会。

为照会事。据戴管驾叶生前在贵爵抚威利轮船管驾任内，计揭欠伊银五千一百八十八元五角四点，抄单请给缘由，当经本总领事细为察阅，并无不合。今彼已守候多时，应请照给，以免再延。查法人封港之时，彼躬冒险阻，济运官兵、军火、饷糈，不无著有微劳，谅在贵爵抚洞鉴之中。回溯前因，当必即如数付给也。须至照会者。

光绪十四年六月初七日，照复柏领事。

为照复事。本年六月初五日，准贵领事文开：据戴管驾叶生前在贵爵抚威利轮船管驾任内，计揭欠伊银五千一百八十八元五角四点，抄单请给缘由，当经本总领事细为察阅，并无不合。彼今已守候多时，应请照给，以免再延。查法人封港之时，彼躬冒险阻，济运官兵、军火、饷糈，不无著有微劳，谅在贵爵抚洞鉴之中。回溯前因，当必即如数付给也等因，前来。查戴叶生前在威利轮船充当管驾，其薪水、杂用，自到台湾，月清月款，毫无纠葛。如有未领款目，当撤差时该管驾何不实时面算？乃隔数年，忽然妄开各款，无端索骗。至于法人封港时，该管驾著有微劳，已经上海龚道禀请奏给宝星，且系应办之事。嗣因该管驾带船不力，逗遛上海，非无故撤差，贵领事何得以其一面无稽之言，遽请照发欠款？未免欠于斟酌。如戴叶生以为开单有据，即请饬令来台面算可也。相应照复贵领事，烦为查照。须至照会者。一照会瑞典国、挪威国驻扎上海总领事官柏。

光绪十四年八月十二日，接柏领事申文。

为申复请鉴核事。日前奉到六月初七日钧札照会，一切均已领悉，当即饬知该管驾戴叶生，嗣而该管驾又恳敝署代申。惟贵照会所云该管驾当日撤差，何不实时面算。今据该管驾云曾于一千八百八十六年，经已两次到台趋辕，未蒙赏见。第一次系将清单由开支薪水处呈电；第二次即是年十二月份，又求将该帐清结，均未卜得邀恩鉴否？再，所论该管驾带船不力一节，敝署细查其事大谬矣。兹欲求其水落石出，非戴叶生遵谕到台，赴辕叩见，伏望爵中丞大人允准赏见，庶可面陈一切，并祈加恩赏给戴叶生往来水脚，可否仰乞钧裁。须至申者。

光绪十四年八月十六日，照复柏领事。

为照复事。光绪十四年八月十二日，准贵领事文开：前奉照会，当即饬知戴叶生，嗣而该管驾又恳敝署代申。惟贵照会所云该管驾当日撤差，何不实时面算。今据该管驾云曾于一千八百八十六年，经已两次到台趋辕，未蒙赏见。第一次系将清单由开支薪水处呈电；第二次即是年十二月份，又求将该账清结，均未卜得邀恩鉴否？再，所论该管驾带船不力一节，敝署细查其事大谬矣。兹欲求其水落石出，非戴叶生遵谕到台，赴辕叩见，伏望允准赏见，庶可面陈一切，并祈加恩给戴叶生往来水脚，可否仰乞钧裁等因前来。查此案前准贵领事照会，即经明晰照复。现又据台湾善后局申复，以前管带威利轮船洋人戴叶生应领薪粮等项，均经按月给领清款。其代购物件，亦已清还，此外并无未清款目等由在案。今戴叶生欲来台面算，原无不可，但此事乃系该管驾无中生有，起意撞骗，往来水脚，应令自备，台湾不能发给。相应照复贵领事，烦为查照施行。须至照会者。一照会瑞典国、挪威国驻札上海总领事柏。

光绪十四年十一月初七日，接柏领事申文。

为申复事。日前奉到八月十六日钧札照会，殊深领悉，当即饬戴叶生知晓。惟照会内称戴叶生起意撞骗之句，显然太重，固再思维，何其薄待如是？况戴叶生之前节效力，亦无人能强辩其不然也。自接照会之后，嗣因龚道宪出为代理调停，并许不日即复招商局轮船管驾之职，固已将此节饬知戴叶生。后戴叶生又求固代催请给前节欠款，是以只得再申请将前之欠款清结。惟戴叶生之一千八百八十六年九月清单账目已存固署日久，总望爵帅迟早清讫。然此款乃戴叶生充管驾时所代该轮船购物等件，现有账目清单可稽，料想其款属实无讹。照会内又称戴叶生应领薪水等项，据贵善后局云均已清讫。既然如此，戴叶生节节请领，应有收条可稽，尚祈鉴核察之。并望将最后末次收条寄来固署，以便确知付款若干。如该收条果能赐下，固阅后即行寄呈归案不误。戴叶生又禀云：凡有请领银两，当具收条呈缴在案。固本意尽心和衷办理，其事究未蒙爵帅明晰示复，固欲劝戴叶生将该节款项作为罢论，务望爵帅允给一轮船管驾之任，方可消息。然该职已于前三年荷蒙恩允，曾有二西友可证，当系戴叶生管驾效力之时，诸事勤能稳妥等因，或可复其招商局轮船管驾之任更善。如再爵帅不准此和衷理楚等情，固不得已，只得将该节情由申诉贵国总理衙门核办。须至申复者。

光绪十四年十一月初九日，照复柏领事。

为照复事。光绪十四年十一月初七日，准贵领事文开：前奉照会，殊深领悉，当即饬戴叶生知晓。惟照会内称戴叶生起意撞骗之句，显然太重，固再思维，何其薄待如是？况戴叶生之前节效力，亦无人能强辩其不然也。自接照会之后，嗣因龚道宪出为代理调停，并许不日即复招商局轮船管驾之职，固已将此节饬知戴叶生。后戴叶生又求固代催请给前节欠款，是以只得再申请将前之欠款清结。惟戴叶生之一千八百八十六年九月清单账目已存固署日久，总望迟早清讫。然此款乃戴叶生充管驾时所代该轮船购物等件，现有账目清单可稽，料想其款属实无讹。照会内又称戴叶生应领薪水等项，据贵善后局云均已清讫。既然如此，戴叶生节节请领，应有收条可稽，尚祈鉴核察之。并望将最后末次收条寄来固署，以便确知付款若干。如该收条果能赐下，固阅后即行寄呈归案不误。戴叶生又禀云：凡有请领银两，当具收条呈缴在案。固本意尽心和衷办理，其事究未蒙明晰示复，固欲劝戴叶生将该节款项作为罢论，务望允给一轮船管驾之任，方可消息。然该职已于前三年荷蒙恩允，曾有二西友可证，当系戴叶生管驾效力之时，诸事勤能稳妥等因，或可复其招商局轮船管驾之任更善。如再不准此和衷理楚等情，固不得已，只得将该节情由申诉贵国总理衙门核办等因。又准另录戴叶生之禀内称：窃以卑管驾经手威利之账，既宪台之司账者却不结算。此后因控追欠项费用，概须向宪台追偿。至自管驾该船之时在上海欠下各行账目，概不认付。又所有各项收条，须俟妥算后方照缴呈等由前来。

查戴叶生前在威利轮船充当管驾，因屡到上海逗遛，是以撤差。至于月领薪水、杂费，月清月款，善后局皆有账可稽。台湾轮船管驾洋人甚多，按月支给薪水，何须收条？戴叶生无故撞骗，实属有失贵国体面。台湾差遣同招商局各轮船应用管驾，各随各使，何能相强？其戴叶生禀内所称控追欠项费用，由台追偿等语，更属无此情理。此事本系戴叶生无中生有，如何控诉？所有费用，自应令其自备，台湾何能给发？相应咨复。为此照会贵领事，烦为查照施行。须至照会者。一照会瑞典、挪威国驻扎上海总领事柏。

照录清折。

谨将上海道所派翻译诘询柏总领事节略，录呈察鉴。

查瑞商戴叶生禀请瑞典总领事柏申呈台湾刘爵抚宪结算账目一事，卑职遵奉宪谕前往柏总领事处，告以戴叶生本系水手头目，蒙宪台见其尚有胆识，转求刘爵帅培植，始得重用。嗣因酗酒滋事不睦，以致撤差。所有历年薪水各款，在台俱付清楚，毫无蒂欠。至于法越有事时戴叶生著有微劳，亦蒙李中堂奏请赏给二等第一宝星，待渠亦不为薄。迄今戴叶生能在招商局当差，亦藉刘爵帅当时提拔之力，始克至此。乃戴叶生不知感激，反在贵署冒禀，殊出情理之外等语。

柏总领事云：本领事有保护商人之职，故据戴叶生所禀一面之词两次申呈刘爵帅，亦自知失之冒昧。昨奉刘爵帅照复，方知其中曲折。但戴叶生尚不自悟，欲请本领事转禀本国驻京公使。本领事以分所难辞，拟即缮禀。今据贵翻译所言，本领事当即函谕戴叶生，劝其及早见机作为罢论。否则凭虚蒙混，声名攸关，将来于招商局之差恐有关碍，本领事此后亦不能代为转禀也等语。谨略。九月初八日。[①]

## 三二　咨送十四年分各口交涉已未结各案清册由

光绪十五年十月二十日（1889年11月12日）

十月二十日，台湾巡抚刘铭传文称：据台湾道唐景崧详称：案查福建省会通商总局，奉准总理各国事务衙门咨：照得各省办理洋人交涉事件，随时办结，每届三个月，各将应办之事造具已结、未结清册，咨送本衙门存案。倘各国公使向本衙门提及时，以便按照册报所办情节向其剖辩，不致互相乖舛，是为至要。并续奉宪行：准钦差大臣李咨，饬将各口与洋人交涉事件逐细开造案由清册，移送查考各等因，咨院行局，历经省会通商总局遵办，截至光绪十三年分止在案。嗣因台湾改设行省，此项册报由局详奉院批，俟光绪十四年起，归台湾办理等因。兹台湾口应造光绪十四年春夏秋冬四季已结、未结各案，理合备造清册，呈候分咨总理衙门、南洋大臣察照。

再，此项季报原应两季造报一次。惟查从前通商总局造报仅止台北府属，其台南府属向来未经并造。此次因分饬一律造送，事属创始，辗转饬催，以致稽延，未能依期。兹将光绪十四年分各季并册造报，合并声明。等情。到本爵部院。据此，除分咨外，相应呈送。为此咨呈贵衙门，谨请察照施行。[②]

---

① 台北“中央研究院”近代史研究所藏：《外交档案》，馆藏号：01-24-025-01-010.

② 台北“中央研究院”近代史研究所藏：《外交档案》，馆藏号：01-16-024-01-002.

## 三三　咨送南北各口十五年春夏两季与洋人交涉已未结各案清册由

光绪十六年五月十三日（1890 年 6 月 29 日）

五月十三日，台湾巡抚刘铭传文称：据台湾道唐景崧详称：案查福建省会通商总局奉准总理各国事务衙门咨：照得各省办理洋人交涉事件，随时办结，每届三个月，各将应办之事造具已结、未结清册，咨送本衙门存案。倘各国公使向本衙门提及时，以便按照册报所办情节向其剖辩，不致互相乖舛，是为至要。并续奉宪行：准钦差大臣李咨，饬将各口与洋人交涉事件逐细开造案由清册，移送查考各等因，咨院行局，历经福建省会通商总局遵办，截至光绪十三年分止。嗣因台湾改设行省，此项册报由局详奉院批：俟光绪十四年起，归台湾办理等因，业经职道遵将光绪十四年春季起至冬季止，造册详咨各在案。兹将台湾口光绪十五年春、夏两季已结、未结各案，理合备造清册呈送，伏候察核，分咨总理衙门、南洋大臣察照，实为德便等情，到本爵部院。据此，除分咨外，相应呈送。为此咨呈贵衙门，谨请察照施行。

照录清册

遵将光绪十五年春、夏两季台湾南、北各口与洋人交涉各案，分别已结、未结，同驻扎台湾口各国领事官姓名，备造清册，呈送察核。须至册者。

计开：

驻扎台湾南、北各口各国领事官姓名

英国领事官佩福来，兼理德、美、法、丹、布、奥、日、和各国事务，住台南旗后。

英国领事官班得瑞，兼理德、日、奥、和各国事务，住台北沪尾。

美国领事官欧卫理，住厦门。

以上系有约之国。

又，台南旗后、安平二口另设税务司一员，系白莱喜；台北沪尾、基隆二口税务司一员，系葛显礼。理合登明。

台湾南、北各口已结各案：

一、光绪十三年八月间，蒙道札，准英国霍领事照会：据英商怡记行控追金祥源号谢乌番即李乌番欠银一案。

前件李乌番侵欠怡记行糖银一千二百余元，业经前安平县提讯押追。因李乌番生理倒罢，人欠莫收，身羁囹圄，无可措缴，当将情形函请领事查覆，以李乌番如能备还现银五百元，始准了结销案等由，又经提追。据李乌番将被陈面等各户欠账开单呈请追抵等情，节经差查传讯究追。嗣据差覆，以李乌番欠怡记之款经三郊调处，令陈面将应还李乌番欠款二百二十元对还怡记完帐，立单限本年六月终支清等情，并据怡记行具片称，俟六月终陈面银缴清款，即由领事官照请销案。业已缴清，照准销案。理合登明。

一、光绪十四年正月间，蒙道札，准英国霍领事照会：据英商怡记行禀控义为利号东林松欠银一案。

前件经安平县节次饬差查传讯追未到。嗣据该差禀称：林松外出未回，经其母将所欠之数理还清楚等情，由县函准领事查覆，实已限还了结，将案注销。理合登明。

一、光绪十四年二月间，准英国霍领事照会：据英商庆记行禀控震瑞泰号邱晋兴欠银一案。

前件经前安平县饬差拘传质讯，据邱晋兴供，伊仅向庆记行陈维茂借银三百元，业已先后还清。质之该洋行当事詹大匏，则称所欠之项乃系采买烟土，现有发票可验，又另借银三百元，亦有借单为据。双方各执一词。查邱晋兴银果清还，何以借单并不收回？难保非饰词狡辩，当将邱晋兴押追还清。续准领事照会：款已还清，请将邱晋兴提释销案。理合登明。

一、光绪十五年四月间，蒙道札，准英国佩领事照会：据英商怡记行禀控振源欠银一案。

前件经安平县饬差传讯，据该差覆称：振源号已向怡记限还了结，取有怡记片据缴案，详经由道照会领事销案。理合登明。

一、光绪十四年二月间，蒙道札，准英国霍领事照会：据美打行英商禀：庆记行买办吴活买土退还，藉词低货，抗还价银等情。查洋行买货，岂容退回！照会札饬传讯等由一案。

前件经前凤山县饬差传讯。旋据该差覆称：吴活抗违，请就瑞记店伙跟交，又经节次饬跟未到。嗣准霍领事以吴活所欠银项业已归结清楚，照经由道转饬凤山县销案。理合登明。

一、光绪十五年二月间，淡水县据民人林畚呈称，伊胞兄林德在、陈知即陈九、吴金枝、林连等殴伤时，有高九在场见证，呈乞拘讯等情一案。

前件经淡水县提验伤痕，填单饬医，并提高九讯供。查陈知一名在祺昌洋行内佣工，随经照会美领事转饬旗昌行，将陈知一名送案，并饬差严拘吴金枝、林连讯办去后。嗣据该差以林连一名查无其人，惟吴金枝系旗昌行买办，不遵带案等情禀复，又经照请一并送案。旋准美领事函复：陈知早已脱逃，不知去向，现非旗昌行佣工，先将在场共殴之蔡基一名函送前来。随提讯供答责，仍交旗昌行领回。复准美领事将吴金枝送案，当提讯明，并无在场共殴，立即释回。查此案吴金枝业已讯无干涉，其在场共殴之蔡基一名，亦准送案责惩发落。至陈知一名，现非旗昌行佣工，应由地方官另拘究办。理合登明。

台湾南北各口未结各案：

一、光绪十二年九月暨十一、十二等日间，先后准英国兼德国霍领事照会：德商瑞兴行报领三联照单，雇人在彰化地方采买樟脑，于九月二十二日将樟脑十九担运出朴离地方，被林瑞麟率勇抢夺。又在内山水底寮购就樟脑三千四百三十六斤，于十一月初五日挑至石砿仔地方，又被林瑞麟率众截去。又于十二月初一夜，林朝栋自带丁勇数十名到水底寮地方，将买定留趸即运樟脑三百多担全数抢去，并抢洋银五百元及衣服、器具等件各等由一案。

前件先后准霍领事照会，并准中路营务处林道朝栋来咨：九月二十四日，在朴仔篱地方缉获私脑十九担。十一月初七日，又于水底寮地方缉获私脑二十三担。复于十二月初一夜，前往水底寮民人彭牛家查封储藏私脑共三大桶、六小桶，约计一万五六千斤，并查出火药二斤、铅条四斤，彭牛逃逸未获各等由，暨迭奉爵抚宪札饬，业经陈前署道饬据彰化县查覆，并将拟办情形节次详禀核咨。嗣奉爵抚宪札：准驻台英国兼理德国佩领事照送该德商瑞兴行列单请赔，饬道核案酌议，妥速商办等因，当经职道分饬前台南府程守、罗守暨通商委员会商佩领事，酌议妥办。佩领事不肯在台商办，已将情形详奉爵抚宪咨准总理衙门来电，德使照称：瑞兴洋行事办理未结，请电饬就近商办，免往返理论等语，饬道督府妥商办结，当将札饬台南府并通商委员会同领事翻译官商办情形详奉札委朱守和钧会办，并奉爵抚宪札准总理衙门电称：德使言樟脑案，台省无意了结，佩领事不愿再办。该处拟将脑十三石发还，而时隔两年，货已损坏，应请偿款等语，宜饬局员与领事面商，告以扣留之理、通融之情，或发还，或给价，早为议结，未可一味驳斥，致不相下，终难完案等因，饬道移行照办，奉经督同通商委员商办在案。理合登明。

一、光绪十四年十二月二十七日，准英国兼理德国佩领事照会：瑞兴行德商禀：本月十七日，在彰化县属地方采买樟脑，被地方官扣留十三担。又十九日，在鹿港地方驳船一只，装脑五十五箱，亦被地方官拦阻不放，并将挑脑工人十一名差拿监禁，请饬将人货放还等由一案。

前件接准照会，即经立饬彰化县查明放还。续于二十八日准佩领事照会：该商在鹿港驳船装载樟脑五十五箱，业已驶到安平地方。其余被留樟脑十三担并工人十一名，仍希迅饬赶速放还，等由。复经札催查办，旋奉爵抚宪札：准总理衙门电开：德国大臣言：腊月十七日，彰化地方官扣住瑞兴行樟脑，拿送商人，鹿港亦有扣留之事等语，希即查核办理等因，当经爵抚宪饬据彰化县朱令公纯会同栋字营林道朝栋详称：十二月十六日，脑局巡勇在大仑庄盘获樟脑十三担，并无关照、单票。带到运脑之人陈振利、陈阿养二名，即行释放。二十一日，鹿港弹压委员转寄瑞兴德商红禀称，系该商请给印照采办，当即饬令该商将照缴验给领，未据呈照领脑。

又据鹿港税厘局委员刘竺保报称：在冲西口溪边拿获私脑三大桶，询据瑞兴行覆称：该行采办樟脑出口，向有关单为凭。此次实系华商私贩，并非敝栈之脑，各等情。复经爵抚宪以查瑞兴既入内地采办樟脑，应领海关执照，何以并不呈验？且鹿港拿获樟脑，询据该行复称实系华商私贩，何以又电总署？是该商显系包揽。饬道就近照会佩领事，饬令该商禀复办理等因，并据彰化县详覆，即经照会去后。嗣准佩领事照覆该商续禀，指出要紧处三款情形，经职道查瑞兴行在彰化县属采买樟脑，既经在海关领照，何以迄未缴验？鹿港厘局既于上年十二月十三日在冲西缉获私脑三大桶，又于十九日在驳船扣留樟脑五十五箱，何以该局仅称缉获三大桶一起？其续缴五十五箱未据禀报。即经分饬旗、沪海关抄照呈送，并行鹿港厘局查明覆办，一面详覆爵抚宪察核并分移在案。

续据旗后海关章委员实璐以瑞兴洋商到关请领三联报单，自光绪十四年二月起至十二月底止，计共六张，列折申覆前来。并据鹿港厘局委员刘竺保禀复，上年十二月二十一日，据瑞兴行持抚字第二号三联报单，计采买樟脑五十五箱，每箱百斤，到局请验。当经照验单货相符，立即放行，并无扣留。至于十二月十二日在冲西口拿获私脑十三担，与瑞兴行无涉，取具该行字据等情，前来。并据径覆爵抚宪在案。又据沪尾海关袁委员保颐以瑞兴洋商上年并无到关请领三联单赴鹿港、彰化采买樟脑等情申覆。嗣奉爵抚宪札委朱守和钧会同道府妥速查办，并奉指驳佩领事指出要紧处三款，饬道照会查明办理，暨节奉饬办，均经札饬台南府及朱守会议商办，旋经职道将该商饰辩情形奉批饬严行议罚，并将该行历年偷漏半税勒令照数补缴等因，复经照准佩领事诿不商办，又经据情详请转咨，并将旗后海关查明德商鲁麟、瑞兴等行报运樟脑出口统共漏完子口半税六百五十六担九十八斤详奉转咨，各在案。理合登明。

一、光绪十三年四月间，蒙道札，准英国兼美国霍领事照会：美商旗昌行控追买办陈糊记即陈守礼欠缴糖银一案。

前件查陈糊记即陈守礼由保家吴伦扬、陈海秋、石廷赞、谢天达、黄运周等认保，充当旗昌及崃记买办。光绪十三年四月间，崃记采买青糖，陈守礼亲往盐水港一带运货未回。旗昌以陈守礼侵欠逃走，禀由领事照请职道查追，即据陈守礼投到，以崃记并不照约通知保家会算，违背商规具禀，由道饬县与领事会讯，双方情词各执。该洋商并不听候官断，擅将陈守礼器物及银货账簿一概抄夺，并将陈守礼在行友伙驱逐。保家谢天达等前去会算，并遭赶出，兜去衣物、行李，诉经职道饬县归案讯办。嗣奉爵抚宪札：准美国驻厦欧领事照会：请追陈守礼欠款洋三万六千四百六十二元六角二尖，檄饬道府从严追缴。一面查产备抵，并将各保家传案管押。据陈守礼缴到账簿、清单，认欠旗昌洋二万六千七百一十八元零。陈守礼自幼经商，家无产业。安平旗后买办房屋、器具、驳船等物，被旗昌抄夺拍卖。惟就陈守礼于郡城及凤嘉等处放出零欠各帐，经府委员督同经手人分投收缴洋四千九百三十九元。又查有旗昌出给旧洋药包商洋字保单一纸，载洋五千六十一元，旗昌仅出保单，未付现银，应归中国官自行追理，保单交还旗昌照数抵除，当与前款共合成一万元，由台南府照送厦门欧领事察收给领。接准照覆，收到洋四千九百余元，只算新添利息。保单退还，不允抵偿，查非原单，由府照会领事在案。又讯据陈守礼供称：旗昌前管事洋人希时又名火啥曾欠伊洋七千四百零元，经告台湾霍领事允查追抵。至保家各户石廷赞、黄运周、谢天达等，皆无家资，非但无力分赔，各人所欠陈守礼账目，勒追尚难措缴。当就陈守礼所缴簿据确核，吴伦扬欠洋三千四百三十七元，陈海秋欠洋二千九百五十元，又欠烟土账项洋二千元。三面质讯属实。吴、陈本有合置凤属港东里田业两宗，契价八千零一十元，当令将契据缴出，查封备抵，饬县招变，尚未变抵，业经迭饬勒催赶速召变，追办完结。理合登明。

一、光绪十三年十月间，蒙道札，准英国霍领事照会：据德记洋行禀追广泰号欠银一案。

前件查德记洋行被广泰号结欠银四十三元八角七尖，经前安平县饬差查传，该号东业已身故。据其堂弟杨阿海称：当时有银、时表等物付德记为胎，情愿将物抵还等情，即经勒差押令杨阿海自向德记行恳商理清。复据该差禀称：杨阿海业已内渡，迭经饬差勒传家属讯追未到，业饬赶速传到，追办完结。理合登明。

一、光绪十三年十月间，蒙道札，准英国霍领事照会：德记洋行味吐吗信禀追广泰号欠还胎借银元一案。

前件查广泰号杨阿恩有将安平厝地一所向该洋行胎借银二百元，每月每百元议贴息银一元五角。旋因该号东身故，本利无还，禀蒙照会饬追，当经前安平县沈令饬差查传去后。嗣蒙道札，准安平协移称：该厝地系属营房倒坏，暂借杨阿恩搭盖茅舍，以为武口查验之所。营地关重，未便抵欠归管，饬即差传广泰号家属，追还欠银等因，节经勒差赶传未到，业饬速传讯追完结。理合登明。

一、光绪十四年正月间，蒙道札，准英国兼德国霍领事照会：据德商瑞兴洋行禀追振丰号即协晋昌号洪孝振欠银一案。

前件经前安平县饬差拘追，即据洪孝振以瑞兴洋行买办沈俊怜伊生理不得轮转，令伊将园契一宗契价银四百元付其收执，俊愿备货付售。先后来往，实止结欠银三百七十余元。而该园现虽荒芜，尚可值银二百元零。又俊收过五年园税，计一百二十元，对抵尚欠无几，乞准谕俊将契估抵，俟振营谋按限摊还等情，当经照请英领事饬令买办沈俊赴案备质，延未报到，复经前县差传洪孝振到案提讯，供词如前。着差带同前赴领事衙门，禀请饬传瑞兴行讯问实在欠银若干，会对明白，赶速理还，一面函请领事查照，业饬分别催集讯追完结。理合登明。

一、光绪十四年正月间，蒙道札，准英国兼德国霍领事照会：据德商瑞兴洋行禀追泰源号东王添生家长彭阿留欠银一案。

前件安平县先据瑞兴洋行以泰源号即彭留采买米谷等货，计欠银一千余元，任讨骗限，请饬差拘案讯追等情，当经前县饬差带到彭留，讯据供称，伊欠瑞兴洋行之款已托公人求免利息，只还本银，伊当核账措还，即经交保理处。旋据彭留以瑞兴行买办沈俊不听调处具呈，又经函请领事饬令沈俊赴案备质，一面饬差传追去后。嗣据王蔡氏、王叶氏以伊子王廷和建置泰源号生理，不幸病故，已将生理截卖管事彭留开张，所有应还、应讨账目概归彭留掌管，立约为据，与伊孙王添生无涉，恳请摘释等情。当查彭留承接合同字内既有声明号中人欠、欠人以及往来各账，尽归彭留承认。此项洋款自应惟彭留是问。即经将王添生摘释，一面勒差赶传彭留即彭阿留押追。嗣据彭阿留以在押莫从措缴，又经前县范令取保，谕令赶紧设法措还在案，业饬限催措还完结。理合登明。

一、光绪十四年三月间，准英国兼德国领事函：据瑞兴行东禀追许布积欠船租银元一案。

前件经前安平县饬差传讯，旋据许布以瑞兴洋行招伊合伙出本，整造驳船，布出本银二百元，立单为据。原议设立章程，以凭各股遵守。讵兴银收去后，驳船随即建造，而章程不立，载驶得利亦不算分，复行倒诬等情具诉，当经批着赴案候讯，未据投案。复经前县勒差传到许布掌柜张在焕，提讯据供，伊东许布因与瑞兴行伙造驳船，未分得利，欲将股本二百元退出，将所欠瑞兴船租一百七十元零扣抵除外，瑞兴尚应我还二十五元零等语。

当将情形函请领事核办去后。旋准覆称：瑞兴招伙造船不止许布一人，许布如欲退股，应俟通盘核算匀分，未便先行抵欠等由，又经转饬许布缴还现银在案。业饬催追缴还完结。理合登明。

一、光绪十四年八月间，蒙道札，准英国佩领事照会：据英商美打行禀追瑞发号叶三保认伊亲戚卢檬结欠母利，又养顺堂黄天位控欠本银一案。

前件经前安平县饬差传讯，据瑞发号叶三以伊甥卢檬与美打行交关欠项，被买办林福星兜留较讨，三为保认，仅止银二十余元。讵星侵欠洋东之项无从抵款，突请照会诬追等情具诉。当查叶三既为保认，自应到案质讯，节经催差赶传叶三到案，讯据供称，伊甥卢檬现在阿猴，委实无力可还，家亦贫难，恳恩酌减，自当设法代为赔还银六十元。又，养顺堂黄天位欠银一款，讯据供称：因美打洋行托伊代讨粤船金就宝借欠母银三百一十四元，面约讨回分半酬谢。后伊往金门，向该船主讨还清楚，将银单带交该洋行，并向支允行酬谢之银。讵该洋行银不分给，反行诬控等情，自非传美打行买办到案质讯，难以定断。即经详道照会领事，饬令美打行买办赴县备质，未据投案。复提黄天位，讯据供称，所侵美打行银项已有托人向美打行东求减，允收银一百元。惟一时无银可还，恳恩从缓，业饬分别复讯限还完结。理合登明。

一、光绪十五年六月间，蒙道札，准英国佩领事照会：据英商美打行禀被顺美号蔡传宗、和发号蔡光顺欠银一案。

前件经前安平县饬差传到蔡光顺到案，讯据供称，伊欠美打行货项银七十四元，一时无力可还，恳恩从缓，设法措还。其蔡传宗欠美打行银一百六十三元，饬传未到，业饬分别催缴、差传讯追完结。理合登明。

一、光绪十四年三月间，蒙道札，准英国霍领事照会：据怡记行代理和记事务英商禀称：旗后和记行买办王维德欠银未偿身故，照请札饬追还等由一案。

前件经前凤山县饬差立着王维德家属如数追还，嗣准佩领事函催，又经催差追还去后，未据覆到，业饬勒催讯追完结。理合登明。

一、光绪十四年四月间，蒙道札，准霍领事照会：据旗后美打行英商禀被买办谢迎芳积欠账银，照会札饬追偿等由一案。

前件经凤山县饬差拘追去后，迄今未据报到，业饬勒催拘传，讯追完结。理合登明。

一、光绪十四年五月间，准通商委员黄移：据陈元宝禀称：瑞和号黄水加等负欠抗还，粘单移县饬追等由一案。

前件经凤山县饬差按户押还去后，未据覆到，业饬勒催讯追完结。理合登明。

一、光绪十四年七月间，蒙道札，准英国兼德国佩领事照会：据德商瑞兴洋行禀称：买办陈辅卿立约买糖，逾限仍不照交，吃亏二千多元，照请札饬查追等由一案。

前件经凤山县饬差查追去后，旋据该差以陈辅卿已往厦门，莫从查追。票内注有领事官亲写洋字，给役销差禀复在案。业饬勒差再行查拘，讯追完结。理合登明。

一、光绪八年八月间，准英领事函请饬追连发号柯致欠还英商庆记行银项一案。

前件嘉义县准英领事倭来函：据英商庆记行禀：被麻豆庄连发号柯致欠银一百三十六元，函请饬追，等由。当经前嘉义县潘令饬差拘追。旋奉爵抚宪暨道行，蒙本府委员会同前嘉义罗革令赶办，节次比催勒传未到，业饬速再比催勒拘，讯追完结。理合登明。

一、光绪十二年九月间，蒙道札，饬追合利号黄邦等七户欠还英商庆记银项一案。

前件蒙前道陈札，准英领事霍照会：据英商庆记行禀：被德记栈王联发欠去银款，今由发缴出各号账单七纸，内合利号黄邦等领欠银一千二百三十二元零，协裕号无锡欠银三千六百三十七元零，协昌号恭兄欠银一千四百二十元零，谢华欠银一千七百九十元零，协益号詹挨、詹烦、詹寝欠银八百余元，义合号李训城、李喜关欠银六百八十元零，利德号即武生刘杕官名锋并张图欠银三百四十元零，计七家，将账单禀请照会饬追等因，当经前嘉义县罗革令饬差传讯。旋据差查协益号詹挨等居住苏厝庄，系安平县管辖等情禀复，复经罗革令备文移归安平县追办，一面勒差赶传合利号等陆家讯追，节次勒限赶传未到，业饬速再勒传到案，分别逐一讯追完结。理合登明。

一、光绪十三年二月间，蒙道札，饬追碧记号等欠还英商和记银项一案。

前件蒙前道陈札：准英领事霍照会：据英商和记行禀：碧记号黄颜欠银一千零八十七元五角零，肆办和发号邱许基欠银一百六十六元二角五瓣八尖，有记号蔡喜欠银二百四十元二角五尖，请照会转饬传讯追还等因，当经前嘉义县饬差传讯，节次比差限传未到，业饬勒传到案，分别讯追完结。理合登明。

一、光绪十三年六月间，蒙道札，饬追协益号等陆户欠还英商和记行银项一案。

前件蒙札，准英领事霍照会：据英商和记行被协益号王地瓜、郭锦结欠洋药银二百七十七元零，义美号洪仔煦欠还糖银八十一元六角八瓣一尖，义和号陈文勇欠还糖银六百零三元一角五瓣七尖，寅记号吴逢源欠还糖银四百二十八元九角三尖，庆祥号洪喃、伊子洪洗欠还糖银一百七十五元三角六瓣二尖，义美号李旺欠还糖银一百零八元三角三瓣二尖，请照会转饬拘追等因，当经前嘉义县饬差查追。旋蒙道札，准霍领事照会，以据该商禀复协益号已经清还完账，照请转饬销案。尚有义美号等五户，饬仍严追，又经由县催差赶传未到，业饬速再勒传到案，分别逐一讯追完结。理合登明。

一、光绪十五年六月间，蒙道札，准英国佩领事照会：据英商美打行禀控盐水港顺义号刘有突买去洋药，尚欠银七百一十六元，现突已故，伊子刘戆居、刘常抗吞，照请转饬拘追等由一案。

前件经嘉义县饬差查传未到，业饬勒差赶传到案，讯追完结。理合登明。

一、光绪九年十月间，蒙道札，准英国霍领事照会：英商美打行禀盛吉号等欠银一案。

前件蒙前道刘札：准英国领事霍照会：英商美打洋行禀盛吉号施金钟、施志贤欠银二千三百余元，饬即拘追等因，当经前彰化县饬差查覆。施金钟内渡未回，施志贤身故，莫从提追。经详奉前道陈批饬，将盛吉号行店贴封，出示变抵在案，至今无人承买。现又出示酌减价值，俟承买有人，即行售解等情，业饬迅速示召变抵解还完结。理合登明。

一、光绪十一年十二月间，蒙道札，准英国施领事照会：英商庆记洋行禀义昌号欠银一案。

前件蒙前道陈札：准英国领事施照会：英商庆记洋行禀：义昌号谢祥碧欠银四百九十八元零，饬即拘追等因，业经前彰化县蔡故令麟祥饬差拘追，并现任县节次限差勒拘谢祥碧未到，业饬速再严比限拘，讯追完结。理合登明。

一、光绪十二年十月间，蒙道札，准英国兼德国霍领事照会：瑞兴洋行禀义昌号欠银一案。

前件蒙前道陈札：准英国兼德国霍领事照会：德商瑞兴洋行禀义昌号谢世南欠银四百二十二元零，饬即拘追等因，业经前彰化县蔡令饬传讯追，并现任县比差限传谢世南未到，业饬速再勒限赶拘，讯追完结。理合登明。

一、光绪十三年九月间，蒙道札，准英国兼德国霍领事照会：德商瑞兴洋行禀简绍津弊侵一案。

前件准英国兼德国霍领事照会：德商瑞兴洋行禀：雇伙华民简绍津弊侵，并据鹿港郊斯庆等号禀简绍津抗欠银物一案，饬即拘追等因，当经彰化县饬据差传简绍津到案，讯谕措还清款，容俟催缴清楚，专案详覆等情，业饬速再限催缴清完结。理合登明。

一、光绪九年九月暨十一月间，先后蒙府札，准英国费前领事以英商怡记行买办凌际云被淡水各茶商拖欠银元，恳请饬传讯追等由一案。

前件经淡水县查，共计被欠二十六户，内除追完九户业归光绪十三年夏季分造报销释外，尚有长兴号等十七户确查皆因生理倒罢，或远逃无踪，或赤贫无力，并间有死亡者，一时实难追结，业饬再行上紧比催，分别追办。理合登明。

一、光绪十一年五月间，准英国费前领事函，以去年秋间战事方殷，本国教堂被匪毁抢，并据偕教士以闻，当时教民陈汉被陈三田等无故勒抢，立有字据为凭，请即查照秉公拿办等由一案。

前件并据教民陈汉呈同前情，当经淡水县迭次比催严拘，未据到案，业饬再行严比限拘追办。理合登明。

一、光绪十四年八月间，准英国领事班照会：据英商和记行禀称：七月二十八夜，栈房后墙被贼挖入，窃去小洋药七十四块，计值洋银三百三十三元，禀恳照会查追等由一案。

前件经淡水县饬差严密购线访拿，一面悬赏购缉，即据网民杜九、陈谠拿获蔡振荣一名，送案提讯，据供和记行失窃系李乖乞所偷，伊实无同往等语。当将蔡振荣一名管押，并签差严拿李乖乞等，未据报到，业饬再行严比勒拿务获，追赃究办。理合登明。

一、光绪十五年三月间，淡水县准英国班领事函：据英商庆记行禀：被行内用人余玉波侵用洋银一千元，迄今不还，保家陈长记即陈坎舍亦未肯赔，恳将余玉波送县查追等由一案。

前件经淡水县饬差随同英领事巡捕前往庆记行，将余玉波带案，并据余玉波呈，伊为庆记行买办，有大稻埕宝森号内陈寅堂，由伊经手向行主支欠银四百元，又林领、郑兴邦伙同支欠银三百余元，均约限期未还，伊被送案，特将陈寅堂、郑兴邦二名扭交原差，带候讯追，呈请并传林领究还等情，当即提讯，据供各俱认欠属实。将余玉波、陈寅堂、郑兴邦等均交差带，一面饬传保家陈长记即陈坎舍讯追未到，业饬赶传讯追完结。理合登明。

一、光绪十四年十月间，淡水县汪令兴祎移送基隆同知拿办基隆二沙湾和记洋行买办李长成禀报被抢一案。

前件于光绪九年十一月十七日，据李长成禀报，经前淡水县张令景祁通报，旋据拿获正盗林红狗、罗主固、林鲁鼠，提讯供认听从逸犯张壬癸等行抢分赃不讳，录供通报，押候拟办。旋因该押犯等先后病故，又经详报在案。嗣因失事地方划归基隆厅管辖，节经基隆同知饬差严拿各逸犯未获，无从讯结，业饬严比缉拿，务获追赃究办完结。理合登明。[①]

## 三四 咨送十五年秋冬台湾与南北各口交涉已未结各案清册由

光绪十六年十月初一日（1890 年 11 月 12 日）

十月初一日，台湾巡抚刘铭传文称：据台湾道唐景崧详称：案查福建省会通商总局奉准总理各国事务衙门咨：照得各省办理洋人交涉事件，随时办结，每届三个月，各将应办之事造具已结、未结清册，咨送本衙门存案。倘各国公使向本衙门提及时，以便按照册报所办情节向其剖辩，不致互相乖舛，是为至要。并续奉宪行：准钦差大臣李咨，饬将各口与洋人交涉事件逐细开造案由清册，移送查考各等因，咨院行局，历经福建省会通商总局遵办，截至光绪十三年分止。

嗣因台湾改设行省，此项册报由局详奉院批，俟光绪十四年起，归台办理等因，业经职道遵将光绪十四年春季分起至十五年夏季分止，先后造册详咨各在案。兹将台湾口光绪十五年秋冬两季已结、未结各案备造清册，呈送查核，分咨总理衙门、南洋大臣察照等情，到本爵部院。

据此，除分咨外，相应呈送。为此咨呈贵衙门，谨请察照施行。[②]

---

① 台北“中央研究院”近代史研究所藏：《外交档案》，馆藏号：01-16-024-02-002.
② 台北“中央研究院”近代史研究所藏：《外交档案》，馆藏号：01-16-024-02-003.

## 三五　查明台湾南北口现驻各国领事姓名并洋栈字号大小咨送清折由

光绪十七年正月二十一日（1891年3月1日）

正月二十一日，台湾巡抚刘铭传文称：据台湾道唐景崧详称：光绪十六年七月二十七日，奉准兵部火票递到总理衙门咨：近来各国在通商口岸派设领事，不时更调，设立行栈，间歇无常。本衙门遇有办理交涉事件，仓促无可稽察，相应咨行贵抚，饬将各该口岸现驻各国领事姓名并洋商行行栈字号、大小及并无领事行栈之国，或无领事而有别国领事兼办者，一律查明咨复，嗣后仍按季咨送本衙门备查可也等因。

同日，并准南洋大臣咨同前因，饬行遵照来咨查明详情咨复，嗣后仍按详候咨送等因，奉经饬据各属查复前来。理合列折详情查核咨复等情，到本爵部院。据此，除详批示外，相应呈复。为此咨呈贵衙门，谨请查照施行。

照录清折

谨将台湾南北各口现驻各国领事官姓名并洋商行栈字号、大小，开列清折，恭呈察核。须至折者。

今开：

台南府安平县属：

英国正领事馆霍必澜（兼理美、法、丹、布、奥、日各国事务），德国副领事官梅泽，和国领事官赫墨耳（系驻厦总领事兼管）。

英商怡记行，英商德记行，英商美打行，英商庆记行，德商瑞兴行，德商东兴行，美商旗昌行，日商瑞记行。

台南府凤山县属旗后口：

英商怡记行又在东港另开分栈长顺号，英商德记行，英商美打行，英商庆记行，德商东兴行又在东港另开分栈东兴号，日商瑞记行又在东港另开分栈瑞记号。

台北府属基隆厅：

兼办英国领事马定，德国理事人毕得生，丹国洋商毕得生，日国洋商瑞记号。

以上丹、日国并无设立领事，若有事务，皆系洋税关代理。合并登明。

台北府淡水县属：

英国领事官何兰田（兼办日、德、奥三国事务），美国领事官欧卫理（住厦门），英商得忌利士行，英商宝顺行，英商和记行，英商水陆行，英商协隆行，英商恒记行，日商瑞记行，俄商安记杂货行，英民叶天来杂货行，英商西药杂货店，美商旗昌行。①

## 三六　咨送光绪十六年台湾春夏两季交涉已未结各清册由

光绪十七年五月初二日（1891 年 6 月 8 日）

五月初二日，台湾巡抚刘铭传文称：据台湾道唐景崧详称：案查福建省会通商总局奉准总理各国事务衙门咨：照得各省办理洋人交涉事件，随时办结。每届三个月，各将应办之事造具已

① 台北“中央研究院”近代史研究所藏：《外交档案》，馆藏号：01-15-014-01-005.

结、未结清册，咨送本衙门存案。倘各国公使向本衙门提及时，以便按照册报所办情节向其剖辩，不致互相乖舛，是为至要。并续奉宪行：准钦差大臣李咨，饬将各口与洋人交涉事件逐细开造案由清册，移送查考各等因，咨院行局，历经福建省会通商总局遵办，截至光绪十三年分止。

嗣因台湾改设行省，此项册报由局详奉院批，俟光绪十四年起，归台办理等因，业经职道遵将光绪十四年春季分起至十五年冬季分止，先后造册详咨各在案。兹将台湾口光绪十六年春、夏两季已结、未结各案备造清册，呈送查核，分咨总理各国事务衙门、南洋大臣察照等情，到本爵部院。

据此，除分咨外，相应呈送。为此咨呈贵衙门，谨请察照施行。[1]

① 台北“中央研究院”近代史研究所藏：《外交档案》，馆藏号：01-16-125-01-001.

# 下篇　诗文

# 大潜山房诗钞（序）

山谷学杜公七律，专以单行之气运于偶句之中；东坡学太白，则以长古之气运于律句之中；樊川七律，亦有一种单行票姚之气。余尝谓小杜、苏、黄皆豪士而有侠客之风者。省三所为七律，亦往往以单行之气，差于牧之为近，盖得之天事者多。若能就斯途而益辟之，参以山谷之倔强而去其生涩，虽不足以悦时目，然固诗中不可不历之境也。

省三用兵，亦能横厉捷出，不主故常。二十从戎，三十而拥疆寄，声施烂然，为时名将。惟所向有功，未遭挫折，蔑视此虏之意多，临事而惧之念少。若加以悚惕戒慎，豪侠而具敛退，气象尤可贵耳。余览其诗卷既毕，因题数语以勖勉之。

同治五年十一月，曾国藩书于周家口军次。[①]

① 郭超主编：《曾国藩全书》，第68页，吉林大学出版社，2009。

# 刘壮肃公诗叙

余年十有几即闻中兴诸将迈迹行伍者，惟合肥刘公省三能诗文词。读湘乡《曾文正公集》，有刘公诗稿叙，寥寥百十字，所以褒而勉之者良厚。越十余年，公巡抚吾福建台湾，余人幕府。一日，使代题某烈妇诗，因言吾武人也，诗宜古体，乃足骋其动宕雄骏之气，律诗拘于声病、对偶，勿尔为也。且我辈结发从戎，死绥无陨，妇人之从一，亦犹是已。愿子木此意为之，言笑如昨，而公捐馆舍已三十年许矣。

厥后余官京师，识公孙荃庄，病寓申浦，又识荃庄弟蘅庄，皆尔雅温文。蘅庄喜为诗，题其《师唐元素遗集》一首，尤见雅健。余既选公及蘅庄诗入《近代诗钞》，而蘅庄书来，言方重刻公集，故交凋谢，微先生无宜为叙者，曾文正公外，不更丐他人作也。爰述生平文字因缘如右。若公诗所诣，余作公别传与诗话，盖已略言之矣。

壬戌八月，侯官陈衍叙。

# 列　传

刘铭传，字省三，安徽合肥人，少有大志，会天下乱，起倡团，筑堡寨自卫。淮、淝里豪并起，相雄长。一日，其父惠途遇别堡大豪，为所辱。铭传蹑豪数里，夺其佩刀杀之，乘马缓辔而归，时年甫十八耳。西乡诸堡皆怖慑，不敢平视。

咸丰九年，率乡勇从官军克六安。十年，援寿州，皆有功。

同治元年，江苏巡抚李鸿章募淮勇东征，铭传以千总率所部从至上海，独立一帜，号曰“铭军”。战降南汇贼首吴建瀛、刘玉林，以其众来属。别贼吉庆元寇南汇，击却之。克川沙，连破奉贤、金山卫，累功擢参将，予骠勇巴图鲁名号。再蹈贼野鸡墩，解四江口围，擢副将。

二年，会攻福山，驱常昭之贼，升总兵。杨库汛者，沿江要隘也。悍贼密布营垒，为死守计。铭传会水师攻之，战六日，江阴援贼屡受创，不得逞，而伪忠王李秀成渡江，率五伪王水陆军数十万，分道来援。铭传合诸军迎击，大破之，乘势克江阴，取无锡、金匮，苏州之势遂孤。诏以提督记名，赏头品顶戴。大军克苏州，降贼皆见杀。伪护王陈坤书死守常州不下，而程学启又战死嘉兴。鸿章亟檄铭传，特将一军攻常州。铭传遣将壁奔牛镇，降贼渠邵小双，即令扼丹阳，断援贼，而躬率敢死士攻城，破贼十余垒，降万余人。伪章王犯奔牛，牵我师。李秀成鼓轮舶济师，炮击奔牛，饷且绝。铭传闻之，宵驱五百人袭贼后，内外夹击，呼声震天地，刬贼垒三十余坐，斩馘十万，蹙诸江。

三年，遂拔常州，生禽陈坤书，磔之，常州平。赏穿黄马褂，旋特授直隶提督。时湘军既复金陵，士卒苦战久，诸老将功成名立，多散归。而淮军继兴，志锐气盛。铭传又独年少，勇略冠诸军，铭传之名遂噪海内。会大河南北捻匪大炽。

四年春，僧格林沁战没曹州，朝命曾国藩督师山左，乃奏募淮勇，设四镇重兵，特檄铭传壁周家口，连破捻于瓦店、南顿，解扶沟之围。国藩以其兵精捷，改为游击之师，率师援鄂，克黄陂，追北至颍州，破之茅屋店，兼旬之间，逐贼千七百里。优诏褒美。铭传独念中原平旷，捻骑飘忽分合，狼奔豕突，动辄数千里。我师专主游击，与贼并驱，不能制其死命，于是建议筑长堤，扼沙河，蹙贼河南，为聚歼之计。铭传自任朱仙镇以下河防，分汛兴筑，工甫竣，而贼毁汴防以出。铭传分军蹑击，创之于巨野。捻首张总愚遂窜陕西，任柱、赖汶光窜山东。自是捻有东西之目。李鸿章寻代国藩督师。铭传提所部自郓城至京山，东西数十战，贼望风披靡，无敢撄其锋者。

六年正月，贼走尹隆河。铭传与鲍超约期会战，不及期，失利。四月，破贼于黄安，东追至宛郡，屯信阳，整兵再战。于是东自应山、黄陂，西出安陆、襄、枣，北从南阳至郑州，铭军常为选锋。贼狂奔连日夜，不获一战。乃复议防运河，扼胶莱，筑长墙，北起夏店，南抵柳林口，以遏贼西。秋，引兵破沭阳围贼，追北至诸城、日照，殪任柱于赣榆。赖汶光图窜青、济，间道驰潍邀击，破之。贼西走新城，为所截；东走寿光，薄之于洋、漈两河间，悉歼其众，河流尽赤。诸任既殄绝，汶光寻投死扬州，东捻平。论功以铭传为首，诏赏三等轻车都尉世职。

铭传自剿捻以来，血战四载，积劳成疾，莫能骑，乃乞归养疴。

七年，西捻张总愚渡黄河，突畿疆，京师大震。诏特起铭传总统诸军，驰抵东昌，会师进剿，叠破之盐山、沧州、德平。鸿章仍筑长墙困贼。贼图扑运河，适马颊河黄水并溢，铭传会诸将纵横遮击，贼众尽殪。张总愚挟数十骑走茌平南镇，蹈水死，西捻平。晋一等男爵，诏壁军张秋。

九年，上命督军陕西，剿北山回匪。部署诸军既定，上疏陈大势，复引疾归里。

铭传善用兵，能以少击众，与程学启齐名。其初出也，将五百人，稍增至七千，常敌贼数十万。讨捻，益骑兵，合万二千人。其用械器，悉改泰西新式，战发贼，戡捻匪，卒以此收功。平居持议，尤以建铁路为自强要图。

光绪六年，俄人争伊犁，应诏至都，因力陈造铁路之益，请修南路，由清江经山东，由汉口经河南，俱达京师。北路则由京师东通盛京，西通甘肃。其疏略言自强之道，练兵造器，固宜次第举行，然其机括则在急修铁路。铁路之利不可殚述，而于用兵一道，尤为急不可缓之图。中国幅员辽阔，画疆而守，防不胜防。铁路一开，则东西南北呼吸相通，视敌所驱，相机策应，无征调仓皇之虑，无转输艰阻之虞。合我国二十二行省，联为一气。从此裁兵节饷，并成劲旅，则一兵可抵十数兵之用，而权操在上，又不为疆臣所牵制。所以立自强之基础者在此，所以杜外人之觊觎者亦在此。疏上，议虽格不果行，而中国铁路之兴，实自铭传发之。

光绪九年，法人夺越南，扰闽越，窥台湾，扼我南洋门户。

十年，上命李鸿章趣铭传治军，不之应。闰五月，法事岌，诏给巡抚衔督台湾军。乃强起，条上海防十事。行抵基隆，巡视炮台，仅存五炮，不能军。居七日，法来犯基隆，台立碎。基隆南距省治台北府六十里，而狮球岭横亘万山之中，法既毁台，更筑坚垒，置巨炮。铭传移军基隆山后，晓乘大雾，选骁将率精卒百人，潜入垒傍空室，出不意猝以炮击垒，近障者半伤死。别以镇兵出傀道，超敌后，鼓噪薄之。敌惊溃，争赴舟，多堕水死。是役也，毙法酋三人，斩馘数百，夺纛二，他兵械数十，遂复基隆。事闻，上嘉奖，出帑银三千两犒军。

铭传念沪尾为濒海要区，距台北仅三十里，军资饷械皆萃台北。死守基隆，敌且袭后路，制吾命。且敌舰驶海上，我无舰以应之，而江督以三轮舟济师，辄败返。此绝域也，不舍基隆啖敌，避舰攻，致陆战，直坐毙耳。乃徙军沪尾，留将卒二百人扼狮球岭。明日，法果以巨舰十二载师至基隆，而别分精卒袭沪尾，毁垒而进。我以羸卒诱近大军，战移时，别将张李成伏兵突出丛箐中，腹背夹击，殊死斗。敌大溃，蹙至海滨，斩千余人。时法人毁我炮台殆尽，我军全恃肉薄。铭传每当阵一呼，将士皆奋跃致死。法人既三犯沪尾，不得志。月眉山之战，将士忍饥冒雨，誓死拒，营将跣足往来督战，无不一当百。法人益惊慑，自此不敢轻试。

初，铭传之弃基隆也，将卒皆力谏，朝士闻之，骇然大哗。铭传不为夺，曰：兵事变化，岂局外人所能遥度耶？躬壁淡水，策应指挥，短衣麻履，时亲出当军锋，炸丸堕马下，从容谈笑不顾。坚持八阅月，卒保危疆。上嘉其劳，授福建巡抚。

明年，媾成。朝议台湾阻海，为南洋锁钥，当立行省自治，乃改铭传为台湾巡抚。于是斟酌旧制，奏增府一，曰台湾；县三，曰台湾、云林、苗栗；厅一，曰基隆。改旧台湾府为台南府，台湾县为安平县，埤南厅为台东直隶州。增设布政司一、澎湖镇一。台湾之立行省自此始。

生番窟宅台南北七百里，与民居犬牙交错，岁戕民千余。盗贼出没其间，土豪假防番醵金募士，抗官吏，违号令，赋税不以时至。铭传檄将吏分路剿抚，时亲督大队入山，威慑惠怀，南、中、北三路及前、后山生番皆剃发归化；复集番童，教之台北府。久之，语言、衣食皆如腹地人，至不愿归。

又念足兵必先足食，于是丈田亩，清粮赋，四年溢经额三十六万三千三百两有奇。其诸所创土田、茶、盐、金、煤、林木、樟脑之税，充羡府库。始至，岁入金九十万，后至三百万。因筑炮台，购火器，设军械局、水雷学堂。要以兴造铁道为纲纽，辅之以电线、邮政，穴山梁水，辟巨道七百里，以通南北，台防益固。

先是铭传两上疏，陈铁路为强国计，既屡沮于朝议，至是始建路。台湾创兴一切新政，其意不但为保障东南七省已也，且将举一隅之设施，为全国树之范焉。时醇亲王奕譞督海军，李鸿章佐之，皆锐意任铭传，特加太子少保。

十六年，加兵部尚书衔，命帮办海军。铭传益感奋，思致身自效，尝登沪尾炮台，东望日本，唏嘘叹曰：即今不图，我为彼虏矣！未几，醇亲王薨，鸿章孤立，户部忽奏请天下海军十年内毋增舰炮。铭传喟然太息曰：人方基我，我乃自抉其藩，亡无日矣！鸿章争之，不能得。铭传遂三上疏求去。去四年，而朝鲜之难作。

铭传才兼文武，治兵喜用奇，信赏必罚，善于弛张将卒。沪尾之战，以千余疲病之师当十倍强敌，尝令军中杀敌一级赏百金。有哨官朱某者，见前军不利，裸身衔刀，大呼衷敌师，裂其阵，血淋漓至不能辨面目。战归，即戮前军之却者，以其众畀朱率之，故人人皆乐为效死。然性恬淡，功成不居，自始出治兵讫居方镇，凡五进，而乞退之疏至十八上。识者谓见几而作，不俟终日，铭传庶几近之。然观于士大夫出处进退之间，亦可以觇世变矣。

甲午中日之役，铭传方卧病山居，朝廷命李鸿章谕意，铭传不肯出，乃以书报之曰：朝廷果使铭传督师，则请练兵四十万，以二十万分屯沿海，而以二十万扼鸭绿江，不使日人越江一步，兵法所谓先人制人者也。时翁同龢当国，素忌淮军，故但使鸿章促其出，而延不降明诏，实阴尼之云。

二十一年，以疾卒于家中，年六十。是年，台湾割隶日本。遗疏入，天子轸悼，赠太子太保，谥壮肃，建专祠。平生所著有《大潜山房诗钞》一卷，《奏议》二十四卷，藏于家。[①]

① 作者为王树枏。

# 赠太子太保兵部尚书衔福建台湾巡抚一等男爵刘壮肃公神道碑铭

桐城马其昶撰

公姓刘氏，讳铭传，字省三，合肥人。曾祖某，祖廷忠，考惠，世业农，后皆以公贵，赠如公官爵。

公生而英特，有伟抱，尝登所居大潜山，叹曰：生不爵，死不谥，非夫也。会天下乱，淮、淝居民争筑堡寨自卫，各相长雄。一日，有大豪呼公考至马前，责供给不时，至诃骂而去。公愤甚，蹑豪行数里，夺其佩刀，杀之，乘马徐归。于时年十有八矣。

同治元年，合肥李公以曾文正公奏荐巡抚江苏，募淮勇东征。公以千总从，所将卒号“铭军”，连击破川沙、奉贤、福山，解常昭围，合水师夺扬舍汛要隘，苦战六日，乘胜下江阴，取无锡，进攻常州，奇兵出奔牛镇，降其酋，推锋直进。寇复犯奔牛，还军却之。再攻围常州，先登，生获寇酋陈坤书，常州平，积功至提督，赏黄马褂。而程忠烈已前定苏州，遂越境应浙军攻嘉兴，克之。至是，公平常州，亦出屯句容，以应江宁围军。于是湘军拔江宁，殄洪寇，积苦久，遂皆散遣。

群捻复纵横齐、豫、吴、楚之郊，曾公受命督师，湘军将既已罢归，乃益募淮勇，设四镇重兵。公屯军周家口，战捷于瓦店、于南顿、于扶沟，诏授直隶提督，率师援鄂，克黄陂，追贼至颍州，大破之。公以中原平旷，地贼四走疲我，乃建议筑堤，扼沙河为守。贼溃，突汴梁堤，追创之于巨野。捻首张总愚窜陕西，任柱、赖汶光窜山东，自是有东捻、西捻之目。

李公代曾公督师，公率所部自郓城至京山，东西数十战，贼皆披靡望风遁，由是东至黄陂，西至安陆、襄、枣，北至南阳、邓，铭军常为选锋。复议防运河，扼胶莱，筑长墙，北起夏店，南抵柳林口，遏贼骑西。

六年，引兵南救沭阳，追北至诸城、日照还，殪任柱于赣榆。赖汶光图窜青、济，间道驰潍西北，击破之。蹙之海滨，歼其众，河流尽赤。汶光自投扬州防军以死，东捻平。论功最，给三等轻车都尉。乞假归。

七年，西捻张总愚由陕窜河朔，畿辅大震，诏责诸将。率公卧疾在家，李公假朝命，强起之，会师进击盐山、沧州、德平。李公仍议筑墙临邑，属之马颊河。墙成，值大雨，徒骇河盛涨，贼不得渡，张总愚赴水死，西捻平。晋一等男爵，诏驻师张秋资镇守。旋命督军陕西，剿北山回匪，引疾归。

论者谓李公江苏之功推程忠烈，平捻功公为大，忠烈攻嘉兴遽战死，而公初起将五百人，稍增至七千；讨捻益骑兵，合万二千人；西防陕，增多至二万。逮后台湾之役，以异数改巡抚，位望乃益崇矣。自程忠烈始识外国机器利，其战江苏，悉改用新械，淮军竟以此胜。而公尤以铁道实自强要图，其关于兵事利害为重。

光绪六年，与俄罗斯争伊犁约，应诏至都，即上言铁道便利数大端，李公因奏公主办，议格不行。

十年，法兰西扰海疆，再起公，以巡抚衔督台湾军务。至七日，基隆炮台毁。公以台湾无兵舰，不利海战，移军基隆山后，避炮弹，且诱敌登陆。寻击毙法酋二、兵百余，夺二纛，他兵械数十。有诏褒美。法兵，以偏师往绁基隆军，别遣五舰犯沪尾。沪尾者，基隆后路也，距台北府三十里，军资饷械皆聚台北。公夜退师，驻淡水，犄角沪尾。谤讥流闻，取断于中，不眩时议。敌益增舰来攻。是时马江已挫，上海用三轮船济师，皆遏不达。诸将冒风雨跣足督战，坚守八阅月。诏授福建巡抚。

明年，媾成。朝议台湾阻海峙南洋门户，当设立行省自治，乃改公台湾巡抚，奏增一府一厅三县。生番窟宅台南北七百余里，奔狂叫呶，风气湮阏，捣虚斧颃，厘其驯稚，一皆化熟，不以异类自疑。念兵制久敝，不饶给财用，无能革新，于是清丈田亩，赋收倍经额。而诸所创土田、茶、盐、金、煤、林木、樟脑之税，亦充羡府库。始至，岁入金九十万，其后至三百万。因益筑炮台，购火器，设军械局、水雷局、水雷学堂。要以兴造铁道为纲纽，辅之以电线、邮政，功费大万百余。公思以一岛基国富强，迹所已效，威名树立，如其初志。累加太子少保兵部尚书衔，又特命襄办海军事务。尝登沪尾炮台，东望日本，唏嘘感发，曰："即今不图，我为彼虏矣。"已而户部奏请天下十年内毋增置舰炮。复喟曰："人方惎我，我顾欲樽俎折之乎？"遂三疏求去。

台湾之立行省自公始，公治台湾凡七年而归。归四年，而朝鲜难作，屡召不出。遂以疾终于家，春秋六十。是年，台湾割隶日本。遗疏入，天子轸悼，赠太子太保，谥壮肃，建专祠，史馆立传。

长子盛芳，直隶候补道，前卒官。其长孙朝仰、三子盛芾皆员外郎。朝仰承袭男爵。次子盛芸，赐举人，记名道。四子盛芥，举人，候选道。女四人，皆适望族。配程夫人。侧室有出者，曰项氏、陈氏；绝粒以殉得旌者，曰二李氏。

公以某年月日葬某乡某原。其诸孙朝望，举人，刑部郎中，致公所为《大潜山房诗》一卷，并致状曰：先公墓碑未刻，敢请铭。乃铭。公所著别有《奏议》二十四卷，藏于家。

辞曰：公专阃寄，方壮其齿。金节雕戈，谑浪书史。蛰居在壑，公欢无止。皇怵外讧，诏速公起。公来氓骦，彼骄亦骇。韬智衔勇，创古未有。涨天大泽，纳于一沚。公胡遽归？公归不俟。疆场成坏，彼此一时。悲膺雄志，虽死而视。焯功镵词，万古是记！

## 淮上送李少轩观察归里

碧草迷南浦，春风送客舟。
骊歌唱三叠，别酒醉千瓯。
淮上一挥手，潇湘依旧游。
风尘须郑重，道路费勾留。
既涉洞庭水，拟登黄鹤楼。
有诗先寄我，无恨莫生愁。
此去难为别，离君孰是俦。
君归我亦返，不愿觅封侯。

## 题风雨穷途图

午夜冲寒唤渡河，满天风雨怅如何。
一身落落谁知己，四顾茫茫且放歌。
岂是芦中人未识，恐教髀里肉生多。
画工似有规侬意，不写逍遥写折磨。

## 遣　怀

自从家破苦奔波，懒向前人唤奈何。
名士无妨茅屋小，英雄总是布衣多。
为嫌仕宦无肝胆，不惯逢迎受折磨。
饥有糗粮寒有帛，草庐安卧且高歌。

## 文章歌

盛朝修文不用武，大地人人歌乐土。
千家万户重读书，只学文章不学古。
学古无所益，文章能进取。

人生总角百无知，父兄教之读八股。
年年日日苦哦吟，笼袖凭几岁月深。
幸有明师传真诀，清词妙句为时钦。
自矜手笔如燕许，足堪振翼步云程。
孰料文章憎命达，一战再战榜无名。
落第归来怒焚卷，怀才不试安贫贱。
隐身山谷与世违，功名从此无心念。
朝朝采药亦悠然，频年又复遭时变。
无端烽火漫天来，骨肉流离不相见。
飘零无处寄此身，生成傲骨不依人。
天涯走遍无知己，满腹文章志不伸。
吁嗟乎！读书万卷无所成，文章两字误苍生。
此身已受文章病，莫把文章病子孙。

## 重九后，史松园来访，阻雨夜坐，各口占一律，即步松园韵

天意留君住，萧萧雨满岭。
阴晴无定局，得失愿同心。
灯火三更静，烽烟万里深。
明朝云雾散，红日挂山林。

## 元旦作

爆竹一声声，新符祝太平。
羽书应罢息，棋局渐分明。
春色山河壮，天时岁月更。
山居过令节，依旧走征尘。

## 应募入皖辞家晓行

拜别亲朋去故关，举家相送泪潸潸。
从戎气壮晨趋马，破晓云开鸟出山。
人值少年当自立，身逢乱世敢偷闲?
中兴将帅堪平寇，我待功成定早还。

## 楼头玩月偶成

日落夜朦胧，霞烘夕照红。
坐当风紧处，人在月明中。
城小呼更急，天清起籁空。

倚楼频四顾，高唱大江东。

## 赠杨艺芳观察

皖水识荆州，经年作伴游。
三生遇同志，百战为封侯。
鲁酒同谋醉，吴江共泛舟。
此心勤报国，相视寇如仇。

## 上海军次中丞接篆日

半壁皆烽火，江南不见春。
离家三四月，航海八千人。
才系苍生望，身承宠命新。
英雄有抱负，举止自天真。

## 病中偶作

长夏披襟卧短床，病中心事感茫茫。
医家抱憾无真药，客路怀思是故乡。

惟望三吴停羽檄，好将一剑付儿郎。
此身闲散无羁束，不作诗狂作酒狂。

## 昆山道中

山光隐隐水悠悠，战罢闲乘画舫游。
方避大潮无险恶，为寻前路费勾留。
三年烽火千家泪，满地干戈一叶舟。
儿女深情消不尽，长歌一曲遣风流。

## 堰桥送子璧归里

秋风萧瑟雨满天，千里归心留不得。
欢愁已尽昨宵言，丁宁莫负明年约。
轻舟挂起一帆行，两袖难禁双泪落。
古今惟有别离难，况是客中人送客。

## 步季荃统领原韵

自从仗剑赋随征，所向频闻唱凯声。

狂寇无端暴赤子，斯人怎肯负苍生！
诗成元白垂词翰，画上丹青表姓名。
我望君家功早定，布衣归去话时清。

## 宝堰军次夜占

百战军书息，龙泉不减光。
折磨身渐弱，风雨夜生凉。
漏转敲更急，心闲入梦长。
依稀一灯影，谁与话联床。

## 送刁畹兰归里[①]

故人别我去，涕泪两潸然。
路隔一千里，君生四十年。
此身须郑重，有子赖成全。
江上暂挥手，相逢订有天。

① 原题下注：畹兰无子，归携一妾，作此勉之。

## 小　船

扁扁一叶舟，茫茫大江水。
纵有恶风波，来去任情使。
来去能自由，险危何所恃？
生小江湖惯，纵横波涛里。
不问潮起落，先自定行止。

## 六月望后，往剿金陵，舟抵口岸，忽闻捷音，当于月下赠张友兰

广寒捧出一轮月，照得山河千里白。
茫茫江水古今流，登舟我与君皆客。
君来此间访故人，我复寻君话寂寞。
一日离君如有失，一旦逢君何其乐。
隔江羽檄忽飞来，五更潮起催离别。
挥手孳孳不尽言，丁宁莫负秦淮约。
秦淮美景旧何如，无端变作豺狼穴。
男儿壮志在四方，所向当能消瘴孽。
横戈勒马走吴山，年来擒斩皆名贼。
战罢东南不息兵，军书迫令来西北。

霹雳一声撼大都，四海争传去元恶。
天子闻捷喜不禁，中原从此烽烟绝。
武夫解甲告归田，也到西湖闲放鹤。
自知野性不宜官，由人绘像凌烟阁。
知我一生惟有君，请君与我同采药。
入山顿与世情违，利锁名缰俱解脱。
狂歌痛饮乐天年，何须更觅长生诀！

## 将攻广德、常州，李春生太守投诗赠行，即步原韵奉答

几年烽火乱离深，棠树新栽咸受阴。
天特生才为济世，我无壮志起归心。
大都已有旁人复，元恶何须独手擒？
此去宣州相隔远，鱼鸿有便报佳音。

其二

休将别意比东流，客路离君孰是俦。
岂仅谪仙能识郭，堪欣百药亦知刘。
十年戎马风尘瘁，百战澄清志愿酬。
挥手临歧无所嘱，勉留政绩在江头。

## 寄刁畹兰

别后无音问，乡书逐细询。
眼前皆往事，目下更何人！
行止不如愿，功名困此身。
秋来作归计，解甲洗征尘。

## 送振轩征吴兴

捧檄赋长征，军期敢怠行。
故人分两地，挥手有同情。
客路悲离别，沙场共死生。
待君平越后，湖上话澄清。

## 建平秋晚

落日起暮烟，红霞横远曙。
久雨阴初晴，闲云归何处。
大地息烽烟，荒城少黎庶。

盗贼无远谋，几曾成割据？

## 偶　作

解甲还乡去，入山种翠薇。
何须老大返，依旧少年归。
朋辈疏音问，官场任是非。
此身欲闲散，故与宦情违。

## 久雨中秋晚晴

不期久雨晚来晴，扫尽烟云见太清。
秋色莫如今夜好，月光总是故乡明。
一灯诗酒增怀感，几日萧疏洗甲兵。
举目山河无掩蔽，皖南风景客中情。

## 玩　月

凉夜望无边，当头一轮月。
方从海上生，皎皎横空碧。

秋风卷浮云，不许滓清白。
光明照我心，我心相与洁。
古有斫桂人，今犹在蟾窟。
春来秋去多，曾否成白发？
天高事渺茫，世人终忽忽。
七宝共修成，何以圆复缺？
独酌对团圞，举杯问真诀。

## 题吴春海太史《岁寒登岱图》

隐隐岱山巅，登临一渺然。
征途起游兴，风骨傲寒天。
志趣超前辈，文章达少年。
行当作霖雨，岂特慕高骞。

## 寄刁畹兰

弦断伤情日，东来未有期。
十年同患难，两地各怀思。
梦里长相见，天涯远寄诗。
家居何事乐，告与成人知。

其二

自君离别后，落落少同俦。
寄语伸前约，怀人怅晚秋。
关山千里路，风雨一灯愁。
不遂归家愿，思归亦倦游。

## 赠荩臣子务归里

百战澄清衣锦还，征途挥手泪潸潸。
倾囊各赠千金去，只济人艰莫买山！

## 和子务诸君重九登高赋诗，即用原韵

柳营诗社是谁开，争去登高写捷才。
下马狂歌红叶处，一声长啸白云来。
归时头上插花满，酒尽人多击钵催。
更有苦吟吟不就，山头怅望独徘徊。

## 赠　马

良骥肝肠热，频年相与行。
原无千里疾，所向大功成。
百战同艰险，长驱托死生。
雄姿人共识，黑白两分明。

## 秋　晓

乌啼大梦惊，一军笳鼓歇。
门外白茫茫，是霜疑是月。

## 闻　曲

琵琶音最巧，解说别离难。
多少伤情事，曲中和泪弹。

其二

悠悠曲未终，滴泪满衫中。
不仅别离恨，繁华转眼空。

## 有 感

不幸入官场，奔劳日日忙。
何曾真富贵，依旧布衣裳。
负性无谦假，宜人说短长。
莫如归去好，诗酒任疏狂。

## 咏狼山署中送来菊花

西风帘卷正徘徊，千里传书送菊来。
分付小童勤灌养，好留晚节占花魁。

其二

惆怅重阳未赏新，忽从江上出烟尘。
风霜不折孤高气，人比黄花花胜人。

## 不 寐

笳鼓声声急，秋深觉夜长。
五更难入梦，多病欲还乡。

漏永灯无焰，窗明月有光。
人眠我独醒，何事费思量！

## 征　雁

一声征雁出云端，万里长空秋气寒。
远塞来时不容易，明年归路更艰难。
仰看结阵飞何处，欲寄相思到故关。
南去有人同怅望，敢烦传语报平安。

## 无锡道中

满地烽烟百战收，轻舟来去任情游。
青鞋布袜无官气，一样同人上酒楼。

## 赠蒯蔗农观察

流俗好逢迎，斯人直道行。
纯真为世重，坦易见心平。
朋辈皆亲厚，语言总至诚。

此身无嗜好，依旧老书生。

其二

戎马倥偬际，劳人敢宴安！
别君情怅怅，挥手泪漫漫。
千里关河隔，一行书信难。
临行无所赠，寒日勉加餐！

## 别江南

东南半壁寇乱生，多少官军战不平。
李侯捧檄渡江去，八千子弟赋从征。
我亦仗剑随长往，三年血战大功成。
驿使往来传捷报，大江南北俱澄清。
天子行诏赏优隆，父老欢声颂厥功。
军中歌铙洗兵甲，武人衣锦不衣戎。
江南景象重兴起，山水明丽鸟声喜。
此身闲散可纵游，羽檄忽来催去矣。
来时白骨堆尘土，去时楼台听歌舞。
同俦相送涕泪多，别离情难征战苦。
白云一路护行舟，黄叶千家唱晚秋。
东风昨夜波涛急，为送征人返故邱。
方兴美景未游赏，名花胜境空遗想。
何时解甲离沙场，轻舟江上重来往。

## 登焦山寺

焦山古名胜，云水望重重。
风雨来孤楫，烟波护一峰。
还乡思隐退，对景阔心胸。
有此托身处，何须万户封！

其二

庙在孤峰下，茫茫烟水中。
我非佳客至，禅是老僧通。
潮起江流阔，云归山不空。
系舟一游览，返棹去匆匆。

## 赠别振轩

淮南羽檄忽飘驰，流寇纵横命出师。
昔日战争同患难，故乡父老识旌旗。
一军航海成功早，千里辞君绕道迟。
挥手挂帆过江去，关河迢递各相思。

## 甲子科余过金陵，值诸生入场

离乱至今无考试，文章自古重科名。
斯人造福开贤路，霖雨何时洗甲兵？
烽火十年成浩劫，王师百战克坚城。
我逢盛会经过此，堪为中兴颂太平！

## 轮　船

不藉风潮力，横行自往还。
转轮千百里，回首万重山。
放荡江湖里，飞腾波浪间。
欲乘渡沧海，借以出尘寰。

## 怀　人

原因福薄功名淡，只为情深涕泪多。
东望大江千百里，怀人不禁放悲歌。

## 无为道中答张小亭

大江千里白漫漫，风雪归来一桌寒。
感我战征长作客，闻君高雅不求官。
平居肯以诗书重，久隐应知世事难。
昨过横渠未相识，回思勒马怅盘桓。

其二

年来仗剑走江湖，劳顿风尘未改途。
多病无心贪厚禄，还乡有意步高衢。
师行皖北千家望，春到江南万物苏。
如果大才肯济世，云程平坦不崎岖。

## 庐江道中

青年作客喜归还，车马纷纷入故关。
行到近乡无几路，从人指点望家山。

其二

马前父老拜纷纷，争把壶浆供大军。
昔日江湖曾落魄，吹箫时节几人闻！

## 甲子冬以师行还家，夜中偶作

剪烛西窗夜话时，旷谈不觉夜眠迟。
堂前灯火听儿读，枕上吟哦教妾诗。
风雪一家团骨肉，干戈何处望旌旗。
中兴愧我无功绩，且幸还乡慰别离。

## 出　门

久客得归家，山居乐鸡黍。
忽传羽檄来，催促出门去。
临行别妻孥，相看无一语。
稚儿放声哭，牵衣问行所。
昔岁征吴越，今当入秦楚。
壮士既从军，此身长羁旅。
别离情实伤，军檄书难拒。
愿儿早长成，一剑付与汝。

## 雪　夜

玉龙方战罢，雪月两交萦。
心静无春梦，天寒有鹤声。
怀人千里隔，照我一灯明。
秦塞风烟紧，终劳赋远征。

其二

大雪苦寒夜，短床高卧时。
早春归雁缓，斜月到门迟。
才得还乡里，又将远别离。
辞官未有术，翻恨受人知。

## 淮河晚泊

淮上烽烟净，重游识路程。
浅滩舟泊处，彻夜水流声。
风浪今无险，渔灯渐有明。
昔年经过此，盗贼正纵横。

## 和刁畹兰《病马歌》

庑下有病马，长行不忍骑。
或有人告我，不骑将何为？
马原奔走命，生当乱离时。
既与成大功，岂可遽别离！
崔巍纵难上，闲散亦不宜。
平原放春草，顾影无雄姿。
失主不哀诉，念群转悲嘶。
惠养之人日日忧良骥，其奈受病不服医。
口云舍去心不忍，百战功成皆赖之。

## 喜见乐山观察

与君离别久，相见两殷殷。
问讯先含涕，征鸿未失群。
三生逢故旧，百战共辛勤。
千里来欢聚，依依不忍分。

## 得杨艺芳信却寄

经岁无消息，音闻两不知。
得书如与见，握手更何时。
马上风尘隔，天涯慰问迟。
望云一洒泪，千里寄相思。

## 移师渡淮赠别六安诸友

一声吹角催分手，千里征途去故乡。
但愿亲朋勤慰问，不烦父老献壶浆。
劳人念念关情处，杨柳依依古道旁。
我向诸君长揖别，临歧涕泪满衣裳。

## 过泗州借住释迦寺偶作兼赠聚一上人

梦中曾被仙人诏，怪我如何不出家。
两眼尚包儿女泪，此生自识果缘差。
览游禅寺思身隐，流落风尘念物华。

心事茫茫何所寄，大江东望浪淘沙。

其二

岂劳修炼才成佛，若得清闲即是仙。
如我长征无息处，搅君彻夜不安眠。
未辞辛苦行千里，且欲留连住一天。
愿待澄清放归隐，好来方丈结禅缘。

## 睢宁途次闻捻匪渡汶河

大军未出江南境，流寇先过汶上河。
马力纵强追莫及，王师欲克在相和。
将能谋算非徒勇，兵若精奇不用多。
江海尘氛俱扫荡，羞看池水起风波。

## 寄贺振轩到淮徐道篆

书生佩印拥金羁，脱去戎衣着锦衣。
兄弟一门分节钺，淮徐百姓望旌旗。
荣明厚禄何为重，解甲投戈实慰思。
明日官僚迎道左，问民疾苦下车时。

## 答彭禹卿十二韵

一月未作诗，闲情无所托。
偶翻案头书，得君赐我作。
笔健语意真，句古才思博。
君当学冠时，我年正稚弱。
先后共塾师，知君贫而乐。
灶头断薪粮，心中殊廓落。
不以穷困忧，吟哦终自若。
世变我从戎，君亦入戎幕。
皖中未相逢，江南复离索。
去岁遇吴门，相订今年约。
君来匡我成，筹画资方略。
同济乱世艰，共入凌烟阁。

## 寄刘湘笙

送君归时君欲哭，不放君归君更哭。
我今惆怅思故人，君已欢然团骨肉。
我自君归懒作诗，作诗无人为赏录。
秋风起时望君来，丈夫莫为闺情束。

## 路奠故僧亲王

远道驰驱应诏来，中兴始定栋梁摧。
当途恭候迎归榇，捧酒专诚奠一杯。
披甲十年征战苦，盖棺千里哭声哀。
乡城士庶争相祭，都说王贤将不才。

## 济宁军次夜占

枕簟夜生凉，楼高风雨狂。
电飞光入壁，睡觉梦还乡。
途路行千里，家书无一行。
我来镇东鲁，岂许寇披猖！

## 感　成

武夫如犬马，驱使总由人。
我幸依贤帅，天心重老臣。
上官存厚道，偏将肯忘身。

国事同家事，谁看一样真。

## 由济宁回师徐州途中作

盗贼纵横敢宴安，征途驱马路漫漫。
渡淮更觉风尘苦，放眼深愁世事难。
劳我奔驰追悍逆，望人振拔挽狂澜。
师回东鲁千家怅，父老攀辕馈午餐。

## 晓　行

茅店闻鸡梦始惊，深宵睡起赋长征。
五更不辨旌旗色，一路惟听车马声。
战伐未曾歼巨逆，奔驰谁为定前程。
无家士卒何依念，俱喜南归不怠行。

## 道经沛县

沛公阔达真豪杰，四百年过今若何？
关内曾更秦法律，眼前不见汉山河。

乡城御寇兵防紧，老大还家感慨多。
莫谓高皇情太薄，晚年犹唱《大风歌》。

## 云龙山中赠张海珂军门

军中连接南归檄，喜到云龙结伴游。
我好骂人人恨否，君将放鹤鹤亭留。
相逢在此应前定，握别何时不自由。
戎马驰驱难遇合，尽欢宜醉酒千瓯。

## 放鹤亭

不知放鹤人何去，此地犹余放鹤亭。
风雨庭台谁管领，乱离景象尽凋零。
山虽低小群峰护，路近岩峨百物灵。
四壁勒书皆健笔，武夫刁斗不堪铭。

## 写家书

迟回落笔写无辞，前路如何自不知。

欲达风尘劳苦状，恐教儿女动悲思。

其二

军中夜夜枕戈眠，寝食难安亦自怜。
任怨任劳无别望，澄清时节好归田。

## 送金太守铁珊入都

风雨连宵睡起迟，晓来床上坐披衣。
初传客到情殊懒，忽报君来乐不支。
旧日雄谈全未减，高人狂态尚如斯。
故交相见宜长聚，何必匆匆话别离！

其二

客路逢秋雨满天，故人一见两欢然。
行程往返三千里，别后睽违五六年。
才大君应思报国，寇平我已望归田。
入都朋友如相问，只说寒蝉不足传。

## 偶　作

三十人为一品官，多人憎忌少人欢。
旧交朋友亲疏见，新结邻封应答难。
好管是非生性直，不忧得失此心宽。
风尘劳苦无休息，憔悴形容羞自看。

## 宿州道中

冒暑赴濠梁，行艰路觉长。
驰驱劳仆马，尘土满衣裳。
北去今还辔，南看复近乡。
身慵何处息，大树有阴凉。

## 舟过雉河答王君兼周军门

都说参谋善，临兵屡出奇。
幕中操胜算，濠上见王师。
诗句君成早，援军我到迟。
行年近六十，老益有才思。

其二

一战重围解，声威到处闻。
营开新幕府，计出老参军。
顾曲遗佳话，登楼赋雅文。
名儒与名将，报国总殷勤。

## 亳州秋晚

落日暮鸦声，秋光无限情。
旌旗翻夕照，烽火近荒城。
到处民思治，中原寇未平。
我心图灭贼，志不在功名。

## 过亳州赠子佩刺史

疮痍满地有谁怜，黎庶争传刺史贤。
喜我故人摅昔抱，与君知己是前缘。
淝西一面情殊厚，淮上孤军守独坚。
阔别数年今握手，风尘驻马且留连。

其二

暑退凉生岁月更，秋风秋雨故乡情。
我来好友应同醉，贼去遗黎复畏兵。
结客吐谈多慷慨，为官政治独廉明。
大才百里殊堪惜，所幸人民有颂声。

## 告　归

中原欣且定，解甲觅归途。
去就不关系，功名若有无。
折磨消壮志，憔悴剩微躯。
恐负军民望，还乡退守愚。

## 三十自寿

年当半甲子，壮志渐消磨。
忙里身长健，闲时病转多。
登坛无伟略，对酒且高歌。
岁月来殊速，人生奈老何。

## 生日强病见客

壮年敢云寿，相与贺平安。
客至恭迎见，人扶答拜难。
受恩期报主，拥众愧登坛。

抱病逢生日，移愁强自欢。

## 病　中

病里心烦躁，思安厌客来。
身闲由仆懒，风紧怕窗开。
日睡眠三觉，朝衔药一杯。
乞归文早去，不见答书回。

## 军次偶见闲云暮鸦，感成二首

一片浮云淡影微，无端凑合雨霏霏。
秋风吹散闲飘荡，何不归山共鸟飞？

其二

结阵寒鸦噪夕晖，晓来同出晚同归。
得栖大树窠巢稳，不肯冲烟向远飞。

## 秋夜闻笛

羌笛夜声声，吹堕相思泪。
清韵入云霄，哀音动天地。
斜月雁高飞，挑灯人不寐。
万虑一时空，此心何所寄！

## 向邻园借花数盆

不见黄四娘，何来花满堂。
既承邀共赏，敢望惠余香。
慷慨人难得，凋残价倍偿。
呼奴迁过壁，风雨善珍藏。

## 陈州防次

盗贼东西流，士卒奔驰久。
陈州中原地，息兵且防守。
军中消闲事，只有诗棋酒。

一日不相离，三者是吾友。
客宾远道来，邻封交不厚。
官场贱武夫，公事多掣肘。
我生性不羁，欺侮亦甘受。
济世重经纶，自惭无抱负。
日诫甲胄士，努力灭群丑。
一朝洗甲兵，还乡为田叟。
但愿世长清，敢求名不朽。
高官足荣贵，身后何所有。
李广若封侯，至今犹在否？

## 郊　行

郊行二三里，四望皆村庄。
秋收禾黍尽，露冷林叶黄。
马前一老叟，独在田间忙。
举头见行骑，走避殊仓皇。
我行少仆从，我佩无刀枪。
何以农夫避，呼前问其详。
农父荷锄语，战栗立道旁。
今夏贼去后，大兵过此乡。
贼至俱先备，兵来未及防。
村内掳衣物，村外牵牛羊。
人多不敢阻，势凶如虎狼。

老妻受惊死，一子复所伤。
骨断不能起，至今犹在床。
暮年寡生计，空室无斗粮。
所幸此身健，勉力事田桑。
近凡见兵马，畏怯故走藏。
我闻殊太息，揽辔思彷徨。
问彼统兵者，曾否有肝肠。
灭贼自为贼，何颜答上苍！

## 战　归

问道行兵计出奇，得教流寇见王师。
旌旗影变风云色，盗贼头悬生死时。
战罢大刀余杀气，令严万马不骄嘶。
三军气壮劳无厌，远役归来力未疲。

其二

战胜归来解甲时，临窗高诵旧题诗。
形容更比从前瘦，鞍马方舒积日疲。
士卒向人夸捷状，黎民拱手服雄师。
一朝扫尽残烽燧，好报南中两帅知。

## 得家书

千里睽违音问难，家书到眼不禁欢。
更欣稚子方教读，已解书名请父安。

## 重阳前三日作

已近重阳节，满城风雨声。
菊花渐开放，天气半阴晴。
人为登高计，愁因作客生。
秋来无别趣，诗兴觉纵横。

## 九　日

秋光四望断烟尘，雨后登高天气新。
叹息干戈未宁静，眼前不见插花人。

## 怀蒯蔗农观察

故交睽隔久，音问杳难通。
书到知何日，心长念此公。
怀人风雨夜，握手梦魂中。
万里皆秋色，相思两地同。

其二

路隔三千里，东流一桌通。
故人时眷眷，戎马日匆匆。
淡世儒生度，布衣长者风。
记君无俗气，不与众官同。

## 五　更

刁斗摧残夜，五更客睡长。
闻鸡醒梦寐，击鼓变阴阳。
帐外悬秋月，门前下晓霜。
惊心无别事，早起赴操场。

## 赠别吴挚甫

龙眠有佳士，乡里素闻知。
笔战连三捷，文声冠一时。
少年科第早，远道返来迟。
萍水得相聚，匆匆话别离。

其二

风尘离别后，把晤杳难期。
狂寇行无忌，苍生疾望医。
既怀匡世策，莫负少年时。
此去各相念，音书不可迟。

## 题乔中丞《含饴授读图》

名臣佐中兴，济世多仁术。
天因社稷生，人为苍生出。
中丞方幼时，童子无俦匹。
能语即能文，英奇如李泌。
贤哉太夫人，宝爱美资质。
含饴教读书，携抱不离膝。
读书尽五经，公年方六七。

一目过十行，义理俱精悉。
少年科第成，一时名誉溢。
文章著海内，风雨惊神笔。
除官到江南，殷勤报王室。
朝野仰贤声，恩荣特超轶。
江淮布霖雨，立去疮痍疾。
军书旁午时，不忘庭训日。
追思为图画，遥蒙寄著述。
浣手谨拜题，寡陋尽真率。

## 望中感旧

凭高南望路悠悠，何处云山是故丘。
天气近来秋景暮，贼氛远去市人稠。
渡江已走三千里，御寇非徒十二州。
回忆旧年当此日，姑苏城外泛扁舟。

## 酬冯鲁川观察赐来篆书

中原道路飞尘氛，朋侪远隔少音闻。
秋雨初晴无客至，忽传夜到陆参军。
参军手执一幅字，瘦硬通神多古意。

百金一字不可得，何幸特蒙君垂赐！
君赐篆章并赐文，文字两绝惊风云。
呼朋命酒同来赏，满座相向皆欢欣。
回忆寿春见君时，与君畅饮酒千卮。
君饮愈多愈豪放，我饮酣醉不可支。
别后与君曾一面，至今暌隔杳难见。
思君报君远寄诗，愿君莫笑武夫贱。

## 汝阳道中感事

南看兴愁北顾忧，茫茫浩劫几时收。
中原未定边陲警，大地难防盗贼流。
谋国已苍元老鬓，荷戈渐白少年头。
畿疆保障无僧邸，犹望枢臣早运筹。

## 除夕马乡寺题壁

古寺逢除夕，劳人正远行。
一年仅此日，万里是前程。
题壁留鸿爪，呼僧问法名。
乡村兵燹后，爆竹尚声声。

## 留别李嵋生观察

师次彭城偶息肩，欣逢豪士共留连。
论交痛饮樽中酒，忧世长谈海外天。
此次不忘朋友厚，两来俱值主人贤[①]。
旌旗欲上南征路，挥手孳孳泪满前。

其二

驱马中原战不休，风尘何幸识名流。
思归岂仅功名淡，畅饮原因性气投。
子季疏狂谁独鉴，平原才望迈同俦。
为歌一曲舒离恨，敢与诗人说唱酬。

## 确山途中答钱子密

淮上初逢如旧识，几回握手便倾心。
知交偶聚三生幸，流寇何时一战擒。
游子竟为长路困，高人不受外尘侵。
征途劳顿无须问，若有余闲且唱吟。

① 此处原文注：去年过徐，适振轩受官于此。

其二

匆匆话别即分襟，承赠新诗马上吟。
我愧持兵无伟略，君应济世作甘霖。
昨来已走三程路，前去犹怀万里心。
敢望还乡随露布，寇平方不负知音。

## 申阳军次赠蒯士芗观察

涕泪满衫新折将[①]，驰驱一路旧征程。
干戈未遂澄清愿，赐顾频沾朋友情。
客至偏投陈傅室，贼来不犯寇公城。
豫南春到千山绿，入境闻碑是政声。

其二

君年长我年三十，六十人如未老人。
僚属争承新教化，勤劳不减旧精神。
荣华寿考宜前定，经济文章自写真。
惭愧武夫蒙接待，相逢相识便相亲。

① 此处原文注：元夕之战，荩臣阵亡。

## 题蒯士芗观察《倚马草檄图》

承平二百年，一旦起烽烟。
将帅知兵少，官民无力全。
蒯公为刺史，赤手握兵权。
淮蔡皆强寇，旌旗屡破坚。
报功擒巨逆，倚马写长篇。
名誉当时重，头衔不次迁。
月传三捷际，事在十年前。
图绘匡时绩，史垂冠世贤。
中原正多难，节钺望君专。

## 题《慧空和尚游春图》

桃花如锦草如茵，一杖逍遥物外身。
春色万山谁领略，神仙多半出家人。

其二

踏青携伴到云岑，绕涧穿林缓步寻。
山水多情常供佛，不教春色动禅心。

## 赠别韩赓扬军门

余于春初假归故里，适直东复有贼警，赓扬仰体帅意，来劝出山，余以病辞，临别赠此。

往还奔走三千里，一片忠君爱友心。
图报自知无力量，愚庸岂敢负规箴。
人逢知己难为别，话到开诚最可钦。
兔死韩卢宜困惫，寄言不必再招寻。

## 赠张朗斋军门

久耳威名未相识，淮西一面便倾心。
年来暌隔偏难遇，别后勋劳更可钦。
气盖万人轻巨寇，腰横宝剑出儒林。
冠时将略兼文武，满地疮痍望作霖。

## 赠宋祝三军门

踏遍中原路，将军报国恩。
旌旗收劫运，父老识元戎。
战苦功方著，身劳气益充。
同时诸将领，纯谨孰如公?

其二

星使能平寇，推功荐武臣。
上迁新宠诏，后去竟传人。
同事无猜忌，论交见假真。
明朝将与别，珍重百年身。

## 赠郭子美军门

中兴将略数谁雄，三十登坛建大功。
万里驰驱征伐处，几回波浪死生中。
汾阳事业原宜载，子季疏狂未可风。
百战沙场同患难，惟君与我最交融。

## 送子美归湖南

南雁孤飞入楚天，北风吹送洞庭船。
相离相隔三千里，同死同生六七年。
回首战场都是泪，知心朋辈几人全？
客中言别难为别，挥手依依各黯然！

## 赠黄昌岐军门

谋定平吴策，楼船鼓桌东。
旌旗先破敌，江海任飞蓬。
百战艰难际，一身波浪中。
起家人力瘁，持节主恩隆。
诸将如师事，丹心报国忠。
武夫谁不贱，仆射大臣风。

# 跋

刘朝叙

先祖壮肃公《大潜山房诗钞》刻于同治年，迄今四十余载，字迹漫漶，不堪复印，而索读者还至，苦无以应其求。今春，二兄荃庄自川南解职归。未几，四兄藩庄亦卸山东昌邑篆。风雨联床之际，每相与论先人遗著，必宜珍护，以垂永久。适春圃三伯父至，亦谓亟宜重梓，以饷世之好公诗者。夫公生平经国大猷，多见阻于执政，未尽其施，而凡所建白，验之数年之后，则得失利害如烛照数计，无一毫爽者。故公之饷遗天下者，莫如《奏议》一编。此一卷诗，特公之余事，未足以见公也。

然《奏议》卷帙繁多，昔年二兄曾开印于川南，未及成而世变，工遂辍。今既不能仓卒从事，而《诗钞》则原刻之本尚有，轻而易举，且又时人所欲睹者，重付铸氏以广流布，庶亦能永宝先人手泽之一端也。函商大兄少谷、五兄少圃，亦佥谓宜，于是朝叙乃取公诗原本读校一过，遂任重印之役焉。嗟乎！朝叙生晚，未及见公，读公之诗，虽不能见公奇勋伟算，而英风豪气与报国恤民笃亲厚友之志，固往往于一歌一咏中僾乎如或见之矣。

公晚岁解组归田，养疴山中，以吟咏自适，遗诗尚数百首，稿存五兄处。五兄方客游，未能致之，汇刻成编，则将俟诸异日。

时壬子仲秋，朝叙谨跋。[1]

① 马昌华，翁飞点校：《刘铭传文集》，第442页，黄山书社，1997。

# 附　录

# 一、相关折件

## 一 贾桢遵旨议处直隶提督刘铭传任意迁延折

同治四年五月二十六日（1865 年 6 月 19 日）

大学士管理兵部事务臣贾桢等谨奏，为遵旨议处具奏事。

同治四年五月十三日，军机处片交奉上谕：刘铭传前已叠有寄谕催令迅赴济宁、汶上一带防剿，该提督竟任意迁延，迟至本月初八日始由徐州起程，殊堪痛恨！着先行交部议处。钦此。钦遵交出到部。

查定例：官员犯不应重私罪，降三级调用。又例载：派往出兵官员，遇有议处应降级调用者，暂停开缺，带所降之级，仍留军营效力，准照原缺支食俸薪；事竣之日，该管大臣将该员出具考语，给咨送部引见等语。此案直隶提督刘铭传奉谕叠催迅赴济宁、汶上一带防剿，任意迁延，实属不应，应请将直隶提督刘铭传比照“官员犯不应重私罪，降三级调用”例，议以降三级调用。系属私罪，应不准其抵销，照例暂停开缺，仍留军营效力，事竣之日，应由该大臣照例办理。

所有议处缘由，是否有当？伏乞训示，遵行。谨奏请旨。同治四年五月二十六日。大学士管理兵部事务臣贾桢、兵部尚书臣宗室载龄（差）、署尚书臣宗室绵森、尚书臣万青藜、左侍郎臣崇厚（差）、署左侍郎臣宗室载鸾、左侍郎臣载毕道远、右侍郎臣伊精阿、右侍郎臣彭玉麟、署右侍郎臣桑春荣。[①]

## 二　乔松年密报刘铭传、陈国瑞其人情形片

同治四年（1865）

再，臣伏读谕旨，知刘铭传与陈国瑞有互斗情事，已蒙圣恩免其追究查办，二臣自必感恩悔过，各图报称。惟是此二臣者于过寿州时，臣皆会相见，细察刘铭传，有勇知方，明于事理；陈国瑞则悍而且诈，不及刘铭传远甚。今其械斗之事，臣未悉其详，而就其为人以揣之，恐系曲在陈国瑞。

陈国瑞昔在袁甲三部下，恃气凌人，屡与人斗。袁甲三爱其才勇，曲予保全，至今性情变而加厉，幸曾国藩威望足以慑之，当可用命。若派隶他人，或独当一面，则必以骄恣偾事。臣愚昧之见，谨附片密陈。伏乞圣鉴。谨奏。[②]

## 三　王家璧奏请陈国瑞与刘铭传弃嫌片

同治六年（1867）

再，臣恭阅邸抄，奉旨赏给陈国瑞头等侍卫，交丁宝桢差遣委用。仰见朝廷逾格录用至意！惟臣查陈国瑞与淮军统领刘铭传各不相下，长沟之役，曾经私斗。今发往山东会剿，应请敕下李鸿章、丁宝桢传谕刘铭传、陈国瑞，晓以师克在和之道，申以两

---

① 中国第一历史档案馆藏：《军机录副》，档案编号：03-4717-051.

② 中国第一历史档案馆藏：《军机录副》，档案编号：03-4717-122.

虎不私斗之义，令其时时以国家大局为重，以蔺相如、廉颇、寇恂、贾复为法，同仇敌忾，俱弃小嫌，共成大功。毋得彼此猜忌推诿，致误事机，是为至要。谨附片具奏。[1]

## 四 朱学勤奏请饬催提督刘铭传赴任折

同治七年四月二十日（1868 年 5 月 12 日）

三品卿衔鸿胪寺少卿臣朱学勤跪奏，为请催提督赴任，以资剿贼，恭折仰祈圣鉴事。

窃查直隶提督刘铭传于上年十二月间剿灭捻逆赖汶洸等股，仰蒙圣恩给以轻车都尉世职，并念其追剿劳苦，准予暂行休息。乃迄今已逾三月，尚未见该提督赴直自效。值此西捻窜扰，犯及近畿，凡在行间，无不同仇敌忾。左宗棠、李鸿章等身任统帅，犹复奋勇追剿，况该提督膺专阃之寄，畿辅地方皆所统辖，自当一闻警报，荷戈争先，以为诸将统率，方合折冲御侮之任，乃晏然安居，视同秦越，干城腹心之义谓何？

且该提督起自卒伍，五六年间叠荷恩施，官至一品，赏延世职，不复顾君父之急，而惟为一身安闲之计。国家宠待臣工，缓急何所倚赖？而旷官瘝职，甚非所以振纪纲而励戎行也。可否饬下李鸿章催令刘铭传迅速赴直，随同剿贼，以图报称。倘或终始迁延，亦即由李鸿章奏参治罪。如此则赏不僭而法亦行矣。其郭松林、杨鼎勋、潘鼎新等军追剿日久，渐近疲乏，似应一并饬令李鸿章于刘铭传到营后，酌量遣撤休息，用均劳逸而节饷糈。

臣愚昧之见，是否有当？伏乞皇太后、皇上圣鉴。谨奏。同

---

① 中国第一历史档案馆藏：《军机录副》，档案编号：03-4731-098.

治七年四月二十日。[①]

## 五　宋晋奏请刘铭传帮办陕甘军务片

同治九年二月十六日（1870年3月17日）

再，畿疆毗连数省，自捻患削平以后，游军散勇名为遣归，实则到处出没，抢劫时闻。且畿南一带，上年久无雨雪，未能播种，民气亦多未靖，口外马贼亦未绝踪，现在全赖铭军各营分布直隶、山东地界，藉资镇压，设有调拨，呼应较灵。若调赴黔省，未免路途太远，且现在陕省吃紧，即恐彼处兵力不支，先须就近征调。

至铭军统将提督刘铭传战功懋著，人望尤孚，现虽请告在家，但当陕甘军务吃紧，可否温旨慰谕，令其帮办陕甘军务，并准酌调铭军数千驰赴关中，先清陕北之贼，再联络淮、豫诸军，并力进剿甘匪，则回逆闻风震慑，自不难迎刃而解矣。臣愚昧之见，附片具陈。伏祈圣鉴。谨奏。[②]

## 六　王家璧密陈刘铭传不堪复用片

同治十年十二月十六日（1872年1月25日）

再，敬密陈者：刘铭传位极赀厚，猾于兵事，外强中干，贪饕畏葸，私智小慧，不明大义，骄蹇市重，无复感恩图报之心。其不待曹克忠而预发三月口粮，先遣壮勇东归者，正以掩其军伍

① 中国第一历史档案馆藏：《军机录副》，档案编号：03-4819-047.

② 中国第一历史档案馆藏：《军机录副》，档案编号：03-4780-111.

多虑，无从查考也。惟该员前曾立有功绩，现在拥众尚多，江淮亦多其旧隶，朝廷念其旧劳，慎筹善处，准其引疾家居，庶几保全终始。若仍令统重兵，恃以御侮应变，不惟难期得力，致有贻误，且恐尾大不掉，别生事端。即虑归勇习于战斗，骤遣未易安帖，留备缓急征调，亦应另选廉勇统将，分任责成。

该员平日用兵，但能用众胜寡，不能以少敌多，近更将骄士纵，士瘠将肥，是以艰于致远，不堪复用，且无以儆效尤。臣为东南防务紧要且朝廷威柄所系，并保全功罪相抵武臣起见，谨附片密行具奏。①

## 七　载龄等奏为提督刘铭传不顾大局遵旨议处折

同治十一年二月十二日（1872 年 3 月 20 日）

兵部尚书公臣宗室载龄等谨奏，为遵旨严加议处事。内阁抄出同治十年十二月二十一日，奉上谕：前因刘铭传奏病难速痊，未能前赴肃州，当经降旨赏假三个月，准其回籍调理。其所部淮军，即令曹克忠赴陕接统，并恐兵将或不相习，复谕该提督俟曹克忠抵陕后，晤商妥协，将办理情形会同具奏。乃据曹克忠先后陈奏，该提督行抵陕州一带，即遇淮军所撤队伍络绎东行。即所交各营，其中员弁勇丁亦复纷纷告假，不绝于途。迨抵乾州后，刘铭传将各营弁勇清册移交，即日将交替情形主稿会奏，刘铭传亦即星夜遄发。查新接各营疲弱缺额及领饷告假者，为数甚多，均须一律募补，办理实形掣肘。刘铭传于军旅重事，自应恪遵谕旨，与曹克忠会商妥协，再将队伍分别撤留。乃竟迫不及待，遽

① 中国第一历史档案馆藏：《军机录副》，档案编号：03-4746-004.

将各队遣撤，又不先行奏明。且所交各营亦多疲弱、缺额，实属措置乖方，不顾大局。前直隶提督刘铭传，着交部严加议处，以示惩儆。钦此。钦遵到部。

查定例：官员犯违制律，杖一百，私罪革职等语。今前任直隶提督刘铭传于军旅重事，并不遵奉谕旨会商妥协，遽将各队遣撤，又不先行奏明，且所交各营亦多疲弱、缺额，实属措置乖方，不顾大局，钦奉谕旨，交部严加议处，应请将前任直隶提督刘铭传照违制律，杖一百；私罪律，议以革职。其严加议处之处，臣部例止革职，无可再加。查该员身兼一等男爵，应一并革退。

所有严加议处缘由，是否有当？伏乞训示，遵行。谨奏。同治十一年二月十二日。经筵讲官兵部尚书公臣宗室载龄、经筵讲官尚书臣沈桂芬、左侍郎臣崇厚、左侍郎臣胡瑞澜、右侍郎臣宝珣、右侍郎臣夏同善（学差）、署右侍郎臣胡家玉。[①]

## 八　李鸿章保荐将才刘铭传等员折

光绪元年二月十二日（1875 年 3 月 19 日）

大学士直隶总督一等伯臣李鸿章跪奏，为遵旨保荐将才，恭折仰祈圣鉴事。

窃臣承准军机大臣字寄：同治十三年十二月十三日，奉上谕：李鸿章从前带兵多年，于各省武职人员内有战功夙著、谋勇兼优之员，知之必稔。此等知名宿将，岂可任令置散投闲！着就平日所深知者，据实保奏，候旨简用，以备干城之选等因。钦

① 中国第一历史档案馆藏：《军机录副》，档案编号：03-4747-035.

此。仰见圣主留意将才，讲求戒备，钦佩莫名！

臣自咸丰初年出从军旅，所见知名宿将多已物故，或年力就衰。厥后带兵转战各省，于一切同事及先后曾隶部下各员随时体察考较，求其始终不易、可称将才者，颇难其选。现在西陲军事未竣，腹地伏莽尚多，而洋务方兴，海防孔亟，中国力图自强，变易旧用枪械，精炼外洋利器，非久历战守、智勇通变者，不足以当军寄。其次亦须坚朴为质，兼有心思智术，乃可逐渐操习，日进精能，非尽勇猛粗厉之材所克济事。就臣平日所知，谋勇兼优，实不易得，姑择其从前战功已著、材质可造者，据实胪陈，以备圣明采择。

查有前浙江提督一等子鲍超，驭兵有方，骁果善战，有辟易万人之概。当粤逆猖獗时，实赖该提督与多隆阿屡挫其锋，威名最著。前直隶提督一等男刘铭传，饶有智略，审机料敌，猛鸷无前，文史粗通，性情伉爽，平捻之功最多。广东陆路提督张曜，智深勇沉，器局英伟，驾驭精明，其才可当一面。遇缺题奏提督广西右江镇总兵周盛传，训练精实，布置严整，熟谙战守机宜，研求西洋枪炮，孜孜不懈。以上四员，遇有军事，似堪胜帮办及总统之任。

又有遇缺题奏提督吴长庆，约束严明，志气坚劲，调度有方。记名提督唐定奎，朴诚英勇，动中机要，现防台湾，甚为得力。记名提督卫汝贵，坚忍强毅，百战不摧，洋器、海防，能窥窾奥。记名提督贾起胜，练队练技，取准致远，临阵整暇，以少制众。记名提督吴殿元，干练耐劳，亦有胆略，战守可靠。记名总兵赵孟坤，精勤勇敢，于炮法探讨颇深。以上六员，均堪胜提督之任。

各员中惟鲍超年近五旬，其余皆四十岁内外，正可为国家宣力。鲍超、刘铭传现尚在籍养疴，其余均在各省统带兵勇，此皆陆军可用之将。至于海外轮船操法、战法，向少讲习历练之人，须俟试演稍有成效，再行随时密陈。

所有遵旨保荐将才缘由，理合缮折覆奏。伏乞皇太后、皇上圣鉴。谨奏。光绪元年二月十二日。[①]

## 九　傅庆贻请将刘铭传等奖叙片

光绪五年五月十一日（1879年6月30日）

再，山西省前因被旱较广，赈款不敷甚巨，经山西抚臣曾国荃奏奉谕旨准照天津赈捐章程核奖，抄折咨送到皖，即经转饬劝谕皖省官绅捐资助赈，或径缴山西赈捐局，或缴本省转解在案。嗣准山西抚臣抄录原奏咨会，以山西省城赈捐局收过安徽官绅前直隶提督刘铭传捐杂粮一千石、前九江镇总兵程文炳捐粮五百石、安徽候补道恽光业捐银三百两、前署安徽六安直隶州知州刘宗海捐银三百两，咨皖查照天津赈捐成案，核明办理等因，当经抚臣裕禄行司遵照去后。

兹据署布政使胡玉坦详称：各该官绅捐项于径缴山西省城赈捐局之外，又有现任滁州直隶州知州李光英捐银一百六十九两二钱，当涂县绅民钟良骏等捐银二百六十二两二钱七分，均经缴司呈请转解晋省，自应一并核奖。兹已查明程文炳、李光英二员均称不愿邀奖，又道员恽光业尚未到省，无从查取履历外，其刘铭传、周德梁、刘宗海等三员，同当涂县绅民钟良骏等，据请照章奖给刘盛佩等实职、封典五员，共计减实库平银三千五百八两，

① 中国第一历史档案馆藏：《军机录副》，档案编号：03-5767-068.

核与原捐银粮有盈无绌，造具履历清册，详请奏咨前来。

臣复核无异，除册咨部并咨山西抚臣查照外，理合附片陈明。伏乞圣鉴。谨奏。

光绪五年五月二十九日，军机大臣奉旨：刘铭传等着一体核给奖叙，户部知道。钦此。[①]

## 一〇 李鸿章奏议刘铭传奏请筹造铁路片

光绪六年十二月初三日（1881年1月2日）

再，臣接准军机大臣密寄：十一月二十一日，奉上谕：前据刘铭传奏请筹造铁路，当经谕令李鸿章等妥议。兹据张家骧奏称，开造铁路约有三弊，未可轻议施行等语。着李鸿章悉心妥筹具奏，原折着抄给阅看等因。钦此。窃思凡建一事，必兼权乎利害重轻，而后无疑畏拘牵之虑；凡议一事，必确得之阅历考校，而后无揣摩影响之谈。臣于铁路之利益大端与筹款之难防弊之法既详陈之矣。

至张家骧所称清江浦为水陆通衢，若造成铁路，商旅辐凑，恐洋人从旁觊觎，借端要求等语。臣谓洋人之要挟与否，视我国势之强弱。我苟能自强而使民物殷阜，洋人愈不敢肆其要求；我不能自强，则虽民物萧条，洋人亦必隐图其狡逞。即如越南国政不善经理，以致民生凋敝，日就贫弱，法人乘间侵夺其六省，以洋法经营，日臻富庶，是其明鉴。盖强与富相因，而民之贫富又与商埠之旺废相因，若虑远人之觊觎而先遏斯民繁富之机，无论远人未必就范，即使竟绝觊觎，揆之谋国庇民之道，古今无此办

① 中国第一历史档案馆藏：《军机录副》，档案编号：03-5587-081.

法也。

张家骧又谓开造铁路，恐于田庐、坟墓、桥梁有碍，民间车马及往来行人恐至拥挤磕碰，徒滋骚扰。查外洋铁路有双单行之别，双行者占地宽不过一丈二尺，单行者占地七尺。今南北官道宽至二三丈及四五丈不等，铁路所占不及官道之半，既须添筑加高，与官道判若两途，自于官道中车马行人无所妨碍。其十字午贯之路，则有建旱桥之法，有于两旁设立栅门瞭望，火车将至则闭栅，以止行人，俟火车既过，然后启栅之法。至造路之费，地价亦其大宗，如有田庐侵碍官道者，当不惜重价以偿贫民，舆情自可乐从。万一有民间坟墓及田庐不愿迁售者，自无难设法绕避。其他跨山越水，建造桥梁，外洋自有成法可循，未闻其不便于民也。

张家骧又谓水陆转运及往来之人只有此数，若以铁路夺轮船之利，恐招商局数百万款项一旦无着。查近水之区，运货利用轮船，其行稍迟而价较廉；远水之地，运货利用火车，其行更速而价较巨，二者固并行不悖。即或铁路初成之时，招商局生意略减，然该局既将旗昌原价缴清，复分年拔还官帑，成本日轻，每岁得漕项津贴，纵令运载稍分于铁路，亦尚可支持周转，数年之后，商货日多，更可与铁路收相济之益。且北方地非硗瘠，而繁富之象远逊南方，盖由运路艰阻，而其民于所以殖货之原亦遂不肯勤求。若一旦睹运销之便，则自耕织以外，必更于艺植之利，工作之利，一一讲求，可无旷土游民之患。即如江、浙、闽、鄂等省，自通商以后，丝茶之出其地者倍于曩日，则谓水陆转运只有此数者，似又未尽然也。

以上张家骧所陈三弊，臣逐细研求，尚觉不甚确凿，大抵近来交涉各务，实系中国创见之端，士大夫见外侮日迫，颇有发愤自强之议。然欲自强，必先理财，而议者辄指为言利；欲自强必图振作，而议者辄斥为喜事。至稍涉洋务，则更有鄙夷不屑之见，横亙胸中，不知外患如此其多，时艰如此其棘，断非空谈所能有济。

我朝处数千年未有之奇局，自应建数千年未有之奇业。若事事必拘守成法，恐日即于危弱而终无以自强。语曰：非常之原，黎民惧焉。及臻厥成，天下晏如也。臣于铁路一事深知其利国利民，可大可久。假令朝廷决计创办，天下之人见闻习熟，自不至更有疑虑。然臣不敢谓其事之必成者，以集款之非易，而筹借洋债亦难就绪也。果使巨款可集，而防弊之法又悉能如臣所拟，则此等大事固当力排浮议，破除积习而为之。若洋债未能多借，商股未能骤集，则虽欲举办，一时亦尚无其力。

臣因张家骧所虑而遵旨妥筹，略抒管见如此。谨附片具陈。是否有当？伏乞圣鉴训示，谨奏。①

## 一一　寄信谕旨

光绪十年七月初六日（1884 年 8 月 26 日）

军机大臣字寄：光绪十年七月初六日，奉上谕：越南为我大清封贡之国，二百余年，载在典册，中外咸知。法人狡然思逞，肆其鲸吞，先据南圻各省，旋又进据河内等处，戕其民人，利其土地，夺其赋税。越南君臣，暗懦苟安，私与立约，并未奏闻。法固无理，越亦与有罪焉。是以姑予包涵，不加诘问。

光绪八年冬间，法使宝海在天津与李鸿章议约三条，正饬总

① 中国第一历史档案馆藏：《军机录副》，档案编号：03-9439-007.

理各国事务衙门会商妥筹，法又撤使翻议。我存宽大，彼益骄贪。越之山西、北宁等省为我军驻扎之地，清查越匪，保护属藩，与法国绝不相涉。

本年二月间，法兵竟来扑犯防营，当经降旨宣示。正拟派兵进取，力为镇抚，忽据该国总兵福禄诺先向中国议和。其时该国因埃及之事岌岌可危。中国明知其势处迫蹙，本可峻词拒绝，而仍示以大度。许其行成。特命李鸿章与议简明条约五款，互相画押，谅山保胜等军应照议于定约三月后调回，迭经谕饬各该防军扼扎原处，不准轻动生衅，带兵各官奉令维谨。乃该国不遵定约，忽于闰五月初一、初二等日，以巡边为名，在谅山地方直扑防营，先行开炮轰击，我军始与接仗，互有杀伤。法人违背条约，无端开衅，伤我官兵，本应以干戈从事，因念定约和好二十余年，亦不必因此尽弃前盟，仍准总理各国事务衙门与在京法使往返照会，情喻理晓，至再至三。

闰五月二十四日，复明降谕旨，照约撤兵，昭示大信，所以保全和局者，实已仁至义尽。如果法人稍有礼义，自当翻然改悔。乃竟始终怙过，饰词狡赖，横索无名兵费，恣意要求，辄于六月十五日占踞基隆山炮台，经刘铭传迎剿获胜，立即击退。

本月初三日，何璟等甫接法领事照会开战，而法兵已在马尾先期攻击，伤坏兵商各船，轰毁船厂。虽经官军焚毁法船二只，击坏雷船一只，并阵毙法国官兵，尚未大加惩创。该国专行诡计，反复无常，先启兵端。若再曲予含容，何以伸公论而顺人心！用特揭其无理情节，布告天下，俾晓然于法人有意废约，衅自彼开。各路统兵大臣暨各该督抚整军经武，备御有年。沿海各口，如有法国兵轮驶入，着即督率防军，合力攻击，悉数驱除。其陆路各军有应行进兵之处，亦即迅速前进。

刘永福虽抱忠怀，而越南昧于知人，未加拔擢。该员本系中国之人，即可收为我用。着以提督记名简放，并赏戴花翎，统率所部，出奇制胜，将法人侵占越南各城迅图恢复。凡我将士，奋勇立功者，破格施恩，并特颁内帑奖赏。退缩贻误者，立即军前正法。朝廷于此事审慎权衡，总因动众兴师，难免震惊百姓，故不轻于一发。此次法人背约失信，众怒难平，不得已而用兵。各省团练，众志成城，定能同仇敌忾，并着各该督抚督率战守，共建殊勋，同膺懋赏。

此事系法人渝盟肇衅。至此外通商各国，与中国订约已久，毫无嫌隙，断不可因法人之事，有伤和好。着沿海各督抚严饬地方官及各营统领，将各国商民一律保护。即法国官商教民，有愿留内地安分守业者，亦当一律保护。倘有干预军事等情，一经察出，即照公例惩治。各该督抚即晓谕军民人等知悉，倘有藉端滋扰情事，则是故违诏旨，妄生事端，我忠义兵民，必不出此。此等匪徒，即着严拿正法，毋稍宽贷，用示朝廷保全大局至意。将此通谕知之。钦此。[①]

## 一二 穆图善奏报拨解刘铭传营赏银日期折

光绪十年八月二十五日（1884年10月13日）

福州将军兼管闽海关税务奴才穆图善跪奏，为遵旨拨解刘铭传营赏给出力兵勇银两日期缘由，谨恭折由驿覆奏，仰祈圣鉴事。

① 中华书局影印：《清实录·德宗景皇帝实录（三）》，卷一百八十九，光绪十年七月上，第649—651页，中华书局，1987。

窃奴才于光绪十年七月初四日承准总署电寄：钦奉皇太后懿旨，发内帑银三千两，赏给刘铭传营出力兵勇，希于闽海关应解户部款内如数划出库平银三千两迅解刘营，一面密覆本署转咨户部划抵等因，奴才谨即钦遵办理。

伏查省港未有便轮渡台，厦门尚有商轮来往。随于七月初九日备具文批，发交厦门口委员协领得泉，饬令就于该口拨出库平银三千两，克日随同文批移交兴泉永道孙钦昂，即速派委妥员解赴台湾，呈交刘铭传兑收，遵照赏给。兹准督办台湾事务刘铭传咨覆，七月二十日准奴才拨解银三千两，饬交兴泉永道孙钦昂委员赍批护解到台。除将前项银两照数弹收遵旨赏给并批回掣覆外，咨覆查照，并据兴泉永道孙钦昂呈报，委员水提前营把总林锡金、五品顶戴外委苏次良赍解赴台投纳，奉到回照呈缴前来。

除将奉拨前项赏银遵于续解户部京饷项下划抵归款咨报总署、户部查照外，合将拨解刘铭传营赏给兵勇银两日期缘由，谨恭折由驿覆奏。伏乞皇太后、皇上圣鉴。谨奏。光绪十年八月二十五日。

军机大臣奉旨：户部知道。钦此。①

光绪十年九月十六日，军机大臣奉旨：户部知道。钦此。②

## 一三　开复刘铭传等原得降级处分谕旨

光绪十四年正月二十三日（1888 年 3 月 5 日）

光绪十四年正月二十三日，内阁奉上谕：三载考绩，为国家

① 中国第一历史档案馆藏：《朱批原件》，档案编号：04-01-01-0952-044.
② 中国第一历史档案馆藏：《军机录副》，档案编号：03-6093-009.

激扬大典。中外满汉诸臣，有能职守恪共、劳勚最著者，允宜特加甄叙，以示优眷。兹当京察届期，吏部开单题请，详加披阅，礼亲王世铎、大学士额勒和布、协办大学士刑部尚书张之万、署兵部尚书吏部右侍郎许庚身、工部左侍郎孙毓汶，翊赞枢廷，勤劳懋着，公忠共矢，悉协机宜，均着交该衙门议叙。大学士直隶总督李鸿章，宣力畿疆，经猷远大；两江总督曾国荃，勋勤卓著，历久不渝，均着交部从优议叙。陕甘总督谭钟麟、两广总督张之洞、云贵总督岑毓英、甘肃新疆巡抚刘锦棠、福建台湾巡抚刘铭传，尽心民事，绥辑岩疆，殚竭荩忱，不辞劳瘁。谭钟麟、张之洞、岑毓英均着交部议叙。刘锦棠着开复降一级留任处分，刘铭传着开复降二级留任处分，余着照旧供职。钦此。[①]

## 一四　刘铭传加兵部尚书衔谕旨

光绪十六年正月二十六日（1890 年 2 月 15 日）

又谕：本年朕二旬庆辰，恩施迭沛，因念各省文武大臣，有卓著勋劳、久膺重寄者，允宜优加奖叙。大学士直隶总督李鸿章、两江总督曾国荃、山东巡抚张曜，着该部查明各该大臣子弟具奏，候旨施恩。福建台湾巡抚刘铭传，着赏加兵部尚书衔。甘肃新疆巡抚刘锦棠，着赏加太子太保衔。督办东三省练兵事宜正白旗汉军都统定安、云南提督冯子材，均着交部从优议叙。四川提督宋庆、长江水师提督李成谋、陕西提督雷正绾、广西提督苏

① 中国第一历史档案馆编：《光绪宣统两朝上谕档》，第 14 册，第 21—22 页，广西师范大学出版社，1996；又，中华书局影印：《清实录·德宗景皇帝实录（四）》，卷之二百五十一，光绪十四年正月，第 387—388 页，中华书局，1987。

元春，均着赏加太子少保衔，用示朕庆赏酬庸、优眷勋勤至意。[①]

## 一五　余联沅请饬刘铭传等帮办军务片

光绪二十年六月初七日（1894 年 7 月 9 日）

再，闻日本僻处东瀛，常以限于疆域为憾，故近年不惜巨款，制舰练兵，力谋军实。即如此次兵犯朝鲜，已备陆军五万人，海军十余艘，载兵商船十号，定买煤十五万吨，并带电料及工匠数百人，赴朝鲜赶造电线，所费已逾百万。推狡焉思启之心，如此竭力经营，其势即难中止。而中国北洋各海口海军只有铁舰八号，陆军合直、东、奉三省亦只二万数千人，战事方棘，水陆兵单，亟应预筹，以资防御。谨竭其一得之愚，仰祈圣明采择。

一、治军首在得人。前台湾巡抚刘铭传、前新疆巡抚刘锦棠，皆夙习韬钤，深通洋务，值此海氛不靖，该抚等受恩深重，理合共济时艰，拟请旨饬令分赴南北洋，帮办军务，克日就道，不准以病推诿。

一、用兵必先筹饷。各省与部库均属支绌，大宗款项势难猝办。闻现在办理庆典，存款尚多，当此时事艰难，不能不通盘筹划，可否恳请懿旨饬令内务府、户部，将未经动用银两酌拨若干，以济军饷。

一、临阵贵求宿将。拟请旨饬下南北洋大臣，于各省提镇及

---

① 中华书局影印：《清实录·德宗景皇帝实录（四）》，卷之二百八十，光绪十六年正月，第 740 页，中华书局，1987。

统兵将领无论有缺无缺，曾经着有战绩者，除海疆统兵不须调动外，其余边省及内地各员，均准其随时奏请调用。查广东南澳镇总兵刘永福素着声威，江苏按察使陈湜久历戎行，亦拟请旨饬赴南北洋，以备任使。

一、制胜宜厚兵力。现在水陆不敷分布，拟请饬令南北洋大臣会商，应添练陆军若干、水军若干，迅速奏明办理，以资战守。

一、御夷须防海口。北洋如天津、燕台（烟台）、旅顺，南洋如广东、福建、江西、浙江等地方，处处可通番舶。若台湾之孤悬海外，尤为紧要，拟请旨饬下沿江、沿海各督抚，先自为备，以固守藩篱，复互相援以联络声势，使彼族无隙可乘，而后可出奇而制胜。

考之以上五事，皆目前当务之急。是否有当。伏乞圣鉴，训示，施行。谨奏。[①]

## 一六　余联沅奏为刘铭传骄蹇不忠请旨转饬来京片

光绪二十年九月二十五日（1894 年 10 月 23 日）

再，闻刘铭传屡经奉旨饬令来京，称病不出。当此时事孔棘，该前抚以一介武夫上蒙殊恩，擢至封圻，即捐糜顶踵，亦恐无以仰酬高厚，乃悖慢至此，未闻朝廷加以谴责。是得以阴遂其规避之计，而愈以长其骄蹇之风，不忠不敬，孰大于此！又闻刘铭传因系李鸿章奏保，坚不肯出，合无仰恳圣裁改饬安徽抚臣，传旨饬令来京陛见，果系实在病躯，难逃圣明洞鉴，亦断不肯以

① 台北故宫博物院藏：《军机及宫中档》，文献编号：133309.

瞽目蹒跚之人使之效陷阵摧锋之用。如再不来，则惟有请旨将刘铭传拿问进京，严治其罪，以为违抗朝旨人臣不忠者戒。谨附片具陈，是否有当？伏乞圣鉴。谨奏。

吏科掌印给事中臣余联沅。九月二十五日。[1]

## 一七　福润奏报前台抚刘铭传在籍病故缘由折

光绪二十二年正月二十二日（1896年3月5日）

尚书衔安徽巡抚奴才福润跪奏，为大员在籍病故，代递遗折，恭折仰祈圣鉴事。

窃据六安直隶州知州王懋勋禀：据家丁刘升禀称：家长前任福建台湾巡抚刘铭传，系合肥县人，寄居州属霍山县境，于光绪二十一年十一月二十八日病故，口授遗折，由家长次子候选郎中刘盛芸等缮就，并抄家长履历事实，遣派家丁呈报到州，该州呈请代递、奏报前来。

奴才逐加查核，故抚臣刘铭传少时英毅果敏，喜兵法，善权谋形势。咸丰年间，粤匪踞皖，捻逆踵兴，与张树声、周盛传等于所居大潜山一带，倡团筑堡，挫贼锋，遏土匪，带练出境，复六安州，援寿州，即为原任大学士曾国藩所议拔。

同治元年，随今大学士李鸿章募兵东下，往援江苏，创立铭字一军。时苏省蹂躏甚深，惟恃上海一隅为进兵之地。刘铭传智勇兼裕，战辄争先，连拔南汇、川沙、奉贤、金山各城，声威大振。

二年，解常熟围，规江阴、无锡等县。贼势犹盛。会郭松

① 中国第一历史档案馆藏：《军机录副》，档案编号：03-5898-008.

林、唐殿魁、李鹤章诸军苦战，克之，进捣常州，褱创陷阵。逆酋李秀成、陈昆书等图护金陵老巢后路，纠各巨股，并力抗拒。刘铭传与各将领分途环击。

三年三月，力下坚城，越境，克浙江湖州、四安，安徽广德等城镇，积功补直隶提督，赏黄马褂。

四年，剿捻山东，所向克捷，追贼酋任柱、赖汶洸等窜股，至河南睢州、扶沟，重围顿解。

五年，移军援鄂，攻悍贼于黄陂，立克其城。捻踪回窜豫皖间，剽悍飘忽。刘铭传纵横追逐，在山东汶上、郓城、曹县至直隶东明，河南睢州、杞县等处。半年之间，几于无日不战，前后败贼二十余次，斩馘甚多。

六年，与鲍超军剿贼湖北，叠胜于黄安、孝感、云梦等县。又东自应山、黄陂，西出安陵、襄阳、枣阳，追出鄂境，由河南阳西至郑州，日行百里，逆众望风奔逃。嗣与潘鼎新建防守运河，进扼胶、莱之议，率军赶筑长墙，一面分兵兜蹑，与善庆等军在江苏赣榆、沭阳、邳州，山东郓城、日照、诸城、高密、乐安、潍县、寿光等处连战皆捷，枪毙任柱，生擒赖汶洸。李鸿章奏称，逆首歼擒殆尽，大股已就削平，斩获几三万人，贼之精锐器械、骡马、辎重尽弃，为军兴罕有之事。所部诸将以刘铭传功为第一，先后奉赐珍物及三等轻车都尉世职。

七年，自山东东昌追剿捻酋张总愚股匪，至直隶盐山、沧州，又转入山东德平，屡获大捷。旋会郭松林军由陵县南追，围贼徒骇、黄运间，奋力夹击，迫张总愚于水次自沉而毙，余党立时扑灭，直隶一律荡平，奉命晋为一等男爵。曾国藩奏称，臣憝肃清，余氛尽扫，定谋以李鸿章为主，论功以刘铭传为先。英翰奏称，刘铭传性情介直，临机果决，其部下将士精劲善战，纪律严明，尤为淮军之冠，其见重于当时如此。此刘铭传转战江苏、浙江、安徽、湖北、直隶、山东、河南各省剿平发、捻各逆之战绩也。

八年，因病假归，旋请开缺。

九年，出办陕甘军务，师驻乾州，分军屯扎宝鸡、陇州、凤城。又檄移营队，防守边境，布置周密。嗣以伤疾举发，累疏沥陈，恩准回籍调理。

光绪六年，海疆有事，应诏至京，条陈铁路一折，备言其利。

十年，法人构衅，遵旨再出，以巡抚衔督办台湾防务，奏陈整顿海防、讲求武备十条。既抵台境，查看基隆炮台，知不足恃。敌人来犯，诱之登岸，鏖战获胜，踏毁敌营，伤亡贼兵百余人，夺得洋枪、帐房、纛旗等件。奏入，温谕嘉奖，并奉懿旨颁发内帑，赏给出力兵勇，旋补台湾巡抚。敌以不得志，于基隆屡次添船增兵，拦泊沪尾海口，阻我应援，水陆交攻，炮猛枪利。我军台胞兵少，战守相持，力支危局者八阅月。敌又纵兵纷扰月眉山一带，军士忍饥冒雨，尽力抵御，赖以保全。法防撤后，察看全台情形，生番种类颇繁，动辄与民仇杀，遂先议办抚番，或檄调营将分往，或亲督大队入山，先示以威，后怀以德，中北各路番社相率归化。又举办清赋，历时三年，丈量清楚，一体给单。从前旧额年征银一十八万余两，清丈以后，实计正额溢出银三十六万余两，裨益度支，良非浅鲜。此刘铭传视师台湾，捍御外侮及其治台之政绩也。

十五、六年，叠奉隆恩，并蒙懿旨赏加太子少保、兵部尚书衔，帮办海军事务。

十七年，引疾归田，居山调养。

二十年，海氛不靖，重蒙征命特颁。只因久病缠绵，未能就道，乃竟由此不起，老成凋谢，悼惜殊深！

其长子直隶候补道刘盛芬，先卒。次子候选郎中副贡生刘盛芸，三子候选同知附贡生刘盛芾，四子候选知府举人刘盛芥，长孙监生刘朝仰等，送到遗折，代呈御览。

伏念朝廷笃念勋勤饰终之典，均极优渥。刘铭传忠勇性生，才略闳毅，锐于任事，善于用兵。其初倡办乡团，保卫桑梓，旋即出师吴下，迅将发匪戡平；继而四路奔驰，扫荡东西捻股，拱卫畿辅，而皖、鄂、齐、鲁之间，流寇尽歼。行阵之劳，称最厥后；设防台岛，力却敌兵；迨领专圻，改设行省，抚番清赋，皆为远大之图。而于吏治、民生，亦复尽心筹画。迹其功勋卓著，均在圣明洞鉴之中，相应据实胪陈，恭候恩施特沛！

所有大员在籍病故代递遗折缘由，谨恭折具陈。伏乞皇上圣鉴，训示。谨奏。光绪二十二年正月二十二日。

（朱批）：另有旨。①

光绪二十二年二月初六日，奉朱批：另有旨。钦此。②

## 一八　赐恤谕旨

光绪二十二年二月初六日（1896 年 3 月 19 日）

光绪二十二年二月初六日，内阁奉上谕：福润奏，开缺巡抚在籍病故，代递遗疏，恳恩赐恤一折。刘铭传秉性忠勇，卓著战功。咸丰五年间，粤、捻窜踞安徽，倡办团练，为曾国藩所识

① 中国第一历史档案馆藏：《朱批原件》，档案编号：04-01-12-0572-016.

② 中国第一历史档案馆藏：《军机录副》，档案编号：03-5911-110.

拔。同治初年，随同李鸿章募兵东下，连拔郡县，会合诸军苦战，克复常州，积功补授直隶提督。剿捻山东、河南等省，与悍贼纵横追逐，大小数百战，旋授轻车都尉世职。复与各军穷追首逆张总愚，斩馘无算，捻匪一律荡平，晋封一等男爵。

朕御极后，特授巡抚，迭加太子少保、兵部尚书衔，于一切应办事宜克称厥职。嗣因病准其开缺回籍调理，方冀宠眷克承，长资倚畀。兹闻溘逝，轸惜殊深！刘铭传着晋赠太子太保衔，照巡抚例赐恤，加恩予谥，准其于立功处所建立专祠，生平战绩事实宣付国史馆立传，任内一切处分悉予开复。应得恤典，该衙门察例具奏。

伊长孙刘朝仰着赏给员外郎，伊子附贡生刘盛芸着赏给举人，准其一体会试。附贡生刘盛芾着以员外郎用，用示笃念荩臣至意。钦此。[①]

① 中国第一历史档案馆藏：《军机录副》，档案编号：03-5453-083.

# 清史稿·刘铭传传

刘铭传，字省三，安徽合肥人。少有大志。咸丰四年，粤匪陷庐州，乡团筑堡自卫。其父惠世为他堡豪者所辱，铭传年十八，追数里杀之，自是为诸团所推重。从官军克六安，援寿州，奖叙千总。

同治元年，李鸿章募淮军援江苏，铭传率练勇从至上海，号铭字营。招抚南汇降贼吴建瀛、刘玉林众四千人，简精锐隶其军。贼由川沙来犯，击败之，连克奉贤、金山卫，累功擢参将，赐号骠勇巴图鲁。又破贼野鸡墩、四江口，擢副将。常熟守贼以城降，被围。

二年春，铭传会诸军克福山，大破贼，解常熟围，以总兵记名。进规江阴，杨库为沿江要冲，悍贼坚守，铭传会黄翼升水师进攻，贼由无锡、江阴两路来援，迭受创退。李秀成纠众十余万分水陆复来援，铭传力战败之。七月，乘胜攻江阴，擒斩二万，克其城，以提督记名。寻复无锡，加头品顶戴。是年冬，进攻常州，败贼于奔牛镇。贼目邵小双降，令扼丹阳。援贼以轮舟至，犯奔牛，以掣围城之师，奋击，破三十余垒，毁其舟。

三年春，合围，破阛而入，擒斩贼首陈坤书，克常州，赐黄马褂。进屯句容，江宁寻下，余党拥洪福瑱踞广德，会诸军击走之。

四年，曾国藩督师剿捻匪，主用淮军。淮军自程学启殁后，铭传为诸将冠。调驻济宁，寻分重兵为四镇。铭传移驻周家口，迭破贼瓦店、南顿、扶沟，改为移击之师，擢直隶提督。援湖北，克黄陂，追贼至颍州，大败之。铭传建议平原追贼不能制其死命，乃筑长堤，自河南至山东运河，驱贼沙河以南蹙之。工甫竣，豫军防地为贼所破，乃分军追剿，破之于巨野。捻酋张总愚窜陕西，任柱、赖汶光留山东，自此分为东西。李鸿章代国藩督师，铭传专剿东捻，东至郓城，西至京山，大小数十战。

六年春，贼走尹隆河，与鲍超约期会击。铭传先期至，战失利，部将唐殿魁死之。休屯信阳，整军复进，追贼至山东。复议自运河至胶、莱，长围困贼，杜其西趋。时兵、贼俱疲，朝命督战益急，鸿章专倚铭传。八月，解沭阳围。战赣榆，购降贼内应，枪毙任柱于阵，贼大溃。邀击潍县、寿光，薄之洋河、淼河之间，歼贼几尽。赖汶光走扬州就擒，东捻遂平。国藩、鸿章奏捷，论铭传为首功，予三等轻车都尉世职。以积劳致疾，乞假去军。

七年春，张总愚突犯畿辅，急起铭传赴援，以迟缓被谴责。及至东昌，会诸军进剿盐山、沧州、德平，仍用长围策，蹙之运河东，纵横合击，歼贼殆尽，总愚走茌平，陷水死。西捻平，锡封一等男爵。诏屯张秋，九月，命督办陕西军务。率唐定奎、滕学义、黄桂兰等搜剿北山回匪，疏陈大势，引病乞罢，归里。

光绪六年，俄罗斯议还伊犁，有违言，急备边。召铭传至京，疏陈兵事，略谓："练兵造器，固宜次第举行，其机括则在铁路。铁路之利，不可殚述，于用兵尤为急不可缓。中国幅员辽阔，防不胜防，铁路一开，南北东西呼吸相通，无征调仓皇之虑，无转输艰阻之虞，从此裁兵节饷，并成劲旅，一兵可得十兵之用。权操自上，不为疆臣所牵制，立自强之基础，杜外人之觊觎，胥在于此。”疏上，虽格未行，中国铁路之兴，实自铭传发之。

十一年，法兰西兵扰粤、闽，诏起铭传，加巡抚衔，督台湾军务。条上海防武备十事，多被采行。抵台湾未一月，法兵至，毁基隆炮台，铭传以无兵舰不能海战，伺登陆，战于山后，歼敌百余人，毙其三酋，复基隆，而终不能守。扼沪尾，调江南兵舰，阻不得达。敌三犯沪尾，又犯月眉山，皆击退，歼敌千余，相持八阅月。十一年，和议成，法兵始退。初授福建巡抚，寻改台湾为行省，改台湾巡抚。增改郡、厅、州、县，改澎湖协为镇，檄将吏入山剿抚南、中、北三路，前后山生番，薙发归化。丈田清赋，溢旧额三十六万两有奇，增茶、盐、金、煤、林木诸税。始至，岁入九十余万，后增至三百万。筑炮台，兴造铁路、电线，防务差具。加太子少保。

十六年，加兵部尚书衔，命帮办海军事务。屡因病陈请乞罢，久始允之。

二十一年，朝鲜兵事起，屡召，以病未出。寻卒，诏念前功，赠太子太保，赐恤，建专祠，谥壮肃。[1]

① 赵尔巽等撰：《清史稿》，第416卷，第12077—12079页，中华书局，1976。

# 二、《刘壮肃公奏议》部分校勘

# 卷一　出处略

## 一　恭报到陕日期并暂难扼守缠金折

同治九年十一月初八日（1870年12月29日）

督办陕西军务前任直隶提督一等男奴才刘铭传跪奏，为恭报到陕日期，并暂难拔队扼守缠金情形，仰祈圣鉴事◆[1]。

窃奴才◆[2]于闰十月二十七日陕州途次承准◆[3]军机大臣字寄：闰十月二十二日，奉上谕：定安奏，遵拨官兵赴乌会剿，并陈归绥吃紧情形。边外望援，不可不设法筹拨，着刘铭传迅派大枝劲旅，由靖边、安边取道宁条梁，驰赴缠金，扼要屯扎，以保粮源等因。钦此。十一月初二日，行抵潼关，复准兵部火票递回洛阳拜发原折，奉旨：另有旨。钦此◆[4]。承准军机大臣字寄：闰十月二十五日，奉上谕：昨谕刘铭传迅派大枝劲旅驰赴缠金，即着该提督兼程赴陕，速行派队扼守缠金，以保粮源。其余边内、边外，并着统筹全局，择要布置，毋稍疏虞！钦此。仰见圣谟广运，训示周详，曷胜钦佩◆[5]！

奴才◆[6]于本月初六日统兵行抵西安，计由天津绕道山东、河南到陕，不下三千里，长途跋涉，军士寒苦◆[7]，现拟稍驻休息，察看情形◆[8]。查缠金至陕省尚有二千余里，中隔北山千余里，人烟稀少[◆9]，游勇、土寇近又[◆10]啸聚成群，道路险阻[◆11]，扼守缠金，分兵固属不易[◆12]，而[◆13]军需饷项转运尤难，相应请旨[◆14]饬下定安就近筹派队伍[◆15]扼守缠金，以免贻误机宜[◆16]。臣[◆17]俟后队入关，饷项、军火运到[◆18]，其应防应剿之处[◆19]，当与抚臣蒋志章随时会商，竭力赶办，断不敢稍事推延，有负朝廷委任之至意[◆20]。

所有到陕日期并暂难拨队扼守缠金各缘由，理合专折具陈，由驿五百里驰奏。伏乞皇太后、皇上圣鉴训示。谨奏。十一月初八日[◆21]。

同治九年十一月十五日，军机大臣奉旨：钦此[◆22]。

【案】此折缺原件，录副①现藏于台北故宫博物院，兹据校勘。

1.【案】划线部分刻本缺署，兹据校补。

2.【窃奴才】刻本作“窃臣”，兹据改。

3.【承准】刻本夺“承”，兹据校补。

4.【奉旨：另有旨。钦此】此句刻本缺，兹据校补。

5.【曷胜钦佩】此句刻本夺，兹据校补。

6.【奴才】刻本作“臣”。

7.【寒苦】刻本作“苦寒”。

8.【稍驻休息，察看情形】刻本作“稍息疲劳，藉观贼势”。

9.【人烟稀少】刻本作“人稀道险”。

10.【近又】刻本夺“近又”，兹据校补。

11.【道路险阻】刻本夺，兹据校补。

12.【分兵固属不易】刻本作“分兵匪易”，夺“固属”，兹据校补。

13.【而】刻本夺“而”，兹据校补。

14.【相应请旨】刻本作“应请”。

① 台北故宫博物院藏：《军机及宫中档》，文献编号：104588.

15.【筹派队伍】刻本作“拨队”。

16.【以免贻误机宜】刻本作“俾免贻误”。

17.【奴才】刻本作“臣”。

18.【运到】刻本作“运到后”。

19.【其应防应剿之处】刻本作“应防应剿”。

20.【有负朝廷委任之至意】刻本作“仰负朝廷委任”。

21.【案】划线部分刻本缺，兹据校补。

22.【同治九年十一月十五日，军机大臣奉旨，钦此】此奉旨日期据录副补。

## 二 李承先一军仍归北路调度片

同治九年十一月初八日（1870年12月29日）

再，闻此次窜陷◆[1]乌城，系由◆[2]通昌、通贵一路◆[3]窜去之贼。无论乌城现在克复与否◆[4]，蒙古地阔人弱◆[5]，此后宁、灵一带无归之贼必以蒙地为掠食之处◆[6]，非大枝队伍专顾边外◆[7]，不足以遏贼窜。查湖南提督宋庆，忠勇敢战，能耐劳苦◆[8]，所部现驻皇甫川，而兵多分散。其在宁夏刘廷一军，暂难撤并。其守潼关李承先◆[9]一军，以目前贼情、地势论之◆[10]，似可调归北路。潼关尚有马德昭六营，堪资扼守。如遇警急◆[11]，奴才◆[12]必随时派兵策应，以固◆[13]中原门户。

河南抚臣李鹤年于军务大局素有关顾◆[14]，相应请旨◆[15]饬下李鹤年仍将李承先一军调回北地，照旧归宋庆统领节制，以厚兵力。将来奴才◆[16]疏通北山之后，兵驻定、靖，山西河防◆[17]较松，宋庆即可以包头为老营，会合定安马队，专为蒙地游剿之师，遏贼东窜之路，实于军务大局有裨。所有请旨饬下河南巡抚李鹤年调回李承先一军仍归北路缘由，理合附片，伏乞圣鉴。谨奏◆[18]。

同治九年十一月十五日，军机大臣奉旨：钦此◆[19]。

【案】此奏片缺原件，录副①现藏于台北故宫博物院，兹据校勘。再，此奏片刻本无标题，兹据录副拟补，并附具奏日期。

1.【窜陷】刻本作“回陷”。

2.【系由】刻本作“实由”。

3.【一路】刻本夺“一路”，兹据补。

4.【无论乌城现在克复与否】刻本作“无论乌城克否”。

5.【地阔人弱】刻本作“地阔人稀”。

6.【之处】刻本作“之区”。

7.【非大枝队伍专顾边外】刻本作“非得大军专顾边防”。

8.【能耐劳苦】刻本作“忍苦耐劳”。

9.【李承先】刻本作“李成先”，兹据校正，本文以下同。

10.【以目前贼情、地势论之】刻本作“论目前地势、贼情”。

11.【如遇警急】刻本作“如当紧急”。

12.【奴才】刻本作“臣”。

13.【以固】刻本作“以保”。

14.【于军务大局素有关顾】刻本作“久镇中州，素关大局”。

15.【相应请旨】刻本作“应请”。

16.【奴才】刻本作“臣军”。

17.【河防】刻本作“河务”。

18.【案】划线部分刻本缺，兹据补。

19.【同治九年十一月十五日，军机大臣奉旨，钦此】此奉旨日期据录副补。

●十一月十五日，奉上谕：刘铭传奏到陕日期，暂难拔队扼

① 台北故宫博物院藏：《军机及宫中档》，文献编号：104589.

守缠金，并请调李承先一军仍归北路一折。前因乌城失陷，当谕刘铭传拨兵扎守缠金，以便富勒珲统带马队起程赴乌。兹据奏称，缠金距陕较远，分兵不易，转运尤难，请饬定安就近派队扼守等语。乌城窜匪，据张廷岳等奏，已于十月二十三日仍回肃州。此时该提督兵勇既暂难拨赴缠金，即着定安仍遵前旨◆1，令富勒珲照旧实力严防◆2，仍着刘铭传俟后队入关，饷项、军火运到后，派拨得力队伍前往缠金，节节进扎。并将应防应剿处所，与安定蒋志章随时会商，妥筹布置。宁、灵一带◆3贼匪，现被官军围剿，势已穷蹙◆4，难保不以蒙古为掠食之地。刘铭传请令驻扎潼关之李承先一军调回北路◆5，所筹亦是。即着李鹤年饬令李承先统率所部，移赴北路，照旧归宋庆调遣，以厚兵力。刘铭传于疏通北山后，即驻兵定、靖，俟山西防务◆6较松，即咨商宋庆，以包头为老营，会合定安马队，为蒙古游击之师，遏贼东窜。将此由五百里各谕令知之◆7。钦此。

【案】此谕旨仅载于《清实录》①，兹据校勘。

1.【即着定安仍遵前旨】刻本作“即着定安遵”。

2.【实力严防】刻本夺“实力”，兹据补。

3.【一带】刻本脱“一带”，兹据补。

4.【现被官军围剿，势已穷蹙】刻本作“围剿已穷”。

5.【调回北路】刻本作“仍回北路”。

6.【防务】刻本作“河防”。

7.【案】此句刻本缺署，兹据补。

① 中华书局影印：《清实录・穆宗毅皇帝实录（六）》，卷二百九十七，同治九年十一月中，第1114—1115页，中华书局，1987。

## 三 分队扼要筹商大略情形折

同治九年十一月十六日（1871 年 1 月 6 日）

督办陕西军务前任直隶提督一等男奴才刘铭传跪奏，为分派队伍驻防扼守，筹商大略情形，恭折奏闻，仰祈圣鉴事◆[1]。

窃奴才◆[2]于本月初六日行抵西安，业于初八日奏明在案。连日审度地势◆[3]，筹画边防。查陕西与甘境接壤之处◆[4]，甘回窜陕，或由庆阳、宁州以达乾、耀，或由定、靖以入北山，或由秦州、清水以扰汧陇，道路纷歧，非分防扼要，不足以遏贼窜。已于十三日◆[5]派令记名提督刘盛休、王德成等马步十四营进驻乾州，记名提督吴宏洛、总兵张佩芝等马步九营驻扎耀州，以防中路。复商抚臣蒋志章派令◆[6]提督谭仁芳所部七营移驻凤翔，会合李辉武一军，以防南路；拟调记名提督唐定奎所统周口武毅军十五营，作速来陕，由韩城、宜川以入北山，进驻靖、定，专防北路◆[7]。

惟昨唐定奎信来◆[8]，据称于◆[9]本月初十内外，始能接收武毅各营队伍◆[10]，将弁既多更换，勇丁亦须挑补◆[11]，一时尚难定期拔队◆[12]，当饬其赶紧◆[13]整顿，务于年内到陕，以便进兵防剿◆[14]。部署初定◆[15]，奴才◆[16]即于十八日督率亲兵炮营，移驻乾州。其后路一切粮饷转运◆[17]，俱交前甘肃藩司林之望，督同各委员筹办接济，以期妥慎◆[18]。

除俟唐定奎所部到陕后再将详细布置情形奏闻外，所有分派队伍驻防扼要、筹商大略各缘由，理合缮折由驿五百里具陈。伏乞皇太后、皇上圣鉴训示。谨奏◆[19]。十一月十六日◆[20]。

同治九年十一月二十三日，军机大臣奉旨：知道了。钦此[21]。

十二月初二日，在乾州奉旨：知道了。着即督饬各队认真防堵，毋稍疏懈！北山伏莽尚多，并着派得力队伍，实力搜剿。缠金一带，仍遵前旨派勇前往扼要[22]，以厚兵力。钦此。

【案】此折缺原件，录副①现藏于台北故宫博物院，兹据校勘。

1.【案】划线部分刻本缺，兹据录副校补。

2.【奴才】刻本作“臣”。

3.【审度地势】刻本作“审观地势”。

4.【陕西与甘境接壤之处】刻本作“陕甘接壤之区”。

5.【十三日】刻本作“十二日”。

6.【派令】刻本夺“令”，兹据补。

7.【案】划线部分刻本作“屯定靖，以防北路”。

8.【信来】刻本作“来信”。

9.【据称于】刻本夺，兹据补。

10.【队伍】刻本夺“队伍”，兹据补。

11.【案】划线部分刻本作“将弁既待更张，勇丁更须挑补”。

12.【案】划线部分刻本作“定期拔队，急切尤难”，兹据校补。

13.【赶紧】刻本作“速加”。

14.【以便进兵防剿】刻本夺“防剿”兹据补。

15.【部署初定】刻本作“部署粗定”。

16.【奴才】刻本作“臣”。

17.【案】划线部分刻本作“其后路粮饷军需”。

18.【案】划线部分刻本作“督委各员迅筹接济，俾免稽延，仰副圣主垂念关中至意”。

---

① 台北故宫博物院藏：《军机及宫中档》，文献编号：104689.

19.【案】划线部分刻本缺，兹据校补。

20.【十一月十六日】此具奏日期，据录副校补。刻本题作“十一月十六日西安发”。

21.【案】划线部分此奉旨日期与内容，据录副校补。

22.【案】划线部分刻本作“派军前往扼扎”。

●军机大臣字寄：各直省督抚、各路统兵大臣◆1：同治九年十一月十六日，奉上谕：兵部奏，请饬各省督抚及各路统兵大臣依限咨报兵勇数目，并请饬各省将兵丁数目按年题报各折、片。◆2同治元年十一月间，曾经谕令各省督抚及各路统兵大臣，将存营出师各兵数按限造报，并将军营征调兵勇名数及随时有无增减，限三个月咨报一次。兹据兵部奏称，各省兵勇数目，有始则按限咨报，继则并未依限造送，或有咨报一二次，后又不续报，且有一次未报者。其兵丁数目，除湖北、四川两省依限题报外，其余仍未按限题报，经该部严催，总未遵照办理，实属任意玩延。着各省督抚、统兵大臣等，奉到此旨后，除以前未经造报兵勇各数无庸补报外，即将现在所部兵勇数目仍按三个月咨报一次，以备稽核。傥再视为具文，即着兵部严参。至已造报各处，仍着依限报部，毋得先后参差，以昭核实。其各省兵丁数目，并着该督抚按年造册题报，不得再有耽延。至◆3军兴以来，舍兵用勇，本系权宜之计。而勇丁遣撤，易滋事端，流弊日甚。若不将绿营及早整顿，致国家费千百万帑项养之于平日、不能用之于临时，身任封疆者问心何安？现在天津之案虽经了结，何可复事因循？况甘肃、滇、黔各省军务未靖，我君臣卧薪尝胆，正宜力图自强，以期有备无患。着各直省督抚将所管各营设法整顿，限奉旨后六个月，将如何汰弱募强，如何分日操练，及各省可得有精锐士卒若干之处，详晰奏闻。直隶、天津、江苏、上海及刘铭传军营均练习枪队、炮队，步伐尚为整齐，号令尚为严肃。其教演之法，着各该省自行咨取章程照办，总期实事求是，变疲弱为精强，不得空言粉饰，以致有名无实。年来各督抚曾有裁兵减饷及酌调额兵训练之奏，然为政不在多言，而在实力奉行。若以一奏塞责，日久又渐形废弛，甚非朝廷倚任疆臣之意也。将此各谕令知之。钦此。遵旨寄信前来◆4。

【案】此廷寄载于《同治朝上谕档》① 及《清实录》②，兹据校勘。

1.【案】划线部分刻本缺署，兹据校补。

2.【案】划线部分刻本作“依期咨报兵勇数目各折、片”。

3.【案】划线部分刻本未署，兹据校补。

4.【遵旨寄信前来】此句刻本缺，兹据校补。

●按：本朝乾隆以前，旗、绿各营，战胜攻取，声震百蛮，不可谓非一时之盛。迨嘉庆时，川、陕教匪猝兴，旗、绿各兵皆难抵御，固已盛极而衰。然满将中额勒登保、明亮辈，汉将杨遇春、杨芳，皆擅知兵名，故不敢恃旗、绿各兵，而别求召募。于是罗思举、桂涵之属崛起盗贼之中，建节而为大将，固已阴相变计矣。乃事平之后，枢臣、兵部类皆起自翰林，无一能知大计，不知裁绿营以任募兵，遂致道光海战，靡不溃亡，创巨痛深，似亦宜知变计矣。直待发、捻、回、苗之乱，仅一向忠武起自绿营，号称名将，塔忠武杂收兵勇，战必先登外，此未闻有用绿营

① 中国第一历史档案馆编：《咸丰同治两朝上谕档》，第 20 册，第 358—359 页，广西师范大学出版社，1998。

② 中华书局影印：《清实录·穆宗毅皇帝实录（六）》，卷二百九十七，同治九年十一月中，第 1115—1116 页，中华书局，1987。

制胜者。然此二公者虽名起绿营，所用实皆新募，则绿营之宜革，明效更较然矣。乃事平之后，乡勇灭贼成功，而散之使为会党。及同治九年天津案后，枢臣犹津津整饬绿营，迄今更四十年而绿营尚存名色。补一守备，奏请纷纶，部臣犹以合例与否以为允驳。而旗兵议归农垦，乃至群起纷拿。幕雀釜鱼，嬉然自得。呜呼！岂非天哉！澹然记。

●又按：此谕称直隶、天津、江苏、上海及刘铭传军营均练习枪队炮队，步伐整齐，号令严肃。其教演之法，着各省督抚自行取章照办，总期实事求是，化弱为强等因。观此知西人枪炮队法，惟淮军独精，公军尤为独擅，至为通国导师。惜乎未有能遵办者。公奏台澎善后章程，言湘军老将与言西人枪炮之精，抵死不信。及光绪十一年春基隆一战，湘军死亡独多，始信臣言之非诬，云云。呜呼！中国之大，积弱一至于此，是岂一朝夕之故哉？思此不禁三叹！澹然记。

## 四　宁、灵回寨收复陕北防务已松并陈北山防剿情形折

同治十年正月初七日（1871年2月25日）

督办陕西军务前任直隶提督一等男奴才刘铭传跪奏，为宁、灵一带回寨次第收复，陕北防务已松，唐定奎一军暂扎华阴，并陈北山防剿情形，恭折仰祈圣鉴事◆1。

窃奴才◆2于上年十一月十六日奏报移驻乾州，分兵驻防扼要，十二月初二日，准兵部火票递回原折，军机大臣◆3奉旨：知道了。着即督饬各队认真防堵，毋稍疏懈。北山伏莽尚多，并着派得力队伍，实力搜剿。缠金一带，仍遵前旨派勇◆4前往扼扎，

以厚兵力。钦此。又于十二月初五日奉准兵部火票递到军机大臣字寄◆5：十一月二十八日，奉◆6上谕：蒋志章奏，铭军进扎中路，并派军分防南北一折◆7。据称，刘铭传统率所部到陕后，当即饬令提督刘盛休等十四营进扎乾州，吴宏洛等九营分扎耀州，该提督复率亲兵前往乾州驻扎，并商派提督谭仁芳各营移扎凤翔，与李辉武一军声势联络，北山一带亦经严饬派防陕军会哨分防等语。着蒋志章、刘铭传饬令派出各营协力巡防，严密堵御，毋任甘回窜扰陕疆。至北山自宜、洛以达靖、定，地旷人稀，游匪零回，时虞纷窜。并着蒋志章、刘铭传悉心会商，先就现派陕军，饬令随时侦探，认真搜捕，俟唐定奎一军到陕，即令前进，以顾北路门户。蒋志章即饬成定康等举办赈济，招集流亡，使游匪无从勾结，以靖边陲。钦此。仰见圣虑周详，无任钦悚！

奴才◆8于移驻乾州后，曾派◆9记名总兵丁汝昌、蒋希夷等，各率马队百余名，分往延安、定边一带，察看地势。其时尚不知乌城已复、金积就抚，故拟派唐定奎一军驻防定边，以固北路。现据金积堡探差回称，回匪饥窘万分，乞抚之后◆10，尽缴马械，渐毁寨墙。其能战之贼，半多逃并西去◆11。河北王疃等寨亦经金顺、张曜相继◆12攻克，是◆13宁、灵一带已可肃清。惟金积未复以前，北山地旷人稀，每有土匪游勇，百十成群，肆行抢劫。上年冬季，经抚臣蒋志章严饬驻防二十余营分段巡哨，奴才◆14复派记名提督吴宏洛由耀州抽拔两营并蒋希夷所带◆15马队一哨，驻扎延安，会同陕军勤搜密捕。

迭据署延榆绥道成定康、延榆绥镇刘厚基报称，该处镇、道等于榆绥境内，屡次斩擒游匪多名，蒋希夷、喻步莲亦于安定、保安各属数有捕获，并陆续收捕百余人，分别遣散，山内逐渐安谧◆16。以后能得良将严师以镇之，良吏实力以抚之，遗黎即可复业◆17。日渐招集，固非仓猝所能奏功，又非大枝队伍所能为力也◆18。唐定奎一军于上年十二月十二日自周口拔队，于二十六、七等日先后入关。现在北路无事，似不必驱健卒于山谷之中，劳师耗粮，已令分扎华阴、朝邑等处◆19，暂行屯息，照常操练，且看◆20将来军情何似，再定进止。

所有宁、灵一带回寨次第收复，陕北防剿已松，唐定奎一军暂扎华阴，并北山防剿情形，理合缮折由驿五百里具陈。伏乞皇太后、皇上圣鉴。谨奏◆21。正月初七日◆22。

同治十年正月十五日，军机大臣◆23奉旨：览奏，已悉。着严饬各官兵认真防堵，毋稍疏懈。唐定奎一军，即分扎华阴、朝邑等处，实力操防，另备调遣。钦此。

【案】此折缺原件，录副①现藏于台北故宫博物院，兹据校勘。

1.【案】划线部分刻本缺，兹据校补。

2.【奴才】刻本作“臣”。

3.【案】划线部分刻本缺，兹据校补。

4.【派勇】刻本作“派军”。

5.【案】划线部分刻本缺，兹据补。

6.【奉】刻本夺“奉”，兹据补。

7.【案】同治九年十一月二十一日，陕抚蒋志章奏报铭军驻扎中路并派军分防情形。②

8.【奴才】刻本作“臣”。

9.【派】刻本作“拨”。

10.【饥窘万分，乞抚之后】刻本作“窘饥乞抚后”。

11.【半多逃并西去】刻本作“半逃西去”。

① 台北故宫博物院藏：《军机及宫中档》，文献编号：105695.

② 台北故宫博物院藏：《军机及宫中档》，文献编号：104780.

12.【相继】刻本夺“相继”，兹据补。

13.【是】刻本缺署，兹据校补。

14.【奴才】刻本作“臣”。

15.【所带】刻本夺“所带”，兹据校补。

16.【山内逐渐安谧】刻本作“山内粗安”。

17.【遗黎即可复业】刻本于“渐次招徕，遗黎即可复业”。

18.【案】划线部分刻本作“抚绥安集，固非仓猝所能奏功；善后经营，亦非大军所能为力也”。

19.【案】划线部分刻本作“似可毋庸驱健卒于山谷之中，劳师耗饷，已令分扎华阴、朝邑”。

20.【且看】刻本夺“且看”，兹据补。

21.【案】划线部分刻本缺，兹据补。

22.【正月初七日】刻本题署“十年正月七日，乾州发”。

23.【案】划线部分刻本缺署，兹据校补。

## 五　缠金道远贼势南趋仍请饬定安拨队驻守折

同治十年正月二十八日（1871 年 3 月 18 日）

督办陕西军务前任直隶提督一等男奴才刘铭传跪奏，为缠金道路隔绝，贼势现在趋重南路，仍催分兵，请旨饬下定安就近拨队驻守，以期便捷，恭折据实覆陈，仰祈圣鉴事◆1。

窃奴才◆2于本月二十六日，准兵部火票递到军机大臣字寄：同治十年正月二十日，奉上谕◆3：定安奏，请饬副都统回任一折◆4。据称归化城副都统事务繁剧，刻下宁、灵军务已定，后路稍松，请饬富勒珲回任等语。着照所请，饬令富勒珲即回本任，以重职守。其留防缠金马队，即交萨萨布统带，责令◆5认真防范，毋稍疏虞！前据该将军奏，俟刘铭传之队一到缠金，即饬富勒珲统带该两省马队一千二百名，取道乌拉特旗，驰赴乌境协剿，当经饬令刘铭传派兵填扎该处，以便腾出吉林、黑龙江马队起程赴乌。刘铭传何以久未派拨？着懔遵前旨，迅派一军驰赴缠金驻扎，毋再推诿。定安候刘铭传派兵到后，即饬萨萨布统带前项马队驰赴乌城。钦此。

查定安前以乌城失守，奏令奴才派队替防缠金，以便拨兵赴乌◆6。其时奴才◆7尚未到陕，所部随行亦只铭字一军，无可分拨之队◆8，曾经据实复奏◆9，请饬定安就近拨队替守◆10，仰蒙恩准，令暂缓拨兵◆11。唐定奎一军甫经入关，本拟派赴北路，适因宁、灵一带◆12回寨剿抚渐定◆13，边内边外现皆无事◆14。迭据探报，河州回匪三千余骑于去腊二十六、七等日◆15，潜越洮河，窜至岷州，与官军接仗，复窜巩昌、阜阳川一路◆16，长驱东下，分股肆扰◆17距秦州数十里之平南川、娘娘坝、盐关、李子园等处，时有战马二三百匹游掠滋扰◆18，杀伤百姓甚多◆19。又探◆20岷州叛勇仍与官军相持，虽经议抚，拒抗如故，若该逆更向东窜◆21，唐定奎所部即须移向汧、陇一带◆22，以固陕防。此外仍无可拨之兵◆23。现奉旨饬催派军前赴缠金驻扎◆24，以便萨萨布统军赴乌，奴才何敢推诿◆25？

惟缠金距陕二千余里◆26，北山之外◆27尚有草地千余里，久无人烟，道路隔绝◆28，若由陕分兵，必须由陕西、归化、包头一路始达缠金◆29，计程四千余里，悬军远隔，声势不相联络，将官无所禀承，且淮军多系枪队，军火笨重，不惟转运多艰，亦恐运费无出◆30。此等为难情形◆31，想在圣明洞鉴之中。现闻黄河冰冻已开，贼在数千里外，河防无事。以奴才◆32度之，北路兵力◆33足资展布，应请旨◆34饬下定安就近由河防内拨军，驻守缠金，以免迂缓。如以◆35河冻虽开，贼踪虽远，河防仍不能松，或由定安指派段落，交奴才就近拨兵替守，以便该将军腾出队伍，拨军赴乌，接替均易，转运各便，彼此亦无可推诿之处◆36。是否有当？伏乞训示。遵行。

所有缠金道路隔绝，贼势现在趋重南路，仍难分兵，请旨饬下定安就近拨队驻守，以期便捷各缘由，理合缮折由驿复陈。伏乞皇太后、皇上圣鉴。谨奏◆37。正月二十八日◆38。

同治十年二月初五日，军机大臣奉旨：另有旨。钦此◆39。

【案】此折缺原件，录副①现藏于台北故宫博物院，兹据校勘。

1.【案】划线部分刻本缺，兹据校补。

2.【奴才】刻本作"臣"。

3.【案】划线部分刻本作"奉正月二十日上谕"。

4.【案】同治十年正月十四日，绥远城将军定安以地方紧要奏请调副都统回任。②

5.【责令】刻本夺"责令"，兹据《清实录》③ 校补。

6.【案】划线部分刻本作"奏令臣派队防缠，以便派兵远赴乌城"。

7.【其时奴才】刻本作"时臣"。

8.【无可分拨之队】刻本作"无能分拨"。

9.【复奏】刻本作"复陈"。

10.【拨队替守】刻本作"拨守"。

11.【令暂缓拨兵】刻本作"令缓拨兵"。

12.【一带】刻本夺"一带"，兹据补。

13.【剿抚渐定】刻本作"剿抚粗安"。

14.【现皆无事】刻本作"皆无战事"。

---

① 台北故宫博物院藏：《军机及宫中档》，文献编号：105991.

② 台北故宫博物院藏：《军机及宫中档》，文献编号：105771.

③ 中华书局影印：《清实录・穆宗毅皇帝实录（七）》，卷三百三，同治十年正月下，第19页，中华书局，1987。

15.【去腊二十六、七等日】刻本作“腊月杪”。

16.【一路】刻本夺“一路”，兹据补。

17.【分股肆扰】刻本作“分扰”。

18.【滋扰】刻本脱“滋扰”，兹据补。

19.【杀伤百姓甚多】刻本作“伤民实多”。

20.【又探】刻本作“又据探称”。

21.【若该逆更向东窜】刻本作“若更图东窜”。

22.【移向汧、陇一带】刻本作“移屯汧、陇”。

23.【可拨之兵】刻本作“可拨之队”。

24.【现奉旨饬催派军前赴缠金驻扎】刻本作“现奉饬催派军赴缠驻扎”。

25.【奴才何敢推诿】刻本作“臣何敢更行推诿”。

26.【惟缠金距陕二千余里】刻本作“缠金去陕二千余里”。

27.【北山之外】刻本作“北山外”，夺“之”，兹据补。

28.【案】刻本作“道路隔绝，久无人烟”。

29.【案】划线部分刻本作“必由山西、归化、包头”。

30.【案】划线部分刻本作“且淮军皆操枪炮，军需重滞，不惟转运多艰，远塞奔驰，更虑运资无出”。

31.【此等为难情形】刻本作“艰难情状”。

32.【奴才】刻本作“臣”。

33.【北路兵力】刻本作“北路各军”。

34.【应请旨】刻本作“应请”。

35.【如以】刻本作“倘虑”。

36.【案】划线部分刻本作“或由定安指段，交臣就近拨守，以便定安拨军赴乌。似此接防俱易，转运无难，彼此均无可诿”。

37.【案】划线部分刻本缺，兹据录副校补。

38.【正月二十八日】刻本题作“正月二十八日，乾州发”。

39.【案】此奉旨日期等，据录副与《军机处随手登记档》[①] 校补。

---

① 中国第一历史档案馆藏：《军机处随手登记档》，档案编号：03-0208-1-1110-033.

## 六　调防边境并探报情形折

同治十年四月二十四日（1871年6月11日）

督办陕西军务前任直隶提督一等男奴才刘铭传跪奏，为移调马步队伍驻防边境，并陈探报情形，恭折仰祈圣鉴事◆[1]。

窃奴才于奏报唐定奎一军填扎宝鸡一折◆[2]，奉四月初四日上谕：刘铭传奏，派兵填扎宝鸡一折。据奏唐定奎一军已由华阴拔队驰赴宝鸡，分驻陇州、凤县。着刘铭传饬令实力严防，遇贼即击。甘省秦州一带与宝鸡接壤，刻下有无贼踪？范铭所部叛勇虽已收降，有无余匪滋事？金积堡克复后，降众是否安置妥协？抑尚有余匪窜扰河洲？刘铭传如探有确实情形，随时奏闻。北山一带伏莽未清，该提督仍当派队搜捕，以靖地方，并饬所部各营认真操练，勿滋事端！钦此◆[3]。仰见圣虑周详，曷胜钦悚！

查秦州一带，自奴才到陕后，派有坐探，迭据报称◆[4]，虽有零回时来滋扰，尚未大害地方。本月初一日，突自河州窜出回匪一股，分掠两当、徽县一带，当经李辉武所部队伍◆[5]于两当城外堵剿获胜，该匪遂折向西去◆[6]。复据平凉探报：本月十六日，隆德县周其俊会同恪靖马队，于马厂野鸡岘地方遇贼接仗，周其俊并帮带官同时阵亡，营官王副将不知下落◆[7]，现在平凉派队出剿等语。查隆德、固原一带◆[8]，游匪、零回出没无定，兼之叛回马彦泷党众四百余骑潜伏其中，贼知陕防兵重，固不敢深入掳掠◆[9]。

但现当二麦登场之际◆[10]，特恐贼骑飘忽，扰及陕边。除饬唐定奎一军严密分防外，奴才现调◆[11]记名提督吴宏洛所部铭字左军六营步队，由◆12耀州移驻长武；并派记名提督陈凤楼所部马队三营由三原移驻盩厔，记名总兵张佩芝马队三营由富平移驻邠州。据吴宏洛报称，现已料理拔队赴防。至于陕北一带，自春至今，抢劫案件甚少◆13，能得防军营规整饬，有司吏治安详，自可日渐起色。抚臣蒋志章正躬率属，必能饬在事◆14文武弭盗安民，以◆15仰副朝廷绥靖地方之至意。

所有奴才移调马步队伍驻防边境并探报情形，理合恭折由驿具陈。伏乞皇太后、皇上圣鉴。谨奏◆16。四月二十四日◆17。

同治十年五月初一日，军机大臣奉旨：另有旨。钦此◆18。

【案】此折缺原件，录副①现藏于台北故宫博物院，兹据校勘。

1.【案】划线部分刻本缺，兹据校补。

2.【案】同治十年三月二十六日，直隶提督刘铭传具报派军填扎宝鸡一带缘由。②

3.【案】此上谕刻本节略较多，《清实录》载曰：

癸亥，谕军机大臣等：刘铭传奏，派军填扎宝鸡一折。据奏唐定奎一军已由华阴拔队驰赴宝鸡，分军驻扎陇州、凤县等语。刘铭传饬令实力严防，遇贼即击，毋稍疏懈！甘省秦州一带与宝鸡等处接壤，该处情形若何？刻下有无贼踪？范铭所部叛勇虽已收降，有无余匪滋事？金积堡克复后，降众是否安置妥协？抑尚有余匪窜并河州？刘铭传如探有确实情形，随时奏闻。北山一带伏莽未清，该提督仍当派队搜捕，以靖地方，并分饬所部各营将弁随时认真操练，毋任勇丁稍滋事端。另片奏，丁忧提督请俟撤防后终制等语。提督唐定奎、滕学义均着暂行留营，俟陕西撤防后，准其回籍补行终制。将此由四百里谕令知之。③

① 台北故宫博物院藏：《军机及宫中档》，文献编号：107422.

② 台北故宫博物院藏：《军机及宫中档》，文献编号：106957.

③ 中华书局影印：《清实录·穆宗毅皇帝实录（七）》，卷三百八，同治十年四月上，第83页，中华书局，1987。

4.【案】划线部分刻本作“自臣到陕后，迭据探称”。

5.【队伍】刻本夺“队伍”，兹据补。

6.【该匪遂折向西去】刻本作“回遂败折而西”。

7.【营官王副将不知下落】此句刻本缺，兹据补。

8.【一带】刻本脱“一带”，兹据补。

9.【案】划线部分刻本作“贼知陕境严防，固不敢轻来掳掠”。

10.【案】划线部分刻本作“惟现当二麦登场之时”。

11.【奴才现调】刻本作“复调”。

12.【由】刻本作“自”。

13.【抢劫案件甚少】刻本作“抢案殊少”。

14.【在事】刻本作“在防”。

15.【以】刻本夺“以”。

16.【案】划线部分据录副校补。

17.【四月二十四日】刻本作“四月二十四日，乾州发”。

18.【案】此奉旨日期等，据录副与《军机处随手登记档》① 校补。

## 七　遵旨密陈左宗棠军情片

同治十年四月二十四日（1871 年 6 月 11 日）

再，查金积堡未复以前，悍贼逃并，西去甚多。克复之后◆1，所余半皆◆2妇女老弱，经左宗棠安插得所◆3，谅无反复。惟西路贼势甚大，金积堡虽然克复◆4，军事稍有归属，岂得谓已定已安！左宗棠固属◆5实心任事，奈所部之兵将堪战者寥寥◆6。自金积堡克复后，诸将星散，至今迄无进剿之议◆7。贼骑肆掠于秦、巩之间◆8，如入无人之境。兵贵乘势，乃有虚声；抑或猛

① 中国第一历史档案馆藏：《军机处随手登记档》，档案编号：03-0208-2-1110-118.

攻，以见实力◆9。

今仅◆10迁延岁月，不计虚糜，贼势未衰，兵气已散。揆形度势，既恐蒇事无期；叛勇降回，犹恐变生意外。奴才◆11目睹心忧，情不自已◆12，仰蒙天语下询，用敢据实一并密陈◆13，伏乞圣鉴。谨奏◆14。

同治十年五月初一日，原片归箍◆15。

【案】此奏片原件①现藏于台北故宫博物院，兹据校勘。

1.【克复之后】刻本作“克复后”，夺“之”，兹据补。

2.【半皆】刻本夺“半”，兹据补。

3.【安插得所】刻本作“安插得宜”。

4.【虽然克复】刻本作“虽克”。

5.【固属】刻本脱“属”，兹据补。

6.【奈所部之兵将堪战者寥寥】刻本作“奈所部兵将堪战者稀”。

7.【至今迄无进剿之议】刻本作“至今尚无进剿之期”。

8.【贼骑肆掠于秦、巩之间】刻本作“贼骑肆掠巩、秦之间”。

9.【以见实力】刻本作“乃见实力”。

10.【仅】刻本作“特”。

11.【奴才】刻本作“臣”。

12.【情不自已】刻本作“情难自默”。

13.【据实一并密陈】刻本作“据实密陈”。

14.【案】划线部分刻本仅作“伏求圣鉴”。

15.【同治十年五月初一日，原片归箍】此句据《军机处随手登记档》② 补。

---

① 台北故宫博物院藏：《军机及宫中档》，文献编号：107424.

② 中国第一历史档案馆藏：《军机处随手登记档》，档案编号：03-0208-2-1110-118.

## 八　请撤铭军留谭仁芳军驻陕折

同治十年七月初九日（1871年8月24日）

督办陕西军务前任直隶提督一等男奴才刘铭传跪奏，为奴才旧疾举发，请假离营调理，并请旨饬留谭仁芳一军仍驻陕西，恭折仰祈圣鉴事[1]。

窃奴才一介武夫，毫无知识[2]。上年十月，仰蒙圣恩畀以专阃之任，来陕督办军务，抚躬惭感，午夜难安！原冀稍立寸功，报称万一[3]。到陕后[4]，陕境已无贼踪，惟有督率练操，以期营伍日新[5]，不料入夏以来，头风举发，引动肝气；交秋之后，愈形增剧，足不出户二十余日，若果陕防吃紧，自应力疾在营，以了此局。现在秦、徽、盐、固一带游氛日少，左宗棠不日闻即移驻静宁，甘军亦皆陆续西进[6]，纵不能克日荡平，谅可严扼洮河，遏贼东窜。此后陕防更无吃紧之处，惟汧、陇与秦、徽接壤，略须防兵，以备不虞[7]。查记名提督谭仁芳所部七营，前以湖南会匪滋事，奉旨饬调回鄂[8]。现在会匪已平[9]，似可毋庸回鄂。该提督久驻秦中，情形熟悉，主客亦甚相得[10]。若令屯扎[11]陕南，足资防守。

奴才[12]所部四十营，每月正饷杂款[13]需银不下二十万。当此民力凋敝、赋财缺乏之际[15]，似未便筹饷于万难之中，养兵于无用之地，纵使忍耻虚糜，毫无补于大局[16]。且军营纪律成之数年而不足，败之一旦而有余，久无战事，兵锐销磨[17]，训练稍疏，渐成暮气[18]。

奴才抱病日久[19]，尤恐废弛。入关后，寸长未见，业已负疚于既往，曷敢贻误于将来◆[20]！倘蒙圣鉴，陕西军务不甚吃重◆[21]，饬知两湖督臣李瀚章仍将谭仁芳一军留驻陕西◆[22]，撤回淮军，奴才当力疾督率所部出关◆[23]，商请两江督臣曾国藩、直隶督臣李鸿章酌量遣留，期于妥善◆[24]。否则惟有仰恳天恩，派员前来接办军务◆[25]，以重职守，即请赏假三个月，奴才回南就医◆[26]，一俟病体痊愈，无论何处军务有可效力之处，定即赴营从事，决不敢自暴自弃，辜负圣主裁成，永作盛世之废材也◆[27]。

所有奴才旧病举发请假调理，并请旨饬留谭仁芳一军仍驻陕西各缘由，谨缮折由驿具奏。伏乞皇太后、皇上圣鉴训示。谨奏◆[28]。七月初九日◆[29]。

同治十年七月十七日，军机大臣奉旨：另有旨。钦此◆[30]。

【案】此折缺原件，录副①现藏于台北故宫博物院，兹据校勘。

1.【案】划线部分刻本缺，兹据校补。

2.【窃奴才一介武夫，毫无知识】刻本作“窃臣一介武夫，毫无建树”。

3.【案】划线部分刻本作“仰荷圣慈逾格，诏令专阃入关，谬督陕军，抚躬惭感！原冀稍图尺寸，庶几仰报涓埃”。

4.【到陕后】刻本作“到陕之后”。

5.【以期营伍日新】刻本作“藉资镇抚，俾得流亡安集，边鄙无惊”。

6.【案】划线部分刻本作“头风、肝气，坐卧难安，渐入秋寒，愈增羸剧，足不出户，已逾兼旬。若果关中事急，贼势东趋，自应力疾在营，藉维秦局。现在秦、徽、盐、固之间游氛日少，左宗棠将驻静宁，甘军已图西进”。

7.【案】划线部分刻本作“此后秦关千里，更无风鹤之惊。惟汧、

① 台北故宫博物院藏：《军机及宫中档》，文献编号：108544.

陇一带接壤秦、徽，略须防兵，以待缓急”。

8.【案】划线部分刻本作“前以湘警时闻诏还鄂土”。

9.【现在会匪已平】刻本作“现在湘中会匪已平”。

10.【主客亦甚相得】刻本作“主客既能相得，兵民亦可相安”。

11.【屯扎】刻本作“屯驻”。

12.【奴才】刻本作“臣”。

13.【杂款】刻本作“杂支”。

14.【民力】刻本作“民生”。

15.【案】划线部分刻本作“民生凋敝、赋财乏缺之余”。

16.【案】划线部分刻本作“坐视拊髀，太息精锐潜销，纵令忍耻虚糜，抑复何裨大局”。

17.【兵锐销磨】刻本作“锋锐寖衰”。

18.【渐成暮气】刻本作“辄成暮气”。

19.【奴才抱病日久】刻本作“臣抱疾日久”。

20.【案】划线部分刻本作“入关经年，寸长未效，虽已负惭于既往，安敢贻误于将来”。

21.【陕西军务不甚吃重】刻本作“陕事粗安”。

22.【留驻陕西】刻本作“留陕”。

23.【奴才当力疾督率所部出关】刻本作“臣当力疾率部出关”。

24.【期于妥善】刻本作“用期妥协”。

25.【仰恳天恩，派员前来接办军务】刻本作“仰恳派员接办陕军”。

26.【奴才回南就医】刻本作“俾臣得回里就医”。

27.【案】划线部分刻本作“一俟病体就痊，无论如何军务，得效驰驱，定当赴营从事，决不敢自甘沦弃，仰负裁成。无任悚惶恳命之至”。

28.【案】划线部分刻本缺，兹据校补。

29.【七月初九日】此具奏日期据录副校补。

30.【案】此奉旨日期等，据录副与《军机处随手登记档》① 校补。

---

① 中国第一历史档案馆藏：《军机处随手登记档》，档案编号：02-0208-3-1110-192.

## 九 复陈暂难出关恳假离营养病折

同治十年七月二十五日（1871年9月9日）

督办陕西军务前任直隶提督一等男奴才刘铭传跪奏，为复陈兵勇、道路情形，暂难出关，并吁恳天恩赏假三个月，离营调养，恭折仰祈圣鉴事◆1。

窃奴才◆2于七月二十三日承准◆3军机大臣密寄：奉上谕：刘铭传奏，因病请假离营调理一折。览奏，实深廑系！现在秦、徽、盐、固一带游氛渐少，陕省无须多兵，谭仁芳一军即着留扎该省，以资弹压。该提督所部各军毋庸撤遣。本日，据总理各国事务衙门奏，俄国派兵于五月十七日代为克复伊犁，已谕荣全驰往筹办。惟闻该国尚有派兵规取◆4乌鲁木齐之信，心生觊觎，渐不可制。倘乌鲁木齐再为所得，将来藉词要挟，办理更形棘手！本日已谕景廉、成禄先后带队前进，相机规复乌鲁木齐，期以先发制人。惟景廉、成禄带队无多，亟须精兵劲勇接续西行，庶足以壮声威。该提督忠勇性成，情殷报效，且以有用之兵置之无用之地，尤属可惜！即着督率所部，由乾州鼓行而西，绕出兰州之北，由甘、凉、肃一路出关，节节前进，为收复新疆各城之计。刻下河州、西宁逆氛未净，关外如乌鲁木齐等城又不能任令外人从而生心。该提督惟有力疾从公，专任其难，以副朝廷厚望。后路饷需，已令曾国藩、李鸿章宽筹接济矣。钦此。跪诵之下，仰见圣虑宏深，无远弗届，曷胜钦悚！

惟查伊犁地方◆5至嘉峪关五千二百余里，与乌鲁木齐相距一千九百二十里。自乾隆二十年勘定以来，始有事于新疆，先后数次用兵[◆6]，皆以肃州为粮台重地，节节安设转运，车驼之费不可胜计[◆7]。当时财赋充足[◆8]，甘肃无事，以天下之全力，故能师出有功[◆9]。目前肃州贼尚盘踞，河湟逆氛未净[◆10]，自静宁西去[◆11]，非大队不能前行[◆12]。纵使奴才督带所部[◆13]，转战出关，以后饷项、军火[◆14]，隔绝数千里，运道不通，何由接济？此道路暂难出关之情形也。奴才所部淮勇多系江、皖之人，步队居多，器械笨重[◆15]，耐寒行远，非其所长。且勇非营兵可比，去留无所限制，一旦驱令出关，必多逃亡[◆16]，尤恐中途溃败，滋成事端，有碍大局[◆17]。此兵勇暂难出关之情形也。

奴才本有头风旧疾，请告在籍，原欲休养数年，除去病根，再行效力，以图报称，讵于上年五月，天津民夷滋事，奉旨饬令到营[◆18]。其时畿辅只有铭字一军，奴才[◆19]若不星驰赴急，上不足以报国恩，下不足以励士气[◆20]。初拟天津事定后，依旧乞假归里养疴[◆21]，不期行至中途，已渥邀赏赍之恩，甫得瞻仰天颜，即畀以专阃之任。奴才自顾何人，迭蒙皇上高厚之恩，敢不竭诚图报！亦自恃年力正强，虽有夙疾在身，尚可勉力从公[◆22]。不料到陕之后，任大事繁，稍为操劳，头风即行举发。交秋以来，更形增剧，饮食日渐减少，兼之肝气上冲，遇有风雨将作之际，或有劳神之处，轻则昏晕片时，不省人事；重则脑疼欲裂，数日不止，辗转反侧，坐卧难安[◆23]。据医家云，从前头受枪伤，出血过多，疮口未合，复受风雨，现在气血两亏，病根久远，非药石所能为力，惟有安心静养，可望轻减[◆24]。

奴才[◆25]再四思维，日久不能视事，深恐贻误戎机，有负圣主委任之意，故前折乞假调养。武夫粗直，发言由衷，不敢稍涉虚伪[◆26]。似此沉疴不减，万难[◆27]从事疆场，惟有吁恳天恩赏假三个月，离营调养。所有营务一切暂交记名提督骆国忠、河南简放知府方策勋，会同照料。一俟病体稍痊，定即回营视事，决不敢退避偷安◆28，自外生成。

倘蒙圣主格外矜全◆29，从此有生之日，皆天恩再造之年。曷胜惶恐待命之至！谨缮折由驿五百里据实复陈。伏乞皇上圣鉴训示。谨奏◆30。七月二十五日◆31。

同治十年八月初七日，军机大臣奉旨：另有旨。钦此◆32。

【案】此折缺原件，录副①现藏于台北故宫博物院，兹据校勘。

1.【案】划线部分刻本缺，兹据校补。

2.【奴才】刻本作“臣”。

3.【承准】刻本夺“承”，兹据补。

4.【规取】刻本作“窥取”，兹据《清实录》校正。

5.【地方】刻本夺“地方”，兹据补。

6.【案】划线部分刻本作“新疆用兵”。

7.【案】划线部分刻本作“车驼需费浩烦，不可胜计”。

8.【充足】刻本作“充盈”。

9.【案】划线部分刻本作“运以天下全力，故能师出有功”。

10.【河湟逆氛未净】刻本作“河湟逆势方张”。

11.【西去】刻本作“以西”。

12.【前行】刻本作“前往”。

13.【纵使奴才督带所部】刻本作“臣即督带所部”。

14.【军火】刻本作“军需”。

15.【案】划线部分刻本作“臣部淮军多隶江、皖，步队居多，器械烦重”。

16.【案】划线部分刻本作“且勇非营兵，去留无能限制，一旦驱之关外，逃散必多”。

① 台北故宫博物院藏：《军机及宫中档》，文献编号：108880.

17.【有碍大局】刻本作“大局更多妨碍”。

18.【案】划线部分刻本作“臣夙患头风，请告家居，原期休养数年，除去病根，再图报称。上年五月，天津民夷滋事，奉饬到营”。

19.【奴才】刻本作“臣”。

20.【案】划线部分刻本作“上无以报国恩，下无以励士气”。

21.【依旧乞假归里养疴】刻本作“仍乞假归养疴”。

22.【案】划线部分刻本作“渥邀赏赉，甫瞻天阙，即令专征。自顾何人，迭蒙高厚，敢不竭诚图报，勉效驽骀？且恃年力正强，虽夙疾在身，尚可勉图支柱”。

23.【案】划线部分刻本作“偶一操劳，头风即发。交秋更剧，饮食日微。兼之肝气上冲，或遇风雨将作，或当意外繁劳，轻即昏晕片时，不省人事，重则脑痛欲裂，坐卧难安”。

24.【案】划线部分刻本作“疮口未平，复经风雨，病根久远，非药石能遽为功，计惟静养不劳，或可渐图轻减”。

25.【奴才】刻本作“臣”。

26.【案】划线部分刻本作“致负圣朝委任，故前折陈情，乞归调养。武夫粗直，言必由衷，何敢稍存伪饰”。

27.【万难】刻本作“安能”。

28.【退避偷安】刻本作“偷安退避”。

29.【倘蒙圣主格外矜全】刻本作“倘蒙圣主矜全，恩施逾格”。

30.【案】划线部分刻本缺，兹据补。

31.【七月二十五日】此具奏日期据录副补。刻本题署“七月二十五日，乾州发”字样。

32.【案】此奉旨日期等，据录副及《军机处随手登记档》① 校补。

---

① 中国第一历史档案馆藏：《军机处随手登记档》，档案编号：03-0208-3-1110-212.

## 一〇 详奏转运情形并恳续假三月回籍调理折

同治十年九月初九日（1871年10月22日）

督办陕西军务前任直隶提督一等男奴才刘铭传跪奏，为遵旨详晰奏明转运情形，并陈奴才病难速痊，仰恳天恩续假三个月，回籍调养，恭折仰祈圣鉴事◆1。

窃奴才于同治十年七月二十五日①具奏暂难出关情形，并请赏假离营调养一折，于八月十四日准兵部火票递回原折内开：军机大臣奉旨：另有旨。钦此。同日，承准军机大臣字寄：八月初七日，奉上谕◆3：刘铭传奏，复陈兵勇、道路情形暂难出关，并请赏假离营养病一折。新疆远在西陲，朝廷本欲俟甘肃肃清，再行筹饷筹兵，力图大举。近因伊犁地方经俄国代为收复，并有代规乌鲁木齐之说，若不迅赴事机，为先发制人之计，竟令邻国得遂狡谋，以后更难措手。是以特命刘铭传率旅西行，力任其难，建兹伟绩。兹据所陈各节，河湟未靖，转饷艰难，江皖之人不宜冲寒涉远，自系实在情形。刘铭传又因伤疾举发，亟须静心调养，披览之余，曷胜廑念！惟边外事机紧迫，万不可置为缓图。淮军素称节制之师，且非刘铭传居中调度，亦难兵将一心。刘铭传着赏假一个月，在营安心调理。一俟病痊，即行督率所部陆续西进，由甘、凉一带转战而前，即在肃州屯扎，毋庸出关，庶声威较壮，成禄等军即可一意西行，不至跋前疐后。该提督军饷应于何处设立转运粮台，并着斟酌情形，详晰奏明，与曾国藩、李鸿章酌度办理。钦此。仰见圣恩宽大，训示周详，莫名钦感！

① 录副误作“二十六日”，兹校正。

查由陕西赴肃州路程◆[3]，北自固原、中卫以达凉州，素非官道，且◆[4]人烟稀少，城郭萧条，觅食采薪为难◆[5]，军行不便，须由平凉、会、静以达兰州，迤逦而西。惟洮河以东贼氛未靖，大枝人马◆[6]自无阻碍，以后转运◆[7]饷械，必得节节屯兵护送，始能前进◆[8]，如甘军之在狄道，迭据各统领函称，转运不济，粮价缺乏，困苦异常等情◆[9]。淮军之到肃州◆[10]，呼应既无甘军之灵便，车驼又无甘军之众多◆[11]，道出甘军二千里外，彼此相形，其中◆[12]艰阻情状，谅在圣明洞鉴之中。且闻肃州一带兵乱已久，居民寥落◆[13]，一旦屯数万之众，必得附近地方◆[14]有粮可办，乃能持久◆[15]。

奴才于奉旨后，即派员前往察看情形，一面商请曾国藩、李鸿章筹备饷项◆[16]，拟俟病体稍痊，即行料理拔队西进◆[17]。不料两月来，病势日剧，毫未轻减，忽于八月初旬，两足发肿，初以湿气下侵，不以为意，至今二十余日，青肿愈甚，午未之后，步履维艰。在营现无良医可觅，又不能安心静养，一时万难痊愈，尤恐久不视事，众心懈怠。营规日渐废弛，积久患生，难保无贻误之处。病中忧急，午夜不安◆[18]。

现在◆[19]假期已满，痼疾难瘳，惟有仰恳天恩续假三个月，回籍调理，所有奴才部下淮军，并请旨派员接统◆[20]，迅赴事机，以免贻误◆[21]，曷胜惶恐待命之至！谨缮折由驿五百里具陈。伏乞皇太后、皇上圣鉴训示。谨奏◆[22]。九月初九日◆[23]。

同治十年五月十六日，军机大臣奉旨：另有旨。钦此◆[24]。

【案】此折缺原件，录副①现藏于台北故宫博物院，兹据校勘。

1.【案】划线部分刻本缺，兹据校补。

① 台北故宫博物院藏：《军机及宫中档》，文献编号：109524.

2.【案】划线部分刻本作“窃臣前奏暂难出关并请离营养病一折，奉八月初七日上谕”。

3.【查有陕西赴肃州路程】刻本作“查由陕州赴肃州”。

4.【且】刻本夺“且”，兹据补。

5.【为难】刻本夺“为难”，兹据补。

6.【大枝人马】刻本作“大军启行”。

7.【转运】刻本作“转输”。

8.【案】划线部分刻本作“必能随地屯兵，随时护送，始克奋袂而前”。

9.【案】划线部分刻本作“转运不济，困苦异常，尤为明证”。

10.【淮军之到肃州】刻本作“淮军到肃”。

11.【案】划线部分刻本作“呼应既无甘军之灵，车驼又无甘军之众”。

12.【其中】刻本夺“其中”，兹据补。

13.【案】划线部分刻本作“兵乱迭更，民居寥落”。

14.【附近地方】刻本作“近地”。

15.【乃能持久】刻本作“方能持久无饥”。

16.【案】划线部分刻本作“臣奉旨后即派员往察情形，商请曾国藩、李鸿章妥筹饷项”。

17.【即行料理拔队西进】刻本作“即行统军西上”。

18.【案】划线部分刻本作“病势日增，毫无轻减。八月初，两足肿痛，举步维艰，卧榻兼旬，青肿愈甚。边方瘠苦，既乏良医，军事纷劳，尤难静养，更虑久不视事，营规日渐废弛，积久患生，难保不滋贻误。病中忧急，彻夜难安”。

19.【现在】刻本作“今”。

20.【案】划线部分刻本作“所有部下淮军，并请派员接统”。

21.【以免贻误】刻本缺此句，兹据补。

22.【案】划线部分刻本缺，兹据校补。

23.【九月初九日】刻本题署“九月初九日，自乾州发”字样。

24.【同治十年九月十六日，军机大臣奉旨：另有旨。钦此】此奉旨日期等，据录副及《军机处随手登记档》① 校补。

## 一一　密荐曹克忠接统替归片

同治十年九月初九日（1871 年 10 月 22 日）

再，肃州形胜之地，能得劲兵强将坐镇其间，既可为关外之声援，又可分河湟之贼势。奴才自应仰邀圣谟，力图报称◆1，亦知◆2淮军部伍易将为难，奈病势日剧◆3，万难支持◆4，思维◆5再四，不敢坐误事机。惟淮军自立门户，越兰州而西，进驻肃州，三千余里，贼踪飘忽，后路不清◆6，若由平凉安设转运◆7，节节屯兵护送◆8，纵有转运◆9之费，亦无护运之兵，且恐主客不能联络◆10，各存界限，尤非军务所宜。

查前任甘肃提督曹克忠，有谋敢战，熟悉西路情形，回匪素惮其威名◆11，若将奴才◆12所部分配马步二十营，交该提督统率赴甘，至兰州◆13归穆图善会商调度，由甘、凉相机前进，兵数较少，转运稍易。以后该军饷项即由李鸿章饬知后路，按数拨归西征粮台袁保恒，搭解赴甘◆14，运至兰州，再由穆图善派队护运，既可免分门别户，又无须添饷增兵，似于西路军务大局有裨◆15。如蒙圣明采纳，曹克忠现在天津，即请旨饬下李鸿章转饬该提督克日来陕，接统队伍◆16，以期早赴事机。

奴才当俟曹克忠到陕后交代妥当，再行离营◆17。其余队伍◆18或就地遣裁，或撤回两江，交曾国藩、李鸿章酌量遣留之处◆19，并乞皇上训示。遵行。是否有当？伏乞圣鉴。谨附片

① 中国第一历史档案馆藏：《军机处随手登记档》，档案编号：03-0208-3-1110-249.

具奏◆20。

同治十年五月十六日，军机大臣奉旨：另有旨。钦此◆21。

【案】此片缺原件，录副①现藏于台北故宫博物院，兹据校勘。

1.【案】划线部分刻本作“既可为关外声援，更可分河湟贼势，圣谟广运，规画周详。微臣自应力疾西行，勉图报称”。

2.【亦知】刻本作“且明知”。

3.【日剧】刻本作“日增”。

4.【支持】刻本作“支柱”。

5.【思维】刻本作“踌躇”。

6.【不清】刻本作“未清”。

7.【安设转运】刻本作“安设粮台”。

8.【节节屯兵护送】刻本作“节节屯兵，随时护送”。

9.【转运】刻本作“转输”。

10.【主客不能联络】刻本作“主客相猜”。

11.【案】划线部分刻本作“久悉西情，回寇惮其威略”。

12.【奴才】刻本作“臣”。

13.【案】划线部分刻本作“令其统赴兰州”。

14.【案】划线部分刻本作“其饷即由李鸿章按数拨归西征粮台袁保恒搭解”。

15.【似于西路军务大局有裨】刻本作“似于西军大局所裨甚巨”。

16.【接统队伍】刻本作“接统臣部”。

17.【案】划线部分刻本作“臣当俟曹克忠到陕后交代清厘，再行回籍”。

18.【队伍】刻本作“军队”。

19.【酌量遣留之处】刻本作“酌量留遣”。

20.【案】划线部分刻本缺，兹据补。

① 台北故宫博物院藏：《军机及宫中档》，文献编号：109525.

21.【同治十年九月十六日，军机大臣奉旨：另有旨。钦此】此奉旨日期等，据录副及《军机处随手登记档》① 校补。

●军机大臣字寄：同治十年九月十六日，奉上谕：刘铭传奏，病难速痊，恳恩赏假回籍调理，并请派员接统淮军各折、片。刘铭传着赏假三个月，回籍调理。至请饬曹克忠来陕西统带马步各营，本日已谕令李鸿章传知该提督即行前往矣。甘省军情紧要，曹克忠未经到陕以前，刘铭传仍当妥筹布置，不得以接统有人，遽行诿卸。曹克忠到陕，该提督再行回籍调理，以重防务。钦此。

## 一二　俄事入都目疾请假就医天津片

光绪六年十一月初二日（1880 年 12 月 3 日）

再，奴才本因目疾，请假两月，于十月初八日由籍启行，赴天津就医◆1，恭奉上谕◆2：刘铭传不必拘定假期，迅速来京等因。钦此。钦遵之下◆3，遂于二十六日力疾就道。十年田里，久恋天颜，仰蒙召谕殷拳，弥深，依慕！

方喜藉依阙下，稍舒犬马微忱◆4，不料到京之后，连日目疾愈重，疼痛不已，若不速就医治，恐久日成废◆5。拟恳天恩赏假二十天◆6，至津就医。一俟目疾稍痊，即行来京销假。谨附片敬陈◆7。

光绪六年十一月初二日，军机大臣奉旨：刘铭传着赏假二十日。钦此。◆8

① 中国第一历史档案馆藏：《军机处随手登记档》，档案编号：03-0208-3-1110-249.

【案】此片缺原件，录副①现藏于中国第一历史档案馆，兹据校勘。

1.【案】划线部分刻本作“臣于八月奉诏入都，本因目疾请假两月，十月初八日由籍起行，赴天津就医调治”。

2.【恭奉上谕】刻本作“兹奉十月初四日上谕”。

3.【钦遵之下】刻本脱“钦遵之下”，兹据补。

4.【案】划线部分录副缺，兹据刻本保留。

5.【案】划线部分刻本作“目疾愈重，疼痛不已，寝食难安。若不速就医疗，日久恐成盲废。天津西医精审，较胜华医。往时目疾屡婴，皆赖津医治理。”

6.【二十天】刻本作“二十日”。

7.【敬陈】刻本作“具陈”。

8.【光绪六年十一月初二日，军机大臣奉旨：刘铭传着赏假二十日。钦此。】此奉旨日期等，据《军机处随手登记档》② 校补。

## 一三 假满疾沉仍请续假回籍折

光绪六年十一月二十三日（1880 年 12 月 24 日）

前直隶提督一等男奴才刘铭传跪奏，为奴才假期已满，目疾沉重，仰恳天恩续假三个月，回籍调理，恭折仰祈圣鉴事◆1。

窃奴才◆2于本月初二日在京附片陈明目疾，请假至天津就医，仰蒙天恩赏假二十日。钦此。遵即来津，延医诊视。原期日渐痊复◆3，回京销假，只以抱病过久◆4，沿途受风，旬日以来，两目更形昏障，疼痛尤甚◆5，据医云，红筋俱满，非一时◆6所能奏功。

① 中国第一历史档案馆藏：《军机录副》，档案编号：03-5156-006.

② 中国第一历史档案馆藏：《军机处随手登记档》，档案编号：03-0229-4-1206-296.

奴才被命◆[7]，力疾赴京，原恐外患紧迫，有可效力之处，目前揆度内外情形，尽可无事，且奴才旧日所部唐定奎等军久在江南，已经两江总督刘坤一奏明不能离防◆[8]；刘盛休一军保卫畿辅◆[9]，尤难远调◆[10]。

奴才◆[11]即无疾病，落落一身，何补于军事◆[12]？将来目疾如可医治痊愈，年力尚未衰惫，报称有日，决不稍耽安逸，自外生成◆[13]。现在奴才目疾沉重，仰恳天恩续假三个月◆[14]，回籍调理，出自逾格鸿慈，谨缮折具陈。伏乞皇太后、皇上圣鉴训示。再，折封借用天津道印。合并声明。谨奏◆[15]。十一月二十三日◆[16]。

光绪六年十一月二十六日，军机大臣奉旨：刘铭传着再赏假一月，安心调理，无庸回籍。钦此◆[17]。

【案】此折缺原件，录副①现藏于中国第一历史档案馆，兹据校勘。

1.【案】划线部分刻本缺，兹据录副校补。

2.【奴才】刻本作“臣”。

3.【痊复】刻本作“就痊”。

4.【过久】刻本作“日久”。

5.【案】划线部分刻本作“两目更形障痛”。

6.【一时】刻本作“一日”。

7.【奴才被命】刻本作“臣远闻诏命”。

8.【案】划线部分刻本作“原恐外患猝乘，驰驱图报，雪壮士枕戈之耻，杜天骄跋扈之忧。日来揆度势机，当可粗安无事。且臣所部唐定奎等军久戍江南，两江总督刘坤一奏明不能远调”。

9.【畿辅】刻本作“畿疆”。

10.【远调】刻本作“远去津沽”。

11.【奴才】刻本作“臣”。

① 中国第一历史档案馆藏：《军机录副》，档案编号：03-5812-079.

12.【何补于军事】刻本作“何关军国”。

13.【案】划线部分刻本作“边尘未定，报称有时，将来目疾可痊，行年未老，苟承明诏，自当远赴阙廷，决不敢坚卧山林，仰辜高厚”。

14.【案】划线部分刻本作“现在目疾日沉，急难调治，惟有仰恳天恩，续假三月”。

15.【案】划线部分刻本缺，兹据校补。

16.【十一月二十三日】刻本作“六年十一月二十四日”，误。兹据校正。

17.【案】此奉旨日期与内容，据录副校补。

## 一四　恳续假回籍折

光绪七年正月二十日（1881年2月18日）

前直隶提督一等男奴才刘铭传跪奏，为奴才假期已满，目疾日重，仰恳天恩续假，回籍调理，恭折仰祈圣鉴事◆1。

窃奴才◆2于上年十一月二十四日具奏目疾沉重◆3，请假三个月，回籍调理，奉旨：刘铭传着再赏假一月，安心调理，无庸回籍等因。钦此。仰见圣恩高厚，体恤至周，莫名钦感！

伏念奴才◆4解兵十载，伏处田间，被命来京，即行乞退，纵无曲蠖◆5求伸之意，岂无犬马恋主之情！奈目疾日重，兼之素有肝气，现当春木发舒之际，肝火益旺，两目更形昏障，天津就医数月，毫未轻减，假期已满，久未陈奏◆6。目前事机大定，时局已安，惟有仰恳天恩续假三个月，回籍调理◆7。倘蒙圣主格外矜全，以后目疾痊愈◆8，则感生成于今日◆9，尚期◆10图报于将来！

所有奴才请假回籍缘由，理合缮折敬陈。伏乞皇太后、皇上圣鉴训示◆11。再，折封借用天津道印。合并声明。谨奏◆12。光绪七年正月二十日◆[13]。

（朱批）：着赏假三个月，准其回籍调理。你从前打仗奋勇，朕素知之。回籍后要爱惜身体，无图安逸，以为国家之用，勉之◆[14]！

光绪七年正月二十三日，军机大臣奉旨：刘铭传着赏假回籍调理，一俟目疾痊愈，即行销假。钦此◆[15]。

【案】此折原件①、录副②现均藏于中国第一历史档案馆，兹据校勘。

1.【案】划线部分刻本缺，兹据校补。

2.【奴才】刻本作“臣”。

3.【沉重】刻本作“日沉”。

4.【奴才】刻本作“臣”。

5.【曲蠖】刻本作“蠖屈”。

6.【案】划线部分刻本作“况蒙恩假迭邀，纍维殊切，更何敢以病躯微悃屡渎宸严？奈目疾日沉，肝风更作，现当春木发舒之际，正肝火益旺之时，肝目相通，两目更形昏障，津医数月，轻减无期。假满至今，未能陈奏”。

7.【回籍调理】刻本作“俾得归田调理”。

8.【案】划线部分刻本作“倘蒙逾格矜全，庶冀残躯可愈”。

9.【今日】刻本作“此日”。

10.【尚期】刻本作“尚可”。

11.【案】划线部分刻本作“急切微忱，伏乞慈鉴”。

12.【案】划线部分刻本缺，兹据校补。

13.【光绪七年正月二十日】刻本作“七年正月”，未确。兹据校正。

① 中国第一历史档案馆藏：《朱批原件》，档案编号：04-01-12-0527-037.

② 中国第一历史档案馆藏：《军机录副》，档案编号：03-5157-073.

14.【案】此朱批内容，据原件补。

15.【案】此奉旨日期与内容，据录副校补。

●按：此三折因光绪六年秋俄占伊犁，召公速入都询方略。公至津，诏复促之。既入觐，知廷意主和，乃奏请开铁路以图自强。附片请假至天津以待。至津三月，和议已成，乃连奏假归。始焉朝旨仍令毋庸回籍，继则不俟报行矣。陈澹然记。

## 一五　再请开巡抚缺并销督办差回籍养疴折

光绪十一年九月二十五日（1885 年 11 月 1 日）

督办台湾防务降二级留任福建巡抚一等男臣刘铭传跪奏，为微臣目疾日重，势难速痊，吁恳天恩，俯准开缺，销去督办差使，回籍调理，并请另简贤能接办防务，以免延误，恭折仰祈圣鉴事◆1。

窃臣素有目疾，到台年余，感受瘴湿，风热内攻，日渐沉重◆2，曾于本年六月初五日奏请开缺，八月初七日，恭奉上谕：本日已有旨令杨昌濬兼署福建巡抚矣。刘铭传督师无功，正当力图自赎，着将台湾善后事宜认真整顿，以观后效。所请开缺之处，不准行。钦此。臣◆3跪聆之下，悚感莫名！自顾何人，渥蒙训勉优加◆4，恩施逾格，既原情于已往，更策励于将来。臣具有天良，敢不力疾从公，亟图报称，以期稍盖前愆，谨将善后应办事宜择尤先办。

惟基隆自五月至今，疫疠不止，将士十病八九。七月以后，死亡相继，勇夫不能作工，先将沪尾炮台派员购料兴筑，并分建水雷、制造军械各局，以备制造子弹，囤积军械◆5。一面乘轮前往◆[6]安平、旗后、澎湖各处◆[7]，往还二千里，察看形势，筹画防务◆[8]。方期殚竭血诚，力求整顿，不料自台南回防后，历受风燥，目疾益形增剧，左目障翳已满，久已成废。右目复渐昏蒙，新生红障，仅剩一线之光，数步之外，不辨人面。若再迁延不治，必致双目俱瞽◆[9]。台湾既鲜良医，又无药料◆[10]，且海外瘴疠过重，北人不服水土，臣随从文武员弁，十死四五◆[11]。现在建宁镇总兵苏得胜并◆[12]营官郑洪胜皆抱重病，危在旦夕。其余各军将士日有死亡，目击心伤，无术补救◆[13]！

伏念臣自上年五月只身渡台，猝临大敌，内掣外患，谗谤沸腾，动辄获咎，百喙莫解。仰蒙圣明洞烛，信任不疑，孤立一身，未受朋挤之祸◆[14]。每念圣主再造之恩，决不敢灰心惰志，希图退却◆[15]。惟臣庸驽无能，才力既不能以任艰巨，德望又不足以洽同僚◆[16]。督师不力，业经负咎于前◆[17]；补过无方，何堪贻误于后◆[18]！且办防练兵，皆目前急务，早办一日，早收一日之效；多练一兵，多得一兵之用◆[19]。

臣目疾业已六年，断非请假数月所能调理就痊◆[20]，辗转思维◆[21]，与其病躯恋栈，无补涓埃，不如据实沥陈◆[22]，免虞丛脞。惟有仰恳天恩，开去差缺，并迅赐简员接办台防事务，以重职守◆[23]。不胜迫切待命之至。臣受恩深重，虽赴汤蹈火，在所不辞◆[24]。际此时艰，岂复有安闲之想◆[25]！倘荷福庇，两目不致俱废，疠翳稍退，仍即恭诣阙廷，求赏差使，万不敢托词引退，自外生成◆[26]。

所有微臣目疾日重，势难速痊，恳恩开缺，并销台防差使，回籍调理缘由，谨恭折具陈。伏乞皇太后、皇上圣鉴训示。谨奏◆[27]。九月二十五日◆[28]。

光绪十一年十月二十二日，军机大臣奉旨：另有旨。

钦此◆[29]。

军机大臣自寄：督办台湾事宜福建巡抚刘◆[30]：光绪十一年十月二十二日，奉上谕：本日据刘铭传奏目疾日重，恳请开缺一折。刘铭传经朝廷特简督办台湾事宜，正当次第经营，力图报称。上年督师不力，谤书盈箧，仍复曲予优容，尤宜奋勉图功，以期自赎，何得因目疾未愈，遽请开缺？着赏假一个月，毋庸开缺。该抚筹办善后，尚属认真，仍将兵事、吏治及地方一切利弊力疾妥筹，悉心办理。凡事当行之以渐，持之以恒，总期成效可观，方为不负委任。将此由五百里谕令知之◆[31]。钦此。遵旨寄信前来◆[32]。

【案】此折缺原件，录副①现藏于中国第一历史档案馆，兹据校勘。

1.【案】划线部分刻本缺，兹据校补。

2.【案】划线部分刻本作“窃臣久患头疾，举发不时。治兵二十年，迭乞假归在案。近六七年，更罹目眚，复经迭陈。到台年余，感蒙风热，蛮烟瘴雨，晨夕内攻，元气既伤，目疾因之日剧”。

3.【臣】刻本夺“臣”，兹据补。

4.【案】划线部分刻本作“顾念训勉优加”。

5.【案】划线部分刻本作“敢不力疾从公，亟图报称，谨将善后应办事宜择尤先办，庶期稍盖前愆。惟基隆五月以来，疫疠横流，将士十病八九。七月而后，死丧益多。勇不能工，军无可爨。既伤逝者，益用自怆。回顾残躯，乃居绝域，独念台防重要，未敢苟延。先将沪尾炮台购料兴筑，分建水雷，遍资防护，开设制造、军械各局，为制造弹药、屯储军械之区”。

6.【前往】刻本作“驰赴”。

7.【各处】刻本夺“各处”，兹据补。

① 中国第一历史档案馆藏：《军机录副》，档案编号：03-5201-066.

8.【筹画防务】刻本作“筹画设防”。

9.【案】划线部分刻本作“不料台南往返，风燥日侵，目疾日增，精神益惫。左目障满，久废无瞳；今右目并昏，新翳陡塞，微光一线，茫不知人，数武相离，闻声始辨。若再迁延不治，必致双目俱盲”。

10.【药料】刻本作“珍药”。

11.【案】划线部分刻本作“瘴深疫重，断非北人所可久安。臣自东渡以来，随从文武将官，十亡四五”。

12.【并】刻本脱“并”，兹据补。

13.【案】划线部分刻本作“皆婴猝疾，旦夕濒亡。以此人人自危，纷纷乞骸归里。天下苟非战事，富贵之念终不敌其畏死之心，性命所关，虽王法不能强之不去。感群僚之竞返，伤衰病之孤羁，怅望海天，生还何日”。

14.【案】划线部分刻本作“内忧外患，环掣交攻，孤孑艰危，无复生人之趣。自分不死于敌，必死于谗，冰蘖孤怀，至今心悸！仰荷圣明万里，委任不摇，海外孤臣，幸逃谗诼”。

15.【案】划线部分刻本作“每念圣慈再造，碎顶莫酬，乌敢自外生成，妄图引退”。

16.【案】划线部分刻本作“惟臣智识驽庸，赋性愚直，才力既不能胜艰巨，德望又不足洽同寮”。

17.【业经负咎于前】刻本作“既经负罪于前”。

18.【何堪贻误于后】刻本作“焉敢贻误于后”。

19.【案】划线部分刻本作“且台疆危险，全赖练勇办防。早办一防，早得一防之效；多练一勇，多得一勇之功”。

20.【案】划线部分刻本作“微臣目疾已六七年，断非数月假期所能调理”。

21.【辗转思维】刻本作“思维再四”。

22.【不如据实沥陈】刻本作“何如披沥渎陈”。

23.【案】划线部分刻本作“并开差缺，迅简贤员”。

24.【案】划线部分刻本作“虽赴汤火，所不敢辞”。

25.【岂复有安闲之想】刻本作“岂复忍耽暇逸”。

26.【案】划线部分刻本作“倘荷圣慈许归田里，两目不致俱盲，定当趋谒阙廷，乞供驱策，万不敢饰词诿避，自悖古人鞠躬尽瘁之忱”。

27.【案】划线部分刻本作“惶悚微诚，伏求慈鉴”。

28.【九月二十五日】此具奏日期据录副校补。

29.【光绪十一年十月二十二日，军机大臣奉旨：另有旨。钦此】此奉旨日期等，据录副校补。

30.【案】划线部分刻本缺，兹据《光绪朝上谕档》① 校补。

31.【将此由五百里谕令知之】此句亦据《光绪朝上谕档》校补。

32.【遵旨寄信前来】此句亦据《光绪朝上谕档》校补。

●按：宣圣有言：使臣以礼，事君以忠。我朝列圣，优礼大臣，情文甚挚。近世以来，枢臣不知体要，拟呈诏令，往往奴叱贤豪。台湾之役，公以孤军死守，援绝饷穷，从容退军，保全根本，相持半载，孤岛以全。而沪尾一战，以寡摧众，法人至图画战状，张于巴黎，诧为近世奇功。乃枢臣不知其深谋，徒见以基隆委敌，遂时以督师无功等词相龁龁，宜乎公之脱焉求去也！陈澹然记。

## 一六　目疾未愈续假两月折

光绪十二年正月二十四日（1886 年 2 月 27 日）

督办台湾防务降二级留任台湾巡抚一等男臣刘铭传跪奏，为微臣假期已满，目病未痊，仍请续假调理，恭折仰祈圣鉴事◆1。

① 中国第一历史档案馆编：《光绪宣统两朝上谕档》，第 11 册，第 258—259 页，广西师范大学出版社，1996。

窃臣于上年九月二十五日因目疾日重，奏请开去差缺回籍调理一折，奉旨：另有旨。钦此。承准军机大臣字寄：光绪十一年十月二十二日[2]，奉上谕：据刘铭传奏目疾日重，恳请开缺一折。刘铭传经朝廷特简，督办台湾事宜，正当次第经营，力图报称。上年督师不力，谤书盈箧，仍复曲予优容，尤宜奋勉图功，以期自赎，何得因目疾未愈，遽请开缺？着赏假一个月，毋庸开缺。该抚筹办善后，尚属认真，仍将兵事、吏治及地方一切利弊力疾妥筹，悉心办理。凡事当行之以渐，持之以恒，总期成效可观，方为不负委任。钦此。臣跪读之下，惶悚莫名！

伏念臣一介武夫，毫无知识[3]，遭际圣明，特简于海疆紧要之区，优容于众口交谗之际[4]，训勉优加，感惭无既[5]！惟有懔遵谕旨，于台防、善后、兵事、吏治及地方一切利弊，力疾经营。如现应筹办之抚番、缉匪、开垦、清赋、分治、购炮、筑台诸大端，皆为目前之要务[6]。臣愚以为御侮首要[7]自强，攘外必先安内。台湾民番仇杀，土匪横行，因循日久[8]，视为常事。臣已派署台湾镇总兵章高元、记名提督柳泰和专办嘉、彰土匪，记名提督刘朝祜、道员林朝栋、总兵剪炳南、副将张兆连、周鸣声分头抚番[9]。现据各路禀报[10]，生番归化日多，土匪亦渐敛迹。拟即举办清赋、分治、招垦、开山、伐木等事[11]。所有[12]基隆、沪尾、安平、旗后各海口，派令道员方策勋，总兵苏得胜，记名提督王贵扬、杨金龙、方春发等，赶办防务，修筑炮台。须俟工竣，兵勇不事工作，方能整顿操练[13]。

惟内抚生番，外办海防，以及清赋、招垦、分治[14]、开路、伐木，一时并举[15]，既虑人才难得[16]，尤恐经费不济[17]。臣固不敢敷衍了事[18]，亦不敢急切图功。惟谨遵圣谕[19]，凡事当行之以渐，持之以恒，以期办有成效，庶不负圣主谆谆训诫之意◆20。所幸上年腊月底台湾天气忽然大寒◆21，积雪满山，土人诧为从来未有之事。开霁后瘴气顿轻，将士抱病者一时皆愈◆22。

臣本拟于◆23正月初九日内渡赴省，遵旨与督臣杨昌濬会商一切，不料交春以来，目疾举发◆24，左目障翳未退◆25，右目复又红肿◆26，畏见风日，较前更甚◆27。阅视公牍，一片模糊◆28。现在假期已满◆29，万分焦急。思维至再，合无仰恳天恩，再行赏假两个月调理◆30，冀得稍痊，谨仍力疾筹办善后事务◆31。臣受恩深重，目疾纵难速痊，一日不废，必尽一日之职，决不敢因循贻误，有负朝廷委任，自外生成。

所有微臣目疾未痊，恳请续假缘由，谨恭折由驿具陈。伏乞皇太后、皇上圣鉴训示。谨奏◆32。正月二十四日◆33。

光绪十二年二月十一日◆34，军机大臣奉旨：着赏假两月。钦此。

【案】此折缺原件，录副①现藏于中国第一历史档案馆，兹据校勘。

1.【案】划线部分刻本缺，兹据校补。

2.【案】划线部分刻本缺，兹据校补。

3.【案】划线部分刻本作“伏念臣起家行伍”。

4.【之际】刻本作“之会”。

5.【案】划线部分刻本作“钦聆训勉，弥益惭惶”。

6.【案】划线部分刻本作“如现应筹办之抚番、缉匪、开垦、丈田、设官分治、筑台购炮诸大端，无一非目前要务”。

7.【首要】刻本作“首在”。

8.【因循日久】刻本作“上下欺蒙”。

9.【分头抚番】刻本作“分抚诸番”。

10.【现据各路禀报】刻本作“现在”。

① 中国第一历史档案馆藏：《军机录副》，档案编号：03-5206-074.

11.【案】划线部分刻本作“拟即丈田分治，招垦开山”。

12.【所有】刻本夺“所有”，兹据补。

13.【案】划线部分刻本作“工竣之后，兵勇不任版筑之劳，方能严行操练”。

14.【分治】刻本夺“分治”，兹据补。

15.【一时并举】刻本作“一时并行”。

16.【人才难得】刻本作“难得人材”。

17.【经费不济】刻本作“难筹经费”。

18.【敷衍了事】刻本作“因循衍饰”。

19.【圣谕】刻本作“圣谟”。

20.【之意】刻本作“之苦心”。

21.【天气忽然大寒】刻本作“天气陡寒”。

22.【案】划线部分刻本作“瘴气顿销，将士卧疾者一时皆起”。

23.【于】刻本夺“于”，兹据补。

24.【举发】刻本作“又发”。

25.【未退】刻本作“未销”。

26.【复又红肿】刻本作“又生红肿”。

27.【较前更甚】刻本作“更剧于前”。

28.【一片模糊】刻本作“模糊莫辨”。

29.【假期已满】刻本作“已满假期”。

30.【赏假两个月调理】刻本作“赏假两月”。

31.【谨仍力疾筹办善后事务】刻本作“一切善后事宜，谨仍力疾筹办”。

32.【案】划线部分刻本作“微臣生性戆直，从无欺饰之词。受恩过深，目疾纵难速痊，一日不盲，必尽一日之职，断不敢蹉跎贻误，上负朝廷。区区悬挚微忱，伏求慈鉴”。

33.【正月二十四日】此具奏日期据录副校补。

34.【光绪十二年二月十一日】此奉旨日期据录副补。

## 一七 帮办海军谢折

### 光绪十六年四月十六日（1890年6月3日）

督办海军事务福建台湾巡抚一等男臣刘铭传跪奏，为恭谢天恩，仰祈圣鉴事◆1。

窃臣于本年四月十四日承准海军衙门暨吏部咨：光绪十六年三月初二日，奉上谕：朕钦奉慈禧端佑康颐昭豫庄诚寿恭钦献皇太后懿旨，着台湾巡抚刘铭传帮办海军事务。钦此。跪聆之下，当即恭设香案，望阙叩头谢恩讫。伏念臣猥以辁材，忝膺疆寄，抚衷循省，深惧弗胜。兹复仰承恩命，兼佐海军，感愧交集，惶悚莫名！臣维海军事务，控制洋面，讲求操防，振无远弗届之威，为有备无患之计。惟有勉殚蠡测，倍竭驽庸，以仰副高厚鸿慈于万一。所有微臣感怀下忱，理合恭折叩谢天恩。伏乞皇上圣鉴。谨奏◆2。光绪十六年四月十六日◆3。

光绪十六年五月初九日，奉朱批：知道了。钦此◆4。

【案】此折原件①、录副②现均藏于中国第一历史档案馆，兹据校勘。

1.【案】划线部分刻本缺，兹据校补。

2.【案】划线部分刻本作“拜命之下，震越莫名！臣尝综览环球，独居深念，谓中国负山俯海，雄绝六州。自鸭绿划朝鲜，北行至旅顺，极山海关；南下经大沽、烟台，走胶、墨，略赣榆，遂达崇明，趋定海，匝琼、台，抵钦、廉，延绕万三千里。虎视环球，实有秦人开关延敌之

① 中国第一历史档案馆藏：《朱批原件》，档案编号：04-01-01-0976-067.

② 中国第一历史档案馆藏：《军机录副》，档案编号：03-6187-092.

势。故汉唐之盛，海外万国奔走来王。自欧美崛兴，利炮坚船，横轹海表，中国数千年一统之势，廓焉尽变。其初臣尝发愤太息，谬思得雄才大略，总括海疆，内厉耕商，外兴制造，船台雷炮，战守相资。循此十年，且将纵横万国。今者欣逢皇太后、皇上创兴海部，综肃全纲，肇中国数千年未闻之盛。仰蒙总以贤王，佐之上相，经纶缔造，固宜震慑遐方；臣何人斯，敢参巨任！况臣抚台六载，壮志徒殷，既荷青宫少保之殊荣，更邀戎部长卿之旷典，诏书迭贲，褒语频加，称其久历戎行，熟谙韬略，勤劳不懈，懋著殊勋；微臣自省疚愆，能无惭怍？矧当海军创始，赞任需贤，复蒙懿旨遥颁，嘱臣佐理；俯循涯量，倍益惭惶！际兹国步艰难，未敢虚文引避。降拜登受，如见天颜咫尺之尊严；感激驰驱，勉乘海宇澄清之岁月。谨摅谢悃，拜表以闻，无任感悚屏营之至”。此部分内容与原件、录副相差极大，应为修改之作无疑。

3.【光绪十六年四月十六日】此具奏日期据原件校补。

4.【光绪十六年五月初九日，奉朱批：知道了。钦此】此奉朱批日期与内容，据原件、录副校补。

●按：公于光绪十五年正月二十二日，因慈禧皇太后归政，加恩封疆大臣有战功者，公加太子少保衔。十六年正月二十六日，因皇上二旬万寿庆典，公加兵部尚书衔。至是，复有帮办海军之命。考海军衙门之设，醇贤亲王为督办大臣，李文忠与将军善庆为会办。十五年冬，醇邸于善公薨，乃命公与山东巡抚张勤果公曜为帮办。张公亦自提督授巡抚，负时名，然归政之恩，公加少保，张公则未逮焉。盖公之战功非时贤所及也。陈澹然记。

## 一八 耳目俱病请假一月折

光绪十六年四月二十日（1890 年 6 月 7 日）

太子少保兵部尚书福建台湾巡抚一等男臣刘铭传跪奏，为微臣手足麻木，耳目俱病，恳恩赏假调理，恭折仰祈圣鉴事◆1。

窃臣素有目疾，从前迭经奏请赏假调理◆2。自到台湾以来，时发时愈◆3，多方医治，仅将右目右耳保全，左目左耳久已成废◆4。不料◆5上年八月间，右耳流水闭气，一月数发◆6，犹以为◆7湿气上升，不以为意◆8。今春三月，因在宜兰后山感受瘴湿，病痢十余日，愈后手足麻木酸痛，右耳闭气愈甚。正在医诊之际，右目又复红肿，下生云翳，上侵黑睛◆9。阅看公文，昏花流泪。据医诊视，称系病后原气未复◆10，心经过亏，风湿随心火上升◆11，若非静心医治，猝难见效◆12。仰恳天恩赏假一个月，俾资调理。所有地方例行公事，檄令署藩司沈应奎代拆代行，遇有紧要公事，臣仍力疾办理，不敢稍涉贻误◆13。

谨将微臣手足麻木，耳目俱病，恳恩赏假调理缘由，恭折具陈。伏乞皇上圣鉴，训示。谨奏◆14。光绪十六年四月二十日◆15。

光绪十六年五月十三日，奉朱批：着赏假一个月。钦此◆16。

【案】此折原件①、录副②现均藏于中国第一历史档案馆，兹据校勘。

1.【案】划线部分刻本缺，兹据校补。

2.【案】划线部分刻本作“窃臣素患目疾，今已十年，迭奏乞假调

① 中国第一历史档案馆藏：《朱批原件》，档案编号：04-01-16-0229-019.

② 中国第一历史档案馆藏：《军机录副》，档案编号：03-5265-055.

理在案”。

3.【案】划线部分刻本作“到台之后，军事忧劳，两耳并聋，时发时愈”。

4.【案】划线部分刻本作“左耳目俱废，右耳目尚赖保全。舍左用右，见闻犹未尽塞也”。

5.【不料】刻本夺“不料”，兹据补。

6.【流水闭气，一月数发】刻本仅作“闭气流水”。

7.【犹以为】刻本作“初以为”。

8.【不以为意】刻本作“未尝着意”。

9.【案】划线部分刻本作“亲剿宜兰番社，感受瘴湿，病痢旬余，几成危疾。不料痢疾粗安，手足木麻，酸痛不止，右耳闭塞，转甚昔时。方就医疗，右目又加红肿，下生云翳，上幕黑睛”。

10.【案】划线部分刻本作“偶见僚佐，视听俱茫。连诊数医，俱称大病之后原气未复”。

11.【上升】刻本作“上攻”。

12.【案】划线部分刻本作“非静摄不能奏效”。

13.【案】划线部分刻本作“遇有要公，臣仍力疾自治，不敢稍滋贻误”。

14.【案】划线部分刻本作“谨恭折具陈”。

15.【光绪十六年四月二十日】此具奏日期据原件补。

16.【光绪十六年五月十三日，奉朱批：着赏假一个月。钦此】此奉朱批日期与内容，据原件、录副校补。

## 一九　因病恳请开缺折

光绪十六年六月初五日（1890年7月21日）

太子少保兵部尚书福建台湾巡抚一等男臣刘铭传跪奏，为微臣假期届满，病势益重，吁恳天恩，俯准开缺调理，以免贻误，恭折仰祈圣鉴事◆[1]。

窃臣前因手足麻木、耳目俱病，于◆[2]本年四月二十日奏恳天恩◆[3]赏假调理，钦奉朱批：着◆[4]赏假一个月。钦此。钦遵之下，悉心调理◆[5]，原冀稍为痊愈，即可奏明销假◆[6]。不料多方医治◆[7]，手足麻木◆[8]如故，耳闭日重，右目障翳不退◆[9]。端节以后，又增咯血之证◆[10]，衷气喘促，行动为难◆[11]。医谓瘴湿内侵，关窍阻塞不通◆[12]，原气亏损，断非一时医治所能奏效◆[13]。

伏念臣受恩深重，未报涓埃。及今年力未衰，正思殚竭血诚，仰酬高厚◆[14]。苟能勉力支持◆[15]，纵不能效古人◆[16]尽瘁之义，又何敢存引身乞退之心！无奈积疾已久，心神疲惫◆[17]，耳既重听，目又不明，辗转筹思，不得不沥陈于君父之前。

微臣到台七年，先后随来旧部文武员弁不下二百人，相继死亡，十不存一。兵勇死者不可胜计，固由地方水土恶劣，亦因海外一隅，医药不便，且臣系由风湿瘴气致病，尤非在任所能调理◆[18]。自乞假至今◆[19]，署中公事委令◆[20]署藩司沈应奎代拆代行。现在新授藩司于荫霖不日到任◆[21]，沈应奎急须办理交代，无暇代办臣衙门公事◆[22]。若再恋栈迁延，必致贻误多端◆[23]，合无仰恳天恩◆[24]，俯准开去台湾巡抚实缺并帮办海军差使◆[25]，赏假三个月，内渡就医◆[26]。微臣年未六十，报效之日方长。如能医治稍痊，耳目不致成废，咯血诸证减退◆[27]，即行销假，出效驰驱，决不敢希图安逸，自外生成◆[28]。

所有微臣假期届满，病势益重，恳恩开缺，并开去帮办海军差使，续假内渡就医缘由，谨缮折具陈。伏乞皇上圣鉴，训示。谨奏◆[29]。光绪十六年六月初五日◆[30]。

光绪十六年六月二十日，奉朱批：着赏假三个月，毋庸开缺。钦此◆31。

【案】此折原件①、录副②现均藏于中国第一历史档案馆，兹据校勘。

1.【案】划线部分刻本缺，兹据校补。

2.【于】刻本夺“于”，兹据补。

3.【奏恳天恩】刻本作“奏恳”，夺“天恩”。

4.【着】刻本脱“着”，兹据补。

5.【悉心调理】刻本作“调理至今”。

6.【即可奏明销假】刻本作“即可奏明销假，免致旷官”。

7.【多方医治】刻本作“医治多方”。

8.【麻木】刻本作“木麻”。

9.【右目障翳不退】刻本作“目障日深”。

10.【案】划线部分刻本作“端节以来，又增咯血”。

11.【行动为难】刻本作“举步奇艰”。

12.【关窍阻塞不通】刻本作“关窍阻塞”。

13.【案】划线部分刻本作“原气亏损，脏腑过伤，断非医治一时所能奏效”。

14.【仰酬高厚】刻本作“仰酬万一”。

15.【勉力支持】刻本作“勉支岁月”。

16.【古人】刻本作“故贤”。

17.【案】划线部分刻本作“奈积疾已深，心神久惫”。

18.【案】划线部分刻本作“兵勇死丧，更仆难终，固由瘴疠之乡水土恶劣，亦因海外孤岛，医药不时。臣病本由瘴湿而生，安有日居瘴湿之中而可望其痊好”。

19.【乞假至今】刻本作“乞假弥月”。

---

① 中国第一历史档案馆藏：《朱批原件》，档案编号：04-01-16-0229-066.

② 中国第一历史档案馆藏：《军机录副》，档案编号：03-5266-082.

20.【委令】刻本作“悉委”。

21.【到任】刻本作“到台”。

22.【案】划线部分刻本作“应奎自筹交代，无暇再替臣劳”。

23.【贻误多端】刻本作“事多贻误”。

24.【合无仰恳天恩】刻本作“应恳天恩”。

25.【差使】刻本作“要差”。

26.【内渡就医】刻本作“俾得还家医治”。

27.【案】划线部分刻本作“如能医治稍痊，咯血诸证减轻，耳目不致聋瞶”。

28.【案】划线部分刻本作“决不敢坚卧山林，上负圣主肉骨死生之至意”。

29.【案】划线部分刻本缺，兹据补。

30.【光绪十六年六月初五日】此具奏日期据原件校补。

31.【光绪十六年六月二十日，奉朱批：着赏假三个月，毋庸开缺。钦此】此奉朱批日期与内容，据原件、录副校补。

## 二〇　再请开缺折

### 光绪十六年九月初九日（1890年10月22日）

太子少保兵部尚书福建台湾巡抚一等男臣刘铭传跪奏，为微臣假期又满，病仍增剧，再恳天恩俯准开缺调理，以免贻误，恭折仰祈圣鉴事◆1。

窃臣前因患病，奏蒙赏假，嗣以病势增重，复于六月初五日吁请开缺，钦奉朱批：着赏假三个月，毋庸开缺。钦此。跪聆之下，仰见圣恩优渥，眷畀逾恒。感荷鸿慈，悉心调理◆2。方冀如期销假，图效涓埃◆3。讵◆4痼疾已深，咯血日久不止，手足麻木，耳目蔽障，有甚无瘳◆5。七月中旬，重以寒热吐泻，内亏外感，一时并剧，饮食少进，肌肉锐减，支离床褥，浑身疼痛。屈计假期又满，病势益增◆6。臣自分◆7年力未衰，苟可◆8勉强支持，何敢为再三之渎◆9！无如百病丛生，精力◆10颓靡，公牍不能阅看，见客倦于语言，偶一用心，辄即咯血头晕，不能自主◆11。似此心神疲惫，元气亏损◆12，断非一时所能骤痊。

伏念海疆要区，防务洋务，尤为关重◆13。稍不留心筹度，即有丛脞之虞。臣自五月至今，非极紧要事件，皆由藩司沈应奎代拆代行◆14。徒拥虚名，毫无补于地方◆15。若以恋栈贻误，臣身不足惜，臣心何以自安！用敢沥情吁陈，伏望圣慈俯准开缺，并开去帮办海军差使◆16，赏假回籍调理。一俟病体痊可，即当出图报效，决不敢稍耽安逸，自外生成◆17。

所有微臣假期又满，病仍增剧，吁请开缺调理缘由，谨恭折具奏。伏乞皇上圣鉴训示，施行。谨奏◆18。光绪十六年九月初九日◆19。

光绪十六年九月二十八日，奉朱批：另有旨。钦此◆20。

【案】此折原件①、录副②现均藏于中国第一历史档案馆，兹据校勘。

1.【案】划线部分刻本缺，兹据校补。

2.【悉心调理】刻本作“急图调理”。

3.【图效涓埃】刻本作“勉报涓埃”。

4.【讵】刻本作“不料”。

5.【案】划线部分刻本作“咯血不止，手足耳目，有甚无瘳”。

6.【案】划线部分刻本作“加以七月中旬寒热并增，吐泻俱作，内亏外感，纷至沓来，饮食俱废，肌肤锐减，颠连床褥，疼痛不支，梦绕松楸，神魂飞越”。

---

① 中国第一历史档案馆藏：《朱批原件》，档案编号：04-01-16-0231-007.

② 中国第一历史档案馆藏：《军机录副》，档案编号：03-5269-107.

7.【自分】刻本夺“自分”，兹据补。

8.【苟可】刻本作“苟能”。

9.【何敢为再三之渎】刻本作“何敢再三陈渎”。

10.【精力】刻本作“精神”。

11.【案】划线部分刻本作“咯血头昏，几若身非己有”。

12.【案】划线部分刻本作“元气亏损”。

13.【案】划线部分刻本作“海外危区，交涉军防，尤难措理”。

14.【皆由藩司沈应奎代拆代行】刻本作“皆付藩司”。

15.【毫无补于地方】刻本作“丝毫无补”。

16.【并开去帮办海军差使】刻本作“并帮办海军要差”。

17.【案】划线部分刻本作“即当出效驰驱，勉酬高厚。无任迫切待命之至”。

18.【案】划线部分刻本缺，兹据校补。

19.【光绪十六年九月初九日】此具奏日期据原件补。

20.【光绪十六年九月二十八日，奉朱批：另有旨。钦此】此朱批日期与内容，据录副校补。

## 二一　奏请内渡就医缘由片

光绪十六年九月初九日（1890 年 10 月 22 日）

再，臣自四月抱病请假以后，委令藩司沈应奎代拆代行。七月中旬，病势危笃◆1，至今不能起坐。地方公事悉令沈应奎主持办理，措置裕如。台湾虽设省分，究止三府之地◆2，所有◆3经臣奏请兴办，诸大端皆已逐渐就绪，以后公事较为清简◆4。

臣久抱沉疴，呻吟待毙，海外无医无药，断非在任所能疗治◆5。倘蒙圣主矜怜，即行◆6俯准开缺，不独微臣有再生之望，亦免旷日贻误◆7。否则，拟恳天恩赏假三个月，内渡就医。台湾巡抚印，务请旨派令◆8沈应奎暂行兼护。

如臣调理稍痊，假满即行回任，决不敢因地方◆9水土恶劣，迁延畏避◆10，自外生成◆11。谨附片具陈。是否有当？伏乞圣鉴训示。谨奏◆12。

光绪十六年九月二十八日，奉旨：原片归籓◆13。

【案】此片原件①藏于中国第一历史档案馆，兹据校勘。再，此奏片刻本无标题，兹据原件拟补，并附具奏日期。

1.【病势危笃】刻本作“病势益危”。

2.【究止三府之地】刻本作“究止三府一厅”。

3.【所有】刻本夺“所有”，兹据补。

4.【较为清简】刻本作“清简无多”。

5.【疗治】刻本作“医疗”。

6.【即行】刻本脱“即行”，兹据补。

7.【案】划线部分刻本作“不特微臣有再用之望，亦免台防有陨越之忧”。

8.【派令】刻本作“即派”。

9.【地方】刻本脱“地方”，兹据补。

10.【迁延畏避】刻本作“畏避迁延”。

11.【自外生成】刻本作“自负圣明委任”。

12.【案】划线部分刻本缺，兹据校补。

13.【光绪十六年九月二十八日，奉旨：原片归籓】此奉旨日期与内容，据原件及《军机处随手登记档》② 校补。

---

① 中国第一历史档案馆藏：《军机录副》，档案编号：03-5269-108.

② 中国第一历史档案馆藏：《军机处随手登记档》，档案编号：03-0265-2-1216-283.

## 二二　三请开缺折

光绪十六年十一月二十七日（1891 年 1 月 7 日）

太子少保兵部尚书福建台湾巡抚一等男臣刘铭传跪奏，为微臣假期届满，病仍未痊，吁恳天恩，俯准开缺调理，恭折仰祈圣鉴事[1]。

窃臣前因假满病剧，续于九月初九日奏请开缺，钦奉九月二十八日朱批：另有旨。钦此。同日，奉上谕[2]：刘铭传奏，假期届满，病势增剧，请开缺调理。复称如不得请，恳赏假内渡就医各折、片。率意渎陈，殊属非是，着传旨申饬！仍着赏假三个月，在任调理，毋庸开缺。钦此。臣病久神昏，陈奏率渎，仰蒙圣恩宽大，传旨申饬，不予斥罢，仍复优容留任调理[3]。自分何人，膺斯高厚！跪聆之下，感愧莫名！遵即悉心调理，冀得稍痊，即行奏请[4]销假。无如锢疾已深，服药无效，内受亏损，咯血头晕[5]。午后即发潮热[6]，外感烟瘴，左半耳目昏闭[7]，手足麻木酸疼[8]。据[9]医云纵能苟延残喘[10]，亦恐半身痿废。

伏念臣到台七载，竭蹶艰难，惨淡经营，今春始将诸务办理就绪，尚有省城并铁路工程未竟[11]。若非病势沉重、万难支持，纵不恋禄位之荣，安忍弃垂成之功[12]！奈自夏秋大病之后，精神更觉萎顿[13]，既不能接见僚属[14]，又不能阅视公牍，呻吟床褥，忧惧不安！辗转筹思，万不敢贪荣恋栈，徒滋咎愆[15]。且臣兼管学政印务，现届科试之期，亟须按临各郡[16]。似此沉疴，断非一时所能痊愈，惟有吁恳天恩，俯准开缺，并开去帮办海军差使，赏假回籍调理，以免贻误而重职守[17]。无任盼切待命之至◆18。

所有微臣假期届满，病仍未痊，吁恳开缺调理缘由，恭折具陈。伏乞皇上圣鉴训示，施行。谨奏◆19。光绪十六年十一月二十七日◆20。

光绪十六年十二月二十三日，奉朱批：另有旨。钦此◆21。

【案】此折原件①、录副②现均藏于中国第一历史档案馆，兹据校勘。

1.【案】划线部分刻本缺，兹据校补。

2.【案】划线部分刻本作“钦奉九月二十八日上谕”。

3.【案】划线部分刻本作“仰蒙圣主宽仁，不忍罢斥，仍复留任调理，逾格优容”。

4.【奏请】刻本夺“奏请”，兹据补。

5.【案】划线部分刻本作“无如内受损伤，咯血头晕”。

6.【即发潮热】刻本作“潮热横生”。

7.【昏闭】刻本作“闭昏”。

8.【麻木酸疼】刻本作“木麻酸疼。日劳医药，不见微功”。

9.【据】刻本夺“据”，兹据补。

10.【苟延残喘】刻本作“残喘苟延”。

11.【案】划线部分刻本作“今春始将内治大端经营就理，尚有省城并铁道未竟之工”。

12.【垂成之功】刻本作“垂成之绩”。

13.【精神更觉萎顿】刻本作“委顿异常”。

14.【僚属】刻本作“绅僚”。

15.【案】划线部分刻本作“恋栈贪荣，徒滋咎戾”。

16.【案】划线部分刻本作“且臣兼管学政，现当科试，亟须按临

① 中国第一历史档案馆藏：《朱批原件》，档案编号：04-01-12-0549-019.

② 中国第一历史档案馆藏：《军机录副》，档案编号：03-5272-086.

各郡，就试生童”。

17.【案】划线部分刻本作“并开差缺，免致上误军国，下误台疆”。

18.【无任盼切待命之至】刻本作“无任哀恳屏营之至”。

19.【案】划线部分刻本缺，兹据校补。

20.【光绪十六年十一月二十七日】此具奏日期据原件补。

21.【光绪十六年十二月二十三日，奉朱批：另有旨。钦此】此奉旨日期，据录副校补。

●光绪十六年十二月二十三日，内阁◆1奉上谕：刘铭传奏，假期届满，病仍未痊，吁恳开缺一折。着再赏假三个月，毋庸开缺。所有台湾科试事宜，着派唐景崧暂行代办◆2。钦此。

【案】此“上谕”载于《光绪朝上谕档》① 及《清实录》②，兹据校勘。

1.【内阁】刻本夺“内阁”，兹据校补。

2.【代办】，刻本作“代行”，兹据校正。

## 二三　奉旨革留谢折

光绪十六年十二月初一日（1891 年 1 月 10 日）

太子少保兵部尚书革职留任福建台湾巡抚一等男臣刘铭传跪奏，为恭折叩谢天恩，仰祈圣鉴事◆1。

窃臣接准吏部咨：遵议户部、总理各国事务衙门会奏◆2台湾

① 中国第一历史档案馆编：《光绪宣统两朝上谕档》，第 16 册，第 396 页，广西师范大学出版社，1996。

② 中华书局影印：《清实录·德宗景皇帝实录（四）》，卷之二百八十九，光绪十六年九月，第 891—892 页，中华书局，1987。

煤矿招商承办章程请停办一折[◆3]，钦奉上谕：户部、总理各国事务衙门会奏，台湾煤矿招商承办章程，种种纰缪，请饬停办一折。刘铭传以特旨敕令另议之件，并不奏明请旨，辄即议立章程，擅行开办，尤非寻常轻率可比！刘铭传着交部议处。钦此[◆4]。钦遵到部。福建台湾巡抚刘铭传应照违制律私罪革职，议以革职等因。光绪十六年八月二十二日具奏，奉上谕[◆5]：吏部奏，遵议处分一折[◆6]。福建台湾巡抚刘铭传应得革职处分，着加恩改为革职留任。钦此。钦①遵知照前来[◆7]。臣[◆8]跪聆之下，悚感莫名！

伏查基隆煤矿，臣屡次办理不善[◆9]，咎无可辞[◆10]，仰蒙圣主格外恩施，曲加原宥，仅予革职，仍复留任。闻命自天，抱惭无地！臣惟有倍加谨慎，勉竭愚忱[◆11]，力图自效，稍赎新愆，以冀[◆12]答高厚鸿慈于万一。

所有微臣感激下忱，理合恭折具陈，叩谢天恩。伏乞皇上圣鉴。谨奏[◆13]。光绪十六年十二月初一日[◆14]。

光绪十六年十二月二十四日，奉朱批：知道了。钦此[◆15]。

【案】此折原件②、录副③现均藏于中国第一历史档案馆，兹据校勘。

1.【案】划线部分刻本缺，兹据校补。

2.【案】划线部分刻本作“窃准吏部咨”。

3.【案】光绪十六年八月十五日，户部、总理衙门会奏台湾煤矿招商承办，请旨即饬停办以杜流弊缘由。④

4.【钦此】刻本夺“钦此”，兹据补。

5.【案】划线部分刻本作“刘铭传应照违制律私罪革职。八月二十

① 原件疑夺“钦”，兹推补。
② 中国第一历史档案馆藏：《朱批原件》，档案编号：04-01-12-0549-095.
③ 中国第一历史档案馆藏：《军机录副》，档案编号：03-9643-008.
④ 中国第一历史档案馆藏：《军机录副》，档案编号：03-9428-070.

二日，奏奉上谕”。

6.【案】光绪十六年八月二十二日，吏部尚书宗室麟书等具折议覆台湾煤矿一事。①

7.【钦遵知照前来】此句刻本缺署，兹据原件校补。

8.【臣】刻本脱“臣”，兹据补。

9.【不善】刻本作“乖方”。

10.【咎无可辞】刻本作“咎无可逭”。

11.【案】划线部分刻本作“勉竭愚忱，倍加谨慎”。

12.【以冀】刻本夺“以”，兹据补。

13.【案】划线部分刻本作“北望泥首，不知所云”。

14.【光绪十六年十二月初一日】此具奏日期据原件补。

15.【光绪十六年十二月二十四日，奉朱批：知道了。钦此】此奉朱批日期与内容，据录副校补。

## 二四　四请开缺折

光绪十七年三月初四日（1891年4月12日）

太子少保兵部尚书革职留任福建台湾巡抚一等男臣刘铭传跪奏，为微臣假期又满，病仍未痊，吁恳天恩，俯准开缺，回籍就医，恭折仰祈圣鉴事◆1。

窃臣前以假期届满，病仍未痊，续于光绪十六年十一月二十七日奏请开缺，奉朱批：另有旨。钦此。旋准部咨：光绪十六年十二月二十三日，奉上谕：刘铭传奏，假期届满，病仍未痊，吁恳开缺一折。刘铭传着再赏假三个月，毋庸开缺◆2。所有台湾科试事宜，着派唐景崧暂行代办。钦此。仰见天恩高厚，格外矜

① 中国第一历史档案馆藏：《军机录副》，档案编号：03-9728-074.

全，莫名钦感◆3！

臣钦遵之下◆4，多方调治，原冀病情稍为轻减◆5，即行力疾销假◆6，以免◆7再三之渎。无如痼疾已深，医药无效，咯血日见其多，饮食日见其少◆8。筋骨疼痛，坐卧不安。左目已废◆9，右目又生云翳，交春举发◆10，红肿昏暗，咫尺不识人面◆11，皆由久受瘴湿，沮塞关窍，气血不能流通，内亏外感，补泻两难，医皆束手◆12。佥以病情过杂，元气过亏，必须静心调理，非医药一时可以奏效◆13。

伏念臣年力未衰，疽抱痼疾，一息暂存，不无望生之念◆14。我◆15皇上如不以臣为不肖，恩准给假调理，倘能稍宽时日，医治就痊，耳目手足不致成废，将来遇有遣策之处，或可出效驰驱，聊报高厚于万一。似此迁延尸位，既难销假视事，又无良药诊治，在任一日，即多贻误一日◆16，于朝廷何取焉！且台湾新设省分，一切规模制度俱皆草创，非若内地循章守法。即使臣强健无病，聚精会神，尚恐力有未逮，断非经年累月呻吟床褥所能卧治。与其贻误获咎，何若披沥陈情！惟有吁恳天恩，俯准开缺，并开去帮办海军差使，赏假回籍就医，迅赐简放贤员，以重职守，免臣再渎◆17。地方幸甚！微臣幸甚！

除将台湾科试事宜遵旨派交唐景崧暂行代办另折奏报外，所有微臣假期又满，病仍未痊，吁请开缺缘由，谨恭折具陈。伏乞皇上圣鉴训示。谨奏◆18。光绪十七年三月初四日◆19。

光绪十七年三月二十七日，奉朱批：另有旨。钦此◆20。

【案】此折原件①、录副②现均藏于中国第一历史档案馆，兹据

① 中国第一历史档案馆藏：《朱批原件》，档案编号：04-01-12-0550-086.

② 中国第一历史档案馆藏：《军机录副》，档案编号：03-5277-106.

校勘。

1.【案】划线部分刻本缺，兹据校补。

2.【案】划线部分刻本作“上年十一月奏请开缺，奉上谕：着再赏假三个月，毋庸开缺”。

3.【莫名钦感】刻本缺此句，兹据补。

4.【臣钦遵之下】刻本作“遵即”。

5.【病情稍为轻减】刻本作“病稍轻减”。

6.【力疾销假】刻本作“力疾从公”。

7.【以免】刻本作“免至”。

8.【案】划线部分刻本作“无如咯血日多，饮食日少”。

9.【废】刻本作“盲”。

10.【交春举发】此句刻本缺，兹据补。

11.【不识人面】刻本作“不辨人形”。

12.【案】划线部分刻本作“皆由瘴湿过深，关窍阻塞，内亏外感，气血难通。补泻两穷，群医束手”。

13.【非医药一时可以奏效】刻本作“非一时医药可以奏功”。

14.【案】划线部分刻本作“伏念臣受恩过重，福薄灾生，年力未衰，遽婴痼疾。好生恶死，人之至情，一息苟存，不无悻生之望”。

15.【我】刻本夺“我”，兹据补。

16.【案】划线部分刻本作“准假北归，俾得稍宽时日，从容调理，以救危躯。倘能医治就痊，不归废弃，一旦边尘有警，尚可出效驰驱。似此病骨支离，迁延尸位，既不获委心任事，又不获珍药良医。一日在台，即多一日贻误”。

17.【案】划线部分刻本作“且台湾地险民强，新开省治，一切规模制度大都草昧经纶，非若内地循守旧章皆可从容卧治。臣即康强无病，聚精会神，尚恐变生不测，彰化已事，前辙昭然，况乃经年累月，病榻呻吟。万一奸宄生心，乘兹间隙，臣一身不足惜，如大局何！微臣孤啸悲怀，不能不哀乞于君父之前者此也。倘蒙天恩准开差缺，迅简贤员，俾得回籍就医，免臣再渎”。

18.【案】划线部分刻本缺，兹据补。

19.【光绪十七年三月初四日】此具奏日期据原件补。

20.【光绪十七年三月二十七日，奉朱批：另有旨。钦此】此奉朱批日期与内容，据原件、录副校补。

●光绪十七年三月二十七日，内阁奉上谕◆1：刘铭传奏，病仍未痊，恳请开缺一折。福建台湾巡抚刘铭传，着准其开缺，并开去帮办海军事务差使。钦此。

【案】此上谕载于《光绪朝上谕档》① 及《清实录》②，兹据校勘。

1.【案】划线部分刻本作“光绪十七年四月二十三日，奉上谕”。误，兹据校正。

## 二五　开缺假归谢折

光绪十七年四月二十五日（1891 年 6 月 1 日）

太子少保兵部尚书革职留任福建台湾巡抚一等男臣刘铭传跪奏，为微臣叩谢天恩，恭折仰祈圣鉴事◆1。

窃臣前因假期届满、病仍未痊，续于光绪十七年三月初四日具折◆2奏恳天恩，开缺回籍就医◆3。兹于光绪十七年差弁赍回原折，后开奉朱批：另有旨。钦此。同日，奉上谕◆4：福建台湾巡抚刘铭传，着准其开缺，并开去帮办海军事务差使。钦此。当即恭设香案，望阙叩头谢恩讫。

① 中国第一历史档案馆编：《光绪宣统两朝上谕档》，第 17 册，第 71 页，广西师范大学出版社，1996。

② 中华书局影印：《清实录 · 德宗景皇帝实录（四）》，卷之二百九十五，光绪十七年三月，第 926 页，中华书局，1987。

伏念臣庸才陋质，忝领封疆，在任八年，毫无建白。方冀竭诚尽职、聊报涓埃，不料屡入内山，染受烟瘴。福薄灾生，遽成痼疾。仰蒙皇上俯鉴愚衷，矜臣久病，恩准开缺，并赏开帮办海军事务差使。沐逾格之成全，糜顶踵以莫报。从此微臣有生之日，皆皇上再造之年。闻命之下，感激莫名◆5！

除将任内经手未完事件料理清楚，即行交卸回籍，另折奏报外，谨缮折恭谢天恩。伏乞皇上圣鉴。谨奏◆6。光绪十七年四月二十五日◆7。

光绪十七年五月十九日，奉朱批：知道了。钦此◆8。

【案】此折原件①、录副②现均藏于中国第一历史档案馆，兹据校勘。

1.【案】划线部分刻本缺，兹据校补。

2.【具折】刻本夺“具折”，兹据补。

3.【就医】刻本夺“就医”，兹据补。

4.【案】划线部分刻本作“四月二十三日，奉上谕”。

5.【案】划线部分刻本作“拜命之下，感戴莫名！伏念臣一介武夫，幸遭圣主，受任危难，遽领岩疆。守台一年，动滋挠谤；抚台七载，徒切焦劳！猥荷圣慈曲加原悯，鉴其孤撑无助，察其愚戆无私，温诏时矜，殊恩转沛，既拜青宫之秩，复加司马之尊。自省斗筲，久逾涯量。况乃天恩无际，异数频颁，更令仰赞贤藩，远参海部。凡此文臣所罕遘，岂期末将之频邀！虽鸟鱼之性，时恋江湖，而犬马之情，敢忘刍秣？况臣久誓战场之马革，忍怀湖上之蹇驴，方冀殚竭血诚，勉酬殊遇，讵料屡撄奇瘴，竟染沉疴。福薄灾生，恩深命蹇！经年药鼎，难回冰雪之春；万里炎荒，徒洒松楸之泪！遂使一筹莫效，五疏哀陈，屡渎天颜，乞还骸骨。复荷天心曲挚，恩假时颁。讵期臣命孤危，哀呼愈迫。何幸汉廷

① 中国第一历史档案馆藏：《朱批原件》，档案编号：04-01-12-0550-047.

② 中国第一历史档案馆藏：《军机录副》，档案编号：03-5279-059.

飞诏，喜仲升生入玉关，转惭交趾无功，笑新息虚镌铜柱。从此余生未老，皆我皇再造之年；但令一息尚存，矢异日二天之报。归来已晚，山中之松菊都荒；壮士长歌，海上之鲸鲵已靖。翻恨匈奴未灭，惜残躯于瘴雨蛮烟；且欣绝域生还，话恩泽于田夫野老。束装待命，期已逾年，脱屣还山，决诸三日”。

6.【案】划线部分刻本作“除将交卸日期另行奏报外，谨陈感激下忱，无任忭舞屏营之至”。

7.【光绪十七年四月二十五日】此具奏日期据原件补。

8.【光绪十七年五月十九日，奉朱批：知道了。钦此】此奉朱批日期与内容，据原件、录副校补。

●按：公于四月二十五日具折谢恩，二十八日即行交卸。八年台抚，事牍殷繁，三日即脱然归去，盖其摒挡归计久矣。陈澹然记。

# 卷二　谟议略

## 一　筹造铁路以图自强折

光绪六年十一月初二日（1880 年 12 月 3 日）

前直隶提督一等男奴才刘铭传跪奏，为时局日艰，外患日迫，亟宜筹造铁路，以图自强，恭折仰祈圣鉴事◆1。

窃奴才◆2以匪材渥承恩遇，自解兵柄，养疴田园，每念中外大局◆3，往往中夜起立，眦裂泣下，恨不能竭犬马以图报于万一也。近者被命，力疾来京，仰蒙召见，训诲周详，莫名钦感◆4！窃念人臣事君之道，知无不言，况事变至迫，利害甚巨，敢不竭其悽悽，为皇太后◆5、皇上敬陈之。

中国自与外洋通商以来，门户洞开，藩篱尽撤，自古敌国外患未有如此之多且强也。彼族遇事风生，欺凌挟制，一国有事，各国环窥。而俄地横亘东西，北与我接壤交错，扼吭拊背◆6，尤为腹心之忧◆7。我以积弱不振，不能不忍辱含垢，遇事迁就，不惜玉帛以解兵戎。然而和难久恃，财有尽期，守此不变，何以自立？今论者动曰用兵矣。窃谓用兵之道，贵审敌情。俄自欧洲起造铁路，渐近浩罕，又将由海参崴开路，以达珲春，此时之持满不发者，非畏我兵力，以铁路未成故也。不出十年，祸且不测。日本一弹丸国耳，其君臣师西洋之长技，恃有铁路，动欲逞螳螂之臂，藐视中华◆[8]，亦遇事与我为难。臣每私忧窃叹，以为失今不图自强，后虽欲图，恐无及矣。

自强之道，练兵、造器，固宜次第举行，然其机括，则在于急造铁路。铁路之利于漕务、赈务、商务、矿务以及行旅、厘捐者，不可殚述。而于用兵一道，尤为急不可缓之图。中国幅员辽阔，北边绵亘万里，毗连俄界，通商各海口又与各国共之。画疆而守，则防不胜防；驰逐往来，则鞭长莫及。惟铁路一开，则东西南北呼吸相通，视敌所驱，相机策应，虽万里之遥，数日可至◆[9]；虽百万之众，一呼而集，无征调仓皇之虑，无转输艰阻之虞。且兵合则强，兵分则弱。以中国十八省计之，兵非不多，饷非不足，然各省兵饷主于各省督抚，此疆彼界，各具一心，遇有兵端，自顾不暇，征饷调兵，无力承应。虽诏书切责，无济缓急。

若铁路造成，则声势联络，血脉贯通，裁兵节饷◆[10]，并成劲旅。防边、防海，转运枪炮，朝发夕至，驻防之兵即可为游击之旅。十八省合为一气，一兵可抵十数兵之用。将来兵权、饷权俱在朝廷，内重外轻，不为疆臣所牵制矣。方今国计绌于防边，民生困于厘卡。各国通商，争夺权利，财赋日竭，后患方殷。如有铁路，收费足以养兵，则厘卡可以酌裁，并无洋票通行之病。裕国便民之道，无逾于此。且俄人所以挟我、日本所以轻我者，皆以中国守一隅之见，畏难苟安，不能奋兴。若一旦下造铁路之诏，显露自强之机，则气势◆[11]立振，彼族闻之，必先震詟，不独俄约易成，日本窥伺之心亦可从此潜消矣。

本年，李鸿章奏请沿海安设电线，此亦军务之急需。但电线须与铁路相辅而行，省费既多，看守亦易。或者以铁路经费难筹，无力举办为疑。窃谓议集商股，犹恐散漫难成，今欲乘时力办，莫如议借洋债。借洋债以济国用，则断断不可。若以之开利源，则款归有着，洋商乐于称贷，国家有所取偿，息可从轻，期可从缓。且彼国惯修铁路之匠亦◆12自愿效能于天朝。此诚不可失之机会也。

查中国要道，南路宜修二条：一由清江经山东，一由汉口经河南，俱达京师。北路宜由京师东通盛京，西通甘肃。虽二费浩繁，急切未能并举，拟请先修清江至京一路，与本年议修之电线相为表里◆13。此路经山东、直隶地界最多，或谓于民间坟墓、庐舍有碍，必多阻挠。不知官道宽广，铁路所经只占丈余之地，与坟墓、庐舍尚不相妨。即偶有牙错，亦不难纡折以避。臣昔年剿捻中原，屡经各该省，其地势民情固所稔知，非敢妄为臆断也。事关军国安危大计，如蒙俞允，请旨饬下总理衙门迅速议覆。若辗转迁延，视为缓图，将来俄约定后，筑室道谋，诚恐卧薪尝胆，徒托空言，则永无自强之日矣！

所有请开铁路、以图自强缘由，谨缮折具陈。伏乞皇太后、皇上圣鉴训示。谨奏◆14。光绪六年十一月初二日◆15。

【案】此折录副①现藏于中国第一历史档案馆，兹据校勘。

1.【案】划线部分刻本缺，兹据校补。

2.【窃奴才】刻本作“窃臣”。

3.【中外大局】刻本作“中国大局”。

4.【莫名钦感】刻本作“钦感莫名”。

5.【为皇太后】刻本作“为我皇太后”。

6.【扼吭拊背】刻本作“拊背扼吭”。

7.【腹心之忧】刻本作“腹心之患”。

① 中国第一历史档案馆藏：《军机录副》，档案编号：03-9439-004.

8.【中华】刻本作“中国”。

9.【数日可至】刻本作“数日而至”。

10.【裁兵节饷】刻本作“节饷裁兵”。

11.【气势】刻本作“声势”。

12.【亦】刻本夺“亦”，兹据补。

13.【相为表里】刻本作“相表里”。

14.【案】划线部分刻本作“微臣无状，将不知所税驾矣。迫悚上陈，无任惶恐待命之至”。

15.【光绪六年十一月初二日】此具奏日期刻本题署“光绪六年十一月初二日，在京发”字样。

●军机大臣密寄：大学士直隶总督一等肃毅伯李鸿章、两江总督刘坤一：光绪六年十一月二十一日，奉上谕：前据刘铭传奏请筹造铁路，当经谕令李鸿章等妥议。兹据张家骧奏称，开造铁路，约有三弊，未可轻议施行等语。着李鸿章、刘坤一悉心妥筹具奏。原折均着抄给阅看。将此各密谕知之。钦此。

## 二　覆陈津通铁路利害折

光绪十五年二月二十八日（1889 年 3 月 29 日）

太子少保福建台湾巡抚一等男臣刘铭传跪奏，为覆陈管见，仰祈圣鉴事◆1。

光绪十五年二月十六日，承准军机大臣字寄：正月十五日，钦奉慈禧端佑康颐昭豫庄诚皇太后懿旨◆2：前据总理海军事务衙门奏请由天津至通州接修铁路，当经降旨允准。嗣据御史余联沅等先后奏请停办铁路◆3，均谕令总理海军事务衙门会同军机大臣妥议具奏◆[4]。兹据会商筹议，逐款胪陈，详加披阅，所陈各节，辨较精详，敷陈剀切。其于条陈各折内似是而非之论，实能剖析无遗。惟事关创办，不厌求详，在廷诸臣于海防机要素未究心，语多隔膜。该将军、督抚等身膺疆寄，办理防务，利害躬亲，自必讲求有素，着按切时势，各抒所见，迅速覆奏，用备采择等因。钦此。并钞各折、片，遵旨寄信前来。

查阅海军衙门会奏折内◆[5]，辩论◆[6]洞中窾要，悉与臣意见相同，已觉无可置议◆[7]。惟既仰荷垂询，特就原奏“资敌、扰民、失业”三条，推阐未竟之词◆[8]，为我皇上敬陈之。

窃维天下之势，惟一乃定◆[9]。五大洲幅员辽阔，驾驭为难，于是铁路与电报兴焉。此固囊括中外之机缄，统一环球之功用也。朝廷屡诏求富强之策，倘通盘筹画，事苟有胜于铁路者，何苦效法西人，轻贻众谤◆[10]？无如外审海疆之形势，内揆战守之机宜，计无有过于此者◆[11]。

故臣于十年前即有创修铁路之奏，徒以格于迂论，议不果行。今者圣明在上，与在廷王大臣坚持定见，决意举行。臣等方额手称庆，以为从此推行尽利，庶几富强可以立致◆[12]，不谓言者转疑为资敌也。自火器之制日精，舍海口炮台，本无可扼之险要◆[13]。奥、法、俄、德诸国，犬牙相错，其铁路纵横，于都会而并无所谓城垣，使谓藉端寻衅，兵车可即到都门。各国互相猜忌，屡启衅端，早已并吞殆尽◆[14]，何仅于海上兴问罪之师，不闻都下有要盟之举乎◆[15]？

言者又谓山溪之险，敌所忌；林木丛杂，沟堑重阻，敌所患。一旦偶有嫌隙，彼挟其火枪、火炮，尽载之火车之上等语◆[16]。若指海口未失而言◆[17]，则安得若许洋人从容布置，而我之官兵竟形同木偶◆[18]，任其所为乎？若指海口已失而言，则天津距通州二百余里◆[19]，皆属坦途，即无铁路，亦何难长驱直入？至于该处山溪、林木、关堑◆[20]，臣熟经其地◆[21]，视若无睹，敌何胆怯如斯而忧之患之欤◆[22]？夫海口者，京师之门户也◆[23]，安危所系，固宜呼吸相通。

臣以为铁路建至京师方为尽善，有事则津、沽之劲旅，即为宿卫之禁军；无事则遣神机营与海口各营之兵◆[24]，合队并操，联为一气，临变策应，声势倍壮◆[25]。是遏敌者，莫如铁路，而或以为资敌，则误矣◆[26]。不谓言者又疑为扰民也。非特室庐丘墓，呈诉者只有一二起，固不足介意。即过有二三百起之多，而事关军国，亦当权衡轻重◆[27]，岂能◆[28]以小不忍而乱大谋？且世之讲求风鉴而改葬者，事所常有◆[29]。给以重价而迁之，庸何伤◆[30]？兵家筹备于平时，无异决胜于临阵◆[31]。王者克敌致果◆[32]，初不闻以伤残物命为嫌。倘以筹备为扰民，犹之两国交绥，斤斤于不重伤、不擒二毛之说也◆[33]。

方今强邻环伺，其敢与我为难◆[34]者，乘我之无备耳。诚能于沿海冲要之区遍置铁路，一省有兵，而数省得其力；一省有警，而各省效其能。夫惟能守而后能战，惟能战而后可以不战◆[35]。洋人趋避最工，何肯◆[36]远涉风涛，自取倾覆◆[37]之祸？如此则和局可恃，上以奠亿万年有道之基；阖境胥安，下以全亿兆姓生灵之命。是卫民者◆[38]，莫如铁路，而或以为扰民，则又误矣◆[39]。

不谓言者又虑民之失业也。溯自河运废而转输全改为海船，轮舟兴而商贾竞趋于海道。北五省人烟寥落，旅店荒凉，久非嘉、道年间◆[40]繁华景象。果使铁路由◆[41]通州建至清淮，则运货无沉失之虞，行人免风波◆[42]之苦，将见海上之生意，不数年尽归于腹地◆[43]。夺洋人之利权◆[44]，益小民之生计◆[45]。洋人无利可图，必有废然思返者◆[46]。乃一则曰车脚店行势将歇业，再则曰船户水手糊口无资，不知铁路仅设于大道通衢。至于港汊纷歧，船行如故，村镇罗立，车载如故◆[47]。譬诸◆[48]长江轮船，往来不绝，未闻内地操舟为业者坐以待毙也◆[49]。是厚民生者，莫如铁路。而或虑民之失业，则又误矣◆[50]。

言者又以铁路为开辟所未有、祖宗所未创，不知人事随天道为变迁◆[51]。今之人既非上古先朝之人，今之政岂犹是上古先朝之政？使事事绳以成例，则井田之制自古称良，弧矢之威本朝所尚◆[52]，试行之于今日◆[53]，庸有济乎？泰西制造之精，日新月异，中国踵而行之，已苦居人后◆[54]。若再因循坐误，一旦变生仓卒，和战两难◆[55]，其将何以自立？

臣前岁阅俄国新报◆[56]，载称◆[57]其君拟由托木司克城添建铁路一道◆[58]，至距黑龙江六百余里之司他城，计长六千一百里◆[59]。旋据德国商人◆[60]面称，此路俄君谕令工人日造十里，约两年后工竣◆[61]。虽成功迟速原不可知，而其垂涎东省居心◆[62]已可概见。际此中俄无事，正宜先事预防，必待其既发而乘之，恐贻噬脐之悔◆[63]。预防之法，要非铁路不为功◆[64]。言者又谓外洋以商务为国本，自强在经商；中国以民生为国本，自强在爱民◆[65]。不知商即民也，商务即民业也，经商即爱民之实政也。臣更有请者◆[66]，恒心必根于◆[67]恒产，足食方可以◆[68]足兵。

中国生齿日繁，有田可耕者无几◆[69]，谋生乏术，缓急堪虞。故欲自强，必先致富，欲致富必先经商。西国官与商合◆[70]，在下无不达之情；中国官与商分◆[71]，在下多难言之隐。闻从前息借洋商之款，多系华人之资，贿托洋人使之出面◆[72]。保邦惟民而顾，任其睽违疏逖，非所以振兴积弱、挽救极贫也◆[73]。

臣以为当此改弦易辙、发愤为雄之际◆[74]，亟宜讲求商政，特派廉明公正◆[75]大员认真督理。举凡丝、茶、煤、铁、纺织、种植暨一切矿务、垦务、制造各务，招集殷商富户，各出资本，妥议取益防损章程，使之分头认办，银钱出入，官不经手，而但考察功过，综核赢亏，保护维持，俾无掣肘。内地办理得法，推而至于边省；中土行销既畅，推而至于外洋。五行百产之菁英，地球中吾华称最。行之数十年，物阜民康，无敌于天下。此所谓商战从容、坐镇而屈人者也◆[76]。夫不聚敛于民者，不能不藏富于民；不与民争利者，不能不与敌争利。此事与铁路相辅而行，关系綦重，应否筹议及之◆[77]，伏候圣裁。

臣自奉命督办台湾防务以来◆[78]，适值法人肆扰，占踞基隆，向非仗国威灵，沪尾一捷，恐全台已非我有◆[79]。故和议甫成，臣即奏请◆[80]开办铁路。明知山路崎岖，溪流梗阻，凡◆[81]凿山开道，铺路◆[82]建桥，费巨工艰，数倍于内地◆[83]。所以不辞劳怨、毅然为之者，良以此地四面滨海，随处可以登岸◆[84]，防不胜防。铁路告成◆[85]，则◆[86]骨节灵通，首尾呼应。其利难以枚举◆[87]。大凡人情每乐于观成，而难与谋始◆[88]。从前◆[89]削平发、捻，全以◆[90]抬枪、劈山炮取胜◆[91]。湘军旧将狃于成见，不以洋人后堂枪炮为然，无论如何开导，终不见信◆[92]。及与法人对垒◆[93]，始叹格林炮、黎意枪运用之灵、命中之远、臣之所言为不谬◆[94]。

夫物之精粗，经用而始显；事之利害，亲历而后知。今日之訾议铁路者，即异日之赞美铁路者也◆[95]。伏愿皇上宸衷独断，明白宣示，使天下臣民咸晓然于铁路一事为安内攘外、刻不容缓之需◆[96]，非一隅之利◆[97]，乃四海之利；非一时之利，乃万世之利；非一二人之私利，乃千万人之公利。众志既孚，商情益奋，成效渐睹，浮议自清◆[98]。

臣身膺疆寄，目击时艰，大局所关，不敢安于缄默◆[99]，谨披沥上陈，伏乞皇上圣鉴训示。谨奏◆100。光绪十五年二月二十八日◆101。

光绪十五年三月二十五日，堂谕封存，抄送醇邸◆102。

【案】此折录副①现藏于中国第一历史档案馆，兹据校勘。再，此折具奏日期刻本题署“光绪十五年二月八日”显误，兹据录副校正。

1.【案】划线部分刻本缺，兹据校补。

2.【案】划线部分刻本作“钦奉正月十五日慈禧皇太后懿旨”。

3.【停办铁路】刻本作“停办”。

【案】光绪十四年十二月初八日，御史余联沅奏请停止开办铁路。②

4.【案】光绪十五年正月十四日，总理海军事务王大臣奕譞等议覆津通铁路事宜。③

5.【折内】刻本作“一折”。

6.【辩论】刻本夺“辩论”，兹据补。

7.【案】划线部分刻本作“纤悉靡遗，微臣意正同符，实觉无从置议”。

8.【案】划线部分刻本作“惟圣怀虚挹，仰荷垂询，特就原奏资敌、扰民、失业三条，推阐海署未宣之蕴”。

9.【案】划线部分刻本作“窃维天下大事，惟断乃成。万国纷拿，惟一乃定”。

10.【案】划线部分刻本作“仰维朝廷屡垂明诏，锐致富强，倘通盘筹画，综揽势机，苟有加于铁路者，抑何苦轻贻众谤，效法西人”。

11.【计无有过于此者】刻本作“纵览环球，计实无能逾此”。

12.【庶几富强可以立致】刻本作“庶几富强可以立致，敌患可以

① 中国第一历史档案馆藏：《军机录副》，档案编号：03-9439-004.

② 中国第一历史档案馆藏：《军机录副》，档案编号：03-9439-037.

③ 中国第一历史档案馆藏：《军机录副》，档案编号：03-9440-002.

潜消”。

13.【本无可扼之险要】刻本作“险无可扼”。

14.【案】划线部分刻本作“牙错唇依，铁路纵横，并通都会，城垣故迹毁弃无存。如谓藉端寻衅，兵车即到都门，则列邦相忌，屡起衅端，固已吞并殆尽”。

15.【不闻都下有要盟之举乎】刻本作“不闻都下有要盟之举乎？其不足虑，固已皎然”。

16.【案】划线部分刻本作“言者又谓山溪沟堑，为敌所忧，林木纷丛，为敌所患，一旦边尘偶动，彼将挟其枪、炮，驱火车以入都门，其患将不可测”。

17. 【若指海口未失而言】刻本作“玩其词意，若指海口未失而言”。

18.【竟形同木偶】刻本作“竟同木偶”。

19.【则天津距通州二百余里】刻本作“则津、通相距二百里”。

20.【案】划线部分刻本作“至若山溪林木，关堑沟渠”。

21.【其地】刻本作“其间”。

22.【欤】刻本作“耶”。

23.【也】刻本夺“也”，兹据补。

24.【各营之兵】刻本作“各军”。

25.【声势倍壮】刻本作“进退绰如”。

26.【案】划线部分刻本作“而顾以为资敌，岂不偵哉”。

27.【案】划线部分刻本作“呈诉无多，即令群起纷挠，而事关军国安危，亦当权衡轻重”。

28.【岂能】刻本作“安能”。

29.【而改葬者事所常有】刻本作“而改葬其亲者众矣”。

30.【案】划线部分刻本作“给以重价迁地，抑复何伤”。

31.【临阵】刻本作“临敌”。

32.【王者克敌致果】刻本作“王者克敌”。

33.【案】划线部分刻本作“则是两国交绥，龂龂于重伤二毛之说矣”。

34.【为难】刻本夺“为”，兹据补。

35.【案】划线部分刻本作“诚择沿海冲要之区，遍开铁路，一省有警，数省环攻，一省有兵，数省资调。天下惟能守而后能战，亦惟能战而后能不战以屈人兵”。

36.【何肯】刻本作“谁肯”。

37.【倾覆】刻本作“覆亡”。

38.【者】刻本夺“者”，兹据补。

39.【案】划线部分刻本作：“而顾以为扰民，岂不异哉”。

40.【年间】刻本夺“年间”，兹据补。

41.【由】刻本作“自”。

42.【风波】刻本作“风涛”。

43.【案】划线部分刻本作“将见上海商民尽归腹地”。

44.【利权】刻本作“权利”。

45.【益小民之生计】刻本作“即以廓小民之生机”。

46.【必有废然思返者】刻本作“必将废然思返”。

47.【车载如故】刻本作“车载益多”。

48.【譬诸】刻本作“试观”。

49.【未闻内地操舟为业者坐以待毙也】刻本作“几见舟人失业，坐毙江湖”。

50.【案】划线部分刻本作“而顾虑民之失业，不尤重可笑哉”。

51.【案】划线部分刻本作“尤可怪者，谓铁路为开辟所未闻，祖宗所未创。不知人事随天道为变迁，国政即随人心为旋转”。

52.【本朝所尚】刻本作“本朝独擅”。

53.【试行之于今日】刻本作“行之今日”。

54.【已苦居人后】刻本作“已居人后”。

55.【两难】刻本作“两穷”。

56.【臣前岁阅俄国新报】刻本作“臣前阅俄报”。

57.【载称】刻本作“载”，夺“称”，兹据补。

58.【添建铁路一道】刻本作“增建铁路”。

59.【计长六千一百里】刻本作“计长六千一百里，已深讶之”。

60.【德国商人】刻本作“德商”。

61.【案】划线部分刻本作“此路俄君谕令日成十里，两岁告竣”。

62.【垂涎东省居心】刻本作“经略东方壮志”。

63.【案】划线部分刻本作“尚能未雨绸缪，待其既发而后乘之，必且噬脐莫逮”。

64.【案】划线部分刻本作“预防之法，断非铁路不为功。微臣所为瞻顾旁皇不能自默者此也”。

65.【案】划线部分刻本作“或谓外洋以商为国，自强实在经商；中华立国在民，爱民斯为邦本”。

66.【臣更有请者】刻本作“歧而二之，是尚足为知大计者乎？抑臣更有请者”。

67.【根于】刻本作“根”，夺“于”，兹据补。

68.【可以】刻本作“可”，夺“以”，兹据补。

69.【有田可耕者无几】刻本作“土田日寡”。

70.【西国官与商合】刻本作“西国官商一体”。

71.【中国官与商分】刻本作“中国官商久睽”。

72.【案】划线部分刻本作“频闻前借洋战之款，多属华资，贿托洋人为之营息”。

73.【案】划线部分刻本作“从古因民建国，保国惟民，顾令肝胆乖离，腹心疏逖，非所以疗贫振弱，自振拔于倾侧扰攘之时也”。

74.【案】划线部分刻本作“当此改弦易辙、发愤为雄”。

75.【廉明公正】刻本作“廉正”。

76.【案】划线部分刻本作：“举凡丝、茶、纺、植、垦、矿、制造诸大端，招集殷商，广筹资本，妥议保商防损章程，各就所能，分途认办。银钱出入，商自主持，官但察其赢亏，护其艰阻。内地办理得宜，然后推之边省。中土行销既畅，然后推之外洋。五行百产之菁，环顾全球，莫吾华若。徒以地利未辟，遂致民气日衰。如此行之十年，且将无敌于天下，尚何敌国外患之足虑哉！”

77.【应否筹议及之】刻本作“应否筹议”。

78.【臣自奉命督办台湾防务以来】刻本作“臣自督办台防”。

79.【恐全台已非我有】刻本作“全台重地且属他人。无他，无铁路、兵轮为之手足也”。

80.【臣即奏请】刻本作“即请”。

81.【凡】刻本夺“凡”，兹据补。

82.【铺路】刻本作“筑路”。

83.【数倍于内地】刻本作“视内地且将倍蓰”。

84.【案】划线部分刻本作“所为不辞劳怨、毅然独行者，良以台疆千里，四面滨海”。

85.【告成】刻本作“一成”。

86.【则】刻本作“即”。

87.【其利难以枚举】刻本作“此中利害，自非身亲大难，未易决其深微”。

88.【案】划线部分刻本作“人情乐与观成，难与谋始”。

89.【从前】刻本作“往者”。

90.【全以】刻本作“全恃”。

91.【取胜】刻本作“制胜疆场”。

92.【案】划线部分刻本作“湘军老将狃视前功，语以西国后膛枪炮，恒鄙夷不屑”。

93.【及与法人对垒】刻本作“及与法交锋”。

94.【案】划线部分刻本缺，兹据补。

95.【案】划线部分刻本作“今之訾议铁路，必为异时赞美铁路之人”。

96.【案】划线部分刻本作“宸断独操，宣示大计，俾天下晓然铁路一事为安内攘外、刻不容缓之急图”。

97.【非一隅之利】刻本作“使知非一隅之利”。

98.【案】划线部分刻本作“众志既协，财力自充，成效既彰，浮言自息”。

99.【不敢安于缄默】刻本作“不容自己”。

100.【案】划线部分刻本作“伏乞圣鉴”。

101.【光绪十五年二月二十八日】此具奏日期据录副校补。

102.【光绪十五年三月二十五日，堂谕封存，抄送醇邸】此奉旨日期与内容，据《军机处随手登记档》① 校补。

●按：铁路大计，惟公独见于举世挠沮之先，故前后两疏，曲折深至如此。所称铁路一成，则兵饷大柄咸属朝廷，疆吏无能掣肘，尤为透抉无遗。惜当时张家骧阻之于前，刘腾鸿扼之于后，千秋大计，竟格不行。至甲午中东之战，各省私其兵饷，不助北洋，至日人有二十二行省如二十二国之诮。然后知兵饷出自朝廷，所见为独远也。陈澹然记。

## 三　遵筹整顿海防讲求武备折

光绪十年闰五月初二日（1884 年 6 月 24 日）

前直隶提督一等男奴才刘铭传跪奏，为时事艰难，亟宜切实整顿海防，讲求武备，遵旨敬陈管见，以备采择，恭折仰祈圣鉴事◆1。

窃自泰西各国争立码头◆2以来，或为口岸而要挟，或夺藩属以侵凌，遇事生风，无端欺藐◆3。一波甫定◆4，一波又起。每当临战之际◆5，言战言和，纷纷不一。言战者当审兵将是否可战，器械是否可战，炮台是否可战，兵船是否可战，徒具空谈，无补于事◆6。言和者当思台湾和而琉球旋失，伊犁和而兵费倍偿，天

① 中国第一历史档案馆藏：《军机处随手登记档》，档案编号：03-0258-1-1215-082.

津和而义民受戮，越南和而藩服授人，剜肉补疮，何所底止◆[7]！

夫战不如人而欲图强，犹井中求火也；器不如人而不知变，犹当暑着貂也。今日中国所谓战不如人、器不如人，若不改图，何以自立！现在内外臣工各陈所见，以抒忠愤◆[8]。朝廷虚怀下问，询及刍荛。仰见圣主廑念防维◆[9]，力图振作，无任钦佩！

惟办◆[10]极大极难之事，必须存愈久愈坚之心。往事之失，前车可鉴◆[11]！如◆[12]外承严旨，内托空言，或畏难而苟安，或始勤而终怠，或狃于成见从旁阻挠◆[13]，或昧于知兵、故于狡辩◆[14]，甚或以为和约既定，永无兵端，不为防患之计，反为激烈之鸣◆[15]。种种因循，久在圣明洞鉴之中。此后惟望上下一心，始终不懈，卧薪尝胆，奋发图成◆[16]，整顿海防，以济因时◆[17]之急；讲求武备，以开自强之基◆[18]。若为国家富强久安之计◆[19]，尤非铁路不可。其中利益◆[20]已经奴才◆[21]于光绪六年具奏，并由李鸿章详细覆陈◆[22]，无庸再渎。

除将所拟炮台图式呈送军机处外，谨将应行整顿海防、讲求武备缘由◆[23]，敬陈十条，开单◆[24]恭候采择。伏乞皇太后、皇上圣鉴，训示。谨奏◆[25]。光绪十年闰五月初二日◆[26]。

光绪十年五月初三日，奉旨归籀◆[27]。

【案】此折原件①现藏于台北故宫博物院，兹据校勘。

1.【案】划线部分刻本缺，兹据校补。

2.【争立码头】刻本作“争开商埠”。

3.【案】划线部分刻本作“或占海疆，或吞藩属，无端欺藐，遇事生风”。

4.【甫定】刻本作“未平”。

---

① 台北故宫博物院藏：《军机及宫中档》，文献编号：127382.

5.【临战之际】刻本作“外患纷来”。

6.【案】划线部分刻本作“空谈无补，后祸焉穷”。

7.【案】划线部分刻本作“伊犁和而兵费倍偿，天津和而义民受戮，台湾和而琉球坐失，越南和而藩服无存，剜肉补疮，欺陵胡底”。

8.【案】划线部分刻本作“今中国战不如人、器不如人矣，不思改图，后将奚立”。

9.【防维】刻本作“时艰”。

10.【惟办】刻本作“惟自古办”。

11.【案】划线部分刻本缺署，兹据校补。

12.【如】刻本作“倘”。

13.【从旁阻挠】刻本作“曲示沮挠”。

14.【狡辩】刻本作“饰辩”。

15.【案】划线部分刻本作“侥幸一时，顿忘实祸，反谓忠诤之士好为激烈之鸣”。

16.【图成】刻本作“图存”。

17.【因时】刻本作“当时”。

18.【以开自强之基】刻本作“以立自保之基”。

19.【若为国家富强久安之计】刻本作“若谋富强、图久安”。

20.【其中利益】刻本作“此中利害”。

21.【已经奴才】刻本作“臣已”。

22. 【案】光绪六年十二月初一日，直隶总督李鸿章具报妥议铁路事宜。①

23.【缘由】刻本作“诸大端”。

24.【开单】刻本夺“开单”，兹据补。

25.【案】划线部分刻本缺，兹据补。

26.【光绪十年闰五月初二日】此具奏日期据原件校补。

27.【光绪十年五月初三日，奉旨归箍】此奉旨日期等，据《军机

① 中国第一历史档案馆藏：《军机录副》，档案编号：03-9439-006.

处随手登记档》① 校补。

## 四　呈整顿海防讲求武备各事宜清单

光绪十年闰五月初二日（1884年6月24日）

谨将现在应行整顿海防、讲求武备各事宜，敬呈十条，恭呈御览◆1。

一、各海口◆2设防，宜分轻重缓急◆3，以期握要◆4也。泰西各国远涉重洋数万里，若◆5与我开衅，势必以◆6批亢捣虚，为专注之计◆7。中国七省各海口惟广东可由香港拖带民船，装兵上岸，如其向闽浙北趋◆8，万不能拖带民船，惟有◆9以兵轮尝试。无论兵轮多少◆10，我◆11中国海口纷歧，万无处处设防之理。用兵之道，宜和不宜分◆12；守御之策，惟在扼要以守险◆13。查各国以通商口岸◆14为要区，轮船以煤炭为性命。如将各通商口岸并产煤之处◆15布置周密，守御得法◆16，各国商贾货财皆在我掌握之中◆17。一国起衅，各国皆非所愿◆18。其兵轮久在◆19海中，既无煤炭接济，又无淡水可食，即窥得我沿海一州一邑不甚吃重之地，亦属无补于事，可以不战自困◆20。且外洋群居◆21环视，全以强弱为重轻，即寻常无事之时，彼族耳目所及，见我致力于通商口岸，防务皆有可深恃，亦可永杜轻藐之渐◆22。此通商各口设防宜重宜急也◆23。

一、各海口炮台亟宜改建，以重防守◆24。外洋现造炮位，大者重至数百吨，城营之守御万不能用墙垣为障蔽。查各口所筑炮台，虽形势不一，细究之，皆不得法，彼族已有窃议其后

① 中国第一历史档案馆藏：《军机处随手登记档》，档案编号：03-0242-2-1210-142.

者◆[25]。奴才◆[26]现制炮台图式，赍带来京◆[27]，恭呈采择。惟台坚尤赖炮利，兵不善守，与无兵等◆[28]。现计各口驻防之师，至重之地，如两面设守兵数以六营为率，已足敷用。其次二三营皆可，但必须全用炮队，兼操水雷。盖兵多无益，徒糜饷项。倘敌人另带轮船，装载陆兵，冀由他口上岸，袭攻瑕之故智，则后路须另派接济之师，专备游击，以免重战轻防之失。然非有铁路，不能灵快也◆[29]。

一、洋面水师兵船◆[30]宜次第筹办，以固海疆◆[31]。海防以师船为第一要务◆[32]，无师船则◆[33]无海防，各国皆然，我中国万不能视为缓图◆[34]！现以沿海七省全局综计，须有兵船百只，方敷战守◆[35]。但目前◆[36]急于购办，既恐◆[37]经费无出，又恐◆[38]管驾无人，水师将领尤为难得◆[39]。自设海防之后，惟李鸿章尚有留心讲求，选将造器，水师稍为可观。然管驾之人或系福建学生，未经阅历；或系陆营将弁，不谙测量◆[40]。朝廷既廑念海防为急务◆[41]，似宜另设海部衙门，专力讲求水师◆[42]，于南北洋以及广东各设水师学堂一处，延访教习◆[43]，先教管驾之才，次练水手。必使习业精纯，技艺娴熟，而后谓之成效◆[44]。将来筹定经费，或按分年递加之法，每年添船数只。大铁甲船价值过昂，现既购有数只，可以少从缓议，似不如以铁甲之财力，先购钢快。计一铁甲船之价，可购钢快五六只，用费既不过巨，而师船岁有所增，且暂可就现有之兵船，先为整顿，程功较远，缓急可赖，似与购铁甲之旷日集款，稍得济急之效。所有水师军制以及设立学堂等事，将来责成海部衙门另立新章，详细核奏，务使精益求精，不蹈流弊◆[45]。

一、长江、太湖水师急宜改制，以收实用◆[46]。军兴以后，曾国藩、彭玉麟创设长江、太湖各水师，原备防内寇而设◆[47]，现在军火◆48精利，轮船、电报灵捷◆49，内寇万难猝起◆50。沿江各营水师散驻各口，日久渐成额设之兵，与绿营无异。且每年额饷以及造船之费不下百余万，若改用铁皮，十丈长小轮船每只需价不过万余金。每镇酌裁师船五成，即以陆续改添小轮船数只，较之长龙舢板等船得力奚翅倍蓰！且长江声势立壮，亦可用御外侮，既节饷需，又收实效。将来即以管驾小轮船有效之将弁，酌升外海兵船头领，亦可为广储将才地步。其余如江西、广东、浙、闽，皆可仿照以行◆51。

一、福建船政局、上海机器局，宜加整顿◆52，以求实济◆53。自沈葆桢创设福建船政，原欲◆54开拓风气，以图远大；惟一铁一木皆取材于外洋，每造一船，计值实昂于外购。查近来商船多用铁壳◆55，价既不昂，且能经久。其船内修造尽可搭用中国木料◆56，为价尤廉◆57。近来船厂承办监工之人，多力持必用外洋油木之议。查从前美国造船，不如英国船价之廉，美商皆赴英厂购造，美国执政者严定限制，简明价值，仍令由本国造船，惟恐制船之学中绝，其用意甚远，正与我中国今日之势相合◆58。应请旨◆59饬下船政大臣，开台湾之铁矿，采后山之木料◆60；考工匠之技能以定赏罚，较船价之廉昂◆61以为推广◆62。某船宜行某处◆63，某船宜安某炮，详细考核，刊定章程，不独专造兵船，即商人亦可群来取购，并以◆64广制船之学，日进有功◆65，不至半途中辍。其◆66上海机器局每年需费五六十万，自开局以来，承办监造者◆67，每不得人；至今所造枪炮，率多不适于用◆68。南北洋互相推诿，不肯严为厘剔，以致敷衍成风◆69。匪特虚縻经费◆70，且为外洋所诮。应请饬下南北洋大臣会议，认真整顿◆71，或照福建船政章程，特派大员督办，以专责成而期尽善◆72，庶几可睹实效◆73。

一、请筹购大批枪炮，以节经费而免欺蒙◆74。中国自开制造局以来，枪炮固未精利，计值转倍于外洋。各省每当临事，辄仓皇分购，价值骤昂于平时。加之经手中饱，委员侵蚀，所费增倍，而所购绝无良器◆75。查英、法各国官厂，向来不自制枪，皆取购于民厂，送由官厂验收。其不中式者，尽数剔还。此等弃枪外国不能出售，皆运至中国求销。各省采办，徒慕其名，未考其实，莫辨优劣，甘受欺蒙。一省之浪费无多，总计则为数甚巨◆76。应请旨◆77饬下总理衙门会同北洋大臣李鸿章，筹款四五百万两，专派熟悉洋务、精通枪炮之员，赴西洋各厂订购后门枪十万杆、一尺径口以外大炮数十尊、一尺径口以内炮并拖炮数百尊。枪炮分三年解清，价值亦分三年清给。一面分饬各省分年筹措款项，缴价领用◆78。外洋枪炮，零购则贵，趸购则廉。如新到黎意枪，零买每杆需价银十四两，多购可减至七折，炮亦如之。是枪炮价银总计四五百万两，趸买已省银百万，且可在该厂逐细验收，不致受其弃枪，既节经费，又得利器，亦可稍振声势，实为目前之急务◆79。

一、稽查军械，整顿矿务，宜特设军器局，切实经营，以专责成◆80。各省历购枪炮，为数已多，前门、后门，新旧不一，日久半成废器。除沿海各省外，其余风气未开、习用刀矛者，仍指不胜屈。查外洋于简器一事，一国所用之军械皆系饬归一律，以示专一而便训练。必遇有应行更换之时，亦必举国商谋，全行改易，故其用器也精而不杂。今购器既亟简器，尤不可缓，应请旨于天津或金陵、上海特设军器局，饬下各省督抚将历年所购枪炮名目开单呈明，并咨报军器局，现存多少，朽坏多少，以后即以此项旧枪专备操练，新购之枪由军器局另设军械所收储，以备有事领用。惟洋枪最忌雨水霉湿，不善收检，一经上锈，即为弃物。凡存军械之处，房屋必须高厂，分门别类，某枪用某子，某炮用某弹，某项水雷、某项火药分存某处，编立号籍，秩然不紊，遇有支发，取之不乱。即新枪每年须查看两次，拆机擦油，以免上锈。至制造为自强之基，矿务又为制造之基，近来各商集股开矿，半为市侩所累，非矿之累商，而实人之误矿也。以后应由军器局延访著名矿师，切实讲求，或先筹公款试开一二处，以为之倡。俟有把握，再令集股，仍归商人办理。盖官办每难于持久，不能不归之于商。商办每难于图始，不能不因势而导。外洋时以煤尽为忧，中国到处皆煤，五金尤多，不为采取，弃此自有之良材，诚为可惜◆81！

一、新募勇队宜加裁并◆82，参用练军，以节饷需◆83。查各省每当临事，纷纷募勇。此辈为乌合之众，未经训练，剿内寇且未敢恃，焉能用御强敌？其沿海现有之防军，训练精纯者，固亦有之。其余或得其皮毛，或不知训练，仍用刀矛，拘执旧法，牢不可破。亟须严限时日，务使饷项、器械、兵衣、操练口令皆归一律。刊立军制，发行各省。新募之勇，一俟越事定后，渐可酌量裁并。久练之军，亦须整顿，勇以十年为期，连环具保，不准私逃◆84。计每勇每月饷银三两六钱，每月扣存一两，十年可积存银一百二十两◆85，以为遣撤之资，庶不至流而为匪。且逃去一勇，即失去一枪，若携利器结伴为盗，更为地方之害，设使归有所蓄，亦见朝廷爱惜士卒之至意。绿营本为无用之兵，现各省皆有练军章程，与勇无异，即可推广办理。试以一省绿营而论，多者多练，少者少练，度饷项之盈虚，定兵数之多寡，务期五年全数练齐，更迭互换，周而复始，无论马战、守兵，凡调练者，除坐饷外，酌加口粮，与勇饷相等。其未入练者，照旧去留无患。自古有强将无弱兵，故外洋有撤兵养将之法。如临事募勇，旋募旋撤，始入募者，半系有业农民，入营之后，渐习懒惰，一旦遣散，势不能复事耕作，不为盗贼，即为游民，是以议者每有改勇为兵之策。其实绿营之弊由于习气太深，但能严裁烟病老弱之徒，认真训练，多一可用之兵，即少一外募之勇，数年之后，无用皆归有用，惟在统将得人耳◆[86]。

一、严定赏罚，以求将材◆[87]。兵可以百年不战，不可以一日无备◆[88]。防营久无战事，叙保格于成例，将领无登进之路，人材何由而出◆[89]？如沿海、沿边似须酌量变通◆[90]。查地方州县尚有三年考绩暨特疏密保之例◆[91]，海运河工，亦邀奖励。沿海水陆将弁兵勇以及边省驻防，冒风涛而受烟瘴，违律之罚既不能不重◆[92]，若不明定赏格，何以拔人材而励士气◆[93]？惟军营习气◆[94]，一邀◆[95]朝廷宽大之恩，即有滥保越保之弊◆[96]，亦不能不示以慎重◆[97]，似宜严定章程，沿海◆[98]、沿边某省勇队若干、练军若干，自统将至于◆[99]弁兵以及帮办文员，何年成军，何年到营，先令分别详细造册，送部备案◆[100]。所有此项常川驻防以及游击之师，平时操练口令、阵法，惟以打枪靶准头定赏罚◆[101]。一年内，本军统领考校◆[102]两次，如◆[103]中五枪、四枪、三枪者，皆由统领注册，先考营哨，次考兵勇，期以三年请保一次，择其纪律、技术宿优者列保，每营酌保八十人。其在腹地驻防之军◆[104]，操练有效，只许保四十人◆[105]。如有督操认真、口令明白、熟悉洋务、约束严明之将领◆[106]，准由督抚专折奏保。其营哨官或由统将声明咨请越保一级，其余皆不许越级请保◆[107]。如有不在册内，一概不准列入◆[108]，以杜冒滥。如将领兵弁有更换者，亦应随时由该统将咨请督抚于年终汇案，咨部查核◆[109]。如有嗜好多端、操练不力之将领，亦随时参革◆[110]。

一、请设局译刻泰西各书◆[111]，引掖后进，以广人材◆[112]。自海上多事以来，朝廷屡下征才之诏，每有熟于洋务而昧于军务，或有熟于军务而不娴于洋务，二者不能兼得，甚有迂拘之士，不肯留心时事，鄙洋务为不屑论。是皆少见多怪，尚未知西学之所以然也◆113。查外洋于中国有用诸书◆114，半皆取而译行海外◆115。其西国兵、农、食货、格致、制造、测量诸书，月异日新，凡有关于今日之用者甚多，我中国尚未译有成书，间或有翻刻一二种，亦皆取择不精。夫御侮贵在得情，而致用尤在博览。不究其治军、交邻之要政，何以得其情？不研其造器习术之本原，何以致于用？伏见康熙年间，我圣祖仁皇帝于算学一事，因钦天监官与西人互相辩论，特垂圣制，合中西之法，汹为成书，一时群才蔚起，象数之学超越前古。仰见圣人有作，万世利赖，应请旨饬下总理衙门并北洋大臣李鸿章，或在京师，或就天津，延访中外精于西学者，将所有外洋书籍有关实用者，先行译刻，分散各省，务得人人讲求考究，家喻户晓，庶人材可以辈出。以后或于乡、会场中列入策论，使为进身之阶，则人思奋兴，学者多，斯疑阻自少，非只力开风气，实可广造人材。

以上十条，谨就奴才闻见所及，据实敬陈，伏候裁择◆116。

【案】此清单原件①现藏于台北故宫博物院，兹据校勘。

1.【案】划线部分刻本缺，兹据校补。

2.【各海口】刻本作“沿海”。

3.【轻重缓急】刻本作“缓急重轻”。

4.【握要】刻本作“扼要”。

5.【若】刻本夺“若”，兹据补。

6.【以】刻本脱“以”，兹据补。

① 台北故宫博物院藏：《军机及宫中档》，文献编号：127383.

7.【为专注之计】刻本作“为专注之谋”。

8.【如其向闽浙、北趋】刻本作“若北趋闽、浙”。

9.【惟有】刻本作“惟”。

10.【无论兵轮多少】刻本作“无论敌轮多寡”。

11.【我】刻本夺“我”，兹据补。

12.【宜和不宜分】刻本作“实宜合而不宜分”。

13.【案】划线部分刻本作“守御之机，在扼要，尤在守险”。

14.【通商口岸】刻本作“商埠”。

15.【通商口岸并产煤之处】刻本作“商埠及产煤之处”。

16.【得法】刻本作“得宜”。

17.【在我掌握之中】刻本作“已入吾掌握”。

18.【案】划线部分刻本作“一国称兵构怨，实非各国所乐闻”。

19.【久在】刻本作“久居”。

20.【案】划线部分刻本作“既无煤炭，又无淡水，即得我沿海一州一邑无关大局之区，坚力以持，当可不战自困”。

21.【群居】刻本作“群趋”。

22.【案】划线部分刻本作“即寻常无事，见我致力于通商口岸，防守精严，必不敢轻相欺侮”。

23.【也】刻本作“者也”。

24.【以重防守】刻本作“以严防守也”。

25.【案】划线部分刻本作“虽形势各殊，细究皆不合法度，外人恒窃议之”。

26.【奴才】刻本作“臣”。

27.【赍带来京】刻本无此句，兹据校补。

28.【案】划线部分刻本作“究之筑台虽坚，尤须炮利。兵不善守，与无兵同”。

29.【案】划线部分刻本作“现计各口防军，虽重地两面设防，六营已无不足，次则二三营皆可支持；惟必用炮队，兼操水雷，方足以资战守。否则，兵多糜饷，败益难收。尤可虑者，敌以陆兵由他口潜登，袭攻瑕之故智，则后路必筹游击之师，庶免重战轻防之失。然非有铁路呼应，终不能灵。此则大可忧耳”。

30.【兵船】刻本作“兵轮”。

31.【以固海疆】刻本作“以固海疆也”。

32.【海防以师船为第一要务】刻本作“海防以船为命”。

33.【则】刻本作“即”。

34.【我中国万不能视为缓图】刻本作“中国岂能独缓”。

35.【案】划线部分刻本作“综计沿海七省，须备兵船百只，方可以敷战守”。

36.【但目前】刻本作“惟”。

37.【既恐】刻本作“微特”。

38.【又恐】刻本作“亦虑”。

39.【水师将领尤为难得】刻本作“海军为各国专门，将领尤为难得”。

40.【案】划线部分刻本作“自海防议起，环顾海内，惟李鸿章一人留心讲求，选将造器，稍为可观。管驾多闽厂学生，未经战阵，或陆营将弁，未解测量”。

41.【朝廷既廑念海防为急务】刻本作“朝廷廑念海防”。

42.【专力讲求水师】此句刻本缺，兹据补。

43.【案】划线部分刻本作“于南北洋、闽广要区各设海军学堂，慎求教习”。

44.【案】划线部分刻本作“必使技艺娴熟，习业专精”。

45.【案】划线部分刻本作“再令出洋游历。泰西皇子无不先入海军，充当水手，以次而升。故人才勃兴，战无不克。应请令八旗贵介多入海军，以固国本。一俟妥筹船费，按岁递加，岁必造船数只。大铁舰价值过昂，现既购有数艘，余可稍从缓议。以铁船财力先购钢快各船，计一铁船之价，可购钢快船五六只，费非过巨，岁易增加。且可暂就现有之兵船先为整顿，程功既速，缓急可资，似较铁船之旷日筹资，尚足以收急效。一切海军制度、学校章程，均应责成海部，以免纷歧”。

46.【以收实用】刻本作“以收实用也”。

47.【原备防内寇而设】刻本作“原备严防内寇”。

48.【军火】刻本作“枪炮”。

49.【轮船、电报灵捷】刻本作“轮电飞驰”。

50.【猝起】刻本作“猝发”。

51.【案】划线部分刻本作“水师散驻，渐成额兵，与绿营并归无用，岁耗兵饷造船之费且百万金。若改铁面十丈小轮，每只不过万金以外，每镇酌裁师船五成，改制小铁轮数只，较之长龙舢板，奚翅天渊？万里江湖，声势且将立壮，既可以当外侮，又可以节饷需。将来即以管驾小轮已效之将弁，酌升外海兵轮之头领。此外，江、湘、闽、粤水师，皆可仿行。储将之谋，莫捷乎是”。

52.【宜加整顿】刻本作“宜加紧整顿”。

53.【以求实济】刻本作“以求实济也”。

54.【原欲】刻本作“原冀”。

55.【铁壳】刻本作“钢壳”。

56.【木料】刻本作“材料”。

57.【为价尤廉】刻本作“取价尤廉”。

58.【案】划线部分刻本作“大抵船厂承办工员，每持必用外洋油木之议。查从前美国造船之费，不如英价之廉，美商皆赴英购造，执政患之，严定限制简明价值，仍令国人自造，究其用意，惟虑制船之学中衰，其用意甚深，正与中国今日之势相合”。

59.【应请旨】刻本作“应请”，夺“旨”，兹据补。

60.【木料】刻本作“木材”。

61.【廉昂】刻本作“廉贵”。

62.【以为推广】刻本作“以便推行”。

63.【某船宜行某处】此句后刻本有“某船宜用某材”。

64.【并以】刻本作“并可”。

65.【日进有功】刻本作“使之日进高明”。

66.【其】刻本夺“其”，兹据补。

67.【承办监造者】刻本作“办工监造”。

68.【案】划线部分刻本作“枪炮制成，适用殊寡”。

69.【案】划线部分刻本作“不严赏罚，敷衍成风”。

70.【虚糜经费】刻本作“经费虚糜”。

71.【案】划线部分刻本作“应请饬南北洋大臣，严加整顿”。

72.【而期尽善】底本缺“而期尽善”，兹据补。

73.【庶几可睹实效】刻本作“庶可渐求实效”。

74.【而免欺蒙】刻本作“而免欺蒙也”。

75.【案】划线部分刻本作“中国制局虽开，枪炮不闻精利，计其价值，转倍外洋。每有军事，各省仓皇分购，洋商索价骤昂，辗转侵渔，所增辄倍。而考其所购，无一精良”。

76.【案】划线部分刻本作“查英、法官厂皆不制枪，大抵购之民厂。商民造器，必经官厂验收，苟不中程，剔还无贷。此等弃物，外洋无可出售，类皆运至中华，以为销路。各省徒慕虚名，不求实际，莫明优劣，甘受欺蒙，既糜国帑，更误军需，一有争战，败征且见”。

77.【应请旨】刻本作“应请”。

78.【案】划线部分刻本作“按年缴价，以实军储，免致纷纭贻误”。

79.【案】划线部分刻本作“且可就该厂逐细考查，不致收其废弃。既节经费，又免纷歧，一举数善，莫急乎此”。

80.【以专责成】刻本作“以专责成也”。

81.【案】划线部分刻本作“各省购买枪炮，新旧参差，前门后膛，过时辄废。查外洋简器，夙号精严。一国之兵，必用一律之械。新精于旧，然后举国更张。故操法可并一途，战阵不虞错杂。应请旨于天津或金陵、上海特设军器局，由京慎选严明精核大员。饬下各省督抚将购存枪炮开列呈明，分别新旧，以旧枪专备操练，以新枪归军器局收储，以备战时领用。惟洋枪忌湿，锈即弃材。存械之区，屋必高厂，分门别类，毋致混淆。某枪用某子，某炮用某弹，某项水雷、某项火药，分存编号，位置秩然，然后取之不乱。尤有陈者，制造为自强之本，矿务为制造之原。尔来开矿招商，类多诳骗，富强大业，转若畏途，其将何以自立？以后应由军器局特开矿学，延访名师，招生研究。或先筹公款，试开一二处以为之倡。矿质果精，再招商股。商自经理而官为保护。盖官难持久，不能不归之商；商畏官挠，不能不因势以导。外洋各国，时以矿尽为忧；中国矿产丰饶，皆归废弃，我不自取，人将代谋，此尤情势之较然者”。

82.【新募勇队宜加裁并】刻本作“酌裁募勇”。

83.【以节饷需】刻本作“以节饷需也”。

84.【案】划线部分刻本作“查近来偶有兵端，纷纷募勇，未经训练，焉能抗御列强？其他沿海防军，固多精练，余或未知新法，仍用刀矛，拘执成规，牢不可破。亟须妥定军制，严限日时，务使饷械衣粮、号令操法，一律遵守新章。各省新募之军，一俟越事就竣，即应酌加裁并，归入练军。十年为期，连环具保”。

85.【十年可积存银一百二十两】刻本作“十年积存百二十两”。

86.【案】划线部分刻本作“且逃一勇，即失一枪，利器劫人，尤为地方之害。此不得不预防者也。今绿营久成无用，各省练军之法，多与勇同，即可推行办理。合计一省绿营，严除老弱，度饷项之盈虚，定练兵之多寡。务令五年为断，全数练齐。更迭番休，周而复始。无论马战守兵，凡调练者除坐饷外，加饷与勇粮等；其未入练者，酌留守护之资，余则概归严汰。自古有强将无弱兵，故外洋有撤兵养将之法。倘仍旋招旋撤，始招之勇半系有业农民，久驻防营，遂成骄惰，一朝遣散，势岂能耕？不为游民即为盗贼，故议者每思改勇为兵。实则绿营积弊，由于习气太深，诚能严汰烟病老弱之徒，认真训练，多一可用之兵，即少一外募之勇。数年之后，无用皆归有用，安见制兵之不可战哉？是在统将之得人耳”。

87.【以求将材】刻本作“以求将材也”。

88.【案】此句刻本缺，兹据校补。

89.【案】划线部分刻本作“登进无阶，将材安出”。

90.【案】此句刻本缺，兹据校补。

91.【特疏密保之例】刻本作“特疏密保之条”。

92.【案】划线部分刻本作“沿海兵将，边省驻防，非冒风涛，即婴烟瘴，偶违军律，执法既严”。

93.【而励士气】刻本作“而作士气”。

94.【习气】刻本作“结习”。

95.【一邀】刻本作“偶邀”。

96.【即有滥保越保之弊】刻本作“辄起滥保越阶之弊”。

97.【亦不能不示以慎重】此句底本缺，兹据校补。

98.【沿海】刻本夺“沿海”，兹据补。

99.【至于】刻本作“至”，夺“于”，兹据补。

100.【案】划线部分刻本作“先令造册送部”。

101.【案】划线部分刻本作“所有边海驻防游击之师，平时操练，一以枪法之精粗，为赏罚之准则”。

102.【考校】刻本作“考验”。

103.【如】刻本作“凡”。

104.【驻防之军】刻本作“驻防”，似夺“之军”，兹据补。

105.【只许保四十人】刻本作“每营三年酌保四十人”。

106.【案】划线部分刻本作“如有督操勤谨、约束严明之将领”。

107.【皆不许越级请保】刻本作“严禁越级”。

108.【案】划线部分刻本作“其未经册报者，概归驳斥”。

109.【案】划线部分底本缺，兹据校补。

110.【案】划线部分刻本作“若将领嗜好多端，操练不力，亦应随时参革，以免效尤”。

111.【泰西各书】刻本作“西书”。

112.【引掖后进，以广人材】刻本作“引导后进，以广人材也”。

113.【案】划线部分刻本作“顾或通洋务而昧于兵机，或识兵机而不谙洋务，甚或迂拘之士鄙洋务为不足言，扪钥扣槃，原无足怪。”

114.【有用诸书】刻本作“精要之书”。

115.【半皆取而译行海外】刻本作“多取译行海外”。

116.【案】划线部分刻本作“其西国兵、农、食货、制造、测量诸籍，月异日新，翻译既微，何用考镜？夫御侮贵在得情，而致用尤先博览。不究其治军、交邻之要政，何以得情？不研其制器造术之本原，何由致用？伏见我圣祖仁皇帝因钦天监与西人互相争测算，特合中西之法汹为成书，一时群才蔚兴，象数之学遂超前古。应请旨饬下总理衙门并北洋大臣李鸿章，或在京师，或就天津，特开译局，延访通才，取外洋实用之书，先行译刻，发行各省，务使人人讲求，父诏兄勉，人材庶可奋兴。承学既多，谤疑自少。由是按其学科，广其登进，决不至若科名愚暗，贻害苍生。”

## 五　密陈武备废弛亟宜整顿并遵保将才折

光绪十三年闰四月二十一日（1887年6月12日）

督办台湾防务降二级留任台湾巡抚一等男臣刘铭传跪奏，为密陈武备废弛，亟须切实整顿，并遵旨保举将才，以备任使，恭折仰祈圣鉴事◆1。

窃臣于本年闰四月◆2初四日，准军机大臣字寄：光绪十三年四月初八日奉上谕：各省提镇大员均有专阃之责，必须才略素优，方足以资整顿。迩来军务敉平，尤应安不忘危，物色将才，用备任使。着各直省督抚于军营著绩人员内，无论实缺、候补，各就其人之才具，或长于陆路，或熟于水师，出具切实考语，分别保奏。其曾经引见发往各省差委之提镇各员，本欲令其练习营伍，以备缓急，并着随时留心察看，如有才识出众之员，一并奏保，听候简擢。各该督抚身膺疆寄，以知人为最要，务当确切考察，勿采虚声，勿徇情面，用副朝廷访求人才、整顿武备之至意。将此各谕令知之◆3。钦此。遵旨寄信前来。仰见圣谟远大，安不忘危，莫名钦佩！

窃维国用不足，兵伍不精，为天下之大患◆4。目前财用匮乏，已不待言；兵武不精，各省情状不一◆5，有操练◆6后门枪炮者，有操前门枪炮者，有终年不操者，大约不操者十居八九，军营衰暮之气日深一日◆[7]，将贪卒惰，虚名空额◆[8]，竟成积重难返之势。若不切实整顿，筹饷于万难之中，养此游手好闲之徒◆[9]，无事非烟即赌，有事则相率逃遁，何足以备朝廷捍乱御侮之用◆[10]？

泰西各国，武备日新，其操练◆[11]有一定章程◆[12]，如读书功课◆[13]，一日不懈。近时沿海沿江各省所购外洋后门枪炮甚多◆[14]，若不操练，枪久机器锈损，炮久零件遗失◆[15]，俱成废物。现在◆[16]整顿之法，惟有认真讲求营规、操练，方足以挽回积习◆[17]。神机营与直隶督大学士◆[18]臣李鸿章所部，均经操练多年◆[19]，步伍整齐，请旨饬下海军衙门王大臣，详定营规、操练章程，刊发◆[20]各省，严定赏罚，如一省防军万人，能练劲旅三千，随时可以征调◆[21]，则缓急之际，尚有可恃◆[22]。惟练兵重在选将，现任并军营历保记名提镇固多贪滑钻营之类，亦有才勇可用之人，各疆臣公事繁多，无暇勤阅营伍，平时考察将官，惟见其表。刚直武勇者，每多见弃；钻营贪滑者，转得擅长。此营伍废弛不能振作之病源也◆[23]。

朝廷整顿武备，物色将才，必先考其真才实技，或枪炮打靶有准，或操练口令娴熟，洞悉外洋军器之利钝，身体强健，毫无恶习。有何才谋，由原保督抚出考◆[24]。俟海军衙门议立营规、操练章程，刊发◆[25]各省后，限期一年，或十个月◆[26]，将各疆臣所保将才陆续◆[27]调京考验，如所保将官◆[28]与考语不符，即将原保督抚◆[29]议处。并请每年特派知兵大员，巡阅沿江、沿海营伍◆[30]，考验枪炮操练◆[31]，查点勇数◆[32]，或可转移风气，挽回积习◆[33]。朝廷之精神一振，山泽之猛士云兴，惟在我皇太后、皇上加意武备而已◆[34]。

臣一介武夫，仰蒙天恩，破格成全，畀以封疆重任。事关军政得失大计，具有天良，不敢因循粉饰、缄默不言◆35，谨将臣◆36智虑所及，聊献一得之愚，以供采择◆37。

至臣部将官，如提督方春发、柳泰和等，营伍废弛，已经先后◆38参革。其将领可用◆39、可为干城之选者，臣应◆40遵旨保荐，以备任使。统带澎湖防军记名提督吴宏洛，打仗奋勇◆41，布置有方，营规严整，熟悉操练◆42；统带沪尾防军记名提督李定明，勇于任事，粗通文理，临敌身先，枪能命中◆43。该二员才勇俱堪独当一面◆44。其余如驻防安平总兵万国本、驻防淡水副将余德昌、栋字营营官已保都司郑有勤，或勤奋有为，或才勇出众，年力强壮，均堪造就，为国家有用之将才。

外省实缺提镇◆45，臣所深知者，亦不敢壅于上闻◆46。福建水师提督彭楚汉、九江镇总兵朱淮森，俱忠勇勤朴◆47，持躬纯谨，办事认真，实心实力◆48。该二员如蒙圣主饬派办防、练军◆49，稍假事权，必能竭力整顿，勤慎操防◆50。其余非臣所知，不敢滥保，有负朝廷访求人才、整顿武备之至意。

谨将武备废弛，亟须切实整顿，并遵旨保举将才缘由，恭折由驿密陈。伏乞皇太后、皇上圣鉴训示。谨奏◆51。光绪十三年闰四月二十一日◆52。

光绪十三年五月十九日，奉旨：原折归箍，另钞交海署◆53。

【案】此折原件①藏于中国第一历史档案馆，兹据校勘。

1.【案】划线部分刻本缺，兹据校补。

2.【闰四月】刻本作“四月”。

---

① 中国第一历史档案馆藏：《军机录副》，档案编号：03-5849-108. 再，据折面款式判断，此折应为原件无疑。

3.【将此各谕令知之】此句刻本缺，兹据校补。

4.【为天下之大患】刻本作“实为国家之大患”。

5.【各省情状不一】刻本作“尤非一致”。

6.【操练】刻本仅作“操”，疑夺“练”，兹据校补。

7.【军营衰暮之气日深一日】刻本作“操者十不二三，暮气日深”。

8.【虚名空额】刻本作“虚名空额，习为故常”。

9.【游手好闲之徒】刻本作“游手好闲”。

10. 【案】划线部分刻本作“有事非溃即逃，何以备捍乱保邦之用”。

11.【操练】刻本作“练兵”。

12.【章程】刻本作“课程”。

13.【如读书功课】此句刻本缺，兹据补。

14.【案】划线部分刻本作“今各省所购后门枪炮甚多”。

15.【案】划线部分刻本作“枪久则机器锈损，炮久则零件遗亡”。

16.【现在】刻本夺“现在”，兹据补。

17.【案】划线部分刻本作“惟有严肃营规，认真操练，方足挽回积习”。

18.【大学士】刻本夺“大学士”，兹据补。

19.【操练多年】刻本作“久练”。

20.【刊发】刻本作“刊行”。

21.【随时可以征调】刻本作“可资征调”。

22.【案】划线部分刻本作“则缓急犹为可恃，不至巨饷虚縻”。

23.【案】划线部分刻本作“惟练兵必先选将，将才端在朴诚。今记名提镇每多贪滑钻营，疆臣公事繁多，考察将才，但观其表，刚劲者黜，便辟者升。本原既滥，复何振作”。

24.【案】划线部分刻本作“必先实技，或枪炮命中，或操练优娴，或明中国地舆，或悉外洋战法，身体强健，才略深长，督抚均应保荐”。

25.【刊发】刻本作“刊行”。

26.【或十个月】此句刻本缺，兹据补。

27.【陆续】刻本夺“陆续”，兹据校补。

28.【将官】刻本夺“将官”，兹据补。

29.【督抚】刻本作“大臣”。

30.【营伍】刻本作“各营”。

31.【考验枪炮操练】刻本作“考验枪炮，操练阵法”。

32.【勇数】刻本作“勇丁”。

33.【案】划线部分刻本作“严其赏罚”。

34.【加意武备而已】刻本作“加意而已”。

35.【案】划线部分刻本作“事关军国安危，何敢因循缄默”。

36.【臣】刻本夺“臣”，兹据补。

37.【以供采择】刻本作“用备圣明采择”。

38.【先后】刻本夺“先后”，兹据补。

39.【将领可用】刻本夺“将领可用”，兹据补。

40.【臣应】刻本作“自应”。

41.【打仗奋勇】刻本作“临阵勇决”。

42.【营规严整，熟悉操练】刻本作“操练勤劳，营规严整”。

43.【案】划线部分刻本作“临敌身先，文事粗通，枪能命中”。

44.【才勇俱堪独当一面】刻本作“才勇俱优，均足独当一面”。

45.【外省实缺提镇】刻本作“至若外省实缺提镇”。

46.【亦不敢壅于上闻】此句刻本缺，兹据校补。

47.【勤朴】刻本作“朴勤”。

48.【办事认真，实心实力】刻本作“实心实力，办事认真”。

49.【饬派办防、练军】刻本作“饬办防、练各军”。

50.【勤慎操防】此句刻本缺，兹据校补。

51.【案】划线部分刻本缺，兹据校补。

52.【光绪十三年闰四月二十一日】刻本题署“光绪十三年闰四月二十一日，台北府发”字样。

53.【光绪十三年五月十九日，奉旨：原折归箍，另钞交海署】此奉旨日期与内容，据《军机处随手登记档》① 校补。

●五月二十日，奉慈禧端佑康颐昭豫庄诚皇太后懿旨：刘铭传奏，整顿武备请饬海军衙门详定营规、操练章程，刊发各省，并遵保将才一折，除所保各员已交军机处存记外，其余所陈各节，均着该衙门议奏。钦此。②

## 六 覆陈台北情形请旨查办李彤恩一案以明是非折

光绪十一年正月初六日（1885年2月20日）

头品顶戴督办台湾防务福建巡抚一等男臣刘铭传跪奏，为左宗棠奏报台北情形，奉旨查办知府李彤恩一案，详细具陈，以明是非，恭折仰祈圣鉴事◆1。

窃臣于正月初二接准大学士左宗棠来咨：具奏抵闽详察台湾现在情形一折，恭录十年十一月十八日上谕：左宗棠奏，详查台湾情形、妥筹赴援一折◆2等因◆3。钦此。知照前来。伏查基隆退守情形，已于上年八月十五日奏明在案，无庸渎陈。谨将左宗棠所参各节，为我皇太后、皇上陈之。

臣渡台时随带亲兵一百二十名，其次提臣◆4孙开华三营、曹志忠六营，每营精壮只三百余人，当由台南调来章高元淮勇两营。其时台南疫疠盛行，兵丁多病，仅来五百人。嗣又添调巡缉营一营，合之刘朝祜百余人、张李成土勇一营，统计基隆、沪尾两处共只四千余人。左宗棠疏称基隆各营数且盈万，不知何所见

① 中国第一历史档案馆藏：《军机处随手登记档》，档案编号：03-0253-2-1213-159.

② 中华书局影印：《清实录·德宗景皇帝实录（四）》，卷之二百四十三，光绪十三年五月，第274页，中华书局，1987。

闻？自七月杪基隆疫作，将士十病六七，不能成军。八月十三日之战，九营仅挑选一千二百人，内中尚有抱病勉强应敌者。

当孤拔未来之先，初九、初十两日，臣接香港、上海电报，知其全股犯台。其时沪尾只孙开华三营、刘朝祜一百余人并张李成新募土勇一营，甫经到防，炮台尚未完工，又无营垒，地势平坦，无险可扼。危迫情形，不待旁言。臣早已忧虑及之，曾函致孙开华、李彤恩，如果敌犯沪尾，臣即撤基隆之守来援，嘱令坚守以待。一面派员赴下游赶雇船只，将军火笨重之物先运下船。十二日，孤拔率大帮兵船进口。臣料敌兵必由仙洞登岸，当同曹志忠等密商，如敌兵明日战后即扎仙洞，则不致遽攻沪尾；如战后收队下船，我军即须预备回援沪尾，以保后路。十三日酉刻，敌军收队，全行下船。当接孙开华、李彤恩、刘朝祜先后来信，俱称法船五只直犯口门，升旗开炮。臣同孙开华、李彤恩已有成约，无用李彤恩虚词摇惑。左宗棠疏称李彤恩三次飞书告急，即系孙开华、李彤恩、刘朝祜三人三次之书，非李彤恩一人之书也。

臣当即传令拔队，惟四十磅大炮二尊不能运动，埋于山下，其余军装、锅帐以及伤病勇丁，毫无遗弃。若果因李彤恩三次飞书告急，仓猝拔队退回，军装焉能毫无遗失？基隆退后，敌兵上岸住营，兵势已分，往攻沪尾，不足千人。若不撤基隆之守，敌必全队攻犯沪尾，无兵往援，虽提臣孙开华骁勇敢战，器械不敌，众寡悬殊，何能保其不失？二十日之捷，左宗棠前据刘璈禀报，奏称孙开华所部并淮勇、土勇三路迎战获胜，此次又奏系孙开华数营战胜，不独于台事未加访察，即奏报中亦自相矛盾，不加斟酌。所陈台北距沪尾三十里，如果危急，地方官当慎重过于他人等语。

查基隆至沪尾水程只八十余里，顷刻可至。臣五里安设一站，来往◆5通信，尚恐闻警应援不及，若俟地方官禀报，必至沪尾失后，敌至台北城下，方能回援。台北府知府陈星聚屡次禀请进攻基隆，并有土著之人愿告奋勇往攻基隆者，皆有其事。自沪尾捷后，俱以李彤恩所募张李成土勇得力，提臣孙开华、曹志忠、苏得胜、柳泰和各请添募千人。台北府陈星聚等联名禀请基隆通判梁纯夫招募土勇二千，候补知县周有基禀请招募一千，俱告奋勇，进攻基隆。其时记名道朱守谟请假，尚未销差，倡言多招土勇，迅攻基隆，至于饷项、军械之有无不计也。忽有台北府书识陈华声称，愿招土勇一千五百名◆6，自备枪械，包取基隆，每月每勇需银洋十二元，托亲兵哨官奚松林来说。当经臣申饬，不许多事。朱守谟闻有包取基隆之说，即私许陈华招募。及臣知之，业已成军◆7。臣以淮楚营制每营只月饷四两二钱，陈华大言轻敌，不知能否得力，即给如此重饷，何以服老勇之心？坚执不许添增口粮。该勇俱知台北府无兵，只臣◆8亲兵数十名，即聚众呐喊鼓噪。臣派弁往看，陈华所募皆城外艋舺市井之徒，器械毫无。当传陈华来见，谕以军饷◆9不能加增。如果能克基隆，立给赏号银二万两。先发十日口粮，令其带赴水转脚，听候曹志忠调遣。朱守谟经臣严加申饬，含愤而去◆10。陈华至水转脚后◆11，曹志忠见其勇多滋扰，器械毫无，不能见敌，不肯节制。臣令苏得胜亲至曹志忠营，与之密商，陈华土勇先行挟以兵威，裁去五百名，复调三百名赴观音山，归柳泰和裁并，其余随即一并裁撤，费饷一万余两。周有基募勇尚未成军，即闹饷鼓噪，经臣将已募四百余人派归柳泰和节制。梁纯夫见土勇不遵约束、屡次滋事，不敢招募。此即左宗棠疏中所称各将领以及土著之人愿告奋勇攻基隆者，系九月初旬事也。

又绅士陈霞林等屡言内山御番土勇常见仗，可以挑募。臣告知各军前往内山选募，一面令工匠连夜修理各营所缴旧枪，分拨应用。搜查饷项，仅敷月余。各军招募有尚未成军者，亦有成军尚无器械者，时值疫气染至台北、沪尾一带，军民俱病。提臣孙开华、署台湾镇总兵章高元、总兵柳泰和等俱抱重病，曹志忠六营营官无不病者，臣随从文武员弁日殁数人。自封口后，内地音信不通，兵单援绝，土匪四起。臣日夜忧急，无所措手。台北府知府陈星聚，每见必催进攻基隆。臣因其年近七旬，不谙军务，详细告以不能进攻之故。奈该府随言随忘。绅士陈霞林并署淡水县知县刘勋，皆明白晓畅，见将士多病，土勇尚未募齐，器械缺乏，俱知不能前进。陈星聚除面催进攻外，复禀请进攻。臣手批百余言，告以不能遽进之道。该府复怂恿曹志忠进攻，并以危言激之。曹志忠一时愤急，遂有九月十四日之挫，幸伤人不多，未损军锐。敌于十五日即渡河，耀兵七堵。陈星聚妄听谣言，谓基隆法兵病死将尽，又谓业已退走上船，故日催进攻。自十五以后，该府始自言不谙军务，不再妄言。此即左宗棠疏称陈星聚屡次禀请进攻基隆之原由也。

左宗棠参臣坐守台北，不图进取，机宜坐失。臣曾将兵单器乏、不能进攻情形，迭奏在案。基隆近靠海岸，敌船入口，即不为我有，故于六月十六日之捷，并未奏报克复。曹志忠所守营垒逼近海边，如法人添兵添船，即须退守山后，亦经臣附片密陈。我之所恃者山险，敌之所恃者器利。彼来攻我，我得其长；我往攻彼，彼得其长。且敌营据山傍海，兵船聚泊其下，若不能逐其兵船出口，纵穷陆师之力，攻亦徒攻，克犹不克。如果易攻，现在两军俱在疲乏之际，王诗正统带劲旅三千，不日当可奏功，以免臣懦怯株守之咎◆[12]。

臣治军十余年◆[13]，于战守机宜稍有阅历，惟事事求实，不惯铺张粉饰。若空言大话，纵可欺罔朝廷于一时，能不遗笑于中外？臣实耻之！臣渡台时，军务废弛已极，军装、器械全不能用，炮台、营垒毫无布置。接战于仓猝之间，所部多疲病之卒，历尽艰难，支持半载。临敌应变，大小十余战，幸无挫失。若听局外大言，轻敌浪进，上月初十日孤拔添兵大举，战无策应之师，守无可据之险，必至一败不能立脚。军事瞬息千变，其中动止机宜，固非旁观所能尽知，亦岂隔海所能臆度也。

至浙江候补知府李彤恩，本系沪尾通商委员。臣到台北，提臣孙开华称其办事勤能，熟悉洋务，现因身弱多病，决意乞退。臣商之提臣，台北现在用人之际，不可任其乞退，托其致书慰留。六月十二日，臣同提臣并台湾道刘璈至沪尾，察看炮台地基。李彤恩扶病出见，瘦弱不堪。臣令其赶紧调养，不必请假，当委兼办沪尾营务。六月十五日，基隆开仗以后，李彤恩禀请买船填石塞口。时值秋茶上市，英商阻扰◆[14]。李彤恩同英领事往复辩论，始将口门堵塞。隔日法船即至，英兵船告以口门封塞，随即驶回。七月二十日，臣至沪尾查看炮台。孤拔亲坐三号兵船，亦至沪尾查探水道，并托英兵船代觅引港之人。若非李彤恩先期塞口，法船混入一只，台北已不堪问。绅士陈霞林等每晤谈时，辄称其功。臣到台北，有言招募土勇者，臣因其所用土枪不能御敌，不肯操练，未曾招募。李彤恩力保张李成打仗奋勇，请募五百名，发给后门枪二百杆，令其操练助防。八月二十日之战，张李成包抄得力，官绅共见共闻。十月初，臣因饷项支绌，札令李彤恩来城，同福建候补知县郑建中会同官绅，办理捐借饷事。该守到后，即同陈霞林等议向城乡殷户借银票二十余万元，毫无勉强，现已办成。如果李彤恩有贻误◆[15]大局之处，绅民当共切齿，曷有听其分派捐借者？该守不领薪水，未邀保奖，究其所办数事，有裨于大局，皆非浅鲜。

左宗棠甫到闽一月，不加访察，遂以刘璈之禀并朱守谟挟嫌倾陷、颠倒是非之言，率行奏参。臣若缄默不言，使出力有功之人忽遭不白之冤，当此孤岛险危之地，军务万紧之时，臣何以用人办事？应恳天恩将已革浙江候补知府李彤恩开复原官，并请暂免究办，一俟军事稍定，请旨饬令杨岳斌，或专派大员渡台，逐细访查。如果左宗棠所参情事属实，臣妄用匪人，办理不善，贻误事机，应请将臣一并从严治罪，以明国法而昭公允，诚如圣谕，关系极重，非李彤恩革职递解所能蔽辜。事愈久则是非愈明，臣无任惶恐待命之至。

除记名道朱守谟规避钻营业已具折严参外，所有左宗棠奏参台北情形，具实详陈各缘由◆16，谨恭折由驿驰陈◆17。伏乞皇太后、皇上圣鉴，训示。谨奏◆18。光绪十一年正月初六日。

光绪十一年二月初七日，奉旨：另有旨◆19。

【案】此折原件①现藏于中国第一历史档案馆，兹据校勘。

1.【案】划线部分刻本缺，兹据校补。

2.【案】见《刘铭传文献汇笺》本文注释。②

3.【案】刻本于“等因”前有“据称八月十三日基隆之战，官兵已获胜仗，因刘铭传营务处知府李彤恩驻兵沪尾，以孙开华诸军为不能战，三次飞书告急，坚称沪尾兵单将弱，万不可靠。刘铭传为其所动，遽拔大队往援，基隆遂不可复问。李彤恩不审敌情，虚词摇惑，拟请即行革职，递解回籍，不准逗遛台湾等语。前敌军情，关系极重，必应确切查办，不得含糊了事。李彤恩所禀刘铭传各情，人言藉藉，果系因此

① 中国第一历史档案馆藏：《朱批原件》，档案编号：04-01-01-0954-040.

② （清）左宗棠著：《左宗棠全集·奏稿》，第526—528页，岳麓书社，1996。

贻误，厥咎甚重，非递籍所能蔽辜。前谕杨岳斌迅速赴闽援台，即着该前督于到台后详确查明，据实参奏。李彤恩着即行革职，听候查办”一节。

4.【提臣】底本夺“提”，兹据补。

5.【来往】刻本作“往来”。

6.【名】刻本作“人”。

7.【案】划线部分刻本缺，兹据校补。

8.【臣】刻本夺“臣”，兹据补。

9.【军饷】刻本作“兵饷”。

10.【案】划线部分刻本缺，兹据校补。

11.【陈华至水转脚后】此句刻本缺，兹据补。

12.【以免臣懦怯株守之咎】刻本作“以雪臣懦怯株守之耻”。

13.【十余年】刻本作“三十余年”。

14.【阻扰】刻本作“阻挠”。

15.【有贻误】刻本作“有误”。

16.【各缘由】刻本夺“各缘由”，兹据校补。

17.【谨恭折由驿驰陈】此句刻本缺，兹据补。

18.【案】划线部分刻本作“伏乞圣鉴”。

19.【案】此奉旨日期与内容，据《军机处随手登记档》① 校补。

## 七 条陈台澎善后事宜折

光绪十一年六月十八日（1885 年 7 月 29 日）

头品顶戴督办台湾防务福建巡抚臣刘铭传跪奏，为条陈台澎善后事宜，亟须次第举办，恭折胪陈，仰祈圣鉴事◆1。

窃法兵退让澎湖，已同前陕甘督臣杨岳斌于本月十七日会奏

① 中国第一历史档案馆藏：《军机处随手登记档》，档案编号：03-0246-1-1211-036.

在案。臣前因澎湖未退，虽遣撤台南北土勇，各海口仍未撤防。除基隆设立抚恤局，先将被毁民房派员查明妥为◆[2]抚恤外，其余善后应办◆[3]各事，未敢豫奏。现在澎湖兵既退◆[4]，急须次第举办数端◆[5]，谨为我皇太后、皇上陈之。

一、台、澎以设防为急务也◆[6]。查全台各海口，大甲以南至凤山，沙线远阔，兵船◆[7]不能拢岸，远隔◆[8]四五十里，近则二三十里，设防较易◆[9]。大甲以北新竹一带，海口纷歧，直至宜兰，兵船皆可拢岸◆[10]，至远不过三五里。基隆、沪尾两口虽能停泊兵轮，赖有山险◆[11]，如有大炮、水雷◆[12]，设防尚能为力◆[13]。惟◆[14]新竹一带，沿海平沙，后陇、中港，皆可出入三号兵船◆[15]，地势平衍，全恃兵力◆[16]，颇难◆[17]着手，然犹较胜于澎湖◆[18]。臣派提督吴宏洛至该处◆[19]察看情形，据称地方草木不生，一片沙石，无土可取，面面受敌，甚难为力◆[20]。惟港以内◆[21]天然船坞，最宜停泊兵轮。臣到台一年，察看形势，澎湖不但为全台之门户，亦南、北洋之关键。守台湾必须守澎湖，保南、北洋亦必须以澎、厦为门户。澎、厦驻泊兵轮，防务严密，敌船附近无停泊之处，万不能飞越深入、不顾后路。此澎、厦办防是全局之急务，非仅台湾急务也◆[22]。姑就澎湖而论，若办防◆[23]，则须◆[24]不惜重资，认真举办。纵兵船一时难集，陆兵不过三千人◆[25]，必须多购大炮，坚筑炮台，制办水雷，屯粮聚薪◆[26]。计买炮位，并筑炮台，需费约在四五十万两，计时须在一二年内，方能竣事◆[27]。若敷衍将就◆[28]，不若◆[29]不防，既节数营之饷◆[30]，亦免临事覆军之累。应请旨定夺◆[31]。此台、澎防务之情形也◆[32]。

一、台、澎军政，急宜讲求操练◆[33]也。查台湾军务，废弛已久◆[34]。湘、淮各军，皆强弩之末◆[35]。欲杜虚冒，挽回积习，非切实讲求操练不可◆[36]。如洋操认真，非数月脚步不能整齐，手法不能娴熟◆[37]。点名时◆[38]，令其◆[39]小操一次，则临时◆[40]顶替之弊可除。近来各营多用后门枪炮，尤非勤习操练，不能施放。不识码号，则不识远近高低。枪出无准，是有利枪与无枪同◆[41]。且不知拆机磨擦，遇雨遇湿，上锈即损，重价购之，随意弃之，尤为可慨！是练兵非仅台、澎急务，亦各省之急务◆[42]。惟◆[43]台湾烟瘴之地，勇丁半多烟病◆[44]。将贪兵滑，宽则怠玩不振，积弊难除；严则纷纷告假，走而之他。一时颇难整顿◆[45]。臣时欲改弦易辙◆[46]，重立营制，简明操练之法，以期整顿。因目疾日剧，公事繁多，不能着笔◆[47]。现同沈应奎、陈鸿志，悉心商酌裁留营数◆[48]。除镇标练兵不计外，共◆[49]拟留三十五营。台南合澎湖十五营，台北合宜兰十五营，中路嘉、漳、新竹一带，拟派五营◆[50]。论形势则以台北为吃重，论地方则以台南为绵长。较之刘璈每年费饷一百余万，以全力仅守台南一隅，则再无可减之兵◆[51]。此台、澎留兵急宜讲求操练之情形也◆[52]。

一、全台赋税，急宜清查，以裕饷源也◆[53]。查台湾田产之美◆[54]，甲于天下◆[55]，每岁◆[56]两熟。如◆[57]淡水一县，每年额征钱粮耗羡◆[58]银仅七百八十余两，正供官庄谷九千余石◆[59]。宜兰并无钱粮◆[60]。其余县分，赋税亦轻◆[61]。计全台所入关税、厘金并盐务，每年可得银一百零数万两◆[62]。将来整顿盐务◆[63]，剔除各项中饱之资◆[64]，每年可得一百二十万两◆[65]。以台湾三十五营计之，每年需银一百二十万两，尚有轮船经费，一切杂款，并须添设制造局，每年需银约在一百四五十万两◆[66]。若能将各县赋税清查无遗◆[67]，以台湾之入，供台湾之用◆[68]，有盈无绌◆[69]。惟清赋一事，要在官绅得力◆[70]。臣不谙吏治，昧于理财，时商沈应奎办理之法，议必先行清查户口，再行次第举办，恐须一二年内方能得其实效◆[71]。此全台赋税急宜清查之情形也◆[72]。

一、全台生番，急宜招抚也。查台湾生番◆[73]，从前多在外山，因闽、广客民愈来愈众◆[74]，日侵月削，全行挤归内山◆[75]，种类繁多◆[76]。近亦以耕种为生◆[77]，各有统属◆[78]，平时亦不滋事◆[79]。山外土匪、游勇，每有百十成群，聚集于番民交界之处，除抢劫居民外，或侵生番田庐，或诓骗其货物。一有争端，即行械斗◆[80]。奸民被杀，则诉冤于官，即行剿办◆[81]。生番之被杀者◆[82]，则有冤无处可诉◆[83]，惟有集众复仇，每到外山杀人。其平时杀掠生番者，转得置身事外，而所杀多系无辜良民，因此仇怨日深，两不相安◆[84]。若不及早设法招抚，使全台归化，将来番地日蹙，夙怨日深，人数过众，郁久必发，又成陕甘、云南回匪之祸。即以防务而论，防海又须防番，两难兼顾。若生番全行归化，仅防外患，不忧内侮，既可减防节饷，又可伐内山之木以裕饷。此招抚生番之要务也◆[85]。

查设防、练兵、清赋三条◆[86]，皆可及时举办，惟抚番不易◆[87]，须待以上三条办成之后◆[88]，方能议办◆[89]。其次安设电报，修路造桥，以通南北之气。清理屯垦，开矿、伐木，以兴自然之利，亦要务也◆[90]。臣智识庸驽，难胜艰巨。御敌既无方略，办事又乏才能◆[91]。每念时局之◆[92]艰难，不获报称于◆[93]万一，彷徨中夜，深自疚心◆[94]！惟有竭尽◆[95]愚忱，努力尽职◆[96]，虽目疾万分沉重，未敢请假调理◆[97]。凡分所应为之事，不敢片刻稽延，恐开废弛之渐。管见所及，尤不敢缄默不言◆[98]。

除俟台南北各营撤定局后◆[99]，再将选留将领、营数、分扎地方另行续奏外，谨将台、澎善后各要务会同署提臣孙开华，恭折由驿敬陈。是否有当？伏乞皇太后、皇上圣鉴训示。谨奏◆[101]。光绪十一年六月十八日◆[102]。

光绪十一年七月初八日，堂谕封存◆[103]。

【案】此折原件①现藏于中国第一历史档案馆，兹据校勘。

1.【案】划线部分底本缺，兹据校补。

2.【妥为】刻本夺“妥为”，兹据补。

3.【应办】刻本脱“应办”，兹据补。

4.【既退】刻本夺“既”，兹据补。

5.【急须次第举办数端】刻本作“急需举办数端”。

6.【台、澎以设防为急务也】刻本作“台、澎防务，急宜设筹也”。

7.【兵船】刻本作“兵轮”。

8.【远隔】刻本作“远则”。

9.【设防较易】刻本作“较易设防”。

10.【皆可拢岸】刻本作“皆能近泊”。

11.【赖有山险】刻本作“尚多山险”。

12.【大炮、水雷】刻本作“水雷、大炮”

13.【尚能为力】刻本作“尚可为功”。

14.【惟】刻本作“至”。

15.【皆可出入三号兵船】刻本作“三号兵船皆能出入”。

16.【兵力】刻本作“兵营”。

17.【颇难】刻本作“殊难”。

18.【然犹较胜于澎湖】刻本作“然以视澎湖，犹较胜焉。澎湖弹丸孤立”。

19.【至该处】刻本夺“至该处”，兹据补。

20.【案】划线部分刻本作“据称其地不生草木，沙石迷漫，片土难求，四面惊涛，无能设险”。

21.【以内】刻本作“内”。

22.【案】划线部分刻本作“纵观全局，澎湖一岛，非独全台门户，实亦南、北洋关键要区，守台必先守澎，保南、北洋亦须以澎、厦为管

① 中国第一历史档案馆藏：《军机录副》，档案编号：03-6020-038.

钥。澎、厦驻泊兵轮，设防严密，敌船无能停泊，万不敢悬军深入，自蹈危机。此澎、厦设防，实关全局，非仅为台湾计也”。

23.【若办防】刻本作“若云设防”。

24.【则须】刻本作“要当”。

25.【三千人】刻本作“三千”。

26.【屯粮聚薪】刻本作“聚薪屯粟”。

27.【案】划线部分刻本作“计买炮、筑台诸费，约需五十万金，非一二年不能竣事”。

28.【敷衍将就】刻本作“漫图敷衍”。

29.【不若】刻本作“不如”。

30.【既节数营之饷】刻本作“既节数营兵饷之需”。

31.【应请旨定夺】刻本作“进退迟速，伏候圣裁”。

32.【此台、澎防务之情形也】刻本作“此防务之不容缓者也”。

33.【操练】刻本夺“操练”，兹据补。

34.【废弛已久】刻本作“久号废弛”。

35.【皆强弩之末】刻本作“已成弩末”。

36.【案】划线部分刻本作“欲挽积习、杜虚糜，非讲求操练不可”。

37.【案】划线部分刻本作“即演习洋操，非认真数月，步法不能整齐，手法焉能娴熟”。

38.【点名时】刻本作“将官点名”。

39.【令其】刻本作“责令”。

40.【临时】刻本夺“临时”，兹据补。

41.【案】划线部分刻本作“尤非勤练不为功。倘令枪码不明，则远近高低，茫无准的，是有枪与无枪同矣”。

42.【案】划线部分刻本作“且枪之精者，拆机磨擦，奥窍深微，雨湿沾潮，锈霉辄损。重价购之，随意弃之，苟有人心，能无慨惜！此器械之不容漠视者也”。

43.【惟】刻本作“更有难者”。

44.【半多烟病】刻本作“多半病烟”。

45.【案】划线部分刻本作“兵滑将贪，宽则玩而不振，厘奸剔弊，严则去而之他”。

46.【改弦易辙】刻本作“改弦更张”。

47.【案】划线部分刻本作“严定营规，坚明约束，事烦目剧，未易猝图”。

48.【悉心商酌裁留营数】刻本作“详酌裁留数营”。

49.【共】刻本夺“共”，兹据补。

50.【案】划线部分刻本作“中路新竹、嘉、彰拟派五营，稍资镇摄”。

51.【案】划线部分刻本作“论势则台北为重要，论地则台南为绵长。当此百端缔造，区区营数，力已难支。然较往时，一道岁糜百万，仅守台南，饷项无增，全局已为一振”。

52.【此台、澎留兵急宜讲求操练之情形也】刻本作“此军政之不容缓者也”。

53.【案】划线部分刻本作“急宜清理也”。

54.【台湾田产之美】刻本作“台湾田产”。

55.【天下】刻本作“东南”。

56.【每岁】刻本作“一年”。

57.【如】刻本夺“如”，兹据补。

58.【耗羡】刻本脱“耗羡”，兹据补。

59.【正供官庄谷九千余石】刻本作“官庄谷才九千余石”。

60.【宜兰并无钱粮】刻本作“宜兰一县，钱谷无征”。

61.【案】划线部分刻本作“其余各县，粮税亦寡”。

62.【案】划线部分刻本作“通计全台盐、茶、百货税厘，岁入银一百零数万两”。

63.【整顿盐务】刻本作“整顿各项税厘”。

64.【剔除各项中饱之资】刻本作“剔除中饱”。

65.【每年可得一百二十万两】刻本作“岁可百二十万”。

66.【案】划线部分刻本作“核以台、澎三十五营之饷，岁需百二十万，乃适相资。惟轮船经费，一切杂支，并须添设制造局，岁需银约百五十万，所亏实多”。

67.【清查无遗】刻本作“一律清查”。

68.【供台湾之用】刻本作“供台湾之需”。

69.【有盈无绌】刻本作“尚可有盈无绌”。

70.【要在官绅得力】刻本作“要在得人”。

71.【案】划线部分刻本作“时与沈应奎商量办理之法，必先清查户口，再谋次第举行，恐须一二年方可以收实效”。

72.【此全台赋税急宜清查之情形也】刻本作“此清赋之不容缓者也”。

73.【生番】刻本作“番族”。

74.【因闽、广客民愈来愈众】刻本作“客民愈多”。

75.【全行挤归内山】刻本作“挤归山内”。

76.【繁多】刻本作“滋繁”。

77.【近亦以耕种为生】刻本作“迩来亦知耕种为生”。

78.【各有统属】刻本作“各相统属”。

79.【平时亦不滋事】刻本作“平日往来山外，居民亦颇相安”。

80.【案】划线部分刻本作“惟土匪成群，聚集番民交界之处，抢劫居民，或侵番族田庐，或诓番民财货。争端一起，械斗不休”。

81.【即行剿办】刻本作“官辄兴师剿办”。

82.【生番之被杀者】刻本作“番族被冤”。

83.【则有冤无处可诉】刻本作“则无官可诉”。

84.【案】划线部分刻本作“类多集众复仇。番祸一兴，杀掠生番者转得置身事外，而生番杀掠，多系良民。将恐积怨日深，终至民番俱毙”。

85.【案】划线部分刻本作“不谋招抚，必致陕甘回乱之忧。即以防务论，台疆千里，防海又须防番。万一外寇猝临，阴结番民，使生内乱，腹心之害，何以御之？诚令全番归化，内乱无虞，外患虽来，尚可驱之御侮。既可减防节饷，又可伐内山之木以裕饷源。此抚番之不容缓者也”。

86.【三条】刻本作“三端”。

87.【不易】刻本脱“不易”，兹据补。

88.【须待以上三条办成之后】刻本作“须待三者办成之后”。

89.【方能议办】刻本作“方可议行”。

90.【案】划线部分刻本作“其次设电、购轮、造桥、修路，以通南北之邮；理屯、兴垦、开矿、取材，以兴自然之利”。

91.【才能】刻本作“精诚”。

92.【之】刻本夺“之”，兹据补。

93.【于】刻本夺“于”，兹据补。

94.【深自疚心】刻本作“惭疚万端”。

95.【竭尽】刻本作“殚竭”。

96.【努力尽职】刻本作“勉图职守”。

97.【未敢请假调理】此句刻本缺，兹据校补。

98.【案】划线部分刻本作“残驱苟可支持，不敢片刻稍休，尤不敢自安缄默”。

99.【定局后】刻本作“定后”。

100.【将领、营数】刻本作“兵将”。

101.【案】划线部分刻本作“谨拟台、澎善后诸大端，驰陈圣鉴”。

102.【光绪十一年六月十八日】刻本署有“十一年六月十八日，台北府发”字样。

103.【光绪十一年七月初八日，堂谕封存】此奉旨日期等据《军机处随手登记档》[1] 校补。

●按：清赋条，自言不谙吏治，昧于理财，时商沈应奎，以求办理之法，推贤让能，非古大臣不能与此。此其所以成大功

① 中国第一历史档案馆藏：《军机处随手登记档》，档案编号：03-0247-1-1211-183.

也。陈澹然识。

## 八　覆陈抚番清赋情形折

光绪十四年十二月十六日（1889 年 1 月 17 日）

头品顶戴福建台湾巡抚一等男臣刘铭传跪奏，为遵旨据实覆奏，恭折仰祈圣鉴事◆[1]。

窃臣于◆[2]光绪十四年十二月十三日承准军机大臣字寄：光绪十四年十一月十一日奉上谕：有人奏，疆臣不胜职任，据实纠参一折◆[3]，据称刘铭传于抚番、清丈徒事铺张，致有埤南激变之事；并任用非人，漫视民瘼，以致奸民、土匪乘机作乱，官激民变，确有明征；用人办事颟顸竭蹶各节。又片奏彰化各处因科派单费，一乡尽逃，台南尤甚，及投效函招各员委署凤山等缺，变通补署，未免偏私各等语。刘铭传自简任台湾巡抚以来，办事尚为得力，惟恐操之过急，任用或不得人，措置不无失当，以致民心未协，激成近日番变。参折所陈均不为无因，着即钞寄刘铭传阅看。该抚当仰体朝廷开诚训诫、示以谤书之意，于折内所陈平心省察，据实覆奏，一面清厘正赋，禁革规费，并严查贪吏，从重惩办，勿稍瞻徇！至片奏台省缺员，应请拣发一节，并着该抚酌核具奏。将此谕令知之。钦此。仰见圣恩宽大，开诚训诫，信任不疑。臣何人斯，承兹眷遇！拜诵之下，感激涕零！

臣一介武夫，渥荷殊恩，破格录用◆[4]，畀以封疆重任，涓埃未报，惶悚滋深。惟莅台以来，惨淡经营，不辞劳怨，区区愚诚，期于◆[5]孤岛自强，以固七省门户◆[6]，仰副朝廷慎重瀛疆之◆[7]至意，抑亦微臣力图报称之◆[8]初心。

台湾之抚番也，言者谓番丁归化，宜有以善其后。乃十五六万之众，未闻驭之何人、处之何地，何以筹其生计，何以驯其性情等语◆9。不知抚番者系就而抚之，非抚而迁之也◆10。台湾平埔民地居其四，高山番地居其六。番社错处，各有家室，各有田庐，耕凿自食◆11，何须处之以地？旷土甚多◆12，除番自垦外◆13，尚招民垦，概未升科，何须◆14筹其生计？计◆15各社本有头目曰社长，按社之大小，每月酌给口粮◆16，责令◆17钤束番丁。从前沿山垦民被戕◆18，年常数百人◆19，近则绝无仅有。番性虽犷，而舐犊之爱，则◆20转越恒情。爰◆21择强大之社，饬令社长送子入学，衣之食之◆22，教以语言◆23，俾◆24粗识字义。大嵙崁抚垦局所收番童已不下二百名，乃父若母，时来探望，莫不鼓舞欢欣。启番童之颛蒙，即以资众番之观感。其余抚垦十余局，均饬一律照办◆26。台湾抚番久矣。从前番民日事仇杀，官不究问，所难者，变其气质，只可渐移，非可强致也◆27。

言者又谓犒赏不赀，保奖优异，不免縻滥邀功等语◆28。不知开山◆29抚番，事本◆30艰巨。以经费言之，查◆31前江督沈葆桢创议举行，奏请每年开抚经费银二十万两，由闽协济◆32。臣到任后，闽省每年只协军饷银四十四万两，并无另协开抚经费。现在统计全台各局经费、各社番目口粮及番童学塾一切用款◆33，每年开销◆34不足十万两，较之从前，抚番多而用费少◆35。以保奖言之，各营分布后山，数年来，战亡病故，自提镇至千把不下百余员◆36，兵勇死者二千余名◆37，均经奏报有案。除臣先后三次亲入内山剿抚叛番外，各将士年年苦战，择其尤为出力者，随时保奖一二人或十余人。三年之久，收抚生番十余万，辟地数百里，综计请奖不满五十人，实有保所不得不保者◆38。此抚番之实在情形也。

台湾之清丈也，言者谓甫报升科，旋有埤南激变之事。彰化等处，如果官民相安，何忽遍地皆贼？官激民变，确有明征等语◆[39]。不知埤南系番变◆[40]，吕家望著名强社，犬羊之性，反复亦事所常有◆[41]。匪徒◆[42]张兆晖等以外籍游民，乘机抢劫。番地本不◆[43]清丈，张兆晖等又查无尺寸之地◆[44]，无论委员有无勒索，张兆晖等总非被索之人，于清丈何与也◆[45]？台湾民情浮动强悍◆[46]，嘉、彰尤甚。从前，械斗、抢劫案件无日不有◆[47]。臣莅任后，严拿著名积匪◆[48]，立置重典，抢劫、械斗之风稍戢◆[49]。所谓嘉义匪徒及新竹、彰化交界之匪徒◆[50]，究其踪迹，无非乘乱窃发，短劫财物◆[51]。其人率皆◆[52]无业无粮，又于清丈何与也◆[53]？惟彰化逆匪围城，谓因清赋激变，不为无因。但系臣激绅变，非官激民变◆[54]。臣已将逆绅施家珍等挟恨主使谋逆◆[55]具奏在案。如果官激民变，宜乎合县皆变，何以抗粮只鹿港一堡？会盟围城，又只鹿港附近数十庄◆[56]？其余各堡不但不变◆[57]，如田产最多之绅士道员林朝栋，尚且力解城围，不遗余力。然此犹谓系臣委用之员◆[58]。此外又有绅士郎中蔡占鳌，该县第一富户◆[59]，帮同解散胁从，拿送◆[60]匪首蔡芳正法。世职洪磐安、训导杨春华等，亦各带练丁，助守助剿◆[61]。岂清丈独苛于鹿港一隅耶？

言者又谓委员何曾◆[62]丈量，不过随意◆[63]科派。单内所誊◆[64]赋额，官可意为◆[65]轻重，富者几欲罄其家资◆[66]，彰化各处竟有苦被骚扰一乡尽逃，台南尤甚等语◆[67]。是以升科经久之规，加为官吏勒捐◆[68]之罪。不知清丈田园既有图册可凭，复有原契可验◆[69]，非将分数、丘段、壤则、户名逐一查清◆[70]，不能填单，即无从定赋◆[71]。若谓可以意为轻重，随意科派◆[72]，转瞬上下忙，例限綦严，纵能欺饰于目前，岂能弥缝于日后？臣于十三年十月附片陈明◆[73]，各属田亩溢额，概免深究◆[74]，由藩司发给丈单，为执业之据；仿照江苏等省，酌收丈费，每亩不及二百文，以偿清丈◆[75]经费。各属清丈给单业将竣事，不料嘉义、凤山两县贻误◆[76]。先据清赋局司道详请二县先征新粮，缓收丈费。又值本年夏秋台地谷遭虫伤◆[77]，臣即奏明丈费一律缓收，已缴者准抵新粮，以昭公允。丈费几何，微末之至◆[78]。就令照旧抽收，富者固不知罄其家资◆[79]，即寻常小户，亦何至轻弃家庐而不顾◆[80]？既谓一乡尽逃，何又聚众数千◆[81]围攻县城，胁令县官焚烧清丈图册◆[82]？台南尤甚◆[83]，台北单粮收数最多，追呼更急，何以又无逃者◆[84]？

清丈本非易事，而于台湾民情尤难办理◆[85]，自隶版图以来◆[86]，田赋从未清厘◆[87]。台南粮赋系沿郑氏之旧◆[88]，上则田每甲征供粟至八石八斗，每石折收洋银二圆，其余征粟、征银，参差不一，轻重悬殊◆[89]。南北新辟田园，有大租、隘租、番租、香灯租、通土◆[90]口粮，无非土豪包揽代收赋额之名目也◆[91]。此次一律清丈，仿照同安下沙则升科，计上则田每甲仅完银四圆零，于台南固大为轻减，即台北亦有减无增。其大租等项，初由绅士出名◆[92]认垦收租，毫无资本，名为代完正供，其实并无完纳。数十年来，官不清查，日久辗转卖买◆[93]，竟成世业。臣犹恐此次就田问赋，业户完粮，大租落空◆[94]，饬令台北府县商同绅士，折中定议，就大租酌扣四成，贴业户完粮，余仍照纳，俾免向隅，业户亦无所亏，以故民情均称踊跃◆[95]。大租应完，正供无可推托◆[96]。综计全年赋额，比前溢出不下四十万◆[97]。此无他◆[98]，减重赋之粮，受惠者咸有◆[99]余粟；征无粮之地，执业者永杜争端。此清丈之情形也◆[100]。

若云请款，臣到台遭法人乱后◆[101]，库局如洗◆[102]，购买大炮◆[103]，曾蒙户部拨给◆[104]银六十万，此外未迭请也◆[105]。闽省协饷，每年四十四万，较之从前尚减少三十六万，且五年为限，以后即无协济。向者台地养兵数千，未闻举办何事，每年由闽协济八十万◆[106]。今则养兵几二万人◆[107]，开山抚番，修筑炮台，办理清丈，建造城、署◆[108]、庙宇，安设水陆电线，修建◆[109]制造局，购买各种机器，兴造铁路，添购轮船，种种用款，均属在所必需，试以前后出入相衡，有无糜费，不待言矣◆[110]。

若云用人，臣以武职忝膺疆寄◆[111]，吏治未娴◆[112]，用人难，知人尤难。凡地方属吏◆[113]，惟◆[114]有功立赏，有罪立罚，不怀成见，不稍瞻徇◆[115]而已。即如◆[116]罗建祥、李嘉棠、吴元韬、陈灿，同时获咎◆[117]，不能因人多而减去之，亦不能因埤南、彰化滋事之后而讳饰之。倘所劾者谓任用非人，所保者谓欺饰邀功◆[118]，以后将何以用人？何以办事乎◆[119]？

以上各节◆[120]，有无虚伪，难逃公论◆[121]。台湾一海外孤岛耳，自改设行省以来，用项较前倍繁，协饷较前转绌。若仍安◆[122]简陋，何以自强？若拘守例章，行将坐困◆[123]。举凡抚垦以广幅员，清丈以裕供赋，整顿厘税，裁汰陋规。臣所以竭力图维、任劳任怨者，无非就地筹款，多方集腋，为久远之谋◆[124]。成效不难立睹，以后便不必仰给于邻省◆[125]，顾利之所在◆[126]，苟有裨于公家，即有损于私囊◆[127]。此招谤之由来也◆[128]。言者易而行者难◆[129]，当局之苦衷，本不必求谅于局外◆[130]。幸荷圣明开诚训诫，饬令据实覆奏，臣不敢不详细胪陈◆[131]。

除台省缺员应否拣发一节◆[132]另片具奏外，理合遵旨据实覆陈。伏乞皇太后、皇上圣鉴，训示。谨奏◆[133]。光绪十四年十二月十六日◆[134]。

【案】此折原件①现藏于中国第一历史档案馆，兹据校勘。

① 中国第一历史档案馆藏：《朱批原件》，档案编号：04-01-12-0544-051.

1.【案】划线部分刻本缺，兹据校补。

2.【窃臣于】刻本夺“窃臣于”，兹据补。

3.【案】见《刘铭传文献汇笺》本文注释。①

4.【渥荷殊恩，破格录用】刻本作“渥荷破格殊恩”。

5.【期于】刻本作“妄冀”。

6.【以固七省门户】刻本作“固七省海疆锁钥”。

7.【瀛疆之】刻本作“海防”。

8.【力图报称】刻本作“经营海表”。

9.【等语】刻本缺“等语”，兹据补。

10.【非抚而迁之也】刻本作“非迁而抚之也”。

11.【自食】刻本作“自安”。

12.【旷土甚多】刻本作“且地多旷土”。

13.【除番自垦外】刻本作“番人自垦外”。

14.【何须】刻本作“何待”。

15.【计】刻本缺“计”，兹据补。

16.【每月酌给口粮】刻本作“月给粮饷”。

17.【责令】刻本缺“责令”，兹据补。

18.【被戕】刻本作“被杀”。

19.【年常数百人】刻本作“岁常千数百人”。

20.【则】刻本缺“则”，兹据补。

21.【爰】刻本作“乃”。

22.【衣之食之】刻本作“与之衣食”。

23.【语言】刻本作“言语”。

24.【俾】刻本作“俾令”。

25.【已不下二百名】刻本作“已二百人”。

26.【均饬一律照办】刻本作“均饬一律仿行，力筹教养”。

① 中国第一历史档案馆藏：《军机录副》，档案编号：03-5241-071. 再，据折面判断，应为原件。

27.【案】划线部分刻本作“从前番民仇杀，官莫谁何，遂至纷争无已，徒以气质难驯，只可潜移，未容强致。此则阴阳气化之偏，虽圣人有不能骤夺者”。

28.【等语】刻本缺“等语”，兹据补。

29.【开山】刻本作“开道”。

30.【本】刻本作“皆”。

31.【查】刻本缺“查”，兹据补。

32.【协济】刻本作“协台”。

33.【一切用款】刻本缺“一切用款”，兹据补。

34.【每年开销】刻本作“岁销”。

35.【而用费少】刻本此句后尚有“奏销可稽”。

36.【员】刻本缺“员”，兹据补。

37.【名】刻本缺“名”，兹据补。

38.【实有保所不得不保者】刻本作“保案可稽”。

39.【等语】刻本缺“等语”，兹据补。

40.【不知埤南系番变】刻本作“不知埤南本皆番变，非起自民”。

41.【案】划线部分刻本作“犬羊反复，乃事之常”。

42.【匪徒】刻本作“奸匪”。

43.【本不】刻本作“本无”。

44.【张兆晖等又查无尺寸之地】刻本作“张兆晖等又无尺寸田园”。

45.【案】划线部分刻本作“兆晖等断非被索之人，于清丈何与”。

46.【民情浮动强悍】刻本作“民情浮动，强悍异常”。

47.【械斗、抢劫案件无日不有】刻本作“抢斗巨案，无日不闻”。

48.【严拿著名积匪】刻本作“严拿著匪百数十”。

49.【抢劫、械斗之风稍戢】刻本作“抢斗之风稍戢”。

50.【所谓嘉义匪徒及新竹、彰化交界之匪徒】刻本作“所谓嘉义、新彰交界匪徒”。

51.【短劫财物】刻本作“抢劫民财”。

52.【率皆】刻本缺“率皆”，兹据补。

53.【也】刻本缺“也”，兹据补。

54.【案】划线部分刻本作“但系绅激民变，非激自官”。

55.【挟恨主使谋逆】刻本作“挟仇谋逆等情”。

56.【数十庄】刻本作“数十村庄”。

57.【不但不变】刻本作“匪特无变”。

58.【然此犹谓系臣委用之员】刻本作“然此或谓臣委用，不能不仰助官军”。

59.【案】划线部分刻本作“郎中蔡占鳌，彰化第一巨富也”。

60.【拿送】刻本作“拿”，夺“送”，兹据补。

61.【亦各带练丁，助守助剿】刻本作“亦各带练助剿”。

62.【何曾】刻本作“实未”。

63.【随意】刻本作“意为”。

64.【所眷】刻本缺“所眷”，兹据补。

65.【意为】刻本缺“意为”，兹据补。

66.【富者几欲罄其家资】刻本作“富者几罄其家”。

67.【案】划线部分刻本作“彰化一乡尽逃，台南尤甚”。

68.【勒捐】刻本作“勒派”。

69.【案】划线部分刻本作“不知清丈图册可凭，原契可验”。

70.【查清】刻本作“清查”。

71.【不能填单，即无从定赋】刻本作“单不能填，赋何由定”。

72.【若谓可以意为轻重，随意科派】刻本作“若谓随意科派”。

73. 【臣于十三年十月附片陈明】刻本作“十三年十月，臣已片陈”。

74.【深究】刻本作“究追”。

75.【清丈】刻本缺“清丈”，兹据补。

76.【贻误】刻本作“贻误事机”。

77.【虫伤】刻本作“虫毁”。

78.【丈费几何，微末之至】刻本作“丈费微末”。

79.【富者固不知罄其家资】刻本作“何至罄富民家产”。

80.【亦何至轻弃家庐而不顾】刻本作“亦何至弃田而逃”。

81.【聚众数千】刻本作“聚数千众”。

82.【清丈图册】刻本作“丈册”。

83.【台南尤甚】刻本作“若谓台南尤甚”。

84.【何以又无逃者】刻本作“何又不肯逃亡”。

85.【清丈本非易事】刻本作“清丈田亩，本未易言。台湾民情，尤为难办”。

86.【以来】刻本缺“以来”，兹据补。

87.【清厘】刻本作“清理”。

88.【系沿郑氏之旧】刻本作“皆沿郑氏成规”。

89.【轻重悬殊】刻本作“兵屯、民亩，轻重悬殊”。

90.【通土】刻本作“通事”。

91.【无非土豪包揽代收赋额之名目也】刻本作“无非土豪私纳之名目”。

92.【出名】刻本缺“出名”，兹据补。

93.【日久辗转卖买】刻本作“辗转纷纭”。

94.【落空】刻本作“无着”。

95.【案】划线部分刻本作“业户既免向隅之弊，更无亏累之虞”。

96.【正供无可推托】刻本作“正供无从推托，以故绅民鼓舞，上下翕然”。

97.【比前溢出不下四十万】刻本作“溢出四十万”。

98.【此无他】刻本作“而民不劳，岂有他哉”。

99.【有】刻本作“存”。

100.【此清丈之情形也】刻本作“此清丈之实在情形也”。

101.【臣到台遭法人乱后】刻本作“臣到台即遭法乱”。

102.【库局如洗】刻本作“库局一空”。

103.【购买大炮】刻本作“购炮买枪，日不暇给”。

104.【拨给】刻本夺“给”，兹据补。

105.【未迭请也】刻本作“未尝乞求”。

106.【案】划线部分刻本作“即闽省岁协四十四万，且奏请五年为限，限满即无协济分文。往者闽省济台八十万，养兵才及数千，未闻举办何事”。

107.【今则养兵几二万人】刻本作“今闽岁少济三十六万，养兵几二万人”。

108.【城、署】刻本作“城、衙”。

109.【修建】刻本夺“建”，兹据补。

110.【案】划线部分刻本作“买枪炮，购机器，造铁路，置轮船，前后相衡，是否虚糜，无待微臣自白”。

111.【忝膺疆寄】刻本作“忝任危疆”。

112.【吏治未娴】刻本作“未娴吏治”。

113.【凡地方属吏】此句刻本缺，兹据补。

114.【惟】刻本作“惟是”。

115.【不稍瞻徇】刻本作“不徇偏私”。

116.【即如】刻本作“臣之所用，即如”。

117.【同时获咎】刻本作“皆尝称荐其才，一旦同时获咎”。

118.【欺饰邀功】刻本作“邀功欺饰，必且旁皇瞻顾，冀逭人言”。

119.【何以办事乎】刻本夺“乎”，兹据补。

120.【以上各节】刻本作“所陈各节”。

121.【难逃公论】刻本作“天下自有公评”。

122.【仍安】刻本作“坐安”。

123.【行将坐困】刻本作“何以自保”。

124.【多方集腋，为久远之谋】刻本作“为国家建远大之谟”。

125.【案】划线部分刻本作“成效既彰，后便不必仰资邻省”。

126.【顾利之所在】刻本作“顾利之所在，人有同情”。

127.【即有损于私囊】刻本作“即不能无损于私橐”。

128.【此招谤之由来也】刻本作“谤书所自，臣固逆知其然，徒以区区血性，苟利于国，死生以之。自问无惭，谣诼抑何能恤”。

129.【言者易而行者难】刻本作“天下大事，言易行难”。

130.【案】划线部分刻本作“当局苦衷，安能求谅于局外”。

131.【案】划线部分刻本作“幸荷圣明开诚训诫，不敢不详悉上陈”。

132.【一节】刻本夺“一节”，兹据补。

133.【伏乞皇太后、皇上圣鉴训示。谨奏】刻本作“伏惟圣鉴”。

134.【光绪十四年十二月十六日】刻本署“光绪十四年十二月十六日，台北府发”字样。

●光绪十五年二月十二日奉朱批：览奏，均悉。覆陈各节，均属明晰。叙述现办情形，亦尚核实。该抚嗣后务当实力图功，虚心集益，固不必顾恤浮言，亦不可固执成见。慎终如始，用副委任。勉之！钦此。

## 九　洋商子口半税应声明约章划清界限折

光绪十四年三月初三日（1888年4月13日）

督办台湾防务降二级留任福建台湾巡抚二等男臣刘铭传跪奏，为洋商应完子口半税，亟应声明约章，划清界限，以示限制而免觊觎，恭折具陈，仰祈圣鉴事◆1。

窃臣于◆2本年二月二十七日准北洋大臣李鸿章电开：总理各国事务衙门奏◆3奉谕旨：台湾为通商口岸，洋商向不抽厘，既据◆4该使臣等屡次据约陈请，着将抽收洋商厘金一事即行停止。至该省应如何征收落地税厘，着另行设法办理等因◆5。钦此。

伏查台湾停止船货厘金，改抽百货厘金，经臣于光绪十三年四月间附片陈明在案。开办以来，华商照章完厘，凡洋商入内地买土货领有三联单者，完纳子口半税。如未领三联单者，饬令补完内地税项◆[6]，均系按照◆[7]约章办理，数目持平，各商称便。间有无耻之华商◆[8]，串通洋人，不领单，亦不完厘，希图偷漏。经臣严饬局卡委员设法抽收，奸商计无可施，遂怂恿各该使臣◆[9]，屡向总理衙门言及台湾系通商口岸，非比内地，洋商不应领单，亦不应◆[10]完厘，中国征收洋厘，系属违约等语。由北洋大臣李鸿章转电前来。

该使臣等所谓台湾系通商口岸者，殆指英国条约十一款内开“台湾府城口准其买卖”而言。夫仅准其买卖，原不能遽作为通商口岸。今即略予通融，而以◆[11]府城口为通商口岸，亦不过滨海一隅之地。凡府城口以外之地皆属内地，既入内地，即应领单。倘不领单，即与华商无异，应照华商一律完厘。

又，所谓不应领照、不应完厘者，系指就通商口岸购买土货而言。夫购买未经完厘之土货，照约本宜补完内地税项◆[12]，今即稍为放松◆[13]，而于◆[14]通商口岸不令完厘，此外非通商口岸，即应领单完半税，不完半税，则应完厘。

又，所谓征收洋厘系属违约者，盖明知◆[15]我征收子口税，照章本无不合◆[16]，而故创此洋厘名目，以相为抵制◆[17]。据台湾沪尾口税务司三次来商，并持送总税务司赫德条议各款，有华船、洋船进出，子口半税由新关并征，谅各公使可以允订之说。当以事关大局，未便轻许◆[18]。然同此口岸，同此半税，何以在我仅取◆[19]其一，已觉◆[20]其难？在彼兼收其二，转形其易？此中狡诡情形，自难逃圣明洞鉴之中◆[21]，臣亦何庸置辩！

顾臣所窃虑者，台湾土货以糖与茶为大宗。茶在台北，商家包办厘金，相安已久。台南之糖，有洋人发本交华人代办者，有华商诡托洋商购买者，互相影射，真伪莫辨◆[22]。臣既钦遵训示，专于落地税设法◆[23]，自应增设局卡，多方堵截◆[24]。洋商无利可图◆[25]，未必不别生诡计，况洋人于文牍◆[26]字句往往断章取义，惟利是图。此次恭绎谕旨，于体恤洋商之中，仍寓声明约章之意，明白晓畅，何至误会◆[27]？特恐洋人得步进步，故意假借◆[28]，为◆[29]既云台湾系通商口岸，即不能专指府城一处为词；既仅云洋商应完正税，即不能再以子口半税为词，从此入内地概不领单，出口概不完子口税，将来华商势必尽冒洋商，厘金胥归乌有。台地需费浩繁，若再失此◆[31]巨款，何以自立◆[32]？

除将赫德条议钞呈总理各国事务衙门外，应请旨饬下总理各国事务衙门照会各该使臣◆[33]，将府城口通商暨内地子口半税二事声叙明白，以示限制而绝觊觎。是否有当？伏乞皇太后、皇上圣鉴训示。谨奏◆[34]。光绪十四年三月初三日◆[35]。

●光绪十四年三月二十一日◆[36]奉朱批：该衙门知道，片并发。钦此。

【案】此折原件①、录副②均藏于中国第一历史档案馆，兹据校勘。

1.【案】划线部分刻本缺，兹据校补。

2.【窃臣于】此三字刻本缺，兹据补。

3.【案】光绪十四年二月二十五日，总理各国事务王大臣奕劻等具折奏报筹议暂停抽收台湾洋商厘金缘由。③

4.【既据】刻本作“既经”。

5.【等因】刻本缺“等因”，兹据补。

6.【税项】刻本作“税厘”。

7.【均系按照】刻本作“均照”。

---

① 中国第一历史档案馆藏：《朱批原件》，档案编号：04-01-35-0565-034.

② 中国第一历史档案馆藏：《军机录副》，档案编号：03-6363-070.

③ 中国第一历史档案馆藏：《朱批原件》，档案编号：04-01-35-0565-033. 又《军机录副》，档案编号：03-6363-046.

8.【无耻之华商】刻本作“无耻华商”。

9.【遂怂恿各该使臣】刻本作“怂恿各使臣”。

10.【不应】刻本作“不能”。

11.【而以】刻本缺”而以”，兹据补。

12.【税项】刻本作“税厘”。

13.【稍为放松】刻本作“稍示通融”。

14.【而于】刻本仅作“于”。

15.【明知】刻本仅作“知”。

16.【照章本无不合】刻本作“本照约章，原无不合”。

17.【以相为抵制】刻本作“为抵制之谋”。

18.【未便轻许】刻本作“未便轻许其言”。

19.【仅取】刻本作“仅收”。

20.【已觉】刻本作“尚觉”。

21.【案】划线部分刻本作“此中狡谲，已在圣鉴之中”。

22.【真伪莫辨】刻本作“真伪莫明”。

23.【专于落地税设法】刻本作“专收落地税厘”。

24.【多方堵截】刻本作“堵截歧途”。

25.【无利可图】刻本作“无利可牟”。

26.【文牍】刻本作“公文”。

27.【何至误会】刻本作“误会何由”。

28.【故意假借】此句刻本缺，兹据校补。

29.【为】刻本作“以为”。

30.【需费浩繁】刻本作“事烦费巨”。

31.【此】刻本夺“此”，兹据补。

32.【何以自立】刻本作“何以自存”。

33.【各该使臣】刻本作“各使臣”。

34.【案】划线部分刻本作“国计幸甚，台防幸甚”。

35.【案】刻本题署有“光绪十四年三月初三日，台北府发”字样。

36.【案】关于此折之奉旨日期，录副作“光绪十四年三月二十一日”，而刻本作“光绪十四年三月二十二日”，相差一日。查考《军机处随手登记档》①，与录副相同，刻本误无疑。兹据校正。

## 一〇　府城作通商口岸难顾土货出处片

光绪十四年三月初三日（1888年4月13日）

再，正在缮折拜发间◆1，准北洋大臣李鸿章转达总理各国事务衙门◆2，电开：凡通商之处，无论是城是镇，皆为口岸，抽华商厘金原与洋商无涉。至领联单、纳半税，系指往内地贩土货而论◆3。所谓内地者，离约内指明口岸外皆是◆4等因◆5。

伏查英约内载：台湾府城口系指府城所属之港口，即洋商贸易之安平口。府城与安平口陆路相距八里，其停船运货之处，且远至十余里。即如潮州之汕头口、登州之芝罘口，虽均隶府城约内，与台湾同款，列作府城口，未闻潮州、登州府城皆作为口岸◆6。若谓通商之处无论是城是镇皆作为口岸◆7，考之约章◆8，英约内载◆9：广州五处领事等官，准居城邑，而通商则指明港口。

又，美约载“各港口市镇居住贸易”一语，市即他约内所指之市埠，与城不同。此外未见城镇作口岸明文，不识总理衙门是否另有所本？臣所以亟辩明者，台南以糖为大宗，糖廊多半逼近府城，若非就府城堵截，此外无要可扼◆10。且洋商买糖，率系上年预发本资交华商代办，一旦将府城笼作为◆11通商口岸，则土货出处，洋商必皆指为◆12已经入手，华厘从何征起◆13？臣初非欲于府城抽收洋商之半税，实为顾全土货出处之华厘。况英

---

① 中国第一历史档案馆藏：《军机处随手登记档》，档案编号：03-0257-1-1214-075.

约内明明载定府城口，据定口字立言，洋商亦不能违约置辩。为此，附片陈明◆14。伏乞圣鉴。谨奏◆15。

●光绪十四年三月二十一日◆16奉朱批：览。钦此。

【案】此奏片原件查无下落，录副①现藏于中国第一历史档案馆，兹据校勘。

1.【正在缮折拜发间】刻本作“正缮折间”。

2.【总理各国事务衙门】刻本作“总理衙门”。

3.【而论】刻本作“而言”。

4.【皆是】刻本作“皆是也”。

5.【等因】刻本缺“等因”，兹据补。

6.【未闻潮州、登州府城口皆作为口岸】刻本作“未闻潮、登府城皆为口岸”。

7.【无论是城是镇皆作为口岸】刻本作“无论城镇皆为口岸”。

8.【考之约章】刻本作“则尝考约章而辨之矣”。

9.【英约内载】刻本作“英约载”。

10.【无要可扼】刻本作“无可扼要之区”。

11.【作为】刻本作“作”。

12.【必皆指为】刻本作“必谓”。

13.【华厘从何征起】刻本作“华厘何自而征”。

14.【为此，附片陈明】刻本作“谨附片上陈”。

15.【伏乞圣鉴。谨奏】此句刻本缺，兹据校补。

16.【案】关于此折之奉旨日期，录副作“光绪十四年三月二十一日”，而刻本作“光绪十四年三月二十二日”，相差一日。查考《军机处随手登记档》②，与录副相同，刻本误无疑。兹据校正。

① 中国第一历史档案馆藏：《军机录副》，档案编号：03-7133-010.

② 中国第一历史档案馆藏：《军机处随手登记档》，档案编号：03-0257-1-1214-075.

# 一一　台勇长夫不能再裁折

光绪十三年十一月初九日（1887 年 12 月 23 日）

督办台湾防务降二级留任台湾巡抚一等男臣刘铭传跪奏，为台湾各营长夫已经裁减，现在不能再裁，谨据实覆陈，恭折仰祈圣鉴事◆1。

窃臣于◆2光绪十三年十月户部咨称：本部筹议河工赈需用款一折◆3，奉旨：览奏，均悉。裁撤长夫暨盐商捐输、当商汇号交银三条，着照所请行。等因◆4。钦此。并粘单内开：自本年十一月初一起，无论沿海、沿边，各营长夫全行裁撤。每月节省饷银若干◆5，限于年内迅速奏报，腾出银数，专作河工之用◆6等因。咨行到台。除原单所指盐商、当商等项，台湾向无此项商户◆7。查各营长夫一项，当军营废弛不堪之时◆8，经前大学士臣曾国藩创立湘军营制，苦心整顿◆9，特恐各营以勇作夫、不事操练，故多给长夫，力除积弊◆10。嗣后淮军遵照旧制，历今二十余年，虽不能如前精劲◆11，尚有皮毛可观◆12，赖有长夫一项，未致显然废操空勇◆13。若全行裁减，将来各营势必以勇代夫，军政不堪设想◆14！

如以◆15目前无事，不但夫可裁，勇亦可裁◆16。惟兵可百年不用，不可一日无备◆17。泰西各国讲求武备◆18，日强月盛，精神注于造器，国用绌于养兵。我朝近年筹办海防，访求将才，方以整顿武备为急务◆19，似未便于军营搜取有限之费◆20，使贪将惰卒得以借口废弛，一旦有事◆21，虽加百倍，亦不足以偿其失◆22。惟当此黄河决口、费用支绌之际◆23，部臣无款可筹，不得已而百计搜罗◆[24]。以臣管见，可裁冗费，如河海漕粮运费并各省驿站二项◆[25]，若能变通办理，每年约可撙节数百万◆[26]，且◆[27]利国便民，有益无损，似较胜于搜取微末◆[28]。但事关更革旧制◆[29]，能否破除成例，臣草昧无知◆[30]，不敢妄陈天聪◆[31]，已将详细情形函达大学士臣阎敬铭，请其斟酌办理◆[32]。如能采择，谅必◆[33]据情入告，以纾圣主◆[34]宵旰之忧。

至臣部台军三十五营，已经光绪十一年十月二十七日附片奏明◆[35]，每营裁减长夫八十名。数年以来，修筑沿海炮台，兼之◆[36]剿抚生番，不时征调，与内地军营不事工作、无所征调，情形迥别◆[37]。长夫一项已经裁减，万难再减。谨据实覆陈◆[38]。伏乞皇太后、皇上圣鉴，训示，谨奏。圣鉴◆[39]。光绪十三年十一月初九日◆[40]。

●光绪十三年十二月初九日◆[41]奉朱批：户部知道。钦此。

【案】此折原件①、录副②均藏于中国第一历史档案馆，兹据校勘。又，此折具奏日期刻本仅署“光绪十三年十一月”，未确，而原件、录副及《军机处随手登记档》③ 均作“光绪十三年十一月初九日”，确。兹据校正。

1.【案】划线部分刻本缺，兹据校补。

2.【窃臣于】刻本缺“窃臣于”，兹据补。

3.【案】光绪十三年九月二十日，大学士阎敬铭等开单奏报黄河决口筹议赈需用款缘由。见《刘铭传文献汇笺》本文注释。④

4.【等因】刻本缺“等因”，兹据补。

5.【若干】刻本缺“若干”，兹据补。

---

① 中国第一历史档案馆藏：《朱批原件》，档案编号：04-01-16-0027-053.

② 中国第一历史档案馆藏：《军机录副》，档案编号：03-7078-064.

③ 中国第一历史档案馆藏：《军机处随手登记档》，档案编号：03-0254-2-1213-351.

④ 中国第一历史档案馆藏：《军机录副》，档案编号：03-9633-059.

6.【专作河工之用】刻本作“专备河工”。

7.【此项商户】刻本作“此商”。

8.【之时】刻本作“之际”。

9.【整顿】刻本作“擘画”。

10.【故多给长夫，力除积弊】刻本作“力除积弊，不能不多给长夫，即外国辎重、工程各队也”。

11.【如前精劲】刻本作“精劲如前”。

12.【尚有皮毛可观】刻本作“外貌尚称观美”。

13.【未致显然废操空勇】刻本作“未致空勇废操”。

14.【军政不堪设想】刻本作“军政何堪设想”。

15.【如以】刻本作“若谓”。

16.【不但夫可裁，勇亦可裁】刻本作“岂特夫可裁，即勇亦可裁”。

17.【无备】刻本作“无兵”。

18.【讲求武备】刻本作“讲武厉军”。

19.【案】划线部分刻本作“环伺中朝，尤堪悚惧。我朝近年筹办海防，方以整顿戎行为急务”。

20.【搜取有限之费】刻本作“搜兹微款”。

21.【一旦有事】刻本作“一有兵端”。

22.【亦不足以偿其失】刻本作“亦不足偿所失”。

23.【之际】刻本作“之时”。

24.【案】划线部分刻本作“部臣百计搜罗，诚非得已”。

25.【如河海漕粮运费并各省驿站二项】刻本作“如河海漕粮、各省驿站”。

26.【每年约可撙节数百万】刻本作“每年可节数百万金”。

27.【且】刻本缺“且”，兹据补。

28.【似较胜于搜取微末】刻本作“似较胜于搜求微末，无补度支”。

29.【但事关更革旧制】刻本作“惟更革旧章”。

30.【臣草昧无知】刻本作“愚臣草昧”。

31.【不敢妄陈天聪】刻本作“未敢妄陈”。

32.【请其斟酌办理】刻本作“请其酌办”。

33.【谅必】刻本作“谅可”。

34.【圣主】刻本缺“圣主”，兹据补。

35.【案】划线部分刻本作“至臣部各军三十五营兵勇，十一年十月已片奏”。

36.【兼之】刻本作“兼以”。

37.【情形迥别】刻本作“情势迥不相同”。

38.【谨据实覆陈】刻本作“谨据实覆陈圣鉴”。

39.【案】划线部分刻本缺，兹据校补。

40.【光绪十三年十一月初九日】此具奏日期据原件、录副校补。

41.【十二月初九日】此朱批日期刻本作“十二月初十日”，而录副署为“十二月初九日”，相差一日。查《军机处随手登记档》，则与录副记载一致。刻本误无疑。

# 参考文献

［1］中国第一历史档案馆藏：《朱批原件》。

［2］中国第一历史档案馆藏：《军机录副》。

［3］中国第一历史档案馆藏：《谕旨》。

［4］中国第一历史档案馆藏：《咨文》。

［5］中国第一历史档案馆藏：《清单》。

［6］中国第一历史档案馆藏：《呈文》。

［7］中国第一历史档案馆藏：《户科题本》。

［8］中国第一历史档案馆藏：《刑科题本》。

［9］中国第一历史档案馆藏：《呈状》。

［10］中国第一历史档案馆藏：《禀文》。

［11］台北故宫博物院藏：《宫中档朱批折件》。

［12］台北故宫博物院藏：《军机处录副折件》。

［13］台北故宫博物院藏：《清单》。

［14］台北故宫博物院藏：《廷寄》。

［15］台北“中央研究院”近代史研究所档案馆藏：《外交档案》。

［16］中国第一历史档案馆编：《乾隆朝上谕档》，广西师范大学出版社，1999。

［17］中国第一历史档案馆编：《嘉庆朝上谕档》，广西师范大学出版社，1998。

［18］中国第一历史档案馆编：《道光朝上谕档》，广西师范大学出版社，2000。

［19］中国第一历史档案馆编：《咸丰同治两朝上谕档》，广西师范大学出版社，1998。

［20］中国第一历史档案馆编：《光绪宣统两朝上谕档》，广西师范大学出版社，1996。

［21］中华书局影印：《清实录·仁宗睿皇帝（嘉庆）实录》，中华书局，1986。

［22］中华书局影印：《清实录·宣宗成皇帝（道光）实录》，中华书局，1986。

［23］中华书局影印：《清实录·文宗显皇帝（咸丰）实录》，中华书局，1986。

［24］中华书局影印：《清实录·穆宗毅皇帝（同治）实录》，中华书局，1987。

［25］中华书局影印：《清实录·德宗景皇帝（光绪）实录》，中华书局，1987。

［26］中国第一历史档案馆编：《光绪朝朱批奏折》，中华书局，1995。

［27］台北故宫文献编辑委员会编：《宫中档光绪朝奏折》，台北故宫博物院印行，1973—1975。

［28］台湾史料集成编辑委员会编：《明清台湾档案汇编》，台北远流出版事业股份有限公司，2009。

［29］中国第一历史档案馆编：《清代军机处随手登记档》，国家图书馆出版社，2013。

［30］秦国经主编：《清代官员履历档案全编》，华东师范大学出版社，1997。

［31］刘锦藻编：《清朝文献通考》，浙江古籍出版社，1988。

［32］刘锦藻编：《清朝续文献通考》，浙江古籍出版社，1988。

［33］中国第一历史档案馆、福建师范大学历史系编：《清末教案》，中华书局，1996。

［34］台北“中央研究院”近代史研究所编：《教务教案档》，台北“中央研究院”近代史研究所，1974—1981。

［35］顾廷龙主编：《清代朱卷集成》，台北成文出版社，1992。

［36］中央民族大学图书馆藏：《钦定平定陕甘新疆回匪方略》。

［37］中国第一历史档案馆编：《清代军机处电报档汇编》，中国人民大学出版社，2005。

［38］左宗棠著：《左宗堂全集》，岳麓书社，1996。

［39］刘锦棠著：《刘襄勤公奏稿》，台北文海出版社，1966。

［40］曾纪泽著：《曾惠敏公遗集》，台北文海出版社，1966。

［41］曾国荃著：《曾忠襄公奏议》，台北文海出版社，1969。

［42］岑毓英著：《岑襄勋公遗集》，台北文海出版社，1966。

［43］宝鋆等修：《筹办夷务始末（同治朝）》，台北文海出版社，1971。

［44］黎成礼编：《黎文肃公遗书》，台北文海出版社，1966。

［45］谭宝箴等编：《谭文勤公奏稿》，台北文海出版社，1966。

［46］郭超主编：《曾国藩全书》，吉林大学出版社，2009。

［47］顾廷龙、戴逸主编：《李鸿章全集》，安徽教育出版社，2008。

［48］朱寿朋编：《光绪朝东华录》，中华书局，1958。

［49］王先谦等编：《东华续录·同治朝》，文澜书局1898年石印本。

[50] 蒋良骐编:《东华录》，中华书局，1980。

[51] 贵州大学历史系中国近代史教研室点校:《平黔纪略》，贵州人民出版社，1988。

[52] 王延熙、王树敏编:《皇清道咸同光奏议》，台北文海出版社，1969。

[53] 戚其章、王如绘编:《晚清教案纪事》，东方出版社，1990。

[54] 汪兆镛辑:《碑传集三编》，台北文海出版社，1980。

[55] 郭嵩焘著:《郭嵩焘日记》，湖南人民出版社，1980—1983。

[56] 郭廷以、尹仲容等著:《郭嵩焘先生年谱》，台北“中央研究院”近代史研究所，1971。

[57] 陈义杰整理:《翁同龢日记》，中华书局，1993。

[58] 窦宗一著:《李鸿章年谱》，台北文海出版社，1977。

[59] 刘坤一著:《刘忠诚公遗集》，台北文海出版社，1968。

[60] 蔡冠洛著:《清代七百名人传》，台北文海出版社，1971。

[61] 金梁辑:《近世人物志》，台北文海出版社，1977。

[62] 沈桐生辑:《光绪政要》，台北文海出版社，1969。

[63] 张之洞著:《张文襄公全集》，台北文海出版社，1970。

[64] 来新夏著:《近三百年人物年谱知见录》，上海人民出版社，1983。

[65] 李灵年、杨忠主编:《清人别集总目》，安徽教育出版社，2000。

[66] 荣孟源、章伯锋主编:《近代稗海》，四川人民出版社，1985。

[67] 赵尔巽等撰:《清史稿》，中华书局，1976。

[68] 王钟翰点校:《清史列传》，中华书局，1987。

[69] 中国社会科学院近代史研究所编:《曾国藩未刊往来

函稿》，岳麓书社，1986。

［70］王彦威纂辑、王亮编、王敬立校：《清季外交史料》，书目文献出版社，1987。

［71］李侃等著：《中国近代史》，中华书局，2004。

［72］丁凤麟、王欣之编：《薛福成选集》，上海人民出版社，1987。

［73］刘铭传著：《刘壮肃公奏议》，台北文海出版社，1968。

［74］冯用、吴幅员编：《刘铭传抚台前后档案》，台北文海出版社，1980。

［75］马昌华、翁飞点校：《刘铭传文集》，黄山书社，1997。

# 后　记

本书收集材料至蒇成付梓，阅时五载，备历艰辛。在此期间，山东大学教授杜泽逊先生，山东省外事办蔡先金星使，聊城大学教授陈德正先生、丁延峰先生，时加策励，鼎力赞襄；中国第一历史档案馆和台北故宫博物院的诸位同仁，提供便利，诸求必应；国家社科办、兵团社科办及石河子大学社科处的同志，运筹擘画，指示周详；贤棣高彬彬、内子张从华，鞍前马后，劳瘁不辞；黄山书社编审韩开元先生，编辑徐佩兰女史、李南女史等，克尽厥职，补苴良多，谨此一并致谢！

惟以学识浅陋，才智庸愚，舛讹纰缪，实所难免，方家勘正，是所企望。

杜宏春

二〇二〇年十二月